北京大学实证法务研究所
北京冠衡刑事辩护研究院
主办

江溯 主编

CSSCI来源集刊

CRIMINAL
LAW
REVIEW

Criminal Law in Society

刑事法评论 47

社会中的刑法

北京大学出版社
PEKING UNIVERSITY PRESS

图书在版编目(CIP)数据

刑事法评论. 社会中的刑法 / 江溯主编. —北京 : 北京大学出版社, 2023.7
ISBN 978-7-301-34151-3

Ⅰ. ①刑… Ⅱ. ①江… Ⅲ. ①刑法—研究②刑事诉讼法—研究 Ⅳ. ①D914.04 ②D915.304

中国国家版本馆 CIP 数据核字(2023)第 118586 号

书　　名	刑事法评论：社会中的刑法 XINGSHIFA PINGLUN：SHEHUI ZHONG DE XINGFA
著作责任者	江　溯　主编
责任编辑	王建君
标准书号	ISBN 978-7-301-34151-3
出版发行	北京大学出版社
地　　址	北京市海淀区成府路 205 号　100871
网　　址	http://www.pup.cn　http://www.yandayuanzhao.com
编辑部邮箱	yandayuanzhao@pup.cn
总编室邮箱	zpup@pup.cn
新浪微博	@北京大学出版社　@北大出版社燕大元照法律图书
电　　话	邮购部 010-62752015　发行部 010-62750672　编辑部 010-62117788
印 刷 者	北京虎彩文化传播有限公司
经 销 者	新华书店
	730 毫米×980 毫米　16 开本　44 印张　907 千字
	2023 年 7 月第 1 版　2023 年 7 月第 1 次印刷
定　　价	168.00 元

主编絮语

本卷的主题是“社会中的刑法”。法律是社会制度的组成部分，它既折射出社会的变迁，又参与社会的形塑。孤立于社会现实和时代精神之外的刑事法研究，往往是盲目的。在本卷刊载的论文中，既有对刑法社会基础的讨论，也有刑事法视角下对社会问题的思考，集中展现了刑事一体化思想的魅力。

本期**“主题探讨”**栏目刊载了四篇译文。

赵书鸿翻译的德国弗赖堡大学教授米夏埃尔·帕夫利克的《社会的刑法——京特·雅科布斯刑法思想的社会哲学和社会理论基础》一文，揭示了雅科布斯刑法思想的社会理论和社会哲学基础，并对其进行了思想史的归类。作者指出，雅科布斯刑法思想与黑格尔法哲学有千丝万缕的联系，并且和英美学者在分析哲学、实用主义哲学视角下得出的见解殊途同归，这种对法理论、社会哲学和政治哲学的持续关注，恰恰是德国刑法学在过去数十年所欠缺的。在此基础上，作者预言，雅科布斯刑法思想的全部财富尚待发现和承认，其最好的时代并未远去，而是尚在未来。众所周知，雅科布斯是德国当代最具国际影响力的刑法学者之一，但其学说时常被先入为主地打上“晦涩”“激进”等标签。作为雅科布斯的弟子和思想继承者，帕夫利克对其师刑法思想的评论兼具全面和深刻，有助于我国学人更加深入、准确地把握雅科布斯刑法思想及其学术贡献。

谭淦翻译的德国奥格斯堡大学教授米夏埃尔·库比策尔的《碎片化社会中的刑法》一文，立足于当代德国社会转型过程，揭示了传统法益理论在碎片化社会中的种种局限性，主张应当将碎片化社会中的刑法根据建立在规范违反说之上。作者认为，刑法教义学应当努力洞察社会中具有实际指引效力的规范，在德国特定的碎片化社会现实中接纳个别群体的要求，如此才能在刑事政策上真正发挥作用。库比策尔在德国中青年刑法学者中具有较强影响力，其对德国刑事立法及刑法实务的研究受到了立法机构的重视，其论著近年来亦不断被译介到我国。伴随着自改革开放以来的多次社会转型，我国刑事立法也已进入活跃化时代，坚守刑法谦抑性无法成为北窗高卧的理由，本文无疑为我们打开了一扇窗户。

郑军男翻译的日本早稻田大学教授松原芳博的《刑法与哲学：关于刑罚的正当化根据》一文，围绕刑罚正当化根据这一“哲学与刑法学之交错点”，从刑法哲学的视角对现有的正当化理论进行探讨。作者指出，被害报应、秩序报应、责任报应等诸种报应刑论是在“报应”上寻求刑罚正当化根据的立场，此“报应”的核心内容是“正义的实现”，它们都反对“人的手段化”，以“报应”自身的无目的性为前提。与此相反，诸种目的刑论在预防犯罪保护法益这一现实目的的实现上寻求刑罚的正当化根据。对于目的刑论所面临的“人的手段化”之批判，作者指出，刑罚目的的实现不直接意味着“人的手段化”，禁止“人的手段化”应该是要求为被处罚者提供使其能够接纳忍受刑罚痛苦的合理理由，在这一层面上，责任主义是为行为人负担刑罚特别忍受义务进行正当化的原理。为此，本文作者提出关于刑罚正当化根据的二元论构想，刑罚正当化根据既要从国家层面的通过预防犯罪保护法益上探求，又要从行为人层面的针对自身犯罪的责任上探求。这对于我国学者思考刑罚正当性问题具有参考价值。

林信铭翻译的德国维尔茨堡大学教授埃里克·希尔根多夫的《机器人、人工智能、伦理与法律——科技法的新兴基础问题》一文，直面社会中新生科技带来的刑法难题，结合伦理学思考解决这一难题的方案，特别是如何认定生产者的刑事责任问题；并且强调罪责原则的不可动摇性。本文较为出色地处理了新兴问题与传统刑法学理论的关系，为我们思考类似问题提供了良好借鉴。

“**结果归属**”栏目收录了三篇青年学人的文章。

刘炳君的《被害人特殊体质案件的归责原则与路径》一文，注意到刑法理论通说与实务通行做法采取了不同的结果归属路径。不过，作者认为，客观归属思路与主观归属思路存在调和的可能，客观归属思路侧重于解决罪与非罪的问题，主观归属思路主要解决此罪与彼罪的问题，从而让二者各得其所。我国部分学者认为，这两种归属思路不存在调和的可能。在我看来，完全否定主观要素在结果归属中的重要性不无疑问，但是，能否据此将两种归属思路相结合，以及具体如何实现这种结合，仍值得进一步研究。

近年来，危险现实化说日益引发国内学界的广泛关注。**宋佳恒的《因果关系认定中行为对结果的贡献及其危险的现实化》**一文，剖析了日本危险现实化说的问题意识，力主摒弃危险现实化说中的相当性残余。作者主张修正实务中流行的综合衡量实行行为因果性、介入因素异常性、介入因素对结果的贡献的“表决法”,不再考虑介入因素的预见可能性,而以“实行行为对结果有无贡献→实行行为对结果贡献大小”的逻辑认定因果关系,从而实现危险现实化说判断标准一元化、判断原理规范化、判断进路一体化。尽管部分见解仍可商榷,但该文已充分体现了青年学子对结果归属问题的思考深度,值得肯定。

沈晓白的《客观归责论视角下的被害人危险接受》一文,将被害人危险接受问题归结为被害人同意或积极参与不法侵害行为致使侵害结果发生时的结果归属问题。作者反对将这一问题放到违法性阶层乃至责任阶层中讨论,主张在客观构成要件要素层面处理这一问题。作者提出,按照两个层次的客观归责理论破解危险接受类型案件结果归属之迷雾。在第一层次,首先考察具体案件中行为人与被害人对于法益情状的认知及控制能力,其次分析行为人是否具有阻止法益侵害现实化的特别义务,最后考察二者对于危险实现流程的贡献及控制程度。在第二层次,检视实害结果是否超出构成要件效力范围。该文问题意识鲜明,值得一读。

“错误理论”栏目收录了三篇文章,展现了我国学者对错误论的最新思考。

魏东、张福英的《规范性构成要件要素认识错误的类型、层级与判断》一文,对规范性构成要件要素认识错误进行类型化区分,提出水平的错误分类与垂直的错误分类两种区分标准,认为水平的错误分类更优。作者注意到规范性构成要件要素中事实与规范的交织,并且反思“外行人的平行评价”标准,进而提出分型判断方法。水平的错误分类,将规范性构成要件要素认识错误作为一种与“直接(裸)的事实”认识错误相对应的“补强实质违法性的基础事实”(或称为“制度性的行为事实”“构成要件重要部分的意义”)认识错误,同属于事实认识错误,坚持事实认识错误阻却故意的逻辑,使得错误归属与法律效果具有对应性和确定性。这种水平的错误分类的提出,有利于解决我国刑法学语境中规范性构成要件要素认识错误问题,此外,作者指出,从“直接(裸)的事实”到“补强实质违法性的基础事实”再到“违法性”的三层级认识错误中,前两个层级认识错误时阻却故意,第三层级认识错误时不阻却故意,从而,法律的评价要素认识错误可以用“垂直涵摄”来判断,文化价值的和经验法则的评价要素的认识错误可以用“外行人的平行评价”来判断。这种见解具有逻辑自洽性,值得肯定。

罗鸿桑的《对具体符合说与法定符合说之双重反思:以故意认定构造为中心》一文,跳出具体符合说与法定符合说的窠臼,明确提出打击错误中阻却故意的原因是对行为危险认识的缺失而非主客观不具体一致。作者主张通过考察行为人对“方法的危险范围可控性”和“进入危险范围的客体可控性”两种判断资料的把握程度,区分行为人对实害客体是否具有故意来判断发生的是打击错误还是对象错误。我认为，打击错误中犯罪故意是不容否认的，具体符合说与法定符合说也承认这一点，问题在于能否将结果归属于犯罪故意，似乎存在商榷的余地。

翟辉的《正犯对象错误时教唆犯的可罚性研究》一文，针对正犯发生对象错误时对教唆犯如何进行结果归属的问题，为我们详细介绍了德国学者在此问题上的看法，并且逐一评述对象错误说、打击错误说、区分说等多种学说，认为它们存在种种缺陷。作者给出的新方案则以客观归责理论为基础，采纳既考察教唆犯也考察正犯的双边视角，并且对该方案如何摆脱屠杀理论之困局展开说明。该文涉及共犯论和错误论的交汇，属于共同犯罪理论中比较艰深的部分，充分展现了作者的学术勇气，缺陷则在于实践色彩稍显不足，期待作者后续进一步推进相关研究。

“刑罚理论”栏目收录了四篇文章。

刘赫的《检视与否定：刑罚目的论的再思考》一文，重新思考了刑罚目的理论。作者指出，古典的报应论、预防论、综合论乃至现代的表达论皆有缺憾，它们都存在一定的恣意性，事实上，刑罚的来源理论与刑罚的目的理论具有不同的问题指向。作者进一步主张停止讨论刑罚目的，直接研究刑罚权正当性以及刑罚权边界问题。作者的见解具有较强的创新性，但是，刑罚权正当性问题能否脱离报应和预防这一对范畴，不无疑问。

蒋济泽的《民主之地如何成为监狱之邦？——比较历史视域下的美国刑罚权研究》一文，描绘了过去五十多年美国刑罚运用的总体图景，梳理了引发美国刑罚变革的一系列深层次观念，在此基础上，深刻反思了社会治理中刑法和刑罚的角色。我国社会目前也处于转型时期，美国的经验教训，有助于我国学人进一步思考刑罚、犯罪治理与中国社会变迁问题。

李波和张懿丹翻译的美国纽约大学教授大卫·加兰德的《刑罚的社会学视角》一文认为，相较于刑法学研究的罪刑控制方法或刑罚哲学的道德评估方法，刑罚社会学可以为分析刑罚制度提供更全面、更现实的解释。作者详细评述了涂尔干、马克思、福柯、诺伯特·埃利亚斯等人的刑罚社会学思想学说，进而主张结合这些智识资源，合理确定刑事政策目标，为其规范性评价建立更为全面的框架。我曾经发表过研究大卫·加兰德刑罚社会学的论文。这篇论文受到刑法学界的一定关注，希望该译文能够让更多的读者一窥大卫·加兰德的深邃思想。

张正宇翻译的德国著名法学家弗兰茨·冯·李斯特的《刑法中的目的思想》一文系李斯特于1882年在马尔堡大学发表的就职演说。我国刑法学者相当熟悉李斯特的基本学说，马堡计划中的矫正、威慑、隔离的刑罚目的三分法亦不例外，但是，不少学者尚不了解马堡计划的具体内容,因此,本译文意义重大。李斯特在演说中毫不客气地批评既往的刑罚目的理论,并且回答了对目的刑理论的种种误解,从而塑造出德国刑罚目的理论的新面孔。当然,李斯特丝毫没有忽视法益理论的重要性,决不允许为达目的不择手段地科刑。李斯特的学说并非完美无缺,但是,李斯特挑战陈说的学术勇气、结合新的时代条件发展理论学说的学术敏锐度,令人肃然起敬。面临百年未有之大变局,中国刑法学者有没有勇气、有没有能力回答时代之问,是值得每一个刑法学人认真思考的问题。

“**实证研究**”栏目收录了五篇文章。

李文军翻译的康奈尔大学教授迈克尔·海斯的《法律实证研究的过去、现在与未来——司法裁判与新实证主义》一文,回顾了美国法律实证研究的发展历程,并且谈及它在法学界日益重要的地位。该文特别提到新实证主义已然兴起及其兴起的原因。该文以实证司法裁判研究为例,向读者展示新实证主义可能的图景。据我所知,迈克尔·海斯是美国法律实证研究学会的创始负责人之一,他的研究领域侧重于实证方法论与法律理论的结合,自 2005 年以来他一直与其他人合编出版《法律实证研究杂志》。中国刑法学界实证研究已经遍地开花,我也发表过不少实证研究论文。迈克尔·海斯对美国法律实证研究的发展变化、推动因素、研究现状以及如何迈向新实证主义的分析,启发了我们如何进行实证研究。

李耀的《非法经营罪“口袋性”的新发展与新对策——基于对 22219 份判决书的实证分析》一文,在 22219 份非法经营罪一审判决书的基础上,以“各项援引情况”与“规范依赖情况”为尺度对非法经营罪的“口袋性”进行实证检验。通过实证研究发现,非法经营罪的“口袋性”早已不是《刑法》第 225 条第(四)项兜底条款的“一枝独秀”,而是第(四)项、第(一)项与该条整体“百花齐放”。作者指出,《刑法》第 225 条所规定的这一罪名正因全面“口袋化”而呈现出即将崩盘的局面,并就如何在司法层面进行限缩提出了教义学的解决路径。《刑法》第 225 条第(四)项是“口袋条款”,在学界与实务界早已成为共识,但对于非法经营罪其他条款是否同时具备“口袋性”,尚未有实证研究数据。作者通过大样本实证分析,对非法经营罪的兜底情况进行了初步探索,为该罪的进一步研究提供了思路。作者用数据说话,说明非法经营罪口袋罪化的具体情形,由此让自己提出的避免非法经营罪不当适用的具体路径更接地气。在青年学子通过实证方法展开的个罪研究中,本文属于典范之作。

黎森予的《我国死刑威慑力的实证检验——以走私罪和盗窃罪死刑废止为契机》一文,旨在通过实证分析死刑是否具有额外威慑力。作者介绍了欧美、日本和我国的死刑威慑力的实证研究,并评析了它们存在样本选择、遗漏变量、模型解释和数学处理等方面的不足，继而以走私罪与盗窃罪的法定刑变迁为例，讨论死刑适用和死刑控制变量，最后得出的结论是，没有可靠的证据表明死刑废止后相关犯罪的案发率升高，即死刑不具有威慑力。该文文献综述扎实、方法科学，作为实证性研究，虽然无法直接得出死刑需维持或废止的应然结论，但为死刑存废之争的讨论提供了丰富的事实素材，对反思死刑废止的效果、指导今后的立法进路具有积极意义。这是青年学子通过实证方法研究死刑问题进而展开理论反思的典范之作。

王贤则的《行刑衔接视野下的内幕交易——实践运行与解决路径》一文，以2011年至2020年内幕交易行政处罚决定书、刑事判决书为样本，为我们描绘了行政、刑事领域内幕交易案件的基本情况。在此基础上，归纳出内幕交易案件具有刑事成案率低、传递型内幕交易案件占比高等特点，从而提出规范行政执法自由裁量权、构建行刑立体处罚体系、界定非法获取内幕信息的人员范围等建议，为健全证券行政执法与刑事司法衔接机制提供借鉴。

魏佳轩、刘学敏的《刑事从业禁止：实践、困境与反思——以1461件案例为样本的分析》一文，通过对刑事从业禁止制度实施以来的1461件案例进行分析，发现刑事从业禁止制度在司法实践中存在适用比例较低、适用期限混乱、适用罪名分散且适用内容扩大化的问题，同时，作者指出，问题的症结是刑事从业禁止与行政性从业禁止之间的冲突，并且，有针对性地提出从规范适用条件、明确适用期限和程序及限缩适用内容三个方面如何加以完善。作为《刑法修正案（九）》创设的一项旨在实现特殊预防的措施，从规范层面来看，《刑法修正案（九）》仅对该制度作出原则性规定，尚未明确具体实施细则及如何化解冲突，而在司法实践层面其运作之效果很少引起关注。该文立足实践，发现问题并提出解决对策，对司法实践中法官正确适用刑事从业禁止制度，充分发挥这一制度价值具有重要参考意义。

2021年6月28日，北京大学刑事法治研究中心、北京大学实证法务研究所和德国汉斯·赛德尔基金会共同主办了“网络爬虫的刑事法规制”会议。“**网络爬虫**”栏目收录的两篇文章，是两位德国学者的讲演稿。

毕丰皓翻译的德国波鸿鲁尔大学教授肯·埃克斯坦的《作为刑事追诉工具的网络爬虫》一文，为我们介绍了《德国刑事诉讼法典》为在刑事诉讼中使用网页抓取技术这一侦查手段制定的基本法律框架。肯·埃克斯坦认为，思考运用网络爬虫开展侦查活动的界限时，不能不考虑法治原则和德国基本法保障的公民基本权利。作者指出，德国刑事追诉机关是否以及在多大程度上有权使用网页抓取技术，《德国刑事诉讼法典》尚无明确规定，仍待进一步讨论。

毕丰皓翻译的德国波鸿鲁尔大学教授塞巴斯蒂安·戈拉的《机器之眼的非法窥

探——网络爬虫的刑事实体法问题》一文,旨在探讨网页抓取的刑法问题,探究在现行《德国刑法典》框架下使用网页抓取技术的刑事责任问题,并且考察了当前德国法律对网页抓取进行刑事处罚的改革计划。此外,该文简要讨论了在国外法律体系下有关网页抓取的刑事责任问题。塞巴斯蒂安·戈拉指出,仅在特定条件下将网页抓取视为著作权侵犯行为并予以刑事处罚是合理的。

"理论前沿"栏目收录了四篇文章。

马龙的《过失犯构造的辨识及其本土化适用——以过失犯构造所需的价值诉求为根基》一文,全面地介绍了德国、日本、苏联的过失犯构造,并且系统论证了二阶过失模式(新过失论)的相对合理性。作者认为,大陆法系过失犯构造理论正朝着限缩处罚方向发展,并且过失犯构造的分类不应当侧重于行为无价值与结果无价值的对立,而应当坚持以故意犯为参照系展开。在此逻辑前提之下,作者积极回应修正过失论者的若干质疑,分析苏联时期意识形态的对立对于过失犯构造的影响,阐明一阶过失模式存在的具体问题。作者指出,世界上不存在完美无缺的过失犯构造,因而,他另辟蹊径地从过失犯构造所需的价值诉求中探求。在该文中,作者提出过失犯构造所需的四项价值诉求,并且将这些价值诉求的位阶按照"①构造的明确性>②处罚的限定性>③判断的便捷性>④犯罪的预防性"进行了排序,从而,得出二阶过失模式具有相对合理性的结论。

张薇薇的《作为与不作为之间:中断救助行为的处罚模式探讨》一文,关注的是中断救助行为与传统不作为犯之间的微妙差别。介于作为与不作为之间的模糊地带,中断救助行为面临评价标准的扭曲,无法获得统一的刑法评价。因此,评价中断救助行为本质上是处罚模式的选择问题,需要充分考虑刑事立法与国情。不作为犯的处罚模式对于结果归属的要求相对宽松,行为主体则相对限定;作为犯的处罚模式对行为主体开放,对结果归属的要求则相对苛刻。与德日相比,我国刑事立法对于见危不救的罪刑规范过于单一、明显缺乏层次,遗弃罪难以发挥类似《德国刑法典》第 323c 条的见危不救罪、《日本刑法典》第 217 条作为型普通遗弃罪的补充法作用。在此背景下,采用作为犯处罚模式相对能够保护法益,既与关于交通肇事后隐藏或者遗弃伤者的司法解释相契合,也能说明中断治疗问题,确保司法裁判的准确性。只有满足危害行为、正犯性和因果关系的条件时,中断救助行为才能被评价为侵害生命的结果犯。

毕琳的《未遂犯处罚根据之重思》一文,对未遂犯的处罚根据重新进行了审视思考。长期以来,围绕未遂犯的处罚根据以及关于未遂犯与不能犯的区分,学界所提理论纷繁复杂。这些理论大致可以归为主观说、客观说以及折中的混合理论,它们都是从危险性角度建构处罚根据,差别只是在于究竟应该针对怎样的危险,或是说危险如何判断。这些论证难言圆满。从行为规范和制裁规范分别具有不同的正当性基础这一新的视角出发,作者认为,未遂犯处罚的正当性根据,在于维护规范的有效性进而面向未来保护法益,并且就此而言其与既遂犯的处罚根据相同。因此,行为一旦违反保护法益的行为规范就具有应罚性而构成未遂,行为时是否不能、有无危险都不影响违反行为规范的本质,处罚未遂犯是刑罚与法益保护间的技术关系。在此基础上,作者主张对刑罚理论的二元建构:区分规范保护和结果应报。为预防未来的法益侵害,行为人过去客观上绝对没有危险的行为,也可以是未来危险的依据;而在结果应报上,除既遂犯外,能犯未遂对具体法益的危险也是一种结果不法,从而刑罚会较不能未遂更重。不能犯是一个机能性概念,必须立足于中国社会现实和现行立法进行理解和解释。作者用行为是否违反规范的标准判断在罪与非罪意义上无危险的未遂(不可罚的不能犯)和有危险的未遂(能犯未遂和不能犯未遂),这在很大程度上满足了判断标准的一致性,保障了法秩序的统一和安定。

吴尚聪的《以“权利”为名的制度化控制:当代中国犯罪记录制度分析》一文,讨论的是我国犯罪记录制度。作者认为,现代社会的理性化过程,以及在此过程中所展现的理性自身的悖论,都集中体现在当代中国犯罪记录制度中。通过跳脱出单纯的刑法学和犯罪学研究的局限,文章引入社会学视角,将犯罪记录从一个犯罪学的“犯罪的产生”之问题,上升为社会学“人的存在”这一更加宏大的命题。在此基础之上,作者进一步认为,当代中国犯罪记录制度被控制的文化笼罩,犯罪记录制度呈现变异的面貌,这集中表现在三方面:以对犯罪人的控制为目的导向的制度目的;以隐性的、往往是制度化与非制度化相结合的方式进行控制的制度手段;将犯罪人的犯罪记录信息而非犯罪人本人作为控制对象的制度客体。最终,作者得出结论:当代中国的犯罪记录制度实则是以犯罪人的犯罪记录信息作为控制对象,通过隐蔽、中性、以公共安全为名的控制手段,最终实现对犯罪人的控制目的。作者以现代性为视角对犯罪记录制度进行的反思令人印象深刻。不过,可能受限于篇幅,作者在批判之余并没有提出更多关于犯罪记录制度的建设性意见。

“共同犯罪”栏目了收录两篇文章。

李双剑的《单一制下间接正犯概念之肯定——从我国犯罪参与体系的归属入手》一文,讨论了在单一制犯罪参与体系下间接正犯概念之必要性的问题。一般认为,间接正犯概念是为了弥补区分制犯罪参与体系下共犯理论的处罚漏洞而产生的,其存在与犯罪参与体系的模式密切相关,单一制下无间接正犯概念存在的空间。不过,作者在论证我国犯罪参与体系是单一制的基础上,仍然肯定了间接正犯概念存在之必要性。作者认为,这种处理方式不仅避免了否定论带来的弊端,也符合历史发展和现实的需要，而且，机能的单一制的立法模式和间接正犯的发展趋势为单一制下间接正犯肯定论提供了可行性。文章突破传统理论的束缚，提出单一制与间接正犯概念完全可以相容，令人耳目一新，有助于促进国内犯罪参与体系理论研究。

刘大群的《论国际刑法上的共同犯罪理论》一文，详细讨论了国际刑法中共谋罪、共同犯罪组合、共同犯罪、间接共同犯罪和协助犯罪五种共同犯罪形式的诸多理论与实践问题。作者指出，共同犯罪是国际刑事法院所适用的犯罪形态。国际刑事法院司法实践，结合间接犯罪和共同犯罪的犯罪责任形式，适用过间接共同犯罪的犯罪形态。联合国临时刑事法庭所采用的共同犯罪组合和国际刑事法院适用的共同犯罪虽然形式不同，却都是惩罚国际刑法领域领导人策划、指挥、煽动和协助集体犯罪的重器。作者特别指出，间接共同犯罪是否能成为国际习惯法的规则，需要更多司法实践进行检验。

“**刑事程序**”栏目收录了五篇文章。

万旭的《刑事审判中异议制度的原理论纲——从刑事审判对抗化转型切入》一文，首先从横向构造、程序理念、价值目标结构等维度阐述了异议制度与对抗化刑事审判的契合性，然后基于不同的理论分析框架，系统归纳了异议声明机制和异议裁断机制的深层次运作特征，提炼出两种机制各自应遵循的基本原则。在此基础上，作者深入分析了异议制度的预期功能与制约条件。目前，越来越多的学者开始关注刑事审判中的异议现象，但是，对异议制度的研究尚不充分、争议繁多，这使得该文对异议制度原理的讨论具有创新价值。

刘慧的《检察机关介入侦查的属性界定——以网络犯罪案件为例》一文，直面司法中频频出现的检察机关介入侦查问题。作者认为，在以审判为中心的诉讼制度改革背景下，检察机关介入侦查只是其控诉职能的必要延伸，而非其实现法律监督的表现形式。而且，对于介入侦查与检察官的客观公正义务之间的关系，作者认为，二者不矛盾，毋宁说，介入侦查有助于检察官更好地履行客观公正义务。此外，作者结合网络犯罪案件对此问题展开了深入分析。

李晨的《认罪认罚案件被追诉人知情权研究》一文，研究的是被追诉人向控诉方获取定罪、量刑以及诉讼程序信息的权利问题。作者首先分析研究这一问题的意义，然后说明保障被追诉权人知情权何以如此困难，进而提出若干解决这些困难的举措，并且对于如何避免认知风险、如何平衡有效知情与个人信息保护之间所形成的逻辑悖逆表达了自己的忧思。

周宇婷的《刑事诉讼中幽灵抗辩的证明问题研究》一文，基于刑事法一体化思想与证据法视角，探索与我国犯罪构成体系、刑事诉讼模式、司法审判实际相契合的“幽灵抗辩”证明机制，以应对日益多元化和复杂化的抗辩事由。作者依据犯罪构成体系将“幽灵抗辩”的实务样态划分为构成要件反驳型、违法阻却型与责任阻却型三大类别，并结合犯罪构成理论分配控辩双方在不同类型“幽灵抗辩”案件中的证明责任，主张构成要件反驳型事由的证明责任应由控方承担；违法阻却型事由的证明责任由控方承担，但面对现实的定罪可能性，被告人为维护自身利益有提出的必要；责任阻却型事由的证明责任由控辩双方分担，被告人需先就事由的存在承担争点形成责任。对应控辩双方证明责任，文章设置了优势证明和排除合理怀疑的二元化证明标准，强调间接证据证明、事实推定与经验法则的综合性运用。最后，作者着眼于证据收集、审查、认定的过程，提出了公安司法机关应对“幽灵抗辩”的具体对策。作者深入剖析了证明规则背后的法理依据，联系本土的诉讼法文化及制度资源，创造性地构建针对“幽灵抗辩”的证明规则，不仅有益于解决司法机关的实务困惑，更有之于证据法理论研究的独特价值。

王燕芳的《论认罪认罚从宽中的附条件检察承诺》一文，从认罪认罚从宽的典型案例中提炼出一个新概念，即附条件检察承诺。作者指出，附条件检察承诺彰显“悔罪”从宽这一认罪认罚从宽制度的主要特色，是检察机关要求被追诉人在一定期限内履行附加义务，根据义务履行情况评估其悔罪表现并作出最终处理决定的一种附条件从宽处遇机制，包括附条件量刑建议、认罪认罚不起诉两种表现形式。这一概念对落实认罪认罚“从宽处理”的制度激励、确保认罪认罚从宽制度实施的“下半场”实现公正与效率的“双循环”具有重要意义。作者不仅创设了一个新的概念，而且预测了两大司法趋势：一是检察机关注重司法诚信、累积社会信任的努力；二是检察机关去机械化司法的倾向，即未来检察机关灵活化的附条件司法行为会成为常态。

江　溯

谨识于北京大学法学院陈明楼 304 室

2023 年 5 月 1 日

目　录

主题探讨

结果归属

错误理论

刑罚理论

实证研究

网络爬虫

理论前沿

共同犯罪

刑事程序

[主题探讨]

社会的刑法

——京特·雅科布斯刑法思想的社会哲学和社会理论基础

[德]米夏埃尔·帕夫利克* 文　赵书鸿** 译
黄钰洲***、汤沛丰**** 校

要　目

* 德国弗赖堡大学刑事法研究所(刑法、刑诉法与法哲学方向)教授。本文的翻译已得到作者授权。
** 北京师范大学刑事法律科学研究院副教授。本文译者衷心感谢两位校者从各自研究领域对本译文所做的专业校对——黄钰洲(康德部分)、汤沛丰(黑格尔部分)。
*** 中国社会科学院大学法学院讲师。
**** 暨南大学法学院讲师。

摘　要　通过揭示雅科布斯刑法思想的社会理论和社会哲学基本特征,从而对其刑法理论进行了思想史上的归类。本文所给出的形象,与数十年来像幽灵般出没于部分德国刑法学文献的陈述是截然不同的。雅科布斯证明了自己是这样一位学者:没有第二个人像他那样如此深入地致力于在现代世界的条件下以概念方式表述刑法思想。对其世界影响力或许太过深信不疑的德国刑法学来说,这个结论不全是恭维——尤其是因为德国刑法学忽略了过去数十年间大部分相关的法理论、社会哲学和政治哲学讨论,与其说是雅科布斯的刑法理论,不如说德国刑法学家将精力都耗费在了一个自己立起来的稻草人身上,而这与被他们所污名化的雅科布斯的真实思想在许多方面没有一丁点关系。雅科布斯理论的全部财富尚待发现和承认。与许多同时代竞争对手不同,雅科布斯理论的最好时代并未过去,而是还在前头。

关键词　德国刑法教义学　黑格尔主义　规范的现实　时代精神

一、社会事物的自有动力

(一)黑格尔的元批判转向

在卢曼(Luhmann)去世后出版的《社会理论导论》的前言里,社会学家贝克尔(Dirk Baecker)指出,卢曼在其著作中始终提及的唯一问题是,如何提出和如何解决某个问题?[1] 据此,从最不起眼的边脚旁注到野心勃勃的宏大理论,每一个科学表述都在展现对某个特定问题的回答,而且只有当问题之所在得到了充分的阐明之后,这个

〔1〕 Baecker, in: Luhmann/Baecker (Hrsg.), Einführung in die Theorie der Gesellschaft, 2005, S. 7.

问题才有可能得到确切的理解和评价。[2]

黑格尔的核心问题之一涉及单个主体与符号系统、行为系统(也就是制度)之间的关系,这些制度能够帮助主体获得对自我和世界进行解释的标准以及有关其价值取向和忠诚模式的标准。黑格尔意识到,借着他的言说和行为,也借着他的思维、感觉和知觉,每一个人都活动在一个在文化上已经以各种各样的方式预先形成的世界之中[3],黑格尔将这个世界称为"客观精神"[4]。尽管,这种客观精神产生于许多单个人投入其中的、交织为一个共同实践事物的行为,并且是通过这些行为而得以保存的[5](不然它还能来自哪里呢?),但从黑格尔的角度来看,客观精神完全不是由单个人的行为所支配的。客观精神只在内容形态上是可变的(而且这还只是在有限的范围内),但它的框定功能本身却不可或缺。[6] 作为"类的实践理性"的整体[7],客观精神构成了"个体精神的实体性前提,母亲般的生命元素",并且像所有的母亲那样,客观精神在每一个个体中烙上了对那种先于规定的一种常常未曾意识到的长久依赖[8]。

在黑格尔看来,社会—普遍物的这种典型的人类行为学[我们也可以像卡西尔(Cassirer)[9]那样称之为符号性的]性质,在一种思维中消失了,这种思维将单个主体塑造成"意义的终极权威"[10]。黑格尔认为,这种思维不但是糟糕的社会存在论,而且也是糟糕的政治哲学。因此,与此相应的,黑格尔对社会契约论——正如他在1828年讲座中所指出的那样,这种理论"在大多数的自然法和国家理论中仍占据着支配地位"——即是说,社会契约论建立在一种过分夸大主体的启蒙幻想之上。[11] 在黑格尔看来,社会契约思想通过使"恣意的、个别的意志"[12]上升为国家合法性根据,从而掩

---

[2] 哲学史上,这种方法主要是指古典实用主义及其之后的发展。Nachweise in: Pawlik, FS Paeffgen, 2015, S. 13 Fn. 3.

[3] 有说服力的论述参见 Hegel, Vorlesungen über die Geschichte der Philosophie I, Werke Bd. 18, 1986, S. 21。

[4] Brandom, Wiedererinnerter Idealismus, 2015, S. 73, 302; ders., in: Khurana (Hrsg.), Para- doxien der Autonomie, 2012, S. 61 ff.; Pinkard, in: Halbig u. a. (Hrsg.), Hegels Erbe, 2004, S. 276 ff.; Pippin, Die Verwirklichung der Freiheit, 2005, S. 124; ders., Die Aktualität des Deut-schen Idealismus, 2016, S. 49 f., 103, 147 ff., 273 f.; Seel, Aktive Passivität, 2014, S. 15 f.; Stekeler-Weithofer, Philosophie des Selbstbewußtseins, 2005, S. 28 f., 62 f.; Zabel, in: Hoffmann (Hrsg.), Das Recht als Form der „Gemeinschaft freier Wesen als solcher", 2014, S. 221 f.

[5] Hegel, Die Philosophie des Rechts, hrsg. von Henrich, 1983, S. 49; Köstlin, Neue Revision der Grundbegriffe des Criminalrechts, 1845, S. 114.

[6] Dreyfus/Taylor, Die Wiedergewinnung des Realismus, 2016, S. 44.

[7] Köstlin (Fn. 5), S. 23.

[8] Ebd., S. 88.

[9] Vgl. Cassirer, Der Begriff der symbolischen Form im Aufbau der Geisteswissenschaften, in: ders., Werke, Bd. 16, 2003, S. 79.

[10] So (ebenfalls in kritischer Absicht) Vesting, Die Medien des Rechts, Bd. 3, 2013, S. 76.

[11] Hegel, Hamanns Schriften, in: ders., Werke, Bd. 11, 1986, S. 334.

[12] Ebd., S. 334.

盖了意义生产和意义稳定化的超个人过程，而恰恰是这些过程的背景性运行才为个人的思想和意志行为提供了内容上的范围和交往的关联性。[13]

通过在"元批判转向"[14]的过程中揭示出这些联系，黑格尔进行了[用哲学家皮尔明·施泰克勒-韦特霍费尔(Pirmin Stekeler-Weithofer)的概念来表述]"对预设的分析"[15]。他揭示了我们的思维、判断和行为的隐性结构，以及一直以来往往未经反思的前提条件。[16] 因此，他对启蒙的贡献首先就在于，他推动了启蒙者的自我启蒙，而他的途径则是，以比启蒙者们更为基础性的范畴来把握他们的行动。[17]

(二)雅科布斯的黑格尔主义

京特·雅科布斯也将他的构想视为"继续推进启蒙的尝试"[18]，而且在意义上是和黑格尔一样的："对预设的分析"，揭示"交往理解的逻辑"以及对迄今为止没有得到理解的抽象进行批判。[19] 像黑格尔一样，雅科布斯认为这些抽象的根源在于没有充分考虑个人判断、价值和行为的社会文化决定因素。[20]

每个主体都被"情境化"[21]，为了社会化，他需要一个作为文化共同体的社会；为了实现其福祉，他需要一个经济共同体的社会，以及为了确保自己作为人而得到承认，他需要一个对合法性加以保障的国家。[22] 雅科布斯所谓的"生存技能的获取"(心理生理的形成、知识的获得、动机的理性化以及所需物质的积累)[23]，全部是以复杂的社会结构为前提的。[24] "作为人必须以社会为条件，必须尊重权利和拥有权利"[25]，这种认识只能在被制度化的认可秩序的框架内才能形成；拥有权利和义务意味着什么，这不能从理论的角度来进行解释，而是必须在集体实践中经历[26]。雅科布斯的结论是："想成为主体又想绝对独立的人是在自相矛盾"[27]，就此而言，这个结论是有理有据的。

---

〔13〕 Stekeler-Weithofer (Fn. 4), S. 38 f., 63.

〔14〕 Dreyfus/Taylor (Fn. 6), S. 171.

〔15〕 Stekeler-Weithofer (Fn. 4), S. 55.

〔16〕 Ebd., S. 64.

〔17〕 Spaemann, Gott und die Welt, 2012, S. 132.

〔18〕 Jakobs, HRRS 2006, 290.

〔19〕 Jakobs, Das Schuldprinzip, 1993, S. 30.

〔20〕 Grundlegend Jakobs, ZStW 107 (1995), 849 ff.; zuletzt ders., FS Frisch, 2013, S. 91 f.

〔21〕 Fish, Das Recht möchte formal sein, 2011, S. 87.

〔22〕 Jakobs, Rechtsgüterschutz?, 2012, S. 37; ders., FS Frisch (Fn. 20), S. 92; ders., in: Frisch u. a. (Hrsg.), Lebendiges und Totes in der Verbrechenslehre Hans Welzels, 2015, S. 274.

〔23〕 Jakobs, FS Roxin, 2001, S. 796.

〔24〕 Stekeler-Weithofer (Fn. 4), S. 316, 424.

〔25〕 Jakobs (Fn. 23), S. 796.

〔26〕 Dreyfus/Taylor (Fn. 6), S. 228 ff.

〔27〕 Jakobs, Norm, Person, Gesellschaft, 3. Aufl., 2008, S. 38.

们还以维特根斯坦(Wittgenstein)的晚期哲学作为典范。[55]

因此,雅科布斯、麦克道威尔和皮平都坚信行为的意义内涵由客观决定,这并非一种巧合。对此,行为人只是有权决定实施哪个行动,而不能决定他的行为意味着什么。在皮平看来,"我所理解的行为的意义、行为的目的及其意涵并非源自我们直觉上赋予行为人的特权"。因此,该行为人"对其行动的占有完全不受法律的保护,而且并不能单方面规定他到底要做什么"[56]。对此,雅科布斯给出了清楚的理由。如果不包含接受者的视野,那么就无法将"表态"和"意义表达"解释为交往活动。但是,接受者并不拥有表态人的个人解释方案,即使他拥有这个方案,该方案也不会因此就具有规范性,因为它是个人的方案。[57] 由此可见,对于雅科布斯来说,"能够使人们联系起来的东西取决于交往,而不是取决于主体"[58]。

根据对行为理论的分析,皮平得出结论认为,必须在行为得以施行的具体社会共同体内才能对行为的意义进行协商。[59] 雅科布斯同样使用了"协商"一词。[60] 犯罪人并非野蛮人,而是碰到了"过去和现在都充满了意义主张的行动空间:法律、宗教、道德和习俗"[61]。因此,刑法中的行为人不应被理解为具有完全不同意图和偏好的个体,而应被理解为人格体,即具有社会层面上可被理解这一能力的展示者。[62] 出于这个原因,行为总是社会性事件[63],对这些事件的诠释是确定其具有社会意义的行为,这种确定意义的活动所依据的是一个客观标准,即具有社会规范性意义的语义。[64]

一旦人们采取步骤将行为理解为社会性的解释结构,那么就不能从逻辑上将其局限在"给定行为意味着什么"这一问题上,而是必须将其扩展到"究竟是否存在行为"这一问题。因此,行为能力或(在传统术语中的)某个人的责任能力(Schuldfähigkeit)由以下方式来确定:解释者将那个人的行为与解释者自己有关理性的——可理解行为的标准进行比较,从而从中得出他自己的结论。

"除非我们能够这样解释一个造物的表述和其他行为,也就是说,它展现了基本一致且按照我们的标准来说是真实的一系列信念,否则我们没有理由认为,这种造物

---

〔55〕 Näher Pawlik, in: Kubiciel u. a. (Hrsg.), Hegels Erben, 2017, S. 269 f.

〔56〕 Pippin, in: Halbig u. a. (Hrsg.), Hegels Erbe, 2004, S. 311; ebenso ders., Aktualität (Fn. 4), S. 100 f., 235 f.; McDowell, Die Welt im Blick, 2015, S. 251.

〔57〕 Jakobs (Fn. 44), S. 27.

〔58〕 Jakobs (Fn. 30), S. 47.

〔59〕 Pippin (Fn. 56), S. 311.

〔60〕 Beispielsweise Jakobs, AT, 17/21.

〔61〕 Jakobs, RW 2010, 284.

〔62〕 Jakobs, ZStW 107 (1995), 859 f.

〔63〕 Jakobs, FS Schreiber, 2003, S. 955 f.

〔64〕 Jakobs (Fn. 36), S. 17, 34, 53, 61.

有资格被视作理性的存在者,这种存在者为一些信念进行辩护,或者甚至有所表达。”〔65〕

根据雅科布斯的立场,责任的本质在于偏离了一个既定的标准,这个标准是忠诚于规范的人的标准,而该标准并不取决于个人如何使自身符合这一标准。〔66〕从结果上来看,这与美国哲学家唐纳德·戴维森的说法是一致的。这种立场不是愤世嫉俗甚至不人道,而是在交往理论方面有其充分的依据。〔67〕要坚持所谓“责任的不可或缺的个性”来反对雅科布斯的立场,就要犯以下人士所遇到的同样错误:这个人把手放在自己头上说“我知道自己有多高!”〔68〕个体是不可言喻的(Individuum est ineffabile)。为了能够成为一个判断的客体,必须由其他人根据他们的标准来对个人作出评判。可见,雅科布斯的理论在德国刑法学界部分人士中所引起的不安并没有给这些人的哲学能力提供有力的证据。

二、作为“规范之现实”的社会

(一)因果化和规范化

根据以上说明,对雅科布斯来说,社会是最为复杂的交往系统。〔69〕社会的形成并非因为可支配的强制权能或者共同利益的存在,而是因为具有由规范所引导的意义实践的存在。

“人类个体单纯的集合并不构成社会。相反,社会始于第一个规范的效力,这种规范的效力将人与特定的行为联系在一起……”〔70〕

纯粹工具性的,仅在认知上得到保证,但并不伴随规范性期望的对象交换,充其量只是社会的胚料,至少在法律背景下,它是无关紧要的。〔71〕

因此,对雅科布斯来说,规范是“约束性的精神的产物”〔72〕。这种约束性具有双重意义:其一,义务上的以及(因而)证成共同体的约束性;其二,本身就是社会性事

〔65〕 Davidson, Wahrheit und Interpretation, 1990, S. 199.

〔66〕 Exemplarisch Jakobs, in: Neumann (Hrsg.), Verantwortung in Recht und Moral, 2000, S. 68; zuletzt ders., FS-Kühl, 2014, S. 282.

〔67〕 Pawlik (Fn. 50), S. 10 ff.

〔68〕 Das Beispiel stammt von Wittgenstein, Philosophische Untersuchungen, Nr. 279 (in: ders., Tractatus logico-philosophicus. Philosophische Untersuchungen, 1990, S. 228).

〔69〕 Jakobs, FS Saito, 2003, S. 765.

〔70〕 Jakobs, FS Lee, 1998, S. 917.

〔71〕 Jakobs, FS Spinellis, 2001, S. 450.

〔72〕 Jakobs, FS Nisihara, 1998, S. 110.

件。[73] 而且,社会只不过是“规范的实在性”[74]。根据雅科布斯的理解,规范拥有赋予意义的能力,仅仅因为它们本身就意味着某种东西,“也就是说,世界应当以一种特定形象存在,而不是以另一种形象存在”[75]。因此,雅科布斯事实上已经预料到了规范的概念,这个概念由克里斯托夫·默勒斯(Christoph Möllers)在最近提了出来。根据这个概念,规范从指向两个选项(遵守规范与损害规范)开始[76],并积极地评估其中一种可能性的实现,而与此不相容的行为却被消极地评价[77]。

因此,对雅科布斯和默勒斯来说,尽管规范(这些规范努力使现实与自身一致)与现实之间存在冲突[78],但是,规范既不适合,亦没有被规定为用来因果化它们的首选项。[79] 如果这里涉及的是最为有效的行为控制,那么放弃规范并通过设置身体上或心灵上不可抗拒的原因则会使事情变得更容易。[80] 然而,这种控制方式,即被雅科布斯提到的快与不快的模式[81],并不能合理地说明人对他们意志的责任,而这种责任是(比如)处以刑罚所要求的。[82] 在这种控制方式下,个人毋宁是将自己的心灵贬低为身体的奴隶。[83] 因此,正如雅科布斯(与罗伯特·布兰顿一致)所解释的那样[84],刑法规范预设了一种意识,这种意识在交往上被表明为能够掌握规范的意义,并使规范要么成为自己的一部分,要么就被违反[85]。刑法规范仅适用于具备以下资格的人格体,即知道自己“既有可能成功遵守又有可能未成功遵守规范”,并且在此意义上知道自己是自由的。[86] 但是,刑法规范仅限于为人提供实施应为(或期待)行为的理由,但它们同时让人自行决定[87],自己是否实际上将这些理由视为动机[88]。

通过强调所期待状态的偶然性,以及背离[正常]流程选项的可能性,这些规范使它们的对象脱离上述状态或流程的必然性,并且强调了它们是可以受到破坏的。[89] 当然,正是因为规范具有这种脆弱性,所以如果应当存在社会的话,它们必须防止自己

---

[73] Jakobs (Fn. 69), S. 765.
[74] Jakobs (Fn. 27), S. 108.
[75] Jakobs (Fn. 36), S. 22.
[76] Möllers, Die Möglichkeit der Normen, 2015, S. 368.
[77] Ebd., S. 125 ff.
[78] Ebd., S. 395.
[79] Jakobs (Fn. 27), S. 53.
[80] Möllers (Fn. 76), S. 448.
[81] Jakobs (Fn. 27), S. 13 ff.
[82] Ebd., S. 53.
[83] Jakobs, ZStW 117 (2005), 254.
[84] Brandom, Philosophy and Social Criticism 33 (2007), 135.
[85] Jakobs, FS-Lüderssen, 2002, S. 568.
[86] Jakobs (Fn. 85), S. 571.
[87] Jakobs (Fn. 27), S. 53.
[88] Beispielhaft Jakobs, ZStW 117 (2005), 260.
[89] Jakobs, Verantwortung (Fn. 66), S. 61; ebenso jüngst Möllers (Fn. 76), S. 153.

遭受任意改变(或破坏)。[90]

“它们(规范)的弱点只能以一种方式得到补偿:不容许的,但并非本身就是过错的东西,必须被视为是过错的。通过违反规范的行为来否定规范的有效性,这种否定将被视为过错。”[91]

根据雅科布斯的看法,这些就发生在刑法实践中。

因此,与因果化相比,规范化更具风险和更为苛刻。但是,正如雅科布斯所指出的那样,这些弊端与(对于制定规范的团体以及被召集为“义务的士兵”[92]的规范接受者而言的)优势相比微不足道。尽管因果化的机制想要消除(有待引导的)个体自身的行动范围,但其结果是,背离规范的行为并不能归责于偏离规范的个体,而是应归责于因果化的制度。[93] 与因果化的机制不同,规范则向规范接受者表明,其任务是随时准备遵守必要的规范。这样的话,违反规范就有可能被视为有义务遵守规范之人(而不是规范)的过错来处理。[94] 因此,规范可以仅限于为规范接受者设定一个目标(比如不能杀人),但要为他们保留自己的判断力和达到目标的动机能力。这使“团体获得优势,它的规范能够根据实际情况进行具体化,从而赋予个人以下优势:能够在大量的行为方式之间进行选择的同时,不用承担事后遭受否定的风险”[95]。

如果在社会交往中,被期待应为的事实被视为遵守规范的充分理由,而不只是考虑规范制裁强制性威胁的有效性,那么规范才有资格要求为人所期望的行为提供非工具性的理由。[96] 雅科布斯通过一个直观的例子说明了这一点。[有可能人们会认为]自杀的可能性低得可以忽略不计,而且因为杀害他人所招致的回应很有可能并不会带来有利的后果[因此人们既不倾向于自杀也不会倾向于杀人]。如果人们满足这样的想法,那么他们就没有着眼于规范,而仅仅是在认知上着眼于一个或多或少以有利于人们的方式构建的环境。但是,如果人们的理解如下,因为杀人是被禁止的,因此不应考虑自杀,而且杀害另一个人也不是一个值得商榷的行为选择,那么就会产生规范效力,而且这不但在形式上而且在实质上与社会联系在了一起。[97]

这证实了规范不应仅被理解为行为控制或命令,而是提供交际的联系。[98] 因

---

〔90〕 Jakobs, Verantwortung (Fn. 66), S. 63.

〔91〕 Jakobs (Fn. 19), S. 24.

〔92〕 Die Wendung stammt von McDowell, Wert und Wirklichkeit (Fn. 43), S. 71 f.

〔93〕 Dies ist übrigens ein Einwand, den bereits Binding gegen Feuerbach erhob (Binding, Die Normen und ihre Übertretung, Bd. 2/2, 2. Aufl., 1914, S. 916; ders., Grundriss des deutschen Strafrechts, 8. Aufl., 1913, S. 221).

〔94〕 Jakobs (Fn. 27), S. 66.

〔95〕 Ebd., S. 95.

〔96〕 Jakobs (Fn. 27), S. 51, 54.

〔97〕 Ebd., S. 52.

〔98〕 Ebd., S. 92.

此,关键问题“不是……未来行为将有哪种形式,而是[规范的]指引以哪种未来的行为形式为准”[99]。因此,只要行为被称为和视为违反规范,那么违反规范的行为就不会改变规范的效力(这种效力用黑格尔的话来说就是现实性[100])。[101] 这同样适用于刑法规范。[102] 雅科布斯正确地强调:一个应该保持自由的国家不能保证绝对的安全。国家承诺坚持的是对法本身——法的效力——的关注,并且法在不法的情形中同样有效,因为(并且只要)它必须明确地持续作为一种社会主导的指引模式。[103]

(二)法律强制的有限性和社会信念的力量

正如雅科布斯进一步强调的那样,违反规范的行为是否作为受欢迎的或至少具有争议性的创新而被社会所接受,或者是否可被归类为过错行为以及被否定,这在很大程度上取决于有关规范的实质性说服力。“被普遍解释为暴力的东西,杀害每一个社会成员,而被表现出来的部分被解释为暴力的,则杀害社会的相应部分。”[104] 通过暴力威胁,可以迫使行为完全符合规范。然而,以这种方式执行规范却极不稳定[105],并且几乎不可避免地会增加扼杀任何自由的监视力量[106]。追随奥古斯丁(Augustinus),雅科布斯将一个以上述方式行事的国家称为“一大群强盗”[107]。在一个良序国家里,目标必然不是通过刑罚的威慑来实现控制,而是那些尽可能习惯性地遵守规范的行为。[108]

因此,雅科布斯接受了早期现代政治哲学中众所周知的见解,康德和费希特(Fichte)认为,只有使用适当的国家强制性手段的组织才能实现法律的稳定,但这种想法随后被遗忘。黑格尔更新了这种观念,而阿道夫·默克尔(Adolf Merkel)则在后唯心主义时代将它拯救了出来。[109] 的确,默克尔承认:如果在违法的情况下没有像预料的那样受到处罚,而且没有必要严肃对待这些处罚,那么法规范就不具有拘束力。法需要

---

[99] Jakobs, ZStW 117 (2005), 255.

[100] „Wirklichkeit ist das, was wirkt und sich in seinem Anderssein erhält“ (Hegel, Grundlinien der Philosophie des Rechts, Werke, Bd. 7, 1986, § 82 Z [S. 173]).

[101] Jakobs (Fn. 27), S. 92; ders. (Fn. 70), S. 917; ders. (Fn. 71), S. 461.

[102] Jakobs, Staatliche Strafe: Bedeutung und Zweck, 2004, S. 28.

[103] Ebd., S. 28.

[104] Jakobs (Fn. 27), S. 55.

[105] Dazu Pawlik, Das Unrecht des Bürgers, 2012, S. 39, 77 f.

[106] Jakobs, in: Witter (Hrsg.), Der psychiatrische Sachverständige im Strafrecht, 1987, S. 281; ders. (Fn. 27), S. 78 f.; ders., in: Rosenau/Kim (Hrsg.), Straftheorie und Strafgerechtigkeit, 2010, S. 180; ders. (Fn. 39), S. 39; ders., GS Dedes, 2013, S. 97.

[107] Jakobs, in: Isensee (Hrsg.), Vergangenheitsbewältigung durch Recht, 1992, S. 41.

[108] Jakobs (Fn. 19), S. 25; ders., ZStW 117 (2005), 841.

[109] Zu Kant, Fichte und Hegel Pawlik, JRE 14 (2006), 269ff.

制裁,就像黑影需要光芒一样。[110] 但是,与法的某些特征相比(依据这些特征,法在通常情形下可以期待它的要求得到自愿服从),这些“权力的质料要素”只具有边缘性的和次要的意义。[111]

“之所以这样,是因为要求我们服从的法得到了属于我们本质的道德因素的支持。但这只有在满足了以下条件才有可能:法本身有效性的整体特征符合我们道德本质所提供的东西。因此,这取决于后者的表现。”[112]

由此可见,有能力不断纠正分歧、混乱和不确定所导致恶果的只有一种法律制度:“根据主流观点,这种制度赋予每个人属于他的东西”,而且“根据对所有人来说都显得有效的标准来确定”人类权力的界限。[113]

随后几代法学家,从宾丁到冯·李斯特之间的立场差别都不大,他们都以严重误读的方式来利用默克尔的作品。然而,许多社会哲学家和社会理论家在接下来的几年中得出了与默克尔相同的结论。以帕森斯为例,他把黑格尔作为他的主要灵感来源之一并非偶然。[114] 就连帕森斯自己也强调,维持社会秩序不能仅靠外部的强制来实现;相反,服从社会的尤其是法律规范的意愿必须以如下方式建立在公民的人格结构中:使偏离规范看起来是反常的。[115] 只有通过大多数社会成员认可,而且与文化制度其他组成部分相协调的价值使有关规范合法化,那么这一目标才能实现。[116] 另外,社会必须提供一系列的角色机会,从而使个人能够在社会内部满足其基本的个人需求。[117]

由于要求公民能够在法律中和谐一致地生活[118],雅科布斯为上述思想套上从术语上更接近黑格尔模式的外衣。在一个个人利益和共同利益得到调和的秩序中,国家虽然不能确定地产生“信赖”(这种信赖可以转向或多或少有所教养的见解)[119],但仍会在很大程度上产生这种“信赖”。[120] 这种理由清楚地表明雅科布斯关心的问题:(刑事)法秩序应该与“它的”社会成员的基本信念相协调。几乎所有文化共同体成员一致认为合理的一系列观点,也就是这种观点直接明了且不需要进一步证明就是合理

[110] Merkel, Gesammelte Abhandlungen aus dem Gebiet der allgemeinen Rechtslehre und des Strafrechts, 2. Hälfte, 1899, S. 699.

[111] Merkel (Fn. 110), S. 589.

[112] Merkel, Juristische Enzyklopädie, 1885, S. 29 f.

[113] Merkel (Fn. 112), S. 19.

[114] Parsons, Das System moderner Gesellschaften, 1972, S. 9.

[115] Parsons, Aktor, Situation und normative Muster, 1986, S. 178 f.

[116] Parsons (Fn. 114), S. 18.

[117] Parsons, Gesellschaften, 1975, S. 32 f.

[118] Jakobs (Fn. 27), S. 45, 107; ders. (Fn. 30), S. 48.

[119] Hegel (Fn. 100), § 268 (S. 413).

[120] Jakobs (Fn. 27), S. 77.

的,甚至是显而易见的,即排除了替代者也是清楚的。[121] 对这一系列观点,雅科布斯为其赋予了传统的名称——"时代精神"。[122]

三、"时代精神"

(一)"时代精神"的概念

在今天的说法中,"时代精神"这个词(或者应当称之为隐喻),有一种相当负面的名声。它有助于描绘一些文化的形态,这些文化形态虽然在短暂的历史时光中流行,但却已然由盛转衰。[123] 在这种理解面前,追求时代精神表明的不是科学意义上的诚实,更多的则是智力上的机会主义。就法而言,这种指责特别严厉,这首先是因为法是一种回应性的社会媒介,其次是因为,就其社会公信力来说,它不应成为少数但声音特别大的这类群体表达其主观正确的想法和要求的工具。如果说政治和社会科学有义务密切观察社会发展,并且在必要时以命题的形式预测社会发展,那么出于上述那些理由,将以下确定为法律科学的任务则是更为合适的:"完全忽略某种社会科学观察的趋势,甚至承认法的迟延性功能中的积极意义。"[124]

赫尔德(Herder)之所以将"时代精神"这个词引入德语,是为了能够在该词的帮助下确定其所处时代的精神状态[125],但是他却将这个词理解为某种和所有轻率以及短暂之物完全相反的事物。对于赫尔德来说,"时代精神"更多的是一种结构性的概念,这个概念包含了时代之间相互区别的特征总和。[126] 它标志着"某个时代人们的思想、感觉和行为的统一"[127]。同样,在雅科布斯这里,"时代精神"这个词代表了"规范性自我理解"[128],"实践的规范性现实"[129],一定时代和社会"在交往中稳定地被接受为正确的东西"[130],即不只标志这种自我理解的"多彩的外表",而且标志这种自我理

[121] Die Definitionen stammen von Luhmann, Gesellschaftsstruktur und Semantik, Bd. 1, 1980, S. 49; ders., Die Gesellschaft der Gesellschaft, Bd. 1, 1986, S. 548.

[122] Jakobs, in: Eser u. a. (Hrsg.), Die Deutsche Strafrechtswissenschaft vor der Jahrtausend-wende, 2000, S. 47; ders. (Fn. 52), S. 106; ders. (Fn. 30), S. 47.

[123] Müller, Merkur 40 (1986), 987.

[124] Möllers, Der vermisste Leviathan, 2008, S. 111.

[125] Jöns, Begriff und Problem der historischen Zeit bei Johann Gottfried Herder, 1956, S. 55; näher Würtenberger, Zeitgeist und Recht, 2. Aufl., 1991, S. 18 ff.

[126] Jöns (Fn. 125), S. 58.

[127] Müller, Merkur 40 (1986), 983.

[128] Jakobs (Fn. 52), S. 106.

[129] Jakobs (Fn. 39), S. 27.

[130] Jakobs, FS Hirsch, 1999, S. 52 Fn. 25.

解的"核心",这个核心是该社会在这个时代所无法支配的。[131] 根据雅科布斯的观点,凝结为时代精神的社会解释模式不仅有资格决定(从规范性理解中排除的)外部环境与(通过规范整合的)社会之间的界限[132],而且还能决定当时被认为是具有决定意义的(刑事法的)义务合法化的模式。

"根据时代的不同,秩序和合法性的根据存在很大差异:先人和古代的权威,理性和理智,后者是有效形成或演绎概念的根据,事实逻辑,而在当下,则是凝结成社会形态的精神,等等。"[133]

由于雅科布斯强调了时代精神的作用,他在最近的法学和社会哲学讨论中并不寂寞。早在一代人之前,托马斯·维腾贝格尔(Thomas Würtenberger)就指出了时代精神与法律发展之间的关系。[134] 这种时代精神是一个时代伟大的精神潮流,是这个时代的"签名"和"名片"。[135] 芬兰法学家卡尔罗·图奥里(Kaarlo Tuori)通过区分法的三个不同阶层来说明这种方法。[136]

第一阶层是规范文本和教义,处在第二阶层的是法学家共同的法律文化,处在第三阶层的是作为基础的深层结构,这种结构将法学知识和某种文化的认识论和语言上的基本信念结合在一起。[137] 尽管现代法律文本经常发生变化,但法文化的变化速度要慢得多;最后,深层结构既不是个人能够支配的,也并非诸多情况下只是被意识到的,它体现了法律思维的长期存在。[138] 根据图奥里的说法,只有洞察这三个阶层的相互作用,才能对法的适用和法的发展形成具有现实意义的充分理解。

在当今伟大的哲学家中,加拿大的查尔斯·泰勒(Charles Taylor)可能最接近雅科布斯的关切。泰勒把那种"对我们整体情况在很大程度上没有被结构化和未加说明的理解"(在这种理解的框架中,我们世界的个别特征表现出属于它们的意义,雅科布斯将这个框架纳入时代精神的标题下)称为一种社会性的观念模式(soziales Vorstellungsschema)。[139] 用泰勒的话来说,一方面,一种社会性的观念模式所处的层面"先于哲学的惊异"[140] *,以及

[131] Jakobs, Rechtsgüterschutz (Fn. 22), S. 30.
[132] Jakobs (Fn. 27), S. 62 f.
[133] Jakobs (Fn. 52), S. 106.
[134] Ebd., S. 147 ff.
[135] Würtenberger (Fn. 125), S. 11, 23.
[136] Tuori, Critical Legal Positivism, 2002, S. 147 ff.
[137] Ebd., S. 185.
[138] Ebd., S. 150, 184, 192.
[139] Taylor, Ein säkulares Zeitalter, 2007, S. 297.
[140] Ebd., S. 59.
* 亚里士多德认为"人都是由于好奇而开始思考,开始是对身边所不懂的东西感到惊异"([古希腊]亚里士多德:《形而上学》,苗力田译,中国人民大学出版社 2003 年版,第 3 页,边页码 982b10—25)。——译者注

先于这种惊异所激发的对所有理论的把握活动。[141] 另一方面,作为“第二阶层的生活世界”[142],它经常为我们的理论思考提供框架[143]。对社会性的观念模式的成就,泰勒和雅科布斯给出了几乎一致的说明:凭借其减负效果,首先有可能实现“共同的实践以及广泛的合法性的感觉”[144],从而使得社会能够运转[145]。

(二)现代社会的时代精神

“时代精神”这个词是被哲学家汉斯·布鲁门伯格(Hans Blumenberg)称为绝对隐喻的哲学语言的基本成分之一,因为它们无法完全转化为严格的概念,尽管它们寻求回答的问题因其存在于层面上的重要性而无法消除。[146] 因此,掌握一个时代的时代精神远非易事,每一次尝试都必须做好会遇到诸多矛盾的心理准备。当涉及解释者自己的时代时,困难会再次增加。即使在时代精神争鸣的鼎盛时期,也就是在 18 世纪和 19 世纪之交,歌德(Goethe)和让·保罗(Jean Paul)这样不同的作者都否认了这种自我解释的可能性。[147] 同时,黑格尔则让密涅瓦(Minerva)的猫头鹰等到教化黄昏到来才起飞。[148]

但是,这些安全措施并没有阻止歌德或黑格尔认识到法国大革命和拿破仑分别是他们那个时代的核心事件和最伟大的人物。在对现代西方社会时代精神的描述中,雅科布斯也证明了自己迈向这条伟大道路的勇气。那些指责他对现代自由思想缺乏敏感性的批评者可能会惊讶地发现:雅科布斯以十足的黑格尔主义方式在自由价值中看到“现代人的指路明灯”[149],准确来说,这是在作为私人生活之形成的自由[150]和政治参与的自由这一双重性质上来说的[151]。此外,还有“经济参与,独立,团结,安全等,但同样包括‘处于下一个层面的’一些东西,比如司法程序的公平或判决的一致性”[152]。自中世纪以来,对跨系统意义结构不断增长的怀疑,使自由观念的兴起成为可能(对此,雅科布斯再次与泰勒保持了完全一致)。[153] 这一过程的最终结果是今天被预设为

---

[141] Ebd., S. 583.
[142] Blumenberg, Lebenszeit und Weltzeit, 1986, S. 86.
[143] Taylor (Fn. 139), S. 583.
[144] Ebd., S. 296.
[145] Ebd., S. 544.
[146] Blumenberg, Paradigmen zu einer Metaphorologie, 2013, S. 14 ff.
[147] Goethe, Maximen und Reflexionen, 1976, S. 180; Jean Paul, Ideengewimmel, 1997, S. 151.
[148] Hegel (Fn. 100), Vorrede (S. 28).
[149] Jakobs (Fn. 52), S. 108; inhaltlich übereinstimmend ders., ZStW 117 (2005), 841; ders. (Fn. 30), S. 48.
[150] Jakobs, ZStW 117 (2005), 257; ders. (Fn. 30), S. 48.
[151] Jakobs, ZStW 97 (1985), 755; ders., ZStW 118 (2006), 844f. (unter Verweis auf Haber-mas); ders. (Fn. 30), S. 48.
[152] Jakobs (Fn. 52), S. 110.
[153] Jakobs, Verantwortung (Fn. 66), S. 67; Taylor (Fn. 139), S. 110 ff.

理所当然的世界观。在这个“除魔*的世界”中不再具有任何超越其自身的意义[154],根据前述世界观,这个世界就是如其所是:“它盲目且遵照自然法则运行,而且参与这个运行过程本身也毫无意义。”[155]

正如雅科布斯和泰勒所指出的那样,这种对世界的中立化处理意味着,它可以被视为以及当作实现人类设定目标的工具。[156] 作为“事物意义的主人”[157],人们正在形成一种在早期条件下几乎无法想象的野心,这个野心就是为自己的生活赋予属于自己的自治秩序。[158] 因此,在以“未来的优先权”为特征的世界[159],意义是“被设定的意义,如果某个人以某种特定的可归责的方式来行事,那么这种意义就会得到设定”[160]。即使整个文化在其自我呈现(Selbstexplikation)的过程中,如今也不再涉及人类无法企及的内容[161],这样倒不如说甚至在文化中也会激起“对夺权和开启新纪元的兴趣”[162]。因此,任何主管机关或权威都不可能从外部对义务承担者强加法律规范上的要求,绝对有效的规范性秩序这一思想被打破了。[163] 法的规范化前提更多体现在主体性本身的构成上。[164] 结果,“理智和理性勇往直前,直面权威”[165]。

以层级互补为特征的基本模式[166],所表现出来的是近代之前的观念模式。与这种模式相对应的是:将主体性提升为社会和政治共存的一般原则,这一方面意味着对所有主体平等自由的承认[167],这也是雅科布斯所称的“现代人的指路明灯”,以及对处理社会冲突的程序性和谈判风格的偏好[168];另一方面它倾向于将生活方式和生活意义的追问加以私人化。[169] 用雅科布斯的话来说,这导致在行动者的自我形象中,“由个体所创造出来的个体间(Interdindividuelle)取代了塑造人格体的制度……”[170] 而且

---

* entzaubern 也可译为“祛魅”。——译者注

[154] Jakobs greift dieses Wort Max Webers vielfach auf (Jakobs, Verantwortung [Fn. 66], S. 67; ders. [Fn. 36], S. 20; ders., FS Kühl [Fn. 66], S. 285).

[155] Jakobs, Verantwortung (Fn. 66), S. 67.

[156] Jakobs, ebd., S. 67; Taylor (Fn. 139), S. 144, 615.

[157] Taylor (Fn. 139), S. 72.

[158] Ebd., S. 72.

[159] Sloterdijk, Die schrecklichen Kinder der Neuzeit, 2015, S. 33.

[160] Jakobs (Fn. 36), S. 20.

[161] Schnädelbach, Kant, 2005, S. 9.

[162] Sloterdijk (Fn. 159), S. 33.

[163] Jakobs, GA 1994, 2.

[164] Henrich, Denken und Selbstsein, 2007, S. 107 f.

[165] Jakobs (Fn. 52), S. 108.

[166] Taylor (Fn. 139), S. 284.

[167] Ebd., S. 443, 621, 967.

[168] Jakobs, Rechtsgüterschutz (Fn. 22), S. 28.

[169] Jakobs, FS Arthur Kaufmann, 1993, S. 469; ders., Jahrbuch für Wissenschaft und Ethik 1 (1996), 113.

[170] Jakobs, FG BGH, 2000, S. 34.

只有付出相当大的努力,也就是只有在能够表明贡献人自身能够从中获利的条件下,才能证明积极作出贡献的义务是合理的。[171]

根据雅科布斯的说法,这种发展在国家理论中体现为一种思想,根据这种思想,“对人格体而言,普遍性一直是外在之物,他们或许会认识到其不可抗拒的必然性,但却不会与此外在之物融为一体”[172]。这种发展最重要的实质性后果是:个人对一般福利的要求被认为比过去更为迫切。[173] 今天的公民“乐于为小团体服务并且对‘背景性的满足’*感到满意,但是,与早前的情况不同,他们并非为国家作贡献的英雄。顺便说一下,不会再有主体为了普鲁士的荣耀(Preußens Gloria)而牺牲自己,如果主体为自由状态而牺牲,那么涉及的是他人的自由”[174]。在这种自由观的视角下,那些根据负责人判断,对公共福祉而言属于必然要采取的但又超越了个体可调和的牺牲限度的手段,全部会显现为针对主观之物所施加的暴力,并显现为对当事人的去人格化。[175] 因此,雅科布斯遭受如此之多非议的去人格化命题的背景并不是极权政体,而是我们身处其中的西方世界普遍存在的种种自由国家。

以上概述的国家观念在社会契约的形象中找到了其合法性理论的保障。在一个推崇个人的时代,以及在一个个人轻易地将他们的“解放”归于其自身的时代[176],这种合法性模式的受欢迎程度并不令人惊讶。然而,这并没有改变雅科布斯从中总结出的弱点。[177] 因此,社会契约模型只是反映了流行的看法,但并没有将这种看法带入概念。根据雅科布斯的观点,后者——努力渗透和反思自身当下的现实——既是对责任有所意识的政治的任务[178],也是真正的刑法科学的任务[179]。深入钻研这种洞察力形成了自我启蒙的核心,雅科布斯试图使刑法科学以此核心为己任。[180] 他的理论目标并不是反启蒙,而是对启蒙进行启蒙(Aufklärung über Aufklärung)。

---

[171] Jakobs (Fn. 71), S. 455.

[172] Jakobs (Fn. 39), S. 27.

[173] Jakobs (Fn. 71), S. 454 f.

* “背景性的满足”(Hintergrundserfüllung)是源自现代人类学家和社会学家阿诺德格伦的术语。它指的是永久和稳定地对重要人类需求的满足,这些满足可以在两方面保持“在背景中”:相关者不需要意识到它(在极端情况下,它甚至可能被愚弄),这种满足也不需要在个别行为中实际存在。——译者注

[174] Jakobs, Rechtsgüterschutz (Fn. 22), S. 26.

[175] Jakobs (Fn. 27), S. 84 ff.

[176] Jakobs, HRRS 2009, 458.

[177] Oben S. 220.

[178] Jakobs (Fn. 30), S. 48 Fn. 67.

[179] Ebd., S. 47.

[180] Oben S. 219.

四、刑法教义学的时代局限性

(一)历史性自我定位的义务

即便是法和致力于释法的科学,它们同样服从于以下两个标准的力量(这种力量即"时代精神"):普遍社会的自明性标准和可行性标准,这不仅是因为它们[两个标准]努力争取得到社会的接纳,而且(最重要的是)因为运用法律的法学家自身已经内化了社会的价值观和期望。[181] 因此,每个法学家首先是在法以外的情形中学到了诸如因果关系或者责任这些用语的意义,而且即使在专业术语的论证语境中使用这些词语,他也不会失去那种最初的理解视域。[182]

雅科布斯洞见到刑法语义学的社会维度,这种洞见是他对刑法科学活动进行描述的特征。由于刑法是一种社会活动,而不是个人的行为,因此刑法管辖规则(Zuständigkeitsregeln)只是部分被设定为实证法,而除此之外的只能"在社会中酝酿"。[183] 因此来说,它们的出现并非一劳永逸的,而是在一个永无止境的过程中不断适应不同的情况。[184] 因此,一个刑法学者可以做的无非是:以可理解以及充分的方式来回答有关当时刑法正当性范围的问题。[185] 因此,刑法科学的自我启蒙首先要意识到这一事实。只有通过这种方式,刑法科学才能成为其自在所是——它所处时代的表达和反思媒介——并且成为自为的。

因此,归责标准变化的原因不仅仅在于(或者也仅仅首先在于)现有的标准在教义学上不再行之有效。毋宁说,变化的主要原因是:由于一般文化解释模式的变迁,刑法交往共同体内有影响力人群的问题不再将这些标准看作令人信服的。简而言之,人们不再相信这些标准。[186] 从这方面来看:"现实的问题没有答案,而只有历史。"[187]

凭借这种洞察力,雅科布斯打破了法学院内部的教义学和基础性学科之间通常的分工。如果说后者直接被赋予权能,用社会理论和文化理论将有效的法加以语境化,将其描述为"文化的显现"[188],那么这样考虑的教义学的相关性则受到了广泛的争

[181] Lennartz, Dogmatik als Methode, 2017, S. 101.

[182] Rübben, Bedeutungskampf, 2015, S. 133 ff.

[183] Jakobs, FS Tolksdorf, 2014, S. 282.

[184] Jakobs (Fn. 183), S. 283; ders., Verbrechenslehre Welzels (Fn. 22), S. 275.

[185] Jakobs (Fn. 52), S. 108, 118.

[186] Näher Pawlik, FS Paeffgen, 2015, S. 17 ff.

[187] Gómez Dávila, Einsamkeiten, 1987, S. 83.

[188] Jakobs, Straftheorie (Fn. 106), S. 170 Fn. 17.

议。[189] 教义学作为"以应用为导向的职业性科学"[190],其对象是作为规范秩序的法,这种规范秩序必须从其自身,而不是作为文化产品来得到说明。[191] 莱普修斯(Lepsius)将这种教义学理解称为"内向性的世界"[192],而耶施泰特(Jestaedt)则使用更重的语气称之为学科自闭症[193]。但根据雅科布斯的观点,上述那种对教义学活动的理解是肤浅和"盲目的"。[194] 正如雅科布斯所解释的那样,如果对社会与现行法律之间的一致性的信任在很大程度上未经反思,那么传统的对事物的看法最多只适用于刑法的一般运行[195],但对解释犯罪论领域的许多重大发展却并没有意义[196]。

因此,雅科布斯术语中的制度保证人地位,其范围反映了某种关系的整体社会价值,这种关系不能,或至少不能总是简化为个人主义的互惠协议模式。[197] "在一个以个人主义—享乐主义为特征的社会中,所有超越(作为消极地位的)组织管辖范围的以及超越国家管辖范围的社会制度都会消失殆尽。"[198] 当然,这个国家不再被视为传统的专制国家(Obrigkeitsstaat),而是一个以个人福利为使命的服务型国家(Dienstleistungsstaat)——譬如,在对规范无知从而不存在过错的情况下排除责任承担,这是前述发展在刑法内部的体现。[199] 对福利国家合法性模式的习惯也影响了社会个体成员之间的关系。因此,虽然今天的德国社会仍然如此自由,以至于刑法未能规定每个人都必须始终是另一个人的守护者。[200] ——这种义务的过度扩张与现代陌生人社会的分工经验相冲突,这种经验反映在刑法的客观归责中,其"特别的刑法智慧"在于对任务的限制,以及因而成为对个人责任的限制。[201] 然而,德国这个当代社会却远不够自由,以便接受一种不沾染一点团结要素的自由法权思想。刑法要推崇康德式的严格自卫权,以及彻底否定正当防卫权,这在今天来说仍是极其困难的。[202] *

这些存在于背景中的信念大多没有在教义学的论证中得到公开讨论,因为它们在

---

[189] Dazu Lepsius, in: Hilgendorf/Schulze-Fielitz (Hrsg.), Selbstreflexion der Rechtswissen- schaft, 2015, S. 78.
[190] Lepsius, ebd., S. 74; ebenso Gutmann, ebd., S. 94.
[191] Zur Herkunft dieses Verständnisses von Dogmatik Lennartz (Fn. 181), S. 12ff.; Bumke, Rechtsdogmatik, 2016, S. 21 ff.
[192] Lepsius (Fn. 189), S. 73.
[193] Jestaedt, in: Kirchhof u. a. (Hrsg.), Was weiß Dogmatik?, 2012, S. 131.
[194] Jakobs, Nötigung, 2015, S. 29.
[195] Jakobs (Fn. 52), S. 105 (dort bezogen auf Reinhard von Frank).
[196] Jakobs, ZStW 107 (1995), 845.
[197] Jakobs (Fn. 36), S. 84.
[198] Jakobs, Die strafrechtliche Zurechnung von Tun und Unterlassen, 1996, S. 35.
[199] Jakobs (Fn. 52), S. 127.
[200] Jakobs (Fn. 36), S. 31; ders. (Fn. 23), S. 798.
[201] Jakobs, ZStW 107 (1995), 861.
[202] Vgl. Jakobs (Fn. 46), S. 154.
* 作者借此说明,德国刑法并不仅仅采用了福利国家的合法性模式。——译者注

通常的法律方法中并没有一席之地。[203] 然而，这并没有改变以下事实：教义学的论证要产生，要拥有说服力，并且要有机会得到贯彻的话，离不开那些信念的重大影响。雅科布斯提醒注意这一事实，表明对预设进行分析的必要性。

（二）法律实证主义与自然法思想之间的差距

在这个背景下，雅科布斯严厉批评了传统（刑事）法律思想中各种重要思潮的故步自封和自视过高。这一批判首先针对死守个别规范措辞的法律实证主义；与现代方法论中某个有影响力的思潮相一致，雅科布斯证明法律实证主义显然缺乏自我反思。作为“受到约束的自由空间”[204]，规范不能同时控制自己的应用过程[205]。因此，仅仅指向某个规范，并不足以解释它的应用会发生什么。[206] “规范文本可用，却被弃之不用。”[207]正如雅科布斯所指出的那样，只有在规范的应用规则上完全存在一致性的前提下，规范的效力才会产生足以预测的结果。[208] 这些规则本身只能与时代精神息息相关。因此，当今社会中，逻辑规则、数学规则，以及以理性自然科学为导向的世界观，都理所当然地被当作规范应用的基础。[209] 但这是不够的。正如雅科布斯在面对今天流行的宪法实证主义的时候让人们回想［其缺陷］那样，宪法并没有规定，刑罚以责任为前提，并且责任需要存在行为选择（Verhaltensalternative）。倒不如说，责任的规定推导自有关人格体结构的现代理解：“这种理解形成了背景，只有在此背景下宪法才能言说某些东西，也就是说，背景先于宪法。”[210]

不只是法律实证主义者的做法——对其自身行为的社会文化前提条件缺乏充分的反思——必须受到批评。根据雅科布斯的观点，批评同样适用于他们［法律实证主义者］的对手，如今这些人大多打着夸夸其谈的人权修辞旗号一往无前，他们相信存在一种近乎自然的或近乎逻辑正确的规范秩序，这种规范秩序展现出一种跨越时间，至少跨越空间的普遍约束效力。[211] 根据雅科布斯的看法，前述观念不仅是一种糟糕的法哲学，而且在政治上也是危险的。一方面，它掩盖了一个事实：在现实之法的观点（Gesichtspunkt der wirklichen Rechtlichkeit）下，对现存秩序的确认与对未来秩序的建立

---

[203] Bumke (Fn. 191), S. 54 f.

[204] Bumke (Fn. 191), S. 24.

[205] Möllers (Fn. 76), S. 195, 278, 401, 421f.; Müller/Christensen/Sokolowski, Normtext und Textarbeit, 1997, S. 95 f.; Somek/Forgó, Nachpositivistisches Rechtsdenken, 1996, S. 123.

[206] Möllers (Fn. 76), S. 401; Pawlik (Fn. 50), S. 59 ff.

[207] Müller, Syntagma, 2012, S. 81.

[208] Jakobs, Verantwortung (Fn. 66), S. 60. Ebenso Somek/Forgó (Fn. 205), S. VIII, 309.

[209] Jakobs, Verantwortung (Fn. 66), S. 60.

[210] Jakobs, ZStW 110 (1998), 723.

[211] Jakobs, GA 1994, 19.

之间存在根本区别[212];另一方面,由于其规范主义的傲慢,它也激起了那些(暂时)处于劣势者的抵抗[213]*。根据雅科布斯的信念,法秩序不是一个使人确信可在尘世获救的大教堂(Kathedrale säkularer Heilsgewissheit),而是一个或多或少精心构建的建筑,它考虑时代的变迁,其稳定性必须不断得到保障。[214]

(三)无时间性的形而上学对决时间性的形而上学

到目前为止,雅科布斯批判的核心要点在于:(刑事)法律科学只有通过以下方式才能实现其彻底认识的意图,这种方式是:它避免将其话语置于一个想象的永恒空间里,而且满足于将它们引向知识的现状(status quo)。根据哲学家约瑟夫·西蒙(Josef Simon)的说法,传统形而上学观点的根本错误正是在于其不愿就此满足。[215] 雅科布斯批评他的老师韦尔策尔把实际上属于社会性的以及因此而具有可变性的归责过程的结果,错误地当作存在论上预先给定的东西(也就是由铁定的以及与社会独立的事实逻辑规律*所预先规定的东西)[216],这也构成了雅科布斯对韦尔策尔批判的核心。

对法律科学活动传统意义上的形而上学的理解——接下来将引用韦尔策尔对柏拉图哲学特征的描述——仅仅将哲学尊严和科学本质的荣誉称号授予在“毫无疑问的”真理领域的活动。[217] 它的特点是坚信对“基本的、有约束力的和整体性事物”[218]的追问应当而且能够产生一个绝对真实的答案。[219] 用哲学家汉斯·布鲁门伯格的话来说,这种观点旨在使“我们在与世界打交道的过程中免于惊讶”[220]。这种观点既不关心一个文本继受时的理解力和时间点,也不关心文本创作时的创造力和时间点。[221]

因此,形而上学的刑法理论主张,要努力得到“将科学用作牢固支点的永恒之物”[222],而且凭借其时间上的永恒性,使犯罪论诞生条件的历史性归于消灭。韦尔策

---

[212] Jakobs, GA 1994, 18.

[213] Vgl. Jakobs, GA 1994, 19.

* 此处大意是,那些持“实质正义”观点的人虽然主张法制被设置得有违人权的国家为“非法治国”,但是由于这种国家并没有法,所以遭到这类国家侵害的人就不可能根据这种观点所理解的法实施抵抗,相关的加害人也不可能根据法受到刑事处罚。如果依据这种正义观点把前述国家理解为“仅仅是错误地受到管治的法治国”,情形则会更糟糕,因为加害并非违法(Jakobs, GA 1994, 19)。——译者注

[214] Jakobs, GA 1994, 19.

[215] Simon, Philosophie des Zeichens, 1989, S. 6 f.

* 国内也有学者将 Sachlogik 翻译为“物本逻辑”或“事质逻辑”。——译者注

[216] Jakobs, AT, S. VII; ders., Verbrechenslehre Welzels (Fn. 22), S. 273 f.

[217] Welzel, Naturrecht und materiale Gerechtigkeit, 4. Aufl., 1962, S. 21.

[218] Welzel, Abhandlungen zum Strafrecht und zur Rechtsphilosophie, 1975, S. 1.

[219] Simon (Fn. 215), S. 7.

[220] Blumenberg (Fn. 142), S. 24 (dort ebenfalls bezogen auf den Platonismus).

[221] Ebd., S. 365.

[222] Welzel (Fn. 218), S. 362.

尔其实也意识到“法的质料性价值内容的偶然性”[223]。内容上得到规定的社会秩序并非永恒的，而是历史的。[224]“迄今为止，一切寻找社会伦理和法的永恒且普遍有效内容的尝试，都不过是形式性的概念外壳和模糊的普遍性。”[225]尽管如此，韦尔策尔仍然认为有可能确定法律科学的恒定要素。[226]他表明，法律科学“最崇高的使命”就是“厘清法律素材中的事物逻辑结构，这些逻辑结构对于立法机关而言也是预先给定的，因此立法机关制定的规则既可能会错过也有可能会符合它们”[227]。通过这种将刑法思想去政治化，从而使“事物逻辑”这一有限却永恒的真理得到支持，这一计划尽管使韦尔策尔暂时获得了相当大的成功，因为它符合“二战”后最初几十年的氛围。[228]但是，自19世纪60年代后期以来，面对社会和政治领域在科学意义上的重新被发现，韦尔策尔的存在论事实上却保持了沉默。根据雅科布斯的判断，这已经是另一个时代。在其1983年的第一版教科书的被广泛引用的序言中，雅科布斯证实：本体论的刑法教义学正在瓦解，而且比以往有意识地建立更加彻底。[229]

某种程度上，形而上学的预设是必不可少的。甚至只要谁要谈论某样东西，他就会使用形而上学的基本范畴。[230]为了能够说某件事已经过去了，那么“过去了”这个规定*就不能随其过去。如果没有词语意义和词语解释的永恒性，那么就不能说[某件事情的]形成和消灭。[231]对事物与概念进行划分是任何有意义言说的必要前提，就此而言，柏拉图主义具有其恒久的价值。[232]随着对前提分析的推进，形而上学投入的范围明显更为广泛。指责对手具有虚假意识的言说者（无论这种虚假意识是以相对无害的形式——这种形式使他们对自己信仰的深层结构缺乏足够的洞察力，还是以更为严重的形式误解真实的世界法则），都会使用一对具有同等基础意义的形而上学的范畴。这对范畴区分了对手被卷入其中的假象（Schein）和言说者本人所进入的现实（Wirklichkeit）。因此，这种区别构成黑格尔本质逻辑（Wesenslogik）的重大主题并非偶然。[233]

如果说无时间性的形而上学认为，可以超越偶然的语言形式获得最终确定的含

---

[223] Ebd., S. 281.

[224] Ebd., S. 290.

[225] Ebd., S. 281.

[226] Ebd., S. 345.

[227] Ebd., S. 284.

[228] Jakobs (Fn. 52), S. 126.

[229] Hier zitiert nach Jakobs, AT, S. VII.

[230] Simon (Fn. 215), S. 5.

* 也就是说，“过去了”这个规定是我们表达某件事情已经过去的形而上学前提，如果连这个范畴也已经消逝（或失去现实性）的话，则我们没有办法设想和表达某件事情已经消逝。——译者注

[231] Flasch, Theorie der Philosophiehistorie, 2005, S. 24 f.

[232] Ebd., S. 25.

[233] Stekeler-Weithofer (Fn. 4), S. 270 ff.

义,那么另一种思想[时间性的形而上学]则将时代把握为“所有观点的纯粹形式”[234],这种思想的特征在于:它将形而上学的语言作为语言来加以反思[235],而且放弃了对绝对确定解释的希望。[236] 因此,对时间性的形而上学来说,世界变成“无尽可能的观点显现的地平线”[237]。这样,文化就是“行驶在时代潮流中的船舶”[238],而每一项成就都“仅仅在某个当下(Jetzt)发生,即总是仅仅在某个特定时代发生”[239]。因此,在竣工的理论大厦的地底下,嘈杂声将永无止息。

雅科布斯的思想可以理解为一种尝试(当然这种思想本身也是符合时代潮流的)[240],这种尝试为刑事法律科学提供可以承受动态[上述嘈杂声的]压力的基础。因此,对雅科布斯来说,良好的刑法秩序就是与社会相适应的刑事法秩序的代名词。[241] 根据他的信念,这样的秩序仅“与稳定的社会现实的成熟状况有关,因为这种社会现实的结构是法律秩序”[242]。因此,雅科布斯在其刑法理论中试图以最好的方式去满足他那个时代的合法性要求,而绝对不是使正义让位于技术统治的冷漠运作。由此可见,雅科布斯并没有陷入哲学家安德烈亚斯·佐默(Andreas Sommer)描述为“规范主义的谬误推理”这样的错误,该错误的本质在于:从社会占主导地位的看法(某样东西无条件有效)中推断出某样东西事实上无条件而且必然有效。[243] 雅科布斯知道,与我们所有的确定性相比,时代以及时代通过我们以及我们的理论所做的一切都更为强大。[244] 不存在针对历史审判的[245]上诉。

因此,根据雅科布斯的看法,刑法概念不再适用于保证带来永恒的知识[246],而是适用于将教义学的立场把握为对[(刑事)法律制度的社会环境中的]具体问题给予的合乎时代的回应。[247] 因此,雅科布斯对“正当性”和“真实性”的理解是严格地相对于时代的:当“一种秩序观念适应当今社会的主流价值观念”[248],从而为这个社会提供了

---

[234] Simon (Fn. 215), S. 3.
[235] Ebd., S. 6.
[236] Ebd., S. 33.
[237] Luhmann, Gesellschaftsstruktur (Fn. 121), S. 33.
[238] Sloterdijk (Fn. 159), S. 78.
[239] Simon (Fn. 215), S. 26.
[240] Dies hebt Jakobs an denkbar prominenter Stelle hervor, nämlich im Vorwort zu seinem Lehrbuch (Jakobs, AT, S. VII).
[241] Jakobs, FS Rudolphi, 2004, S. 120.
[242] Jakobs (Fn. 85), S. 562.
[243] Sommer, Werte, 2016, S. 106.
[244] Jakobs, Verbrechenslehre Welzels (Fn. 23), S. 275.
[245] Jakobs (Fn. 27), S. 129.
[246] Ebd., S. 68.
[247] Exemplarisch Jakobs (Fn. 27), S. 99.
[248] Jakobs (Fn. 36), S. 18 Fn. 15.

可以理解的行为语义时[249]，那么这种秩序观念才是合法的且在其时代是真实的[250]。刑事法律科学的贡献仅以此为限。这门科学无法摆脱那种仅仅作为临时事物所具有的不便性。[251] “这里没有什么是最终的原因。”[252]

五、回应式的法律思维

（一）作为“传输器”学科的刑法教义学

雅科布斯认为，真正科学地对待刑法的做法具有以下特征：不仅仅要意识到教义学材料的局限性（这种局限性产生自刑法理论构想的时代性），同时也要意识到自己的证成主张；这种做法还构成了教义学工作的方式。根据雅科布斯的理解，刑法秩序应当符合规范接受者的规范性基本信念。[253] 满足这一要求不仅是立法性政治系统的任务，而且也是着眼于法律解释的刑法教义学的任务。[254] 因此，科学的刑法教义学便具有以下特点：它使刑法与社会之间的联系适合于有针对性地回应教义学问题。

尽管雅科布斯远没有为完全开放学科界限的做法辩护——正如卢曼正确地强调的那样，这种做法将无视社会系统与法律系统之间的系统性差异。[255] 但雅科布斯分享了卢曼的信念，即科学教义学的成效与以下问题息息相关：是否能够成功地使法的抽象活动和反思活动提升到与社会状况相对应的水平？[256] 因此，他要求科学的刑法教义学装上规范性的“传输器”[257]，从而使它能够通过适当的“感觉概念”（Fühlbegriffe）[258]，从内部反思和精确处理那些来自法社会环境的（体现出时代精神的）信息。他应该努力获得自己对所处时代规范的自我理解[259]，并将由此获得的发现纳入教义学的工作[260]。所有其他的操作“都会将法赶入困境……法在这个没有结构性联系的地方不起任何作用，这和在垂死的宗教中的情形相似”[261]。

雅科布斯对刑事法律科学活动的理解正符合一种趋势，哲学家克里斯托夫·门克

[249] Jakobs, FS-Figueirodo Dias, Bd. I, 2009, S. 399.

[250] Jakobs (Fn. 52), S. 110, 133.

[251] Jakobs (Fn. 52), S. 109.

[252] Jakobs (Fn. 36), S. 18 Fn. 15.

[253] Oben S. 227.

[254] Jakobs (Fn. 30), S. 48.

[255] Klarstellend schon Luhmann, Rechtssystem und Rechtsdogmatik, 1974, S. 50.

[256] Ebd., S. 76.

[257] Der Begriff stammt von Neumann, Recht als Struktur und Argumentation, 2008, S. 65.

[258] Di Fabio, in: Kirchhof u. a. (Hrsg.), Was weiß Dogmatik?, 2012, S. 77.

[259] Jakobs (Fn. 52), S. 106.

[260] Jakobs, ZStW 107 (1995), 845; ders. (Fn. 250), S. 397 ff.

[261] Jakobs (Fn. 250), S. 397.

(Christoph Menke)紧随马克斯·韦伯,将这种趋势称为“法律思想的质料化”。[262] 门克认为,质料化要回答的问题的本质在于,法在其运行中会产生负面和扭曲的影响,简而言之就是处在法领域外的那些无法被接受的影响,而这些影响本身又会形成对法的反对。法的质料化“无非考虑到这些自发产生的影响,以及由此形成的对法的反对:法的质料化就是如下自我反思的见解,这些对法的反对是由法本身引发的,因此必须在法之中得到考虑”[263]。用门克的话来说,质料化的法因此是“给予回应的或者负责任的法:作为‘回应性’的自我反思的法”[264]。

雅科布斯对刑事法律科学基本任务的确定包括两个同等重要的见解。一方面,得到反思的刑事法律科学的使命是研究现有教义学的情况,从而确定它们是否保留有较早的时代和意识残留物,然后果断地抛弃这些与时代精神不相符的残余。在今天的德国刑法中,这些残留物比通常所认为的分布更为广泛。它们的范围从法益概念[由于这种法益概念使利益(Gut)独立于利益持有者,因此具有明显的家长式特征(paternalistische Züge)[265]],到“超个人主义”的正当防卫根据,以及正当化紧急避险中的利益衡量理论[这种理论将相关公民(受到攻击的或者紧急避险中的受害人)的个人自由权置于集体性利益之后[266]],直到《德国刑法典》第216条有关禁忌保护的论点(这种论点使垂死的人在其人生的最后一程承担一项支持所谓共同利益的义务[267])。另一方面,刑事法律科学必须致力于开创一般犯罪论的新模式,这个模式尽可能地考虑所处时代的规范性自我理解。因此,雅科布斯主张,自己的归责理论和刑罚理论并非肤浅和偶然的,而是得到反思的且以精确的形式满足现代自由社会所表现出的时代精神的要求。[268]

这种观点的挑衅意味相当明显。“在法律推理的各个关节点上,都有权力的问题”[269]。能够决定法律论证中允许什么样理由的人,同样会影响法的内容,而且会影响法律系统参与者之间的关系。[270] 雅科布斯认为法教义学必须参与建立与社会相适应的法律,这种观点铲除了法教义学的传统定位根据,在这种传统中,法教义学将自身固化为非政治性的活动。换言之,尽管被广泛的程序规则和方法标准以特定的方法所约束,教义学却被证明是一种特殊的政治形式[271],而且这种教义学还不得不回答,其

---

[262] Menke, Kritik der Rechte, 2015, S. 148.
[263] Ebd., S. 148.
[264] Ebd., S. 149.
[265] Pawlik (Fn. 105), S. 147 f.
[266] Pawlik, ZStW 114 (2002), 264; ders., JRE 22 (2014), 144 ff.
[267] Pawlik, in: Becker/Roth (Hrsg.), Recht der Älteren, 2013, S. 150 f.
[268] Jakobs (Fn. 36), S. 18 f.; ders. (Fn. 52), S. 109.
[269] Wischmeyer, Die Kosten der Freiheit, 2015, S. 72.
[270] Ebd., S. 72.
[271] Müller (Fn. 207), S. 148. - Näher Pawlik (Fn. 50), S. 71 ff.

个别的教义学立场是否包含政治维度(和政治利益)这一问题。

(二)作为一般犯罪论框架的时代精神

当然,承认时代精神的教义学意义并不意味着接受以下论点,即时代精神的规范性规定可以直接应用到刑事法律科学理论的内容,而无须以个体解释者的评估行为作为中介。排除这种突破是基于两方面的原因。第一,与功能分化的逻辑相一致,普遍社会价值原则(普遍社会结构原则)与各个社会子系统的特定运作机制之间的距离会增加。[272] 相应地,雅科布斯的时代精神内容处在较高的普遍水平上,并且通常与具体刑法问题的解答距离很远。第二,由全社会所共享的意义内涵并不能汇聚成一个封闭、内部彼此高度配合且没有矛盾的整体体系。在雅科布斯看来,曾经可以追溯到康德的德国法律思想传统[273]恰恰是将这样一种体系当成刑事法律科学活动的目标。[274] 正如泰勒在那个与社会观念模式密切相关的范畴中所强调的那样,由于时代精神具有模糊性和多面性,人们绝不可能采用明确的理论建构形式,以给出结论的方式和武断的方式来表述时代精神。[275] 无论一套(着眼于系统之形成的)秩序多么合乎逻辑和多么高明,它都不能声称已将现实生活中语义的混乱和模糊浇注到那个时代最为重要的形式之中。与法官不能通过声称自己只是"法律的喉舌"而排除自己行为的个人责任一样[276],刑法学者也不能通过将自己视为社会的"喉舌",从而逃避自己对体系所负的个人责任。

当然,雅科布斯知道上述推论的界限。他明确地强调,在一个(对变化的怀疑和对变化的意愿都已经合法且公正地得到保障的)自由社会里,被视作正确的事情并没有明确的边界,准确地说,其边界总是灰色地带[277],从这个意义上说,就当代并非"零碎的思想"而言,当代"并不能得到把握"[278]。只有某些论证形式和评估形式才可以展示出其必然性,例如,消极义务的普遍效力以及将积极义务限制在局部领域的做法;而它们的内容则视具体情况而定[279],内容是"飘浮不定的"[280]。因此,总论中有大量的个别问题与时代精神的整体状况仅仅存在非常间接的关系。这些个别问题更多的是由传统意义上的教义学来解答的,因此这些问题也为论证开辟了空间,而且反映了它们不受宏大理论起起伏伏所影响的发展历史。

---

[272] Parsons (Fn. 117), S. 22 f.; ders. (Fn. 53), S. 128 f.

[273] Dazu Pawlik (Fn. 105), S. 1 ff.

[274] Jakobs (Fn. 36), S. 16.

[275] Taylor (Fn. 139), S. 297.

[276] Jakobs (Fn. 36), S. 18 Fn. 15.

[277] Jakobs (Fn. 130), S. 52 Fn. 25.

[278] Jakobs, Verbrechenslehre Welzels (Fn. 22), S. 275.

[279] Jakobs (Fn. 198), S. 30.

[280] Jakobs (Fn. 36), S. 31.

雅科布斯还试图考虑时代精神各个组成部分之间的紧张关系。这种紧张关系集中体现在有关国家任务的,以及间接有关国家刑法任务的讨论中。一方面,以国家和刑法所带来的成果——安全的提供——来使这两者得以合法化,这对世俗的思想而言明显是理所当然的。这种立场在刑罚理论中的体现便是预防论。[281] 另一方面,这种思维受害于预防模式所特有的"漫无节制"[282],因为它与"每个人都享有基于尊严的自由"这一观念相冲突,该观念同样属于西方现代集体信念的一部分。从刑罚理论上来看,这种担忧反映在自康德和黑格尔以来的报应论中。[283]

雅科布斯刑罚理论的体系性主张是:在不退回到通常一体化理论的综合说(Synkretismus)*[284]这一前提下,使理论的双方都能得到公正的对待。因此,雅科布斯对责任和刑罚进行功能性解释的出发点诚然是这样的命题:世俗国家中无用的刑罚不能得到合法化,刑罚必须是维持社会秩序所必需的。[285] "如果不是因为它们的社会功能,为什么会谈到责任呢?毕竟刑罚并非儿戏。"[286]然而,通过将违法者解释为对规范效力给出富含意义这一看法的人格体(刑罚是对这种看法的否定),雅科布斯试图同时关注一个理性的现代信念:所有公民的平等性。[287] 作为对自由者而言的"自由者理论"[288],其在这方面的阐释针对的是某种社会和政治秩序。在这种社会和政治秩序中,犯罪人被确认为应得到承认的公民,而不仅是需要以合目的手段来加以无害化处理的危险人群。[289]

尽管这种模式令人印象深刻,但是鉴于当代刑法理论讨论中存在各种严肃认真的建议供人们选择,因此很难断言,时代精神内在的紧张关系已经以唯一可以考虑或在思想上可以接受的方式消除了。这样的话,要评价时代精神的价值,仍需要考虑一些其他的标准,例如体系上的雅致、理论上的成就、与自己学科传统的相容性以及相关学科的证成标准(在本例中尤其是哲学)。这再次表明,尽管时代精神为反思刑事法律科学的发展设定了框架,但成熟的刑法方案仍受到许多其他高质量标准的约束。既不应当忽视,也不应当夸大时代精神的影响。

---

[281] Näher Pawlik (Fn. 105), S. 61 ff.

[282] Hassemer, in: Eser u. a. (Hrsg.), Die Deutsche Strafrechtswissenschaft vor der Jahrtausendwende, 2000, S. 50.

[283] Dazu Pawlik (Fn. 105), S. 82 ff.

* 该德语词还有"混合论"的意思,在这个意义上,它意味着一种仅仅将各种理论混杂在一起的努力,而尚未达到真正的综合。——译者注

[284] Gegen diese Jakobs, in: Kodalle (Hrsg.), Strafe muss sein! Muss Strafe sein?, 1998, S. 29 ff.

[285] Jakobs (Fn. 19), S. 7.

[286] Jakobs, ZStW 118 (2006), 839.

[287] Jakobs, in: Henrich (Hrsg.), Aspekte der Freiheit, 1982, S. 75.

[288] Jakobs (Fn. 36), S. 65 ff.

[289] Jakobs, ZStW 107 (1995), 868. -Zur Problematik punktueller Entpersonalisierungen oben S. 234.

六、公正的功能性

(一)一种回应性的刑法学的总体社会成效

正如雅科布斯所强调的,通过考虑时代精神,按照主流信念的标准、以一种看起来合法和"正义"的方式来解释刑法,刑法学同时也在以一种合目的性的方式行事。[290] 这样处理使刑法具有可接受性,从而确保其作为现实秩序的地位,进而有助于社会的稳定。[291] 值得注意的是,对雅科布斯来说,社会的稳定并不意味着停滞和固化,而是有序的变化。雅科布斯认识到,决定其所处时代的一般条款会经历持续的变化,就像自然和社会条件会不断变化从而满足个人的需要一样。[292] 但是,根据雅科布斯的理解,这个过程应当从程序上进行疏导,而不应被个人的暴力性倾向左右。[293] 因此,已经体现在刑法规范中的社会交往关系,"针对越轨的企图必须能够确证其形态,即使不是每种越轨都应被视为演进的开始,而且即使在这种情况下,也必须确保演进的条件,因为否则演进就无法与所有任意的事物区分开"[294]。

无论持续的变化过程多么令人向往,人们都不能忽略这样一个事实:社会发展经常导致毫无防备的以及相应的令人痛苦的剧变。[295] 正如雅科布斯所设想的那样,即使是一门回应性的刑法学也无法完全防止此类事件的发生。"它对政治价值的转换无能为力,而且它也无法选择这种政治价值的转换。"[296] 凭借其对社会变革的感知,它可以对它进行调解、缓和,简而言之:充当安抚者。对雅科布斯来说,对社会有回应的刑法学的总体社会成效——或者正如他援及卢曼的时候所说的那样——功能[297] 正在于,它有助于一种生活方式,我们可以明白无误地听到对霍布斯的赞许之声,也就是说,它总体而言可使公民"消除恐惧"[298]。

(二)作为教义学方法的功能主义?

根据上述说明,功能性在雅科布斯这里的含义是:适用于促进社会融合,从而最终促进社会和平。但是,正如社会功能主义的创始人塔尔科特·帕森斯所指出的那

[290] Jakobs, ZStW 107 (1995), 845; ders. (Fn. 52), S. 133.

[291] Oben S. 227 ff. - Diesen Gesichtspunkt betont auch Würtenberger (Fn. 125), S. 15 f., 104, 193 ff., 206.

[292] Jakobs (Fn. 287), S. 74; ders. (Fn. 27), S. 56.

[293] Jakobs, FS Kühl (Fn. 66), S. 289.

[294] Jakobs, ZStW 107 (1995), 848.

[295] Jakobs, Rechtsgüterschutz (Fn. 22), S. 25 f.

[296] Jakobs, ZStW 107 (1995), 855.

[297] Jakobs, ZStW 107 (1995), 844.

[298] Jakobs, Rechtsgüterschutz (Fn. 22), S. 28.

样,这种功能性本身并不构成(刑事)判决可能给当事人所带来负担的合法性根据。[299]对所要保存的内容无动于衷的纯粹的自我保存是虚无的。[300] 而且从功能性的观点来看,只有当正当的亦即根据时代精神的标准被称为公正的刑法得到适用的情况下,预期的安抚效果才会出现。[301] 因此,功能性就是这样一个范畴,这个范畴并不属于专业刑法适用者讨论的参与者的内部视角,而是作为该讨论的观察者的外部视角。当然,这种内外视角在人与人之间是有重合的。但这并没有改变它们遵循不同话语逻辑的事实。因此,这也就排除了把一种合法性话语回溯到另一种合目的性话语上的可能。[302]

有一位作者刚好为这一结论提出了精确的系统论论证,而雅科布斯常常也被(错误地)视作该理论在刑法领域的追随者:这位作者就是卢曼。根据卢曼的说法,子系统的功能描述的是它们与整体、社会的关系。因此,一种立场是以超出这种子系统的功能定位为基础的:功能主义者观察其结构,但却并不掌握它。这种"陌生化的技术"[303]也影响了功能主义者处理法律的方式。[304] "对他们而言,法的统一性只是一种区分,即法律制度与其环境之间的区分。"[305]从这个角度来看,法并不表现为规范体系,而是"一种可以与其他手段相比,并在许多情况下被其他手段取代的特殊解决问题机制"[306]。彻底的社会学功能主义以此方式扩展其所占据的视野。然而,与此同时,通过将规范性材料理解为偶然的,它瓦解了规范性材料[307],从而功能主义观察者也就注定陷入了局外人的命运[308]。因此,法律人——通过对法律制度进行分门别类的处理,以规范性和特定的法律模式为前提,并且仅对这种前提的后续问题作出回应[309]——不能接受这种偶然性的观念[310];他由此来回答向他提出的问题,也就是说,他要阐述这个或者那个是具有合法性的,而不是指出一种特定的解决方案比其他解决方案更可获得社会稳定的好处。正如卢曼所言,不与法律体系的自我指涉过程接

[299] Parsons (Fn. 117), S. 22; ders. (Fn. 53), S. 128.
[300] Spaemann, Philosophische Essays, 1994, S. 56.
[301] Jakobs, Ethik und Sozialwissenschaften 12 (2001), 109.
[302] So schon Pawlik, Das unerlaubte Verhalten beim Betrug, 1999, S. 61 ff. - In diesem Befund treffen sich übrigens die Vertreter höchst unterschiedlicher philosophischer Richtungen; vgl. einerseits Fish (Fn. 21), S. 226, andererseits Spaemann (Fn. 300), S. 95.
[303] Di Fabio (Fn. 258), S. 63.
[304] Luhmann, Ausdifferenzierung des Rechts, 1999, S. 290.
[305] Luhmann, Rechtssoziologie, 1972, S. 361.
[306] Luhmann (Fn. 304), S. 289.
[307] Luhmann (Fn. 255), S. 53.
[308] Luhmann (Fn. 304), S. 8.
[309] Luhmann (Fn. 255), S. 57.
[310] Bumke (Fn. 191), S. 58, 82 ff., 95 f., 129 ff.

榫,功能主义者就不能期待他的成果被承认为具有法权相关性、仿佛是现有法律的基础。[311]

无论功能主义的考量自命如何具有启发性,它都不宜作为教义学的论据。一种回应性的刑法思想完全不依赖于此种类型的论据。如前所述,毋宁说,这种对于刑法学活动已然完全具有反思性的理解完全是可以以“老欧洲”式的话语阐释清楚的,就如它在霍布斯与黑格尔之间得到发展和完善那样。[312] 在当代德国刑法学继受雅科布斯构想的过程中,未经反思地把回应性和功能主义等同起来所造成的如此之多的误解可谓是罕有其匹。这里对两条论证路线所作出的区分并未剥夺雅科布斯作品的现代风格,相反,却使它更加清晰地呈现出来。

七、现实的合理性

(一)良心不安:刑法学历史主义的代价?

雅科布斯的犯罪论构想走向一种对暂时性(Vorläufigkeit)的赞誉。[313] 如此这般脆弱的历史根基是无法为思想提供任何庇荫之所的。[314] 在每一种以为找到了永恒真理的犯罪论的门前,已经站着“将这些真理抬进时代之墓”的脚。[315] 当然,时间不仅会耗尽绝对的确信,在失乐园的境况下,它不可避免地还会迫使我们采取行动。就此而言,时间总是紧缺的。甚至反讽家卢曼也不无激情地评论这个实情:“必须打断对世界或文本永无休止的解释。我们必须这样做,才能抵制存在着更好知识的可能性,仿佛有某种我们可以信赖的东西,或者,至少证明投入行动是正当的。”[316] 法官必须作出判断,而法学家必须提出建议,即使他们(或至少可以)知道,在其他条件下他们目前认为正确的事情又会濒临瓦解,他们目前的信念又会陷于粉碎。[317] 为这样一种经受历史理性批判的炼狱才获得的立场所付出的代价,难道不正是一种无法消除的良心不安吗?也就是说,“正确的”论据是“作为一种信念的事情来反映的,当然,我们只有在完全、猛然间完全丧失掉自我认同的情况下才可以摆脱这些信念。但是我们知道,时间又会完全超越这些信念,所以人们会像赫尔德(Herder)所说的那样会为自己早期的‘观点’感到‘羞愧’。因此,我们有信念,也没有信念,因为人们已经从后来观点的预期

---

[311] Luhmann, Das Recht der Gesellschaft, 2002, S. 565.

[312] Oben S. 242 ff., 247 ff.

[313] Oben S. 241.

[314] Flasch (Fn. 231), S. 36.

[315] Ebd., S. 27.

[316] Luhmann (Fn. 311), S. 312.

[317] Vgl. Simon (Fn. 215), S. 241.

中意识到了这种观点终究会过时,然而我们又(必然)要有信念"[318]。

情况确实这样,但赫尔德所宣称的羞愧也是没有道理的。恰恰是当我们严格地把一个人(Person)视为一个完完全全历史性的个体——在这样的个体中不存在任何人的历史所无法触及的本质核心时,我们才会愈发清楚地看到,人生命偶然的起点和终点"对于此生而言,便不再是偶然的了"[319]。在外部视角看来,偶然的东西,"作为我的存在之所是、我所具有的同一性的条件则是必然的"[320]。因此,如果我们要求自己和他人在作出决断时所给出的并不是一种渲染上了"永恒意义的金色背景"[321]的、而仅仅是依据我们或者他人经过深思熟虑的信念在当下所可能给出的最佳论证,那么这就不仅仅是一个权宜之计,而且也是对人的条件(conditio humana)的一个恰当回应。[322] 因此,正如麦克道威尔正确指出的那样,"对'我们所相信的就是我们所相信的'感到愤怒"是"毫无意义的"。[323]

基于这个理由,雅科布斯关于一种社会回应性的刑法构想并没有陷入相对主义的陷阱。根据以上所述,这一概念的理论合法性命脉在于其洞见到:那些参与刑事诉讼的人(首先是被告人),尽管可以根据他们所处时代的社会可靠信念和论证标准,期待可能给出的最好的刑罚判决论证,但是超出这些期待之外却是奢望,因而是不能期望的。[324]

(二)不仅仅是纯粹的偶然

但是雅科布斯并不止于此,相反,他的阐述透露出这样一种信念,即至少当今德国刑法体系的从业者不仅有充分的理由将其参与其中的时代精神视为偶然的权力关系的体现,而且也可以将其理解为——尽管是或多或少有缺陷的——集体理性的表达。从这个意义上讲,他们不必满足于这一结论:时代精神现在就是如此。毋宁说,他们还可以持守已知的希望(docta spes)。换句话说,理性运作在这种事实性中,尽管迄今为止理性或许尚未及得到完善的表达,因此他们可以主张,他们的活动只不过是"展开早已得到理性承认之物"[325]。

社会的世事不仅是无理性的偶然事件的产物,这种信念还解释了为何雅科布斯会以如此巨大的热情卷入与那些自以为是者进行的论战,在"没有为自己施加劳作,也就

---

[318] Ebd., S. 313.

[319] Hampe, Die Macht des Zufalls, 2. Aufl., 2007, S. 36 f.

[320] Ebd., S. 35; in diesem Sinn auch Bieri, Eine Art zu leben, 2013, S. 48 f.

[321] Flasch (Fn. 231), S. 91.

[322] Berlin, Freiheit, 2006, S. 255 f.; Fish (Fn. 21), S. 50, 88, 197.

[323] McDowell, Wert und Wirklichkeit (Fn. 43), S. 200.

[324] Pawlik (Fn. 50), S. 69 f.

[325] Jakobs, Tötung auf Verlangen, Euthanasie und Strafrechtssystem, 1998, S. 32.

是说,通过对存在和可能存在的东西进行一种检验而培养其主体性”[326]的情况下,这些人就以“装腔作势的语气宣布”,他们对什么是公正的完全了然于胸。如果满足个别刑法学者理性要求的规范解释与“民族的灵魂”不匹配[327],那么为什么荒腔走板的是“民族的灵魂”而不是规范呢?

> 换句话说,我们也可以称一种归责体系是“合理性”的,这种归责体系适合于民族也应当属于民族的秩序,而为此所要求的社会观察和测量以及所要求的成果的体系化是无法恰切地被展现为“刑事政策”所推动的评价。[328]

在雅科布斯看来,这才是刑法学活动的精髓所在。

对源于黑格尔关于现实的合理性定理的批评通常忽略了这样一个事实[329],即其基础理论地位绝不只是一种纯然的设定,而是展现了黑格尔在客观精神领域所做的预设分析的起点和终点。黑格尔提请注意这样一个事实,即克服了强有力的自我设定的主观性误解以及洞见到其自我的形塑有赖于客观的制度性因素的人,如果他彻底否定这些塑造因素的合理性,但与此同时又坚称相关结论具有真理性,亦即合理性,那么他就会陷入一种述行矛盾。[330]述行矛盾的特征在于,对这种矛盾来说,一种符号的意义和运用出现了分歧[331],用黑格尔自己的术语来说:在概念或判断的形式所隐含的内容与明确的主张之间出现了差异。[332]在这里讨论的情况中,存在这样的差异:从理性判断的形式中可以确定的是,判断通常会错误地提出合理性的主张。

毋庸置疑,理性的现实性这一设想并不包含对人格的“漠视”[333],甚或“强暴”[334],也非对“社会的神化”[335]。和黑格尔一样,雅科布斯绝非要笼统地推崇当今的政治和社会状况。[336]理解自己所处时代具有合法性的思想,与批判其不具有合法性的思想乃是同等重要的。[337]不言而喻的是,一些腐化的,甚至根本不符合其所处时代合法性标准的政治和法律秩序也可以成为法学描述的对象,但这并不是为了从规范上提升该秩序的价值,相反则是要揭示其整体上的反常性。[338]此外,我们提到的理性

[326] Jakobs, GS Hung, 2003, S. 43.

[327] Diesen Ausdruck übernimmt Jakobs von Erich Samson.

[328] Jakobs, FS Samson, 2010, S. 52.

[329] Hegel (Fn. 148), S. 24.

[330] So bereits Pawlik (Fn. 302), S. 31 ff.

[331] Müller, Wille und Gegenstand, 2006, S. 10.

[332] Näher dazu Hösle, Hegels System, Bd. 1, 1987, S. 198 ff.

[333] Jakobs, FS Frisch (Fn. 20), S. 92; ders., Verbrechenssystem Welzels (Fn. 22), S. 274.

[334] Jakobs, ZStW 118 (2006), 854.

[335] Jakobs, Verantwortung (Fn. 66), S. 578.

[336] Dazu Pawlik, Der Staat 41 (2002), 183 ff.

[337] Jakobs, Verbrechenssystem Welzels (Fn. 22), S. 275.

[338] Vgl. Jakobs (Fn. 107), S. 46 ff., 52 ff.

假设,仅仅涉及当今西方社会的(用雅科布斯的话来说就是:建立认同的)结构原则,例如对自然的除魔*、政治的世俗化,以及以个人自由和政治参与两种形式体现的自我决定。[339] 这些结构原则并不是偶然的产物、权力关系的展现——这些权力关系今天是这样,明天可能又会完全不同——而是欧洲和世界上其他大部分地区的经验和苦难史的核心。尽管如此,那些认为这些结构原则不过是由暴力所粉饰的历史偶然表现形式的人,在论据上其实是无可救药的。

八、结 论

至此,这里所作出的尝试——揭示雅科布斯刑法思想的社会理论和社会哲学基本特征并对其进行思想史的归类——业已结束。这里所给出的形象,与数十年来像幽灵般出没于部分德国刑法学文献的陈述是截然不同的。雅科布斯证明自己并非什么愤世嫉俗的、隐秘的极权主义恶棍,而是这样一位作者——没有第二个人像他那样如此深入地致力于在现代世界的条件下以概念方式表述刑法思想。对其世界影响力或许太过深信不疑的德国刑法学来说,这个结论不全是恭维:尤其是因为德国刑法学忽略了过去数十年间大部分相关的法理论、社会哲学和政治哲学讨论,与其说是雅科布斯的刑法理论,不如说德国刑法学家将精力都耗费在了一个自己立起来的稻草人身上,而这与被他们污名化的雅科布斯的真实思想在许多方面没有一丁点关系。雅科布斯理论的全部财富尚待发现和承认。与许多同时代的竞争对手不同,雅科布斯理论的最好时代并未远去,而是尚在未来。

---

* 或祛魅。——译者注

[339] Oben S. 232.

碎片化社会中的刑法

〔德〕米夏埃尔·库比策尔* 文　谭　淦** 译

要　目

摘　要　刑罚是“法的象征性示范”，应当以犯罪时具有明显社会效力的法律规范为前提。因为统一、移民、社交媒体等多种因素，德国从组织化社会转向了碎片化社会，传统的法益保护论，已经不再能合理说明碎片化社会中的刑法根据。刑法的适用，并不必然符合抽象超验的正义观念。刑法的复杂程度提高，系统性立法与情景型立法并存，刑法需要促进实体的稳定。在碎片化的社会中，规范违反说才是更有说服力的刑罚理论。刑法科学应当更努力地去倾听具有社会效力的规范的声音，才能对刑事立法机关有现实的影响。

关键词　碎片化社会　刑法

---

* 法学博士，德国奥格斯堡大学德国、欧洲刑法与国际刑法、刑事诉讼法、医事刑法、经济刑法教席教授。本文收录于赖因哈特·默克尔（Reinhard Merkel）教授七十岁贺寿文集，参见 Jan Christoph Bublitz u. a.（Hrsg.），Recht-Philosophie-Literatur：Festschrift für Reinhard Merkel zum 70. Geburtstag. herausgegeben von Duncker&Humlot，2020，S. 529-544。本文的翻译已得到作者的授权。

** 法学博士，西南政法大学法学院讲师。

一、导 论

"一个不受欢迎但却十分重要的见解(Einsicht)是:法治国家中刑法的功能,往往恰恰是防止个别案件得到公正合理的解决。"[1]这是在25年之前,赖因哈德·默克尔(Reinhard Merkel)以敏锐的智识和政治上的无畏,在调查前德意志民主共和国国务委员会主席是否应对德国内部边境逃亡者被杀事件负责的问题时提出的观点。

默克尔用一个论点对该问题进行了否定回答,该论点的意义,并不局限于他此处面对的这一历史性特殊案例:刑罚作为"法的象征性示范"(symbolische Demonstration des Rechts)[2],其前提是违反了在犯罪时"至少明显具有社会效力"的法律规范[3]。

德意志民主共和国的法律既未曾保护逃亡者免受致命的枪击,也未曾涉及国家的元首,埃里希·昂纳克(Erich Honecker)的刑罚由此得以被排除。人们不能依靠超实证的正义规范来纠正这一结果,尤其是自然法上的正义观念,是"一个细节不明、备受争议的道德、政治观念领域,每一场历史的变迁,每一次意识形态的压力,都会给其打上烙印"[4]。这些观点蕴含着默克尔对刑法理论的思考:刑法的作用,是对行为人所违反的法规范进行象征性确证(symbolische Bestätigung),该法规范必须首先要有社会效力,与抽象的、超验的正义观念的一致性并非其特征。[5]

二、刑法理论之指导原则的偶然性

当被传达人(Adressaten)合乎规范地行为,当法院对违反规范的行为作出了反应,刑法所保障的规范就成了现实。但是,这两个过程都离不开社会主流的道德、政治观念。一方面,刑法所保障的行为规范,只有在规范的内容不至于过于偏离被传达人对恰当性(Angemessenheitsvorstellungen)和正义性(Richtigkeitsvorstellungen)的理解时,才有希望获得潜在的遵守意愿[6];另一方面,对于执行法律的制裁机构来说,法律

---

[1] Merkel, in: Unseld (Hrsg.), Politik ohne Projekt, 1993, S. 298, 328 (Sperrung im Original).

[2] Merkel (Fn. 1), S. 330.

[3] Merkel (Fn. 1), S. 324.

[4] Merkel (Fn. 1), S. 302.

[5] 默克尔还将此种观点应用于如下问题:如果无指征的人工流产(nicht-indizierter Schwangerschaftsabbruch)也不受刑事处罚,那么未出生的生命是否可以被赋予其自身的尊严权和生命权。默克尔对此予以否认。参见《作为研究对象的胚胎》(Forschungsobjekt Embryo),2002年,第64页及以下。然而,建立在象征性—交往性效果基础之上的刑罚理论(die symbolisch-kommunikativen Wirkung ansetzende Straftheorie),也可以指出这样一个事实,即刑法仍认为该行为具有违法性,并将免予刑罚处罚(Straflosigkeit)与额外的程序性前提条件联系起来。(§§218a Abs. 1, 219 StGB)

[6] 对此,可以参见 Baurmann, Politische Vierteljahresschrift, Sonderheft 35 (2005), 164, 170, 173; Kubiciel, ZStW 120 (2008), 429, 439。

的适用,是由解释者所处社会的价值观及合理性标准(Plausibilitätsmaßstäben)共同决定的,并且正是为了所处的社会,解释者才去适用法律[7]。由此一来,犯罪构成要件(Straftatbeständen)的含义,人们对(刑法)核心概念的理解,就会随着社会大环境的变化而改变——通常是潜移默化的,偶尔却是破坏性的。刑法科学的真正任务,在于阐释法律人在解释和适用法律时总是会用到和预设的那些前理解(Vorverständnis)和基本假设。[8] 这些法外的价值观和正义观(Richtigkeitsvorstellungen),不仅影响着教义学(Dogmatik),也影响着法政策(Rechtspolitk)。

因此,刑法科学如果想发挥其传统主张的教义学和刑事政策上的功能,就必须始终反映社会的发展。[9] 首先,这需要去揭示刑法概念和制度设计所依赖的社会理论基础。[10] 其次,刑法科学必须追问的是,这一基础是否(仍然)能够支撑它所使用的、刑法理论上的前提和指导原则。刑法科学很少采取这两个步骤;大多情况下,它只是简单地坚持已经流传下来的东西。[11] 这可能是因为,当理论已经铭刻在一个行业的制度性记忆(institutionelle Gedächtnis)中,且取得了(似乎)无条件的有效性的地位时,对该理论的偶然性的意识(Bewusstsein)就会逐渐减少。

比如,刑法应该(只)保护法益这句话被重复了50年,而在思想史、社会理论及科学理论中,那些帮助此种前提取得成功的事实却已被人遗忘。刑法理论上的概念,就这样逐步脱离了那些产生它们的社会现实,刑法科学甚至都没有意识到这一点。卡尔·施密特(Carl Schmitt)提醒注意的那种形而上学的错误结论(Kurzschluss),也是造成这种情况的原因。与此相应的是塑造了世界一个时代的形而上学图景(Bild),它的结构(Struktur),很容易被观察者认为是政治组织的形式(Form der politischen Organisation)。[12] 将此种观点应用于刑法科学,可以认为:如果(刑法)科学将刑法看作国家的一种手段,用以保护个人的自由与人的法益的完整性,则这样的手段,支持一种隐秘却有效的世界观,它以个人及其法益配置(Ausstattung mit Gütern)为标准(Maß)。反之亦然:如果将社会理解成是个人为追求自身利益而相互交往的场所,则刑法首先要将外部的自由领域与人(Personen)分离,并且保护人(Person)的法益。这样一来,一种不再质疑刑法机能的观念,与一种非反映性的社会观(unreflektierte Blick auf die Gesellschaft)就相互平

---

〔7〕 Pawlik, in: Kindhäuser u. a. (Hrsg.), Strafrecht und Gesellschaft, 2019, S. 217, 235; Lennartz, Dogmatik als Methode, 2017, S. 101.

〔8〕 同样的看法,参见 Bumke, Rechtsdogmatik, 2017, S. 2, 10 ff.; 相同的看法,参见 Jansen, AöR 143 (2019), 623, 624。

〔9〕 同样的看法,参见 Jakobs, in: Engel/Schön (Hrsg.), Das Proprium der Rechtswissenschaft, 2007, S. 105; ders., ZStW 107 (1995), 844; Pawlik, FS v. Heintschel-Heinegg, 2014, S. 364, 365 f.; 同样可参见 Jansen, AöR 143 (2019), 623, 631。

〔10〕 Jakobs, FS Hirsch, 1999, S. 48.

〔11〕 对此,可以参见 Hörnle, in: Dreier (Hrsg.), Rechtswissenschaft als Beruf, 2018, S. 183, 197, 213。

〔12〕 C. Schmitt, Politische Theologie, 9. Aufl., 2009, S. 50 f.

衡了。[13]

即使是法益保护论,它的一路高歌,也并非单纯因其在理论上优于同时期犯罪论上的那些竞争方案。它的突破,同样是建立在个人被理解为“意义的终极实例”(letztgültige Instanz des Sinnhaften)的社会环境之上,并将社会及其制度的超个人意义推到了一边。[14] 但是,最近几十年来,人们越来越发现,这种社会观过于片面。由于多种原因,德国的社会发生了很大的变化——从(德国的)再次统一,经过移民,再到生活环境的经济化、数字化:它是另一种社会形态,不同于法益保护论在其地基上得以生发、经历突破的那种社会。在法益保护论及其依据的教义学胜利推进以来的50年里,不仅仅是刑法的社会环境有了很大变化,刑法自身也经历了很大改变。下文将描述这两种趋势——社会的碎片化与刑法的碎片化,因为它们使得刑法科学有理由去修正它对社会的看法,以及它在刑法理论上的基础。

三、从组织化社会到碎片化社会

正如莱普修斯(Lepsius)所说,德国的立法“有时与浪漫主义思想联系在一起”[15]。因此,好的法律应该是“稳定、系统、中立、客观与确定的”。这与普遍的看法相吻合,即科学必须要做好准备,以向立法者提供“宏大的”(große)概念,这些概念不是“基于主观、恣意、与立法无关的主张”,而是“具体地阐述国际改革研究的结果”[16],如同罗克辛在千年之交所写的那样。因此,刑事政策被认为是一种刑法控制社会的、计划周密、连贯性的设计(Gestaltung),它遵循公认的刑事政策基本原则。[17]

(一)个体社会中的刑法

这类立法影响了20世纪60至70年代的刑法大修改(Große Strafrechtsreform)。它对刑法典的形成产生了相当大的影响。产生这一刑事政策的时代,也被称为马鞍时代,因为处在社会发展的两个高峰之间,刑法及其意义的解释也发生了变化。[18] 1962年的刑法典草案(“62草案”)的制定似乎是一个组织化社会(formierte Gesellschaft)的

---

〔13〕 另参见 Pawlik (Fn. 7), S. 236: „unreflektiertes Vertrauen auf eine Kongruenz zwischen Gesellschaft und geltendem Recht“。

〔14〕 对社会的这种观察,Vgl. zu diesem Blick auf die Gesellschaft Pawlik (Fn. 7), S. 217 f.

〔15〕 Lepsius, JZ 2018, 295.

〔16〕 Roxin, in: Eser/Hassemer/Burkhardt (Hrsg.), Die deutsche Strafrechtswissenschaft vor der Jahrtausendwende, 2000, S. 369, 387 f.

〔17〕 Vgl. Kaiser, Kriminologie, 3. Aufl., 1996, § 99 Rn. 11; 这方面还可以参见 Putzke, FS Schwind, 2006, S. 111, 114。

〔18〕 关于“马鞍时代”(Sattelzeit)的概念,参见 Zum Begriff „Sattelzeit“ Koselleck, Einleitung, in: Brunner/Conze/Koselleck (Hrsg.), Geschichtliche Grundbegriffe, Bd. 1, 1972, S. XV。

后期工作。[19] 路德维希·艾哈德在一次著名演讲中说,组织化社会应当以所有人的命运联系体意识为载体,而不应被"社会斗争和文化冲突"所撕裂;相反,社会群体应当形成"高度统一的意志"(großen Willenseinheit)。[20] 因此,在20世纪60年代中期,社会政策被认为是"大规模基础设施政策"[21]的组成部分。[22] 在这一社会基础设施政策方案中,刑法应当制裁那些应受伦理谴责的行为,对制度进行保护,简言之:发挥"道德塑造及伦理维护的作用"[23]。因此,草案保留了对通奸和同性恋的定罪,且在很大程度上保留了堕胎的刑事可罚性。

20世纪60年代末,当联邦议院必须就刑法修改作出决定时,这样一种"完美的秩序观念"[24]的时代已经过去。[25] 一个以政治利益和社会文化价值观的广泛同质化以及没有政治冲突为特征的社会,不再被认为是可取的,那反而是社会进步的障碍。拉尔夫·达伦多夫(Ralf Dahrendorf)代表了很多人的观点,他并没有把文化冲突视为政治、社会问题,而是视其为社会变革的动力和个人自由的表征。[26] 纪律、服从、守法(Unterordnung)等"义务价值与接受价值"(Pflicht- und Akzeptanzwerte)退居幕后,解放(Emanzipation)、自我决定等"自我发展价值"则走向台前。[27] 因此,在20世纪60年代末70年代初出现的德国刑法典替代草案,就是以一个自我决定的人(selbstbestimmte Menschen)为导向,其法益应当受到保护;此外,道德和制度不再被认为值得保护,或者说,充其量只具有次要的保护价值。[28] 在这一点上是一致的:对于一个"个体的社会"[29]来说,在保障个人安全的同时,也要保障个体自我发展的最大自由,这同样构成了刑事立法的观念底线(Ideenhorizont)。如果说社会是个体为追求自身目标而相互交往的场所,那么,个体则是因为对自我发展的最大自由的愿望而联合在一起。超出这一愿望——尽可能不受干扰地利用此种自由——的其他共同点,并不能将个体团结起来。因此,只有"对外部的和平秩序——其需被保护的要素被称为'法益'(Rechtgüter)……的

---

〔19〕 对此,可以参见 Kubiciel, in: Löhnig/Preisner/Schlemmer (Hrsg.), Reform und Revolte, 2012, S. 217, 219 ff.; 另参见 F. C. Schroeder, JZ 1970, 393, 394。

〔20〕 这方面可参见 Ludwig Erhard, in: Hohmann (Hrsg.), Ludwig Erhard-Gedanken aus fünf Jahrzehnten, 1988, S. 915, 916 f.; 另参见 R. Altmann, Abschied vom Staat, 1998, S. 61 ff. (1965 年版的重印本)。

〔21〕 Erhard (Fn. 20), S. 917.

〔22〕 Vgl. Entwurf eines Strafgesetzbuchs (StGB) E 1962, BT-Drs. 4/650, S. 376.

〔23〕 Vgl. Entwurf 1962 (Fn. 23), S. 348.

〔24〕 Nolte, Die Ordnung der deutschen Gesellschaft, 2000, S. 386.

〔25〕 让人印象深刻的论述,参见 Wolfrum, Die geglückte Demokratie, 2007, S. 219: „Dem Geist der Zeit, der unruhiger wurde, stand ein solcher Antipluralismus diametral entgegen."

〔26〕 Vgl. Dahrendorf, Gesellschaft und Demokratie in Deutschland, 1965, S. 173 f. 富有启发性的论述,参见 Wolfrum (Fn. 25), S. 241 ff.; 传记性的论述,参见 Meifort, Ralf Dahrendorf, 2017, S. 118 ff.。

〔27〕 让人印象深刻的论述,参见 Wolfrum (Fn. 25), S. 254。

〔28〕 Vgl. Kubiciel (Fn. 19), S. 221 ff.; Gre, JZ 2016, 1125, 1126.

〔29〕 Nolte (Fn. 24), S. 406.

破坏才能引起刑罚”[30]。与此相应,国家不能再把自己看成“充满浓厚伦理色彩的取向模式(Orientierungsmuster)的守护者,认为在国家中,集体(Gemeinschaft)应当重新找到(wiederfinden)其公民”。[31]

这样一种社会观念,在罗克辛系统阐述的法益理论中可以找到其教义学上的表述。根据这一理论,刑法应当保护有利于个人的自由发展、实现个人的基本权利以及以这些权利为导向的国家运作的法益。[32] 对于刑事政策学及刑法理论任务的这种描述,与之相匹配的,是强调既遂的故意结果犯的犯罪论(Verbrechenslehre),以及主要关注法益风险的升高并以侵害法益的形式而现实化该风险的归责论(Zurechnungslehre)。此种犯罪理论方法(verbrechentheoretische Ansatz),虽然超越了以行为人及其行为为中心的目的论(Finalismus)[33],但是,它只是以一种片面的观点,替换了另一同样片面的观点:取代行为人视角地位的,是(潜在的)被害人视角,即关注(潜在)被害人的法益,保护其免受损害或法不允许的危险。就此而言,对目的论的超越,并没有伴随着“对社会与政治的重新发现(Wiederentdeckung)”[34]。

替代性草案的起草者,虽然强调了社会共同责任,但是,这既不意味着社会先期形成的归责(gesellschaftliche Präformierung der Zurechnung),也不意味着社会的道德观念对犯罪化决定的影响,而是意味着社会对于个人变成罪犯的“命运”(Schicksal)所要承担的(模糊的)“共同罪责”(Mitschuld)[35],因此,国家必须对犯罪人负责,在刑事执行中为其提供帮助,促其改正。但是,这样的“提供帮助”,并不追求人道主义—利他主义目的,而是为了保护社会——它被认为是法益载体的总和——免受将来的危险。

(二)风险社会的刑法

20世纪80年代中期,随着社会对所谓“具有灾难性隐患的重大风险”的敏感度的提高,公民对于刑法方面的安全观也发生了改变。一方面,人们认识到,如果要保护个人法益不受风险及后果难以控制和计算的行为的影响,就必须将对外部和平秩序的破坏看作(抽象)危险的制造。另一方面,保护个人的法益不受侵犯,显然还不是个体自由发展的充分条件。为此,除了要有人的法益,还要有完好的自然、社会和国家环境,即除了自然资源,还需要有一些制度,比如作为商品和服务交换场所的竞争性市

---

[30] 对此,参见 Roxin, ZStW 81 (1969), 613, 622, 他还指出,道德与伦理对于社会的安全与存续没有任何意义(第624页)。

[31] Nettesheim, Liberaler Verfassungsstaat und gutes Leben, 2017, S. 20.

[32] Vgl. Roxin, Strafrecht AT I, 4. Aufl., 2006, § 3 Rn. 7.

[33] Vgl. Roxin, GS Armin Kaufmann, 1989, S. 237 ff.

[34] Pawlik (Fn. 7), S. 240.

[35] 对此,可以参见如下论文:Roxin, ZStW 81 (1969), 613, 647 f.。

场,或者运作良好的信贷和保险制度。因此,立法机关将已有的、用以保护环境的犯罪构成要件转移到了刑法典,并设定了新的犯罪。此外,它还引入了(新的)犯罪构成要件,将处在诈骗、背信(Untreue)前领域的行为予以犯罪化,以应对信贷、保险部门以及其他机构存在的风险。〔36〕 普利特维茨(Prittwitz)将社会政策、刑事政策的此种倾向,概括性地称为“风险社会的刑法”(Strafrecht der Risikogesellschaft)。〔37〕 这保护了“更多的不同法益,而且保护得更早,即在实害的前领域就已经保护了”〔38〕。这样一来,立法者试图实现既维护价值又推进价值的效果。一方面,它稳定了社会预期〔39〕;另一方面,它力图以价值进步的法律,去对抗令社会不安全的原因〔40〕,并在环境法和经济法领域实现道德形塑的效果〔41〕。普利特维茨被广泛援引的观点是,这些以积极的一般预防为目的的(犯罪)构成要件,是立法者对风险社会中不安全感的“回应尝试”(Antwortversuch)。

(三)功能分化、碎片化的社会

尽管上文概述的刑事政策主张及其所依据的社会模式可能有所不同,但是,它们都有一个观念统一的出发点:意识形态与政治同质的社会、主要关心个体自主性(individueller Autonomie)的个人以及要求安全的社会。这类集中的而不是缩小的社会模式有一个好处是,可以使刑事政策的目标领域(Gegenstandsbereiche)相对清晰地浮现。一个组织化的社会,必须反击对其道德和制度的攻击,一部关注个人的刑法,必须保护人的法益,刑法必须为风险社会提供安全保障。在此基础上,(刑法)科学可以为立法机关提供比较明确的指引,并形成鲜明的轮廓,可以运用到立法机关的工作中。

然而,这些观念都存在盲点。它们的指导思想狭隘,无法把握社会现实中与它们的取向模式并存的那些部分。在一定程度上,这是各个系统论证的结果。但是,社会现实中未被把握的部分越大,刑事政策立场及其所依据原则的说服力就越小。这一点在罗克辛的教科书中有所体现。在他的教科书中,提到了不少于九种无法与教科书的观念起点——基于个人自由的法益教义——相调和的刑事犯罪(Straftatbestände)或犯罪类型(Tatbestandstypen),罗克辛承认其中某些犯罪(虐待动物)是可以允许的,但却否定了另一些犯罪(比如禁止否认大屠杀)。〔42〕 同时,对整个犯罪领域来说,问题是它

〔36〕 关于它的合法性,参见 Kubiciel, in: Jahn et al. (Hrsg.), Strafverfolgung in Wirtschaftsstrafsachen, 2015, S. 158 ff.。

〔37〕 Prittwitz, Strafrecht und Risiko, 1993, S. 56 ff., 160 ff. (Zitat auf S. 61).

〔38〕 Prittwitz (Fn. 37), S. 245.

〔39〕 Vgl. Prittwitz (Fn. 37), S. 234.

〔40〕 Vgl. Prittwitz (Fn. 37), S. 265.

〔41〕 Vgl. Prittwitz (Fn. 37), S. 263.

〔42〕 Vgl. Roxin, Strafrecht Allgemeiner Teil, Bd. 1, 4. Aufl., 2006, § 3 Rn. 43 ff. 另参见 Kubiciel, Die Wissenschaft vom Besonderen Teil des Strafrechts, 2013, S. 74 f.。

们是否有共同的、实质性的不法内核(Unrechtskern);与法益概念有关、围绕单纯结果犯发展起来的、以结果归属为中心的教义学,是否能够应对由经济、医事及附属刑法中的犯罪引起的解释问题。刑法的复杂性,显然已经达到了传统的刑事政策概念和既有教义学的核心内容无法或难以应对的程度。

刑法的复杂程度提高,主要原因在于近年来的社会变化加快。这方面首先是生活、经济领域的剧烈变迁,比如医疗市场和体育领域的商业化,商品、服务、资本和媒体市场的数字化。对这些变化了的生活、经济领域的保护和法律控制,被遵循特殊领域逻辑的法律规范取代,因此,对这些规范的解释,与核心(刑)法中形成的理论主张只有松散的联系。[43] 此外,一个个体化的社会,已经变成一个碎片化的社会。因为上述个人自由的获得,导致国家在自我发展的个体形式与建立于其上的原则之间进行"调和"(Versöhnen)的可能性减少。[44] 在当今社会,黑格尔所理解的主观意志和客观意志的统一并且称之为道德(Sittlichkeit)的东西,已被众多的"生活方式"取代。[45] 与此同时,一个注重特殊性(Besondere)的社会,正在经历普遍性(Allgemeinen)的危机。[46] 新的社会形式(neue Formen des Sozialen)已经在我们的社会(Gesellschaft)中建立起来,它为个人提供了特定的民族、宗教、意识形态或文化认同,这一事实加剧了该种危机。[47] 其中不少群体的特点是,他们基于一种意识形态、政治信念、特殊利益,或者仅仅是一种生活方式,把自己与外界隔离开来。[48] 因此,在这些群体之间,在这些群体与社会其他成员之间,要进行妥协性的对话调解困难重重。这不仅可以适用于,而且特别适用于在社交网络内外就特定话题而形成的所谓"临时性公众"(Ad-hoc-Öffentlichkeiten)[49]。

这些群体不仅是政治的"动力因素"[50](Dynamisierungsfaktor),因为他们可以迅速、大声地通过媒体效应向政治决策者施加压力,而且碎片化还在根本上改变了政治运作和立法者制订解决方案的条件。

---

[43] 参见 Paulus, ZaöRV 67 (2007), 695, 707, 他认为,每一个新的子系统都必须找到属于自己的规则,不能随时想着去借鉴其他子系统的可能方案与理论建议。

[44] 对此,参见 Braun, Einführung in die Rechtsphilosophie, 2. Aufl., 2011, S. 332, 338。

[45] Vgl. Nolte, Die Ordnung der Gesellschaft, S. 406; Reckwitz, Die Gesellschaft der Singularitäten, 2017, S. 9, 433. 另参见 Vesting, AöR 122 (1997), 337, 352: „Buntes Patchwork unterschiedlichster Lebensformen" jenseits von Stand, Klasse und Schicht。

[46] Vgl. Reckwitz (Fn. 45), S. 434. 另参见 Di Fabio, Schwankender Westen, 2015, S. 58, 他认为,现代社会基本上不具有这种看见"整体"(das „Ganz")的能力。

[47] Vgl. Kersten, Schwarmdemokratie, 2017, S. 129; Reckwitz (Fn. 45), S. 10, 394 f.

[48] Vgl. Di Fabio (Fn. 46), S. 22 f.

[49] Ingold, Der Staat 56 (2017), 491, 524.

[50] Kersten (Fn. 47), S. 28 f.

四、碎片化社会中的刑事政策

(一)系统性立法和情境性立法的并存

因此,就刑事政策而言,问题在于立法者能否继续满足人们对其法律在形式和内容上都合理、理性的期望。[51] 无论如何,理性、系统、科学建议性的刑事立法还没有消失。[52] 这方面的例子,包括修改关于腐败犯罪的刑法以及关于赃物追缴(Vermögenabschöpfung)的新法规定,尽管在个别方面受到了批评,但是,必须承认的是,这些修法活动试图通过与学术界、实务界代表深入讨论,将其实践目标与国际法、欧洲法的要求相结合。在当前的立法周期,(执政的)大联盟政府明确承诺要采取理性、循证的刑事政策。[53]《公司制裁法》(Unternehmenssanktionenrecht)的修改,似乎正在成为系统性立法的经典范例。

但是,更常见的却是一种不系统、不稳定的法律政策,这种政策——往往因应于当前案件——导致刑法小规模的修改。[54] 比如,在伯默尔曼(Böhmermann)事件*之后,"侮辱外国政府机构和代表"的罪名被毫不犹豫地删除——尽管在讽刺性语境之外,可以找到合理适用该罪名的案例,而诋毁(德意志)联邦总统的相关罪名却仍被保留。[55] 所谓的2015—2016年的科隆跨年夜(事件),却产生了相反的效果,因为它的决定性意义在于,原本已经在计划中的性犯罪刑法的修改,在最短时间内完成了,甚至在为筹备修法而成立的专家委员会还没来得及提出方案的时候,就已经完成了。通过快速的立法程序,新的"群体性犯罪"(Straftaten aus Gruppen)的构成要件被规定在刑法典(《德国刑法典》第181j条)中,其文字措辞与不法内涵——经过了精心地制定——

---

〔51〕 坚持这一要求的,参见Di Fabio (Fn. 46), S. 170;相反的意见,参见Fischer-Lescano/Teubner, in: Albter/Stichweh (Hrsg.), Weltstaat und Weltstaatlichkeit, 2007, S. 37, 60 f.,他们认为,法律的碎片化是社会的碎片化的必然结果。

〔52〕 对于最近的大联盟的刑事政策的批评,参见Zur Kritik an der Kriminalpolitik der letzten großen Koalition Kubiciel, JZ 2018, 171 ff.。

〔53〕 Vgl. Ein neuer Aufbruch für Europa. Eine neue Dynamik für Deutschland. Ein neuer Zusammenhalt für unser Land, Koalitionsvertrag zwischen CDU, CSU und SPD, 19. Legislaturperiode, 2018, Rz. 6289-6298.

〔54〕 对此提出批评意见的,参见Kubiciel, ZStW 131 (2019) Heft 4; Putzke, FS Schwind, S. 111, 117。

* "伯默尔曼"事件:2016年3月31日,德国公共电视二台主持人扬·伯默尔曼在节目中朗读了一首关于时任土耳其总统埃尔多安的"讽刺诗歌",因内容受到争议,德国公共电视二台随后从网上撤下了这段节目。《德国刑法典》第103条规定,侮辱外国国家元首行为是刑事犯罪。土耳其政府据此要求德国追究伯默尔曼的刑事责任。德国美茵茨检察部门也对扬·伯默尔曼展开刑事调查。2016年10月4日,美茵茨检察部门宣布撤销对伯默尔曼的刑事调查,称不存在"足以证明的刑事罪行";漫画或讽刺不是一种侮辱——前提是"对人类弱点的夸大[不]包含对人格的严重贬低"。2017年6月1日,德国联邦议院一致投票决定废除《德国刑法典》第103条;该决定于2018年1月1日生效。——译者注

〔55〕 让人印象深刻的论述,参见Scheerer, KJ 2019, 131: „zufallsgenerierte" Entkriminalisierung。

却仍模糊不明。关于以个案为导向的法律政策,这方面现实的例子是,要求将偷窃丢弃在垃圾箱中但尚未被放弃财产权的食物[所谓的垃圾搜寻(Containern)]的行为除罪化[56],或者通过别的特定构成要件(《德国刑法典》第184k条,私密部位的图像记录)将所谓的偷拍裙底(Upskirting)规定为刑事犯罪[57],而不是通过全面修改《德国刑法典》第15章的构成要件来寻求解决办法。

这种以个案为基础的立法倾向,一个主要原因可能是小规模的解决方案会引起潜在选民的更多关注,而且比大规模(因而在法律技术上也更复杂)修法计划更容易组织起议会中的多数。[58] 因此,刑法的规定越来越碎片化(zerfasert),因为有的构成要件从《德国刑法典》中剔除了,比如第103条;新增了与个案或特定部门有关的构成要件,比如《德国刑法典》第263c条、第263d条、第299a条、第299b条、第315d条等。但是,刑法政策的短视和小规模倾向,不能(全部)归咎于立法机构或政党。[59] 正好相反,刑法的碎片化同样反映了一个碎片化社会(fragmentierte Gesellschaft)的状况。在这样的社会中,社会能够凝聚在其周围的规范内核越小,就越难以达成利益平衡和妥协的方案。[60] 相应地,向立法机关提出的要求也就更不容妥协,各党派或党内各派别也就越来越具有对抗性。政治家们几乎不再能通过有计划的、连贯的立法来应对那些引起公众关注的案件或法院判决。其结果便是出现了小规模解决方案的、临时性安排的法律(Ad-hoc-Gesetze)。

(二)促进实体稳定的刑法政策

在这类(犯罪)构成要件中,有的揭示了碎片化社会中刑事政策的另一要素:保护实体越来越重要。比如,刑事立法机关通过对兴奋剂、体育博彩诈骗及操纵职业体育竞赛等行为的规定,保障了为数不多的、受到全社会高度认可的实体——有组织的体育赛事,从而承担起社会整合的任务。因此,立法者正试图——至少是象征性地,容忍矛盾地[61]——保护最后一个得到广泛认可的实体之一,这对社会的整合及价值观的传递特别重要。随着对执法人员及类似群体的人身攻击罪的设立,立法机关不仅是在对暴力倾向的增加作出反应,而且从中人们还可以看到一种针对那些反实体情绪的冲

---

〔56〕 但是,要如何做到这一点仍不清楚。汉堡的司法参议员(Justizsenator)蒂尔-斯特芬(Till Steffen)认为,对于此种现象,要么改变"德国民法典中的财产概念,要么改变犯罪构成要件中的财产概念"。对此的批判性分析,参见 Lorenz, jurisPR-StrafR 10/2019 注 1。

〔57〕 BR-Drs. 443/19; 这方面可参见 Berghäuser, ZIS 2019, 463 ff.。

〔58〕 对"职业政客的媒体民粹主义及推特民粹主义"的批评,参见 Kritisch zum „Medien- und Twitterpopulismus der Berufspolitiker" Walter, JZ 2019, 649, 651。

〔59〕 这方面,可以参见 Silva-Sanchez, Die Expansion des Strafrechts, 2003, S. 3, 10, 13。

〔60〕 Vgl. Di Fabio (Fn. 46), S. 49.

〔61〕 关于兴奋剂犯罪化引起的矛盾,参见 Zu Widersprüchen durch die Kriminalisierung des Dopings Merkel, in: Kubiciel/Hoven (Hrsg.), Korruption im Sport, 2018, S. 109 ff.。

动,这些情绪是一个碎片化社会的特征。国家对传统实体的认可,越来越不能被视为理所当然,因此,对这种实体成员的保护,不仅在事实上很重要,而且还以一种象征性的、法律交往性的方式说明了这类实体的价值,特别是相对于这些实体成员自身的价值。因此,除一般预防的功能外,刑法还是一种手段,在外部或内部向实体传达必要的社会认可。〔62〕

(三)刑法政策和道德

碎片化社会的刑事政策,其另一特点是倾向于稳定传统或新生的道德观念。刑事政策的这种"再道德化"(Remoralisierung),被认为是在多元社会条件下,试图以刑法规范在功能上取代整合力日益减弱的社会道德〔63〕,以加强统一性〔64〕。但是,似乎更合理的假设是,将"仅仅是冒犯性的"行为犯罪化,并不是对社会道德被侵蚀的反应,相反,在一个重新政治化、重新意识形态化的社会中,价值观和道德观念变得更加重要,社会成员会再次强化自己的(文化、宗教、种族的)身份意识。因此,刑法在此并非要——以"文化杠杆"〔65〕的方式——缓解社会发展的滑坡,而是要阐明社会道德更加重要。因此,经济刑法和反腐败刑法的扩张,不能(仅仅)被解释为对所谓经济生活中道德沦丧的回应。它(也)反映了对管理者和企业越来越高的道德要求,他们不仅要作为理性的利益最大化者,还要作为良好的(企业)公民。〔66〕与经济刑法的这种道德化相吻合的是,跨国腐败行为的犯罪化(《德国刑法典》第335a条)是合理的,目的是要在全球南方国家(Ländern des Globalen Südens,代指不发达国家)推行我们(西方)的善治理念(Vorstellungen good governance)。〔67〕由于这既不符合事实,也不符合德国刑法有限的效力范围,因此,立法机关的这一措施,主要应解释为针对国内市场的规范和价值的象征性肯定。〔68〕

随着社会变革的压力增大,商业伦理、性道德和社会道德相对于刑事政策的重要性提高。全球化、移民、日益增长的竞争压力和其他事态的发展被许多人视为威胁。一个社会对这种威胁感的反应,通常是更加紧密地团结在一起,围绕在共同的价值和

〔62〕 Vgl. Gärditz, FS Fischer, 2018, S. 963, 976; Scheerer, KJ 2019, 131, 133: Strafgesetzgebung mit „Überhang" an symbolisch-expressiver Bedeutung.

〔63〕 Vgl. Kindhäuser ZStW 129 (2017), 382, 385; Zabel ZRP 2016, 202, 204.

〔64〕 Vgl. Weigend, FS Frisch, 2013, S. 25.

〔65〕 von Liszt ZStW 38 (1917), 1, 3; 这方面,参见 Kubiciel JZ 2015, 64, 68。

〔66〕 对此,可以参见 Kubiciel ZStW 129 (2017), 473, 491。

〔67〕 Vgl. Maas, NStZ 2015, 305, 307; 在这一方向上,还可参见 in diese Richtung auch Pieth, FS Fuchs, 2014, S. 367, 375; Hoven, Auslandsbestechung, 2018, S. 532。

〔68〕 Vgl. Kubiciel, in: Hoven/ders. (Hrsg.), Das Verbot der Auslandsbestechung, 2016, S. 45 ff.

规范周围。[69] 特别是在一个碎片化的社会,这就增加了各个群体对立法机关的压力,要求立法机关象征性地、事实性地承认那些对它们来说重要的价值和规范的意义。刑法的作用是稳定规范,其特别适合此种目的。对捍卫道德的规范的(刑事)法律保护,绝非从一开始就不被允许。[70] 即使在一个自由主义国家(liberale Staat),法律规范也未必一定是道德中立的。[71] 它们(法规范)还可以保护社会大多数人认为值得保护因而有助于社会整合的善(Guten)的观念。[72] 然而,在一个碎片化的社会,个人对善的观念及保护它的(犯罪)构成要件,很难还原成一个统一的概念。

五、碎片化社会的刑法理论

如果敢于展望未来几年,刑事政策的特点,很可能是系统指导性立法和个案导向型立法并存。(犯罪)构成要件将继续保障主观权利(subjektive Rechte),但也将进一步稳定社会制度和道德、文化上要捍卫的善的观念。刑法的分科(国家安全、经济、医事、公司刑法)也会越来越多,从中会发展出一种独立的教义学,它与(刑法)总论部分的传统教义学不再一致。所有这些,共同导致刑法的碎片化和非系统化。“这个”(dem)刑法的伟大制度设计和大师叙事的时代似乎已经结束。

(刑法)科学必须要学会应对碎片化问题。在这方面,默克尔的主张,即象征性地恢复被侵犯规范的效力是刑法的任务和意义,可能变得更加重要。[73] 这一主张,将现代报应论的倡导者[74]与积极的一般预防论中规范导向的传达论变体(normorientierte-expressive Variante der positiven Generalprävention)的追随者联合起来。[75] 它将刑罚的正当性从物质内容性规范(materiell-inhaltliche Vorgabe)(保护法益)中分离出来,并将其与相应法规范的存续(Bestand)联系起来[76],因而表现出对民主型立法的特殊亲近性[77]。然而,积极的一般预防和现代报应论并不开放任何形式的规范内容。这是因

---

〔69〕 Vgl. Durkheim, Über die Teilung der sozialen Arbeit, 1977, S. 144 f.; 另参见 Canetti, Masse und Macht, S. 23 ff.。

〔70〕 Vgl. Jakobs, Rechtsgüterschutz? Zur Legitimation des Strafrechts, 2012, S. 28 ff.; Nettesheim (Fn. 31), S. 64, 87 ff.; Kubiciel/Weigend, KriPoZ 2019, 35, 36 f.; Pawlik, Festschrift für Urs Kindhäuser, 2019, S. 351, 362 f. 保留的观点,参见 Zurückhaltender Hörnle, in: Dreier/Hilgendorf (Hrsg.), Kulturelle Identität als Grund und Grenze des Rechts, 2008, S. 315 ff. A. A. Scheerer, KJ 2019, 131, 140。

〔71〕 Vgl. Nettesheim (Fn. 31), S. 87 ff.

〔72〕 Vgl. Nettesheim (Fn. 31), S. 64.

〔73〕 Vgl. Merkel, Willensfreiheit und rechtliche Schuld, 2. Aufl., 2014, S. 126. 相关的论述,参见 Im Anschluss an Jakobs, Staatliche Strafe: Bedeutung und Zweck, 2004, S. 26 ff.。

〔74〕 Vgl. Pawlik, Normbestätigung und Identitätsbalance, 2017, S. 51 ff.

〔75〕 关于提到的后一理论,参见 Zur letztgenannten Theorie Hörnle, Straftheorien, 2. Aufl., 2017, S. 32 ff.。

〔76〕 Vgl. Jakobs, Strafrecht AT, 2. Aufl., 1991, Rn. 18; Wohlers, GA 2019, 425, 440.

〔77〕 Vgl. Gärditz, Der Staat 49 (2010), 331, 357.

为,与消极的一般预防不同,它们并不针对有潜在犯罪倾向的人,也不试图用刑罚威慑的"液压效应"来引导他们的行为。相反,它们认为刑罚的任务在于确证法、确证守法者对规范效力的信赖。由于国家通过命令和服从来控制社会的做法的合法性有限,也很少能够实现[78],因此,通常情况下,只有那些在具体社会中实际提供指引的规范才能得到刑法的保障,因为它们具有社会效力[79]。后者的前提是,面向一般公民的规范,不至于过于偏离那些虽然外在于刑法但在社会中却具有效力的指引规范的内容,以及它背后的价值观。只有在这种情况下,刑罚才能被解释为也是一种交往行为,它并不把某种异己的东西强加给受传达人,而是以象征性地恢复这个社会的法律来回应对法的违反。因此,在一个碎片化的社会,立法机关必须特别彻底地审查它希望通过刑法保护的价值和规范是否仍然有足够的社会基础。如果不是(或不再是)这种情况,就应避免通过刑法来强制执行。不过,反过来说,立法者也可以将对价值更趋敏感的规范,以及新的社会规范整合到现有的或新设的犯罪构成中。

对于刑法科学来说,这意味着两件事。如果说,对这个社会而言具有说服力的刑罚理论,其基准点不再是物质上的不法(materielles Unrecht)(法益侵害),而是规范的违反,则数十年来那一被刑法科学逐入犯罪论后院的面向,就必须再次回归到教义学的前庭:规范的侵犯或义务的违反。由此,比客观的结果归责学说(die Lehre von der objektiven Erfolgszurechnung)更重要的是管辖根据的类别(Kategorien der Zuständigkeitsbegründung),即在何种前提条件下,可以在刑法上完全要求一个人(Person)承担义务。[80] "只要刑法科学想在刑事政策方面发挥作用,就必须去努力洞察(ablauschen)社会的规范——也就是用社会实证的研究方法。"[81]它不应要求立法机关去遵守以自然法为基础的正义概念,而应当去审查立法建议是否符合社会的主流价值观。比如,这样的审查就可以表明保护制度化的体育赛事不受兴奋剂和腐败的侵害是社会所接受的[82],而毫无例外地禁止商业性的自杀要求(Suizidförderung),则与大多数人对死亡协助(Sterbehilfe)的不同看法相悖。[83]

然而,如果社会分裂成碎片、共同价值观削弱,刑法科学就很难以明确的结论来帮

---

〔78〕 令人瞩目的论述,参见 Scheerer, KJ 2019, 131, 143。

〔79〕 Vgl. Gärditz, Der Staat 49 (2010), 331, 358; Kubiciel, ZStW 120 (2008), 429, 442 f.

〔80〕 对这一犯罪论进行基础性、体系性论述的,参见 Grundlegende systematische Ausarbeitung dieser Verbrechenslehre von Pawlik, Das Unrecht des Bürgers, 2012。

〔81〕 另参见 Walter, JZ 2019, 649, 654, 其中要求加强对社会公正观的包容(不过是在社会学上报应论的理论框架之下)。

〔82〕 关于舆观调查网(YouGov)在 2017 年 1 月 31 日进行的关于兴奋剂的代表性调查,参见 die repräsentative Umfrage von YouGov zum Doping vom 31. 1. 2017, abrufbar unter: https://yougov.de/news/2017/01/31/doping-legalisieren-deutsche-sind-entschieden-gege/。

〔83〕 Vgl. etwa Nationaler Ethikrat, Selbstbestimmung und Fürsorge am Lebensende, 2006, S. 19 ff. ——此外,毫无例外地禁止协助自杀与法律认可的案例相矛盾,在这些案例中,协助自杀可以不受惩罚,对此,参见 Kubiciel, NJW 2019, 3033, 3035 f.。

助或是反对刑事立法机关。在这种情况下,如果不从(法)科学的参照系转向政治的参照系,它就不能接纳个别群体的要求。作为一门科学,它必须要么等待民主立法机构的决定,要么寻求妥协的路线。无论如何,刑法科学最基本的任务,是对看似简单而又完美的解决方案提出警告。在复杂的社会中,不可能存在一部简单却又具有系统性说服力的刑法。

刑法与哲学：关于刑罚的正当化根据*

〔日〕松原芳博** 文　郑军男*** 译

要　目

---

* 此文发表于日本学术杂志《法と哲学》（創刊第1号）（2015年6月）。本文的翻译已获得松原芳博教授的授权与认可，在此表示衷心感谢。

21世纪以降，日本刑事立法一改以往被评价为“沉默的金字塔”的静止状态而进入“大立法时代”。日本刑法学者普遍认为，当前日本刑事立法活性化现象中，呈现出的重要特征之一便是“刑罚积极主义”倾向。本文作者进一步将此种倾向具体概括为“处罚的早期化”与“重罚化”两个特征［参见松原芳博「立法化の時代における刑法学」井田良＝松原芳博編『立法学のフロンティア3 立法実践の変革』（2014年，ナカニシヤ出版）123頁以下］。然而，非常清楚的是，刑罚积极主义与战后被日本刑法学视为铁则的谦抑主义原则（刑罚消极主义）、法益保护原则、反伦理主义等诸原则相矛盾。甚至，有日本学者坦陈平成时期的日本刑法学并没有建构起应对活性化刑事立法所带来的刑罚积极主义倾向的理论，导致在刑罚的扩张与重罚化的立法现象面前，理论学者集体失语。“立法活性化时期的重罚化倾向，恰恰证明了刑法理论的无能”［参见井田良「平成時代の刑法学」刑事法ジャーナル61号（成文堂，2019年）17頁］。本文作者更是通过深刻的分析认为，刑法学与哲学的割裂与分离，导致刑法学丧失了理论的批判性，反而走向对立法或判例采积极肯定的态度。由此，作者清醒地指出：在已进入立法化时代的当前，围绕犯罪与刑法的哲学考察，必将有助于防止刑事立法过程的过度政治化。日本刑事立法上的此种动向，也引起日本法哲学界的关注。2015年日本法哲学学会学术年会便以“报应的未来”为主题展开了关于刑罚本质的讨论。本文作者以“作为刑罚正当化根据的报应：以刑法学为视角”为题作了主旨发言。同年，由日本法哲学学者东京大学井上达夫教授任主编的《法与哲学》杂志创刊，本文被收录在该杂志的创刊号，足见此论文的分量和影响。译者翻译此文的动机也很简单，那就是：面对刑罚积极主义倾向，我们需要对刑罚的本质和机能进行根本性的反思。这在我国刑法修正案频繁出台并表现出刑罚积极扩张和重刑化的现实背景下，更是如此。无疑，“他山之石，可以攻玉”，作者对刑罚正当化根据的深层思考，也必将有助于我国刑法学人重新审视和思考此问题。

** 日本早稻田大学大学院法务研究科教授，日本刑法学会常务理事、代行理事长。

*** 吉林大学法学院教授，中国刑法学研究会理事，中国法学会东北亚法律研究中心主任。

摘　要　刑法与哲学有非常深的渊源关系。尤其是围绕刑罚的意义、目的、正当化根据的报应刑论与目的刑论的对立,更是哲学、伦理学、法哲学上的主要议题之一。在“报应”上寻求刑罚正当化根据的立场,又分为被害报应、秩序报应和责任报应。但它们都反对“人的手段化”,以“报应”自身的无目的性为前提。目的刑论则与其正相反,在通过预防犯罪保护法益这一现实目的的实现上寻求刑罚的正当化根据。然而,刑罚的目的实现并不直接意味着“人的手段化”,或者说禁止“人的手段化”是要求为被处罚者提供使其能够接纳忍受刑罚痛苦的合理理由。在这一层面上,责任主义就是对行为人负担刑罚特别忍受义务进行正当化的原理。因此,刑罚权的正当化根据,既要从国家层面的通过预防犯罪保护法益上探求,同时又要从行为人层面的针对自身犯罪的责任上探求。

关键词　刑罚　正当化　报应刑　目的刑

一、刑法与哲学

在实定法学的诸多领域,刑法学与哲学、法哲学有最为密切的联系。拉德布鲁赫、迈耶等著名法哲学家同时也是刑法学家这点,就说明刑法与哲学之间的关联是如此之深厚。此种刑法与哲学间的关联由来于:刑罚,一方面,对于其对象个人而言,是包含最为强烈非难在内的对最为重大的利益之剥夺;另一方面,其对于国家而言,既是最为强烈的对内的实力之行使[1],又是象征国家权力的存在。

围绕“刑罚”的意义、目的、正当化根据问题的“报应刑论”与“目的刑论”之间的对立,曾在康德、黑格尔的哲学中占据重要地位,自古以来就是哲学、伦理学等的主要议题。在此场论战中,“报应刑论”以意志自由(非决定论)即承认基于人的意志选择行动的可能性为前提;而“目的刑论”(尤其是改善或教育刑论)则以意志决定论即承认外部世界的因素对人的意志的因果决定性为前提。其中,“意志自由”的存在与

[1] 但是,随着敌人刑法(Feindstrafrecht)观念的登场,刑罚也被视为与武力相同,带有对外的作用。

否也是哲学史上的一个难题。最近,尤其是基于脑科学领域的实验,刑法学也在参考决定论。[2]

在现代刑法中,责任主义已经获得普遍认可,其主张作为行为人非难可能性之基础的故意、过失或责任能力是刑罚不可或缺的前提,而此责任主义的根据问题也成为法哲学的检讨内容。

在刑法学上,关于犯罪概念之基础的人的"行为"的意义、构造[3]以及作为违法论或责任论之前提的"规范"的构造、作用、内容[4]等问题的研究,也参考了哲学上的真知灼见。

与刑法的任务、机能相关联,以淫秽物品(Pornography)或赌博等"无被害者犯罪"的非犯罪化之论争为契机,社会伦理主义与法益保护主义的对立更加明显和尖锐起来[5],进而发展为关于违法实质的规范违反说(行为无价值论)与法益侵害说(结果无价值论)之间的论争。其实,这些论争也依赖于政治哲学、法哲学上关于国家的作用、法与道德的关系等知识观点。

此外,作为刑法上违法阻却事由之一的紧急避难,通过卡涅阿德斯船板事例与木犀草号事件等,为伦理学提供了重要的素材。近来,是否允许击落即将撞击高层大厦的飞机——连同乘客、乘务人员一起[6]或者为获得遭受绑架的被害人信息而刑讯逼供绑架犯的共犯者[7],也成为热议的话题。紧急避难,直接追问个人与个人之间、个人与社会之间利益冲突的解决方法,因此也被称作"法的小宇宙"[8]。

然而,20世纪60年代以降,或许是因为从形而上学的刑罚理论向目的合理主义的

---

[2] 参见増田豊『規範論による責任刑法の再構築——認識論的自由意志論と批判的責任論のプロジェクト』(勁草書房,2009年)397頁以下等。

[3] 参见仲道祐樹『行為概念の再定位——犯罪論における行為特定の理論』(成文堂,2013年)等。

[4] 参见前注[2]1頁以下;宗岡嗣郎『犯罪論と法哲学』(成文堂,2007年)129頁以下等。

[5] 参见平野龍一『刑法の基礎』(東京大学出版会,1966年)93頁以下。

[6] 参见森永真綱「テロ目的でハイジャックされた航空機を撃墜することの刑法上の正当化(一)(二)(三・完)」姫路法学41=42合併号(2004年)195頁以下,43号(2005年)149頁以下,45号(2006年)157頁以下。

[7] 参见深町晋也「ドイツにおける『拷問による救助』を巡る諸問題」川端博ほか編『理論刑法学の探究6』(成文堂,2013年)243頁以下。

[8] 通说立足于功利主义之观点,认为紧急避难的正当化根据在于:相较于所侵害之利益,保全了同等以上之利益,进而并没有减少社会整体利益之总和[参见西田典之『刑法総論〔第2版〕』(弘文堂,2010年)139頁以下等]。然而,从一位健康者身上摘取出包括心脏在内的若干脏器并移植于濒临死亡的三位病人身上,进而实施救助生命的行为,很难以社会整体利益的增加为理由而被正当化。因此,为了防止社会功利主义对个人主义的侵蚀,基于社会契约之立场进行如下解释也是有意义的:即,可将紧急避难视为,在应该是立足于遭受危难方还是危难被转嫁方不明确的状况下,事先相互承认在一定范围内相互转嫁危难的风险分配制度[参见森永真綱「緊急避難論における社会連帯義務(1)(2)」姫路法学46号(2007年)1頁以下,鹿児島法学43巻1号(2008年)1頁以下]。

刑罚理论的转型(与康德、黑格尔的诀别〔9〕)〔10〕,又或许是因为法益保护主义对刑法去伦理化的影响,刑法学者们开始逐渐失去对哲学的兴趣。〔11〕然而,其实,目的合理主义的刑罚论也不外乎是一种哲学上的态度决定。而且,从刑法的保护对象中排除社会伦理(实定道德),也不意味着国家的处罚行为不需要伦理上的正当化。〔12〕哲学、伦理学、法哲学这些"外部观点"将有助于刑法学验证自身的存在意义,并反思自身的存在方式。〔13〕

尽管如此,对于笔者而言是没有能力从哲学的视角来解读刑法的。因此,在下文中,针对构成哲学与刑法学之交点的刑罚的正当化根据问题,试图从刑法学视角(当然也以尽可能使刑法学之外部能够了解的形式)进行检讨,为已经展开的讨论提供思考脉络。

深化关于刑罚正当化根据的议论,并与国民广泛共享此议论成果,对于普通国民也参与量刑判断的裁判员制度的合理运行而言是不可或缺的。况且,在已经进入立法化时代的今天,关于犯罪与刑法的哲学考察,对于防范刑事立法过程的过度政治化而言,也是大有裨益的。〔14〕

二、刑罚的定义

作为探讨刑罚正当化根据的前提,有必要明确应该被正当化的"刑罚"究竟为何?〔15〕

《日本刑法典》第9条规定的主刑有:死刑,惩役,禁锢*,拘留,罚金,科料;规定的附加刑有:没收。在历史上,有很长一段时期也将流放孤岛或鞭刑等作为犯罪行为的

〔9〕参见ウルリッヒ・クルーク「カントとヘーゲルからの訣別」ユルゲン・バウマン編(佐伯千仭編訳)『新しい刑法典のためのプログラム』(有信堂,1972年)41頁以下。

〔10〕关于近年来报应刑论之复兴(康德、黑格尔的再评价)的思潮,参见下文"四、刑罚的正当化根据"之"(一)报应刑论"之"5.报应与目的"。

〔11〕刑法学者西原春夫在2009年"日本刑法学会第87届大会纪念日本刑法典制定100周年与刑法学会创立60周年"的演讲中,表达了对"现实充斥着刑法哲学的弱化"的担忧[参见「刑法典の百年とこれからの刑法学」刑法雑誌49巻2=3合併号(2010年)189頁]。

〔12〕参见増田豊「法倫理学と道徳的実在論——道徳哲学と刑法のメタ理論的基礎」法律論叢82巻4=5合併号(2010年)400頁,曽根威彦『刑法の重要問題・総論(第2版)』(成文堂,2005年)38頁以下。

〔13〕也许正因为刑法学脱离了哲学,才导致其批判现状的概念、视角或思维方式的弱化,并成为促使刑法学针对立法或判例的现状采取肯定态度的重要因素。

〔14〕关于在刑事立法中的刑法理论的意义,参见松原芳博「立法化の時代における刑法学」井田良=松原芳博『立法学のフロンティア3』(ナカニシヤ出版,2014年)123頁以下。

〔15〕此"刑罚的定义"或"刑罚的概念",在刑罚所不可欠缺的属性这种意义上,也被称为"刑罚的本质"。但是,"本质"这一用语很容易使人联想到已超越关于对象的描述,是先行于与其正当化相关联的结论而进行的关于对象的"意义设定"。

* 根据日本令和4年(2022年)法律第67号《关于修正刑法等一部分的法律》之规定,取消了主刑中惩役、禁锢两刑种,而统一改为"拘禁刑",并根据刑期分为"无期拘禁刑"与"有期拘禁刑"。——译者注

后果。如果抽象出这些惩罚措施的共同特征,可将“刑罚”定义为:以犯罪这种违法行为为理由,由国家意图性施加的恶害且内含有对违法行为的非难。〔16〕 刑罚,在以国家为主体这点上,区别于各种非正式性制裁;在以过去的违法行为为理由这点上,区别于税的征收或传染病患者的隔离、预防性拘禁等;在追求恶害的施加这点上,区别于因不法行为的损害赔偿或少年法上的保护处分或对心神丧失者实施医疗观察法上的入院治疗等〔17〕;在包含有(伦理性)非难这点上,则区别于道路交通法上的罚款或禁止垄断法上的课征金等。尽管如此,并不能完全否定罚款或课征金中亦带有事实上的非难性质,尤其从抑止刑论的立场上来看,这些都是构成抑止体系的“制裁”,因而能够被视为与刑罚同质。

总之,上述各种特点的比较是以国家为主体的,尽管其脱离了“刑罚”的定义,但既然是国家针对个人利益的剥夺,便无法回避对其正当化之必要性的追问。逾越行政法学、刑事法学、民事法学的藩篱,比较探讨各种利益剥夺处分之正当化根据的异同,解明罪刑法定主义、责任主义、拒绝强迫自证其罪特权等在实体法或程序法上的保障所应及之范围,也是当今所残留之一项重要课题。〔18〕

三、与刑罚的“正当化根据”相区别的几个问题

有必要明确应该与刑罚的正当化根据相区别的几个问题。

第一,社会学意义上的刑罚的存在理由或者刑罚的社会机能,并不等同于本文中所检讨之意义上的刑罚的正当化根据。从社会学角度来看,也许能够根据社会成员的各种心理欲求的满足或其成员社会归属意识的确认、政治权力的存在或地位的确证等社会心理事实来说明刑罚的存在理由。然而,这些社会心理事实的存在并不能直接使刑罚的存在正当化。以近来的系统论为基础的规范确证论[下文“四、刑罚的正当化根据”之“(二)目的刑论”之“3. 积极的一般预防论”]一方面在作为对现实社会的描述来论说基于刑罚的规范安定化或其确证问题的同时,另一方面又将其作为刑罚的正当化根据这点上,是存在方法论上的问题的。

第二,本文中所检讨的刑罚的正当化根据,关涉实质的正当性问题,进而有别于形式合法性的视角。刑法是由依据宪法所设立的立法机关经由合法程序而制定的,这点也只是赋予刑罚形式上的正当性,并没有提供其实质的正当性。

第三,在法哲学领域,自由主义立场提出了国家是否具备作为刑罚主体的正当性这

〔16〕 参见高橋直哉「刑罰の定義」駿河台法学 24 巻 1=2 合併号(2010 年)516 頁以下等。

〔17〕 尽管刑法将没收作为“刑罚”之一种,但对犯罪组成物(《日本刑法典》第 19 条第 1 项第 1 号)或犯罪供用物(同项第 2 号)的没收却是为了防止其再次被用于犯罪的措施,所以其并非意图性的科处恶害。因此,实质上并非“刑罚”。

〔18〕 关于各种制裁的横向研究,参见佐伯仁志『制裁論』(有斐閣,2009 年)。

一问题，并围绕刑罚主体问题展开了饶有兴趣的讨论。〔19〕然而，本文尽管以国家的刑罚为前提，但其焦点却不在刑罚“主体”的正当化上，而是在刑罚“作用”的正当化上。

以上，关于“刑罚的正当化根据”问题，尽管难以说进行了最小范围的限定，但至少勾勒出了能够展开讨论的框架。

四、刑罚的正当化根据

（一）报应刑论

1. 报应概念的多义性

刑罚，在定义上是指内含有针对过去违法行为之非难的恶害。在此种意义上，刑罚是一种报应，对此是没有异议的。本文中所检讨的报应刑论，是指在报应上寻求刑罚正当化根据的立场。从认识论上的作为对象之属性的报应性质出发，直接推导出作为刑罚正当化根据的报应刑论是存在逻辑上的谬误的。

然而，“报应”是表示针对过去的行为或者事件的回报或回应这种“对应关系”的形式概念，因此，根据其针对犯罪哪一方面的回应，“报应”的实体也是极不相同的。〔20〕不同的人会从“报应”这一用语中联想出完全不同的内涵，这也是造成围绕刑罚的议论混乱的因素之一。因此，下面以“是想针对犯罪的哪一方面进行回应”为视角，将作为刑罚正当化根据的“报应”的各种样态进行分类检讨。实际上，这些类型只是单纯抽象为“针对犯罪所内含之某一方面的回应”这种理念型的刑罚观而已，因此并不与历史上实际存在的制度或者诸思想家、学者的制度构想完全对应。

2. 被害报应

第一种类型是，从朴素的视角出发，将犯罪视为针对个人的加害行为，进而将刑罚作为被害者所遭受之具体损害的代偿而进行正当化的思考。对此，可称之为“被害报应”。氏族间的复仇（Fehde）或者报仇等，便是此种被害报应的典型。从被害报应的立场上看，刑罚权原本的主体将是被害者或者作为其人格继承者的亲属。因此，只有在将国家视为被害者或其亲属的刑罚权之代行者限度内，才能够将国家刑罚正当化。而且，此立场还会将未遂犯、危险犯、针对国家法益的犯罪、针对社会法益的犯罪〔21〕排除

---

〔19〕参见瀧川裕英「国家刑罰権の正当化」ホセ・ヨンパルトほか編『法の理論 28』（成文堂，2009 年）25 頁以下。

〔20〕从与本文不同的观点探讨报应概念的多义性、多样性的文献有：高橋直哉「応報概念の多様性」川端博ほか編『立石二六先生古稀祝賀論文集』（成文堂，2010 年）29 頁以下。

〔21〕然而，如果将针对国家法益的犯罪或者针对社会法益的犯罪视为针对个人法益之侵害的集合，被害报应的立场也能够将这些犯罪作为刑罚的对象。

于刑罚对象之外。另外,被害报应是在对于被害者而言的刑罚的意义、价值上寻求刑罚的正当化根据,并不内含有行为人的责任这种视角。毋宁说,被害报应的立场将会把要求行为人的故意、过失或责任能力的责任主义视为被害者方报应诉求的障碍物而加以抛弃。

然而,由于无法接受此等结论,所以已经没有把被害报应视为国家刑罚之正当化根据的余地。刑法学中的通说认为,报应与复仇(被害报应)是完全不同的两个概念,进而在报应概念中拒斥不以责任主义为前提的被害报应。因此,通说在否认作为正当化概念的"被害报应"这点上是正确的。但是,应该说作为分析概念的"被害报应"〔22〕即使在目前也仍然具有有用性。这是因为,近来伴随"被害者的再认识",被害报应的思想对刑事立法及刑事司法的现实正在产生一定的影响。2008 年引入的被害者等参与制度,就是通过肯定犯罪被害者或其家属的"求刑"来满足被害者或其家属的处罚要求的制度。在该制度制定过程的讨论中,也曾有见解认为:国家刑罚是在代行死者遗属所具有的复仇权。还有,危险驾驶致死伤罪以及汽车驾驶过失致死伤罪(现在的过失驾驶致死伤罪)的新设立以及通过量刑对非故意犯〔23〕的重罚化,也都显示出因关注被害者方结果的重大性导致的责任主义的衰退。

3. 秩序报应

第二种类型是,将犯罪视为对神或国王之权威的背叛或者是对法秩序的扰乱,进而将刑罚作为权威或法秩序之反作用而进行正当化的思考。对此,可称之为"秩序报应"。此秩序报应思想,曾出现于中世纪教会法或绝对王权政治下的刑法中。主张犯罪是对体现人之伦理的国家法的否定,而刑罚则是通过法的否定之否定来恢复法的黑格尔的刑罚论〔24〕,也带有强烈的此秩序报应的性质。与被害报应在私法上把握刑罚不同,秩序报应则强调刑罚的公法性质。在这里,犯罪与其说是针对具体法益的侵害,毋宁说具有针对观念的法或秩序的反抗内涵,所以并不关注作为实害的结果之发生,同等看待既遂与未遂;而且,其重视作为针对法或秩序之态度的行为人的主观面。〔25〕 尤其是,如果认为针对法秩序的反抗是指在知晓法的前提下竟然采取对其无视的态度,那么将会达至严格故意说的立场,在犯罪的成立要件上以违法性意识的存在为必要。严格故意说一直饱受批判,认为其尽管是限定处罚的立场但却是权威主义

〔22〕 笔者在本文中也曾考虑使用作为分析概念的"复仇"这一用语。但鉴于学者们对"复仇"这一用语抱有强烈的抵触,感难以形成学问上的探讨,并且现实中有可能存在在"报应"名下隐藏实际谈论关于复仇的思想或实践的事实,所以本文使用了"被害报应"这一用语。

〔23〕 危险驾驶致死伤罪要求行为人对危险驾驶有认识,但并不要求对构成该罪非难对象之核心的死伤结果有认识。

〔24〕 参见ヘーゲル(藤野涉ほか訳)「法の哲学」『世界の名著』(中央公論社,1967 年)297 頁以下。

〔25〕 然而,如果将此中的秩序解读为自然的、因果的秩序,就会导致重视犯罪的客观面,进而不同及行为人的故意或过失等主观面,而是作为犯罪的自然的、因果的归结而科处刑罚。

的，其理由也正在于此。

基于此秩序报应的刑罚的正当化，无论是神或国王还是法秩序，其都是将绝对权威的存在及其权威针对个人的伦理优越性作为前提的。这是因为，如果不是优越于个人的权威性主体，则根本无法单纯依据针对反抗自己的反作用自身来主张正当性。然而，针对作为服务于国民利益之机构的现代国家，是无法认定此伦理的优越性的，所以，此秩序报应也无法成为刑罚的正当化根据。主张报应刑论是权威主义的批判，主要针对的也是此秩序报应。

4. 责任报应

第三种类型是，将犯罪把握为基于个人的自由意志所选择的产物，进而将刑罚作为自己选择犯罪行为的责任之清算进行正当化。对此，可称之为“责任报应”〔26〕。康德的报应刑论便是此责任报应的体现，即以人是理性的、自律性的存在为前提，认为对行为人自身科处作为基于自己的自由意志所选择之犯罪行为的后果的刑罚，意味着将行为人作为理性的存在来对待。〔27〕 在刑法学中，在谈论“报应”时，一般是指此责任报应。当言及报应刑论是责任主义的归结时，关注的便是此责任报应。

然而，如果此责任报应思想表达的是“责任的清算”自身中内含有作为国家刑罚权之发动的积极的价值或意义，其便是意图让国家来担负形而上学之正义的实现，这显然超出了现代国家的任务范畴。而且，由国家强制科处刑罚，也与把人视为理性的、自律性的存在这一立场不相容。如果认为，人是理性的、自律性的存在，那么追究与其选择相关的责任的主体，就不应该是国家；而是内在于行为人自身的超我或良心。此外，很早就有人指出：作为责任报应之前提的人的意志自由是无法证明其存在的。尤其是，近年来的脑科学也揭示了不利于意志自由之存在的见解。既然立足于观察者的视角（外在观点），那么无法否认的是：主张人的行为也在原因—结果的范畴中受一定法则性支配的决定论，要比承认人的意志（部分）的无原因性的非决定论（意志自由论）更加符合我们的思维方式。〔28〕

5. 报应与目的

报应刑论是与目的刑论相对立的。因此，此种意义上的“报应”在概念上不得含有

---

〔26〕 此责任报应的观念，在与意志所选择的对象相关联上，是开放性的。而且，在造成损害之行为的意志选择、扰乱秩序之行为的意志选择这种形式上，也能够与被害报应或秩序报应的观念结合起来。但在本文中是作为刑罚所应对的犯罪的“某一方面”的问题，区分被害报应、秩序报应和责任报应三者的。

〔27〕 参见カント（加藤新平ほか訳）「人倫の形而上学（法論）」『世界の名著 32』（中央公論社，1972年）472 頁。

〔28〕 然而，在立足于行为者视角（内在观点）的场合，自我意志已经被决定的设定，是与即将进行某种决定的意志活动之间存在矛盾的，所以，不可避免地要假设自我存在选择的余地而采取行动。因此，可以说，我们所具有的“自由的意志”正是为了避免此种矛盾。历来的决定论与非决定论之间的对立，也许能够视为关于外在观点与内在观点的对立。

任何“目的”成分。报应刑论指责目的刑论是“人的手段化”的批判，也是以报应是无目的的存在为前提的。然而，应该说，此种无目的的刑罚，在现代世俗化的国家中是没有被正当化的余地的。即使在宪法学中，也认为针对个人的权利、自由的制约，仅限于在为保护他者的权利、自由所必要之场合，才能被正当化。既然刑罚以外的国家制度不曾基于正义之实现而被正当化，那么只在刑罚问题上根据正义的实现进行正当化就是不合理的。在刑法学中，尽管刑法的任务在于保护法益这点已经得到广泛认可，但法益之“保护”并非基于观念的报应实现的，而是通过现实的防止法益侵害行为才能够被实现。如果将刑罚的正当化问题与现实的效果割裂开来，那么将会导致各种刑事政策上的考量失去刑法上的基础，例如死刑是否具有犯罪抑止力的讨论也将丧失意义，刑罚与损害赔偿等其他各种制度之间的关系或协调的探讨也将丧失前提。

然而，也可能有见解认为，在报应刑论的背后，是存在某种目的的。

一是认为在被害报应的背后，具有使被害者及其遗属的被害情感稳定化的现实目的。〔29〕然而，在以民事和刑事的分离为前提的现代法体系下，被害情感的稳定化基本上应该通过对不法行为的损害赔偿来实现。而且，有意施加痛苦是否真的与被害者等的满足相关联也是存在疑问的。毋宁说，对犯人的处罚并不能救助被害者这种认识，才是被害者救济的出发点。尤其是，被害者或其遗属所抱有的情感会因其个人的性格或与犯人之间的关系而大不相同，也会随着时间的流逝而发生重大变化，因此并不适合动用刑罚加以应对。在作为最重刑罚之对象的杀人罪中，被杀害的被害者本人的情感之满足是无法成为问题的，因此只有死者遗属情感的满足问题，但即使在被害者没有家属的场合，也不能不处罚犯人。此外，在针对国家法益的犯罪或者针对社会法益的犯罪中，也不能将被害情感的稳定化作为刑罚的正当化根据。

二是认为在秩序报应的背后，存在“法之恢复”的目的。近年来，在德国出现了新动向：借助针对被称为“与康德、黑格尔的诀别”的目的合理主义刑罚论的批判，进而宣称“向康德、黑格尔的回归”的报应刑论的复兴。此种动向即使在日本也出现了一些支持者。〔30〕在此动向中所展开的报应刑论，并不完全拒绝目的性思考，而是主张为了实现“法之恢复”这一目的。然而，此“法之恢复”仍旧是观念性的，其是否具有与其他国

〔29〕参见吉岡一男『刑事制度論の展開』（成文堂，1997年）129頁以下，在如下内容探求了包含刑罚在内的刑事制度的目的：之所以进行犯罪的事后处理，就是要通过使包括被害者等的社会成员获得心理上的满足来实现为了平稳的共同生活的社会情绪稳定。

〔30〕参见飯島暢「刑罰の目的とその現実性——法の目的，法の原理としての自由の保障との関係」川端博ほか編『理論刑法学の探究6』（成文堂，2013年）29頁以下；同「最近のドイツにおける規範的な応報刑論の展開」香川法学26巻3=4号（2007年）101頁以下；同「カント刑罰論における予防の意義と応報の限界」香川法学28巻2号（2008年）1頁以下；岡上雅美「刑罰正当化論から見た責任概念及び意思の自由」刑法雑誌46巻2号（2007年）258頁以下；中村悠人「刑罰の正当化根拠に関する一考察（1）～（4・完）」立命館法学341号（2012年）244頁以下、342号（2012年）208頁以下、343号（2012年）134頁以下、344号（2012年）164頁以下等。

家制度的正当化同等意义上的社会现实性，是否具备能够与刑罚之弊害这种负面利益进行程度衡量的具体性内容，仍旧留有疑问。

（二）目的刑论

1. 一般预防论与特殊预防论

针对以上的报应刑论，从目的合理主义或功利主义的立场出发，基于“通过预防犯罪来保护法益”这一现实目的对刑罚进行正当化的理论，便是目的刑论。其中，基于防止一般人实施犯罪的效果将刑罚进行正当化的立场，被称作“一般预防论”；基于防止犯罪行为者自身再犯的效果将刑罚进行正当化的立场，被称作“特殊预防论”。[31]

2. 消极的一般预防

中世纪，示众性公开刑试图通过刑罚之执行使人们产生恐惧心理来抑止犯罪。与此相对，主张通过刑罚之预告抑止犯罪的立场，便是费尔巴哈的心理强制说。心理强制说认为，人是通过利害算计采取行动的经济学意义上的合理存在，所以当把大于因犯罪所获得之利益的不利益作为刑罚进行事先预告时，据此便能够预防犯罪的发生。基于刑罚执行的预防向基于刑罚预告的预防的转变，反映了刑罚的核心由身体刑转向自由刑，同时也为罪刑法定主义提供了刑法理论的根据。

如上所述，通过作为恶害的刑罚之执行或预告，在快乐与不快乐或者利害算计的维度上提供针对犯罪动机的反对动机，并将此作为刑罚目的的立场，在与后述的“积极的一般预防论”相对应的意义上，被称为“消极的一般预防论”。而且，此立场也曾与针对行为人自身的作用合并被称为“抑止刑论”（将针对一般国民的作用称为一般抑止，将针对行为人自身的作用称为特殊抑止）。然而，“抑止刑”也曾在包含基于刑罚的规范意识之维持或觉醒意义上被使用，所以，此时其未必与积极的一般预防论相对立。

针对以上的消极的一般预防论，报应刑论之立场进行了如下批判：把人像动物一样对待，由于期待基于刑罚的恐惧心理之抑止，所以容易招致无限制的重罚化，也与要求刑罚应与责任相适应的责任主义相矛盾。

3. 积极的一般预防论

当前，有力的立场是积极的一般预防论，该立场并非单纯在基于痛苦或不利益的

---

〔31〕 对此，参见小林憲太郎「刑罰に関する小講義」『法の理論28』（成文堂，2009年）82頁，其认为“一般预防”中的“一般”并非指预防作用之对象的一般性，而是指预防方法上的一般性，因此，针对犯罪行为者自身的威吓或抑止意义上的特殊抑止，也是“一般预防”。然而，一般预防与特殊预防是以其作用的对象为标准进行区别的用语已经被广泛接受，而且关于预防方法已经存在“抑止刑”这种称谓，进而当把针对一般人的抑止作用（一般抑止）和针对犯罪行为者自身的抑止作用（特殊抑止）进行统括时，只要使用“抑止刑”这一用语即可，尤其是根据作用对象进行分类仍具有有用性，所以本文将依从正文中所采用的用语。

反对动机的提供上,而是在通过维持法秩序或法规范之效力的一般预防上探求刑罚的正当化根据。根据其代表人物之一罗克辛的观点,刑罚的一般预防效果,是指从如下三种具体效果中所产生的国民对规范之认可及规范意识的维持和强化:通过对犯罪行为的否定性评价的明示而形成的学习效果;通过实际确证法的自我贯彻力而形成的信赖效果;通过适当处理犯罪行为而形成的满足效果。〔32〕

如果将积极的一般预防论与消极的一般预防论相比较,可总结出如下几种不同点:一是消极的一般预防论把已经具有犯罪倾向的潜在犯罪者作为对象,而积极的一般预防论则把包括具有守法意识的国民在内的所有国民作为对象。二是消极的一般预防论把焦点置于产生犯罪动机时点上的反对动机之提供上;而积极的一般预防论则把着眼点放在产生犯罪动机之前时点上的规范意识的维持或形成上,据此避免犯罪动机的产生。三是消极的一般预防论的目标是通过快乐与不快乐"操纵"对象或者通过利害算计"诱导"国民;而积极的一般预防论的目标是基于价值或规范的"说服"。而且,在积极的一般预防论的内部,也可能存在如下侧重点的差异:诉诸规范制定过程的正当性(经过民主主义之程序而合法成立这一事实),或者诉诸规范内容的正当性(该当规范应保护的法益之价值)。四是消极的一般预防论依赖刑罚的物理性力量;而积极的一般预防论则把刑罚把握为沟通或交流(Communication)的手段,重视刑罚非难的明示或传达。

此种积极的一般预防论将国民视为能够依据刑罚所明示或传达的价值或意义遵守规范的自律性存在,在这点上避免了"把人像动物一样对待"的批判。刑罚概念中内含有非难,也表明应该期待基于非难的主体的行动控制,而不是基于恐惧心理的操纵或基于利害算计的诱导。基于恐惧心理服从规范者,并不具有基于自身意志遵守规范的意识。基于经济合理性维度上的得失而遵从规范者,在明确是由他人(国家)意图性操纵其得失的场合,也不会产生自觉遵守规范的意识。与此相对,以规范的正当性为理由服从规范者,既然自己认可其规范,便能够实际感受到其是基于自己意志遵守规范。此种自觉的规范之遵守,因不存在基于对犯行不被发现的期待而使效力消减的危险,所以比起因快乐与不快乐或利害算计而遵守规范,更加确实和稳定。尤其是在基于法益价值唤起规范遵守中探求一般预防的内容,对于能够使立法者认识到刑事立法内容的正当性将使刑罚的犯罪预防具有实效性这点而言,是非常有意义的。

然而,把自觉性的规范之遵守视为目标的积极的一般预防论将如何解释刑罚是恶害,是对犯罪行为者科处的现实的恶害的理由呢?〔33〕 对此,第一种解释是,针对犯罪

---

〔32〕 クラウス・ロクシン(平野龍一監修,町野朔=吉田宣之監訳)『刑法総論 第1巻(第3版)』(信山社,2003年)63頁以下。

〔33〕 关于刑罚恶害性之根据的探讨,参见松生建「刑罰と峻厳な取扱い」『曽根威彦先生・田口守一先生古稀祝賀論文集』(成文堂,2014年)19頁以下;高橋直哉「刑罰論と人格の尊重」駿河台法学25巻2号(2012年)69頁以下等。

行为者施加恶害，具有如下象征意义——对犯罪之非难的明示或传达是认真的。正如在求婚时赠与戒指或者在表达谢意时馈赠物品一样，人的意思的传达有时可通过物质的象征而得到强化。其实，刑罚也能够具有非难意思之传达的物质性象征的意义。然而，难以否定的是，在其象征痛苦的背后，存在“快乐与不快”的感觉或“利害计算”和人的行动之间的（潜意识下的）关联。第二种解释是，针对犯罪行为者科处恶害，是为了防止守法的人们因产生“老实人吃亏”的想法而抱有不公平感进而导致规范意识低下。罗克辛所言及的满足效果，便可在此种意义上理解。当然，难以否定此种防止一般国民规范意识低下的消极作用（与抑止潜在犯罪者实施犯罪的积极作用一同）是刑罚的重要机能（在这点上，积极的一般预防论与消极的一般预防论的称谓，似乎有错位之感）。然而，即使是这种防止规范意识低下的作用，刑罚意图性地科处痛苦这一事实也是以人的行动和快乐与不快乐的感觉或利害算计之间有（潜意识下的）关联为前提的。第三种解释是，人并不想遵守不被大多数人遵守的规范。在此种意义上，规范的实效性是以规范现实上大体被遵守这一事实状态为前提的。所以，作为恶害的刑罚的必要性在于，通过抑止实际陷于犯罪之诱惑的人实施犯行，据此防止因犯罪行为的频发而导致的规范实效性遭受破坏。罗克辛所言及的信赖效果，便可以在此种意义上解读。此种解释，将消极的一般预防意义上的抑止作用作为刑罚恶害性的基础，同时，通过将此抑止作用视为一般国民遵守规范的环境配置，进而与积极的一般预防论相衔接。

如此，积极的一般预防论在解释刑罚被期待之作用的核心部分上，是基本能够赞同的。但无法否定的是，其背后存在作为恶害的刑罚的抑止作用，因此，将积极的一般预防论与消极的一般预防论进行对立性把握是不合适的。

而且，即使在被分类为积极的一般预防论的见解中，雅科布斯的见解认为，犯罪是规范否认的意义表露，刑罚的意义便在于通过再度否认此犯罪的意义表露恢复规范的妥当性。〔34〕此立场批判将经验事实的预防效果作为问题的消极的一般预防论或者罗克辛等的积极的一般预防论（统合预防论），认为其预防效果无法得到实证；进而，把规范的否定之否定这种“概念内涵层面”上的规范的“妥当性”之维持作为问题。此种规范确证论，在把作为事实的犯罪预防排除于刑罚正当化根据之外这点上，比起积极的一般预防论，更应该被归入“法的恢复论”［参见“四、刑罚的正当化根据”之“（一）报应刑论”之“5. 报应与目的”］意义上的报应刑论。但是，雅科布斯也认为，刑罚的恶害性作为规范妥当的认知保障在经验层面上是正当的〔35〕，进而这也导致其常被追问：这点与雅科布斯所说的“概念内涵层面”上的规范的确证之间是否存在关联？

甚至，雅科布斯还区分“市民刑法”——把具有规范性沟通可能的守法意识的“市

〔34〕 参见ギュンター・ヤコブス（飯島暢＝川口浩一訳）『法的強制と人格性』（関西大学出版部，2012年）38頁以下；松宮孝明「今日の日本刑法学とその課題」立命館法学 304 号（2005年）295頁以下。

〔35〕 参见ギュンター・ヤコブス（飯島暢＝川口浩一訳）『国家刑罰——その意義と目的』（関西大学出版部，2013年）41頁。

民”作为对象——与“敌人刑法”——把恐怖分子或有组织犯罪成员这种表现出原则上反对法秩序之态度的人作为对象,认为作为规范妥当性之确证的积极的一般预防只对前者是适当的,而对后者应该适用作为危险源之对抗措施的隔离或威吓,进而认可处罚的早期化或者程序保障上的弱化。[36] 但是,一方面,恐怖分子在日常生活中并非时常实施盗窃或强奸,大多时间过着合法的生活,所以是否存在“表现出原则上反对法秩序之态度的人”,是有疑问的。另一方面,即使是“市民刑法”,正如雅科布斯自身也基于“认知的保障”观点将刑罚的恶害性进行正当化所揭示的那样,设想的并非完全是自律性的规范之遵守,而是在一定程度上承认刑罚的威吓作用。[37] 如果说,威吓对象是“敌人”的话,那么所有犯罪行为者都有可能被作为“敌人”而被剥夺作为现代刑法基本原则的各种法治国家的保障。而且,依据行为人之属性的市民刑法与敌人刑法的对立,也难与主张应该在行为中而不是行为人中探求处罚根据的行为主义相调和。

4. 特别预防

作为防止行为人自身再犯意义上的特别预防之策略,首先想到的是,从社会中隔离或排除犯罪行为者。然而,刑罚的目的如果是此种纯粹的针对行为人之危险的社会防卫的话,那么依据警察比例原则,行为人的处罚,则需要具备明确且迫切的再犯危险,但通常针对犯罪行为者是难以认定此种明确且迫切的再犯危险的。而且,就永久性隔离或排除而言,只能在敌人刑法观点之下才能够被正当化,因为只要将犯罪行为者视为社会中的一员,对此就难以认可。另外,暂时性隔离具有的防止隔离期间再犯的预防效果,如果不同时采取后述的教育或改善的措施,也会被因隔离导致的恶习传染或社会性丧失而带来的隔离终了后的再犯促进效果所抵消。而且,对于此隔离或排除的作用而言,刑罚作为恶害也仅仅是结果而已,刑罚是恶害的意图性科处或者内含有针对过去犯罪的非难,也仅仅是外在的而已。甚至,隔离或排除作用在罚金刑中也无法成为问题。

作为特别预防之策略,其次能够想到的是,通过现实的科处痛苦的刑罚,使行为人形成放弃今后实施犯罪的动机。此特别抑止,不仅与刑罚是恶害的意图性科处这一命题相吻合,而且也能够对罚金刑进行合理的说明,但与前述的一般抑止或者消极的一般预防论一样,同样面临着把人像动物一样对待的批判。

作为特别预防之策略,再次能够想到的是,通过刑罚之执行阶段中的改善或教育的措施除去行为人身上所存在的犯罪要因、恢复其社会性使之回归社会。在刑法学中谈论的特别预防论,通常是指此改善刑论或者教育刑论。从意志决定论出发在遗传与

---

〔36〕 参见ギュンター・ヤコブス(平山幹子訳)「市民刑法と敵味方刑法」立命館法学 291 号(2003 年)459 頁以下;同前注〔35〕59 頁以下。

〔37〕 参见ヘニング・ローゼナウ(箭野章五郎訳)「ヤコブスの敵対刑法」比較法雑誌 42 巻 1 号(2008 年)139 頁以下。

环境中发现犯罪要因，拒斥针对犯罪行为的非难，同时在犯罪人性格的矫正中寻求刑罚的目的与正当化根据的近代学派刑罚理论便是此改善刑论的典型。然而，近代学派所设想的改善刑却只对以收监为内容的自由刑是妥当的，而对于死刑或罚金刑而言并不妥当。即使关于自由刑，作为此立场之前提的自由的拘束，在如下这些点上，也与我们所设定的刑罚概念不相适应：即，其是为改善或矫正行为人性格的"必要的恶"而非意图性科处的恶害，其不伴随有对过去犯罪行为之非难的契机。尽管改善刑论还附带有废除死刑的主张，因而为死刑废除论提供了刑法理论上的根据，但罚金等财产刑的废除之主张却不具有现实性。即使废除"罚金"，也会不可避免地引入"制裁金"这种其他替代性的金钱性制裁，而且其金钱性制裁也难免具有伴有非难的恶害的意图性科处这种性质。即使就自由刑而言，改善刑论旨在减少其恶害性，尤其将监狱中处遇的人道化和科学化作为其保障这点，是值得肯定的，但只要自由刑无法完全抹去伴有非难的恶害之科处这种性质，将改善或教育作用摆在自由刑正当化根据的核心地位就是在美化刑罚，也有将关注点从其恶害性中移开的危险。

以过去的犯罪行为为前提的刑罚之特别预防作用，应该始终以针对过去犯罪行为的否定性评价为出发点。而且，如果从刑罚概念中内含有非难的契机这一点出发的话，刑罚的特别预防作用应该将如下内容作为核心：通过传达对犯罪行为的非难，使行为人的规范意识或者法益尊重意识觉醒。在关注针对对象规范意识的作用这点上，其可视为反映的是积极的一般预防论中的行为人。对于此种基于非难的传达促使规范意识觉醒的特别预防而言，刑罚的恶害性，首先能够具有如下象征意义：非难的传达是认真的。即使是对于单纯斥责并不会产生心理影响的人而言，也许会以受到刑罚处罚为契机回归自我进而反省自身的行为。通过刑罚的痛苦，可能会使其体验到被害者因犯罪行为而遭受的痛苦。尤其是自由刑——其作用的持续性提供了进行反省的时间。如此，作为恶害的刑罚，通过其"深刻感受力"创造行为人"赎罪"之契机，据此促进行为人的再社会化。另外，犯罪行为者接受作为恶害的刑罚，会给社会或被害人以行为人已赎罪的印象，进而促使社会接纳犯罪行为者更为容易。尽管"赎罪"一直被理解为是从行为人立场针对责任报应意义上的责任清算所进行的描述，但却是也能够作为特别预防的心理学基础而与目的刑论相结合的观点。〔38〕当然，真正的赎罪是本人的良心问题，并不是从外部能够强制的。尽管如此，为行为人提供赎罪的契机，同时完善接纳行为人的社会环境，是能够作为有利于防止行为人的再犯而在将刑罚进行正当化的效用之中考虑的。

不仅如此，自由刑还蕴含如下含义：提供场所以便实施——犯罪行为者反社会性格的矫正或者社会生活上所必要之技能的学习这种意义上的——改善或教育措施。

---

〔38〕 参见アルトゥール・カウフマン（甲斐克則訳）『責任原理—刑法的・法哲学的研究』（九州大学出版会，2000 年）428 頁以下。

此种积极的措施,也是为了消除因自由刑而脱离社会导致的再犯促进效果所要求的。此教育或改善的机会之提供机能,也能够成为将自由刑进行正当化的附加效用之一。

5. 针对目的刑论的批判

如上所述,与其他国家制度一样,国家刑罚也应该根据其社会效用而被正当化。将国家刑罚进行正当化的此社会效用,是在通过把规范意识之维持或觉醒作为核心的犯罪的一般预防或特别预防作用来保护法益中探求的。

然而,针对此种在其社会效用中谋求刑罚正当化的目的刑论,无论是在经验事实层面上还是在规范的正当性层面上,一直饱受来自报应刑论的批判。近来的"法的恢复论"或"规范确证论"也正是将这些批判作为自己学说的根据的。

经验事实层面上的批判认为,刑罚的犯罪预防效果没有被证实,尽管存在刑罚但无法消除犯罪便揭示了其没有一般预防效果,再犯率的居高不下也表明没有特别预防效果。包含规范确证论在内的报应刑论时常以此为理由来标榜不依赖经验事实的自家立场的优越性。

然而,如果没有刑罚,无论是社会中的犯罪发生率还是犯罪行为者的再犯率恐怕都要远高于现状。当然,关于刑罚与犯罪之间的关联,无论是在社会层面上还是在个人层面上都难以被实证,在科学的基准上也无法证实其效果。然而,关于社会制度的效用,要求其具有高度的科学实证性,因此关于刑罚因没有充足其要求就主张应该在忽略效用的前提下进行正当化的见解是难以赞同的。如果刑罚的正当化与社会效用无关联,那么将会导致与法益保护之间欠缺合理关联性的刑罚法规也会被正当化,甚至在刑事立法之际无须考虑立法事实。这样,刑法将彻底摆脱来自基于经验性论据的批判而成为自由的"王国"。为刑罚提供正当化的社会效用之证明必须要达到合理关联性的程度,其实,其他诸多社会制度也是基于合理关联性程度的社会效用之证明被正当化的。在一般论上,是允许合理地推定刑罚具有一定的犯罪预防效果的。〔39〕 在个别领域、个别规定中,刑罚的效用之存在被否定或者高于效用的弊害之存在被证实时,应该仅限于在该领域、该规定范围内,考虑刑罚丧失其正当性。

规范的正当性层面上的批判认为,目的刑论在把人作为功利主义目的的手段来对待这点违反人的尊严。众所周知,康德认为,人格自身应该是目的,所以刑罚不得作为促进另一种善的手段,由此主张绝对的报应刑论。〔40〕 此"人的手段化"的批判不仅针对一般预防论,由于犯罪行为者的改善或更生也是功利主义的目的,甚至最终在于谋求社会利益,所以也指向了特别预防论。

但是,对自由的限制或财产的剥夺这种恶害的科处中存在某种目的为何就违反人的尊严呢?而且,将刑罚作为实现目的的手段,是否就直接意味着将人或人格作为实

〔39〕 参见佐伯仁志『刑法総論の考え方・楽しみ方』(有斐閣,2013年)3頁。

〔40〕 参见前注〔27〕472頁以下。

现目的的手段？（绝对的）报应刑论，尽管试图通过从刑罚中排除“目的”因素来避免“人的手段化”，然而，即使排除目的因素也无法改变刑罚是恶害的意图性科处这一事实。无目的的恶害之科处并不与人的尊严相适合。禁止“人的手段化”并不是指要求恶害科处的无目的，而是要求存在处罚对象所能够接纳的忍受恶害的理由。

与“人的手段化”这种批判相关联，目的刑论还受到与责任主义不相协调的批判。目前，主张“无责任者（包括无辜者）不受处罚”或“刑罚必须与行为人的责任相适应”的责任主义，不仅在刑法学上已经得到普遍承认，而且还被解释为是构成《日本宪法》第 13 条、第 31 条之内容的原则。尽管如此，也有见解指出：基于预防犯罪的社会效用将刑罚进行正当化的目的刑论，很可能会导致，只要具有抑止他人实施犯罪的效果，对无辜者或无责任能力者的处罚也将被正当化；而且，只要具有教育、改善行为人的必要，超越行为人责任的刑罚也将被正当化。

因此，接下来想检讨一下责任主义的根据问题。

五、责任主义的根据

（一）责任的清算

责任主义，一直以来由责任报应意义上的报应刑论为其提供根据。毋庸说无辜者，无责任能力者、无故意或过失者等，由于并非基于自由意志自己选择犯罪行为，所以，责任主义主张其不值得进行伦理性非难，不负担应该被清算的责任。然而，如前所述，责任的清算这种形而上学的正义的实现已然超越了国家的任务，无法将此作为刑罚存在的理由。而且，在把责任之清算作为刑罚存在理由的报应刑论看来，当行为人存在责任时，通常将要求进行处罚（积极的责任主义）。但是，当前的有力解释是：责任，尽管是处罚的必要条件，但却不是充分条件（消极的责任主义）。

（二）预防效果

另外，伴随着目的刑论的有力化，试图基于预防目的为责任主义提供内在根据的理论尝试也逐渐兴盛起来。在抑止刑论的立场看来，行为时，为回避实施犯罪而能够控制、支配自己的行动是抑止的前提条件，因此，在没有犯罪事实的认识可能性或者违法性的认识可能性抑或适法行为的期待可能性的场合，由于不存在能够形成指向犯罪之回避的动机的心理状态，所以无法成为刑罚抑止的对象。〔41〕 而从积极的一般预防论的立场来看，欠缺责任者的行为原本就不具有基于规范形成动机的可能性，所以即

---

〔41〕 参见小林憲太郎『刑法総論』（新世社，2014 年）7 頁以下；所一彦『刑事政策の基礎理論』（大成出版社，1994 年）49 頁以下。

使对其不进行处罚也不会损害一般国民针对法规范的信赖,因此,既不存在通过对行为人非难的明示来谋求国民的规范意识的维持或觉醒的必要性,也不存在通过对行为人科处刑罚来确保国民的信赖、谋求国民的满足的必要性。

确实,责任能力、故意、过失或期待可能性这些责任要件,也是被视为作为刑罚的必要性与有效性之基础的行为人的心理要件被要求的,因此并非与刑罚的效果无关联。尤其是,对于通过非难的明示或传达的一般预防或特别预防而言,行为人关于犯罪行为具备责任将构成根据其所设定之方法进行预防的前提条件。如此,如果能够全部从犯罪预防目的出发内在地论证责任主义,对于目的刑论而言则是再方便不过的。

然而,将责任主义的要求完全还原为犯罪预防的必要性与有效性,仍旧留有疑问。这是因为,刑罚的一般预防效果并不是依赖于行为人实际上具有的责任,而是行为人具有责任这种“外观”。即使并非真正的犯人,只要社会确信其是真正的犯人并进行处罚,亦将实现一般预防的效果;而且,即使实际上是无过失,只要社会认定为具有故意或过失并进行处罚,亦将实现维持或强化一般国民的规范意识的效果。抑止刑论首先设定一个“一般人”概念,然后由其替代包括心理状态在内的行为人立场上的自己,进而考虑对此“一般人”的抑止效果。然而,此种设定,未必与现实的一般国民的心理相一致,毋宁说,应该是为了担保法立场上的互换性的规范性要求。甚至,积极的一般预防论采取沟通性的预防方法,基于对犯罪行为的非难的明示或传达实现规范意识的维持或觉醒,其实这也不是为了事实上的预防效果的最大化,而是基于与人的对待方式相关的规范要求。

(三)预测可能性的保障

于是,另有见解尝试新的理论路径,以在犯罪预防上探求刑罚制度之存在理由的目的刑论为前提,同时立足于与犯罪预防相对立的观点作为预防目的之追求的外在制约原理为责任主义提供根据。其中之一,便是在国民的行动自由之保障上探求责任主义之根据的见解。〔42〕 该见解认为,人们为了经营自由安定的生活,对于自身行为的结果必须是可能预测的。然而,一旦处罚无责任行为人,人们将无法预测自己何时被处罚,会常常处于被处罚的恐惧之中。而且,无责任场合的处罚,也会使人们产生自己的命运将完全依赖于偶然这种信念,进而使合理的主体性的人类观崩溃。因此,通过使自身行动的后果具有预测可能,据此来确保国民的自由活动与主体性,所以才要求责任主义。

此种与刑罚的存在理由相对立的视角,显然适合为当前得到普遍承认的消极的责

---

〔42〕 See H. L. A. Hart, Punishment and Responsibility, 1968, p. 21; B. Burkhardt, Das Zweckmoment im Schuldbegriff, GA 1976, S. 335 ff.

任主义提供根据。这是因为，无论是责任之清算还是预防的必要性与有效性，如果单从内在于刑罚存在理由的观点出发为责任主义提供根据的话，责任的存在同时也就意味着刑罚的必要性，进而将走向积极的责任主义。然而，对预测可能性的保障这种观点并不能推导出“与责任相适应的刑罚”这种关于刑罚之轻重的要求。而且，该观点关注的并不是关于自己行为侵害他人的预测可能性问题，而是关于自己被处罚的预测可能性问题，但是，为行为人的责任提供基础的恰恰应该是前者。其实，关于自己被处罚的预测可能性之保障，首先是罪刑法定主义的任务，而非责任主义的本来任务。

（四）特别牺牲之忍受义务

同样，在犯罪预防目的上探求刑罚制度的存在理由的同时，立足于与此对立的观点为责任主义提供外在根据的另一种理论路径之尝试是，将责任主义视为使刑罚这种特别牺牲之忍受义务正当化的原理。[43] 此见解认为，国家是为了预防犯罪这种社会目的才科处刑罚。然而，据此行为人将被迫负担自由或财产之剥夺这种与其他国民所不同的特别牺牲。从个人主义的国家观来看，为了社会目的强迫个人负担不同于其他国民的牺牲（特别牺牲），单纯依据公共利益优越于个人利益是不够的，还必须具备如下条件：其牺牲并没有超越忍受限度（即使为了救助他人的生命，也不允许违反本人之意思摘除肾脏进行移植），以及对其牺牲进行补偿。然而，超越一定期限的自由刑，作为通常为了社会目的的个人牺牲，已经超越了忍受限度。而且，对受刑者给予补偿，也将损害作为恶害的刑罚所追求的一般预防或特别预防的效果。因此，为了使刑罚这种特别牺牲之忍受义务正当化，则需要特别的根据。这便是行为人的责任。行为人在基于自我责任引起的法益侵害范围内，且在其责任限度内，为了通过犯罪预防来保护法益，就必须要忍受刑罚这种特别牺牲。因此，为了使刑罚忍受义务正当化，才要求“无责任即无处罚”的责任主义。[44]

六、刑罚的国家立场上的正当化与行为人立场上的正当化

责任主义，与罪刑法定主义等原则相同，也许有着诸多历史上的起源并承担着多重价值。但是，之所以包括禁止处罚无辜者在内的责任主义一直被视为绝对必要的，不外乎是因为其能够划定受刑者立场上的刑罚忍受义务的界限。

应该仅限于针对犯罪具有责任者认定刑罚忍受义务，这也是某种正义的要求。然而，与报应刑论把正义之实现（责任的清算）作为刑罚的存在理由不同，此刑罚忍受义

---

〔43〕 Vgl. H. Frister, Schuldprinzip (1988), S. 39 ff.

〔44〕 与此相对，保安处分是以行为人是危险源为理由来限制自由的，所以其正当化应该在行为人具有难以控制的高度危险性上探求。

务的界限论试图通过正义来解决为实现预防犯罪这种现实目的的负担的归属和界限问题。报应刑论,力图通过从刑罚中排除目的因素来避免"人的手段化"。然而,从现代国家观上来看,排除目的,便不存在使刑罚正当化的余地。针对"人的手段化"这种批判,应该采取的应对方案是:向行为人提供应该忍受刑罚的正当理由,而不是目的的排除。

总之,对于国家而言的刑罚权的正当化根据,应该在基于犯罪预防的法益保护上探求;另外,对于行为人而言的刑罚忍受义务的正当化根据,应该在对自己犯罪的责任上探求。此种刑罚的二元的或者对抗性的正当化构想,也许会给人以不彻底的印象。但是,一方面,国家的任务被限定在国民的现实利益的保护和实现上;另一方面,个人则保留有不是完全屈服于功利主义之要求的固有权利。二元的、对抗性的刑罚的正当化构想,无非直截了当地表现了这两个不同的立场而已。

在报应范围内承认犯罪预防目的之考量的相对的报应刑论,如果是在同一维度上并置报应刑论与目的刑论的旨趣,则显然欠缺论理性;但是,如果其揭示的是基于国家刑罚权之界限与个人刑罚忍受义务之界限的相互牵制的归结,则是能够给予支持的。然而,如果从刑罚的存在理由始终应该在犯罪预防目的中探求这一点出发的话,相对的报应刑论这一名称便是一种误导。

近来,另有其他二元的刑罚正当化论也呈现出有力化倾向,即在(一般)预防的观点上探求作为整体的刑罚制度的正当化的同时,在报应中探求针对特定个人的刑罚适用(各具体的处罚行为)的正当化。〔45〕此见解的内容与本文所阐述的大部分内容是重合的,但疑问点在于,将目的思想与报应思想和整体刑罚制度与个别的处罚行为相对应,将会导致把预防目的限定在立法阶段,而在针对各具体被告人的裁判中根据绝对的报应刑论将刑罚的适用和裁量进行正当化。

而且,对于为使刑罚忍受义务正当化的责任来说,只要存在——未受外部性强制或精神疾患等生理性要因之影响,自由地依从自我价值判断进行了决意意义上的——意志自由即可,无须是意志的无原因性或无法则性意义上的意志自由。这是因为,自我的价值判断可把握为是区别于他者或外界的、归属于"自我"的部分,所以可以认为,对于行为人而言,是能够接受基于自我价值判断所作出决定之效果的忍受义务的。

---

〔45〕 See Hart, supra. note 42, p. 9; 前注〔2〕622 頁以下;前注〔39〕6 頁。

机器人、人工智能、伦理与法律
——科技法的新兴基础问题*

〔德〕埃里克·希尔根多夫** 文 林信铭*** 译

要 目

摘 要 对于解决新兴科技的规制问题，法学与伦理学系相辅相成的关系。机器人的人格地位并不能简单地被否定，但只要在目前的法律制度下能够妥善处理机器人所造成损害的责任问题，立法者即未必一定有必要赋予机器人法律上的人格地位。通过危险责任的运用，可以在民法上让自动驾驶汽车的所有人或机器人系统的生产者于

---

* 原文参见 Hilgendorf, Robotik, Künstliche Intelligenz, Ethik und Recht. Neue Grundlagenfragen des Technikrechts, in: Hentschel/Hornung/Jandt (Hrsg.), Mensch-Technik-Umwelt: Verantwortung für eine sozialverträgliche Zukunft. Festschrift für Alexander Roßnagel zum 70. Geburtstag, Baden-Baden 2020, S. 545-563。原文并无摘要和关键词部分，本文中相应部分为译者代拟。本文的翻译已得到作者授权。

** 德国维尔茨堡大学法学院刑法学、刑事诉讼法学、法理学、信息法学与法律信息学教席教授及机器人法律研究中心主任。

*** 西南政法大学法学院讲师、硕士生导师，外国与比较刑法研究中心研究人员，德国维尔茨堡大学法学博士。

机器造成损害时负担赔偿责任。在刑法上,基于罪责原则的要求,在机器人系统造成损害的情况下,如欲令生产者负担刑事责任,则必须以其具备故意或过失为前提。此处最主要涉及的是生产者应否对于其机器人系统所造成的损害负担刑法上的过失责任,在判断此一问题时应将重心置于是否存在注意义务的违反,并以信赖原则与容许风险作为主要的判断标准。

关键词 机器人 人工智能 危险责任 信赖原则 容许风险

一直以来,亚历山大·罗斯纳格尔的主要成就之一即对新兴信息科技(IT)进行符合人性的规制,其在此将工作重心置于数据保护法。[1] 以下这篇论文将研究的问题是,哪些前提要件在民法和刑法中必须被创造,以便确保信息科技最新的幼芽——人工智能与机器人——的设计符合人性。

一、论新兴科技的规范管制

伦理学与法学通常被视为彼此严格区分的领域,即使它们都处于致力于处理相同的问题领域,例如现代的机器人,或者更一般地来说——新兴科技的规制问题。这种认知的形式是错误的,且不符合现实的问题状况。每个已知的社会都会规制它所能使用的科技。认为科技近乎“天然地”发展且不受所有规范约束的想法是天真的,并已经被历史事实所驳斥。然而,现代的立法者才开始广泛且详细地对科技加以规制。[2]

在规制科技时,道德与法律之间会产生多样的关联。一方面,显而易见的是,道德观念在法律的形成过程中扮演了一个重要的角色,法律有时被称为“凝固的道德”并非毫无理由。此外,在实定法中援引道德的情况并不罕见,例如在《德国民法典》第 242 条中援引了“诚实与信用”,或在《德国刑法典》第 34 条中援引了“衡量”所有冲突利益与观点的要求。在责任的意义下确定个别要求的注意以及评价被容许的风险[3]时,道德考量也扮演了一个重要的角色。

伦理学——关于道德的学术研究——与法学——关于法律的学术研究——都分别与规范有关。法律规范与道德规范的区别在于,法律规范在一个社会所规定的程序中是可执行的;单纯的道德规范则欠缺此一可执行性。这两种规范形态被同样地采

[1] 近期的研究有:Roßnagel, Grundrechtsverwirklichung im vernetzten und automatisierten Straßenverkehr, in: Roßnagel/Hornung (Hrsg.), Grundrechtsschutz im Smart Car. Kommunikation, Sicherheit und Datenschutz im vernetzten Fahrzeug, 2019, S. 17。

[2] Vec, Kurze Geschichte des Technikrechts, in: Schulte/Schröder (Hrsg.), Handbuch des Technikrechts, 2. Aufl., 2011, S. 3.

[3] 对此进一步请参照下文第六部分“(二)信赖原则”。

用,以便规制特定的事物领域,例如应对新兴科技。[4]

伦理学致力于以道德论证关联的概念与逻辑厘清及体系化,其在此特别强调这些论辩通常所遵循的主导价值。伦理学在此可以以一个将近两千五百年的学科史作为基础,借此将会有关于疑问、概念精确化、价值、问题与问题解决尝试的丰富资源可供使用。除此之外,还有对于问题与论证的历史渊源进行的考察。

法学的情况也完全类似,但它在此绝大部分都是局限于成文("实定")法。它解释现行法,并表述关于解释与体系化的建议。因此,可以说它是在为法律的适用做准备工作。余下的裁量空间则通过(通常又是道德与法政策取向的)内在评价被填补。

总体来说可以确定的是,关于科技发展的"规范管制",伦理学和法学并非仅是情况类似,而是可以互相补充,甚至并不罕见地互相参考。然而,一个如此跨学科的合作如果要有所收获的话,就要以遵守特定标准为前提。[5] 这尤其是指在论证中坚决贯彻明确性和可理解性的意志,与此相关联的是抛弃专业术语、"名词卖弄"以及其他舞文弄墨的形式。此外,这两门学科都必须参考与它们所处理的事物领域有关的实证知识,此等知识可以来自对于科技的研究,也可以来自对于科技发展后果的评估[6]。

二、介于物与人之间的机器人

具有行动能力的机器——机器人——的出现使法律在许多层面都面临新的挑战。下文中的"机器人"应该被理解为以各种形式被塑造出来的人工智能,且其至少具备一个"驱动器",亦即具备一个机械手臂或其他用来与外界互动的可活动式零件。[7] 驱动器的存在有助于区分机器人与"一般的"计算机。也就是说,这并不取决于该机器人是否具有或不具有可活动性,是否与人类相似或不相似;配备软件的计算机功能原则上也是不重要的。

"人工智能"的概念应该同样在一个极为广泛且非科技的意义下被理解。按照此处所选择的语言,当计算机程序承担了过去由人类所承担的任务时,人工智能就已经存在了,或许也可以用"机器智能"来(更好地)取代"人工智能"的说法。[8]

---

[4] 关于科技规制的一般性论述,请参见 Hilgendorf, Die strafrechtliche Regulierung des Internet als Aufgabe eines modernen Technikrechts, JZ 2012, 825。

[5] Hilgendorf, Bedingungen gelingender Interdisziplinarität-am Beispiel der Rechtswissenschaft, JZ 2010, S. 913.

[6] Grunwald, Technikfolgenabschätzung - eine Einführung, 2. Aufl., 2010. 亦请参见 Decker, Art. „Technikfolgen", in: Grunwald (Hrsg.), Handbuch Technikethik, 2013, S. 33。

[7] 关于"机器人"的概念,更进一步的论述请参见 Jordan, Roboter, 2017, S. 16 ff.。

[8] 关于人工智能的一般性论述,请参见 Kaplan, Künstliche Intelligenz. Eine Einführung, 2017; Lenzen, Künstliche Intelligenz, 2020; Mainzer, Künstliche Intelligenz-Wann übernehmen die Maschinen?, 2016。

机器智能体现在"自主系统"之中。在能够"智能地"对于问题情况作出反应且在个案中无须参考人类指令的范围内,此一系统是自主的。[9] 法学善于在作科技细节的概念定义时淡化这些细节(所谓的科技保留与科技中立原则[10]),否则法律将面临随着每次科技进步都必须修改其术语的风险。

机器人是机器,所以它是物。它在科技上的自主并不会改变这点。按照我们的法秩序,人的法律地位在今日原则上仅能归属于人类。[11] 然而人们应该认识到,一直到启蒙时代,在中欧动物甚至在部分地区物也具有人的法律地位[12],欧洲以外的法秩序目前也仍然承认特定的物具有人的法律地位。[13] 在我们的法秩序中,人的概念已被扩张至所谓的"法人"。[14] 哪些实体在一个既存的法秩序中被承认为人,由个别的立法者决定。

如果机器长得像人类一样并看起来像人类一样行动,关于机器人"只"是机器且因此是物的说法就会成为问题。在许多的生活领域,为了让机器人准备好以最佳状态胜任它作为人类合作者、保护者与照顾者的角色,人类化地塑造机器人可能是有意义的。这可适用于商场中的服务机器人,当然亦可适用于看管小孩或从事护理工作的机器人。如果这样的机器能够唤起人类的情感以及使人类在情感上与其相联系,它将可以更好地履行它的任务。[15] 众所周知,人类也可以与动物建立起非常紧密的关系:有些人爱他们的宠物胜过于爱其他一切(的人)。

人类明显地天生就倾向于在自身以外的特定实体中去发现人的特征,然后将其拟人化:两个点、一条位于其下方中央的垂直线以及一条位于更下方的水平线结合起来一般即被解读为人类的脸。此种人格化论——将非人类的事实与个体"拟人化"——的倾向为法律制造了问题。一方面,对于一边是所谓"具有自主能力"的人以及另一边是不具有自主能力的物——例如动物,或者在机器人之间所作的传统区分变得越来越站不住脚。"自主"的概念本身即显得有疑问,且在考虑新兴科技的情况下其亦显得需要更新,因此促进了此一改变过程。[16] 新兴且非人类角色的出现导致"自主"与其他

---

〔9〕 关于此等系统的一个例子是火星探测器,它必须能够在火星上独立应对无法事先预见的情况。

〔10〕 Hilgendorf, Scheckkartenmißbrauch und Computerbetrug-OLG Düsseldorf, Neue Zeitschrift für Strafrecht-RR 1998, 137, JuS 1999, S. 542. 区别处理者如:Roßnagel, „Technikneutrale" Regulierung: Möglichkeiten und Grenzen, in: Eifert/Hoffmann-Riem (Hrsg.), Innovationsfördernde Regulierung. Innovation und Recht II, 2009, S. 323。

〔11〕 Schwab/Löhnig, Einführung in das Zivilrecht, 20. Aufl., 2016, Teil II, Rn. 112 ff.

〔12〕 在中世纪甚至有针对动物进行的刑事诉讼程序,对此请参见 His, Geschichte des deutschen Strafrechts bis zur Karolina, 1928, § 4 II。

〔13〕 Turner, Robot Rules. Regulating Artificial Intelligence, 2019, S. 180.

〔14〕 Schwab/Löhnig (Fn. 11), Rn. 130 ff.

〔15〕 众所周知的是机器人海豹"帕罗",目前也已经在德国的医院和养老院里被使用。

〔16〕 关于多样且经常彼此不一致的"自主"定义,请参见 Pohlmann, Autonomie, in: Ritter (Hrsg.), Historisches Wörterbuch der Philosophie, Bd. 1, 1971, ND 2019, Sp. 701-720;近期文献请参见 Pauen, „Autonomie", in: Kolmer/Wildfeuer (Hrsg.), Neues Handbuch philosophischer Grundbegriffe, Bd. 1, 2011, S. 254。

应巩固人类特殊地位的概念必须被重新仔细思考。另一方面，将机器拟人化可能会在民众之中形成这样的观点：认为仅将机器人归类为"物"是不恰当且有瑕疵的。因此可以想象的是，人们很快就会同意不再将损坏甚至毁灭其机器人伙伴的行为归类为毁坏财物，而是如同伤害一个人一般地评价该行为。当机器变得越来越像我们且越来越强烈地像人类一样与我们互动，赋予机器类似人类地位的趋势就可能会变得越来越强烈。艾萨克·阿西莫夫在许多年前就已经描述过此一现象〔17〕，在其他科幻小说作品中机器人亦作为具有行动能力的理性生物而出现，其不仅在身体活动能力与智能上优于人类，而且在移情能力与道德认知上亦优于人类〔18〕。

英美法系面对物的人格地位比大陆法系更为开放。在印度，即使寺庙和河流也具有人的法律地位。〔19〕 因此为了论证机器的人格地位无须花费太大的力气。反之，在大陆法系中机器的人格地位则充满争议。这和欧洲人文历史中人格概念的神学与哲学背景有关。〔20〕

当欧盟委员会几年前建议为了填补责任漏洞而在特定前提要件下赋予机器人格地位时，引起了更大的关注。欧洲议会也支持此一立场。〔21〕 反之，也正因为特别是在更为流行的文献中"电子人"的创造被错误地与强烈意义的人格地位（具有人权的人工智能）联结在一起，欧盟人工智能高级别专家组并不赞同人工智能的人格地位。〔22〕一个如此的法律地位当然也不是欧洲议会所想要的。

民主的立法者可以基于自身的绝对权力创设法人，因此也能够赋予集体、动物、物以及算法人格地位。〔23〕 虽然这些绝非必然符合哲学或神学中人格概念（被完全不

---

〔17〕 Asimov, The Complete Robot, 1982. 关于著名的阿西莫夫"机器人定律"，请参见该书第 247 页以下与其他多处。

〔18〕 最令人印象深刻的可能是在英国科幻小说作家伊恩·M. 班克斯的"文明"系列小说之中。

〔19〕 Turner (Fn. 13), S. 180.

〔20〕 在"人"的词条系列中资料丰富的阐述，请参见 Ritter (Hrsg.), Historisches Wörterbuch der Philosophie, Bd. 7, 2019, S. 269。

〔21〕 European Parliament Report with Recommendations on the Commission on Civil Law Rules on Robotics [2015/2103(INL)], Recital AC vom 27. 1. 2017.

〔22〕 参见人工智能高级别专家组：《值得信赖之人工智能的伦理准则》，2019 年，载 https://ec. europa. eu/digital-single-market/en/news/ethics-guidelines-trustworthy-ai。对此进一步的论述请参见下文第六部分。

〔23〕 关于"电子人"，更深入的讨论请参见 Beck, Über Sinn und Unsinn von Statusfragen - zu Vor- und Nachteilen der Einführung einer elektronischen Person, in: Hilgendorf/Günther (Hrsg.), Robotik und Gesetzgebung, 2013, S. 239; Loh, Roboterethik. Eine Einführung, 2019, S. 48; Teubner, Digitale Rechtssubjekte? Zum privatrechtlichen Status autonomer Softwareagenten, AcP 218 (2018), S. 155; Wagner, Roboter als Haftungsobjekte? Konturen eines Haftungsrechts für autonome Systeme, in: Faust/Schäfer (Hrsg.), Zivilrechtliche und rechtsökonomische Probleme des Internet und der künstlichen Intelligenz. Travemünder Symposium zur Ökonomischen Analyse des Rechts, 2019, S. 1。亦请参见更早的《维尔茨堡"绿皮书"》：Leroux/Labruto (Hrsg.), The European Robotics Coordination Action. Suggestion for a green paper on legal issues in robotics, 2012, https://www.researchgate.net/publication/310167745_A_green_paper_on_legal_issues_in_robotics。

一致地表述)的前提要件[24],但是立法决定在法律上的重要性并不会因此受到影响。然而有疑问的是,立法者是否应该决定走如此大幅度且无论如何并非无疑地能够与大陆法系传统相符合的一步,以便填补与错综复杂的自主系统有关的责任漏洞。单是因为此等漏洞能够在没有太大问题的情况下被填补,例如通过扩张危险责任的方式,这就已经无法被接受了。[25]

三、关于由机器所造成损害的民事责任

一项新兴科技的出现并不会一下子就改变法律。因此机器人系归属于已经创设的责任规范。在民法中此即例如合同责任与依据《德国民法典》第823条的法定责任。特别令人感兴趣的是,对于由机器人系统所造成损害的危险责任,亦即无过错责任。详细地说,德国法有各种不同形式的危险责任。[26] 在我们此处的关联中,依据《德国产品责任法》第1条、第2条的产品责任,以及依据《德国道路交通法》第7条关于汽车的危险责任是特别令人感兴趣的。

《德国道路交通法》第7条规定,汽车所有人应对于其汽车使用过程中所产生的损害负责。此一规定没有责任的最高界限,并与汽车所有人的责任保险相联系。这使得在实践中损害能够快速且没有困难地被填补:保险公司赔偿被害人的损害,因此承担对加害人的求偿权,然后试着在第三人——例如生产者——之处取得赔偿。此一制度已经在总体上卓越地证明了其是可行的。[27] 值得注意的是,汽车所有人的责任并不取决于该汽车被设计得多么自主。关于汽车所有人的责任,自动驾驶的各种不同"等级"(到目前为止)并未具有任何地位。即使高度或完全自动驾驶的汽车也仍然在《德国道路交通法》第7条的规范之内。

关于具有学习能力的机器人系统,有可能会在责任方面形成责任漏洞。对于著名的"Tay案"所做的拓展可能成为对此的适例。微软于2016年上线了一个名为Tay的语言系统,其应借由与使用者的接触来学习跟任何人进行对话。此一对话系通过推特来进行,但原则上自然语言的用户使用在技术上同样是可能的。此一系统能够回答问题,并且从使用者的反应中学习哪些对话形式特别容易被接受。然而,一个或多个未知的行为人成功地操纵了Tay,以致它变成一个种族主义者与女性仇视者。微软因此必须在24小时之内再度将此一系统下线。[28]

---

〔24〕 在"人"的词条中的概述,请参见 Kolmer/Wildfeuer (Hrsg.), Neues Handbuch philosophischer Grundbegriffe, Bd. 2, 2011, S. 1728。

〔25〕 请参阅下一部分。

〔26〕 Kötz/Wagner, Deliktsrecht, 13. Aufl., S. 2016, Rn. 494 ff.

〔27〕 关于改革的建议,请参见 Kötz/Wagner (Fn. 26), Rn. 569 f.。

〔28〕 关于"Tay案"的最佳描述在英语维基百科的词条"Tay(bot)"之中。

假设现在改变后的聊天机器人 Tay 粗鲁地侮辱了一个深色皮肤的女大学生,以致她遭受了需要治疗的惊吓。谁应该在一个如此的案例中负担治疗费用呢?首先考虑的当然是操纵该系统的行为人,但其难以被找到。此外可以被想到的是生产者责任,但其衍生的问题是:依据《德国产品责任法》第 1 条的规定,该系统必须显露出瑕疵。〔29〕 然而此案的瑕疵究竟在哪里呢?该系统应被塑造为具有学习能力,而其恰恰具备此一能力。人们或许可以论证,其瑕疵在于,该系统并未针对上述方式的操纵予以规范——但是生产者必须预想到此种形式的操纵吗?此外,《德国产品责任法》第 1 条明确表示,只有物属于产品责任法的规定范围。〔30〕 因此软件并未被包括在内。除此之外,Tay 的硬件无论如何并未显露出任何瑕疵。

人们也几乎无法要求该系统的程序设计者负责。对其而言,由于缺乏特别规定,仅有《德国民法典》第 823 条规定的一般过错责任可供考虑。然而在所有情况下可能都是欠缺故意的。只有当相应的操纵系统可被预见时,过失才有可能被肯定。但这在通常情况下可能无法被接受。然而如果某一特定的系统多次相继地以前述方式被操纵的话,情况可能就不太一样了。〔31〕

人们可能会想到让被害人自行承担其所支出的费用。最后涉及的将是一个完全不寻常的情况。然而,当具有学习能力的系统越多地进入我们的生活与工作环境,此种损害的场景就可能会越常出现。〔32〕 如果此等由具有学习能力的机器所造成的损害在责任法上被忽略的话,在像德意志联邦共和国这样一个社会国中将是几乎无法被接受的(事实上也是几乎不会被接受的)。

一个其他的可能性在于让科技系统本身来负责。这在结果上将会与上面已提及之“电子人”的实施相同。〔33〕 为此人们应该将 Tay 塑造为在民事诉讼中可被控告的主体。在责任事故中必要的财产价值可以通过例如(生产者的)责任保险被提供。“电子人”可以被视为法人的新形式。

然而看起来明显更容易的是将《德国产品责任法》第 1 条与第 2 条的危险责任扩张至软件,以便通过具有学习能力的软件形成的损害也必须由生产者来承担。基于生

---

〔29〕 关于瑕疵的概念,更进一步的论述请参见 Graf von Westphalen, in: Foerste/Graf von Westphalen (Hrsg.), Produkthaftungshandbuch, 3. Aufl., 2012, §48 Rn. 9 ff. und 22 ff.; Sprau, in: Palandt, Bürgerliches Gesetzbuch, 78. Aufl., 2019, §3 ProdHaftG, Rn. 2 ff. und 8 ff.; Oechsler, in: Staudinger, Buch 2, 2018, §3 ProdHaftG, Rn. 15 ff. und 103 ff.。

〔30〕 除此之外被提及的尚有“电能”。但显得几乎不可能的是将“电能”的概念亦类推适用于软件。

〔31〕 关于系统管理者与安全工程师因未充分地保护系统免于遭到攻击所生的责任风险,请参见 Hilgendorf, Verantwortungsdiffusion und selbstlernende Systeme in der Industrie 4.0, in: Hornung (Hrsg.), Rechtsfragen der Industrie 4.0, 2018, S. 119。

〔32〕 在此一情况下,人们将有可能也可以要求生产者采取特定的安全措施,并将此等安全措施的欠缺评价为产品瑕疵。

〔33〕 请参见上文第二部分。

产者通过贩卖此等软件可能获得巨大财产利益的事实,此种方式显得在法政策上原则上是很容易获得支持的。[34] 责任的最高限度确保了风险处于可保状态。此外,通过植入在机器售出之后可借由无线电操作的软件,人们可以考虑事后保养与改善计算机系统的新的可能性。

四、刑法上的责任

基于罪责原则,危险责任在刑法上是被排除的。因此刑法上的责任始终是以过错为前提的。罪责原则具有宪法位阶。[35] 所以机器的刑事责任即使通过立法者也并非能够毫无疑问地被实行。

然而,传统刑法上的责任结构(行为—损害—因果关系—故意或过失)由于自主系统的出现而面临一个严峻的考验。几年前在阿沙芬堡附近的阿尔策瑙发生的"阿沙芬堡案"可能可以作为指导案例[36]:

> 一个大约60岁的驾驶人开着一辆配备最新科技的汽车驶进名为阿尔策瑙的小镇。该汽车配备了一个先进的行车方向保持辅助系统,其能够独立地调整行驶轨迹偏差。该驾驶人在小镇入口处中风发作且失去意识,但仍然能够使劲抓住方向盘。他将汽车急速向右转,以致该汽车在正常情况下应该停在小镇入口旁的灌木丛。然而行车方向保持辅助系统却将该汽车引回到道路上。接着,该汽车高速驶进阿尔策瑙小镇,并在小镇中心撞死了一个年轻妇女和她的小孩。同样在场的小孩的父亲跳向一旁得以自救,只有腿部受伤。然后该汽车撞上一道墙且停在道路另一侧。该驾驶人在整个期间都是无意识的,并在受重伤的情况下存活了下来。

由于《德国道路交通法》第7条所规定的汽车所有人责任覆盖了损害的情况,该案例在民法上并不会带来较大的问题。比较有疑问的是关于刑法上责任的问题。作为责任承担者而言,该汽车的驾驶人是被排除的;他是完全无法被论以过失而加以谴责的。比较不容易回答的是有关生产者[37]责任的问题。生产者将该汽车投入市场,并由此创造了该事故的原因。如果对行车方向保持辅助系统做了不一样的设计或配备了安全系统,使得该汽车在驾驶人缺位时会独立地停下来,该事故就有可能被避免。

---

〔34〕 关于危险责任的法政策背景,请参见 Kötz/Wagner (Fn. 26), Rn. 498 ff.。

〔35〕 Baumann/Weber/Mitsch/Eisele, Strafrecht Allgemeiner Teil, 12. Aufl., 2016, § 16, Rn. 2.

〔36〕 Hilgendorf, Automatisiertes Fahren und Strafrecht - der „Aschaffenburger Fall“, DRiZ 2018, S. 66.

〔37〕 "生产者"的概念在此被简化地在自然人的意义下使用。法人(到目前为止)在我们的法秩序中是不可罚的。

然而显得有疑问的是,人们是否能够在当时的时间点在法律上要求如此的安全措施。归根结底,此处涉及的是法秩序对于行车方向保持辅助系统以及——较一般地来说——所有类型科技系统的生产者所设定的注意义务。在上述案例中,检察院在结论上正确地指出并不存在注意义务违反。[38] 对于“确实可预见”的要求来说,此种事件流程在行为当时仍然很难被认识到。该事件仍属发生在“容许风险”的范围内。反之,人们今日将可能要求生产者相应地确保汽车的系统安全。因此若如今“阿沙芬堡案”的主要情节再度发生,在刑法上生产者(被想象为自然人)也可能被要求负责。

机器人系统的自我责任在德国刑法上是被排除的。这不仅适用于现行法层面,而且也适用于立法层面。为了克服可能存在的刑法上的责任漏洞,例如在 Tay 案[39]中所形成的那样,人们可能会想到针对机器人系统生产者的一个新的危险犯构成要件。在此可以从没有足够的安全预防措施就把潜藏损害的机器人系统投入市场这一行为出发,或许也可以结合作为客观处罚条件的身体损害或重大财物损害之发生。[40] 但一个如此的犯罪构成要件是否将会变得必要,还要再观望。同样且恰恰在新兴科技的关联下,刑法应该仍然是立法者的最后手段。

五、哪些注意义务被加诸机器人系统的生产者?

上述讨论清楚地呈现出,关于由机器人系统所造成损害的责任这一主要疑问,应该在于下述问题,即哪些注意义务被加诸此等系统生产者?注意义务有一部分可能以书面的形式被预先记录下来,例如在法律规定之中,但其在多数情况下则是通过法院在每个具体个案中始被描述。司法实务在此从社会道德对于“责任”的理解出发,不仅在刑法上采用了特定的标准论述,在民法上也是如此。其在刑法上可以以下列的检验架构来总结[41]:

当损害事件在客观上系可预见时,注意义务就会形成。如果损害事件对于任何人来说都不是可预见的,过失责任即因此被排除。此外,对于刑法上责任而言必要的是,损害对一个面对行为人所面临的情况的平均人来说是可避免的。预见可能性与避免可能性系注意义务的两个核心形成要件。[42]

威胁的损害越大,注意义务就越大。[43] 人身损害在所有情况下皆应被评价为比

---

[38] Hilgendorf (Fn. 36).

[39] 关于“Tay 案”,请参见前注[28]。

[40] Hilgendorf, Autonome Systeme, künstliche Intelligenz und Roboter, in: Barton/Eschelbach/Hettinger (Hrsg.), Festschrift für Thomas Fischer, 2018, S. 99, 111.

[41] Kindhäuser/Hilgendorf, Strafgesetzbuch. Lehr- und Praxiskommentar, 8. Aufl., 2020, § 15 StGB, Rn. 46 ff.

[42] Baumann/Weber/Mitsch/Eisele (Fn. 35), § 12, Rn. 35.

[43] 此不仅符合社会道德观念,亦符合技术科学的风险概念。

单纯的财物损害更严重。反映损害程度的一个标志系刑法保护的强度;如果对于侵害一个特定法益相较于侵害一个其他法益规定了一个更高的刑罚,人们就能够从中推论出,第一个法益被法秩序评价为比第二个法益更为重要。

一个其他影响注意义务的因素是损害发生的可能性。[44] 其应该从客观的角度被确定。例如,已知一个特定物质仅在十万分之一的使用案例中会导致一个特定损害,则对处理此一物质的注意要求将会比对一个在其使用时按照经验通常在五分之一的案例中会"出错"的化学药剂来得低。此外,损害可能性可以量化绝非理所当然的。通常只有比较性的陈述能够被采用,例如A物质比B物质危险。应该与其相区分的是纯粹的性质描述,例如"A物质是非常危险的"。如果这样的句子在经验上充分地得到证明,也可以从中推导出一个注意义务。

在个案中应具有的注意义务主要是由信赖原则和容许风险原则加以限制。[45] 由于这样的观点恰恰在关于机器人系统之责任的语境下仍然几乎未被研究,因此在此处作若干较详细的说明是适当的。反之,在民法上以及当然也在刑法上[46]否定了"电子人"之后,对机器人系统的责任就不需要再进一步研究了。

六、在机器人系统语境下的伦理上基本原则、信赖原则与容许风险

(一)伦理上的基本原则

"信赖"是面对人工智能的一个基本范畴。欧盟人工智能高级别专家组于2019年针对"值得信赖的"(trustworthy)人工智能提出了一系列建议。[47] 值得信赖的人工智能应包含三个核心要素:它必须是合法的、在伦理上可被接受的以及(在技术上)是牢固的。欧盟人工智能高级别专家组的一个特点在于,为了创造出对于人工智能新世界站得住脚且在实践中亦可被转化的准则,学术界、非政府组织与企业的代表们紧密地合作。

该准则的指导价值与基本理念在于,人工智能的发展必须取决于人及其具体需求。因此其所涉及的是一个"以人为中心的方法"。欧盟人工智能高级别专家组在此

---

〔44〕 法律人在面对可能性时会感到困难。对此目前请参见 Hilgendorf, Gefahr und Risiko im (Straf-) Recht, in: Fischer/Hilgendorf (Hrsg.), Gefahr. 5. Baden-Badener Strafrechtssymposion, 2020, S. 9。

〔45〕 不同见解有 Engländer, Das selbstfahrende Kraftfahrzeug und die Bewältigung dilemmatischer Situationen, ZIS 2016, S. 608。批判的观点有 Hilgendorf, in: ders. (Hrsg.), Autonome Systeme und neue Mobilität, 2017, S. 143, 168 ff.。

〔46〕 请参见上文第三、第四部分。

〔47〕 参见 https://ec.europa.eu/digital-single-market/en/news/ethics-guidelines-trustworthy-ai。

明确地指向了人性尊严。[48] 四个根本的伦理原则在该准则中被确认,且从中推导出企业为了发展值得信赖的人工智能系统应该遵循的七项要求。该文件通过解决一系列问题来补充,其可以使调整该准则的要求变得较为容易。

在该准则中被叙述的四个伦理原则与欧洲的基本权利规范——特别是与《欧盟基本权利宪章》中的基本权利——紧密相关联:①尊重人的自主:人工智能系统必须如此发展,以便它会考虑个人的自由和自主;②避免损害:人工智能系统不可以损害人类;③公平:为了防止可能导致对少数群体歧视或侮辱的个人或集体偏见所做的努力应该归属于此一相对不确定的概念[49];④可解释性:人工智能系统的透明度与沟通能力应该被改善,以便验证与解释它的决定。

联邦交通与数字基础设施部于2016年秋天设立了自动化与网络化驾驶伦理委员会。在该委员会中,科技专家、哲学家、经济学家、法律人和消费者保护代表在一位前联邦宪法法院法官的领导下共同合作,以便确认、分析以及在可能的情况下解决目前自动化与网络化道路交通的问题。[50] 设立该委员会的目的在于借由虚构的"两难困境案例"而展开与自动驾驶相关的争论——在此类案例中车内计算机应在紧急避险情况下作出杀害人的决定。该委员会成功得出可被支持的两难困境案例解决方案,该方案在"生命对生命"的情况下与传统司法实践和学说相一致。[51] 这个例子彰显了哲学反思和法学鉴定如何能够为了解决实际问题而携手合作。

(二)信赖原则

信赖原则意指,人们在与他人的互动中原则上可以信赖他人会符合注意义务地行事,亦即人们无须考虑到他人重大偏离常规的行为。[52] 只有当清楚的证据指出了信赖他人遵守规则的行为是站不住脚的,情况才会不太一样。例如后者将可以被采纳,如果小孩儿在路边玩球——小孩儿跑到路上在此处是无法被排除的,或者醉酒者试图在人行道的边缘取得平衡——他摔倒在路上是完全在可能的范围之内的。如果没有信赖原则的话,道路交通的顺畅运行将会因为随之发生的责任风险在实际上被阻碍。

随着机器人系统的采用出现了下述问题,即此等系统是否亦遵循信赖原则。应区

[48] Hilgendorf, Problem Areas in the Dignity Debate and the Ensemble Theory of Human Dignity, in: Grimm/Kemmerer/Möllers (Hrsg.), Human Dignity in Context. Explorations of a Contested Concept, 2018, S. 325.

[49] 此外,支出和收益的平等分配也会被纳入"公平"范畴;接受损害赔偿的机会应该要存在。

[50] 关于该委员会的报告,请参见 http://www.bmvi.de/SharedDocs/DE/Publikationen/DG/bericht-der-ethik-kommission.pdf?_blob=publicationFile。

[51] 关于该伦理委员会的解决方案,更进一步请参见 Hilgendorf, Dilemma-Probleme beim automatisierten Fahren, ZStW 130 (2018), S. 674。

[52] Kindhäuser/Hilgendorf (Fn. 41), § 15 StGB, Rn. 61 ff.

分以下三个场景:

第一个场景:人们在所有情况下都可以信赖,机器如果按照设定来使用,会合乎规则地行动。因此人们可以信赖机器不会显露出瑕疵,除非明确的证据支持了相反的观点。例如媒体报道了关于特定系统的瑕疵,或者一个系统在具体情况下明显引人注目地行动,就可能存在一个证明瑕疵的证据。

第二个场景涉及关于机器在多大程度上可以“信赖”人类合乎秩序之行为的问题。此处明显涉及一个比喻的陈述方式;而归根结底涉及的是,生产者应该在设计其机器人系统时考虑到哪些形式的人类错误行为。人们将必须认知到,人会在紧急情况下犯错,无论是在道路交通中、在工作岗位上,抑或在休闲时间与运动时。

如果机器在此种情况下符合设定地与人类互动,人们将可以向生产者要求,可预见的错误行为在设计机器时应被考虑。只要目前通过由人类操控的汽车所进行的客运、个人交通没有被废除(而在可预见的期间内将不会是这种情况),就意味着在道路交通的自主系统中人类驾驶员的“惊吓瞬间”必须与在特定情况下“急转”方向盘的普遍倾向一样被考虑在内。哪个错误行为在事实上是可预见的,必须通过谨慎的实证研究来厘清。

第三个场景涉及机器与机器互动的情况。在此有许多观点都支持至少向生产者要求,其所生产的系统能够与相同功能类型但由其他生产者所生产的机器互动。很明显,当与较旧制造类型的机器互动时,或者涉及属于不同功能等级的系统时,例如高级系统相对于标准或低劣的系统,问题就会产生。当两辆或更多辆配备了自主系统的汽车互相遭遇时,此一问题即可借由自动化道路交通的例子被清楚地呈现出来。此等系统在未来将会彼此沟通,亦即其将会交换信息且依此安排其行为。例如这可能会涉及在一个十字路口谁先行驶的问题。为了在此种情况下使机器的沟通较为容易,适当的做法是由立法者制定机器在互相沟通时必须符合的特定功能的清单。

(三)容许风险

第二个对于确定注意义务来说重要的角色是容许风险,其意义在与自主机器人系统相关的情况下甚至比信赖原则的意义更大。作为出发点的是并不存在百分之百安全之科技的认知。因此,例如在工业的大量生产中总是应该考虑到由产品所造成的一定程度的损害。如果人们想要完全避免相应的损害,该产品就必须被禁止。反之,如果人们想要享受与该产品相关联的利益,特定数量与性质的损害就必须被接受。因此核心问题为,哪些风险可以被创造,而该活动不应被视为不被容许的,由此也不应被视为是违反注意义务的。

容许风险在刑法上属于社会相当性概念的一个下位形态,社会相当性意指社会相当的、亦即在一定程度上"正常的"风险应该被接受且不会导致生产者的责任。[53] 在民法上亦被承认的是,科技产品无论如何总是含有实际上无法被避免的残余风险。[54] "一个不准危害他人的一般性禁令纯属幻想。"[55]

生产者负有义务注意使购买者与使用者在利用产品时不受到损害。只要损害无法完全被排除,生产者原则上就必须去做所有对其而言可能的事情,以便尽其所能地将损害在数量与性质上降到最少与最低。但期待可能性的思想会在此处设立一个界限。[56] 在产品进入市场之后,在没有不可期待之花费的情况下,生产者亦必须保养及采取可能的手段改善其产品。科学和技术的状态在此应该始终被关注。

一个如此被架构的容许风险可以毫无疑问地适应于已经被建立的产品责任规则。[57] 具有特殊意义的是,在容许风险中蕴含了一个动态的要素[58];如果生产者不想让自己遭受违反注意义务的谴责,产品就必须随着认知的进步被改善。

哪些风险显得可以被接受取决于社会的协商过程,在该过程中司法实践居于一个重要的地位。过度的注意要求与自由放任同样不具有说服力。此外,什么在一个社会中是被接受的取决于历史的变化且依赖不同的因素,例如对于风险的熟悉程度。[59]

假设现代道路交通并非在超过一百年的时间里逐步地发展,而是于2020年在一步到位且认识到其所有附随现象的情况下建立的。在一个如此的案例中还应该考虑到,现代行驶方式的便捷面临单单在德国每年就有明显超过3000名交通事故罹难者的事实。这将不太可能仍适合作为容许风险,相较于同样的数字在现实中毫无疑问地会被接受,因为我们已经对于许多的交通事故罹难者与在交通中受伤者感到习惯。更多教义学上对于容许风险的深入研究是从法律上掌握机器人系统最重要的任务之一。

七、总　结

当分析与规制许多通过研究现代人工智能和机器人而被提出的问题时,伦理学与法学能够紧密地合作。即使法律独立地规定了其范畴与概念,伦理学仍然能够显著地对厘清与体系性掌握规范问题作出贡献。第一个问题是关于机器人系统规范地位的

---

〔53〕 Schuster, in: Schönke/Schröder (Hrsg.), Strafgesetzbuch, 30. Aufl., 2019, § 15 StGB, Rn. 146.

〔54〕 Kötz/Wagner (Fn. 26), Rn. 629.

〔55〕 BGH, VI ZR 223/07, NJW 2008, 3775, Rn. 9; BGH, XII ZR 117/10, NJW 2013, 48, Rn. 7.

〔56〕 与防止或消除一个瑕疵相关联的花费不可与由该瑕疵可能引发之损害的严重程度不成比例。民法上请参见 Kötz/Wagner (Fn. 26), Rn. 618 f.。

〔57〕 关于民法上的产品责任,请参见 Kötz/Wagner (Fn. 26), Rn. 605 ff.。关于刑法上的生产者责任,请参见 Hilgendorf, Länderbericht Deutschland, in: Freund (Hrsg.), Strafrechtliche Verantwortlichkeit für Produktgefahren, 2015, S. 47。

〔58〕 Hilgendorf (Fn. 51), S. 700.

〔59〕 Hilgendorf (Fn. 44), S. 20 f.

问题。相较于机器的人格地位在英美法领域更容易获得支持,此一归类对欧陆法特别是德国法而言提出了重大的概念问题。对于由机器所造成的损害,为了确保一个适当的民法上的责任,可以考虑将产品责任扩张至软件。此外,传统的民法上的责任规则亦适用于机器。

这也同样适用于刑法。然而基于宪法上所确定的罪责原则,此处危险责任是被排除的,对“电子人”的处罚当然也是被排除的。为了厘清或者限制生产者责任,信赖原则只针对“人类—机器”与“机器—机器”的情况应当被调整。除此之外具有特殊意义的是“容许风险”此一角色的持续发展,其有助于为消费者与生产者建立起法安定性。总而言之,在笔者看来没有疑问的是,我们的法秩序将可以承担起符合人性地规制人工智能与机器人的挑战的任务。

［结果归属］

被害人特殊体质案件的归责原则与路径

刘炳君*

要　目

摘　要　关于被害人特殊体质案件，刑法理论界与司法实务界存在“客观说”与“主观说”两种不同的归责路径。刑法理论界主要立足于客观归责的立场，对被害人特殊体质案件中的因果关系进行限缩。相反，司法实务界主要立足于主观归责的立场，在肯定行为与结果因果关系的基础上，具体判断行为人的预见可能性。实际上，“客观说”侧重于解决罪与非罪的问题，而“主观说”主要解决此罪与彼罪的问题，二者之间并不存在矛盾。对此，应当坚持“客观说”与“主观说”相结合，以及客观优先于主观的原则，确立阶层化的双重归责路径。

关键词　被害人特殊体质　因果关系　预见可能性　法益保护　责任主义

---

* 北京大学2022级刑法学博士研究生。

一、问题的提出

被害人特殊体质案件,是指由于被害人患有严重疾病或者其他原因,与其他人相比具有相对较低的抵抗力或者免疫力,由他人暴力行为或言语刺激致使被害人重伤或死亡的案件。对被害人特殊体质案件的认定,刑法理论界主要采"客观说"的立场,倾向于优先从客观不法层面进行认定。例如,有学者通过区分"死因"和"诱因"为该类案件的认定提供具体的判断标准[1];有学者将客观归责理论引入被害人特殊体质案件的认定,试图为该类案件的归责提供规则体系[2]。相反,司法实务界主要采用"主观说"的立场,在肯定危害行为与危害结果之间因果关系的基础上,通过区分行为人对于危害结果的主观心态对案件进行认定。然而,对行为人主观预见可能性的认定,司法实务界并没有具体、统一的标准。对于相似的案情,由于司法实务界对行为人主观预见可能性的认定标准存在差异,导致对此罪与彼罪认定不同。

对于被害人特殊体质案件,是否应当将危害结果归责于行为人的行为?如果需要归责,那么究竟立足于客观不法层面对危害结果进行归责,还是立足于主观责任层面对危害结果进行归责?目前,关于被害人特殊体质案件的认定,刑法理论界与司法实务界各执一词,二者之间存在一定的背离。笔者认为,涉及被害人特殊体质案件的归责,讨论的核心问题主要在于两个层面:第一,罪与非罪的问题;第二,此罪与彼罪的问题。"客观说"主要解决的是罪与非罪的问题,而"主观说"主要解决的是此罪与彼罪的问题,二者属于不同层面的问题。换言之,二者并非非此即彼的关系,而是前后位阶的关系。

基于上述问题意识,笔者将立足于主客观相结合,以及客观优先于主观的归责原则,首先考察刑事司法实践对被害人特殊体质案件的归责路径所存在的问题,并反思刑法理论界归责路径的缺陷。在此基础上,尝试构建被害人特殊体质案件的双重归责路径。

二、被害人特殊体质案件的归责原则与路径之实践考察

基于对刑事裁判文书表达和证立被害人特殊体质案件归责的实践现状和经验考察的考量,在中国裁判文书网上以"特殊体质""刑事案件""判决书"为关键词进行检索,笔者共得到2012—2021年[3]的有效判决书280篇,具体情况如下文。

---

〔1〕 参见蒋太珂:《被害人特殊体质司法现状的刑法理论分析》,载《法学杂志》2016年第1期。

〔2〕 参见孙运梁:《致特殊体质被害人死亡案件中的刑事归责问题》,载《法学》2012年第12期。

〔3〕 截至2021年3月18日。

（一）被害人特殊体质的类型

对于被害人特殊体质案件的类型，刑事司法实践中没有明确的界定。在上述280件案例中，法院关于被害人特殊体质类型的认定，涉及加龄体质的一共有6件，其余的都是非加龄体质案件。由于法律规范对被害人特殊体质的类型并没有明确的规定，有的法院甚至将怀孕[4]理解为被害人的特殊体质，由此可见，司法实践对于被害人特殊体质案件的认定没有形成类型化的标准。笔者认为，应该对被害人特殊体质的类型加以限制，不应将怀孕等案件类型纳入被害人特殊体质案件的范围，否则会导致该类案件的认定过于宽泛。最高人民法院、最高人民检察院、公安部、国家安全部、司法部于2013年发布的《人体损伤程度鉴定标准》规定，“损伤致早产或者死胎；损伤致胎盘早期剥离或者流产，合并轻度休克”属于重伤二级；并且将“外伤性先兆流产”规定为轻微伤。由此可见，《人体损伤程度鉴定标准》将致人流产作为判断故意伤害罪损伤程度的因素，也即作为定罪因素。而司法实践中通常将特殊体质作为减轻量刑的因素，如果将怀孕认定为特殊体质，便会导致重复评价及评价冲突。因此，不应将被害人怀孕的案件纳入被害人特殊体质案件的类型范围。

由此，总结司法实践中常见的被害人特殊体质的类型，可以将被害人特殊体质分为：加龄体质和非加龄体质两大类。在非加龄体质中，又可以分为：①先天性疾病，例如，脑血管发育不良、先天性心脏病等。②先前曾经受的创伤，例如，术后重型颅脑损伤、头部外伤等。③常见疾病，例如，晚期肺癌、高血压、心脏病、糖尿病等。

（二）归责原则与路径

在上述收集到的280个案例中，司法实践中以行为人的危害行为与危害结果之间不具有刑法上的因果关系为由，对行为人予以出罪的案件仅有1个。[5] 在其余案件中，法院都是在肯定因果关系的基础上，侧重于对行为人进行主观归责。由此可见，司法实践以“主观说”为主，对被害人特殊体质案件进行归责。具体路径如下：

1. 客观关联性：对因果关系的判断虚置化

通过检索可知，刑事裁判文书中关于被害人特殊体质案件刑法因果关系的常见表达大约有二十种：多因一果、诱因、直接因果关系、间接因果关系、必要条件、偶然因果关系、条件说、事实上的因果关系和刑法上的因果关系、相当性、关联性、主要原因、次要原因、辅助原因、原因作用力、根本原因、外因、先决条件、介入因素、促进作用等。这一检索结果表明：第一，关于被害人特殊体质案件因果关系的话语表达，我国刑事司法

---

[4] 参见顾云清过失致人重伤案，山东省高青县人民法院（2019）鲁0322刑初49号刑事判决书。

[5] 参见许康强故意伤害案，广东省湛江市中级人民法院（2018）粤08刑初21号刑事判决书。

实践使用语言较为通俗,运用刑法关于因果关系的理论进行论证和表达并不普遍,理论类型化程度不高,且存在不同刑法理论交叉使用的现象。例如,在谢定顺过失致人死亡案中,法院认为,“被告人的暴力行为是被害人死亡结果发生的必要条件,两者属于刑法上‘多因一果’的因果关系”,“被告人谢定顺的行为不是引起被害人死亡的直接原因或主要原因,而是间接原因或次要原因”〔6〕。在该案中,法院既采取了多因一果、必要条件的表述,又采用了直接原因、次要原因的表述。再如,在秦某1过失致人死亡案中,法院同时采用了间接因果关系、重要诱因和必要条件的表述。〔7〕 由此可见,刑事司法实践中对被害人特殊体质案件中因果关系的表述较为混乱。第二,司法实践中对被害人特殊体质案件因果关系的认定并没有形成一个统一的标准,不同的因果关系类型均有可能被司法实践认可。第三,对被害人特殊体质案件因果关系的认定,部分刑事司法实践的判决书缺乏明确、完整的论证过程。上述280件案件中,有105份判决书缺乏完整的论证说理过程。其中,有78份判决书中没有关于因果关系的表述,有27份判决书中仅出现诸如“存在刑法上的因果关系”的简单表述。

通过分析上述法院对被害人特殊体质案件因果关系的表述,可以发现:

第一,直接说与间接说被司法裁判广泛运用。直接因果关系指的是没有经过介入因素,行为人的危害行为直接引起危害结果。间接因果关系是指,危害行为并非直接导致危害结果的发生,而是经过中间介入因素的环节,间接地导致危害结果发生。可见,直接因果关系和间接因果关系的主要区别在于是否经过了介入因素的中间环节。直接因果关系说的具体流程为:危害行为→危害结果;间接因果关系说的具体流程为:危害行为→介入因素→危害结果。直接说与间接说在我国刑事司法实践对被害人特殊体质案件因果关系的认定中被广泛采用。例如,在陈世军故意伤害案中,重庆市第四中级人民法院认为:“头部外伤是死亡的直接原因力,而被害人陈某头部外伤是由被告人陈世军的伤害行为直接造成,因此,被告人陈世军的伤害行为与被害人陈某的死亡结果之间具有直接因果关系。”〔8〕在董某过失致人死亡案中,法院认为:“被告人董某对被害人胸部的殴打行为与被害人病情发作、出血时间上关系密切,存在间接因果关系(诱因形式),应认定为刑法上的因果关系。”〔9〕在王某某过失致人死亡案中,法院认为,该案被害人死亡属于“多因一果”,行为人的行为是“诱因”,死亡的直接原因是脑动脉硬化性脑出血并继发脑疝。〔10〕 直接说和间接说具有一定的合理性,但是在被害

〔6〕 谢定顺过失致人死亡案,广东省广州市番禺区人民法院(2018)粤0113刑初2890号刑事判决书。

〔7〕 参见秦某1过失致人死亡案,甘肃省平凉市崆峒区人民法院(2020)甘0802刑初36号刑事判决书。

〔8〕 陈世军故意伤害案,重庆市第四中级人民法院(2019)渝04刑初15号刑事附带民事判决书。

〔9〕 董某过失致人死亡案,宁夏回族自治区银川市金凤区人民法院(2019)宁0106刑初587号刑事附带民事判决书。

〔10〕 参见王某某过失致人死亡案,辽宁省抚顺市东洲区人民法院(2020)辽0403刑初78号刑事附带民事判决书。

人特殊体质案件的认定上还存在不足。司法实践将直接因果关系与间接因果关系均认定为刑法上的因果关系。如此,直接因果关系说与间接因果关系说的区分便无实际意义。

第二,条件说运用频次较高。条件说是指只要危害行为同危害结果存在"无A则无B"的条件关系,二者就具有刑法上的因果关系。意大利学者将用条件说确定因果关系的这种方法称为"排除思维法",即设想如果该事实不存在,其结果是否同样会发生。如果答案是否定的,那该事实就是结果的必要条件;如果所得出的结论相反,就可将该事实排除于原因之外。[11] 德国、日本目前的判例基本都支持条件说,我国司法实践对于被害人特殊体质案件因果关系的认定,也较为广泛地采用了条件说。例如,在范吉宁交通肇事案中,法院便采用了条件说的认定标准:"如果没有范吉宁的交通肇事行为,就不可能导致龚某深静脉血栓等并发症及高血压脑出血后死亡的结果。"[12]但在理论上却很少有学者支持条件说。条件说的最大缺陷在于对所有条件同等看待、不加区分,这种只注重入罪而忽略出罪的唯结果论的做法,容易导致入罪的扩大化,不利于保障人权。另外,如果没有掌握相关的自然法则,根本无法运用条件说判断因果关系。质疑者认为,只有在判断者可以根据自然法则对条件公式加以证实时,"如无前者,即无后者"的条件公式才能被用以证明因果关系的存在,即只有在答案"不证自明"时,该公式才有适用的空间。在对被害人特殊体质案件进行判断时,如果科学上无法证明某种疾病与被害人的死亡结果之间的因果关系存在时,便无法运用条件公式进行刑法上因果关系的判断。

第三,必然说与偶然说得到一定程度的运用。必然因果关系说认为危害行为和危害结果具有内在的、合规律的引起与被引起的关系时,二者便具有刑法上的因果关系。偶然因果关系指的是,危害行为并不必然包含产生危害结果的根据,但是在发展的过程中,偶然介入了其他因素,介入因素合乎规律地引起危害结果时,危害行为与危害结果之间便存在刑法上的因果关系。[13] 关于被害人特殊体质案件的认定,司法实践中也有部分法院采用偶然因果关系说。例如,在洪志宁故意伤害案中,福建省高级人民法院认为,被害人特殊体质属于一种偶然因素,被告人的拳击行为与被害人死亡结果之间属于偶然因果关系,这是被告人应负刑事责任的必要条件。[14] 然而,必然说与偶然说也存在一定的缺陷。具体而言,主要包括以下几个方面:一是在被害人特殊体质

[11] 参见[意]杜里奥·帕多瓦尼:《意大利刑法学原理》(注评版),陈忠林译评,中国人民大学出版社2004年版,第117页。

[12] 范吉宁交通肇事案,江西省吉安市吉州区人民法院(2019)赣0802刑初301号刑事判决书。

[13] 参见高铭暄、马克昌主编:《刑法学》(第8版),北京大学出版社、高等教育出版社2017年版,第79—80页。

[14] 参见最高人民法院刑事审判第一、二、三、四、五庭主办:《刑事审判参考》(总第49集),法律出版社2006年版,第26—31页。

案件中,对于危害行为与危害结果之间究竟属于必然因果关系还是偶然因果关系,存在争议。第一种意见将被害人特殊体质认定为介入因素,认为行为人的危害行为与危害结果之间存在偶然因果关系。例如,在洪志宁案中,法院肯定行为人的行为与危害结果之间存在偶然因果关系,进而将被害人的死亡结果归属于行为人。第二种意见认为被害人特殊体质属于“先前事件”,不属于介入因素,因此,行为人的危害行为与危害结果之间属于必然因果关系。[15] 理论界大多数学者支持第二种意见,例如,“要言之,将行为人的行为、特定的时空条件以及被害人的特殊情况视为一个整体,即‘先在事件’,如果某个结果是由先在事件直接引起的,那么它就属于必然结果,行为人的行为与该结果之间的因果关系就属于必然因果关系”[16]。二是对于偶然因果关系是否可以认定为刑法上的因果关系,刑事司法实践中也存在争议。例如,在陈某某故意伤害案中,法院以被告人陈某某的行为与被害人陈某7的死亡结果之间存在偶然因果关系为由,将被害人的死亡结果归属于被告人陈某某所实施的行为。最终,法院判处被告人陈某某有期徒刑10年。[17] 而在许康强故意伤害案中,一审法院以被告人许康强的行为与被害人许某1的死亡结果之间不存在直接、必然的因果关系为由,判决行为人许康强无罪。[18] 由此可见,必然说与偶然说虽然在我国刑事司法实践中得到一定程度的运用,但是并不能为被害人特殊体质案件因果关系的认定提供较好的理论依据。

第四,相当因果关系说和双层因果关系理论运用较少。相当因果关系说在我国目前的刑法学界处于领先地位,但是在我国刑事司法实践中却不具有普适性。在上述280个案件中,运用相当因果关系理论的判决书只有1份。在彭新冬非法行医案中,虽然被害人史某生前患有左肺肺炎、慢性阻塞性肺气肿、慢性肺源性心脏病、心功能Ⅲ级等疾病,但是法院依然以被告人彭新冬的行为与被害人的死亡结果之间存在相当性为由,将被害人的死亡结果归属于行为人实施的行为。[19] 英美的双层因果关系理论主要包括两个层次:事实原因(cause in fact)和法律原因(cause in law)。虽然双层因果关系理论在英美法系国家占据通说地位,但是,在我国刑事司法实践中运用双层因果关系理论对被害人

---

[15] 参见陈某某故意伤害案,江西省南昌市中级人民法院(2015)洪刑一初字第90号刑事判决书;徐玉成故意伤害案,吉林省磐石市人民法院(2017)吉0284刑初83号刑事附带民事判决书;陈某6、中国人民财产保险股份有限公司邢台市分公司交通肇事案,河北省武邑县人民法院(2017)冀1122刑初70号刑事附带民事判决书;马福荣、衡东县大浦镇福满城餐饮服务部故意伤害案,湖南省衡东县人民法院(2019)湘0424刑初97号刑事附带民事判决书;石雨晨过失致人死亡案,北京市朝阳区人民法院(2018)京0105刑初1929号刑事判决书;等等。

[16] 邹兵建:《必然因果关系说与偶然因果关系说的正本清源》,载《经贸法律评论》2020年第1期。

[17] 参见陈某某故意伤害案,河南省郑州航空港经济综合实验区人民法院(2016)豫0192刑初18号刑事附带民事判决书。

[18] 参见许康强故意伤害案,广东省湛江市中级人民法院(2018)粤08刑初21号刑事判决书。

[19] 参见彭新冬非法行医案,吉林省伊通满族自治县人民法院(2018)吉0323刑初359号刑事判决书。

特殊体质案件进行判断的判决书却仅有1份。[20] 由此可见,相当因果关系说及双层因果关系理论在我国刑事司法实践的运用中不具有普适性。

第五,客观归责理论在被害人特殊体质案件中未得到运用。客观归责理论是目前德国刑法学界的通说理论。近年来,我国也有部分学者将客观归责理论引入国内。然而,从目前的刑事司法实践现状来看,在被害人特殊体质案件中,客观归责理论尚未得到适用。在夏贵明交通肇事案中,法院认为:"被告人夏贵明实施的交通肇事行为本身具有导致被害人伤亡的危险和回避可能性,危险已现实化,被害人死亡的结果亦没有超出交通肇事罪规范的保护目的。""考虑被害人自身疾病为主要死因、交通事故损伤为辅助死因,本院在量刑时酌情予以考虑。"[21] 虽然法院运用了风险制造、风险实现及未超出规范保护目的的表述,但是在认定因果关系时,同时也运用了主要死因、辅助死因的表述,因此,其并非纯粹运用客观归责理论对案件进行认定。

综上可知,在上述案件中,关于被害人特殊体质案件因果关系的认定,司法实践中多采条件说或者直接说与间接说,肯定刑法上因果关系的存在。这种无差别的适用,使得本该进行归责限定的被害人特殊体质案件的处罚范围进一步扩大。所以,在我国目前以条件说及直接说与间接说为主导的刑事司法背景下,试图通过因果关系来限制特殊体质案件中犯罪的成立,似乎会遇到天然的障碍。裁判文书中不同因果关系理论的运用频次见图1。

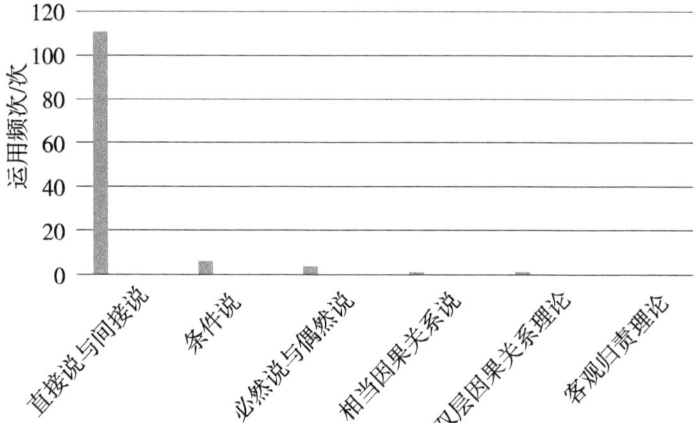

图1　被害人特殊体质案件中不同因果关系理论运用频次图

〔20〕 参见石雨晨过失致人死亡案,北京市朝阳区人民法院(2018)京0105刑初1929号刑事判决书。

〔21〕 夏贵明交通肇事案,广西壮族自治区北海市海城区人民法院(2020)桂0502刑初179号刑事判决书。

2. 主观关联性:预见可能性判断宽泛化

司法实践中对被害人特殊体质案件中行为人的主观预见可能性进行考察主要采取主观归责的路径。然而,对相同或者相似的案件,我国刑事司法实践中有的司法裁判认为构成故意犯罪,有的司法裁判认为构成过失犯罪,而有的司法裁判认定为无罪。例如,在钮建忠过失致人死亡案中,法院认为,钮建忠主观上并不知道周某有心脏病,没有预见可能性。因此,最终认定行为人钮建忠无罪。〔22〕 在王论高故意伤害案中,四川省乐山市沙湾区人民法院认为,"王论高应当预见自己的行为可能发生危害社会的结果,因为疏忽大意而没有预见,造成他人死亡,其行为已构成过失致人死亡罪,应依法予以惩处"〔23〕。而在李某甲、邓某甲等与刘仁亮、江小苟故意伤害案中,法院认为:"被告人刘仁亮、江小苟无视国家法律,明知自己的行为可能会损害他人身体,仍放任行使故意伤害他人身体,致一人死亡,其行为已构成故意伤害罪。"〔24〕在上述三个案件中,行为人均在不知道被害人患有心脏病的情况下对被害人实施了轻微暴力行为,最终导致被害人死亡。然而,对于相似的案情,法院最终的判决结果却大相径庭。归根结底,产生这种现象的核心问题在于刑事司法裁判对于主观归责中的预见可能性存在不同的理解和运用。关于预见可能性的认定标准,刑法学界主要存在"具体预见可能性说""拟制预见说""预见可能性不要说"和"综合要素考量说"几种观点。目前的刑事司法实践对被害人特殊体质案件中行为人主观预见可能性的判断,大多采取了"拟制预见说"及"预见可能性不要说"的观点,导致绝大多数案件以有罪论处,且大多数案件的行为人被判为故意伤害罪的结果加重犯。

(三)归责结果

基于对刑事司法实践中被害人特殊体质案件归责路径的考察,笔者对 280 份裁判文书的判罚结果进行了分析。图 2 和图 3 分别反映了笔者所获取的被害人特殊体质案件判决书研究样本中罪与非罪以及此罪与彼罪的基本分布。

从图 2 可知,280 个案件中,法院关于被害人特殊体质案件的有罪判决多达 266 份,免予刑事处罚的判决为 9 份,而无罪判决仅为 5 份。有罪判决的比例高达 95%。由此可见,司法实践对被害人特殊体质案件的认定,以有罪判决为原则,以无罪判决为例外。

---

〔22〕 参见钮建忠过失致人死亡案,广西壮族自治区靖西市人民法院(2019)桂 1081 刑初 419 号刑事判决书。

〔23〕 王论高故意伤害案,四川省乐山市沙湾区人民法院(2020)川 1111 刑初 30 号刑事判决书。

〔24〕 李某甲、邓某甲等与刘仁亮、江小苟故意伤害案,广东省惠州市中级人民法院(2014)惠中法刑一初字第 151 号刑事附带民事判决书。

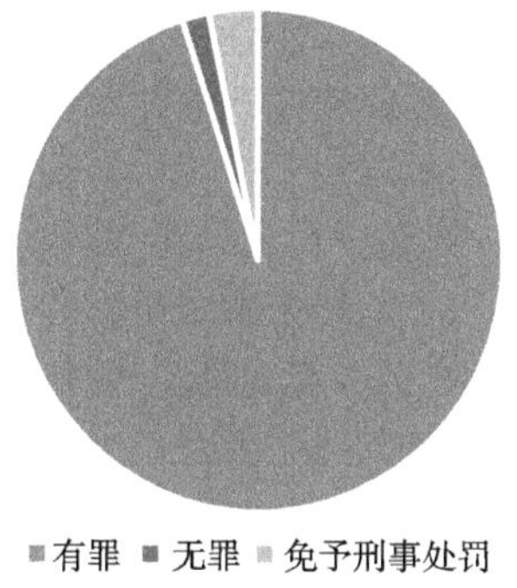

图2 被害人特殊体质案件定罪比例图

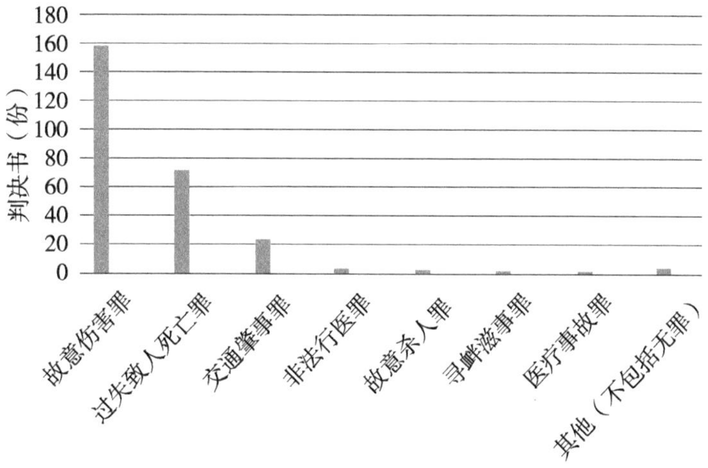

图3 被害人特殊体质案件各罪名比例图

从图3可知，在上述280个案件中，故意伤害罪的判决共有159份，占判决书总数的56.8%；过失致人死亡罪的判决共有71份，占判决书总数的25.4%；交通肇事罪的判决有21份，占判决书总数的7.5%；非法行医罪的判决有6份，占判决书总数的2.1%；故意杀人罪的判决共有5份，占判决书总数的1.8%；寻衅滋事罪的判决有4份，占判决书总数的1.4%；医疗事故罪的判决有3份，占判决书总数的1.1%；其他罪名的判决书共有6份，占判决书总数的2.1%〔25〕。

由此可见，对被害人特殊体质案件的认定，司法实践中多以故意伤害罪（尤其是故意伤害罪的结果加重犯）和过失致人死亡罪进行定罪处罚。另外，在量刑层面，有的法

〔25〕 其他罪名的判决包括聚众斗殴罪、危险驾驶罪、非法拘禁罪、贩卖毒品罪、虐待被看护人罪、过失致人重伤罪各1份判决。

院将被害人特殊体质作为量刑因素,予以减轻[26];而有些法院在量刑时,对于被害人特殊体质不予考虑[27]。因此,司法实践对于被害人特殊体质案件无论是在定罪层面还是在量刑层面均存在不同的做法。

综上所述,对于被害人特殊体质案件的范围,司法实践的认定过于宽泛,且没有具体、统一的标准。司法实践对被害人特殊体质案件的认定以有罪为原则,以无罪为例外。其中,故意伤害罪和过失致人死亡罪这两个罪名处于绝对优势地位。法院对于被害人特殊体质案件的归责路径为:在因果关系层面,通常采取条件说或者直接说与间接说,肯定行为人的行为与危害结果之间的因果关系,从而导致客观层面认定的虚置化和形式化;在主观责任层面,关于预见可能性的认定多采取拟制预见说及预见可能性不要说的标准,由此导致刑事司法实践对于此类案件的认定多以有罪和重罪论处。

三、被害人特殊体质案件的归责原则与路径之理论检讨

不同于刑事司法实践中以"主观说"为主的归责路径,刑法理论界主要采取了"客观说"的立场,从因果关系的角度,对被害人特殊体质案件进行归责。具体而言,刑法理论界主要运用相当因果关系说及客观归责理论对被害人特殊体质案件进行归责。

(一)相当因果关系说

相当因果关系说指的是根据社会经验法则,某种危害行为的实施具有引起危害结果的通常性时,就认为行为与结果之间具有因果关系。相当因果关系说曾在日本的刑法理论界占据通说地位。[28] 相当因果关系说的判断公式为:条件说+相当性。

根据相当性判断标准的不同,相当因果关系说主要分为三种学说,即主观说、客观说、折中说。主观说以行为人实施行为时认识到或可能认识到的事实作为基础进行判

〔26〕 参见顾云清过失致人重伤案,山东省高青县人民法院(2019)鲁0322刑初49号刑事判决书;马福荣、衡东县大浦镇福满城餐饮服务部故意伤害案,湖南省衡东县人民法院(2019)湘0424刑初97号刑事附带民事判决书;蒲顺珍故意伤害案,黑龙江省宝泉岭人民法院(2020)黑8101刑初31号刑事判决书;吴某、甘某1、霍圣武交通肇事案,安徽省固镇县人民法院(2020)皖0323刑初83号刑事附带民事判决书;胡金亮、胡鹏故意伤害案,江苏省徐州市云龙区人民法院(2019)苏0303刑初106号刑事附带民事判决书;姚海锋交通肇事案,广东省广州市越秀区人民法院(2019)粤0104刑初505号刑事判决书;张海洋故意伤害案,广西壮族自治区桂林市中级人民法院(2020)桂03刑初79号刑事判决书。

〔27〕 在陈世军故意伤害案中,法院认为:"凝血功能障碍并不能中断或分散被告人陈世军的伤害行为与被害人陈某死亡结果之间的因果关系,不能减轻被告人陈世军的刑事责任。"重庆市第四中级人民法院(2019)渝04刑初15号刑事附带民事判决书。

〔28〕 参见〔日〕桥爪隆:《当前的日本因果关系理论》,高翔译,载陈兴良主编:《刑事法评论:教义学的犯罪论》(第40卷),北京大学出版社2017年版,第272页。

断;客观说认为,应当进行客观的事后预测,站在裁判者的立场上,以行为时的一切客观事实作为基础进行判断;折中说认为,应当以行为时一般人能够认识到,以及行为人特别认识到的事实作为基础进行判断。〔29〕

日本刑法学者大谷实教授对主观说、客观说、折中说的适用情况作了说明:A 用刀将甲刺成轻伤,甲因患血友病出血不止而死亡,在这个案件中,按照条件说,应当肯定 A 的轻伤害行为与甲的死亡结果之间的因果关系。按照相当因果关系说中的主观说,由于是否具有因果关系的判断基础是行为人是否知道,或者是否能够预见到对方患有血友病,因此,案件中是否具有因果关系,与一般人的主观认知无关。行为人没有预见到,也无法预见到被害人患有血友病,所以,不能肯定行为人的行为与被害人的死亡结果之间存在因果关系。但是,如果行为人具有特殊认知,则可以肯定危害行为与危害结果之间的因果关系。按照客观说,甲患有血友病是裁判时客观存在的事实,行为人使该血友病患者身负轻伤,但由于出血过多而死亡是在一般生活经验上所可能发生的事实,所以不考虑行为人对此有无认识,可以肯定行为与死亡结果的因果关系。按照折中说,在行为当时,行为人和一般人都不能认识到甲患有血友病的话,就应当将血友病这一事实从判断的基础中排除,A 的行为和甲的死亡之间具有条件关系,但并不具有刑法上的因果关系。但是,在行为人知道对方是血友病患者的时候,由于该事实是判断的基础,因此,应当肯定因果关系。相当因果关系说的三个判断学说中,折中说曾经在日本占有支配地位,但是,由于折中说与主观说类似,都是根据行为人或者一般人的认识来认定因果关系的有无,这就抹杀了因果关系的客观属性,目前客观说正成为有力学说,有逐步取代折中说而占支配地位之势。〔30〕 相对而言,运用相当因果关系中的客观说对被害人特殊体质案件中的危害结果进行归属更加科学合理。

(二)客观归责理论

客观归责,德语为“objektive Zurechnung”,指结果对于主体的一定行为的可归属性。〔31〕 客观归责理论是在条件说基础上产生的一种新型因果关系认定机制。“客观归属论的历史渊源,依据目前德国刑法学界的多数见解认为,可以追溯到 Hegel 的法哲学。其后,Larenz 在 1927 年由 Hegel 的法哲学导出客观归属的概念,并很快就由 Honig 特别应用到刑法学理上。19 世纪 70 年代,Roxin 根据 Honig 的观点,发展出一整套较完整的归属判断体系。”〔32〕它进一步将“归因”与“归责”明确区分开来:认为“归因”是事实判断问题,“归责”是价值评价问题。客观归责理论包括以下几个判断规则:

---

〔29〕 参见张明楷:《刑法学》(第 5 版),法律出版社 2016 年版,第 177 页。

〔30〕 日本的平野龙一、内藤谦、曾根威彦、堀内捷三、浅田和茂、町野朔、前田雅英、松宫孝明等教授均持客观说,转引自张明楷:《刑法学》(第 5 版),法律出版社 2016 年版,第 177 页。

〔31〕 参见陈兴良:《教义刑法学》(第 3 版),中国人民大学出版社 2017 年版,第 284 页。

〔32〕 张亚军:《刑法中的客观归属论》,中国人民公安大学出版社 2008 年版,第 1 页。

首先,行为制造了法所不容许的风险。行为人只有制造了刑法明文禁止的风险时,才能受到谴责。具体来说,有以下几种排除情形:①未制造风险的行为。如果一个人的行为没有制造风险,那么该行为就不具有社会危害性,行为人就无须对危害结果负责。②降低风险的行为。如果行为在客观效果上降低了风险,就不具有危害性,不是制造风险的行为,不得将结果归属于行为人。③被容许的风险。如果行为产生的风险是法律所容许的,就不能将不利后果归属于行为人,如医疗行为、体育竞技风险等。

其次,行为制造的风险最终在结果中得以实现。在行为制造了不被法所容许的风险之后,只有这种风险最终得以实现,才能进行客观归责。风险的实现又有以下几种排除情形:①结果与行为之间的关联产生重大偏异。如果存在介入因素阻断了先前行为产生的危险流,独立地引起了危害结果的发生,就不能把这一危害结果归属于先前行为。②不具有结果之避免可能性。行为人履行某项义务必须是有意义的,若行为人遵守注意义务仍然会发生结果,则属于未实现不被容许之风险。③结果不在注意规范的保护目的范围内。行为所制造的风险的实现必须在注意规范的保护范围内,否则就不具备可归责性。

最后,结果在构成要件的效力范围内。行为所创设的风险的实现还必须在构成要件的效力范围内,否则就不具有可归责性。主要包括以下几种排除情形:①被害人自我答责的领域。如果行为人实施的危害行为造成的损害在被害人可以承诺放弃的范围内,即使行为与结果之间具有因果关系,也不能对行为人归责。②第三人专属负责领域。对于属于第三人专属责任范围内的危害结果,行为人无须担责。

客观归责理论在德国已经成为通说,但在我国,一经引进便引发了巨大的争议。有学者认为应当引进客观归责理论取代相当因果关系理论,如周光权教授提到:“相当因果关系说在方法论上有诸多缺陷,而客观归责理论在方法论上的优势非常明显:用多重规则确保检验时没有遗漏;建立正面判断和反向检验交互进行的检验标准;展示一般预防的刑罚效果;凸显评价的层次性、充分性;确保刑法判断的客观化。”〔33〕“客观归责是用来确定犯罪的实行行为的理论,尤其在构成要件缺乏定型性的过失犯罪中,客观归责理论对于确定什么是犯罪的实行行为发挥着重要的作用。虽然我国学者对于究竟应否采用客观归责理论还存在很大争议,但笔者认为,该理论对于犯罪论的进一步体系化、规范化、实质化具有重要的意义,体现了思维发展逐步类型化、系统化的特点,也顺应了现代危险化社会到来的趋势,是值得我们借鉴的理论。”〔34〕有些学者则持反对意见,例如刘艳红教授在文中写道:“相当因果关系理论具有实用性,无须使用客观归责理论。”“这一理论本身含有主观归责的内容。”〔35〕日本学者大塚仁教授也

〔33〕 周光权:《客观归责理论的方法论意义——兼与刘艳红教授商榷》,载《中外法学》2012 年第 2 期。

〔34〕 吕英杰:《监督过失的客观归责》,载《清华法学》2008 年第 4 期。

〔35〕 刘艳红:《客观归责理论:质疑与反思》,载《中外法学》2011 年第 6 期。

提到:“客观归责理论想抑制条件说对因果关系范围的扩大,在这一点上,具有与相当因果关系说同样的志向,其适用的实际,可以说也与相当因果关系说没有大的差别。但是,所谓客观归责的观念本身和其他刑法理论体系上的地位等,尚缺乏明确性,存在不少问题。在我国(指日本),也看到一部分见解赞成该理论,但是,应该说没有放弃相当因果关系说而采用这种理论的必要。”〔36〕

不可否认的是,客观归责理论相对于其他理论来说确实存在一定的理论优势。客观归责理论的归责思路和原理与之前的学说相比有重大变化,初步完成了使“归因”与“归责”相分离,设立了具体的下位规则并且构建起基本的判断框架,完成了初步体系化的工作。这些变化相对于前述几种理论有了很大的进步。但是,客观归责也存在一定的缺陷,例如:客观归责理论的定位是构成要件理论还是因果关系理论还存在一定的争议;客观归责理论融合了主观不法要素、违法性、有责性的要件,使得客观归责理论的体系过于庞杂等。正如,有学者提到:“经过众多客观归责论者的发展之后,客观归责论终于发展成为一个学理上的超级范畴,它不再是一个真正的理论,而是各种不相干论题的合集(Ensemble von Topoi)。”〔37〕“客观归责论像是一只有无数触角的巨大章鱼,包含越来越多的适用范围,这些范围以存在论和规范论的观点而言是非常歧义的,所以这些范围无法在一篇文章中一次完全加以讨论。”〔38〕

目前刑法学界已经有学者尝试采用客观归责理论对被害人特殊体质案件进行归责。例如,孙运梁教授认为,客观归责理论的各种规范评价规则为司法机关进行归责判断提供了一套实用的、可操作的理论工具,并运用客观归责理论对被害人特殊体质案件的判断作了一系列的尝试。〔39〕然而,采用客观归责理论对被害人特殊体质案件中的危害结果进行归责,不具有合理性和可行性。

首先,运用客观归责理论对被害人特殊体质案件进行判断不具有合理性。客观归责理论一方面批判相当因果关系说的判断以认识为前提,另一方面客观归责理论中对“风险”的判断也离不开对行为人认识的判断。孙运梁教授在《致特殊体质被害人死亡案件中的刑事归责问题》一文中批判道,相当因果关系说的三个判断标准都是以行为人的主观认识为前提的,因此,采用不同的标准判断将会得出不同的结论。〔40〕但是,在构建被害人特殊体质案件中客观归责的规则时,孙教授又提到:“理论上都承认,特异体质被害人的案件的处理结果与行为人的特别认知有着密切的关系。在制造

---

〔36〕〔日〕大塚仁:《刑法概说(总论)》(第3版),冯军译,中国人民大学出版社2003年版,第165页。

〔37〕Frisch, Tatbestandsm ssiges Verhalten und Zurechung des Erfolges, 1988, S. 31. 转引自刘艳红:《客观归责理论:质疑与反思》,载《中外法学》2011年第6期。

〔38〕〔德〕许乃曼:《关于客观归责》,陈志辉译,载许玉秀、陈志辉合编:《不移不惑献身法与正义》,新学林出版股份有限公司2006年版,第82页。转引自刘艳红:《客观归责理论:质疑与反思》,载《中外法学》2011年第6期。

〔39〕参见前注〔2〕。

〔40〕参见前注〔2〕。

风险阶段,倘若被告人在行为前已经得知被害人患有心脏疾病,那么被告人对被害人实施殴打行为,从社会生活经验、一般人的认识水平来判断,就在客观上创设了被害人死亡的危险,亦即制造了法所不允许的危险。"〔41〕从论述中可以看出,客观归责理论的运用也离不开对行为人主观认知的判断,而且"社会生活经验""一般人的认识水平"实际上与相当因果关系说中的"相当性"相同。此外,"潜在的危险源介入类型"及"风险实现阶段的三个归责标准"〔42〕实际上与介入因素三标准相同。由此可见,运用客观归责理论对被害人特殊体质案件进行判断,实际上是将各种理论糅合进一个理论,不仅没有实现归责的精细化,反而失去了归责的清晰性,容易导致归责路径的庞杂和模糊。

因此,将客观归责理论运用到被害人特殊体质案件的判断之中,不具有逻辑的自洽性和理论的合理性。实际上,相当因果关系说中的客观说是站在事后裁判者的立场上进行的判断,已经最大限度地防止了相当因果关系说的判断由于行为人主观认识的不同而存在差异,保证了相当因果关系说的客观性。如果将行为人的主观认知等纳入客观归责理论中对"风险"的判断,反而容易导致主客观的混淆。

另外,运用客观归责理论对被害人特殊体质案件进行判断不具有可行性。根据实证研究的方法,在上述收集到的 280 个案件中,法院对于被害人特殊体质案件的归责,并没有采用客观归责理论。不仅如此,客观归责理论同我国司法实践和刑法理论中采用的实行行为的概念相抵触,因而不符合我国的犯罪论体系和刑事司法实践。因此,无论在刑法理论还是司法实践中,运用客观归责理论对被害人特殊体质案件进行归责都不具有可行性。

四、被害人特殊体质案件的归责原则与路径之构建

从上述分析可知,我国司法实务界和刑法理论界对被害人特殊体质案件的认定标准存在争议。建立一个系统、合理的被害人特殊体质案件的归责路径,首先需要明确该类案件归责的本质。根据菲利的"犯罪饱和法则",犯罪是不可能完全杜绝的,因此便需要在资源有限的情况下,对行为人和被害人之间进行利益的合理分配。同理,在被害人特殊体质案件中,是否应当将风险转嫁给不知情的行为人,本质上涉及如何在行为人与被害人之间进行利益的合理分配的问题。

(一)被害人特殊体质案件归责的基本原则

司法实践中对被害人特殊体质案件的认定通常以有罪、重罪为主,呈现出扩张的

〔41〕 同前注〔2〕。

〔42〕 孙运梁教授借助山中敬一教授提出的归责判断标准提出了被害人特殊体质案件归责的三标准,即:"(1)第一次的直接危险对于具体结果的继续作用;(2)第一次危险遭遇潜在危险源的概率;(3)潜在危险源的结果惹起力的大小。"参见前注〔2〕。

趋势;而刑法理论界对被害人特殊体质案件的认定却以限缩为主,产生这种差异主要是由我国的国情决定的。通过实证分析可知,相较于东部发达地区,我国中西部地区的法院往往对被害人特殊体质案件判处更高的法定刑。根据刑事社会学派的观点,这种现象进一步证明了司法裁判同社会经济发展及文化程度存在密切关联。不同于西方资本主义国家以保障自由和人权为主的体制和社会文化,在我国社会认知及司法裁判中,存在道德主义和后果主义的倾向。在文化层面,由于奉行的理念是将整个社会和集体的安全和存续放在首位,对被害人死亡的案件,我国民众比较容易产生共情感和同情心,因此,在被害人特殊体质案件中,司法裁判对行为人作出有罪、重罪的判决,在我国民众中具有很高的接受度。在功能主义刑法理念的指导下,我国司法实践通常站在法益保护立场上,对被害人特殊体质案件以有罪和重罪进行处理。不同于司法实务界,刑法理论界更加倾向于责任主义优先的立场,主张优先维护行为人的合法权益。然而,法益保护原则和责任主义原则作为刑法的两大基本原则〔43〕,二者在定罪量刑中都具有重要意义,被害人特殊体质案件也不例外。因此,应当坚持法益保护和责任主义相结合的基本原则。此外,在司法实践中,法院对主观归责往往采取宽泛的认定立场,导致主观归责的虚化,以致涉及被害人特殊体质案件的有罪率过高。为了解决该问题,与其从主观归责的层面限制犯罪的成立,不如首先从客观不法的层面限制犯罪的成立范围。因此,对被害人特殊体质案件的判断应当坚持客观层面优先于主观层面的基本原则。

值得一提的是,刑法学界部分学者也主张从主观责任层面对被害人特殊体质案件进行归责。部分学者认为,应当将主观责任阶层的行为人的认知纳入客观不法层面对因果关系的判断,实现从客观归责到主观归责的转变。例如,中山大学的庄劲教授认为:“客观归责论的两大核心原理均有缺陷:风险的创设与实现原理不可能在客观要件中展开,因为禁止的风险须以行为人的主观能力为判断根据;风险的降低与变形原理以假想的结果为参照,本质是假设因果关系的运用。要合理地确定结果责任,不应遵循客观归责的路径,而应重拾主观归责的思路。据此,必须坚持‘规范的主观归责’的方向:通过检验结果与行为人的主观之间是否存在——以禁止风险为纽带的规范关联,判断结果能否归责于行为人的主观。”〔44〕例如,在“鸣笛案”中,甲明知乙是个老人,老人闯红灯,走得比较慢,甲生气,故意按喇叭,结果老人被吓死。在该案中,如果按照客观归责理论进行分析,行为人制造了侵害他人生命的风险,并且这种风险得以实现,而且这种风险在构成要件的保护范围之内,因此,可以将被害人的死亡结果归属于行为人实施的行为。如果按照相当因果关系说中的客观说,从事后裁判者的角度进

---

〔43〕 张明楷教授在《刑法学》一书中,将法益保护原则和责任主义原则作为与罪刑法定原则相并列的两大基本原则。参见前注〔29〕,第 62—67 页。

〔44〕 庄劲:《客观归责还是主观归责? ——一条“过时”的结果归责思路之重拾》,载《法学家》2015 年第 3 期。

行判断,也可以肯定行为人的行为与被害人死亡结果之间的因果关系。随后,再判断行为人主观上对于该死亡结果是否存在故意或者过失。支持主观归责的学者认为,此时不是纯粹的客观归责层面的问题,而是一个主观归责层面的问题。应当将行为人的主观认知作为判断因果关系的一个考量因素。然而,主观归责的路径却使得行为人的主观认知过早地介入裁判,导致结果归属的恣意性。客观归责理论和相当因果关系中的客观说强调从事后裁判者的视角进行判断,认为应该将结果归属于行为人实施的行为,然后再根据行为人的主观层面进行认定;而主观归责一开始便将行为人的主观认知作为禁止风险的判断依据,由于行为人主观认定的不确定性,导致结果归属的不确定性。

实际上,无论是客观归责还是主观归责本质上都是规范评价问题。规范分为行为规范和裁判规范(评价规范)。行为规范针对的对象是行为人,其意义在于为行为人提供行动指南,提前诱导行为人不去实施刑法规范所禁止的行为。裁判规范针对的对象是裁判者,其意义在于为法官如何进行裁量进行规范的指引。客观归责实质上是一个裁判规范,不能将行为人的主观认知提前纳入。主观归责的最大缺陷在于使得判断步骤合二为一,对行为人的主观评价提前介入,从而导致由于价值取向的差异,丧失评价的客观性。

(二)被害人特殊体质案件归责的基本路径

从上述分析可知,对被害人特殊体质案件的归责应当确立法益保护和责任主义相结合的立场,坚持主客观相结合,以及客观不法层面优先于主观责任层面的基本原则。在这两个基本原则的指导下,对被害人特殊体质案件的归责,应当按照以下两个步骤进行。

1. 客观关联性(因果关联性)的判断

即考察在被害人特殊体质案件中,是否应当将危害结果归属于行为人所实施的行为。根据指引对象的不同,可以将刑法规范划分为行为规范和裁判规范。"从法律用一般性规则来约束和裁断人们的行为这一前提出发,任何刑事法律都应该足够明确,以便服务于这样的双重目的:一方面面向公民们提出足够的警告,使他们知道被禁止的行为的性质;另一方面为依法审判提供足够的指引。"〔45〕由于在客观关联性阶段,优先保护法益,而不考虑行为人的主观恶性,司法裁判者在认定行为人的行为与危害结果之间的因果关系时,是根据已有的裁判素材进行事后的判断。所以,客观关联性的认定标准实际上是一种裁判规范。因此,在客观关联性层面,对被害人特殊体质案件的认定应当更加侧重于法益保护。相当因果关系说中"客观说"的认定标准与事后判

〔45〕〔美〕富勒:《法律的道德性》,郑戈译,商务印书馆2005年版,第121页。

断的裁判规范相契合。对被害人特殊体质案件的客观关联性的判断应当采取相当因果关系说中的“客观说”的标准。根据相当因果关系说中的“客观说”的判断标准,即使行为人在实施危害行为时没有认识到被害人具有特殊体质,但是依然可以肯定行为人的行为与危害结果之间存在因果关联性。例如,若以相当因果关系说中的三种学说认定钮建忠过失致人死亡案,可以得出不同的结论。按照相当因果关系说中“主观说”的判断标准,由于行为人在主观上没有预见到,也无法预见到被害人周某患有心脏病,所以,行为人的伤害行为与被害人的死亡结果之间不存在刑法上的因果关系。但是,“主观说”实际上是将行为人的主观认知提前在因果关系层面进行认定,容易产生主客观层面的混淆。按照“折中说”的观点,案发时行为人并不知道死者身患心脏疾病,一般人也不会知道被害人患有心脏疾病,因此否定行为人的行为与被害人的死亡结果之间存在因果关系。按照“客观说”的判断标准,虽然行为人钮建忠在主观上无法预见到被害人周某患有心脏病,但是依然肯定行为人的行为与危害结果之间存在刑法上的因果关系。由此可知,“客观说”不仅避免了“主观说”中将主客观相混淆的缺陷,而且能够更好地保护法益,具有一定的合理性。

2. 主观关联性的判断

主观关联性判断的核心问题在于判断行为人在实施危害行为时主观上是否对危害结果具有预见可能性。对于“预见可能性”的认定,首先应当分清判断标准、判断基础、判断方法,才能解决行为人能否预见危害结果的问题。

目前刑法学界关于预见可能性的判断标准主要包括“具体预见可能性说”“拟制预见说”“预见可能性不要说”及“综合要素考量说”。从上述分析可知,目前我国刑事司法实践对被害人特殊体质案件中预见可能性的判断,主要采取的是“拟制预见说”〔46〕和“预见可能性不要说”〔47〕。然而,由于这两种学说存在结果归罪之嫌,所以逐渐为理论界所摒弃。此外,“具体预见可能性说”认为如果行为人主观上预见到被害人具有特殊体质,就可以将结果归属于行为人;如果行为人没有预见到被害人具有特殊体质,就不能将结果归属于行为人。然而,这种观点忽略了当行为人实施的行为对于结果的发生具有较大因果力时,实际上不需要行为人具体预见到被害人特殊体质的存在便可以进行归责。例如,行为人对准被害人的心脏开了一枪,被害人由于患有血友病,血流不止而死。此时,行为人实施的行为的危险程度,已经足以导致危害结果的发生。即使行为人主观上没有预见到被害人患有血友病,也可以将被害人的死亡结果归属于行为人。所以,“具体预见可能性说”的最大缺陷在于可能导致处罚漏洞。“综合要素考量说”认为,对行为人预见可能性的判断,既不能单纯看结果,也不能只考虑行为人主观上对特殊体质是否能够预见,而是需要根据所涉案件的具体事实,对行为主体能否预

---

〔46〕 参见高某某故意伤害案,河南省睢县人民法院(2014)睢刑初字第163号刑事判决书。

〔47〕 参见魏翊祥故意伤害案,陕西省平利县人民法院(2018)陕0926刑初4号刑事附带民事判决书。

见到最终的危害结果进行综合判断。因此,"综合要素考量说"既不会导致归责的过于宽泛化,也不会造成处罚漏洞,具有一定的合理性。

具体而言,"综合要素考量说"认为,预见可能性的判断基础(或资料)包括主客观方面的事实,即应当把行为人的知能水平与行为本身的危险程度,以及行为时的客观环境相结合,判断能否预见。第一,行为人本身的知能水平不同,其预见可能性便有所不同。有些行为人,按其本身的知能水平,能够预见危险程度高的行为可能发生结果,但不能预见危险程度低的行为可能发生结果;有些行为人则恰恰相反。第二,行为本身的危险程度,以及行为时客观环境的不同,对能否预见也存在影响。因此,只有将这些主客观事实结合起来,才能对行为人的预见可能性作出正确的判断。

在确定导致被害人死亡结果的相关因果流程的前提下,进一步检讨预见到何种因素就能肯定行为人能预见到并能利用该因果流程。被害人特殊体质案件主要涉及死亡结果的案件。"死因"是死亡结果的根据,死亡结果必然以"死因"为中介,根据死因是由何种因素造成的,我们可以将被害人特殊体质的案件,区分为间接的死因引起型和直接的死因造成型。〔48〕 前者属于间接的危险现实化的案件类型,后者属于直接的危险现实化的案件类型。对于这两种不同形态的因果流程,肯定行为主体的主观归责的具体方法也并不完全一样。

(1)在间接危险现实化案件中,进行主观归责的具体方法

在该类型的案件中,导致结果发生的直接"死因"是被害人的特殊体质,而行为人的轻微暴力只是诱发了"死因"。在间接的危险现实化案件中,对行为人进行主观归责的核心在于判断行为人在主观上对于因果流程是否具有支配和利用的可能性。行为人如果能够预见到被害人的特殊体质,或者认识到能够表征对结果发生起到实质作用的因果流程之事实,就可以肯定行为人对造成现实结果的因果流程具有支配或者利用的可能性。具体而言,这些因素主要包括:

一是被害人的年龄因素与加龄体质。在董某过失致人死亡案中,裁判理由特别强调:"被告人董某应当预见自己的行为可能造成他人死亡的结果而没有预见,系疏忽大意的过失。本案中被害人朱某2年迈,出现的脆弱、易受损体质、老年人高发病症(高血压、心脏病等)符合人体正常衰老发展过程,在外貌特征上与常人无异,符合生活常识,不与之发生暴力冲突更在常人理解的范围内……"〔49〕再如,在王某某过失致人死亡案中,法院认为:"被告人作为精神健全的成年人,应当预见到用手击打年逾六十岁的人面部可能造成他人受伤或者死亡的风险,属于日常生活经验上应当预见也能够预见的内容,反之,认为徒手打击绝对不可能导致人死亡的命题却与生活常识不符,即使

〔48〕 参见前注〔1〕。

〔49〕 董某过失致人死亡案,宁夏回族自治区银川市金凤区人民法院(2019)宁0106刑初587号刑事附带民事判决书。

当事人当时没有预见到危害结果,但仍属于应当预见的内容。"[50]在很多情况下,加龄体质确实容易诱发疾病,如果行为人明知被害人是老年人,依然与其发生冲突,并且被害人也确实由于老龄化疾病而造成损伤甚至死亡,那么便可以认定行为人具有预见可能性。但是,如果被害人不是因为加龄体质而死亡的,并且行为人没有也无法预见到被害人特殊体质,则不能因为被害人是老年人,便直接肯定行为人对被害人的死亡结果具有预见可能性。例如,如果被害人是老年人,但是同时具有血友病,被害人最终是因为血友病的原因流血过多死亡。此时,由于人的年龄和血友病体质没有直接关联性,认识到被害人是老年人并不能表征认识到被害人具有血友病的事实。所以,便不能将死亡结果归属于行为人。因而,因为加龄体质对行为人进行主观归责,必须建立在特殊体质与人的年龄变化存在密切关系的前提之上。

二是被害人的身体条件与病弱体质。在邱某某过失致人死亡案中,法院裁判直接根据被害人体弱多病推定行为人对被害人死亡结果的预见可能性。[51] 但是,这种做法并不具有普遍性。[52] 因此,在被害人特殊体质案件中,对危害结果进行归责时,除被害人的病弱体质外,原则上必须同时考虑行为人实施行为的暴力程度等其他因素。大体而言,在推定行为主体的主观过错时,需要结合病弱体质和行为人行为的暴力程度,二者之间存在如下关系:行为人实施行为的暴力程度越高,行为主体对于病弱体质的认识程度要求越低;行为的暴力程度越低,行为主体对于病弱体质的认识程度要求越高。

另外,在主观预见要素的判断过程中,不仅需要行为人已经认识到或者应当认识到行为人存在特殊体质,而且危害结果与被害人的特殊体质之间也应当存在一定的关联性。否则,便应当否定主观关联性的存在。

(2)在直接危险现实化案件中,进行主观归责的具体方法

直接危险现实化案件典型特征是,导致结果发生的物理性危险是行为人暴力行为直接造成的。一般而言,被害人特殊体质案件多属于间接危险现实化案件,但也有少数属于直接危险现实化案件。对于直接危险现实化案件,司法实践一向不要求行为主体对被害人特殊体质具有预见可能性。例如,在陈世军故意伤害案中,法院以被告人陈世军的伤害行为与被害人陈某的死亡结果之间存在直接因果关系为由,肯定行为人的行为构成故意伤害罪。[53]

---

〔50〕 王某某过失致人死亡案,辽宁省抚顺市东洲区人民法院(2020)辽0403刑初78号刑事附带民事判决书。

〔51〕 参见邱某某过失致人死亡案,上海市徐汇区人民法院(2019)沪0104刑初1298号刑事判决书。

〔52〕 例如,在钮建忠过失致人死亡案中,法院认为:"被告人钮建忠一名普通人的认知能力,再加上当时的情境,不知道也不可能知道周某特异体质,对可能导致被害人死亡的后果是无法预见、也是不可能预见的。因此,被告人对于自己的行为会引起周某严重的心脏病急性发作而死亡,是出乎他意料的。"广西壮族自治区靖西市人民法院(2019)桂1081刑初419号刑事判决书。

〔53〕 参见陈世军故意伤害案,重庆市第四中级人民法院(2019)渝04刑初15号刑事附带民事判决书。

虽然对直接危险现实化案件,司法实践不要求行为主体对被害人特殊体质及关联要素具有预见可能性,但要肯定行为人具有主观过错,仍然需要行为主体对实行行为的危险性具有预见可能性。在直接危险现实化案件中,被害人的特殊体质对法益损害结果的影响几乎可以忽略不计,行为人的伤害行为直接导致被害人"死因"的形成,是主导死亡结果的因果流程。因此,行为人只要认识到其行为的性质,即可以肯定其对行为引起的相应因果流程具有支配或者利用的可能性。亦即,行为人只需要对实行行为的性质具有预见可能性,即可肯定其对死亡结果具有过错。

在被害人特殊体质案件的归责流程中,对客观关联性和主观关联性的判断实际上是一种动态的判断过程。犯罪本质上是一种规范违反。当一个行为人通过某个举止明确表明对刑法规范的违反,并且人们可以正常期待他有遵守规范的行为能力和动机能力时,刑罚就需要对这种规范违反的举止再次进行谴责。〔54〕 在轻微暴力导致危害结果发生的案件中,行为人虽然在客观上没有实施严重的暴力行为,但是行为人主观上对刑法规范具有敌视或者漠视的态度可以弥补行为客观危险程度的不足。刑法实际上是行为人刑法,而不是行为刑法,行为只不过是行为人主观恶性的表征,行为人主观上的目的才是刑法应当重点考量的对象。

此外,根据行为人对因果流程支配和利用程度的不同,可以区分行为人主观上属于故意还是过失。如果行为人明知被害人具有特殊体质,而实施了相应的行为导致了危害结果的发生。此时说明行为人对因果流程具有绝对的利用和支配能力,可以认定行为人主观上具有故意。如果行为人对被害人特殊体质具有预见可能性而没有预见或者已经预见但轻信能够避免时,说明行为人对因果流程仅具有一定的支配和利用能力,可以认定行为人主观上具有过失。

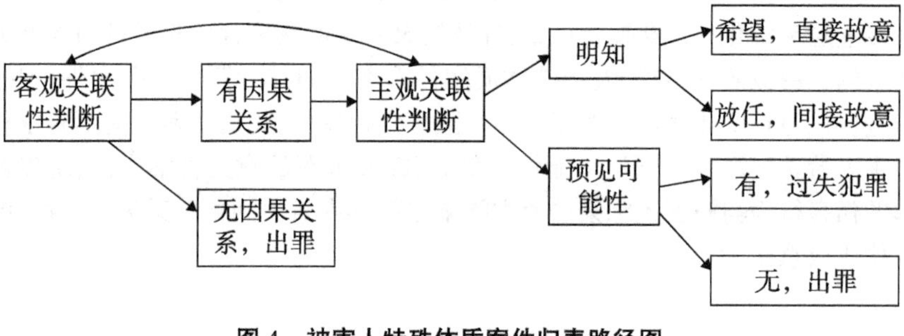

图 4　被害人特殊体质案件归责路径图

采用这一具体路径,可以有效地对被害人特殊体质案件进行归责。例如,在"半夜

〔54〕 参见〔德〕乌尔斯·金德霍伊泽尔:《刑法总论教科书》(第 6 版),蔡桂生译,北京大学出版社 2015 年版,第 41—43 页。

鸡叫案"[55]中,根据上述判断标准,首先站在裁判者的立场,从事后的角度应当认定行为人的行为属于危害行为,行为与被害人的死亡结果之间具有刑法上的因果关系,存在客观关联性。其次在主观关联性层面,该案属于间接危险现实化案件,由于行为人实施推搡行为发生在月黑风高的山区,在缺乏照明且行为人高度紧张、单纯出于逃生本能的情况下,无法预见到被害人是个老人,也无法预见到自己的轻微推搡行为会导致被害人轻伤结果的发生。行为人的主观目的不是实现危害结果,主观上也没有对刑法规范的敌视态度,所以,应当否定主观关联性。因此,行为人主观上不具有故意或者过失,不构成犯罪。

五、结　语

从上述案例及理论分析可知:对被害人特殊体质案件的归责,司法实务界和刑法理论界存在"主观说"和"客观说"两种不同的路径。然而,这两种归责路径均存在片面化的缺陷。立足于法益保护原则和责任主义原则相结合的立场,对被害人特殊体质案件的归责应该坚持主客观相结合,以及客观层面优先于主观层面的基本原则。在客观不法层面,应当更加侧重于法益保护原则。因此,对被害人特殊体质案件的客观关联性的判断,我们应当采取相当因果关系说中的"客观说"的观点,站在事后裁判者的立场,结合案件发生后的主客观材料,对行为人实施的危害行为与危害结果之间是否存在刑法上的因果关系进行综合认定。在主观责任层面,应当更加侧重于责任主义原则。因此,审查的核心在于行为人对于因果流程是否具有支配、利用的可能性。对此,可以将被害人特殊体质案件区分为间接危险现实化案件及直接危险现实化案件。在间接危险现实化案件中,虽然行为人实施的行为本身危害性较小,但是客观关联性及主观关联性之间具有动态的平衡关系。所以,如果行为人对法规范存在明显的敌视或者漠视的态度,那么行为人的主观恶性便可以弥补行为危险程度不足的问题。在间接危险现实化案件中,可以审查的要素主要包括加龄体质、被害人的身体条件与病弱体质。在直接危险现实化案件中,由于行为人实施的行为本身危险性较高,因此,行为人主观预见可能性审查的要素无须像间接危险现实化案件中那样严格。行为人在主观上只要预见到自己行为的性质,便可以肯定主观关联性的存在。

---

[55] 该案的基本案情为:胡某是一名货车司机,经常连夜跑运输。某晚由于一直走山路没找到吃饭的地方,半夜实在太饿,于是想偷只鸡吃。当车行至一偏僻地段时,胡某下车来到一农户家,趁人熟睡之机潜入鸡舍偷了一只鸡,由于动静太大惊醒了这家的72岁的老大爷,老人在黑暗中发现有人偷鸡,大喊抓小偷,胡某本就做贼心虚,听到声音后慌忙扔掉手中的鸡准备逃跑,这时老人也跑过来站在门口想堵住胡某,胡某情急之下顺手推开老人逃回车里,老人由于重心不稳倒在地上,导致胳膊摔伤,经法医鉴定为轻伤。具体案情参见《检察官:建议判三年以上十年以下;法官:不撤诉就判决无罪》,载搜狐网(https://www.sohu.com/a/386296028_100004243),访问日期:2021年9月10日。

因果关系认定中行为对结果的贡献及其危险的现实化

宋佳恒*

要　目

摘　要　危险现实化说在反思相当因果关系说的基础上产生，其评价核心是实行行为对结果的贡献。提倡危险现实化说不必照搬日本学者的“分类法”与具体结论，但需警惕因果流程的通常性或预见可能性残留可能导致危险现实化的判断标准“失焦”，应按“实行行为对结果有无贡献→实行行为对结果贡献大小”的逻辑重构判断标准。实行行为具有危险性不等于实行行为对结果有贡献。介入因素独立性也与其预见可能性无关，以判断能否把介入因素对结果的贡献评价为实行行为对结果的贡献。危险是否现实化通常需进行个案检验，但在交通肇事、医疗事故等专业领域可依据司

* 中国期货业协会工作人员。

法解释类型化地分配风险。危险现实化判断突破事实推演维度，统一归因与归责，具有鲜明的规范色彩。

关键词 危险现实化 相当因果关系 介入因素 结果归属

一、问题的提出

刑法上的因果关系是犯罪论体系中最基础也是分歧最多的问题之一。一般来说，只要查明犯罪事实就足以依常识判断有无因果关系，而如果案件中存在介入因素[1]则相对复杂。由于相当性的判断构造并不明确，我国刑事审判中对于因果关系认定往往以“存在相当因果关系”一语带过，说理并不充分，结论也未必妥当。客观归责理论没有采用实行行为的概念，模糊了阶层犯罪论的体系，因此全盘引入并不可取[2]，但其从存在论到规范论的判断思路可供借鉴[3]。

近年来危险现实化说渐为有力。该说将因果关系的发展过程理解为实行行为危险的现实化过程[4]，主张综合衡量“介入因素对结果发生作用力的大小，原来行为对结果发生作用力的大小，以及介入因素本身是否异常等情况”[5]来认定因果关系。危险现实化说在实务中也得到了广泛应用，解决了陈美娟投放危险物质案[6]等一批疑难案件，体现出了强大的生命力。

危险现实化说的发展过程充分体现了机能主义刑法观注重问题性思考的特点。[7] 不过，作为一种动态耦合的体系，危险现实化说必须厘清各个判断标准之间的关系，但我国学界对此缺乏深入论述。从形式上看，“综合衡量”危险现实化的三个判断标准，似乎意味着危险现实化判断是一场少数服从多数的“表决”，只要达到“两票”对“一票”就能认定因果关系的成立。然而，如果这样理解危险现实化说，则难以对一些案件作出合理说明。

王照双强奸、盗窃案：王照双入户盗窃见到熟睡的李某某，遂起意奸淫。王照双捆绑住李某某，强行将其奸淫后逃跑，李某某到阳台呼救时失去平衡

---

〔1〕 即多因一果的情形。有学者认为行为时就存在的因素不属于介入因素，笔者认为行为时就存在的因素和行为后介入的因素有时难以区分，所以将这两者统称为介入因素。

〔2〕 参见刘艳红：《客观归责理论：质疑与反思》，载《中外法学》2011 年第 6 期。

〔3〕 参见张明楷：《也谈客观归责理论——兼与周光权、刘艳红教授商榷》，载《中外法学》2013 年第 2 期。

〔4〕 参见黎宏：《刑法学总论》（第 2 版），法律出版社 2016 年版，第 100 页。

〔5〕 付立庆：《刑法总论》，法律出版社 2020 年版，第 146 页。付立庆教授虽然沿用相当因果关系说的提法，但是已经将实行行为对结果的贡献作为判断重心，故本文将其归入危险现实化说的阵营。

〔6〕 该案中，陈美娟投毒诱发被害人的罕见疾病而医生未诊断出病因，被害人最终死亡，法院认为介入因素异常且对结果贡献小，不影响因果关系的成立。参见江苏省高级人民法院（2003）苏刑复字第 025 号刑事判决书。

〔7〕 关于这种以问题为中心的思考方法，参见〔日〕平野龙一：《刑法的基础》，黎宏译，中国政法大学出版社 2016 年版，第 191 页以下。

坠楼身亡。一审法院以强奸罪判处王照双死刑,缓期二年执行;二审法院改判无期徒刑。[8]

该案中,被害人坠楼这一介入因素异常且对结果作用较大,若依"表决"结果本应否定强奸行为与死亡结果之间的因果关系,但判决认定被告人成立强奸致人死亡的结论还是得到了多数学者的认可。[9] 可见危险现实化判断不是简单地罗列三个标准之后就径自得出实行行为的危险已现实化的结论,否则不仅无法说明介入因素异常却肯定因果关系的原理,反而还会暴露出自身"判断规则存在内部冲突"[10]。

危险现实化说在方法论上的优越性毋庸置疑。[11] 之所以出现上述问题,是因为危险现实化说从相当因果关系说发展而来,或多或少地受到相当因果关系说的影响,存在偏离危险现实化评价的核心重回存在论视角之风险。本文将梳理从相当因果关系说到危险现实化说的发展过程,找出危险现实化评价的核心,从而厘清危险现实化说的内在逻辑与判断方法,为司法实践提供具有可操作性的刑法教义。

二、危险现实化说的基本立场

(一)从"相当性"到"危险现实化"的演变

危险现实化说在反思相当因果关系说不足的基础上产生。

相当因果关系说虽然旨在排除异常的因果流程,但并不是"在介入了无法预见的异常因果关系时,则否定相当因果关系"[12],而是将异常的介入因素排除出判断的事实"基底"之后,再考虑没有该异常因素的情况下行为是否通常会导致结果的发生。相当因果关系说内部客观说和折中说主要分歧就在于所选"基底"的范围不同:客观说将行为时的所有事实及行为后可以预见的事实也纳入判断基底;折中说则认为,应以行为时一般人能够认识到的事实和行为人特别认识到的事实作为判断基底。[13] 以经典的"救护车案"为例,被害人被砍伤后被救护车送往医院抢救,途中遭遇交通事故导致内脏破裂而死,按照相当因果关系说的思考范式:不论是根据折中说还是客观说,送医

---

[8] 参见王照双强奸、盗窃案,北京市高级人民法院(2006)高刑终字第451号刑事判决书。

[9] 参见陈兴良主编:《刑法各论精释》(上),人民法院出版社2015年版,第161页。

[10] 参见蒋太珂:《危险现实化评价的类型构造》,载《中外法学》2020年第2期。

[11] 周光权教授一方面承认判断行为对结果贡献大小的危险现实化说在方法论上已经接近客观归责理论,另一方面主张是否全盘采纳客观归责并不要紧,只要不排斥其方法论即可,这实际上认可了危险现实化说的优越性。参见周光权:《客观归责论与实务上的规范判断》,载《国家检察官学院学报》2020年第1期。

[12] 马春晓:《危险现实化与结果归属》,载《国家检察官学院学报》2020年第6期。

[13] 参见〔日〕前田雅英:《刑法总论讲义》(第6版),曾文科译,北京大学出版社2017年版,第114页。

途中发生的交通事故都属于不可能预见的介入因素，故将其排除出判断“基底”后，又因为从刀砍行为到内脏破裂而死不是经验法则的通常现象，所以否定因果关系。[14]

日本判例体现出摒弃相当因果关系说的倾向。[15]“大阪南港案”中，行为人对被害人实施暴力，使其陷入昏迷，随后未到案第三人的暴力扩大了行为人暴力引起的脑出血的范围，略微提前了被害人的死亡时间。日本最高裁判所认定行为人成立伤害致死罪的结论获得了日本多数学者的支持。[16]然而将不能预见的后续他人暴力从判断“基底”排除后，相当因果关系说难以对死亡结果的提前发生作出说明，无法得出成立伤害致死罪的结论，就此引发“相当因果关系说的危机”[17]。少数学者如大谷实教授试图在相当因果关系说的框架内说理：排除第三人暴行之后，前行为人的行为仍足以导致死亡结果的发生，因此可以把结果归属于前行为人。[18]大谷实教授的结论是妥当的，但是将结果抽象化的做法并不可取。其一，因果关系中的结果是具体的构成要件结果。[19]在因果关系认定时不能附加抽象的结果，故假定因果关系不影响结果归属。如欲坚持这种具体的结果观，在“大阪南港案”中考虑的应该是能否把提前一段时间死亡的结果归属于行为人，而非暴行是否足以导致抽象的死亡结果的发生。其二，如果被害人受重伤后抗拒治疗最终死亡，考虑到接受治疗大概率可以存活与伤害行为足以导致死亡结果并不矛盾，按照大谷实教授将结果抽象化的做法同样会认为伤害行为与死亡结果之间存在因果关系，这就以实行行为性判断取代了因果关系判断，从而将实害犯升格为危险犯。正如高桥则夫教授所言，相当性判断在“大阪南港案”中面临结论不合理或者说理不妥当的两难。[20]

“大阪南港案”表明，因果流程的通常性或者预见可能性对于因果关系成立与否没有决定性的影响，即使因果流程异常，只要介入因素对结果的贡献较小，也不影响因果关系的成立。日本最高裁判所认为“在犯罪人的暴行成为被害者的死因的场合，即便由于其后由第三者所加之的暴行而导致死亡时间提前，也可以肯定犯人的暴行与被害者的死亡之间的因果关系”[21]，此即危险现实化说的特点所在。“日航案”等晚近判例更是明确采用危险现实化说。[22]在判例的影响下，以山口厚教授与前田雅英教授为

---

〔14〕 参见〔日〕松原芳博：《刑法总论重要问题》，王昭武译，中国政法大学出版社2014年版，第61页。

〔15〕 参见〔日〕高桥则夫：《刑法总论》，李世阳译，中国政法大学出版社2020年版，第116页。

〔16〕 参见〔日〕佐伯仁志：《刑法总论的思之道·乐之道》，于佳佳译，中国政法大学出版社2017年版，第57页。

〔17〕 参见前注〔14〕，第62页。

〔18〕 参见〔日〕大谷实：《刑法讲义总论》（新版第2版），黎宏译，中国人民大学出版社2008年版，第205页。

〔19〕 参见车浩：《假定因果关系、结果避免可能性与客观归责》，载《法学研究》2009年第5期。

〔20〕 参见前注〔15〕，第113页。

〔21〕 〔日〕山口厚：《从新判例看刑法》（第3版），付立庆、刘隽、陈少青译，中国人民大学出版社2019年版，第10—11页。

〔22〕 该案中，飞行员不遵循自动防撞系统的正确指令而服从航空管制员的错误指令导致多人受伤，日本最高裁判所认为航空管制员口误的危险已现实化，成立业务上过失伤害罪。参见前注〔15〕，第117页。

代表的日本学者逐渐从相当因果关系说脱离,转向危险现实化说。

(二)危险现实化评价的核心:行为对结果的贡献

有学者认为因果流程的通常性仍是危险现实化说“展开思考的核心范畴”〔23〕,然而山口厚教授明确指出,因果流程的通常性或者预见可能性并没有独立的意义〔24〕。由此阐发出的危险现实化说不再纠结于排除异常的介入因素后结果还会不会发生,而将因果关系认定的重点转移到衡量实行行为对结果的贡献上,只要实行行为对结果的贡献较大,就可以肯定因果关系。现有危险现实化理论可分为两类:一类是将危险的现实化分成若干类型的“分类法”,代表人物是日本的山口厚教授、前田雅英教授;另一类是综合衡量实行行为危险性、实行行为与介入因素的关系、介入因素对结果贡献等因素的“表决法”,代表人物是我国的张明楷教授、黎宏教授、付立庆教授。

山口厚教授将危险现实化分为直接现实化和间接现实化,直接型与间接型的区别不在于有无介入因素,而在于导致结果发生的直接原因是不是实行行为:只要是实行行为导致结果的发生,就可以直接肯定因果关系,此为直接现实化,“大阪南港案”即为典例;间接现实化则要求介入因素为实行行为所诱发,“夜间潜水案”〔25〕、“后备箱案”〔26〕与“美兵案”均为典例,其中“美兵案”最为复杂。该案中,驻日美军士兵驾车撞飞被害人,被害人落在车顶后被坐在副驾驶的同乘者拽到路上,被害人死于由头部撞伤引发的脑膜出血,但无法查明该头部创伤是行为人驾车撞击导致的,还是被害人从车顶坠落到地面上形成的。第一步的判断是本着存疑有利于被告人之原则,认为系介入的同乘者的行为直接导致死亡结果发生;在此基础上进行第二步的判断,由于同乘者的拉拽行为难以预料,故否定此行为系实行行为所诱发,从而否定因果关系。〔27〕

前田雅英教授明确提出了“贡献”的概念,主张判断危险是否现实化应考虑:①实行行为对结果发生的贡献程度(行为危险性的大小);②介入因素的预见可能性及其与实行行为的关联性;③介入因素对结果的贡献。根据上述标准,前田雅英教授将危险现实化分为“致命伤型”“预料内型”和“诱发型”三类。实行行为危险性大的(致命伤型),如“大阪南港案”,无须考虑介入因素的异常性及其对结果的贡献即可认定因果关系;虽有实行行为但导致结果发生的危险性极小时,原则上没有因果关系,除非实行行为必然诱发介入因素。实行行为的危险性介于二者之间时,则需结合介入因素的异常

---

〔23〕 参见前注〔12〕。

〔24〕 参见〔日〕山口厚:《刑法总论》(第3版),付立庆译,中国人民大学出版社2018年版,第59页。

〔25〕 该案中,潜水教练在指导夜间潜水时离开学员,学员因氧气意外用尽溺亡。因为教练看护不力很容易导致学员采取危险行为,所以能够肯定因果关系。

〔26〕 该案中,司机将被害人关在汽车后备箱中,随后把车停在路面开阔、视线良好的单行道上,后方来车因没有注意观察路况而追尾造成被害人死亡。因为被害人直接的死因是追尾导致的伤害,而追尾并不鲜见,后备箱很容易在追尾事故中毁坏,所以可以说间接行为的危险已现实化。

〔27〕 参见前注〔24〕,第59—64页。

性及其对结果的贡献进一步判断,如果实行行为必然引起介入因素(诱发型)或者介入因素能够容易地预想到(预料内型),即可肯定因果关系。[28] 介入因素异常但对结果贡献较小的情形虽然存在,却以行为已经导致被害人濒死为由肯定因果关系,实际上是以"致命伤型"规则架空对介入因素贡献大小的判断。

我国学者的"表决法"在很大程度上借鉴了前田雅英教授提出的三个标准。张明楷教授将实行行为与介入因素之间的关系定义为介入因素的异常性,主张"前行为必然导致介入情况、前行为通常导致介入情况、前行为很少导致介入情况、前行为与介入情况无关"[29]这四种情形中介入因素对结果的贡献依次递增,并且明确肯定存在介入因素异常但对结果没有决定性贡献的情况。黎宏教授则强调,考察实行行为与介入因素之间的关系,不是判断行为人对介入因素的预见可能性,而是考虑是否属于"介入因素是行为人的实行行为当中所包含的,或者说虽不是包含的,但却是伴随实行行为经常发生的,或者说即便实施实行行为但也完全不会发生"[30]等情形。"一般来说,行为的危险性越大,越容易将结果归因于行为;介入因素越正常,越容易将结果归于先前行为;介入因素对结果发生的作用力越小,越容易将结果归于先前行为。"[31]我国司法实务中也不乏运用上述标准进行说理的判决。在巫仰生等故意伤害案中,巫仰生纠集多人殴打被害人,致其重伤、一级伤残,医院在被害人病情稳定后应被害人家属要求拔除气管插管、降低用药档次、停止输液,被害人最终死亡。法院认为虽然巫仰生的伤害行为具有危险性,但是介入的被害人家属放弃治疗这一因素不仅独立于伤害行为,而且导致被害人最终死亡,于是只认定为故意伤害致人重伤。[32]

(三)对现有危险现实化理论模糊点的厘清

现有危险现实化理论主要面临两点批评:分类方法不合理、标准不清晰甚至自相矛盾。[33]

首先,应当承认现有学说对危险现实化所作分类确实各有缺陷。

前田雅英教授承认一些"预料内型"的案例也可当作"诱发型"[34],可见概念的外延并不明确。而"直接型"和"间接型"的分类方法更偏重于事后对既有案件的归纳、整理,很难成为指引裁判的教义规则,对于司法实践来说意义有限。山口厚教授认为"拔

---

〔28〕 参见前注〔13〕,第122—126页。

〔29〕 张明楷:《刑法学》(第5版),法律出版社2016年版,第190—191页。

〔30〕 同前注〔4〕,第100页。

〔31〕 同前注〔5〕,第146页。

〔32〕 参见巫仰生等故意伤害案,广东省潮州市中级人民法院(2012)潮中法刑一终字第50号刑事附带民事判决书。

〔33〕 参见前注〔12〕。

〔34〕 参见前注〔13〕,第123页。

管案"属于"直接型"，其依据是介入的被害人家属不配合治疗的行为没有改变死因。〔35〕但是在此类案件中，被害人家属不配合治疗属于不作为，不会形成新的创伤，不可能改变死因，因此仅凭死因无法论证实行行为对结果的贡献较大，必须具体地分析被害人伤得有多重，恢复情况如何，不配合治疗对于病情恶化的贡献有多大。山口厚教授未能提出判断实行行为是否直接导致结果发生的清晰标准，只是以实行行为直接导致结果发生为由认为危险直接现实化，有循环论证的嫌疑，"只是说了结论，无法成为对问题的说明"〔36〕。

其次，全盘照搬日本判例结论与危险现实化说对判例的解释也未必合适，理由主要有三：

第一，一些日本判例（如"美兵案"）不是危险现实化说的典型案例，参考意义不大。孙运梁教授将"美兵案"视为危险没有现实化的典型。〔37〕还有学者将"美兵案"与其他判例作比较，指出如果认为"后备箱案"中停车诱发追尾，那么"美兵案"中本应认为驾驶员的肇事行为诱发同乘者的拉拽行为，以此批评危险现实化判断标准不清晰。〔38〕但是，该案中行为人的驻日美军这一政治身份对判决结果的影响不容忽视。"美兵案"的特殊意义在于这是日本最高裁判所第一次也是少有的一次明确采用相当因果关系说的判决。〔39〕山口厚教授等日本学者运用危险现实化说解释该案主要是出于尊重判例的传统。前田雅英教授更是对该案判决结果持保留态度，认为同乘者的行为虽然无法预料，但是"从事故的重大性来看，也还有着肯定因果关系的余地"〔40〕。由此可见，涉及案外因素的"美兵案"并不适合作为中国学者参考、借鉴的典型案例。

第二，日本司法机关的判决最多只是在日本具有权威性，但不代表绝对正确。日本判例极少否定因果关系，相当数量的日本学者高度尊重判例。例如"脑震荡案"，行为人致被害人头部受伤后，第三人将被害人抛入河中致其溺亡，日本大审院肯定了因果关系，前田雅英教授认为被害人因行为人造成的头部伤害引起脑震荡丧失反应机能而溺亡，也属于"致命伤型"〔41〕，这样的结论显然并不妥当。诚如西田典之教授所批评的，日本判例的立场从过于严厉的报应情感出发进行结果归属，已经走向了条件说。〔42〕

第三，中日两国刑法规定的差异可能会导致同类案件中危险是否现实化的结论不

〔35〕参见前注〔21〕，第15页。
〔36〕同前注〔16〕，第65页。
〔37〕参见孙运梁：《危险的现实化理论在我国的司法运用》，载《国家检察官学院学报》2020年第1期。
〔38〕参见前注〔12〕。
〔39〕参见〔日〕西田典之：《日本刑法总论》（第2版），王昭武、刘明祥译，法律出版社2013年版，第94页。
〔40〕同前注〔13〕，第125页。
〔41〕参见前注〔13〕，第126页。
〔42〕参见前注〔39〕，第86页。

同。日本刑法配置的法定刑幅度较宽，且几档法定刑之间幅度有交叉，法官自由裁量的空间比较大；而我国刑法往往综合考虑犯罪的后果和情节在一个罪中配置多档法定刑，且各档法定刑首尾相接，在实体上和程序上也都严格限制减轻处罚的适用，法官自由裁量的空间较小。以人身伤害犯罪为例：日本伤害致死罪配置的法定刑是3年以上惩役，过失致死罪仅配置罚金刑〔43〕；而我国故意伤害致人死亡的法定刑是10年以上有期徒刑、无期徒刑或者死刑，过失致人死亡罪处3年以上7年以下有期徒刑。这种法定刑差异意味着，很有可能一类案件在日本不属于业务上过失致死伤罪，定过失致死罪畸轻，定伤害致死罪从量刑上看问题不大，而在我国适用故意伤害致人死亡的法定刑则过于严厉。中日两国刑法规定不一样，对构成要件的解释就会有差别，因此危险现实化的判断也会存在不同。

最后，对于危险现实化说的判断标准不明甚至自相矛盾的批判意见，需一分为二地看待。

一方面，应当承认由于对案件事实的归纳方式不同，可能存在一些案情相似但运用危险现实化说却得出不同结论的情形。日本的"拔管案"中，被害人后颈部被刺伤导致大出血，病情稳定后介入了被害人拔出治疗用的管子试图擅自出院的行为，最终伤重而死，日本最高裁判所认定被告人成立伤害致死罪，前田雅英教授赞同这一结论。〔44〕 黎宏教授则认为"拔管案"中伤害行为与死亡结果没有因果关系。〔45〕 "巫仰生等故意伤害案"的案情与"拔管案"高度类似，结论却截然不同。如果认为病情稳定说明只要积极配合治疗就能康复，那么实行行为的危险都已经被消去，实行行为对结果的贡献较小，自然不可能现实化；但如果考虑到被害人一开始已经濒死，尚未完全恢复，则有可能认为被害人对结果的贡献并不大，实行行为的危险仍然存在并且最终现实化了。因此，不能因为事实认定的分歧就认为"根据危险现实化理论完全可以得出截然相反的结论"〔46〕，从而论证危险现实化说的判断规则存在矛盾。

另一方面，需要认识到现有危险现实化说在判断规则方面的真正不足在于，因果流程的通常性或预见可能性的残留导致判断标准的失焦化。山口厚教授虽然力主因果流程的预见可能性不再重要，却又认为存在"必须考虑行为人对介入因素的预测可能性"的情形。〔47〕 黎宏教授一方面认为在介入因素与实行行为无关的场合很难说实行行为的危险性现实化为结果，另一方面坚持认为"大阪南港案"中与实行行为无关的第三人行为不影响因果关系的成立〔48〕，这样看来似乎正如周光权教授所言，危险现实

〔43〕 参见张凌、于秀峰编译：《日本刑法及特别刑法总览》，人民法院出版社2017年版，第43—44页。
〔44〕 参见前注〔13〕，第122页。
〔45〕 参见前注〔4〕，第104页。
〔46〕 同前注〔10〕。
〔47〕 参见前注〔21〕，第12页。
〔48〕 参见前注〔4〕，第100—101页。

化说“因果关联异常性、介入因素贡献性这两个规则之间,存在一定的内部矛盾”[49]。

综上,可对现有危险现实化理论的模糊点澄清如下:

第一,日本学者的分类法以及一些具体结论体现出日本的特殊性,无关危险现实化理论的宏旨。

提倡危险现实化说,是提倡以实行行为的贡献作为危险现实化评价核心,不必严守分类法。我国学者和司法实践直接以实行行为危险性、实行行为与介入因素的关系、介入因素对结果的贡献为标准统一判断实行行为的危险是否现实化,因此分类法分类不合理、标准不清晰的问题不复存在。既然把因果关系理解为实行行为的危险现实化的过程,对于危险现实化的把握就必须围绕本国刑法展开,不必与日本的学说和判例保持一致,因此对日本判例的批判不能说明危险现实化理论自身的方法论存在严重缺陷。

第二,危险现实化说并不是在相当因果关系说的基础上简单地打一个判断介入因素对结果贡献大小的“补丁”,而是斩断了介入因素异常性与危险现实化的直接联系,将评价核心转移到实行行为对结果的贡献上。

介入因素可以预见,不代表实行行为对结果的贡献就一定较大。在行车道上停车遭遇追尾事故并不异常,但是不能一刀切地认为停车行为对结果的贡献较大。如果后车驾驶员有醉酒驾车、超速等行为,被认定负主要责任,而前车仅负次要责任,无疑停车行为对结果的贡献较小。介入因素难以预见,也不代表实行行为的贡献一定较小,“大阪南港案”即为典型。现有危险现实化理论将介入因素的预见可能性纳入危险现实化判断,等于在贡献之外还要考虑与之无关的预见可能性,其内在逻辑显然没有完全理顺。之所以考虑实行行为与介入因素之间的关系,是因为在一些情形中,前车驾驶员介入因素对结果的贡献可以被视为实行行为对结果的贡献。例如“邵大平交通肇事案”,夜间撞伤行人逃逸后,因伤不能离开现场的被害人随即被后车碾压身亡的,前车驾驶员仍要对死亡结果负责。[50] 于是,应当考虑的不是介入因素是否异常,而是介入因素是否为实行行为所诱发,或者说介入因素是否独立。

按照上述思路,危险现实化评价不再是基于多个独立标准的“表决”——实行行为危险性旨在说明实行行为对结果有贡献,介入因素不独立和介入因素贡献小是实行行为对结果贡献较大的两种情况。其内在逻辑是“实行行为对结果有贡献→实行行为对结果贡献大”,始终聚焦实行行为对结果的贡献,判断标准内部矛盾得以消除。

---

[49] 周光权:《刑法总论》(第3版),中国人民大学出版社2016年版,第135页。

[50] 参见最高人民法院刑事审判第一、二、三、四、五庭主办:《刑事审判参考》(总第105集),法律出版社2016年版,第20—22页。

三、行为对结果贡献的判断方法之改进

危险是否现实化的判断顺序是:实行行为对结果没有贡献的,直接排除因果关系;若实行行为对结果有贡献,接下来判断介入因素是否具有独立性,如果介入因素不独立,可以直接把结果归属于实行行为;如果介入因素独立,那么需要单独衡量介入因素对结果的贡献。

(一)实行行为对结果有无贡献的判断

以实行行为有无贡献的判断取代实行行为危险性判断,更符合危险现实化说的内在逻辑。

一方面,只有结合介入因素,才能判断实行行为对结果的贡献有多大,而先于介入因素判断的"实行行为危险性"不仅要考察实行行为有无贡献,还要判断贡献的大小,并不合理。另一方面,危险与贡献不是绝对正相关的关系,没有危险必然没有贡献,而行为高度危险不代表最终会现实化为结果。"致命伤型"规则混淆了危险与贡献,实际上已经背离了危险现实化说的旨趣。在"大阪南港案"和"拔管案"中,前田雅英教授直接以实行行为已经导致被害人濒死为由肯定了因果关系。[51] 目前学理上普遍认为,即使行为人使被害人受到濒死的重伤,如果被害人是在被送往医院途中出车祸死亡、被路过的第三人当场打死或者死于医院的突发火灾,都应当否定因果关系,而"致命伤型"规则无法对此作出说明。行为对法益的危险性是实行行为性的问题,这只是危险现实化判断的前提而非理由。仅以实行行为对法益的高度危险论证因果关系成立,无异于将实害犯变为危险犯。"大阪南港案"与上述其他情形的根本区别在于,"大阪南港案"中的介入因素没有导致被害人当场死亡,只是使死亡时间略微提前,对结果的贡献较小;而后者的介入因素导致被害人当场死亡,介入因素与实行行为无关且对结果的贡献极大,所以不能把结果归属于实行行为。因此,在危险现实化判断的第一步只需判断实行行为对结果有无贡献即可。

判断实行行为有无贡献,应当受到两方面的约束。

第一,若认为实行行为对结果有贡献,其危险必须是对被害人的危险,而不能是对其他人的危险。

> **杨帅交通肇事案:**杨帅驾车与宁某驾驶的三轮车相撞后逃逸,宁某之妻张某被甩下车,宁某立即下车救助,与倒地的张某一起被后方来车撞死。杨帅对第一起事故负全部责任,法院认为杨帅仅对张某之死负责。[52]

---

[51] 参见前注[13],第122页。
[52] 参见杨帅交通肇事案,北京市第二中级人民法院(2016)京02刑终555号刑事附带民事裁定书。

该案中,杨帅对张某之死负责并无争议,比较棘手的是能否把宁某的死亡结果归属于杨帅。宁某救助张某的行为是杨帅的撞击行为诱发的,两次撞击相隔的时间也很短,可以说介入因素并不独立。如果仅仅因为杨帅有交通肇事行为且介入因素由杨帅诱发就把宁某之死也归属于杨帅,那么前车交通肇事后后方来车撞击救援车辆造成特大人员伤亡的也要由前车负责,显然违背了责任主义原则。实行行为的危险是对被害人的危险,而该案中实行行为的危险性并未及于宁某,杨帅与三轮车相撞只是导致张某被甩下车,没有对宁某的生命安全造成实质威胁,对张某的危险不可能现实化为宁某的死亡结果。

第二,实行行为的危险必须是仍在起作用的危险,危险已经被解除的,之后发生危害结果不能认为实行行为对结果有贡献。以被害人一方不配合治疗或者主动放弃治疗为例。如果被害人一直没有好转,甚至出现了"意识不清,呼之不应,双侧瞳孔散大,对光反射消失"的情况,说明实行行为的危险持续起作用,被害人家属在治疗无望的情况下主动放弃治疗也不影响因果关系的成立。[53] 如果被害人重伤送医院抢救之后病情已经得到了控制,如预计一段时间后可以出院或从重症监护室转出,那么一般可以认为危险已经解除了,被害人之后由于己方不配合治疗导致病情恶化死亡的,不能把结果归属于伤害行为。在前述巫仰生故意伤害案中,既然认定被害人的伤情已经得到控制,适用故意伤害致人重伤的法定刑就是妥当的。至于行为人行凶后没有追赶,被害人逃跑时因惊慌失措在离侵害现场一公里外的路口被车撞死的,由于被害人在经过一段时间后已经有机会察觉到自己没有被追杀,应当认为实行行为的危险已经消失了,此后遭遇事故就不能将结果归属于行为人。

结果加重犯中,如果一味要求实行行为有引起加重结果的紧迫危险,则有可能产生不妥当的结论。例如,被害人在摆脱传销组织追赶时不慎失足跌倒落水溺亡的,成立非法拘禁致人死亡。[54] 即便认为正常短跑、中长跑时失足跌倒是概率极小、难以预见的意外情况,考虑到被害人逃跑是为了摆脱非法拘禁的本能反应,行为人在水域附近紧追不舍,也可以认为被害人失足跌倒落水溺亡的危险被包含于实行行为的危险,从而把结果归属于行为人。但是追赶行为本身没有致命危险,落入传销组织之手只有抽象的危险,按照上述观点应当将被害人的死亡结果归属于被害人自己的逃跑行为,显然不合理。毋庸置疑,结果加重犯的成立范围需要一定的限制,不过可以在危险现实化评价的第二步(实行行为对结果贡献大小)中进行。

综上所述,鉴于无法忽略介入因素孤立地判断实行行为贡献的大小,危险现实化评价的第一步只判断实行行为对结果有无贡献,排除实行行为的危险未及于被害人、

---

〔53〕 参见陈长根交通肇事案,浙江省绍兴市越城区人民法院(2019)浙0602刑初642号刑事判决书。

〔54〕 参见任秋燕等非法拘禁、组织、领导传销活动案,天津市第二中级人民法院(2016)津02刑终391号刑事附带民事裁定书。

实行行为的危险已经被消去的情形。

(二)实行行为对结果贡献大小的判断

判断介入因素是否独立旨在实现“简繁分流”:介入因素不独立(介入因素为实行行为所诱发),意味着介入因素的危险包含于实行行为的危险,所以介入因素对结果的贡献能够视为实行行为对结果的贡献;若介入因素独立,则无法直接判断实行行为对结果的贡献有多大,还需另行判断介入因素的贡献。

1. 介入因素独立性判断不等于客观的介入因素通常性判断

介入因素的客观上的“通常性”与主观上的“异常性”“预见可能性”并无本质区别。这是因为:人的一切认识都来自实践,要么来自亲身经历(直接经验),要么来自书本或他人口耳相传(间接经验)。预见可能性的判断是一个认识事物的过程,而客观上的通常性则是基于实践的经验总结。如果一个人作出介入因素可以预见的判断,那一定是实践经验告诉他,实行行为通常会导致介入因素的发生。[55] 介入因素独立是指,介入因素的危险与实行行为的危险无关,不是由实行行为诱发的,对结果的发生有独立于实行行为的贡献。

被害人特殊体质就属于典型的实行行为诱发介入因素的情形。特殊体质虽然有致命危险,但是仅有特殊体质而没有外界因素则不会发病,平时多加注意便没有大碍。因此实行行为诱发特殊体质的被害人发病的,完全可以将特殊体质的贡献视为实行行为的贡献。至于行为人能否预见危害结果,只影响责任(非难可能性)。以被害人患有心脑血管疾病为例,如果行为人只是推搡、踢打被害人肩部、腿部等非要害部位,力度也不大,被害人疾病发作而死亡,可以评价为意外事件[56];如果行为人攻击头部、胸部等要害部位,对于被害人的死亡结果就有预见可能性,应视击打次数、力度以故意伤害罪(致人死亡)或者过失致人死亡罪论处。[57]

如果介入了被害人或者第三人的行为,应注意不能将时序上的前后关系等同于诱发与被诱发的关系。例如“穆志祥过失致人死亡案”,穆志祥驾驶违规加高的三轮车载客,车顶触碰不符合安全标准的电线,使车身带电导致乘客触电身亡,法院判决穆志祥无罪。[58] 既然结果已经发生了,时序上的前后关系必然存在,如果就此认定介入因素

---

〔55〕 关于认识和实践关系的更详细的论述,参见《实践论》,载《毛泽东选集(第1卷)》(第2版),人民出版社1991年版,第282页以下。

〔56〕 参见刘旭过失致人死亡案,北京市宣武区人民法院(2005)刑字第244号刑事判决书。

〔57〕 参见《洪志宁故意伤害案[第389号]——故意伤害行为导致被害人心脏病发作猝死的如何量刑》,载最高人民法院刑事审判第一、二、三、四、五庭主办:《刑事审判参考》(总第49集),法律出版社2006年版,第29—30页。

〔58〕 参见穆志祥过失致人死亡案,载陈兴良、张军、胡云腾主编:《人民法院刑事指导案例裁判要旨通纂》(第2版),北京大学出版社2018年版,第688页。

为实行行为所诱发,则与条件说无异。但是第三人私拉不符合安全标准的电线不是穆志祥改装车辆的行为诱发的,并不是说乘客上车后随时有可能触电身亡,所以不能把结果归属于穆志祥的改装行为。

实务中常成为"疑难案件"的是介入被害人高度危险的"逃亡"行为的情形。如果实行行为没有高度的危险性,被害人没有必要冒着生命危险"逃亡",介入因素就是独立的。为了索债而以同吃同住、严加看管的方式非法拘禁被害人,要求被害人筹款还钱,被害人从高楼翻窗逃跑坠楼身亡的[59],因为"软禁"没有对生命造成危险,也没有证据表明行为人将要实施伤害或者杀人行为,不成立非法拘禁致人死亡。如果实行行为足够危险,把被害人逼到几乎别无选择只能采取危险方式逃跑的境地,就不影响因果关系的成立。持刀破门冲入被害人居住的卧室,挥刀欲伤害被害人,被害人跳窗逃跑不幸摔死的,成立故意伤害致人死亡。[60] 让出租车司机在高速路应急车道上停车,持刀对其实施抢劫,被害人下车呼救被过路车辆撞死的,成立抢劫致人死亡。[61] 纠集多人各持砍刀紧追被害人,被害人跳河游向对岸溺水而死的,成立故意伤害致人死亡。[62] 再如被害人自杀的情形。一般认为强奸案中被害人自杀的不属于强奸致人死亡,但是非法拘禁案中被害人自杀的不能一概而论。张明楷教授主张成立非法拘禁致人死亡必须满足"直接性要件",即拘禁行为与死亡结果有"直接的因果关系",被害人自杀不成立非法拘禁致人死亡。[63] "直接性要件"忽略了间接型现实化的情形,显然存在处罚漏洞。如果实行行为给被害人造成了肉体上或者精神上的巨大折磨,被害人不堪忍受这种折磨自杀的,不影响因果关系的成立。[64] 例如持匕首拦截、挟持被害人到他处并没收手机,用砍刀威胁被害人还钱,被害人从高楼跃出窗外坠亡的,并不是以自我答责的方式行使自由,成立非法拘禁致人死亡并无不妥。[65] 如果行为人只是为了让被害人的父母还钱,在拘禁期间与被害人和平相处,甚至放任被害人玩电脑游戏,就不能把被害人自杀的结果归属于拘禁行为。

有多个实行行为时,应当注意区分介入因素为哪一实行行为所诱发。例如,非法拘禁被害人,将被害人捆绑在汽车后排,驾驶车辆时发生交通事故致被害人死亡,且己方负主要责任的,由于驾车不能被评价为拘禁行为,所以应当以非法拘禁罪的基本犯和交通肇事罪并罚。

---

[59] 参见蔡士井等非法拘禁案,上海市第一中级人民法院(2017)沪01刑终1183号刑事裁定书。

[60] 参见陈智勇故意伤害案,北京市高级人民法院(2005)高刑终字第255号刑事裁定书。

[61] 参见徐伟抢劫案,江苏省丹阳市人民法院(2012)丹刑初字第189号刑事判决书。

[62] 参见赵金明等故意伤害案,载最高人民法院刑事审判第一、二、三、四、五庭主办:《刑事审判参考》(总第55集),法律出版社2007年版,第23—26页。

[63] 参见前注[29],第884页。

[64] 参见黎宏:《刑法学各论》(第2版),法律出版社2016年版,第241页。

[65] 参见郑常明等非法拘禁案,四川省成都市成华区人民法院(2020)川0108刑初78号刑事附事民事判决书。

2. 介入因素独立场合实行行为对结果贡献大小的定性判断

在介入因素具有独立性的场合,还需考察其对结果的贡献。例如,非法拘禁被害人,在转运途中将被害人关在封闭的后备箱,负全部责任的后车追尾致被害人死亡,拘禁行为有致人死亡的危险性,虽然对追尾事故前车不负责任,但是后备箱本来就用于承受撞击以保护乘车人员,只要后排同伙没有大碍,就说明拘禁行为对结果的贡献较大,成立非法拘禁致人死亡。再如,行为人实施伤害行为后逃跑,被害人家属先回家取钱再将被害人送往医院,延误了 2 个小时的救治时间,而如果及时送医被害人本有救活可能。对该案介入因素独立性的判断简洁明了:鉴于被害人急需抢救,即使家属不知道医院有不得拒绝救治危急就诊人员的法律义务,也可以请求医院事急从权,并不是只能先回家取钱,因此延误治疗这一介入因素与实行行为无关,需要结合被害人的伤情和延误的时间衡量其对结果的贡献。既然被害人并没有伤到无力回天的程度,可以认为延误 2 个小时对死亡结果的贡献更大,而实行行为贡献较小,应当否定因果关系。如果把情节稍加修改:第一辆网约车怕血弄脏车辆而拒载,另行打车耽误了 5 分钟,被害人最终抢救无效死亡,说明被害人已经伤得很重了,即使立即送医也不一定能抢救成功,因此延误 5 分钟对结果的贡献是较小的,可以认定故意伤害致人死亡。

需要注意的是,在介入因素独立的情况下,实行行为对结果贡献较大是定性判断而非定量判断。再如两个人分别向被害人水杯投入分量不等的毒药,被害人一饮而尽后死亡的,只要行为人投毒的剂量已经可以威胁生命,而被害人又喝下了,哪怕该行为人投毒量没有达到总投毒量的 50% 也认为其对结果的贡献较大(当然超过 50% 的另一个投毒者对结果的贡献也是较大的),不影响因果关系的成立。

(三)实行行为对结果的贡献与风险分配

在一些特殊情况下,出于提高司法效率、实现同案同判等考虑,不再个案判断介入因素独立性及其对结果的贡献,而是直接类型化地分配风险。将风险分配给实行行为,就认为实行行为的危险现实化为结果。医疗事故案件和交通肇事案件均为典型,这两类案件的共性是单纯凭借生活经验很难衡量实行行为对结果的贡献:医疗事故案件中的鉴定意见受制于生命科学发展水平,经常无法给出确定结论;交通肇事案件的侦查实验往往因过于危险而无法组织。

日本一度连续发生患者死亡后医生被逮捕的事件,社会反响很大,对此甲斐克则教授主张以具体的预见可能性为判断标准,同时保持一定的谦抑性。[66] 对同类案件在我国只需审查是否未经批准擅自开展试验性医疗或者使用未经批准使用的药品、消毒药剂、医疗器械,是否严重违反查对、复核制度或者国家法律法规及有明确规定的诊

---

〔66〕 参见〔日〕甲斐克则:《医疗事故与刑法的职责》,刘建利、陶沙译,载《北大法律评论》编辑委员会编:《北大法律评论》(第 16 卷第 1 辑),北京大学出版社 2015 年版,第 45 页。

疗技术规范、常规。[67] 也就是,只要一切按照流程操作,哪怕考虑不周、能力不足,也不会将结果归属于医护人员;而擅自行动、违反操作规范则属于态度不端正、安全隐患较高的行为,如果造成严重后果就成立犯罪。相比在个案中考察预见可能性,我国司法机关风险分配的方式给了医护人员一个稳定预期,避免人为加剧医疗系统人才流失,有利于规范医护人员的行为,从长远角度看也保障了患者的利益。

至于交通肇事案件,2000 年最高人民法院《关于审理交通肇事刑事案件具体应用法律若干问题的解释》提炼出全部责任、主要责任、同等责任的模型,配属轻重不等的结果,从而规范地衡量事故各方对结果的贡献。不论伤亡结果有多重,负次要责任的一方都不成立交通肇事罪,这是因为从规范的视角来看,负次要责任的一方对结果的贡献较小,难以认为是次要责任行为的危险现实化了。面对数量急剧增长的交通肇事案件,这种高度规范的认定方法至今仍游刃有余,阮齐林教授对此给予高度评价。[68] 有时行为人被认定负同等以上责任只是因为违反了行政管理秩序而没有法益侵害性,张明楷教授针对这种情况强调"不能将行政责任的法律根据直接当作刑事责任的法律根据"[69]。危险现实化说依托实行行为,可以妥善解决此类问题。例如,驾驶悬挂假号牌的货车靠边停车遭遇追尾,酒后驾驶的后车司机当场死亡的,前车司机即使因为驾车逃逸被交警认定负主要责任也不成立交通肇事罪。[70] 这是因为驾车逃逸行为发生在交通事故发生之后,结果发生之后的行为不是实行行为,悬挂假号牌的行为也不会产生对他人生命财产的紧迫危险,所以自然不可能将后车司机的死亡结果归属于前车司机。

周光权教授批评我国司法实务对交通肇事罪的认定过于粗放,提倡借鉴"黄色信号灯案""超速撞车案"等域外判例经验,运用结果避免可能性规范地处理交通肇事案件。[71]

> **黄色信号灯案:**A 以 30~40 公里的时速(限速 30 公里)驾车驶入十字路口。酒后驾车的 B 从另一条道路以 70 公里的时速(限速 30 公里)闯红灯驶入路口,一边驾驶车辆一边去捡掉在脚边的手机,没有注意路况,结果撞到了 A 车左后部,致 A 车上乘员一死一伤。日本最高裁判所以没有结果避免可能性宣告 A 无罪。[72]

---

〔67〕 最高人民检察院、公安部《关于公安机关管辖的刑事案件立案追诉标准的规定(一)》(公通字〔2008〕36 号)第 56 条第 1 款第(三)项至第(六)项。

〔68〕 参见阮齐林:《中国刑法各罪论》,中国政法大学出版社 2016 年版,第 53 页。

〔69〕 同前注〔29〕,第 721 页。

〔70〕 参见陈全安交通肇事案,广东省佛山市中级人民法院(2006)佛刑一终字第 68 号刑事裁定书。

〔71〕 参见周光权:《风险升高理论与存疑有利于被告原则——兼论"赵达文交通肇事案"的定性》,载《法学》2018 年第 8 期。"超速撞车案"的案情是:被告人驾驶甲车在弯道超速行驶与越过双黄线行驶的乙车相撞,乙车司机死亡。

〔72〕 参见前注〔21〕,第 57—59 页。

“黄色信号灯案”判决时距事故发生已逾3年，“超速撞车案”则在6年内换了四十多位法官审理才最终作出无罪判决。如果按照最高人民法院《关于审理交通肇事刑事案件具体应用法律若干问题的解释》，两起案件的被告人都毫无争议地不成立犯罪：在“黄色信号灯案”中，酒后驾驶、闯红灯、开车捡手机的B要负主要责任，而略微超速的A只负次要责任；在“超速撞车案”中，甲、乙两车负同等责任，事故结果未达到规定标准不具备构成要件结果，也不成立交通肇事罪。

由此可见，对于这种特殊业务领域的犯罪，如果坚持在个案中规范认定因果关系，即使结论适当，也易因缺乏权威性而陷入旷日持久的诉讼，严重影响司法效率。相形之下，我国以司法解释形式适当分配风险，兼顾效率与公正。因此，判断介入因素对结果的贡献，首先看司法解释是否类型性地分配风险；如果没有规定风险分配方式，就要在个案中规范判断。

四、危险现实化说规范机能优势的释明

（一）判断原理的规范化

国内学者通常都认可刑法上的因果关系具有规范评价的一面。相当因果关系说被批评规范判断程度不高，不像客观归责理论那样“独立地迈入规范性审查的阶段……为刑法学规范性思考的特质赢得了独立性和尊严”〔73〕。而关于危险现实化说的规范化程度则众说纷纭。马春晓博士认为危险现实化说的“思考范式与方法仍未超出相当因果关系说的理论框架”〔74〕；邹兵建教授将危险现实化说归入“规范的相当因果关系说”，认为该说为转向客观归责理论“奠定了坚实的理论基础”〔75〕；周光权教授认为危险现实化说“规范性判断色彩非常浓厚”，但是按照客观归责理论又“可以批评日本的危险现实化理论的规范化程度不高”〔76〕。

危险现实化说衡量实行行为对结果的贡献的思考方式已经超越了事实推演的层面，转向了规范判断。相当因果关系说考虑因果流程是否异常，很大程度上停留在事实推演的层面，有的时候甚至流于表态，并没有真正说理。例如“神水案”，被害人因其特定的宗教信仰在受伤后用“神水”代替药膏，西田典之教授认为介入的被害人行为“属于经验法则上有可能出现的事态，因而肯定存在因果关系是妥当的”〔77〕；大谷实教

〔73〕 同前注〔19〕。

〔74〕 同前注〔12〕。

〔75〕 参见邹兵建：《论相当因果关系说的三种形态》，载《清华法学》2019年第4期。

〔76〕 同前注〔11〕。

〔77〕 同前注〔39〕，第92页。

授则以一般人和行为人均无法预见,将其排除出判断的基底,从而否定因果关系[78]。而在危险现实化说看来,既然事情已经发生了,那么重要的就是衡量伤害行为与被害人涂抹"神水"对结果的贡献,而不是纠缠于一般情况下伤害行为是否通常导致伤重结果。涂抹"神水"事实上对于治疗有害无益,不是疗伤所必需的行为,是独立且对结果贡献更大的介入因素,故应当排除伤害行为与结果的因果关系。显然,这种思考方式已经与事实推演无关,体现出较强的价值判断色彩。虽然在大多数场合运用相当因果关系说也能得出与危险现实化说一样的结论,但是相当因果关系说不能回答介入因素有无贡献、有多大贡献[79],对于"大阪南港案"等介入因素异常但是又不影响因果关系的"试金石"案例始终无法作出妥善说明;对于"神水案"等预见可能性模糊不清的案例,危险现实化说也能通过规范判断予以合理解释。因此,应当认为危险现实化说是一种独立于相当因果关系说的新学说。

佐伯仁志教授认为,危险现实化说注重行为与结果的事实上的关联,所以与客观归责理论相比规范程度不高。[80] 这种观点值得商榷。一方面,任何结果归属理论都不可能完全脱离行为与结果的事实关联,否则,"相应的归责结论不仅缺乏公正的基础,也达不到预防的目的"[81]。客观归责理论也不例外。"结果避免可能性要素的确涉及规范上的价值评价,但不可辩驳的是,价值评价的对象必须是案件事实。而假设性事实作为证据的提出是证明结果避免可能性的必要手段。"[82] 例如前述"黄色信号灯案",之所以否定结果避免可能性,也是因为侦查实验的结果表明留给行为人的制动时间过短,即使没有超速行驶也不能避免结果发生,这种规范的价值评价正是基于较为全面的事实认定作出的。另一方面,刑法上的因果关系有规范评价的一面,是要求在事实判断的基础上进行规范判断,而不是以规范判断否定事实判断。规范判断与事实判断结论一致,不能说明这种规范判断方法的规范程度就一定是较低的。例如"李丽娟放火案",李丽娟在单位仓库放火后逃离,3 名消防救援人员在救火中牺牲,李丽娟被以放火罪判处死刑。[83] 客观归责理论认为该案属于第三人责任范围,这种职务性风险"在一种自由意志决定的基础上被接管了",故引发火灾的人不应对消防员的死亡结果负责。[84] 这种结论在我国恐怕会违背

---

[78] 参见前注[18],第 206 页。

[79] 参见前注[4],第 97 页。

[80] 参见前注[16],第 65 页。

[81] 劳东燕:《事实因果与刑法中的结果归责》,载《中国法学》2015 年第 2 期。

[82] 蔡仙:《过失犯中风险升高理论的内在逻辑及其反思》,载《清华法学》2019 年第 4 期。

[83] 参见陈兴良:《教义刑法学》(第 3 版),中国人民大学出版社 2017 年版,第 329 页。

[84] 参见[德]克劳斯·罗克辛:《德国刑法学总论》(第 1 卷),王世洲译,法律出版社 2005 年版,第 272 页。需要注意,并非所有持客观归责理论的学者都会支持此结论。例如,普珀教授认为,如果消防员认为有必要冒着生命危险救火,这种状态对于纵火犯而言就是法所不允许的状态。参见[德]英格伯格·普珀:《客观归责的体系》,徐凌波、曹斐译,载陈兴良主编:《刑事法评论:刑法规范的二重性论》(第 39 卷),北京大学出版社 2017 年版,第 302 页。

一般人的朴素法感情,“不仅起不到行为规制作用,反而会丧失刑法与判决的权威性”[85]。危险现实化说认为消防救援人员冲入火场的行为是由放火行为诱发的,如果不存在指挥或者战术选择方面的失误,就应当把消防救援人员的死伤结果归属于行为人。[86] 该案中毫无疑问存在行为与结果的事实关联,之所以得出危险现实化的结论,是因为没有只停留在事实因果关系层面,而是同样进行了规范判断——放火的危险包含了消防救援人员救火时面临的危险,不能由其自我答责。在“德国牧师案”中,危险现实化说的规范色彩更为明显。客观归责理论认为,牧师为了关怀病人自愿进入隔离区后被传染的,不能把结果归属于传播传染病的行为人。[87] 危险现实化说则会认为,牧师没有进入传染风险较高的隔离区进行宗教活动的必要,介入因素独立且对结果贡献较大,从而否定因果关系。同样是考虑介入因素是否为实行行为所诱发,之所以在“李丽娟放火案”中显得规范程度不高,而在“德国牧师案”中规范色彩较为明显,是因为规范判断与事实判断结论一致时规范判断“隐在幕后”,而与事实判断结论不一致时就有必要特别展开论述,使得规范判断“走到台前”。不论是在“台前”还是“幕后”,危险现实化说衡量实行行为与介入因素对结果的贡献的思路都已经超越了事实推演的层面,具有很强的规范性。

(二)判断进路的一元化

客观归责理论与相当因果关系说均采取“归因+归责”的双层次框架,以条件说或者合法则的条件说解决归因问题,然后考虑行为是否具有相当性或者能否进行客观归责。[88] 而危险现实化说与客观归责理论、相当因果关系说的一个重要区别是不再分别判断归因与归责。[89] 区分归因与归责的方法论意义并不在于把因果关系的认定分为归因和归责两步,而在于强调刑法上的因果关系不等于自然的因果流程。刑法上的因果关系最终解决的是归责问题,也就是该把结果归属于谁;而自然的因果流程回答的是事情如何发生。山口厚教授明确指出,判断危险现实化时必然包含行为与结果间的事实关联,因此可以统一判断归因与归责。[90]

危险现实化中的事实判断旨在全面查明事实。以介入医疗失误的人身伤害案件为例,周光权教授认为,从生活经验看,被害人直接死于医生之手,从规范的角度看,医生的失误对结果没有重要影响,对于医生的行为应排除风险实现。[91] 既然认为事实

〔85〕 张明楷:《论缓和的结果归属》,载《中国法学》2019年第3期。
〔86〕 参见前注〔29〕,第170页。
〔87〕 参见冯军:《刑法中的自我答责》,载《中国法学》2006年第3期。
〔88〕 参见前注〔18〕,第203页;前注〔49〕,第131页。
〔89〕 参见前注〔16〕,第65页。
〔90〕 参见前注〔24〕,第59页。
〔91〕 参见前注〔11〕。

判断是为规范判断做准备,在事实判断中归因于介入因素之后再将结果归属于实行行为似乎自相矛盾。归因服务于归责,没有独立意义。[92] 所谓的归因或事实判断就是要了解被害人送医时的伤情、医护人员是否违反明确规定的操作规范等情况,从而为衡量实行行为与介入因素对结果的贡献打下坚实基础,没有必要单独得出一个中间结论。

事实判断与结果归属在一些场合原本就是相互融合的。[93] 如果经过事实判断发现只有实行行为对结果有贡献,则无须再考虑介入因素。

> **沙漠旅行案 1:**甲准备穿越沙漠长途旅行,A 在甲出发前将其水壶中的水换成毒药,对此毫不知情的 B 也想杀甲,在 A 投毒后将水壶钻了一个小洞。甲最终渴死于沙漠。
>
> **沙漠旅行案 2:**乙准备穿越沙漠长途旅行,C 在乙出发前将水壶中的水倒掉装满沙子,对此毫不知情的 D 也想杀乙,在 C 把水壶装满沙子后将水壶钻了一个小洞。乙最终渴死于沙漠。

站在裁判时的视角依托事实认定直截了当地判断实行行为的危险是否现实化为结果,在"沙漠旅行案 1"中,既然甲是渴死而非被毒死,那么危险就是由 B 而非 A 的行为现实化的;在"沙漠旅行案 2"中,也是后行为人在水壶上打了一个小洞后被害人渴死,C 使水壶从有水变成无水,而 D 并没有改变这一危险,没有像 B 一样改变死因,因此危险是由 C 而非 D 的行为现实化的。在上述案例中,事实查明之后结果归属自然也已完成。

机械地分别判断归因和归责,不仅没有必要,而且始终面临归因层面的理论难题。[94] 即使经过修正,条件说也无法合理解释二重的因果关系。[95] 有学者试图用合法则的条件说取代条件说,但是运用合法则的条件说认定滥用职权罪、玩忽职守罪等则颇为困难。[96] 由此可见,联系具有多样性,在归因阶段无论是依托条件说还是合法则的条件说都无法解决所有问题。孙运梁教授提倡在归因阶段并用条件说和合法则的条件说[97],但是仍无法缓解条件说与结果归属之间的紧张关系,因为条件说先验地

---

〔92〕 参见前注〔81〕。

〔93〕 参见前注〔29〕,第 183 页。

〔94〕 客观归责理论内部也有反对分别判断归责和归因的声音,并认为这是客观归责理论的先天缺陷,导致客观归责最终"沦为一堆论题和案例集的集合体"。参见〔德〕英格伯格·普珀:《客观归责的体系》,徐凌波、曹斐译,载陈兴良主编:《刑事法评论:刑法规范的二重性论》(第 39 卷),北京大学出版社 2017 年版,第 294—295 页。

〔95〕 参见前注〔14〕,第 51 页。

〔96〕 参见前注〔29〕,第 185 页。

〔97〕 参见孙运梁:《刑法中条件说研究》,载江溯主编:《刑事法评论:刑法方法论的展开》(第 42 卷),北京大学出版社 2019 年版,第 135 页。

假定所有条件都是等价值的，而结果归属意味着不同条件对于结果的贡献是不同的，自然也不可能是等价值的。因此，同样秉持从存在论到规范论的思考方式，又不再分别判断归因和归责的危险现实化说就是务实的选择。

五、结　论

以行为对结果的贡献为核心，危险现实化评价应先判断实行行为有无贡献，然后根据介入因素是否独立分成四种情况讨论：①实行行为有贡献，没有介入因素的，有因果关系；②实行行为有贡献，介入因素不独立的，有因果关系；③实行行为有贡献，介入因素独立但是对结果的贡献较小的，有因果关系；④实行行为有贡献，介入因素独立且实行行为对结果的贡献较小的，无因果关系。介入因素的预见可能性与是否可以将介入因素的贡献视为实行行为的贡献无关，判断标准并无矛盾。这种思考方法与客观归责理论异曲同工，且不会导致整个犯罪论体系发生变动。[98] 依托我国《刑法》分则规定，以实行行为贡献性、介入因素独立性和对结果的贡献规范地认定因果关系，是一条可行的借鉴外来理论建构本土教义学的路径。根据本文重构的判断标准，在“王照双强奸案”中，既然承认被害人双手被捆绑有“渴死、饿死、血液不能流动的危险”[99]，就说明实行行为已有导致加重结果的危险，而且被害人身体失衡正是捆绑所致，显然实行行为对结果是有贡献的。被害人呼救是出于人的求生本能，即使认为在阳台呼救的行为有一定的危险性，也是形势所迫、不得已而为之，故因呼救而坠亡这一介入因素是实行行为诱发的，其贡献可视为实行行为的贡献，不影响因果关系的成立。

〔98〕 参见前注〔4〕，第99页。

〔99〕 参见前注〔37〕。

客观归责论视角下的被害人危险接受

沈晓白*

要 目

摘　要　被害人危险接受问题是指,被害人自己同意或积极参与不法侵害行为致使侵害结果发生时的结果归属问题。既有学说理论将被害人危险接受问题延后至违法性或责任阶层处理,使得处罚范围过大,或是未能提供结果归属的具体判断规则,得出的处理结论模棱两可,难以提供能够普遍适用的圆满解决方案。被害人危险接受案件所具有的被害人与被告人双方基于过失共同引起结果发生的特点,使其归责问题变得错综复杂,有必要跳出事实判断的范畴,立足于客观归责论规范判断的方法论基点,以问题思考为导向,对行为人和被害人的行为作出刑法上的规范评价。引入客观

* 清华大学法学院 2020 级博士研究生。

归责论可以提供新的解决思路，针对被害人危险接受的案件的问题点，提炼出判断的关键在于行为是否创设法所不容许的危险和是否超出构成要件效力范围。第一阶层的判断可以依据三个具体的标准展开：一是结合具体案例中行为人与被害人对于法益情状的认知及控制能力；二是分析行为人是否具有阻止法益侵害现实化的特别义务；三是考察二者对于危险实现流程的贡献及控制程度。第二阶层判断实害结果是否超出构成要件效力范围，便可破解危险接受类型案件结果归属之迷雾。

关键词 危险接受 客观归责论 结果归属 规范判断

一、问题的提出

日常生活中存在大量涉及刑法学中“被害人危险接受”的案件。在这类案件中，被害人和行为人均存在过失，双方形成紧密的互动关系，共同导致法益侵害结果。审视这类案件的客观因果流程，被害人行为对于结果的发生具有重要影响。这使得行为人归责问题成为一团迷雾，在行为人能否出罪、基于何种理由出罪等问题上出现诸多争议。

例如，2020 年 1 月 1 日，四川省川北医学院一名麻醉学系大五学生韩某利用在医院实习的机会，从手术室偷取麻醉药与同为麻醉学系的学妹孟某(韩某女朋友)一同在出租屋内吸食，因吸食过量，导致孟某死亡。[1] 此案作为社会热点事件，引发诸多关注。站在刑法学的立场上，值得思考和讨论的是，该案中韩某是否应当对其女友的死亡结果承担刑事责任。与该案类似的“肖慧过失致人死亡案”[2]，被告人肖慧收受 2000 元后，在其住所对被害人江某施行性虐待活动，按照两人的约定采用捆绑、吸入式麻醉等方法实施性虐待，其间，江某因呼吸衰竭死亡。法院判决认定肖慧构成过失致人死亡罪。

当出现被害人死亡的结果时，判决几乎无一例外地会将死亡结果归属于行为人，绕过了被害人危险接受这一类型案件中最关键和本质的法理问题。仅依据“被告人的行为与被害人死亡存在客观上的条件关系”和“被告人主观上有过失”两点理由，便得出肯定犯罪成立的结论，只看到了被告人行为的危险性与侵害结果间的因果关系，而忽视了被害人的贡献及危险接受的情况。这样的判断无视了该类案件的特殊性，论证思路亦是片面、粗糙的，判决理由欠缺说服力，使得大量案件不能得到妥当的处理。

目前的理论研究多是将被害人危险接受混淆在被害人承诺中作为违法阻却事由讨论，或在责任层面处理，本应在构成要件符合性阶层讨论的结果归属问题延后处

---

〔1〕 参见《四川省川北医学院一男生偷麻药给女友吸食致其死亡？校方称属实》，载腾讯网(https://new.qq.com/omn/20200809/20200809A0CNQW00.html)，访问日期：2020 年 8 月 11 日。

〔2〕 参见上海市闵行区人民法院(2018)沪 0112 刑初 1427 号刑事判决书。

理,极易肯定被告人的过失责任,得出有罪结论,导致处罚范围扩大。此外,现有理论并未就被害人危险接受案件的特殊性有针对性地提出明确的判断标准,既未划定判断资料的范围,又缺乏下位的判断规则,使得这类案件的归责判断始终处于模棱两可的状态,本文从上述问题意识出发,对被害人危险接受案件既有归责思路进行反思,基于客观归责论视角提出新的解决方案。

二、被害人危险接受案件归责思路的提炼与反思

(一)注意义务违反说

在涉及被害人危险接受的大量案例中,对危险的存在,被害人都有不同程度的认识和了解,且对于损害结果,行为人都是基于过失的心态,并非将实害结果作为追求目标。因此,危险接受在司法实践中作为一个问题在被广泛讨论之初,主要还是从过失犯的传统角度出发,以行为人是否违反了客观的注意义务为标准判断,最终得出犯罪成立与否的结论。例如德国的"梅梅尔河案"[3],德意志帝国法院对船工作出了无罪判决,认为乘客在清楚的认识中容忍了一种确定的危险,且船工的行为符合一般的注意义务,由此否定了此案中注意义务的违反,由乘客对死亡结果自我答责。注意义务说的思考进路又可以分为两种:一是认为被害人有意的自我危害可以排除行为人防止法益侵害的注意义务;二是通过行为人职业身份或社会角色来确定注意义务的内容,以此决定其在具体案件中是否要负防止他人自我危害的责任。

注意义务说以考察行为人为重点的立场并未被抛弃,日本的山口厚教授也认为,在危险接受的案例中,若对行为人而言,不去实施危险行为这一义务,不能认定属于过失犯之成立要件的结果避免义务,就否定过失犯的成立,但若能够认定除"不实施危险行为"这种义务以外,还有其他结果避免义务,且违反了该义务的,就肯定过失犯的成立。[4] 其出罪根据在于被害人明知且容认了某种危险,能够排除行为人的注意义务,进而说明行为人没有该当构成要件的不法行为存在。

注意义务说之所以在与承诺说和客观归责理论的争锋中逐渐没落,主要原因还是其推理的逻辑过程存在跳跃。第一,它无法说明,为何被害人认识或容认一定风险,就使得法对于行为人注意义务的要求降低甚至排除?判断是否违反注意义务,其完全在

---

〔3〕 参见〔日〕恩田祐将:《危険引受けにおける被害者の承諾——承諾の対象 とその心理的内容に関する問題点を中心として》,载《通信教育部論集》2009年第12号,第103页。该案发生在一个风雨大作的夜晚,有乘客要求老船工开船将其送到河对岸,但船工拒绝了乘客的请求,并向乘客解释道,在如此恶劣的天气条件下强行渡河有很高的翻船危险,可乘客仍然坚持渡河,无奈之下,船工冒着风险开船载其渡河,最终在渡河过程中不幸还是发生了,船只倾覆,乘客水性不佳在河中溺亡,船工则侥幸得救。

〔4〕 〔日〕山口厚:《刑法总论》(第3版),付立庆译,中国人民大学出版社2018年版,第183页。

于行为人自身,和被害人的行为或者其他第三人的行为都没有关系。[5] 将接近于民法上"过错相抵"的逻辑直接套用在刑法领域,正当性和理论根据都存在疑问。第二,注意义务相对化后的内涵不明确,其内容又取决于个案的具体情形,是采取一般人标准还是行为人的个别标准亦存在巨大争议。刑法作为一种行为规范,通过指导人们如何行为,一方面使得国民行动自由得到保障,另一方面保护法益免受侵害,这样的行为规范不能因一个人的危险接受而使得另一个人免受其规制。这一理论只是披着注意义务外衣的自我负责原则,又避开了说明被害人自我负责的理论基础的要求。注意义务违反说理论根基的不稳和不明确,使得其在与承诺说的对立和客观归责理论的冲击下,逐渐式微。

(二)正犯共犯区分说

德国的判例和学界的一种有力主张认为,自己危险化的参与不构成犯罪,而合意的他者危险化的场合,应将实害结果归属于行为人的过失行为。当被害人可以被认为是正犯,而行为人被认为是共犯时,属于自己危险化;如若相反,即行为人为正犯,被害人为共犯时,应将该案归为合意的他者危险化。共犯从属性理论与犯罪事实支配理论互为表里,用于危险接受的案例群中,可以简明扼要地得出区分的结论,这一优势使得该理论在学界获得了诸多学者的支持。国内的张明楷教授亦主张应在与正犯论相关联的意义上区分二者。[6] 尽管其得出结论的过程简单又明确,但运用到实际案例中特别是过失犯场合,理论构造上的不足也很明显。

第一,在被害人和行为人属于准共同正犯的案件中,例如"艾滋病感染案"[7],法院认为该案属于自我答责的自己危险化,女学生对于和艾滋病感染者性交会导致自身感染的危险性有充分的理解,所以对损害结果自我答责,被告人没有实现伤害罪的构成要件,只是在自我答责的被害人自己危险化中提供了帮助,最后作出了无罪判决。然而该案是应该聚焦于被害人,认定其属于自发地使自己陷入危险的自己危险化,还是应当聚焦在行为人所实施的性行为上,从而认定此案件属于合意的他人危险化,并没有明确的答案,性行为需要双方互动才能够完成,很难确定谁是所谓的支配者。"田玉富过失致人死亡案"中,被告人田玉富企图用尼龙绳将其妻子康某系住然后从窗户

---

〔5〕 Vgl. Claus Roxin, Zur einverständlichen Fremdgefährdung, JZ 8/2009, S. 400. 转引自周子实:《危险接受理论的历史考察与概念界分——以德国为镜评我国的研究现状》,载《东南法学》2016 年第 2 期。

〔6〕 参见张明楷:《刑法学中危险接受的法理》,载《法学研究》2012 年第 5 期。

〔7〕 参见〔日〕恩田祐将:《危険引受けにおける被害者の承諾——承諾の対象 とその心理的内容に関する問題点を中心として》,载《通信教育部論集》2009 年第 12 号,第 103 页以下。该案中,感染了艾滋病毒的被告人,在与他人性交前向对方明确说明了被感染的可能性,对方是一名 16 岁的女学生,在知情的情况下接受了无保护措施的性交,最终这名女学生感染了艾滋病。

吊下去逃跑,由于绳子在中途断裂,致使康某摔下当场死亡。[8] 在该案中,使用尼龙绳这一工具让妻子从三楼窗口逃走,是田玉富与其妻子共同商议决定的,对于在空中用尼龙绳吊着人的危险,两人所能认识了解到的情况完全相同,在绳子断裂时点,田玉富在控制尼龙绳下放的速度以期让他的妻子安全落地,行为指向死亡结果的反方向,将死亡结果认定为是由该保护性的行为所支配的说法显然难以令人信服。

第二,认定何种行为支配了实害结果的发生常常会存在争议。例如,在交通领域同乘者死亡的案件中,导致车祸的是驾驶者的驾驶行为,该行为支配了实害结果的发生,亦即被害人自己驾驶汽车就是自己危险化的参与,反之,如果被害人是乘客,就认定为合意的他人危险化,这种行为支配的论证过于机械,存在疑问。在"千叶同乘者死亡案"[9]中,日本法院判决死亡的副驾驶乘坐者自我答责,就与按照行为支配区分有责与否的标准不符合。当副驾驶乘坐者的驾驶技术高于驾驶者,并提供口头指导时,他就成为所谓的支配者。这一判决指出驾驶员并非绝对处于对侵害结果的支配地位。虽然驾驶者有驾车权限,但在汽车行驶的过程中,被害人依然可以表达自己要下车的意愿并要求驾驶员停车,他完全具有实现自己真实意志的自由,这种行为权限和实施可能性也不能被忽视。

第三,尽管在危险接受的案例中,行为人与被害人共同造成损害结果这一事实结构与共同犯罪相似,但这并不意味着二者能同等视之。共同犯罪是一种不法形态,不法是指行为符合构成要件且违法。[10] 与共同犯罪中各行为人的行为共同指向和侵害一个第三方法益不同的是,危险接受案例中被害人的行为侵害的是自己的法益,无论如何其行为也不能被评价为具有违法性。但正犯共犯区分说却无视被害人行为不符合构成要件、缺乏共犯成立前提的事实硬套共犯原理,其逻辑前提上存在问题。[11]

第四,通过运用共犯从属性理论对自己危险化的参与和基于合意的他者危险化进行区分,仅仅处于事实层面,而并没有回答这种区分结论各自在法规范上的意义。之所以区分两种情形,无非为了根据不同情形得出不同的处理结论,但这样的结论却并非总是成立。例如"摩托车赛车案"[12],德国法院尽管认为被害人属于自愿的自己危

---

[8] 参见湖南省麻阳苗族自治县人民法院(2005)麻刑初字第111号刑事判决书。

[9] 参见[日]岛田聪一郎:《被害人的危险接受》,王若思译,载陈兴良主编:《刑事法评论》(第32卷),北京大学出版社2013年版,第239页。案情:有7年赛车经验的教练坐在行为人驾驶的越野赛车的副驾驶座位上指导行为人进行赛车练习,在被害人的指导下,行为人使用了未曾使用过的驾驶技术行车,结果引发事故,导致被害人死亡。

[10] 参见张明楷:《刑法学》(第5版),法律出版社2016年版,第383页。

[11] 参见沈琪:《论同意他人造成危险的归责》,载赵秉志主编:《刑法论丛》(第44卷),法律出版社2015年版,第226—227页。

[12] 参见[日]盐谷毅:《共同研究の趣旨》,载《刑法雑誌》2017年第1期,第65页。该案中,被告人和被害人一同饮酒后,被害人向被告人主动发出驾驶摩托车赛车的邀请,在赛车过程中,被害人为防止被告人超车赢过自己,采取了一种危险性较高的"Z"字形驾车方法,导致发生事故后死亡。

险化的参与，但同时又肯定了被告人成立过失致死罪。判决理由中指出，根据《德国刑法典》第216条受嘱托杀人罪的规定，对杀人的同意在法律上是无效的，以此推导出，对有致命危险的同意当然也是无效的，同时该案中的竞赛不是社会上有意义和有价值的行为，因此无法否定犯罪的成立。这就与共犯论支持者立场相矛盾，既然自己危险化参与的案件都肯定了行为人成立犯罪，那么在危险接受中区分自己危险化的参与和合意的他者危险化两种情形的意义何在？

综上所述，在危险接受的案件中运用共犯从属性理论的前提是能论证正犯成立，在正犯认定不明晰的案件中，共犯从属性理论就成为“犯罪事实支配理论等正犯理论的外衣”，无法避免犯罪事实支配理论本身的缺陷。〔13〕 在危险接受的案件中，被害人与行为人往往真诚地相信侵害结果不会发生。从过失犯构造角度看，过失共同正犯也是不可能成立的。〔14〕 对过失犯的犯罪参与，德国判例和学说均认为没有必要区分正犯与共犯，而是采用单一正犯体系，因此将行为支配的标准适用于危险接受的案件是有疑问的。〔15〕 按照共犯从属性理论对危险接受的案例进行区分后得出的结论，并未给实务明确的引导，罪与非罪的界限模糊不清，实务意义有限。

（三）被害人承诺说

肯定造成法益侵害结果的行为符合构成要件，考察案件中是否存在被害人承诺从而阻却违法性的思考方法，就是基于被害人承诺的解决方案。有学者主张，在特定情况下，可以将危险接受理解为承诺，同等适用被害人承诺的有效要件。〔16〕 被害人作为法益的拥有者，在很多情形中的确拥有法益的处置权，但应用在解释被害人与行为人交互作用的案件中显得过于狭隘。〔17〕 通过被害人承诺解决危险接受问题，必须要回应以下问题：第一，承诺的对象是行为还是结果？第二，承诺的心理内容是什么？是对结果的认识，有认识的甘愿接受，还是意愿？第三，故意的杀害和过失的杀害的场合，有何不同？

第一，“行为说”的支持者认为被害人只要对“行为”给予承诺就足够了，即“行为是合法还是非法，必须在行为发生的时刻就确定，而不是事后决定的”〔18〕。行为无价

---

〔13〕 参见靳宁：《被害人危险接受理论研究》，载赵秉志主编：《刑法论丛》（第43卷），法律出版社2015年版，第157页。

〔14〕 参见黎宏：《刑法总论问题思考》（第2版），中国人民大学出版社2016年版，第428页。

〔15〕 参见江溯：《过失犯中被害人自陷风险的体系性位置——以德国刑法判例为线索的考察》，载《北大法律评论》编辑委员会编：《北大法律评论》（第14卷第1辑），北京大学出版社2013年版，第133页。

〔16〕 参见〔德〕乌尔斯·金德霍伊泽尔：《刑法总论教科书》（第6版），蔡桂生译，北京大学出版社2015年版，第131—133页。

〔17〕 参见〔德〕伯恩特·许乃曼：《刑事制度中之被害人角色研究》，王秀梅、杜澎译，载《中国刑事法杂志》2001年第2期。

〔18〕 参见〔日〕盐谷毅：《自己危殆化への関与と合意による他者危殆化について（二）》，载《立命館法学》1996年第247号，第95页。

值是过失犯成立的核心。在过失犯罪中,结果本身并不具有构成要件要素的功能,而仅仅发挥着限制要素的功能。因此在过失的情形下,只要有对危险的承诺就已足够,不需要对侵害结果的承诺。[19] 但既然存在实害结果这样的结果无价值,就不该认为被害人承诺中的承诺对象仅仅是行为。没有法益处分意思,是无法肯定承诺的。"行为—结果说"认为对行为的承诺是对结果承诺的标志,即把被害人对于危险行为的承诺理解为被害人也甘愿忍受侵害结果,根据其对危险的认识必然地推导出对于结果的承诺。能够承认危险接受时,危险行为的完成本身就是被允许的,既然如此,为了完成可接受的危险行为而完全无法回避的结果即便是发生了,也能够否定存在结果回避可能性或过失。但这样的观点无法解决的是,完成有致命危险的行为在什么情况下可以得到允许。"行为—结果说"与"行为说"没有实质性的区别,凡是对危险行为的承诺,都会被评价为对结果的承诺。这种直接从同意"行为"拟制出承诺"结果"的思考存在跳跃,是对问题的逃避。作为危险接受者的受害人,抽象的侵害结果只是一种非常模糊的危机感。在接受危险的过失犯中要能够肯定被害人的有效承诺,这个对象若仅仅是"行为"是不严谨的,而必须是"结果"。况且,实际结果是否发生,往往是被害人最关心的事情。

第二,被害人承诺的对象必须是结果,然后成为问题的是被害人承诺的心理内容。在体育格斗竞技这样有受伤甚至死亡的高风险的场合,也很难说参与者对死亡结果存在同意。在体育格斗中,对于危险行为的参与热情往往和实际法益侵害的意愿分不清,接近危险不但被认为是好的结果,而且还被认为是接受不利的结果。[20] 因此有学者主张这里的承诺是一种消极的承诺——只要接受结果就足够了,可以避免正当业务行为与其包括的承诺的关系中产生的矛盾,这里的正当业务行为主要指的是医生的治疗行为、格斗竞技类体育活动。在充分理解病情的基础上,对医生给出的治疗方法予以真挚的承诺,医生没有过错但手术失败患者不幸死亡的,应当肯定患者存在对"最坏的情况下可能致死"的一种承诺。参与格斗类体育活动的人员都是了解其中的危险性的,结果是该行为通常可预测或引起的情况下,也许能够被涵盖在对正当业务行为所作出的承诺中。但即使最低限度的消极的承诺也无法回应一个问题,亦即没有受害者是希望死亡而接受手术或参加体育活动的,其余的场合更是如此。在此意义上,被伤害人的危险认识和其对危险的承诺完全是两码事。

第三,法律应该最大限度地保护生命,不论故意或过失,和生命处理相关的问题,私人自治无法全面负责。尽管随着个人主义思想的发展,各法律领域对自我决定权的价值愈加重视。刑法学上,亦有学者提出导入自己决定权并以此最大限度地承认被害人承诺的效果。笔者对此并不赞同,法律允许在一定条件下被害人行使法益处分

---

〔19〕 参见前注〔3〕,第 83 页。

〔20〕 参见前注〔3〕,第 103 页以下。

权,但是无论如何,生命是不能完全由自己处分的重要法益。[21] 被害人承诺无法解答如何从对危险行为的接受推导出被害人接受法益侵害结果,无论如何解释都存在逻辑上的跳跃,无法自圆其说。过失犯中的结果亦是重要的构成要件要素,仅凭被害人对危险有认识就推导出其对结果的承诺,其根据存在疑问。对他人侵害自己法益的行为表示承诺,但对该行为所产生的具体结果没有同意的时候,就不能适用被害人承诺的原理。[22]

确有一部分涉及被害人对危险接受的案例,运用被害人承诺理论处理的结论比较妥当,这可能由于其本就是被害人承诺的问题。在这些案件中,能够找到充足的证据来证明被害人对于危险现实化的结果的确持有希望或放任的态度。[23] 但不能据此将被害人承诺理论推而广之,适用于全部的危险接受的案例。

三、客观归责论视角下归责思路的确立与展开

(一)以客观归责论规范判断的视角审视危险接受类型案件的理论优势

社会交往可以说处处充满风险,但这些交往活动往往也同时伴随着利益,是推动社会前进的力量,因此必须容许一些风险的存在,不计任何代价来避免这些风险不是刑法的任务。在特定的场合或者具备一定条件时,人与人之间的社会交往必须能够不被刑法上的结果答责所限制,进而可以自由、健康地向前发展。存在多人都因果地参与了引发结果的事实流程时,需要判断是否每个人都要为结果的发生承担责任,或者有人为此事全部或部分地负责,从而使他人摆脱干系。危险接受问题便产生于这样的情形,当被害人与行为人均因果地对结果发生的事实流程作出贡献时,我们要规范地判断结果应该归属于何人。引发了某个实害结果,并不代表一定就实现了犯罪的客观构成要件。刑法上的各种构成要件中包含了各种举止规范,既有禁止规范也有命令规范,为了将某个引发了结果的举止认定为对构成要件的实现,人们就必须把这种举止一般性地规定为不被容许的。换言之,如果某种风险一开始就是被容许的,那么结果在规范上就是不可以归属的。这里的"风险"本身没有什么特定含义,原因在于任何引发了法益侵害结果的举止都是有风险或者危险的。以容许的危险为主轴建立和发展起来的规范判断理论就是客观归责理论。通过设定一系列限制犯罪成立的步骤,并要求立足于规范,在案件中检验并判断,某个具有风险的因果流程是否由行为人所支配、是否为法规范不容许、是否造成了特定构成要件结果。在危险接受的案件中,被害人

〔21〕 参见张明楷:《刑法学》(第5版),法律出版社2016年版,第224页。
〔22〕 参见黎宏:《被害人承诺问题研究》,载《法学研究》2007年第1期。
〔23〕 参见车浩:《过失犯中的被害人同意与被害人自陷风险》,载《政治与法律》2014年第5期。

的互动参与使得在事实层面上谁创造了危险、谁在因果流程中支配着危险、结果的归属成为难以破解的迷阵。依靠纯粹的事实判断无法得出令人满意且妥当的结论,客观归责理论规范判断的优势恰恰可以在这种类型的案件中发挥作用,将刑法上并没有规范评价意义的危险、因果流程排除出刑法答责的范围。换言之,涉及被害人危险接受的案件,在经过客观归责理论一系列下位的判断规则的检验后,在构成要件符合性阶段就能够合理地将规范上不应评价为行为人"作品"的结果排除。

(二)具体运用中的判断标准

1. 判断的关键:行为人是否创设了法所不容许的危险

通过梳理大量的危险接受案例,发现争议主要集中在行为人所创设的危险是否为"法所不容许的危险"。针对这类案件的特点,可以提炼出三个具体判断标准:①行为人与被害人双方对于法益危险情状的认识能力和实际认识程度;②行为人是否存在优先于被害人的阻止法益侵害的特别义务;③行为人与被害人双方对危险实现流程的贡献及危险现实化时回避危险的实际控制能力。

在危险接受的场合,行为人与被害人形成了一个危险的共同体,不仅在危险创设时共同发挥了作用,而且在危险实现的过程中也可能对结果均有加功,即使不容许的风险由行为人所创设,也可能因为被害人的加入而根本上改变危险实现的进程。在自然因果链的层面上,行为人的行为无疑是结果发生的原因,而归责是在归因基础上的价值判断,不但要确定自然因果关系,还要在规范上评价行为人制造风险的行为是否在与被害人行为的互动后,依然对结果的发生负责。

若行为人对危险的情状有特殊的优越认知,就具有制造并实现危险之可能,为客观归责提供根据。人的行为并非纯粹的客观存在,而是由主观和客观交织而成,归责不可能完全将主观要素排除出去。若行为人因为专业知识、技能等原因对于风险的认识具有明显的优势,而被害人因缺乏这些知识、技能,可能会产生不存在现实的重大风险或者风险很低的误解,此时,对危险有充分了解的行为人必然就创设了一个不被允许的风险。当然,这里的优势认知并不绝对,正如前述,若被害人对该领域拥有一定的知识或了解,足以帮助他对风险形成充分认识,行为人即便存在优越认知,但双方的认识并没有质的差别,危险也就未必处于行为人管辖范围内。

在部分危险接受的案例中,行为人具有阻止法益侵害的优先义务,这样的优先义务使得被害人即使对危险有着与行为人同等程度的认识,抑或在不需要任何特殊的专业知识、技能、敏锐的洞察能力,一般人都能够对危险和可能导致的侵害结果有充分的认识的情况下,行为人仍然因法规范的要求和期待而负有阻止被害人走向危险以及阻止危险实现的义务。

危险从创设到现实化的过程往往不是在一瞬间完成,而是在一定的时间范围内逐步完成的。在危险接受的案例中,从经验事实的角度看,在自然物理规则下,行为人与被害人对于危险的支配力和控制力都是存在的,不过存在量差。这样的量差在规范评价层面也同样有意义。在一些案件中,即使一开始可以认定行为人创设了法不容许的危险,但被害人的加入行为,可能创设了凌驾于原本的风险之上的风险或者显著升高了原本的风险,从而根本上改变了因果流程,切断了行为人最初的风险实现行为与最终实害结果之间的联系。不仅如此,在危险无限接近现实化的最后时刻,往往只有行为人和被害人其中一方具有采取措施避免结果发生的可能性,此时就需要结合案件情形,具体地比较双方避免结果发生的可能性孰高孰低,将危险划入优势方的管辖范围,由管辖者对结果负责。

2. 检视:危险的实现是否超出构成要件的保护范围

上述三个标准基本涵盖了危险接受类型案件需要判断的问题,最后需要审视危险的结果是否实现在构成要件效力范围内。一小部分案件可能出现超出构成要件保护范围的实害结果,此时,需要例外地否认将结果归属于行为人。换言之,行为人尽管在一开始创设了一种危险,但最终的法益侵害并不是这种危险现实化的结果,而是由于同时出现的偶然的原因,归责就被排除了。在这一步需要进行基于具体案件细致调查的事后判断,例外地排除部分案件中不容许危险没有实现的结果归责。具体而言,需判断该案中现实发生的法益侵害结果是不是前面的不容许风险所指向的结果。这一判断与刑法规范中所包含的保护目的密切相关。实现不允许性危险与一般地实现危险存在不同。例如,在交通领域,禁止饮酒驾驶规范的保护目的是避免因饮酒使判断能力降低导致他人死伤结果的发生,但若存在醉酒驾车人尚未认识到的车辆质量问题,导致汽车在正常速度行驶时轮胎突然爆裂,令车辆失去控制,发生事故导致他人死亡,即便驾驶人创设了不允许性风险,现实中也发生了交通事故致人死亡的结果,但饮酒驾车的危险并没有实现,而是实现了一个对于驾驶者来说意外的危险,那么这里的死伤结果也就并非前述创设的不允许性风险所指向的结果。

在危险接受的案例中,分为危险创设和构成要件效力范围两个阶层进行判断,就可以确定行为人是否创设了法不容许的危险,以及该危险的实现是否在构成要件的范围内,从而得出结果能否归属于行为人。至于被害人参与能否影响行为人罪责和量刑不在本文讨论范围内。

四、客观归责论在危险接受案件中的具体运用

(一)交通运输领域内的危险行为

日本最早在千叶同乘者死亡案中开始讨论“被害人危险接受理论”,按照客观归责

理论再对这一案件进行审视,首先要判断行为人是否制造了法不容许的风险,该案中的同乘者因要指导初学者而同乘,在选择坐上赛车时,对初学者采用不熟悉的驾驶方法可能导致意外事故发生的可能性有充分的认知,且其拥有比驾车的行为人更为丰富的赛车经验,相较于同乘的教练,行为人的驾车专业技能明显处于劣势。可以说,坐在副驾驶位置的指导者所扮演的角色不仅仅是驾驶技术的指导者,更是确保驾驶安全的监督者。根据案情,试车过程中驾驶者采用了被害人提出的一种过去从未使用过的驾驶方法才导致车辆失控,作为拥有更丰富经验和技术的指导者应当更加审慎地观察路面情况、发现驾驶者可能存在的错误操作并给出正确的指引,但很显然,指导者并未做到这一点,而是贸然提出要驾驶者尝试一种新驾驶方法。需要提示的还有一点,行为人与被害人参与的是 JAF 日本汽车联盟官方认可的赛车比赛的练习行车会,练习赛车的行为本身合乎法律法规,同时被害人(指导者)对新的驾驶方法可能引起操作不当的危险具有明显优于驾驶者的认识,实操过程中也可以通过言语的指导和驾驶汽车的行为人基本同等程度地掌控风险,对于驾驶方法导致的后果也有一定的预测可能性。行为人在遵从被害人的驾驶建议时,并未创造法所不容许的风险。驾驶者没有超出指导者给出的驾驶指引范围,指导者对发生事故的危险自我管辖,对死亡结果自我答责,不能将该结果归属于行为人。乘客相较于驾驶人员而言在驾驶技能、知识、经验等方面具有优势的危险接受案件在国内也常有发生,譬如,驾校教练带着学员上路进行路面练习时,如果因为教练作出了不恰当、不及时的指示,导致学员错误操作造成事故,使坐在副驾驶位置的驾校教练死亡的,实务基本否定了驾驶汽车的学员的犯罪成立,死伤结果由教练自我答责。结果之所以不归属于驾车人是因为在这种情况下,被害人(驾校教练)拥有更丰富的驾车经验,可以对行驶状况作出正确的判断并通过言语指示引导驾驶员进行正确的驾驶操作,某种程度上和驾驶员同等地掌控风险,与此同时,教练本人事实上也有高超、确定的危险回避手段,即启动所驾驶的教练车副驾驶座位下方的刹车装置。《道路交通安全法实施条例》第 20 条规定:"……学员在学习驾驶中有道路安全违法行为或者造成交通事故的,由教练员承担责任。"可见在驾校教练在车上指导学员驾驶汽车过程中,危险通常处于驾校教练的管辖之下,学员遵从教练指示驾车属于法所允许的风险,即便遇到紧急情况,学员反应不及时,教练也能够通过在旁边扶方向盘和踩下副驾驶刹车的方式避免事故的发生。因此,这种驾驶事故导致的实害结果是在教练的风险管辖之下,结果应当归属于教练,学员不构成犯罪。国内相关的案例有"李某 1 交通肇事案"〔24〕:被告人李某 1 是北票市克明驾校教练,李某 2 是其学员,在李某 1 指导李某 2 进行路面练习时,与同方向行走的侯某 1 相撞,造成侯某 1 死亡,判决认为被告人李某 1 身为驾校教练,在学员驾驶教练车上路行驶时观察瞭望不周,未确保行车安全,因而发生交通事故,负事故全部责任,其行为构成交通肇事罪。

---

〔24〕 参见辽宁省北票市人民法院(2017)辽 1381 刑初 241 号刑事判决书。

如将案情做一点改变,交通事故致使坐在副驾驶位置的驾校教练死亡,最终的死亡结果也会由教练自我答责,驾校学员无须负刑事责任。两种情形下能够排除行为人的归责:①驾驶人员的驾驶行为或者驾驶的技术方法依赖于被害人的指导,换言之,被害人通过给行为人下达指令来掌控行驶的全过程,从而实现由自己管辖风险,最终的结果只能由被害人自我答责;②导致事故发生的是偶然的介入因素,例如车辆本身具有的质量问题使车辆失控发生事故等,换句话说,法益损害并不是行为人一开始所创设的不允许性风险最终现实化的结果。

前述梅梅尔河案如果发生在我国,也应当将乘船人员的死亡结果归属于案中的船工,作为梅梅尔河上职业的摆渡人员,船工负有将乘客安全送至目的地的义务,在暴风雨这样极其恶劣的天气条件下,根据其多年的摆渡经验对此时载客渡河具有极高的事故风险有充分的了解,可谓具有一种对事态的优越认知。乘客虽然着急过河再三请求船工发船,也知道此时是暴雨天气,但他们对渡河危险的认知是极抽象和模糊的,且对船工的摆渡技能有信任和依赖,抱着船工若能答应过河就必定能克服危险的期待。此时罔顾高度事故危险选择载客渡河的船工便是创造了一种不允许性危险,若风暴、大雨等情形是在渡河途中发生的,那危险便非船工所创造的,而是意外的因素。可恶劣天气本就存在,船工依然渡河而不规避,这时的风险便是由船工所创设的了。乘客毫无驾驶船只的知识和技能,渡河过程中风险自然始终在船工的掌控之中,最终由于恶劣的天气导致船只倾覆,乘客死亡的法益侵害结果当然应当归属于船工的违反注意义务不规避高危险的驾驶船只行为,应当肯定船工的交通肇事罪的成立。在梁某过失致人死亡案[25]中,驾船者梁某并非专业的摆渡工,没有相关的资质,自己偷偷开船应朋友要求载其过河,与无证开车载人的情形类似。无证驾船这一行为本身就已经创造了法不允许的危险,尽管在部分地区,这样的行为并不鲜见。在夜间渡河且遇上恶劣暴雨天气,使渡河的难度加大,梁某的驾船经验并不足以应对这样的渡河条件。恶劣的天气是梁某及友人客观上都可以认识到的自然条件,但梁某有渡船,有一定驾船经验,友人选择上船时也是因为相信梁某可以克服天气的障碍。梁某虽无证但常年在河边承接一些渡河业务,对当时的天气给过河造成的障碍程度有相对专业的判断,这样的判断是作为乘客的友人不可能作出的。但梁某依然选择带着几名友人冒着极大风险过河,渡河过程中,作为船只的驾驶者,梁某更是全面掌控着危险,最终的确因为缺乏经验违规驾船导致友人溺亡的结果,结果应归属于梁某违规驾船的行为。

(二)基于职业要求存在关怀义务的情形

存在关怀义务是指,在危险接受的案件中,行为人基于法律法规的要求或职业本身的特殊性质,对被害人负有一定程度关怀、保护的义务。例如日本“坂东三津五郎河

---

〔25〕 参见湖南省会同县人民法院(2012)会刑初字第8号刑事判决书。

豚中毒案"[26]，在京都府制作河豚料理需要专门的河豚处理师资格证书，该鱼无论是肌肉，还是内脏、血液等部位都含有河鲀毒素、箱鲀毒素等剧毒，且毒性还会随着季节的变化而变化，处理和烹饪河豚料理的过程均需要专业的技术和丰富的经验，以确保食客不会因食用河豚而中毒死亡。该案中被害人虽是主动向料理师提出要求吃一种罕见的野生河豚的内脏，并表示有食用经验，但作为接受过专业培训的河豚料理师应当明白，其负有将该食物处理至安全无毒的职业义务，这也是政府要求河豚料理师考资格证、售卖河豚料理需要专门行政许可的原因，即便食客表示有食用经验，但这种经验与厨师的专业知识和经验无法相比。基于职业的关怀义务，料理师本就有比食客更高的注意义务，对河豚的危险和有无毒素的判断也有优越的认识，食客为了追求口感的自主利益与中毒的危险相比，并无优越性，专业人士不能因为食客要求而贸然服从提供有致命危险的食物，与此同时，食客出于对河豚料理师的信任，即使是其本人提出食用内脏的要求，但可以想见的是，食客的内心是坚信"如果由料理师处理后给我吃那应该是没有问题"的，因而怠于自己采取回避结果的措施，这种内心的信赖是受法规范所保护的。因此，河豚料理师违背自己的职业要求，创设的不允许性危险现实化为死亡结果，食客因河鲀毒素中毒导致呼吸肌肉麻痹而窒息死亡，这一因果流程属于料理师的管辖范畴，结果的归责也不成疑问。"社会服务案"[27]：被害人S是一名肌肉障碍病重症患者，身体难以移动，呼吸亦有困难，所以配备了人工呼吸器。某天晚上，被害人S向照看自己的社会服务人员Z(因属于社会服务，未接受专门研修业务教育)提出请求，希望能够用只留少许空隙的胶带封住后的塑料袋捂住自己的嘴巴，从而使自己获得性兴奋的快感，并声称这种行为之前已经实施过多次，在下个看护人到来时就会解除塑料袋保证自己安全。当时的室外温度在零度以下，被告人仍然实现了S的请求。第二天早上，被害人因窒息而死亡的尸体被发现。该案一审法院认为被害人是自我答责的自己危险化，德国联邦最高法院认为，该案中的被告人并不能被认定为完全具备了作为道具的行为错误，事发当时天气寒冷，被害人被塑料袋捂住口鼻、处于呼吸困难极度危险的状况这一事实，并不具有被害人对行为人的欺骗性，应评价为合意的他者危险化，撤销原判，发回重审。笔者认为，被告人Z作为负责照料一名瘫痪在床无法行动且自主呼吸亦有困难的社会服务人员，即便没有接受过专门的研修业务教

[26] 参见马卫军：《德日危险接受判例述评》，载张志铭主编：《师大法学》(总第3辑)，法律出版社2018年版，第310页。案情：被告人在京都府获取河豚处理师资格及厨师证书并从事河豚料理师业务，作为游客的受害者来到被告人店中，被害人有吃河豚内脏的经验，坚持向被告人提出吃河豚内脏的要求，被告人虽提醒其有导致死亡的风险，但最终在被害人坚持下提供了河豚内脏，最后被害人因食用河豚中毒引起呼吸肌肉麻痹窒息而死，被告人因业务过失致死罪和违反京都河豚处理条例而受到起诉。

[27] 参见[德]ウェルナー・バイルケ：《刑法における被害者の自律性—合意ある他者危殆化の評価に対する承諾の影響について》，[日]北川敦子译，载《早稲田大学刑事法学研究会》2009年第85卷1号，第333—341页。

育,但清楚被害人的病情,了解其无法行动和需要人工呼吸器辅助呼吸这两点,那么在面临被害人这样的请求时,就应该直接拒绝,这样的判断无须专业的知识,只需要基本的常识,但作为一名负有照料看管被害人生活义务的护工,却用塑料袋捂住被害人口鼻,帮助其追求与生命利益相比毫无优越性的性快感,最终导致被害人窒息死亡。被告人亲手创设了死亡的风险,被害人的主动请求并不能阻断被告人对于风险的管辖。尽管被害人对自己病情的了解比被告人更多,但能否用塑料袋捂住口鼻的判断,并不需要被告人对被害人的病情了解到和他本人同等甚至更高的程度,结果应当归属于被告人。该案中的被害人曾向人表示自己想通过这种方式寻死,但被告人对此并不知情,亦即被害人对死亡结果是持积极追求的故意态度,但被害人的故意不影响结果的归属和犯罪的成立。一般行为人如果对被害人有一定的关怀义务,并且基于这一关怀义务,被害人对行为人有充分的信赖而自己怠于规避结果保护自己的法益,行为人又违背这一义务给被害人的法益创设了不允许性风险,该风险所指向的恰恰是此关怀义务所致力于保护的利益,导致实害结果发生,就能将结果归属于行为人。但并非只要行为人对被害人有关怀义务的情形均能肯定结果归责。在实务中很常见的是医生对病人基于职业负有关怀义务,当医生为治疗患者开的药有上瘾的副作用时,如果尽到完全说明使用方法、剂量及其他注意事项的义务,那么患者之后服药时不遵医嘱而创设的风险已经完全处于其本人的管辖之中。不能认为医生开会致人上瘾(或者有其他副作用)的治疗用药是创设不允许性风险,有副作用的药很多,但是为了治疗一些疾病,这样的副作用无法规避,国家允许有某种副作用药物的流通,医生被允许将其开给病患,那么这样的风险便是被允许的。例如甲氟喹是一种用来预防和治疗疟疾的药物,这种药物会引起严重的副作用,引发可怕的幻觉,能够使得服用者像精神病患者一样作出暴力行为;治疗肌肤过敏的外用苯海拉明过量使用会对神经系统有刺激作用,严重的可引起精神错乱、呼吸困难、低血压、抽搐等,这些药物至今仍在使用。医生对病患所负有的关怀义务是充分了解病患的病情,并对症下药进行治疗,如果药物有副作用或者使用的禁忌,就向患者清楚地说明。当患者不按照医生的说明滥用药物时,不允许性风险才会出现。这一风险由被害人本人创设,由其本人管辖,给自己造成伤害的,在刑法上不能将结果归属于医生。否则,医生便如罗克辛教授所说的,永远把一只脚踏在监狱里了。[28] 法规范只能要求医生使用职业技能使看病的患者免受疾病的折磨,并不能要求医生保护他免受他自己的伤害。例如,我国的止咳水,其中含有磷酸可待因、盐酸麻黄碱等成分,能够让持续服用的人上瘾,大量服用会产生幻觉及头晕目眩、心跳过速等不良反应,损害内脏及神经系统,这种中毒性精神障碍可致服用人神智失常、自虐甚至自杀。但是国家并未禁止止咳水的销售,患者出示医生的处方即可购买,若有患者确实出现咳嗽等症状,得到医生处方后,多次购买止咳水而不使用,为

---

〔28〕 参见〔德〕克劳斯·罗克辛:《德国刑法学总论》(第1卷),王世洲译,法律出版社2005年版,第265页。

达到吸食毒品一样的快感积攒多瓶止咳水同时服用,最后因大量滥用止咳水,造成心脏骤停,窒息死亡。这样的结果无疑应由该患者自我答责,而不能要求开止咳水处方的医生为此承担刑事责任。

(三)日常生活中的危险接受

还有一些日常生活中可能出现的其他类型的危险接受案例没有包括在上述讨论中,例如艾滋病感染案,艾滋病是一种可能导致患病者免疫系统崩溃、最终死亡的严重传染病,可以通过血液、母婴和性行为传播,这些知识在全世界范围内已经得到广泛的推广,即便是没有医学专业背景知识的普通成年人,也会对这种疾病有最基本的认识和了解。如果一名艾滋病患者已经如实详细地向自己的性伙伴告知其患有艾滋病的事实,并说明了性行为可能导致传染的危险,就已经履行了必要的告知义务,在已知上述信息的情况下,健康的一方对于危险有必要的洞察能力和确定的认识,完全可以在自己意志自由的情况下作出是否采取保护措施的决定,对于这样一种性接触的危险,被害人应当且完全能够为自己的身体健康与安全负责,当被害人自愿接受无保护措施性交时,行为人传播艾滋病的风险便不再是法所不允许的。法律不能对性行为其中一方提出不顾对方意愿也要保护对方身体健康安全的义务,在双方均掌握彼此健康状况信息时,作为平等且不存在保护对方的法义务根据的个体,每个人只需要对自己的身体健康负责。异言之,在双方对危险性行为有着相同程度认识的情况下,即便是携带了高致病风险病毒的一方,只要没有强迫另一方的意思和行为,双方自愿性交随时都可以自主选择中止或继续时,则并未创设任何法所不容许的危险。客观存在的感染危险即便现实化为患病结果也不应进入刑法评价的视野。但在以下两种情形,行为人创设的是不允许性危险:①行为人在一段无保护措施的性接触中向被害人隐瞒自己携带艾滋病毒的事实;②被害人因为年龄过小不具备刑法上的罪责能力,那么即便其同意也视为无效,危险的创设依然不被允许。同样是性接触中的对危险行为的接受,实务中也值得讨论的是性虐待案件。例如在“李宁过失致人死亡案”[29]中,被告人李宁约相识的被害人王某提供性服务,两人在日租房内独处时,李宁提出要玩“SM(性虐待)”游戏,王某同意后,李宁用事先购买的胶带将王某的头部(露出嘴)、脚部、手部、腿部缠上,10分钟后王某说:“心脏病,快买药……”后倒在床上,李宁见状扯掉胶带,从楼下药房买速效救心丸给王某含着,并对王某做人工呼吸、扇嘴巴等实施抢救,但未奏效,王某死亡,司法鉴定中心出具的鉴定书中,指出王某是由于机械性窒息死亡。在“肖慧过失致人死亡案”中无疑可以肯定结果的归责,被告人肖慧在并无麻醉师资格的情况下,采用吸入式麻醉方法对被害人进行“性虐待”。无资质却在被害人身上使用专业的麻醉方法所创设的风险是不允许性风险,最终现实化为损害结果,应当

---

〔29〕 参见辽宁省铁岭市银州区人民法院(2018)辽1202刑初191号刑事附带民事判决书。

将该结果归属于被告人。而在李宁过失致人死亡案中,情况会更为复杂,因为这里介入了一个被害人患有被告人不知情的心脏病的因素。李宁过失致人死亡案中,被告人实施的是用胶带捆绑被害人的四肢和头部并使其露出用于呼吸的嘴部,通常情况下,短时间内的捆绑并不会产生致人死亡的风险,只是一种常见的"性虐待"手法,危险程度较低。被告人提议后获得了被害人的同意,并且事前被害人并未告知被告人自己患有心脏病这一事实。一方面被告人的"性虐待"手法并不异常亦没有高度的致死风险,另一方面其对于被害人的特殊体质毫不知情,缺乏对于重要事实的认识因而难以对所冒风险有全面完整的认知,被害人在这一点上较被告人而言具有更为优越的认知,应当对自己的身体状况和能接受的"性虐待"程度更加清楚,因此,综合案件的证据和事实来看,并不存在一个由被告人创设的法不容许的风险。被害人在"性虐待"行为进行10分钟后犯病,让被告人买药,被告人迅速作出了反应,扯去捆绑的胶带并喂其服用速效救心丸。虽然最后没有避免死亡结果,但笔者认为,难以肯定对于被告人的结果归责,该案最后肯定过失致人死亡罪的成立,主要原因可能是司法鉴定中心提供的被害人死于机械性窒息的结论,有疑问的是,这与该案中被告人未曾捂住被害人呼吸器官的证据相矛盾。但如果可以肯定被害人死因是心脏病发作,即便被告人的性虐待行为对于被害人发病有贡献,也不能当然肯定被告人应对死亡结果负责。

五、结　语

被害人危险接受问题是一个充满争议的新兴刑法学问题,在实务处理中,司法机关往往重被告人轻被害人,造成对被害人危险接受类型案件的处理显得较为粗糙,而缺乏深入的思考和讨论。对被害人危险接受这种在构成要件符合性阶层的结果归责上存在争论的问题,客观归责理论作为一种实质的归责理论具有独特的方法论优势。从危险创设到危险实现的整个流程,客观归责理论都有与之相对应的,可供运用的下位判断规则。将被害人危险接受的案例置于客观归责理论的分析框架中,可以全面地考察被害人与行为人形成危险共同体的诸多情况,对双方的"贡献"都予以规范地刑法评价,按照是否存在法不允许的危险、危险由谁创设、现实化的过程又处于何人的管辖范围内的判断标准,实现正面判断和反向检验的交互作用,最终确定结果的归属。危险接受问题应当限定在构成要件该当性阶层解决,如果延迟至违法性和责任阶层讨论,会导致在结果有被害人自我答责的案件中,行为人因通常亦存在主观过失而肯定过失犯罪的成立,从而过度扩张了刑事处罚范围,而使得构成要件的实行行为类型化机能丧失,不利于为国民提供行为规范的指导。相较之下,充分运用客观归责理论的正反向下位规则规范地判断是否归责的解决路径,既能够为实务处理提供简单易操作的判断方法,合理地限定刑事处罚介入的范围,又能够唤醒公民的规范意识,展示一般预防的刑罚效果,使得公民在了解存在风险的场合下,秉承负责任的态度更加审慎地行事。

[错误理论]

规范性构成要件要素认识错误的类型、层级与判断*

魏　东**、张福英***

要　目

摘　要　法律的评价要素是规范性构成要件要素中“最封闭”的类型，是法官从前置法规范中析出的行为人应当认识的“补强违法性的基础事实”，在法律的评价要素认

* 本文系四川大学法学院“双一流”建设一流学术成果培育项目资助课题“刑法解释学研究的创新发展方向”（项目批准号：sculaw20210101）的阶段性成果。

** 法学博士，四川大学法学院教授、博士生导师。

*** 法学硕士，国家税务总局四川天府新区税务局工作人员。

识错误判断中应采用“垂直涵摄”。非法律的规范性要素(文化价值的、经验法则的评价要素)相对于法律的评价要素的开放程度更高,判断的难度更低,采用“外行人的平行评价”标准即可解决非法律的规范性要素的认识错误问题。法律的评价要素认识错误判断在个案中可能演变为经验法则的评价要素错误判断,相应判断方法应由“垂直涵摄”转换为“外行人的平行评价”。

关键词 规范性构成要件要素 补强违法性的基础事实 认识错误 外行人的平行评价

对规范性构成要件要素的认识错误判断是刑法理论和实践中的重要课题,也是一个急需解决但是尚未有效解决的重大问题。毋庸讳言,此论题所涉理论问题争议较多,分歧较大,实难在一篇普通的学术论文中全面展开深入研讨。为突出重点,本文开宗明义地提出以下论说立场和问题意识:基于违法性认识必要说、违法性认识故意内容说〔1〕,兼采规范性构成要件要素的认识层级论〔2〕、规范性构成要件要素认识错误“水平的错误分类”“垂直的错误分类”〔3〕等综合立场,提出并论证规范性构成要件要素认识错误的分型判断方案,以抛砖引玉。

一、规范性构成要件要素认识错误的类型归属

规范性构成要件要素认识错误的理论困境主要源于两个因素:一是错误论中错误分类方式的多元(以及混乱),二是规范性构成要件要素中事实与规范交织的法律特征。前者是错误论课题面临的共同困难,是规范性构成要件要素认识错误研究的基础性难题。后者是规范性构成要件要素认识错误的特有困难,即规范性构成要件要素“先天”具有的价值属性导致事实与规范胶着在一起,导致事实认识错误与法律认识错误难解难分。两个因素的叠加使得规范性构成要件要素认识错误问题进一步复杂化。因此,要厘清规范性构成要件要素认识错误的性质、法律效果、判断路径等,就应当从这两个因素出发,各个击破。

(一)认识错误的分类方式

在大陆法系国家和地区,认识错误的分类方式主要有两种:一是以行为人主客观

〔1〕 相关理论争议参见车浩:《法定犯时代的违法性认识错误》,载《清华法学》2015年第4期;江溯:《规范性构成要件要素的故意及错误——以赵春华非法持有枪支案为例》,载《华东政法大学学报》2017年第6期;陈璇:《责任原则、预防政策与违法性认识》,载《清华法学》2018年第5期;蔡桂生:《违法性认识不宜作为故意的要素——兼对“故意是责任要素说”反思》,载《政治与法律》2020年第6期。

〔2〕 参见陈子平:《刑法总论》(2008年增修版),中国人民大学出版社2009年版,第130页;〔日〕前田雅英:《刑法总论讲义》(第6版),曾文科译,北京大学出版社2017年版,第156—157页。

〔3〕 参见许玉秀:《当代刑法思潮》,中国民主法制出版社2005年版,第181页。

认识不一致的对象为基准点,将认识错误分为事实认识错误和法律认识错误,这种分类又被称为“水平的错误分类”;二是以行为人发生的主客观不一致所处阶层犯罪论体系的位置为基准点,将认识错误分为构成要件错误与禁止错误,这种分类又被称为“垂直的错误分类”。[4]

在德国刑法学界,“二战”前的帝国法院一直沿袭罗马法传统将错误区分为事实认识错误与法律认识错误[5],并且将法律认识错误复区分为“刑法上的法律错误”和“刑法外的法律错误”[6]。在法律后果上,事实认识错误和“刑法外的法律错误”阻却故意的成立,“刑法上的法律错误”不影响故意的成立。随着阶层犯罪论体系在德国的兴盛,“二战”后联邦最高法院在判决中逐渐采用了构成要件错误和禁止错误之分类,并将禁止错误复区分为可避免的禁止错误和不可避免的禁止错误。而后,垂直的错误分类逐渐成为德国刑法学的通说。

在日本刑法学界,认识错误分类似乎略显随意,水平的错误分类与垂直的错误分类的“固定搭配”被打破,学者们常常混同使用事实认识错误与构成要件错误之概念,混同使用法律认识错误与禁止错误之概念。例如,在西田典之教授、大谷实教授的专著中,“事实的错误”与“违法性的错误”为一组对应概念[7];在前田雅英教授的专著中“事实的错误”与“法律(违法性)的错误”为一组对应概念[8];野村稔教授将认识错误分为“(构成要件的)事实的错误”和“违法性的错误”[9]等。值得思考的是,日本刑法学中的这种“混搭风格”并没有导致读者的误解或者错误理论的混乱,其原因在于,学者们几乎都是以法律后果为导向来使用这些概念,并且默认构成要件错误与事实认识错误的法律后果相同、违法性认识错误与法律认识错误的法律后果相同。这样看来,在日本刑法学界,水平的错误分类方式与垂直的错误分类方式似乎可以并行不悖地混同使用。

在我国台湾地区刑法学界,学者们多已摒弃水平的错误分类,转而采用垂直的错误分类方式,原因在于他们认为水平的错误分类是无效的。垂直的错误分类是我国台湾地区刑法理论目前的通说,学者们在论及认识错误时多径行使用垂直的错误分类,而不先行论证为什么作这样的分类。例如,林钰雄教授在专著中直接使用“构成要

---

〔4〕“水平的错误分类”与“垂直的错误分类”最早见于1987年德国刑法学者库伦(Kuhlen)教授的升等论文,1995年夏天,库伦教授在接受许玉秀教授的拜访时表示“这样的称呼只是出于直觉”。参见许玉秀:《当代刑法思潮》,中国民主法制出版社2005年版,第181页。

〔5〕参见许玉秀:《当代刑法思潮》,中国民主法制出版社2005年版,第180页。

〔6〕参见陈琴:《刑法中的事实错误》,中国人民公安大学出版社2008年版,第9页。

〔7〕参见〔日〕西田典之:《日本刑法总论》(第2版),王昭武、刘明祥译,法律出版社2013年版,第217—224页;〔日〕大谷实:《刑法讲义总论》(新版第2版),黎宏译,中国人民大学出版社2008年版,第159页。

〔8〕参见〔日〕前田雅英:《刑法总论讲义》(第6版),曾文科译,北京大学出版社2017年版,第143页。

〔9〕参见〔日〕野村稔:《刑法总论》,全理其、何力译,法律出版社2001年版,第306页。

件层次的错误”和“禁止错误”之表述[10]，薛智仁教授在论文中也直接使用“构成要件错误”和“禁止错误”的表达方式[11]。

我国大陆刑法学曾受到苏联刑法学的深刻影响。苏联刑法学通说将认识错误分为“法律上的错误和事实上的错误”[12]，苏联刑法学家基里钦科还将错误细化区分为“对于行为的社会危害性的错误”“对于组成犯罪构成因素的情况的错误”和“法律的错误或者法律上的错误”三类。[13] 可以说，在我国大陆刑法理论中，无论是水平的分类方式之流行，还是“社会危害性认识错误”之提出，都能够明显看到苏联刑法学的影子。

我国大陆刑法传统理论中的认识错误分类历来是按照水平的错误分类方式进行的，这与“二战”前的德国刑法学以行为人认识错误的对象为依据进行分类的方式是一致的。随着阶层犯罪理论对我国大陆刑法学的影响日益深刻，学者们逐渐接纳并使用垂直的错误分类之概念，例如高巍教授在2011年的文章中使用了“行为构成错误”与“禁止错误”之表述。[14] 两种错误分类的共同点在于，在法律后果上事实认识错误、构成要件错误阻却故意，禁止错误（违法性认识错误）、法律认识错误不阻却故意，仅在极特殊的情况下例外地阻却责任。同时，在论著中，我们常能看到混用事实认识错误与构成要件错误，混用违法性认识错误、禁止错误、法律认识错误之情形，正如江溯教授所指出的，我国大陆刑法学界认为，水平的错误分类与垂直的错误分类似乎没有本质区别。[15]

通过梳理大陆法系国家和地区的刑法学的错误分类方式的沿革可以看到，水平的错误分类方式作为更“古老”的智慧似乎正逐渐被抛弃，垂直的错误分类越来越受到青睐，即便是在两种分类方式没有什么实质区别的刑法学语境中，学者们也越来越青睐构成要件错误、禁止错误之类的概念，而不是事实认识错误与法律认识错误的概念。然而，对错误分类方式的梳理与选择是解决认识错误问题的基础性工作，要解决我国大陆刑法学语境中规范性构成要件要素的认识错误问题，有必要厘清水平的与垂直的错误分类各自的理论支撑点，明确两种方式的区分实益，选择适合我国大陆刑法学的错误分类方式。

---

[10] 参见林钰雄：《新刑法总则》，元照出版有限公司2018年版，第142页。

[11] 参见薛智仁：《禁止错误法律效果之初探——为故意理论辩护》，载刘明祥、张天虹主编：《故意与错误论研究》，北京大学出版社2016年版，第239—272页。

[12] [苏]H. A. 别利亚耶夫、[苏]M. N. 科瓦廖夫主编：《苏维埃刑法总论》，马改秀、张广贤译，群众出版社1987年版，第165页。

[13] 参见[苏]基里钦科：《苏维埃刑法中错误的意义》，蔡枢衡译，法律出版社1956年版，第21页。

[14] 参见高巍：《论规范的构成要件要素之主观明知》，载《法律科学（西北政法大学学报）》2011年第3期。

[15] 参见江溯：《规范性构成要件要素的故意及错误——以赵春华非法持有枪支案为例》，载《华东政法大学学报》2017年第6期。

(二)规范性构成要件要素认识错误的分类方式

水平的错误分类与垂直的错误分类在法律效果上具有一定的对应性,因此在通常情况下,混用水平的错误分类与垂直的错误分类并无大碍,但是规范性构成要件要素认识错误恰恰是一个例外。垂直的错误分类会使规范性构成要件要素认识错误之判断流于形式,而且它以行为人认识错误的对象所处犯罪论阶层的位置为划分依据,我国大陆刑法缺乏阶层理论的肥沃土壤。相反,水平的错误分类是以行为人认识错误的对象是客观事实还是规范进行划分的,恰好切中规范性构成要件要素"事实"与"规范"交织的法律特征,更有利于对症下药地解决认识错误问题。笔者认为,对于规范性构成要件要素,水平的错误分类与垂直的错误分类确有区分实益,我国大陆刑法学应当回归"古老"的智慧——水平的错误分类方式。

1. 垂直的错误分类难获实益

不论是水平的错误分类还是垂直的错误分类,都涉及一个相同的法律后果的问题,区分错误分类方式的实益就在于一旦确定了错误类型,就应当有确定的法律效果。在绝大多数情况下,事实认识错误与构成要件错误对应阻却故意,禁止错误与法律认识错误对应"不阻却故意",也不影响刑事责任的承担。但是,正是那些极少数的情况能够让我们看到水平的错误分类与垂直的错误分类的区分实益,它们也正是检验错误分类方式是否合理有效的试金石,这些极少数的情况包括规范性要件要素认识错误。将水平的错误分类与垂直的错误分类方式合并考察,参见表 1。[16]

表 1　不同错误分类方式考察情况

<table>
<tr><td rowspan="2"></td><td rowspan="2"></td><td colspan="2">水平的错误分类</td></tr>
<tr><td>事实认识错误</td><td>法律认识错误</td></tr>
<tr><td rowspan="2">垂直的错误分类</td><td>构成要件错误</td><td>对象错误
打击错误
因果关系错误</td><td>涵摄错误</td></tr>
<tr><td>禁止错误
(违法性错误)</td><td>阻却违法事由前提事实错误</td><td>直接禁止错误
间接禁止错误</td></tr>
</table>

通过表 1 可以发现,在垂直的错误分类下,事实认识错误中,有属于构成要件错误的,也有属于禁止错误的,换言之,构成要件错误与事实认识错误并非全等关系,同样,在水平的错误分类下,禁止错误与法律认识错误也并非全等关系。另外,表 1 直观地展现了构成要件错误并不都能起到阻却故意的效果,禁止错误也可能影响到犯罪故

〔16〕 参见许玉秀:《当代刑法思潮》,中国民主法制出版社 2005 年版,第 183 页。

意的成立。以阻却违法事由前提事实认识错误为例,阻却违法事由前提事实认识错误指的是行为人错误地以为行为时存在阻却行为违法性的事实,如“假想防卫”和“假想避险”。从垂直的错误分类来看,阻却违法事由的判断存在于违法性阶层,因而应当属于违法性错误,不阻却刑事责任的承担。但是,在法律效果上学者们难以接受这一结论,为了缓和这一矛盾,学者们将阻却违法事由前提事实认识错误作为特殊的认识错误类型进行处理。除严格罪责说将其认定为(也许是不可避免的)禁止错误以外,严格故意说、修正的故意说、限制罪责说和消极的构成要件要素理论都认为阻却违法事由前提事实认识错误阻却故意〔17〕,即违法性层面的认识错误也产生了构成要件错误的法律效果。垂直的错误分类方式在法律效果上存在交叉,垂直的错误分类的分类归属与法律效果没有必然的关联性。〔18〕

再看规范性构成要件要素的认识错误问题。由于它常常与涵摄错误纠缠在一起,垂直的错误分类带来的争议更大。规范性构成要件要素位于构成要件符合性阶层,当行为人对构成要件要素的内涵和涵摄范围的理解与刑法规定不一致时,就产生了认识错误。但有学者认为在这种情况下,行为人对于构成要件事实并未出现认识错误,只是因为对于法律规定在刑法解释意义上的错误,致生误会,也就是说这其实是涵摄错误。例如在法律的评价要素中,行为人的见解依赖于他如何理解作为逻辑前提的前置法规范,一旦对前置法规范理解错误,行为人必然对整个法律的评价要素产生认识错误。但是,对前置法规范的理解本身也是对构成要件的解释,法律上的价值判断问题是专属于法官处理的问题,行为人对法规范的评价不影响法规范对他的评价〔19〕,因此,涵摄错误不影响故意的成立。从垂直的分类方式来看,涵摄错误虽然是发生在构成要件层面的错误,但却产生了违法性错误的法律效果(涵摄错误不影响故意的成立),这再次证明了垂直的错误分类的分类归属与法律效果无必然联系。

2. 垂直的错误分类使性质判断流于形式

垂直的错误分类除了存在法律效果不确定而不具有区分实益的问题,更严重的是它会使规范性构成要件要素认识错误的判断几乎成为一个形式判断。按照垂直的错误分类方式,只要确定了要素在阶层犯罪论体系中的地位,就能判断出认识错误的性质,所以规范性构成要件要素的判断就变得简单——记述性与规范性构成要件要素共同勾画出不法行为的轮廓,规范性构成要件要素处在构成要件阶层,因此按照垂直的错误分类,其认识错误属于构成要件错误。从错误论的另一个侧面——“故意论”判断也能得出这个结论,例如陈子平教授认为,“故意之认识对象”及于“构成要件之记述要

---

〔17〕 参见〔德〕乌尔斯·金德霍伊泽尔:《刑法总论教科书》(第6版),蔡桂生译,北京大学出版社2015年版,第278—281页。

〔18〕 参见许玉秀:《当代刑法思潮》,中国民主法制出版社2005年版,第185页。

〔19〕 参见黄荣坚:《基础刑法学》(第3版),中国人民大学出版社2009年版,第274—275页。

素之事实与规范要素之事实整体”,那么对规范性构成要件要素的认识欠缺与错误当然能够阻却故意。[20]

如果规范性构成要件要素认识错误是构成要件错误,那么按照通说观点就应一律阻却故意,当相应犯罪不处罚过失犯时,行为人将彻底不构成犯罪。然而,这是不可想象的——除了法官,几乎没有人能精准地解释法律,所以在每个案件中都能找到行为人对某一要素的认识与法律规定不一致的情况,规范性构成要件要素可能成为行为人无罪辩护的“黄金通道”与“尚方宝剑”,刑法显然不可能允许这样的情形发生。于是,持垂直的错误分类观点的学者提出了一个折中路径来解决这一问题,即总体上承认规范性构成要件要素的认识错误,然后通过引入“外行人的平行评价”的标准来细化区分,认为只要站在行为人所属的社会一般人角度能够认识到规范性构成要件要素的基础事实,即便行为人“没有认识”到规范性构成要件要素的违法性、法律概念或者具体的刑罚法规,都不影响故意的成立,从而限缩出罪的空间。笔者认为,一方面,这种处理方式在逻辑上有自相矛盾之嫌,既然已经认定规范性构成要件要素的认识错误阻却故意,又为何能够对规范性构成要件要素的内涵进行细分,并认定对部分内涵的认识错误不能阻却故意?另一方面,这种处理方式有偷换概念之嫌,既然从错误论的角度出发已经得出了确定地阻却故意的结论,又为何从故意论出发降低认识要求,认为规范性构成要件要素的违法性、法律概念、具体条文等不需要行为人认识,即便认识错误也不影响故意的成立?这实际上是偷换“认识错误”和“认识”两个概念的文字游戏,企图堵住垂直的错误分类方式带来的逻辑漏洞。

3. 水平的错误分类更具优越性

从错误分类归属与法律效果的联系来看,水平的错误分类体现了一定的优越性,尤其是在对阻却违法事由前提事实的认识错误和涵摄错误的认定上。其一,阻却违法事由的前提事实的认识错误是对事实的认识错误,理论通说也认为行为人发生这种认识错误能够阻却故意犯罪;其二,在涵摄错误中行为人对构成要件的法律意义的误解,属于法律认识错误,不影响刑事责任的承担。这与事实认识错误阻却故意、法律认识错误不免责的基本原理相符合,即在水平的错误分类中,错误类型归属与法律效果具有确定的对应关系。

在规范性构成要件要素的认识错误上,水平的错误分类更体现了其优越性。事实认识错误的本义是“行为人不知道他在做什么”(事实),而法律认识错误的本义是“行为人不知道他所做的事情是错误的”(法律)[21],当行为人不知道自己在做什么,即便其所为被认为是错误的,也不能说行为人是故意在做错误的事,这便是事实认识错误阻却故意的逻辑。规范性构成要件要素是由规则创制的,体现为一种与“自然的行为

---

〔20〕 参见陈子平:《刑法总论》(2008年增修版),中国人民大学出版社2009年版,第130页。

〔21〕 参见许玉秀:《当代刑法思潮》,中国民主法制出版社2005年版,第186页。

事实”相对应的“制度性的行为事实”[22],其显著特征是事实与制度(或者规范)交织在一起,那么只要区分清楚规范性构成要件要素中何为事实、何为制度,就能够区分事实认识错误与法律认识错误。质言之,只要找到了规范性构成要件要素中事实与规范的界限,就找到了规范性构成要件要素错误中事实认识错误与法律认识错误的界限。

综上所述,水平的错误分类是比垂直的错误分类更有效的分类方式。一方面,它坚持了事实认识错误遵循特有的一套处理方式,法律认识错误遵循“另一套”处理方式,错误归属与法律效果具有对应性和确定性,因而具有刑法上的区分实益。另一方面,在规范性构成要件要素认识错误中,水平的错误分类直接抓住了规范性构成要件要素“事实”与“规范”交织这一“命门”,只要清楚区分其中的事实与规范,就能明确事实认识错误与法律认识错误的界限。

二、规范性构成要件要素认识错误的层级划分

规范性构成要件要素存在“事实”与“规范”交织的特征,只有厘清这一特征,明确从“事实”到“规范”完整的认识层级,才能够找到事实认识错误与法律认识错误的界限。

(一)规范性构成要件要素“事实”“规范”的交织特征与理论构造

通过对规范性构成要件要素在犯罪论体系中的诞生及发展史的考察,我们可以发现,规范性构成要件要素中事实与规范交织的特征是与生俱来的“事物本质”。

规范性构成要件要素在犯罪论中的命运是“不幸”的。一开始,它被淹没在浩瀚的刑法理论中而未被人发现,在贝林格、李斯特创立的古典三阶层犯罪论体系中,所有构成要件都是客观的、外在的、价值中立的。作为“中性无色的、客观的、记述的行为类型”[23],构成要件仅仅是对行为进行价值评价的基础,而非价值评价本身,在这里没有规范性构成要件要素生存的空间。接着,迈耶发现了规范性构成要件要素,他在继承贝林格构成要件理论的基础上,“借由对构成要件与违法关系的开创性认识,确立了由法官评价为必要的规范构成要件要素的观点”[24],从而加强了规范性构成要件要素与违法性的关联。但迈耶对规范性构成要件要素的阐述有明显不足之处,正如日本学者小野清一郎所说的那样,迈耶“将构成要件相符性和违法性及责任并列起来考虑,且在它们中间划出排他性界线”[25],他所承认的规范性要素既含有违法性的评价又不属于

---

〔22〕 参见〔德〕乌尔斯·金德霍伊泽尔:《刑法总论教科书》(第6版),蔡桂生译,北京大学出版社2015年版,第73—74页。

〔23〕 杨剑波:《规范的构成要件要素初探》,载《中国刑事法杂志》2007年第1期。

〔24〕 王昭振:《类型思维:刑法中规范构成要件要素存在的法理根据》,载《法制与社会发展》2009年第1期。

〔25〕 〔日〕小野清一郎:《犯罪构成要件理论》,王泰译,中国人民公安大学出版社2004年版,第51—55页。

纯粹的违法性要素,同时也不属于纯粹的构成要件要素[26]。再后来,随着构成要件理论的不断发展,古典三阶层体系逐渐被动摇,阶层犯罪理论经历了从行为类型说到违法类型说、违法责任类型说的发展,三种学说的共识是认为构成要件是违法行为的类型化,此时,"要求构成要件本身能够被客观外在的事物的不法因素一一进行纯粹的描述是不可能的"[27],在犯罪构成要件中必然存在相当多的规范性构成要件要素。

由此可见,规范性构成要件要素的历史价值就在于连接客观事实和构成要件。一方面,作为构成要件要素的一种类型,它并不是脱离客观事实完全虚构出来的,它必须指向行为人、行为对象、行为时间、行为地点、犯罪工具、犯罪后果等要素,对客观现实进行描述和呈现。另一方面,规范性构成要件要素又不是纯粹的事实性描述,它具有主观化、价值化之特征。梅茨格尔认为规范性构成要件要素的主要作用有两方面:一是为建立客观秩序而表明法律禁止的对象;二是作为法基准的评价规范[28],规范性构成要件要素的含义需要由法官根据价值判断进行补充,这种主观化的努力在一定程度上侵蚀了客观事实的范围,导致客观事实与评价规范交织在一起。一直以来,"人们一直顽固地坚守事实非价值的观念"[29],认为从"是"中不能推论出"应当"(这也正是水平的错误分类能成为一种独立错误分类方式的原因),但如果"是"本身就是一种"应当"或者"是"与"应当"附着于同一要素时,就另当别论了。在规范性构成要件要素中,客观事实与评价规范相交织,甚至要素本身就表现为某一特定的规范,"是"与"应当"的界限似乎被打破,正因如此,在规范性构成要件要素中区分事实认识错误与法律认识错误成为一项艰巨的任务。

基于对规范性构成要件要素发展历史的考察,可以更为清晰地厘清规范性构成要件要素的理论构造。长期以来,学者们乐于把规范性构成要件要素与记述性构成要件要素放在一起进行考察,通过两者的对比来定义规范性构成要件要素,目前学界主要形成了三种观点:价值判断说、逻辑前提说、价值补充说。

第一种观点是价值判断说。该说认为,在构成要件存在与否的判定上,规范性构成要件要素需要进行价值判断。例如,大塚仁教授认为,"只以裁判官进行认识活动为已足的,称为记述的构成要件要素;要求规范的、评价的行为的,称为规范的构成要件要素"[30];张明楷教授认为"规范的要素要求的是一种精神上的理解","所谓需要精

---

[26] 参见王昭振:《犯罪构成视野下规范的构成要件要素基础理论研究》,中国检察出版社 2008 年版,第 35 页。

[27] 杨剑波:《规范的构成要件要素初探》,载《中国刑事法杂志》2007 年第 1 期。

[28] 参见蔡桂生:《梅茨格尔犯罪阶层体系的新康德主义根基》,载《清华法学》2009 年第 6 期;韩忠谟:《构成要件与刑法理论之体系》,载蔡墩铭主编:《刑法总则论文选集(上)》,五南图书出版公司 1984 年版,第 169 页。

[29] 文海林:《论罪刑法定的事实明确》,中国政法大学出版社 2016 年版,第 13 页。

[30] [日]大塚仁:《刑法概说(总论)》(第 3 版),冯军译,中国人民大学出版社 2003 年版,第 131 页。

神上的理解,是指需要通过价值判断或者由社会规范或者法律规范来确定"[31]。此外黎宏教授[32]、阮齐林教授[33]、于世忠教授[34]及陈子平教授[35]等都持这一观点。

第二种观点是逻辑前提说。逻辑前提说认为,对规范性构成要件要素的理解必须以一定的规范作为逻辑前提,核心思想是规范性构成要件要素的内涵是开放的,必须借助法规范或者其他规范才能确定其规范含义与违法性。逻辑前提说是目前刑法学界的通说观点。卡尔·恩吉施认为,法律概念都是"价值有涉"的,每一个法律概念的"内容和范围都关涉着特殊的法律价值思想",而规范性构成要件要素是需要在某种规范中固定其意义内容的概念,"这些规范可能出自法或道德或一个其他的文化领域"[36];意大利刑法学者帕多瓦尼则旗帜鲜明地指出,"所谓'规范性因素',则是指必须根据某种特定标准进行价值判断的因素"[37];而在德国刑法学者乌尔斯·金德霍伊泽尔看来,规范性构成要件要素"是由规则创制的,只有通过援用创制这些要素的规则(规范)才能够确定"[38];耶赛克教授则认为规范性构成要件要素是"针对仅在符合规范的逻辑条件下才被设想和考虑的事实"[39]。

第三种观点是价值补充说。晚近有学者提出了价值补充说,认为在构成要件要素的存在与否上,应当以法官的价值补充是否为必要作为划分记述性构成要件要素与规范性构成要件要素的依据。不论是记述性构成要件要素还是规范性构成要件要素都有一定的判定标准(通说所认为的规范的逻辑前提),真正使二者得以区分的是逻辑前提发挥作用的形式——在记述性构成要件要素中,所有的判定标准都由立法者预先设定,法官只需要根据该评价标准经法定的认识活动即可判定,且评价标准一经确定,不论是法官还是一般人都会得出相同的结论。而在规范性构成要件要素中,"尽管立法者确定有一定的解释或者判定标准,但还需要法官进行必要的社会文化、道德的价值补充的情况"[40]。

以上三种观点对规范性构成要件要素的构造进行了不同的诠释,但通过梳理可以发现,三种学说都肯定了规范性构成要件要素"先天性"地蕴含评价内容或者某种价值

---

〔31〕 张明楷:《刑法原理》(第2版),商务印书馆2017年版,第79页。

〔32〕 参见黎宏:《日本刑法精义》(第2版),法律出版社2008年版,第79页。

〔33〕 参见阮齐林:《刑法学》(第3版),中国政法大学出版社2011年版,第65页。

〔34〕 参见于世忠主编:《中国刑法学总论》(第3版),厦门大学出版社2017年版,第74页。

〔35〕 参见陈子平:《刑法总论》(2008年增修版),中国人民大学出版社2009年版,第109页。

〔36〕 〔德〕卡尔·恩吉施:《法律思维导论》(修订版),郑永流译,法律出版社2014年版,第135—136页。

〔37〕 〔意〕杜里奥·帕多瓦尼:《意大利刑法学原理》(注评版),陈忠林译评,中国人民大学出版社2004年版,第99页。

〔38〕 〔德〕乌尔斯·金德霍伊泽尔:《刑法总论教科书》(第6版),蔡桂生译,北京大学出版社2015年版,第73页。

〔39〕 〔德〕汉斯·海因里希·耶赛克、〔德〕托马斯·魏根特:《德国刑法教科书》,徐久生译,中国法制出版社2017年版,第365页。

〔40〕 王昭振:《论规范构成要件要素的刑法内涵与类型》,载《法学评论》2009年第2期。

关系。〔41〕不论是价值判断说提出的“精神上的理解”,逻辑前提说提出的“以一定规范作为逻辑前提”,还是价值补充说提出的“需要进行社会文化、道德的价值补充”,都体现了规范性构成要件要素中最重要的非物理性的载体、事实性的描述,以及附着在这之上的法律功能和社会意义,规范性构成要件要素中的价值评价对于要素本身来说是不可剥离的。在规范性构成要件要素的所有类型中,事实与规范交织的特征表现最明显的是法律的评价要素。

(二)规范性构成要件要素“事实”“规范”交织一体的认识层级判断

规范性构成要件要素的显著特征是事实与法律的交织,其认识错误判断的核心在于分别划定“事实”和“规范”的范围。由于从事实到规范存在一个交错过渡的地带,在规范性构成要件要素的认识中,从对“事实”的认识到对“规范”的认识就呈现层级特征,即行为人先要知道自己在做什么(事实判断),然后才谈得上他对自己正在做的事情的对错判断(违法性判断),先有事实的认识,才会有具体的违法性认识。

规范性构成要件要素的认识层级可进行进一步的细化。根据行为人认识程度的高低,可以将其认识内容划分为多个层级,这对认识错误之判断是极其重要的。在刑法理论上,学者们大多将规范性构成要件要素的认识分为三个层级(或者四个层级),其中陈子平教授、山口厚教授和前田雅英教授的观点较具有代表性,将其进行合并观察,如表2所示。〔42〕

表2 规范性构成要件要素认识层级细化情况

	陈子平	山口厚	前田雅英
第一层级	物体之认识	裸的自然事实之认识	直接(裸)的事实之认识
第二层级	意涵之认识	含义之认识	构成要件重要部分的意义之认识 (使违法性的意识成为可能的认识)
第三层级	违法之认识	法律概念适用之认识	违法性之认识
第四层级	—	—	具体条文之认识

前田雅英教授的四层级划分法在三层级划分法基础上增加了“对具体条文的认识”,前三个层级与三层级划分法实际上是一一对应的。从整体上看,四层级划分法更为完整,因此我们将以前田雅英教授的四层级划分法为例来说明规范性构成要件要素

〔41〕 参见张建军:《论规范的构成要件要素的明确性》,载《当代法学》2012年第5期。

〔42〕 参见陈子平:《刑法总论》(2008年增修版),中国人民大学出版社2009年版,第130页;〔日〕山口厚:《刑法总论》(第3版),付立庆译,中国人民大学出版社2018年版,第202—204页;〔日〕前田雅英:《刑法总论讲义》(第6版),曾文科译,北京大学出版社2017年版,第156—157页。

中“事实”与“规范”的划分问题，进而明确规范性构成要件要素中事实认识错误与法律认识错误的界限。

客观来看，从“直接(裸)的事实”到“构成要件重要部分的意义”，再到“违法性”，最后到“具体条文”，构成了一个从事实到规范的完整过程。划分规范性构成要件要素认识层级能够在一定程度上简化认识错误的问题，认识层级同时也是检验行为人认识程度的顺序，即首先检验行为人对“直接(裸)的事实”的认识，其次检验对“构成要件重要部分的意义”的认识，再次检验对“违法性”的认识，最后检验对“具体条文”的认识。详言之，如果行为人对“直接(裸)的事实”没有认识或者认识错误时，就不必检验行为人对后三个层级的认识情况；如果行为人对“直接(裸)的事实”有正确认识，但对“构成要件重要部分的意义”没有认识或者认识错误时，就不必再判断后两个层级的认识情况，其他两种情况同理。

在这四种认识情况中，对两种情况下的认识错误学界已基本达成共识：其一，“直接(裸)的事实”是物理性的载体或者客观存在，对规范性构成要件要素中“直接(裸)的事实”的认识错误构成事实认识错误，阻却故意之成立；其二，“具体的条文”毫无疑问属于“规范”的范畴，对具体刑罚法规的认识错误应当属于法律认识错误，不影响故意的成立。这样一来，剩下的“构成要件重要部分的意义”和“违法性”中的某一个层级就必然承担了区分事实认识错误和法律认识错误的任务。

1. 对“违法性”的认识错误

根据认识层级体现出的顺序，关于“违法性”的认识错误要讨论的问题实际上是“当行为人具备对‘直接(裸)的事实’和‘构成要件重要部分的意义’的正确认识，并且对‘违法性’没有认识或者产生认识错误时，行为人成立何种错误类型?”在前田雅英教授的四层级划分法中，第三层级中的“违法性”是指“行为的法律评价”〔43〕，而刑法中对“行为的法律评价”是“行为是否违反了刑法之规定”，也就是形式违法性。因此，对“违法性”的认识错误就是对形式违法性的认识错误，从错误论的反面来看，这个问题就简化为“规范性构成要件要素故意的成立是否需要具备对形式违法性的认识”。笔者认为，行为人对形式违法性的认识错误不影响故意的成立。

一方面，行为人可能认识到形式违法性，但没有认识到“其具体行为系法律所禁止的对象”，这便不能认定为“有意识地违反法律”〔44〕，亦即不能认定其有意识地制造了具有违法性的基础事实。在个案中，行为人对法规范的模糊印象，乃至对形式违法性的明确认识不能替代行为人对具体案件基础事实的违法性意识。另一方面，行为人知道自己制造了具有违法性的基础事实，但可能没有认识到形式违法性。例如，在基于

〔43〕 参见〔日〕前田雅英：《刑法总论讲义》(第6版)，曾文科译，北京大学出版社2017年版，第157页。

〔44〕 参见薛智仁：《禁止错误法律效果之初探——为故意理论辩护》，载刘明祥、张天虹主编：《故意与错误论研究》，北京大学出版社2016年版，第250页。

假想防卫而杀人的行为中,行为人虽然认识到将匕首插进对方的胸膛是对他人的侵害(认识到了具有违法性的基础事实),但他误以为该行为是正当防卫而被刑法上所允许(没有认识到形式违法性),然而没有认识到形式违法性并不阻却构成要件故意的成立。

2. 对"构成要件重要部分的意义"的认识错误

既然已经明确了对"违法性"的认识错误属于法律认识错误,那么最重要、最复杂的一步就是考察行为人对"构成要件的重要部分的意义"的认识错误。按照认识层级的检验顺序,这个问题实际上是"当行为人具有对'直接(裸)的事实'的正确认识,并且对第二层级'构成要件的重要部分的意义'没有认识或者产生认识错误时,行为人成立何种错误类型"。

大谷实教授认为,关于规范性构成要件要素的事实不是纯粹的事实,而是"对事实的评价或者判断"〔45〕,"对事实的评价或者判断"就是前田雅英教授四层级划分法中的"构成要件重要部分的意义"。前田雅英教授认为,对"构成要件重要部分的意义的认识"是指"对社会性的、规范性的意义的认识",也指"使违法性的意识成为可能的认识"〔46〕。以故意杀人行为为例,"直接(裸)的事实"是"将利刃刺入了对方胸膛的物理过程",而使违法性的意识成为可能的认识是指"行为人还认识到将利刃刺入对方的胸膛意味着'杀人'"。他据此还认为,规范性构成要件要素的外延非常模糊,只有认识到"构成要件重要部分的意义",行为人才可能对违法性形成反对动机,刑法才可能对行为人进行故意的非难。基于规范性构成要件要素的"构成要件规定的不完整性"和"违法性判断的开放性"〔47〕,如果行为人缺乏对"构成要件重要部分的意义"的认识,就成立事实认识错误,阻却故意。这样一来,"构成要件重要部分的意义"的作用恰恰就在于立足于社会一般人的常识理解,对"直接(裸)的事实"进行社会功能、规范意义的补充评价或者判断,从而使行为人的违法性意识成为可能,那么"构成要件重要部分的意义"就是指补强违法性的基础事实。接下来需要进一步探讨,"什么样的事实是能够补强违法性的基础事实?"

第一,补强违法性的基础事实不是补强形式违法性的基础事实。在规范性构成要件要素中,对形式违法性的认识错误属于法律认识错误,印证或者补强形式违法性的基础事实与故意的成立无关,它只在认定了法律认识错误的前提下影响行为人刑事责任的减轻。以公民的识法能力为例,识法能力体现行为人对行为形式违法性的认识程度,是判断行为人形式违法性程度的基础事实。唐稷尧教授提出,在规范性构成要件

---

〔45〕〔日〕大谷实:《刑法讲义总论》(新版第2版),黎宏译,中国人民大学出版社2008年版,第162页。

〔46〕〔日〕前田雅英:《刑法总论讲义》(第6版),曾文科译,北京大学出版社2017年版,第156页。

〔47〕王昭振:《规范构成要件要素与开放构成要件关系之辩证》,载《大连海事大学学报(社会科学版)》2009年第1期。

要素中要将"一般人的立场和个体特定的识法能力相结合",判断行为人是否构成事实认识错误〔48〕,笔者认为这一观点是不妥当的。事实认识错误必须结合个案具体判断,而识法能力是一个长期的、概括的、稳定的判断,它无法与个案形成对应。在司法实践中,对识法能力的判断依据包括法规范的时间性、地域性以及行为人的生活背景、教育背景和职业背景等,这些事实与行为人对具体个案的认识可能性是无关的。赵春华认识到"在我国持有枪支是被严厉禁止的",因而她具有完全的识法能力,但是,在个案中她没有意识到自己"摆设射击气球摊"的行为正是持有枪支就说明了这一点。由此可见,补强形式违法性的基础事实与形式违法性本身一样,完全可能脱离具体案件,行为人对补强形式违法性的基础事实的认识与行为人对自己行为的评价无关。因此,在规范性构成要件要素中,补强形式违法性的基础事实不是补强违法性的基础事实。

第二,补强违法性的基础事实是补强实质违法性的基础事实,但不是实质违法性本身。规范的构成要件要素并非完全受制于立法理性,社会生活本身赋予规范性构成要件要素实质的内涵〔49〕,应当从实质违法性角度去发现补强实质违法性的基础事实的含义。首先,对"补强实质违法性的基础事实"的认识不是对"实质违法性"的认识。实质违法性在中国刑法语境下的表达是社会危害性,而社会危害性是法官根据基础事实对行为性质所作的否定评价,是法官的评价而非行为人的评价,"如果要求行为人认识到基础事实的实质违法性,那么会不当阻却构成要件故意"〔50〕。例如,在正当防卫的场合,甲出于防卫之目的杀害乙,若社会危害性之认识是必要的,则甲不具有故意,甲的行为阻却构成要件成立,这与三阶层犯罪论构造关于"正当防卫是阻却违法事由"的观点不符合,正如前田雅英教授所说的那样,"本着杀意实施正当防卫时,杀意并没有消失"〔51〕。其次,补强违法性的基础事实是指能够体现法的价值、社会功能或者规范意义的基础事实。在规范性构成要件要素中,有些自然事实(裸的事实)不能体现社会危害性,作为法律评价之素材的自然事实,仅是要素的物理载体而已,不能满足故意的认识要求,因此还需要通过体现要素的法律意义、社会功能的基础事实来补强行为的实质违法性。金德霍伊泽尔教授提出:"若要认识到规范性构成要件要素的特征,必须还要理解到该要素的法律或者社会之功能,因而,在具有规范性构成要件要素时,行为人必须认识到所涉客体所承担的相关实际用途,才能成立故意。"〔52〕例如,在

〔48〕 参见唐稷尧:《论犯罪成立要件中规范性要素之认识错误及其判断路径》,载《政治与法律》2019年第1期。

〔49〕 参见王昭振:《论规范构成要件要素司法诠释的标准与方法》,载陈兴良主编:《刑事法评论》(第23卷),北京大学出版社2008年版,第365页。

〔50〕 柏浪涛:《规范性构成要件要素的错误类型分析》,载《法商研究》2019年第1期。

〔51〕 〔日〕前田雅英:《刑法总论讲义》(第6版),曾文科译,北京大学出版社2017年版,第165页。

〔52〕 〔德〕乌尔斯·金德霍伊泽尔:《刑法总论教科书》(第6版),蔡桂生译,北京大学出版社2015年版,第255页。

假币犯罪中，只有认识到货币作为“一般等价物”所具有的交换价值和经济属性，才意味着行为人对于法益侵害性具有认识，才能认定构成要件故意之成立。因此，补强违法性的基础事实是补强实质违法性的基础事实，具体到规范性构成要件要素中是指能体现法的价值、社会功能或者规范意义的基础事实。

三、规范性构成要件要素认识错误“外行人的平行评价”标准及其反思

在规范性构成要件要素中，行为人要具有对第一层级“直接(裸)的事实”的认识和对第二层级“补强实质违法性的基础事实”的认识才能成立故意，当行为人对第二层级产生认识错误时，阻却故意的成立。那么，如何判断行为人对第二层级“补强违法性的基础事实”的认识情况，以及如何判断行为人对规范性构成要件要素的认识错误？自梅茨格尔提出“外行人的平行评价”以来〔53〕，普珀教授指出“该公式像一支凯旋的队伍持续行进了50年”〔54〕，成为规范性构成要件要素认识错误司法诠释的通说。“外行人的平行评价”的判断依据为“由于对事项的社会意义的认识，只要有行为人所属的外行人的平行评价就够了，所以，只有在对这样的平行评价存在错误时，才是社会意义的错误”〔55〕。然而，通过对“外行人的平行评价”的梳理我们可以发现，“外行人的平行评价”的适用对象模糊，且其在实体结构和判断方式上有明显缺陷，因而有必要在理论上重新思忖“外行人的平行评价”公式的说服力。

规范性构成要件要素具体包括哪些类型，各种理论观点不一而足。学界公认的规范性构成要件要素至少包括以下三种类型：法律的评价要素、文化价值的评价要素、经验法则的评价要素。那么“外行人的平行评价”公式适用于何种类型？理论上主要有两种观点。

第一种观点认为，该公式主要适用于文化价值的评价要素。例如，张明楷教授认为，就法律的评价要素和经验法则的评价要素而言，只要行为人认识到作为评价基础的事实或者作为判断资料的事实，就应当认定行为人具备完全的认识，而“外行人的平行评价”公式主要适用于“社会的评价要素”(也就是“文化价值的评价要素”)。〔56〕在这类要素中，只要求立法者想到刑法规范的保护涉及何种事实即可，而不要求行为人

---

〔53〕 参见陈家林：《外国刑法理论的思潮与流变》，中国人民公安大学出版社、群众出版社2017年版，第209页；〔日〕山口厚：《刑法总论》(第3版)，付立庆译，中国人民大学出版社2018年版，第203页。

〔54〕 转引自Vgl. Puppe, in: Nomos Strafgesetzbuch Kommentar, 4. Aufl., 2013, §16, Rdn. 50 f. 参见柏浪涛：《规范性构成要件要素的错误类型分析》，载《法商研究》2019年第1期。

〔55〕 陈家林：《外国刑法通论》，中国人民公安大学出版社2009年版，第394页。

〔56〕 参见张明楷：《规范的构成要件要素》，载《法学研究》2007年第6期。

知晓相关概念的法律定义〔57〕,法官对于行为人的语言必须“抽象化”,对于法律的语言必须“通俗化”,从而实现刑法专业语言与行为人的日常用语之对接。再例如,王昭振博士也认为“外行人的平行评价”公式只适用于“社会道德、文化评价的规范要素”(也就是“文化价值的评价要素”),对于该类要素而言,应当根据“行为人在实施其行为时所认识到的一般人的判断结论,认定行为人是否具有故意”。〔58〕而对于经验法则的评价要素而言,其故意成立的判断标准不在于一般人的社会观念,而是立足于行为时存在的所有客观事实基础上的因果法则,简单来说就是“常识”。〔59〕

第二种观点认为,“外行人的平行评价”主要适用于法律的评价要素。例如,金德霍伊泽尔教授认为,“特别地,针对法规则所调整的规范性构成要件要素的特征,尤其适用外行人的价值观”〔60〕,因为刑法不可能期待外行人拥有精准的法律知识,所以只要行为人理解了相关规则的本质性的目标即可,但是金德霍伊泽尔教授同时也认为这种所谓的外行人的价值观是极其容易导致误解的。在我国刑法研究中,也有越来越多的学者提倡在法律的评价要素的认识错误上适用“外行人的平行评价”公式。例如,江溯教授认为,对于《刑法》第128条“非法持有枪支罪”中的“枪支”,只有根据法律规范才能够划定其范围,是规范性构成要件要素(具体而言是规范性构成要件要素中的法律的评价要素),应当按照“外行人的平行评价”标准判断行为人对枪支是否具有完全意义的认识。〔61〕

笔者认为,在“外行人的平行评价”公式的适用对象问题上,不加论证就直接将其适用于法律的评价要素或者文化价值的评价要素是不妥当的,“外行人的平行评价”公式的适用对象应取决于该公式的实体结构和判断方式。

首先是基于“外行人的平行评价”实体结构的考察。从“外行人的平行评价”的实体结构来看,该公式将行为人的认识不当降格为“认识可能性”。“外行人的平行评价”公式在认识错误判断中实际上是一种“外行的相似的评价”〔62〕,即从行为人所属的社会一般人视角来看,如果能够理解规范性构成要件要素所要保护的是何种事实,则认

〔57〕 参见〔德〕汉斯·海因里希·耶赛克、〔德〕托马斯·魏根特:《德国刑法教科书》,徐久生译,中国法制出版社2017年版,第397页。

〔58〕 参见王昭振:《犯罪构成视野下规范的构成要件要素基础理论研究》,中国检察出版社2008年版,第134页;〔日〕大塚仁:《犯罪论的基本问题》,冯军译,中国政法大学出版社1993年版,第192页。

〔59〕 王昭振博士否定“法评价的概念”是规范性构成要件要素,因此在故意规制或者认识错误的问题上,他只论及了“社会道德、文化评价的规范要素”和“以经验评价的规范要素”。参见王昭振:《犯罪构成视野下规范的构成要件要素基础理论研究》,中国检察出版社2008年版,第92—94页。

〔60〕 〔德〕乌尔斯·金德霍伊泽尔:《刑法总论教科书》(第6版),蔡桂生译,北京大学出版社2015年版,第256页。

〔61〕 参见江溯:《规范性构成要件要素的故意及错误——以赵春华非法持有枪支案为例》,载《华东政法大学学报》2017年第6期。

〔62〕 〔德〕汉斯·海因里希·耶赛克、〔德〕托马斯·魏根特:《德国刑法教科书》,徐久生译,中国法制出版社2017年版,第368页。

定行为人具备完全意义的认识，这实际是用社会一般人的认识代替了行为人自身的认识，对行为人的明确认识之要求降格到认识的可能性。“外行人的平行评价”要求行为人以自己的认识水平来理解体现在法律概念中的立法者的评价[63]，当行为人具有社会一般人对补强实质违法性的基础事实的认识时，就相当于法学家认识到了精准的法律概念[64]，这样判断，行为人对法律概念的认识也变成了“认识可能性”。在文化价值的评价要素和经验法则的评价要素中，由于第二层级“构成要件重要部分的意义”是由社会观念、文化价值或者经验法则决定的，与第三层级的“违法性”差异较大，必须分别作出仔细的判断，以抵消“外行人的平行评价”带来的认识要求降格问题。但是，在法律的评价要素中，“外行人的平行评价”公式可能带来大麻烦，因为在法律的评价要素中，“补强实质违法性的基础事实”是由作为逻辑前提的前置法规范的内容决定的，前置法规范和第三层级的“违法性之认识”都体现为行为人对法秩序的敌对或漠视，极易产生混淆。这样一来，只要认识到作为评价基础的直接（裸）的事实，就能够认定行为人对法律的评价要素具备完全意义的认识，进而大大缩小了事实认识错误的成立范围，这对行为人来说是极其不利的。

其次是基于“外行人的平行评价”判断方式的考察。“外行人的平行评价”本质上是一种类推。在文化价值的评价要素和经验法则的评价要素的场合，法官并不因为他所具有的法律知识而对社会经验、文化价值或者经验法则下的基础事实具有更高的认识能力，法官与外行人的判断能力是相同的，法官自身的价值判断与外行人的价值判断重合，此时法官的评价约等于外行人的平行评价。但在法律的评价要素的场合，该公式将对行为人的认识要求悄然地、实质地提高到法官的认识水平。

从“外行人的平行评价”的判断方法来看，该公式只要求行为人实实在在地认识到直接（裸）的事实，而补强违法性的基础事实其实是根据外行人的认识能力进行判断的。根据“外行人”的确定标准的不同，理论上曾有过以行为人为标准、以社会一般人为标准、以行为人所属一般人为标准的争论[65]，最终以行为人所属的一般人为标准的观点得到多数人的赞同。但司法实践中的“外行人的平行评价”真的是“外行人”作出的吗？虽然从理论上讲，在“外行人的平行评价”规则适用上，法官必须真诚地审查“假如我不是法官，‘外行人的平行评价’标准应该是什么”，并以此作为判断行为人认识水平的依据，但是这种假设是无法实现的，法官只能“假装”自己是个外行人。在法律的专业范围内法官就是一个完完全全的“内行人”，因为他根本不可能完全脱离自身的刑法观念、审判经验以及作为法律精英人才所具有的“前见”，从而作出一个等同于“外行人”的评价。一旦使用“外行人的平行评价”规则，法官就不再仅仅是中立的裁判者，而

---

〔63〕 参见〔德〕汉斯·海因里希·耶赛克、〔德〕托马斯·魏根特：《德国刑法教科书》，徐久生译，中国法制出版社 2017 年版，第 397 页。

〔64〕 参见柏浪涛：《规范性构成要件要素的错误类型分析》，载《法商研究》2019 年第 1 期。

〔65〕 参见高巍：《论规范的构成要件要素之主观明知》，载《法律科学（西北政法大学学报）》2011 年第 3 期。

是案件的“参与者”,即便他们能够注意到自己身份的特殊性,在思考时尽量地跳出自我进行判断,他们也不可能脱离自己所受的教育、所处的法治环境、所接受的伦理熏陶,就像鲁迅先生说的,“人不可能拔着自己的头发离开地球”。尽管每一个法官在作出判断时都可能宣称自己是站在“外行人”的角度作出的客观评价,但宣称“客观”往往是为了掩盖自己的“不客观”,而且这种掩饰比“不客观”本身更加有害。尤其是在法律的评价要素中,一个接受过系统法学教育、在司法实践中千锤百炼的人,无论如何也不能说他是一个法律层面的“外行人”。在法律的评价要素这里,“外行人的平行评价”标准被变相提高到了法官的判断标准,“外行人的平行评价”其实就是法官的评价,这对于行为人来说其实是一种有罪类推判断。

四、规范性构成要件要素认识错误的分型判断

对于规范性构成要件要素认识错误的问题不能停留在整体性考察的阶段,而必须深入规范性构成要件要素各个类型进行具体的判断。基于规范性构成要件要素的类型特征以及各类型之间的开放程度差异,规范性构成要件要素各个类型的认识错误应该具有不同的诠释方式。

(一)规范性构成要件要素认识错误的分型判断理据

对规范性构成要件要素认识错误可以分类进行判断,为各类型“量身定做”不同的判断方式,正如王昭振博士认为的,“由于规范构成要件要素在具体内容、性质方面存在不同类型”,那么“有关规范构成要件要素界定的标准自然也会存在不同”〔66〕。但是,要进行分类判断必须先回答一个问题——一般来说,对于同一个概念应该具有统一的判断标准,例如对犯罪故意的判断,不会因为是直接故意或者间接故意而有本质区别,那么,同样都是规范性构成要件要素,为何对于法律的评价要素的认识错误、文化价值的评价要素的认识错误和经验法则的评价要素的认识错误可以采取不同的判断方式?换句话说,如果“外行人的平行评价”公式只对其中某一种或某两种类型有效,那么对于整个规范性构成要件要素而言,它到底是有效的还是无效的?

1. 规范性构成要件要素的类型特征

为了充分说明规范性构成要件要素的类型特征,我们必须先对类型概念有所了解。类型概念是与抽象概念不同的概念形式,如果说抽象概念是“基于特殊个体上的普遍形式”,那么类型概念就是“诸多特殊个体之中的特别完美的形态,它与那些所谓

〔66〕 王昭振:《犯罪构成视野下规范的构成要件要素基础理论研究》,中国检察出版社2008年版,第133页。

的过渡形态、不足形态或者中间形态相对应”[67]。抽象概念讲究的是分类思维,侧重于概念的涵摄功能,而类型概念基于归类思维存在,侧重于类型的归类功能。[68] 详言之,抽象概念与类型概念的区别显著体现为两者的涵摄模式不同。

对于抽象概念而言,需要“将上位概念拆解为个别的要素,然后我们把案件事实的各部分分别包摄到这些个别的要素”,普珀教授将这个过程称为“水平的概念锁链”[69]。类型概念是指在一个概念中出现了至少一个可区分等级的要素,其中被区分等级所在的要素也称为“可层升要素”。“可层升要素”之间的联系较弱,它是上位概念的充分条件而非必要条件。例如,在具体案件中只要判定某物是“公民的合法收入”,就不必再同时判断它是否属于“依法归个人、家庭所有的生产资料”,亦即“一个可区分等级的概念要素在个案中越是高程度地被实现,其他可分级之要素所必须被实现的程度便可随之降低,或是就越不需要实现其他的选言式要素”[70]。

规范性构成要件要素符合类型概念的特征。在类型概念中只要有一个以上的可层升要素强烈地显示出来,一般概念就清楚地呈现,不必再考察其他较弱地显示或者未曾显示的可层升要素。法律的评价要素、文化价值的评价要素、经验法则的评价要素都是规范性构成要件要素这个“一般概念”中的可层升要素,某要素只要符合三者之一,就能够肯定它是规范性构成要件要素。

规范性构成要件要素的类型特征表现在它的开放结构上,其具体内涵具有流动性和开放性。类型概念因为含有可层升要素,所以它的界限必然是流动的。[71] 对于规范性构成要件要素而言,未来可能出现学界公认的三种要素类型之外的第四种、第五种乃至更多的类型。类型概念的具体内涵“虽然有一个相对固定的核心,但却没有固定的界限”[72]。规范性构成要件要素显著体现了开放的构成要件的特征。韦尔策尔首创了开放构成要件理论,并提出开放构成要件的两个重要特征——“构成要件规定的不完整性以及违法性判断的开放性”[73],刘艳红教授结合中国刑法将其详细阐释为:“在某些场合,仅确定无违法阻却事由还不能认定行为的违法性,还需要法官积极

---

[67] 杜宇:《“类型”作为刑法上之独立思维形式——兼及概念思维的反思与定位》,载陈兴良主编:《刑事法评论》(第26卷),北京大学出版社2010年版,第209—210页。

[68] 参见王昭振:《犯罪构成视野下规范的构成要件要素基础理论研究》,中国检察出版社2008年版,引言第4页。

[69] [德]英格博格·普珀:《法学思维小学堂:法律人的6堂思维训练课》,蔡圣伟译,北京大学出版社2011年版,第37页。

[70] [德]英格博格·普珀:《法学思维小学堂:法律人的6堂思维训练课》,蔡圣伟译,北京大学出版社2011年版,第25页。

[71] 参见[德]英格博格·普珀:《法学思维小学堂:法律人的6堂思维训练课》,蔡圣伟译,北京大学出版社2011年版,第28页。

[72] 王昭振:《类型思维:刑法中规范构成要件要素存在的法理根据》,载《法制与社会发展》2009年第1期。

[73] 王昭振:《规范构成要件要素与开放构成要件关系之辩证》,载《大连海事大学学报(社会科学版)》2009年第1期。

查明是否存在着某些能够说明违法性的构成要件要素”〔74〕,从而确定行为的违法性。而规范性构成要件要素就体现了这样一种开放的特征,它既面向法官开放——规范性构成要件要素的含义不是由立法理性单独创造的,而由立法和司法共同决定的,刑法立法任务的司法分担是规范性构成要件要素的突出特点〔75〕;也面向社会公众开放——构成要件事实的价值特征不是由法律创造出来的,而是在社会现实中发现的〔76〕,价值补充需要依据社会的一般观念〔77〕。

规范性构成要件要素的类型特征与认识错误判断路径的关系是什么?普珀教授认为,类型概念涵摄的困难在于,由于具有类型特征,即便是外在形式迥异的事实情况也可归于同一类型之下,又由于类型概念中各个可层升要素都是实现一般概念的充分条件,因此各个可层升要素之间的联系不是必然的,表现方式也可能是不同的。在具体案件中一个类型概念的可层升要素总有较强烈地显现和较弱地显现之分,“较强烈地显现”的可层升要素所体现的是可层升要素在一般概念中的共性,而“较弱地显现”的可层升要素所体现的是可层升要素间的内部差异。事实上,法律的评价要素、文化价值的评价要素和经验法则的评价要素在外在形式上本身就天差地别,其中较强地显现的可层升要素体现了规范性构成要件要素与记述性构成要件要素的关联性——都以一定的逻辑前提为依据,较弱地显现的可层升要素则体现了规范性构成要件要素各类型的内部差异——各类型中“补强实质违法性的基础事实”的判断依据不同,而“补强实质违法性的基础事实”正是对认识错误具有重要意义的部分。如此,我们便探明了类型特征与其认识错误的判断路径之间的关系:类型特征表明各类型要素中较弱地显现的可层升要素不同,而较弱地显现的可层升要素决定了故意的认识内容,因此基于规范性构成要件要素的类型特征和开放性特征,其认识错误可以依据各个类型分类进行判断。

2. 规范性构成要件要素的开放程度差异

规范性构成要件要素开放结构的发现与承认是理论研究的一大进步,但是各类型规范性构成要件要素开放程度的内部差异以及由此造成的法官自由裁量空间的差异至今为刑法理论所忽视,中国刑法学界对规范性构成要件要素的研究至今仍停留于整体性观察和检讨层面,缺乏精细化的深入研究。按照是否以法规范为逻辑前提,规范性构成要件要素分为法律的评价要素和非法律的规范性要素〔78〕,非法律的规范性要

〔74〕 刘艳红:《刑法学(上)》(第2版),北京大学出版社2016年版,第95—96页。

〔75〕 参见王昭振:《论规范构成要件要素的刑法内涵与类型》,载《法学评论》2009年第2期。

〔76〕 参见〔德〕冈特·施特拉腾韦特、〔德〕洛塔尔·库伦:《刑法总论I—犯罪论》,杨萌译,法律出版社2006年版,第115页。

〔77〕 参见张建军:《论规范的构成要件要素的明确性》,载《当代法学》2012年第5期。

〔78〕 参见〔意〕杜里奥·帕多瓦尼:《意大利刑法学原理》(注评版),陈忠林译评,中国人民大学出版社2004年版,第99页。

素又可以分为文化价值的评价要素和经验法则的评价要素。虽然都是规范性构成要件要素,但三种要素类型在开放程度上存在较大差异,这一差异直接影响到各类型要素认识错误的判断。

笔者认为,从法律的评价要素到文化价值的评价要素,再到经验法则的评价要素,开放程度依次升高,认识难度依次降低。首先,法律的评价要素是规范性构成要件要素中开放程度最低的要素。作为"以法规范作为逻辑前提的规范性构成要件要素"〔79〕,法律的评价要素的含义由前置法规范确定,只要找到了正确的前置法规范就能够得到唯一的、确定的结论。也就是说,在法律的评价要素中,刑事立法已经预先设定了客观的评价标准,这就决定了法律的评价要素的含义判断是"法内判断"〔80〕,法官自由裁量和价值判断的空间极小。法律的评价要素无疑是开放的规范性构成要件要素中"最封闭"的要素。其次,对于文化价值的评价要素,需要通过一般的价值观念和社会伦理来进行理解,并以"外行人的平行评价"作为认识标准的规范性构成要件要素。〔81〕价值观念和社会伦理都属于"法外判断"且不同的人具有不同的价值观念,因而文化价值的评价要素的开放程度比法律的评价要素更高,但社会一般人的价值观念在较长的时间段内是相对稳定和确定的,因此文化价值的评价要素的含义也是相对确定的。最后,经验法则的评价要素。经验法则的评价要素是指需要以经验法则为评价依据的要素,这类要素需要"以一定的事实为依据,同时以生活经验、因果法则为标准作出评价"〔82〕,由于生活经验不是成文的规范,因果法则在结合了具体案件事实后往往难以得出唯一的结论,因此经验法则的评价要素是规范性构成要件要素中开放程度最高的类型。可见,从法律的评价要素到文化价值的评价要素,再到经验法则的评价要素,行为人的认识难度呈现依次降低的特征。对各个类型开放程度差异的忽视是规范性构成要件要素认识错误司法诠释困境的重要原因之一,在今后的研究中应予以重视。在具体案件中,应当先认定具体要素属于规范性构成要件要素的哪一类型(法律的评价要素与非法律的规范性要素),再结合具体类型认识错误的诠释方式,合理认定错误类型及其法律效果。

(二)规范性构成要件要素认识错误的分型判断方法

规范性构成要件要素具有的类型特征和开放特征意味着对于认识错误的判定可以采取对各类型分别判断的方式。笔者认为,在法律的评价要素认识错误中,可以用"垂直涵摄"代替"外行人的平行评价";在非法律的规范性要素(包括文化价值的评价

〔79〕 魏东、张福英:《法律的评价要素之认识错误》,载《南海法学》2019年第3期。

〔80〕 参见王昭振:《犯罪构成视野下规范的构成要件要素基础理论研究》,中国检察出版社2008年版,第93页。

〔81〕 参见张蔚伟:《犯罪故意认识因素研究》,知识产权出版社2016年版,第87—88页。

〔82〕 张明楷:《规范的构成要件要素》,载《法学研究》2007年第6期。

要素和经验法则的评价要素)的认识错误中,可以继续沿用“外行人的平行评价”,但在此基础上必须重申“补强实质违法性的基础事实”的重要意义。

1. 法律的评价要素认识错误的判断方法

法律的评价要素是规范性构成要件要素中开放性程度最低、认识错误判断难度最大的类型。在理论上,法律的评价要素有多种称谓,“法律的评价要素”本身就是一种,另外还有“体现法律规范的要素”〔83〕“法律的价值判断标准”〔84〕“纯粹法律判断的要素”〔85〕“本来的法概念”〔86〕“和法的评价有关的概念”〔87〕“法律意义上的评价概念”〔88〕或者“法律的规范性因素”〔89〕等。通过对这些概念内涵的考察,我们认为所谓法律的评价要素可以再细分为两类:一是“法律的价值判断要素”,二是“纯粹的法律概念”,两种法律的评价要素在认识错误的认定上存在一定区别。

关于法律的价值判断要素的认识错误。法律的价值判断要素就是我们通常所指的狭义的法律评价要素,它是指以法规范为逻辑前提确定要素内涵的规范性构成要件要素。法律的价值判断要素原本在日常生活中就已经存在,但是法规范重新划定了其范围,以上所称“体现法律规范的要素”“法律的价值判断标准”“和法的评价有关的概念”“纯粹法律判断的要素”“法律的规范性因素”实际上都是此种类型。以刑法中的“枪支”为例,日常生活中也存在“枪支”,并且人们都具备相应的认识,但是人们却未必对刑法上的“枪支”具备认识,刑法上的“枪支”必须根据前置法规范即《枪支管理法》和其他相关的法律、行政法规来确定。“赵春华非法持有枪支案”之所以物议沸腾,就是因为日常生活经验认为“玩具枪”不是枪支,但刑法上认为满足特定杀伤力标准的枪形物就是枪支。正是日常生活经验与刑法规定之间的偏差导致了行为人的认识错误。

笔者认为,判断法律的评价要素认识错误是否成立,关键在于区别前置法规范和前置法规范体现的基础事实。前置法规范不是“补强违法性的基础事实”,但前置法规范是确定基础事实的依据。法律的评价要素是规范性构成要件要素中“最封闭”的类型,法律的价值判断要素中“补强违法性的基础事实”不是凭空确定的,也不是法官自由裁量的,而是法官从前置法规范中析出的行为人应当认识的“补强实质违法性的基础事实”。法律的价值判断要素认识错误的司法诠释应采用“垂直涵摄”路径,而不是

---

〔83〕 参见陈可可:《论规范的构成要件要素的司法诠释》,安徽财经大学2017年硕士学位论文,第8页。

〔84〕 参见于世忠主编:《中国刑法学总论》(第3版),厦门大学出版社2017年版,第74页。

〔85〕 参见杨剑波:《规范的构成要件要素初探》,载《中国刑事法杂志》2007年第1期。

〔86〕 参见〔德〕汉斯·海因里希·耶赛克、〔德〕托马斯·魏根特:《德国刑法教科书》,徐久生译,中国法制出版社2017年版,第367页。

〔87〕 参见黎宏:《日本刑法精义》(第2版),法律出版社2008年版,第79页。

〔88〕 参见余双彪、周颖:《规范的事实化和事实的规范化——以刑法规范构成要件要素为视角》,载《东南法学》2015年第1期。

〔89〕 参见〔意〕杜里奥·帕多瓦尼:《意大利刑法学原理》(注评版),陈忠林译评,中国人民大学出版社2004年版,第99页。

“外行人的平行评价”。涵摄是三段论演绎推理的判断方式,按照判断规则,只要大前提为真、小前提为真,结论必然也为真。垂直涵摄逻辑周密,从形式上来看它是相当可靠的,但这同时也说明在垂直涵摄中找准大前提和小前提十分重要。

关于纯粹的法律概念的认识错误。纯粹的法律概念是第二种法律的评价要素,它与狭义的法律的评价要素相区别,狭义的法律的评价要素是日常生活中存在,但是刑法规范重新界定了它的内涵和外延;而纯粹的法律概念在日常生活中并不存在,是由法律创设的概念。纯粹的法律概念包括整体评价要素和空白构成要件要素。刑法中的整体评价要素都是纯粹的法律概念,如“情节严重”,在整体评价要素的认识错误中,不可能要求行为人对整体评价要素本身具有精确的违法性认识,只要行为人认识到立法规定或者其他法律规范规定的对应的基础事实,就能够肯定故意的成立。空白构成要件要素也是纯粹的法律概念。在空白构成要件要素的认识错误中,只要行为人认识到行政规范规定的基础事实,就认为行为人的犯罪故意成立。德国刑法的立场是:关于填补空白的规范要素的错误是构成要件错误,关于填补规范的错误是禁止错误。〔90〕

2. 非法律的规范性要素认识错误的判断方法

文化价值的评价要素和经验法则的评价要素相对于法律的评价要素的开放程度更高,认识错误判断的难度更低,只要明确了各自“补强实质违法性的基础事实”,再辅之以“外行人的平行评价”,就能够解决其认识错误的司法诠释问题。

(1)文化价值的评价要素的认识错误

文化价值的评价要素是指需要用社会经验和文化观念进行评价的规范性构成要件要素。由于每个人的经历和价值观不同,人们对文化价值的评价要素的理解也不可能完全一致,但不能完全由法官基于主观认识进行评价,否则会导致法官的恣意判断〔91〕,因为对同一文化价值的评价要素,不同法官的结论也可能是不一样的,如果听任法官的判断,案件的处理将具有极大的不确定性。在文化价值的评价要素的认识错误中,“补强实质违法性的基础事实”不能由法官的价值观决定,此时采取行为人所属一般人的评价标准,也就是“外行人的平行评价”反而是更加可靠的。以“淫秽性”为例,构成涉淫秽物品相关的犯罪要求行为人主观上必须认识到“淫秽物品”,然而如何判断行为人对淫秽性的认识是个难题。淫秽性是一个晦涩的书面语,行为人难以精准地认识,那么在这个规范性构成要件要素中重点要判断的是“淫秽性”所对应的“补强违法性的基础事实”是什么。笔者认为,就淫秽性而言,如果对于行为人所属的社会一般人而言都会“唤醒、挑起性欲”,那么该物品就具有淫秽性。在这里找准“行为人所

---

〔90〕 参见〔德〕汉斯·海因里希·耶赛克、〔德〕托马斯·魏根特:《德国刑法教科书》,徐久生译,中国法制出版社 2017 年版,第 411—412 页。

〔91〕 参见焦宝乾:《法的发现与证立》,载《法学研究》2005 年第 5 期。

属的一般人"群体至关重要,例如,对于"裸体雕像是否具有淫秽性"之问题,社会一般人和美学研究者的判断可能是不同的。[92] "外行人的平行评价"在这个问题上还有一个优势是能够适应文化价值的评价要素内涵在时间上的流动性。例如"当众接吻",在旧社会可能是淫秽的,但现在大概不会有人这么认为,否则可以说电视里每天都在播放的偶像剧属于"淫秽视频"。"外行人的平行评价"只是用来确定"补强违法性的基础事实",即确定故意的认识内容,但行为人是否真的认识到了基础事实,还需要实实在在的评价,不能以"认识可能性"代替实实在在的认识。仍以淫秽性为例,根据行为人所属的社会一般人的认知标准确定的基础事实,一般来说行为人都能认识到,无法作出辩解,但在例外的情况下,行为人确实不具有认识的,应该排除故意的成立。

(2)经验法则的评价要素的认识错误

"所谓经验法则,其实就是常识、常理、常情法则"[93],在认识错误中,常识、常理、常情的判断就体现为"外行人的平行评价"的判断。经验法则的评价要素的认识错误也依赖于"外行人的平行评价",但经验法则的评价要素对"外行人的平行评价"的依赖程度要低于文化价值的评价要素,这主要是由经验法则的评价要素的特征决定的。经验法则的评价要素的含义由具体案件事实、生活经验和因果法则共同确定[94],例如对《刑法》第 114 条、第 115 条的"以危险方法危害公共安全罪"中的"危险方法"的判断就需要结合具体案件中行为人的行为方式、行为与结果之间是否具有通常性等进行综合判断。其中,对因果法则和具体案件事实的判断是专属于法官专业范围内的事情,不因为行为人的认识而有所偏差,那么"外行人的平行评价"只作用于生活经验。

对经验法则的评价要素认识错误的判断方式是,站在行为人所属的社会一般人的角度,按照这个群体的生活经验去判断行为人在具体案件中至多能够认识到什么程度、至多能够感受到哪些基础事实,如果这个群体能够感受到补强违法性的基础事实,就能通过"外行人的平行评价"的检验,反之则不能。例如,在"赵春华非法持有枪支案"中,"枪支"本来是法律的评价要素,其法规标准是《枪支管理法》以及相关行政法规的明确规定,行为人必须认识到非法持有"枪支"的危险性,虽然这里的"危险"是立法拟制的抽象危险,但是如果有相反证据证明行为人不可能认识到"危险性",就能够阻却犯罪故意之成立,这里针对"枪支""危险性"的判断仍然是法官依法进行的对法律的评价要素的专业判断;但是,对"打气球用的气枪"是否属于"枪支"的判断则可能演变成为经验法则的规范要素的价值评价,需要运用"外行人的平行评价"进行检验(判断),必须结合具体案件事实和生活经验去认定,它在具体个案中从法律规范的评

---

[92] 参见陈洪兵、麻侃:《由"淫秽性"谈规范构成要件要素认定的实体及程序路径》,载《湖南公安高等专科学校学报》2005 年第 4 期。

[93] 马荣春:《刑事案件事实认定的常识、常理、常情化》,载《北方法学》2014 年第 2 期。

[94] 参见张明楷:《规范的构成要件要素》,载《法学研究》2007 年第 6 期。

价要素同样演变为经验法则的评价要素,《枪支管理法》确定的"足以致人伤亡或者丧失知觉"的形式规范标准所内含的实质违法性内容,有利于合理判断对"补强实质违法性的基础事实"是否存在认识错误。赵春华明知持有的"打气球用的气枪"具有(枪支)"足以致人伤亡或者丧失知觉"这种补强实质违法性的基础事实〔95〕,由此判断赵春华可能不成立规范性构成要件要素的认识错误,应成立故意。

由此观之,在经验法则的评价要素中,如果行为人的认识通过了生活经验上的"外行人的平行评价"的检验,且法官认定的具体案件事实和因果法则都成立,行为人对经验法则的评价要素就构成故意,不存在事实认识错误,也不能阻却责任。反之,如果根据生活经验不能肯定行为人对经验法则的评价要素具备认识,即便具体案件事实清楚、因果法则成立,也应当认定行为人构成事实认识错误,不承担故意的刑事责任。

五、结　语

规范性构成要件要素认识错误的判断能够补强故意判断的结论。在刑法上错误论和故意论的关系至为密切,二者之间是"一体两面"的关系,错误论也被称为"消极的故意理论"或者"反面的故意理论"。诚然,错误论和故意论本质上都指向行为人的主观方面,并且都作为评价行为人人身危险性和行为社会危害性的标准,但两者仍存在一些差异,故意理论探讨的是"能否成立故意",需要从正面去肯定故意是否存在,而错误理论探讨的是"能否阻却故意",它应当以某种可能已经存在的故意为前提,否则就谈不上"阻却"。〔96〕因此,在对行为人的主观评价上,对犯罪故意的判断应当先行登场,然后才进行错误论的探讨。如果之前故意论的判断没有得出肯定结论,那么错误论便无登场必要。"错误也是行为人理应认识和意欲的事实与实际发生的事实不一致,而客观上应该认识和意欲的事实是否足以实现构成要件,正是决定行为人有无故意的依据"〔97〕,因此如果能够否定规范性构成要件要素的认识错误,就能从反面补强犯罪故意的成立。对规范性构成要件要素认识错误的研究能极大丰富错误理论,在中国刑法学界,不同分类方式的差异向来被忽视,正是规范性构成要件要素认识错误性质的理论争议"牵扯"出了错误分类方式的问题。以区分实益为视角,可以确认水平的错误分类(事实认识错误与法律认识错误)在分类归属和法律效果上具有唯一确定的对应关系,是更适合中国刑法的错误分类。

在规范性构成要件要素认识错误上,刑法向来谨慎对待,唯恐认识错误成为行为人脱罪的"黄金通道",故而不轻易认定规范性构成要件要素认识错误阻却故意。但这

〔95〕 参见魏东、张福英:《法律的评价要素之认识错误》,载《南海法学》2019 年第 3 期。

〔96〕 参见陈琴:《刑法中的事实错误》,中国人民公安大学出版社 2008 年版,第 220 页。

〔97〕 许玉秀:《当代刑法思潮》,中国民主法制出版社 2005 年版,第 171 页。

种观点是不妥当的,一方面,当行为人没有对法规范的敌对、漠视态度时,在法律效果上应该承认某种程度上的认识错误能够阻却故意,即对规范性构成要件要素中"直接(裸)的事实"和"补强违法性的基础事实"的认识错误是事实认识错误,阻却故意,而对"违法性"和"具体刑罚法规"的认识错误是法律认识错误,不阻却故意。另一方面,在司法诠释上也应该更加精细化地处理规范性构成要件要素认识错误的问题,通过区分规范性构成要件要素的各个类型,并根据各类型的特征"量身定做"其司法诠释的方式。

对具体符合说与法定符合说之双重反思：以故意认定构造为中心*

罗鸿燊**

要　目

* 本文系中国人民大学科学研究基金项目（中央高校基本科研业务费专项资金资助）"立法活性化和精细化下的表面构成要件要素研究"（项目编号：22XNH020）之阶段性成果。

** 中国人民大学刑事法律科学研究中心博士研究生。

摘　要　具体符合说和法定符合说的对峙在一定程度上模糊了具体打击错误与因果关系错误的边界。必须走出具体符合说立论游移，以及对法定符合说故意拟制逻辑反驳失焦的困境。在故意认定构造中，打击客体作为涵摄小前提、辅助危险判断的资料之一以及受制于故意的从属性品格，势必具体化处理。打击错误中阻却故意的原因是对行为危险认识的缺失而非主客观不具体一致，由此区分因果关系错误与具体打击错误。法定符合说通过错误的概念替换方法实现了对实害客体的故意拟制，并以“犯罪意志”替代“犯罪故意”来掩饰。这将导致其在故意数量的处理上进退失据和间接故意概念的消解。不论是具体化程度的诘难，还是对象错误与打击错误的区分难题，都应还原为行为人对实害客体危险认识的判断。对此，应考察行为人对“方法的危险范围可控性”和“进入危险范围的客体可控性”两种判断资料的把握程度。

关键词　具体符合说　法定符合说　方法错误　故意拟制　危险判断

一、研究的现状与问题

有一类主客观构成要件发生错误的问题始终悬而未决，可看以下两个案例：

> 被告人阿旺扎西在洛隆县交通局附近的公路上，因琐事与被害人扎西尼玛发生打斗。在此过程中，被告人阿旺扎西从路边捡起一块石头向扎西尼玛投掷，结果石头击中了站在扎西尼玛身后的四郎旺姆，致四郎旺姆唇部受伤。法院认为：根据法定符合说，此种情形属于同一犯罪构成内的打击错误，不阻却故意的成立，不能改变行为人的行为性质，故其行为构成故意伤害罪。[1]
>
> 被告人梁杨委对张某不要其运送沙石修建养殖场等事宜而心怀怨恨。2017年，梁杨委酒后驾驶摩托车到张某的养殖场住处，手持一把匕首并叫喊张某的名字，张某见状逃避。被害人梁某闻讯从房间出来阻止，梁杨委在与梁某纠缠过程中，持匕首刺中梁某的左肋部。梁某被刺后伤重死亡，张某轻伤。被告人辩称：在他快要抓住张某的时候，被害人梁某被一旁的郑某推过来，他不知道怎样就捅到梁某的腰部。法院认为：梁杨委因个人怨恨而持刀寻找张某泄愤，并持刀捅刺梁某致其死亡，其伤害的主观故意明显，所提系过失犯罪的意见于理无据。[2]

两个案例的共同点是：行为人基于对目标客体的故意而实施了实行行为，却由于意外因素导致其实行行为的危险在另一个客体上实现。对此，第一个案例中的法院明确将该问题定位为同一构成要件内的打击错误，并使用法定符合说认定被告人构成故意伤害既遂；而第二个案例中的法院虽然没有使用法定符合说的表述，但实际上并未

〔1〕 参见阿旺扎西故意伤害案，西藏自治区洛隆县人民法院(2017)藏0329刑初5号刑事判决书。

〔2〕 参见梁杨委故意伤害案，广东省高级人民法院(2018)粤刑终895号刑事裁定书。

采纳被告人以“自己并未认识到被害人会被推过来”这一过失罪过的辩护理由,而是以被告人“持刀闯户伤人”这一在先的伤害故意径直认定了故意伤害致人死亡,实则也采取了法定符合说。可惜,司法判决浮光掠影般的行文,规避了相关问题在错误论体系中的定位判断,以及对适用法定符合说是否可行的深入讨论。加之我国学术讨论近年来在该问题上的论辩也陷入僵局,有必要就如今学术讨论的现状和出路作一一探析。

(一)定位模糊:具体打击错误抑或因果关系错误?

根据通说,刑法理论通常将事实认识错误首先分为具体的事实认识错误与抽象的事实认识错误,然后又可进一步分为对象错误、打击错误(亦称方法错误、行为偏差)与因果关系的错误。[3] 对于具体的打击错误之处理,不论是具体符合说还是法定符合说都没有取得绝对优势,这不仅影响到了问题本身的解决,“熊熊战火”还一路烧至错误论的其他领域,具体表现为:

第一,有学者认为具体打击错误应该被纳入因果流程偏离(因果关系错误)解决。如我国的欧阳本祺教授就认为:打击错误与因果流程偏离的特性相同,即导致结果发生的实际流程与行为人所预想的流程不一致;需要解决的问题也相同:实际发生的结果能否归责于行为人的故意。因此,打击错误属于因果流程偏离,应该适用相同的规则。[4] 我国的柏浪涛博士也认为,具体打击错误实则因果关系错误的一种。[5] 德国学者罗克辛也同意,行为差误由于因果偏离,使得一种结果就在另外一种行为的目标中,作为行为人要打击的对象出现了,因而其不具有独立的法律形象,仅应作为因果偏离的特殊情况处理。[6]

第二,正因打算将具体打击错误和因果关系错误视作一回事,部分学者甚至觉得可以利用具体符合说或者法定符合说,来解决因果关系错误问题:因果关系诚然是构成要件要素,但根据法定符合说,只要将法定符合说的思考方法运用于因果关系的话问题即可迎刃而解了。[7] 因为法定符合说只要求行为人的故意和客观事实在构成要件的抽象水准相符就能肯定故意[8],故只要认识到了行为危险性,具体的因果关系发

---

〔3〕 参见陈兴良:《教义刑法学》(第3版),中国人民大学出版社2017年版,第492—493页;陈洪兵:《刑法错误论的实质》,载《烟台大学学报(哲学社会科学版)》2018年第4期。也有根据行为人发生错误的对象是“构成要件错误”还是“禁止错误”进行分类的观点。参见许玉秀:《当代刑法思潮》,中国民主法制出版社2005年版,第183—185页。两对概念之间并不完全对应。但是至少行为客体发生错误的场合,既属于“构成要件错误”也属于“事实认识错误”。故在本文探讨具体打击错误的语境下,构成要件错误和事实认识错误概念可以等值。

〔4〕 参见欧阳本祺:《论因果流程偏离的主观归责》,载《法学评论》2015年第6期。

〔5〕 参见柏浪涛:《打击错误与故意归责的实现》,载《中外法学》2015年第4期。

〔6〕 参见〔德〕克劳斯·罗克辛:《德国刑法学总论(第1卷):犯罪原理的基础构造》,王世洲译,法律出版社1997年版,第338—340页。

〔7〕 参见〔日〕山口厚:《刑法总论》(第3版),付立庆译,中国人民大学出版社2018年版,第227页。

〔8〕 参见〔韩〕李在祥:《韩国刑法总论》,〔韩〕韩相敦译,中国人民大学出版社2005年版,第155页。

展就不需要再认识了。反过来,如果认为具体打击错误属于因果关系错误的一种,而随着在因果关系错误问题中坚持因果关系认识必要说的主观归责学者增多〔9〕,就必然导致他们也会用处理因果关系错误的方法,来处理具体打击错误——因为因果关系乃故意认识之内容,而打击错误又被理解成因果关系错误的一种,逻辑上应得出阻却行为人故意责任的结论。

具体打击错误内部的不同观点尚在交缠,如果因果关系错误问题又突然介入其中,不仅"乱花'更'欲迷人眼",核心问题也会进一步虚化,甚至两个领域的独立性会双双被消弭。显然,不能因为两个问题在某一点上相同就把它们含混在一起,不加区分。正如因果关系错误和违法性认识错误也具有"都发生了错误""都解决行为人是否有故意"的共通点,而学界绝不会将其视作一个问题加以研讨。更重要的是,打击错误和因果流程偏离问题虽然具有共同点,但也存在"实害客体与目标客体相同与不同"这一差异,这一差异决定了二者在错误论定位上的本质分殊。其如何决定二者的本质区别?这一区别究竟是什么?这些问题的解决依赖于对于具体符合说和法定符合说争议的厘清敲定。

(二)交锋困境:立论阙如和反驳失焦

这场争论的核心在于:对于被害客体的特定性是否能谓之为构成要件评价上的重要事实,两说之间尚存在对立〔10〕——如果认为具体客体是重要的,则主客观必须在具体的客体上一致,因而行为人对于发生实害的客体不存在故意;若具体客体是不重要的,则主客观只需在抽象的客体上一致,行为人没有认识到实害客体不阻却故意。目前双方论驳存在以下问题:

第一,"主客观在多大程度上一致"和最终的"故意认定"两个命题之间,何者为因,何者为果?双方本来的想法是,是否认定故意是"主客观在多大程度上一致"的结论或结果。毕竟"主客观抽象一致"则不阻却具体打击错误中的故意,而若是"主客观具体一致"则阻却之。奇怪的是,在论证"主客观为什么要抽象或具体地一致"的时候,双方又反过来先探讨如何进行"故意认定"——具体符合说向来指责:对实害结果而言,行为人不仅缺乏基本认知,而且没有积极追求或放任的心理,法定符合说依据实害结果径直追究行为人故意犯罪既遂的刑事责任,显然无视了故意的事实性基础。〔11〕法定符合说同样转头回归到故意认定的逻辑:当 A 具有杀 X 的故意的时候,即

〔9〕 相关文章可参见庄劲:《客观归责还是主观归责?——一条"过时"的结果归责思路之重拾》,载《法学家》2015 年第 3 期;蔡桂生:《非典型的因果流程和客观归责的质疑》,载《法学家》2018 年第 4 期;周啸天:《结果的提前实现——既有学说批判与结果归属认识论提倡》,载《清华法学》2020 年第 4 期。

〔10〕 参见〔日〕桥爪隆:《构成要件的推迟实现与构成要件的提前实现》,王昭武译,载《苏州大学学报(法学版)》2015 年第 4 期。

〔11〕 参见谢望原、张宝:《论打击错误及其理论选择》,载《现代法学》2015 年第 5 期。

具有了杀“人”的故意。至于是想杀这个人还是那个人,都是杀人,都符合“杀人的故意”。可见论证下来,双方真正当作论据的并非“主客观应该在多大程度上一致”,而是“故意该如何认定”。也即双方本来都想将前者当成论据,后者当成结论,实际上似乎恰好相反。

第二,既然根本问题在于论证“故意的认定”,那么应回到故意认定的原点,根据故意的认定规则认定故意。〔12〕然而双方在立论时,都忽略了故意作为主观的危险判断的本体构造。认定故意时,具体符合说执着于对“因为行为人就是没有认识到他会击中旁边的人,所以不可能对于误中的客体有故意”这种心理事实进行描摹。可是这种心理事实也完全可以被解释成法定符合说所谓的“有杀‘人’的认识就够了,而不要求有杀‘这个人’的认识”的含义。〔13〕可见在故意的心理事实层面区分“杀具体的人的故意”和“杀人的故意”必然“折戟”,由此双方一度陷入以“先预设立场正确再展开论述的循环论证”来互相攻讦的境地。在我国《刑法》第14条对故意犯罪的定义中,“明知自己的行为会发生危害社会的结果”显然也是故意认定成立后对其进行的回溯性的描述,而并未在故意认定之前为我们提供一种如何判断行为人是否知道“行为会发生危害社会的结果”的体系规则。哪怕是德日理论中“故意是对构成要件的知与欲”这一共识也未能摆脱这种事实描述。因此,摆脱这种回溯性的对心理事实的描摹,去探索故意认定的精细构造成了当务之急。

第三,对故意认定构造深入观察的缺乏,令具体符合说无法摆脱三个根本缺陷:

其一,在反驳的过程中,具体符合说更多依赖于从对方结论导出的不利后果去反证其立论的不足,却放弃了对法定符合说的立论缺陷进行正面考察,以致反驳失焦。比如,“将甲想杀X的意思抽象为甲想杀‘人’的意思”〔14〕,以及“故意的成立,只需要行为人的认识与所发生的事实属于法定事实的范围,即同一构成要件或犯罪性质即可,无须非要认识到犯罪对象的具体特征不可”〔15〕,这些命题真的符合演绎推理和故意认定构造中的具体要求吗?以上问题都涉及对法定符合说的故意拟制逻辑进行正面的反驳,而具体符合说对此着力甚少。

其二,由于立论单薄和反驳失焦,在法定符合说提出“行为人想要毁坏某人左手自己的财物却毁坏了其右手的自己的财物”的“具体化程度”诘问时迅速妥协,提出了“具体法定符合说”。

一种具体法定符合说认为,是否主客观一致,不能把行为人认识当成唯一的标

〔12〕 参见陈洪兵:《刑法错误论的实质》,载《烟台大学学报(哲学社会科学版)》2018年第4期。

〔13〕 参见〔日〕大谷实:《刑法讲义总论》(新版第2版),黎宏译,中国人民大学出版社2008年版,第165页;〔日〕福田平、〔日〕大塚仁编:《日本刑法总论讲义》,李乔、文石、周世铮译,辽宁人民出版社1986年版,第72页。

〔14〕 张明楷:《再论具体的方法错误》,载《中外法学》2018年第4期。

〔15〕 〔韩〕李在祥:《韩国刑法总论》,〔韩〕韩相敦译,中国人民大学出版社2005年版,第155页。

准，而还要兼顾构成要件的标准[16]，因为在不同侵害客体属于不同法益主体的场合，民众一般都会认为其目的没有达到，而在不同侵害客体同属于一个法益主体的场合，按照既遂处理符合社会的一般观念。[17] 此时不难发现：具体符合说的立论基点已经从“从故意的心理事实进行认定”悄然偏移向“民众一般观念是否认为行为人为故意犯罪既遂”。

另一种具体法定符合说则认为，近代人类最悲惨的命运就是用抽象人的概念取代了具体人，人被抽象化的必然后果就是人的价值被贬损[18]，因之出于对“具体人”的尊重，其认为对于人身客体的侵害应该具体化处理，对被告人适用具体符合说，而对同一个被害人的不同财产客体侵害则可抽象处理，适用法定符合说。然而政治哲学上之所以具体化某个人是为了避免该个体的独特价值被湮灭，是为将该个体作为“目的”本身对待来捍卫其尊严。但如果在打击错误中具体化被害人的“目的”是合理分配被告人的责任，而非着眼于被害人本身的尊严与利益，那么被害人就不是“目的”而沦为考察被告人归责分担的“手段”，这全然与它的初衷南辕北辙。更重要的是，我们仍能从中看出具体符合说的立论已一去“能否明知自己的行为会发生危害社会的结果”之原点而不复返了。不断背离原来的标准而在诸方游走的具体符合说，显得有些面目全非。

其三，具体符合说既没有办法从一贯的立论出发，回答对象认识错误和打击错误中为何采用不同标准之质疑[19]，更不可能彻底解决的问题是：既然要在具体的对象认识错误和打击错误中采取不同的结论，那么具体的对象错误与打击错误如何区分？行为指向说[20]、原因说[21]、风险数量说[22]、目标客体无侵害可能性说[23]、错误发生时间说[24]等标准层出不穷，但是正如张明楷教授感叹道，这些学说只不过是表述上的差异，或者只是就自己所能想象到的案件按照自己的结论归纳出区分标准，因而难以适用于所有案件，也难免会被批评容易导致司法实践中处断的恣意[25]。追根到底，对该问题左支右绌是具体符合说上述所有未决之问题不断累积、叠加的结果，一次正本清源的反思势在必行。

---

〔16〕 参见〔日〕西田典之：《日本刑法总论》，刘明祥、王昭武译，中国人民大学出版社2007年版，第176页。

〔17〕 参见刘明祥：《论具体的打击错误》，载《中外法学》2014年第2期。

〔18〕 参见罗翔：《论打击错误的处理原则——法定符合说之检讨》，载《暨南学报（哲学社会科学版）》2014年第8期。

〔19〕 参见安军：《论教唆犯之正犯的具体对象错误》，载《海南大学学报（人文社会科学版）》2012年第2期。

〔20〕 参见刘明祥：《论具体的打击错误》，载《中外法学》2014年第2期。

〔21〕 参见孙国祥：《刑法基本问题》，法律出版社2007年版，第236—237页。

〔22〕 参见谢望原、张宝：《论打击错误及其理论选择》，载《现代法学》2015年第5期。

〔23〕 参见谢望原、张宝：《论打击错误及其理论选择》，载《现代法学》2015年第5期。

〔24〕 参见何洋：《论打击错误之处理原则——具体符合说之提倡》，载《河北法学》2012年第1期。

〔25〕 参见张明楷：《再论具体的方法错误》，载《中外法学》2018年第4期。

（三）问题聚焦

综上，本文主要欲解决的问题如下：①故意认定的本体构造如何决定了构成要件客体只能是具体性的而非抽象性的？②法定符合说“故意拟制”的深层逻辑错误植根何处？其提倡的“故意”真的是刑法意义上的故意还是另有他物？③法定符合说又是如何借由具体符合说对故意认定构造的忽视，而在“具体化程度”这一问题上布下了语言迷宫？④立足于故意认定的本体构造，具体事实错误中对象错误与打击错误之间的关系呈现出怎样的面貌？

二、故意认定：行为客体在危险认识中的角色

（一）故意认定之共识：对行为危险的认识

如前所述，最为迫切的问题是通过对故意认定本体构造的探寻，构建具体符合说更为深刻的立论根据，故先对故意认定中作为起点的共识作一定断。

《德国刑法典》第16条规定：“行为人行为时对法定构成要件缺乏认识，不认为是故意犯罪，但要对其按过失犯罪处罚……”而《日本刑法典》的规定与之类似。反过来可认为，故意必须对刑法分则规定的法定构成要件有所认识。而我国《刑法》第14条第1款规定：“明知自己的行为会发生危害社会的结果，并且希望或者放任这种结果发生，因而构成犯罪的，是故意犯罪。”于是，国内外不论何种学说，都共同接受一个几乎没有差异的故意内容：故意的成立至少要求行为人对客观构成要件的事实有所认识。〔26〕

所谓对“客观构成要件的事实有所认识”，就故意杀人罪而言，其客观构成要件是行为人实施了“杀人行为”，因此，行为人不仅要认识到自己的行为指向人，也要认识到指向人的行为对人死亡的结果具有法益侵害危险性。故包括持法定符合说的学者们也都一致认为：“明知自己的行为会发生危害社会的结果，实际上是指行为人明知自己的行为会发生符合构成要件的法益侵害结果或者危险结果”，“对于行为结果的认识，是指对于行为的自然结果的认识，这种认识，在很大程度上表现为一种预见”，“这种‘知’……主要是针对行为人所创设之风险的具体实现”。〔27〕而且这种对客观构成要件事实的认识的理解，学者不论是否承认包括对具体因果关系的认识，也都承认，故

〔26〕 参见张明楷：《论具体的方法错误》，载《中外法学》2008年第2期。

〔27〕 〔日〕大谷实：《刑法讲义总论》（新版第2版），黎宏译，中国人民大学出版社2008年版，第150页；张明楷：《刑法学》（第5版），法律出版社2016年版，第258页；〔德〕乌尔斯·金德霍伊泽尔：《刑法总论教科书》（第6版），蔡桂生译，北京大学出版社2015年版，第135页；周光权：《刑法总论》（第3版），中国人民大学出版社2016年版，第154页。

意的成立要求行为人认识到自己的行为具有导致法益侵害结果发生的危险性。[28]

唯有从“对法益侵害危险性”这一故意认定中的共识出发，对行为客体具体化依据进行探索，才能避免循环论证的指责。

（二）危险认识之铁律：行为客体之具体化

照该共识进行推导显然会遇到这样一个问题：如何判断行为人是否认识到行为之危险性？之所以“具体符合说关注具体客体，认为每个客体都有其独特价值，不能一律等价视之”[29]，正在于行为客体的具体化是帮助行为人认识行为危险性的核心。理由如下：

第一，就形式逻辑而言，基于演绎推理的涵摄要求，作为推导小前提的行为客体必须进行具体化处理。故意的认定在形式上是一种将行为人认识的事实（小前提）涵摄为故意这一主观构成要件（大前提）的过程。小前提之本质特点在于具体性和特定性，行为客体作为小前提事实时自然也应具体化。反过来，如果将它抽象化为形而上的概念，则其性质会背离小前提的标准，成为构成要件一样“类型化”的存在，无法令法律适用者彻底展开三段论推理。当然，诚如法定符合说所言：“构成要件具有类型性，所谓具有类型性实际上就是将具体的值得科处刑罚的行为进行了一定的抽象化。认定犯罪就是将具体事实与抽象的刑法规范进行对应的过程。具体适用的构成要件仍然是抽象的，而不可能是具体的。”[30]可是“客体”具备双重身份——其不仅在大前提中以构成要件的形式存在，也在小前提中作为鲜活的具体事实存在。作为构成要件的行为客体应保持抽象性是立法者类型化犯罪行为模型的必然要求，不代表构成要件经由法律适用者通过三段论在“抽象与具体来回流转”进行翻译的过程中，作为小前提时的客体也要抽象存在。张明楷教授自身亦言：“在判断构成要件符合性时，应当以法定的构成要件为大前提，以具体的事实为小前提。”[31]可见，“行为客体”身负“大前提”和“小前提”双重特性，不能以客体作为大前提时的抽象性，强行要求其作为小前提时也应抽象地形而上化。

第二，从实质来说，为实现危险判断的准确性，行为客体作为危险判断构造当中判断资料的一部分，理应具体化。故意认定本质上是一种危险判断（只不过是行为人的危险判断），而危险的判断无非涉及两个问题：一是应以何种事实作为判断的资料？二是应从何种立场出发根据资料进行危险预测？[32] 因此，行为客体毫无疑问地应该

---

〔28〕 参见陈璇：《论主客观归责间的界限与因果流程的偏离》，载《法学家》2014 年第 6 期。

〔29〕 罗翔：《论打击错误的处理原则——法定符合说之检讨》，载《暨南学报（哲学社会科学版）》2014 年第 8 期。

〔30〕 张明楷：《再论具体的方法错误》，载《中外法学》2018 年第 4 期。

〔31〕 张明楷：《刑法分则的解释原理》（第 2 版），中国人民大学出版社 2011 年版，第 219 页。

〔32〕 参见陈璇：《论客观归责中危险的判断方法——“以行为时全体客观事实为基础的一般人预测”之提倡》，载《中国法学》2011 年第 3 期。

成为行为人判断行为法益侵害危险性时的判断资料之一。这是由于:一方面,行为客体作为自外于行为人内心世界的客观世界之一部分,不论是人的不法论者还是客观不法论者都不能否认其具有成为判断资料的适格前提;另一方面,意思决定或行为意志是指行为人有意识地为自己设定一个目标,有目的地选择手段去追求和实现该目标〔33〕,而行为客体在此扮演了实现该目标的载体的角色——其如同靶之红心立于行为人视野之中,使其能始终以此为标准选择、取舍和决定自己通过什么样的行为实现与该红心的危险构建。因此"被选中作为手段的那些因果要素,从一开始就与作为被追求之目标的其他作用联系在了一起"〔34〕。正因行为客体在帮助行为人取舍工具方法,操纵因果锁链,选择足以敌害法益的行为时起到了坐标轴一般的辅助作用,其显然具备成为危险判断资料的实质理由。

因之,向天空开枪和向十步之外的人开枪,向糖尿病人注射葡萄糖和向健康的人注射葡萄糖,行为人得出的危险判断结论别如云泥——作为判断资料的客体的存在与否、与行为人之间发生的时空关系、不同的健康程度和特殊体质等各方面具体的差异,导致危险判断结论相去甚远。所以作为判断资料之一的行为客体必须具体化处理。否则,在抽象、虚化判断资料的思维下,向正常人注射葡萄糖和向糖尿病人注射葡萄糖都会在行为人的危险判断里变成"向'人'注射葡萄糖",最终流于认定的恣意。〔35〕正如有学者认为:"故意的概念越抽象化,则故意归责越容易实现。法定符合说便是这条进路上的代表学说。若故意的概念越具体化,则故意归责越难以实现。"〔36〕更准确地说,法定符合说既可能强行拔高行为人的低水平的认识,从而拟制故意,也可能抽象掉行为人高水平的特别认识,从而恣意排除故意。因此,若具体符合说果真要贯彻"被害对象的个别性、具体性具有重要意义"〔37〕这一论点,其重要性之基础也应由"行为客体作为危险判断资料"之角度去寻找。

第三,再进言之,受制于故意从属性之品格,客观构成要件危险判断的具体化决定了主观构成要件危险判断的具体化。不论是将"一般人+行为人特别认知"还是"行为时的全部客观事实"作为判断资料,先于主观归责的客观归责当然都只能具体化作为判断资料的行为客体,方能使客观的危险判断更为精确,这自然而然地会决定客观构成要件判断结论面向不同客体的相对化。而根据"故意必须以客观构成要件为导

〔33〕 参见柏浪涛:《狭义的因果错误与故意归责的实现》,载《法学》2016年第3期。

〔34〕 〔德〕汉斯·韦尔策尔:《目的行为论导论:刑法理论的新图景》(增补第4版),陈璇译,中国人民大学出版社2015年版,第2页。

〔35〕 如此,若果真贯彻法定符合说,则在那些行为人有特别认知的情形中都会排除其故意。比如向糖尿病人注射葡萄糖、劝有心脏病的人蹦极、怂恿海鲜过敏者吃海鲜,因只需认识构成要件水平的抽象"人",必然抽去其认识到的特殊体质等资料——行为人便只能认识自己只是在实施典型的日常行为,而非杀人行为。

〔36〕 柏浪涛:《打击错误与故意归责的实现》,载《中外法学》2015年第4期。

〔37〕 欧阳本祺:《具体的打击错误:从故意认定到故意归责》,载《法学研究》2015年第5期。

向,前者只是后者的倒影”[38]这一故意的从属性品格,倘若审查客观构成要件时,一个行为相对具体的不同客体危险与否产生了相对化结论,那么其中每一相对化结论中的具体内容便成为拘束故意认识内容的前提。换言之,故意应在“从属、对应客观”的诫命之下,如附着于客观危险判断结论上的影子,对应其每一个具体结论中的具体内容进行具体认定。例如,行为人藏身于独身的、患有心脏病的甲的屋门前,企图用惊吓的手段将其吓死,却将当日前来帮甲打扫卫生的患有多种基础疾病的甲母吓死。由此,如以“行为时的全部客观事实”作为判断资料,那么在客观构成要件层面得出①惊吓行为相对甲有危险及②惊吓行为相对甲母也有危险这样的相对结论。[39] 为满足对应、从属之要求,对于故意也要分别地针对相对化的客观构成要件结论进行相对判断。亦即:第一步,判断行为人对于惊吓行为指向甲的危险有否认识;第二步,判断行为人对于该惊吓行为指向甲母的危险有否认识。而如果仅因为行为人对甲的危险有认识即罔顾第二步合致判断而得出对行为指向甲母的危险亦有认识,便否定了故意追随客观构成要件的从属性品格,并且主观构成要件拥有的排除那些客观上存在但无法被行为人认识之危险的出罪功能也将不存。如有学者认为:打击错误中,就攻击对象而言,主客观对应,而就误击对象而言,主客观未能对应。[40] 对应客观之品格,成为行为客体具体化的另一根据。

(三)具体打击错误的本质以及与因果关系错误的分野

第一,危险认识缺失是故意阻却的“因”,主客观不一致只是故意阻却的“果”。行为客体的三重角色决定了“故意只是抽象地涉及特定客体种类还是不够的,行为人必须注意到特定的侵害客体”[41]。在这个意义上,具体打击错误中之所以阻却行为人的故意,并非如传统具体符合说宣称的那般,是实害客体未能符合行为人主观的具体预设,而是行为人对行为指向实害客体的法益侵害危险性未能被主观所认识。只是恰好展现出来的外观是“实害客体和目标客体没有具体地一致”。所以“危险认识阙如”是阻却故意的原因,“不具体一致”只是故意被阻却后的结果。略显激进地再走一步,具体符合说学者从“主观与客观的一致程度”去寻找立论根据完全是舍本逐末、倒果为因。由此也可见,即便如法定符合说学者那般认为:不必对实际发生的所有事实存在

[38] 蔡圣伟:《刑法上的对应原则》,载《月旦法学杂志》2014年第227期。

[39] 当然,如果将“一般人认识+行为人特别认知”作为判断基础,可能在客观构成要件上得出行为对甲有危险,对甲母无危险的判断。即便如此,对故意的判断也应根据客观的结论分步进行。

[40] 参见林钰雄:《新刑法总则》(第3版),元照出版有限公司2011年版,第212—213页。

[41] 〔德〕汉斯·海因里希·耶赛克、〔德〕托马斯·魏根特:《德国刑法教科书》,徐久生译,中国法制出版社2001年版,337页 。

认识,只要以构成要件为基准,对于那些具有法律意义的事实存在认识即可[42],具体化的客体也是该当"行为危险性认识"这一构成要件判断的有法律意义的事实,也是坚持了"以构成要件为基准"。

第二,以危险认识缺失为本质的具体打击错误并非一种因果关系认识错误。有学者把打击错误本质理解为因果关系错误的一种,其指出:"因果关系错误中故意归责的分析法理也适用于打击错误的场合,因为打击错误本质上是一种因果关系错误……可以看出,打击错误是一种综合错误,一方面主观预想结果与实际发生结果不一致,另一方面因果历程发生偏离。"[43]如上文所述这种观点并非知者寥寥。支持因果关系认识是必要的学者进一步认为正是由于行为人无法认识到这种偏离的因果关系而阻却故意,这种看法和笔者的观点极其紧密。毕竟在打击错误中,一般既会发生因果关系偏离,又会使行为人无法认识行为对该客体的危险。但经过对故意认定本体构造的探寻可知,因果关系错误是行为人在对实害客体的危险性有认识的基础上,对行为后的事实因果发展无法认识的问题。而乍一看打击错误也属于行为人没有认识到实行行为后的事实因果发展之问题,但由于客体的非同一性导致问题又从稍后的事实因果发展能否认识,回转到了稍前的行为时的危险性能否认识阶段。故具体打击错误属于行为危险认识阙如,而狭义因果关系错误属于事实因果流程发展认识阙如的问题,由此二者的本质差异便水落石出,那种试图将两个问题归拢到一块儿,并用一套方法"快刀斩乱麻"的尝试难免落空。

三、法定符合说故意拟制的方法、本质和后果

(一)拟制故意的方法:概念替换

解决具体符合说的立论问题后,再将目光聚焦到法定符合说的立论:故意的成立,只需要行为人的认识与所发生的事实属于法定事实的范围,即同一构成要件或犯罪性质即可[44],并非非要认识到犯罪对象的具体特征不可。将这一命题具体运用到认定行为人故意时将得出:丙杀害了一个独立的法益主体(李四),而且具有杀害独立的法益主体(张三)的故意,而张三与李四都是《刑法》第232条中的"人",所以完全符合《刑法》第232条的规定,成立故意杀人既遂。[45] 亦即:法定符合说运用"对观念的、一般的客体之'故意'"来替代"对特定客体之故意",从而证成其故意。

---

〔42〕 参见〔日〕桥爪隆:《构成要件的推迟实现与构成要件的提前实现》,王昭武译,载《苏州大学学报(法学版)》2015年第4期。

〔43〕 柏浪涛:《打击错误与故意归责的实现》,载《中外法学》2015年第4期。

〔44〕 参见〔韩〕李在祥:《韩国刑法总论》,〔韩〕韩相敦译,中国人民大学出版社2005年版,第155页。

〔45〕 参见张明楷:《再论具体的方法错误》,载《中外法学》2018年第4期。

然而，这种方法不仅违背形式逻辑，也不符合故意认定中危险判断和涵摄的规则，更暴露了法定符合说对目标客体和实害客体认定故意时，暗藏两条思路的内在割裂。

第一，根据“杀特定人的故意”推导出“杀‘观念人’‘一般人’的故意”是一种背反形式逻辑的概念替换。

众所周知，“人会死”，既然“我”是人，那么说“我会死”并无不妥。这是从一般到具体推理的科学思维，然而，试图将命题从具体推导到一般就会错漏百出。绝不可能因为“张三不懂电脑”，而又因为“张三”是“研究生”由此通过将特殊概念换为一般概念，直接将命题替换为“研究生不懂电脑”。[46] 故当“行为人有杀张三的故意”的时候，绝不能因为张三这个特殊概念是“人”，因而想当然地推导出“行为人有杀‘人’的故意”的一般命题。正如有学者指出的：A 有杀 X 的故意，就有杀人的故意；Y 也是人，所以 A 有杀 Y 的故意。这种做法是借着构成要件要素的类型性而作的概念调换，具有类推解释之嫌。[47]

深究形式逻辑之根据，由“人会死”推导至“我会死”能成立，是因为前提命题中的“人”作为抽象概念周延地涵盖了所有人，而不论“我”还是“你”都落入该概念的范围而适用该命题。但是，“张三”这个概念是特定的概念，而非周延的概念，故只是在前提中断定了该词项部分外延的情况，而前提是推理的依据，既然在前提中只断定这部分外延对象的情况，那么在结论中也只能断定这部分外延对象的情况。[48] 因此，张明楷教授强调的“数故意说只是将甲想杀 X 的意思抽象为甲想杀‘人’的意思”[49]，这种“抽象”和将“我是学生”而抽象为“人是学生”一样，突破了形式逻辑的极限。

有德国学者不能接受该指责。其认为推论过程应是：T 想要杀害 A，T 知道 A 是人，因此 T 想要杀害一个人。并且，真正的问题是：他是否想要杀死一个人，并且杀死了一个人。[50] 然而，这两个“一个人”的表述内涵是不一样的。第一个是指“杀 A 这一个人的故意”，第二个是“杀一般人的故意”。那么对另外一个人，亦即实害客体的故意是如何实现的，其虽然竭力不正面谈及，但还是要将“杀 A 这一个人”的故意上升为“杀一般人、观念人”的故意。只不过其利用文字和语言，把这两个具有特定内涵的差异性命题都以同一个“杀一个人”这种抽象的方式表述，使之具有视觉上的意义同一性而已，以致最后该学者自己也承认这是一种包含于“每一个特定故意”中的“一般故意”。[51] 可

[46] 参见赵利主编：《法律逻辑学》，人民出版社 2010 年版，第 94 页。
[47] 参见柏浪涛：《打击错误与故意归责的实现》，载《中外法学》2015 年第 4 期。
[48] 参见赵利主编：《法律逻辑学》，人民出版社 2010 年版，第 93 页。
[49] 张明楷：《再论具体的方法错误》，载《中外法学》2018 年第 4 期。
[50] 参见〔德〕英格博格·普珀：《法学思维小学堂：法律人的 6 堂思维训练课》，蔡圣伟译，北京大学出版社 2011 年版，第 103 页。
[51] 参见〔德〕英格博格·普珀：《法学思维小学堂：法律人的 6 堂思维训练课》，蔡圣伟译，北京大学出版社 2011 年版，第 103 页。

是如此便承认必须先判断出对 A 的特定的故意,以及对 B、C 等人特定的故意,才能将每一个特定故意的共性提炼为一个可周延适用的"一般故意"。而不能只判断出对 A 的一个特定故意,便一蹴而就地得出所谓"一般故意",将 B、C……也覆盖进去。

第二,通过概念替换实现的故意拟制也无法经受故意认定中危险判断和演绎思维的检验。

如果拟制出的故意是真的故意,势必能经受涵摄和危险判断规则的检验。由此不妨将一个抽象的"人"作为判断资料,经由危险判断和演绎推理对其进行检验。可稍显吊诡的是:如果行为人不对这个观念上的抽象的"人"在小前提和判断资料中具体化,不清楚这个观念"人"相对于自己的位置,不知道其运动轨迹,也认识不到其健康状态,这个观念上的"人"被模糊为空洞而没有具体细节的形象,虚浮于形而上的概念天国中,不与行为人的行为发生任何相互作用和因果勾连,行为人如何认识到自己的行为对这样的一个观念的、抽象的"人"的危险性?而裁判者又怎么能通过一个仅以文字形式现身之"人"来展开演绎推理中的小前提?要在这种虚无观念中搭建起故意的危险认识和展开三段论推理是法定符合说的固有难题。如柏浪涛博士所言:"在小前提事实层面,法定符合说眼中的这个'人'处在现场什么位置、什么时刻身处那里。离开这些信息,无法判断开枪行为对生命有无危险。"〔52〕因而,所谓的"杀'人'的故意"这种试图抹除"人"字背后的具体化内涵而仅让一个观念、一般的"人"与"故意"构建联系,是无法在刑法意义上成立的命题,尽管无碍法定符合说学者著文时将这个两个词语生硬缝合。

第三,在对目标客体的故意和对实害客体的故意认定思路上,暗藏着法定符合说的内在割裂。

面对上文的质疑,或许会有人反对,法定符合说所要求的故意,仍然是行为人是否认识到自己的行为会发生他人死亡的结果并且希望或者放任他人死亡,至于这个"他人"是哪一个具体的人则并不影响故意杀人罪既遂的成立。〔53〕但是这样的反驳显然前后矛盾。既然故意的认定仍要求行为人认识到行为会导致他人死亡,那么不同的、具体的人就势必影响行为人这一危险判断。而且,不难想象法定符合说在认定行为人对一开始的目标客体的故意时,必然也是遵循以上危险判断思路的:行为人认识到了自己是在朝"不远处的一个人(目标客体)的头部"开枪,当然就认识到了行为对他人生命的危险性。亦即,不可避免地要将行为人所认识到的行为客体与其行为的时空关系和具体打击部位等作为判断资料进行危险判断。那么在预料中的是,接下来其对实害客体的危险判断也应该恪守上述分析思路,将实害客体与行为的时空关系、对其打击的部位,有时甚至还要将实害客体的体质和健康状况纳入判断资料,进行完整的演绎

---

〔52〕 柏浪涛:《打击错误与故意归责的实现》,载《中外法学》2015 年第 4 期。
〔53〕 参见张明楷:《再论具体的方法错误》,载《中外法学》2018 年第 4 期。

推理和危险判断。然而令人费解的是，法定符合说突然摒弃这种判断思路，而是通过前文所说的“因为有了杀‘特定人’的故意，所以就有了杀观念之‘人’的故意，从而对实害客体也有故意”错误的形式逻辑中拟制出对实害客体的故意来。可见，对于目标客体的故意和对实害客体的故意进行认定的思路不一，暴露法定符合说故意拟制导致的矛盾式割裂。

（二）拟制故意的本质：行为人的犯罪意志

对于通过概念替换抽离出的“杀观念人之的‘故意’”，之所以鲜有学者揭穿其谬误，是因为其徒有犯罪故意之形，而真面目是一种单纯的犯罪意志。

犯罪意志是行为人刑法的产物，其和犯罪故意泾渭分明。李斯特从其特殊预防的思想中推导出行为人刑法，并据此认为在未遂问题上，可罚基础即行为人主观的危险性，亦即“恶的意志”〔54〕。而在极端的行为人刑法处，即便迷信犯“所认识到的也并不是在构成要件上可以实现客观归责的事实，故迷信行为缺少成立未遂犯所要求的故意”〔55〕，却可能基于“恶的意志”遭受处罚〔56〕。可见，单纯的犯罪愿望（犯罪意志）不是犯罪故意，两者必须区别开来。〔57〕但法定符合说将二者混淆了。

第一，二者在民众的一般观念看来具有相似性，存在混淆的空间和可能。如对于那些在无特别认识的情况下劝人乘机致死的案例，没有经历严格法学教育的一般民众无疑会认为行为人存在“杀人故意”并且“故意”被实现了，然而一名普通的法学生能轻易地看出，这种民众理解的“故意”不过是劝人者一种杀人的恶之意志，绝非故意。可是当杀人故意和杀人意志同时存在时，这种辨析识别便尤为困难——打击错误中的行为人基于故意而开枪时，在其故意之上便附着一种与故意难分难解的犯罪意志，然而有“犯罪愿望”不见得就有“故意”，而有犯罪“故意”，一般可以推导出被告人有犯罪“愿望”。〔58〕正是二者往往共生共存，才为法定符合说提供了混淆的可能。这亦是为何法定符合说那些“行为人想杀人，也杀了人，却认定为杀人未遂，有悖社会的一般观念”〔59〕的指责总是那么具有杀伤力。因为就一般观念而言，和故意极其相似的“犯罪意志”在具体打击错误中确实实现了，但显然，其不能意味着故意的实现。

第二，被抽象化处理后的“故意”恰好符合犯罪意志的特征。犯罪意志作为纯粹危险人格的体现，其产生无须如故意般坚持从属于客观构成要件的品格，亦无须结合具

---

〔54〕 参见张志钢：《论不能未遂的可罚性》，中国社会科学出版社 2019 年版，第 64 页。

〔55〕 参见陈璇：《客观的未遂犯处罚根据论之提倡》，载《法学研究》2011 年第 2 期。

〔56〕 参见张志钢：《论不能未遂的可罚性》，中国社会科学出版社 2019 年版，第 111 页。

〔57〕 参见〔日〕松宫孝明：《刑法总论讲义》（第 4 版补正版），钱叶六译，中国人民大学出版社 2013 年版，第 137 页。

〔58〕 参见蔡桂生：《非典型的因果流程和客观归责的质疑》，载《法学家》2018 年第 4 期。

〔59〕 张明楷：《刑法学》（第 5 版），法律出版社 2016 年版，第 270 页。

体的客体进行危险判断，便可以摆脱客观限制无远弗届地驰骋纵横，抽象地孤悬于行为人主观状态中。而概念替换后的那种“一般故意”同样无须坚持从属性品格，无须结合具体客体判断。可见，所谓“杀观念‘人’的故意”在形成机制上已经无限接近“杀人意志、想法”这一同样抽象的“恶的意志”的特点。也有法定符合说学者无意承认了其故意的真实面貌：“故意是试图制造法所禁止的、定型的违法状态的意思，行为对象只具有使该违法状态特定化的机能。”〔60〕换言之，行为人在家中萌生杀人念头时，也是一种“制造法禁止的定型的违法状态的意思”，恐怕也会得出具有故意的结论，但显然是荒谬地将犯罪意志当作故意了。

第三，法定符合说抽象处理故意的动机和意思刑法处罚犯罪意志的理由均出自防卫社会的预防理论。意思刑法之所以处罚犯罪意志，正是因为践行犯罪行为暴露了行为人的人身危险性，而出于防卫社会、预防犯罪的需要必须对其处罚。〔61〕而法定符合说学者竟不谋而合地也认为：“当行为人认识到了法益侵害事实时，就能够产生反对动机，其仍然实施该行为，表明其积极侵害法益的态度……采取法定符合说有利于禁止故意犯罪，方法错误造成Y死亡，对其预防必要性也未减少。”〔62〕换言之，因为行为人有一种“法益侵害态度”，因而将其认定为故意有利于犯罪预防。可见法定符合说的立论逻辑与意思刑法处罚犯罪意志的理由几无差别。

如此看来，法定符合说拟制出的“故意”，其真实身份为与“犯罪故意”一胎双生而真假难辨的“犯罪意志”。甚至可以认为，法定符合说理论身上流淌着主观不法论的血液，这是意思刑法在主观归责领域静谧无声的一次死灰复燃。而坚守客观不法论同时又拥趸法定符合说的学者，立场未免暴露出巨大的断层。

（三）拟制故意下相连的教义学后果

第一，“故意拟制”的错误在“并发结果”和“过剩结果”的问题中暴露无遗。

并发结果是指甲欲杀乙，由于行为差误，乙受重伤或未受伤，却导致丙与丁死亡，甚至还导致其他人死亡。过剩结果是指甲欲杀乙，由于行为误差，导致乙以及其他没有预见的人（比如丙、丁）的死亡。

法定符合说中的一故意说对于并发结果的处理观点如下：(1)甲在对意料之外的对象丙或者丁成立故意杀人既遂的同时，成立对欲害对象乙的过失致人重伤罪；(2)甲仅对意料之外的对象的死亡成立故意杀人既遂，对欲害对象不成立犯罪；(3)甲对欲害对象乙成立过失致人重伤罪，对意料之外的丙的死亡成立故意杀人罪既遂，同时成立对丁的过失致人重伤罪（若并发结果中的丁仅是重伤）。〔63〕对于过剩结果，只成立对

---

〔60〕〔日〕川端博：《刑法总论二十五讲》，余振华译，中国政法大学出版社2003年版，第85页。

〔61〕参见陈兴良：《刑法的启蒙》（第3版），北京大学出版社2018年版，第294页。

〔62〕张明楷：《论具体的方法错误》，载《中外法学》2008年第2期。

〔63〕参见陈洪兵：《刑法错误论的实质》，载《烟台大学学报（哲学社会科学版）》2018年第4期。

乙的故意杀人既遂和对丙、丁的过失致人死亡。〔64〕 而坚持数故意说的学者则认为：对于前一情形，甲对于乙成立故意杀人未遂，对于丙、丁乃至其他实害客体均成立故意杀人既遂。由于只有一个行为，通过想象竞合（观念竞合）以一个故意杀人既遂论处。对于后一情形，对于所有实害客体都成立故意。但彼此是想象竞合或者观念竞合的关系。〔65〕

一故意说的缺陷在于：在结果过剩场合，为了坚持甲只有一个抽象的杀人的故意，一故意说已经直接背离法定符合说立场；而在结果并发场合，为了贯彻法定符合说，直接将行为人对乙具有的毫无争议的故意篡改为过失，甚至不惜牺牲对乙的主观心态评价而径直出罪，这极其荒谬。不难体察：通过概念替换而形成的故意拟制已经人为地赋予了包括目标客体以外的其他客体的"故意"，由此逻辑上必须承认包括目标客体在内的众多非目标客体的故意。但是，为了维持一故意的前提，又必须从那些众多的"故意"中挑选其一作为最后的故意评价。然而，如果选择非目标客体作为最后的故意既遂之客体，则对本来就具有故意的目标客体无法评价；而如果选择目标客体作为最后故意杀人既遂（或未遂）的评价对象，那么对于其他非目标客体又面临无法评价的困境——如果认为是过失，则违背了法定符合说的基本立场；而如果认为是故意，又违背一故意的立场。

所以目前数故意说成为国外法定符合说中的通说与判例的基本立场。〔66〕 然而，数故意说甚至更加凸显了法定符合说的矛盾。

首先，放弃一故意说则违背了法定符合说的立场。既然法定符合说将行为对象从甲、乙抽象为"人"，认为 A 有杀"人"的故意，那么此时就应只存在一个抽象的杀人故意，只存在行为人是否有杀"人"的故意的问题，而不存在杀甲的故意或杀乙的故意的问题。〔67〕 由此，在过剩场合，主观有杀人的故意，客观杀了人，法定符合说应直接认定为一个故意杀人既遂，而不需要再针对不同的客体进行"A 想杀甲但同时杀死甲和乙时，对甲与乙均成立故意杀人既遂"〔68〕这种"对……的故意"的逐一的具体判断。否则便违背法定符合说一个抽象杀人故意的立场。

其次，法定符合说仅对主观构成要件作抽象一致的要求，而不对客观构成要件作抽象一致的处理。对上述诘难，法定符合说论者尚能通过"所谓的数故意说，并不是说行为人有数个故意，只是意味着行为人对数个结果均有故意"〔69〕自圆其说。然而在

---

〔64〕 参见张明楷：《刑法学》（第 5 版），法律出版社 2016 年版，第 273 页。

〔65〕 参见张明楷：《论具体的方法错误》，载《中外法学》2008 年第 2 期；张明楷：《刑法学》（第 5 版），法律出版社 2016 年版，第 274 页。

〔66〕 参见陈洪兵：《刑法错误论的实质》，载《烟台大学学报（哲学社会科学版）》2018 年第 4 期。

〔67〕 参见〔日〕山口厚：《刑法总论》（第 2 版），付立庆译，中国人民大学出版社 2011 版，第 208 页。

〔68〕 张明楷：《刑法学》（第 5 版），法律出版社 2016 年版，第 274 页。

〔69〕 张明楷：《刑法学》（第 5 版），法律出版社 2016 年版，第 274 页。

"有的客体死亡有的客体未死"的并发的场合,数故意说认为A想杀甲,但仅杀死乙时,对甲成立杀人未遂,对乙成立杀人既遂——这种对"人死亡与否"这一客观要件根据特定客体具体化判断的逻辑,彻底背离了法定符合说的理论。既然"主客观只需要在构成要件的抽象水平内一致"即可,那么"人死亡"这一客观的既遂要件也只需在"构成要件的抽象水平内实现一致即可",同样不需要具体地考察特定的这个人或者那个人是否死亡,只要有"人"死亡即可。那么只要乙死了,就是"人"死了,甲也是"人",所以甲也死了。因之,"人死亡"这一客观的既遂要件在抽象水平内实现了一致,应该直接得出对未死的甲也成立故意杀人既遂的结论才对!既然故意和既遂都是类型化了的抽象的构成要件,绝不能在主观构成要件上作抽象的要求,在客观构成要件上却作具体的判断,不能在主观构成要件上运用法定符合说的理论,而对于客观构成要件却据守在具体符合说的壁垒内。这种差异对待再次暴露了法定符合说对杀人故意予以拟制,却不对死亡后果予以拟制的逻辑抵牾。

最后,还可以通过"A想杀甲但导致甲死亡、乙受伤害时,对甲成立杀人既遂,对乙成立杀人未遂"[70]这一目标客体确实死亡,而其他客体受伤的并发情形印证了其故意拟制的荒谬:既然行为人只需要对"人"有故意即可,那么客观上乙即便不受伤,那么也应该对其成立故意杀人未遂;同时,除乙之外对其他没有受伤或者受伤的人都应该被评价为"故意杀人未遂"。如行为人在教室里向其中一位同学A开枪致其死亡,其不仅对于A有杀人的故意,对班里的其他"人"、整个学校的"人"乃至世上的"任何人"都有杀人故意。但是这些"人"都没有发生死亡的结果,因而对除A以外的"所有人"成立故意杀人未遂。一旦数故意说承认了对于"乙"的故意,就不能只着眼于"乙",而必然要放眼至其他所有"人"。因为乙是"人",其他人也是"人"。数故意说论者或许会回应道:对于其他人不按故意杀人罪未遂论处,是因为开枪行为对其他人还没有产生客观的具体的危险,因而客观构成要件未能该当。然而如上所述,"对其他人的客观的具体危险"这一客观构成要件本应贯彻法定符合逻辑,不需要结合特定的"这个人或那个人"进行判断,只要行为对一个抽象的"人"有客观危险则符合构成要件。由此,对于"A"有客观危险的行为,是对"人"有客观危险,则对"A"以外的人也有客观危险。

综上,一旦法定符合说要拟制故意,它将冲破演绎推理及危险判断对构成要件该当判断的束缚。首先在主观上,如西田典之教授所说,明明只有一个故意,而让行为人承担两份杀人故意的罪责,违背了责任主义。按照想象竞合方式来处理,纯属权宜之计[71];在客观上,则可能违反法益保护主义,因为怎么可以把对另一个客体没有法益侵害的行为作抽象化处理,从而变成对该客体具有法益侵害性的行为呢?一故意说和数故意说内部的种种矛盾,恰恰是"故意拟制"机理弊漏的众多注脚。这也是"故意的

---

〔70〕 张明楷:《刑法学》(第5版),法律出版社2016年版,第274页。

〔71〕 参见〔日〕西田典之:《日本刑法总论》,刘明祥、王昭武译,中国人民大学出版社2007年版,第175页。

个数”的认定成为法定符合说的最大软肋的原因所在。[72] 因其那种绕开具体化判断，通过概念替换实现故意拟制的核心逻辑在此面临着暴露与消解的风险。

第二，拟制故意与间接故意之间的紧张关系揭示了该“故意”是企图自外于故意认定规则的第二条故意评价道路。

比如对于本文开头提及的“阿旺扎西故意伤害案”：由于被害人四郎旺姆和行为人本来要攻击的扎西尼玛站在一起，而且被告人并没有充足的理由信赖自己的“投石之技”能够绕开近距离的旁人而精准命中本来要攻击的人，一般情况下完全可以根据行为人认识到投石对实际被害人伤害后果有高度可能性而放任该结果发生，来认定他的间接故意。但是间接故意的认定路径会和法定符合说认定故意的路径发生剧烈冲突。

一方面，只要行为人对扎西尼玛有故意，即对四郎旺姆故意，无须评价行为人对于四郎旺姆是否有认识可能以及是否有放任意志而可径直根据“行为人有杀人的故意，客观上也杀了人”的逻辑直接评价为故意。由此只要是实害客体与目标客体同属一个构成要件的情形，只需认定行为人对目标客体的直接故意即可，间接故意的补充功能完全为法定符合说抽取架空。也如西田典之教授所言：“法定符合说是一种可以省略对未必故意（间接故意）立论的理论运用。”[73]可见法定符合说实际上在运用两个标准进行故意评价：一个是包括直接故意和间接故意在内，以行为人的危险性认识为标准的评价；一个是自外于危险性认识，以通过概念替换实现的故意拟制进行评价。

另一方面，根据法定符合说，行为人对于扎西尼玛是直接故意，那么依此抽象出来的对四郎旺姆的故意也只能是一种直接故意；然而，如果按“危险认识的可能性”的故意认定标准来处理，得出的结论却会是对四郎旺姆具备间接故意！根据法定符合说和故意认定规则得出的故意类别如此矛盾，到底是间接故意这一概念本身应被否定，还是说明法定符合说逻辑之下的“故意”是根本与故意认定规则无关的“拟制故意”？答案呼之欲出：虽然始终宣称“法定符合说的故意仍然是行为人是否认识到自己的行为会发生他人死亡的结果并且希望或者放任他人死亡”[74]，但实则法定符合说下的故意论证标准完全有别于以危险认识为标准的故意认定规则，使“错误论成为认定故意的另一条途径”[75]。

四、具体化难题之解

夯实自身根基以及破解对方核心逻辑后，再检视法定符合说提出的“具体化”难

---

〔72〕 参见陈洪兵：《刑法错误论的实质》，载《烟台大学学报（哲学社会科学版）》2018 年第 4 期。

〔73〕 〔日〕西田典之：《日本刑法总论》，刘明祥、王昭武译，中国人民大学出版社 2007 年版，第 176 页。

〔74〕 张明楷：《再论具体的方法错误》，载《中外法学》2018 年第 4 期。

〔75〕 陈洪兵：《刑法错误论的实质》，载《烟台大学学报（哲学社会科学版）》2018 年第 4 期。

题——“X的左手与右手都提着自己的电脑时,A原本想砸坏X左手的电脑,但因为方法错误而砸坏了X右手的电脑”〔76〕,问题便会迎刃而解。

(一)类比案例不类

法定符合说试图将该案例类比具体打击错误那种典型案例,以彰显具体符合说的谬误。然而,类比的前提是两个案例之间在核心特征上具有类似性。而法定符合说列举的这一案例与典型案例相较,看似都具备行为人“想侵害一个客体却侵害另一个不想侵害的客体”的共同特征,但并非如此。典型案例的核心特征是:行为人仅对目标客体有危险认识而对实害客体无危险认识。因此法定符合说所举的案例果真要类似于典型案例,行为人也应当只对行为对X左手的电脑的危险有认识而对行为对右手电脑的危险无认识。然而案件中,处于小前提层面的危险判断资料决定了:砸电脑的时候,在左右客体相隔距离极短、被害人也不可能完全不左右闪避、破坏行为迅猛难以控制的情况下,法定符合说论者如何得出行为人仅能认识到对左手财物的危险性,而不可能认识到对右手财物的危险性呢?正如两个人紧贴在一起,行为人向其中一人开枪而打中另一人,无论法定符合说如何强调行为人“不想伤害另一人”,其都不可能是与打击错误类似的案例。比如以下这则案例:

> 被告人刘树江到刘某家商谈承租田地一事。二人在院内发生争执,刘树江用脚踢刘某的右肋部,被他人劝阻后又用一个钢筋焊制的小方凳朝刘某砸去,凳脚戳入刘某身边的钱某头部,钱某经抢救无效死亡。据证实,当时被告人投掷铁凳子的时候,被害人钱某被其外公刘某抱在怀中。〔77〕

按具体符合说显然也会得出被告人对钱某至少持有杀人的间接故意,但该结论并不是基于法定符合说得出,而是因为当钱某被刘某抱在怀里之时,被告人仍然向刘某迅猛地投掷铁凳,完全可以根据“行为人使用的手段的危险性以及其和被害人之间的时空关系”等判断资料得出其对被害人死亡结果的危险性存在认识,从而具备了间接故意心态。这也是为什么法定符合说举“具体化程度”之例时,实害客体和目标客体永远都是出现在被害人的左右手脚和左右口袋之间:其设计小前提事实时添加了这些只能得出“间接故意”结论的危险判断资料,却又指责对方将其设定的方法错误的案件改编为间接故意、择一故意、概括故意的案件〔78〕,这虽然匪夷所思,却也不难理解——如上文所言,毕竟只有规避间接故意理论的使用,才能凸显法定符合说处理这些案例时的易行优势和独特价值。总之,这些所谓“不同客体同属一个法益主体”的案例因为被

---

〔76〕 参见张明楷:《论具体的方法错误》,载《中外法学》2008年第2期。

〔77〕 参见刘树江故意伤害案,云南省曲靖市中级人民法院(2018)云03刑初31号刑事判决书。

〔78〕 参见张明楷:《再论具体的方法错误》,载《中外法学》2018年第4期。

巧妙地设计成了间接故意的案例,不是真正的打击错误问题。[79] 因此真正与典型案例相类的案例应是:即便不同客体同属一个法益主体,但行为人仍然只能对目标客体而非实害客体具备危险认识,对此仍应贯彻具体符合说。比如:A 认为 B 收藏的一块美玉会给自己带来霉运,故而一日潜入其家中准备开枪将 B 一楼桌案上的美玉击碎。但由于紧张子弹射偏,射坏了二楼的 B 的一幅名画。可见,只要行为人对实害客体无危险认识,即便其同属一个法益主体,贯彻具体符合说也不存问题。

(二)“犯罪意志”背后的规范思维之否定

对具体程度问题感到为难,一个更重要的原因在于具体符合说未澄清法定符合说当中将犯罪意志当成犯罪故意的掩饰。因为,在不同受害客体同属一个自然人主体时往往更容易引起群情激愤,法规范动摇的印象在此处似乎尤其强烈,故犯罪意志此时最易被民众理解为犯罪故意。这也是具体法定符合说在该问题上突然引进新的故意判断标准之原因:在两个客体属于不同法益主体时,民众一般都会认为其目的没有达到,因而主观认识和客观事实未能一致。[80] 反推可知,其也就是认为在两个客体同属一个主体时,民众便会觉得行为人目的达成,故而主客观一致。这种民众理解的“目的”是藏于故意背后的以行为人危险性格为核心的犯罪意志。因此出于一种安抚国民情绪,维护法规范效力的积极一般预防需求,具体符合说向妥协又迈进了一步。只不过法定符合说在典型案例中承认了这种需求,因而打击错误所牵涉的并不是此一错误对于行为人内部体系(心理感受)重不重要的问题,而是此一错误对于行为人外部体系(规范意义)重不重要的问题。[81] 而具体法定符合说却要等到“不同客体同属法益主体”领域才承认而已。如有观点坦陈:“法定符合说的逻辑多么别扭……我们还是有种道德直感想把打击错误的过失行为予以更为严厉的评价。”[82] 基于对行为人这种十恶不赦形象的塑造,所谓正义的法感情成为构建法定符合说的伦理前提。

这当然是一种典型的在目的理性指导下的规范思维。然而,我们的学说迄今也有充分理由提防个别学理问题的解决如此直接地从假设的刑法的“最后根据”中推导出来[83],因为“刑法学不能因此而将规范主义推向极端,并使概念的创设和体系的构想处于完全无视事实存在和本体结构的绝对自由之中”[84]。否则,将规范思维在主观构

[79] 参见柏浪涛:《打击错误与故意归责的实现》,载《中外法学》2015 年第 4 期。

[80] 参见刘明祥:《论具体的打击错误》,载《中外法学》2014 年第 2 期。

[81] 参见黄荣坚:《基础刑法学(上)》,元照出版有限公司 2012 年版,第 435 页 。

[82] 郑勋勋:《论故意对附随结果主观归责的扩张效应——从具体打击错误展开》,载陈兴良主编:《刑事法评论:犯罪的阶层论》(第 37 卷),北京大学出版社 2016 年版,第 381 页。

[83] 参见〔德〕托马斯 · 魏根特:《刑法未遂理论在德国的发展》,樊文译,载《法学家》2006 年第 4 期。

[84] 陈璇:《论客观归责中危险的判断方法——“以行为时全体客观事实为基础的一般人预测”之提倡》,载《中国法学》2011 年第 3 期。

成要件层面贯彻到底,恐怕面临以下的道德两难:若出于为当地百姓谋求安稳生活的目的,行为人打算将当地某一恶霸杀死,行为发生偏差后误杀了另一个恶霸——对于如此一名锄强扶弱的仗义人士,我们又是否真能经受法感情的拷问而将法定符合说贯彻到底,认定该仗义行侠者故意杀人既遂的责任呢?又是否真的必然如法定符合说学者所言,得出对实害客体没有故意"是违反社会常识的见解"[85]呢?如果某具有精密本体构造的刑法概念可以轻易为了某个瞬间的朴素法感情改容换貌,也必可以毫不犹豫地为了另一个时刻的正义冲动塑身造型,最后落得面目全非、支离破碎。概念的相对封闭,或许是一种在刑事政策和规范思维入侵犯罪论体系后剑锋所指无所不利的当下,使犯罪论体系独立于社会常理和刑事政策的高贵品格。

五、对象错误与打击错误关系之厘清

(一)对象错误和打击错误不同处理之根据

行为人以为前边步行的是A而用手枪将其杀死,而实际上在前面步行的是B[86],明明行为人主观想杀A和实际杀了B的客观事实并不具体一致,却可以构成故意杀人既遂,因而具体符合说在打击错误的场合要求主观认识与客观事实具体符合,但在对象错误时不做这种要求,这与其基本理论相冲突,似乎缺乏理论的一贯性。但是,这种指责存在以下问题:

其一,对象错误与打击错误两种情况存在本质差异。对象错误的特征是:行为人脑海中虽想杀目标客体A,但举枪向被误认的实害客体B射击时,根据故意认定规则中的危险判断,显然对实害客体B有危险认识。而打击错误的特征是:行为人只对目标客体有危险认识,而对实害客体B无危险认识。因此就行为人对实害客体是否有危险认识这关键一点而言,二者毫无类比的可能。故对象错误基于行为人对实害客体有危险认识认定其故意,打击错误基于行为人对实害客体无危险认识排除其故意反倒不是双重标准,恰是对"根据危险认识认定故意"这一故意认定规则的贯彻。

其二,动机错误和构成要件错误被混淆。二者明明大相径庭,但还能被混淆,是因为对象错误和打击错误用文字表述时,均表现为"欲杀害乙(目标客体),却杀死了丙(实害客体)"[87]。但是,对象错误中对目标客体的"欲"是一种如前文所言不需结合具体客体进行危险判断的犯罪意志,而非故意。这也是为什么对象错误案例中的目标客体从来只是孤悬于行为人的脑海中;反之,打击错误中对目标客体的"欲"是行为人

---

[85] 〔日〕大谷实:《刑法讲义总论》(新版第2版),黎宏译,中国人民大学出版社2008年版,第169页。
[86] 参见〔日〕山口厚:《刑法总论》(第2版),付立庆译,中国人民大学出版社2011年版,第220页。
[87] 柏浪涛:《对象错误与打击错误的实质区分——在隔离犯中展开》,载《法学评论》2016年第4期。

将犯罪意志付诸实践时，结合现实的目标客体进行危险判断后形成的危险认识，是毫无疑问的故意。比如行为人见到A举枪向其射击，此时行为人的“欲”才从犯罪意志特定化为犯罪故意。由此对前者来说客观事实只是与行为人犯罪意志不一致，而非与故意不一致；对后者而言，客观事实才是与行为人犯罪故意不一致。实质上，对象错误之所以被称为错误，是因为其是一种“构成要件范畴之外的动机错误”〔88〕，打击错误是具有刑法意义的构成要件错误。诚如法定符合说学者所承认的：“如果就行为人行为时的主观认识与客观事实而言，对象错误可谓没有错误。”〔89〕这也是“对象错误在刑法上无重要意义，不阻却故意”〔90〕的真正原因。

其三，法定符合说也不应在对象错误中被使用。既然对象错误中行为人对实害客体有危险认识，既然对象错误本来就没有构成要件错误，那么法定符合说理论适用的“行为人对于实害客体无认识”“发生了构成要件错误”等前提便不存在，对象错误中对故意的认定即便于法定符合说而言也不应根据法定符合说的“主观想杀人，实际杀了人”得出。指责具体符合说此处使用了法定符合理论可谓毫无依据。如果在此仍运用其“行为人主观想杀人，而客观上也杀了人，就符合故意杀人罪的构成要件”〔91〕逻辑，实在令人怀疑——“主观想杀人，实际杀了人”是个信马由缰地认定故意的万能逻辑。

（二）对象错误与打击错误之区分

法定符合说提出了许多案例：①A想杀X，便将炸药安装在X的车上。但X的妻子Y意外地驾驶该车时，因炸药爆炸身亡；②A为了敲诈勒索财物，向X的办公室拨打恐吓电话，但接电话的是X的秘书Y，Y基于恐惧心理交付了财物。对此，法定符合说质问：上述场合到底是对象错误还是打击错误？

1. 现有区别标准的缺陷

具体符合说论者提出了不同的标准：

其一为行为指向说。如对于上述案例①，刘明祥教授认为，以引起危害结果发生的行为的指向作为打击错误与对象错误区分的标准是合适的，因为炸弹只有爆炸才可能引起死亡结果的发生，所以，应当以炸弹爆炸时的指向作为认定错误性质的基础。因其指向的是开启车门的人（不开启车门并不会爆炸），而开启车门的人并非行为人想杀害的人，这属于误把他人当作仇人杀害的对象错误。〔92〕类似的还有：在隔离犯的场

〔88〕 柏浪涛：《对象错误与打击错误的实质区分——在隔离犯中展开》，载《法学评论》2016年第4期。
〔89〕 张明楷：《论具体的方法错误》，载《中外法学》2008年第2期。
〔90〕 刘明祥：《刑法中错误论》，中国检察出版社1996年版，第60页。
〔91〕 张明楷：《论具体的方法错误》，载《中外法学》2008年第2期。
〔92〕 参见刘明祥：《论具体的打击错误》，载《中外法学》2014年第2期。

合,虽然行为人不能看见对象的外表,但能认识到对象所处的时间、地点,所以对象的身份特征这一因素也不具有重要性。具言之,因为行为人认识到会炸死"乘车的人",也炸死了"乘车的人",因而这种错误不重要。[93]

可是照此逻辑,典型的打击错误也可被解释为对象错误。如 A 想枪杀 B,子弹却偏离射中 C 时在此亦可辩解:因为开枪后只有子弹射入人体的瞬间才可能引起死亡结果的发生,所以应当以子弹射入人体的时候子弹的指向作为认定错误性质的基础,因其指向的是 C,而 C 并非行为人想杀害的人,这属于误把他人当作想杀害的人的对象错误。实则,所有的打击错误都发生了"行为指向的错误",如根据行为指向的错误的对象判断是不是行为人想杀的人,显然只能得出都不是行为人想杀的人。又或者可以说,行为人认识到"会射死中弹的人",也射死了中弹的人。由此推导,所有打击错误皆可为对象错误,显然不妥。

其二为原因标准说。该说认为应该以行为人行为时发生错误的原因进行划分。如果是行为人主观原因导致未能发生预期结果,则是对象错误;而如果是客观原因导致预期结果未能发生,则是打击错误。[94] 可是首先,其无法进一步阐述主客观原因的区分,比如行为人开枪时由于无法瞄准而射偏对象的,到底是主观原因还是客观原因?其次,其也无法应对主客观原因同时存在互相结合从而导致结果未能如预期发生的场合,如 A 想绑架 B,知道 B 在 X 学校就读,然而行为人由于驱车时导航失误前往了 Y 学校,发现与 B 长相相似的 C 而将其绑入车内。此时,导致 A 绑错人的原因是客观原因导航的失灵,还是自己将 C 误当成 B 的主观原因?尤其是在"B 与 C 长相相似"这一客观原因产生了行为人"认错"这一主观原因的情况下,主客观标准是混乱的。

其三为风险标准说。打击错误与对象错误的区分标准在于风险对象的单复数方面的不同。前者是针对复数法益客体,而后者是针对单数法益制造风险。[95] 然而,在客观上,对象错误完全可以对复数法益客体制造风险。如行为人欲杀害并坐一起的双胞胎 A、B 中的 B,举枪射击时却把 A 误当作 B 杀害。这种典型的对象错误里,很难说开枪行为只对 A 或只对 B 产生了风险。其根本错误在于把客观归责和主观归责混淆——因为对象错误中行为人仅仅认识到行为对实害客体的危险性,属于主观归责。而"客观事实中超越了规范对象认识能力的那部分完全可以通过主观构成要件的判断过滤出去"[96],因此在对象错误中,完全也可能存在客观上的复数风险,只不过经过主观归责的过滤后,只剩下了对一个法益客体的单数风险认识。由此在行为客观上对复数客体制造了危险,但行为人主观仅能认识到对其中一个客体的危险,且行为人又对

〔93〕 参见柏浪涛:《对象错误与打击错误的实质区分——在隔离犯中展开》,载《法学评论》2016 年第 4 期。

〔94〕 参见孙国祥:《刑法基本问题》,法律出版社 2007 年版,第 236—237 页。

〔95〕 参见谢望原、张宝:《论打击错误及其理论选择》,载《现代法学》2015 年第 5 期。

〔96〕 陈璇:《论客观归责中危险的判断方法——"以行为时全体客观事实为基础的一般人预测"之提倡》,载《中国法学》2011 年第 3 期。

客体发生误认情形时,显然属于对象认识错误。这种标准便无法解决问题。

其四为目标客体侵害不可能说。其认为:如果从一开始行为人便不可能对目标客体造成实际侵害的是对象错误;可能对目标客体造成实际侵害,只是由于技术错误而使实害结果最终发生在了目标客体之外的其他客体上的是打击错误。〔97〕 但是,“一开始行为人便不可能对目标客体造成实际侵害”亦是认为行为客观上只对实害客体制造风险,未对目标客体制造风险的变相表达,其和上述风险标准说认为对象错误只制造单数法益风险并无任何区别。上述例子亦可作为批判其混淆客观危险判断和主观危险判断的例证。

其五为错误发生实现说。其认为:在打击错误中,错误是在着手之后发生的,而在对象错误中,错误则与着手同时产生。〔98〕 但是打击错误也可以与着手同时产生,比如行为人瞄准时因紧张手抖使枪口偏离(错误),导致开枪射向了实害客体(着手);而对象错误反倒不是与着手同时发生,而是着手之前发生。比如误认 B 为 A 后(错误),再向 B 开枪(着手)。该学说也不能完全区分二者。

2. 对二者的区分应坚持故意认定中的危险判断

鉴于各色标准的诸多不足,有观点认为:具体符合说认为对象错误不阻却故意,打击错误阻却故意。那么,在对象错误与打击错误难以区分的场合,具体符合说难免让人无所适从。〔99〕 实际上根据上文分析,对象错误对实害客体有危险认识而成立故意,而打击错误对实害客体无危险认识不成立故意,判断属于何种错误只需判断行为人对实害客体是否存在危险认识即可。换言之“有无故意”这一判断结果就是判断标准。亦即,对象错误和打击错误的区分只不过是戴了面具的间接故意和过失的区分。〔100〕 因此,“具体符合说对于对象错误与方法错误得出的处理结论大不相同,所以如果采取具体符合说,就必须明确区分对象错误与打击错误”〔101〕这个问题本身就和“肉食动物吃肉,草食动物吃素。因而得先判断一种动物是肉食动物还是草食动物,才能知道它吃肉还是吃素”一样令人瞠目结舌——把“判断标准”误当成“判断结果”,这其实也是本文一开始提到的,把“故意认定”和“主客观是否一致”两个命题的判断顺序颠倒的又一表现。质言之,对象错误与打击错误的区分不是本质问题,而是形式问题。撇开“对象错误”“打击错误”这些概念区分,根据故意认定的标准,直接判断实害结果能否归责于行为人的构成要件故意,在分析案件时也完全可以。〔102〕 有学者也发现,之

〔97〕 参见谢望原、张宝:《论打击错误及其理论选择》,载《现代法学》2015 年第 5 期。

〔98〕 参见何洋:《论打击错误之处理原则——具体符合说之提倡》,载《河北法学》2012 年第 1 期。

〔99〕 参见欧阳本祺:《具体的打击错误:从故意认定到故意归责》,载《法学研究》2015 年第 5 期。

〔100〕 参见郑勋勋:《论故意对附随结果主观归责的扩张效应——从具体打击错误展开》,载陈兴良主编:《刑事法评论:犯罪的阶层论》(第 37 卷),北京大学出版社 2016 年版,第 378 页。

〔101〕 参见张明楷:《再论具体的方法错误》,载《中外法学》2018 年第 4 期。

〔102〕 参见柏浪涛:《对象错误与打击错误的实质区分——在隔离犯中展开》,载《法学评论》2016 年第 4 期。

所以难以区分隔离犯中的对象错误与打击错误，就是因为难以确定行为人对实害结果有无故意[103]，尤其难以确定是间接故意还是过失的情况，而这其实属于整个刑法学而不是具体符合说的独有难题。但是，既然本文坚持以故意认定中的危险判断作为立论起点，有必要针对此疑难提供一种更具操作性的危险判断规则。本文的拙见是：应对实害客体和目标客体不一的场合中行为人掌握的繁复众多的判断资料进行类型区分，然后就其对不同类型的判断资料的掌握情况，进行体系化的综合判断。

3. 判断资料类型化区分：对方法的危险范围和进入危险范围之客体的可控性

从故意认定中"危险认识必须要依据行为人掌握的判断资料"这一根本立论出发，以下分述诸多行为人对于实害客体难以认定故意还是过失的难题。

其一，根据对应原则，应以实行着手时的事实作为危险认识的判断资料。所以在案例②中，"实行着手应该是电话接通开始陈述虚假事实为标志，之前的拨电话的行为很难认定成实行着手行为"[104]，至多只是实施"敲诈"的预备行为。既然如此，应该以其接通电话后的行为作为危险认识的判断资料，行为人显然认识到自己在向接听人实施敲诈勒索，故成立对该实害客体的危险认识，具备故意，显然并非对象错误。

其二，隔离犯中，应考察行为人实行时对"方法的危险范围可控性"和"进入危险范围的客体可控性"两方面判断资料的掌控，判断其对实害客体的危险认识。

在经典案例中，甲试图杀害乙，将炸弹安装在乙一直用于上下班的轿车上，设置了只要用钥匙启动车辆便立即爆炸的装置，但第二天碰巧是乙的妻子丙驾驶该轿车，结果炸死了丙。[105] 问题变成：行为人能否认识到安装炸弹的行为具备炸死丙的危险性？如前所述，行为人对判断资料的掌握情况决定了其危险判断的具体结论。从实务案例和教学案例中，可以析取两种影响行为人危险认识的判断资料类型：①所采打击方法的危险范围是否可控；②进入危险范围的客体是否可控。如果行为人合理地认识到自己对于其中至少一方面的可控性，就可以得出没有危险认识的结论。只有在行为人对于两方面可能的失控都有所认识时，才能认定故意。下面结合以上案例详细分析。

第一种情况：如果行为人认识到"乙的车辆供包括丙在内的家庭使用"这一判断资料，那么其显然知道自己对进入危险范围的客体是不加控制的，且行为人又未有意在炸弹上添加专门指向目标客体的装置，即其也知道自己对所采的方法的危险范围同样不加控制，可以认定为对实害客体存在故意(至少为间接故意)。

第二种情况：假设行为人没有对进入危险范围的客体加以控制，比如行为人认识到乙家中有多人居住仍在车上安装炸弹，但是行为人在炸弹上设置了识别出目标客体

---

[103] 参见陈洪兵：《刑法错误论的实质》，载《烟台大学学报(哲学社会科学版)》2018年第4期。

[104] 张爽：《论具体对象错误与具体方法错误的区分》，载《法学评论》2011年第4期。

[105] 参见罗翔：《论打击错误的处理原则——法定符合说之检讨》，载《暨南学报(哲学社会科学版)》2014年第8期。

才会爆炸的装置，亦即行为人采取了危险范围可控的打击方法。那么当丙打开车门，识别装置意外失灵导致其被炸死，由此超出了本来被合理相信为可控的方法危险范围之时，不能说行为人对丙被炸死有危险认识。

第三种情况：行为人虽然没有在炸弹上设置相关的指向性装置，但是其有意地控制了进入危险范围的客体，比如其趁乙的妻子丙外出度假，家中只有乙一人时安装炸弹。恰巧丙提前回家打开车门被炸死，那么由于本被行为人掌握的客体意外失控，便不能让行为人对丙承担故意的责任。所以能够理解，对于隔离犯，学者和实务都倾向于认定行为人对被害客体存在故意，因为这些情况中的行为人往往难以隔着迢迢山水，对方法危险范围或者进入危险范围的客体进行控制，故应以认定间接故意为原则，认定过失为例外。

回过头考察开头引入的"梁杨委故意伤害案"：当时被告人梁杨委寻仇时手持一把匕首，然而该匕首被使用时的杀伤力范围并不似枪支和炸弹，不具有一经使用而难以控制伤亡范围的特征；同时梁杨委也并未以大肆挥舞匕首的方法在密集的人群中寻找目标客体张某，而是单纯手持匕首寻找张某，可见其对于持刀这一方法的危险范围，和对可能进入这一危险范围的客体都加以了控制。由此，假设其辩解"是郑某突然将梁某推过来撞上其刀子"的事实查证属实，那么显然是难以预见的因素突破了被告人的该控制领域以致其对进入危险范围的客体丧失掌控，理应以故意伤害未遂和过失致人重伤论处，法院还是将被告人"恶的意志"当作故意处理的判决，兴许并不准确。

其三，正犯发生对象错误时，共犯故意的认定也应考察教唆犯对于"方法危险范围可控性"和"进入危险范围客体可控性"两方面的判断资料，确定其是否对实害客体具有危险认识。比如，A 聘请 B 杀 X，于是将 X 的照片交给 B，并将 X 日常经过的场所告诉 B，但 B 误将 Y 当作 X 予以杀害。〔106〕既然教唆故意系指唆使他人形成实施特定犯罪的决意，以及完成该特定犯罪行为的双重故意，那么成立教唆既遂不仅需要行为人认识到会引起他人犯罪的决意，还要认识到教唆行为对其客观引起的法益侵害结果的危险性。该危险性认识判断也应适用于隔离犯中行为人对方法和客体两种判断资料的掌控情况：①如果说正犯是教唆犯的"方法和手段"，则要判断教唆犯对正犯可能产生的危险范围是否有可控性；②还要判断教唆犯对进入正犯危险领域的客体是否有可控性。试看一则案例：

> 被告人陈浩与被害人李某存有矛盾，遂让王某殴打教训李某，并用手机拍摄李某的相貌及住处通过微信发送给王某。后王某驾驶轿车拦住李某驾驶的农用车行驶，王某下车用铁棍殴打李某。经鉴定，被害人李某为轻伤二级。法院查明：为避免打击错误，陈浩将李某的行踪轨迹、相貌特征等相关

〔106〕参见张明楷：《刑法学》（第 5 版），法律出版社 2016 年版，第 224 页。

信息告知王某,王某准备实施殴打行为前亦向其进行了报告。[107]

此处虽没有发生错误,但法院显然查明了陈浩对于上述两方面危险判断资料的掌握情况:陈浩曾将李某清晰的照片和行动路径告知王某,而王某动手前也提前告知陈浩征求同意。通过上述行为,陈浩可以合理信赖自己对王某这一“方法、手段”可能产生杀伤力的范围以及进入王某视野的被害客体统统加以有意调控,故陈浩只有对李某的故意。由此,假设该案最终发生了正犯的对象错误——王某在动手后,李某的弟弟忽然出现见状上来阻拦,导致三人陷入纠缠,当时灯光昏暗和事态混乱,王某将李某弟弟误认为李某而抄起榔头击打其腿,致其轻伤。在陈浩可以合理信赖自己对所采方法的危险范围以及进入危险范围的客体都加以控制,却由于意外因素导致二者失控时,显然只能阻却其对李某之弟的故意责任。也即如西田典之教授所说:“如果共犯充分认识到这种可能性的,可以在未必的故意的框架内处理;反之,共犯的罪责还是只限于过失。”[108]我国也有学者洞见了其根据故意认定进行危险判断,也即应根据案件的具体情况,具体考察教唆犯的教唆故意内容。[109]

六、基本的结论

对于具体符合说和法定符合说在解决具体打击错误问题上的反思可归结如下:

第一,就具体符合说而言:①其立论本质依据应为故意认定构造——“行为客体的具体化”既是激活演绎推理的前提,又是行为人认识其风险创设的必要判断资料,还是实现主观构成要件与客观构成要件间合致关系的内在要求;②具体打击错误和因果关系错误之间存在界限:前者尚属行为危险性能否认识的问题,而后者已然发展为行为后的具体因果发展能否认识的问题。

第二,就法定符合说而言:①拟制故意的方法论:采取错误形式逻辑的概念替换;②拟制故意的本质:将犯罪意志混同于犯罪故意;③其拟制故意的逻辑会导致法定符合说在“并发场合”和“过剩场合”出现既无法贯彻一故意说,也无法贯彻数故意说,乃至暴露其在主观构成要件上作“抽象一致”而在客观构成要件上作“具体一致”的矛盾;同时也导致法定符合说与间接故意概念不能共存,佐证了法定符合说成为认定故意的另一条道路。

第三,具体化程度认定的难题之解在于:法定符合说将危险认识判断资料加以添饰,从而只能得出间接故意的结论。对于那些行为人确实无法认识到对实害客体危险性的场合仍应贯彻具体符合说。

---

[107] 参见陈浩故意伤害案,安徽省肥西县人民法院(2019)皖0123刑初432号刑事判决书。

[108] 〔日〕西田典之:《日本刑法总论》,刘明祥、王昭武译,中国人民大学出版社2007年版,第183页。

[109] 参见安军:《论教唆犯之正犯的具体对象错误》,载《海南大学学报(人文社会科学版)》2012年第2期。

第四,应通过区分行为人对实害客体是否具有故意来判断行为人是发生了打击错误还是对象错误。在此,不论是隔离犯的场合还是正犯发生对象错误的场合,或是任何发生了实害客体不同于目标客体的场合,都应当考察行为人对行为时“方法危险范围可控性”和“进入危险范围客体可控性”两方面的判断资料——只要行为人合理信赖自己具有一方面的可控性,却由于意外因素导致其失控的,就能够阻却故意。

正犯对象错误时教唆犯的可罚性研究

翟　辉*

要　目

* 中国人民大学法学院博士研究生。

摘　要　在共同犯罪的场合,正犯发生对象错误时,教唆犯是否还应当构成故意犯罪既遂,理论上有对象错误说、打击错误说、区分理论等多种观点。对象错误说主张教唆犯一律成立教唆既遂,但这种观点没有考虑到因果流程的重大偏离对教唆犯归责的影响;打击错误说主张教唆犯一律应当构成教唆未遂,但这种观点仍然面临对象错误与打击错误难以区分的局面;在区分理论中,遵守指示标准仅考察正犯这一视角,个别化理论仅考察教唆犯这一视角,二者都较为片面,并不妥当。因此,应当以客观归责理论为基础,采纳既考察教唆犯也考察正犯的双边视角。对于教唆犯而言,应当仔细考察其指示内容是否创设了针对实害对象的危险;对于正犯而言,应当仔细考察其是否违反了识别目标对象的基本审慎义务。对于屠杀理论的困局,通过想象竞合的原则处理,是目前最妥当的解决方案。

关键词　正犯对象错误　教唆犯　遵守指示　客观归责　想象竞合

一、引　言

在单独犯的场合,行为人发生对象错误并不影响其故意犯罪既遂的成立,学理与实务中都不存在争议。[1] 在共同犯罪的场合,正犯发生对象错误时,教唆犯是否还应当构成故意犯罪既遂,则需要仔细分析,在我国司法实践中也已经出现了相关案件。在德国,对该问题的研究在“二战”后掀起了高潮[2],我国学界也应该对该问题给予足够的重视。该问题是共犯论与错误论的交叉点,关系着教唆犯故意既遂的认定,具有极强的理论与实践意义。首先,我们有必要回顾中国和德国曾经发生的关于该问题的判例。

案例1:董某因自己的朋友黄某与符某有经济纠纷,意图杀害符某。2009年5月,董某教唆潘某杀害符某,许诺给付20万元的酬劳,潘某随后找来张某共同作案。董某带领二人多次到符某途经的地点进行踩点,但二人从来没有见过符某本人或照片,不过董某向二人描述了符某的体貌特征、驾驶轿车以及住所位置,并提供了一支手枪用于作案。6月26日早上,张某、潘某进入案发小区谋求作案,被害人王某将车开出车库时,潘某示意其有事相谈,王某放下车窗询问,潘某对准王某头部连开两枪,然后与张某驾车快速逃离现场。[3]

在该案中,法院最终认定董某和潘某构成故意杀人罪的共同犯罪,均构成主犯,都判处死刑立即执行。[4] 对于潘某的定罪没有疑问,疑问在于,董某能否对潘某的对象

---

〔1〕 参见高铭暄主编:《刑法学原理》(第2卷),中国人民大学出版社1993年版,第134页;贵州省黔南布依族苗族自治州中级人民法院(2017)黔27刑初34号刑事判决书。

〔2〕 Vgl. Bemmann, Rose-Rosahl, MDR 1958, S. 817 ff.

〔3〕 参见《大庆某机关纪委书记家门口遭枪杀》,载《黑龙江晨报》2009年7月7日。

〔4〕 参见马涛:《警方破获大庆市直机关一单位纪委书记被枪杀案》,载搜狐网(http://news.sohu.com/20090706/n265027602.shtml),访问日期:2023年2月25日。

错误承担故意既遂责任？

案例2：一位做木材生意的商人Rosahl要求他的员工Rose射杀一位名叫Schliebe的贸易伙伴，Schliebe将会在去往Rosahl住所的路上的某个地点出现。然而高级中学的学生Harnisch却出现在了埋伏地点附近，Rose误认为是Schliebe站在他的面前而将Harnisch杀害。[5]

在该案中，普鲁士高等法院认为，Rose显然成立杀人既遂的责任，Rosahl也应当承担杀人既遂的责任。在这种案件中，并不存在真正的过限，因为误杀被害人并不存在一个独立的决定，因此打击错误的处理原则并不适用于此。[6] 显然，普鲁士高等法院认为，教唆犯既遂责任的阻却必须以实行犯的故意偏离为前提，倘若实行犯依然按照教唆犯的指示行动，就意味着其行动没有超出教唆犯指示的构成要件。即使发生对象错误，也应当由教唆犯共同承担责任。

案例3：被告人不想将庄园的用益权交给他的儿子M。被告人和M发生极大的争执，担心他的经济利益受到损失，进而决定要杀死M。因为被告人不想亲手杀死M，他教唆St实施杀人行为并给予酬金。被告人告诉St，他应当在马厩中杀死M，这是M回家必经之处。为了保证其他人不会受到错误的伤害，被告人向St讲了M的生活习惯，并出示了M的证件照。作案当晚，在经历了一段时间的等待后，St在马厩中偶遇了被告人。被告人是想要确定，St能够认出M。St在被告人走后继续在黑暗的马厩中等待。不久之后庄园的邻居Sch打开了马厩的门。Sch与M的体型很像，而且在这天晚上，其与M的习惯很像，手里也拿着一个圆锥形蛋卷。St错误地认为M站在他的面前，于是便在短距离内射杀了Sch。[7]

德国联邦最高法院最终认定教唆人构成既遂，并形成了处理实行犯对象错误的规则：实行犯的对象错误原则上不影响教唆犯的归责，除非实行犯的对象错误超出了根据一般生活经验预见可能性的范围。[8] 一些学者接受了这样的结论[9]，但也招致了大量学者的批判[10]。而德国联邦最高法院在之后的“汽车爆炸案”中沿用了以往的判决结论。[11]

上述几个案例的共同点是：教唆犯委托正犯实施杀人行为，而正犯却混淆了目标

---

[5] Vgl. Preußisches Obertribunal, GA 1859, 322.

[6] Vgl. Preußisches Obertribunal, GA 1859, 337.

[7] Vgl. BGHSt 37, 214 ff.

[8] Vgl. BGHSt 37, 214 ff ; BGH. NJW 1991, 933.

[9] Vgl. Puppe, Verwechslung des Opfers durch Angestifteten, NStZ 1991, 124.

[10] Vgl. Roxin, Allgemeine Strafrecht, Band II, 2003, § 26, Rn. 119.

[11] Vgl. BGH NStZ 1998, S. 295.

对象,发生了对象错误。这一问题在德国已经讨论得相当充分[12],不过在我国依然讨论较少。我国学者往往是在教唆犯的认识错误这一框架下讨论该问题,认为教唆犯意欲侵害的对象与实际侵害的对象体现了相同的法益[13],认识事实与发生事实之间的构成要件相同[14],教唆犯与正犯具有共同的故意性质[15],作为共犯的教唆犯的错误,只能以实行行为的情况为准[16],由于此错误产生于教唆者教唆着手之时,故为对象错误[17],共犯可以从属于正犯而成立[18],因此无论是采取法定符合说[19],还是具体符合说[20],正犯发生对象错误都不会影响教唆犯的既遂责任。不过,这种学界几乎一致同意的观点,已经受到了相关学者挑战,其认为教唆犯在采取消除危险措施后,在正犯发生对象错误时,不承担故意既遂责任。[21]

其实,我国学者的上述理由在德国刑法学的观点中都有所体现。在关于该问题的长期争议中,主要形成了对象错误说、打击错误说、区分理论等多种观点。在区分理论中,又可以区分为遵守指示标准和个别化理论。

本文的基本思路是,首先,对于对象错误说和打击错误说的基本观点进行全面评析;其次,检讨区分理论中的单边模式,主张仅考察教唆人一方或者被教唆人一方都难以得出合理的结论;最后,本文将借鉴客观归责理论,通过既考察教唆人也考察被教唆人的双边模式解决问题。应当以客观归责理论为基础,采纳既考察教唆犯也考察正犯的双边视角。对于教唆犯而言,应当仔细考察其指示内容是否创设了针对实害对象的危险;对于正犯而言,应当仔细考察其是否违反了识别目标对象的基本审慎义务。通过这两个视角的判断,可以准确判断教唆犯是否承担故意犯罪既遂的责任。而在屠杀理论的问题上按想象竞合处理是最妥当的方案。

二、对象错误说的理由及反思

对象错误说也称为忽视理论(Unbeachtlichkeitstheorie),认为正犯的不重要的对象错误对于教唆犯而言同样是不重要的,教唆犯应当成立教唆既遂。[22] 如前所述,对象错误

---

〔12〕 Vgl. Winkelbach, Die Strafbarkeit des Anstifters beim error in persona des Täter, Hamburg, 2004.

〔13〕 参见魏东:《教唆犯研究》,中国人民公安大学出版社 2002 年版,第 149 页。

〔14〕 参见马克昌主编:《犯罪通论》,武汉大学出版社 1991 年版,第 93 页。

〔15〕 参见阮齐林:《刑法学》(第 3 版),中国政法大学出版社 2011 年版,第 199 页。

〔16〕 参见刘明祥:《刑法中错误论》,中国检察出版社 2004 年版,第 285 页。

〔17〕 参见罗翔:《论打击错误的处理原则——法定符合说之检讨》,载《暨南学报(哲学社会科学版)》2014 年第 8 期。

〔18〕 参见张开骏:《共犯从属性研究》,法律出版社 2015 年版,第 316 页。

〔19〕 参见周光权:《刑法总论》(第 3 版),中国人民大学出版社 2016 年版,第 368 页。

〔20〕 参见黎宏:《刑法学总论》(第 2 版),法律出版社 2016 年版,第 307 页。

〔21〕 参见柏浪涛:《实行犯的对象错误与教唆犯的归责问题》,载《中国法学》2018 年第 2 期。

〔22〕 Vgl. Gropp, Strafrecht Allgemeiner Teil, Auflage 4, 2015, § 10 Rn. 283.

说在我国仍然处于主流地位。接下来,本文就对象错误说的各种理由进行分析和反思。

(一)目标对象与实害对象的等价性

主张对象错误说的第一个重要理由是由于目标对象与实害对象具有等价性,因此教唆犯仍应当承担教唆既遂责任。[23] 我国学者也认为,只要正犯实现的事实和共犯教唆、帮助的事实的不一致属于同一构成要件内的错误,正犯的错误对于教唆犯、帮助犯的既遂没有影响。[24]

然而,在客观归责层面,由于介入了正犯这一要素,正犯的对象错误属于因果流程的偏离,当其为重大偏离时,其错误结果可能并不会在客观上归属于教唆犯。例如甲教唆乙杀害丙,乙另起犯意,杀害了丁。按照法定符合说的逻辑,甲认识到了正犯杀"人"的事实,正犯也确实杀了"人",甲也应当构成教唆既遂。这种结论显然并不合理,而法定符合说也会认为这种情形构成实行过限。在这种情形下,直接否定了结果对教唆犯的客观归责。即使正犯不是另起犯意,而是在识别目标对象的过程中发生了严重错误,没有遵循教唆人的指示,此时仍应当否定结果对教唆犯的客观归责。而法定符合说却对这种情形一律肯定教唆犯构成既遂,明显并不妥当。申言之,在存在共同犯罪的场合,应当着重考虑各共犯人之间的责任分配,不能仅仅根据教唆犯想杀人,正犯也确实杀了人,就直接以构成要件具有等价性为由认定教唆犯构成既遂。

(二)共犯从属性原则

主张对象错误说的第二点理由是根据共犯从属性原则,正犯发生对象错误,对于教唆犯来说也是对象错误。[25] 我国也有学者认为,根据教唆从属说,仅当被教唆人着手犯罪时,教唆者才有处罚的必要。甲教唆乙杀人,若乙出于对象错误将丙杀害,由于此错误产生于教唆者教唆着手之时,故为对象错误,按照具体符合说,甲成立故意杀人罪之教唆既遂。[26]

可是,这种观点无论是在共犯从属性的程度还是共犯的可罚性依据上都是一种过时的观点。在学理上,针对共犯从属性的程度,德国较早的学说是极端从属性说,即共犯的有责性也是从属于正犯的,二者的联系延伸至有责性的领域,而不再局限于构成要件符合性了;针对共犯的可罚性根据,德国早期较有影响的学说是所谓的"罪责参与理论"(Schuldteilnahmetheorie),该说同样将共犯的罪责与正犯的罪责捆绑在一起,认

---

[23] Mezger, Strafrecht, 2. Auflage, Berlin, 1933, S. 435 ff.

[24] 参见陈兴良主编:《刑法总论精释》(第3版),人民法院出版社2016年版,第546页。

[25] Vgl. Loewenheim, Der Vorsatz des Anstifters, Straf. Abh. Heft 9, 1897, S. 52 ff.

[26] 参见罗翔:《论打击错误的处理原则——法定符合说之检讨》,载《暨南学报(哲学社会科学版)》2014年第8期。

为共犯之所以可罚是因为其引起了正犯的有责行为。[27] 按照这样的立场,教唆犯的可罚性才会依附于正犯,进而得出正犯是对象错误,教唆犯也是对象错误的结论。可是,当前共犯理论普遍采取限制从属性说和不法参与理论,共犯只有构成要件符合性和违法性从属于正犯,有责性不再从属于正犯,共犯之所以可罚是因为引起了正犯的不法行为,而不是有责行为。按照这样的立场,恐怕难以根据共犯从属性原则,得出正犯是对象错误,教唆犯也是对象错误的结论。

(三)故意的一致性

主张对象错误说的第三点理由是教唆人的教唆故意和被教唆人的正犯故意具有一致性,教唆人对目标对象的故意就是对被教唆人所认目标对象的故意。例如在Rose-Rosahl案中,教唆人Rosahl确实只是想让Rose杀害Schliebe而不是Harnisch,但他想杀的人就是Rose在实施犯罪行为时被认成Schliebe的人,Rose在实施行为过程中也没有创造新的故意,这种故意来自Rosahl的委托,在杀害Harnisch的过程中就已经实现。普珀指出:如果教唆人想要被教唆人杀害A,那么恰恰由于他对被教唆人的错误没有设想,他实际上希望被教唆人攻击的那个人死亡,因为这个人在他的想法中只能是A。[28]

不过,这种观点也难言妥当。一方面,只有在教唆人已经预见到可能导致误击对象的伤害时,对目标对象的故意和对被教唆人所认目标对象的故意才会是同质的。如果教唆人没有预料到误击对象的伤害,那么这种同质化的论述难以令人信服。教唆人当然不希望误击对象死亡,而是希望目标对象死亡。另一方面,这样的观点也与单独犯的处理规则不符合。在单独犯中,对象错误与打击错误的核心区别就在于行为人是否在时间、地点上具体化了目标对象。如果已经具体化了,那么发生误击时就是打击错误,反之则是对象错误。这一规则也应当适用于教唆犯。在Rose-Rosahl案中,Rosahl的指示实际上已经将目标对象的时间、地点具体化,也告诉Rose杀害Schliebe。因此,Rosahl的故意指向的就是Schliebe。另外,Rose也认识Schliebe但却发生了对象错误,此时这种结果就不能归责于Rosahl。从反面来说,如果Rosahl要求Rose杀害某个在特定时间、地点经过的人,而Rose并不认识Schliebe的话,那么Rose发生对象错误就应当归责于Rosahl了。因为此时Rosahl的指示内容并不具体,当然应当对误击结果负责。综上所述,认为教唆人对目标对象的故意就是对被教唆人所认目标对象的故意的观点并不妥当。

(四)教唆犯的引起

主张对象错误说的第四点理由是由于教唆犯引起了正犯的对象错误这一因果流

〔27〕 参见何庆仁:《共犯判断的阶层属性》,载《中国刑事法杂志》2012年第7期。

〔28〕 Vgl. Puppe, Anmerkung zu BGHSt 37, 214, NStZ 1991, S. 124 ff.

程,因此应当承担教唆既遂责任。[29] 按照这种观点,只有正犯创设了一种全新的、独立于教唆人的意图时,其实施的犯罪行为才是实行过限。申言之,只要正犯一心一意地为幕后的教唆者做事,那么即使发生了对象错误,教唆犯也应当对此负责,因为正是教唆犯引起了正犯对象错误的因果流程。相反,如果正犯脱离了教唆犯的意思,另起犯意,杀害目标对象发生对象错误的,则不能对教唆犯归责。

不过,这种观点是绝对化的,没有考虑到具体可能发生的各种情况。一方面,倘若正犯没有遵照教唆者的指示,则结果就不能归属于教唆犯。例如甲教唆乙杀丙,告诉了乙详尽的关于丙的信息,但乙认为自己清楚记得丙的模样,没有查看甲提供的信息就去杀丙,结果将丁杀害。按照上述观点,由于乙始终是为了甲的计划实施杀人行为,没有产生新的犯罪意图,因此丁的死亡结果应当归属于甲。可是,这样的处理明显不公平,因为乙没有遵守甲的指示,没有尽到识别目标对象的基本审慎义务,因此丁的死亡结果就不能归属于甲。另一方面,即使正犯遵守了指示,也可能出现结果不应当归责于教唆者的情形。例如甲教唆乙向前方穿红色衣服的人射击,乙由于是色盲,结果向穿绿色衣服的人射击,甲对乙是色盲的事实并不知情。在此案中,尽管乙确实也是一心想帮甲杀人,按照上述理论,甲也应当对穿绿色衣服的人的死亡负责。可是,甲仅仅设定了针对穿红色衣服的人的危险,而没有设定针对穿绿色衣服的人的危险,因此穿绿色衣服的人的死亡结果就不能归属于甲。从这两方面可以看出,认为教唆犯引起了正犯对象错误,进而肯定教唆犯应当对错误结果负责的观点明显绝对化。

(五)与教唆犯明显对象错误的场合一致

主张对象错误说的第五点理由是正犯发生对象错误的场合与教唆犯发生明显对象错误的场合没有实质区别,教唆犯都应当承担教唆既遂的责任。例如有学者假设,Rosahl 错误地认为走过来的人是 Schliebe,于是告诉 Rose:“开枪杀了他!”Rose 随后杀掉了走过来的这个人,结果杀害了 Harnisch。[30] 在这个案子中,Rosahl 由于认错人,显然应当构成对象错误,这没有争议。盖耶(Gayer)据此认为,只要教唆犯教唆其他人实施了特定犯罪,被教唆人没有质的过限或者量的过限,教唆犯就应当成立既遂犯罪。

然而,学者所假设的案例与 Rose-Rosahl 案却是完全不同的。在假设案例中,Rosahl 确实是认错了人,而杀了人构成对象错误没有疑问,而 Rose 的杀人行为没有偏离 Rosahl 的故意。但与真实案例最大的区别在于,假设案例已经在时间、地点上将被害人特定化了。Rosahl 教唆 Rose 杀害的就是眼前走过来的这个人,Rose 遵循指示将其杀害,因此对于杀错人的过错 Rosahl 当然也应该承担。而在真实案例中,Rosahl 并没有将时间、

---

〔29〕 Vgl. Hälschner, Der Kriminalprozess gegen Rose und Rosahl. GA 7. S. 446.

〔30〕 Vgl. Gayer, Holtzendorffs Handbuch, 1961, S. 361.

地点特定化，此时被教唆人杀错人，就不能当然地认为 Rosahl 发生了对象错误。申言之，问题的关键在于被教唆人的行为是否偏离了教唆人的故意。在假设案例中，教唆人就是指示被教唆人杀害眼前的这个人，被教唆人遵循指示杀了这个人，显然没有偏离教唆人的故意；在真实案例中，教唆人指示被教唆人杀害 Schliebe，被教唆人却杀害了无辜的 Harnisch，由于教唆人没有特定化被害人，因此不能肯定被教唆人的行为没有偏离教唆人的故意。综上所述，认为正犯发生对象错误的场合与教唆犯发生明显对象错误的场合没有实质区别的观点并不妥当。

（六）小结

综上所述，对象错误说所主张的各种理由其实都难以成立。在德国，对象错误说也已经基本没有主张者。而在我国，对象错误说依然是主流观点，甚至很多教科书认为该问题根本不值得讨论。发生这种现象的原因在于，在我国的共同犯罪理论中，造意者为首的观念非常深厚，教唆犯对于其引起的行为，往往都要对结果负责，进而忽视因果流程中影响教唆犯归责的各种变化。因此对共同故意的认定较为宽泛，对实行过限的掌握极其严格，只有另起其他的犯意，才能有限度地否定教唆犯的责任。而在高度发达的德国刑法教义学中，已经对能够切断教唆犯责任的情形进行了进一步挖掘，正犯对象错误便是一例。因此，下文就将介绍和评析已经成为德国主流观点的打击错误说。

三、打击错误说的理由及评析

与对象错误说截然相对的是打击错误说。与我国对打击错误的处理仍有争议不同的是，在德国只要行为人被认定为打击错误，就会认为其构成对目标对象的未遂和对实害对象的过失。以罗克辛为代表的德国学者认为，在正犯对象错误的场合，教唆犯应当构成打击错误，进而否定故意既遂的归责。即使在客观上损害结果可以归属于教唆犯，但由于实行犯的非故意偏离行为，导致在主观上故意不能归属于教唆犯。人们没有怀疑的是，当实行犯故意过限时，这种故意不能归属于教唆犯。因此实行犯故意过限的规则同样适用于实行犯非故意过限的场合，因为其与实行犯的犯罪行为对教唆犯想象结果的偏离是相同的。〔31〕 根据这种观点，正犯发生对象错误就相当于人使用机械工具时发生了错误。〔32〕 罗克辛教授形容正犯就相当于教唆犯射出的一支箭。〔33〕 打击错误的论证思路与基本理由有以下几点。

---

〔31〕 Vgl. Roxin, Allgemeine Strafrecht, Band II, 2003, §26, Rn. 119.

〔32〕 Vgl. BeckOK StGB/Kudlich, 41. Ed. 1.2.2019, StGB §26 Rn. 24.

〔33〕 Vgl. Roxin, Allgemeine Strafrecht, Band II, 2003, §26, Rn. 119.

(一)设想和实际侵害的对象不同

打击错误说的一种观点认为,应以身份设想作为论证打击错误的基础。申言之,在正犯对象错误的场合,教唆犯设想的目标对象已经具体化,由于正犯侵害的对象与此不一致,因此教唆犯不应承担既遂责任。

不过,这种观点其实难以成立。因为能够将目标对象具体化的只能是正犯,而不可能是教唆犯,教唆犯给正犯的指示不可能具体化目标对象。倘若认为教唆犯可以具体化目标对象,只能说是想杀谁、要杀谁已经具体化。如此一来,只要正犯在实施犯罪行为时也有教唆犯对预定目标的动机,就意味着教唆犯与正犯的身份设想没有偏离,进而肯定教唆犯的教唆既遂,而这显然与打击错误说的观点相悖。因此,从这种路径论证打击错误说行不通。

(二)正犯发生对象错误与正犯另起犯意具有等同性

支持打击错误说的还有一种有力的观点认为,正犯发生对象错误与正犯另起犯意具有等同性。[34] 这种观点其实就是主张对实行过限的概念进行修正:不仅仅是在正犯另起犯意时,属于实行过限,否定对教唆犯的归责,而且在正犯发生对象错误时,也属于实行过限,同样也要否定对教唆犯的归责。

这种观点其实与前文提到的对实行过限的反思具有一致性,笔者也支持这样的理论。但是,如果以此认定教唆犯一定构成打击错误,从而不对实害结果负责的话,或许也过于绝对。因为一旦说正犯发生对象错误与正犯另起犯意具有等同性,实质上意味着正犯在对象错误时和另起犯意时其可谴责性是相似的。如果正犯仅仅犯了非常微小的错误,实际上教唆犯的指示发生了严重的偏差的话,那么就不能认定正犯发生对象错误与正犯另起犯意具有等同性。此时,就应当认为教唆犯应当对实害结果负责。

(三)教唆犯没有操纵因果流程

还有观点认为,教唆犯之所以不承担既遂责任,是因为对因果流程支配产生了错误认识。[35] 这也是从单独犯中对象错误与打击错误之区分得出的结论。教唆犯将指示交给正犯,正犯就支配了整个因果流程,教唆犯对这个因果流程的支配产生了错误认识,因此不应该对结果负责。

不过,这种观点同样绝对化。诚然,当教唆犯将指示交给正犯时,正犯就支配了整个因果流程,但这也恰恰是正犯自己发生对象错误并依然负责的理由。教唆犯对因果

---

〔34〕 Vgl. Letzgus, Klaus, Vorstufen der Beteiligung Erscheinungsformen und ihre Strafwürdigkeit, Berlin, 1972, S. 56.

〔35〕 Vgl. Schreiber, Grundfälle zu error in objecto und aberratio ictus im Strafrecht, JuS 1985, S. 875.

流程产生认识错误,并不一定意味着他不负责。倘若这种因果流程错误并不重要,或者教唆犯对陷入这种因果流程错误有责任的话,仍应该负责。因此,必须要提出一种相对明确的标准来论证教唆犯何时承担责任,何时不承担责任。

(四)屠杀理论的困局

除此之外,还需要解决的是所谓的屠杀理论(Blutbadargument)的困局,即教唆犯对多个结果成立一个故意还是数个故意。数故意说认为,倘若实行者在错杀他人后,经过继续寻找杀死了目标客体,教唆者应当成立对两个死亡结果的故意。[36] 德国联邦最高法院的判例认为,如果正犯在认识到杀错人后,进而杀害教唆犯所指示的人的,两个杀人罪都应当归属于教唆犯,尽管其只有一个教唆行为。[37] 可是,教唆犯只有一个故意,倘若正犯连续杀错了十个人,到第十一次才成功将目标杀死,那么教唆犯就需要对十一个人的死亡负责。宾丁称之为可怕的结论。[38]

一故意说认为,教唆者只成立一个故意,即对实行者第一次的杀人行为成立故意,将第二次杀害目标客体的行为评价为实行过限。[39] 因为如果第二次的杀人行为没有发生,第一次的杀人行为依然可以不受干扰。而如果正确的被害人被杀害,第一次的杀人的归属不能在事后得到排除。[40] 然而,一故意说认为将第二次杀人行为评价为实行过限,则明显不合理,因为此时很难否认教唆犯与正犯杀人的心理上的因果性。

(五)小结

综上所述,打击错误说的优势在于其理论根据比对象错误说更加合理。在正犯发生对象错误时,某些情形下可以认为教唆犯没有能够操纵因果流程。正因如此,正犯发生对象错误与正犯另起犯意并没有本质上的区别,都会否定对教唆犯的归责。从这一点来说,打击错误说在理论上更进一步,对于实行过限的概念和范围进行了更加实质化的理解,具有积极意义。不过,打击错误说的问题在于,依然没有为教唆犯何时有责划定一个明确的标准。因为按照打击错误说的理论,当教唆犯发生对象错误时,教唆犯仍然要对结果负责。可是,教唆犯何时是对象错误,何时是打击错误,本身就难以区分,打击错误说无法对此作出满意的解释。正因如此,区分理论就粉墨登场了。

---

〔36〕 Vgl. BGHSt 37, 219.

〔37〕 Vgl. BGHSt 37, 214, 219.

〔38〕 Vgl. Roxin, Allgemeine Strafrecht, Band II, 2003, §26, Rn. 121.

〔39〕 Vgl. Puppe, NStZ 1991, 125; Geppert, Jura 1992, 168.

〔40〕 Vgl. MüKoStGB/Joecks, 3. Aufl., 2017, StGB §26, Rn. 84.

四、区分理论中的单边视角及其问题

正是由于对象错误说和打击错误说过于绝对,判例和理论逐渐采取了灵活的标准判断教唆犯是否应当对实害结果负责。重要性理论(Wesentlichkeitstheorie)认为,正犯发生客体混淆是否对教唆犯产生影响,关键是看这种偏离是否重大。例如在"庄园继承人案"中,德国联邦最高法院最终认定教唆人构成既遂,并形成了处理正犯对象错误的规则:实行犯的对象错误原则上不影响教唆犯的归责,除非实行犯的对象错误超出了根据一般生活经验预见可能性的范围。[41] 而除此以外,最重要的两个理论是遵守指示标准和个别化理论,二者分别是从正犯视角和教唆犯视角所作的分析。本文接下来对这两种思路予以评析。

(一)教唆人的视角:个别化理论的不足

个别化理论认为,如果教唆犯将被害人个别化的任务交给教唆犯,那么偏离的情形就已经植入决定行为了。[42] 这种理论的根据在于,教唆犯描述了被害人的一些特征,而正犯将以这些特征作为识别被害人的基础,这就意味着教唆犯的想象将与正犯的行为相适应,正犯的行为及结果也就可以归属于教唆犯。

如前所述,即使教唆犯将识别目标的任务交给正犯,也不意味着一定可以肯定教唆犯的主客观归责。更重要的是,个别化理论所称的特定化标准仅是其形式,其实质的标准是预见可能性,而该标准明显没有说服力。按照个别化理论,倘若教唆人将被害人特定化的任务交给被教唆人,那么犯罪实行当时被教唆人因选择被害客体产生的错误,依照一般生活经验,通常也在教唆人预见可能性的范围。换言之,该说实质上主张的是将预见可能性作为判断教唆人是否构成对象错误的标准:如果教唆人对正犯的对象错误存在预见可能性,教唆人就构成对象错误;倘若教唆人对正犯的对象错误不存在预见可能性,教唆人就仅构成打击错误。因此,该说实质上是将教唆人是否将被害人特定化作为教唆人是否具有预见可能性的判断基准。可是,教唆者仅仅对正犯的对象错误具有预见可能性,为什么仅有预见可能性就能推导出具有故意?预见可能与预见到显然是两个不同的概念。个别化理论实际上仅仅从教唆人将特定化任务交给被教唆人这一点,论证出教唆人具有对正犯发生对象错误的预见可能性,而并没有论证出教唆人为何在仅有预见可能性的情况承担故意的责任。

---

〔41〕 Vgl. BGHSt 37, 214 ff. BGH. NJW 1991, 933.

〔42〕 Schönke/Schröder/Heine/Weißer, 30. Aufl., 2019, StGB §26 Rn. 26.

(二)正犯的视角:遵守指示标准的不足

正是由于个别化理论的不足,德国目前普遍采取以客观归责理论为基础的遵守指示标准。

施特拉腾韦特认为,“如果工具人即被教唆者,将欲害目标与实害目标混淆,丙杀错了人,而他是合指示地实施了行为,那么没有争议的,幕后者应当对结果负责……如果幕后者混淆了身份,他所指示的所欲攻击的客体就是另一个客体,他就需要对该混淆负责”。相反,如果被教唆者不理会幕后者的指示,比如他相信幕后者描述错了所欲侵害的客体,那么这种混淆的责任就只能归属于被教唆者。〔43〕

遵守指示标准的适用客观、便捷,在某种程度上认识到了对象错误与打击错误的实质。教唆犯意图杀“A”,正犯实际杀了“B”,二者如果能够在构成要件范围内具体相符,就可以肯定教唆犯成立对象错误,肯定教唆犯的归责。遵守指示标准实际上是以教唆者客观描述为前提的。倘若教唆者意图杀“A”,但在向被教唆者描述时却描述成了“B”,那么正犯最后根据这个指示确实杀害了B,由于遵守了教唆者的指示,所以教唆犯应当成立对象错误。

不过,遵守指示标准在论证逻辑上陷入矛盾。从遵守指示标准的逻辑来看,该观点显然是希望通过正犯这个侧面进行单独判断。例如,教唆者是精确地还是具体地描述了目标客体的情况并不重要。决定教唆犯归责的唯一标准就是正犯是否遵守了教唆者的指示。可是,在具体案件中,该说的学者又不可避免地掺杂了教唆者指示的内容是否具体这一要素。例如,在庄园继承人案中,主张教唆犯不能承担故意既遂的人就认为,教唆者已经给被教唆者看了证件照、描述了体态特征,已经非常具体,没有比这更加准确的表述了。因此,这种认识错误的危险就已经完全转移给正犯。正犯在这种情况下认错人就不应该再归咎于教唆犯。然而,其一方面说决定教唆犯归责的唯一标准就是正犯是否遵守了教唆者的指示,另一方面又说教唆者指示内容的具体化程度会影响正犯是否遵守指示的判断,这不仅反映出遵守指示标准逻辑上的龃龉,更表明实际上有多重因素影响着教唆犯归责的判断。

另外,遵守指示标准的遵守内容可能并不明确。遵守指示标准是根据正犯是否按照教唆者所描述的内容行事进行判断的。这样一来,倘若教唆者使用的都是描述性语词,判断正犯是否遵循了指示比较容易判断。在多数情形下,教唆者的指示内容往往是评价性的内容占多数,描述性的内容占少数。联想我们的生活也可以得知,在描述一个人的体貌时,往往会使用如“中等身材”“微胖”“面容姣好”等词语,可是这些评价性的内容却使得在判断正犯是否遵守指示时陷入困惑。由于人们对社会生活的认识和周围事物的评价不尽相同,人们对评价性的语言的理解或许会大相径庭。其实,如

〔43〕 Vgl. Stratenwerth, Objektsirrtum und Tatbeteiligung, in: Festschrift für Jürgen Baumann, 1992, S. 65.

前所述，正犯的对象错误是一种非故意的偏离，为此就必须要找出发生这种偏离的深层次原因。在追问前述案例正犯发生对象错误的原因时，不难发现其原因并不在正犯一方，而在于教唆犯指示的内容过于简单，这或许才是正犯发生对象错误的原因。

（三）小结

从上述分析可以看出，无论是遵守指示标准还是个别化理论，其实都是一种单边视角的考察。遵守指示标准仅仅考察被教唆人是否遵循了教唆人的指示，个别化理论仅仅考察教唆人是否将识别目标对象的任务交给被教唆人。这两种思考模式都具有片面化的倾向。在共同犯罪中，无论是教唆人还是被教唆人，实际上都会对结果的归责产生影响，需要对教唆人和被教唆人双方的行为都进行审慎的考察，从而进行责任的分配，而这也是本文的观点。

五、教唆人和被教唆人双边视角的考察

正是由于对象错误说、打击错误说、区分理论中的单边模式都存在各种各样的不足，因此本文试图从教唆人和被教唆人的双边视角进行考察。首先，对正犯对象错误的问题定位进行明确，即正犯发生严重的对象错误与传统的实行过限具有等同性；其次，介绍本文观点的规范基础，即客观归责理论；再次，介绍本文所主张的双边视角的具体规则；最后，对可能的质疑作出回应。

（一）问题定位

我国对正犯对象错误时教唆犯归责问题的定位或许存在疑问。我国的教科书中对共犯与错误的讨论包括同一共犯形式内的错误、不同共犯形式内的错误、共犯过剩三个部分。〔44〕而这种分类方法是一种较为形式化的方法，因为实行过限问题很难被归入同一共犯形式内的错误和不同共犯形式内的错误，其实是一种例外情形。正是由于这种分类，使得正犯对象错误对教唆犯归责的影响这个问题往往被定位于教唆犯的认识错误这一环节。其产生的问题在于，过于重视教唆人的主观面，使人忽略该问题与实行过限存在内在的关联性。详言之，教唆犯的认识错误不仅仅是教唆犯的主观认识发生错误，其产生的根源在于正犯的行为发生了客观上的偏离；实行过限也不仅仅是正犯的行为与结果超出了教唆犯的故意这一客观事实，也包含了教唆犯对实际发生结果的错误认识。传统学理过于重视前者的主观面和后者的客观面，导致本来有紧密关联的两种情形失去了联系。

或许有人认为，在正犯故意杀错人的场合，教唆犯与正犯行为结果的心理因果性

〔44〕 参见张明楷：《刑法学》（第5版），法律出版社2016年版，第443—446页，“共犯过剩”即实行过限。

已经切断,而在正犯对象错误的场合,教唆犯与正犯行为结果的心理因果性并没有切断。本文认为,即使在正犯对象错误的场合,依然可以肯定教唆犯与正犯结果的心理因果性,但也不意味着正犯结果在客观上一定可以归属于教唆犯。因为教唆犯与正犯的心理因果性只是客观归责的前提性条件。在没有心理因果性时,当然可以否定正犯结果对教唆犯的客观归责。但在存在心理因果性时,依然要根据一般理性人的标准,判断正犯行为是否切断了教唆犯对因果流程的支配,从而否定对教唆犯的客观归责。

在正犯的攻击对象与教唆犯预想的目标侵害对象不一致时,实际包括两种情形。一种情形是故意的过限,即正犯有意识地偏离了教唆犯预想的计划,侵害了别的客体。在这种情形中,正犯显然承担故意既遂的责任,对教唆犯是否归责,则取决于正犯何时改变了行为决意。如果教唆犯教唆正犯杀害某个男子,而正犯在实施该计划时已经拿起武器对准该男子,而此时作出决定杀害他的妻子,则对教唆犯而言属于针对未遂的教唆。相反,如果正犯在拿起武器瞄准前就已经改变主意杀害他的妻子,对教唆犯而言就属于止于未遂的教唆。[45] 另一种情形是正犯发生对象错误的情形。[46] 在这种情形中,实际上又可以分为三种情形:第一种情形是正犯的攻击行为并不存在实际的侵害对象。例如正犯误以为镜像中的自己是目标侵害对象而对镜子实施攻击。在这种情形中,正犯构成不能犯未遂,教唆犯也构成不能犯的未遂。[47] 第二种情形是正犯的实际侵害对象是教唆者本人。例如甲教唆乙杀害丙,乙因为对象错误攻击甲,造成甲的重伤。德国判例认为这种情形中甲构成针对未遂的教唆[48];而还有观点认为甲仅仅构成《德国刑法典》第 30 条第 1 款的止于未遂的教唆。第三种情形是正犯的实际侵害对象是教唆者以外的其他人。对于这种情形的讨论往往是围绕两个著名的判例展开的,即普鲁士高等法院审判的“Rose-Rosahl 案”和德国联邦最高法院审判的“庄园继承人案”。从德国刑法学的探讨中可以看出,实行过限与正犯对象错误实际上并不是一种对立关系,而是具有主客观归责上的紧密关联性。传统的实行过限,实际上是正犯故意地实施了偏离教唆的构成要件的行为,正犯的对象错误,实际上是正犯非故意地实施了偏离教唆的构成要件的行为。

正因如此,如果正犯的对象错误非常严重,那么实际上意味着与传统的实行过限没有区别。因此,我们需要对实行过限作出更加实质化的理解,当正犯发生了严重的

---

〔45〕 Vgl. MüKoStGB/Joecks, 3. Aufl., 2017, StGB § 26, Rn. 77.

〔46〕 这里需要说明的是,理论上也有人称这种情形为“非故意的过限”,但这是持教唆的未遂说的学者的特有的表述方式。如果认为正犯对象错误的结果无法归责于教唆犯,就意味着正犯的行为是一种非故意的过限;相反,如果认为正犯对象错误的结果需要归责于教唆犯,则显然不是过限问题。为了保持讨论问题的客观性,本文在此使用正犯对象错误的表述。

〔47〕 Vgl. MüKoStGB/Joecks, 3. Aufl., 2017, StGB § 26, Rn. 85.

〔48〕 BGHSt 11, 268; Puppe, Verwechslung des Opfers durch Angestifteten, NStZ 1991, 124.

对象错误时，就要认为其属于因果流程的重大偏离，进而否定对教唆犯的归责。经过这样的解释就会发现，正犯对象错误其实与实行过限并不是对立关系，而最关键的则是找到重大偏离的标准，以判断何种条件下构成实行过限。

（二）规范基础

在阶层论的犯罪论体系中，客观判断均应该优先于主观判断，倘若教唆犯甲与正犯乙犯的罪不同，在客观归责层面就可以否定对甲的可归责性，无须判断行为人是否具有教唆故意。因此，在对教唆犯的归责判断中，必须先考察实行行为结果对教唆犯的客观可归责性，在满足客观构成要件之后，才能进入主观构成要件的检验。正因如此，遵守指示标准所引入的客观归责理论也为本文所采纳。

在客观归责的检验中，需要经过条件关系和客观归责两个步骤的检验。例如甲教唆乙杀害丙，乙认错人，杀害了丁。这对于甲而言属于教唆犯的认识错误。再如甲教唆乙杀害丙，乙另起犯意，杀害了丁。这属于实行过限问题。但这种思考方式没有将二者联系在一起。实际上实行过限属于故意杀错人，正犯对象错误属于过失杀错人。实行过限和正犯对象错误都符合条件关系，因此无须赘言。而在客观归责的判断中，实行过限实际上可以否定结果对教唆犯的可归责性，因为此时教唆行为所创设的危险在客观上并没有相当性地实现，结果超出了一般人的预见可能性。这一点在我国也已经得到了承认。例如有论者指出，“在教唆人实施了教唆行为但被教唆人没有实施犯罪行为的场合，或者即便实施了犯罪行为，但该犯罪行为和教唆行为之间没有相当因果关系的场合，也不成立教唆犯”〔49〕。可是，在正犯发生对象错误的场合，学界却往往普遍肯定其对教唆犯的客观可归责性，而把这个问题放在主观归责层面解决。深入探讨就会发现，之所以存在这种差别，就在于学理对谁产生了犯罪故意极为重视。在教唆犯的认识错误中，乙尽管杀错了人，但由于不是出于故意，因此考察的重点依然在教唆犯。而在实行过限中，由于乙是故意另起犯意，因此考察的重点并不在于教唆犯，而在于正犯的行为，由此正犯的结果也无法归属于教唆犯。申言之，只有正犯故意偏离了行为人的计划，才有可能否定对教唆犯的客观可归责性。与此相对，如果正犯只是过失偏离了行为人的计划，则不能否定对教唆犯的客观可归责性。这种观点，实际上是认为正犯的故意行为属于重大偏离，可以在客观上阻断对教唆犯的归责，而正犯过失偏离行为人计划的行为不属于重大偏离，不可能在客观上阻断对教唆犯的客观归责。

然而，只要承认故意与过失是位阶关系，而不是对立关系，就可以认为正犯发生对象错误在某些情形下也可以否定对教唆犯的客观归责。正犯的实行过限是故意地偏离了教唆内容，正犯的对象错误是过失地偏离了教唆内容。倘若对实行过限可以在特

---

〔49〕 黎宏：《刑法学总论》（第2版），法律出版社2016年版，第296页。

定情形下否定实行行为结果对教唆犯的客观可归责性,那么也同样可以对正犯的对象错误在特定情形下否定实行行为结果对教唆犯的客观可归责性。不言而喻,当正犯的对象错误严重偏离了教唆人的指示,呈现出一种超越性的因果流程时,便可以否定对教唆犯的客观归责。

魏斯劳也认为,“对于正犯结果归属起决定性作用的是,教唆犯通过他的行为创设了对特定法益事前可预见的危险,并且这种危险在结果中实现”〔50〕。这种观点就是以客观归责理论为基础的,“对于行为人而言一个由他的行为所引起的结果,仅仅在此时得到归属,即如果该行为创设了法所不允许的危险,并且以构成要件类型的方式在具体的结果中得以实现”〔51〕。这种观点的思想在于,“对于行为人的处罚并不取决于行为人行为和结果之间的条件关系,而在于最终的结果是否能被视为行为人的作品”〔52〕。倘若行为人创设的危险没有实现,就不能认为结果是行为人的作品。

例如甲教唆乙杀害丙,只是描述了丙的体貌特征,没有出示丙的照片,乙误把丁当作丙杀害。在这个案件中,关键要判断的是丁的死亡这一法益侵害结果能否归属于甲。申言之,需要判断的是甲是否创设了针对丁的危险,以及这种危险有无实现。甲教唆乙杀害丙,为了防止杀错人,甲最好的方式实际上是带领乙识别丙,或者出示丙的照片,而甲却仅仅描述了丙的体貌特征,这就意味着甲在创设对丙的危险的同时还创设了一种引发对象错误的危险。倘若乙没有识别错误,最终杀害了丙,就意味着甲创设的对丙的危险已经实现,可以肯定甲教唆既遂的成立。在这种情形下,甲所创设的引发对象错误的危险由于乙的正确识别而没有实现,因此也无须考虑。相反,倘若乙由于对象错误,杀害了丁,那么就意味着需要进一步审查甲所创设的引发对象错误的危险是否实现,这时必须要结合正犯的实施行为来进行判断。倘若经过下文所述的危险对比要素的考量,认为这种引发对象错误的危险已经实现,就可以承认甲对丁的故意杀人既遂。

本文认为,应当借鉴客观归责理论对教唆人和被教唆人进行双边考察,以判断教唆者的指示行为所创设的引发对象错误的危险是否实现。从教唆人的视角来看,倘若教唆人对目标对象的指示已经很明确,就意味着没有创设针对实害对象的危险,因此实害结果就不能在客观上归属于教唆人。从被教唆人视角看,倘若被教唆人对目标对象的识别没有尽到基本的审慎义务,就属于实行过限,使得教唆者的指示行为所创设的危险没有实现,实害结果同样不能归属于教唆犯。只有通过这两方面的考察,才能较为准确地判断教唆犯是否承担既遂责任。

---

〔50〕 Weißlau, Der Exzeß des Angestifteten, ZStW 104(1992), S. 105 ff.

〔51〕 Roxin, Strafrecht Allgemeiner Teil I, § 11 Rn. 36 ff.

〔52〕 Roxin, Strafrecht Allgemeiner Teil I, § 11 Rn. 36 ff.

(三)具体规则

对教唆犯归责的判断实际上分为两个步骤:一是判断是否创设了引发对象错误的危险;二是判断已经创设的引发对象错误的危险是否得到实现。如果没有创设引发对象错误的危险,显然正犯发生对象错误时结果不能归责于教唆犯。如果教唆犯创设了引发对象错误的危险,则需要进一步考察正犯由于不审慎而创设的引发对象错误的危险的大小。如果正犯创设的引发对象错误的危险明显超出教唆犯创设的引发对象错误的危险,就可认为危险没有实现,进而否定客观归责。

进一步需要说明的是影响教唆犯和正犯创设引发对象错误的危险的因素有哪些。一方面对于教唆犯而言,其向正犯作出的指示内容的明确化程度是影响正犯对象错误危险的重要判断资料;另一方面对于正犯而言,在多大程度上执行教唆犯提供的指示是考察正犯是否审慎的重要参考标准。再进一步而言,教唆犯的指示内容中哪些重要,哪些不重要,是需要特别关注的问题。对于重要的内容,教唆犯指示得不具体、不明确,就意味着引发正犯对象错误的危险较高;相反,对于不重要的内容,即使教唆犯指示得不具体、不明确,甚至没有指示,也不意味着教唆犯提升了引发正犯对象错误的危险。这对于正犯来说,也是如此。从教唆者的视角来看,判断正犯结果是否可以归责于教唆犯,必须要充分考虑教唆者指示内容的具体化程度。教唆者指示内容的具体化程度越高,越有可能认为正犯的对象错误在一般人可预见性的范围之外;教唆者指示内容的具体化程度越低,越有可能认为,正犯的对象错误在一般人可预见性的范围之内。从被教唆者的视角来看,在考察了危险设定阶段教唆者的表现之后,还要继续考察危险实现阶段被教唆者的表现。倘若被教唆者对目标客体进行了审慎的确定,由此发生的对象错误产生的法益侵害结果就应当归属于教唆者。反之,如果被教唆者对目标客体没有进行审慎的确定,那么由对象错误产生的法益侵害后果就不能由教唆者承担。

根据本文的观点,当正犯创设的引发对象错误的危险没有明显超过教唆犯创设的引发对象错误的危险时,能肯定正犯的对象错误引发的结果可以在客观上归属于教唆犯。“明显超过”是指正犯由于没有尽到识别目标对象的审慎义务,严重偏离了教唆犯的指示。之所以要求明显超过,是因为即使正犯在某种程度上偏离了指示,也可以认为处在一般人可预见的范围内。例如甲教唆乙杀丙,向乙出示了照片,乙拿着照片由于对象错误杀害了丁。此时,需要经过两个判断步骤:其一,考察甲出示的照片是否创设了引发对象错误的高度危险。如果答案是肯定的,只要乙没有在其他方面严重偏离指示,就可以肯定乙发生对象错误的结果可以在客观上归属于甲。如果答案是否定的,则需要经过第二个判断步骤,即考察该照片与乙的误杀对象丁之间的差距是否过大。如果长得确实很像,就不能认为正犯创设的引发对象错误的危险明显超过教唆犯创设的引发对象错误的危险,乙发生对象错误的结果可以在客观上归属于甲。而如果照片差距确实过大,则可以肯定正犯创设的引发对象错误的危险明显超过教唆犯创设的引发对象错误的危险,乙发生对象错误的结果就不能在客观上归属于甲。

(四)屠杀理论困局的解决

如果采取对教唆人与被教唆人双边考察模式,同样还需要对所谓的屠杀理论带来的困局作出回答。

对此困局理论上有许多不同的解决方案。然而正如有学者所言,两个或更多的故意杀人行为的归属是不可能的,因为教唆者的故意只包含一个杀人行为。[53] 本文认为应当从客观归责与主观归责两个层面进行分析。例如,甲教唆乙杀害丙,乙误杀了丁之后又杀害了丙。对此类案件,本文作出如下分析:

第一,对于乙的第二次杀人行为,即杀害目标侵害对象丙的行为,显然是甲的教唆行为所导致的,对此应当肯定丙的死亡结果在主观上归责于甲,甲成立教唆故意的既遂。有学者指出,教唆者只成立一个故意,即对实行者第一次的杀人行为成立故意,将第二次的杀害目标客体的行为评价为量的行为人过限。[54] 因为如果第二次的杀人行为没有发生,第一次的杀人行为依然可以不受干扰。而如果正确的被害人被杀害,第一次的杀人的结果归属不能在事后得到排除。[55] 普珀认为,“如果人们一定要对这个从实践原因来看不必要的问题作出回答,那么人们会选择第一个犯罪行为并且宣称,这个教唆故意已经被消耗掉了”[56]。然而本文难以赞成这种观点。因为如果第二次杀人行为成功杀害了目标对象,那么目标对象的死亡显然不是实行犯所单独引起的结果,而是与教唆者紧密联系的,实行犯的行为显然不可能评价为过限行为。[57] 与此同时,倘若第一次的杀人行为不能在主客观上归责于教唆犯,那么即使正犯第二次杀害了目标对象,也不能归属于教唆犯,这一结论令人难以接受。

第二,要分析乙的第一次杀人行为,即乙误杀丁的行为。从客观层面分析,并不是乙杀丁的行为必然可以在客观上归属于教唆犯甲。必须对乙的误杀行为进行审慎的考察,乙所创设的引发对象错误的危险是否明显超出教唆犯所创设的引发对象错误的危险。如果答案是肯定的,则不能肯定死亡结果对教唆犯的客观可归责性。此时甲对丁的死亡既不承担故意杀人既遂的责任,也不承担过失致人死亡的责任,最多承担故意杀人预备或者未遂的责任。

问题在于,在能够肯定对教唆犯的主客观归责的前提下如何处理。核心问题是,在乙误杀丁的时点,甲对于丙的故意杀人行为属于何种形态?或许有人认为,由于

---

〔53〕 Vgl. LK-StGB/Schünemann Rn. 87.

〔54〕 Vgl. Puppe, NStZ 1991, 125.

〔55〕 Vgl. MüKoStGB/Joecks, 3. Aufl., 2017, StGB §26, Rn. 84.

〔56〕 Puppe, Strafrecht Allgemeiner Teil, Auflage 4, 2019, S. 338.

〔57〕 Vgl. Roxin, Allgemeine Strafrecht, Band II, 2003, §26, Rn. 125.

丙不在案发现场，因此乙对丙仅构成故意杀人预备，根据共犯从属性原理，甲也只能构成故意杀人罪的预备犯。然而，这种观点仅仅是根据经验事实归纳出的结论，而没有从刑法规范上进行周延地论证。行为人构成未遂的条件是着手进行了实行行为，而判断着手的标准是对行为对象产生了法益侵害的紧迫危险。因此，在该案中，只要乙对丙的杀人行为存在法益侵害的紧迫危险，就可以认定构成故意杀人罪的未遂。例如甲教唆乙杀害丙，乙到达丙的办公室，慌乱中认错人，杀害了丙旁边的丁。此时，乙对丁显然构成故意杀人既遂，而对丙则是构成故意杀人未遂。因为在此时存在对丙的法益侵害的紧迫危险，很难认为此时对丙的杀人行为没有进入实行阶段。相反，如果丙不在现场，则可以认定对丙成立故意杀人预备。因此，判断对丙的杀人行为的犯罪形态，关键看对丙是否有法益侵害的紧迫危险。如果有紧迫危险，则是故意杀人未遂，如果没有紧迫危险，则是故意杀人预备，相应的结论当然适用于教唆犯。

而在罪数的最终处理上，必须与第二次的杀人行为联系起来处理。对于正犯而言，第一次杀人行为针对目标对象无论是故意杀人预备，还是故意杀人未遂，与第二次杀人行为中的故意杀人罪既遂之间呈现出一种法条竞合的实质补充关系。或许有人认为，法条竞合只能是法条与法条之间、不同罪名之间的竞合。但是，“竞合所考察的是构成要件的具体实现，而非抽象的构成要件，相同罪名的不同犯罪形态之间，可以呈现不同的竞合形态”〔58〕。同一罪名的不同犯罪形态，显然属于基本法与补充法的关系。当实害犯未出现时，可以补充适用危险犯。综上所述，对于正犯来说，在实施两次杀人行为之后，实际上只有一种可能，即对第一次的误击对象构成故意杀人罪既遂，对第二次的实害对象构成故意杀人罪既遂。

再来分析教唆犯的罪数。正犯的第一次杀人行为可以被第二次杀人行为所吸收，因此这一原理也适用于教唆犯，教唆犯对目标对象仅构成一个故意杀人罪既遂。如果能够肯定教唆犯对第一次杀人行为的主客观归责性，也就说明教唆犯对第一次杀人的误击对象成立故意杀人既遂，对第二次的实害对象也成立故意杀人既遂。问题在于，教唆犯仅有一个教唆行为，显然不能成立两个故意杀人罪。

实际上，教唆犯尽管只有一个教唆行为，但却创设了两个不允许的危险，一方面创设了针对目标侵害对象的危险，另一方面创设了引发对象错误的危险。因此，教唆犯在规范上成立两个教唆故意并没有疑问，而通过想象竞合原理的运用不会让教唆犯承担不利后果。想象竞合犯是规范的数罪、处断的一罪。既然教唆犯对两个对象创设了危险，就意味着在规范上是两罪，只是因为行为人事实上仅存在一个自然意义上的行为，才应当从一重罪处断。

〔58〕 徐凌波：《犯罪竞合的体系位置与原则——以德国竞合理论为参照》，载《比较法研究》2017年第6期。

(五)质疑与回应

对于施特拉腾韦特和魏斯劳通过客观归责理论解决问题的观点,理论上也存在广泛的质疑。因为按照这种客观归责的路径,如果教唆者的指示不准确或者不正确,创设了引发客体混淆的危险,而这种危险也得以实现,那么教唆者就需要承担故意既遂的责任,这种观点难以令人信服。危险实现仅仅能够证明客观构成要件的归属,奠定过失犯处罚的基础。“对于故意的归属要求额外的评价,即教唆者的意图在结果中实现,也就是具体结果必须包含在他的故意之中。”〔59〕换言之,教唆者必须对因果流程中的重大偏离存在认识。西田典之教授也认为,“由于存在这样的危险性,即便能得出共犯行为与正犯结果之间的(相当)因果关系,也不能直接推导出共犯者对于正犯结果的故意。诚然,在共犯充分认识到了这种危险性的场合能够适用未必故意的原理;除此以外,共犯的罪责还是只能限于过失”〔60〕。

然而,本文对上述质疑不以为然。由于因果流程的偏离问题已经从主观层面转移到客观层面,只要行为人在客观上创设了针对实害对象的危险,并且这种危险相当性地实现,而行为人主观上认识到了这种危险,就可以肯定行为人的责任。除此以外,并不需要规范的标准。例如甲教唆乙杀害丙,向乙出示了丙的照片,乙却因对象错误杀害了丙的双胞胎弟弟丁。在客观归责层面,甲尽管向乙出示了照片,但由于丙和丁是双胞胎,乙杀错人的危险仍然很高。此时可以认定甲依然创设了引发对象错误的高度危险,丁的死亡结果在客观上可以归属于教唆犯甲。而在主观归责层面,如果甲并不知道丙有双胞胎弟弟,就意味着甲并没有认识到自己已经创设了引发对象错误的危险,此时正犯发生对象错误就不能在主观上归责于他。

六、结　论

第一,正犯的实行过限是故意地偏离了教唆内容,正犯的对象错误是过失地偏离了教唆内容。倘若对实行过限可以在特定情形下否定实行行为结果对教唆犯的客观可归责性,也同样可以对正犯的对象错误在特定情形下否定实行行为结果对教唆犯的客观可归责性。正犯的对象错误不属于打击错误,并不一定都可以在客观上归属于教唆犯。为此,必须设定具体标准,以判定哪些情况属于客观可预见性的范围。

第二,关于客观归责的标准。重点要考察的是教唆犯和正犯是否违反了注意义务。对于教唆犯而言,注意义务的内容是指示内容不会引发正犯发生对象错误的危险;对于正犯而言,注意义务的内容是对识别目标对象尽到基本的审慎义务。教唆犯

---

〔59〕 Winkelbach, Die Strafbarkeit des Anstifters beim error in persona des Täter, Hamburg 2004, S. 149.

〔60〕 〔日〕西田典之:《共犯理论的展开》,江溯、李世阳译,中国法制出版社 2017 年版,第 372—373 页。

尽到了注意义务的，正犯发生对象错误的结果不能归责于教唆犯；教唆犯没有尽到注意义务的，需要进一步考察，如果正犯创设的引发对象错误的危险明显超出教唆犯创设的引发对象错误的危险，就可以认为危险没有实现，进而否定客观归责。

对于文首的案例1，应当肯定董某的故意杀人罪的教唆既遂。在这里，要仔细分析幕后人董某和实施人潘某的行为。首先，董某教唆潘某杀害符某，实际上就是创设了杀人的危险。问题在于，这种危险是否准确地指向了符某。倘若可以认为这种危险准确地指向了符某，而潘某依然杀错了人，就可以认为董某所创设的针对符某的危险没有实现。而如何判断董某的教唆行为是否准确地指向了符某，关键点就在于董某是否违反了注意义务，引发了导致实行人发生对象错误的危险。从该案来看，董某并没有带领潘某识别目标对象符某，也没有向潘某出示照片，而识别目标、出示照片都是明显地可以使得实行人不会发生对象错误的举措。尽管向潘某描述了符某的体貌特征、驾驶汽车、住所位置等信息，但这依然不能否定董某注意义务的违反，潘某杀错人的风险依然很高。换言之，在这样的情况下，尽管董某内心想杀的人是符某，但其客观上的指示覆盖了符某和王某两个人，实际上对符某和王某两个人都创设了法所不允许的危险。再来分析潘某的行为。尽管董某的行为违反了注意义务，但这并不意味着其所创设的针对符某的危险就一定实现。倘若潘某的杀人行为违反了识别目标对象的基本审慎义务，也就意味着属于因果流程的重大偏离，从而否定教唆人董某的责任。不过，从案情的描述来看，潘某完全是根据董某的指示，进入被害人所在小区，根据体貌体征错杀了王某。因此，董某的行为已经创设了引发对象错误的危险，而潘某在实施犯罪的过程中也尽到了识别目标对象的基本审慎义务，因此可以认为引发对象错误的危险已经实现，从而肯定客观归责。反之，如果潘某进入了错误的小区，或者错杀的人与董某指示的人的体貌特征完全不符，则可以认定为重大偏离，从而否定董某注意义务违反与损害结果的关联性。而主观上，董某也已经认识到他指示的内容可能引发杀错人的危险，因此主观的构成要件也得以符合。综上，董某应当承担故意杀人罪的教唆既遂的责任。

[刑罚理论]

检视与否定：刑罚目的论的再思考

刘　赫*

要　目

摘　要　国家刑罚权发动的正当性问题一直是刑法学研究的理论重点,而刑罚目的理论就是为了解释刑罚正当性应运而生的。刑罚目的理论从传统的报应论、预防论和综合论一直发展到现代的表达论,其理论内涵被不断地予以重新解释和拓展。然而,刑罚目的理论却混淆了刑罚理论的本体论问题,以及其作为后形而上的学说所具有的理论内涵恣意性,都使得该理论在立法上带来了立法积极化与刑法工具化的消极影响,更在司法上与罪犯罪责感的产生背道而驰。这种承载着过多目的指向的刑罚理论,已经偏离了论证刑罚正当性的理论导向,而成为刑罚权扩张的理论诱因。因此,应当停止对刑罚目的的不断探索,转而回归对刑罚权正当性及刑罚权边界的理性研究。

关键词　刑罚目的　表达刑罚论　尼采刑罚论

---

* 复旦大学法学院师资博士后,德国汉堡大学法学博士。

一、问题的提出

长期以来,人们一直围绕着一个传统刑法问题进行讨论,即国家在何种情况下有权力将行为人所实施的行为视为犯罪,并进行惩罚?对这个问题进行回答便要对国家刑罚权的发动问题进行研究,具体来说就是,对行为人的不法行为进行惩罚是否合理,以及刑罚必须服务于何种目的。刑罚目的理论就是为了解决上述问题应运而生的。〔1〕 在这个意义上,刑罚目的理论为国家刑罚权发动的正当性作了理论铺垫。通常来说,刑罚的目的被当作刑罚权发动的原因。传统的刑罚目的论,通过分析刑罚目的是出于报应、预防或两者综合的原因,进而论证国家刑罚权发动的正当性。而随着刑罚目的理论的发展,特别是受到卢曼"交流—沟通理论"的影响,现代刑罚目的理论创造性地形成了表达刑罚理论。其中,霍恩勒作为表达刑罚理论的代表,主张表达刑罚目的理论应包括以规范为导向的表达刑罚目的和以人为导向的表达刑罚目的,借此来解决公民与国家之间的激烈冲突。

然而,试图通过刑罚目的理论来论证国家刑罚权的发动未免会陷入一个正当性的陷阱。不论是对于传统刑罚目的论而言,抑或对于现代刑罚目的论而言,这种刑罚目的理论都是基于后形而上学的哲学基础,并将社会效用(gesellschaftliche Nützlichkeit)〔2〕作为理由来论证刑罚权发动的正当性。但是,刑罚目的理论在论证刑罚权发动的正当性问题时,反而引起了更多的质疑。为了进一步厘清刑罚目的论所面临的质疑,本文将首先从刑罚目的论的传统和现代理论发展脉络出发,对刑罚目的理论混淆刑罚理论的本体论问题进行思考,进而对刑罚目的理论的内涵恣意性问题进行阐述,最后对刑罚目的理论在刑事立法和刑事司法领域内所带来的消极影响进行反思。论证刑罚目的论的理论缺陷以及纠正对刑罚目的论的理论迷信,是本文的研究任务。

二、刑罚目的理论之嬗变

(一)传统刑罚目的论之检视

传统的刑罚目的理论在学界占据主流地位的时间较为久远。在很长时间内,刑罚目的理论都被认为是解决国家刑罚权发动正当性问题的理论基础。但是,针对刑罚的威慑与宣告是否服务于特定的目的这一问题〔3〕,不同的学者给出了不同的答案。基

〔1〕 Vgl. Bernd Heinrich, Strafrecht AT, § 2, Rn. 13.
〔2〕 Vgl. Jochen Bung, Nietzsche über Strafe, ZStW 119(2007), S. 129 f.
〔3〕 Vgl. Urs Kindhäuser, Strafrecht AT, § 2, Rn. 8.

于对这一问题的不同观点，产生了不同的刑罚目的学说。传统的刑罚目的理论主要有三种学说，即报应目的论、预防目的论和结合目的论。

报应目的论来自刑罚理论中的绝对论。具体来说，绝对论是指刑罚是犯罪的当然后果。而这种当然后果则是出于报应的体现。按照报应目的论的观点，国家刑罚权的发动仅仅是针对行为人的不法行为而作出的报应。国家通过刑罚的发动，来彰显国家以否定评价的方式来谴责犯罪行为。在报应目的理论中，康德[4]和黑格尔[5]是代表性学者。在康德和黑格尔看来，国家的刑罚只应该起到报应的作用，它应该是对行为人非法行为的报应，而没有其他目的。康德认为，法官对犯罪人宣告的刑罚，决不能被当作促进其他利益的手段，无论是从犯罪人个体角度，还是从市民社会整体的角度，对犯罪人的刑罚都只能是因为其自身的犯罪行为。[6] 在康德看来，国家刑罚权发动的首要任务就是对正义的实现，而刑罚作为对犯罪行为的报应，恰恰就是要满足正义实现的需求。因而，只有当行为人实施犯罪行为时，国家才可以发动刑罚权进行惩罚。这一观点最初来自有罪当罚的原则（*punitur, quia peccatum est*）。[7] 与此同时，黑格尔将犯罪行为理解为对法律的违反。因此，违法行为促进了复仇要求的产生。这种权利要求的效果就是要对行为人的不法行为进行否定评价。这一过程被称为“恢复法律秩序”（Wiederherstellung von Rechtsordnung）[8]。因此，黑格尔主张刑罚是重建这种法律秩序的手段。

预防目的论来源于刑罚理论中的相对论，而按照相对的主体不同，分为一般预防和特殊预防。按照一般预防的观点，国家刑罚权的发动关系到整个人类社会。在那些主张一般预防的学者中，费尔巴哈[9]的学说非常著名。费尔巴哈主张，通过对违法者施加惩罚来加强社会中一般民众对法律的重视。通过国家刑罚权的发动，对规范的信任可以得到证实。国家通过对行为人的刑罚，使得其他人也会使各自行为符合法律规定。国家树立所谓对法秩序的信任，会使公民在整体上依法行事（积极的一般预防）。[10] 除此之外，刑罚还对个别潜在犯罪人产生影响，防止他们今后实施犯罪行为。这种来自其余人的反应效果，就是所谓的“消极的一般预防”。

而根据特殊预防目的论的观点，刑罚的实施对象不是一般社会，而是具体的犯罪人。特别是在李斯特所创立的特别预防目的论中，他重点关注的是通过刑罚的实施对相关的罪犯产生的影响。这种特殊目的的预防理论避免了将犯罪人作为一种手段，通过

---

[4] Vgl. Immanuel Kant, Metaphysik der Sitten, Rechtslehre, 2. Aufl., 1978, §49 E I.

[5] Vgl. Friedrich Hegel, Grundlinien der Philosophie des Rechts, 1821, §101.

[6] Vgl. Kant (Fn. 4), S. 453.

[7] 这个原则最早可以追溯到普罗塔戈拉（Protagoras）和塞内加（Seneca）。

[8] Vgl. Hegel (Fn. 5), §99 f.

[9] Vgl. Ludwig Feuerbach, Lehrbuch des gemeinen in Deutschland gültigen peinlichen Rechts, 11. Aufl., 1832, §§12,13.

[10] Vgl. Heinrich (Fn. 1), Rn. 17.

实施刑罚来威慑其他潜在犯罪人。李斯特做了一个被称为马尔堡计划的实验,对后来学者有关刑罚理论的理解产生了很大的影响。实验中的三项重要措施对特殊预防目的论产生重要影响。第一种措施就是所谓的改良、教育,被保留至今。通过第一种措施可以让犯罪分子完成再社会化的过程,使其在法律的规范下实施自身行为。第二种措施是所谓的威慑力,就是对不需要改造的罪犯进行威慑。第三种措施就是针对不需要改造的罪犯实施所谓的无害化措施。[11] 但是,无论是一般预防目的论,还是特殊预防目的论,这种将对个人刑罚的施加作为预防未来犯罪的手段是不正义的。因为,无论这个预防目的被描述得多么正确,甚至被认为是实现正义的必然路径,但是绝不能把人作为实现目标的手段。个体的正义必须被重视和实现,因为这也是正义永久的内在需求。换句话说,缺乏个体正义的整体,将不再正义。因而,这种预防目的论也在正当性的问题上饱受争议。

根据报应目的论与预防目的论的观点,都将使刑罚在其功能上处于极端的位置。由于刑罚的本质实际上具有很强的目的导向[12],因此,没有人能够完全说服社会采用单一的刑罚目的论,综合目的论应运而生。综合目的论将报应目的论和预防目的论在国家刑罚权发动的不同阶段结合起来。这种权衡报应目的论和预防目的论的利弊而产生的综合目的论受到了更多学者的支持。进一步说,综合目的论在以下三个阶段产生影响。在第一个阶段中,综合目的论通过一般预防理论来实现刑罚威慑的作用;在第二个阶段中,行为人被处以符合其罪责的刑罚裁判;在第三个阶段,通过刑罚的执行对个人的特别预防产生效果。通过综合目的论,可以使国家刑罚的发动对个体和社会共同产生足够的影响,从而实现正义的要求。

(二)现代刑罚目的论之检视

现代刑罚目的论的观点与卢曼的"交流—沟通"理论一脉相承,是以表达刑罚理论为基础而产生的。随着表达刑罚理论研究的深入,该理论越来越重视刑罚接受者与施加者之间的沟通。表达刑罚理论强调国家刑罚权的发动过程本质上是一种交流行为(Kommunikationsakt)。具体来说,对交流行为的细化产生两种刑罚表达目的:一是以规范为导向的刑罚表达目的;二是以人为导向的刑罚表达目的。

以规范为导向的刑罚表达目的论的观点是,在强化道德评价和行为要求的过程中,就可以体现出来刑罚的任务。关于刑罚强化道德与规范这样的论点可以在英美学者的论文中找到。他们将刑法理解为一种实用的道德哲学,而不对法律规范和道德要求进行区分。[13] 然而,在康德的法理学与道德哲学区分体系之下,将法律规范的要求

[11] Vgl. Kindhäuser (Fn. 3), § 2, Rn. 12.

[12] Vgl. BVerfGE 21, 391 (403f); 54, 100 (108).

[13] See Jean Hampton, *An Expressive Theory of Retribution*, in: W. Cragg, ed., Retributivism and Its Critics, 1992, pp. 1-25.

与道德的要求进行同等的评价是很有问题的。根据规范导向的刑罚表达目的论的观点，对规范共识的取得应当是将其作为社会的核心要素来理解的。〔14〕除此之外，法律规范也可以被理解成是为了促进人类的和谐生活的。因此，很显然，如果法律规范被行为人违反，那么就必须对行为人所实施的不法行为进行消极评价。通过对违反规范消极评价的宣告，确认法规范的有效性。以规范为导向的刑罚表达目的论就是认为，这种消极评价刑罚宣告是通过国家刑罚权发动来实现的。

规范导向的刑罚表达目的论认为，刑罚传播或交流的基本内容是对无视法规范行为的确认。而与之不同，以人为导向的刑罚表达目的论，则侧重对国家刑罚权发动过程中传播或交流的信息所涉及的个人或群体。〔15〕而在以人为导向的刑罚表达目的论中，又将刑罚交流的对象分为行为人、受害者和第三方。

首先，当刑罚交流的对象是行为人时，刑罚表达的目的侧重于刑罚宣告与行为人之间的沟通。当国家发动刑罚权对行为人的不法行为进行否定性评价时，行为人的罪责彰显了出来。同时，刑罚的顺利实施也有赖于行为人所传递的悔罪感和罪责感。〔16〕故而，刑罚的施加必须是对行为人的谴责性的反应。这里主要是指，不信任的表达也是一种利益的谴责，从而促进行为人的自我认识与自我改进。对于行为人来说，刑罚也是一种鼓励和机会，让罪犯进行悔过自新。但刑事处罚不能为了个体道德提升而以人类社会作为模型。进而，强制地将行为人自我改善的可能作为出发点，没有法律正当性。〔17〕

其次，当刑罚交流的对象是犯罪被害人时，刑罚所发挥的功能对犯罪被害人具有重要意义。但与此同时，刑法中也存在没有具体的犯罪受害者的情况。对于不存在受到“犯罪行为”或“实际危险”伤害的具体个人时，传统上认为国家刑罚权的发动是基于集体法益，而不是以被害人法益作为基础。但是刑罚交流在犯罪被害人身上集中表现在安抚被害人的情绪上。特别是具体个人犯罪会引起被害人强烈的反应性情绪的，可以说这种情绪是复仇的欲望，也是报应的需要。〔18〕然而从另一个角度来看，为什么国家一定要处理群体的负面反应性情绪？出于维护全体公民的利益，国家必须防止自发的私力救济和有组织的同态复仇，否则国家的暴力将受到质疑。故而，通过刑罚的宣告与被害人进行沟通来应对这一挑战。此外，刑罚将被害人作为沟通的对象，还具有另一个重要功能，即安抚功能。通过这个刑罚裁量的过程，被害人并未被排除在诉讼

---

〔14〕 Vgl. Jakobs Günter, Norm, Person, Gesellschaft: Vorüberlegungen zu einer Rechtsphilosophie, 3. Aufl., 2008, S. 31 ff.

〔15〕 Vgl. Tatjana Hörnle, Straftheorien, 2. Aufl., 2017, S. 34 f.

〔16〕 Vgl. Roman Hamel, Die Bedeutung von alltäglicher und strafrechtlicher Missbilligung, 2009, S. 99 ff.

〔17〕 Vgl. Eberhard Schmidhäuser, Vom Sinn der Strafe, 1971, S. 58.

〔18〕 Vgl. Tobias Andrissek, Vergeltung als Strafzweck. Empirisch-soziologische Begründung und Kriminalpolitische Folgerungen, 2017, S. 14 ff.

之外,而将其意见与裁判行为人刑罚的轻重建立起对等关系。

最后,当刑罚交流的对象是第三方时,刑罚所表达和传递的目的在当代社会更为重要。这是因为在面对明显的犯罪行为时,可能出现情绪反应的主体构成在当代社会更为复杂。这类情绪反应不单单是受害者及其亲属的反应,而且包括由犯罪新闻媒体或社交媒体报道所引发的反应。在当下的电子信息网络时代,不满情绪的浪潮会在短时间内迅速积聚,特别是在自媒体软件上会产生规模庞大的群体反应。但是,针对行为人的刑事追责是否应当考虑这种群体情绪性反应?特别是在多大程度上,刑罚满足群体的情绪性反应存在正当利益?这个问题成为刑罚在进行与第三方交流时所重点关注的内容。对这个问题的思考,也表明了在法律规范的秩序下,不受影响的第三方相比犯罪受害者而言,其所涉及的法律权利更少。而仅受害者享有规范性权利是因为,犯罪行为人侵害了受害者有权享有的主体性权利,而国家作为此类规范性权利的保障人,需要通过刑罚权的发动来对其予以保护。但是从规范论的角度来看,第三方的权利应被限制在全民所享有的对于行为人蔑视规范而产生的普遍性权利(法信任的权利)之内。[19] 因此,国家需要通过刑罚权的发动与第三方进行交流,并消除来自法律规范相关第三方的不满情绪。

三、刑罚目的论之否定

通过对刑罚目的理论发展的梳理,无论是在传统刑罚目的理论下的报应论、预防论和综合论,抑或现代刑罚目的理论下的表达论,都可以发现刑罚目的理论在不同的社会效用导向下,其内容与功能产生着不同的变化与发展。从这个角度上,应当对刑罚目的理论进行系统性的研究与反思。而实质上,刑罚仅仅是作为法秩序下权力执行(Machtdurchsetzung)的产物,刑罚权的发动与边界都是在相互的权力关系中发展与变化。尼采有关于刑罚论内容的论述都是与康德的分析范式和研究结论大相径庭的。尼采所写的刑罚哲学的相关著作在19世纪就被认为是经典,与康德、黑格尔和费尔巴哈并驾齐驱。但学界对其刑罚理论的关注度和传播度与其贡献不成比例。尼采认为刑罚目的的观念和刑罚目的的学说都是后形而上学,并批评了那种以社会效用为理由来论证正当性的观点。[20] 总体来说,首先,刑罚目的论的出现混淆了刑罚来源作为刑罚理论的本体论问题。其次,刑罚目的论的概念来自工具论(Organon)的哲学思想,这导致刑罚目的论本身的理论内涵最显著的特征便是恣意性(willkürlich)。再次,刑罚目的理论在刑法的实践中,特别是在立法领域发挥着重要作用。在刑罚目的论的影响下,刑法典回应社会问题越来越活跃。通过对刑法典的修改,刑罚目的理论所带来的

---

〔19〕 Vgl. Hörnle (Fn. 15), S. 43 f.

〔20〕 Vgl. Bung (Fn. 2), S. 129 f.

两个特征愈加明显,这两个特征便是在刑事立法中体现出来的立法积极性与刑法工具性。最后,刑罚目的理论还对罪犯在刑事司法领域中产生影响,特别是在一定程度上阻碍了罪犯罪责感的产生与刑罚裁量任意性的显现。

(一)混淆刑罚理论的本体论问题

以后形而上学为哲学基础产生的刑罚目的论,不仅不能够对国家刑罚权发动的正当性进行阐释,也不能发挥刑罚目的论本来设置的限制国家刑罚权发动的功能。特别是,刑罚目的理论在一定程度上混淆了其与刑罚来源问题的界限。而刑罚来源的问题远比刑罚目的论更为重要,其才是真正的刑罚理论的本体论问题。

刑罚的来源理论与刑罚的目的理论是不同的问题,两者不能相互混淆,更不能循环论证。刑罚目的理论的学者试图在刑罚概念中找到一些刑罚实施的诱因(所谓的“目的”),比如复仇或者威慑,然后天真地将这个目的放在刑罚理论研究的起点,并将其作为刑罚设立与发动的原因,便仓促地结束了论证。〔21〕 这种刑罚目的理论一方面将“目的”作为刑罚正当性的基础,另一方面又将“目的”作为刑罚权发动的方向。换句话说,刑罚目的既作为刑罚发动的“因”,又作为刑罚发动的“果”。这样的刑罚目的理论背后所折射出的论证逻辑有循环因果关系论证的嫌疑。通过上述分析,可以很清晰地看出刑罚目的理论难以真正作为刑罚理论中的本体论。而刑罚理论中的本体论究竟为何? 这要先回归哲学上对本体论的认识。哲学上的本体论是研究现象背后的本质问题。而意识对存在的感知,应当从“存在的出发”来进行理解。〔22〕 将哲学上本体论的观念投射到刑罚理论上来,可以很清晰地看出,刑罚作为权力执行下的存在,应当将刑罚来源问题作为刑罚理论的本体论问题。因而,只有将刑罚来源作为刑罚理论的研究原点,才不会使在后续刑罚正当性与刑罚发动边界等问题上的论证陷入循环论证的逻辑谬误。

无论是从私人刑罚还是到现在的公共刑罚,刑罚的存在都是权力意志执行的产物。故而,对于作为刑罚本体论的刑罚来源问题而言,其与社会关系中的权力变化息息相关。本文试图从社会权力关系变化的角度对刑罚来源进行论证,这也是为了更好地解释刑罚产生的原因,而这个角度则与刑罚目的论的主张不同。本文从社会公权力逐渐强大的发展角度,将刑罚的来源分为四个阶段。具体来说,这四个阶段分别是刑罚作为一种战争表现形式的阶段,刑罚作为一种与愤怒妥协的产物的阶段,轻缓化刑罚阶段,无刑罚阶段。

首先,在第一个阶段中,当社会公权力处于萌芽发展的阶段时,由于社会公权力的有限性,其只能在严重危害社会稳定和法秩序的事情上发挥效用。在社会公权力处于萌芽发展阶段时,个人在社会权力对比关系中占据了重要的位置。因而,社会稳定和

〔21〕 Vgl. Friedrich Nietzsche, Zur Genealogie der Moral, Nikol, 2017, S. 55.

〔22〕 参见张能为:《萨特现象学本体论的理论构建及其现代性质》,载《安徽大学学报》1996年第6期。

对法秩序的维护,需要个人积极的配合。同时,在这种社会权力对比关系之下的刑罚来源,也必然与社会中成员的作用相关。这种社会状态之下,每个社会中的成员都是在一定程度上可能作为债务人(Schuldner)而存在的,作为一个债务人当然需要偿还其所欠的。但是,社会中的成员"所欠为何"以及"为何所欠"? 这是因为每个社会中的成员都必须要为社会的和平和对法秩序信任的维护作出贡献。如果社会中一个成员违反法秩序犯罪的话,那么他便不再是社会中的成员。社会成员实施犯罪行为所造成的损害,便是这种社会状态下所称的"债务"(Schuld)(在刑法理论中被称为"罪责"),而偿还这种债务的行为表现为刑罚的施加与执行。社会成员在犯罪行为发生之后,将被认为是一个"在社会生活中一切物品和公共设施方面的破坏者、社会契约的违反者"。〔23〕 这种违反整体社会秩序的行为会产生对社会整体的罪责。在《论道德的谱系》第二节第九部分中,尼采认为罪犯是侵害者、和平破坏者,而刑罚在第一个阶段的来源就是这一论断的逻辑后果。在犯罪发生之后,将罪犯不再视为法秩序的成员,因而可以对罪犯施加无情的杀戮或对罪犯进行驱逐。〔24〕 因而,在这种情况下,对罪犯所施加的刑罚,罪犯所遭受的惩罚之苦被当作社会成员之间"胜者为王"(*vae victis*)的庆宴来对待。这种对罪犯施加刑罚以一种类似战争的形式表现出来,只不过这场战争不是发生在国家之间,而是发生在社会成员和罪犯之间。

其次,随着社会公权力进一步发展,刑罚来源又有所变化,进入第二阶段。刑罚在公共权力加强(erstarkender Macht)的这个时期是一种与愤怒妥协的产物。社会公共权力的加强有赖于社会成员主体让渡更多权力,这种权力的让渡是出于对自身的保护。因而,社会成员即便实施犯罪,也不能排除其社会成员的身份进行对待。可以说,在这个阶段中,罪犯从他的犯罪行为中分离出来。罪犯在这个阶段将不再被残忍地对待或放逐,社会整体的普遍愤怒也不能像之前一样肆无忌惮地施加在罪犯的身上〔25〕。在刑罚来源发展到第二阶段时,对罪犯施加刑罚的判断取决于政府(社会公权力)对愤怒的判断,而不再依赖于群众的普遍愤怒情绪。在刑罚来源发展的第二个阶段,国家就避免了社会成员之间"进一步的普遍背叛感和不安感"。〔26〕 同时,由此也可以得出结论,前一个时期的刑罚来源还是具有浓厚的私刑色彩,而第二个时期的刑罚来源则真正属于公共刑罚。这种刑罚来源发展的变化是与第二个阶段的社会权力关系变化有关,此阶段的刑罚来源需要依靠法秩序和国家社会的发展与强大。

再次,在第三个阶段中,社会公共权力在社会关系中更加壮大与成熟时,刑罚的来源也同时被彻底公共刑罚化。这种公共刑罚观影响着国家必须将"罪犯及其行为相互

---

〔23〕 Vgl. Nietzsche (Fn. 21), S. 56.

〔24〕 参见〔美〕霍贝尔:《原始人的法:法律的动态比较研究》(修订译本),严存生等译,法律出版社 2012 年版,第 71 页以下。

〔25〕 Vgl. Nietzsche (Fn. 21), S. 56 f.

〔26〕 Vgl. ebd., S. 57.

隔离”。这种罪犯及其行为隔离的做法所导致的后果是，罪犯与战争概念下敌人的地位不同，罪犯将不会像敌人一样被摧毁。而是将犯罪的行为人通过审判的过程确定罪责，不再以施加在罪犯身上的痛苦来使社会成员内部获得快乐。因为从社会效益来看，对罪犯身上施加痛苦是不必需的。若罪犯因刑罚而导致丧失生活能力，便会加大社会的负担。故而，在刑罚来源发展的第三个阶段，国家作为刑罚权的发动主体渐渐发展出罪责与刑罚对应的“赎罪”原则(Abzählbarkeit Prinzip)。〔27〕 刑罚来源于受害者的愤怒，这种愤怒是对侵害行为进行否定性评价。但是，这种愤怒逐渐受到以下思想的束缚和修正，即任何损害都可以找到等价物，并可以以对损害者施加痛苦的方式进行对价偿还。〔28〕 “赎罪”原则便是这种思想影响下的产物。更进一步来说，国家依据罪犯实施的不同类型的犯罪确定其相应罪责，并根据罪责对罪犯发动刑罚。罪犯通过接受刑罚的执行，进行赎罪。此外，这个时期的刑罚来源也开始建立在心理学基础之上。具体来说，在这个阶段国家刑罚权的发动所关联的统治者的心理动机不再是权力意志的贯彻，而是单纯出于对秩序安全的维护。

最后，当社会公权力走向完善阶段、社会公权力也变得更加自信时，刑罚来源就会进入第四个阶段。在这个阶段中，有罪不罚的现象将在国家公共权力意识特别发达的时代越来越普遍。这种有罪不罚的现象可以被认为来源于赦免制度的建立，也可以是来源于尼采所称的“没有刑罚的社会”(straffrei Gesellschaft)。这种“没有刑罚的社会”或“无刑罚阶段”并非不可想象的。尼采认为，如果一个社会的力量及公民的自觉性增长了，那么刑罚将会随着减轻。〔29〕 在这种情况下，公共权力已经发展完善，并对自身具有相当的自信。这里发展完善与具有自信的公共权力是指，国家实际垄断了稳定使用武力的权力，使其能够成功地抵抗住公民对犯罪的愤怒。这种无刑罚阶段的社会状态与黑格尔在《法哲学原理》中所描述的是相对应的。当国家公共权力越稳定的时候，犯罪所引发进一步犯罪的风险就越低。〔30〕 特别是，在这个阶段甚至可以放弃预防的观点。这是因为像“寄生虫”一样的罪犯是被允许在社会中存在的。在刑罚来源发展的第四个阶段，罪责与刑罚对应的“赎罪”原则将不再被需要。这种有罪不罚的阶段，也被尼采认为是所谓的“正义的自我扬弃”(Selbstaufhebung der Gerechtigkeit)。

总之，通过上面对刑罚来源的四个阶段进行分析，可以更加清楚地解释刑罚理论的本体论问题，也可以更加直观地认识刑罚产生的原因。同时，刑罚的来源很明显是与刑罚的目的不同的。刑罚的来源与刑罚在不同社会发展阶段的功能及社会中的权力关系相关联。刑罚从第一个阶段具有浓厚的私刑色彩开始，伴随国家公共权力的不断增强，逐渐演变出公共刑罚的属性。甚至在最后的阶段，无刑罚社会出现了，这种社

---

〔27〕 Vgl. Jean-Christophe, Strafen aus Respekt vor der Menschenwürde, Berlin 2007, S. 138 f.

〔28〕 Vgl. Nietzsche (Fn. 21), S. 58 f.

〔29〕 Vgl. Nietzsche (Fn. 21), S. 57.

〔30〕 Vgl. Hegel (Fn. 5), § 218.

会可以无限包容和抵抗犯罪所带来的伤害。国家刑罚权的发动与社会不同发展阶段的历史条件息息相关。但是,刑罚目的论的学者认为刑罚目的是国家刑罚权发动原因,这种论证方式不免显得模糊焦点与循环论证。因此,刑罚目的论的观点很明显将其与刑罚的来源相混杂,这种理论并不能作为刑罚理论的本体论问题。

(二)刑罚目的理论内涵的恣意性

刑罚目的理论除上面所论证的混淆了刑罚理论的本体论问题之外,带来的消极影响也值得反思。刑罚目的论以后形而上学作为哲学基础,不可避免地受到工具主义的影响。这种工具主义色彩导致刑罚目的论的内涵与外延都具有鲜明的恣意性特征。再加上,由于刑罚目的论的发展历史比较久,诸多学者和社会公权力都对其内涵进行不断解释,不论是传统的报应论、预防论与综合论,还是现代的表达论,都尝试用“目的”的实现与正义作理论基础,试图找到国家刑罚权发动的正当性。但是,正义有着不同的面向,因而从不同的角度和立场去实现正义,那么,刑罚目的也会随之变化。

基于这种刑罚的目的不断被解释、增加或修改等现实,可以很明显地发现刑罚目的论最为明显的弊端,即刑罚目的具有恣意性。刑罚的目的会随着权力意志的改变而产生变化。正如尼采所写的那样,刑罚的目的一次又一次地被重新应用、被改造、被重新引导,通过刑罚目的内涵的不断变化使刑罚获得新的用途,来适应统治者权力意志的变化。然而,通过对刑罚目的论孜孜不断地探索,“时至今日,我们仍旧无法通过刑罚目的理论来解释为何要处罚”。因此,尼采试图列出那些刑罚目的论学者所提出的刑法目的清单,来证实刑罚目的论是多么不可靠以及目的是那样的多元化:

> 刑罚之所以是必要的恶,是因为其实际上是为了防止进一步的伤害。刑罚是对受害方所受损害进行一定形式的补偿。这种补偿也可以采取事实赔偿的形式。刑罚是对破坏平衡的行为人进行隔离,以防止其破坏行为进一步蔓延。刑罚在一定程度上体现了刑罚决定者和执行者的恐惧。刑罚也是对罪犯迄今所享有权利的一种补偿。刑罚还可以作为一种堕落因素的排除,如中国法律规定的那样,刑罚将罪犯进行排除,以此保持种族纯洁性或维护社会制度。刑罚也为了一种记忆的创造,是对遭受惩罚的人进行所谓的矫正与教育。刑罚也可作为一种权力的赋予,可以保护犯罪者免受过度的报复。刑罚是对自然法中同态复仇的一种妥协,但前提是后者仍占据强势地位,并被认为是一种特权。刑罚也作为针对那些破坏和平、法律、秩序和权威的敌人的工具。[31]

在这份刑罚目的清单中,很明显充满了相互矛盾的主张。例如,若刑罚被认为是

---

〔31〕 Vgl. Nietzsche (Fn. 21), S. 64 f.

罪犯赎罪的补偿，待刑罚执行完毕后使罪犯回归社会，那么社会隔离的目的意义又何在？若刑罚被认为是堕落因素的排除，那么矫正与教育的意义又何在？等等。通过这样罗列刑罚目的清单，也更加明晰了刑罚目的论主张的变化基于不同统治者对刑罚工具化的不同态度。这种权力意志自始至终都对刑罚目的的解释产生影响，使得刑罚目的理论的内涵充满恣意性。然而，刑罚却因为被附加了各种有用的目的而显得负担过重。而被赋予太多刑罚目的既不能限制国家刑罚权发动，也不能论证国家刑罚权发动的正当性。因此，刑罚目的论本身所表现出来的理论内涵恣意性是要对其否定的重要原因。

（三）刑罚目的论下的立法反思

近三四十年以来，刑罚目的理论在我国落地生根、影响深远。尤其是在对社会性事件的处理上，刑罚目的论因其所包含的种种目的，使得国家刑罚权发动的范围越来越广，用刑罚这种措施来解决社会出现的矛盾，特别是注重最大限度地发挥刑罚的预防功能。〔32〕但正如前文所提到的，若刑罚负担了太多的刑罚目的，就会导致刑罚权发动的随意性。特别是，刑罚目的论在立法上所表现出的立法积极性与刑法工具性等特征。

第一，就刑罚目的论所表现出的立法积极性而言，其在近些年的刑法修正案中尤为明显。特别是当行为对社会秩序的稳定产生影响时，对这些行为犯罪化便成为国家进行社会治理所采取的首要措施。而将这些行为犯罪化的理论诱因就是对刑罚目的论的信赖与推崇。也有学者称这种积极回应社会矛盾、解决社会问题的犯罪化时期为“刑事立法活跃期”。〔33〕这尤其表现在民事侵权行为犯罪化、义务犯扩大化和预备犯正犯化等方面。首先，在民事侵权行为犯罪化上，近来通过的《刑法修正案（十一）》将高空抛物行为独立成罪，该罪的增设实质上是将原本追究民事侵权责任的行为上升到追究刑事责任，国家刑罚权发动的范围得以扩张。其次，义务犯扩大化着重体现在《刑法修正案（九）》对网络平台刑事责任的追究，《刑法》第 286 条之一则是对网络平台服务提供者附加了网络安全方面的行政义务。如果不履行这一义务，行为人利用平台实施犯罪，网络平台服务提供者将成为刑事归责的主体。最后，预备犯正犯化集中体现在对于恐怖主义犯罪的治理上，将行为人在任何情况下持有恐怖主义和极端主义物品的行为（《刑法》第 120 条之三）与行为人准备实施恐怖行为的预备行为（《刑法》第 120 条之二）都规定为新的犯罪行为。

第二，就刑罚目的论所表现出的刑法工具性而言，这种刑法工具性是以实用主义哲学为基础的概念产物。而刑罚目的论作为后形而上学在刑罚领域的应用，与实用主

〔32〕 参见高铭暄、孙道萃：《预防性刑法观及其教义学思考》，载《中国法学》2018 年第 1 期。

〔33〕 参见陈璇：《法益概念与刑事立法正当性检验》，载《比较法研究》2020 年第 3 期。

义哲学下的刑法工具性具有内在的关联性。这种关联性主要体现在刑罚目的论成为刑法工具化正当性论证的理论基础。具体来说,刑法工具化是国家为了应对社会治理而产生的现象,并且这种刑法工具化以积极的刑事立法展现出来。然而,这与刑法"最后手段"(ultima ratio)原则相违背。刑事处罚作为调整社会关系、处理违法行为的最后一道防线,只能在其他方式无法有效利用的情况下才能适用。这种"最后手段"原则所维护的价值是"慎刑"的理念。这种"慎刑"的理念已经成为现代刑法的基本价值。只有在发生特别具有社会危害性的行为时,才可以动用刑法作为最后手段进行犯罪化治理。[34] 但当下所表现出来的积极的犯罪化治理模式却被视为应对新社会问题和矛盾的首要选择。这是由于有越来越多的人对刑罚目的论信赖与推崇,为国家刑罚权的扩张找到所谓的正当化依据。这种积极的刑事立法正在逐渐瓦解刑法作为最后一道防线的基本原则。

总之,积极的刑事立法和刑法工具化作为刑罚目的论在立法上所产生的后果,应当值得警惕。特别是,当刑罚目的论发展出所谓"以刑制罪"(注重发挥刑罚对犯罪治理的效果)的观念时,就为国家刑罚权的发动在理论上增加了新的催化剂。具体来说,"以刑制罪"的观念是在检视行为是否构成犯罪时,基于刑罚的各种目的,对国家刑罚权发动的必要性及其大小,以及刑罚实施的后果进行逆向性与互动性的考虑。[35] 但必须予以考虑的是,刑罚是最严厉的手段。必须在检视是否已经用尽其他手段后,才可以考虑是否应该将这种行为定为犯罪。若凡涉及新的社会矛盾与问题,便去依赖刑罚这个措施进行处理,那么刑罚就会工具化。而在工具化之后,刑罚也就随之失去了其原本的社会效用。

(四)刑罚目的论下的司法反思

刑罚目的论在刑事诉讼程序中的应用会影响罪犯悔罪感或罪责感的产生。广义上的罪责(culpa),被认为是刑法上的犯罪要素。通过对行为人在罪责上的判断,来证实其具有符合构成要件性、违法性的行为在主观上的可谴责性,并进而为刑罚的正当性奠定基础。而罪责感是从罪犯的主观角度对其罪责的认识。进一步说,罪责感是在社会规范下内在冲突、矛盾所表现出的意识。[36] 罪责感对罪犯而言,除了可以彰显罪犯主观上的可谴责性,也可以成为对其进行刑罚宣告正当化的重要因素。从这个角度看,罪犯罪责感的唤起与刑罚的施加关联密切。

那么,罪犯罪责感与刑罚目的论有何种关联?不论是传统刑罚目的预防论的主

---

〔34〕 Vgl. Kai Ambos/Christian Steiner, Vom Sinn des Strafens auf innerstaatlicher und supranationaler Ebene, JuS 2001, 9 (10).

〔35〕 参见冯亚东:《罪刑关系的反思与重构——兼谈罚金刑在中国现阶段之适用》,载《中国社会科学》2006年第5期。

〔36〕 Vgl. Klaus Günther, Schuld und kommunikative Freiheit, Vittorio Klostermann, 2005, S. 218.

张,还是现代刑罚目的表达论的观点,都注重倡导罪犯罪责感的形成。依照上文对预防论的理论检视,其最核心的就是要通过刑罚施加,发挥心理强制的效用,以达到使犯罪人或其他社会成员放弃实施犯罪的目的。而这种心理强制的效用有赖于罪责感影响下的意识选择。同样,对于现代刑罚目的表达论的主张来说,刑罚本身具有以人为导向的特征,而刑罚对罪犯的表达就主要表现于罪责感的唤起。这是因为刑罚的顺利实施也有赖于行为人所传递的罪责感。〔37〕在这里,罪责感也代表社会所赋予的负面谴责。表达论的学者,主张通过这种负面谴责来促进罪犯对犯罪行为的认识,以及罪犯对适法行为的积极实施。因而,从这个角度来看,刑罚的施加既是一种惩罚也是一种鼓励和机会,让罪犯回归法秩序的轨道。但从实践的层面来说,在刑罚施加的过程中并不能成功引起这种刑罚目的论中的罪责感,甚至会阻碍这种罪责感的产生。追求刑罚目的论中的罪责感在理论上固然有其积极作用,但当这种刑罚目的论在刑事司法实践中发挥效用时,便会产生消极影响。这种消极影响可能会导致刑罚裁量在一定程度上具有任意性。具体来说,刑事司法裁判的逻辑是"定罪决定量刑"。这种逻辑就是行为人实施犯罪后承担相应的刑罚后果,以确定刑法规范的有效性。在刑罚目的论的影响下,"以量刑反制定罪"这种裁判逻辑的倒置应运而生。〔38〕但是,不要忘记前文所阐述的刑罚目的论理论内涵本身的恣意性,这也会导致"以量刑反制定罪"陷入量刑任意的陷阱,更会违背罪刑法定原则。不难发现当学者主张,为了实现刑罚目的所体现出的量刑正义〔39〕,甚至在刑罚裁量阶段可以采取更换罪名的措施时,就已经陷入裁判逻辑倒置的理论陷阱。即便对这种更换罪名的方式作出限制适用,主张对犯罪行为更换的罪名应属于同类犯罪〔40〕,但本质上这种更换罪名以实现刑罚目的的做法将会引发刑罚裁量恣意性的风险。

因此,不要忽视刑罚的本质依旧是国家维护秩序稳定与和平所施加的必要的"恶"。刑罚这种必要的"恶"能否真正唤起罪犯的内心意识,进而产生罪责感?通过上面的论述,在司法实践中,肯定的论点与主张显然有些空想主义的色彩。甚至有人认为在刑事诉讼程序过程中特别包含积极一般预防等刑罚目的,显得有些荒谬。〔41〕为此,尼采写道:"让我们不要低估罪犯本人可以从司法和行政程序的角度来理解其行为性质的程度。因为罪犯看到的是这一系列的行为都是完全为司法服务的行为。特别是在司法程序中所进行的间谍、智取、贿赂及设置陷阱等行为,公权力机关所实施的狡

〔37〕 Vgl. Hörnle (Fn. 15), S. 150 f.

〔38〕 参见梁根林:《许霆案的规范与法理分析》,载《中外法学》2009 年第 1 期。

〔39〕 参见付立庆:《以刑制罪观念的展开、补充与回应——兼与叶良芳教授等否定论者商榷》,载《东南大学学报(哲学社会科学版)》2018 年第 4 期。

〔40〕 参见高艳东:《量刑与定罪互动论:为了量刑公正可变换罪名》,载《现代法学》2009 年第 5 期。

〔41〕 Vgl. Andrea Orsucci, Strafe und Ressentiment: Nietzsches Rechtsverständnis und einige seiner Quellen, in: Seelmann, Nietzsche und das Recht, ARSP-Beiheft 77 (2001), S. 195.

猾的治安和起诉技巧,其本质是抢劫、制服、侮辱、俘虏、折磨、谋杀的行为。然而,所有这些行为绝不是法官所排斥的,这些行为在某种程度上得到认可和使用。"〔42〕

在刑事程序中,为什么罪犯就和普通公民不一样,很难产生刑罚目的论中所追求的罪责感呢?对于这一现象需要更加深入的研究。第一,一般来说罪犯相较于正常社会公民,其认为当自身面临国家公权力进行刑事追诉的时候,自身的反抗能力需要增强。这种反抗出于人寻求自己利益最大化的本能。具体来说,这是因为在刑事程序中,罪犯处在公共权力的对立面,他要与国家公权力作斗争,以获得较轻刑罚的处置。故此,罪犯在刑事诉讼的程序中,本身并不存在对犯罪行为造成消极后果而内心产生痛苦的外在条件。第二,罪犯较普通公民,特别是较犯罪的受害者而言,其所接受的刑罚并不是真正的因犯罪而产生的所需罪犯进行补偿的等价物。罪犯获得的刑罚只是法官按照罪责与刑罚对应的"赎罪"原则产生的虚拟、抽象的等价物。这种虚拟且抽象的等价物只是国家公权力垄断刑罚权后的理性产物。现代刑罚由于本身的理性特征,已经淡去了原始刑罚的感性色彩。这种刑罚的感性色彩是受害人所积极主张的情绪表达。当犯罪人可以直面受害人的激烈情绪表达时,感性的内心罪责感才有产生和加强的可能。然而,当这种刑罚感性色彩褪去时,那种激烈的受害人的情绪宣泄的通道被理性的刑罚裁量所拦截,罪犯内心罪责感产生的诱因便会消失。因而,当罪犯接受刑罚制裁后,其内心便认为已经为犯罪付出代价,这是导致真正罪责感难以产生的内在因素。

四、结　语

每一次国家刑罚权的发动,都是对公民人身自由的限制。因此,国家在犯罪化的过程中,应确保"维护社会秩序"和"保护公民个人自由"这两个基本价值的平衡。而随着对刑罚目的论的检视,必须正视刑罚目的论所带来的消极影响。当国家在不断追求刑罚目的的实现时,这就早已偏离了刑罚目的论论证刑罚正当性的理论根基。由于刑罚目的论的外延被各种有价值的目的扩张,导致了"刑罚被各种有用的目的所拖累"〔43〕。尼采作为对刑罚目的论永不妥协的理论旗手,他的观点给刑罚理论的研究带来了冲击性的波浪。正如本克教授所呼吁的,现在是时候让人们改变对刑罚理论意涵的认知失调的现状了。〔44〕应当放弃对刑罚目的论的不断探索,而是再次回归对刑罚正当性和刑罚权边界的研究。

---

〔42〕 Vgl. Nietzsche (Fn. 21), S. 65 f.

〔43〕 Vgl. Nietzsche (Fn. 21), S. 67 f.

〔44〕 Vgl. Bung (Fn. 2), S. 122 f.

民主之地如何成为监狱之邦?

——比较历史视域下的美国刑罚权研究

蒋济泽*

要　目

摘　要　过去50年的美国刑罚变迁引人注目,尤其是其监禁率全球第一、刑罚体系庞大、种族差异突出以及刑罚后果异常严苛等特征显然与刑法谦抑性原则和美国所标榜的自由民主政体相悖。通过运用比较分析与历史分析方法,探究美国50年来的刑事政策发展脉络及其社会政治逻辑,发现国家制度结构及其对刑事政策制定与实施的影响是美国产生上述刑罚特征的根由。美国刑罚的大规模扩张本质上是美国过度依赖刑法进行社会治理的产物。相较于其他西方发达国家,美国国家体制使得美国刑罚权结构松散,地方政府控制了大量的刑罚权,且极易受民意影响。同时,该制度安排使得政府出台全国性社会保护政策异常困难。这一系列结构性因素使得美国面临社会经济风险时更

* 同济大学法学院助理教授,美国伊利诺伊大学芝加哥分校犯罪学、法律与司法博士。

倾向于通过犯罪化方式与动用刑事制裁而非采取福利性举措来应对社会矛盾与社会问题,进而加强了刑事控制在社会治理中的地位,促进了美国演化为刑罚之邦。

关键词 美国刑事政策 刑罚社会学 刑罚权构造 社会治理体系 公共决策机制

一、问题的提出:独树一帜的美国刑罚图景

在过去50多年里,晚近现代化与全球化力量导致的社会巨变引发了世界各国政界、学界及公众关于社会秩序与社会治理的广泛讨论,犯罪治理与对策便是其中的热议话题。面临社会结构变革推升的社会风险以及城市社区解纽所滋生的高暴力犯罪率,西方刑事立法被迫进入活跃期,从而使刑事措施不断发展,刑罚的规模与严苛性亦大大提升,并由此导致监狱系统不断扩张。〔1〕自20世纪70年代以来,美国监狱中的罪犯数量不断上升(见图1),其监禁率不但远高于其他西方发达国家,甚至还大大超过人口排名第一和第二的中国与印度。〔2〕美国人口仅占世界人口总数的5%,但监狱中却关押了世界在押犯总数的25%。此外,美国的其他刑罚措施也在不断扩张,如社区服刑人口不断增加。据2016年美国司法统计显示,大约有600万美国人口处于刑事司法系统的监管之中。〔3〕

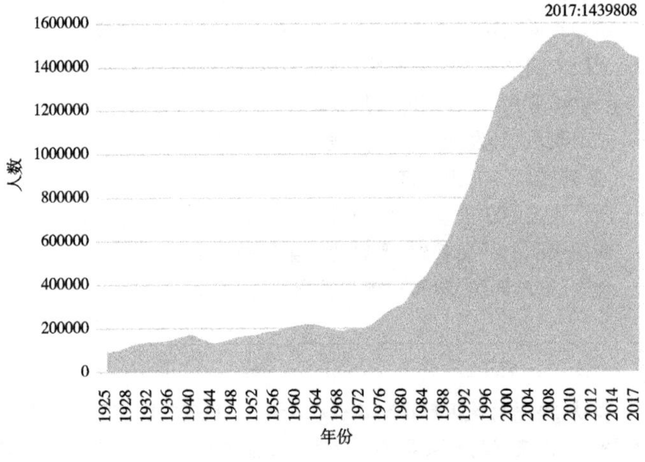

图1 美国1925年至2017年监禁人口变化图

---

〔1〕 See Philip Whitehead & Paul Crawshaw, eds., *Organising Neoliberalism: Markets, Privatisation and Justice*, Anthem Press, 2012, pp. 13-19.

〔2〕 关于世界主要国家的监禁率对比,见图2。图2由美国研究机构 The Sentencing Project 提供,该图是基于 International Center for Prison Studies 提供的2016年全球各国的监禁率数据制作的,请参见 https://www.sentencingproject.org/criminal-justice-facts/,访问日期:2023年3月3日。

〔3〕 See Danielle Kaeble & Mary Cowhig, *Correctional Populations in the United States, 2016*, Bureau of Justice Statistics, 2018.

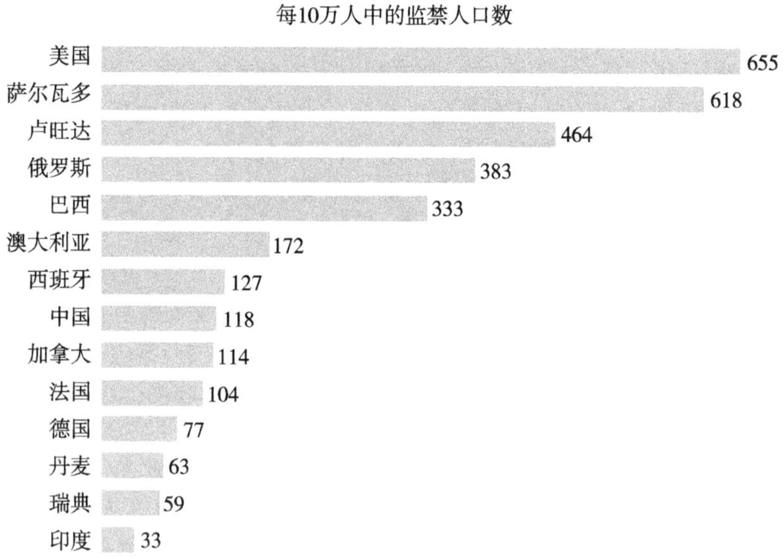

图 2　世界主要国家监禁率对比图

除了超高的监禁率与囚犯人口数,相较于其他西方发达国家,美国刑罚系统还有以下四个重要特征:第一,在全球死刑废除的大趋势下,美国仍然保留了死刑,仅在2000—2003 年数量有所下降。第二,从囚犯的种族特征来看,监狱主要关押的是非洲裔和西班牙裔等少数族裔人群。第三,除大规模监禁外,美国还大量采取缓刑和假释等其他监控手段来管理罪犯。第四,刑罚的负面影响持续时间长,刑法不但剥夺了罪犯的政治权利(如投票权),而且“前科”的记录也会使得他们在出狱后的求职、婚恋成家以及回归社区方面均变得异常困难,进而又加大了他们再犯的概率。可见,无论是刑罚适用规模还是刑罚严厉性程度,美国的刑罚体系都呈现出“例外主义”(American exceptionalism)的特征。[4]

美国自诩为民主国家,但其缘何采用“重刑主义”治国?我们应当如何理解美国独特的刑罚图景以及认识其背后的形成逻辑?此为本文的问题意识,具体而言,本文将回答下述三个问题。第一,从历史维度来看,50 年以来,美国为何不断加重刑罚,以致监禁人口迅速增长?第二,从比较的维度来看,20 世纪 80 年代前后,西方国家都面临着犯罪率剧增、暴力肆意、经济发展窘困、社会结构重构、族群关系紧张和新自由主义政治兴起等挑战,虽然部分国家也采取了加大与延长监禁刑、扩大刑事制裁的范围等

---

〔4〕 See Kevin R. Reitz, ed., *American Exceptionalism in Crime and Punishment*, Oxford University Press, 2017, p. 3.

诸多严刑峻法的举措,但是就其刑罚的严厉程度与规模而言,都远逊于美国。那么为什么美国更倾向于通过刑事措施来进行社会治理、回应社会问题呢?第三,从刑罚社会学角度来看,通说理所当然地认为专制体制国家才会出现刑罚泛化与极端严苛的特征,而奉行自由民主政体的美国为何竟也踏上了大规模监禁和大幅度扩张刑罚的道路?深究其原因,不仅有利于我们加深对美国刑罚权的本体实质和运行机理的认识,同时也可以为我国当下所处之社会巨变大背景下的刑事治理和刑罚权规制提供启示。

有学者针对美国的超高监禁率,梳理了 20 世纪 70 年代到 21 世纪前期的刑罚(尤其是监禁刑)变迁过程。[5] 另有学者为解释不同国家刑事政策的差异,将刑罚体系的差异归结为地区不平等程度、政治经济类型、福利国家制度的差异[6]或"资本主义的变异"等因素[7]。这些研究虽然证明了刑罚与社会结构的相关性,但是却并未揭示宏观社会结构与具体犯罪和刑罚现象的链接机制及其作用过程。

本文采取了一种新的解释框架来理解美国刑罚的独特性。首先,本文将美国刑罚体系与其独特的犯罪暴力和社会问题相联系,特别是与社会解纽以及长期处于弱势地位的群体,例如吸毒成瘾者、未治疗的精神疾病人群、流浪群体、家庭暴力实施者、家庭破裂者、自杀者、低出生体重者、易死亡婴儿、贫困儿童等群体相关联。然后,本文将进一步考察这些犯罪与刑罚特征是如何折射出美国政府的组织形态和政治经济特征的,这可以视为美国特有的社会问题和国家应对措施。最后,本文将借用美国纽约大学大卫·加兰德(David Garland)教授的"社会控制赤字"(social control deficits)理论[8]论述非正式社会控制在社会与国家治理中所起的关键作用,并将社会经济结构与犯罪和刑罚现象关联。综上,该解释框架将使得刑事政策、刑罚制度与政治经济的整体结构相关联,同时也会将暴力、犯罪和安全问题联系起来。

二、美国新近刑罚变革之前:从刑罚古典主义到刑罚福利主义

美国近年来的犯罪控制和刑事司法之所以令人困惑,是因为这些发展涉及对既定历史模式突如其来的翻转。新近的刑罚巨变,尤其是其中的"严厉革命",挑战甚至抛

---

〔5〕 参见韩铁:《二十世纪后期美国刑罚领域的"严厉革命"》,载《历史研究》2012 年第 6 期;李波:《当代美国刑事政策发展新趋势及其启示》,载《法商研究》2016 年第 6 期。

〔6〕 See Michael Cavadino & James Dignan, *Penal Systems: A Comparative Approach*, Sage, 2005, p. 10.

〔7〕 See Nicola Lacey & David Soskice, *Crime, Punishment and Segregation in the United States: The Paradox of Local Democracy*, Punishment & Society, Vol. 17, No. 4, 2015, pp. 454-481.

〔8〕 See David Garland, *Penal Power in America: Forms, Functions and Foundations*, Journal of the British Academy, Vol. 5, 2017, pp. 1-35.

弃了美国在20世纪占据刑事司法场域主导地位的“刑罚福利主义”理念。当前警察、检察、量刑和刑罚的实践都追求新的目标、体现新的社会利益,并运用新的知识。然而,这些全都与20世纪绝大部分时期的主流理念和正统信条显得格格不入,刑罚福利主义的制度安排被根本动摇了。要理解美国新近刑罚变革的过程,我们首先必须对其变化前的图景与制度构造有所了解。就此,本部分将对美国新近刑罚变革以前的刑罚史进行简要梳理。

在1979年以前的几十年里,美国的刑事司法与刑罚体系呈现较为稳定的制度结构和智识架构,其特有的实践模式及其背后所依赖的合理性依据与所支撑的价值理念是长期发展的产物。总体来说,美国这种现代刑事司法与刑罚的构造发轫于古典自由主义的刑罚思想,然后随着现代民主国家的发展与现代性社会的成熟,逐渐朝向矫正主义(correctionalism)的实践模式演进。

(一)刑罚现代性:刑事司法国家的诞生与刑罚古典主义

美国现代刑事司法的制度基础——警察、检察、法院与监狱等专门机构——已有超过150年的历史,并且指导其工作实践与提供司法行动依据的“正当程序”与古典自由主义刑罚原理也同样源远流长。这种体系结构也是我们当前熟知的刑事司法制度安排,并同时作为现代民族国家诞生与发展中不可或缺的一部分而出现。18世纪晚期至19世纪期间,对罪犯的侦查、追诉以及处罚越来越为国家所垄断,刑罚权的建设与发展逐渐成为国家主权巩固与表征的重要内容。私人间争端与施加于个人的伤害被重新界定为应在刑事法庭中审判的公共事务。[9] 私人仇杀以及个人的冤屈或者伤害逐渐被纳入国家司法的程序,国家的追诉逐渐取代了私人的行动与救济。之后,随着19世纪与20世纪中民主的扩展,此种主权权力转变为公权力。法律开始被认为是“人民的意志”并代表人民,虽然仍由国家机构执行法律,但必须被置于“大众利益”的引导之下,遵循正当程序原则,而不是依政治精英或权贵人士的意志而为之。[10]

当民族国家逐渐将犯罪治理与刑罚的权力从与之相抗衡的世俗或宗教权威手中夺来,并且将之集中置于新的刑事司法体制后,警务与刑罚制度就逐渐具备了其独特的现代样貌。警政治安不再是分散地委由非专业者或私人雇工执行,而是转为在国家专门机构中经过训练的司法官的任务。[11] 对犯人的起诉也不再是私人行动,而成为政府以“人民”的名义而履行的职责。惩罚逐渐褪去其地区性、私人性特征,越来越由

---

〔9〕 See Nils Christie, *Conflicts as Property*, British Journal of Criminology, 17(1), 1977, pp. 1-15.

〔10〕 整个19世纪以及20世纪初的很长时期内,非正式犯罪控制和私人正义持续在“法律和秩序”的产生中扮演重要角色,尤其是在美国南部各州管辖区内。See J. P. Reid, *Policing the Elephant: Crime, Punishment, and Social Behavior on the Overland Trail*, Huntington Library Press, 1997, pp. 1-14.

〔11〕 See David Churchill, Dolores Janiewski & Pieter Leloup, *Private Security and the Modern State: Historical and Comparative Perspectives*, Routledge, 2020, pp. 1-24.

国家当局稳固而统一地加以管理,从而构成现代国家机器中不可或缺的一部分。这种犯罪治理与刑罚职能的区分化、国家化、科层化与专业化的历史过程,正是美国刑事司法现代化发展的重要历程。

刑罚古典主义贯穿于现代美国刑罚制度安排与制度发展的全程,且是美国早期刑罚实践的基础。以社会契约论和自然法思想为基础的刑罚古典主义强调个人自由与个体责任,坚持以自由意志为基础的道义责任论。古典主义学派认为人是有理性的,人的意志是自由的,犯罪行为是行为人基于自由意志、综合考虑利弊后所作的理性选择。既然人具备理性选择能力与自由意志,却又弃善从恶,选择实施犯罪行为,从道义立场出发,就应当使其对自己选择的行为承担责任。因此,在这种理念指导下,刑罚的依据便是报应主义,即所谓善恶有报、因果报应。作为对犯罪行为的"清算",刑罚的核心功能是对犯罪人施加惩罚,带来剥夺性痛苦。对犯罪人科处刑罚只是为了实现正义而对恶行(犯罪行为)的一种报应。[12]

与此同时,主张正当程序与合比例惩罚的自由主义法治原则也影响了美国早期刑罚实践。刑罚古典主义思想,虽然强调报应主义,但是反对封建刑法的重刑主义,主张刑罚人道主义、罪刑均衡、刑罚公正,对于犯罪者不能施以过多的刑罚,以避免给其带来不必要的痛苦。

(二)刑罚福利主义:矫正主义犯罪控制的兴起与主导

自19世纪中后期到20世纪初,美国社会经历了城市化、工业化的巨大变迁,犯罪问题的激增与恶化使得刑罚古典主义支配下的刑事司法系统面临重大挑战,为此美国犯罪治理的制度格局出现了新发展,即刑事司法中矫正主义的兴起与刑罚场域里刑罚福利主义的发展。在这半个多世纪中,美国刑事司法系统逐步吸纳了矫正主义的主题内容(社会回归、个别化处遇、不定期刑、犯罪学研究等)和支持这些主题的专门制度(缓刑观护、假释、少年法庭、处遇方案报告等)。[13] 其结果是一种混合式的"刑罚—福利"结构,融合了主张正当程序与罪责刑相适应的自由法治原则以及信奉社会回归、福利与犯罪学专门知识的矫正主义。到了1970年,此种刑罚福利主义的基本轮廓在美国刑罚中已然确立,而且似乎从此具备了稳定的进步动力,自发地朝矫正主义的方向发展。[14]

刑罚福利主义发源于19世纪90年代,在20世纪50—60年代发展最为蓬勃,而在20世纪70年代已然是美国刑罚体系里既定的实践模式。其基本原理——刑罚措施必须尽可能地作为帮助罪犯回归社会式的介入,而非只是负面的、报应的惩罚——促成

---

〔12〕 See Andrew von Hirsch, *Penal Theories*, in Michael Tonry eds., The Handbook of Crime and Punishment, Oxford University Press, 1998, p.659.

〔13〕 参见汪明亮:《刑罚福利主义不利于转型期的社会稳定》,载《探索与争鸣》2014年第6期。

〔14〕 See David J. Rothman, *Conscience and Convenience: The Asylum and Its Alternatives in Progressive America*, Little Brown, 1980, pp.1-30.

了一套全新的原则与实践体系。其中包括了：容许不确定量刑、确立假释制度与合理规划释后监督的法律规定、恪守一套儿童福利哲学的少年法庭、社会调查与精神病学报告的使用、基于专家鉴定与分类的个别化处遇、针对病因与处遇效果的犯罪学研究、连接犯人及其家人的社会工作、强调监禁之再教育目的与被释放后回归支援之重要性的监禁制度。从改造效果与个人矫正的观点来看，监狱通常被认为适得其反，刑罚福利主义倾向反对使用监禁手段。专门的监禁机构诸如少年感化院、戒毒所、康复中心、矫正设施等比传统监狱更受青睐，而以社区矫正取代监禁正是矫正主义改革者的一项持续目标。[15] 而从19世纪90年代到20世纪70年代，在社会认识层面，被认为适宜以一般性监禁来处置的犯人种类变得越来越少。

在刑罚福利主义构架里，专家的专业知识与判断占有中心位置。犯罪学知识与经验研究的发现被视为比习惯和常识更可靠的依据，"二战"后的美国政府在大学里与政府内部都致力于培育犯罪学科。美国政治家也意识到，谴责犯罪是不够的，必须了解其原因才可以。这在社会与经济情势剧变、犯罪率快速飙升的20世纪50—60年代的美国社会尤为重要。诸如量刑、将囚犯分类、分配到不同机构、评估释放条件与设定看管条件等关键决定越来越委由刑罚专家而非司法当局。以前，刑罚实践的根本信条是"没有犯罪就没有处罚"，如今在刑罚福利主义的世界中则变成"没有诊断就没有处遇"以及"没有专家意见就没有刑罚制裁"。

美国在战后的数十年间，刑事司法这块领土属于观护人、社会工作者、心理学家、精神病医生、儿童辅导专家、教育学者以及各种社会改革者。刑罚福利主义的发展不仅代表刑事司法的文明化与改革，还是社会层面的权威与专业团体对原先法律领土的进入与主导。[16] 这种理念的发展与刑罚模式的重构也就是这些社会管理的权威机构与专业团体的扩张。所谓的刑罚改革的进步，不论它另外涉及了什么内容，至少代表了犯罪问题上的专家在数量和管辖范围上的增加与话语权的加强。

值得注意的是，刑罚福利主义形成的逻辑像其他制度性现象一样，与特定实践及过程相结合，也受制于刑罚场域以外的社会结构、文化潮流以及一种特定的关于犯罪之集体体验。具体来说，自其发源的19世纪晚期起，刑罚福利主义在两大被广泛认可的理念上发展起来，并且二者都来自当时的进步政治文化。第一种理念来源于19世纪的"治安奇迹"，并受到20世纪自由派乐观主义的激励，从而理所当然地认为"社会改革加上繁荣富裕最终将降低犯罪率"。普遍的社会经济生活富足本身就是犯罪预防的自然方式。第二种理念则认为"国家对罪犯的照料——正如对他们的惩罚与控制——负有责任"。整个19世纪，国家对犯人的处理与惩罚越来越垄断与理性化，但同时假定，如果有谁该照料获释的犯人及满足其社会需求，那应该是教会或私人慈善

〔15〕 See David Garland, *Punishment and Welfare: A History of Penal Strategies*, Aldershot, 1985.
〔16〕 参见杨旭：《全球比较视野下少年司法与社会工作的互动》，载《青少年犯罪问题》2020年第4期。

事业,而不是国家。但19世纪90年代以后,情况并非如此。国家越来越被认为应负起犯人的改造与福利之责。国家同时是改造与压制、照料与控制、福利与惩罚的主体。在日益崛起的福利国家趋势下,刑事司法和刑罚体系不再仅是古典刑法思想中利维坦与不驯人民间的关系。刑事司法国家某种程度上反而成为福利国家,而犯了罪的人民,尤其是青年、弱势群体以及女性,被视为不但是有罪的,同时也是有需求的;他们不仅是犯人,同时也是"顾客"。[17] 战后几十年间,美国政界、学界与大众均认为,对于犯罪与越轨问题,或者说针对大多数社会问题的标准应对方案应该是"社会工作加社会改造、专业处遇加公共供给的结合"。

当然,对于刑罚福利主义中的"福利"维度的理解与贯彻在美国刑罚系统内是颇有差异的。社区矫正工作人员、少年法庭人员、感化院督导、监狱长官、犯罪学者、司法决策者以及体制内的心理学家、精神病医师与教育学者在这方面的热衷程度超过基层监狱管理员、警察、检察官或法官。因此,刑罚系统内难免发生争论和冲突,尤其是不同司法工作人员关于罪犯应如何处遇的决定常常大相径庭。[18] 例如,检察官与缓刑官的争论每日都在法官办公室中上演:一方主张监禁,另一方则主张监禁以外的措施;一方竭力执法、强调自主个人的责任与过错,另一方则援引社会工作的因果观点,强调环境的因素、集体责任与积极改造效用。量刑人员也需平衡基于罪刑的考量与基于犯人的考量,在量刑公平与保护大众的背景下突出个别化措施的要求。不过,上述两重困境因刑罚执行程序的存在而缓解,这些程序将会基于犯人在服刑过程中的表现或对被释放后的再犯风险预测来进行处遇,实际上等于对犯人重新量刑。因此,当刑罚福利主义指导下的刑罚体系纳入了更多不同的决策者及其相应的决策权后,其所产生的张力与争论也是刑罚运行有效性面临的现实难题。

总之,美国新近刑罚巨变正是建立在20世纪70年代中期以来对刑罚福利主义的不信任、攻击以及支持的力量逐渐崩解的基础上的。

三、美国新近刑罚变革之本质:犯罪(社会)治理深陷刑事控制

20世纪70年代中期,刑罚福利主义的理念与实践都持续遭受批判,支持的力量开始减弱。短短几年之间,美国刑罚的理念与逻辑都出现了快速而显著的转变。接下来的数十年间,量刑法律、监狱管理、缓刑与假释实践、关于犯罪的学术和政治讨论等各方面都随之发生重大改变。这一转变的先声是对矫正主义、不确定量刑模式及刑罚个

---

〔17〕 See J. Simon, *Poor Discipline: Parole and the Social Control of the Underclass, 1890–1990*, University of Chicago Press, 1993, Chapter 3.

〔18〕 See M. D. Jacobs, *Screwing the System and Making it Work: Juvenile Justice in the No-Fault Society*, University of Chicago Press, 1990, pp. 5–22.

别化处遇的批判。但这些发展很快转变成更为根本的反思与祛魅,这不只是针对刑罚福利主义,而是针对美国整个现代刑事司法系统。其影响不只改变了美国犯罪治理和刑事司法场域的面貌,更对其刑事政策与司法实践进行了重新导向。

过去50年中美国为应对犯罪而颁布的法律、政策与实践经验造就了当下的刑罚状况。它是多种力量综合作用的结果,同时也是州与联邦相互博弈的结果。从美国刑事政策发展历程来看,政治语境与刑法运行两者之间存在贯穿始终的共通逻辑。这个逻辑体现了美国刑法不同阶段一贯的基本原理,并反映在刑事司法机关日常司法实践中。政策的发展趋势体现为刑罚权运行的特别形式,即"刑事控制(penal control)的需求、实施与加强"。〔19〕

笔者认为,当今美国刑事政策与刑罚运行的实质特征并非严打犯罪、种族主义或是新自由主义,而是风险社会与犯罪治理需求下实施的刑罚控制,大规模利用刑事控制来回应社会变迁过程中产生的社会问题。这都体现在立法条文和执法行动的目标中(例如"判决真相"立法、固定最低刑期条文的扩增、强制性处罚罪名的增多)。在司法上,法官的自由裁量权则受到限制,而且也被要求执行针对罪犯的严格控制政策。可以说,正是美国的社会结构特征与国家制度安排造就了其独特的刑罚图景与逻辑。

一方面,在社会结构上,美国的社会构成、社会融合与非正式社会控制机能存在缺陷,这在有色人种聚集的贫困社区表现得尤为明显。长期积累的社会病变,特别是不受管控的市场力量、持续的种族矛盾和种族隔离、少数族裔歧视,以及政府长期滞后的投资造成了这种"社会控制赤字"。〔20〕 可见,这种结构性缺陷是美国社会与文化长期冲突的结果。社会一直难以得到有效整合,缺乏集体效能,由此产生暴力犯罪率高等其他社会问题导致社会失序的局面。〔21〕

当然,结构层面的问题也与美国较低的社会信任度有关。对他人和政府的不信任是美国社会团结性较弱的一个表现,并且与社会的严重暴力水平呈正相关〔22〕,这就使得美国人民要求法官增大对罪犯的刑罚控制力度。

另一方面,从国家控制机能上来说,美国政府长期以来更注重自由市场而非社会保护,这种倾向会减弱制度抵抗社会解纽所带来的风险和处置社会问题的能力。它将导致政府只能通过少量的有效措施来应对诸如吸毒群体、暴力犯罪者、流浪群体或精神病患者等社会问题人群。所以,美国刑事司法系统还担负着社会服务机构的职

---

〔19〕 See David Garland, *Penal Power in America: Forms, Functions and Foundations*, Journal of the British Academy, Vol. 5, 2017, pp. 1-35.

〔20〕 See William Julius Wilson, *Being Poor, Black, and American: The Impact of Political, Economic, and Cultural Forces*, American Educator, Vol. 35, No. 1, 2011, pp. 10-46.

〔21〕 See Robert J. Sampson, *Great American City: Chicago and the Enduring Neighborhood Effect*, University of Chicago Press, 2012, pp. 210-225.

〔22〕 See Randolph Roth, *American Homicide*, Harvard University Press, 2012, p. 133.

能，例如监管精神病患者、吸毒者和流浪者。实际上，美国政府曾尝试采用非刑罚方法来治理，但却最终因缺乏经验和资源而陷入困境。[23] 久而久之，这些通过社会政策或者福利供给方式来解决犯罪问题的措施就常常被认为是无效甚或失败的。故而运用刑罚来处置社会问题便成为一种策略导向。

事实上，刑罚控制的加强是美国过去50多年来刑事司法改革的主题，也是美国刑罚变迁的主要特征。就其形成机制与影响因素，学者们少有分歧。他们指出，导致美国刑罚扩张与加重的核心因素是美国刑罚权的变革与重构，主要包括：(1)量刑法规、制度与量刑实践的变化；(2)缓刑、假释和赦免制度的变迁[24]；(3)检察官自由裁量权的变化[25]。这些不同向度的刑罚权变动共同促进了刑罚在犯罪治理体系中的地位提升、规模扩大、后果趋严。

四、刑罚大国形成的历史脉络：刑事控制成为政策选择的主旋律

美国的高监禁率以及独特的刑罚图景源于政府应对经济社会变迁中的问题而作出的政治选择。尽管在过去50年，美国在不同历史时期所面临的社会治理难题与重点、政治力量结构、刑罚改革的文化思潮存在差异，但是总体而言，刑事政策制定都趋同性地迈向了“让刑事控制成为核心”的选择模式。以下将从历史维度论述美国50年的刑法变迁是如何铸就刑罚大国的。

(一)阶段一：控权型的量刑改革

20世纪70年代的量刑改革运动可以视为量刑法律与政策改革的第一个阶段。1975年以前，联邦和大多数州采用“不定刑期”(indeterminate sentencing)的量刑模式，其目标是对罪犯进行个别化处置，尽量采用恢复性司法，必要时才关押。[26] 罪犯在州监狱或者矫正机构的刑期不确定(1年有期徒刑至无期徒刑不等)。进入监狱

[23] 例如，20世纪60年代初纽约采用公共卫生方法来治理毒品滥用问题，联邦政府在“消灭贫困”期间采取社会福利途径来控制犯罪，但最终两措施成效不佳，转为采取刑罚措施来应对。See Michael Javen Fortner, *The "Silent Majority" in Black and White: Invisibility and Imprecision in the Historiography of Mass Incarceration*, Journal of Urban History, Vol. 40, Issue 2, 2014; pp. 252-282.

[24] See Michael H. Tonry, *Sentencing Fragments: Penal Reform in America, 1975-2025*, Oxford University Press, 2016, pp. 118-130.

[25] See John Pfaff, *Locked In: The True Causes of Mass Incarceration and How to Achieve Real Reform*, Basic Books, 2017, p. 110.

[26] See Kevin R. Reitz, *The "Traditional" Indeterminate Sentencing Model*, in J. Petersilia & Kevin R. Reitz, eds., The Oxford Handbook of Sentencing and Corrections, Oxford University Press, 2012, pp. 420-442.

后，假释委员会根据罪犯的再犯风险和行为矫正的程度重新调整法院的判决。于是大多数罪犯在服完小部分刑期后就被释放。同时，“善时制”（good time）〔27〕法律还允许通过额外减刑来奖励遵守监规的服刑人员。〔28〕

然而，这些法规与实践却招致了大量的批评。其中最早也最激进的是，1971年出台的题为《为正义而争》（Struggle for Justice）的美国公谊服务委员会（American Friends Service Committee）工作小组报告。这一报告直接宣称：“至少一个世纪以来的改革者一直推动我们所追求的理想——个别化治疗模式，理论上是有缺陷的，实践上是系统化的差别对待，而且与我们某些最根本的正义观是不相容的。”其他批评者也指出，“不定刑期”量刑模式损害了刑罚的确定性且削弱了其威慑性；酌情释放的制度使得司法人员更容易恣意妄为；“个别化”的量刑方案加剧了量刑差异并引发刑罚不公，尤其是监禁刑的使用。同时，研究还表明矫正治疗措施并未有效降低累犯率。〔29〕

1975年至1984年间通过的量刑改革法案针对以上争议进行了调整，实施了确定型量刑（determinate sentencing）改革。这些法案的主要目标是确定量刑标准，限制法官自由裁量权，减少量刑差异，并使量刑权受到法律监管。其背后的理念是量刑结果“确定”、罪责刑相适应、取消罪犯的个别化量刑。许多州和联邦政府废除了假释制度，颁布了量刑指南，并建立了量刑指导委员会来监督它们的司法过程。例如，在这波改革浪潮中，最值得注意的是原本最竭力倡导不确定量刑和个别化处遇的加利福尼亚州，在1976年通过确定量刑法律。接下来的几年，其他各州也跟进此模式。1970年时，全美各州都有不确定量刑法律，可是此后30年间，几乎所有的州都以某种方式逐渐摒弃不确定量刑理念或制度。

20世纪70年代到80年代初期的立法活动深刻地变革了美国量刑制度。量刑问题日益被政治化，即量刑问题不再是专业的司法问题，而是逐步变成了政治问题、立法问题和舆论问题。对公众而言，提前释放重罪罪犯被认为是一种宽恕，而非一种改造罪犯和帮助他们回归社会的制度设计。在盛行的“法律和秩序”与“刑罚民粹主义”（penal populism）氛围中，保守主义逐渐成为刑罚改革运动的主导思想。其主要想法就是当时美国刑事司法系统的主要问题产生的根源是不确定量刑模式使得刑事司法人员手中掌控了过多的自由裁量权，权力过大容易产生权力行使不当的风险。基于对刑事司法决策者的不信任，司法人员的自由裁量权理应受到控制与监管。与此同时，大量的自由裁量权也会弱化刑事司法快速决策和迅速回应公共安全风险的机能，不利于加强刑事司法系统在当时美国高犯罪率现实背景下在犯罪控制层面的效能。因此，出

〔27〕 针对good time这个术语，学界翻译有差。例如，台湾大学法律学院李茂生教授认为应翻译为“缩刑制”，good time的含义为“表现良好（good），则可以缩短服刑时间（time）”。

〔28〕 See James B. Jacobs, *Sentencing by Prison Personnel-Good Time*, UCLA Law Review, Vol. 33, Issue 2, 1982, pp. 217-270.

〔29〕 See Francis T. Cullen & Karen E. Gilbert, *Reaffirming Rehabilitation*, Routledge, 2012, p. 28.

于加强对公共安全类重罪犯控制的考量,有效管控刑事司法人员的自由裁量权显得十分必要,否则刑事司法的犯罪控制功能难以实现。刑事立法宗旨不再是确保量刑平等性与恰当性,而是突出保护公共安全与实现社会秩序。在当时政治博弈与社会安全需求增强的背景下,占据优势地位的保守主义力量推动且成功通过了许多以控制自由裁量权为主题的改革法案(例如法定最低刑政策)。这些刑事立法举措确保了刑事控制的实现,克服了司法机关内部人员(尤其是法官)对强制性与确定性量刑模式的反对力量,最终削弱了刑事司法决策者的自由裁量权。

美国的量刑实践自此便开启了新纪元。20 世纪 60 年代之前,美国"不定刑期"量刑模式被普遍适用。法院往往作出超长刑期的判决,这一方面可体现威慑效应,另一方面,法院也确信该判决会被假释等程序调整。但是,随着量刑制度的改革,这些超长刑期缩短的机会便微乎其微了。正如美国明尼苏达大学法学院迈克尔·汤里(Michael Tonry)教授所说,法院还保持着宣布超长刑期的做法使得美国的监禁刑期比其他西方发达国家要长得多。[30]

(二)阶段二:发动对毒品的战争

当前学界讨论最多但却也是误解最深的一个问题是美国"向毒品宣战"(War on Drugs)运动对刑罚发展的影响。[31] 学界普遍认为,美国 20 世纪 80 年代初开始且日后迅猛发展的禁毒运动所引起的立法浪潮造成了美国大规模监禁和刑罚对象的种族不平等,因为联邦监狱里关押了多数毒品罪犯,而且禁毒执法实践往往带有对少数族裔人群的偏见。[32]

虽然学界认为禁毒运动是造成监狱人口种族差异与刑罚种族不平等的主要推手,但事实上进行禁毒运动的政策选择过程和目的却更为复杂。《洛克菲勒药品法》便是典型代表。为解决纽约哈莱姆等社区的毒品犯罪问题,纽约政府最初采取公共卫生与刑事福利政策,积极地为毒瘾患者提供帮扶等非刑罚待遇,且只对毒品犯罪的主犯采用严苛的刑罚举措。但是,由于资源短缺和执行力不强,这种政策并未能有效解决毒品和暴力等社区问题。于是,时任州长洛克菲勒才转而通过《洛克菲勒药品法》的刑事手段来处置持有和贩卖毒品的行为。可以说,洛克菲勒的决定是由其政治目的及其背后的"法律和秩序"保守派所促成的。值得注意的是,这种导向虽然不利于黑人社

---

〔30〕 See Michael H. Tonry, *Sentencing Fragments: Penal Reform in America, 1975 - 2025*, Oxford University Press, 2016, p. 110.

〔31〕 这句口号可以追溯到 20 世纪 70 年代初尼克松总统的言论,是指将拥有和销售违禁物规定为刑事违法行为,并处以严厉且确定的刑罚制裁。例如,纽约州在 1973 年颁布《洛克菲勒药品法》,联邦政府在 1984 年、1986 年、1988 年相继出台有关规制药物滥用行为的法律。同时,这些法律也得到了地方执法单位的有力支持。

〔32〕 See Michelle Alexander, *The New Jim Crow: Mass Incarceration in the Age of Colorblindness*, The New Press, 2010, p. 126.

区,但却得到了黑人社区的广泛支持。如20世纪80年代中期的禁毒运动就获得了国会黑人核心小组(the Congressional Black Caucus)的大力支持。[33] 美国的禁毒运动在当时被视为必要措施,因为多数支持者认为只有通过这场“战争”才能缓解贫困社区毒品成灾和相关的暴力犯罪频发的问题。

禁毒运动对司法实务的影响是立竿见影的。在单纯的暴力犯罪中,检察机关要证明犯罪,必须要完成两项艰巨的任务:一是说服证人自愿出庭作证,二是证明被告人有犯罪故意。而在持有和贩卖毒品罪中,他们可以直接通过盘查和搜身等方法较为容易地取得相关证据。而且毒品类犯罪基本都与暴力犯罪密切相关,因此禁毒运动使得司法机关能更有效地抓捕、起诉和给暴力犯罪罪犯、帮派主要成员、犯罪集团成员和贩毒组织者定罪。所以该项运动的支持者(尤其是检察官和警察)认为,禁毒运动本质上不是为了解决滥用毒品问题,而是为了快速有效地控制暴力犯罪。[34]

发起禁毒运动的另一个重要原因是,管控毒品能为联邦政府提供一个直接参与犯罪治理的合理依据,从而满足选民对犯罪控制和保障社区安全的要求。从历史上看,刑事司法属于地方权限,美国宪法严格限制联邦政府参与地方层面的犯罪控制与刑事司法活动的程度。但随着犯罪问题在政治上日益受到重视,政治家们便开始积极地寻求参与方法,从而获得民众的政治回报。[35] 早期,联邦政府通过建立联邦执法协助机构来协调或资助地方机构从事执法活动。现在,对毒品的刑事定罪则为联邦政府参与地方执法提供了一条更为直接的新路径。通过将非法毒品犯罪视为“州际贸易”,联邦政府便对此拥有了刑事管辖权。对联邦政府来说,发动毒品战争是规避宪法限制、扩大执法范围以及直接参与“法律和秩序”政治活动的重要手段。

在20世纪80年代国会通过反滥用毒品法律后,联邦检察官、联邦法院和联邦监狱便开始强有力地执行这些法律。虽然禁毒运动主要由地方警察和县检察官进行,但联邦政府也采取积极措施帮助他们实施,比如为当地禁毒执法提供大量补贴,颁布相关财产没收的法规,允许当地执法部门保留毒品犯罪调查中查获的物品等。这些激励措施导致了大规模的执法越权。最终,原本以控制严重暴力犯罪为目标而发动的禁毒运动也顺带打击了大批轻罪罪犯和街边毒品小贩。而这种大规模入狱的惩罚态势却与他们的罪行轻重、责任大小和人身危险性关系不大。[36]

---

〔33〕 See James Forman Jr., *Locking Up Our Own: Crime and Punishment in Black America*, Farrar, Straus and Giroux, 2017, p. 210.

〔34〕 See William J. Stuntz, *The Collapse of American Criminal Justice*, Harvard University Press, 2011, p. 16.

〔35〕 See Marie Gottschalk, *The Prison and the Gallows: The Politics of Mass Incarceration in America*, Cambridge University Press, 2006, p. 89.

〔36〕 See Mona Lynch, *Hard Bargains: The Coercive Power of Drug Laws in Federal Court*, Russell Sage Foundation, 2016, p. 61.

(三)阶段三：向犯罪宣战

20世纪80年代到20世纪90年代中期的“法律和秩序”运动可谓美国量刑史上最黑暗的时期。在此期间，美国国会鼓励并补贴各州政府来积极推行严厉的刑事政策。这些政策旨在通过加强惩罚的确定性与严厉性来维系公共安全，表达公众愤怒并满足受害者期许。霍顿案件在1988年总统竞选中引发的社会效应便是如此。[37] 最终政府通过该案件向社会表明了其处置犯罪的严厉态度，即政府不会再宽恕危险罪犯。

为确保这些目标的实现，立法机关逐步将刑罚的裁量固定化，从而几乎占据了刑罚权的支配地位。相关政策削弱了法官、假释委员会以及监狱官的量刑裁量权，扩大了检察官打击重罪时的量刑建议权。在一系列立法活动中，美国各州立法机关批准通过了法定最低刑罚规定(主要针对毒品犯罪、性犯罪和枪支犯罪)、三振出局法(可将第三次犯重罪的罪犯终身监禁)、判决真相法(赋予各州对监狱的联邦补贴，以换取国家囚犯不会被提前释放的保证)以及终身监禁不得假释的规定。在这些法律管制下可以对刑事违法者和在押犯进行更严厉的刑事控制。

自此，缓刑和假释官的工作重心便转为风险管理和对再犯的罪犯的再监禁。到2000年，全美有34%的监禁罪犯是因撤销缓刑或假释而非再犯才导致收监的。在某些州，该比例甚至高于50%。于是，矫正手段从一种社会救助与帮扶模式转变为一种刑罚控制。

与此同时，检察官成了权力最大的刑事司法人员。他们利用法定量刑和加重刑罚的规定来进行起诉、辩诉交易以及获取犯罪情报。在20世纪70年代，大约有66%的刑事案件是通过辩诉交易结案的。到20世纪90年代，辩诉交易结案率超过了95%。犯罪嫌疑人主动认罪以及陪审团审判程序简化引发了美国大规模监禁危机。[38]

除此之外，犯罪前科的积聚效应也日渐凸显。由于再犯和累犯比初犯的法定监禁刑刑期多出两到三倍，所以有前科的罪犯入狱的概率呈倍数增长。鉴于被刑事司法系统处置的人数增多以及他们的高累犯率，可以发现刑事司法系统成了一种自我生长的

---

〔37〕 非裔美国人霍顿(Willie Horton)是一个穷凶极恶的罪犯。1974年，他在抢劫加油站时杀害了年仅17岁的职工约瑟夫·福尼尔，被马萨诸塞州法庭认定为一级谋杀，并判处终身监禁。1986年7月，依据“周末暂时离监计划”(inmate furlough program)，霍顿离开监狱，但是他却没有按时返回。在逃期间，他甚至于1987年在马里兰州入室袭击了户主，并多次强奸了他的未婚妻，最后抢走了受害人的汽车和财物。原本是为了缓解监狱压力的“周末暂时离监计划”成了1988年老布什在竞选中攻击对手杜卡基斯的有力武器。1988年，老布什团队指出，威廉·霍顿事件是在杜卡基斯主政马萨诸塞州期间发生的，而且杜卡基斯本人也支持“周末暂时离监计划”。通过不断的广告和辩论的方式，老布什在社会上营造了杜卡基斯对犯罪持容忍和宽松的态度的印象，从而使得民众对杜卡基斯和民主党的批评不绝于耳，最终使得杜卡基斯在总统竞选中落败。

〔38〕 See John Pfaff, *Locked In: The True Causes of Mass Incarceration and How to Achieve Real Reform*, Basic Books, 2017, p. 120.

机器。该系统还展示了犯罪人在司法上的劣势积聚。例如,相较而言,年轻黑人男性更容易被贴上罪犯的标签,这会增加其被判重刑或入狱的概率。而且即便犯罪率和暴力犯罪数量下降了很久以后,法律仍然有从严处罪的惯性,这使得已经膨胀的监狱人口规模又扩大了一倍。新出台的量刑法律和政策中核定刑期的单位已经不是“年”“月”,而是“十年”和“终身”。[39]

在此背景下,美国刑事司法系统的运行逻辑不是根据罪犯的可责性进行个别考量,而是基于风险防范而采取超长期监禁。刑法的罪责刑相适应原则正逐步消失,特别是毒品犯罪和有前科的罪犯,前者会像暴力犯罪一样受到严惩,后者则会导致刑期增加两倍、三倍甚至更长。同时,法律的中心点不再是罪犯的自由,而是风险防控。罪犯往往被认为是高风险人群,不能随意进入公众生活,且不值得美国宪法第八修正案保护,美国刑事司法沦为一种施加刑事控制的系统。

自1992年至今,随着美国犯罪率持续下降,严打政策实际上已经逐步丧失了其存在的社会舆论和道德环境。[40] 1994年的《暴力犯罪控制和执法法案》及其背后的政治家们已经逐渐被民众淡忘。但现在,民众又被政客们的民粹主义、种族主义与机会主义口号所诱导,使得他们对于严重暴力犯罪和其他犯罪行为的关注达到历史新高。[41] 所以,即使当前美国刑事司法系统呈现出了高压特征,加剧了美国种族不平等,但这也无法否认其扩张的目的之一仍然是迎合民众对公共保护与社区安全的要求。在美国过去50年进行的量刑改革中,倡导严打犯罪的保守派取代了推动量刑改革的自由派,也超越了呼吁社区安全的改革派,最终使得刑事控制的逻辑占据了整个刑事司法系统。当前美国刑事司法系统的图景是多重力量相互作用的结果,而非某种整合性、单一性的政策选择。尽管这些作用力的运作过程存在矛盾和冲突,但是它们却不约而同地迈向了一个新逻辑,即刑事控制的必要性与刑罚扩张的必然性。

五、刑罚大国的政治逻辑:
刑罚权配置中的极端地方民主化

为什么美国会成为监禁本国公民的国家中的“佼佼者”?直接原因是其刑事司法政策与实践增加了刑事控制的强度和确定性。但是,使美国刑罚成为发达国家中的异类的深层次原因是什么?为何各种应对模式和回应方式相互博弈与较量的最后结果都清一色地转为“增强刑事控制”的思维模式与政策方向?笔者认为,回答上述问题的

---

〔39〕 See Michael H. Tonry, *Sentencing Fragments: Penal Reform in America, 1975-2025*, Oxford University Press, 2016, p. 95.

〔40〕 See Franklin Zimring, *The Great American Crime Decline*, Oxford University Press, 2008, p. 5.

〔41〕 See Peter K. Enns, *Incarceration Nation: How the United States Became the Most Punitive Democracy in the World*, Cambridge University Press, 2016, p. 22.

关键是要解答美国在应对晚近社会突如其来的社会经济风险时,为何最终选择了通过增强刑罚权,而非其他社会治理途径。

"二战"后美国的恶性暴力案件频发,犯罪率持续上升,同时民权运动胜利后族群间张力尚存,各种社会问题层出不穷,加之媒体兴师动众地大肆报道和渲染毒品问题,更加重了民众对犯罪问题的恐惧与不安,也加大了他们对安全社会与安宁社区的迫切需求。〔42〕同时,民权运动降低了人们对政府的信任度。面对这些情况,美国政治家们为筹集政治资本提出"法律和秩序"的口号,向选民许诺了一个有序和安全的社会环境,那么加重刑罚和监禁"问题人群"自然便成为履诺的主要手段。事实上,美国之所以采取严刑峻法更多是出于符号意义,只是向民众表达:政府是"能"帮他们解决问题的,以此来重获民众信任。因此"法律和秩序"政治成为政治家与政府官员们青睐的治理模式,联邦与州政府都开启了刑事司法改革,向犯罪宣战,颁布和实施了严苛的法案和政策。

20 世纪 70 年代之前美国与其他西方国家不约而同地经历了晚近现代社会的巨大变迁,然而相比之下,其他国家没有大规模地开展刑事立法和加大刑事制裁力度,即极力动用刑事控制来实现社会控制。因而单纯以美国过去几十年的社会巨变产生的社会作用力诠释美国刑罚特征并不具有说服力或者至少不够全面。〔43〕本文认为,在晚近社会来临期间,美国刑罚相对于西方其他国家之迥异的原因在于美国独特的自由民主体制和美国特有的国家体制特征(见表 1)。

表 1　刑罚权配置与运行比较

刑罚权向度	刑罚权配置与运行	对刑罚结果的影响
制刑权	州议会和地方政府:地方民主式政策制定	刑罚民粹主义
求刑权	地方检察官(某些地方的检察官实行选举制):缺乏有效的监督机制和问责制	大量案件通过辩诉交易来解决
量刑权	地方法院(某些地方的法官实行选举制):法官适用刑事法规或陪审员定罪量刑	量刑权移至检察办公室,司法权逐步行政化
行刑权	地方监狱(矫正)管理局:减刑与假释的决策权	决定出狱人口和监管人口数量

美国高度的地方自治体制将刑事立法权和司法权大量地配置给了州和郡,因而缺

〔42〕 See Peter K. Enns, *Incarceration Nation: How the United States Became the Most Punitive Democracy in the World*, Cambridge University Press, 2016, p. 36.

〔43〕 这些社会作用力包括美国人口结构的复杂性与多样性、人口老龄化趋势、外来流动(移民)人口的剧增、城市产业结构变动与企业外迁、激烈的种族矛盾、贫富差距的扩大、极高的暴力犯罪率等。

乏有效的自上而下的刑事治理规划与实施。此外,美国实施民主问责制的刑事司法程序,因此县检察官和法官需通过选举来任职。地方刑事司法人员为了获取更多选民信任与支持,筹集足够的政治资本来保全其职位,往往会广泛听取与回应社区居民有关犯罪与司法问题的民意与民众感知。这就容易将犯罪问题与刑事司法程序政治化,并容易受到当地舆论的影响,而有关犯罪问题的民意也并非总是准确与理性。因此,相较于其他西方国家,美国刑事司法系统较为缺乏自主性,易受到民意与民众情绪的影响。如果司法过程中掺杂了种族斗争、民众的犯罪恐惧以及"公共保护"需求,那么最后就会导致对犯罪人权利的牺牲。更重要的是,随着 20 世纪 70 年代以来自由主义和自由派精英权力减弱,围绕刑罚的政治之争逐渐陷入一种病态模式,即几乎所有利益集团和组织都将犯罪治理推向一种极端模式——扩大刑事控制和加重刑事制裁。[44]

自由主义法治原本是制衡多数主义下严刑峻法的主要力量。但是,这种力量在沃伦法院后期被大大削弱了,具体来说包括弱化了刑事专家的权力,减少了犯罪学家的知识贡献与司法决策参与,刑事司法日益政治化,忽视对过度监禁的自由批评。美国刑罚现状实际上表明维系美国自由主义的机构(特别是法院)并未有效地阻止民粹主义在刑罚体系中的滋生和蔓延。过去 30 年中,美国刑罚的发展也就出现了这样的问题:法院对罪犯权利的保护不足,刑事法治中的人权保障不完善,司法保护重程序轻实体,主要关注死刑案件而忽略了监禁刑案件。[45] 而在民粹主义的重刑化和公共保护的要求下,缺乏自由主义制衡的刑事立法只能规定更多和更严苛的刑事制裁措施。

除了刑事法治体系,美国联邦制的国家结构对刑罚权的运行也起着重要作用。从福利制度上来看,在西方其他国家,福利制度通常由中央政府制定并在全国范围内实施,这可以克服强大利益集团和相关纳税人的抵制。而在美国,既然制定福利政策是联邦政府的权限,那么其必定受制于联邦政体结构,为此它的运行必须要突破多个否决点(veto points),其中就包括纳税人不愿转移支付以及私有利益集团(如美国私营监狱公司等)的阻碍。显然,美国的福利国家制度要求其履行提供社会保障和医疗保险的职能,但从比较的视角来看,美国的国家结构及其与市民社会的关系却不利于美国福利体系的发展。

在刑事司法方面,美国的国家结构对政策制定与实施的作用恰恰与福利政策相反。刑罚权主要掌控在地方手上。[46] 与福利国家的"应享权利"(entitlements)相比,刑事政策制定与实施的成本相对较低。同时,在刑事政策制定和执行过程中不仅存在较少否决点,而且也没有全国范围内强大的反刑罚的利益集团来阻碍刑罚的扩大

〔44〕 See William J. Stuntz, *The Pathological Politics of Criminal Law*, Michigan Law Review, Vol. 100, 2001, pp. 506-600.

〔45〕 See William J. Stuntz, *The Collapse of American Criminal Justice*, Harvard University Press, 2011, p. 54.

〔46〕 See Nicola Lacey & David Soskice, *Crime, Punishment and Segregation in the United States: The Paradox of Local Democracy*, Punishment & Society, Vol. 17, No. 4, 2015, pp. 454-481.

和加重。因此,相比社会政策与福利措施,刑事政策更容易被通过,刑罚措施也更容易被实施。美国刑罚的扩张和福利体系的限制都可归因于美国刑罚权配置的联邦构造及其过度地方民主化的制度安排。

在这样的制度结构下,真正面临犯罪被害风险和高犯罪率的人群往往是贫困的少数族裔人群。作为弱势群体,他们很难甚至是无法在政策制定和修改的过程中做到充分参与和积极表达主张与诉求,因而缺乏话语权与影响力。反观一些利益集团和组织(例如美国全国步枪协会),由于掌握了相当多的资源,而能够影响到政策制定,且它们往往倾向于采取严刑峻法来治理犯罪问题。贫富差距造成的话语权分配不均促成了贫困的少数族裔在被处罚人群中占据较大比例的特征。〔47〕

总而言之,相比于其他西方社会,美国的州与地方政府掌控着更多的犯罪治理与刑事司法主导权,且不受联邦政府干涉,因此,美国刑事政策制定过程与刑罚权的运行呈现出高度地方化的特征。同时,州与地方刑事政策的出台往往遵循民主化程序,由民间团体与民选的政治家共同决策,因而在刑事政策制定过程中,民意和利益集团通常左右政策导向,地方语境高度形塑着刑罚结果。这种刑罚过度地方化与民主化的弊端就是,美国有关犯罪问题的政策制定与刑事司法过程容易受地方民意、利益集团与族群冲突的影响,治理犯罪问题的话语权常常为党派竞争与媒体力量所裹挟。〔48〕 这种刑事立法与司法构造使得很多刑事政策的出台往往表征着非理性的民粹主义以及在美国南部各州盛行的种族主义,刑罚最终沦为政治博弈的舞台和族群间抗争的工具。〔49〕

六、刑罚大国的社会基础:严重的社会控制赤字

除上述政治与体制原因之外,美国当前独特的刑罚图景也有着深刻的社会根源,是社会治理不足与不均衡以及长期的社会不平等造成的后遗症。一方面,美国的社会控制机能与社会治理有效性比其他西方发达国家要弱很多。研究表明,高犯罪率、恶性暴力事件频发以及社会紊乱问题与低水平的社会资本、社会融合与非正式社会控制有关。〔50〕 美国的家庭、学校、社区、社会资本、社会整合度以及非正式社会控制

---

〔47〕 See Lisa L. Miller, *The Perils of Federalism: Race, Poverty, and the Politics of Crime Control*, Oxford University Press, 2008, p. 17.

〔48〕 See Michael Tonry, *Evidence, Ideology, and Politics in the Making of American Criminal Justice Policy*, Crime & Justice, Vol. 42, 2013, pp. 1-18.

〔49〕 See Scott W. Duxbury, *Who Controls Criminal Law? Racial Threat and the Adoption of State Sentencing Law, 1975-2012*, American Sociological Review, Vol. 86, Issue 1, 2021, pp. 123-53.

〔50〕 See R. J. Sampson & W. J. Wilson, *Toward a Theory of Race, Crime, and Urban Inequality*, in S. Gabbidon & H. T. Greene, eds, Race, Crime and Justice: A Reader, Routledge, 2005, pp. 37-56.

发展程度较低且分布不均。城市贫困社区所出现的严重解纽,暴露出了许多社会问题。[51] 美国“社会控制赤字”扩大,尤其是在贫困、少数族裔聚集的城市社区里社会控制严重不足,其历史与制度的原因有:(1)长期的奴隶制、种族隔离和歧视;(2)对自由市场的过度放任和公共问题私有化处理;(3)相比于其他西方发达国家,美国国家层面的福利供给体系发展滞后,特别是对城市贫民区居民和有色人种影响较大。[52] 虽然20世纪上半叶的美国政府所实施的新政(the New Deal)和“伟大社会”(Great Society)计划在一定程度上缓解了这些问题,但是自20世纪80年代新自由主义占美国社会和经济政策的主导地位以来,这些社会问题又卷土重来。例如,在过去四十多年里,信息经济的到来给美国社会劳动力市场带来了巨大冲击,制造业大量外移造成美国城市产业空心化与就业危机,福利开支的锐减与社区组织的减少使得城市社区出现大量的失业、辍学等问题人口。这些社会问题的浮现既与美国社会治理长期不足所造成的社会脆弱性有关,又是20世纪80年代新自由主义主控下的经济社会政策所引发的社会不安全的结果。[53]

另一方面,美国的种族问题也对刑事法治影响深远。学界认为,当前美国的大规模监禁是种族隔离制度的延续与复制,且日渐被视为压迫黑人族群的新工具。[54] 美国的种族矛盾和紧张的族群关系,特别是公众关于“黑人是罪犯和暴力的代表”这一刻板印象,深刻影响着司法政策的导向和实施,同时也造就了有色人种在监禁人口中的比例畸高。

稳健的社会经济结构环境,家庭、学校、教堂与社区等民间社会制度可以为社会运行提供有效的基础。美国社会部分弱势群体因为结构性因素而难以融入社会,故转而诉诸暴力或贩卖毒品等犯罪行为来维持生活。[55] 这种社会经济结构也为政府提供了行动引力。相比于其他西方发达国家,美国的福利政策旨在支持和加强市场关系而非强调社会保护,进而弥补因为资本主义市场经济运行所带来的社会经济不安全与不稳定性。[56] 因此,要想理解美国刑罚的独特性,必须将刑罚与美国的政治经济制度安排、刑罚权的配置、刑事政策制定过程以及高犯罪率等事实联系起来。

---

〔51〕 See Patrick Sharkey, *Stuck in Place: Urban Neighborhoods and the End of Progress Toward Racial Equality*, University of Chicago Press, 2013, pp. 66-82.

〔52〕 See Michael B. Katz, *The Undeserving Poor: America's Enduring Confrontation with Poverty*, Oxford University Press, 2013, p. 33.

〔53〕 See Loic Wacquant, *Punishing the Poor: The Neoliberal Government of Social Insecurity*, Duke University Press, 2009, pp. 1-50.

〔54〕 See Michelle Alexander, *The New Jim Crow: Mass Incarceration in the Age of Colorblindness*, The New Press, 2010, p. 29.

〔55〕 See William Julius Wilson, *The Truly Disadvantaged: The Inner City, the Underclass, and Public Policy*, University of Chicago Press, 2012, p. 19.

〔56〕 See Daniel Beland et al., eds., *The Oxford Handbook of U. S. Social Policy*, Oxford University Press, 2014, p. 22.

七、余论:反思刑罚、犯罪治理与社会变迁

在过去50多年美国刑罚领域的“严苛革命”中,超乎寻常的刑罚权和犯罪圈扩张引起了学界广泛关注。尽管对美国如何成为刑罚大国的历史综述与分析汗牛充栋,但从比较视角来看,学界对美国刑罚体系相对于其他西方国家的独特性的讨论十分匮乏。笔者认为,美国刑罚迅猛扩张和高度严苛化并非刑罚报应主义在刑罚系统内的回归与主导,也非对抗或压迫少数族裔群体的手段,更非新自由主义转向下的社会治理模式的选择,而是一种强调“控制高于一切”的思维导向与实践取向,即必须通过刑事控制来回应社会风险与社会失序情势。

美国之所以呈现出独特的监禁形态(包括保留死刑),是因为其存在独特的社会政治结构和互动过程。撕裂的社会分层、紧张的族群关系、持续的种族问题以及独特的美式自由民主政体,这些因素在过去50年间共同影响着美国政府如何定义和出台解决社会问题的方案。

尽管过去50年的量刑改革和刑罚变迁历程纷繁复杂,但是它们都不约而同地朝着扩张、加深和确保刑事控制的方向发展。美国刑事司法系统摒弃了“罪责刑相适应”的基本原则和“刑罚谦抑性”的基本品格。刑罚的裁量和施加与刑事控制有关,对毒品犯和性犯罪者判处的刑罚与罪犯的有责性关系不大,而是与民众印象中的认知有关。可以说,几乎每个引起美国量刑运动与变革的因素都体现了民众对政府的不信任、对危险罪犯的恐惧、对公共安全的强烈渴望以及将罪犯绳之以法和严格管控的愿望。

过去50年的美国刑罚变迁史表明,这种转变并非对之前的刑罚体系进行大变革。实际上是,面对社会变迁,刑事司法制度调整了实践重点,犯罪治理场域朝新的方向扩张,国家机关与市民社会已逐步适应随着晚近现代社会到来而增长的犯罪与不安全事实。在结构层面,美国刑罚变迁的规律是吸收新成分(被害人的刑事司法参与、犯罪预防、修复性正义、疗愈性司法)、调整(介于刑罚与福利、国家供给与商业提供、工具性手段和表达性目的、犯罪人权利与公众保护之间)均势与关系,以及改变此场域及其环境间的关系(尤其是与政治过程、民意以及民间社会犯罪控制活动的关系)。最后的结果便是,国家的刑事司法系统比以前有所扩大,但它在整个犯罪治理场域占的比例却变得相对较小,因为私人保全以及社区与商业组织的犯罪防控活动增加幅度更大。

当今美国刑事司法并非传统意义上的刑罚体系,而是一种刑事控制系统,即以一种强化的、长效的和大幅度的控制网络来应对社会治理风险与社会问题。公共话语和为这些刑事控制措施辩护的政治讨论中充斥着对公共安全的担忧和强调施加控制的必要性的主张。在20世纪80年代至90年代,民众情绪的表达围绕着公共安全和人

民免遭暴力犯罪而展开。政治家们提出的建议不是严厉的惩罚,而是确保存在持久有力的刑事控制,比如“量刑指南”“监禁才有效”“三振出局法”“终身监禁不得假释”“强制判决”以及“诚实判决”等口号。[57] 当前美国主要的刑事司法改革建议也是如此,几乎所有的政策都是建议通过惩罚非暴力犯、非累犯与非性犯罪者来维护刑事控制,而非努力弥补社会控制供给不足的问题。[58]

美国社会晚近刑事司法剧变的本质是刑事控制大规模发展与增强,过度依靠刑事法与刑事制裁举措去解决社会问题、实现社会控制。与其他西方发达国家相比,美国社会呈现出社会控制缺失的结构问题,而且其国家制度结构使得美国倾向于通过刑事控制方式来应对。然而,这些刑事控制措施对于解决社会根本问题并无太大作用,因为大规模实施刑事控制实际上会削弱而非增强国家的社会控制机能。大量动用刑事控制会摧毁人力和社会资本,瓦解社会控制力,逐步边缘化并排斥弱势群体。[59] 许多学者认为,50 多年来美国的大规模监禁和严刑峻法,给美国社会带来了沉重负担,加剧了社会族群不平等,因此呼吁重新思考刑罚问题。

近些年迫于民权运动的压力,美国监禁规模略有减小,但这不意味着美国刑罚整体态势开始转变。面对层出不穷的社会风险,美国刑罚体系持续扩大与膨胀,尤其是社区服刑人数迅猛增长,该体系对社区服刑人员的监控力度也越来越强。[60] 20 世纪 90 年代以来特别是“9・11”恐怖事件以后,美国政府缩紧移民政策,颁布有关排查、拘捕与驱逐非法移民的法律,刑事司法系统加入“向移民宣战”的战斗,跨国移民治理成为新的刑罚热点问题。研究发现,美国近些年的移民不但没有加重犯罪问题,反而促使 20 世纪 90 年代犯罪率有所下降,正如哈佛大学罗伯特・桑普森(Robert Sampson)教授所说:“国门打开并不会引来罪犯。” 然而民众对于外来人口,特别是墨西哥移民的反感,甚至是仇恨,使移民问题刑事化应运而生。[61]

作为晚近现代社会应对社会风险与社会问题而发展出来的产物,美国大规模监禁以及刑罚的过度扩张问题也给我们思考刑罚与社会的关系带来重要启示。刑罚既是一种法律制度,也是一项社会制度,其形态、功能与意义有着深刻的社会基础与社会意蕴。[62]

---

[57] See Michael H. Tonry, *Sentencing Fragments: Penal Reform in America, 1975–2025*, Oxford University Press, 2016, pp. 1-20.

[58] See Marie Gottschalk, *Caught: The Prison State and the Lockdown of American Politics*, Princeton University Press, 2016, p. 48.

[59] See Mary Pattillo, David Weiman & Bruce Western, eds., *Imprisoning America: The Social Effects of Mass Incarceration*, Russell Sage Foundation, 2004, p. 29.

[60] See Michelle S. Phelps, Mass Probation: *Toward a More Robust Theory of State Variation in Punishment*, Punishment & Society, Vol. 19, No. 1, 2017, pp. 53-73.

[61] See Juliet Stumpf, *The Crimmigration Crisis: Immigrants, Crime, and Sovereign Power*, American University Law Reviews, Vol. 56, Issue 2, 2006, pp. 367-419.

[62] 参见刘涛:《刑罚研究中的社会理论:历史演进与运用前景》,载《法制与社会发展》2018 年第 5 期。

刑罚不仅是对犯罪问题的应对,也折射出该社会的政治、经济、文化的特点和动态性。[63] 美国大规模监禁的产生与"刑罚严苛性革命"的经验集中体现了两点美国社会与政治事实:

第一,美国社会过去50年的犯罪率陡增与近期高烈度暴力犯罪频频发生折射的是美国城市社区的弊病与大规模社区解纽的过程。这些社区里面的高失业率、家庭瓦解、贫困、教育资源与居住条件差、贫民窟的暴力亚文化才是诱发美国社会众多严重暴力犯罪、枪击案、毒品犯罪的深层次原因。而这种结构性原因又是40年来美国政府信奉与实施新自由主义社会政策和长时间缺乏有效且公平的社会供给所造成的。过度自由化的政治经济体制与社会变迁产生的社会矛盾是铸造美国高暴力社会的根源。[64]

第二,通过对比其他西方国家对同时期社会经济变迁的应对举措与政策模式,笔者发现,其他国家不仅没有美国这样高度暴力的社会事实,也非大规模与高强度地拓展刑事司法权与刑罚体系。美国的特征与犯罪问题与美国社会的高度政治化相关,是其独特的刑事政策制定模式的产物。美国刑罚权的配置模式以及社会治理结构呈现高度地方化民主特色,因此极易受民意主导与被代表选民的政治家左右。这种治理模式使得美国相比于其他西方国家在面临社会变迁所产生的犯罪问题时,更倾向于动用州和地方的刑事制裁体系进行回应,而难以把这些问题定义为"社会"问题,从而采取自上而下的全方位的社会改革与福利供给措施。

通过比较分析、历史分析美国刑罚变迁经验,笔者发现,在面临后现代风险时,美国之所以比西方其他发达国家更倾向于动用刑罚权和扩张刑事控制,是因为美国社会控制机能削弱与社会治理有效性降低,以及美国国家治理体制下依靠刑事控制与刑事制裁手段(而非积极有效的福利措施)更易实现其政治目标和治理要求。[65] 在预防性刑法观在当前世界各国盛行的背景下,亦即,面临层出不穷的社会问题国家总有想动用刑事制裁手段进行回应的冲动,笔者建议,应厘清刑事法在国家治理与社会治理层面的定位与角色,需注意以下几点:

第一,加强社会控制机能的重点在于发展福利体系、保障社会平等,以及有效实施社会政策。这样才有利于社会整合与增强社区集体效能,从而抑制刑事控制的过度使用和扩张。刑罚是犯罪防控的重要措施,但控制犯罪发生的机制并不是只有刑罚这一事后措施。加大社会福利的供给,改善社区环境,公平对待弱势群体等方式都可以净化社会环境,减少犯罪发生的土壤。通过调整社会政策来实现整体福利的增加,重

---

〔63〕 See Emile Durkheim, *Two Laws of Penal Evolution*, 1900, Reproduced as Chapter 4 in S. Lukes & A. Scull, eds., Durkheim and the Law, Martin Robertson, 1983, pp. 25-53.

〔64〕 See David Garland, *Penal Controls and Social Controls: Toward a Theory of American Penal Exceptionalism*, Punishment & Society, Vol. 22, Issue 3, 2020, pp. 321-352.

〔65〕 参见何荣功:《社会治理"过度刑法化"的法哲学批判》,载《中外法学》2015年第2期。

视社会自身对犯罪的控制机制,可以有效地减少对刑法的过度依赖与适用。

第二,在面对社会巨变的浪潮时,刑罚体系的理性化选择与运行也应该注重刑事治理的主体结构与知识获取,尤其是在刑事政策制定与刑事司法过程中,应加强公共决策程序的民主性与科学性。刑事政策制定应该集思广益,提高民众和相关利益者的参与度,让他们的声音和需求能够正确有效地反映在刑事立法过程中,且有望被刑事司法举措解决。与此同时,刑事司法系统的运行也应尊重与吸纳犯罪学家以及其他社会科学家的专业知识与建议,通过他们贡献的科学知识来提高刑罚运行的有效性与实现刑罚改造犯人的效果。

刑罚的社会学视角*

〔美〕大卫·加兰德** 文　李　波*** 张懿丹****译　蒋济泽 校*****

要　目

摘　要　刑罚社会学为分析刑罚制度提供了一个框架。相比于刑法学研究的罪刑控制方法或刑罚哲学的道德评估方法，刑罚社会学可以提供更全面、更现实的解释。社会学观点认为：刑罚是一个复杂的社会制度，它通过一系列社会和历史力量形成，并具有一系列超出犯罪群体之外的影响。其中，涂尔干主义者的作品将刑罚解释为一种基于集体情感的确认道德、产生团结的机制。马克思主义者的学说把刑罚描述为一种经济条件下的国家机制，在阶级统治中起着思想政治作用。福柯的研究侧重于在刑事领域运作的权力知识的具体技术，并将其与更广泛的纪律和管制网络联系起来。诺伯特·埃利亚斯的作品则指出了文化情感和“文明进程”在现代刑罚措施形成中的重要性。这些传统的解释要素可以汇集在一起，对刑罚的社会形式、功能和意义进行多维度的阐述，反过来又有助于制定更现实和适当的刑事政策目标，并为其规范性评价建

* 本文原文发表信息：David Garland, *Sociological Perspectives on Punishment*, Crime and Justice, Vol. 14 ,1991, pp. 115-165. 本文翻译已获得作者授权。

** 美国纽约大学法学教授、社会学教授。

*** 中国海洋大学法学院副教授，北京大学法学博士。

**** 中国海洋大学法学院硕士生。

***** 同济大学法学院助理教授。

立更为全面的框架。

关键词 刑罚　社会学视角　刑罚学　刑罚哲学

我们思考和谈论刑罚的传统方式被称为“刑罚学”与“刑罚哲学”，这是两种与社会学理论截然不同的论述方式。刑罚学或多或少地将刑罚视为一种控制犯罪的技术，这种观点在普通公众、犯罪学家、刑事司法人员中非常普遍。从刑罚学视角来看，刑罚制度和刑罚过程只是一个手段，其目的是不言而喻的——降低犯罪率和约束个别罪犯。在这一框架内，首要问题是一个技术性的问题——“什么是有效的”，有效性研究是评价刑事措施的关键工具，该研究列出了具体制裁对犯罪模式和累犯率的影响。“成本”问题也是研究的一部分，人力成本可能与财政和政治成本并驾齐驱，但刑罚学方法的主旨是将刑事司法视为一种工具，其首要目的是管理和控制犯罪。〔1〕

塑造我们理解刑罚问题的另一种思维方式是“刑罚哲学”。刑罚哲学是道德哲学的一个分支，其蓬勃发展于启蒙运动时期，最近因为犯罪学家和法学家重新审视刑罚制度赖以存在的规范基础，刑罚哲学得到了某种程度的复兴。这一传统思维将刑罚视为一个独特的道德问题，主要研究如何证明刑事制裁的正当性，制裁的正当目的应该是什么，以及在什么情况下可以合理地实施制裁。它的核心问题不是“什么是有效的”，而是“什么是正义的”。它的论述风格是基于伦理推理和道德诉求，而不是基于实证研究或技术知识。无论是康德的报应主义或者边沁的功利主义，还是对改革的争论或者对谴责的原则的诉求，这个传统所提供的框架都引导我们把刑罚作为一个道德难题，最好通过哲学反思和道德直觉来解决。〔2〕

刑罚学和刑罚哲学的论述占据了有关刑罚的学术文献的大部分，它们的论点和证据经常被用于刑罚改革和刑罚政治的修辞中，由此塑造了我们看待刑罚措施和刑事司法的大部分观点。要成为刑事问题的专家或刑事事务的权威发声者，就必须学习这些传统中的一种或两种，并能够在其范围内进行有效的论证。但是，尽管这些框架处于中心地位并具有重要意义，尽管它们可能代表了各自领域的智慧积累和经验总结，但这两种传统都有一些严重的局限性，实际上对刑罚现象的思考相当不充分。将刑事措施视为控制犯罪的

〔1〕 See N. Walker, *Sentencing in a Rational Society*, Allen Lane, 1969; L. Radzinowicz & M. Wolfgang, *The Criminal in Confinement*, In Crime and Justice, 1971, Vol. 3, pt. 2, edited by L. Radzinowicz and M. Wolfgang, Basic; R. Martinson, *What Works? Questions and Answers about Prison Reform*, Public Interest 1974, Vol. 35, pp. 22-54; J. Q. Wilson, *Thinking about Crime*, Basic, 1975; P. J. Cook, *Research in Criminal Deterrence: Laying the Groundwork for the Second Decade*, In Crime and Justice: An Annual Review of Research, 1980, Vol. 2, edited by N. Morris and M. Tonry, University of Chicago Press.

〔2〕 See H. L. A. Hart, *Punishment and Responsibility*, Oxford University Press, 1968, chap. 1; H. B. Acton, *The Philosophy of Punishment*, Macmillan, 1969; J. Feinberg & H. Gross, *Philosophy of Law*, 1975, pt. 5. Enrico, Calif.: T. Dickenson; Honderich, *Punishment: The Supposed Justifications*, Penguin, 1976; P. Bean, *Punishment*, Martin Robertson, 1981.

技术手段,并对效力和成本效益进行评估,从负责管理刑事实务的人的角度来看,无疑是一项适当的活动。但这种刑罚学方法没有认识到,刑罚措施和制度从来没有完全合理地适应于单一的工具性组织目标。社会学和历史研究表明,刑罚措施和机构具有与法律和秩序的需要关系不大的社会决定因素,具有远远超出犯罪控制范畴的社会影响,以及经常吸引广大民众的象征意义,从纯粹的工具性角度来考虑它们是不合适的。因此,采用刑罚学的方法往往会限制调查的范围并掩盖该现象的重要方面。从表面上看,刑罚制度只是一种控制犯罪的工具,刑罚学研究产生了可能对这一事业有用的数据,但是其以更基本的理解为代价,更充分地描述了刑罚的日常运作,这可能会有力地挑战此制度的自我概念。

刑罚的工具性思维方式也会导致公众和当局产生不适当和不现实的期望,从而增加了刑罚制度面临的困难,而不是解决这些困难。一种合理和完全符合犯罪控制目标的工具技术,可能会合理地预测其工作并通常产生积极成果,但是很难解释不断产生的消极结果。对此,刑罚学家有时会将刑罚体系的困难归咎于"外来"压力,这些压力指向资金不足、不必要的政治干预、敌对的大众媒体、非理性的公众态度等问题。但事实上,这种回应仅仅指出了刑罚学方法本身的局限性,因为任何刑罚制度都不可能脱离诸如此类的社会力量。因此,认为刑罚以某种方式站在社会之外,只是偶尔受到社会影响,是毫无意义的。

目前所设想的刑罚哲学也有一些严重的局限性,对刑罚实践的性质也有类似的认识缺陷。让刑罚制度接受道德审查当然是很重要的,因为刑罚学倾向于将刑罚与道德问题隔离开来,而把有效性研究放在首位,并理所当然地认为刑罚制度实际上是一个合法的制度。刑罚哲学的问题在于,它的哲学基础及其解决刑罚问题的方式往往妨碍了它对刑罚实践的实际细节和不同方面进行有效评估。

现代刑罚哲学大多开始于一个相当理想化和一元化的惩罚形象,即将刑罚问题视为国家如何与个人联系的经典自由主义问题的变体。[3] 刑罚主要被视为国家胁迫和侵犯个人自由的一种情况,因此引发了关于国家权力的一般正当理由(通常是社会契约的某些版本)、关于特定刑罚的正当理由(通常是对他人的伤害),以及这类措施的正当目的(通常是防止进一步的伤害)之类的问题。毫无疑问,这些都是重要的问题,哲学家们对这些问题也有重要的看法,但由于如此轻易地将重点放在了公民自由方面,其他方面往往就会被忽略。传统哲学对于适合使用的刑罚方法、刑罚制度的性质和刑罚机构的质量没有什么实质性的意见。因此,有关死刑或体罚的可接受性、使用电子监控和严密控制制度、单独监禁或三名囚犯同一牢房等问题,几乎没有引起这种道德哲学的评论或帮助。同样,刑罚哲学也没有帮助我们处理那些具有整体性而非个体性的问题,比如监狱人口的适当规模,或者国家资源中可能用于改造计划的比例。

---

〔3〕 See D. Garland, *Philosophical Argument and Ideological Effect, An Essay Review*, Contemporary Crises, 1983, Vol. 7, pp. 69–85.

最后,刑罚哲学也没有提供任何发达的手段来评估刑罚的更广泛的社会和象征性影响,比如刑罚对情感、社会团结和社会关系的影响,而刑罚显然具有这种影响,而且影响的人群远远超过被告席上的罪犯或监狱里的囚犯。这些棘手的问题往往能逃过详细的道德审查,因为它们在哲学家惯常使用的过于简单化的“刑罚”概念中一点也不起眼:它们不属于这一传统为自己提出的问题。然而,这些问题往往是那些负责管理刑罚系统和制定刑法的人所遇到的最紧迫和最令人困惑的问题。如果说刑罚哲学在其相关性和实际效果上往往显得有限,那是因为其“刑罚”的基本概念是由传统的自由主义思维模式[4]形成的,而不是通过密切关注现代刑罚实践的特点而形成的。

近年来,关于刑罚的第三种思考方式开始发展,并为分析刑罚问题提供了不同的框架。社会学家和历史学家不再将刑罚视为达到目的的手段或道德哲学的通常问题,而是开始将刑罚概念化为一种社会制度,并由此提出一系列问题。这些学者一直在问“具体的刑罚措施是如何产生的”,以取代关于刑罚的有效性或正当性的问题,如“刑罚具有什么样的社会功能?”“刑罚制度与其他制度有什么关系?”“它们是如何对社会秩序、国家权力、阶级统治、社会的文化再生产作出贡献的?”“刑罚的非预期社会效果、功能失效和更广泛的社会成本是什么?”“刑罚”被理解为一种文化和历史的产物,它可能主要是为了控制犯罪,但它也被各种社会力量所左右,其意义和影响远远超出了罪犯群体的范围。笔者将这一新兴传统称为刑罚社会学,它致力于探索刑罚的社会基础,追寻特定刑罚模式的社会影响,揭示赋予现代刑罚特有功能、形式和效果的社会行为结构和文化意义网络。[5]

然而,值得一提的是,刑罚社会学与刑罚学方法并不相悖。事实上,它与刑罚学有着相同的主题,采用类似的经验或社会科学方法,并在分析中广泛使用刑罚学材料。二者关键的区别其实是研究分析的范围和参数的不同:刑罚学把自己定位在刑罚制度之中,并试图了解其刑罚功能,而刑罚社会学则从外部看待刑罚制度,并试图在广泛的社会网络中将其理解为社会进程中独特的一组角色。

社会学的方法也不否认刑罚制度在很大程度上是以控制犯罪为导向的,并受这种导向的影响。然而,它所否认的是刑罚和刑罚形式只能按照这一目标来理解,因为没有任何社会产物可以用这种方式来解释。与建筑、饮食、服装或餐桌礼仪一样,刑罚制

[4] See N. Lacey, *State Punishment: Political Principles and Community Values*, Routledge & Kegan Paul, 1988.

[5] See M. Ignatieff, *State, Civil Society, and Total Institutions: A Critique of Recent Social Histories of Punishment*, In Crime and Justice: An Annual Review of Research, Vol. 3, edited by M. Tonry and N. Morris, University of Chicago Press, 1981; D. Garland & P. Young, *Towards a Social Analysis of Penality*, In The Power to Punish, edited by D. Garland and P. Young, Gower, 1983; J. B. Jacobs, *New Perspectives on Prisons and Imprisonment*, Ithaca, Cornell University Press, 1983, chap. 1; S. Cohen, *Visions of Social Control*, Polity, 1985, chap. 1; P. Q. Hirst, *Law, Socialism and Democracy*, Allen & Unwin, 1986, chap. 7; D. Garland, *Punishment and Modern Society: A Study in Social Theory*, Oxford University Press and University of Chicago Press, 1990.

度有一个工具性的目的,但也受制于文化风格和历史传统,它们塑造了追求这一目标的方式。因此,控制各种形式的犯罪和应对违法者掠夺的需要,只是帮助塑造刑罚制度的因素之一。刑罚系统适应犯罪控制的方式,在很大程度上受到文化习俗、经济资源、制度动态和政治争论等独立因素的影响,社会学方法所关注的正是这种"社会"和"刑罚"之间的相互作用。

同样值得强调的是,这种从社会学角度看待刑罚的方法并不仅仅是一种学术热情或一种没有任何实际回报的理论练习。它为理解现代社会中刑罚制度的实际运作提供了一个有根据的、经验性的基础,从而有助于为刑罚政策制定更现实的预期和目标,并为实施政策制定更适当的战略。〔6〕 正如我们所看到的,传统的"刑罚学"和"刑罚哲学"方法都建立在一个隐含的而且相当糟糕的刑罚社会学的基础上,因为它们依赖于某种常识性的概念,即刑罚是一种什么样的制度以及它服务于什么样的社会目的。因此,对刑罚进行社会学分析就要重新审视对刑罚所作的基本假设,而不是简单地相信它们。如果做得好,刑罚社会学应该让我们了解制约刑罚过程的社会力量,以及这些力量带来的各种社会后果。社会学的研究方法并没有取代其他关于刑罚的思考传统,也没有使它们变得多余,而是有望使这些传统得到振兴和丰富,因为它的发现可以为更具社会学知识的刑罚学和更相关、更广泛的刑罚哲学提供基础。

一、刑罚的社会学视角

到目前为止,笔者一直把刑罚社会学作为一种思考刑罚问题的传统来谈论,在某种程度上,它代表了一种不同于刑罚学和刑罚哲学的独特的处理刑罚现象的方式,这是一种合理的呈现问题的方式。然而,如果继续把刑罚社会学当作一个单一的、统一的思想框架来讨论的话,就会产生很大的误导。〔7〕 如果仔细观察一下的话,会发现关于刑罚的社会学和历史文献中包含了一系列的理论方法、分析视角和具体的解释,但并不能形成一个统一的或全面的解释。相反,我们发现这是一套相互竞争的解释,每一种解释都借鉴了不同的社会学解释模式,每一种解释都以不同的方式和目的来解决问题,每一种解释都突出了刑罚的不同特征及其社会作用。与许多社会学研究一样,刑罚社会学的特点不是固定的研究议程和研究参数,而是观点的复杂冲突,是不同解释和不同观点之间明显无法纠正的冲突。对这种情况的一种回应是采用一种特定的视角,即基于马克思主义的方法或者涂尔干的方法,在批判的、无视其他方法的情况下发展这种分析。然而,至少可以说,这种方法不如试图将这些不同的理论观点引

〔6〕 See D. Downes, *Contrasts in Tolerance: Postwar Penal Policy in the Netherlands and England and Wales*, Oxford University Press ,1988.

〔7〕 See D. Garland, *Frameworks of Inquiry in the Sociology of Punishment*, British Journal of Sociology, 1990, Vol. 41, pp. 1-16.

入彼此的对话,寻求综合它们的解释优势,找出互补而非矛盾的分析,并分离出具体的分歧点,以便通过进一步的研究或理论思考来解决这些问题。

笔者在这篇文章中所作的是调查刑罚的主流社会学解释,并为从社会学方面理解刑罚提供一些资源。笔者依次阐述了以下观点,首先是涂尔干、马克思和福柯作品中的较为成熟的传统观点,然后是诺伯特·埃利亚斯的作品中的观点。在对每一个观点的阐述中,笔者都提出了不同的问题,总结了与该观点相关的主要解释主题,并确定了每一种理论对于理解现代刑罚所提供的见解,同时指出了每一种理论的弱点和局限性。这类调查不可避免地会抹平细微差别,无法反映原著的微妙之处,但其主要目的是向读者介绍每种方法的中心特点,并将他们引向文章本身。文章的结尾部分讨论了这些观点之间的相互关系,并试图说明社会学的方法如何改变我们对某些刑罚问题的思考方式。

(一)刑罚与社会团结:涂尔干的视角

涂尔干认为,刑罚首先是一种道德过程,其作用是维护社会生活所依据的共同价值观和规范性惯例。它是一个从社会的道德情感中汲取动力和支持,以构造它的形式、象征和实施道德判断的机构,它最重要的作用是重申和加强它赖以存在的道德秩序。因此,它是创造和维持社会团结的复杂道德体系的一部分,是具有重要道德功能的基本社会制度,而不仅仅是控制犯罪的调节机制。事实上,涂尔干的分析坚持认为,如果我们要了解这一制度的真正特点和使其发挥作用的力量,则必须从处理罪犯的直接性中抽身出来,从更广泛的社会层面来看待刑罚。[8]

涂尔干认为,刑法在很大程度上体现了被社会奉为神圣的基本道德价值观,因此,违反"集体良知"的犯罪往往会激起集体的道德愤怒和对复仇的热烈渴望。这些"激情反应"在惩罚罪犯的法律实践中得到了体现。因此,尽管现代国家垄断了刑罚的实施和管理并使其程序化和制度化,它仍然是一种引导和表达集体道德情感的机制。这种理解可以将刑罚反应的程度等级化,使其更加统一和可预测。首先,更广泛的民众认为自己参与了刑罚行为,从而为国家机构提供了社会支持和合法性。其次,尽管所有人都试图使刑罚成为一个理性、冷静、功利的过程,但它仍然以惩罚情绪和情感反应为特征,而这些正是社会应对犯罪的根源。

因此,刑罚不是(至少不完全是)一种工具性的机制。涂尔干认为,单纯认为刑罚

---

〔8〕 See E. Durkheim, *The Division of Labor in Society*, Translated by G. Simpson, Free Press, 1933. (Originally published 1893, Alcan.)

—— *Moral Education: A Study in the Theory and Application of the Sociology of Education*, Translated by E. K. Wilson and H. Schnurer, Free Press, 1973. (Originally published 1925, Alcan.)

——*The Evolution of Punishment*, In Durkheim and the Law, edited by S. Lukes and A. Scull, Martin Robertson, 1983.

只具备犯罪控制功能是不够的。相反,它是一个表达机构,属于仪式化地表达社会价值、可控化地释放精神能量的领域。刑罚的真正功能和社会效用就在于此,因为在对付违背集体良知的人时,刑罚制度展示了基本社会价值观的物质力量,恢复了集体对道德秩序的完整性和力量的信心。在涂尔干看来,刑罚仪式不是针对罪犯者个人,而是针对那些价值观和安全感已被犯罪行为暂时破坏的激情的旁观者。刑罚的意义最好被设想为社会的和道德的,而不是纯粹的刑罚。

因此,刑罚实际上是形成构成集体良知的道德价值观的机会。通过重申道德秩序的力量,重述道德秩序的条款,并重申道德秩序的权威性,它回应了罪犯对道德和社会团结的攻击。它之所以能够做到这一点,是因为它能够得到所有那些因犯罪而感到愤怒的"健康良心"的支持,而刑罚仪式有助于引发和表达这种反应。因此,刑罚将对社会秩序的威胁转化为社会团结的胜利。犯罪不但没有破坏社会的凝聚力,反而设立了一个复杂的道德系统,将愤怒情绪的能量引导到一个具有社会约束力的道德肯定仪式中。〔9〕

根据涂尔干的观点,这种对刑罚的基于情感、肯定道德、产生团结的描述,既适用于现代刑罚制度,也适用于前现代刑罚制度,因为发生历史性变化的只是刑罚的形式,而不是其功能。〔10〕现代的制裁——如监禁——比中世纪或古代社会的可怕刑罚要轻得多,但这是因为我们现代的集体良知更关心个人——即使是犯罪的个人——的权利,而较少受到宗教或专制价值观的支配。当集体价值观遭到破坏时,不是我们停止了惩罚性的反应,而是这些价值观本身决定了刑罚应该减少对人类生命的破坏。有人认为,现在的刑罚可能更多的是为了达成非惩罚性的目的,如矫正、改造或预防,但涂尔干认为:这是一种错觉,反映了刑罚管理者的愿望,而不是他们的实际情况。〔11〕

涂尔干对刑罚的描述无疑有其局限性,他对刑罚的道德内容和道德后果的阐释以及对刑罚在维护道德秩序中的作用的追溯,是一个非常单维的描述。在某种程度上,刑罚是有其他特点、其他来源和其他影响的,但是涂尔干的作品中基本没有涉及其他内容。例如,他很少分析实际的刑罚手段和工具。对他来说,刑罚中的肉刑制度、身体限制、金钱惩罚、监督措施等,只不过是向旁观的公众传递道德激情和道德信息的众多手段。只要它们作为行为控制的技术或纪律监管的形式运作,他就不再认为它们是真正的道德现象,它们就落在了他分析的视野之外。同样,对于那些与道德激情或集

〔9〕 See E. Durkheim, *The Division of Labor in Society*, Translated by G. Simpson, Free Press, 1933, pp. 70–111. (Originally published 1893, Alcan.)
—— *Moral Education: A Study in the Theory and Application of the Sociology of Education*, Translated by E. K. Wilson and H. Schnurer, Free Press, 1973. (Originally published 1925, Alcan.)

〔10〕 See E. Durkheim, *The Evolution of Punishment*, In Durkheim and the Law, edited by S. Lukes and A. Scull, Martin Robertson, 1983.

〔11〕 See E. Durkheim, *The Division of Labor in Society*, Translated by G. Simpson, Free Press, 1933, p. 87. (Originally published 1893, Alcan.)

体良知关系不大的社会力量,如经济考量、政治意识形态、技术发展、科学观念或职业利益等其他影响刑罚制度的因素,涂尔干也几乎没有涉及。不过,这些解释范围的局限性,不应妨碍我们看到涂尔干作品所包含的内在价值和可能性。事实证明,目前存在的所有社会学视角都是有限的,因为无论是涂尔干还是任何其他学者都没有打算建立一个关于刑罚的内部和外部功能的全面理论。相反,它所提供的是一种解释性的视野,即不论其局限性如何,它都提供了一种理解这一复杂制度重要方面并将其与社会生活的其他现象联系起来的方式,在这个意义上,它是应该被考虑的。

然而,对涂尔干的其他批评在当下语境中确实具有更大的力量。他关于集体良知的概念在许多方面都存在严重的问题,就像他声称刑事制裁和刑事法律是集体良知的忠实体现一样。虽然现代多元社会可以说是"全体公民共同的信仰和情感的总体"〔12〕,但似乎更应该把它看作主导文化群体的政治成就,他们对社会秩序的特殊看法已经取得了一定程度的霸权,而不是一套特定的、以某种方式被一致认同的价值观。在这方面,法律和刑罚等制度不应被视为仅仅反映每个人已经信奉的价值观。相反,它们是积极的强加价值的机制,其实践对于赢得主导道德的支持起着至关重要的作用。

同样,我们也必须质疑涂尔干的简单假设,即刑事措施以某种方式显示或体现了普遍信奉的价值观。正如批评家们不断强调的那样,制定法律并惩治违法者的不是"整个社会",而是立法精英和专业人员,他们的特定、优先事项和关切可能促成一种不被普遍认同的社会道德类型。〔13〕 不管涂尔干将"激情反应"归因于公众还是后弗洛伊德式的想象,这些情绪看起来都有点过于神圣化和调整化,它们只能间接地影响现代刑事政策的制定和执行。

在福柯和埃利亚斯之后,人们也可能认为,涂尔干对公共刑罚仪式的强调在现代社会是完全错位的,因为现代刑罚措施往往被部署在"幕后"的社会生活中,位于社会边缘的封闭机构中,不再被公众看到。〔14〕 在笔者看来,这是一个重要的批评,因为它指出了现代刑罚制度中的一个重要分界,即从一种以公共仪式的形式宣布并不断成为公众和媒体关注焦点的刑罚,转向另一种在幕后进行、可见度要低得多的刑罚。人们可能会认为,现代刑罚是一种双管齐下的策略,一方面旨在表达、教育和安抚公众情绪(这是涂尔干所描述的),另一方面则——更直接地——旨在规范越轨行为,对此涂尔干

〔12〕 See E. Durkheim, *The Division of Labor in Society*, Translated by G. Simpson, Free Press, 1933, p. 79. (Originally published 1893, Alcan.)

〔13〕 See S. Spitzer, *Punishment and Social Organisation: A Study of Durkheim's Theory of PenalEvolution*, Law and Society Review, Vol. 9, 1975, pp. 613–637; S. Lukes, & A. Scull, *Introduction*, In Durkheim and the Law, edited by S. Lukes and A. Scull, Martin Robertson, 1983.

〔14〕 See M. Foucault, *Discipline and Punish: The Birth of the Prison*, Translated by Alan Sheridan, Penguin, 1977; N. Elias, *The History of Manners: The Civilising Process*, Basil Blackwell, Vol. 1, 1978. (Originally published 1939, Hans Zum Falken.)

的论述相对较少。如果是这样,那就构成了涂尔干分析的另一个重要局限,即将这一解释限定在某种特定的刑罚领域而不是整个系统,但这不是一个全盘否定。

涂尔干关于刑罚增强社会团结的核心论点也一直是被批评的焦点。即使是作为涂尔干刑罚解释的追随者,米德(Mead)、加芬克尔(Garfinkel)和埃里克森(Erikson)等学者也对此提出了批判。[15] 这一系列的研究表明,涂尔干已经准备好去呈现他要证明的"功能性"。涂尔干的主张是,刑罚仪式总是会对一个道德同质、接受性强的群体产生单一的、增强团结的效果。批判者则指出,刑罚也可能引起社会分裂,而不是团结,它可能通过促进敌意和不容忍的感觉来实现社会联系,这种仪式甚至不能促进象征性的团结。根据这种观点,刑罚过程不一定促进"社会团结",相反,它们应该被视为法律官员重建和加强现有权威关系的一种仪式化尝试。当权力受到限制或争夺时,刑罚仪式的效果既有可能是"功能性的",也有可能是"功能障碍性的",或两者兼而有之的。

这就引出了对刑罚的社会"功能"这一基本论点的最后批评。显然,刑罚确实发挥了某些"功能",它制裁某种规则、约束某种行为、表达某种情感、重申特定形式的权威和信仰。但这些规则、行为、情感、信仰和权威可能是特定社会群体的,而不是"整个社会"的,而且它们的制裁方式也不一定能促进社会和谐。我们必须分析刑罚对特定利益、特定社会关系和特定结果的影响,同时牢记:从一个角度看具有"功能"的东西从另一个角度看可能是功能失调的。[16] 综上所述,这是一系列令人生畏的批评,如果有更多的可用空间,这些批评还可以扩大。但这些批评并不是反驳涂尔干的观点,也不是拒绝其提出的问题,而是要对其观点的关键术语进行修饰、完善或修改这些观点。因此,即使涂尔干对集体良知的看法是不可接受的,但刑罚所执行的道德规则与相当一部分人的信念,特别是在民主社会中深深感受到的信仰之间确实存在某种对应,在那里,公众情绪有助于制定法律规范和决定。尽管他对刑罚的象征作用的讨论被他的功能主义假设所破坏,但毫无疑问,涂尔干正确地指出了刑罚所具有的交流和隐喻倾向,从而提醒我们注意刑罚符号学的重要性。正如涂尔干所说,刑罚行为也是展现当局控制的一种迹象。犯罪是一种反常现象,而支配社会生活的公约仍然保持着它们的力量和生命力,这就是为什么犯罪控制和刑罚政策常常成为政治力量的隐喻,并具有与其刑罚效果不成比例的政治意义。(具有讽刺意味的是,涂尔干还明确指出,在权力最弱的情况下,刑罚的使用频率最高,但是在这种情况下,刑罚的效果却是最差的。一个强大的、合法建立的道德秩序只需要最低限度的制裁就可以恢复自己和处理违法

---

〔15〕 See G. H. Mead, *The Psychology of Punitive Justice*, American Journal of Sociology, Vol. 23, 1918, pp. 577-602; H. Garfinkel, *Conditions of Successful Degradation Ceremonies*, American Journal of Sociology, Vol. 61, 1956, pp. 420-424; K. Erikson, *Wayward Puritans*, Wiley, 1966.

〔16〕 See A. Giddens, *Durkheim*, Harvester, 1978.

者,这样的制度几乎不需要任何恐怖或武力形式的刑罚。[17])

尽管困难重重,涂尔干的分析确实成功地揭示了刑罚的某些重要方面,其他方面则不明显。他把我们的注意力从刑罚的世俗、行政方面(这形成了现代刑罚自我形象)转移到更广泛的社会和情感方面。我们看到的不是一种适应犯罪控制技术的功利主义机制,而是一种按照不同象征性的语域运作的制度,这种制度对社会集体和构成社会集体的个人都有意义。涂尔干作品中包含的,权威所宣称的神圣品质、犯罪和刑罚所激起的情感、旁观者的集体参与、刑罚仪式在组织这种行为中的作用,以及最后关于刑罚实践的社会和道德意义,所有这些解释性的见解都可以被证明对今天的刑罚理解是重要的和相关的。

(二)刑罚的政治经济学:马克思主义视角

采用马克思主义的刑罚观,就是要解决涂尔干的学说所没有涉及的一系列问题,并重新阐释其中的许多问题。有关刑事政策的经济和政治决定因素、刑事机构在阶级统治战略中的作用,以及刑罚在象征意义上或实质上为阶级权力服务的方式等问题,现在已成为人们关注的焦点。这些观点对刑罚与大众道德、国家与人民之间的关系进行了重新调整,以提出意识形态上的支配甚至压制,而不是涂尔干所建议的隐性协议。

马克思主义学者对刑罚的分析是新马克思主义著作的产物,而不是马克思、恩格斯的原著的产物,其对于刑法提出了很多思路。在马克思主义概念框架内定位“惩罚”的问题导致一些学者,如鲁舍(Rusche)和基希海默(Kirchheimer)或梅洛西(Melossi)、帕瓦里尼(Pavarini),强调刑罚制度与生产方式的经济要求之间的相互联系[18];其他学者,如帕舒卡尼斯(Pashukanis)或道格拉斯·海伊(Douglas Hay),则倾向于强调刑罚在政治思想、阶级斗争、维护国家政权或统治阶级霸权中的作用[19]。因此,我们发现一些马克思主义学者把刑罚作为一种经济现象来处理,这种观点认为刑罚是劳动力市场的附属品;一些学者论述了刑罚作为一种镇压性国家机器的政治作用;还有一些学者认为,刑罚是一种意识形态机制,用来维护合法性的象征和既定权威的正当性。

对刑罚最持久和全面的马克思主义论述——可能也是最有影响力的解释——是

---

[17] See E. Durkheim, *Moral Education: A Study in the Theory and Application of the Sociology of Education*, Translated by E. K. Wilson and H. Schnurer, Free Press, 1973. (Originally published 1925, Alcan.)

[18] See G. Rusche & O. Kirchheimer, *Punishment and Social Structure*, Russell & Russell, 1968. (Originally published 1939, Columbia University Press.) D. Melossi & M. Pavarini, *The Prison and the Factory*, Macmillan, 1981.

[19] See E. B. Pashukanis, *Law and Marxism: A General Theory*, edited by C. Arthur, translated by Barbara Einhorn, Ink Links, 1978. (Originally published 1924. Communist Academy); D. Hay, *Property, Authority, and the Criminal Law*, In Albion's Fatal Tree: Crime and Society in Eighteenth-Century England, edited by D. Hay, P. Linebaugh and E. P. Thompson, Penguin, 1975.

由鲁舍和基希海默在他们合著的《刑罚与社会结构》一书中提出的。在这本关于中世纪晚期到20世纪中叶刑罚发展的历史记述中,作者主要的关注点是解释为什么特定的刑罚方法会在特定的时间段被选择和使用,以及刑罚发展模式在多大程度上受"基本社会关系"(生产方式)的影响。在探讨这一历史问题时,他们提出了一些理论命题,这些命题可以从他们的叙述中抽象出来,并用一般的术语加以阐述。因此,他们建议分析应侧重于历史上具体的刑罚实践和制度,而不是任何关于"刑罚本身"的一般概念;刑罚应被视为一种社会现象,而不仅仅是对犯罪的技术性的回应。具体的刑罚实践绝不仅仅由控制犯罪的目标决定,其社会效果也不完全是"刑罚学"的;看待刑罚机构应当从其与其他机构以及非刑罚性社会政策的相互关系出发。实际上,刑罚政策被视为控制穷人的广泛政策中的一个要素;不应将刑罚理解为对个人犯罪行为的社会反应,而应理解为在不同社会阶层斗争中运作的一种机制;刑罚机关的官方目标以及司法机关所信奉的刑罚理念,应当被视为意识形态上的合法化,而不是现实实践中的保障。这些"意识形态的面纱和法律的表象"必须被揭开,以揭示真正决定刑事政策的潜在(经济)关系。[20]

这些就是马克思主义分析的基本方向。人们可能会注意到,马克思主义者与涂尔干一样坚持认为,只有在更广泛的社会层面上并参照更广泛的社会功能才能完全理解刑罚制度。从这一基本的解释框架出发,鲁舍和基希海默认为:正是劳动力市场以各种方式对刑罚方法的选择及其使用模式产生了主导性的影响。在某种程度上,罪犯的劳动提供了一种潜在的可利用的资源,其相对价值一直是刑事政策的一个关键考虑因素。在劳动力供应充足的时期,刑罚机构可以不顾后果地对待人的生命,由此导致肉刑和死刑的广泛使用。一旦对劳动力的需求超过供给,国家及其刑罚机构就不太愿意放弃被监禁者所代表的宝贵的劳动力资源。诸如船奴、搬运、强迫劳动、早期的教养制度,甚至20世纪的监狱制度等刑罚措施,都是有关对劳动力的剥削是决定刑罚发展的主要因素的典型案例。

劳动力市场影响刑罚制裁的另一种更直接的方式,与"条件较差原则"(less eligibility)和相对生活标准有关。鲁舍和基希海默坚持认为,刑罚制度是一种辅助劳动力市场的强制措施,它确保较贫穷阶层无法通过犯罪手段维持生计,并以严厉惩罚和威胁那些试图犯罪的人。为了发挥这一作用,至关重要的是,刑罚机构采用的刑罚要明显比最低阶层生活在"自由社会"所经历的生活条件更令人不愉快。因此,作为刑罚制度内容的纪律、饮食、劳动要求和一般生活状况不是由刑罚目的决定的,而是由刑罚条件"低于其支持的劳动力市场"的要求决定的。正如作者在"现代监狱改革及其限度"一章中所指出的那样,刑罚对相对剥夺的关切限制了恢复人道制度的可能性,这是"所

---

〔20〕 See G. Rusche & O. Kirchheimer, *Punishment and Social Structure*, Russell & Russell, 1968. pp. 3-7. (Originally published 1939, Columbia University Press.)

有改革计划或多或少都具有的内在矛盾”。[21] 它保证了“所有改革刑罚制度的努力不可避免地受到社会底层无产阶级处境的限制”。[22]

最后，除了从总体上塑造劳动力的选择，从16世纪开始的现代刑罚被看作塑造被定罪个体的态度的尝试。鲁舍和基希海默认为，向囚犯灌输适应工作场所所必需的纪律和态度，是现代刑罚机构一个永恒的主题。现代监狱和它的前身一样，是惩戒之家和希望之所，除此以外，还是“培养新的劳动力储备的一种方式”。即使劳动力不能再用于有利可图的用途，作为一种工业的强制性培训，监狱囚犯仍然有可能被投入工作。[23]

鲁舍和基希海默认识到，在20世纪，无论是抵制强迫劳动的使用，还是由于监狱中使用现代生产技术的困难，以经济的方式使用囚犯的劳动变得越来越困难，因此对其他方面的考虑成为刑事政策形成的核心。特别是，他们指出要尽量减少开支，减轻刑罚所带来的财政负担。这种财政考虑导致了罚金等措施的使用。在20世纪，罚金已成为使用频率最高的刑罚措施，这是“资本主义刑法合理化的缩影”。[24] 使用罚金的历史清楚地表明了刑罚政策对下层阶级经济地位的依赖。正如他们指出的那样，一个普遍的罚金制度要求全体人民都能获得可消耗的货币收入。情况并非总是如此。事实上，严重的失业和贫困的反复出现仍然会导致大规模的违约，并破坏严重依赖经济处罚的任何刑事制度。[25]

俄罗斯法学家帕舒卡尼斯对刑罚进行了相当不同的马克思主义解释。[26] 他认为，资本主义社会的刑罚制度是围绕着一系列资产阶级的价值观和思想观念组织起来的，这些价值观和思想观念把刑罚与资本主义经济关系的逻辑联系起来，而不是与“科学刑罚学”（指的是社会辩护和治疗模式）的更为恰当的逻辑联系起来。因此，在刑事法庭上，个人被视为“法律主体”，符合标准的资产阶级个体应该拥有自由意志、责任和享乐主义心理等所有属性，无论案件的现实情况离这一理想有多远。同样，我们现在所说的量刑的“司法模式”和作为其基础的刑罚哲学，也被证明是由资产阶级原则和资

---

〔21〕 See G. Rusche & O. Kirchheimer, *Punishment and Social Structure*, Russell & Russell, 1968. p. 159. (Originally published 1939, Columbia University Press.)

〔22〕 See G. Rusche, *Labor Market and Penal Sanction: Thoughts on the Sociology of Punishment*, In *Punishment and Penal Discipline*, edited by T. Platt and P. Takagi, Translated by Gerda Dinwiddie, 1980. (Originally published in Zeitschrift für Sozialforschung 2 [1933]: pp. 63-73.)

〔23〕 See G. Rusche & O. Kirchheimer, *Punishment and Social Structure*, Russell & Russell, 1968. p. 63. (Originally published 1939, Columbia University Press.)

〔24〕 See G. Rusche & O. Kirchheimer, *Punishment and Social Structure*, Russell & Russell, 1968. p. 206. (Originally published 1939, Columbia University Press.)

〔25〕 See G. Rusche & O. Kirchheimer, *Punishment and Social Structure*, Russell & Russell, 1968. chap. 10. (Originally published 1939, Columbia University Press.)

〔26〕 See E. B. Pashukanis, *Law and Marxism: A General Theory*, edited by C. Arthur, translated by Barbara Einhorn, Ink Links, 1978. (Originally published 1924, Communist Academy.)

本主义经济范畴构成的。帕舒卡尼斯认为,这种量刑方式的基本理念是,刑罚应与犯罪行为“对等”,因此正义在于一种公平交易,即用一种有害行为交换与之相等的刑罚。帕舒卡尼斯这种追溯到商品形式的等价物思想使刑罚本身变成了一种交易,在这种交易中犯罪者“偿还债务”,犯罪就变成了“一种非自愿订立的合同”。在以这种方式处理罪犯的过程中,法庭帮助资本主义社会的基本意识形态在不平等、不自由和赤贫等现实问题面前实现了再生产。

帕舒卡尼斯还认为,监禁刑是资产阶级的一项特别发明,它利用了从资本主义生产方式中产生的人和价值的概念,并在刑罚执行中重现资产阶级的心态。〔27〕资本主义经济关系催生并传播了独立个体作为劳动力的拥有者的观念和作为自由的拥有者的观念,这两种概念都可以用时间来校准和衡量,现代监狱的存在和广泛使用正是源于这些观念。因此,尽管监狱以及更普遍的刑法被用作阶级统治的镇压工具,但它也起着建构意识形态的作用,有助于再现资本主义统治所依赖的精神内涵和文化范畴。

这种将刑罚视为资产阶级国家政治工具的观点,由经济衍生的范畴构成,并被用来提升统治阶级的权力,这一观点是由这一领域的其他学者发展和扩展出来的。道格拉斯·海伊的历史著作同样强调了刑法作为意识形态合法性和阶级强制力的双重作用。〔28〕他对18世纪刑法的研究,详细说明了统治阶级的霸权是如何通过在刑事司法中战略性地使用自由裁量权、对标志和仪式的精心管理以及一个普遍遵守其自身法律理想的体系的意识形态吸引力来维持的。对海伊来说,与帕舒卡尼斯一样,刑法关注的是社会权威和当权者的统治诉求,它通过强制性的制裁和象征性的展示来强化这些主张,使刑罚成为权力行使和权力表达的一种形式。如果就像海伊描述的18世纪的英国那样,社会权力和权威是以明确的阶级界限为基础的,那么刑罚将再现阶级的形式和形象,即使它的行为似乎超越了阶级划分,保护了阶级划分中的错误一方。

马克思主义学者通过提示阶级斗争和经济关系的重要性来解释刑罚实践的这些尝试,也受到了批评。毫无疑问,鲁舍与基希海默在分析刑罚制度时高估了经济因素的解释力,他们的刑法史叙述的主要弱点是,没有认识到经济问题总是受到其他社会力量的影响,这些社会力量不仅是海伊和帕舒卡尼斯所指出的政治和意识形态因素,还有职业利益、机构动态、犯罪学概念以及在塑造刑罚实践中发挥了关键作用的宗

〔27〕 E. B. Pashukanis, *Law and Marxism: A General Theory*, edited by C. Arthur, translated by Barbara Einhorn, Ink Links, 1978, p. 181. (Originally published 1924, Communist Academy.)

〔28〕 D. Hay, *Property, Authority, and the Criminal Law*, In *Albion's Fatal Tree: Crime and Society in Eighteenth Century England*, edited by D. Hay, P. Linebaugh & E. P. Thompson, Penguin, 1975.

教和人道主义改革计划等因素。[29] 说这一点并不是要否定生产方式在塑造刑罚体系中的有效性，而是要坚持认为，任何因果关系都是中介性和间接性的，因此，没有他们的说法所暗示的那么具有“决定性”。叶礼庭(M. Ignatieff，又译为迈克尔·伊格纳蒂夫)等历史学家证明，我们可以将对特定利益的敏感性和在刑事诉讼过程中激励行为者的切实关注结合起来，承认这些想法的形成背景及其运作的实际限制，将由所讨论的、有关社会的、更广泛的政治和经济结构决定，这种方法似乎是对马克思主义案例的一种重要提炼。[30]

同样，如鲁舍与基希海默所做的那样，仅仅描述“经济利益”与刑罚结果之间的相关性而不描述使这些“利益”得以实现的机制是不够的。这一点在多元化的民主社会中尤为重要，因为在这些社会中刑事判决是由那些与经济活动领域可能相距甚远的人员作出的。如果要论证经济需求被传递到刑罚领域，那么这种间接影响的机制就必须被清楚地描述出来，否则相关性就只能被视作巧合。正如史蒂文·博克斯(Steven Box)所说的那样，监狱机关和国家官员开始认识到劳动力市场的“需求”和“统治阶级的利益”，然后根据这些需求作出决定，但对这一过程的分析需要比鲁舍与基希海默提供的分析复杂得多。[31]

最后，这些对刑罚的分析倾向于将刑事司法描述为用以调节和控制工人阶级的阶级工具，这与刑法在民众阶层中得到广泛支持的有力证据相违背。根据这些证据，民众阶层往往将刑法视为维护自身利益和统治阶级利益的工具。[32] 因此，如果马克思主义的论点要坚持下去，就必须像现在许多马克思主义者所做的那样承认刑法的阶级功能与真正的社会功能是相结合的，例如刑法禁止暴力和惩罚掠夺性罪犯的功能是一致的。因此，从阶级角度理解刑法的关键不是否认它的普遍功能，而是理解特殊利益与更普遍的利益之间的默契交织。马克思主义者汤普森认为，帕舒卡尼斯对“资产阶级合法性”

---

[29] See M. Ignatieff, *State, Civil Society, and Total Institutions: A Critique of Recent Social Histories of Punishment*, Crime and Justice: An Annual Review of Research, Vol. 3, edited by M. Tonry & N. Morris, University of Chicago Press, 1981; P. Spierenburg, *The Sociogenesis of Confinement and Its Development in Early Modern Europe*, In The Emergence of Carceral Institutions, edited by P. Spierenburg, Erasmus University, 1984; D. Garland, *Punishment and Welfare: A History of Penal Strategies*, Gower, 1985; J. M. Beattie, *Crime and the Courts in England, 1660-1800*, Princeton University Press, 1986; J. Innes, *Prisons for the Poor: English Bridewells, 1555-1800*, In Labour, Law and Crime: An Historical Perspective, edited by F. Snyder and D. Hay, Tavistock, 1987.

[30] See M. Ignatieff, *A Just Measure of Pain: The Penitentiary in the Industrial Revolution, 1750-1850*, Macmillan, 1978.

[31] See S. Box, *Recession, Crime and Punishment*, Macmillan, 1987.

[32] See J. Brewer & J. Styles, eds., *An Ungovernable People: The English and Their Law in the Seventeenth and Eighteenth Centuries*, Hutchinson, 1980; R. F. Sparks, *A Critique of Marxist Criminology*, In Crime and Justice: An Annual Review of Research, Vol. 2, edited by N. Morris and M. Tonry. University of Chicago Press, 1980; J. Langbein, *Albion's Fatal Flaws*, Past and Present, No. 98, 1983, pp. 96-120.

和基于它的刑法实践的否定,没有认识到这种原则所能提供的普遍保护。同时他还指出,正如民主社会主义者经常主张的那样,在资本主义社会中发展起来的法律理想可能具有独立于特定社会经济背景的价值。[33] 然而,如果这一反驳减少了马克思主义立场的批判力量,那是因为它保留了这样的看法:在刑法领域可以找到的主要原则、范畴和价值观往往与社会其他领域(如政治和经济)发现的文化范畴直接同源。

如果我们记住这些批评,淡化马克思主义的解释性主张,并把经济压力和统治阶级利益视为对刑事政策的影响性因素而不是决定性因素,那么这种观点显然可以说明现代刑罚的某些特征。例如,它可以在某种程度上解释当代的刑罚现象,如刑罚机构工作在意识形态上的重要性、继续将"条件较差原则"作为管理原则,以及货币刑罚在大多数刑罚体系中的中心地位。同样,当前的政策发展,如刑罚的"私有化"、走向"社区刑罚"的运动以及新的监测技术的使用,都对劳动力市场产生了明显的财政影响,这需要进行上述的淡化分析。如果我们牢记帕舒卡尼斯所指出的联系,并着眼于近年来市场意识形态的复苏和福利主义在政治上的衰落,那么在整个复兴时代,特别是自20世纪70年代以来,司法模式的恢复力和更新也可能得到更好的理解。最后,这种观点使我们免于从犯罪控制的狭义角度分析惩罚,而是将其作为管理城市下层阶级的机制之一,与社会福利法规、治安策略、住房、学校教育和就业政策一起分析。从这一更广泛的观点来看,刑事措施的形成不仅取决于犯罪模式本身与边缘群体的生活条件及与其他阶层的关系,而且主要是由政府对穷人作为社会问题的看法和对待他们的首选策略决定的。这些形式的对待可能涉及关怀和供养以及胁迫和控制等方面,但这些形式在更广泛的统治战略中的嵌入是理解它们最关键的一点。

(三)刑罚、权力和知识:米歇尔·福柯的作品

笔者在谈到涂尔干时曾说过,他很少告诉我们刑罚的实际工具和手段。马克思主义的观点也是如此,它主要关注的是刑罚制度如何陷入阶级分裂,如何受到经济和政治结构的影响。与此相反,福柯的著作直接把我们带入了刑罚机关的内部运作,关注刑罚权力的具体技术及其运作模式。他的研究详细分析了现代刑事制裁实施其特定形式控制的机制、其所依赖的监督、检查和纪律原则,以及这些权力行使模式所依据的刑法学知识和依据。[34] 其结果是一种刑罚控制现象学,显示了"微观权力物理学"与

---

[33] See E. P. Thompson, *Whigs and Hunters: The Origins of the Black Act*, Penguin, 1975.

[34] See M. Foucault, *Discipline and Punish: The Birth of the Prison*, Translated by Alan Sheridan, Penguin, 1977.

——. *I, Piere Rivière*, Penguin, 1978.

——. *Prison Talk*, In Power/Knowledge: Selected Interviews and Other Writings, 1972–1977, edited by C. Gordon, Pantheon, 1980.

——*The Dangerous Individual*, In Politics, Philosophy, Culture: Interviews and Other Writings, 1977–1984, edited by L. D. Kritzman, Routledge, 1990.

受其支配者身体接触的具体方式。尽管福柯关心的是如何将刑罚技术与其他治理和纪律领域联系起来,并将其置于更广泛的权力关系网络中,但他坚持认为,这些问题不能通过参考关于“社会”是如何构成的一般理论来理解。

福柯的《规训与惩罚》提出了一个历史问题,即如何解释作为公众仪式的身体暴力这一刑罚方式的消失,并解释监狱作为另一种标准刑罚方法的出现。他选择这个问题是为了探索更广泛(更现代)的主题,即在现代世界中如何行使权力和管理个人,因此,这本书在很大程度上是对监狱内部的权力及其所依赖的知识、技术和社会关系形式的分析。

在福柯所研究的1750年至1820年间,监狱所代表的“现代”刑罚风格的出现被理解为一种质的转变,而不仅仅是刑罚数量的减少或力度的减小。在这种转变中,刑罚的目标发生了变化,虽然身体仍然是某些刑罚措施的对象,但现在其是作为改造灵魂的工具,而刑罚不热衷于造成犯罪者身体的痛苦。同时,刑罚的目的也发生了变化,现在人们关心的不再是报复犯罪,而是改造罪犯。刑罚技术从绞刑架到监狱的这种变化,标志着司法本身的性质发生了更深刻的变化。新的关注点是理解罪犯,了解其犯罪行为的来源,并尽可能地进行干预以纠正这些行为,从而使审判的重点从犯罪本身转向对犯罪人的评估。[35] 反过来,这需要任命各种各样的专家,他们是提供知识、查明异常情况并促成改革实现的必要条件。这种变化的结果是:刑罚制度不再一味地追求惩罚,而是开始关注纠正;刑罚的目的是培养正常的、符合要求的人,而不是单纯的施以惩罚和惩戒。

对福柯来说,在更大的范围内,这些发展有助于说明权力是如何在现代社会运作的。公开的武力、暴力装置和强权的仪式越来越多地被一种基于精细知识、常规干预以及温和纠正的权力模式所取代。后者认为,对有问题的人要进行彻底的监管,而不是一味地压制,要通过这种方式来改善而不是摧毁他们。

福柯看待刑罚的方式是独特的,而且相当具体。首先,根据他的解释原则,刑罚被理解为一种位于权力关系总体领域内的“政治策略”,要研究的是它的积极作用,不管是直接的还是间接的作用,不应该仅仅把它作为一种镇压机制。其次,刑罚应被视为与“人文科学”(心理学、社会学、犯罪学等)的发展有着密切的内在联系,而不仅仅是受到它们的外部影响。最后,对罪犯个性及其“灵魂”的关注,将被视为漫长历史中有关“身体”处理方法的新政策。总之,刑罚关注的是权力,特别是积极的权力;关注的是知识,或者说是关于权力的知识;关注的是权力、知识、技术如何接触到罪犯的身体,并通过他们来行使权力。

---

〔35〕 See M. Foucault, *The Dangerous Individual*, In Politics, Philosophy, Culture: Interviews and Other Writings, 1977-1984, edited by L. D. Kritzman, Routledge, 1990.

现代刑罚，尤其是现代监狱，部署了一种独特的权力，福柯称之为“规训”。[36] 对福柯来说，规训是一种掌握人体使其服从并发挥作用的方法。它在最小的控制范围内运作，主要关注的不是整个身体，而是它的个别动作和姿态，目的是提高每个动作的效率，发展它与其他动作的协调。这种对身体的训练伴随着一种持续的、不间断的监督，这种监督对最轻微的偏差也保持警惕，从而实现对被约束者的细致控制。

这种严密的控制反过来又依赖于从 17 世纪起在各种非刑罚环境中逐渐发展起来的某些组织原则。其中军队的管理制度在实现个人空间分配管理中起了非常大的作用，它的军衔和档案制度为大量的个人建立了一种固定的秩序，将他们逐一分开，以便他们可以被单独查看、监督和评估。同样，修道院制定了时间表，这是一种通过强加固定节奏来组织时间和动作、指定一系列职业和调节重复周期的方法。在较小的范围内，“练习”的概念来源于军营和工厂。在这种反复的常规程序中，精确的身体姿势，四肢的位置和最小的身体动作都被程序化了，以提高他们的效率，并将他们与武器的使用或机器的操作联系起来。通过这些手段，身体逐渐有了自己的步调，最后它变成了温顺的、高效的、有用的机器，程序化地执行他们被训练的功能。[37]

通过强制执行的方式，并且为了应对偏差和不服从，这些惩戒系统依赖于一种被福柯称为“规范化”的纠正方法。规范化首先涉及一种评估个人表现与理想行为标准之间关系的方法。监测安排、案件记录和审查程序提供了这方面的知识，使不符合或偏离既定标准的事件被识别和处理，同时“个别化”对待处于这种关注之下的不同主体。而且，由于制裁的目的是纠正而不是惩罚，实际使用的制裁往往涉及练习和培训，这些措施本身有助于使行为“符合”要求，使个人加强自我控制。在这一规范化过程中，牵连着新的“人文科学”，如犯罪学、刑罚学、心理学和社会学，因为这些科学只有通过对个人的详细、系统的知识生产才能成为可能，反过来，研究它们是为了加强对个人行使的规范化的权力和控制。[38]

1791 年杰里米·边沁设计的“全景敞视监狱”或“监察所”被福柯视为这些权力/知识原则的缩影。福柯认为它不仅是监狱的原型，也是所有实行监视和规训制度的机构的原型。全景敞视监狱，在其理想的版本中，采取了一个圆形建筑的形式，周围有单独的牢房，其窗户和照明的安排使居住者可以清楚地看到中央监视塔，尽管它对他们来说仍然是不透明的。这种建筑形式，旨在使身体个性化，并使这些个人不断地受制于占据其中心的当局的知识和权力。随着时间的推移，这种持续的可注视性和脆弱性被

---

〔36〕 See M. Foucault, *Discipline and Punish*: *The Birth of the Prison*, Translated by Alan Sheridan, Penguin, 1977, pt. 3.

〔37〕 See M. Foucault, *Discipline and Punish*: *The Birth of the Prison*, Translated by Alan Sheridan, Penguin, 1977, pp. 135-170.

〔38〕 See M. Foucault, *Discipline and Punish*: *The Birth of the Prison*, Translated by Alan Sheridan, Penguin, 1977, pp. 107-195.

设计用来诱导牢房囚犯进行自我控制。权力不再需要发挥它的制裁作用,取而代之的是罪犯以被期望的方式自己采取行动。因此,所有直接压迫身体的残余制度都逐渐被温和但有效的统治结构所取代。[39]

在这种分析的基础上,监狱和现代刑罚的许多方面都要被解释为这种更广泛的历史现象的具体方面,即学科的发展和普及。现代监狱学的关键原则是对犯罪行为背后的"罪犯"的调查,对罪犯的矫正和调整的关注,为了观察、评估和治疗罪犯而引入专家,还有标准的监狱技术如隔离、劳动、个体化治疗以及在行为改善时调整刑期,都是这一规训过程的运行标志。此外,"犯罪学"这门科学被视为这一规范化的学科体系中的一个要素,意味着不同的权力制度可能会产生相当不同形式的犯罪学知识(当然,反之亦然)。

因此,现代刑罚机构在谱系上被解释为犯罪学学科的发展,在结构上被解释为其采用的运作原则和话语理性。然而,福柯对监狱实际运作的描述强调的是它在更广泛的政治统治和一般社会控制领域中的隐藏作用,而不是它宣称的惩戒个人的目标。综合传统的智慧,福柯认为监狱在监狱学目标上一直是失败的。事实上,早在 19 世纪 20 年代人们就承认了监狱制度存在容易产生累犯、造就犯罪环境、使囚犯的家庭一贫如洗等缺陷,它未能减少犯罪。但福柯将这种"失败"重新解释为一种不言而喻的政治成功。创造一个累犯阶层被认为是一个有用的政治战略,因为它有助于将犯罪与政治分开,使工人阶级相互对立,增强对监狱的恐惧,并保证警察的权威和权力。通过建立一个明确界定的犯罪阶层,监狱确保了当局对惯犯的了解,并使其更容易管理。而针对这一群体所必需的监视权,可以很容易地用于更广泛的政治目的。在这种情况下,监狱不是在控制罪犯,而是通过创造罪犯来控制工人阶级。对福柯来说,这就是这个机构持续了近两百年的不言而喻的理由。[40]

当福柯描述现代社会中广泛的规范化实践网络时,监狱在更普遍的"监视社会"中的位置和功能被最清楚地描述出来。监狱机构发展了惩戒技术。一些具有惩戒功能的机构,如学校、家庭、工厂和社会福利机构等,与其他社会生活机构之间的界限日益模糊,它们的角色也在不断地互换。福柯认为,存在一种覆盖整个社会的"监狱连续体",它被识别偏差、异常和偏离相关规范的普遍关注联系起来。在这一总体框架内,刑罚的过程与教育或治疗的过程并没有本质上的区别,它往往只是这些胁迫性较小的做法的延伸。其结果是,曾经围绕着刑罚权力的法律限制,与具体罪行联系在一起,确定其期限、保障被告人的权利等都趋于消失。刑法实际上成为一种混合的控

〔39〕 See M. Foucault, *Discipline and Punish*: *The Birth of the Prison*, Translated by Alan Sheridan, Penguin, 1977, pp. 195-209.

〔40〕 See M. Foucault, *Discipline and Punish*: *The Birth of the Prison*, Translated by Alan Sheridan, Penguin, 1977, pp. 271-285; M. Foucault, *Prison Talk*, In Power/Knowledge: Selected Interviews and Other Writings, 1972-1977, edited by C. Gordon, Pantheon, 1980.

制系统,合法性原则与规范性原则结合起来了,正是这种转变扩大了其权力的有效范围,使其不仅能够制裁"违法行为",而且能够制裁"偏离规范的行为"。〔41〕

福柯对刑罚的描述,就像任何其他单一的解释一样,有着明确的弱点和局限性。首先,在关注构建现代刑罚的权力/知识原则时,福柯忽略了其他问题,如刑罚权力得以行使的文化框架,情感、文化价值和感情力量。刑事措施所依赖的社会支持和政治合法性甚至影响着关于刑罚政策和制度架构的政治斗争和谈判。他的论述倾向于将现代刑罚与规训或规范化的方法相提并论,尽管在他看来,当代的重要制裁措施,如罚金和死刑,并不是规训式的;尽管刑事法庭继续倾向于利用道德谴责的语言和报应的逻辑;尽管在采用规训技术的地方,它们在实践中也经常受到人道主义和公民权利的影响,甚至与顽固的惩罚性态度达成妥协。〔42〕

福柯断言,无论他对监狱运作的另类解释是否合理,监狱在其惩戒项目上始终是失败的,这也为他的方法提出了一个理论问题:作为一种集中的、全面的惩戒形式,监狱的失败是否告诉我们成功实现规训所需的条件是什么? 一个可能的答案是,规训所涉及的个人必须以某种方式分享他成为规训目标的经历,而这种合作在惩罚性环境中是很少发生的。但追求这一理念,就是要突出受规训主体的作用和价值取向,从而偏离福柯所暗示的那种更为自动的规训概念。此外,福柯对刑罚历史变迁的政治解释似乎暗示绞刑架和肉刑的消失与法国大革命的政治巨变相吻合,而事实上,作为公众仪式的刑事暴力的衰落似乎是一个更加渐进的过程,始于17世纪初,一直延续至今。〔43〕

对福柯作品更现代的批评可能是,尽管他很好地描述了"社会复归"或"以治疗为导向"的刑事司法制度中隐含的权力/知识原则,但这种策略已不再是20世纪80年代以来刑事政策的特征。在正义模式、报应性刑罚、一般威慑和无害化甚嚣尘上并主导刑罚政策的"后社会复归"时代,福柯所展示的刑罚控制现象学似乎并不存在了。然而,这样看待福柯的作品过于狭隘,是无法理解其所要达到的分析层面的。《规训与惩罚》也不仅仅是对"实证主义犯罪学"和"社会复归"政策的描述,它是对更基本的刑罚现代性结构的描述,这些结构已经超越了最初提出这些政策目标的理由。用韦伯的术语来说,福柯描述了刑罚如何成为一种依赖专家知识、官僚惯例以及精细控制技术的理性化和工具化的制度。这种专业化、官僚化和理性化的历史过程,以规训为主导,确保了无论刑罚的司法或政治目标如何,刑罚机构都倾向于采取理性化的管制方式和风

---

〔41〕 See M. Foucault, *Discipline and Punish: The Birth of the Prison*, Translated by Alan Sheridan, Penguin, 1977, pp. 293-308.

〔42〕 See A. E. Bottoms, *Neglected Features of Contemporary Penal Systems*, In The Power to Punish, edited by D. Garland & P. Young, Gower, 1983; D. Garland & P. Young, *Towards a Social Analysis of Penality*, In The Power to Punish, edited by D. Garland and P. Young, Gower, 1983.

〔43〕 See P. Spierenburg, *The Spectacle of Suffering: Executions and the Evolution of Repression*, Cambridge University Press, 1984.

险管理程序,这些管制方式依赖并完善了福柯所描述的各种原则。当代的政策选择,如选择性无害化、识别职业罪犯和危险人物甚至转处的某些情形,都依赖于与社会复归理念下的分析、诊断和预测相同的原理。[44] “全景敞视”原则继续贯穿于现代化的监狱和劳教所,也通过电子监视及各种各样使之成为可能的居家监禁和远程控制技术传播到社区。[45] 在完全的监禁和无条件的自由之间,运作着无数以社区和规范化技术为基础的刑事司法机构。[46] “监狱连续体”内部的转换则更为生动地体现为如下事实:在某些司法管辖区,由于违反假释规定而从假释机构转入监狱的人数,现在比从法院直接送入监狱的人数还要多。[47] 可见,社会复归精神的消失并没有削弱调查、分类和规范化做法的广泛网络,这些做法最初是在“帮助罪犯”的名义下引入的,现在却构成了刑事控制的权力知识网络的重要组成部分。

因此,尽管福柯的叙述可能夸大了规训的重要性,也可能忽略了在刑罚领域内运作的反规训的力量和非规训的形式,但他还是成功地识别并分析了刑罚实践的某些特征,而这些特征在现代世界中具有重要意义。

(四)刑罚与情感:诺伯特·埃利亚斯与刑罚的“文明化”

涂尔干、马克思和福柯的观点是目前刑罚社会学中已建立的框架,并引发了大量的研究和评论。笔者所讨论的最后一个观点——诺伯特·埃利亚斯的观点——不太为人所知,只是最近才被证明与刑罚和刑罚史的理解有关。

埃利亚斯的论著对于刑罚社会学的价值在于,它提供了某种文化和精神结构的详细叙述,他称之为“文明的感觉”,这些结构是现代西方社会的特点,可以证明对我们的刑罚方式是有重大启示的。虽然涂尔干对这一主题作了简要的论述,但“感性”和“文明”的问题在最近的社会学和刑罚史上并不突出。事实上,马克思主义和福柯派理论家倾向于将感性因素排除在解释框架之外,认为“人道主义”和“文明情感”不应被视为刑罚变革的影响因素,而应被视为掩盖更基本的经济利益或权力与控制的隐蔽策略的表面修辞或意识形态。[48] 作为对刑罚进步无关紧要的道德历史的反映,这种怀疑论

---

〔44〕 See J. Floud & W. Young, *Dangerousness and Criminal Justice*, Heinemann, 1981; P. Greenwood, *Selective Incapacitation*, RAND, 1982; A. von Hirsch, *Past or Future Crimes*? Manchester University Press, 1985.

〔45〕 See G. Marx, *I' ll be Watching You: The New Surveillance*, Dissent, 1985, Vol. 26.

〔46〕 See J. Donzelot, *The Policing of Families*, Hutchinson; S. Cohen, Visions of Social Control, Polity, 1985; R. Harris & D. Webb, *Welfare, Power and Juvenile Justice*, Tavistock, 1987.

〔47〕 See S. L. Messinger & J. E. Berecochia, *Don' t Stay Too Long but Do Come Back Soon: Reflections on the Size and Vicissitudes of California' s Prison Population*, Paper presented at the Conference on Growth and Its Influence on Correctional Policy, Berkeley, Calif., 1990, May.

〔48〕 See M. Ignatieff, *State, Civil Society, and Total Institutions: A Critique of Recent Social Histories of Punishment*, In Crime and Justice: An Annual Review of Research, Vol. 3, edited by M. Tonry and N. Morris, University of Chicago Press, 1981.

的方法可能是必要的,它肯定以笔者已经描述过的方式说明了问题。但越来越明显的是,这种对感性和实质性道德信念的排斥过于激烈。修正主义者强调通过刑罚实施的隐性控制和支配策略,掩盖了文化价值观和情感在塑造和限制可能采取的刑罚措施方面所起的重要作用。因此,吊死在铁链上、鞭笞尸体、或将罪犯置于断头台或绞刑柱上让罪犯遭受公众暴力,很可能不再符合我们这个时代的统治策略和政治关系,因此可以从政治角度理解它们的消失。同样的情况是,这些措施放到现在将是对在现代西方社会中成长的个人的正常情感的侮辱,任何试图在这种文化背景下重新引入这种"野蛮"方法的统治者都会很快感受到这些情感的真实性和力量。

怀疑论者的说法之所以有说服力,是因为他们表明,"文明"或"人道主义"情感的要求有时与政治、经济或意识形态方面的利益相吻合,例如人道主义措施也可以产生更大的控制和更高的合法性。但在其他情况下,二者的方向是相反的,这也是最能体现情感真实性的地方:在那里,它们表明自己是一种真正的社会力量,而不仅仅是一种"伴奏"。[49] 刑罚的方式不仅取决于政治力量、经济利益,甚至是惩罚方面的考虑,也取决于文化上和情感上可以接受的或不可以接受的观念。刑事政策决定总是在道德和感性的背景下作出的,通常至少会对公众所容忍的行为或刑罚系统工作人员所能执行的行为设定限制。这种敏感性甚至迫使最不道德的政府也要考虑"礼仪"问题,迫使它们仔细考虑什么是可耻的,什么是不值得认真考虑的。

因此,很多刑罚(比如酷刑、致残、石刑、公开鞭刑等)被认为"不可想象"并被排除在外,因为它们给我们的印象是不可能接受的残酷和"野蛮",完全不符合现代文明人的情感。这种基于普遍情感的判断界定了刑事政策领域可能性的外部轮廓。通常,这条界线有一些大家都习以为常的、不言而喻的、几乎看不见的特征。只有当一些无耻的提议越过了界限,或者当其他时间或其他地方的证据表明,在某地方划定的界限有多么不同时,它才会变得明显可见。因此,它陈述了一个显而易见但也是我们很容易忘记的一点:刑罚在某种程度上是由人类情感的特定结构决定的,而这些情感本身是可以改变和发展的。

对文明情感的任何一般性分析,不可缺少的指南是埃利亚斯的两卷本巨著《文明的进程》,该书首次出版于 1939 年。在这一历史研究过程中,埃利亚斯详细叙述了自中世纪晚期以来西方情感的变化方式,确定了一些广泛的发展模式,这些模式似乎是历史资料显示的态度和行为的众多微小、具体和非常渐进的态度和行为变化的基础。在描述这种变化模式和它所采取的典型方向之后,埃利亚斯提出一种解释,即将情感和个人心理的变化与社会组织和互动模式的更广泛变化联系起来。不幸的是,对于刑罚的历史如何与他所描述的广泛发展相适应,埃利亚斯本人几乎没有任何论述。[他对绞刑架在中世纪骑士世界中的地位做了一些简短的评论(它"处于他生活的背景之

〔49〕 See C. Geertz, *Stir Crazy*, New York Review of Books, 1978, January 26.

中。它可能不是很重要,但无论如何,它不是一个特别痛苦的景象"),并在第一页指出,"司法惩罚的形式"是"文明"通常所指的社会事实之一[50],除此之外,没有什么具体的说明]。然而,正如彼得·史毕文伯格等人的著作所表明的那样,埃利亚斯对现代情感的发展和特征的分析对理解刑罚有着深远的意义,这一点似乎非常清楚。[51] 在第一部分的剩余部分,笔者将阐述埃利亚斯作品的部分主题,并阐述他如何帮助我们理解现代刑罚的形式和文化基础。在这个过程中,笔者主要关注他对现代情感的描述,以及当代文化控制和仪式引发个体恐惧、焦虑和情感抑制的特征和结构。值得注意的是,这种心理/文化维度仅仅构成了埃利亚斯关于社会组织和发展的一般理论的一个方面。这个项目是在韦伯和涂尔干的宏大规模上设想的,并综合了这两位学者的许多论点。

在埃利亚斯的著作中,"文明"的概念指的是"人类行为的特定转变"。[52] 埃利亚斯使用了一系列的历史资料,特别是礼仪手册、教学文本和类似的文化教学或其他描述文件,追踪了社会和个人生活在几个不同领域中行为规范的转变,以及最终的实际行为。餐桌礼仪、对身体机能的态度、吐痰或擤鼻涕的正确方法、卧室里的行为、清洗和清洁的习惯、攻击性的表现、成人和儿童之间的关系、男性在女性面前的行为,称呼上司或陌生人的恰当方式,所有这些都经历了重要的变化。埃利亚斯用丰富且常常引人入胜的细节描述了这些变化。此外,他发现在这众多的变化中,有许多反复出现的发展模式和原则,使整个运动有一定的规律和方向。(应该补充的是,这种模式不是基于任何进步的目的论,而是基于社会分化和相互依赖的增强,基于社会组织的平行发展,特别是伴随着从封建社会到法庭社会,最后到市场社会的转变,最终形成了具有合法暴力垄断权和中央集权的民族国家。[53])

埃利亚斯认为,这些文化需求和社会关系的变化最终会对相关个人的心理产生影响,特别是对他们的动力和情感结构产生影响。人类个体逐渐将父母和社会环境强加给自己的恐惧、焦虑和抑制内化,根据文化生活的需要,形成一种或多或少有效地抑制了冲动和攻击的超我。因此,文化变化会导致一个心理上的必然结果,这就是所谓的"文明的心理过程"。[54] 从长期来看,这会导致个体典型人格结构发生变化,特别是自

[50] See N. Elias, *The Civilising Process: The History of Manners*, Vol. 1, Basil Blackwell, 1978, p. 3, 207. (Originally published 1939, Hans Zum Falken.)

[51] See P. Spierenburg, *The Spectacle of Suffering: Executions and the Evolution of Repression*, Cambridge University Press, 1984.

[52] See N. Elias, *The Civilising Process: The History of Manners*, Vol. 1, Basil Blackwell, 1978, p. 151. (Originally published 1939, Hans Zum Falken.)

[53] See N. Elias, *The Civilising Process: State Formation and Civilization*, Vol. 2, Basil Blackwell, 1982. (Originally published 1939, Hans Zum Falken.)

[54] See N. Elias, *The Civilising Process: The History of Manners*, Vol. 1, Basil Blackwell, 1978, p. xii. (Originally published 1939, Hans Zum Falken.)

我控制的发展,内化的约束,以及抑制性的焦虑,如恐惧、羞耻、谨慎和尴尬。公开的攻击性表现或任何类似的自发情绪,越来越被法律的力量或社会的谨慎所禁止。只要这个社会化过程成功,个体的情绪和行为就会变得更加均衡有序,不那么自发也不那么容易在两个极端之间剧烈波动。因此,个人经过训练心理上具备了维持社会习俗和显示特定情感的能力。随着时间的推移,这些公约往往变得更加苛刻,要求更大限度地克制和忍耐,并产生越来越高的微妙和敏感的门槛。文明礼仪往往从一个社会群体传播到另一个社会群体,最初在社会精英中形成的情感和态度往往会向外传播,并影响越来越多的人口。如果说刑事政策受社会对暴力的态度、对痛苦和折磨的情绪反应的影响,特别是受精英阶层对适当行为和可允许行为的概念制约,那么可以看出,埃利亚斯的论述对我们理解刑罚方法及其历史发展是有意义的。

更直接相关的是埃利亚斯的以下论点,即文明进程朝着令人不安的事件的“私有化”(或可译为“私密化”——译者注)迈进。[55] 在礼仪和文化仪式的发展过程中,埃利亚斯确定的一个关键特征是私有化的过程,即生活的某些方面从公共舞台上消失,转而隐藏在社会生活的幕后。比如性、暴力、身体的某些机能、疾病、痛苦和死亡,都逐渐成为尴尬和厌恶的来源,并越来越多地转移到各种私人领域,如驯化的核心家庭、私人休息室和卧室、监狱牢房和医院病房。这一过程背后隐藏着一种倾向,即压制人类行为中更多动物性的一面,因为它们是野蛮和未开化的标志。那种行为被定义为令人厌恶的和不礼貌的行为,个人被教导要避免在上司面前表现出那种行为从而震惊上司。最终这种文化压制变得更加普遍和深刻。看到其他人公然受苦,或排便,或显示他们的身体机能,会让人彻底厌恶并禁止其在公共场所进行。渐渐地,新的、更私人的飞地在“幕后”发展起来,这样上述活动就可以远离他人的视线、避开羞耻和尴尬的光环更谨慎地进行。

这种私有化的概念很重要,不仅仅是因为它帮助我们理解现代社会严重依赖机构的封闭性,还因为它是处理麻烦人物的首选方法。它还明确指出,文明涉及“不文明”行为的迁移和重新安置,而不是完全压制或消失。例如,现代国家治理社会的一个关键特征是,暴力不再是日常公共生活中可容忍的一个方面。然而,正如埃利亚斯指出的,社会上的暴力并没有消失,相反,它被储存在“幕后”,如军营、军械库和监狱,随时准备在紧急情况下使用,并随时随地对可能违反国家规范和禁令的人施加威胁。[56] 因此,毫不奇怪的是,那些在各方面都最文明的社会,如果因为某种原因放弃了文明的约束,也能够释放出世界大战、核攻击以及种族灭绝的大规模暴力。

与其他残忍行为一样,暴力、痛苦或身体上的苦难对现代人的情感来说已变得非

〔55〕 为了避免混淆,应当指出,埃利亚斯使用的“私有化”一词与前面提到的那种“私有化”无关,后者涉及将刑罚机构的管理或所有权从国家机构转移到商业公司。

〔56〕 See N. Elias, *The Civilising Process: The History of Manners*, Vol. 1, Basil Blackwell, 1978, p. 239. (Originally published 1939, Hans Zum Falken.)

常令人不安和反感。因此,要尽可能将其最小化。在继续使用暴力的地方,暴力通常会从公共场所移除,并以各种方式进行"消毒"或伪装。在现代,暴力往往为军队、警察或监狱工作人员等以非个人、专业方式行事的专业团体垄断,以避免这种行为可能引起的情绪紧张。

我们把感受能力、情感抑制和文化仪式的发展称为"文明化",它是长期形成的,这一过程具有任何长期过程所具有的不平衡性和变化性。然而,埃利亚斯还是针对这一过程提出了他所谓的"典型的文明曲线",他认为曲线有效概括了这种渐进发展的特征。在对餐桌礼仪和社会认可的动物肉类切割方法的讨论中,他提出了上述发展曲线的一个例子:

> 除了少数例外,这种日益强烈的趋势显然适用于对整个动物的切割。这种切割……以前是上层社会生活的一个直接组成部分。后来,人们越来越觉得这种景象令人厌恶。但是切割本身并没有消失,因为动物在被吃的时候当然要被切割。这种厌恶使得切割行为被隐藏在了社会生活的幕后,即由专业人士在商店或厨房进行处理。我们将反复看到,我们称之为"文明化"的过程整体的特点是这种隔离运动,把令人厌恶的东西隐藏在"幕后"的运动。从在餐桌上对动物的一大部分甚至整个动物的切割到看到死去的动物就厌恶,再到将切割行为移到幕后专门地点,这条曲线就是一条典型的文明曲线。〔57〕

这段引文巧妙地总结了埃利亚斯的大部分讨论,并阐明了几个重要的观点。这也表明,刑罚的历史与埃利亚斯所确定的一般发展模式有多密切。如果我们在阅读这篇文章时联想到广泛的刑法史,那么很快就会发现一些非常重要的相似之处。在同一时期,即 16 世纪到 20 世纪,惩罚性行为经历了一系列非常相似的变化。在近代早期,死刑和肉刑都是公开进行的,杀人仪式和罪犯的痛苦都是社会生活的公开部分。后来,在 17 世纪和 18 世纪,这种景象被重新定义为令人厌恶的,尤其是在社会精英中。死刑被逐渐转移到"幕后",通常是在监狱的墙后。随后,对罪犯实施暴力的想法本身就变得令人反感,肉刑和死刑基本上被废除,取而代之的是监禁等其他制裁。〔58〕 到了 20 世纪末,由于已成为一种相当可耻的活动,刑罚大体上从公众视线中消失,由专家和专业人员在飞地(如监狱和教养院)进行。

这个例子表明,埃利亚斯所描述的文化和精神的转变,作为我们现在的感情的起源,在塑造我们的刑罚制度方面可能也发挥了重要作用。如果我们接受这种论述所认

---

〔57〕 See N. Elias, *The Civilising Process: The History of Manners*, Vol. 1, Basil Blackwell, 1978, p. 121. (Originally published 1939, Hans Zum Falken.)

〔58〕 See P. Spierenburg, *The Spectacle of Suffering: Executions and the Evolution of Repression*, Cambridge University Press, 1984; F. E. Zimring & G. Hawkins, *Capital Punishment and the American Agenda*, Cambridge University Press, 1986, pt. 1.

定的现象的真实性,特别是“良心”的激化,对暴力行为约束的增加,个人识别和同情能力的扩大,对痛苦和苦难敏感性的提高,以及对私有化和神圣化的广泛文化倾向[59],那么我们就必须把这些变量纳入刑罚史或刑罚社会学的所有描述。当然,情感在决定刑罚方面的作用在某种意义上并不是唯一的:正如埃利亚斯本人所表明的,这些心理和文化现象总是与社会结构、阶级斗争和组织形式联系在一起,所有这些都可能有助于形成刑罚实践。当然也没有必要不加批判地接受埃利亚斯在每一个细节上的叙述。[60] 但是,一旦我们承认了他的作品所强调的心理和文化现象的真实性和有效性,那么很显然,这些现象必须作为一个有效因素被纳入任何关于刑罚的社会理论。刑罚永远无法从其工具性目的、控制潜力或经济和政治优势方面得到充分解释,正如埃利亚斯的观点所表明的那样,这些可能性总是会被界定刑罚政策领域可能性基本轮廓的文化和精神力量所塑造和限制。

如果看到西方社会普遍拒绝将肉刑作为一种有效的制裁形式,那么情感在构建现代刑罚实践中的重要性就显而易见了。与监禁刑(监禁费用昂贵,难以管理,将大量罪犯聚集在同一屋檐下本身就会产生问题)和罚金(效果因罪犯的财力而异,而且经常导致无力支付的人被监禁)不同,体罚费用低廉,可以精确校准,其副作用可以最小化,而且可以合理有效和统一地实施。至少在这些方面,有充分的理由将体罚作为现代刑罚策略中的一种政策选择。然而,监狱学家甚至没有提到这种可能性。[61] 肉刑在现代刑罚议程上不是一个有效的选项,而只是刑罚史上的一个事实,偶尔会被反动的政治家重新引用以获得戏剧性的效果。

为什么会这样?答案似乎是:我们的现代情感,或者至少是那些在政策制定中有影响力的社会阶层的情感,已经习惯于憎恶肉体暴力和肉体痛苦。粗俗的暴力、蓄意的暴行、身体上的折磨和痛苦,所有这些都被人们认为是无法容忍的冒犯。暴行在一个文明国家的公共政策中没有合法的地位。需要强调的是,这项禁止暴力和施加痛

---

〔59〕 关于广泛支持的历史证据:L. Stone, *The Family, Sex and Marriage in England, 1500-1800*, Penguin, 1979; V. A. C. Gatrell, *The Decline of Theft and Violence in Victorian and Edwardian England*, In Crime and the Law: The Social History of Crime in Western Europe since 1500, edited by V. A. C. Gatrell, B. Lenman & G. Parker. Europa, 1980; T. R. Gurr, *Historical Trends in Violent Crimes: A Critical Review of the Evidence*, In Crime and Justice: An Annual Review of Research, Vol. 3, edited by M. Tonry & N. Morris, University of Chicago Press, 1981; J. M. Beattie, *Violence and Society in Early Modern England*, In Perspectives in Criminal Law, edited by A. Doob & E. Greenspan, Aurora, Ont.: *Canada Law Book*, 1984; K. Thomas, *Man and the Natural World*, Penguin, 1984; 相反的观点: A. Macfarlane, *The Justice and the Mare's Tale: Law and Disorder in Seveneenth Century England*, Blackwell, 1981.

〔60〕 See A. Giddens, *The Constitution of Society*, Oxford: Polity Press, 1984; C. Lasch, *Historical Sociology and the Myth of Maturity: Norbert Elias' Very Simple Formula*, Theory and Society, Vol. 14, 1985, pp. 705-720; R. van Krieken, *Violence, Self-Discipline and Modernity: Beyond the Civilizing Process*, Sociological Review Vol. 37, 1989, pp. 193-218.

〔61〕 See G. Newman, *Just and Painful: A Case for the Corporal Punishment of Criminals*, Macmillan, 1983.

苦的禁令并不是一项普遍的禁令。相反,当代某些刑罚可以清楚地表明,只要采取特定形式,政府的政策仍然允许施加痛苦,公众舆论仍然容忍这种痛苦。例如,那些有过监禁经历的人都知道,监禁,特别是长期监禁,会造成严重的精神和心理痛苦。[62] 它还可能导致身体机能、认知和社交技能的退化,并通常会给囚犯的家庭带来严重的情感和经济困扰。但是它们不会极大地冒犯到我们的感情,因此最终被允许成为公共政策的一部分。因为这些痛苦是精神和情感上的,不是肉体上的;它们也不是立竿见影的,而是只有在长时间内才具有腐蚀性;它们被排除在公众视野之外,并且在法律上被伪装成一种简单的"丧失自由"的行为。为了与"文明"社会的要求保持一致,痛苦的经历被带到了幕后,隐藏在了监狱高墙之后,隐藏在囚犯掩饰情绪痛苦的"幌子"之后。

被禁止的肉刑与最常使用的长期监禁等其他惩罚之间的关键区别,不在于所涉及的痛苦和残暴的内在程度,而在于这种暴力所采取的形式,以及它们对公众情感的冲击程度。现代人的情感表现出了一定的选择性。他们对某些暴力行为有着高度的感知和回避能力,但同时,他们有着特殊的盲点或同情的局限性,所以其他形式的暴力就没有被那么清楚地记录和体验。因此,如果日常的暴力和他人的痛苦是隐蔽的、被伪装了的或以某种方式从视线中移除了,那么这种暴力就是可以被容忍的。因为大部分公众并没有听到囚犯及其家人的呻吟声。由于新闻媒体和流行的犯罪学话语认为犯罪者是"不同的",并不是完整的"人",而且由于刑罚暴力一般都被神圣化、情境化了,能见度低,所以我们的文明感情与常见的残酷刑罚之间的冲突被最小化了,使之更容易被接受。现代刑罚在制度上是有序的,在话语上是有代表性的,它否认了继续存在于其实践中的暴力。

这一特点的一个生动例证是,现代人试图寻找一种"可接受的"死刑方法,它既显示了对刑事暴力的持续投资,也显示了公众情感的局限性。在整个现代时期,各国政府都在寻求新的方法,以便在执行这一终极暴力行为的同时,掩盖其残忍和痛苦的一面。起初,人们关心的是开发一种确保死亡的方法,这种方法不依赖于一个刽子手的技能,这就是断头台、活板门绞架和行刑队。后来,在 19 世纪和 20 世纪,人们开始使用精心设计的技术设备如电椅和毒气室等装置,使致命行为远离人,使死刑成为一种技术性的科学操作,而不是一个人故意杀害另一个人的行为。实际上,杀人是否正确的道德问题已被转化为一个美学问题:司法杀戮是否可以优雅地进行,以掩盖其暴行的事实?

考虑到杀死另一个人的决定的严重性,纠结于礼仪和表现的问题很可能显得不正常和荒谬,但政治生活的现实问题是,这使司法杀戮为现代舆论(至少是某些部门)所接受,刑罚的这些表面现象在现代至关重要。在寻找一种既能杀人又不伤害公众感情

〔62〕 See G. Sykes, *The Society of Captives*, Princeton University Press, 1958; S. Cohen & L. Taylor, *Psychological Survival: The Experience of Long-Term Imprisonment*, Penguin, 1972.

的方法的过程中，注射死刑的发展至关重要，其在美国被广泛使用。这种杀人技术是将一种致死剂量的“超速效巴比妥酸盐”与麻醉剂一起注射到犯罪者的静脉。据其支持者说，这种方法实际上是无痛的，它提供了“一种替代的、更愉快的处决方法”。它也被描述为一种准医疗程序，不是由刽子手而是由医务人员执行，在形式上则模仿了常规的现代保健治疗实践。〔63〕

在过去的十年里，美国有十几个州开始尝试将注射死刑作为无痛楚死亡的一种形式。实践中，通常会在行刑现场建造一堵砖墙从而将死刑犯与技术人员隔开，然后通过墙上的一个小开口注射致命剂量的药剂，从而进一步拉开了“刽子手”（现在是医务人员——译者注）与受害者之间的距离。罪犯像等待手术的病人一样被捆绑在担架车上，以医疗程序为幌子，由技术人员匿名处死，他们不会立即看到自己行为的效果。〔64〕这一奇怪的、实际上相当恐怖的场景概括了现代刑罚的许多重要特征，即私有化、健全化，以及对自身暴力的谨慎否认，这非常清楚地显示了现代情感对刑罚行为形式的要求。

埃利亚斯的作品和他所开创的方法的价值在于，它培养了我们对现代刑罚形式特征的关注，确定创造这种形式的各种情感，并帮助我们追踪它们与导致它们的更广泛的文化和社会模式的联系。如果情感确实影响了刑罚的形式（而且似乎确实如此，它们确实影响了刑罚的形式，尽管从来没有直接或完全地影响过刑罚），那么两种后果应该随之而来。首先是理论上的后果，即对刑罚形式或刑罚历史的任何分析都必须考虑到这些问题。我们决不应该像鲁舍与基希海默甚至福柯所倾向的那样，把情感的证据当作“单纯的意识形态”而加以否定。其次是更实际的观点，即文化斗争、揭露新闻和道德批评等刑罚改革者的传统工具，在实现刑罚变革方面确实有一定的成效。政治倡议、道德争论、情感培养以及公众对“幕后”之事的认识，都在塑造刑罚机构的细节和制度方面发挥着作用。即使我们看不到改变社会的阶级关系基础结构、社会对资本主义形式的依赖，或社会权力知识网络扩散的直接可能性后果，我们仍然可以看到刑罚领域道德和文化斗争的影响。社会制度比大多数结构主义社会学所允许的更加灵活。

二、理解刑罚的多元方法

上述四种概括的观点——作为道德化机制的刑罚、作为阶级统治组成部分的刑罚、作为权力行使的刑罚以及作为文化和情感形式的刑罚——不能简单地加在一起，来提供一种对于刑罚和刑罚历史的宏大概览。这种混合主义视角的弊端在于，人

〔63〕 See F. E. Zimring & G. Hawkins, *Capital Punishment and the American Agenda*, Cambridge University Press, 1986, chap. 6.

〔64〕 See Amnesty International, *United States of America: The Death Penalty*, Amnesty International Publications, 1987.

们可能会轻易地假定一种事实上并不存在的一致性关注点,最终陷入前提不相容、概念模棱两可或研究对象不断变化的知识混乱中。试图同时说出所有的东西,结果可能是什么都说不清楚,也没有说服力。因此,任何有关刑罚的论述都必须注意避免将理论上不相容的分析和主张混为一谈。不过,虽然这种混合主义有风险,但采取一种整合性的多元视角将会增强我们对刑罚体系认识的解释力,即从上述某一种解释角度出发,对所研究的现象进行多维度的阐述。笔者在本文中试图提出的是,这些多元解释视角看似会相互对立,有时候会与它们所依据的事实相矛盾,但可以综合运用它们各自的解释侧重点,扬长避短,提升我们对刑罚更全面、更深刻的理解。从一个解释角度到另一个解释角度,很明显,每一个解释都对"刑罚"现象提出了略有不同的问题,每一个解释都追求不同的方面,揭示不同的决定因素,并勾勒出不同的联系。

当然,有时不同的理论家处理同一个问题确实会用不同的方式来解释,就像马克思主义者和涂尔干对国家或民众情绪在刑事政策形成中的作用存在分歧一样。在这种情况下,我们需要厘清分歧并以有利于最佳解释的方式解决它,否则就选择一种可替代的解释以改善两者。然而,在另一些时候,理论上的分歧,在仔细观察之后,可能会变得不如最初看起来的那么具有实质性。正如我们已经看到的,在涂尔干坚持认为现代惩罚是非理性的、情绪化的和惩罚性的地方,福柯似乎认为惩罚性和报复性情绪在现代刑罚合理化的规训策略中没有任何位置,这与涂尔干的观点直接矛盾。但事实上,这一说法歪曲了福柯的论证范围。与涂尔干的分析不同,他的分析没有涵盖整个社会从起诉到法庭审判再到刑罚处置的惩罚过程。相反,他把重点放在监狱的实践和合理性上。他的著作主要关注刑罚管理和技术,也就是说仅限于刑罚过程的一个关键方面,而不是从头到尾的整个过程。正是因为他的目的是理解积极的、规训的权力机制,而不是理解"刑罚"本身,所以他的作品没有试图讨论情感以及道德情感在多大程度上影响使用监禁的环境。因此,看似直接的矛盾可以被视作解释焦点和理论关注的不同。福柯试图理解现代权力的合理性,将刑罚制度作为论述的焦点;涂尔干关注的则是理解社会道德,在法庭仪式和刑法立法的基础上展开叙述。从这个角度看,对于建立在一个不同过程的不同方面的解释,不应该再去讨论哪一个是正确的。相反,我们应该探究他们所描述的不同倾向是如何相互作用的,这些冲突是如何处理的,以及这些紧张局势对现代刑罚进程有什么影响。

在其他情况下,可能是某位理论家成功地确定了一个似乎逃避了其他理论审查的刑罚要素,比如福柯关于权力/知识技术的论述,涂尔干关于围观者的作用的论述,鲁舍和基希海默关于市场作用的论述,或者埃利亚斯关于公共情感变化的论述。这里再次提醒我们,"刑罚"不是一个单一实体,而是一系列复杂而有区别的过程,涉及权力和谴责的话语框架、判刑的仪式程序、刑事制裁的种类、执行该刑罚的机构与管理单位,以及向不同受众展示这一过程的象征和图像的修辞。因此,我们要研究刑罚的这些不同要素和方面是如何结合在一起,形成一个复杂的、内部有区别的整体。同时,这种认识使我们能够更好地理解对刑罚的各种解释,并承认这些解释在某些方面可能是相互补充、相互确认而不是相互排斥的。

再举一个例子,尽管涂尔干和马克思主义学者道格拉斯·海伊的出发点截然不同,但他们都同意刑罚是通过仪式和象征性表述的形式进行的,它既针对旁观者,也针对被告席上的犯罪者。两者都认为,无论是为了强化权威诉求还是为了应对社会危险,这种展示对于社会文化的生成和再生以及对个人的承诺都是至关重要的。尽管对刑法符号的解释和它们所描绘的社会性质存在根本分歧,但这两种说法都证实了刑罚在这一更广泛的文化和精神生活领域的运作。同样,埃利亚斯和福柯在对刑罚历史进行分析时也是从完全不同的立场开始的,一个强调感性的重要性,另一个则坚持认为这些仅仅是掩盖权力和知识关系的幌子。但他们关于将刑罚从公共领域移到机构围墙内,由专业人员以技术而非情感的方式进行管理的叙述,可被视为处理同一历史进程的两个层面,是相互启发和加强的。

这些考虑得出的结论是,如果要理解刑罚复合体的历史发展和当下运作,就需要一种多元的、多维的方法。如果要建立具有一套一般参数的刑罚社会学,使具体的研究可以从中获得理论上的支持,那么应该是马塞尔·毛斯在谈到需要综合和巩固各种观点时所倡导的那种社会学。它应该是一个力求呈现圆满、完整形象的社会学,意图对更多狭隘的研究所形成的零散观点进行重新组合。[65]

我们可以把这个论点重新表述为对刑罚分析中的简化论的警告,即用单一的因果原则或功能目的,无论是"道德"还是"经济",也无论是"国家控制"还是"犯罪控制",来解释刑罚的倾向。我们需要把握多重因果关系、多重影响、多重意义的事实,而不是寻找单一的解释原则。我们需要认识到,在刑罚领域如同所有社会一样,特定的事件或事态发展通常有多个原因,它们相互作用,形成其最终的形式,包括多个可能被视作功能性或非功能性的影响因素,以及多个会随着参与者和受众而变化的因素,尽管某些因素(或者说,对于那件事情,原因和效果)可能比其他因素更强大。分析的目的应该是捕捉各种原因、影响和意义,并追溯它们之间的相互作用,而不是将它们全部归结为受某单一因素影响。

笔者所讨论的个别解释性框架的效用并不在于它们创造了广泛的理论视角来看待刑罚,而是在于它们能够指导和告知关于刑罚实践和刑罚政策的更具体的研究,尽管这些理论本身有时可以改变我们对刑罚问题的思考方式。就实际目的而言,最有用的知识是详细的、具体的、地方性的知识,侧重于机构或政策的特定问题,并研究所适用的具体文化、政治和刑法环境。好的研究是细致的、精妙的和复杂的,它能够看到研究现象的所有复杂性,但同时又清楚地将其置于社会和历史的背景之中,并力求揭开

---

〔65〕 See M. Mauss, *The Gift: Forms and Functions of Exchange in Archaic Societies*, Translated by Ian Cunnison, Norton, 1967, p. 78. [Originally published in L'annee sociologique 1 (1923-24): pp. 30-186.]

所有的决定因素、动态和结果。通常,这类著作无论是历史的还是当代的,都倾向于使用笔者所描述的那种多元化的解释论,而不是采用只依赖于某一因素的单一解释论。例如,大卫·唐斯、富兰克林·齐姆林以及霍金斯最近试图解释他们所强调的差别化监禁率,这就需要借鉴一系列理论,并构建一个复杂的互动变量和促成因素的解释。[66] 同样,该领域最好的历史研究,比如叶礼庭和约翰·比蒂的研究,调动了多个社会学视角所建议的分析形式和研究思路,并试图将它们结合起来,以公正地反映真实事件的复杂性。[67] 正如约翰·比蒂在总结其关于现代早期英格兰刑法变化的权威研究时所说的那样:

> 几乎可以肯定的是,刑罚的变化不是来自一个简单的、单一的影响。一个社会在任何时候采用的刑罚形式都是由各种利益和意图塑造的。它们的产生是为了回应必须采取对立考虑方式的内容,包括法律的框架,技术上的可能性,在明显的犯罪问题上似乎是可取的或必要的、社会愿意接受和支付的东西。为什么一种刑罚方法会随着时间的推移而失去优势,让位于另一种刑罚方法,这是一个复杂的问题,因为刑罚方法会在社会和文化环境中演变,在不知不觉中改变可接受和不可接受的范围。[68]

社会学理论,如本文所讨论的理论,对理解刑罚是有用的,它们提醒我们注意政策制定的各种限制和结构,以及刑罚可能产生的各种社会后果。它们指出了刑罚与社会生活其他领域之间的相互联系,以及刑罚在社会制度网络中的作用。它们可以揭示制度的动态、特征和影响,否则这些可能不为人知,政策制定者自己也可能不知道。但只有实证研究才能确定这些条件和环境如何在特定的时刻聚集起来,形成一个行动过程或界定一个特定的事件。理论应该是一套解释工具,用于指导和了解实证研究,而不是替代实证研究。

三、作为社会制度的刑罚

本文试图提出如何运用社会学的理论工具来帮助我们思考刑罚的各个方面。每一种不同的社会理论传统都以专门的概念词汇的形式提供了一套具体的工具,旨在阐释社会生活的某个特定方面或维度。而且,正如笔者试图指出的那样,这些解释词汇

---

〔66〕 See D. Downes, *Contrasts in Tolerance: Post-war Penal Policy in the Netherlands and England and Wales*, Oxford University Press, 1988; F. E. Zimring & G. Hawkins, *The Scale of Imprisonment*, University of Chicago Press, 1991.

〔67〕 See M. Ignatieff, *A Just Measure of Pain: The Penitentiary in the Industrial Revolution, 1750–1850*, Macmillan, 1978; J. M. Beattie, *Crime and the Courts in England, 1660–1800*, Princeton University Press, 1986.

〔68〕 See J. M. Beattie, *Crime and the Courts in England, 1660–1800, Princeton University Press*, 1986, *p.* 470.

中的每一种在理解刑罚方面都有其用途,并且根据所提出的问题和所作解释的特征发挥不同程度的作用。因此,在某些情况下,对某些人来说(例如,对于某些群体,法律仅仅是上级力量的强制施加),刑罚是一种原始权力的行使,最好用福柯等提供的词汇来理解。但在其他方面,对在同一社会、同一刑罚体系中的其他人而言,刑罚可能是道德共同体和集体情感的一种表现,其中刑罚制裁是对个别侵犯的共同价值观的授权回应。在这种情况下,权力和意识形态的词汇需要由埃利亚斯和涂尔干的两种完全不同的观点加以调和。这一领域的理论工作的目标不应是对这些传统的综合,也不应是建立某种包罗万象的理论模型。相反,我们应该考察如何最有效地利用各种视角和词汇来理解刑罚,并发展一种刑罚观,使这种多重解释有根有据并显示它们之间的相互关系。

就此,这些社会学的解释可能被用来丰富我们对刑罚的理解,使我们不仅将其视为一种犯罪控制机制,而是将其视为一种具有某种社会特质的复杂制度,在其日常实践中的运行能够凝聚和折射整个社会关系和文化意义的网络。笔者认为,这种更为成熟的、社会学意义上的刑罚概念对我们思考刑罚和刑事政策的方式具有重要意义。通过明确刑罚的社会维度,展示刑罚制度所包含的各种内部冲突和社会后果,刑罚社会学为这一领域的政策评估、哲学反思或政治判断提供更充分的实证基础。正如笔者前面提到的,对刑罚的评价太容易被局限在工具效能的狭义讨论中。我们过于把刑罚视为达到某一目的的简单路径,即犯罪防控,从而把其制度逻辑的其他方面做边缘化处理。当我们谈及监禁、缓刑或改造政策,甚至死刑,似乎大家觉得核心议题在于它们作为犯罪控制工具的技术效力问题与否上,因而导致对它们的论述主要集中在它们是否能有效降低累犯率或是否具有威慑力以及能否影响犯罪率等,而不是对它们作为社会实践组成部分的总体特质与规律进行解析。然而,正如上述社会学观点所示,如果我们坚持把刑罚制度作为工具化理解,只考虑单一的刑罚目的,那我们就很难开始真正诠释刑罚制度的本质规律,所以从这些方面来评价它们的倾向似乎是错误的,也是徒劳无益的。

因此,为了说明问题,我们可以考虑在当代社会中如何评价监禁制度。正如每一份批评报告所提醒我们的那样,监禁制度显然未能实现犯罪控制的目的,然而犯罪控制是其基本作用。〔69〕 大多数囚犯没有得到改造,新一代的罪犯没有被威慑到,国家犯罪率没有下降,因此根据所有这些标准,监狱被认为是一种效率低下的工具(不过,应该指出的是,它的效率并不比许多替代品低多少)。这种失败并不意味着监狱没有成功,因此监狱及其目前的高使用率对社会评论家和刑法改革者来说是一个严重的难题。福柯等理论家认为,监狱的失败在某种隐蔽的意义上是“对权力有用的”。劳伦

〔69〕 See T. Mathiesen, *Prison on Trial*, Sage, 1990.

斯·斯通等历史学家认为,它是一个“残存的机构”,在某种程度上已经失去了作用。[70] 自由派犯罪学家对政策的“不合理性”感到绝望,并敦促各国政府关注监狱学的研究成果及其所暗示的失败。但是,更重要的是,这些论证是错误的,监禁的“难题”之所以出现,只是因为这些分析的出发点过于狭隘。

无论是监狱,还是任何其他刑罚机构,都不具有单独实现这些工具性目的的能力。尽管一些改革者一再提出希望和一些夸大的主张,但是,最简单的事实是,没有任何一种刑罚方法能够取得很高的改造率或犯罪控制率,没有任何方法能够取得这样的效果。在这方面,所有的刑罚都经常“失败”,因为正如涂尔干等人所指出的,只有社会化的主流过程(内化的道德和责任感、从众的非正式诱因和奖励、相互期望和相互依存的实践和文化网络等)才能够持续和定期地促进适当的行为。[71] 就“控制”而言,刑罚仅仅是对这些更可靠的社会机制的一种强制备份,通常这种备份除管理那些从正常控制网络中溜走的人之外什么也做不了。刑罚在很大程度上注定不会“成功”。那些最能诱导人们遵纪守法的条件,或者说最能促进犯罪和偏差的条件,都在刑罚制度的管辖范围之外。

监狱的批评者总是可以指出它在控制犯罪方面的失败,并以此作为改革的论据。但是,对于社会学家或历史学家来说,得出这样的结论是完全不合适的,监狱的失败只是监狱学上的,监狱的存在要归功于某种隐蔽的政治策略,或者是历史的“看不见的手”。像所有复杂制度一样,监狱同时追求若干目标,并由一系列力量维持。改造罪犯和降低犯罪率意义上的犯罪控制当然是目标之一,但绝不是唯一的目标。正如我们所看到的那样,监狱也是一种剥夺犯罪者犯罪能力的有效手段,有时甚至在很长一段时间,是将那些被证明对其他机构或社区来说过于麻烦的人关在其中,安全地将罪犯排除在社会之外。与较轻的刑罚不同,它不需要罪犯提供太多的合作,因为它可以在必要时以武力对付顽固的个人。在没有普遍使用死刑、强迫流放或遣送的情况下,监狱就构成了大多数现代刑罚体系的最终刑罚,它提供了一种令人信服和有力的最后制裁手段。最重要的是,监狱提供了一种惩罚人们的方式,使他们受到严厉的对待,造成痛苦,伤害他们,这在很大程度上符合现代人的感受和对公开的身体暴力的传统约束。在这个时代,肉刑已经变得不文明,公开的暴力也不合情理,监狱提供了一种微妙的、针对个人的情景暴力形式,使惩罚能够以一种足够谨慎和“可否认”的方式实施,使大多数人在文化上都能接受。尽管偶尔有人提出监禁变得过于温和了,但这一观点很少得到知情人士的认同,人们普遍认为,监狱成功地将真正的苦难、严重的剥夺和个人痛

---

[70] See L. Stone, *The Past and the Present Revisited*, Routledge & Kegan Paul, 1987.

[71] See E. Durkheim, *Moral Education: A Study in the Theory and Application of the Sociology of Education*, chaps. 10 and 11, Translated by E. K. Wilson and H. Schnurer, Free Press, 1973. (Originally published 1925, Alcan.)

苦施加给了大多数被送往那里的罪犯。

从刑罚学目标来看,监狱系统的确在明面上是维系一系列政策目标的,并且对某些目标而言是"有效的"或"成功的",而对其他目标而言则不那么成功。也没有必要像福柯和其他学者那样,认为监狱的"失灵"在某种程度上是"有用"的。监狱经常强化犯罪行为并滋生惯犯的事实,并不是当局所期望的"有用"后果,也不是某种隐蔽"战略"的一部分。但这些后果却是一种政府在追求报应、失能与排斥等刑罚目标所要容忍的成本,虽说各国政府不太情愿接受这些成本,尤其是高监禁率会带给政府高额的财政负担。只要政府决策者们和公众认为监禁罪犯策略的可取性超过了这些成本(这种愿望已成为公共信仰、体制框架和社会传统中的既定因素),监狱仍旧会是一个具备某些社会"功能性"的机构,而不是一种可有可无的困惑抑或过时之物。

最后,笔者认为如果人们希望理解和评估监狱这个机构,那么在单一的维度或在价值上这样做几乎没有好处,同样的论点也适用于罚金、缓刑、死刑以及其他刑罚。相反,人们必须将其视为一个复杂的机构,并据此对其进行评价,认识到其刑罚和社会职能的范围及其社会支持的性质。这并不意味着人们必须放弃批判性的方法,因为监狱的非理性程度比起初看起来要低。人们可以向该机构提出挑战,表明在一个充满关爱的社会中排斥他人是一个不可接受的目标,或者许多囚犯对公众没有真正的危险,在某些条件下社区可以容忍。人们可以努力揭露,即使是最好的监狱,幕后也存在心理暴力,并认为这种暴力在其方式上与监狱所取代的肉刑和死刑一样,是倒退和不文明的。同样,人们可以质疑报复犯罪人的正当性,并与表达惩罚性情绪的监狱所付出的成本相比较,以此表明可将资金和资源用于更好的用途,例如补偿受害者、预防犯罪计划、基础教育和社会供应等。实际上,一个人对一个机构的理解越是开始捕捉到它的细微差别和复杂性,以及它的积极影响和消极影响,他所能提出的批评就越是彻底、明智和精辟。

把刑罚看作一种社会制度,不仅要改变我们对刑罚的理解方式,而且要改变我们理解刑罚的规范性思维。它应该引导我们根据更广泛的标准来判断刑罚,并提出我们通常适用于其他社会制度的各种要求和期望。这并不是说我们对社会制度总是采取某种普遍的规范性方法,不同的制度具有不同的功能和特点,并引起不同形式的评价。但是,尽管如此,当我们想到"家庭"或"法律"、"政府"或"经济"并将其置于规范性判断之下时,我们所用的方式比我们对刑罚的思考要复杂得多。在这些情况下,我们认为根据纯粹的工具性标准来判断这些机构是不恰当的,我们也不认为它们应该为某个单一的目的服务,或者只影响人口中的某个特定部分。相反,它们通常都被看作"总的社会事实"[72],其特征在某种程度上构成了社会的身份和特征。

---

〔72〕 M. Mauss, *The Gift*: *Forms and Functions of Exchange in Archaic Societies*, Translated by Ian Cunnison, Norton, 1967. [Originally published in L'annee sociologique 1 (1923-1924): pp. 30-186.]

或许最好的例子是,当某个民主社会有意通过宪法改革其主要社会机构时,就会出现这样一种思维:人们不仅要求宪法应以某种程度的效率"工作"(尽管这一点至关重要),他们还要求考虑到它的道德、政治、经济和文化意义,并要求这些更广泛的影响尽可能地符合他们是什么样的人、希望如何被治理以及希望创造什么样的社会的深刻概念。这里所考虑的社会学观点的含义是,应该以与其他社会制度相同的方式和深度来考虑刑罚。我们需要一种更丰富的刑罚学思维,将刑罚视为一种制度,社会通过这种制度界定和表达自己,也通过这种制度对异己者行使权力。[73]

用这种方式来看待刑罚,就需要超越现代刑罚制度普遍采用的狭隘的、工具性的自我描述(技术性的刑罚学也倾向于重复这种描述),提出更有社会学意识和道德责任感的刑罚观念。通过揭示刑罚体系深刻的社会属性,展示其实践中体现的价值和目标追求,刑罚社会学倾向于拒绝任何将"刑事问题"简单化或以纯粹行政方式处理刑罚问题的做法。通过呈现刑事问题如何汇集不同的政治和文化生活潮流,有助于重建更全面的社会意识,并抵制现代机构分割意识和缩小认知的倾向。这样的思考方式让人感觉到刑罚的社会性,以及潜藏于这一复杂制度表面之下的深厚意义与值得探索的深度。

---

〔73〕 See D. Garland, *Punishment and Modern Society: A Study in Social Theory*, Oxford University Press and University of Chicago Press, 1990.

刑法中的目的思想*

〔德〕弗兰茨·冯·李斯特** 文　张正宇*** 译

要　目

摘　要　刑罚的目的是刑法中的核心问题之一。在当下关于刑罚的目的的讨论中，现有的相对理论否定了刑法具有独立于目的思想的、因此是绝对意义上的根据；而现有的绝对理论否定了在目的思想的统领之下完善刑罚制度既是迄今为止的刑罚理论发展的必然结果，亦是未来刑罚理论发展的当然要求。据此，两种观点均难言正确。通过对刑罚发展史的梳理，我们不难发现，人类的刑罚制度经历了一个"从无节制的本能性回应到有节制地保护法秩序的工具"的客观化发展历程。这是对绝对理论和相对理论进行折中的客观基础。从纯粹报应的角度我们无法确定刑罚的种类与幅度，只有将法益保护视为科处刑罚的目的时，我们才能够确立合理的量刑原则。在建构量刑体系的过程中，应当将"犯罪人所实施的犯罪"作为量刑对象，并通过社会科学的研究方法，为不同种类的犯罪人设计相应的量刑制度。由此观之，刑事法科学应当与其他相

---

* 本译文源自李斯特教授于1882年在马尔堡大学发表的就职演说，故其又被称为"马尔堡大学计划"(Marburger Universitätsprogramm)。感谢德国马尔堡大学教授吉尔伯特·高尼希(Gilbert Gornig)对本译作中的希腊语、拉丁语以及刑法史方面的翻译所提出的富有启发性的指导意见。原作并无摘要与关键词，本文中相关部分为译者根据正文代拟。

** 犯罪学领域刑事社会学派的杰出代表，刑法学领域现代学派(新派)的创始人。其基本学术思想和理论观点对当代刑法具有重要影响。

*** 中南财经政法大学刑事司法学院副教授，中南财经政法大学"法治发展与司法改革研究中心"研究人员，法学博士。

关学科之间形成良性协作关系,共同推动刑罚制度的完善与发展。

关键词 刑罚的目的 报应刑 预防刑 法益保护

一、出发点

法律正义和自然正义之间的矛盾作为哲学世界观中一对古老的矛盾,虽然内容范围相对狭窄,但内涵非常独特。这一矛盾对任何一门具体的学科(Einzeldisziplin),包括伦理学在内,都不像对刑法学科这样具有如此直接的实践意义。刑罚是作为对犯罪进行报复性回应的必然结果,还是由国家有目的地创造的并具有明确目标的一种法益保护的形式?科处刑罚的正当化依据,是仅仅应当在过去的罪恶中寻找,还是应当在刑罚对于未来能够产生的效用之中寻找?上述两个问题并非纯粹的理论问题,它们不是法学家们在日常生活中通过冷静的思考并对其发表不同观点后就能解决的。当这两个问题解决不好时,公众便会对现行刑法的权威性产生重大怀疑。上述问题的回答更多地涉及具有刑事可罚性行为的成立范围,以及刑罚内容与幅度的设立标准问题。无论是立法者在确定某类犯罪的法定刑幅度时,还是法官在法定刑幅度内对具体犯罪行为进行量刑时,抑或是刑罚执行官赋予刑罚执行以具体内容时,他们均需要一个标准。无论是在过去还是现在,我们从不同学者对于上述问题的回答之中,总能够为赞成和反对刑法改革找到理由。当人们将刑罚视为人类智慧的产物,认为刑罚存在的理由在于阻止危害公众的行为发生时,其必然支持对刑事立法进行的改革,从而彻底消除未来可能存在的所有社会弊病,即改善刑罚制度,将预防性保安处分作为限制刑罚适用的手段。而当人们将刑罚视为必要的、先于人的思考并与之相互独立的由犯罪所引发的结果时,尽管不同学者会在具体问题上妥协,但他们仍然会对深入改革的唯一正确性产生怀疑。为了认识改革的正确性,我们需要简单回顾一下刑罚的历史:关于刑罚体系的改革,无论是积极方面还是消极方面,特别在作为现代刑事司法主要处遇措施之有期徒刑的整个形成和变化过程中,具体的改革总是通过强调刑罚的目的,在相对理论与绝对理论的交替作用下,才能够成为可能、被确定下来并且最终得到贯彻。

纯粹是自欺欺人的观点是:有些学者主张,如许策尔(Th. R. Schütze),在刑法教科书中无须探讨刑罚目的问题。这一观点的荒谬之处在于,如果刑法发展的动力被隐藏起来,那么刑法的历史就无法被理解,现行刑法就得不到尊重,现行刑法的发展就会迷失方向。

当然,在刑法科学领域的发展相对停滞的时期,这种对改革持谨慎克制态度的观点有其心理学上的根据。近数十年来,刑法学者们普遍认为,报应在刑罚目的中应当无可争辩地居于统治地位。无论这些观点是否与康德或者费希特(Fichte),黑格尔和赫尔巴特(Herbart)等人的观点之间存在关联;也无论这些观点是否尝试将目的思想的嫩枝与绝对报应的主干费力但徒劳地联系在一起,它们在有一点上是一致的,请允许我这么说,就是无所顾忌地使所有将目的思想作为其出发点的理论蒙上污名。早在1878年,宾丁(Binding)就坚定地否认,相对理论享有继续参与科学讨论的权利。〔1〕因为他的观点在当时仍被视为无懈可击的,同样也因为本人在下文中还会谈及其观点,所以请允许我在这里援引宾丁的原话。宾丁认为:

> "随着自然法所主张的国家观点的瓦解,当下,绝对理论取得了对于相对理论的决定性胜利。出现这样的结果是完全正确的!其理由在于,不同相对理论的支持者们所具有的洞察力和高尚思想固然值得我们高度尊重,但是这丝毫不能掩饰该理论在科学上的无根据性。根据他们的观点,犯罪不是原因,而是刑罚的必要先决条件。然而,该结论是如何得出来的?为什么只有等到犯罪实施后才能够对行为人科处刑罚?为什么犯罪被视为认定社会危害的唯一依据?此外,为什么相对理论认为,行为人的犯罪行为并不是科处刑罚的根据,犯罪行为只是用来揭示社会不安这一科处刑罚的真正根据?设法让行为人对社会心存感激难道不是能够更好地消除社会不安?按照这种思路,是否可以主张,只应当允许学校和警察采取矫正措施来对犯罪行为作出回应?相对理论如何为'将犯罪人贬低为实验客体'找寻到正当化依据?通过对犯罪人科处刑罚,是否能够有效预防与犯罪人相似之人将来实施危害社会的行为?此外,由于上述这类实验往往是无果而终的,这便导致以下结论的出现:刑罚的正当化根据应当是其合目的性,但事实上刑法的目的性却并不存在(因为无法证明)!最后,相对理论必然会得出以下结论:不是国家,而是受到威胁的社会交往领域,会不顾及其与国家之间的界限而必须拥有刑法。而现实之中的情况却与之恰恰相反。**如果一项刑法理论不能够解释为什么要科处处罚;为什么只有当行为人实施了犯罪行为之后才对其科处刑罚;为什么犯罪行为虽然并非科处刑罚的正当化依据,但国家最终仍处罚了犯罪行为人,那么它便不能再在我们的刑法科学中占有一席之地了。**"*

但是,情况很快就发生了变化。被宣告死亡的对手重新抬起头来,抽出早已生锈的长剑。当时并非寂寂无闻的耶林于1877年在其《法的目的》一文中,将相对理论的基本思想作为其研究的出发点和目标,并将法的目的称为推动力,且这一推动力是源于法和国家自身的。这也许就传递出以下事实:那种自以为是地拒绝关于目的思想的科学讨论不合时宜地迟延出现了。此外,还有第二种情况。基于对由通行观点统治的刑法立法实践效果的不满,(同时)基于从犯罪统计数据中所认清的遵从教条主义的刑

〔1〕 Binding, Grundriß der Vorlesungen über deutsches Strafrecht, 1878, S. 94. Vgl. auch Binding, Zeitschrift für Privat-und öffentliches Recht, IV (1878), S. 417 ff.

* 请注意,粗体字部分并未刊载于宾丁已经发表的文章之中。——译者注

事司法所具有的不可辩驳的软弱性,人们对数十年来在所有德国大学所传授之学说的真实性产生了广泛质疑。这场质疑运动的导火索为,米特施泰特(Mittelstädt)的那篇著名文章《反对自由刑》(1879年)。文中含有常常被误解的地方,而恰恰是这些被误解的地方蕴含着其成功的秘密。文章的用词毫无顾忌,且过于生硬、偏激,这一点早就被不属于该学派的众多法学家们所认可。如果说这篇文章并非纲领,而是"论战的号角"[2],那么它显然已经实现了这一目的。自1879年开始,关于这一议题的论战全面爆发。[3] 如同过去一样,该场论战的结局是,通说观点的反对者们为自己赢得了参与论战的一席之地。就在宾丁发表上述所引用观点3年后,迈耶(H. Meyer)在尝试弥合上述理论争议时,曾由衷地发出内心的哀叹:"关于刑法中理想主义流派和现实主义流派之间的古老论战,在很长时间,论战结果都有利于理想主义流派,但是,现在现实主义流派又开始重新发声。"[4]

在德国之外,刑法改革运动同样在如火如荼地展开。意大利刑法界诞生了"新人类学派"[5],其代表人物有龙勃罗梭、菲利和加罗法洛。自诞生后,"新人类学派"很快便吸引了一大批追随者,尤其受到法国学者的欢迎。该学派利用年轻人的学术热情,但在刑法价值评价体系内部几乎并未寻找到任何值得关注的结果。同样,该学派利用年轻人的力量和热情,开始与传统的犯罪侦查与预防学分庭抗礼:该学派对将刑法作为一门法学学科提出了质疑,并主张将之归为社会学的一个分支;它怀疑刑罚的效果,并主张在大范围内用预防性措施("刑罚替代措施")来代替刑罚;该学派认可刑事诉讼具有法律科学的特征,并将之归为专业人士对犯罪行为人的心理学—人类学研

---

[2] Sontag, Zeitschrift für die gesamte Strafrechtswissenschaft, I (1881), S. 484.

[3] 相关文献有:v. Schwarze, Die Freiheitsstrafe, 1880; Sichart, Ueber Rückfälligkeit der Verbrecher, 1881; Krohne, Der gegenwärtige Stand der Gefängniswissenschaft in der Zeitschrift für die gesamte Strafrechtswissenschaft, I (1881), S. 53-92; Sontag, Beiträge zur Lehre von der Strafe, ebenda I, S. 480-529 (该文在单行本中的标题是"Für die Freiheitsstrafen"); Mittelstädt, Für und wider die Freiheitsstrafen, ebenda II (1882), S. 419-429. 其他相关文献还有:Kräpelin, Die Abschaffung des Strafmaßes, 1880 [Inhaltsangabe in Zeitschrift für die gesamte Strafrechtswissenschaft, I (1881), S. 157]; Willert, Das Postulat der Abschaffung des Strafmaßes und die dagegen erhobenen Einwendungen, Zeitschrift für die gesamte Strafrechtswissenschaft, II (1882), S. 473-496。

[4] H. Meyer, Die Gerechtigkeit im Strafrecht, Gerichtssaal XXXIII, S. 101 ff., S. 161 ff. [Inhaltsangabe in Zeitschrift für die gesamte Strafrechtswissenschaft, I (1881), S. 604.]

[5] "关于意大利新人类学—犯罪侦查与预防学学派的起源、特征和目的",都灵大学教授龙勃罗梭在过去由多肖夫(Dochow)和本人共同主编,现在由本人和李利恩塔尔(Lilienthal)主编的《整体刑法学杂志》上已经作出了详尽的阐释,参见 Zeitschrift für die gesamte Strafrechtswissenschaft, I (1881), S. 130-154。其后,《整体刑法学杂志》还多次完整刊登了多篇包括研究数据的关于意大利与法国刑法改革运动的论文。迄今为止,本人仅对《整体刑法学杂志》中出版的相关文章进行了分类,私以为,尤其应当关注菲利这一迅速崛起的学者的研究成果。该学派的主要阵地是由医生龙勃罗梭、刑法教授菲利和检察官加罗法洛共同主编的《精神病学、档案刑事人类学和刑事科学》(Archivio di psichiatria, antropologia criminale e scienze penali)。

究;该学派将其研究的首要任务放在犯罪人的犯罪原因方面,该学派的医学追随者和法学追随者分别在统计学领域和人类学领域展开研究竞赛。

毫无疑问,如同意大利刑法改革那样,德国刑法改革中,各派改革参与方的观点莫衷一是。即使我们抛开意大利刑法学者们的革命性的观点不谈,支持改革者们的改革要求仍是大相径庭的:米特施泰特的改革要求相对较低,他要求尽可能少地赋予法官自由裁量权;而克莱普林(Kräpelin)和维勒特(Willert)认为,只有消除了量刑这一环节(Strafmaß)才会对未来大有裨益。然而,改革运动已经开始,它可以被否定、反对、斗争和指责,但是,它不能也不会保持缄默。科学必须有自己的态度。这就是目的思想通过斗争所取得的最初胜利。

我本人对刑法改革运动的观点已经在《帝国刑法》(1881 年)中予以阐明。[6] 由于篇幅所限,所以我只能简要地表明自己的观点,对于该观点的详尽论述与证成并未详细展开。正因为如此,我的观点受到很多学者的误解,尤其是受到最赏识我的观点的学者的误解。[7] 也许下面的论述能够帮助人们消除对我的观点的误解。

要做到这一点,我想还是有必要先对我过去的观点再次进行简要的概述。刑罚自古有之,在人类文化史的初始阶段,原始形态的刑罚是社会针对社会成员个人或成员团体所实施的外在扰乱行为所作出的盲目的、本能的、原始的、不受目的思想决定的回应。但是,后来刑罚的性质逐渐发生了变化。刑罚的客观化(Objektivierung),即从起初由参与者作出回应过渡到由没有参与纷争的、冷静裁判的机构作出回应,使得对纷争的裁判效果进行不偏不倚的观察成为可能。经验启发(erschließen)人们理解刑罚的目的性。由于有了目的思想,刑罚的幅度与目标才能得以确定,对科处刑罚的前提条件(犯罪论体系)以及刑罚的种类与幅度(刑罚体系)的研究才能得以深入;在目的思想的统领下,刑罚权(Strafgewalt)转变成了刑法(Strafrecht)。未来的任务在于,将上述已经开始了的(关于刑罚目的的)理论研究进一步向前推进;使得刑罚从对犯罪盲目的反应转变为目标明确的法益保护。

据此,我的观点与其他既有观点之间的区别就非常明显了。我的观点与既有的相对理论不同,其理由在于,我的观点强调刑罚具有独立于目的思想(Zweckgedanke)的、因此是绝对意义上的根据;同时,我的观点亦反对绝对理论,反对的理由是,在目的思想的统领之下完善刑罚制度,既是迄今为止的刑罚理论发展的必然结果,亦是未来刑罚理论发展的当然要求。在此,请允许我着重指出,我的观点肯定了(gestatten)所有从形而上学意义上探寻刑法的正当化依据(Grundlegung)的做法。同时,我还想同时着重指出,我的观点否认形而上学的推测会对刑罚的经验性构造产生影响。因此,如果一定要给我的这种观点命名的话,不妨叫作综合理论。但是,它与迄今为止的所有的

〔6〕 Vgl. Liszt, Reichstrafrecht, 1881, S. 14 ff.

〔7〕 v. Bar, Handbuch des deutschen Strafrechts, I, 1882.

综合理论有着根本的不同。这是因为,随着刑罚理论中各种理论之间细微区别逐渐积累,我的观点能够在看上去明显不一致的因素之间建立起内在关联。有鉴于此,我的观点亦可以被命名为“进化论理论”(evolutionistische Theorie),当然,这一命名的前提是,“进化论理论”这一名称并没有被用于称呼那些与我的观点在本质上并不相同的观点,这些观点否认刑罚具有绝对意义上的根据(absolute Urgrund)。

二、作为本能性回应的刑罚

(1)我之所以将原始形态的刑罚称为盲目的、本能的、由冲动导致的反应[用一个词来表述,就是“本能性回应”(Triebhandlung)],是因为我本意主要是想尽可能清楚地描述原始形态的刑罚所具有的消极特征。与相对理论的支持者们所主张的一致观点相左,刑罚既不是人类凭空想象的产物,亦不是国家通过精密计算而得到的产物;刑罚并不是在目的思想的指导之下产生的,相反,它与目的思想无关,正如前文所述,它先于目的思想产生于人类文化历史的长河之中。如果我们否定刑罚是人类智慧的创造物,那么我们既不可能解释,为什么在所有民族的史前史中都找到了具有相同构造的刑罚制度,我们亦不可能论证,尽管资料仍然缺乏,尽管发展并不稳定,但为什么与之相关的法律科学取得了如此出色的、令人确信的成就。[8] 如果刑罚是人类智慧的创造物,那么我们如何能解释动物世界存在的、与原初的刑罚相似的、只是在量与形态上与其有所区别的现象呢?上述疑问的合理解释是,因为原始形态的刑罚是一种本能性回应。详言之,它是一种并非由目的思想所决定的、对于侵害社会成员个体和社会成员团体之生存条件的行为所采取的回应。简言之,虽然不太准确,但原始形态的刑罚是对犯罪行为的回应,即刑罚是犯罪的必然后果。基于该结论,我的观点与相对理论之间存在根本的和确定的区别。为了以最为清楚和明确的方式来强调刑罚的必要性以及其与人类智慧或国家智慧无关,同时为了否定原始刑罚中存在目的思想,我将刑罚称为“本能性回应”,或是更为激进地将其称为“正当的自然本能”(Δίκαιονφύσει)。[9]

然而,这种本能性回应是如何出现的?我们应当如何解释,在人类历史的初始阶段,为什么各民族原始形态的刑罚之间具有如此高程度的相似性?针对犯罪行为而实施的具有冲动性的、因此亦是必要回应的原因(Ursache)何在?

---

[8] Vgl. Post, Die Geschlechtsgenossenschaft der Urzeit, 1875; Post, Der Ursprung des Rechtes, 1876; Die Anfänge des Staats- und Rechtslebens, 1878; Post, Bausteine für eine allgemeine Rechtswissenschaft auf vergleichend-ethnologischer Basis, I, 1880; II, 1881 [Zeitschrift für die gesamte Strafrechtswissenschaft, II (1882), S. 147].

[9] Vgl. v. Bar, Handbuch des deutschen Strafrechts, I, 1882, S. 195. 我认为,批判巴尔的观点误解了他的本意。

如果有人想从形而上学中寻找上述问题的答案,当然不会受到阻止。我的刑罚观亦不会拒斥这种思维路径。因为对事实的解释(很多人一直在做这件事)并不会影响事实的经验性存在,这一点对我来说至关重要。不能被忘却的是:科学停止之处,正是形而上学发挥效力之处。力求跨越自然科学意义上认知(Naturkennen)的界限来解开世界之谜,揭开玛雅(Maja)的面纱,也许是根植于我们天性当中的最为真挚的和最为神圣的追求,也是我们天性的必然要求,但这种努力与尝试并没有能够引导人们去进行科学研究。刑法科学对刑罚的形而上学解释并未抱有敌意,亦未拒绝;但是,作为解决问题之不同思路,这些形而上学的观点应当自我审视,并尝试进行自我批判。

难道我的希望落空了,在这一点上不同观点之间达成妥协是不可能的?在刑法与关于不可逾越之界限的观点(Spekulation)之间达成妥协亦是不可能的?

但是,我否定形而上学的原因并不是经过竭力争取、突然醒悟的我获得了特定的世界观,而是因为我尊重追求真知的科学。而这并不意味着,我拒绝科学的假说(Hypothese),我想表达的意思是,假说不应当再以现在的形式提出来。我在《帝国刑法》一书中所提出的假说一再得到证明。如今,我越来越确信,原始形态的刑罚不仅在消极意义上是本能性回应,而且在积极意义上(最本真的意义上)也是本能性回应。易言之,原始形态的刑罚是追求实现个体自我主张(Selbstbehauptung)的结果,是追求实现个人自我防卫(Selbsterhaltung)的结果[最后可能还是追求实现物种生存(Arterhaltung)的结果],其拒斥外来的、干扰个人生存条件的行为,以此来对干扰源作出回应。由于这种本能性回应即使在其积极意义上也可能因其所具有的盲目性与冲动性而在本质上有别于狭义的意志,因此,“否定原始形态的刑罚中包含目的思想”这一结论再次被证明是正确的。

我所主张的“将原始形态的刑罚理解为对外来干扰行为的拒斥性回应”这一假说,不仅获得了事实方面的证明,亦得到了普遍认可,由于我本人无法找到否定该种假说的论据,故而我完全不想将“刑罚乃是个人出于自卫本能(Selbsterhaltungstrieb)而实施的”这一观点称为假说。[10] 如同动物一样,原始人类对于外来干扰行为作出回应,即外来干扰既可能源自理智的生物,也可能源自非理智的生物,这种干扰可能在自然力的支配领域(in dem Walten der Naturkräften)有其自身的根据;无论是理智的生物还是非理智的生物,其所采取的行动均为通过消灭或者伤害干扰的制造者来对干扰作出回应,从而实现自我主张。尽管文明的发展压制了本能的反应,但其方法仍是通过间接的途径来满足本能的需要:即使在今天,“私刑”仍基于人之本能受到压制,而凭

[10] Dühring, Kursus der Philosophie, 1875, S. 219 ff.; E. v. Hartmann, Phänomenologie des sittlichen Bewußtseins, 1879, S. 196 ff. -Post, Bausteine für eine allgemeine Rechtswissenschaft auf vergleichend-ethnologischer Basis, I, 1880, S. 141. “无论何处,复仇总是具有自然法意义上的力量(Kraft eines Naturgesetzes)。不实施复仇行为就等同于压制或是否定个性(Individualität)。” Vgl. auch Jellinek, Die sozialethische Bedeutung von Recht, Unrecht, Strafe, 1878, S. 90 f.

借其不可抗拒的力量在一定程度上得到社会的容忍。

依据我的观点,上述假说的出发点在于,我们将个体的自卫本能理解为在无意识状态下的物种为了生存而作出的本能反应。[11] 在这里,我不想继续探讨能够使得我们对刑罚的本质有更加深刻了解、因此被证明是正确的假说。但有启发性的现象是,我们注意到,同样的观点曾经以不同的表达方式出现在各种文献中。例如:亚里士多德将人描述成理性的动物(φύσει πολιτιχὸν ζώον),格劳秀斯、普芬道夫(Pufendorf u, a.)等学者将权利的产生归因于人类的社会性(*appetitus socialis*),孔德(August Comte)将利他主义的本能与利己主义的本能对立起来。如果人们在研究时对于上述观点有所了解的话,那么就不会对上述我所提出的假说感到陌生,因为这仅仅是"换汤不换药"。[12] 我同样相信,尽管我的假说与耶林在其《法的目的》中所主张的观点之间存在矛盾之处,但是两者在所有重要方面还是一致的。[13] 其原因在于,如果耶林不认可本文所主张的本能之含义,如果他认为若不考虑目的则既不可能存在意欲也不可能存在行为(参见《法的目的》,第3页及以下),如果他明确依据个体的自卫本能来批判物种为了生存而具有的本能(参见《法的目的》,第29页),那么,耶林的刑罚论体系就是建立在两种目的巧合性的同时实现(Koinzidenz der Zwecke)这一思想基础之上的(参见《法的目的》,第38页及以下)。易言之,在他看来,个人利益与集体利益在科处刑罚时同时实现了(参见《法的目的》,第52页)。自私自利"就是一种力量,它想要确保最小的利益,却实现了最大的利益","就像纤毛虫纲那样——只为自己活着,却创造了整个世界"。

需要特别强调的问题是,依据我所提出的假说,如果将个人自卫本能归于物种生存本能的范畴,那么在形而上学意义上对刑罚产生的解释是否会消失?这一问题乃是自然科学意义上的物种起源论(进化论)尚未解开,当下无法解开,将来也很难解开的世界之谜。人类将物种的生存本能解释为更高层次的存在者(例如神)的权力、理念及世界秩序的创造物:人类并不惧怕,在我的观点与形而上学之间为每个不害怕来一趟"自在之物(Dinge an sich)王国之旅"的人搭建一座桥梁。如果刑法科学也想来一趟这

---

〔11〕 关于自卫本能观点的论证,可以参见以丰富的经验性研究为基础的施奈德(Schneider)的著作,G. H. Schneider, Der tierische Wille, 1880;特别是 Der menschliche Wille vom Standpunkte der neueren Entwickelungstheorien (des Darwinismus), 1882。

〔12〕 不同的观点请参见 Post, Bausteine für eine allgemeine Rechtswissenschaft auf vergleichend-ethnologischer Basis, Bd. I, S. 140. "复仇感是普遍存在的;其绝不是仅仅针对人的。如果它并非人类智慧的产物,那么它完全也可以针对动物或没有生命之物而产生。此外,不仅仅是人具有复仇感,动物也可能具有。据此,我们似乎可以制定一部在整个宇宙具有普遍适用性的法典,其对于人类亦能够适用,因为人是宇宙中的个体。个性保护的效力及于其他所有的宇宙生物,这是每一项法律行为所具有的基本内容,并且个性保护是每一个宇宙生物内在的追求。当我们将人类作为宇宙生物系统中的子系统时,我们当然可以去思考,在整个宇宙中,复仇的原因是什么。然而现阶段,我们尚不用考虑该问题。"

〔13〕 关于我对于耶林目的刑法观的态度,请参见下文。

样的旅行,就不得不作出让步,承认我的假说。[14]

(2)每一种假说的价值均在于应用。如果研究者在寻找事实,那么假说必须有助于研究者擦亮自己的眼睛;如果研究者需要对寻找到的事实进行评价和判断,那么假说应当有助于研究者得出结论。将原始形态刑罚的产生原因直接归于个体的自卫本能,间接归于物种的生存本能,很快被证明是正确的:这一观点让我们清楚地认识并理解了一个经常被忽视的事实,该事实对于我们理解刑法的历史具有重要意义。原始状态的刑罚,即使只是作为物种生存本能所引起的结果,其本身必然自始具有社会特征,且必然是作为针对干扰社会活动的社会回应出现。自然状态(*bellum omnium contra omnes*,即弱肉强食的状态)并非人类社会的原始状态,该种过去存在的、非历史的猜测应当被否定。在人类历史的长河中,该猜测也无法给出关于去除所有社会性因素的私人复仇的解释。人类作为理性动物进入世界历史:对在此之前的状态的描述,即对在人之所以为人之前的状态的描述,应当依据进化论的基本观点。[15]

对历史的研究证实了依据我的假说所得出的结论。

原始形态刑罚的最初形式——血亲复仇,并不是私人复仇,而是家庭复仇或者家族复仇。血亲复仇根植于原始的亲密关系(Gesellung)、家族(Blutgenossenschaft)或氏族(Sippe)之中。它起初是以亲密关系、家族或氏族中一方对另一方所采取的武力自卫形式出现的。它是被杀死者或受伤害者所在一方的权利和义务。[16] 而且,血亲复仇不是针对侵害者个人,而是针对侵害者所在的作为血债集体承担者[17]的整个共同体。[18] 上述结论同样适用于后来取代血亲复仇的赎罪赔偿金(Sühegeld),它同样是由整个共同体所接受并支付的。[19] 血亲复仇和血债(Blutschuld)赔偿金逐渐受到限制:前者的行使人只能是最高顺位的继承人,后者的主张人只能是受伤害者本人。赎罪赔偿金也受到同样的限制。但是,中世纪德国诉讼程序的形式表明了家族法的起源:

---

[14] v. Bar, Handbuch des deutschen Strafrechts, I, 1882, S. 302, 306, 307. 该文对我的观点提出了批评,认为我的观点只是对刑罚进行了描述,而并非解释。应当说,这种批判在一定意义上是正确的。当人们尝试解释不可能被解释的事物时,那么他必将脱离科学的土壤。我的解释路径是回到最终已经知晓的原因那里寻找答案,那么上述批判则变得不再合理。因为在物种的生存本能方面,我们已经抵达自然科学知识的边界。

[15] Vgl. Jellinek, Die sozialethische Bedeutung von Recht, Unrecht, Strafe, 1878, S. 17.

[16] 血亲复仇亦可以基于女性亲属关系(Weiberverwandtschaft),例如:母亲的哥哥或是妹妹的儿子实施复仇。Post, Bausteine für eine allgemeine Rechtswissenschaft auf vergleichend-ethnologischer Basis, Bd. I, 1880, S. 146.

[17] 该结论也适用于上述女性亲属关系共同体。Post, Bausteine für eine allgemeine Rechtswissenschaft auf vergleichend-ethnologischer Basis, I, 1880, S. 146.

[18] 关于家族同时遭受惩罚,参见 Post, Bausteine für eine allgemeine Rechtswissenschaft auf vergleichend-ethnologischer Basis, I, 1880, S. 237 ff.; Bernhöft, Staat und Recht der röm. Königszeit, 1882, S. 48, Note 1。

[19] 关于赎罪赔偿金的分担,特别是给付赔偿金的继承(Erbsühne)以及给付赔偿金的能力(Magsühne),请参见 H. Brunner, in Holtzendorffs Encyklopädie, 4. Aufl., 1882, S. 196。

一方家族中的宣誓成员与全副武装的协助宣誓成员一道,手挽着手,共同宣誓,直面来自另一家族的仇恨。[20]

原始形态刑罚的第二种形式将其所具有的社会特征表现得更加清楚:将行为人逐出共同体,被逐出之人不再受共同体的庇护,不再受共同体内部规范的制约,而成为一位法外之人(*caput lupinum*)。随着刑罚的严酷程度不断降低,逐渐出现了死刑、没收财产、流放和剥夺名誉等刑罚形式。[21]

随着氏族(Geschlechtsgenossenschaft)、部落(Friedensgenossenschaft)发展为国家,出现了原始形态刑罚的第三种形式:国家刑罚。刑罚权的行使主体是酋长,战争中的军队统帅或者部落大会负责人,在日耳曼部落的审判大会中充当守护者和复仇者的神父。[22] 原始形态刑罚的社会特征是显而易见的。社会特征并不为第三种形式的原始形态刑罚所独有,第一种和第二种形式的原始形态刑罚同样或多或少地也具有社会特征。然而,只有国家刑罚产生之后,刑罚的客观化才变得可能,而刑罚的具体化是刑罚进一步发展的先决条件。但是,国家刑罚并非突然凭空出现的,它与血亲复仇并没有根本上的不同,而是在血亲复仇的基础之上发展而来的,就如同国家是由家族与部落发展而来的一样。[23]

所有原始形态刑罚的社会特征,是对我的观点(刑罚是本能性回应)的再次证明。如果刑罚是有意识、有目的的回应,那么我们就无法解释刑罚在人类文化初始阶段所具有的社会特征。将刑罚认定为社会有目的的回应的前提条件是,清楚地认识到犯罪对于由个人组成的共同体(家庭、部落、国家等)意味着什么。这一认识是人类依据数百年来在生存斗争中获得的经验而得出的结论,而刑罚在人类获得上述经验之前便业已存在。

(3)"原始形态刑罚是本能性回应"这一观点,为我们认识刑罚与伦理学之间的关

---

〔20〕 我能够保证,日耳曼法中的情况的确是这样。另请参见珀斯特(Post)的各种研究成果,尤其是 Post, Bausteine für eine allgemeine Rechtswissenschaft auf vergleichend-ethnologischer Basis, I, 1880, S. 142 ff.。

〔21〕 Vgl. Post, Bausteine für eine allgemeine Rechtswissenschaft auf vergleichend-ethnologischer Basis, I, 1880, S. 164 ff. 这对于德国法来说,并不陌生(Vgl. v. Bar, Handbuch des deutschen Strafrechts, I, 1882, S. 57.); Vgl. Brunner, in: Holtzendorffs Encyklopädie, 4. Aufl., 1882, S. 199.

〔22〕 Post, Bausteine für eine allgemeine Rechtswissenschaft auf vergleichend-ethnologischer Basis, I, 1880, S. 164 ff. 关于宗教意义上的原始形态的刑罚是否有意义,在本文中不展开探讨。

〔23〕 不考虑此种意义上的关联,将会阻碍我们正确评价日耳曼法。伯恩霍夫特(Bernhöft)有意义的研究, Staat und Recht der römischen Königszeit im Verhältnis zu verwandten Rechten, 1882 [Zeitschrift für die gesamte Strafrechtswissenschaft, II (1882), S. 620],引起了我的注意,绝大多数印度—罗马国家的法律对于杀人罪的处置与罗马法中对杀人罪(paricidium)的处置[即"如果某人故意导致一个自由人的死亡也应该同样被处死"(*si qui hominem liberum dolo sciens morti duit, paricida esto*)]之间,毫无疑问存在区别。罗马法中存在上述这项过于死板的原则性规定,导致从中可以推断出许多不合理的结论。最古老的德国法已经证明,政治犯罪、军事犯罪和宗教犯罪必须受到公开处刑。

系打开了方便之门。作为本能性回应,刑罚不可能是处刑者(der Strafrende)道德价值判断的体现,科处刑罚的依据只能在被处罚者的不道德行为之中寻找。本能行为与伦理毫不相干。因此,对刑罚的溯源可以而且必须与伦理学分离,对刑罚的溯源无须否定或者排斥伦理。这种将上述两者分离的做法所具有的优势还未受到足够的重视:该做法避免了刑事法科学陷入关于伦理学基础的毫无结果的争论,免除了刑事法科学需要不断对其存在的合理性加以证明的义务。

但是,从我的假说中所得到的推论能够得到刑罚史的证实吗?

不久之前,巴尔(Bar)提出了与我的观点相左的观点。〔24〕他认为,应当重视历史知识与哲学知识之间的很少受人关注的联系,这种联系适合于解决上述问题。因此,巴尔建议,直接将上面阐述的正当化依据与他的批判性研究"道德否定论"(Theorie der sittlichen Mißbilligung)直接结合在一起。

巴尔是黑格尔的忠实拥趸。正如黑格尔所认为的那样,法律并非主动原则(das ctive Prinzip),道德才是。道德的本质表明,其会主动或试图对每一个行为的道德性与非道德性作出评价。对不道德行为的评价就是否定。这种否定是抽象的,并不包含具体内容。原则上讲,任何否定性评价(直至完全否定)、任何可以想象的损害都是对有罪责之人的否定。在极为不道德的情况下,共同体将行为人视为应当被排除之成员;因此,原始的刑罚并不具有法律属性。但是,道德秩序越牢固,否定性评价的强度就越低;文化越进步,刑罚就越温和。

以上是使我感兴趣的巴尔的论述。〔25〕我不同意巴尔的观点,理由如下:

(1)本质上,作为本能性回应的刑罚与道德评价并不相同。道德评价是评价者意识中所发生的心理过程,其并不需要在所有情况下都表露于外部世界。而刑罚是拒斥性的反应,是行为,即身体运动,它是人对外部世界的干预,是对干扰源所采取的反击,这种反击所针对的是犯罪人,其目的在于挫败或消除犯罪人的犯罪意志〔26〕,其方法是,通过破坏或者消灭该犯罪意志主体的法益,来实现法益保护。简言之,通过法益侵害实现法益保护。

为了回应上述这种批判意见,巴尔也许会强调,他本意是将否定(Mißbilligung)理解为道德谴责的外在表述(Äußerung),即将其理解为一种促使犯罪人回归共同体正常秩序的措施。但是,如此一来,巴尔就有必要证明道德具有升高了的积极性(potenzierte Aktivität):道德(Sittlichkeit)不仅必须自己生产价值评价,而且还必须将该评价表达出

〔24〕 Vgl. v. Bar, Grundlegung des Strafrechts, 1869; v. Bar, Handbuch des deutschen Strafrechts, I, 1882, S. 311 ff.

〔25〕 在我关于量刑原则的演讲之中,我再次驳斥了巴尔的观点。

〔26〕 Vgl. v. Bar, Handbuch des deutschen Strafrechts, I, 1882, S. 322.

来。[27] 承认道德引起的第二种效果(价值评价的表达)既没有理由,也没有事实方面的证据。

(2)作为本能性回应的刑罚具有社会特征,必须以社会体制的建立和社会组织的存在为前提条件。作为本能性回应,刑罚存在的前提是,(共同体中的)个人是有资格或是确信自己有资格参与社会利益的分配的。从逻辑上讲,在任何一种建立于亲密关系基础之上的共同体内部(如家庭、部落、国家内部),刑罚都是有可能存在的,现实中也的确如此。但是,在缺乏社会体制和社会组织的地方,无论是在逻辑上还是于现实之中,刑罚均是不存在的。此种状态之下人类的身体动静不能被称为行为,因此也不存在科处刑罚的必要;道德(Ethik) * 是人类的活动法则,然而道德意义上的刑罚(die ethische Strafe)却是无法想象的。

但人们不能主张:只有在国家之中,人类才被组织起来。其原因在于:如果承认在国家形成之前,人与人之间的关系之中缺乏组织性,则原始状态的刑罚无疑已经证明了,其与道德意义上的人之共同体所谓的组织性(国家意义上的组织性)无关。

(3)刑罚作为本能性回应,必然是形成于道德评价形成之前的。因为道德评价形成的前提条件为:评价者与被评价者将对道德律的认知作为价值评判标准和日常的生活准则,并使得自己的行为符合道德律。但与意志行为不同的是,本能性回应的特点在于,行为主体并非在使自己的行为与受认可的准则相适应,亦即行为主体并非在遵守某项规范。易言之,道德是人类历史的产物[28],在该产物形成之前,刑罚就已经存在。因此,这一点也表明,原始的刑罚与道德之间也不存在什么联系。

历史最令人信服地证明了这种无联系性。作为对生存条件的干扰所作出的拒斥性反应,作为以攻击方式进行的防卫,刑罚为人类历史所特有。以下结论不应当被怀疑:原始形态的刑罚与干扰生存条件的活动所受的道德评价无关。其既可以针对造成损害的动物,亦可以针对儿童或精神病人;原始形态的刑罚的适用并不考虑行为人的罪责问题,也不区分故意、过失与意外事件;原始形态的刑罚也并不限于针对行为人作出,在血亲复仇的情况下它是针对整个氏族的。罪责概念的产生经历了一个长期的逐渐发展的过程。[29] 没有罪责概念,道德评价是不可想象的;然而,刑罚在道德评价出现之前就已经存在。因此,刑罚与道德无关。

---

〔27〕 巴尔似乎没有对价值评价与表达之间的区别予以充分的关注。Vgl. v. Bar, Handbuch des deutschen Strafrechts, I, 1882, S. 313.

* 本文中,李斯特将道德(moral, moralität, sittlich)与伦理(Ethik, ethisch)混同使用。——译者注

〔28〕 Vgl. v. Bar, Handbuch des deutschen Strafrechts, I, 1882, S. 316.

〔29〕 这里我无法对作为证据的文献进行深入讨论。关于日耳曼法,特别是北方法,请参见 Wilda, Strafrecht der Germanen, S. 640 ff.。对此还可以参见 Post, Bausteine für eine allgemeine Rechtswissenschaft auf vergleichend-ethnologischer Basis, I, S. 145 f., 176, 230 ff., 241,其从各州均收集了翔实的资料;以及 Jellinek, Die sozialethische Bedeutung von Recht, Unrecht, Strafe, 1878, S. 110 ff.。

(4)刑罚与法律之间的关系亦是如此。目的思想存在于法律之中，其亦为法律的本质。这便是耶林观点的基本立场。但是，从概念上讲，本能性回应与目的思想无关，其在时间上先于目的思想而存在。但是，据此仍不可直接认为，本人关于刑罚的观点与耶林的目的思想大相径庭。人们既可以说，我的观点与耶林的观点在内容上一致，只不过解释方式不同；亦可以说，我的观点与耶林的观点之间存在根本上的不同。正如耶林本人所强调的那样〔30〕，经验是法律的源头，同样也是道德的源头；但是，原始形态的刑罚产生于经验之前，故其之存在不仅先于道德，而且先于法律。〔31〕 直到刑罚发展至较高的阶段——客观化的刑罚，刑罚仍建立在经验基础之上，但作为法律意义上的刑罚(Rechtsstrafe)，刑罚最终将目的思想内化于自身。

耶林在其《伦理学基础》〔32〕中说，“人不得谋杀、抢劫和偷盗，他必须先在经验的道路上学习……如同在其他所有事情上一样，在法律方面，人也同样是吃一堑、长一智”。如此，我们才不会对耶林的观点产生误解。如同动物一样，原始人类对于侵害生存条件的外在干扰的回应是凭直觉与本能的；这种本能反应不需要原始人类刻意学习。因此(不是也不需要都是以下这样)，当抢劫、谋杀或盗窃实际上危害到人类的生存条件时，受到危害之人便会自发地、本能地(并非在其受到伤害而变得聪明之后)以原始形态刑罚的形式对制造危害之人作出回应。但是，法律规范和道德规范的发展，对行为的法律评价和道德评价的确定，法律意义上的刑罚之客观化，都是以经验以及从经验中所获得的目的思想为前提条件的。

三、刑罚的客观化

迄今为止，无论是单个个人还是整个人类，在思想方面所取得的进步均离不开本能行为向意志行为的转变〔33〕，也即认识到本能行为的合目的性，对目的所持之主观态度成了行为动机。目的思想使得意志行为与本能行为相区分。目的思想促使本能为目的服务，促使行为与目的相适应。如果目的越明确，则有意识的适应就会越充分，则为最近直接目的所付出的也就越多，则整体行为与其所有的组成部分就越是明确地汇

〔30〕 关于该观点的论据请参见本文第三部分，我对此有详细的论证。

〔31〕 Vgl. Ihering, Zweck im Recht, 1883, S. 368. 这里，耶林认为，“法感觉”先于法律与国家而存在，其所存在的“最终原因在于个人自保本能”。

〔32〕 关于伦理道德的历史—社会基础，参见 Schmoller, Jahrbuch für Gesetzgebung, Verwaltung und Volkswirtschaft im Deutschen Reich, VI. Bd., S. 1, 21 [Zeitschrift für die gesamte Strafrechtswissenschaft, II (1882), S. 614]。

〔33〕 我并不认为，本文乃是证明我在《帝国刑法》中所提出之观点(第 15 页)的合适场合。人们可以类比新生儿的第一次身体活动以及他未来的发展。在这点上，施奈德的观点与我的观点一致，请参见 Schneider, Der menschliche Wille, 1882。作为刑罚发展的对照物，请参考拉扎鲁斯(Lazarus)、斯坦塔尔(Steinthal)与翁德特(Wundt)及其他学者关于语言以及反射运动发展的研究。

聚于一个最高目的之下。该目的可能会超越个人而存在,从而使得发展更为充分,其最终目标为使得个人意志与大众意志完全一致。

我们将上文所述运用于刑罚的研究之中,并观察刑罚的发展是否同样由一般性发展规律所决定。

(1)作为本能性回应的刑罚,是一种凭直觉的且合目的的(instinktiv-zweckmäßig)行为。刑罚保护个人与集体的生存条件免受外来干扰,这与生存条件、外来干扰与刑罚保护力是否被人类所认知与理解无关。

为了能够认知法益世界以及犯罪与刑罚之间的关联,人们需要对已经获取的经验进行无偏见的、不掺杂任何感情色彩的研究。做到这一点的前提条件是刑罚的客观化,即确定刑法功能的主体,从起初的参与者变成作为非参与者的、无偏见的认定机构。早在原始状态的刑罚中,客观化在某种程度上已初见端倪。但是,直到原始状态的刑罚发展至国家刑罚阶段,即刑罚拥有“至高无上的权威和不偏不倚的客观性”[拉斯(Laas)语]之后,无偏见的认定才成为可能,这是刑罚发展的决定性的一步。〔34〕但是,刑罚的发展并没有结束。德国中世纪晚期的诉讼程序在客观化方面存在缺陷,也可以说,刑罚的国家化尚不够完全和充分。直至依职权追诉被普遍认可,刑罚的发展才暂告一个段落。

(2)刑罚的客观化首先使得认识国家的存在条件以及为犯罪行为所侵害之公民的生存条件成为可能。这些生存条件被确定下来,被拿来相互衡量,被确定为受法律保护的利益,被称为法益。法益通常是通过制定一般性命令的方式而被确定下来的:“不得杀人”“不得偷盗”“不得通奸”“不得跟踪统治你的王侯”“不得将分封标牌(Heerschild)移动至其他州的地界之上”等。〔35〕

以法益为依据对规范进行分类具有非常重大的意义:它是国家刑罚权最早采取的自我限制措施;是厘定法和道德关系的最初尝试;是法和道德形成的重要依据;是实现预防的第一步。

对法益的认知与对侵害法益行为(最广义的犯罪)的检视紧密关联。首先,各类法益侵害行为(各类犯罪)是从(诸多)具体个案之中归纳出来的,然后各类法益侵害行为概念上的共性被列举式地规定出来;这样一来,法律命令逐渐演变为由概念构成的法律规范。在此过程中,不同类型犯罪的概念的逐渐形成,是刑法史上最为有趣的现

〔34〕 关于刑罚客观化的历史,请参见 v. Haller, Restauration der Staatswissenschaften, II, S. 241 ff.; v. Hartmann, Phänomenologie des sittlichen Bewußtseins, S. 202; Laas, Vergeltung und Zurechnung in der Vierteljahrsschrift für wissenschaftliche Philosophie, V. Bd., S. 137 ff.; A. Merkel, Recht und Macht, in Schmollers Jahrbuch, V. Bd., S. 439 ff.; v. Bar, Handbuch des deutschen Strafrechts, I, 1882, S. 323.

〔35〕 Vgl. Binding, Die Normen und ihre Übertretung, I. Bd., 1872, S. 56 ff.; Jellinek, Die sozialethische Bedeutung von Recht, Unrecht, Strafe, 1878, S. 43 f.

象〔36〕；时至今日，这种演变过程尚未结束。在现行《德意志帝国刑法典》之中，我们仍能够找到一些并未充分概念化、仍然是以具体判例为基础的规定。〔37〕

然而，在此基础上，人们还需要继续向前迈进一步，即从不同种类的犯罪概念中将犯罪均具有的那些共性特征抽象出来；在此基础上，建构在概念之上的法律规则体系方被创造出来，即刑法总论。逐渐地，诸如罪责、责任能力、未遂、共犯、正当防卫、紧急避险等概念先后出现。时至今日，这一体系仍处于发展变化之中；当下，"犯罪的一般性构成要件"成为现代刑事法科学当中最受欢迎的主题。〔38〕

(3)刑罚的客观化在另外一个方向上也产生了重要影响。本能蕴含着狂热性和无节制性。原始状态的刑罚是一种自然意义上的暴力(elementare Gewalt)，其是对犯罪人所作出的回应；"复仇具有自然本能性，这决定了复仇限度是由相关个人的恼怒程度以及其所遭受侵害的程度所决定的"〔39〕。因此，原始形态的刑罚是从肉体上消灭犯罪人：它存在于血亲复仇之中，血亲复仇的目标就是事实上尽其所能地使用力量；它存在于剥夺犯罪人的共同体成员资格之中，将犯罪人从共同体中彻底排除出去；它存在于所有剥夺公民权的国家刑罚之中，该刑罚是对公民肉体人格、法律人格以及经济人格的剥夺。〔40〕

但是，随着刑罚客观化进程的开启，刑罚的尺度和目标被逐渐确定下来。血亲复仇得到了共同体成员的调解，也受到了愈发强大的国家权力的限制和禁止；依其适用的前提条件与内容，放逐开始有了较温和的形式；随着部落发展成为国家，放逐演变成国家刑罚的一种；国家刑罚的幅度被限制为减少犯罪人的法益，而不是完全消灭犯罪人的法益。

无偏见的研究使得人们能够理解刑罚的效用。刑罚被认为是保护法秩序的工具。然而，这一认识虽然尚未成熟、有待解释，但仍在跳跃式地向前发展着。这种发展的推动力存在于刑罚之中，即刑法在法益保护与犯罪预防方面所具有的整体效果，然而这些推动力的全部意义及其之间的相互联系尚未得到承认和重视。因此，立法和司法中的摇摆不定与亦步亦趋就在所难免，其活力由外部条件和当下需要决定。应当注意的是，即使刑罚所具有的效果尚未得到充分的认识与肯定，但是，这些效果仍然被视为目的。在以下情况下应当科处刑罚：应当保护法益免受外来干扰的侵害，且刑罚的方式

---

〔36〕 在此，我想要指明的仅是，刑罚的客观化进程中存在不同的阶段，其中规则的抽象化程度逐渐提高。

〔37〕 例如叛国罪、背信罪，等等。

〔38〕 在如今的德国刑法学之中，仍然存在争议的问题是，当行为人不具有主观罪责时，国家是否能够对其科处刑罚。对于这一问题的讨论，请参见 H. Meyer, Lehrbuch des deutschen Strafrechts, 3. Aufl., S. 155 f.，以及其在书中所引之文献与判例。如果对于上述问题的回答是否定的，则对应了我在《帝国刑法》第 107 页中的论述，这一结论为证明"刑法与道德上的否定评价并非在所有的案件中均系一致"提供了论据。

〔39〕 Jellinek, Die sozialethische Bedeutung von Recht, Unrecht, Strafe, 1878, S. 92.

〔40〕 Vgl. v. Bar, Handbuch des deutschen Strafrechts, I, 1882, S. 317.

和尺度是为实现法益保护而必需的。一言以蔽之,即使相关的认知尚不充分、确定,但使得刑罚与目的思想相适应是可能的。刑罚的目的在于法益保护。在这里,我们所知道的最具代表性、最重要以及最具有启发性的例子是,中世纪德国的法律秩序与表现形式虽然变化多端,但反社会实质从未改变的诈骗活动所进行的斗争。[41] 上述例子亦能够佐证,刑法的历史就是将人类的利益确定为法益的历史;特定时期的刑法为人类应为(Soll)与所有(Haben)之间的平衡。

(4)刑罚的客观化的结果是,既确定了科处刑罚的前提条件,也确定了刑罚措施的种类与幅度,并且使得刑罚服从目的思想。尽管犯罪圈的大小与刑罚体系的组成成分和结构经常处于变动不居的状态,但是刑罚需要始终与目的思想(法益保护)保持协调一致,这种协调一致在历史发展过程中被不断完善。在这一完善过程中,进步之路的轮廓在我们面前被勾勒出来。

这里我们可以对之前的论述稍加总结[42]:通过自我限制的方式,处刑权力变成刑法规范(*jus puniendi*),通过接纳目的思想,盲目的、没有节制的回应变成了刑罚措施,本能行为变成意志行为。国家权力将公正之剑握在手中,以保护法秩序,使其免受犯罪人破坏。

上述我的观点与耶林在其著作《法的目的》中所提出的关于法的概念(Begriffsbestimmung des Rechts)的观点一致,尽管双方观点的出发点有所不同。通过引用耶林本人的论述,我们能够证明上述观点的一致性,并使得这种一致性更加明确地体现出来:

"当权力与理智及自我克制相互结合时,就孕育出法。"(《法的目的》第 250 页)"在我们看来,法只是一种意识到了自身优势与合理限度之必要性的权力,就其本质而言,法与权力之间并没有什么不同,而只是相同事物的不同表现形式:适当的、正确的、受规则约束的、有纪律的权力;其反面为野蛮的、不文明的、只顾眼前利益的、不受规则约束的权力。"(《法的目的》第 251 页)"法不过是关于正确使用权力之经验的沉淀。"(《法的目的》第 254 页)"简单地说,我们研究的主题是,权力的自我限制导致了法的产生。"(《法的目的》第 322 页)

当我们强调客观化了的刑罚所具有的重大意义,即无节制的处刑权力(zügellose Strafgewalt)通过自我限制转化为法律意义上的刑罚时,刑罚的客观化对犯罪人所具有的价值就很清楚了。[43] 受刑事处罚是每一位国民的重要权利(费希特语);在被科处刑罚时,犯罪人被作为一个有理智之人而受到尊重(黑格尔语):上述这些看似不合理

〔41〕 请参见那部赫赫有名的、但在犯罪学上贡献有限的著作:Avé Lallamant, Das deutsche Gaunertum in seiner sozialpolitischen, literarischen und linguistischen Ausbildung zu seinem heutigen Bestande, 1858-1862;另外还可以参见 v. Bar, Handbuch des deutschen Strafrechts, I, 1882, S. 100-104。

〔42〕 Vgl. Liszt, Reichstrafrecht, 1881, § 1.

〔43〕 Vgl. Ihering, Zweck im Recht, 1883, S. 543.

的观点或者与之相类似的观点,将刑罚的内核清晰地表述出来,当然该内核并非原始状态的刑罚的本质,而是客观化了的刑罚的本质。

四、刑罚的裁量原则

讨论至此,绝对理论与相对理论之间的矛盾已被我们解决。所使用的方法并不是在不同的观点之中去寻找共通之处;而是回到历史当中,去寻找(原始状态)刑罚的共通之处。依据发展理论(Entwicklungstheorie)之基本立场,微小的量的差别不断积累,会逐渐导致明显的质的不同,这时我们就会发现我们通常所提的问题并不正确。对于刑罚而言,必要性与合目的性不再是彼此对立的事物。必要的本能行为转变为有目的的意志行为。我们不再关注绝对理论中不同观点之间的争论;这种争论只能在形而上学的基础之上予以解决,刑法科学不应当参与这样的争论。绝对理论中的每一个观点看起来都离我们如此切近,又如此遥远。

但是,正如我在第一部分中所强调的那样,不同观点间的争论具有直接的实践意义。为争论寻找到一个结论,是回答以下两个问题的前提条件:第一,对于怎样的行为应当科处刑罚?第二,应当如何厘定刑罚的质与量?

我们是否能够成功地解决争议,或为争议的解决成功铺平道路?

首先必须指出的是,梳理学术史,我们不难发现,学界对于上述两个重要问题的研究并未选择相同的道路。关于第一个问题,大多数学者〔44〕已经作出了回答。梳理他们迄今为止所给出的答案,我们能够得到如下结论:在某个特定的历史时期,对于一个民族来说,如果某个行为干扰了其生存条件,则必须对该行为科处刑罚。刑事不法与民事不法之间的根本区别并非不法性质的不同;划定两者界限的是刑罚目的思想。

如此一来,第一个问题便可以视为已经解决。接下来,我们将讨论重点放在第二个问题之上。从本文所持的立场出发,量刑结论(刑罚的种类与幅度)只可以从目的思想中推导出来,这已经不需要进一步的论证了。我们必须在由历史所预先设定的道路上将研究进一步向前推进。因为只有这样,我们才能对刑罚的目的思想进行更为详细的研究,明确其具体内涵。

但是,本文观点显然与当下刑事法科学、刑事立法和刑事司法中的通说观点大相径庭,后者不是从未来,而仅仅是从过去,从已经发生的犯罪中推导出量刑结论:犯罪必须得到报应。

本文的任务是:研究报复刑与预防刑(刑罚的目的在于法益保护)之间的关系是怎样的。我们是否必须去研究各种激进的、无法相互妥协的观点?这里是否存在或至少

〔44〕 相关学者包括 Geib, E. J. Bekker, Merkel, v. Bar, Schütze, Wahlberg, Heinze, Binding, Geyer, Thon, Ihering, Dahn, H. Meyer。参见 Liszt, Reichstrafrecht, 1881, S. 13。

部分地存在一个建立在不正确的提问之上的误解?

(1)当人们能够明确,任何形而上学意义上的刑罚理论均无法给出量刑原则时,那么,他们就向取得一致性观点迈出了重要的一步。这种一致性观点能够且应当向我们揭示关于刑罚的经验事实,向我们阐明表现形式处于不断变化之中的刑罚所具有的本质特征与共同特征。但是,我们不可能考虑将形而上学意义上的观点作为标准。是5年有期徒刑还是10年有期徒刑与具体犯罪相适应?是6周拘役还是1000马克罚金与具体犯罪相适应?这是形而上学意义上的观点无法告诉我们的。

康德进行了形而上学意义上的尝试。但他的尝试失败了,且注定会失败。作为对无节制回应的限制以及报应的象征,以牙还牙的惩罚方法在社会中扮演着重要的角色。量刑原则的确立不能忽视报应因素。关于这一点,学界并无争议。

也许人们注意到了,在德国思辨哲学的代表人物中,康德是唯一一位尝试从刑罚原则中找寻量刑原则之人。本文无暇讨论,在康德伦理学的理论框架下讨论这一事实(在刑罚原则中找寻量刑原则)的原因。但是,将事实搞清楚,并使之不至于被人们遗忘,还是当下我们迫切需要做的。

费希特关于刑罚的观点是对我们观点的直接确认。依据公民契约(Bürgervertrag),公民在犯罪后所享有的权利是,不被从权利共同体中排除出去,继续受到法律的保护。仅仅是基于目的考虑,国家才通过订立服刑契约(Abbüßungsvertrag)的方式给予犯罪人受到刑罚处罚的权利,也就是说,通过服刑换取留在权利共同体中的机会。据此,刑罚的裁量标准(Maß der Strafe)不是基于刑罚原则而产生的,而是基于目的思想而产生的。服刑契约是刑罚基于目的思想的客观化。〔45〕

同样,赫巴特也没有成功地提出合理的量刑原则。至少我不能在他的论述中找到这样的原则。盖尔(Geyer)通过研究赫巴特的观点,也得到了相同的结论。"根据报应的思想,针对任何一个善行抑或恶行,均应当对行为人给予等量的善报或恶报。这里,我们并不是想把报应仅仅限制在同态复仇的意义之上……刑事处遇方式的性质更多的是由法律理念(Idee des Rechts)与善意理念(Idee des Wohlwollens)决定的,前者要求维持法秩序,后者促进犯罪人的改善……顾及刑罚之目的,不会导致刑罚原则(报应原则)遭到违背。必须对实施恶行之人科处其应得之量的刑罚。"〔46〕我个人认为,只有当不同类型(质)的刑罚之间是可以相互比较的,即它们之间具有共同的判定基础时,我们才能够将刑罚的质与量分开。世界上是否存在或是否可能存在这样的刑罚体

---

〔45〕 费希特对于刑事法科学的贡献,并不如康德、黑格尔与赫巴特的贡献那样大,甚至不如人们所认为的那样大。只有海因策(Heinze)的"贡献理论"(Leistungstheorie)中的一部分才能够被归入受费希特理论影响而形成的理论圈。

〔46〕 我所参考的文献是 v. Holtzendorff, Encyclopödie der Rechtswissenschaft, 4. Aufl., 1882, S. 874。还可以参见 Geyer, Philosophische Enleitung in die Rechtswissenschaft, S. 1 ff., bosonders S. 58;Geyer, Geschichte und System der Rechtsphilosophie, 1863, S. 127 ff.。

系,让我们拭目以待。现如今,在我看来,赫巴特、盖尔所提出的理论与黑格尔所主张的犯罪与刑罚价值的等同性理论之间并无二致。

在这里,黑格尔的理论在刑法学领域的发展,对我们来说具有重要意义。众所周知,黑格尔所主张的是,犯罪与刑罚之间在价值方面应当具有等同性,而不是其他某种特定的等同。此前,一系列最为流行的综合理论[伯纳(Berner)等人所持的综合理论]均将黑格尔的理论作为出发点;然而,当下两位刑法领域的黑格尔学说的杰出拥趸却明确指出:从黑格尔主张的刑罚原则中无法推导出量刑标准。该观点的亮明意义重大。其表明,对于该问题,在数量众多的目的思想的追随者与在刑法科学中享有极好名声的黑格尔哲学之间,尚未达成一致。

在探讨黑格尔关于法哲学的基本研究进路时,巴尔解释道:"易言之,犯罪的本质是对一般法律原则的违反;因此,'具有何种质与量的外部手段能够将违反法秩序之行为宣示为无效'这一问题,根据刑罚原则(报应原则)并没有得到解决……据此,作为黑格尔没有继续讨论的问题,刑罚的形态和与刑罚的裁量并不属于刑罚原则之中所需要讨论的内容。"〔47〕

正因为如此,巴尔坚决地对报应刑提出了批评。〔48〕在他看来,罪责和刑罚是不能进行比较的。原则上讲,所有的否定性评价都是等值的。无论何处,原始形态的刑罚都经历了"从不受法律控制到形成固定的法律秩序"这样一个过程,只有在这种条件之下,刑罚的轻缓化才是可能的。

对于以上论述,我表示完全赞同。但是,如果罪责并没有向我们提供量刑标准,我们应当从哪里找寻这样的标准?巴尔回答说:"传统意味着公正。人们只需要去参看一下其他民族法律生活当中富有教育意义的箴言,就会认识这一点!"他的这一回答是很难让人满意的。虽然巴尔向立法者和学界所提出的警告,即健康的发展不应当是跳跃性的,是有道理的。但他的观点中并不包含对于量刑原则的论述。

在思考刑罚问题的出发点上比巴尔更加紧密地追随黑格尔,但在回答我们在本文中所提出的问题时要比巴尔更加独立的学者是海尔施讷(Hälschner)。他认为,刑罚的本质在于对不法的清偿,量刑标准的确定仅取决于"对刑罚合目的性的考量"。其原因在于,对犯罪和刑罚进行价值上的比较,是为了确定刑罚的具体价值(individuell Wert),有些时候价值判断更加注重法和国家,有些时候价值判断更加注重犯罪人个人。据此我们能够推知,对于正当的量刑而言,不可能存在一个绝对的在任何时期均适用的标准。"刑事立法时,立法者只能将刑罚视为实现特定目的的方法,并在确定量刑标准时考量刑罚的合目的性。"〔49〕

---

〔47〕 v. Bar, Handbuch des deutschen Strafrechts, I, 1882, S. 277 ff.

〔48〕 v. Bar, Handbuch des deutschen Strafrechts, I, 1882, S. 311 ff.

〔49〕 Hälschner, Das gemeine deutsche Strafrecht, 1881, I, S. 558 ff.

依上所述,上述两位学者系属同一哲学流派,在此基础上,我想将另外一位学者列为该哲学流派的代表,该作者的出发点虽然与上述两位学者有所不同,但他们所得出的结论是一致的,他就是宋塔克(Sontag)。宋塔克是绝对理论的忠实拥趸。"德国哲学的基本观点认为,刑罚的正当化依据只能够在已经实施了的犯罪行为中寻找,这是永恒不变的真理。"〔50〕在同一页,他继续论及,"据此,如果国家为了维护法之利益(Im Interesse des Rechts),必须对不法行为(即对每一项违法的作为和不作为)作出回应,则国家在选择回应手段时不应当受到任何限制。这是因为,理性仅仅要求,针对不法作出反应"。——对此我已经不想再多作评价。〔51〕

本文中,我们的研究结果是对上面所提出之主张的确认:形而上学意义上的原则被所有绝对理论倚为基石,但是从这些原则当中,我们无法得出明确的量刑原则。但我认为,如果我们欲依据目的思想来确定量刑原则,则我们应当将不受成见左右的绝对理论的支持者们视为同盟者。

(2)但是,在我们看来,报应刑不仅仅是依据犯罪与刑罚之间的一种独特的、价值意义上的均衡而获得的量刑结果。它体现的更多是合比例的公正思想(proportionale Gerechtigkeit),在当代文献中该思想通常被视为报应刑的基本立场。"绝对的公正并不存在,公正仅意味着,与特定民族的法律发展水平相适应,对重罪科处的刑罚应当高于对轻罪所科处的刑罚。"〔52〕

如果公正仅仅具有上述意义,显然是不够的。这是因为,公正是与整个刑罚体系紧密联系在一起的。死刑是否为公正的刑罚?终身监禁刑呢?10年有期徒刑呢?这些我们并不清楚。只有当我们知晓某个刑罚制度中是否包含死刑和终身监禁刑,是否将有期徒刑的最高年限规定为10年、15年、20年、25年或者30年之后,我们才可以讲某个量刑结果是否公正。概言之,只有在特定的刑罚制度体系中谈论公正才是可能的。但是,选择哪里的刑罚制度体系,"公正"并未给出答案。

我们悬置上述讨论,并选择将"根本不存在绝对的公正"作为以下讨论的出发点。我们主张,在一个给定的刑罚制度体系中,刑罚之间是能够进行相互比较并最终被确定下来的。然而,值得思考的问题是,我们应当如何确定犯罪的严重程度?详言之,我们应当如何在一个给定的刑罚制度体系内确定犯罪的相对严重程度?

自费尔巴哈以来,对这一问题的回答很少发生变化。〔53〕费尔巴哈主张,犯罪所具有的主观危险性与客观危险性构成了(相对的)量刑标准:客观上根据被侵害或危害之

〔50〕 Sontag, Zeitschrift für die gesamte Strafrechtswissenschaft, I (1881), S. 495.

〔51〕 米特施泰特在其文中已经正确地对宋塔克的观点进行了评价:"此种构造上的绝对理论所得出的最终结论与宾丁和李斯特的观点并无二致:刑罚是通过法益侵害的方式达到保护法益的目的。" Vgl. Mittelstädt, Zeitschrift für die gesamte Strafrechtswissenschaft, II (1882), S. 423.

〔52〕 v. Holtzendorff, Das Verbrechen des Mordes und die Todesstrafe, 1875, S. 223.

〔53〕 Feuerbach, Revision der Grundsatze und Grundbegriffe des positiven peinlichen Rechts, 1799, II, S. 131 ff.

权利的重要性来确定，主观上根据犯罪者主观动机(sinnliche Triebfeder)的强度来确定。我们将其与当下的几个观点进行比较：根据宋塔克的观点，公正“只有通过以下途径方能得以实现，即犯罪对国民生活所造成的影响得以确定，在(影响与刑罚的)等式之中……刑罚所具有的整体法律价值被国民所接受。这一法律价值由以下两个因素构成：一是犯罪行为的侵害对象，二是犯罪人的违法意志，两者孰轻孰重暂无定论”〔54〕。拉松(Lasson)主张，罪责越大，刑罚就越重。而罪责之大小不仅取决于行为(或表面或深层的)侵害法秩序的特征，亦取决于行为所表现出来的犯罪意志的强度。〔55〕

总体观之，存在两个需要考察的要素：一是源自法益侵害的严重程度的客观要素；二是以行为人的意志方向为标准的主观要素。对于我来说，毋庸置疑，与部分学者所期望的不同，考虑上述两个要素的做法在现行法的适用中被保留了下来。该做法的一个必然的后果是，量刑实践陷入了摇摆不定和不知所措的窘境，这对于非法律工作者来说是不可想象的。〔56〕 在量刑时，法官会在法定刑档范围内考虑上述两个要素；在立法时，立法者在设立刑档时亦会考虑这两个要素。然而，当法律工作者对上述要素产生怀疑时，怎么才能准确裁量刑罚？

更加值得思考的问题是：当两个要素彼此矛盾，且矛盾不可调和，或至少不能以将两者等而视之的方式来进行调和时，我们应当如何来量刑？可以考虑的做法为：首先，将其中的一种要素上升为主要要素，即将其视为设立法定刑档的基础，而另一个要素则认定为次要要素。然后将上述结论运用于法定刑档的设立与在法定刑档内量刑。采取此种做法，达成妥协还是可能的。但是，我们绝不能这样做。

此外，还存在“主观要素的含混不清”的问题。对意志方向(Willensrichtung)进行规范评价时，决定评价的时间节点是实施行为时吗？作出道德评价的依据是行为人的意志形成方式(Wollenweise)还是其性格类型？处罚具体个人，是因为他做了什么，还是因为他是一个怎样的人？评价的对象是行为还是行为人？〔57〕

没有疑问的是，绝大多数的法学家都毫不迟疑地赞同合比例性公正理论。但是如

---

〔54〕 Sontag, Zeitschrift für die gesamte Strafrechtswissenschaft, II (1882), S. 497.

〔55〕 更加合适的论述可以参见 H. Meyer (Lehrbuch, 3. Aufl., S. 15)。“国家将何种不利规定为刑罚，在不同国家是有所区别的。这主要取决于既存的社会关系与世界观……除此之外，刑罚幅度乃是通过立法者的预估而得以确定的，其中报应目的应当是其主要的考量要素，其次才是刑罚所具有的其他实践目的。”在我看来，上述这种公正是机会主义公正，它并没有向我们提供一套合理的机会主义的理论体系。据此，我反对迈耶的观点，而赞同默克尔(Merkel)的观点，参见 Merkel, Zeitschrift für die gesamte Strafrechtswissenschaft, I (1881), S. 557, Note; Rümelin, Über die Idee der Gerechtigkeit in dessen “Reden und Aufsätzen. Neue Folge”, 1881; v. Bar, Handbuch des deutschen Strafrechts, I, 1882, S. 330, 335, Note, 336。

〔56〕 对于在实践中蔓延开来之困惑所进行的毫不掩饰的描述，请参见 Mittelstädt, Zeitschrift für die gesamte Strafrechtswissenschaft, II (1882), S. 428, 442, insbesondere 443。

〔57〕 Vgl. Laas, Vergeltung und Zurechnung in der Vierteljahrsschrift für wissenschaftliche Philosophie, V, S. 448 ff und dazu Laas, Zeitschrift für die gesamte Strafrechtswissenschaft, II (1882), S. 146.

果进一步研究我们就会形成如下确信,多数支持合比例性公正理论的学者认为,对于行为人固定不变的意志形成方式所进行的道德评价,在许多问题的回答上起到了决定性作用。[58] 因此,从报应刑的观点出发,对习惯犯(Gewohnheitsverbrecher)处以较重处罚的根据在于,行为人在犯罪前的生活中(*vita ante acta*),已经有责地养成了导致意志力减弱的习惯,这便是导致刑罚幅度升高的因素。与之相对应的是,当一位法学家身处行为人实施行为时的处境时,如果法学家自己都能够感受到意志力的减弱,那么就应当对习惯犯科处较轻的刑罚。[59] 然而,一旦被迫进入道德评价领域,我们对刑罚问题的讨论便会失去立足点。我们必须使刑事法学的理论工作者们和实践工作者们经常回想起康德的那句名言:"因此,行为真正的合道德性(功劳和罪过),这其中自然也包含了我们自己行为的合道德性,被完全地掩盖住了。行为责任只能依据行为的经验性特征来确定。其中,有多少纯粹的效果可以归因于自由,有多少纯粹的效果归因于人的本能、无过错的性格缺陷与运气(*merito fortunae*),对此没有人加以探究,因此,追求完全的公正是不可能的。"[60]

在我看来,有一点是确定无疑的。从合比例性公正理论之中,我们无法推导出量刑标准。依据该理论,立法和司法中充斥着矛盾;如果我们将相对性作为量刑基础,那么该理论会放弃任何绝对性的价值评价;该理论或多或少地崇拜理想的主观主义,它将作出法学评价的资格拱手让给了理想的、实现伦理学原则的公正观念。然而,这一公正观念纯属幻象。

(3)现在,让我们将报应刑彻底放在一边,重新回到对刑罚历史的考察中。一直以来向我们提供具有启发性与可靠性帮助的目的思想,仍然应当作为我们研究的引路人。我们认为,刑罚应当服务于法益保护,在具体个案中,所科处的刑罚(包括种类与幅度)必须是必要的,即通过科处刑罚能够使得法益世界得到保护。

必要的刑罚是合理的刑罚,也是公正的刑罚。刑法中的公正是指,遵守目的思想所要求的量刑标准。正如处刑权力通过自我限制(客观化)而形成法律意义上的刑罚一样,量刑同样是通过客观化本身的完善来获得其最高程度的完善性的。刑罚权受到目的思想全方位的约束,是刑罚公正的理想状态。

只有必要的刑罚才是公正的。对于我们来说,刑罚是实现目的的手段。但是,目的思想要求手段与目的相匹配,而且该手段造成的损失尽可能是最小的。这一要求尤其应当在科处刑罚时得到遵守。其理由在于,刑罚是一把双刃剑:其通过法益侵害的

[58] 关于默克尔的正确论述,请参见 Merkel, Über das gemeine deutsche Strafrecht von Hälschner und den Idealismus in der Strafrechtswissenschaft, Zeitschrift für die gesamte Strafrechtswissenschaft, I (1881), S. 553 ff., insbesondere S. 593 ff.。

[59] 这一问题经克莱因施罗德(Kleinschrod)讨论之后,便在学界中被反复讨论,关于这一问题的历史,请参见 v. Lilienthal, Beiträge zur Lehre von den Kollektivdelikten, 1879, insbesondere S. 33 ff.。

[60] Kant, Kritik der reinen Vernunft (S. A. von Hartenstein, 1868), S. 381.

方式达到法益保护的目的。没有比过度适用刑罚对目的思想的伤害更大的做法了,人们可以设想,国家从身体上、道义上和经济上消灭一个公民,但是这些消灭并非国家维持法秩序而不得不采取的措施。因此,使得目的思想居于统治地位,实际上是为了尽可能地确保具体个人的自由免受过去残忍刑罚的迫害。这些残忍的刑罚——能够想到这些真的很好——不是由于笃信报应刑理论的唯心论者,而是由于“平淡的理性主义”的斗士们的不懈努力,从而退出历史舞台的。“即使贝卡里亚没有在其著作《论犯罪与刑罚》(1764年)中明确提出反对无节制刑罚的主张,亚当·斯密也肯定会在其所著之《国富论》(1776年)中提出该主张。”〔61〕

这样一来,我们就在目的思想中找到了量刑原则,那么接下来我们需要解决的问题就是,根据该原则应当如何在具体案件中确定所应科处的刑罚,依据上述量刑原则,所科处的刑罚应是与犯罪相适应、在具体案件之中是公正的刑罚。为了完成这一任务,我们必须对刑罚的效果进行更加深入的研究。刑罚服务于法益保护。但是,刑罚的目的为什么是法益保护?如何实现法益保护?刑罚中存在的推动力(Triebkräfte)是什么?刑罚的直接效果又是什么?通过推动力的作用,最终结果是如何产生的?如何看待最终结果与直接效果之间的关系?整体观之,刑罚的秘密究竟在哪里?如果反对者认为,我们所主张的刑罚目的能够通过教育机构和警察机构更加可靠、更加简便地实现,那么这究竟是一种正确的指责,还是一种短视的偏见呢?

能够对这些问题给出一个确定的、不被怀疑的答案的方法只有一个:那就是社会科学的方法,其是建立在系统的大量观察的基础之上的。最广义的犯罪统计数据(Kriminalstatistik)本身就可以带领我们通向我们所欲达到之目的。我们应当将犯罪视为社会现象来研究,将刑罚作为社会功能的载体来研究,使得对刑罚所具有的保护法益、预防犯罪效果的研究具有科学意义上的确定性。这是终局性地解决争议的唯一途径。

我们所需要的犯罪统计数据是一套有牢固基础的、满足所有科学方面要求的,对刑事法律工作者所提出的所有问题均可以给出快速且正确的回答的犯罪统计数据,很遗憾,此种数据迄今为止尚未被我们掌握。这是厄廷根(v. Oettingen)对该领域所作出的权威性判断。〔62〕 这一缺陷使得在势同水火的不同见解之间达成一致观点变得更加困难。

在下文中,我将尝试对上文所提出的问题进行回答。我和其他任何人一样清楚地

---

〔61〕 v. Ihering, Zweck im Recht, 1883, S. 362, 477. 当下对于该结论的论证卓有贡献的学者是瓦尔伯格(Wahlberg),这一点我已经明确地指出来了,请参见 v. Liszt, Strafrechtliche Aufsätze u. Vorträge, I. Bd.; 另外还可以参见 v. Liszt, Kriminalistische und nationalökonomische Gesichtspunkte mit Rücksicht auf das deutsche Strafrecht, 1872。

〔62〕 关于有条理地收集与研究犯罪统计数据,请参见 v. Oettingen, Zeitschrift für die gesamte Strafrechtswissenschaft, I (1881), S. 414 ff. 。

知道,我们所探寻出的回答不可能是非常明确且不被怀疑的。尽管如此,这种对迄今为止的研究结果进行总结归纳并进行评价的尝试,仍然可以被证明是富有成效的。

五、刑罚作为目的明确的法益保护手段

(1)相对理论所作出的不可磨灭的贡献在于,利用当时为数不多的可用手段,研究并确认刑罚之中存在的推动力及其最直接的效果。这些研究结果很难随着犯罪统计数据的收集而发生改变,或者只会发生很小的改变。相对理论的不足之处仅仅在于其片面性。在接下来的研究中,我们应当避免这样的片面性。

刑罚是一种强制。它的科处与执行是违背犯罪人的意愿的,其发挥作用的途径为破坏或者消灭犯罪人的法益。其中,国家的意志又得以体现。作为一种强制,刑罚具有以下双重属性〔63〕:

①刑罚能够导致间接意义上的、心理上的强制力(Zwang)或者动机(Motivation)的产生。刑罚向犯罪人提供了其原本缺少的停止实施犯罪的动机,并使得该动机得以强化。它以人为构造的犯罪人与社会相互适应的形式出现:要么通过矫正,即培养或强化犯罪人无私的社会动机;要么通过威慑,即培养或强化犯罪人自私的但与无私同时发生作用的动机。

②刑罚能够导致直接的、自发的强制力与权力(Gewalt)的产生。刑罚将犯罪人隔离起来;暂时或者长期使得犯罪人无法实施犯罪行为,将其从某个社会交往领域排除出去,或者将犯罪人固定于某个社会交往领域。它是对不适应社会的个体进行的人为筛选。“自然使得那些侵害自己的人灭亡,而国家则将侵害自己的人关进监狱。”〔64〕

矫正、威慑、使犯罪人无法继续犯罪,这些都是刑罚的直接效果;其中所蕴含的推动力使得刑罚能够保护法益。〔65〕

对于刑罚执行所引起之效果,在此无须再补充什么内容了。我认为,刑罚具有一系列的反射效果(Reflexwirkung),这是十分清楚的。〔66〕但是,这些反射效果尚没有重要到足以推翻我们所提倡的划分方法。这里,尚需提及的乃是刑罚威慑所具有的意义:刑罚威慑对于放弃犯罪之动机的形成具有警告与吓阻意义上的强化效果。我们不能忽视这一效果,但我们在此不得不先将对该效果的考察放在一边。因为这里我们需

---

〔63〕 Vgl. Ihering, Zweck im Recht, 1883, S. 50 ff., 238 ff.; v. Liszt, Reichsstrafrecht, 1881, S. 3 f.

〔64〕 Ihering, Zweck im Recht, 1883, S. 51.

〔65〕 关于上述三项刑罚目的,请参见 Plato, Legg. IX, 854 ff.; Aristoteles, Eth. Nicom., II, 3, §1, X, 9, §§3, 8, 9。

〔66〕 我认为,刑罚的效果既及于他人,这种效果的表现形式要么是一般预防,要么是强化他人的(正向)社会动机;亦及于被害人,即向其赔罪(Genugtuung)。

要探讨的不是国家命令,而是国家刑罚。但是,刑罚威慑也只不过是加重了的国家命令。

一套具体的刑罚体系的价值,取决于其安全性和灵活性。只有具有这两种性质,刑罚体系才能够使上述三种刑罚目的中的任何一种得以实现。该结论同样适用于某种特定的刑法措施。基于此,米特施泰特完全误解了有期徒刑的重要性,有期徒刑有助于上述所有三种目的之实现,因此其在刑罚体系中无疑居于首要和主导地位。

需要特别强调的是,在一些个案之中,三种刑罚目的之间相互排斥。我必须根据刑罚的种类与幅度,使得其与刑罚目的相适应,从而使得刑罚目的之实现在具体个案中既是必要的,亦是可行的。如对犯罪人科处斩刑(砍头)或是绞刑,则无法对其产生矫正和威慑的效果;如果对犯罪人科处 25 下杖刑,则尚不能使犯罪人产生无私动机。如果我想以对 A 科处一项刑罚(例如 300 马克罚金)的方式,对其同时产生矫正、威慑以及使其不能再犯罪的效果,则这种做法显然是矛盾的。那么用罚金刑来威慑 A,而用单独监禁刑来矫正 B,用终身自由刑来隔离 C,这样的做法难道就没有问题了么?明确地指出这一问题,也许并非完全多余。宋塔克指出:“一个同时具有威慑和矫正功能的安全理论,就如同想将水与火混合在一起那样,是如此的矛盾,以至于它看起来完全是捉摸不定的。当下此种观点的代表是冯 · 李斯特和西夏特(Sichart)。”〔67〕然而,有时候误解是有助于我们解决问题的。

(2)如果矫正、威慑、迫使无法犯罪真的是刑罚所具有的重要效果,并且是刑罚实现法益保护的重要途径(由此形成矫正刑、威慑刑与隔离刑三种刑罚形式),那么,这三种刑罚形式必须与三类犯罪人相匹配。其原因在于,刑罚所针对的是犯罪人,而不是与犯罪相关的概念;犯罪人是法益主体,侵害或者消灭犯罪人的法益构成了刑罚的本质。这一合乎逻辑的要求(刑罚形式与犯罪人相匹配)总体上为迄今为止的犯罪人类学研究所证实。〔68〕 然而,由于迄今为止所取得的研究成果之中仍存在的漏洞与未说明之处,故而我们尚无法对其中各个具体问题作出终局性的解答。但总体上,我们可以将犯罪人划分为以下三类,并对其进行进一步的深入研究:第一类,无法被矫正的犯罪人;第二类,需要矫正的犯罪人;第三类,偶犯。

在下文中,我将尝试对这种划分的实际价值作简短的说明。为方便阐述,我将遵循一个不同的考察顺序。

---

〔67〕 Sontag, Zeitschrift für die gesamte Strafrechtswissenschaft, I (1881), S. 494.

〔68〕 参见上文提到的犯罪人类学的研究成果,特别是龙勃罗梭与菲利的。

第一类:无法被矫正者[69]。

与习惯犯(Gewohnheitsverbrecher)做坚决的斗争,是当代刑法所面临的最为紧迫的任务之一。就如同某个生病的肢体会毒害整个有机体一样,迅速增加的习惯犯所带来的根深蒂固的社会弊病,将会越来越深地渗透我们的社会生活。对于这种社会现实的出现,刑事法科学领域占据主导性地位的教条主义(Doktrinarismus)负有不可推卸的责任,其深深地陷入纯概念性的体系性构建之中不能自拔,即使面对现今这样的状况,其仍旧无动于衷。

与习惯犯做斗争的前提条件是,我们对此类犯罪有着清楚的了解。但令人遗憾的是,直至今天,这一前提条件仍未满足。在这里我们需要应对的仅仅是一部分社会成员,他们的人数最多也最危险,他们出现于各种社会病态现象的产生过程之中,通常情况下我们将其统称为贫民阶层(Proletariat)、乞丐和流浪汉、男女娼妓和酒鬼、骗子和广义上生活堕落的社会成员(Halbweltsmensch)、精神上和身体上的堕落者,他们是社会秩序的主要违反者,而习惯犯则构成了这部分人的总参谋部(Generalstab)。在我们对流浪汉、骗子进行确定性的社会伦理评价之前,尝试在习惯犯意义上对其进行理解,注定是徒劳无功的。这里,对研究大有裨益的是道德统计数据(Moralstatistik),特别是将这些数据运用于直至今天仍缺乏可靠研究方法的犯罪人类学之中。但是,在这样的成果出现之前,我们不能一直等下去,这完全没有必要。

关于习惯犯本质的法学评价,我们应当从累犯统计数据之中去寻找。尽管这些数据并不够全面,但从中我们仍然可以提取出一些有价值的数据,能够为我们提供足够的直接采取干预措施的依据。

首先应当被关注的事实是,在所有犯罪人中,重新犯罪者占大多数;在所有重新犯罪者中,无法被矫正者占大多数。这一结论的得出,一方面是依据西夏特为符腾堡所作的统计[70],另一方面是依据不久之前出版的1880—1881年第一季度普鲁士官方监

---

〔69〕 习惯犯与偶犯之间的区分是瓦尔伯格巨大的且影响深远的理论研究成果,他在其诸多作品中,多次强调两类犯罪之间的区别。人们可以着重参考以下文章:„Über das gewohnheitsmäßige Verbrechen mit besonderer Rücksicht auf den Gewohnheitsdiebstahl" (Gesammelte kleinere Schriften, I, S. 136 f.); „Das Maß und der mittlere Mensch im Strafrecht" (Zeitschr. für das Privat- und öffentl. Recht der Gegenwart, V. Bd., S. 465 ff.); „Das Gelegenheitsverbrechen" (Ges. kl. Schriften, III; S. 55 f.); „Das Maß und die Wertsberechnung im Strafrechte" (daselbst S. 101 ff.); „Gutachten an den internationalen Pönitentiar-Kongreß zu Stockholm über die Bekämpfung des Rückfalles" (daselbst S. 213 ff.). 瓦尔伯格的理论贡献并不会因为李利恩塔尔对其所提出的习惯犯概念及其处罚的正当化依据的正确批判而被磨灭,参见李利恩塔尔所著《关于集体犯罪诸理论的文集》(Beiträgen zur Lehre von den Kollektivdelikten)一书。即使瓦尔伯格对于习惯犯的定义不够准确,这一类型的犯罪也肯定存在。对于反对李利恩塔尔观点的论述,请参见 Hälschner, Das gemeine deutsche Strafrecht, 1881, I, S. 551。

〔70〕 Sichart, Über die Rückfälligkeit der Verbrecher und über die Mittel zu deren Bekämpfung, 1881.

狱的统计报告。[71]

依据符腾堡的司法机关统计,重新犯罪者占犯人总数的比例,在1868年度至1877年度期间,从34%增加到48%。在路德维西堡的男子监狱中,重新犯罪者占犯人总数的比例,在1866年度至1877年度期间,从51%增加到72%。1877年度,上述两项数值的平均值达到了60%。[72] 在路德维西堡重刑犯监狱,平均每位犯人有过4次前科(即这次是他第5次犯罪)。[73] 从最后一次释放到重新被收监,每个犯罪人平均实施了3.27个犯罪行为。[74]

根据普鲁士官方提供的犯罪统计数据,在1880年度第一季度,因犯重罪而被判刑收监的犯人(zugegangene Zuchthausgefangenen)中,重新犯罪者(此前曾因犯重罪或轻罪而服过刑)占重罪服刑人员总数的76.47%,占服刑人员总数(detinierte gefängnisgefangenen)的64.03%(上一年度该数据为52.37%)。易言之,在1880年度第一季度,上述两项数据的平均值达到70%。我认为,根据普鲁士官方所给出的数据,在7033名重新犯重罪者中,82%的犯罪者有两次或两次以上的服刑经历,其中27%的犯罪者甚至有6次或6次以上的服刑经历。在21327名重新犯轻罪者(detinierte rückfällige Gefängnisgefangenen)中,66%的犯罪者有2次或2次以上被关押的经历,其中22%的犯罪者有6次或6次以上被关押的经历。上述两项数值的平均值分别是74%与24.5%。

上述数据具有较强的说服力。一方面,证明了我们目前对重新犯罪人所采取的措施是完全失败的,亟待改进;另一方面,证明了在头一年被收监、来年被释放的服刑人员当中,至少有一半是无法被矫正好的习惯犯。花费大量的资金[75]将这些习惯犯送入牢房,力图矫正他们的行为,但结果却显然事与愿违。数年后,当这些习惯犯被刑满释放时,其又会如同食肉动物那样扑向社会大众[76],直到他在一到两年后因实施三或四项犯罪行为而被重新收监、重新"矫正":实在没有比这更加不理智的事了!但是,我们的刑罚制度允许这么做,而且要求这么做。令人惋惜的是,现在学界普遍认为,刑事法科学在"报应"问题的研究上已经花费了足够多的时间与精力,当下研究者应当将研究重心放在因果关系、不作为犯以及其他重要的理论问题之上,不应当再在上述这些"小问题"上花费宝贵的时间与精力。

---

[71] Statistik der zum Ressort des kgl. preuß. Ministeriums des Innern gehörenden Straf- und Gefangenanstalten pro 1/4 1880/81, Berlin, 1882.

[72] 这一数据源自 Krohne, Zeitschrift für die gesamte Strafrechtswissenschaft, I (1881), S. 76。

[73] Sichart, Ueber Rückfälligkeit der Verbrecher, 1881, S. 11.

[74] Sichart, Ueber Rückfälligkeit der Verbrecher, 1881, S. 11.

[75] 依据西夏特的估算(Sichart, Ueber Rückfälligkeit der Verbrecher, 1881, S. 68),一间牢房的造价约为4000马克;而依据科洛讷(Krohne)的估算[Krohne, Zeitschrift für die gesamte Strafrechtswissenschaft, I (1881), S. 66],造价为4500~6000马克。

[76] 关于对此毫不掩饰的描述,请参见 Kräpelin, Abschaffung des Strafmaßes, S. 21。

面对那些无法被矫正的犯罪人,社会必须学会自我保护;因为一方面我们不应当对他们处以斩刑或绞刑,另一方面我们又不能将他们流放,所以我们所能做的就只有对他们科处终身监禁(或者不定期监禁)。[77]

在对上述观点展开进一步说明之前,我们似乎应当首先解决一个事实方面的问题。证明哪些犯罪是基于犯罪人的日常恶习而实施的,是犯罪统计学的任务;在这方面,犯罪人类学同样可以提供相关的智力支持。根据现有的研究结果,我们在一定程度上可以确定这些犯罪的范围。首先是财产犯罪,其次是特定的风俗犯罪(Sittlichkeitsdelikt),这些犯罪是行为人基于强烈的和最原始的人类本能而实施的。具体而言,主要包括以下犯罪[78]:盗窃、窝赃、抢劫、勒索、诈骗、纵火、损毁财物、强制性侵(gewaltsame Unzucht)、性侵儿童(Unzucht gegen Kinder)。[79] 当然,通过更加仔细的观察,我们还能够对上述犯罪种类的名单加以补充或者更正。

对于使得无法被矫正者"不再危害社会",我的思考如下:《德意志帝国刑法典》中应当加入与其第 244 条、第 245 条的规定相似的法律规定:如果行为人因为实施上文所列举之犯罪而第三次被判刑,则应当对其科处不定期监禁。被判处此种刑罚的犯人应当在特殊的执行机构(重刑犯监狱或者劳改营)中集体服刑。等待他们的将是以最严厉的强迫劳动和尽可能地利用他们的劳动力为主要内容的"刑事强制改造"(Strafknchtschaft)[80];作为纪律罚(Disziplinarstrafe),管教刑(Prügelstrafe)自然是不可缺少的[81];强制使得公民长期丧失名誉权,应当是刑罚所具有的不可或缺的明显特征。单独监禁只能作为纪律罚出现,其他纪律罚还有黑室禁闭(Dunkelarrest)和严厉的禁食(strengstes Fasten)。

当然,并非所有的习惯犯都无法回归社会。此外,法官作出误判,在现实中亦是难以避免的。但是,在押的习惯犯回归社会的可能性确实很小,易言之,他们因为能够回归社会而被释放的情况,仅仅是极为个别的例外。州法院监督委员会[82]每五年可以向州法院提出相关释放申请,如果法院的刑事法庭批准了申请,则犯人被转交给下文中提及的矫正机构。如果犯人在矫正机构表现不佳,则应回到劳改营继续服刑。

---

〔77〕 许多学者都提出了这样的制度设计,有的学者很坚决,有的学者没那么坚决,具体参见 Wahlbergs Rapport an den Stockholmer Gefängniskongreß; v. Lilienthal, Kollektivdelikte, S. 103 的脚注中所提及的文献; Schwarze, Freiheitsstrafe, S. 47; Sichart, Ueber Rückfälligkeit der Verbrecher, 1881, S. 39; Krohne, Zeitschrift für die gesamte Strafrechtswissenschaft, I (1881), S. 81 ff.; Sontag, Zeitschrift für die gesamte Strafrechtswissenschaft, I (1881), S. 505 f.; Mittelstadt, Gegen die Freiheitsstrafen, S. 70。

〔78〕 Vgl. Lilienthal, a. a. O., S. 109; Sichart, Ueber Rückfälligkeit der Verbrecher, 1881, S. 13.

〔79〕 上述几种犯罪数量的增加清楚地表明,我们的国民正在变得野蛮。

〔80〕 Mittelstädt, Zeitschrift für die gesamte Strafrechtswissenschaft, II (1882), S. 437.

〔81〕 参见德国联邦参议院关于刑罚执行法的草案以及相关动议书。关于管教刑的最新文献,请参见 Sontag, Zeitschrift für die gesamte Strafrechtswissenschaft, I (1881), S. 501。

〔82〕 我在上述立法草案的第 8 章中建议,设立一种对犯罪人重归社会更有帮助的机构。参见动议书的第 24 页以及 Willert, Zeitschrift für die gesamte Strafrechtswissenschaft, II (1882), S. 488。

上述改进措施本质上涉及扩大《德意志帝国刑法典》对重新犯罪人的处罚范围,并加重对其所科处之刑罚。那些认为我们这里所支持的最为现代化的刑罚体系有些"古老"的研究者们,原则上反对进行激进的变革,他们将刑罚圈的扩张作为反对我们观点的出发点。

第二类:需要矫正者。

经常被作为习惯而实施的犯罪行为,同时划定了我们的第二类犯罪人的范围,即需要矫正者的范围。这类习惯犯的特征在于,他们基于先天遗传和后天习得具备了犯罪素质,但尚未达到无可挽回地失去自我的地步。对于这些人而言,小型监狱是他们主要的服刑地点,但破落的小旅馆、小酒馆、妓院是否能够作为服刑地点,是存在争议的。这些刚刚滑入犯罪歧途之人在很多情况下还是能够被挽救的,但唯一的正确的挽救途径是严厉且持续的管教。在我看来,对他们所科处的有期徒刑的最低期限不得低于1年。对于那些刚开启自己犯罪生涯的犯罪人来说,没有应对措施比短期自由刑更加失败、更加不理智了。如果社会承担起大部分责任,就有可能大幅减少潜在的习惯犯。

在我看来,实践当中的做法应当如下:当行为人第一次或第二次实施了上述所列举之犯罪行为时,法院应当作出将刑罚交由矫正机构执行的决定,该决定具有效力待定之效果,不会使得犯罪人丧失名誉权。(在判决中不会予以明确的)刑罚期限最低为1年,最高为5年。刑罚自犯罪人被单独监禁时开始计算。如果服刑人员表现良好,监督委员会可以宣布令其在社会上继续服刑(该措施是可撤销的)。劳动和基础课程是增强服刑人员对实施犯罪行为抵抗力的重要手段。作为纪律罚的管教刑被绝对禁止。每年,监督委员会都可以向州法院提出释放已被矫正好了的犯人的申请。犯人在被释放后,仍处于警方的监督之下,被释放之罪犯的受监督期限与其已服之刑期相当。任何情况下,在服刑5年之后,此类习惯犯都应当被释放〔83〕,但在释放后的5年内,其仍处于警方的监督之下。

为了确保矫正获得预期的效果,执行矫正措施的半官方性质的私人团体,既受到国家监督〔84〕,也从国家那里获得资金支持〔85〕,这些团体应当为安置和帮助接受矫正者贡献自己的一份力量。

第三类:偶犯。

在讨论完无法被矫正的和需要矫正的犯罪人之后,仍需要讨论的另一类犯罪人是偶犯,此类罪犯人数众多。对于偶犯来说,犯罪行为仅仅是他们生活中的一段插曲,主要由外在因素导致其误入歧途。由于他们再次实施先前犯罪行为的可能性极小,故而

---

〔83〕 对于"延长服刑时间的最高期限"这一立法建议,我本人并不持异议。

〔84〕 即领导服刑机构的那些委员会。

〔85〕 我个人认为,设立不具有半官方性质的(执行矫正措施的)私人团体的弊大于利。毫无计划的自主比完全不自主的弊端更加明显。但现如今的通说观点和我的观点相左。

系统性地对其采取矫正措施是多余的、不符合矫正目的的。对他们科处刑罚的目的不过是恢复被违反的法律规范的权威。在此意义上,刑罚是一种威慑,其在某种程度上是一种明确的警告,是对犯罪人自私自利本能的“惩戒”。因此,威慑刑的适用范围事实上包括除上文所论及的两类犯罪人之外的所有实施重罪或轻罪之人,也即所有无法被证明是基于恶习而实施的犯罪。一般而言,即使受到一些因素的制约,“刑法典具有威慑功能”仍应当得到肯定;如今最合适的仍然是一套统一的、不必以单独监禁方式执行的有期徒刑系统[86],有期徒刑的最低期限不得过低(不得低于6周),最高期限也不得过高(10年已经足够高了)。剥夺公民名誉权可以作为选科的刑罚内容;罚金刑可以在比迄今为止更加广泛的范围内适用,一方面是与有期徒刑并科,另一方面则是代替有期徒刑适用。在我看来,如果无法被矫正者不能再实施危害社会的行为,那么死刑就完全是多余的。

(3)以上论述首先只是提供证据表明,贯彻符合目的思想的量刑标准是完全可能的,其不会动摇文明国家刑法的基本原则。除此之外,法定刑幅度体系(System der Strafrahmen)将会有所改变,且其适用将会受到一定程度的限制,但并没有被废除。[87]我的改革建议,既不是废除量刑环节,也不是剥夺法官的自由裁量权。其可以概括为,什么是必须且马上要去做的。详言之,使得无法被矫正者不能再危害社会,使得能够被矫正者得以重返社会,仅此而已。我现在无法知晓,巴尔在面对这些虽然仍待完善的但法理上非常明确的改革建议时,是否还会提及“不确定的未来音乐之间的协调”[88],我本人并不反对这样的表述。我想保持清醒的头脑。目的思想是中心思想(Leitmotiv),其从法律中具有否定之否定形式的“无尽旋律”中拯救我们,它能够使我们保持头脑清醒,并合理简化我们的思维。

六、结　论

当我们在目的思想的引领下试图确定法益保护刑的形式与标准时,我们必须对报应刑进行扬弃。现在,我们有必要再回头审视一下报应刑。如前所述,等值性原则(犯罪与刑罚之间具有等值性)站不住脚,合比例性公正理论亦无法适用。但是,这两点并没有证明报应刑缺乏理论依据,无法应用于刑罚的裁量。也许的确存在一种报应刑的存在形式,其无论是在理论上还是在实践上能够被证明是合理的?且该种存在形式与

---

[86] 无论是在这里还是在其他地方,我均没有对“违反秩序的行为”(Übertretung)进行分析。

[87] “有条件的释放”这一制度不应当被引入德国刑法。这株外国植物在德国土壤上无法生根发芽,更不用谈结出果实。人们会很快忘记这一制度。

[88] v. Bar, Handbuch des deutschen Strafrechts, 1882, I. S. 307. 我很乐意承认,《德意志帝国刑法典》中存在许多模糊的表达。我认为,在简明教科书中,我不方便提出改革建议。在此,我明确拒绝对哈特曼(E. v. Hartmann)所提出的批判意见作出回应。

目的思想原则上并不矛盾？

对于上面这两个问题，我将毫不犹豫给出肯定的回答。报应刑唯一有根据的且富有成效的存在形式，便是法益保护刑。这里引起我兴趣的，不是其名称，而是其使得“科处刑罚的原因是过去实施了犯罪（*quia peccatum est*）还是防止将来犯罪（*ne peccetur*）”这对矛盾的空泛性与不合理性清晰地显现出来。其不仅涉及刑罚原则（报应原则），涉及可罚的不法之概念，而且还涉及刑罚的种类和幅度。上述三项关联中，第一项已经得到证明，第二项受到当下通说观点的肯定，第三项则很容易理解。[89] 对犯罪人所应科处之报应刑应当与他对法秩序所造成的破坏相等同。他所造成的破坏，使得决定国家生活的各方力量之间的均势发生变化，使得法秩序遭受动摇。因此，科处报应刑旨在恢复这种力量均势，维护法秩序。法益保护刑就是报应刑。在我看来，该结论既是各种绝对理论的基本立场，亦是所有关于刑罚本质的形而上学推测的基本立场。之所以会出现意见分歧，是因为研究者们都遵循了一条错误的研究路径（将犯罪与犯罪人截然分开）。在论及报应时，我们首先应当明确，报应只能是针对一项具体的犯罪行为而言的，而具体的犯罪行为是与犯罪人的人格密不可分的。犯罪既可能是犯罪人生活中的一段插曲，亦可能是犯罪人内在本性的外在表露：不是由犯罪人实施的犯罪行为并不存在。将犯罪与犯罪人截然分开的观点犯了非常严重的法律错误，犯罪和犯罪人之间并非对立关系，犯罪是犯罪人所实施的犯罪。如果行为并非由犯罪人所实施，而是其被迫实施的，或是在精神错乱情态下实施的，那么该行为仅仅是一起意外事件。据此，依据归责判断，这里并不存在报应问题。因此，只有从（作为报应对象的）具体犯罪行为中才能推导出报应的标准。正是从这一思想出发，我们才得出了上述结论。然而，通说观点主张，在对犯罪科处刑罚时不应考虑犯罪人。易言之，通说观点认为，刑罚应当与犯罪概念相适应。而犯罪概念本身是立法界与理论界共同从具体犯罪行为中抽象出的事物。[90] 详言之，通说观点主张，认定的内容是，应当对盗窃、强奸、谋杀、虚假宣誓科处怎样的刑罚？而不是，应当对这位盗窃犯、这位谋杀者、这位作虚假宣誓的证人、这位强奸犯科处怎样的刑罚？由于通说提问的方式与我们迥然有别，故而通说对于这些问题的回答也必然与我们的回答有所差异。通说的提问方式是错误的，但其又恰恰是从报应主义的立场出发以错误的方式提出了问题。应受刑罚处罚的不是犯罪概念，而是犯罪人。因此，报应刑不是根据概念，而只能是根据犯罪人的犯罪行为来确定。这似乎应当是人所共知的道理，但时至今日，该观点仍然被斥为旁门左道、异端邪说。

法益保护刑是被正确理解的报应刑。已经实施（*dem quia*）与尚未实施（*dem ne*）之间

---

〔89〕 Vgl. Merkel, Zeitschrift für die gesamte Strafrechtswissenschaft, I (1881), S. 594.

〔90〕 这一错误的结论在伯纳的论著中体现得尤为清晰。虽然他的观点经常遭受攻讦，但其在所有版本的教科书中始终坚持这一观点。

的对立是人们臆想出来的。[91] 这还可以进一步被理解为:镇压和预防之间并非矛盾、对立的关系。我游泳,是因为我掉进了水里,还是因为我不想溺死?我服药,是因为生病,还是为了保持健康?在边境上拉上警戒线,是因为邻国传染病肆虐,还是为了保护我们免受感染?我加固房屋,是因为它即将倒塌,还是不想拆除?上述这些问题与数千年来引起法哲学争端的问题在逻辑上具有相通之处。

刑罚通过镇压来实现预防,当然我们也可以说,通过预防来实现镇压目的。如此,宾丁向目的思想的支持者们所提出的问题[92]便有了答案:**"为什么国家只能在犯罪行为发生之后处罚犯罪人?"**是的,为什么生病之人需要治疗,为什么我们不干脆治疗健康的人?这两个问题在逻辑上是相通的。正如我们将医生与疾病作斗争的活动称作治疗一样,我们只能将刑罚称作由犯罪行为所引起的、国家对犯罪人所施加的侵害活动。但这并不妨碍,医生的治疗行为和国家对犯罪人的处罚中均包含了预防效果。**"为什么不干脆用学校和警方的矫正措施来代替刑罚?"**能够肯定的是,当出现了高度发达的、可以预防所有疾病的医疗警察时,我们便不再需要医生了。但遗憾的是,这种黄金时代尚未开启。因此,在这种黄金时代来临之前,最好的学校和最可靠的警察还是无法杜绝犯罪的发生。**"为什么社会不对使社会的不安全性公之于众的犯罪人表示感谢?"**基于同样的理由,治疗不是关心和照顾疾病,让其继续发展和蔓延;而是努力与其做斗争。**"基于何种正当化理由,国家才能够将犯罪人贬低为有利于社会上其他人之试验的客体?"**这里我们能够指出的是,当为了防止天花病传染而将一个天花病人送进医院接受治疗时,没有人会将之视为对人的尊严的贬低和侮辱;当然,这种做法也并非必需的。其原因在于,我们并非在刑罚的反射效果中寻找刑罚的本质及其正当性的。[93] 这也能够解释,为什么刑事处罚虽然在很多情况下均是无果而终的,但我们仍会对犯罪人进行处罚。此外,"在许多情况下",极端的审慎(die peinlichste Vorsicht)并不是为了防止传染病的扩散;但是,我认为,从中亦无法推导出,"所有预防措施放弃得越早越好"这样一项结论。**"最后,相对理论依据以上所提之问题,终于得出如下结论:不是国家,而是受到威胁的社会交往领域,会不顾及国家与社会之间的界限,而必须拥有刑法,但事实情况正好与之相反。"**至今为止,我还是无法理解这一结论。如果犯罪行为是对国家法秩序的干扰,刑罚是保护国家法秩序的手段,那么就不应当是社会交往领域而应当是国家必须拥有刑法。这是法益保护理论的必然"结论"。然而,特定的社会交往领域也是保护其自身特殊利益的权力主体(Träger),其保护权能部分得到国家承认,部分甚至是受到了国家的委托;但是,上述结论所提及之情形,是

---

[91] 耶林在《法的目的》第25页表明,"法之目的"与我的观点之间仅存在表面上的矛盾,这一点是无须证明的。

[92] 关于宾丁所提的问题,参见本文第一部分。

[93] 参见上文第五部分。

不可能出现的。

有鉴于此,根据宾丁所提出的“问题”而对相对理论所作的谴责性评价,由于“缺乏根据”,因而是可予以反驳的。如果绝对理论无法提供火力更加强大的理论武器,则还是采取防御态势可能会更好一些。

然而,我此次演讲的主要目的并非帮助目的思想在刑法中赢得其应有的权利。我的主要目的是想要表明如下观点:在我的观点的基础之上,各派观点彼此达成妥协(Verständigung)是可能的。解决争端的方案并非革命,而是改革,而且是我们大家都能够参与的改革。数十年来,在最著名的刑法学家那里,刑法科学已然脱离了生活。在注定没有结果的争论当中,刑法学者们的研究精力被分散了;受纯粹抽象的脑力劳动的束缚,刑法学者们并没有注意到外部世界正在发生的变化。他们笃信,和过去一样,自己仍牢牢掌握着对社会现实的正确认识。然而,社会早就停止关注他们的研究成果了。因此,我们虽然不能放弃对抽象概念体系的深入研究,但是我们必须放弃教条主义。

将犯罪作为社会伦理现象以及将刑罚作为社会功能的载体来研究,这两项基本研究立场在刑事法科学中应当得到其应有的重视。那些与刑事法科学之间存在或紧或疏之关联的学科(犯罪人类学、犯罪心理学、犯罪统计学等)的研究成果,亦能够为严重罪责的证明提供智力支持。然而,在当下,严重罪责的证明被认为仅仅是刑法学者的研究领域,这便是上述学科迄今为止成果寥寥的原因所在。只有当这些学科能够与刑事法科学共同协作时,才能提出富有成效的治理犯罪的合理方案。在治理犯罪的过程中,刑事法科学必然是居于主导地位的,在这点上,刑法学科不需要也不能作出让步。但是对于上述学科中的研究成果,刑事法科学不应当也不能够持高傲的、无动于衷的态度。有鉴于此,刑法理论工作者、刑法实践工作者、教师、法官、检察官、警官的工作是否能够向协作方向上发展?考虑到这些工作者应当履行的职责以及为履行职责所应当掌握的知识之间存在本质不同,我们是否应当像将司法从行政中分离出来那样,使得刑事司法与民事司法截然分开?对于这些问题,我在本文之中不敢妄下定论。对我而言,毋庸置疑的是,刑事法科学、刑事立法以及刑事司法在履行其社会职责方面仍有很大的进步空间,当我们认识到这一状况后,刑法内部改革之路的大致轮廓便已被勾画出来。我希望,当刑法典条文不可避免地需要完善时,当行刑规范不可避免地需要制定时,刑法工作者们能够不打无准备之仗。

[实证研究]

法律实证研究的过去、现在与未来

——司法裁判与新实证主义*

[美]迈克尔·海斯** 文　李文军*** 译

要　目

摘　要　在过去的一个世纪里,法律实证研究已经融入法学界的主流。在本文中,海斯教授回顾了法律实证主义的发展历程,并论述了它在法学界日益重要的地位。本文首先回顾了从20世纪早期的法律实证主义运动,到第二次世界大战后为复兴法律实证主义所做的努力,追溯了美国20世纪法律实证主义的发展,包括芝加哥陪审团

---

* 本文原标题为:The Past, Present, and Future of Empirical Legal Scholarship: Judicial Decision Making and the New Empiricism,载《伊利诺伊大学法律评论》(University of Illinois Law Review)2002年第4期,第819—850页。本文的翻译已得到作者授权。本文系2022年重庆市教育委员会人文社会科学研究规划项目“刑事庭审调查改革落实证人出庭作证制度研究”(项目编号:22SKGH046)的阶段性成果。

** 康奈尔大学法学院教授。

*** 西南政法大学人权研究院讲师,西南政法大学刑事检察研究中心研究员,法学博士。

项目和对法律实证研究大规模的基础支持,以及法学院和其他研究中心对法律实证研究的支持。随后论述了影响法律实证研究发展的几个最新因素,包括整体上法学研究广度和成熟度的提高,法学教授之间合作研究的增加,可用数据集和用于统计分析的复杂计算工具的增多,以及越来越多的裁判者要求进行实证研究。接下来利用实证司法裁判文献资料阐述了当前法律实证研究的趋势,包括行为主义和态度主义两种主要理论类型,并利用法律类型、公共选择和制度主义领域的理论类型来解释司法裁判。最后论述了当前法律实证研究方法和可用数据库的一些固有的局限,并认为除了结构性局限,法律实证研究已成为一种研究流派并将继续蓬勃发展。

关键词 法律实证研究 司法裁判 新实证主义

一、引 言

法律实证研究具有较早的渊源和较长的历史,但为什么花了很长时间才使其作为公认法学研究流派的地位得以稳固呢?毕竟,早在20世纪初,当奥利弗·温德尔·霍姆斯(Oliver Wendell Holmes)谈到"统计学家"对法律未来的影响时,人们就预测到它的到来。[1] 虽然历史证明了霍姆斯的预言是正确的,但法律实证研究的道路漫长而曲折,它的发展道路上散落着早些时候的初步尝试失败的残骸。虽然法律实证研究进入法学界主流的路途还很遥远,但其地位已经达到了某种程度的稳定。事实上,笔者认为今天我们所看到的不太可能是一连串错误的开始。[2]

本文以下的论述主要有四个部分。第二部分总结了20世纪法律实证研究的发展。这一历史背景考察是必要的,因为它为今天法律实证研究与其之前发展的比较提供了基准。另外,法学教育的重要变化,特别是与法律学术和学者有关的变化形成了更多的区别。第三部分论证了笔者的观点,即一种新的实证主义正在形成。第四部分笔者提出新实证主义的出现有三个原因:第一,某些传统领域的理论研究已达到成熟的临界值。一旦某一特定的理论研究走向成熟,那些将受益于(实际上需要)实证检验的重要问题就会变得更加清晰。第二,越来越多的新统计技术被频繁地应用于法律问题。第三,近年来进行实证分析的障碍显著减少,研究人员更容易获得相关数据和更强大的计算工具。除此之外,计算机硬件和软件的发展使得复杂的实证研究变得相对普遍。第五部分探讨了一个特定研究领域(司法裁判)的学术发展是如何反映法律实证研究的整体重要变化趋势的,包括它的过去、现在与未来。

---

〔1〕 See Oliver Wendell Holmes, *The Path of the Law*, in Collected Legal Papers, 1921, p. 187.

〔2〕 But cf. John H. Schlegel, *American Legal Realism and Empirical Social Science*, University of North Carolina Press, 1995, p. 256.

在进行论述之前,有两点需要注意。首先,需要按顺序列出一些定义。[3] 为使本文展开有针对性的论述,当笔者谈到法律实证研究时,仅指使用统计技术和统计分析的法律实证研究。而使用统计技术和统计分析的研究,指的是利用数据(包括已系统编码的法官意见)来促进对更大样本或群体的描述或推断,以及帮助其他学者进行复证。[4] 诚然,笔者对法律实证研究采取的狭隘定义排除了一系列丰富的、似乎可以被解释为实证研究的法学研究。[5] 然而,狭义定义的优势在于它关注的是一种更明显、更独特的法律实证研究类型,并将其与传统的理论研究和教义学研究区分开来。

其次,如果有人(例如笔者)提出只有很少的法学研究是实证性的,那么这就回避了一个重要的问题:与什么相比太少?不可否认,对这个问题没有一个令人满意的回答。虽然法律实证研究的最佳水平并不是很明显,但一些因素表明其有望达到比当前研究更高的水平。其中一个因素是,越来越多的法律学者要求进行更多的法律实证研究。[6] 虽然评论者认识到对法律实证研究的需求日益增多,但这类研究的供给尚未作出充分的反应。[7] 在一项简单的抽样调查中,大多数法学教授认为,法学研究缺乏或缺少实证研究。[8]

---

〔3〕 此处的定义借鉴、拓展了舒克(Schuck)教授先前所阐述的定义。See Peter H. Schuck, *Why Don't Law Professors Do More Empirical Research?*, Journal of Legal Education, Vol. 39, No. 3, 1989, p. 323.

〔4〕 See ibid.

〔5〕 针对笔者有意对法律实证研究作"狭窄"定义的批评。See Lee Epstein & Gary King, *The Rules of Inference*, University of Chicago Law Review, Vol. 69, No. 1, 2002.

〔6〕 Richard A. Posner, *Overcoming Law*, Harvard University Press, 1995, p. 210; Derek C. Bok, *A Flawed System of Law Practice and Training*, Journal of Legal Education, Vol. 33, No. 4, 1983, pp. 570-582; Lawrence M. Friedman, *The Law and Society Movement*, Stanford Law Review, Vol. 38, No. 3, 1986, pp. 763-780; Richard A. Posner, *Against Constitutional Theory*, New York University Law Review, Vol. 73, No. 1, 1998, pp. 1-3; Richard A. Posner, *The Summary Jury Trial and Other Methods of Alternative Dispute Resolution: Some Cautionary Observations*, University of Chicago Law Review, Vol. 53, No. 2, 1986, p. 366; Peter H. Schuck, supra note 3, at 323; Bryant G. Garth, *Book Review*, Journal of Legal Education, Vol. 45, No. 4, 1995, p. 606.

〔7〕 See, e. g., Bryant G. Garth, *Observations on an Uncomfortable Relationship: Civil Procedure and Empirical Research*, Alabama Law Review, Vol. 49, No. 1, 1997, pp. 103-105. 对现有法律实证研究的一般性批评及相关回应,see Frank Cross, Michael Heise & Greogry C. Sisk, *Above the Rules: A Response to Epstein and King*, University of Chicago Law Review, Vol. 69, No. 1, 2002; Lee Epstein & Gary King, *Empirical Research and the Goals of Legal Scholarship: A Response*, University of Chicago Law Review, Vol. 69, No. 1, 2002; Lee Epstein & Gary King, supra note 5; Jack Goldsmith & Adrian Vermeule, *Empirical Methodology and Legal Scholarship*, University of Chicago Law Review, Vol. 69, No. 1, 2002; Richard L. Revesz, *A Defense of Empirical Legal Scholarship*, University of Chicago Law Review, Vol. 69, No. 1, 2002.

〔8〕 Craig Allen Nard, *Empirical Legal Scholarship: Reestablishing a Dialogue Between the Academy and Profession*, Wake Forest Law Review, Vol. 30, No. 2, 1995, pp. 347-362. 纳德(Nard)教授的研究包括对来自 20 个不同法学院的 40 位"随机选择"的法学教授进行简短和非正式的电话调查。但从他的调查结果中可推断出的东西相对较少。Ibid., at 361.

二、法律实证研究的发展历程

一系列先前周期性法律实证研究的激增,为最近法律实证主义的重新出现提供了一些历史背景,或者正如吉姆·林德格伦(Jim Lindgren)教授所称的"新实证主义"(the new empiricism)现象。〔9〕

在20世纪初,法学研究成为一个独立的领域,并受到法律日益专业化的极大影响。现代美国法学院模式的出现受到法律职业和法学研究的影响,或影响了法律职业和法学研究。美国法学院及其文化的成熟,大体上与当时的哈佛大学法学院院长兰德尔(Langdell)所阐述的模式一致,并得到詹姆斯·巴尔·埃姆斯(James Barr Ames)教授等人的推崇。案例模式迅速传播开来,至今仍具有巨大的影响力。事实上,施莱格尔(Schlegel)教授类比说明了"兰德尔案例法"(Langdellian case law)在殖民地传播的影响。〔10〕 值得关注的是,在现代美国法学院模式的最初建立过程中,划定和维护法学与所有其他学科之间的界限,对法学教授的专业身份至关重要,以至于很少有空间或任何类似的兴趣去进行法律实证研究。〔11〕

法律现实主义(legal realism)运动为应用社会科学和法学的交叉研究提供了一个重要和显著的平台。在法律现实主义发展的同时,在法学院之外也发生了一些重大事件,这些事件最终极大地影响了法律实证研究。这些事件中最突出的是社会科学作为独立研究领域的出现,以及相关研究方法的发展。〔12〕* 然而,随着这场运动的发展,法律现实主义包括其主张的实证研究方式,主要是由昂德希尔·摩尔(Underhill Moore)、查尔斯·克拉克(Charles Clark)和威廉·道格拉斯(William Douglas)等教授发展起来的。无论法律现实主义者在当时可能施加了怎样的影响,但回过头来看,他们显然是

〔9〕 詹姆斯·林德格伦在美国法学院协会年会上关于法律和社会科学与学术研究联合计划(2001年1月6日)的专题演讲。

〔10〕 John H. Schlegel, supra note 2, at 26. 对法律实证研究的历史发展进行了详尽的学术讨论,see ibid.

〔11〕 John H. Schlegel, Ibid., at 37.

〔12〕 很好地介绍了社会科学的出现及其对法学的影响,see ibid.

* 法律现实主义是指主张法律基于法官对社会利益及公共政策的衡量所作出的司法判决,而非基于形式规范或原则的法学思潮或法学思想运动。法律现实主义在美国20世纪二三十年代方兴。一般认为,美国联邦最高法院大法官霍姆斯及哈佛大学教授J. C. 格雷(John Chipman Gray)是美国法律现实主义思潮的先驱,而代表人物则公推卡尔·卢埃林(Karl Llewellyn)与弗兰克(Frank)。法律现实主义以实用主义、实证主义哲学作为理论基础,受到行为心理学、弗洛伊德的精神分析学、统计社会学等思潮、流派的影响。它反对盛行于美国的传统法学,即"概念论""法律形式主义""法条主义"等,强调从人的行为特别是司法官员的行为中探寻现实的法律规则。它区分"书本上的法律"(law in books)与"行动中的法律"(law in action),主张注重经验事实,甚至主张对法官进行心理分析。在北欧国家,也曾流行现实主义法学,一般通称为"斯堪的纳维亚法律现实主义"。它与美国法律现实主义有所差别。在西方的法理学中,法律现实主义通常是指美国的法律现实主义思潮。参见薛波主编:《元照英美法词典》,法律出版社2003年版,第821页。——译者注

那些目前从事法律实证研究群体的"远亲"(distant relatives)。[13]

需注意的是,早期的法律实证研究或法律现实主义运动并不局限于纽黑文的耶鲁法学院。例如,1928年发生关于哥伦比亚大学法学院院长一职的激烈争斗之后,约翰霍普金斯大学法学研究所最终成立了。该研究所是作为一个非教学研究机构成立的,其主要任务包括法律实证研究。不过,约翰霍普金斯大学当时没有、现在也没有建成一个正式的法学院。具有讽刺意味的是,通过利用现有的学术部门,并将核心教职人员集中在法律问题研究上,约翰霍普金斯大学法学研究所的模式远远走在了时代的前面。事实上,该研究所可能太超前了。主要由于缺乏稳定的资金和组织聚集力,该研究所于1933年停办了。[14]

执业律师也帮助激发了人们对法律实证主义的兴趣。颇具讽刺意味的是,正是在这里发生了一些失误。在穆勒诉俄勒冈州案(Muller v. Oregon)中[15],法院支持了俄勒冈州的一项法规,该法规禁止女性每天在工厂工作超过10个小时。很快,即将成为大法官的布兰迪斯(Brandies)将一系列社会科学证据记录在案,旨在证明"两性之间的固有差异"。[16] 有学者将社会科学在法律中的早期角色描述为类似于"维多利亚时代家庭中的客厅,女孩和她的求婚者可以在那里聚会,但不能过于频繁"[17]。尽管有几个明显的错误[18],但霍姆斯大法官正确地预测了19世纪晚期实证研究方法对法律的影响和效用。

随着大萧条加速了法律现实主义者的消失,有四个因素促成了第二次世界大战后法律实证研究的再一次连续激增。

第一,在院长爱德华·列维(Edward Levi)的有力领导下,芝加哥大学法学院成功获得了一笔数额可观的基金拨款,用于开展一项法律与行为科学(law and behavioral sciences)的交叉领域项目研究。"芝加哥陪审团项目"[19](The Chicago Jury Project)作为尝试的项目之一,对陪审团制度进行了第一次系统的大规模实证研究。这个项目获得了成功,最终出版了《美国陪审团》[20](*The American Jury*)一书。另一个显著的成功是

---

[13] See generally John H. Schlegel, supra note 2.

[14] Ibid., at 15-20.

[15] 208 U.S. 412 (1908).

[16] 208 U.S. 423 (1908). See generally Marion E. Doro, *The Brandeis Brief*, Vanderbilt Law Review, Vol. 11, No. 3, 1958, p. 783.

[17] David Riesman, *Some Observations on Law and Psychology*, University of Chicago Law Review, Vol. 19, No. 1, 1951, pp. 30-32.

[18] See, e.g., Buck v. Bell, 274 U.S. 200 (1927)(支持对有"精神缺陷"者实施非自愿的绝育手术)。

[19] 相关简要介绍,see Stephan Landsman, *The History and Objectives of the Civil Jury System*, in Robert E. Litan ed., Verdict: Assessing the Civil Jury System, Brookings Institution Press, 1993, pp. 22-51.

[20] Harry Kalven, Jr. & Hans Zeisel, *The Ameican Jury*, Washington and Lee Law Review, Vol. 24, No. 1, 1967.

建立了智识储备,并最终发展成芝加哥法律与经济学院。[21]

第二,沃尔特·E. 迈耶法律研究所(Walter E. Meyer Research Institute of Law)的创建为一系列突破性研究提供了支持。迈耶基金并没有专注于支持单一的项目或单个的法学院,而是为许多重要的学术进步作出了贡献。这方面值得关注的典型有,法官圭多·卡拉布雷西(Guido Calabresi)所著的《事故的代价》[22](*The Costs of Accidents*),以及沃尔特·盖尔霍恩(Walter Gellhorn)教授所著的《调查官及其他人》[23](*Ombudsmen and Others*)。

第三,来自基金会财务支持的力度和规模较大,尤其是罗素赛奇基金会(Russell Sage Foundation)和国家科学基金会(National Science Foundation)。罗素赛奇基金会项目的兴趣扩大到了法律和社会科学,并帮助建立了加利福尼亚大学伯克利法学院法律和社会研究中心[24],以及威斯康星大学、西北大学、斯坦福大学、哈佛大学和宾夕法尼亚大学法学院的类似项目。1967年,国家科学基金会发起了法律和社会科学领域的集中研究。[25]

第四,法律和社会协会(Law and Society Association)的发展源于罗素赛奇基金会和国家科学基金会的资金划拨。尽管《法律与社会评论》(Law & Society Review)的编辑的择稿重点随着时间的推移而有所变化,但它仍然是法律实证研究的主要学术平台之一。

虽然这些战后的发展足以确保法律实证研究,不会遭受其前身法律现实主义同样的命运,但法律实证研究的传统"没有流行起来、没有站稳脚跟",至少在法学院是这样。[26] 从这段历史可以看出,正是由于缺乏深厚的法律实证研究传统,才使得当前的新实证主义运动应运而生。

三、新实证主义出现的迹象

快速浏览一下当前的法学研究文献,就会让大多数读者相信学术文献中的实证研究充其量只能算是边缘研究。因此,舒克教授关于法学研究的两种主要形式,即理论研究和教义学研究占据了"几乎所有的法学研究文献"[27]的观点在很大程度上仍然是

[21] See Anthony T. Kronman, *The Lost Lawyer: Failing Ideals of the Legal Profession*, The Belknap Press of Harvard University Press, 1993, p. 166.

[22] Guido Calabresi, *The Costs of Accidents: A Legal and Economic Analysis*, Yale University Press, 1970.

[23] Walter Gellhorn, *Ombudsmen and Others: Citizens' Protectors in Nine Countries*, Harvard University Press, 1966.

[24] 现在称为法学和社会政策项目(Jurisprudence and Social Policy Program)。

[25] National Science Foundation, NSF-SBE-SES-Law and Social Science, available at http://www.nsf.gov/sbe/ses/law/start.htm (accessed 8 October, 2001).

[26] John H. Schlegel, supra note 2, at 252.

[27] Peter H. Schuck, supra note 3, at 329.

正确的,特别是当人们从整体上看待法学研究的时候。因此,过去未能发展和维持一种法律实证研究传统所遗留下来的问题在很大程度上仍然存在。

然而,法学研究最近的趋势却指向了另一个方向。虽然法律实证研究仍然仅是偏向非实证研究这一压倒性普遍规律的例外,但有证据表明,法律实证研究的产出正在上升。如果回顾一下过去十年出版的法学著作,就会发现这一趋势尤其明显。[28]

传统的法律评论开始发表更多的实证性作品,尽管编辑们往往刚从大学毕业几年,而且通常缺乏高级研究生教育的训练。另外,由教师编辑和同行评议的期刊,如《法学研究杂志》(*Journal of Legal Studies*)、《法律与经济杂志》(*Journal of Law and Economics*)、《法律、经济与组织杂志》(*Journal of Law, Economics & Organization*)和《法律与社会评论》(*Law & Society Review*)等,已获得了学者们的认可,权威性还在不断提升。[29] 甚至在网络空间也有所反应。社会科学研究网(The Social Science Research Network, SSRN)的法学研究网(Legal Scholarship Network, LSN)是法律(和其他)学术的主要传播媒介,其中包括一个专门用于介绍法律实证研究的栏目。[30]

除了资助它们的法律评论外,法学院还在其他方面支持法律实证研究。芝加哥大学、哈佛大学、西北大学、威斯康星大学、康奈尔大学和伊利诺伊州大学等顶尖法学院都开始设立注重法律实证研究的研究中心和项目(正式的和非正式的)。专门举办或涉及实证研究的会议正变得越来越多且更加规范。[31] 教员任命委员会(Faculty Appointment Committees)会定期有意识地努力寻找从事实证研究的人员(通常在横向市场)。[32] 为法学专业学生开设的实证方法课程越来越多。目前,大约有二十所法学院提供此类课程。笔者倾向于认为在五年内这类课程的数量将很容易翻番。在十年或二十年内,这类课程可能会在法学院普遍开设。

法学院以外的资助也有助于法律实证研究的发展。美国国家科学院(National A-

---

〔28〕 笔者的观点和其他学者的观点一致。See, e. g., Craig Allen Nard, supra note 8, at 361. 有证据表明教义学研究的成果数量相对有所减少。See William M. Landes & Richard A. Posner, *Heavily Cited Articles in Law*, Chicago-Kent Law Review, Vol. 71, No. 3, 1996, pp. 825-830; see also Robert C. Ellickson, *Trends in Legal Scholarship: A Statistical Study*, The Journal of Legal Studies, Vol. 29, No. S1, 2000, p. 517(指出法律学者更倾向于进行定量研究)。

〔29〕 例如,芝加哥大学出版的《法学研究杂志》是由教师编辑、同行评议的法学期刊,是被法学教授们引用次数最多、声望最高的期刊之一。See Colleen M. Cullen & S. Randall Kalberg, *Chicago-Kent Law Review Faculty Scholarship Survey*, Chicago-Kent Law Review, Vol. 70, No. 3, 1995, pp. 1445-1453.

〔30〕 "试验与实证研究"(The Experimental and Empirical Studies)栏目由南加州大学法学院的珍妮弗·阿伦(Jennifer Arlen)教授编辑。

〔31〕 伊利诺伊大学法学院举办的"法律实证与试验方法"(Law's Empirical and Experimental Methods)法律会议就是一个明显的例子。

〔32〕 有关法学教授横向市场的全面讨论,see Theodore Eisenberg & Martin T. Wells, *Inbreeding in Law School Hiring: Assessing the Performance of Faculty Hired From Within*, Journal of Legal Studies, Vol. 29, No. 1, 1995, p. 369.

cademy of Sciences)的法律与社会项目和美国国家司法研究所的项目(National Institute of Justice)是两个重要的典型基金资助项目,它们经常投资于与法律问题相关的数据集(datasets)的开发和维护。

尽管越来越多的法律实证研究跨越了法学和法教义学的许多(实际上是大多数)领域,但它在特定领域的发展是不平衡的。举一个简单的例子,法律实证研究在反垄断法和证券法领域比在宪法和家事法领域相对成熟。〔33〕

如何解释这种差异性发展？首先,实证研究在法律领域发展的不平衡,反映了各个领域整体学术发展和成熟程度的不平衡。总的来说,那些相对成熟的领域更适合实证研究。(一个值得注意的例外是宪法,这是一个非常成熟的领域——理论相比实证可能发展过于成熟。)其次,可用的数据也同样不均衡。虽然在反垄断法和证券法领域有用的数据要多得多,但在法学的其他领域有用的数据却很少。〔34〕数据开发是一项耗时耗力的工作。〔35〕然而,相关数据的可用性是实证法学研究的核心。

四、新实证主义(重新)出现的原因

笔者曾在其他文章中论述过有关法律实证研究的文献相较于理论研究和教义学研究不那么成熟的原因〔36〕,这篇文章关注的是这个问题的另一面:解释出现法律实证研究相对较少现象的原因。但需注意的是,法律实证研究的数量和复杂程度都有了明显提高。有三大类因素共同促进了法律实证研究的增长:一是法学本身的性质,特别是法学研究的发展;二是进行此类研究的人;三是一些独立于法学之外的现实层面因素,其本身仍然影响着法律实证研究的发展。

(一)法学研究的发展

随着理论研究或教义学研究具体路径的成熟,实证研究或试验性研究的潜在贡献

---

〔33〕 尽管注意到许多例子(太多而无法列举)削弱了笔者的观点,但是这些反例仍然是例外而不是常规,因此不会消解笔者的观点。

〔34〕 侵权法领域提供了一个有用的例子。多年来,法律学者一直抱怨缺乏有用的数据,这些数据特别与我们的侵权法制度和通常的民事司法制度的问题息息相关。See, e. g., Michael J. Saks, *Do We Really Know Anything About the Behavior of the Tort Litigation System—And Why Not?*, University of Pennsylvania Law Review, Vol. 140, No. 4, 1992, p. 1147. 然而,最近发布的两个相关数据集在很大程度上改善了这种情况。See infra note 48 以及相关论述。

〔35〕 当笔者提到数据开发时,其指的是广义的数据开发,包括收集、整理和编码等任务。

〔36〕 See, e. g., Michael Heise, *The Importance of Being Empirical*, Pepperdine Law Review, Vol. 26, No. 4, 1999, p. 807; Michael Heise, *The Future of Civil Justice Reform and Empirical Legal Scholarship: A Reply*, Case Western Reserve Law Review, Vol. 51, No. 2, 2000, pp. 251; see also Peter H. Schuck, supra note 3, at 330-333; James J. White, *Phoebe's Lament (Symposium: Empirical Research in Commercial Transactions)*, Michigan Law Review, Vol. 98, No. 8, 2000, p. 2773.

也在增加。在法律评论(和其他地方)中所涉及的许多法律理论和法律教义都建立在一些关键的经验假设之上,而且有些还很不可靠。理论研究和教义学研究的进展有助于发现和阐明关键的经验假设。可以肯定的是,法学的不同领域以不同的速度发展。然而,一旦确定了这些关键假设并将其转化为预设前提,它们就将接受严格的实证检验。尽管存在数据方面的限制,但法学研究的系列问题将受益于实证分析,而且还在继续发展。在某种程度上这是正确的,因为数字常常能告诉我们文字不能告诉我们的东西。[37]

纯粹的法学研究数量的增加以及法律学者考虑问题的广度扩大是使更多实证研究成为可能的额外因素。法律评论数量的不断增加为法律学者提供了更大的空间和更多的机会。越来越多的法律学术出版物增加了更广泛的学术流派(例如法律实证研究)发表其成果的可能性。现在法律评论所涵盖的研究领域在不同程度上与其他独特的传统学术学科重叠,特别是像经济学和政治学这样已经确立的社会科学。值得注意的是,许多社会科学领域的学术研究都比传统的法学研究更加注重定量分析。如果法律学者继续将他们的研究扩展到其他学科,那么其中一些研究很可能是实证性的。

法学研究和经济研究文献的爆炸式增长是一个适时的例子。经过四十多年的发展并渗透到法律的许多不同领域,许多学者现在建议探索行为科学的可能应用空间,特别是那些允许对核心经济学假设进行实证评估的行为科学,例如许多经典法学研究和经济学研究关注的人类行为合理性。[38]

最后,权威性的提升也刺激了更多的实证法学研究。法学跨学科性质的日益突出,表明法学院进一步融入了更大范围的大学社区。[39] 如果这一趋势继续发展下去,则对于法律学者来说有必要吸纳更广泛的研究方法,以支撑法学教授在更广阔的学术领域有时不稳定的地位和声誉。[40]

(二)法律学者的推动

无论作品的质量高还是低(或更准确地说,不论作品质量好还是差),法学教授创造

---

〔37〕 Richard K. Neumann, Jr., *Women in Legal Education: What the Statistics Show*, Journal of Legal Education, Vol. 50, No. 3, 2000, p. 313.

〔38〕 See, e. g., Cass R. Sunstein, ed., *Behavioral Law and Economics*, Cambridge University Press, 2000; Russell B. Korobkin & Thomas S. Ulen, *Law and Behavioral Science: Removing the Rationality Assumption from Law and Economics*, California Law Review, Vol. 88, No. 4, 2000 , p. 1051(呼吁对人类行为作出更实际的假设)。

〔39〕 See generally Richard A. Posner, *The Decline of Law as an Autonomous Discipline: 1962-1987*, Harvard Law Review, Vol. 100, No. 4, 1987 , p. 761(随着法学学科对其他学科的吸纳以及法律学者对其他领域兴趣的不断增长,波斯纳认为法学院在大学内部的传统的自主地位正在被侵蚀)。

〔40〕 See Peter H. Schuck, supra note 3, at 329(认为法律学者在大学的学术地位是“不稳定的”)。

了大多数法律知识。[41] 许多法学教授的正式研究生教育培训,都是在法学院而不是在研究生院进行的。由于法学研究主要是理论研究和教义学研究,而且大多数教授都在法学院接受训练,因此这种容易自我复制的封闭圈子应该不会让人感到意外。然而,试图进入法学界的个人在教育背景和训练方面的变化,正开始撬开这个封闭的圈子。

在最近的法学院招聘中一个明显的新兴趋势是,拥有多个研究生学位(如法律博士/其他专业博士学位)的法学教员候选人越来越多。[42] 或者,更少见的情况是,存在拥有研究生学位但没有法学学位的法学教员候选人。教员候选人的变化将最终影响教授职位的构成。在法学院以外接受过研究生教育训练的法学教授,即那些接受过定量方法训练并能自如运用的法学教授,更倾向于从事实证研究项目。

当然,受过传统法学教育训练的法学教授也会参与实证研究项目。即使是那些缺乏"实证科学新奇事物"正规训练的研究人员,也完全有能力对关键的方法和技术形成有效的理解。[43] 另外,法学教授和其他学科的同行之间的合作似乎也在增加。尽管这与传统的法学教授独自从事法律研究项目的做法相悖,但在法学界内外法律教授和其他学科的同事之间加强合作的势头似乎正在增强。[44]

(三)现实层面的因素

虽然看似平淡无奇,但一些现实层面的因素也促进了法律实证研究。其中一种现实因素是越来越多的数据集专门为法学研究而开发或与重要的法律问题有关。虽然必须强调从相对和绝对的角度来看这类数据集仍然稀少,但令人鼓舞的是这种情况似乎正在改善,尽管速度缓慢。

---

〔41〕 不证自明的是,与任何正式或非正式的法学院都不相关的学者对法学作出了重要贡献。

〔42〕 See generally Graham C. Lilly, *Law Schools Without Lawyers? Winds of Change in Legal Education*, Virginia Law Review, Vol. 81, No. 5, 1995, pp. 1421-1440. 另外,梅里特(Merritt)教授和雷斯金(Reskin)教授在最近一项关于法学院招聘的研究中指出,法学院教员的候选人可以通过拥有"法学以外学科的博士学位"来增加他在"精英"法学院任教的机会。Deborah Jones Merritt & Barbara F. Reskin, *Sex, Race, and Credentials: The Truth About Affirmative Action in Law Faculty Hiring*, Columbia Law Review, Vol. 97, No. 2, 1997, pp. 199-240. 同样的模式也可能在非精英法学院盛行。然而,因梅里特教授的研究采用了逻辑回归方法(logistic regression),所以可以适当推断法学院教员候选人拥有博士学位(通常是博士学位)对法学院招聘的独立影响。因为一些法学院的教员,尤其是那些精英法学院的教员,包括拥有博士学位但没有法律博士学位的教员,我们无法对任何可能的交互作用作出适当的推论。Ibid., at 240. 也就是说,梅里特教授的研究并没有生成和分析一个新的变量,以此来阐述法学院教员候选人同时拥有法律博士学位和其他博士学位可能的独立相互作用。

〔43〕 See David L. Faigman, *To Have and Not Have: Assessing the Value of Social Science to the Law as Science and Policy*, Emory Law Journal, Vol. 38, No. 1, 1989, pp. 1005-1014(针对缺乏这种训练的法官,也提出了同样的观点)。

〔44〕 越来越多传闻的证据表明,非合作性法学研究(尽管仍是常态)的趋势正在减弱。See, e. g., Peter H. Schuck, supra note 3, at 332(指出1960年的法律评论中,有7%的文章有多位作者,而在1985年这一比例为17%)。

数据开发至关重要,因为无数据就不能进行实证研究。不幸的是,数据收集〔45〕一般耗时耗力,因此往往相当昂贵。虽然美国有数十亿美元的研究资金被用于各种研究项目,但只有一小部分资金流向各种类型的法律研究项目,相应的最终投入法律实证研究的资金就更少。〔46〕这样的研究经费对新数据集开发至关重要,而新数据集是我们实证研究知识库的支柱。正如弗里德曼(Freidman)教授所言,与一些学术同行相比,法律学者太像“为了几枚硬币而战的乞丐”〔47〕。

然而,有变化的迹象是越来越多的新数据集的开发考虑到了法律研究人员的需要。最近的例子包括1992年和1996年分别发布的两个数据集,它们关注民事司法问题,并涉及全国75个人口最多的县的样本。〔48〕这些数据为涉及民事诉讼和司法改革的一系列法律问题和政策问题的研究提供了重要的实证资料。〔49〕其实,这些数据产生的学术成果已因其重要贡献而被熟知。〔50〕

另一个重要的相关发展是多用户数据集的出现。传统上,数据集的开发几乎只考虑一组固定的研究问题。相反,正如爱泼斯坦(Epstein)教授所指出的,多用户数据集开发的目的是使它们可以某种方式组合以帮助多个用户处理一系列研究问题。〔51〕这些数据集大部分是由社会科学家(而不是法学教授)开发,因此这些数据集指向的是社会、经济和政治研究问题。〔52〕然而,其中一些数据集涉及重要的法律问题。〔53〕

一些最近开发的多用户数据集直接针对的是法律学者及其研究的需求。著名的

---

〔45〕当笔者谈到数据收集时,其泛指涉及辨识、收集、编码、整理数据等所有方面的工作。

〔46〕See Lawrence M. Friedman, supra note 6, at 779.(指出美国国家科学基金会是人们所熟知的联邦政府科研拨款来源之一,但它每年用于法律研究的资金不足以支撑高能物理研究“一天”的支出。)

〔47〕Ibid. 当然,许多在资金方面依靠外部资助的学者,羡慕法学院教师依靠内部(或硬性)资助,这是可以理解和有道理的。

〔48〕Bureau of Justice Statistics, U. S. Department of Justice, Study No. 6587, Civil Justice Survey of State Courts, 1992 (1996); Bureau of Justice Statistics, U. S. Department of Justice, Study No. 2883, Civil Justice Survey of State Courts, 1992 (1996).

〔49〕See, e. g., Theodore Eisenberg et al., *The Predictability of Punitive Damages*, Journal of Legal Studies, Vol. 26, No. 2, 1997, p. 623(探讨了惩罚性赔偿); Michael Heise, *Justice Delayed?: An Empirical Analysis of Civil Case Disposition Time*, Case Western Reserve Law Review, Vol. 50, No. 4, 2000, p. 813(考察了民事案件处理时间的决定因素)。

〔50〕See A. Mitchell Polinsky, *Are Punitive Damages Really Insignificant, Predictable, and Rationale? A Comment on Eisenberg et al.*, The Journal of Legal Studies, Vol. 26, No. S2, 1997, p. 663(指出艾森伯格等人的实证研究属于“迄今为止最雄心勃勃的研究……”并且理应得到“大众和学术界相当大的关注”)。

〔51〕Lee Epstein, *Social Science, the Courts, and the Law*, Judicature, Vol. 83, No. 5, 2000, pp. 224-225.

〔52〕Ibid., at 224.

〔53〕普通社会调查(General Social Survey, GSS)就是一个显著的例子。相关介绍,see Robert L. Young, *Punishment at All Costs: On Religion, Convicting the Innocent, and Supporting the Death Penalty*, William & Mary Bill of Rights Journal, Vol. 9, No. 1, 2000, pp. 237-242. [citing James A. Davis & Tom W. Smith, General Social Surveys, 1972-1996, available at http://www.icpsr.umich.edu/GSS99/codebook/cappun.htm (accessed 21 January, 2002)].

例子包括哈罗德·斯佩思(Harold Spaeth)教授和杰弗里·西格尔(Jeffrey Segal)教授建立的美国联邦最高法院司法数据库(U. S. Supreme Court Judicial Database)。[54] 这种趋势的另一个相关例子是由索杰(Songer)教授发起的数据库项目,该项目针对的是相对被忽视的美国联邦上诉法院。[55]

随着数据的大量提供,获取和使用数据的障碍不断减少。今天,对数据集的访问几乎无处不在,至少对于从事学术研究并访问互联网的研究人员是如此。[56] 另外,计算机硬件和软件的发展极大地提高了研究人员获取结果的计算能力。台式电脑(甚至是大多数笔记本电脑)现在拥有足够的计算能力来执行先前需要大型、昂贵的主机才能完成的功能。充分利用计算机强大的计算能力,软件开发人员已经为个人计算机提供了统计软件程序,其可以处理许多较为复杂的分析。除此之外,颇受欢迎的最新版本统计软件程序(如 SPSS, SAS, MINITAB)特别容易获得和使用。

来自权威学者和法官的鼓励是促进法律实证研究的另一个现实层面因素。例如,在霍姆斯大法官就"统计学家"对法律未来的影响进行思考之后的一代人[57],罗斯科·庞德(Roscoe Pound)鼓励法律学者用对"行动中的法律"的研究来补充关于法教义学和理论法学的研究。[58] 法律现实主义者包括查尔斯·克拉克教授、威廉·道格拉斯教授和昂德希尔·摩尔教授,试图提升法律实证研究在法学界的地位,但在很大程度上以失败告终。[59] 波斯纳法官以及舒克、博克、弗里德曼和桑斯坦等教授,都是

---

〔54〕 相关完整介绍,see Harold J. Spaeth, *United States Supreme Court Judicial Database*, 1953-1997 *Terms*, ICPSR 9422, available at http://www. icpsr. umich. edu (accessed 21 January, 2002); Harold J. Spaeth, *Expanded United States Supreme Court Judicial Database*, 1946-1968 *Terms*, ICPSR 6557, available at http://www. icpsr. umich. edu (accessed 21 January, 2002). 值得注意的是,美国联邦最高法院数据库的发展得益于国家科学基金会等机构的资金支持。

〔55〕 Tracey E. George & Reginald S. Sheehan, *Circuit Breaker: Deciphering Courts of Appeals Decisions Using the U. S. Courts of Appeals Data Base*, Judicature, Vol. 83, No. 5, 2000, pp. 240-245. (虽然对美国联邦最高法院司法裁判的研究比比皆是,但有限的数据总是限制了我们对联邦上诉法院进行类似研究的能力。)对数据库的完整介绍,see Donald R. Singer, *United States Courts of Appeals Database Phase* 1, 1925-1988, ICPSR 2086, available at http://www. icpsr. umich. edu (accessed 21 January, 2002).

〔56〕 社会和政治数据集的主要归档机构是密歇根大学的政治和社会研究校际联盟(Inter-University Consortium for Political and Social Research, ICPSR)。在过去的几年中,政治和社会研究校际联盟越来越多地在网上提供大量数据和附表。

〔57〕 Oliver Wendell Holmes, supra note 1.

〔58〕 Roscoe Pound, *Law in Books and Law in Action*, American law Review, Vol. 44, No. 1, 1910, p. 12.

〔59〕 施莱格尔教授对法律现实主义者失败的可能原因进行了探讨。Supra note 2, at 211. 与此相关的是,施莱格尔教授认为,在法律现实主义者的核心群体中,昂德希尔·摩尔教授对法律实证研究的贡献到目前为止还没有得到应有的承认。See John Henry Schlegel, *American Legal Realism and Empirical Social Science: The Singular Case of Underhill Moore*, Buffalo Law Review, Vol. 29, No. 2, 1980, p. 195. 笔者同意施莱格尔教授在这一点上的观点,因为笔者也认为摩尔教授的贡献很重要,但奇怪的是他的贡献被低估了。

目前呼吁重视法律实证研究较为知名的法律学者。[60]

法官对实证研究的呼声尤其引人注目。法官与学者不同的是他们必须在实际案件中作出裁判。越来越多的诉讼当事人将统计信息引入证据。许多法官在被卷入这样的案件时表现出有些沮丧,因为这些案件的当事人使用了他们不熟悉的调查方法。[61] 另一个让法官感到沮丧的问题是,他们经常被要求解决本质上缺乏实证研究基础的实证问题,或者依赖于不成熟的、不确定的或两者兼而有之的研究。这些顾虑导致了法官对法律实证研究的需要和渴望,因为法官可以根据这些研究结论作出裁判。

联邦最高法院对美国政府诉利昂案(*United States v. Leon*)[62]的判决说明了法院对某些试验性研究存在争议。在利昂案中,法院面临的问题是证据排除规则的善意例外是否会对制止违宪的警察行为产生有害的影响。[63] 这个问题是法院要进行裁判的核心问题。在审查了有关的实证研究之后,联邦最高法院指出学术性证据的证明力是不确定的。[64] 面对实证上的不确定和作出裁判的需要,联邦最高法院开始对证据排除规则的例外规定可能产生的影响进行猜测。[65] 布莱克门(Blackmun)大法官的同意意见中指出,联邦最高法院对利昂案的裁判仅取决于法官意见所依据的实证假设。[66] 如果有数据显示未来会出现不同的情况,他认为联邦最高法院应该重新考虑这个问题。[67]

五、以实证司法裁判研究为例[68]

司法裁判文献的实证研究类型包括两个主要部分,一部分是对司法裁判的研究,另一部分考虑法官在作出裁判时如何使用实证证据。为精简论述,笔者在此的讨

---

〔60〕 See generally William Meadow & Cass R. Sunstein, *Statistics not Experts*, (U. Chi., John M. Olin Law & Economics Working Paper No. 109, 2000), available at http://www.law.uchicago.edu/lawecon/workingpapers.html (accessed 21 January, 2002); Richard A. Posner, *Overcoming*, supra note 6, at 210; Derek C. Bok, supra note 6; Lawrence M. Friedman, supra note 6; Posner, Against, supra note 6, at 3; Peter H. Schuck, supra note 3.

〔61〕 See, e.g., Craig v. Boren, 429 U.S. 190, 204 (1976)(期望司法人员或公职人员精通严谨的试验或统计技术是不现实的)。But cf. David L. Faigman, supra note 43, at 1081.

〔62〕 468 U.S. 897 (1984).

〔63〕 Ibid.

〔64〕 See ibid., at 907.

〔65〕 Ibid., at 918-921.

〔66〕 Ibid., at 928 (布莱克门法官的同意意见)。

〔67〕 Ibid.

〔68〕 鉴于这是一篇关于法律实证研究的文章,笔者敏锐地意识到并适时地注意到一个令人不安的事实,即本文所依据的证据是案例研究,这带有不小的讽刺意味。尽管笔者偏爱法律实证研究,但认为在这一特定场合既不最佳也不适合对法律实证研究进行全面实证研究。但是,应当进行这样的研究。

论仅限于前者。

越来越多的文献尝试系统地研究法官及其所作出的裁判。考虑到法官在我们的宪法、政治、经济和社会生活中通常扮演着至关重要的角色，我们需要更好地理解法官在履行其司法职责过程中如何以及为什么作出这样的司法裁判，这是不言自明的。对司法裁判文献的研究表明，法律实证研究作为一种独特的研究类型其发展产生了许多更广泛的论题。

（一）司法裁判的理论

法律现实主义运动代表了早期对司法裁判的一种规范调查，这种研究植根于一种可识别的、融贯的理论。尽管如肖尔（Schauer）教授所指出的那样，法律现实主义有许多版本，对法律现实主义传统也有许多解释，但大多数人都同意法律现实主义者努力透过表面现象，找出他们所认为的影响法官作出裁判的真正因素。〔69〕

在过去20年的大部分时间里，通过部分借鉴之前法律现实主义者的成果，两种截然不同但又相互关联的理论类型——行为主义（behavioralism）和态度主义（attitudinalism）〔70〕在司法裁判的研究文献中占据了主导地位。在这两者中，态度主义类型得到了更多的实证支持，并在文献中占据主导地位。然而，态度主义类型的实证支持还远远不够，最近的研究已经在寻找其他可能的理论，当它们与态度主义类型结合起来时，就形成了对司法行为更复杂、更微妙和更准确的预测。法律类型、公共选择和制度主义是比较突出的新兴理论类型。下面就此分别作简要介绍。

1. 行为主义类型

行为主义类型（behavioralism models）强调法官的社会背景或个人风格。〔71〕诺曼·多尔森（Norman Dorsen）阐述了行为主义类型的主旨，这种理论类型主导了早期的实证司法裁判研究。我们永远不要忘记孩童时期是成长为成年男人的必经阶段，完全成熟之人的特点早已根植于他的性格中。人们不需要接受弗洛伊德的心理学，就可以

---

〔69〕 Frederick Schauer, *Incentives*, *Reputation*, *and the Inglorious Determinants of Judicial Behavior*, University of Cincinnati Law Review, Vol. 68, No. 1, 2000, pp. 615－619. See generally William W. Fisher, III et al. eds., *American Legal Realism*, Oxford, University Press, 1993; Laura Kalman, *Legal Realism at Yale*, 1927－1960, University of North Carolina Press, 1986; Wilfrid E. Rumble, JR., *American Legal Realism*: *Skepticism*, *Reform*, *and the Judicial Process*, Cornell University Press, 1968; John H. Schlegel, supra note 2.

〔70〕 See Frederick Schauer, supra note 69, at 620－621.

〔71〕 See Henry R. Glick, *Courts*, *Politics*, *and Justice*, McGraw-Hill, p. 313; Norman Dorsen, *A Change in Judicial Philosophy*?, National Law Journal, Feb. 18, 1985, p. 13; Neal C. Tate & Roger Handberg, *Time Binding and Theory Building in Personal Attribute Models of Supreme Court Voting Behavior*, 1916－1988, American Journal of Political Science, Vol. 35, No. 2, 1991, pp. 460－461; see also Paul D. Carrington, *Of Law and the River*, Journal of Legal Education, Vol. 34, No. 2, 1984, pp. 222－227; S. Sidney Ulmer, *Are Social Background Models TimeBound*?, The American Political Science Review, Vol. 80, No. 3, 1986, p. 957.

得出这样的结论：早期的经历和训练将反映在以后的行动和决策中，而灵活性和开放性本身就是过去的产物。[72]

迄今为止，对行为主义类型的实证检验在很大程度上令人失望，这导致学者们质疑该理论类型是否仍然可行。[73] "混合的结果"（或好坏参半的结果）（mixed results）是研究人员最常使用的术语，用来尝试阐述法官先前的社会背景或经历特点与

---

〔72〕 Norman Dorsen, supra note 71, at 13; see also S. Sidney Ulmerr, supra note 71, at 957（称多尔森的评论"尽可能简明扼要地陈述了社会背景理论"）。

〔73〕 See, e.g., Jon Gottschall, *Carter's Judicial Appointments: The Influence of Affirmative Action and Merit Selection on Voting on the U.S. Courts of Appeals*, Judicature, Vol. 67, No. 4, 1983, pp. 165-173（发现卡特总统任命的上诉法院法官中男性和女性的比例相当，除了刑事案件，黑人法官和白人法官之间的比例差异极小，即使在种族歧视案件中也是如此）; John Gruhl et al., *Women as Policymakers: The Case of Trial Judges*, American Journal of Political Science, Vol. 25, No. 2, 1981, pp. 308-320（发现尽管女性法官更有可能判处女性罪犯入狱，但男性和女性法官的定罪率几乎没有显著差异）; Herbert M. Kritzer & Thomas M. Uhlman, *Sisterhood in the Courtroom: Sex of Judge and Defendant in Criminal Case Disposition*, Social Science Journal, Vol. 14, No. 4, 1977, pp. 77-86,（在量刑研究中得出的结论是女性法官的行为与男性法官并无不同）; Gregory C. Sisk et al., *Charting the Influences on the Judicial Mind: An Empirical Study of Judicial Reasoning*, New York University Law Review, Vol. 73, No. 5, 1998, pp. 1377-1459（发现性别和种族都不是司法裁判结果的重要解释变量）; Cassia Spohn, *The Sentencing Decisions of Black and White Judges: Expected and Unexpected Similarities*, Law & Society Review, Vol. 24, No. 5, 1990, pp. 1197-1214（发现黑人法官和白人法官的量刑裁判具有"显著的相似性"，并得出结论认为种族因素几乎没有司法预测力）; Thomas M. Uhlman, *Black Elite Decision Making: The Case of Trial Judges*, American Journal of Political Science, Vol. 22, No. 4, 1978, pp. 884-894（发现黑人法官和白人法官在刑事定罪率和量刑上没有重大区别）; Thomas G. Walker & Deborah J. Barrow, *The Diversification of the Federal Bench: Policy and Process Ramifications*, The Journal of Politics, Vol. 47, No. 2, 1985, pp. 596-615（发现联邦地区法院的黑人法官和白人法官在几个领域的裁判记录显著相似；除了女性法官倾向于支持政府机构的趋势，男性法官和女性法官的裁判记录几乎没有差异）; Susan Welch et al., *Do Black Judges Make a Difference?*, American Journal of Political Science, Vol. 32, No. 1, 1988, pp. 126-135（发现黑人法官在整体刑事量刑严厉程度上所受影响不大，但有证据表明黑人法官在判决监禁白人被告人和黑人被告人时更多的是平等对待的）; see also Peter J. Van Koppen & Jan Ten Kate, *Individual Differences in Judicial Behavior: Personal Characteristics and Private Law Decision-Making*, Law & Society Review, Vol. 18, No. 2, 1984, pp. 225-241（通过对参与模拟的法官进行心理测试的问卷调查，发现荷兰民事案件中的司法裁判仅受法官人格特征的一般影响）。But see Sue Davis et al., *Voting Behavior and Gender on the U.S. Court of Appeals*, Judicature, Vol. 77, No. 3, 1993, pp. 129-132（指出女性法官在就业歧视案件中更支持原告）; Thomas G. Walker & Deborah J. Barrow, supra, at 604-611（发现女性法官在个人权利和经济监管案件中比男性法官更顺从政府的立场）。See generally Jeffrey A. Segal & Harold J. Spaeth, *The Supreme Court and the Attitudinal Model*, Cambridge University Press 1993, pp. 231-234（实证证据表明社会背景因素与司法态度的关系不大）; Orley Ashenfelter et al., *Politics and the Judiciary: The Influence of Judicial Background on Case Outcomes*, Journal of Legal Studies, Vol. 24, No. 2, 1995, pp. 257-281（得出的结论是就联邦地区法院对民事案件的判决结果而言，"不能认为法官个人的风格会对大量案件产生重大影响"）; Gerard S. Gryski & Eleanor C. Main, *Social Backgrounds as Predictors of Votes on State Courts of Last Resort: The Case of Sex Discrimination*, The Western Political Quarterly, Vol. 39, No. 3, 1986, pp. 528-536（介绍了对社会背景理论的批评，但认为该理论仍然可行，但存在重大局限性）。

投票行为的联系。[74] 尽管该理论类型有明确的预测或相关性,但总的来说,种族和性别因素对影响法官作出司法裁判的解释价值不大。[75] 同样,以前的司法经验也很少被认为很重要[76],即使在与司法行为相关的情况下其影响仍然微弱[77]。虽然一些研究发现,先前从事刑事公诉职业的经历有影响,但这种影响所指向的方向有些不一致。[78] 因此,30 年前丹·鲍文(Dan Bowen)关于行为主义司法裁判理论类型有效性的论述至今仍然具有影响力:"有关法官社会背景特征的解释效力最终不可避免的结论

---

〔74〕 See Sue Davis et al., supra note 73, at 130(表示先前对女性裁判者包括法官行为的实证研究会产生"混合的结果"); Sheldon Goldman, *Voting Behavior on the United States Courts of Appeals Revisited*, The American Political Science Review, Vol. 69, No. 2, 1975, pp. 491-496(揭示先前大量关于社会背景变量与司法投票行为关系的研究会产生"混合"结果); John Gruhl et al., supra note 73, at 311-318(揭示以法官性别作为独立变量的研究会产生"混合的结果"); Neal C. Tate & Roger Handberg, supra note 71, at 470(揭示先前关于司法经验之影响的研究结果为"混合"结果); S. Sidney Ulmer, supra note 71, at 947(揭示先前关于社会背景对司法裁判影响的研究会产生"混合结果")。

〔75〕 See, e. g., Sue Davis et al., supra note 73(在非法搜查、扣押和猥亵案件中,发现男性法官与女性法官之间没有明显差异,尽管在就业歧视案件中发现女性法官更支持原告); Jon Gottschall, supra note 73, at 171-173 (发现卡特总统任命的上诉法院法官中男性和女性的比例相当,除了刑事案件,黑人法官和白人法官之间的比例差异极小,即使在种族歧视案件中也是如此); John Gruhl et al., supra note 73, at 319-320(尽管发现女性法官更有可能判处女犯人入狱,但发现男性法官和女性法官的定罪率几乎没有显著差异); Herbert M. Kritzer & Thomas M. Uhlman, supra note 73, at 86(在量刑研究中得出的结论是女性法官"与其男性法官同事没有什么不同"); Cassia Spohn, supra note 73, at 1211-1214(发现黑人法官和白人法官的量刑裁判具有"显著的相似性",并得出结论认为种族因素几乎没有司法预测力); Thomas M. Uhlman, supra note 73, at 891-894(发现黑人法官和白人法官在刑事定罪率和量刑上没有重大区别); Thomas G. Walker & Deborah J. Barrow, supra note 73, at 613-615(发现联邦地区法院的黑人法官和白人法官在几个领域的裁判记录显著相似;除了女性法官倾向于支持政府机构的趋势,男性法官和女性法官的裁判记录几乎没有差异); Susan Welch et al., supra note 73, at 131-135(发现黑人法官在整体刑事量刑严厉程度上所受影响不大,但有证据表明黑人法官在判决监禁白人被告人和黑人被告人时更多的是平等对待的)。

〔76〕 J. Woodford Howard Jr., *Courts of Appeals in the Federal Judicial System: A Study of the Second, Fifth, and District of Columbia Circuits*, Princeton University Press, 1981, pp. 182-183(在对多个领域的巡回法院法官投票的研究中发现,先前的司法经验只在个别民权问题上具有重要影响); Orley Ashenfelter et al., supra note 73, at 277-281(在对联邦地区法院法官的研究中发现,先前法官的任职并不是影响其作出裁判的重要因素); Gerard S. Gryski & Eleanor C. Main, supra note 73, at 532(发现依据法官先前从事职业的因素"并不能有效预测州高等法院法官在性别歧视案件中的司法行为")。

〔77〕 Neal C. Tate & Roger Handberg, supra note 71, at 470.

〔78〕 例如,在公民自由权案件中,曾担任过公诉人的经历会与更保守的行为联系在一起,但对于种族平等保护的主张会作出更自由或更有力的回应。Ibid., at 473 - 475. Theodore Eisenberg & Sheri Lynn Johnson, *The Effects of Intent: Do We Know How Legal Standards Work?*, Cornell Law Review, Vol. 76, No. 6, 1991, pp. 1151-1190 ; see also Stuart S. Nagel, *Judicial Backgrounds and Criminal Cases*, The Journal of Criminal Law and Criminology, Vol. 53, No. 3, 1962, pp. 333-336(早期的研究发现,根据每个属性组对被告裁决高于法院平均水平的百分比的比较,在刑事案件中,先前担任检察官的经历会使投票反对被告的可能性要大得多)。

是它们通常没有多大帮助。"[79]

尽管如此,行为主义作为一种理论至少偶尔会取得成功。不容忽视的是,在分散背景下的某些研究产生了耐人寻味的结果。例如,一项研究发现女性法官在个人权利案件和经济监管案件中比男性法官更顺从政府的立场[80],另一项研究发现女性法官在就业歧视案件中更倾向于支持原告[81]。其他的研究发现,联邦上诉法院的黑人法官和白人法官在刑事案件中的投票存在明显差异[82],尽管有几项研究发现黑人法官和白人法官在刑事案件的判决中几乎没有或完全没有差异。[83] 最近一项针对联邦地区法院法官的研究指出,针对《美国量刑指南》(The U. S. Sentencing Guidelines)的合宪性的评估,法官的曾经从事刑事辩护律师的工作经历对评估结果有影响。[84] 虽然发现基础背景变量和司法行为的重大关联已相当少见,很少在其他情况下被复证,但它们之间确实存在一定的联系。

2. 态度主义类型

司法裁判的态度主义类型(attitudinalism models)(也许是当前的主流理论类型)与行为主义类型在细微但关键的方面有所不同。虽然态度主义者承认社会经济背景变量在一定程度上的影响,但他们对这些变量的表现形式的理解与行为主义者不同。行为主义类型一般假定法官的背景特征直接影响司法裁判,而态度主义类型一般认为法官的背景对其意识形态的形成有影响(通常在任命的官员之政党隶属关系中粗略地反映出来)。法官的意识形态(一个不受社会经济背景支配的变量)影响法官的决定。法官的意识形态作为一个变量与社会经济背景的一个关键区别是,前者涉及有意识地采

---

〔79〕 Dan Bowen, *The Explanation of Voting Behavior from Sociological Characteristics of Judges* (unpublished Ph. D. dissertation, Yale University, 1965), quoted in S. Sidney Ulmer, *Social Background as an Indicator to the Votes of Supreme Court Justices in Criminal Cases*: 1947–1956 *Terms*, American Journal of Political Science, Vol. 17, No. 3, 1973, p. 622; see also J. Woodford Howard Jr., supra note 76, at 182. (在对多个领域巡回法院法官的裁判进行研究后发现,"单一的社会背景特征并不是影响裁判投票结果的重要决定因素"); Gerard S. Gryski & Eleanor C. Main, supra note 73, at 528. (承认社会背景因素"尚未被证明是解释司法行为特别有效的方法")。

〔80〕 Thomas G. Walker & Deborah J. Barrow, supra note 73, at 604–611.

〔81〕 Sue Davis et al., supra note 73, at 131–132. But see Gerard S. Gryski & Eleanor C. Main, supra note 73, at 531–536(虽然女性法官的人数太少而无法得出可靠的结论,但在州高等法院法官性别歧视案件的研究中,性别并不是一个重要的影响因素)。

〔82〕 See Jon Gottschall, supra note 73, at 171–173.

〔83〕 See Thomas G. Walker & Deborah J. Barrow, supra note 73, at 613–615(发现在多个法律领域,包括刑法和诉讼程序中,"联邦地方法院的黑人法官和白人法官的裁判记录明显相似")。通过对初审法官的研究发现,黑人法官和白人法官在审理刑事案件方面,包括定罪率和量刑严厉程度方面几乎没有区别。See, e. g., Cassia Spohn, supra note 73, at 1211–1214; Thomas M. Uhlman, supra note 73, at 891–894; Susan Welch et al., supra note 73, at 131–135.

〔84〕 Gregory C. Sisk et al., supra note 73, at 1470–1473.

用价值观或态度,而后者则没有。[85] 正如杰弗里·西格尔和哈罗德·斯佩思所解释的:最重要的两个变量(党派之争和任命的总统)很可能被认为是司法态度的最佳替代品,而不是产生司法态度的原因。正因如此,司法态度至少在某种程度上独立于社会背景。因此,它们在预测态度方面是有用的,但在解释态度方面的作用较小——例如,里根总统提名安东宁·斯卡利亚为美国联邦最高法院法官,因为斯卡利亚是坚定的保守派;斯卡利亚不是一个坚定的保守派,因为他是由里根总统提名的。同样,在政治精英中,意识形态对政党认同的影响至少与政党认同对意识形态的影响一样大。[86] 因此,正如杰弗里·西格尔教授和哈罗德·斯佩思教授所指出的那样,最好将党派之争和任命的总统之政党(《美国宪法》第3条中的法官)作为司法态度的替代物,而不是司法态度产生的原因。[87]

与其他社会背景变量之间存在较小相关性相反,对意识形态分裂案件的研究(但并非总是)[88]发现,政党认同常常是针对司法投票的重要预测因素。[89] 与民主党的隶属关系对应的是法官的更倾向于自由的投票行为[90],民主党总统任命的联邦法官

---

[85] See S. Sidney Ulmer, supra note 71, at 961(指出与其他经验变量不同,政党选择是其他经验产生的"态度总和替代物"); see also Sheldon Goldman & Austin Sarat ed., *American Court Systems: Readings in Judicial Process and Behavior*, Longman, 1989, p. 382(指出政党和特定总统的任命"可能是态度和价值观合理、准确的替代物")。

[86] Jeffrey A. Segal & Harold J. Spaeth, supra note 73, at 232; see also S. Sidney Ulmer, supra note 71, at 961(指出"党派引起或影响司法行为可能不符合严格的逻辑……因为党派选择是法官所持态度总和的替代物")。

[87] Jeffrey A. Segal & Harold J. Spaeth, supra note 73, at 232. 围绕利用任命的总统之政党作为司法意识形态替代物新出现的争议值得简要讨论。认为此类"替代物"不合理的争论,see Lee Epstein & Gary King, Empirical Research, supra note 7; Lee Epstein & Gary King, The Rules, supra note 5. 相反的争论,see e.g., Frank Cross, Michael Heise & Greogry C. Sisk, supra note 7.

[88] See J. Woodford Howard Jr., supra note 76, at 182-186(在一项针对多个领域的巡回法院法官裁判的研究中,发现政党认同是投票中最弱的指标,并得出结论:"政治指标的预测力是微不足道的和间接的"); Orley Ashenfelter et al., supra note 73, at 281(在对地方法院裁判的研究中得出结论:"我们尚未发现共和党法官在对待民权案件时与民主党法官有较大不同")。

[89] See, e.g., C. K. Rowland & Robert A. Carp, Politics and Judgment in Federal District Courts, University Press of Kansas, 1996, pp. 24-57; Jilda M. Aliotta, *Combining Judges' Attributes and Case Characteristics: An Alternative Approach to Explaining Supreme Court Decisionmaking*, Judicature, Vol. 71, No. 5, 1988, pp. 277-280; Sheldon Goldman, supra note 74, at 496-506; Jon Gottschall, supra note 73, at 169-171; Jon Gottschall, *Reagan's Appointments to the U. S. Courts of Appeals: The Continuation of a Judicial Revolution*, Judicature, Vol. 70, No. 1, 1986, pp. 48-54; Gerard S. Gryski & Eleanor C. Main, supra note 73, at 531-534; Stuart S. Nagel, *Political Party Affiliation and Judges' Decisions*, American Political Science Review, Vol. 55, No. 4, 1961, pp. 843-845. See generally American Court Systems, supra note 85, at 382.

[90] C. K. Rowland & Robert A. Carp, supra note 89, at 30; Gerard S. Gryski & Eleanor C. Main, supra note 73, at 534.

也是如此[91]。事实上,关于法院在2000年总统大选中所扮演的角色[92],已经有大量的公开评论和学术评论强调了法官的意识形态和案件裁决之间的潜在联系[93]。

但是,意识形态的影响不应被夸大。通过对联邦地方法院法官的最全面研究发现,隶属于民主党的法官和隶属于共和党的法官审理案件的总体差异相对较小。[94] 另外,自1986年起,联邦法官与党争相关的行为正在减少。[95] 而许多研究中设计的问题可能过分强调意识形态作为司法裁判预测因素的作用。以前的研究侧重于较长时间跨度的公开意见的效果,这可能会使研究结果偏向于更大的党派影响。当注意力从案件结果的总体模式转移到个案的具体裁判时,政治影响的作用就不那么明显。[96] 因此,当通过使用特定案例设想来弥补可比性的不足时,作为预测因素的政治从属关系的作用就会下降。[97] 另外,正如许多司法裁判文献普遍提到的情况一样,许多研究发现,意识形态是一个有影响力的变量,这些研究的重点是联邦最高法院或较小范围

[91] C. K. Rowland & Robert A. Carp, supra note 89, at 46; Jon Gottschall, Reagan's Appointments, supra note 89, at 51; Jon Gottschall, supra note 73, at 169-171.

[92] See, e. g., Symposium, *Bush v. Gore*, University of Chicago Law Review, Vol. 68, No. 3, 2001.

[93] See, e. g., David Von Drehle et al., *Anxious Moments in the Final Stretch*; *High Court Stepped in and Wrote Stirring Finish*, Washington Post, Feb. 3, 2001, at A1.

[94] C. K. Rowland & Robert A. Carp, supra note 89, at 34 (在所有类型的案件中发现,民主党法官和共和党法官之间审理案件的差异为10%～13%)。但在某些领域如种族歧视和宗教,党派投票的差异要大得多。Ibid., at 40(发现民主党法官和共和党法官之间,在种族歧视案件上的差异为28%,在宗教案件上的差异为24%); ibid., at 48-50. [卡特总统和里根总统任命的法官在种族(60%)和隐私权(33%)等问题上存在明显的投票差异]; see also Jon Gottschall, Reagan's Appointments, supra note 89, at 53. (在对上诉法院法官的研究中发现,在所有没有争议的案件和有争议的案件中,民主党总统和共和党总统分别提名的法官之间的差异,在民权和自由案件中是20%,在经济案件中是10%)。

[95] C. K. Rowland & Robert A. Carp, supra note 89, at 56. 至少有一项关于1986年后司法行为的研究证实了联邦法院法官之间党派分歧的减少。See Ronald Stidham et al., *The Voting Behavior of President Clinton's Judicial Appointees*, Judicature, Vol. 80, No. 1, 1996, pp. 16-20(得出结论认为,克林顿总统任命的法官表现出温和的裁判倾向,并发现地区法院和上诉法院法官对"自由派"的投票率存在微小差异,在各类案件中投票率的差异一般在10%以下)。

[96] C. K. Rowland & Robert A. Carp, supra note 89, at 14.

[97] 尤其是在联邦地区法院层面,当大多数此类研究依赖于已公开的法官意见时更是如此,这些法官意见是具有争议性的非典型案例。See ibid., at 16(指出只有不到5%的地区法院的裁判意见被公布,并且"已公布的裁判意见往往是比未公布的裁判意见具有更大政治影响的政策性裁判")。See generally Susan M. Olson, *Studying Federal District Courts Through Published Cases*: *A Research Note*, The Justice System Journal, Vol. 15, No. 3, 1992, p. 782. 对未公布的裁判意见进行审查会使党派分歧明显消失,尽管这可能至少部分归因于此类案件的惯例性和先例性,其使得法官表达政治倾向的空间更小。C. K. Rowland & Robert A. Carp, supra note 89, at 121-135; Orley Ashenfelter et al., supra note 76, at 258-281(发现地方法院的日常庭审裁判没有党派差异)。But see C. K. Rowland & Robert A. Carp, supra note 89, at 21(其他研究发现地区法官已公布和未公布的裁判意见的党派投票差异可以忽略不计)。See generally Andrew P. Morriss, *Developing a Framework for Empirical Research on the Common Law*: *General Principles and Case Studies of the Decline of Employment-at-Will*, Case Western Reserve Law Review, Vol. 45, No. 4, 1995, pp. 1038-1047(概述了未公布的裁判意见及其在实证研究中的作用的文献)。

的联邦上诉法院。在这些情况下,是否有任何重要的发现可能适用于初审法院的法官,尚不清楚。[98] 有若干理由表明,如果法官的意识形态真的起了作用,则它更有可能出现在通常由上诉法院(尤其是最高法院)审理的疑难复杂案件中。因此,选择效应可能会使意识形态在上诉审层面的重要性出现偏差,而初审法院层面则没有出现相应的情况。但无论如何,大多数被态度主义类型的功能说服的学者都认识到了它们的局限性。

3. 新兴替代类型

行为主义类型和态度主义类型的缺点推动了更复杂、更全面的司法裁判理论类型的发展。学者们越来越多地探索法律类型(legal model)、公共选择(public choice)和制度主义(institutionalism)理论类型在司法裁判中的可能应用。[99] 新兴的理论研究推动了司法裁判新理论类型的发展。

(1)法律类型

C. K. 罗兰(C. K. Rowland)教授和罗伯特 A. 卡普(Robert A. Carp)教授对联邦地区法官进行了至今最全面的实证研究,他们最近呼吁采用一种新的方法,这种方法"既要考虑政治和法律上的影响,又不放弃司法推理过程"[100]。在不退回形式主义法律类型的同时,他们敦促研究人员更认真地对待法律规定和法官作为司法官员的角色定位。[101] 另外,他们认为是时候重新关注实际的审判过程了,正如法官对其推理的解释所反映的那样。

司法行为的"法律"类型坚持主要适用法律原则和规则进行司法裁判。[102] 一个可

---

[98] 在至少一项对联邦地方法院法官的研究中,意识形态并没有成为法官裁定美国量刑委员会是否合宪的具有统计意义的预测指标。See Gregory C. Sisk et al., supra note 73, at 1466.

[99] See, e.g., C. K. Rowland & Robert A. Carp, supra note 89, at 136(法律模式); Sisk, Heise & Morriss, supra note 73, at 1391-1392(公共选择); Howard Gillman, *The New Institutionalism, Part 1: More and Less Than Strategy: Some Advantages to Interpretive Institutionalism in the Analysis of Judicial Politics*, 7(1) LAW & CTS. 6 (1997) (制度主义); Lee Epstein & Jack Knight, *The New Institutionalism, Part 11*, 7(2) LAW & CTS. 4 (1997)(理性选择)。

[100] C. K. Rowland & Robert A. Carp, supra note 89, at 136. 他们观察到至少从自我认知的角度来看,"许多初审法官似乎主要是出于他们的角色定位,即他们对法官应该做什么的间接认识,而不是他们的个人偏好"。Ibid., at 190 n. 2. 角色定位是一种心理建构,它是指个体的角色期望感知,即重要他者(significant others)和他或她自己对法官适当行为的标准和期望的结合。James L. Gibson, *Judges' Role Orientations, Attitudes, and Decisions: An Interactive Model*, The American Political Science Review, Vol. 72, No. 3, 1978, pp. 911-917. 吉布森(Gibson)发现法官的角色定位是一个干预变量,因此法官对于允许非法律标准影响裁判合法性的观念,确实会影响"态度和行为之间的关系"。Ibid., at 922; see also American Court Systems, supra note 85, at 437(认为法官在行使司法自由裁量权时,"法官的角色观念会抑制政治态度和价值观的盛行")。

[101] See C. K. Rowland & Robert A. Carp, supra note 89, at 150-173(在允许自由裁量权的同时也要求对法官的裁判权进行严格约束,以在法律制度背景下提出将初审法院判决作为"社会判决"特例的新模式)。

[102] For a brief description, see Frederick Schauer, supra note 69, at 617.

能有成效的变量是法官遵循先例的程度。法学家建议法官遵循先例,部分原因是为了促进“法律的稳定性和连续性”。〔103〕 出于对经济成本的考虑也可能是遵循先例的原因。也就是说,法官可能倾向于遵循先例,因为拒绝这样做会稀释已作出的先例裁判,从而破坏他们自己裁判的先例价值。〔104〕 但不管原因如何,一些学者已经发现先例有助于解释与法官背景或意识形态无关的司法裁判。〔105〕 作为法律类型的一个亚种,或者作为一种在理论类型之间的缝隙中起作用的理论,一些学者提出了根据规则或标准进行裁判的理想理论。这些学者在承认有法外因素影响法官的实证证据的同时,拒绝放弃司法中立和司法独立的理想。〔106〕 正如肯特·格里纳沃特(Kent Greenawalt)教授所写的那样,传统理论类型把不依赖于法官人格的法律裁判作为一种理想的愿望。即使所有的法官都是睿智的、训练有素的、有责任心的,这个愿望也不可能完全实现,但这值得去努力尝试。〔107〕 事实上,这些学者中有许多人既从事实证研究,也撰写有关法律教义学和法律理论的论文,他们认为“法官对个人背景和态度的强大影响有更强的认识,可能会鼓励法官在裁判案件时更自觉地保持公正性和客观性”〔108〕。另外,从这个角度来看,对司法裁判实证研究结果的检验,有助于强调法律约束司法自由裁量权的必要性。弗兰克·克罗斯(Frank Cross)教授将“法律”类比为“捆绑霍迪尼法官的绳索”(ropes binding a judicial Houdini),并指出对实证研究结果的评估,可能有助于我们“了解哪种品牌的绳索和哪种打结方式是最有效的和最难以逃脱的”〔109〕。

(2)公共选择

多年来,公共选择理论(或至少是其某些变体)在司法行为和司法判决中的应用

---

〔103〕 Henry R. Glick, supra note 71, at 295.

〔104〕 William M. Landes & Richard A. Posner, *Legal Precedent: A Theoretical and Empirical Analysis*, The Journal of Law & Economics, Vol. 19, No. 2, 1976, pp. 249-373(分析了法官遵循先例的原因)。

〔105〕 See, e. g., Gregory C. Sisk et al., supra note 73, at 1496. But cf. Mark A. Cohen, *Explaining Judicial Behavior or What's "Unconstitutional" About the Sentencing Commission?*, Journal of Law, Economics, & Organization, Vol. 7, No. 1, 1991, pp. 183-197. 为了调和西斯克、海思和莫里斯的研究与科恩的研究, see Sisk et al., supra note 73, at 1496-1497.

〔106〕 See, e. g., Gregory C. Sisk, "Judges Are Human, Too", Judicature, Vol. 83, No. 4, 2000, pp. 178-211(将司法裁判的实证研究描述为“对于我们这些对根据规则进行裁判抱有理想信念的人来说,这是面对冷酷现实时令人清醒的一击”); Michael E. Solimine & Susan E. Wheatley, "Rethinking Feminist Judging", Indiana Law Journal, Vol. 70, No. 3, 1995, pp. 891-910(指出尽管“现实世界使根据标准进行裁判成为一种并不总是能实现的愿望,但这种模式仍应成为法官进行裁判的目标”)。

〔107〕 Kent Greenawalt, *Private Consciences and Public Reasons*, Oxford University Press, 1995, p. 142.

〔108〕 Gregory C. Sisk, supra note 106, at 211.

〔109〕 Frank B. Cross, *Political Science and the New Legal Realism: A Case of Unfortunate Interdisciplinary Ignorance*, Northwestern University Law Review, Vol. 92, No. 1, 1997, pp. 251-326.

一直隐藏在学术文献中。[110] 公共选择理论最近在司法裁判文献中获得了越来越多的关注，部分原因是波斯纳法官的一篇激起争议的文章。[111] 波斯纳法官在其中为司法裁判研究注入了现实主义的气息。他认为法官是理性的，他们所追求的工具和消费目标与私人所追求的目标相同，且具有相同的普遍性。[112] 波斯纳将闲暇时间和声誉等变量因素确定为可包含在司法效用曲线中的变量。

肖尔教授指出，波斯纳法官的文章“将我们对法官的看法从普遍存在的、几乎所有关于司法的学术思考中充斥的赞美、颂扬和崇拜，转变为对司法动机和司法行为的更现实的分析”[113]。这种对“公正看待司法动机”[114]的关注，通常与公共选择理论类型的广义解释是一致的。事实上，已经出现了一些关于晋升可能等变量是否影响法官裁判的初步实证研究，这些研究表明相关变量与司法裁判存在相关性。[115]

公共选择理论表明对司法裁判的实证研究不仅要考虑社会背景变量，其对联邦司法制度结构的影响可能被放大，而且还应考虑法官表达自己意见的法律背景和法律推理。另外，这种制度结构不仅为法官提供了不受通常公共选择因素影响的独立性，也“让他们可以发展出能够启发他们想象力的法定解释和宪法解释理论，无论这些理论

---

[110] See, e. g. , Walter F. Murphy, *Elements of Judicial Strategy*, University of Chicago Press, 1964; William N. Eskridge, Jr. , *Overriding Supreme Court Statutory Interpretation Decisions*, Yale Law Journal, Vol. 101, Issue 2, 1991, p. 331; William N. Eskridge, Jr. , *Reneging on History*?: *Playing the Court/Congress/President Civil Rights Game*, California Law Review, Vol. 79, No. 3, 1991, p. 613; Jack Knight & Lee Epstein, *On the Struggle for Judicial Supremacy*, Law & Society Review, Vol. 30, No. 1, 1996, p. 87; Forrest Maltzman & Paul J. Wahlbeck, *May It Please the Chief*? *Opinion Assignments in the Rehnquist Court*, American Journal of Political Science, Vol. 40, No. 2, 1996, p. 421; Forrest Maltzman & Paul J. Wahlbeck, *Strategic Policy Considerations and Voting Fluidity on the Burger Court*, The American Political Science Review, Vol. 90, No. 3, 1996, p. 581; McNollgast, *Politics and Courts*: *A Positive Theory of Judicial Doctrine and the Rule of Law*, The Southern California Law Review, Vol. 68, No. 6, 1995, p. 1631; Erin O'Hara, *Social Constraint or Implicit Collusion*?: *Toward a Game Theoretic Analysis of Stare Decisis*, Seton Hall Law Review, Vol. 24, No. 2, 1993, p. 736; Pablo T. Spiller & Rafael Gely, *Congressional Control or Judicial Independence*: *The Determinants of US Supreme Court Labor-Relation Decisions*, 1949–1988, The RAND Journal of Economics, Vol. 23, No. 4 , 1992, p. 463; Maxwell L. Stearns, *Standing Back from the Forest*: *Justiciability and Social Choice*, California Law Review , Vol. 83, No. 6, 1995, p. 1309. But cf. Lynn A. Stout, *Judges as Altruistic Hierarchs*, UCLA School of Law Research Paper No. 01–16, available at http://papers. ssm. com/abstract=287458 (accessed 9 November January, 2001).

[111] Richard A. Posner, "*What Do Judges Maximize*? (*The Same Thing Everybody Else Does*)", Supreme Court Economic Review, Vol. 3, 1993, p. 1.

[112] Ibid. , at 39.

[113] Frederick Schauer, supra note 69, at 615. 事实上，肖尔教授认为这样的研究应该是实证性的，尽管他承认进行这样的研究“并不容易”。Ibid. , at 636.

[114] Ibid. , at 625.

[115] See, e. g. , Mark A. Cohen, supra note 105; Gregory C. Sisk et al. , supra note 73. 正如肖尔教授所指出的那样，在初审和中级上诉法院层面（当然不包括美国联邦最高法院），法官晋升的可能性最大。See Frederick Schauer, supra note 69, at 631–633.

是明智的还是愚蠢的,是顺从的还是反对的"〔116〕。因此,公共选择理论创造了一个空间,可在其中产生实证分析所需的变化。

学者们最初不愿将公共选择理论应用于解释法官在裁决案件时的行为,主要原因是:独立司法系统的结构旨在将法官从日常的压力和普通官职的诱惑中解脱出来,而在具备一些资质的情况下可以达到这一目的。这种方法可使其认识到其受到自身利益的驱使,并将其视为潜在的破坏力量,然后采取有效的制度措施来抵消某些已知的和明显的风险。〔117〕因此,虽然公共选择理论指出在特殊利益集团竞选捐款的背景下应审查立法者的投票,但针对司法行为实证研究的相似候选对象并非立即显而易见的。公共选择理论在解释法官如何作出司法裁判的功能方面已被证明是有限的〔118〕,不过该理论预测的某些变量(例如晋升可能性)仍然可能很重要。当然,法官在联邦司法系统内晋升的可能性较为复杂。因司法系统的制度结构阻碍了容易获得的个人收益〔119〕,所以有进取心的法官可试图最大限度地扩大他们的影响力和权威,而这往往要通过出色的论证和裁判说理来实现。〔120〕虽然联邦法院法官目前的职位是稳固的,但他们也可以在司法系统内寻求职业发展。〔121〕

(3)制度主义

研究法律和法院的学者最近为司法裁判研究增加了另一种可能的新变化。长期以来对法官个人风格如何影响机构的关注,正在逐渐转变为针对法官如何受其所在机构风格影响的关注。〔122〕最近的研究建议将法院视为机构,而不仅仅是展示法官个人态度或风格的平台。〔123〕事实上,根据吉尔曼(Gillman)教授的观点,制度主义方法已经

〔116〕 Richard A. Epstein, *The Independence of Judges: The Uses and Limitations of Public Choice Theory*, Brigham Young University Law Review, Vol. 1990, No. 3, 1990, pp. 827-851.

〔117〕 Ibid., at 831-832.

〔118〕 See, e. g., Richard A. Posner, *What Do Judges Maximize*, supra note 111, at 1-2(经济分析师们构建了犯罪分子以及合同当事人交易的模型,该模型反映了加害者和事故的受害者及其父母和配偶,甚至包括立法者和诸如检察官之类的行政官员如何采取行动,但当被要求提供法官如何行动的模型时,他们却犹豫了); Edward L. Rubin, *The New Legal Process, the Synthesis of Discourse, and the Microanalysis of Institutions*, Harvard Law Review, Vol. 109, No. 6, 1996, pp. 1393-1400(尚无坚实的公共选择理论可以解释法官的行为,因为大多数美国法官无论其作出何种实质性裁判,都不会受金钱奖励或惩罚的影响,如此他们的地位得以保证,并且无法以任何直接方式影响他们行使审判权)。

〔119〕 一个明显的例子是,《美国宪法》规定了司法人员的工资。U. S. CONST. art. III, § 1(最高法院和低级法院的法官,如果尽忠职守,应持续任职,并按期接受俸给作为其服务之报酬,在其持续任职期间,该项俸给不得削减)。

〔120〕 Richard A. Epstein, supra note 116, at 838.

〔121〕 为了便于讨论,笔者假设晋升可能性不会影响美国联邦最高法院法官。

〔122〕 Howard Gillman, supra note 99, at 6.

〔123〕 Ibid.

发展到并形成了三个可辨别的“阵营”：理性选择方法[124]、社会学方法和历史方法。[125]

针对理性(或策略)选择的简要描述，阐明了制度方法所提出的一般主题。爱泼斯坦教授和奈特(Knight)教授认为，司法裁判最好被理解为策略行为的实践。[126] 因此，在试图影响政策的过程中，法官面临一套复杂的交叉策略关系，包括与其他法官、法院和其他相关机构之间的关系。[127]

(二)方法论

司法裁判理论的互补发展源于学者们使用的研究设计方法的发展。两项广泛的研究设计方法主导了过去关于司法裁判的实证研究工作，而且每一项设计方法都在可概括性、可比性和真实性等相互竞争的研究设计目标之间取得了略微不同的平衡。[128]

即使是更成熟的研究设计方法也面临重要的限制。选择效应就是这样的限制之一。[129] 许多研究样本仅限于书面和公开裁判的范围。对这类裁判的关注和对上诉法院的重视[130]，削弱了调查结果的普遍性。例如，在侵权行为法领域，只有大约4%的案件提交法官或陪审团裁判。[131] 在由法官或陪审团作出裁判的4%的案件中，许多案件的裁判都没有公开法官意见(judicial opinion)。[132] 最后，即使是在“公开”法官意见的案件范围内，也并非所有案件的法官意见都“正式”公开，因此无法出现在我们熟悉的

[124] 理性选择也被称为“策略方法”或“策略理性”。See Lee Epstein & Jack Knight, supra note 99.

[125] Howard Gillman, supra note 99, at 6.

[126] Lee Epstein & Jack Knight, supra note 99, at 4.

[127] 对于策略选择的更完整的解释，See ibid.; Lee Epstein & Jack Knight, The Choices Justices Make, Washington, CQ Press, 1998(分析了美国联邦最高法院法官的裁判)。

[128] 值得注意的一点是，并非所有人都认同对司法裁判的实证研究是有用的或有益的。因此这条研究路径引起了强烈的批评。的确，一些批评针对的是实证研究的对象。See, e.g., Harry T. Edwards, *Collegiality and Decision Making on the D. C. Circuit*, Virginia Law Review, Vol. 84, No. 7, 1998, p. 1335(试图揭穿意识形态是影响华盛顿特区巡回上诉法院作出裁判主要决定因素的不真实观点)。But cf. Richard L. Revesz, *Environmental Regulation, Ideology, and the D. C. Circuit*, Virginia Law Review, Vol. 83, No. 8, 1997, pp. 1717-1719(一项实证研究认为，意识形态对华盛顿特区巡回上诉法院在环境法领域的司法裁判产生了影响); Richard L. Revesz, *Ideology, Collegiality, and the D. C. Circuit: A Reply to Chief Judge Harry T. Edwards*, Virginia Law Review, Vol. 85, No. 5, 1999, p. 805.

[129] See George L. Priest & Benjamin Klein, *The Selection of Disputes for Litigation*, The Journal of Legal Studies, Vol. 13, No. 1, 1984, p. 1.

[130] Orley Ashenfelter et al., supra note 73, at 258.

[131] Bureau of Justice Statistics, U. S. Department of Justice, NCJ-153177, Special Report: Tort Cases in Large Counties 5 (1995).

[132] 在此笔者宽泛地使用了“法官或法庭意见”这一术语，包括法院生成的一系列官方工作成果。例如，法庭或法官命令(judicial orders)、衡平法院书面意见(memorandum)、判决(judgments)、法院或法官判决意见书(opinions)。

法律报告系列书籍中。[133]

虽然只有极小比例的案件最终以书面形式公开法官意见，但这些案件产生的影响（尽管是间接的）却非常有限。以书面形式公开的法官意见的一项重要功能是影响未来诉讼当事人的期望和预测，即他们的案件经审理后可能会出现什么样的裁判结果。另外，这些预期和预测反过来又影响了具有细微差别的裁判分析，这些裁判分析被用来决定是否启动诉讼程序和是否提出可能的法律诉求。[134]

另一个方法论上的局限是，大多数关于司法行为的实证研究特别是早期的研究，在法律一般层面考察了法官样本群体和一系列不相关的案例，并且往往只涉及描述性地运用数据进行案例研究。例如，学者们通过观察法官在民事案件中支持原告的投票，或在刑事案件中支持被告人投票的倾向，来考察社会背景变量对司法行为的影响。[135] 同样，其他研究侧重于比较不同联邦法官群体的投票记录，如某一总统任命的法官或某一政党总统任命的法官。这种分析适用于大量不同的案例，通常将案例结果标记为“自由派”或“保守派”。[136]

采用纵向研究设计方法的研究受益于在一段时间内和在大量案例的背景下对司法行为的考察。然而，这些纵向司法裁判研究的一个重要局限在于，它们都基于一个

---

[133] Andrew P. Morriss, supra note 97, at 1038; see also William L. Reynolds & William M. Richman, *An Evaluation of Limited Publication in the United States Courts of Appeals: The Price of Reform*, University of Chicago Law Review, Vol. 48, No. 3, 1981, p. 573（指出已公布上诉法院裁判意见的比率有所下降）。

[134] Peter Schuck, *Mapping the Debate on Jury Reform*, in Robert E. Litan ed., Verdict: Assessing the Civil Jury System, Brookings Institution Press, 1993, pp. 306-307; see also George L. Priest & Benjamin Klein, supra note 129, at 1（处理诉讼纠纷与在诉讼之前或之中已解决纠纷之间的关系）。

[135] E. g., Sue Davis et al., supra note 73, at 130-131（审查了1981年至1990年所有联邦上诉法院法官在就业歧视、刑事诉讼和猥亵案件中的投票）; Sheldon Goldman, *Voting Behavior on the U. S. Courts of Appeals Revisited*, The American Political Science Review, Vol. 69, No. 2, 1975, pp. 491-492（审查了联邦上诉法院法官在多个问题领域作出的裁判，包括刑事程序、公民自由、劳工和政府财政）; Gerard S. Gryski & Eleanor C. Main, supra note 73, at 529-536（审查了1971年至1981年州高等法院对性别歧视案件作出的裁判）; Stuart S. Nagel, supra note 78, at 333（审查了1955年目录中列出的涉及州和联邦最高法院法官对313个刑事案件作出的裁判）。

[136] E. g., J. Woodford Howard Jr., supra note 76, at xix, 173-188（审查了第二巡回法院、第五巡回法院和哥伦比亚特区巡回法院的35名法官1960年至1979年所作出的4941个裁判，这些裁判涉及民权、刑事和劳工等领域，有些裁判结果被标记为“自由派”或“保守派”）; C. K. Rowland & Robert A. Carp, supra note 89, at 18（审查了1933年至1987年1500名地区法院法官制作并公开的45826份判决意见书，这些判决意见书可归类为26种自由或保守范畴的案件类型）; Jon Gottschall, *Carter's Judicial Appointments*, supra note 73, at 167-168（在两年的时间内审查了所有上诉法院裁判的刑事诉讼案件、种族歧视案件和性别歧视案件，并把支持刑事被告人和支持歧视案件原告的投票标记为“自由派”）; Jon Gottschall, *Reagan's Appointments*, supra note 89, at 51（在一年半的时间内审查了上诉法院在多个一般领域的所有裁判，包括刑事和种族或性别歧视案件，一些裁判结果被标记为“自由派”）。

共同的假设,即在一段时间内不同的案例非常相似,结果既具有可比性又具有普遍性。[137] 鉴于法官工作的性质,这种假设是一种实际需要。简言之,《美国宪法》第3条规定,法官最普遍的管辖权涉及处理一系列不同问题的案件。

但是,这种现实产生了关涉可比性的问题。只要我们假设刑事案件类别在本质上足够相似,法官投票支持被告的频率反映了普遍的司法态度,而不是每个特定案件中独特事实的个性化解决,则研究刑事案件中法官支持被告的投票才能得出有意义的结果。[138] 因此,关于可比性和普遍性的假设(有时因研究设计问题而有必要)常常让人难以相信。

不过,这一领域的研究通过探索替代研究设计方法取得了进展,部分原因是调整了可比性问题。探索试验性方法有助于掌握案例类型,并缓解因纵向研究使用真实案

---

〔137〕 See Van Koppen & Ten Kate, supra note 73, at 226(处理实际裁判的问题是确保不同法官审理的不同案件在所有有关方面具有可比性)。See generally John M. Conley & William M. O'Barr, *Fundamentals of Jurisprudence: An Ethnography of Judicial Decision Making in Informal Courts*, North Carolina Law Review, Vol. 66, No. 3, 1988, pp. 467-473(探讨了在司法裁判的实证研究中,案例之间的不可比性或不切实际的模拟的替代问题)。康利(Conley)和奥巴尔(O'Barr)还批评了先前的定量研究不足以"回答是什么导致了某个特定案例的结果"。Ibid., at 473(以及通过援引研究中的选择待评价变量说明研究人员推理判断的局限性)。Ibid., at 474-475(他们提出了观察法官作出裁判的替代方法,然后在小组讨论会中运用对话分析评估法官的推理陈述)。Ibid., at 475-479. 但是,康利—奥巴尔方法(Conley-O'barr method)有其自身的弱点,如缺乏量化,难以被其他研究人员复证并严重依赖于研讨会参与者的主观解释。

〔138〕 See Jilda M. Aliotta, supra note 89, at 277(注意到司法属性和司法态度的研究都涉及法官在大量案件中的投票倾向,因此在特定案件中涉及的事实或法律原则不被认为是相关的);Jon Gottschall, supra note 73, at 169(注意到下级联邦法院法官在不同的情况下裁判的不同案件,对他们的投票不能直接进行比较,因此必须谨慎地评估从这些有关下级法院法官相对态度的定量数据中得出的结论)。即使研究的重点是美国联邦最高法院的裁判,因此通常也包括同一组审理相同案件的法官,例如,西格尔和斯佩思。Supra note 73, at 217; Neal C. Tate & Roger Handberg, supra note 71, at 473; S. Sidney Ulmer, supra note 71, 非可比性问题的存在是基于这样一种假设,即大法官对某一领域(如刑法)中某一个别案件的解决,提供了对该研究对象看法的证据,而不是该个别案件中反常的事实、情况或法教义学的含义。另外,因对联邦最高法院的研究中所包含的大法官人数很少,这样的研究可能会产生少量、非典型人类个体之集合的属性、经验、态度、哲学和偏好的深刻、详细描述,但对作出司法裁判的一般研究对象知之甚少。换言之,针对联邦最高法院大法官的详细研究可能会不当地倾向于传记而不是社会科学。一些研究人员试图通过在分析中加入某些事实模式或其他具体案件的特征来弥补不同案件中总票数的不可比性。See, e.g., Jeffrey A. Segal & Harold J. Spaeth, supra note 73, at 216-231[在对联邦最高法院关于非法搜查和扣押案件裁决的研究中,结合大法官的态度价值标准及十二个事实因素(例如搜查的合理性、闯入地点等)作为自变量大幅提升了预测准确率,尽管得出结论认为在预测投票率方面大法官的态度比案件事实更为重要];Jilda M. Aliotta, supra note 89, at 279-280(针对平等保护案件设计的案件特征变量,例如案例是否涉及种族、基本权利或教育,或案件作为集体诉讼被提起)。虽然这是对先前研究方法的重要改进,但对所选择的案件特征研究者仍然认为重要(部分基于先前的研究或意见的内容分析),并且不能完全解释每个案件的多方面内容。另外,即使在将案件特征纳入分析的同时,这些研究仍然关注一般的投票结果。例如,把支持或反对民事权利或平等保护的要求作为因变量。See, e.g., Jeffrey A. Segal & Harold J. Spaeth, supra note 73, at 242-255; Jilda M. Aliotta, supra note 89, at 278(没有探讨取得同一结果的不同路径,即法官的推理)。

例而就可比性和普遍性假设所产生的压力。这些替代方法采用了模拟案例。但出于可比性目的而获得的任何收益都被真实性的损失抵消。使用相似(尽管是模拟的)案例的试验性研究设计未能反映审判和司法裁判的真实情况。正如约翰·康利和威廉·奥巴尔所言,“试验性研究包含模拟性研究。人们永远不能肯定地说他已经掌握了一个真实案例的所有要素,也不能肯定受试者会像在法庭上那样对刺激因素作出反应”[139]。

例如,彼得·范·科本(Peter Van Koppen)和珍·坦恩·凯特(Jen Ten Kate)通过向荷兰法官提交九个书面案例问题,以及有关角色构思和性格的问卷调查,对法官如何进行司法裁判进行了模拟研究。[140] 他们承认了研究设计的局限性:“我们的模拟……与真实案例不同的是,书面材料很简短,只有一页的事实总结,而且我们的法官就像自陈报告研究中的法官一样,知道实际上诉讼当事人的命运并不取决于他们的裁判。”[141] 另外,假设研究问题所提供的事实是没有争议的,而“真实案件的事实情况则更加复杂和不明确”。[142]

为了使问题复杂化,学者们会同时使用两种研究设计方法,但这往往只注重结果而忽略了司法裁判本身尤其是法官的推理过程。[143] 在纵向研究中,研究人员通常会在广泛定义的案件类型中衡量总体结果[144],而对个别案件的司法分析过程则不会进行审查。在一项试验性研究中,除了情况的不真实和需要依靠不具代表性的受试者,参与法官不可能花大量的时间进行细致思考,并置身于随之而来的批判去准备全面的书面意见阐释如何解决法律问题。[145] 正如罗兰和卡普所指出的那样,过去的实证研究在任何情况下“只关注总体的投票结果,而不是产生这些结果的个案裁判过程”[146]。

因此,先前的纵向研究得到了案例研究的很好补充,该案例研究涉及向一大批法官提出一个单一的、相同的法律问题,并根据背景和其他自变量对结果进行审查。同样,虽然对司法人员的试验性模拟和其他自陈报告的调查大大提升了我们的认知,但对裁判行为的确认测试必须在真实案例的背景下进行,要求对真正有争议的事实给予

---

[139] Conley & O'Barr, supra note 137, at 474-475.

[140] Van Koppen & Ten Kate, supra note 73, at 226-227. 彼得·范·科本和珍·坦恩·凯特解释说,荷兰的民事案件通常是通过交换书面文件进行审理的,因此提交书面协议就是对该国审判法官所面临任务的有效模拟。Ibid., at 227.

[141] Ibid.

[142] Ibid., at 240.

[143] 当然,对法官意见司法推理的定性和定量分析,仅限于法官撰写判决意见书并清晰地表达其理由的案件。

[144] See Sheldon Goldman, supra note 135, at 492(用谁赢谁输的基本政治术语来审查一般问题领域的结果,并由此暗示可能正在树立什么样的政治价值观)。

[145] See Van Koppen & Ten Kate, supra note 73, at 227(他们要求参与的法官作出裁判,但没有要求他们在实际案件中遵循共同程序为所作出的裁判提供理由)。

[146] C. K. Rowland & Robert A. Carp, supra note 89, at 149.

有意义的司法关注。理想情况下,这种理论类型和真实的争议场景还将包括以书面意见的形式对裁判理由进行司法陈述,这将为分析提供更丰富的数据,并可能揭示总体结果层面被掩盖的影响。但遗憾的是,在司法裁判领域自然(甚或准自然)的试验性研究极为罕见。[147]

更广泛可用且有密切关联的数据的使用也有助于学者开展法律实证研究,以及促进对司法裁判的研究。根据一般的理解,有关司法裁判的实证分析早在1925年就已出现,当时费利克斯·法兰克福(Felix Frankfurter)教授和其他合作者发表了一系列法律评论文章,包括关于联邦最高法院裁判案件的描述性数据陈述。[148] 1950年,《哈佛法律评论》(Harvard Law Review)开启了每年统计汇总联邦最高法院裁判意见的传统。[149] 同时,政治学家将其专业主张投向了司法裁判领域。[150]

然而,直到20世纪80年代,大多数关于司法裁判的实证研究都使用了单一的数据集,这些数据集通常是为有限且固定的研究问题而设计的。相对较新的发展是"多用户"数据集的出现,转变理念的原因是开发涉及大范围可能研究问题的大型数据集的开发。[151]

这种发展趋势的第一个例子是哈罗德·斯佩思教授和杰弗里·西格尔教授建立的美国联邦最高法院司法数据库。[152] 二十多年前,斯佩思教授说服国家科学基金会为美国联邦最高法院自1953年以来的裁判建立数据库提供资金。最初的项目在1980年后期完成,每年进行更新,最远可追溯至包括文森法院(the Vinson Court)时代的裁判(1946—1952)。许多学者认为:"毫无疑问,今天的美国联邦最高法院司法数据库是关于联邦最高法院最大的单一数据来源;几乎所有关于联邦最高法院的社会科学项目研究都利用到了它。"[153]

虽然可以理解为什么在更大的程度上美国联邦上诉法院与地区法院比联邦最高法院相对较少地被研究,但是尚不清楚集中对后者进行关注的正当理由。毕竟,下级联邦法院承担了大部分联邦司法工作,而且从实际目的来看,它是大多数公民寻求救

[147] 举个例子, see Gregory C. Sisk et al., supra note 73, Part II. B. 3。

[148] See, e. g., Felix Frankfurter & James M. Landis, *The Business of the Supreme Court of the United States—A Study in the Federal Judicial System*, Harvard Law Review, Vol. 38, No. 8, 1925, p. 1005(第一部分:内战之前的时期); Felix Frankfurter, *The Business of the Supreme Court of the United States—A Study in the Federal Judicial System*, Harvard Law Review, Vol. 39, No. 5, 1926, p. 35(第二部分:从内战到《巡回上诉法院法》)。

[149] Note, *The Supreme Court*, 1949 *Term*, Harvard Law Review, Vol. 64, No. 1, 1950, p. 114.

[150] 最早的例子是普里切特(Pritchett)教授对美国联邦最高法院大法官对其他大法官作出裁判之不同意见(dissents)有影响的实证研究。C. Herman Pritchett, *Divisions of Opinion Among Justices of the U. S. Supreme Court*, 1939-1941, The American Political Science Review, Vol. 35, No. 5, 1941, p. 890.

[151] Lee Epstein, Social Science, supra note 51, at 225.

[152] 相关的完整介绍, see supra note 54。

[153] See, e. g., Lee Epstein, *Social Science*, supra note 51, at 225.

济的终审法院。索杰教授发起的数据库项目,针对的是相对关注不足的联邦上诉法院。[154] 美国联邦上诉法院数据库与联邦最高法院数据库在一些重要方面有所不同。最重要的是,联邦上诉法院的数据库依赖于抽样。第一阶段包括 1925 年至 1988 年的 15325 个案件。第二阶段包括后来由美国联邦最高法院复审的所有上诉案件(约 4000 件),这些案件也包括在斯佩思教授和西格尔教授建立的美国联邦最高法院司法数据库。第三阶段包括 1989 年至 1996 年期间的 2880 个案件。

笔者认为需要对美国各州最高法院给予更多的学术关注。州法院的设置提供了一种独特的好处,即在法官的选择方式以及州与州之间和各法律规则之间的比较可能性方面存在差异。根据建立联邦法院数据库的模式,州最高法院数据项目在 1997 年获得了一笔拨款,用于建立一个系统的、纵向的州最高法院裁判数据库。[155] 具体工作主要是研究人员尝试对来自 50 个州的 14000 个案例进行编码。

六、结语:迈向新实证主义

尽管笔者积极地肯定了法律实证研究,但仍然注意到了它的局限性。数据、研究设计和统计方法经常会限制从实证研究结果中可以正确推断出的内容。虽然理性的学者可能(确实)在必要推理规则的准确应用上存在分歧,但在更普遍和更重要的问题上有强烈的共识,即实证研究需要遵守适当的学术规则和标准。[156] 另外,实证研究的很多地方(尤其是复杂和细微差别的部分)没有进行准确的量化。毕竟,实证研究方法仍然只是一种工具。尽管有这些固有的和结构性的限制,法律实证研究方法在加强和补充传统法学研究方面处于有利地位。

越来越多的关于司法裁判的实证文献说明了这一点。最初的研究探索了行为主义类型和态度主义类型。随着理论的发展和成熟,重要的实证假设引起了越来越多的学术关注。与此同时,行为主义类型和态度主义类型的局限性带来了一系列新的不同理论类型,以寻求对司法裁判的更准确描述。许多这些新的理论类型,特别是理性选择和制度主义,已经从其他领域的大量实证研究中受益。

在经历了许多期望和先前的错误尝试之后,法律实证研究看起来似乎已经成为

---

〔154〕 Tracey E. George & Reginald S. Sheehan, supra note 55, at 245(虽然对美国联邦最高法院司法裁判的研究比比皆是,但有限的数据总是限制了我们对上诉法院进行类似研究的能力)。对数据库的完整介绍,see Donald R. Singer, supra note 55。

〔155〕 相关完整介绍,see Paul Brace, State Supreme Court Data Project, at http://www. rafirice. edu/-pbrace/statecourt (accessed 8 October, 2001) 。

〔156〕 See Lee Epstein & Gary King, Empirical Research supra note 7; Lee Epstein & Gary King, The Rules, supra note 5(批评了法学研究没有遵守推理规则); see also Frank Cross, Michael Heise & Greogry C. Sisk, supra note 7(在一些细节方面批评了爱泼斯坦和金的观点,但总体上同意他们的论点); Jack Goldsmith & Adrian Vermeule, supra note 7 (same); Richard L. Revesz, supra note 7 (same)。

一种研究流派。新兴的新实证主义以其对理论研究和教义学研究已经成熟的领域的贡献而闻名,它采用了新的和越来越复杂的统计工具,并更容易获得数据和计算能力。更重要的是,这些特征将新实证主义者与他们的前辈同行区分开来,并增加了人们对法律实证主义的持久性乐观情绪。新兴的新实证主义能否比以前的实证主义更好地经受住时间的考验,还有待观察。本文所持的乐观主义理由表明,法律实证主义当前的模式将不仅能幸存,而且还将蓬勃发展。

非法经营罪“口袋性”的新发展与新对策

——基于对22219份判决书的实证分析

李　耀*

要　目

摘　要　基于22219份非法经营罪一审判决书,本文以“各项援引情况”与“规范依赖情况”为尺度对非法经营罪的“口袋性”进行实证检验。检验结果在证实既有理论对非法经营罪“口袋性”假设的同时,也发现了目前研究所遗漏的“新口袋条款”与“逃逸式”援引现象。对于既有之病症与新现之问题,笔者认为应对《刑法》第225条非法经营罪第(一)项、第(四)项进行充分的限缩解释以弭除司法乱象。具体而言,应当紧贴《刑法》第225条对第(一)项的“专营”“专卖”“限制买卖的物品”进行严格限制,同时强化对第(四)项的犯罪类型与最高人民法院《关于准确理解和适用刑法中“国家规定”的有关问题的通知》的理解,以避免“口袋化”与“逃逸化”。

* 北京大学刑法学硕士,北京市京师律师事务所实习律师。

关键词 非法经营罪 口袋罪 法律实证研究 限缩解释 155号司法解释

一、问题的提出

我国《刑法》第225条规定的非法经营罪因其特殊立法设计被学界称为“口袋罪”。所谓“口袋罪”,是指因罪状具有高度不确定性导致司法适用中将许多在类型上不具备相似性的行为纳入处罚范围的罪名。“口袋罪”的存在来自相关条文存在的曲线规避罪刑法定原则的特殊构造。罪刑法定原则禁止以类推的形式填补处罚漏洞。由于法律漏洞是“法律体系上违反计划之不圆满性状态”〔1〕,故而只要立法者在罪状中以不明确的叙述事先宣告处罚范围,直接将构成要件的“事物本质”叙明,便可借“扩大解释”之名行“类推解释”之实。但是,高度不确定的罪状,压制不住立法者与司法者心中无处安放的刑罚冲动。“口袋罪”所展现出的不确定性仍然消解了刑法不完整性、谦抑性的精神内核。

针对非法经营罪与罪刑法定的龃龉,有学者尖锐地主张本罪应当废除,认为非法经营罪的立法设计建立在计划经济的特殊背景之下,在市场经济施行后立法目的无法实现,故应当废除〔2〕;也有人认为当前本罪的打击范围过大、应当修正立法,如增设“非法经营特许业务”罪〔3〕,或在《刑法》第225条第(四)项中加入“未经主管部门许可或批准”的限定〔4〕。但当前更为主流的是讨论如何在法解释层面着力对非法经营罪的“口袋性”进行限制。有观点聚焦“国家规定”,以国家规定的位阶、种类以及相关规定是否存在刑事罚则条款进行限缩〔5〕;也有观点着力于“法益”,认为本罪法益并非宏观的市场秩序而是市场准入秩序,希望通过缩小法益限制非法经营罪堵截条款的适用〔6〕;另有观点对“其他严重扰乱市场秩序的非法经营行为”进行同类解释〔7〕;还有学说注重对行为规范违反性与法益侵害性的判断,认为非法经营罪破坏的是特许制度而非一般许可制度,同时在是否“严重扰乱市场秩序”的问题上应当实质考察行为的法益侵害性〔8〕。自1997年《刑法》废除投机倒把罪并设立非法经营罪至今,非法经营罪

---

〔1〕 杨解君:《法律漏洞略论》,载《法律科学(西北政法学院学报)》1997年第3期。

〔2〕 参见徐松林:《我国刑法应取消“非法经营罪”》,载《法学家》2003年第6期;参见陈小炜:《“口袋罪”的应然态度和限制进路》,载《苏州大学学报(哲学社会科学版)》2015年第3期。

〔3〕 参见张伯晋:《厘清法益明确罪状 摆脱“口袋罪”宿命》,载《检察日报》2013年4月19日,第3版;参见李宁、陈小炜、缪宇:《非法经营罪的限制适用和消减进路》,载《人民检察》2020年第3期。

〔4〕 参见田宇航、童伟华:《从罪刑法定的实质侧面对兜底条款的分析——以非法经营罪为例》,载《河北法学》2015年第8期。

〔5〕 参见高翼飞:《从扩张走向变异:非法经营罪如何摆脱“口袋罪”的宿命》,载《政治与法律》2012第3期。

〔6〕 参见陈超然:《论非法经营罪的法益》,载《江南大学学报(人文社会科学版)》2013年第1期。

〔7〕 参见张伟:《非法经营罪的限制适用及其方法》,载《法律方法》2018年第2期。

〔8〕 参见陈兴良:《非法经营罪范围的扩张及其限制——以行政许可为视角的考察》,载《法学家》2021年第2期。

的立法论与解释论的理论池经由学术思辨已然充溢。但囿于研究方法的单一，当前的学理争论隐有“月盈则亏”的气象。

毋庸置疑，本罪的设立与刑法的权力限制底色存在文本的、应然的矛盾。但是，这种文本的、应然的矛盾能否在司法过程中顺利转换为实践的、实然的矛盾，以及这种司法中的矛盾是否能成为我们批判与改良的对象，并非不言自明。学界没有充分说明这样一个由兜底条款、空白罪状组成的罪名在司法过程中转变为一个怎样的“口袋罪”，反而急于回答这一现象是如何形成的。另外也没有说明当前的非法经营罪的“口袋”扩张究竟处于何种具体程度、危害几何，反而将非法经营罪的司法命运诉诸理论想象，大有盖棺定论的迹象。

当然，学界在非法经营罪实证研究的角度也有部分产出〔9〕，在一定程度上的确也验证了非法经营罪的“口袋罪”性质。但目前的研究未能有力回答以下几个重要问题：首先，本罪兜底条款是否因司法解释的存在具备相对的明确性？其次，存在程序性限制以及较多司法解释的《刑法》第225条第(四)项，是否仍存在“口袋化”滥用的现象？最后，致使本罪成为“口袋罪”的兜底条款是否仅为《刑法》第225条第(四)项？

随着审判公开的推进，大量非法经营罪司法判决已经在裁判文书网上公布，理论验证与实践总结的时机已经相当成熟，当下亟须对非法经营罪进行大样本甚至全样本的全景式、具象化总结，以数据的形式展现非法经营罪的司法面貌。

二、对非法经营罪“口袋性”的实证检验

非法经营罪的实行行为存在四种形态，前三种在字面上涉及较为具体的扰乱市场秩序的行为，包括未经许可经营专营、专卖以及限制买卖物；买卖各种许可文件或证明；未经批准提供特定金融服务，最后一种作为兜底规定，即其他扰乱市场秩序的行为。兜底条款的弹性设计使得本罪与罪刑法定原则存在严重的实体性摩擦。但这并不意味着具备兜底条款的非法经营罪必然地、宿命式地导向司法过程中的“口袋罪”，“口袋罪是司法现象，是司法适用上的问题，兜底性条款是立法现象，是立法技术和理念的问题……口袋罪的出现主要不是源于司法机关在兜底性条款本身的含义范围内合理适用，超越兜底性条款的字面含义进行解释，才是口袋罪形成和被人诟病的缘由”〔10〕。因此，对非法经营罪是否具备以及在何种程度上具备“口袋性”，需要考察司法对本罪的适用态度。笔者认为，这种态度的主要表现一方面在于相关兜底条款的适用概率，另一方面在于相关兜底条款对规范的依赖程度，尤其是对司法解释的依赖

〔9〕 参见欧阳本祺：《对非法经营罪兜底性规定的实证分析》，载《法学》2012年第7期；吕洪民、金福：《对非法经营罪兜底条款的实证考察》，载《人民司法》2014年第11期。

〔10〕 于志刚：《口袋罪的时代变迁、当前乱象与消减思路》，载《法学家》2013年第3期。

程度。故而非法经营罪作为口袋罪的危害性表征,就集中体现在各项援引情况、规范依赖情况这两个方面。下面分别就各项援引情况和规范依赖情况以数据的形式具体展开讨论。

(一)"口袋性"检验之一:各项援引情况

本文以"威科先行"法律数据库2017—2020年的22219份非法经营罪一审判决书为样本[11],通过Python程序编写代码,遍历判决文本进行字段抓取与字段分析,所得《刑法》第225条及其各项适用次数以及同期所占比重如表1所示。

表1　2017—2020年《刑法》第225条及其各项援引情况表

援引条项	2017年		2018年		2019年		2020年	
	数量(份)	同年占比(%)	数量(份)	同年占比(%)	数量(份)	同年占比(%)	数量(份)	同年占比(%)
第(一)项	2106	45.94%	2298	47.27%	3182	46.49%	2618	44.15%
第(二)项	5	0.11%	1	0.02%	5	0.08%	12	0.20%
第(三)项	217	4.73%	190	3.91%	289	4.22%	295	4.97%
第(四)项	809	17.65%	718	14.77%	878	12.83%	730	12.31%
第二百二十五条	1447	31.57%	1654	34.03%	2490	36.38%	2275	38.36%
总计	4584	100%	4861	100%	6844	100%	5930	100%

从表1可以看出,2017年到2020年间,最受学界诟病的《刑法》第225条第(四)项的适用比例在逐年降低,从2017年的17.65%下降至2020年的12.31%。其余各项年际变化虽有增减,但变化不大,总体稳定。这在一定程度上说明《刑法》第225条非法经营罪第(四)项在实务中的适用正在逐年减少。

但是随着《刑法》第225条第(四)项援引率的下降,第225条的整条援引率却在上升。所谓整条援引,是法官在判决书中并未指明认定被告人有罪的结论来自第225条的第几项,而是略过款项问题直接以第225条定罪处罚。这种整条援引情况的出现来自法官对两个因素的考虑:一是许多司法解释在将特定行为解释为非法经营行为时并未同时说明所指向的是非法经营罪第几项,这导致法官在适用时不得不保守地采取整条援引的策略;二是根据最高人民法院《关于准确理解和适用刑法中"国家规定"的有关问题的通知》,如果要适用《刑法》第225条第(四)项,以"其他严重扰乱市场秩序的

[11] 判决文书检索方式为:案由:非法经营罪;审判程序:一审;文书类型:判决书;审判日期:2017.01.01—2020.12.31。本文实证研究利用计算机程序进行正则匹配,总体样本为23305,由于部分判决未进行标准文书写作,无"法院认为",或者未进行标准法律援引,筛除后样本总数为22219份。

非法经营行为"评价被告人的行为,在司法解释未明确规定的情况下,"应当作为法律适用问题,逐级向最高人民法院请示"。请示程序的繁长带来的诉讼不经济,会使得法官在法条援引上有意规避《刑法》第 225 条第(四)项,而不得不引用第(四)项时,则可以通过向第 225 条逃逸获得迅速裁判的结果。

为确定《刑法》第 225 条整条援引中是否存在兜底适用的情况,本文对援引《刑法》第 225 条的判决进行再分析。其中援引第一类关键词"专营|专卖|香烟|烟草|盐|甘草|麻黄草"等内容[12],即在"专营、专卖"所涉范围之内,算作对《刑法》第 225 条第(一)项的实质引用,列入"第(一)项"一行;援引第二类关键词"出口许可证|进出口原产地证明|买卖经营许可证|买卖批准文件"的,算作对《刑法》第 225 条第(二)项的实质引用,列入"第(二)项"一行;援引第三类关键词"证券|期货|保险|资金支付结算",算作对《刑法》第 225 条第(三)项的实质引用,列入"第(三)项"一行;其余判决由于难以区分援引的到底是《刑法》第 225 条第(一)项还是第(四)项,但均体现兜底条款精神,可以列入对"兜底条款"的实质引用,包括援引第 225 条第(一)项兜底性内容"其他限制买卖的物品"或相关非法经营司法解释以及没有援引任何法律、司法解释的判决。数据整理结果见表 2。

从 2017 年到 2020 年的数据变化可以看出,实质引用《刑法》第 225 条第(一)项的判决数量呈逐年增长的趋势,而同时体现兜底精神的判决即表 2 中第四行的判决所占比例,在逐年下降,从 2017 年的 47.96% 下降到 2020 年的 44.79%。

表 2 2017—2020 年《刑法》第 225 条整条实质援引内容表

援引条项	2017 年		2018 年		2019 年		2020 年	
	数量(份)	同年占比(%)	数量(份)	同年占比(%)	数量(份)	同年占比(%)	数量(份)	同年占比(%)
第(一)项	737	50.93%	843	50.97%	1282	51.49%	1219	53.58%
第(二)项	1	0.07%	0	0.00%	0	0.00%	0	0.00%
第(三)项	15	1.04%	22	1.33%	39	1.57%	37	1.63%
兜底条款	694	47.96%	789	47.70%	1169	46.94%	1019	44.79%
总计	1447	100%	1654	100%	2490	100%	2275	100%

在将两表数据整合后,变化情况也未出现根本改变。将《刑法》第 225 条整条援引中实质援引的各项数据累加到表 1 之中,将兜底条款实质援引数据与《刑法》第 225 条第(四)项援引数据整合,结果如表 3 所示,可以发现援引兜底规定的判决比例变化幅度缩小,但 29.49% 的占比仍处于高位。

---

〔12〕 "|"为 Python 正则函数特殊字符,功能在于使正则函数先匹配"|"前关键词,若无,则匹配之后的关键词,有效避免了重复判断。

表 3　2017—2020 年《刑法》第 225 条各项实质援引情况表

援引条款	2017 年		2018 年		2019 年		2020 年	
	数量（份）	同年占比（%）	数量（份）	同年占比（%）	数量（份）	同年占比（%）	数量（份）	同年占比（%）
第(一)项	2843	62.02%	3141	64.62%	4464	65.23%	3837	64.70%
第(二)项	6	0.13%	1	0.02%	5	0.07%	12	0.20%
第(三)项	232	5.06%	212	4.36%	328	4.79%	332	5.61%
兜底条款	1503	32.79%	1507	31.00%	2047	29.91%	1749	29.49%
总计	4584	100%	4861	100%	6844	100%	5930	100%

以上数据说明,在非法经营罪的司法实践中,判决援引兜底条款的概率非常大,即使这一局面存在动态的向善调整。

(二)"口袋性"检验之二:规范依赖情况

需要事先解释的是,尽管司法解释之多已让本罪成为各种行为的"大杂烩",但司法解释仍然是具备法效力的规范性文件,而且司法解释的增加也会明晰本罪的处罚范围,因而在一定程度上缓和了本罪与明确性原则的冲突,是故法官在司法解释之外自由裁量设置非法经营行为类型才属于对规范的脱离。本罪的"口袋性"体现的并非司法解释的数量多少,而是脱离司法解释认定犯罪的概率高低。

在 1997 年《刑法》出台后,针对《刑法》第 225 条非法经营罪第(四)项的具体内涵,截至 2020 年,最高人民法院、最高人民检察院共计出台了二十多份司法解释性质文件,具体涉及金融、药品、赌博、食品等诸多领域。为抑制地方法院在司法解释之外为《刑法》第 225 条第(四)项创设新的行为类型,最高人民法院《关于准确理解和适用刑法中"国家规定"的有关问题的通知》明确指出,对行为是否属于《刑法》第 225 条第(四)项规定中的"其他严重扰乱市场秩序的非法经营行为",无法在现有司法解释中找到对应的规定的,应当以法律适用问题为由逐级向最高人民法院请示,其意图是在《刑法》第 225 条第(四)项中设置程序性限制以掣肘兜底条款的滥用。但现实情况与此并不相符。

本文对表 1 中涉及《刑法》第 225 条第(四)项的判决书进行进一步文本分析,以特定关键词为依托对 2017—2020 年《刑法》第 225 条非法经营罪第(四)项有关司法解释的依附情况展开研究。结果如图 1、表 4、表 5 所示。

在 2017 年至 2020 年四年间,在法官明确引用《刑法》第 225 条第(四)项作为裁判依据的判决中,存在司法解释依据的占比 88%,其中较多的是赌博类案件,占比 55%。与此相应,没有司法解释却适用《刑法》第 225 条第(四)项以非法经营罪定罪处罚的比例占到了该项总体判决的 12%,即使这一比例从 2017 年的 16% 开始降低,但仍有"失范"的风险。

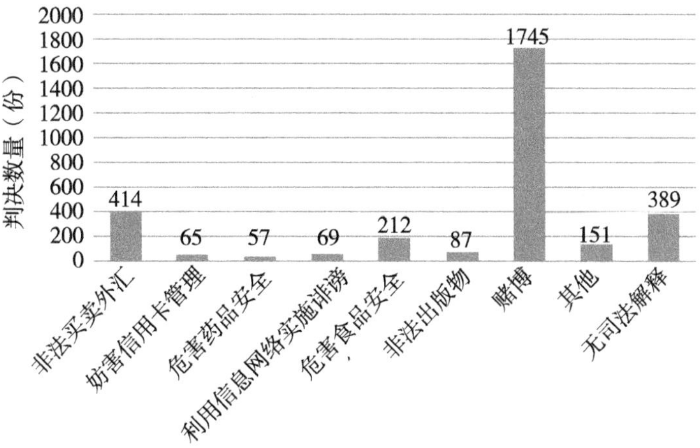

图1　2017年—2020年各类犯罪对《刑法》第225条第（四）项有关司法解释的依赖情况柱状图

表4　2017—2020年有关《刑法》第225条第（四）项的各类司法解释援引情况表

司法解释文件	2017年	2018年	2019年	2020年	总计
最高人民法院、最高人民检察院、公安部、司法部《关于依法惩治妨害新型冠状病毒感染肺炎疫情防控违法犯罪的意见》	0	0	0	8	8
最高人民法院、最高人民检察院、公安部、司法部《关于办理非法放贷刑事案件若干问题的意见》	5	8	18	19	50
最高人民法院、最高人民检察院、公安部、司法部、生态环境部《关于办理环境污染刑事案件有关问题座谈会纪要》	1	2	4	1	8
最高人民法院、最高人民检察院《关于办理非法从事资金支付结算业务、非法买卖外汇刑事案件适用法律若干问题的解释》	134	103	86	91	414
最高人民法院、最高人民检察院《关于办理妨害信用卡管理刑事案件具体应用法律若干问题的解释》	31	16	12	6	65
最高人民法院、最高人民检察院、公安部《关于办理利用赌博机开设赌场案件适用法律若干问题的意见》	15	9	21	5	50
最高人民法院、最高人民检察院、公安部、国家安全部《关于依法办理非法生产销售使用"伪基站"设备案件的意见》	5	0	2	2	9
最高人民法院、最高人民检察院《关于办理危害药品安全刑事案件适用法律若干问题的解释》	18	14	13	12	57

(续表)

司法解释文件	2017年	2018年	2019年	2020年	总计
最高人民法院、最高人民检察院《关于办理利用信息网络实施诽谤等刑事案件适用法律若干问题的解释》	4	18	22	25	69
最高人民法院、最高人民检察院《关于办理危害食品安全刑事案件适用法律若干问题的解释》	62	47	48	55	212
最高人民法院、最高人民检察院、公安部、国家安全监管总局《关于依法加强对涉嫌犯罪的非法生产经营烟花爆竹行为刑事责任追究的通知》	7	7	0	7	21
最高人民法院、最高人民检察院《关于办理赌博刑事案件具体应用法律若干问题的解释》	429	398	492	426	1745
最高人民法院《关于审理扰乱电信市场管理秩序案件具体应用法律若干问题的解释》	1	1	1	1	4
最高人民法院《关于审理非法出版物刑事案件具体应用法律若干问题的解释》	19	21	24	23	87
最高人民法院、最高人民检察院、公安部《关于依法开展打击淫秽色情网站专项行动有关工作的通知》	1	0	0	0	1

而将目光转向《刑法》第225条第(一)项和该条整体的适用情况,发现非法定情况下的适用在非法经营案件中的占比正在快速增长。《刑法》第225条非法定适用与其第(一)项非法定适用在非法经营罪中的占比分别从2017年的4.86%和8.81%升至7.96%和14.08%,增长非常迅速。在同类占比中,两条项的适用也同样呈现出高速增长的趋势:从2017年到2020年,《刑法》第225条非法定适用同类占比从15.41%涨到20.75%,第(一)项非法定适用同类占比从19.1%涨到31.89%。两条项非法定适用的占比增长非常快,尤其是《刑法》第225条处于高位的数值,表明其规范依赖路径已经遭到破坏。

表5　2017—2020年非法经营罪与司法解释依附情况表

援引法条	2017年		2018年		2019年		2020年	
	数量(件)	同年占比(%)	数量(件)	同年占比(%)	数量(件)	同年占比(%)	数量(件)	同年占比(%)
第(一)项法定	1702	37.13%	1789	36.80%	2319	33.88%	1783	30.07%
第(一)项兜底	404	8.81%	509	10.47%	863	10.47%	835	14.08%
第(四)项法定	734	16.01%	644	13.25%	743	10.86%	632	10.66%
第(四)项兜底	75	1.64%	74	1.52%	135	1.97%	98	1.65%
第二百二十五条法定	1224	26.70%	1391	28.62%	1964	28.70%	1803	30.40%
第二百二十五条兜底	223	4.86%	263	5.41%	526	7.69%	472	7.96%

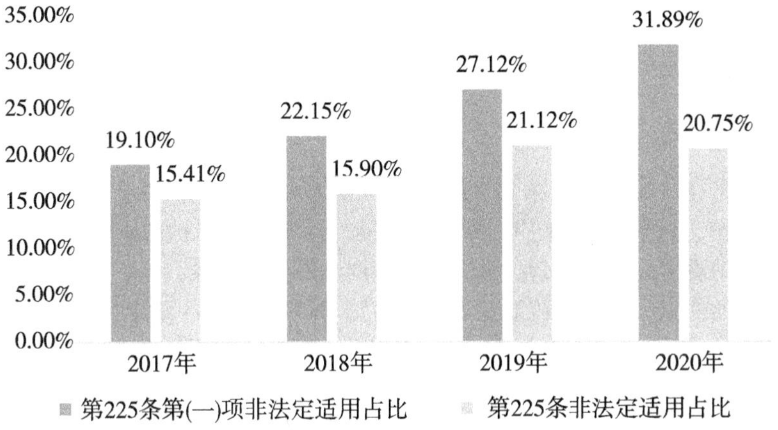

图 2　2017—2020 年《刑法》第 225 条及其第(一)项非法定适用同类占比柱状图

因此,从非法经营罪《刑法》第 225 条及其第(一)项、第(四)项的适用现状来看,规范依赖程度远低于最高人民法院《关于准确理解和适用刑法中“国家规定”的有关问题的通知》意图通过程序性限制所要达到的程度。非法经营罪与规范的关系,已经初步实现了从规范依赖走向规范独立。

(三)对非法经营罪的实证总结

非法经营罪受到学界口诛笔伐最主要的原因在于其同罪刑法定原则的微妙关系,尤其是《刑法》第 225 条第(四)项与罪刑法定原则的明确性要求之间的关系。根据上文的实证检验可以发现,当下法官对《刑法》第 225 条第(四)项的适用概率为 12%,同时该项的规范依附率为 88%。这意味着法官有很大概率会适用该项,而且就适用情况而言也有不小的概率会超出法律、司法解释规定的范围,各项援引情况和规范依附情况不甚乐观,学界对非法经营罪在司法过程中变成“口袋罪”的认识是与实际相契合的。

但是,与理论假设稍有不同的是,《刑法》第 225 条第(四)项对非法经营罪“口袋性”的贡献程度。相较于该项,《刑法》第 225 条及其第(一)项在非法经营罪中的条项援引问题与规范依附问题显得更为严峻。2020 年,《刑法》第 225 条第(一)项的援引率为 44.15%,规范依附率为 68.11%;第 225 条整条援引率为 38.36%,规范依附率为 79.25%。这些数值都显著地高于第(四)项。这不仅说明非法经营罪的“口袋性”乃《刑法》第 225 条整条与其第(一)项、第(四)项合力所致,而且就贡献大小而言,前两者明显处于主导地位。这表明在非法经营罪中有被遗漏的问题。

三、新现象与新问题

(一)新“口袋”条款

既有理论往往视《刑法》第225条第(四)项为大敌,将其作为非法经营罪“口袋”病症的“病灶”。诚然,该项的空白罪状立法模式会使得这一条款因“扰乱市场秩序”的本质得以容纳更多的非法经营行为,但是在《刑法》第225条第(一)项中也存在一个具备兜底性质的规定,即“其他限制买卖的物品”。学理上将这一规定视为“相对明确”的兜底条款。〔13〕仅从文本分析出发,这一规定的定位确乎如此。“其他限制买卖的物品”作为“专营、专卖”的兜底规则,似乎已然将该项的打击对象指向了具备限制性或禁止性的行业。而且根据权威解释,“‘其他限制买卖的物品’是指国家根据经济发展和维护国家、社会和人民群众利益的需要,规定在一定时期实行限制性经营的物品,如化肥、农药”〔14〕。从字面看来,其确实同罪刑法定不存在严重的冲突,属于一种相对明确的罪状。但是,该项在司法中的命运却出乎意料地“脱颖而出”,成了一匹黑马,盖过了“众望所归”的《刑法》第225条第(四)项。

首先,《刑法》第225条第(一)项的适用概率居非法经营罪之首。这种情况的出现一方面来自该项涵盖的非法经营类型涉及关乎国计民生的各重要行业,经常成为专项治理以及立案追查的领域,因而在案发率与判决数上较其余各项更多;另一方面也来自“专营”“专卖”“限制买卖”在行政法上没有直接对应的概念,当前也无相应的司法解释、教义规则予以指导,概念内涵的真空为司法人员进行价值填补提供了便利。

其次,《刑法》第225条第(一)项非法定适用情形占比出奇的高。援引该项“其他限制买卖的物品”的概率,从2017年的8.81%迅速提升到2020年的14.08%;而在该项中具体通过“其他限制买卖的物品”入罪的比例则更为夸张,2017年就高达19.1%,而到2020年这一数值就上涨到31.89%,涨幅竟达167%。

最后,《刑法》第225条第(一)项甚至成了第(四)项的兜底条款。对于《刑法》第225条第(四)项的限制,最高人民法院《关于准确理解和适用刑法中“国家规定”的有关问题的通知》虽然没有起到充分的作用,但是仍然会在一定程度上成为法院进行法律援引的障碍。而对于《刑法》第225条第(一)项,“专营”“专卖”“其他限制买卖的物品”等构成要件要素不仅没有程序性限制,而且就其内涵而言并不比“其他严重扰乱市场秩序的非法经营行为”更为明确。如此,认定为《刑法》第225条第(一)项“其他限

---

〔13〕 参见陈兴良:《刑法的明确性问题:以〈刑法〉第225条第4项为例的分析》,载《中国法学》2011年第4期。

〔14〕 全国人大常委会法制工作委员会刑法室编:《中华人民共和国刑法条文说明、立法理由及相关规定》,北京大学出版社2009年版,第458页。

制买卖的物品"还是第(四)项的"其他严重扰乱市场秩序的非法经营行为",似乎并不是十分重要的问题。[15] 一旦在适用《刑法》第225条第(四)项时受到指摘,便可向第(一)项遁去。如在郑宗勋非法经营玉米种子案[16]中,由于"王力军非法经营案"树立的裁判要旨要求对行为的危害性进行具体判断,为规避焦点,检察院与法院将该案的法律依据指向《刑法》第225条第(一)项,将该项理解为更具兜底性的法律条款。可以说,《刑法》第225条第(一)项已经出现扩张适用的趋势。

实际上,此前已有实务工作者注意到《刑法》第225条第(一)项的"口袋"问题。"该法条第(一)项还有'其他限制买卖的物品'之兜底式表述。由于非法经营罪是法定犯,除食盐、烟草等典型专营、专卖品以外,还存在很多非典型专营、专卖品。有些物品是否属于专营、专卖品,连法官、律师等专业人员都难以判断,何况是普通群众?"[17]奈何学界未深入研究《刑法》第225条第(一)项的司法实践,总结审判规律,揭示该项之实质问题。

因此,从司法适用来看,《刑法》第225条第(一)项适用频率之高、规范依附之强、扩张适用范围之大,俨然已使该项与第(四)项"同流合污",具备第(四)项"口袋"之实质,成为新"口袋"条款。

(二)从项到条的"逃逸式"援引

另外一个值得注意并警惕的新现象是《刑法》第225条整条援引率的提升。

根据表1的数据,《刑法》第225条的整条援引率已经从2017年的31.57%上升到2020年的38.36%,援引率增长迅猛,基本上弥补了该条第(四)项适用率减少的数值。而且从表2可以看出整条援引《刑法》第225条的判决中,具备兜底性质的判决占比虽然在逐年略微下降,但在2020年仍处于44.79%的高位。而就援引《刑法》第225条的判决的规范依附情况来说,非法定适用所占比重已经从2017年的15.41%上升到20.75%,虽然难以同该条第(一)项的规范脱离程度相比肩,但这一变化仍然表明该条适用的扩张性。在援引频率与规范依附程度上,《刑法》第225条的广泛适用可以说是一种带有"逃逸"性质的法律援引。

首先,正如前文所述,最高人民法院《关于准确理解和适用刑法中"国家规定"的有关问题的通知》为《刑法》第225条第(四)项的适用设置了程序性限制:无法在当下的司法解释中找到直接的处罚依据而又打算判决有罪的案件,必须逐级请示。但是我国的请示程序耗时较长,逐级上报程序烦琐,而且即使请示到达最高人民法院也需要一定时间才能得到反馈。与请示程序耗费漫长时间相比,法官更加青睐忽略法条援引

---

[15] 参见陈兴良:《非法经营罪范围的扩张及其限制——以行政许可为视角的考察》,载《法学家》2021年第2期。

[16] 参见新疆维吾尔自治区昌吉市人民法院(2020)新2301刑初97号刑事判决书。

[17] 吕洪民、金福:《对非法经营罪兜底条款的实证考察》,载《人民司法》2014年第11期。

带来的审判及时性。

其次,直接将法律适用依据来自哪一项写明,会使被告人或律师法庭辩护有的放矢。在最高人民法院《关于准确理解和适用刑法中"国家规定"的有关问题的通知》出现之后,有零星判决对此司法解释进行回应。在李某甲非法经营案[18]中,对于被告人"使不具备使用条件的房屋进入房屋租赁市场"的行为能否纳入《刑法》第225条第(四)项"其他严重扰乱市场秩序的非法经营行为"的问题,济南市长清区法院在辩护律师的主张下,承认"在没有相关法律明确规定李某甲出租未竣工房屋的行为构成犯罪的情况下,应依照'法无明文规定不为罪'的原则不予认定。以上,李某甲不构成非法经营罪"。这类判决能侥幸存在,无一不是辩护人找准角度"狂攻猛击"使然。

最后,司法解释的法条指向为"逃逸"提供了契机。当前针对非法经营罪的司法解释有少部分直接指向《刑法》第225条第(四)项,如最高人民法院、最高人民检察院、公安部、司法部《关于依法惩治妨害新型冠状病毒感染肺炎疫情防控违法犯罪的意见》《关于办理非法放贷刑事案件若干问题的意见》;最高人民法院、最高人民检察院《关于办理非法从事资金支付结算业务、非法买卖外汇刑事案件适用法律若干问题的解释》,但较多的是如最高人民法院、最高人民检察院《关于办理妨害信用卡管理刑事案件具体应用法律若干问题的解释》中所述,"应当依据刑法第二百二十五条的规定,以非法经营罪定罪处罚"。司法解释对法律适用的模糊处理,为法官在无法可依时放弃具项援引提供了审判策略。

四、文本的不当指引及其重述

(一)文本设计与价值指引

非法经营罪在司法中被异化为"口袋罪",并进一步发展出"新口袋"条款,与立法对文本的设计不无关系。

众所周知,非法经营罪的前身乃1979年《刑法》规定的投机倒把罪。尽管规定了"违反金融、外汇、金银、工商管理法规"的前提,嗣后也出台了最高人民法院、最高人民检察院《关于当前办理经济犯罪案件中具体应用法律的若干问题的解答(试行)》与《投机倒把行政处罚暂行条例》,但其依然成了什么都能放进去的"口袋罪",存在"规定比较笼统,界限不太清楚,造成执行随意性"[19]的问题。为调和该罪同罪刑法定的紧张关系,1997年《刑法》将部分投机倒把行为拆分规定到生产、销售伪劣商品罪、破坏

---

[18] 参见山东省长清县人民法院(2019)鲁0113刑初55号刑事判决书。

[19] 王汉斌:《关于〈中华人民共和国刑法(修订草案)〉的说明》,载高铭暄、赵秉志编:《中国刑法立法文献资料精选》,法律出版社2007年版,第868—869页。

金融管理秩序罪与扰乱市场秩序罪之中,又留有余地地创设非法经营罪以接替投机倒把罪的体系地位与保护目的。[20] 实际上,投机倒把罪立法模式的出现,就是基于立法者对市场经济认识不足,担心遗漏市场经济中有害于社会主义制度的部分。[21] 而作为其继承者的非法经营罪,其带有模糊性的罪状设置正是立法者弥补理性不足避免遗漏罪行的绝妙手段。这种高度概括或者直接作兜底表述的立法技巧体现了一种学者所说的“朦胧美”与“模糊美”,“是一种高超的立法艺术和方法”[22]。对于非法经营罪之类的经济犯罪,由于市场主体具备非常大的活跃性,其经营行为往往表现出千姿百态,倘若对这一类犯罪作过于精细的设计,反而会使得刑事司法在经济犯罪中束手束脚,不仅无法预防犯罪,甚至还会助长犯罪的发生。[23] 因此在《刑法》第225条第(一)项与第(四)项中分别设置“其他限制买卖的物品”以及“其他严重扰乱市场秩序的非法经营行为”,便可“出其不意、攻其不备”。可如此设置,不仅无法在单薄的价值追求中实现价值兼得,还会使单一立法目的难以实现。

其一,过分地强调刑事打击,拓展犯罪圈,将大幅压缩市场主体的刑事合法行为与行政合法行为的选择空间。市场主体需要缓冲地带,即使这样一个缓冲地带会为行为人提供“道德漂移”的契机,也无法磨灭其对行为“危害降级”的积极意义。其二,变动不居、不甚明晰的罪状无法给予经营者合法预期,其行为也难以与非法经营背后的合法经营规范目的相契合。行为人不知道自己的行为是属于经营“其他限制买卖的物品”还是“其他严重扰乱市场秩序的非法经营行为”。这难以取得刑事政策犯罪预防上的正面效果,也解释了非法经营案件数量为何居高不下。

立法者在非法经营罪罪状上的模糊处理为司法人员倾注价值判断提供了广阔的空间。但是,在刑事司法领域法官的价值判断仍然不能违背刑法的罪刑法定的基本原则与谦抑性的核心理念。刑事司法存在非常强的特殊性,它是社会防卫的最后手段,就对社会公共利益的保护、社会秩序的维护而言,其通过严厉的刑罚起到的作用并不比行政规制更优。当前的司法实践,顺应了文本设计中的价值指引,更加突出“有恶必罚”与“轻罪重罚”的传统报应理念。[24]

要注意的是,对于市场秩序法益来说,其并非自出现便为“圆满的、没有任何损耗的状态”。“对于法益而言从来就没有出现过这样一种完好无缺的原始状态”,“水至清则无鱼,法益遭受一定程度的损害和危险,这既是人们日常生活中无法避免的正常现象,同时也是一个富有活力的社会能够向前发展的必要条件”[25]。当前的非法经营罪

---

〔20〕 参见陈兴良:《投机倒把罪:一个口袋罪的死与生》,载《现代法学》2019年第4期。

〔21〕 参见周道鸾等主编:《刑法的修改与适用》,人民法院出版社1997年版,第85页。

〔22〕 陈小炜:《“口袋罪”的应然态度和限制进路》,载《苏州大学学报(哲学社会科学版)》2015年第3期。

〔23〕 参见马荣春:《经济犯罪罪状的设计与解释》,载《东方法学》2013年第5期。

〔24〕 参见武良军:《非法经营罪堵截条款异化之研究》,载《环球法律评论》2014年第5期。

〔25〕 陈璇:《刑法中社会相当性理论研究》,法律出版社2010年版,第9页。

“口袋性”不断加强,相关问题层见叠出,最主要的原因就在于这样一个高度概括性的罪名在不断地向外扩散其“法益绝对保护”的观念。必须明确,在不具备所谓“伦理恶”的法定犯之中,以近乎“结果责任”的形式,从“非法经营数额、违法所得数额、经营次数、后果、影响、有无行政处罚”〔26〕等角度对非法经营行为进行界定,完完全全忽略了结果之外的非法经营本体行为的刑法特性。因此,必须将“法益绝对保护”的立法、司法理念转变为“法益相对保护”,提升本罪的容忍度。

对此,当前大体存在立法论与解释论的两种修正方向。在立法论层面,有论者有感现实之绝望,认为“非法经营罪的口袋化宿命在立法阶段即已注定”,如不对“脱离类型思维的抽象概念”进行废除,难言非法经营罪的法治化。〔27〕这种观点未免过于悲观。当下非法经营罪的“口袋化”是“多因一果”,其病症一方面来自立法的先天不足,另一方面也在于适用的任意扩张,全然废除既不理想也不现实。笔者认为,可对相关条款进行“合目的”的限缩解释,从本罪前置法入手,基于实定法实现对本罪处罚范围的限缩。

(二)对“口袋”条款的限缩解释

1.“专营”与“专卖”

首先是对“新口袋”条款《刑法》第225条第(一)项的限缩解释。对于该项中的“专营”“专卖”,由于我国并没有专门的“专营、专卖法”,明确指涉专营专卖的规定仅有《烟草专卖法》《食盐专营办法》《甘草麻黄草专营和许可证管理办法》和《国务院关于化肥、农药、农膜实行专营的决定》,其中《国务院关于化肥、农药、农膜实行专营的决定》已经失效。因此在我国的现行法律体系下,专营、专卖物仅仅指烟草、食盐、甘草麻黄草三类。有观点认为,“专营、专卖”还应当包含一些非典型性的内容,如药品〔28〕、石油、酒〔29〕等。笔者认为,专营、专卖作为一种特殊的国家垄断经营形式,必须由法律、行政法规明确规定。对于药品、石油以及酒类物品在现行法律体系中不包含“专营、专卖”的表述,从文义解释上后者难以涵摄前者。当前司法实务有较为广泛的观点认为药品属于专营、专卖的物品,实在缺乏有力的实证法依据。因为全国人民代表大会教育科学文化卫生委员会分别在2009年和2011年就代表提出的议案中的药品专卖制度进行专题研究,探讨可行性,在此之后便无下文。可见药品在我国并不属于专营、专卖的物品。

---

〔26〕马春晓:《非法经营罪的“口袋化”困境和规范解释路径——基于司法实务的分析立场》,载《中国刑事法杂志》2013年第6期。

〔27〕参见葛恒浩:《非法经营罪口袋化的成因与出路》,载《当代法学》2016年第4期。

〔28〕参见《无药品经营许可证而销售药品,情节严重的,构成非法经营罪——卢继高、鲁仲平、吴树忠 非法经营、销售假药案》,载最高人民法院中国应用法学研究所编:《人民法院案例选》(总第83辑),人民法院出版社2013年版,第41页。

〔29〕参见高磊:《假冒“专营、专卖”伪劣商品商标侵权问题研究》,兰州大学2015年硕士学位论文,第4页。

2. “其他限制买卖的物品”

对于“其他限制买卖的物品”，通行的解释“国家根据经济发展和维护国家、社会和人民群众利益的需要，规定在一定时期实行限制性经营的物品，如化肥、农药”，带有较强的计划经济色彩，因为根据《国务院关于化肥、农药、农膜实行专营的决定》的介绍，对这些物品的管制的初衷在于处理“在目前供不应求的情况下，为了制止多头插手倒买倒卖，解决市场、价格混乱的状况”，而这种所谓的“混乱状况”其实本就是市场规律作用下的正常市场行为。因此再将这一解释适用于当下并不可行。陈兴良教授根据同类解释总结的“国家对买卖活动进行严格管制的物品”[30]是较为妥当的解释。同时，笔者认为对于“限制买卖的物品”还必须从“买”和“卖”两方面进行理解，“限制买卖”必须既限制“买”同时也限制“卖”，任何只限制交易一方的物品都不属于该项所述内容。只有“买”“卖”同时受到限制，这种经营活动的违法性才能够得到体现。就限制而言，不能简单地将行政许可上的限制等同于该项中的“限制买卖”。“限制买卖”在“卖”方面表现为对经营资格、经营内容、经营数额、销售登记等方面的限制；在“买”方面则表现为对购买资格、购买对象、购买登记、购买数量等方面的限制。归根结底，“限制买卖”是法律、行政法规基于国家安全、社会安全对物品流通设置的双向阻碍。

在这种理解之下，实践中常见的药品、农药、烟花爆竹以及汽油、柴油等危险化学品是否属于“限制买卖的物品”必须进行规范审查。一般的农药与药品，即便在行政法上存在行政许可对卖方的限制，但只有《农药管理条例》禁止销售和使用的假农药、劣质农药以及《药品流通监督管理办法》[31]限制购买的处方药才存在对买方的限制。而关于“烟花爆竹”，由于《烟花爆竹安全管理条例》只针对生产烟花爆竹的企业设置了购买、领用、销售登记制度，各地要求的在购买时“实名登记”均为地方政策[32]，不具备法律、行政法规等国家规定的效力，因而也不属于“限制买卖的物品”。而关于汽油、柴油等“危险化学品”，《危险化学品安全管理条例》第 38 条第 3 款规定：“个人不得购买剧毒化学品（属于剧毒化学品的农药除外）和易制爆危险化学品。”故而，公民个人购买非农药的剧毒化学品和易制爆危险化学品以外的危险化学品并不具备法律、行政法规层面的限制。因此不管是汽油还是柴油，由于买方没有受到限制，故不属于“限制买卖的物品”，不能以《刑法》第 225 条第（一）项入罪。同时又没有司法解释确定成品油销售属于“其他严重扰乱市场秩序的非法经营行为”，因此不成立非法经营罪，应当视情况以生产、销售伪劣商品罪或侵犯知识产权罪惩处。

---

[30] 陈兴良：《违反行政许可构成非法经营罪问题研究——以郭嵘分装农药案为例》，载《政治与法律》2018 年第 6 期。

[31] 这一办法虽为部门规章，但存在《药品管理法》第 54 条的这一上位法的授权。

[32] 如北京市 2021 年春节对烟花爆竹购买设置的登记程序就来自《北京市 2021 年春节烟花爆竹销售（储存）安全管理工作方案》。

3. “其他严重扰乱市场秩序的非法经营行为”

至于《刑法》第225条第(四)项中的“其他严重扰乱市场秩序的非法经营行为”,应当按照同类解释的规则对该项规定进行限缩解释。该项规定仅仅是对非法经营罪前三项的堵截。因而,该项的内涵必须符合前三项之“事物本质”。根据前三项的描述,该项的法益应当是市场准入秩序,行为应当是严重扰乱市场秩序的经营行为。具体而言,必须是以“破坏特别许可制度”的形式严重扰乱市场秩序。而这一切扰乱市场秩序的行为,又都必须以最高人民法院《关于准确理解和适用刑法中“国家规定”的有关问题的通知》的规定为前置条件。

在最高人民法院《关于准确理解和适用刑法中“国家规定”的有关问题的通知》中,针对非法经营罪的适用其实设置了双重阻碍。第一重阻碍设置于“国家规定”的内涵上,文件明确指出“国家规定”是指全国人民代表大会及其常务委员会制定的法律和决定以及国务院制定的行政法规、规定的行政措施、发布的决定和命令,若对行为人是否违反“国家规定”存在争议,“应当作为法律适用问题,逐级向最高人民法院请示”。这就在“国家规定”的理解上为地方法院的价值判断与自由裁量施加了第一重程序性限制。第二重阻碍,如前所述,在于对“其他严重扰乱市场秩序的非法经营行为”的判断,文件要求如司法解释未能将特定行为类型规定为非法经营行为,对于行为人行为的定性问题应当作为法律适用问题逐级向最高人民法院请示。

在司法实践中存在一种观点,即以“是否违反国家规定”作为依据《刑法》第225条第(四)项入罪的判断标准,这就架空了该项的实质内容。按照这种观点,由于法律与行政法规存在大量的重复授权,因而几乎所有破坏市场秩序的行为都违反了“国家规定”,因而也就契合了《刑法》第225条第(四)项的规定。比如,在张伦非法经营案〔33〕中,纵使辩方援引最高人民法院《关于准确理解和适用刑法中“国家规定”的有关问题的通知》提出没有司法解释禁止“擅自建设并销售房屋”因而不构成《刑法》第225条第(四)项“其他严重扰乱市场秩序的非法经营行为”,但法官认为只要经营行为不符合国家规定,就属于非法经营行为。这种理解用前置性要件“国家规定”证成非法经营的社会危害性,虽从表面上形成了对规范的依附状态,充分体现了“前置法定性,刑事法定量”,但实际上严重混淆了行政违法与刑事违法的界限,让刑法成为行政法的附庸。“其他严重扰乱市场秩序的非法经营行为”并不属于对“国家规定”的重述,而是独立于“国家规定”的构成要件要素,即使此司法解释是以“准确理解和适用刑法中‘国家规定’的有关问题”为名。否则,该司法解释第3条根本没有确立的必要,根据第2条就可以直接处理。另外,也不能将“国家规定”的前置性要件融入“其他严重扰乱市场秩序的非法经营行为”,反之,那种认为“违反国家规定”在《刑法》第225条第(四)项中

〔33〕 参见宁夏回族自治区银川市金凤区人民法院(2019)宁0106刑初567号刑事判决书。

无实质意义,进而主张在该项中具体结合“非法”进行解释的观点〔34〕,无疑是在给最高人民法院《关于准确理解和适用刑法中“国家规定”的有关问题的通知》空转作“助攻”。违反前置法,仅仅是非法经营罪成立的必要条件。

五、小　结

根据本文所作实证分析,非法经营罪之扩张现实早已不是《刑法》第 225 条第(四)项兜底条款“一枝独秀”,而是第(四)项、第(一)项与该条整体“百花齐放”。《刑法》第 225 条所规定的这一罪名,正因全面“口袋化”而呈现出即将崩盘的局面。诚然,框架式的立法,在失去明确性的同时能够让本罪更“富有活力”,得以容纳刑事政策因素,为社会经济运行保驾护航。但是,“清晰性要求是合法性的一项最基本的要素”〔35〕,法治乃良法善治,本罪的司法运作背离了法治精神。新“口袋”条款与“逃逸式”法律援引现象的出现,彰显了本罪立法设计与司法理念的缺陷,对此亟待限缩解释,在非法经营罪这一法定犯中充分利用前置法进行入罪限制。

〔34〕 参见马春晓:《非法经营罪的“口袋化”困境和规范解释路径——基于司法实务的分析立场》,载《中国刑事法杂志》2013 年第 6 期。

〔35〕〔美〕富勒:《法律的道德性》,郑戈译,商务印书馆 2005 年版,第 75 页。

我国死刑威慑力的实证检验

——以走私罪和盗窃罪死刑废止为契机

黎森予*

摘　要　死刑的威慑力问题是死刑存废之争的核心问题，国内外的实证研究得出过不同的结果，并存在一定的疑问。我国于 2011 年和 2015 年以刑法修正案的方式废止了走私罪和盗窃罪的死刑，这可作为检验死刑威慑力的契机。以 1981—2019 年的全国年度数据为样本，以走私罪和盗窃罪案发率为因变量分别建立了 19 个回归模

* 清华大学法学院博士研究生。

型,结果显示,在大多数模型中死刑废止对两罪的案发率没有显著影响,少数模型显示走私罪的案发率在《刑法修正案(八)》施行后显著降低。没有观察到死刑废止使走私罪或者盗窃罪的案发率升高的可靠证据,这倾向于否定死刑的威慑作用。

关键词 死刑威慑力 死刑废止 刑法修正案 走私罪 盗窃罪

我国的死刑政策发生过重大变化。过去,人们往往相信死刑是犯罪的特效药,决策者“依赖死刑来抗制犯罪,有时甚至迷恋死刑”〔1〕。后来,随着刑罚理性的观念深入人心,人们开始意识到死刑未必像原本以为的那样有用,于是我国以 2011 年和 2015 年通过的两部刑法修正案废止了若干罪名的死刑。减少死刑的做法当然是法治精神的胜利,但也有观点对此表示忧虑,认为死刑的废止将降低刑罚威慑作用,影响国家社会的安宁。〔2〕 还有的观点直言修正案中某些罪名“死刑的废除是不妥当的”,这可能进一步刺激获利动机,导致犯罪越来越严重。〔3〕 基于上述争论,为了厘清死刑废止的效果和决定今后的立法进路,必须查明的事实性问题是:废除死刑的做法确有使相关犯罪增加吗?易言之,死刑相对于其他刑罚具有额外的威慑力吗?

与其他国家相比,我国对此的实证研究还很不充分,因此有完善的必要。前述两部修正案废止了 22 个罪名的死刑,但由于公开资料的片段性,难以针对每个罪名案发率的增减进行分析。走私和盗窃犯罪是其中较易获取统计资料的犯罪类型,而且作为逐利性犯罪,犯罪人对死刑政策的变化应该相当敏感,因此取这两类犯罪作为考察死刑威慑力的素材。本文第一部分回顾了国内外关于死刑威慑力的实证研究方法和结论,在此基础上,第二部分介绍了本文采用的研究方法和样本,第三部分给出实证分析的结果,第四部分对统计结果进行了讨论。

一、死刑威慑力之争

(一)欧美

1. 旧威慑论与旧反威慑论

一个自古以来的通念是,死刑具有某种特别的威慑力,这一观点并不诉诸任何实证或统计,而是将死刑阻吓犯罪的作用作为一种当然的人性常识予以接受;该观点可被称为“旧威慑论”。费尔巴哈从功利主义和心理强制的立场出发,认为死刑的威慑效

〔1〕 高铭暄、苏惠渔、于志刚:《从此踏上废止死刑的征途——〈刑法修正案(八)草案〉死刑问题三人谈》,载《法学》2010 年第 9 期。

〔2〕 参见郎胜:《〈刑法修正案(八)〉解读》,载《国家检察官学院学报》2011 年第 2 期。

〔3〕 参见陈晖:《走私普通货物物品罪应保留死刑——兼论对走私个罪死刑存废的立法策略》,载《上海海关学院学报》2011 年第 1 期。

果大于自由刑,因为“生命比自由更宝贵,被杀比做奴隶可怕得多”,所以自由刑没有像死刑那样的减少犯罪的效果,进而得出死刑必须存置的结论。〔4〕类似的,19 世纪的英国法官史蒂芬(Stephen)指出:“其他刑罚都无法像死刑一样有效地威慑犯罪……死刑对犯罪的威慑效果取决于人性的一般原则,这一点是不证自明的。”〔5〕曾在英国枢密院工作 5 年的布伦特佛德爵士(Lord Brentford)指出:除一个被判处死刑的人自愿受死以外,其他案件中的被告人及其亲属都尽最大努力去避免被执行死刑,这是死刑具有威慑力的决定性证据。〔6〕

“死刑具有威慑力”这一点固然没有疑问。但单纯凭这样的主张无法得出应当维持死刑的结论,因为自由刑等刑罚同样具有威慑力,就算死刑也能威慑犯罪,这也无法说明它是必要的。因此,旧威慑论中真正的主张是,“死刑比起其他刑罚具有更强的威慑力”这一进一步的命题。可是,19 世纪末到 20 世纪以来,随着死刑的废止在某些国家成为现实,这一“常识”受到了越来越多的质疑。最主要的原因在于:有的国家废止死刑后,其犯罪率并没有显著升高;这一现象意味着,死刑相对于没有被废止的其他刑罚,原本就没有对制止犯罪发挥什么额外的作用,是可有可无的。

例如,波兰于 1870 年废止死刑后,杀人罪案发率的波动情况较死刑废止前没有显著的变化。挪威自 1875 年最后一次执行死刑后,直至 1905 年彻底废止死刑前都未再实际执行死刑;尽管如此,1875 年以后的杀人罪案发率不但没有上升,反而以平稳的速率逐年下降。苏丹于 1887 年废止了公开执行死刑,1910 年最后一次执行死刑,1921 年彻底废止了死刑;尽管对死刑的限制不断加大,但杀人罪案发率除了少数年份的波动以外,大体上依然不断降低。〔7〕“根据统计资料可以得知,死刑的存废对于犯罪的增减几乎没有产生任何影响。”〔8〕

美国自 20 世纪 50 年代始出现了一批反对旧威慑论的实证研究,但采取的统计方法相对比较粗糙、简单;这类研究可以统称为旧反威慑论。休斯勒(Schuessler)对比了 1928—1949 年维持死刑州与废止死刑州的杀人率,发现“有死刑的州的杀人率是没有死刑的州的 2~3 倍”;对比相邻的维持死刑州和废止死刑州,可以发现前者的杀人率普遍高于后者;此外,杀人率最高的几个州的死刑执行率也是最高的,反之,杀人率最低的几个州的死刑执行率也是最低的。〔9〕对旧威慑论最著名的批评来自塞林(Sellin)于 1959 年的研究。他设置了 5 个分组,每组内有 3 个相邻的州,该 3 个州在

〔4〕参见李建光:《刑事古典学派内部死刑观的异同及其借鉴》,载《湖南科技大学学报(社会科学版)》2004 年第 4 期。

〔5〕J. F. Stephen, *Capital Punishments*, Fraser's Magazine, Vol. 69, 1864, p. 753, 759.

〔6〕See Sir Ernest Gowers, *A Life for a Life?*, Chatto & Windus, 1956, pp. 63-64.

〔7〕江家义男「死刑論」早稲田法学 12 巻(1932 年)16—17 頁から再引用したものである。

〔8〕同前注,16 頁。

〔9〕See Karl F. Schuessler, *The Deterrent Influence of the Death Penalty*, The Annals of the American Academy of Political and Social Science, Vol. 284, 1952, p. 57, 58, 60.

“社会结构、人口规模、经济和社会状况上”尽可能相似，但3个州中有的州维持了死刑，有的州废止了死刑，从而在控制其他因素一定的前提下对比死刑存废对故意杀人案发率的影响。统计结果清晰地表明，这些州在1940—1955年的平均故意杀人案发率与它们是否保留死刑没有任何联系。[10] 与这个方法类似，鲍尔斯(Bowers)等将样本的时间范围扩大到1919—1969年并进行同样的比较，结果表明，废止了死刑的州的杀人率普遍比相近的维持死刑的州更低，但在废止死刑后的短期内，可能会出现轻微的杀人率升高的现象。[11]

诚然，时间或空间上的比较可以直观地反映杀人率的变化趋势或地区差异，但是，此种方法在统计上的粗糙性，可能导致结论不可靠。

第一个问题是遗漏变量。犯罪作为一种社会现象，受到诸多社会因素的影响，而死刑存否只是其中之一。因此，上述研究采用的比较方法，无法辨别究竟是死刑存废这一因素影响了杀人率，还是其他社会因素影响了杀人率，抑或是两者的作用互相抵消进而使得杀人率保持稳定。[12] 就算在塞林等人的研究中，研究者有意识地控制了用以比较的各地区的其他社会因素尽可能相似，但是，“通过匹配的方法来控制其他因素一定，当然是很困难的。在选择匹配的区域的时候，很可能忽视了各州之间的重要差异”[13]。此外，除了考察是否在法律上规定死刑，还要考察执行死刑率的差异，后者对犯罪人的理性决策也有重要影响。易言之，某个地区就算规定了死刑，但是执行死刑率很低，那么这个地区的犯罪人大体上就不会把被执行死刑的危险当真，死刑的存在无法对其产生实在的影响；这样一来，该地的杀人率自然就与废止死刑的地区相近了。[14]

第二个问题是内生性。上述研究在推理的过程中默认了死刑存否是原因、杀人率的高低是结果；但是，实际情况有可能恰恰相反。例如，某地因为其他种种原因，历来的杀人率乃至总犯罪率很低，所以该地立法者和一般民众都有意识或无意识地相信就算没有死刑也不会造成社会混乱，遂在法律上或事实上废止了死刑。所谓的“内生性”，即研究中的因变量反过来对自变量的影响。如果研究中的因变量(杀人率)是实际上的原因，而研究中的自变量(死刑存否)是实际上的结果，那么就算观察到死刑废止的时期或地区中杀人率没有较对照组升高(甚至有所降低)的现象，也无法可靠地说明其他地区将来废止死刑的做法不会造成犯罪增加，因为该研究对因果关系的解释可

---

〔10〕 See Thorsten Sellin, *The Penalty of Death*, American Law Institute, 1959, pp. 22-28.

〔11〕 See William J. Bowers, G. L. Pierce & J. F. McDevitt, *Legal Homicide: Death as Punishment in America, 1864-1982*, Northeastern University Press, 1984, pp. 279-280.

〔12〕 参见吴雨豪:《死刑威慑力实证研究——基于死刑复核权收回前后犯罪率的分析》,载《法商研究》2018年第4期。

〔13〕 David C. Baldus & James W. L. Cole, *A Comparison of the Work of Thorsten Sellin and Isaac Ehrlich on the Deterrent Effect of Capital Punishment*, Yale Law Journal, Vol. 85, 1975, p. 179.

〔14〕 See Roger Hood, *The Death Penalty: A Worldwide Perspective*, Oxford University Press, 2002, p. 217.

能根本上是错误的。[15] 对此,日本学者给出了一个很形象的比喻:废止死刑的时代一般都是社会情势安定平和的时期,在这种时代里犯罪不增加是理所当然的;“就像对于疾病已经进入自然痊愈阶段的人停止给药,也不会对病情产生什么不好的影响一样,这种场合不能一般性地证明药剂是无效的”[16]。

第三个问题是显著性。如前所述,由于存在不可知因素的影响,犯罪率不可能由已知变量唯一地决定,因此其取值有一定随机性。就算观察到死刑废止后的某一年的杀人率低于死刑废止前的某一年,或者某个废止死刑地区的杀人率低于某个维持死刑地区的杀人率,也难以辨别究竟是死刑存废“系统性地”导致此种差异,还是偶然出现这种现象。要解决这个问题,必须检验该差异在统计学上的显著性,亦即该差异必须大到一定程度,我们才有把握断言该差异是系统性地存在的,而不是随机发生的。

大体上,旧威慑论诉诸直觉和常识,没有给出关于死刑威慑力的实证证据,而旧反威慑论则结合实证资料进行了一些直观而初步的比较,但在统计方法上还存在较大漏洞。如下所述,新威慑论改良了统计方法,结合实证数据验证了死刑的威慑力,对旧反威慑论给出了猛烈的反击。

2. 新威慑论

新威慑论是利用更精致的统计技术验证死刑的威慑力,并得出肯定结论的理论。开创性的成果是厄林奇(Ehrlich)在1975年的研究,其思路大体可以分为两部分:第一部分,参考了贝克尔(Becker)于1968年的研究[17],提出了理性犯罪人决定是否要实施谋杀罪的经济模型,影响其决定的因素包括罪行被发现的概率、发现后被判决谋杀罪的概率(以下简称“定罪率”)、被判决谋杀罪后被执行死刑的概率(以下简称“行刑率”)、死刑以外的其他惩罚的严厉性、就业机会、收入及其他地区性因素;第二部分,在理性犯罪人决策模型的基础上,进一步假定犯罪率的供给函数是以上述决定因素为自变量的Cobb-Douglas函数,并以1933年至1969年的全美年度统计数据为样本,对该函数进行回归。根据回归结果可换算得出,在研究样本的期间内“1年里每增加1次行刑平均可以减少7~8起谋杀”。[18] 此外,该研究对塞林等单纯考察各州在法律上是否规定死刑的做法表示反对,认为这些研究“没有系统性地考虑死刑的实际执行,而比起死刑的法律地位(即法律上是否规定了死刑——引者注),死刑的实际执行对犯罪人行

[15] See Joanna M. Shepherd, *The Economics of Capital Punishment*, in Nuno Garoupa ed., Criminal Law and Economics, Edward Elgar Publishing Limited, 2009, p. 211.

[16] 植松正『再訂刑法概論I総論』(勁草書房,1974年)401頁。

[17] See Gary S. Becker, *Crime and Punishment: An Economic Approach*, Journal of Political Economy, Vol. 75, 1968.

[18] See Isaac Ehrlich, *The Deterrent Effect of Capital Punishment: A Question of Life and Death*, The American Economic Review, Vol. 65, 1975.

为有更重要的影响”[19]。厄林奇的研究用实证方法验证了原本仅存在于直觉上的死刑威慑力,不但震撼了理论界,而且对实务影响重大。在1976年美国联邦最高法院的一起关涉死刑合宪性的案件中,检察官大量引用了厄林奇的研究成果,以证明死刑的维持有利于阻吓谋杀;最终联邦最高法院的多数意见作出了维持原审死刑判决的决定。[20]

在厄林奇研究的影响下,新威慑论发现了其他支持死刑对杀人罪具有威慑力的证据。扬克尔(Yunker)假设杀人率与行刑数之间具有蛛网(cobweb)关系,即当期杀人率影响当期行刑数,前期行刑数影响当期杀人率;在此基础上,他以1960—1972年间的全美年度数据为样本进行回归,发现在前3年中每增加1次行刑,在当年就能平均减少156起杀人案件。[21] 厄林奇在1977年的研究中沿袭了1975年研究的基本方法,不过在样本上,并非直接采用历年的全国数据,而是采用1940年和1950年两年的各州数据。该研究发现,每次行刑可以减少20～24起谋杀。[22] 类似地,科隆尼格(Cloninger)以48个本土州在1960年的数据进行回归,发现行刑率每提高1%,预期可以减少每百万人中2.81起杀人案件。[23] 莱森(Layson)将厄林奇的1975年研究的样本延长到1977年,并改变了数据来源、拟合方法、行刑率的计算方法、拟合函数的形式等,结果依然表明行刑率对杀人率影响显著,1次行刑平均可以减少18.5起杀人案件。[24]

此后的研究的显著特征是,不再使用全国层面的数据,而是以范围更小的特定地区的时间序列或者面板数据作为回归的样本;这一做法有利于解决各地杀人率的变动互相抵消或混淆的问题。科隆尼格借助杀人率的波动与其他犯罪率的波动的关联性,以1983—1988年美国州级月度面板数据为样本,发现在存在行刑的月度,杀人率的增长显著低于其他月度犯罪率的增长。[25] 杰日瓦赫什(Dezhbakhsh)等采用1977—1996年美国3054个县的县级面板数据作为样本的回归表明,前6年内的每次行刑平均可以在当年减少18起谋杀案件。[26] 莫肯(Mocan)等采用的1977—1997年州级面板数据表

---

[19] See Isaac Ehrlich, *The Deterrent Effect of Capital Punishment: A Question of Life and Death*, The American Economic Review, Vol. 65, 1975, p. 415.

[20] See GREGG v. GEORGIA, 428 U.S. 153, 96 S. Ct. 2909 (1976).

[21] See James A. Yunker, *Is the Death Penalty a Deterrent to Homicide? Some Time Series Evidence*, Journal of Behavioral Economics, Vol. 5, 1976.

[22] See Isaac Ehrlich, *Capital Punishment and Deterrence: Some Further Thoughts and Additional Evidence*, Journal of Political Economy, Vol. 85, 1977, p. 779.

[23] See Dale O. Cloninger, *Deterrence and the Death Penalty: A Cross Sectional Analysis*, Journal of Behavioral Economics, Vol. 6, 1977.

[24] See Stephen K. Layson, *Homicide and Deterrence: A Reexamination of the United States Time-Series Evidence*, Southern Economic Journal, Vol. 52, 1985.

[25] See Dale O. Cloninger, *Capital Punishment and Deterrence: A Portfolio Approach*, Applied Economics, Vol. 24, 1992.

[26] See Hashem Dezhbakhsh, Paul H. Rubin & Joanna M. Shepherd, *Does Capital Punishment Have a Deterrent Effect? New Evidence from Postmoratorium Panel Data*, American Law and Economics Review, Vol. 5, 2003.

明,每次行刑平均可以减少5起谋杀案件,相应的,每次对死刑判决的减刑(commutation)平均增加了4～5起谋杀案件,此外,每次减刑以外的不行刑(removal)平均增加了1起谋杀案件。[27] 齐摩门(Zimmerman)采用1978—1997年美国州级面板数据建立的2SLS模型表明,当年行刑率、去年行刑率与当年谋杀率有显著的负相关性,每次行刑可以在1年中减少14～19起谋杀案件。[28] 兰德(Land)等采用得克萨斯州1994—2005年的月度数据,发现行刑具有降低杀人数的短期作用,每次行刑可以在之后的第1个和第4个月减少共2.5起杀人。[29] 洪(Hong)采用1979—1998年全美州级日杀人数面板数据的研究认为,死刑执行的威慑作用确实存在,但效果微弱且持续时间很短[30];就威慑力的具体日期而言,显著的威慑作用存在于行刑前第13天和行刑后第5天、第6天,但离行刑当天更近的日子却没有观察到这样的威慑作用。[31]

除此之外,还出现了一批在变量设计上略微不同的研究,它们的特点在于不采用行刑率作为自变量,转而采用特定地区在特定时间区间内死刑存否这一事实或状态作为自变量。这种做法的好处是克服了上述内生性的问题:以死刑废止为例,如果设置一个哑变量,在死刑废止前的年度取1,死刑废止后的年度取0,那么该哑变量的回归系数所反映的一定是“死刑存在”这一事实对犯罪率的影响,毕竟死刑废止后的犯罪率(=因变量)不可能反过来影响已是既成事实的“死刑废止”这一事件(=自变量)。克莱森缇斯(Chressanthis)考察了1968—1976年美国停止行刑的影响,回归结果表明,死刑存在这一哑变量具有显著且为负的回归系数,这意味着死刑的存在显著降低了杀人率。[32] 1996年,得克萨斯州的一项法庭命令推迟了全州的死刑执行,导致1996年的行刑数“几乎为零”;科隆尼格等以此为契机,利用1990—1995年全美及得克萨斯州的月度杀人率数据预测了得克萨斯州1996—1997年的月度杀人率;将实际数据与预测值对比,发现死刑被叫停期间的实际杀人率显著高于预测值,这表明杀人率出现了异常升高,相反,1997年恢复行刑后(该年行刑数是平常行刑数的两倍左右),预测值与实际值的差异就变得不显著了。[33] 类似的,伊利诺伊州州长于2000年叫停所有死刑的执

[27] See Naci Mocan & R. Kaj Gittings, *Getting off Death Row: Commuted Sentences and the Deterrent Effect of Capital Punishment*, The Journal of Law & Economics, Vol. 46, 2003.

[28] See Paul R. Zimmerman, *State Executions, Deterrence, and the Incidence of Murder*, Journal of Applied Economics, Vol. 7, 2004.

[29] See Kenneth C. Land, Raymond H. C. Teske Jr. & Hui Zheng, *The Short-Term Effects of Executions on Homicides: Deterrence, Displacement, or Both?* Criminology, Vol. 47, 2009.

[30] See Moonki Hong, *The Short-Term Deterrent Effect of Execution on Homicides in the United States*, 1979–1998, ProQuest Dissertations Publishing, 2016, p. 119.

[31] Ibid., at 96.

[32] See George A. Chressanthis, *Capital Punishment and the Deterrent Effect Revisited: Recent Time-Series Econometric Evidence*, The Journal of Behavioral Economics, Vol. 18, 1989.

[33] See Dale O. Cloninger & Roberto Marchesini, *Execution and Deterrence: A Quasi-controlled Group Experiment*, Applied Economics, Vol. 33, 2001.

行，并于2003年减免了所有罪犯的死刑；以此为契机，科隆尼格等发现2000年前后的杀人率变动模式发生了明显的改变，2000—2003年的杀人数较预期异常上升了151起。[34] 杰日瓦赫什等采用1960—2000年州级面板数据回归的结果表明，行刑率与死刑存废的哑变量均对谋杀率具有显著的影响。[35] 弗雷克斯（Frakes）等发现，在1985—2001年期间，16个州增设谋杀儿童（child murder）作为谋杀罪适用死刑的情节的做法，减少了约20%的谋杀儿童案件，而且对谋杀成人的案件没有类似的影响，这证明了对特定罪行增设死刑立法，对该特定的犯罪行为具有专门的威慑力。[36]

不过，上述以事件或状态作为变量的做法存在一个共通的问题，即杀人率在特定时期内波动模式的改变未必可以归因于死刑的存废，而有可能归因于该特定时期发生的其他社会变动；质言之，尽管统计结果表明某些年度的杀人率较其他年度出现异常的增加（或减少），但这种增加（或减少）未必是死刑存废的变动引起的，而有可能是模型没有充分考虑的其他社会因素引起的，这些因素的变动恰巧与死刑废止（或恢复）出现在同一年度、同一地区。这样一来，特定期间杀人率的异常波动，就无法有效证明死刑的威慑力。

3. 新反威慑论

针对新威慑论的统计结论，反威慑论指出了其在方法和样本上存在的局限性，进而论证新威慑论的不可靠。通过变更威慑论研究中的样本范围，修正方法上的错误，新反威慑论较旧反威慑论更充分地说明了没有迹象表明死刑具有威慑力这一事实；或者说，死刑具有威慑力至少不是一个普遍的规律。甚至还有研究得出，死刑的存在反而使犯罪增加了。

新威慑论的第一个问题是时间上的局部性。亦即，如果改变样本的时间范围，就会得出与威慑论相冲突的回归结果。例如，“如果把厄林奇用以分析的数据中最后5年的部分从时间序列中移除，那么关于死刑有威慑力的所有实证证据都消失了”[37]。易言之，谋杀率与行刑率的负相关性主要是1963—1969年的数据支撑的，在这段时间行刑率骤降而谋杀率飙升；问题是，在同一时期，抢劫、汽车盗窃的案发率飙升得比谋杀还高，而前者与死刑原本就没有联系，这意味着该时期的总体犯罪激增应

[34] See Dale O. Cloninger & Roberto Marchesini, *Execution Moratoriums, Commutations and Deterrence: The Case of Illinois*, Applied Economics, Vol. 38, 2006.

[35] See Hashem Dezhbakhsh & Joanna M. Shepherd, *The Deterrent Effect of Capital Punishment: Evidence From a "Judicial Experiment"*, Economic Inquiry, Vol. 44, 2006, pp. 524-525.

[36] See Michael Frakes & Matthew Harding, *The Deterrent Effect of Death Penalty Eligibility: Evidence from the Adoption of Child Murder Eligibility Factors*, American Law and Economics Review, Vol. 11, 2009.

[37] William J. Bowers & Glenn L. Pierce, *The Illusion of Deterrence in Isaac Ehrlich's Research on Capital Punishment*, Yale Law Review, Vol. 85, 1975, pp. 197-198.

归咎于某些死刑以外的因素,而行刑率的降低只是碰巧与其同时出现而已。[38] 类似的,布莱克(Black)等的研究发现,采用1950年的数据回归,行刑率的系数具有显著性;但采用1960年的数据的话,显著性就消失了;而且诡异的是,在依据1950年数据得出的回归模型中,行刑率的回归系数是正的,这意味着当年行刑更多的州反而有更多的杀人案件发生。[39] 这样看来,死刑(执行)具有威慑力的理论,至少不具有时间上的普遍性。

第二个问题是新威慑论在空间上的局部性。旧威慑论的许多研究采用了全国层面的数据,但这可能抹杀了各州的差异。例如,有的州原本就没有死刑,如果在维持死刑的州的行刑率下降的年份,那些自始没有死刑的州的谋杀率由于其他原因上升了,那么该上升情况就会反映在全国数据上,进而被错误地归咎于行刑率的下降。[40] 此外,如果不采取全国层面的数据,而把样本限制在某个地方,或者不采用这个地方的样本而采用那个地方的,威慑论的证据就可能消失。这意味着,"死刑的威慑作用,如果真的存在的话,可能在同一个国家的不同位置是不一样的"[41]。例如,格罗格(Grogger)利用加利福尼亚州1960—1963年的日杀人数进行Poisson回归,结果显示,行刑日及行刑日前后两周内的任一日的日杀人数较平日均不存在显著的降低。[42] 谢泼德(Shepherd)利用1977—1996年县级面板数据进行回归的结果表明,死刑对谋杀率的作用在州与州之间差异很大;研究期间至少行刑过1次的州共有27个,其中只有6个(22%)州的死刑表现出威慑作用,而有13个(48%)州的死刑反而增加了谋杀的发生,其余8个(30%)州的死刑没有显著的影响;这一局面的产生可能与行刑数有关,那些死刑有威慑作用的州大多是执行较多死刑的州,只有这样犯罪人才会把被执行死刑的风险"当回事"。[43] "众所周知,得克萨斯州具有异常高的行刑数",伯克(Berk)发现,如果把得克萨斯州的数据从全美样本中排除,杀人数(或杀人率)与行刑数的图像就无法表现出任何可靠的相关性。[44] 类似的,费根(Fagan)发现,如果将得克萨斯州的数据从回归

[38] See Peter Passell & John B. Taylor, *The Deterrent Effect of Capital Punishment: Another View*, The American Economic Review, Vol. 67, 1977, pp. 447-448.

[39] See Theodore Black & Thomas Orsagh, *New Evidence on the Efficacy of Sanctions as a Deterrent to Homicide*, Social Science Quarterly, Vol. 58, 1978, pp. 621-622.

[40] See David C. Baldus & James W. L. Cole, *A Comparison of the Work of Thorsten Sellin and Isaac Ehrlich on the Deterrent Effect of Capital Punishment*, Yale Law Journal, Vol. 85, p. 176.

[41] Ibid., at 176.

[42] See Jeffrey Grogger, *The Deterrent Effect of Capital Punishment: An Analysis of Daily Homicide Counts*, Journal of the American Statistical Association, Vol. 85, 1990.

[43] See Joanna M. Shepherd, *Deterrence versus Brutalization: Capital Punishment's Differing Impacts among States*, Michigan Law Review, Vol. 104, 2005. 但需要说明的是,谢泼德本人作过其他支持威慑论的研究。

[44] See Richard Berk, *New Claims about Executions and General Deterrence: Déjà vu All over Again*, Journal of Empirical Legal Studies, Vol. 2, 2005, pp. 320-324.

样本中排除,行刑率的回归系数的显著性就消失了。[45] 不限于得克萨斯州,多诺霍(Donohue)等的研究表明,如果把纽约州的数据从面板中去除,"该州是否规定了死刑"这一哑变量就变得不重要了。[46] 这样的事实表明,支持威慑论的统计证据,可能只是个别地方的数据驱动的;即使在这些个别地方,死刑与犯罪率的关联性是否真实,本身还存在别的疑问。[47] 此外,齐摩门的研究表明死刑的威慑力还取决于行刑方式,只有以电刑执行的死刑显著地减少了谋杀率;除此以外,注射、毒气、绞刑和枪决均对谋杀率没有显著影响。[48] 问题是,(当时)38 个执行死刑的州中只有 6 个规定了电刑[49],这意味着其余 32 个州的行刑很可能没有减少谋杀率的效果。

新威慑论的第三个问题是遗漏变量。有的反威慑论者发现,如果把其他控制变量纳入威慑论者的回归模型,死刑变量的显著性就消失了,或者与犯罪率呈正相关。这意味着死刑本身对杀人率没有独立的威慑作用,是因为和那些新加入的控制变量存在某种相关性,所以死刑变量才间接地与杀人率负相关。福斯特(Forst)等的研究表明,当其他犯罪的案发率作为控制变量被纳入回归后,死刑变量的威慑作用就消失了;这可能与犯罪倾向的改变和犯罪供给的替代有关。[50] 利用 1950 年全美各州数据,里摩(Leamer)等分别列举了几种控制变量的组合,并说明在有的组合下,行刑率的回归系数显著地为负,而在另外的组合下,行刑率的回归系数就可能不显著或者为正了。[51]

---

[45] See Jeffrey Fagan, *Death and Deterrence Redux: Science, Law and Causal Reasoning on Capital Punishment*, Ohio State Journal of Criminal Law, Vol. 4, 2006, p. 309.

[46] See John J. Donohue, III & Justin Wolfers, *Estimating the Impact of the Death Penalty on Murder*, American Law and Economics Review, Vol. 11, 2009, pp. 264–265.

[47] 即便在"死刑威慑力可能是最强的"得克萨斯州,费根等区分了可能被判处死刑的谋杀罪(death eligible murder)和不可能被判处死刑的杀人罪,将后者的案发率从回归中排除后可以发现,可能被判处死刑的谋杀罪案发率在 1976—2003 年间也保持了相当的稳定性,就算在行刑率升高的 20 世纪 90 年代,可能被判处死刑的谋杀罪案发率也没有出现什么变化。See Jeffrey Fagan, Franklin E. Zimring & Amanda Geller, *Capital Punishment and Capital Murder: Market Share and the Deterrent Effects of the Death Penalty*, Texas Law Review, Vol. 84, 2006, pp. 1827–1831.

[48] See Paul R. Zimmerman, *Estimates of the Deterrent Effect of Alternative Execution Methods in the United States: 1978–2000*, The American Journal of Economics and Sociology, Vol. 65, 2006. 但需要说明的是,齐摩门本人作过其他支持威慑论的研究。

[49] Ibid., at 911–916.

[50] See Brian Forst, Victor Filatov & Lawrence R. Klein, *The Deterrent Effect of Capital Punishment: An Assessment of the Estimates*, in A. Blumstein, D. Nagin & J. Cohen eds., Deterrence and Incapacitation: Estimating the Effects of Criminal Sanctions on Crime Rates, National Academy of Sciences, cited in Hashem Dezhbakhsh, Paul H. Rubin & Joanna M. Shepherd, *Does Capital Punishment Have a Deterrent Effect? New Evidence from Postmoratorium Panel Data*, American Law and Economics Review, Vol. 5, 2003, pp. 357–358.

[51] See Edward E. Leamer, *Let's Take the Con out of Econometrics*, The American Economic Review, Vol. 73, 1983, pp. 41–42. See also Walter S. McManus, *Estimates of the Deterrent Effect of Capital Punishment: The Importance of the Researcher's Prior Beliefs*, The Journal of Political Economy, Vol. 93, 1985, pp. 420–425. See also Michael McAleer & Michael R. Veall, *How Fragile are Fragile Inferences? A Re-evaluation of the Deterrent Effect of Capital Punishment*, Review of Economics and Statistics, Vol. 71, 1989.

除了直接改变控制变量,有的研究通过对照的方法揭示了遗漏变量的存在。多诺霍等以加拿大为对照考察了美国1950—2001年的杀人率变化,结果显示“加拿大的杀人率变动与美国几乎一致,而两国的死刑政策相差很远”,“很多死刑支持者把美国的杀人率急剧升高和(当时的)死刑废止联系起来,但是当时的加拿大的杀人率也出现了同样显著的升高,而加拿大的杀人率升高明显和美国联邦最高法院(关于死刑废止)的决定无关”(括号内引者注),这意味着,两国的杀人率变化很可能是由“共通的经济和社会潮流”引起的。[52] 此外,以美国(自始)没有规定死刑的州为对照,考察(一度)维持死刑州的杀人率,可以发现两者存在“紧密的联动关系”(close co-movement),“两组州在全美死刑废止的年代都经历了杀人率的上升”,而“那些从来没有规定过死刑的州不可能被全美的死刑政策变化影响”,两相对照清楚地表明,“美国杀人率的大部分变动与死刑没有关系”[53]。多诺霍等后来的研究认为,在有的威慑论研究中,如果把因变量换成抢劫或其他暴力犯罪的案发率,也能相似地观察到行刑率具有显著且为负的回归系数[54];但是,这些犯罪本身根本不可能被判处死刑,按理说不该受到行刑率影响,这意味着“行刑变量很可能征表(proxying)其他使得暴力犯罪的总量减少的因素,或者与这样的因素相关”[55]。

遗漏变量的问题揭示了时间与空间的局部性:正是因为存在研究者没有控制的变量,而行刑又很稀少,所以威慑论无法可靠地区分杀人率的哪些变动是行刑导致的,哪些是其他未知因素造成的;这些未知因素在时空分布上不均匀,因而呈现死刑在有些时候、有些地方有威慑力,在其他时间、其他地方则无威慑力,因为该“威慑力”根本不来自死刑本身。

新威慑论的第四个问题是数学处理,这包括是否取对数、是否考虑时间序列变量的平稳性以及拟合方法的问题。在是否取对数的问题上,卡美隆(Cameron)归纳先前的相关研究发现,回归方程的形式对结论有一定影响;对数模型比起线性模型更易得出死刑有威慑力的结论。[56] 在厄林奇模型的基础上,如果对各变量不取对数而使用原始值进行线性回归,行刑率的回归系数的显著性在很多模型中就消失了;仅存的两个仍保持显

[52] See John J. Donohue & Justin Wolfers, *Uses and Abuses of Empirical Evidence in the Death Penalty Debate*, Stanford Law Review, Vol. 58, 2005, pp. 798-800.

[53] Ibid., at 800-804.

[54] For example, H. Naci Mocan & R. Kaj Gittings, *Getting off Death Row: Commuted Sentences and the Deterrent Effect of Capital Punishment*, The Journal of Law & Economics, Vol. 46, 2003.

[55] John J. Donohue, III & Justin Wolfers, *Estimating the Impact of the Death Penalty on Murder*, American Law and Economics Review, Vol. 11, 2009, p. 268.

[56] See Samuel Cameron, *A Review of the Econometric Evidence on the Effects of Capital Punishment*, Journal of Socio-Economics, Vol. 23, 1994, p. 204. 但这一点不是绝对的,前述研究出现过相反的情况。

著的模型中,该回归系数竟然是正的(意味着谋杀率随行刑率的提高而提高)。[57] 在平稳性的问题上,克维(Cover)等注意到杀人率是一个不平稳的时间序列,对其直接进行回归的话会给出误导性的系数(伪回归);如果对各变量一阶差分,使其平稳化后再进行回归的话,结果中行刑率的回归系数就变得不显著。[58] 那拉彦(Narayan)等也注意到平稳性的问题,为此采取协整边际检验(bounds testing procedure to cointegration)的方法,并采用自回归分布滞后模型(ARDL)来检验行刑率对谋杀率的影响;该研究发现被判决死刑的概率对谋杀率有较显著的影响,但行刑率对此几乎没有影响。[59] 此外,拟合的方法对结论也有一定影响,但影响的方向不确定:有研究认为,采用 OLS 方法的模型较采用 2SLS 方法的模型更易使系数具有统计上的显著性[60],但也有研究表明,某些在 2SLS 方法下具有显著性的变量,用 OLS 方法拟合后就失去显著性。[61] 果真如此,则某些威慑论的结论就可能是不可靠的数学处理造成的。

4. 残暴化理论

在此基础上,某些反威慑论者没有止步于死刑不具有威慑力的主张,而是更进一步地认为,死刑不但没有威慑犯罪,反而使犯罪增加了;这种观点被称为残暴化(brutalization)理论。

早在两百多年前,贝卡里亚就指出:"用死刑来向人们证明法律的严峻是没有益处的。""法律作为人们行为的约束者,看来不应该去扩大这种残暴的事例。""体现公共意志的法律憎恶并惩罚谋杀行为,而自己却在做这种事情;它阻止公民去做杀人犯,却安排一个公共的杀人者。""人们看到这种情景……将叹道:'咳,这些法律只不过是施加暴力的借口,煞费苦心、残酷横暴的司法手续只不过是为了更稳妥地把我们当作牺牲品……'"[62]

兰托尔(Rantoul)是第一个为残暴化现象提供实证证据的研究者。以比利时为例,在行刑更多的前 19 年(1796—1814 年),谋杀罪的案发率也更高,相反在行刑更少

---

[57] See William J. Bowers & Glenn L. Pierce, *The Illusion of Deterrence in Isaac Ehrlich's Research on Capital Punishment*, Yale Law Review, Vol. 85, 1975, pp. 199-200.

[58] See James Peery Cover & Paul D. Thistle, *Time Series, Homicide, and the Deterrent Effect of Capital Punishment*, Southern Economic Journal, Vol. 54, 1988.

[59] See Paresh Kumar Narayan & Russel Smyth, *Dead Man Walking: An Empirical Reassessment of the Deterrent Effect of Capital Punishment Using the Bounds Testing Approach to Cointegration*, Applied Economics, Vol. 38, 2006.

[60] For example, Theodore Black & Thomas Orsagh, *New Evidence on the Efficacy of Sanctions as a Deterrent to Homicide*, Social Science Quarterly, Vol. 58, 1978, pp. 621-626. See also John J. Donohue & Justin Wolfers, *Uses and Abuses of Empirical Evidence in the Death Penalty Debate*, Stanford Law Review, Vol. 58, 2005, p. 805.

[61] For example, Paul R. Zimmerman, *State Executions, Deterrence, and the Incidence of Murder*, Journal of Applied Economics, Vol. 7, 2004, pp. 180-181.

[62] 〔意〕切萨雷·贝卡里亚:《论犯罪与刑罚》,黄风译,北京大学出版社 2008 年版,第 69—70 页。

的后19年(1815—1833年),谋杀罪的案发率也更低,这个结论不仅可以从整体数据中得出,就算在局部期间,每当刑罚的严厉程度变化时,犯罪率也会出现同向的变化。[63] 19世纪的英国、法国、普鲁士、比利时等地,行刑率远低于美国的马萨诸塞州,但"这些国家的谋杀案急剧减少,尽管行刑在这些国家是很罕见的";马萨诸塞州的死刑赦免比很多地方都少,尽管如此,谋杀案似乎仍在增加。[64]

鲍尔斯等利用纽约州1907—1964年的月度杀人案发数进行回归的结果表明,当月的每次行刑平均将在次月增加2起杀人。[65] 克兰(Cochran)等以俄克拉何马州重启死刑执行为契机进行干预分析,发现行刑的重启没有显著减少总谋杀数和重罪谋杀(felony murder)数,相反有证据表明行刑的重启迅速且永久地增多了陌生人谋杀(stranger murder)的案发数。[66] 在此基础上,贝利(Bailey)对克兰等的模型进行了一些调整,结果表明,行刑的重启依然显著增加了无故谋杀的案发数,不仅如此,其他州的行刑以及新闻对该行刑的报道也显著增加了本州的杀人案。[67] 雅马松利用得克萨斯州的三个城市的日杀人数进行Poisson回归,发现休斯敦的日杀人数在得克萨斯州执行死刑的前后三天都有显著增加;如果只考虑本地的行刑,则达拉斯的日杀人数在当地执行死刑的前一周左右会显著增加。[68]

行刑会产生残暴化的效果,其原因是多层次的。从理性犯罪人的角度看,"如果对不具有从宽处罚情节的故意杀人犯一律判处死刑,那么某个人基于特殊原因故意杀人后,他便成为'自由人'"[69],就算犯下更重的罪行,刑罚也没有加重的余地,因此死刑的泛化将制造更多肆无忌惮的犯罪人。从犯罪与文化的角度看,首先,死刑暗示了"某些人活该去死"的理念,告诉人们使用致命暴力解决人与人之间的纠纷是正当的,这会使潜在的杀人犯合理化自己的行为,鼓励潜在犯罪人学着国家的样子"处死"那些冒犯自己的人。其次,死刑通过剥夺人的生命,贬损(devalue)生命的价值,削弱了"不得杀人"的社会禁忌。[70] 总

---

[63] See Robert Rantoul & Luther Hamilton, *Memoirs, Speeches and Writings of Robert Rantoul, Jr.*, John P. Jewett & Co., 1854, pp. 497-498. 不过,该早期研究既没有控制变量也没有处理内生性,面临与旧威慑论同样的质疑。

[64] Ibid., at 503-504.

[65] See William J. Bowers & Glenn L. Pierce, *Deterrence or Brutalization: What is the Effect of Executions?* Crime & Delinquency, Vol. 26, 1980.

[66] See John K. Cochran, Mitchell B. Chamlin & Mark Seth, *Deterrence or Brutalization? An Impact Assessment of Oklahoma's Return to Capital Punishment*, Criminology, Vol. 32, 1994.

[67] See William C. Bailey, *Deterrence, Brutalization, and the Death Penalty: Another Examination of Oklahoma's Return to Capital Punishment*, Criminology, Vol. 36, 1998.

[68] See Randi Hjalmarsson, *Does Capital Punishment have a "Local" Deterrent Effect on Homicides?* American Law and Economics Review, Vol. 11, 2009. 不过,该研究的部分模型得出了休斯敦在行刑(报道)前后日杀人数降低的证据,尽管存在不一致性。

[69] 张明楷:《责任刑与预防刑》,北京大学出版社2015年版,第248页。

[70] See William J. Bowers & Glenn L. Pierce, *Deterrence or Brutalization: What is the Effect of Executions?* Crime & Delinquency, Vol. 26, 1980, p. 456.

而言之,“国家执行的死刑会降低社会大众对蓄意杀人的厌恶感”〔71〕,进而引发更多恶性暴力犯罪。

(二)日本

1. 日本早期研究

以日本为样本的早期研究主要包括三项,其中一项支持反威慑论,两项支持威慑论。松村良之和竹内一雅以日本1953—1987年的全国年度数据为样本,以杀人罪、杀害尊亲属罪和强盗杀人罪案发率之和为因变量,以上述罪名的一审死刑宣告率为自变量进行回归(此外还包括其他控制变量);在线性模型与对数模型中,不论采用当年还是上年死刑宣告率作为自变量,该变量对案发率都无显著影响。〔72〕 秋叶弘哉则采用1960—1986年的全国年度数据,方法基本与松村良之、竹内一雅的研究相似,除了某些控制变量的调整,主要的差别之处在于:(1)秋叶弘哉在死刑变量以外还依照厄林奇的方法引入了逮捕率和定罪率作为自变量;(2)松村良之与竹内一雅采用死刑宣告率作为死刑变量,而秋叶弘哉在该研究中采用死刑执行率,即死刑执行数除以有罪人数所得比值〔73〕,该变量的选取与松村良之、竹内一雅明显不同。秋叶弘哉认为,不论使用何种模型,当期死刑执行率都对杀人率有显著的影响,且回归系数为负,这与威慑论相符。〔74〕 与此相似,梅里曼(Merriman)采用了1957—1982年的日本全国年度数据,同时将定罪率与行刑率纳入对数模型,在回归结果中,定罪率和行刑率的回归系数都具有显著性且为负。〔75〕

森大辅后续的重复研究指出了上述研究可能存在的不可靠之处,具体来说,包括时间序列自相关、多重共线性、内生性和时间序列不平稳(单位根存在)的问题;此外,统计数据的准确性、变量选择的合理性、数据统计口径的连贯性也受到了怀疑,这些问题可能导致结论不可靠。〔76〕 另外,两项威慑论研究还存在一些特别的问题:第一,容易发现,如果采用死刑宣告率作为死刑变量,其回归系数就不具有显著性,但如果采用死刑执行率,系数就具有显著性了;问题是,为什么偏偏是死刑执行具有抑制犯

〔71〕〔南非〕奥比·萨克斯:《断臂上的花朵:人生与法律的奇幻炼金术》,陈毓奇、陈礼工译,广西师范大学出版社2014年版,第104页。

〔72〕参见松村良之=竹内一雅「死刑は犯罪を抑止するのか—アーリックの分析の日本への適用の試み」ジュリスト959巻(1990年)103—108頁。

〔73〕参见森大辅「日本の死刑に関する2つの計量分析の再検討」第14回法と経済学会全国大会発表論文<http://www.jlea.jp/2016zy_zr/ZR16-04.pdf>(最終アクセス2021年4月12日)11頁。

〔74〕参见秋叶弘哉『犯罪の経済学』(多賀出版,1993年)324頁以下。

〔75〕See David Merriman, *Homicide and Deterrence: The Japanese Case*, International Journal of Offender Therapy and Comparative Criminology, Vol. 32, 1988.

〔76〕参见森大辅「日本の死刑の抑止効果— 3つの先行研究の計量分析の再検討」熊本法学148巻(2020年)344—416頁。

罪的效果呢?日本的死刑执行是秘密进行的,可视性弱,在1998年以前甚至不向公众公布行刑的事实及被行刑的人数。公开的死刑判决为何无法阻止犯罪?秘密的行刑又是如何被社会上潜在犯罪人得知,进而影响他们的行动的?这些疑问尚未被解释。第二,按照厄林奇的预计,杀人率应该对破案率的变化最敏感、定罪率次之、对行刑率的变化最不敏感〔77〕,所以在对数回归中,破案率的回归系数的绝对值应该最大;在秋叶弘哉的研究中,破案率的回归系数并不显著,无法拒绝破案率的回归系数为零的原假设,这不符合威慑论的预测。第三,秋叶弘哉的结论在时间上不稳健,将样本的起点延伸到1955年,行刑率的显著性就消失了。〔78〕第四,类似的,在梅里曼的回归结果中,定罪率的回归系数不具有显著性,这不符合威慑论的预计;加之,当多重共线性的问题被纠正后,行刑率的显著性也消失了。〔79〕

2. 日本新近研究

与早期研究不同的是,多数的新近研究均指向反威慑论。坂本(Sakamoto)等以媒体对死刑判决和执行的报道作为回归的自变量,以此作为潜在犯罪人关于受死刑处罚的主观概率的代理变量;结果表明,媒体对死刑判决和执行的报道对杀人、强盗、放火和强奸都没有威慑作用。〔80〕村松(Muramatsu)等采用了1990—2010年的全国月度数据,建立向量自回归模型(VAR)考察相关犯罪的案发数对死刑变量的脉冲响应(impulse response);结果表明,不论是杀人罪还是强盗杀人罪,各级裁判所的死刑判决数以及行刑数都没有对案发率产生显著的影响。〔81〕与此相似,森大辅采用1948—2018年的全国年度数据建立的向量误差纠正模型(VECM)发现,不论是死刑判决率还是行刑率,对杀人率和强盗杀人率均没有统计上显著的作用。〔82〕

(三)中国

在中国,关于死刑威慑力的实证研究还比较稀少。

---

〔77〕 See Isaac Ehrlich, *The Deterrent Effect of Capital Punishment: A Question of Life and Death*, The American Economic Review, Vol. 65, 1975, p. 401.

〔78〕 参见森大辅「日本の死刑に関する2つの計量分析の再検討」第14回法と経済学会全国大会発表論文 <http://www.jlea.jp/2016zy_zr/ZR16-04.pdf>(最終アクセス2021年4月12日)11—13頁。

〔79〕 参见森大辅「日本の死刑の抑止効果— 3つの先行研究の計量分析の再検討」熊本法学148巻(2020年)375頁。

〔80〕 See Akira Sakamoto, Kiyoko Sekiguchi, Aya Shinkyu & Yuko Okada, *Does Media Coverage of Capital Punishment Have a Deterrent Effect on the Occurrence of Brutal Crimes? An Analysis of Japanese Time-Series Data from 1959 to 1990*, in Kuo-Shu Yang et al. eds., Progress in Asian Social Psychology: Conceptual and Empirical Contributions, Praeger, 2003, pp. 277-290.

〔81〕 See Kanji Muramatsu, David T. Johnson & Koiti Yano, *The Death Penalty and Homicide Deterrence in Japan*, Punishment & Society, Vol. 20, 2018.

〔82〕 See Daisuke Mori, *Deterrent Effect of Capital Punishment in Japan: An Analysis Using Nonstationary Time-Series Data*, Supreme Court Economic Review, Vol. 28, 2020.

1. 类似旧反威慑论的研究

像前文所述的旧反威慑论一样，有的研究对杀人率进行了空间和时间上的比较，得出了死刑不具有威慑力的结论。

从空间的角度，有的研究对比了各国杀人率与死刑存废的关系，发现“美国与日本都保留了死刑，但故意杀人罪的发生率相差很远（其中，日本的杀人率远低于美国，亦低于法国、德国与英国——引者注）。法国、德国与英国都废除了死刑，但其故意杀人罪的发生率却介于美国与日本之间。而且，日本的量刑明显轻于美国，总体上也轻于法国、德国与英国”；“这充分说明，死刑对抑止故意杀人罪并没有明显作用”〔83〕。

从时间来看，有的研究对比了“严打”时期及非“严打”时期犯罪率的差别。《关于严厉打击刑事犯罪活动的决定》作出后，“严重刑事犯罪迅速增加的势头并没有得到遏制。与1982年刑事立案数相比，在1983年决定颁布以后的8年（1984—1991）中，凶杀案平均每年递增30%，强奸案年递增近20%，伤害案年递增35%，抢劫案年递增80%，严重盗窃年递增3倍”〔84〕。这些犯罪的法定最高刑均为死刑，且处死刑比例相对其他犯罪而言较高，实际行刑数量也不少；尽管如此，对这些犯罪采取严打严罚的刑事政策也未能遏制犯罪率的居高不下，这足以说明死刑具有最大威慑力理论的可疑。〔85〕此外，还有的研究以最高人民法院收回死刑核准权造成的死刑立即执行人数下降为契机，观察到2007年死刑核准权的收回导致死刑案件的不核准率达到15%，被判处死刑立即执行的人数有所下降；尽管如此，2007年后故意杀人案件数量依然明显下降，这“充分说明，死刑与故意杀人案件的发生量没有必然联系”〔86〕。

虽然时空上的对比能揭示一定问题，但这样的研究方法与前述旧反威慑论一样，面临遗漏变量、内生性和显著性等质疑。

2. 类似新（反）威慑论的研究

陈屹立等采用1987—2007年的全国年度数据为样本，以当年刑事案件立案数除以当年年底人口数的比值（=案发率）作为因变量，以重刑率（=被判处五年以上有期徒刑、无期徒刑或死刑的罪犯数占比）作为自变量建立的对数模型表明，重刑率的回归系数显著且为负，这与重刑具有威慑力的假设相符。〔87〕不过该研究或许有两处疑点：其一，回归模型中没有引入控制变量，这种做法无法排除遗漏变量的影响；其二，该研究

〔83〕张明楷：《责任刑与预防刑》，北京大学出版社2015年版，第246页。

〔84〕黄太云：《增加死刑能否遏制犯罪》，载《法学家》1994年第4期。

〔85〕参见贾宇：《死刑的理性思考与现实选择》，载《法学研究》1997年第2期。

〔86〕张明楷：《责任刑与预防刑》，北京大学出版社2015年版，第247页。相同的方法和观点，参见吴雨豪：《死刑威慑力实证研究——基于死刑复核权收回前后犯罪率的分析》，载《法商研究》2018年第4期。

〔87〕参见陈屹立、张卫国：《惩罚对犯罪的威慑效应：基于中国数据的实证研究》，载《南方经济》2010年第8期。

得出的回归系数的大小关系与威慑论的预测不符。[88]

陈硕等采用了1989—2009年的省级面板数据,以“每万人中被刑事起诉的数量”作为犯罪率的代理变量,并作为模型的因变量;纳入模型的自变量除重刑率以外,还包括表征“严打”的哑变量。该研究建立了基于误差修正的混合组平均模型(PMD),回归结果表明重刑率以及“严打”的回归系数没有显著性,这意味着刑罚严厉性对犯罪率没有显著影响。[89]

与此相似,曾婧婧等搜集了中国裁判文书网公开的2012—2015年拐卖妇女儿童案件和集资诈骗案件的一审判决文书,借此计算了两罪在历年各省(包括直辖市、自治区,下同)的重刑率和死刑占比(=死刑判决数除以年末常住人口之比值),以此作为模型的主要自变量;作为因变量的犯罪率,则以该省该罪名的一审判决书总数除以该省年末常住人口数所得的比值为其代理变量。该研究利用上述面板数据(还包括其他控制变量)进行回归。结果表明,死刑占比和重刑率对拐卖妇女儿童罪的案发率都有显著影响且系数为负,这符合威慑论;但对集资诈骗罪而言,死刑占比和重刑率没有显著且为负的回归系数。[90] 除此以外,单就拐卖妇女儿童罪的部分而言,还存在两个疑问:其一,中国裁判文书网公开的并非全部的裁判文书,因此该研究事实上并没有搜集到完整的数据[91],甚至中国裁判文书网公开的文书较总体而言可能在某些方面是有偏的,因此该研究得出的结论未必具有普遍性;其二,某些省的样本数量畸少,四年间海南、青海和宁夏的判决书各只有两份,西藏仅五份,黑龙江仅六份,北京仅七份[92],这样的样本能否发挥面板数据应有的效能,结论是否在全国具有普遍性,不得不说存在疑问。

此外,吴雨豪探讨了死刑(立即执行)的复核权收归最高人民法院所造成的死刑(立即执行)宣告率下降对犯罪率的影响。该研究采用了1997—2014年全国31个省级行政区的面板数据,设置了两个哑变量作为主要的自变量:其一是普通犯罪死刑复核权,该变量在1997—2006年间取1,在2007—2014年间取0;其二是毒品犯罪死刑复核权,该变量在1997—2006年间的云南、广东、四川、广西、甘肃和贵州取1(这些省份

---

[88] See Isaac Ehrlich, *The Deterrent Effect of Capital Punishment: A Question of Life and Death*, The American Economic Review, Vol. 65, 1975, p. 401.

[89] 参见陈硕、章元:《治乱无需重典:转型期中国刑事政策效果分析》,载《经济学(季刊)》2014年第3期。

[90] 参见曾婧婧、张阿城、童文思:《刑事重典对遏制不同类型犯罪效果的比较研究——对拐卖妇女儿童和集资诈骗案件裁判文书的实证分析》,载《经济学动态》2018年第4期。

[91] 该研究搜集到2012—2015年共1059份拐卖妇女儿童案件的一审判决文书(见上注,第80页),但目前检索到的符合条件的文书共1499份,其中2012年95份、2013年182份、2014年633份、2015年589份,这足以说明研究当时公开的文书是不完全的,参见中国裁判文书网(https://wenshu.court.gov.cn),检索条件为:案件类型:刑事案件;案由:拐卖妇女、儿童罪;审判程序:刑事一审;文书类型:判决书,访问日期:2021年4月12日。

[92] 参见中国裁判文书网(https://wenshu.court.gov.cn)。值得注意的是,该研究搜集的文书少于当前检索所得的数量,这意味着该研究采用的上述省份的样本数量可能比本文描述的还少。

的高级人民法院在2006年前拥有毒品犯罪的死刑复核权),其余年度、地区取0。此外,该研究选择某省某年内所有检察机关批准逮捕的各类刑事案件的被逮捕人数作为犯罪率的代理变量。回归结果表明,复核权变量对犯罪率没有显著影响。[93]

除了上述问题,后三项研究存在一个共通的问题,即代理变量设置上的疑问。以逮捕数、起诉数或者判决数代理实际案发数,将形成一种偏差,即该变量不仅取决于社会中存在的犯罪总量,还取决于破案率、逮捕率或者有罪判决率,而我国破案率、逮捕率等在近年来存在很大的波动。这样一来,逮捕数、起诉数和判决数的变化未必可以反映实际犯罪率的增减,逮捕数上升了,或许仅能表明破获的犯罪增加了,而不是社会上存在的犯罪总数增加了。所以这样的代理变量无法准确反映实际的犯罪总数随死刑变量的变动规律。

二、方法与样本

(一)研究方法[94]

近来关于死刑威慑力的实证研究,依自变量设置的不同大体可以分为两类:一类以死刑宣告率或执行率为自变量,另一类研究以特定地区的死刑存废状态这一哑变量作为自变量。在我国,与死刑宣告、执行相关的数据历来不被公开,即使有可能借助中国裁判文书网公开的裁判文书自行统计,但如上所述,该网并未收录全部裁判文书,因此得出的数据也未必准确;这样看来,在我国进行前一类研究是相当困难的。与此相反,我国确实存在废止部分死刑的实践,因此得以进行后一类研究。《刑法修正案(八)》和《刑法修正案(九)》共废止了22个罪名的死刑,但是公开统计资料并没有详细记载每一罪名的案发数,因此只能针对有记载的犯罪进行分析。在各类资料中,对犯罪统计分类最详细的是《中国统计年鉴》中的《公安机关立案的刑事案件及构成》,该表按行为样态区分了10类刑事案件进行统计[95],其中的"走私"和"盗窃"是被《刑法修正案(八)》和《刑法修正案(九)》废止死刑的犯罪,可以作为考察对象。

值得注意的是,上述案发数中包括"不可威慑"(nondeterrable)的部分。以盗窃为例,修正前的刑法仅对"盗窃金融机构,数额特别巨大"和"盗窃珍贵文物,情节严重"的情形规定了死刑,这意味着除此之外的其他盗窃行为原本就不可能被判处死刑,死刑废止对其而言是没有意义的。对走私而言,在《刑法》分则第三章第二节规定的各类走

---

〔93〕 参见吴雨豪:《死刑威慑力实证研究——基于死刑复核权收回前后犯罪率的分析》,载《法商研究》2018年第4期。

〔94〕 关于统计技术的问题,可以参见〔美〕詹姆斯·H. 斯托克、〔美〕马克·M. 沃森:《计量经济学(原书第3版·升级版)》,王立勇译,机械工业出版社2018年版,第102页以下、第294页以下。

〔95〕 参见国家统计局编:《中国统计年鉴(2020)》,中国统计出版社2020年版,第770页。

私罪中,《刑法修正案(八)》废止死刑的包括:走私文物罪,走私贵重金属罪,走私珍贵动物罪、走私珍贵动物制品罪,走私普通货物、物品罪(以下简称“第一批走私罪”),《刑法修正案(九)》废止死刑的包括:走私武器、弹药罪,走私核材料罪与走私假币罪(以下简称“第二批走私罪”),对于其他原本就没有配置死刑的走私罪,刑法修正对其当然没有影响;就算在第一批走私罪和第二批走私罪内部,也有相当一部分情节较轻的犯罪在刑法修正以前就不可能被判处死刑。易言之,犯罪率数据中掺杂了自始不受死刑影响的“杂质”。对此,国外有的研究要求严格区分“可能被判处死刑的犯罪”和“不可能被判处死刑的犯罪”,关于死刑威慑力的证据只能在前一类犯罪中寻找[96];不过,后来的研究在数学上证明了,就算犯罪率数据中存在不可威慑的部分,也不影响对死刑变量回归系数的推断。[97] 考虑到现实中几乎不可能得到十分细致的统计数据,因此只能采取后一种观点,直接以公开统计资料记载的走私及盗窃立案数作为研究数据,回归的因变量是走私和盗窃犯罪的案发率。

“死刑是否存在”是主要的自变量(死刑变量),具体包括两个哑变量。第一个哑变量以《刑法修正案(八)》为界,在 2010 年及以前的年度取 1,代表盗窃和第一批走私罪的死刑仍存在;在 2011 年以后的年度取 0,代表这些年份中上述犯罪的死刑已被废止。第二个哑变量以《刑法修正案(九)》为界,在 2014 年及以前的年度取 1,代表第二批走私罪的死刑存在;在 2015 年以后的年度取 0,代表第二批走私罪的死刑被废止,这一变量仅在走私罪的回归中考虑。按威慑论的预期,死刑的存在使犯罪减少,因此两个变量的回归系数都应显著且为负。

除主要的自变量以外,参考我国已有的研究,还纳入了一些控制变量,以排除死刑以外的因素对案发率的影响。这些因素包括:“严打”,该哑变量在 1983—1987 年、1996—1997 年、2001—2002 年、2010 年十个年度取 1,代表该年内存在“严打”,其余年份取 0[98];1997 年《刑法》施行,该哑变量在 1996 年及以前的年度取 0,在 1997 年以后的年度取 1,后者代表开始施行 1997 年《刑法》;刑事案件破案率;人均国内生产总值;城镇登记失业率;城镇人口比重;城乡居民人均可支配收入差异;旅客周转量;入境过夜游客人次;15～64 岁人口比重;性别比;初中升学率。[99] 这些控制变量描述了死刑以外的刑事政策、经济、人口等因素对犯罪的影响。此外如上所述,有的研究还纳入其

[96] See William C. Bailey, *Disaggregation in Deterrence and Death Penalty Research: The Case of Murder in Chicago*, Journal of Criminal Law and Criminology, Vol. 74, 1983.

[97] See Hashem Dezhbakhsh, Paul H. Rubin & Joanna M. Shepherd, *Does Capital Punishment Have a Deterrent Effect? New Evidence from Postmoratorium Panel Data*, American Law and Economics Review, Vol. 5, 2003, pp. 355-356.

[98] 参见陈硕、章元:《治乱无需重典:转型期中国刑事政策效果分析》,载《经济学(季刊)》2014 年第 3 期。

[99] 此外,先前研究中还存在一些影响显著的变量,但本文没有将其作为控制变量。这是因为这些变量的数据在较多年度中存在缺漏,或者统计口径发生过重大变化、无法连续观察,或者与其他控制变量具有较强的相关性,没有必要单独纳入。

他犯罪的案发率作为控制变量,以捕获遗漏的社会因素的影响,参考这种做法,本文在走私罪的模型中纳入抢劫罪和诈骗罪的案发率作为控制变量,在盗窃罪的模型中纳入故意伤害罪、强奸罪和诈骗罪的案发率作为控制变量。[100]

关于采用时间序列还是面板数据的问题,与日本一样,我国统一施行一部刑法,这意味着死刑存废变量的取值在各地是统一的,难于进行面板数据的分析[101],因此采用全国年度时间序列数据。关于回归模型,采取 2SLS 方法固然能排除内生性的影响,但寻找真正合适的工具变量是很困难的,加之本文并没有采用死刑宣告率或执行率的时间序列这一容易受到犯罪率的反作用的变量,因此内生性偏差的问题较小,没有必要多此一举地采用 2SLS 方法。[102] 关于模型形式等其他问题,先前研究已经说明,变量是否取对数、控制变量的多少、是否考虑滞后项、是否考虑自回归项等技术上的处理会影响回归的结果,因此将从简单线性模型出发,逐步纠正回归的偏差,分别汇报由简到繁的多个回归模型,以全面考察是否存在死刑变量影响犯罪率的迹象。

基于上述考虑,用以回归的方程如下:

$$Y_t = \alpha D_t + \beta X_t + C + u_t \tag{1}$$

或者:

$$\ln Y_t = \alpha' D_t + \beta' \ln X_t + C' + v_t \tag{2}$$

其中,Y_t 指第 t 年的犯罪率,D_t 是第 t 年的死刑变量,X_t 代表第 t 年的刑事政策、经济、人口等控制变量,C 是常数,u_t 和 v_t 是模型残差。式(1)是采用原始值的模型,α 是刑法规定死刑对犯罪率的影响(所以 $-\alpha$ 是废止死刑的影响),β 是各控制变量增加 1 单位对犯罪率的影响。式(2)是采用对数值的模型,由于死刑变量是哑变量,所以它不取对数,α' 仍是刑法规定死刑对犯罪率的影响,β' 是犯罪率相对于各控制变量的弹性。如果存在不平稳的变量,则需要对方程中的所有变量进行若干阶的差分使其平稳化,此时回归方程化为:

$$\triangle^n Y_t = \alpha'' \triangle^n D_t + \beta'' \triangle^n X_t + w_t \tag{3}$$

或者:

$$\triangle^n \ln Y_t = \alpha''' \triangle^n D_t + \beta''' \triangle^n \ln X_t + s_t \tag{4}$$

其中,n 是差分的阶数,w_t 和 s_t 是对应模型的残差。容易发现,常数被差分消去了,因此采用差分变量的模型都是不带常数的模型。此外,差分前后各变量前的系数

---

[100] 选择的根据是该犯罪案发率与因变量的相关系数的绝对值大于 0.6。

[101] See Daisuke Mori, *Deterrent Effect of Capital Punishment in Japan: An Analysis Using Nonstationary Time-Series Data*, Supreme Court Economic Review, Vol. 28, 2020, p. 98.

[102] See John J. Donohue III & Justin Wolfers, *Estimating the Impact of the Death Penalty on Murder*, American Law and Economics Review, Vol. 11, 2009, p. 278.

不变,因此差分模型得出的回归系数 α'' 和 β'' 的意义与 α 和 β 相同, α''' 和 β''' 的意义与 α' 和 β' 相同。式(3)是式(1)的差分,式(4)是式(2)的差分。此外,上式只描述了当期变量对犯罪率的影响,在回归中还可能将控制变量与犯罪率的滞后值也纳入模型,反映滞后值对当期犯罪率的影响,以全面描述犯罪率的变化规律。

(二)研究样本

由于采用全国数据,因此研究样本的选择主要是时间区间的选取。在采用年度数据的前提下,可供使用的数据总数不多,因此不宜过多限缩时间上的范围,使样本数量畸少。在走私罪的模型中,取 1991 年作为样本的时间起点,因为公开统计资料自 1991 年始公布走私犯罪的立案数[103];对于盗窃罪,选取 1981 年作为研究的时间起点,因为公开统计资料公布了 1981 年以来的盗窃罪立案数[104];选取 2019 年作为终点,因为 2019 年的统计资料相对完整,且 2020 年存在新冠疫情的冲击,各项数据发生了异常波动,不宜纳入研究。

统计的所有数据均来自《中国法律年鉴》《中国统计年鉴》或"国家数据"网站[105],变量的描述统计及含义见表 1,变量名称加粗的是实际纳入回归的变量,没有加粗的是仅用于推导的变量。

表 1　描述统计及变量说明

变量名称	观测数	均值	标准差	说明
因变量				
走私罪立案数(起)	29	1746.0	174.4	数据来自《中国法律年鉴》和《中国统计年鉴》,统计自 1991 年始,统计资料相冲突的,从其新者
走私罪案发率(起/百万人)	29	1.3	0.1	走私罪立案数÷年末总人口×100
盗窃罪立案数(起)	38	2346822	230025.5	注①
盗窃罪案发率(起/百万人)	39	1774.9	161.9	盗窃罪立案数÷年末总人口×100
死刑变量				
《刑法修正案(八)》施行前	39	0.2	0.1	在 1981—2010 年取 1,其余年份取 0
《刑法修正案(九)》施行前	39	0.1	0.1	在 1981—2014 年取 1,其余年份取 0

[103] 参见《中国法律年鉴》编辑部编:《中国法律年鉴(1987—1997)》(创刊十周年珍藏版),中国法律年鉴社 1998 年版,第 806 页。

[104] 同上注,第 739 页。

[105] 参见国家统计局"国家数据"网站(https://data.stats.gov.cn/index.htm),访问日期:2021 年 4 月 12 日。

（续表）

变量名称	观测数	均值	标准差	说明
控制变量				
社会因素				
年末总人口数(万人)	39	123919.2	1923.3	注②
“严打”	39	0.3	0.1	在1983—1987年、1996—1997年、2001—2002年、2010年取1,其余年份取0
1997年《刑法》施行	39	0.6	0.1	在1997—2019年取1,其余年份取0
刑事案件破案率(%)	36	56.9	2.8	注①。2018—2019年的缺失值采用二次指数平滑法(α = 0.5)预测,以下简称“破案率”
人均国内生产总值(元)	39	18020.2	3351.0	注②
城镇登记失业率(%)	39	3.3	0.1	注②
城镇人口数(万人)	39	48650.5	3244.4	注②
城镇人口比重(%)	39	38.1	2.0	城镇人口数÷年末总人口×100
城镇居民(家庭)人均可支配收入(元)	39	11683.7	1990.5	注③
农村居民(家庭)人均可支配收入(元)	39	4102.9	721.1	注③
城乡居民(家庭)人均可支配收入差异(元)	39	7580.8	1274.7	城镇居民(家庭)人均可支配收入-农村居民(家庭)人均可支配收入
旅客周转量(亿人公里)	39	15704.6	1725.5	注②
入境过夜旅客人次(万人次)	39	3288.5	334.3	注②
15～64岁人口数(万人)	32	89768.4	1808.4	数据来自“国家数据”网站,缺失的数据采用1982—2013年的数据线性插值补足
15～64岁人口比重(%)	39	69.2	0.6	15～64岁人口数÷年末总人口数×100
男性人口数(万人)	39	63631.0	972.3	注②
性别比(女=100)	39	105.6	0.1	男性人口数÷(年末总人口数-男性人口数)×100
初中升学率(%)	39	61.8	3.6	注②
其他犯罪案发率				
伤害罪立案数(起)	38	97960.8	8873.3	注①
伤害罪案发率(起/百万人)	39	74.2	6.4	伤害罪立案数÷年末总人口数×100

(续表)

变量名称	观测数	均值	标准差	说明
强奸罪立案数(起)	38	37231.1	965.5	注①
强奸罪案发率(起/百万人)	39	30.6	1.1	强奸罪立案数÷年末总人口数×100
抢劫罪立案数(起)	38	156739.2	18944.0	注①
抢劫罪案发率(起/百万人)	39	119.7	14.4	抢劫罪立案数÷年末总人口数×100
诈骗罪立案数(起)	38	304495.2	60888.7	注①
诈骗罪案发率(起/百万人)	39	220.5	42.8	诈骗罪立案数÷年末总人口数×100

注①:数据来自《中国法律年鉴》和《中国统计年鉴》,统计资料相冲突的,从其新者。1983 年的缺失值用 1982 年、1984 年的平均值替代。

注②:数据来自"国家数据"网站。

注③:数据来自"国家数据"网站,2013 年前后调查范围、调查方法和指标口径发生过变化。

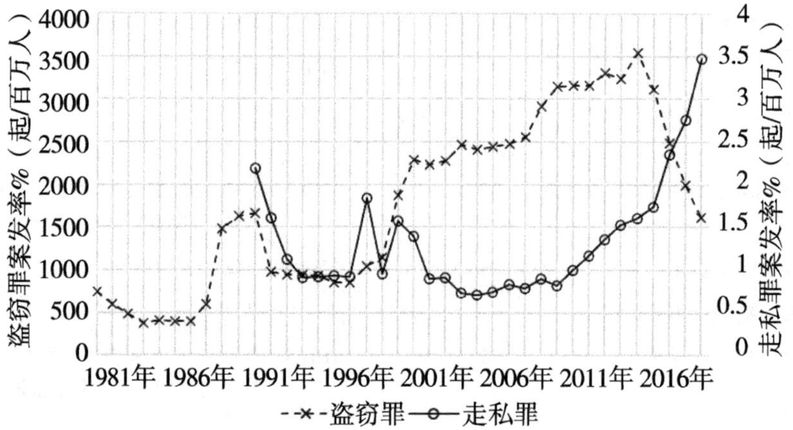

图 1　盗窃罪与走私罪案发率变动趋势(%)

盗窃罪与走私罪案发率的变动趋势如图 1 所示。走私罪在很长一段时间内保持较平稳的波动,但自 2011 年起有了明显、急剧的增加。注意到 2011 年恰好是废止第一批走私罪死刑的《刑法修正案(八)》施行的年度,故走私罪的增加可能源于此,但也可能源于同时发生变化的其他社会因素;这一点需要借助回归模型进一步确定。盗窃罪的变动情况则有所不同,自 1997 年《刑法》施行以来,其案发率先是大体上不断升高,后来自 2015 年起又逐年降低。与走私罪相同,这些变化也不能直接归属于死刑的存废,还必须排除其他社会因素的作用,才能观察到死刑本身带来的影响。

三、实证结果

(一)走私罪

首先考虑所有变量采用原始值的模型。回归的结果如表 2。

表 2　走私罪原始值回归

	模型 1 (原始)	模型 2 (二阶差分)		模型 3 (逐步回归)	模型 4 (ARDL)
死刑变量			**死刑变量**		
《刑法修正案(八)》施行前	0.368 (0.84)	0.854 (1.53)	《刑法修正案(八)》施行前	0.752** (2.11)	0.745* (1.91)
《刑法修正案(九)》施行前	0.442 (0.98)	−0.072 (−0.14)	《刑法修正案(九)》施行前	0.242 (0.90)	0.106 (0.53)
控制变量			**控制变量**		
“严打”	−0.101 (−0.45)	−0.610* (−2.03)	“严打”	−0.567*** (−3.74)	−0.131 (−0.74)
1997 年《刑法》施行	0.417 (0.82)	0.040 (0.08)	“严打”(t−1)	—	0.388** (2.40)
破案率	−0.047 (−1.74)	−0.040 (−1.01)	破案率	−0.026 (−1.49)	0.004 (0.21)
人均国内生产总值	6.68E−5 (0.41)	0.0001 (0.91)	破案率(t−1)	—	−0.020 (−1.23)
城镇登记失业率	−0.591 (−1.01)	0.257 (0.34)	人均国内生产总值	0.0001** (1.89)	0.0001 (1.37)
城镇人口比重	−0.170 (−0.83)	0.487 (0.98)	人均国内生产总值(t−1)	—	0.0001 (1.51)
城乡居民(家庭)人均可支配收入差异	0.0001 (0.22)	0.0002 (0.30)	城镇人口比重	0.495 (1.51)	0.427 (1.66)
旅客周转量	−0.00017 (−0.19)	−0.00027 (−0.25)	性别比	−0.362** (−2.50)	−0.250 (−1.68)
入境过夜旅客人次	0.0001 (0.33)	0.0001 (0.28)	性别比(t−1)	—	0.513** (2.90)

（续表）

	模型 1（原始）	模型 2（二阶差分）		模型 3（逐步回归）	模型 4（ARDL）
15～64 岁人口比重	−0.205	0.010	抢劫罪案发率	0.013***	0.006
	(−1.05)	(0.05)		(3.21)	(1.53)
性别比	−0.065	−0.466	抢劫罪案发率(t−1)	—	−0.008
	(−0.24)	(−1.72)			(−1.69)
初中升学率	0.009	0.033	走私罪案发率(t−1)	—	−0.440*
	(0.20)	(0.67)			(−2.02)
抢劫罪案发率	0.003	0.012*			
	(0.50)	(1.89)			
诈骗罪案发率	−0.001	−0.002			
	(−0.53)	(−0.63)			
常数	29.548	—			
	(0.87)				
D.W.	2.629	1.569		1.873	2.061
调整后 R^2	0.850	0.385		0.605	0.804

注：括号外的是回归系数，括号内的是回归系数的 t 值。

* $p<0.1$, ** $p<0.05$, *** $p<0.01$。

表 2 汇报了 4 个回归模型，每个模型的结果记录于对应的一列中。变量名后对应着两个数字，在上方的、不加括号的数字是该变量的回归系数，即在其他变量不变的条件下、该变量增加 1 个单位所造成的因变量（犯罪率）的变化；如果回归系数是正的，那么该变量的增加会带来犯罪率的增加，否则反之。对于哑变量而言，回归系数意味着该哑变量由取 0 的状态变为取 1 的状态时因变量（犯罪率）的变动。在下方的、加括号的数字是该变量的回归系数的 t 统计量，其绝对值的大小决定了有多大的把握断言真实的回归系数不为 0；换言之，如果 t 统计量的绝对值很大，那么断言该变量实际的回归系数不为 0，出错的概率（p 值）就较小，这时可以认为该变量的影响在统计上“显著”，否则，就无法可靠地排除真实的回归系数是 0 的可能性，模型汇报的“回归系数”是不可靠的，此时称该变量的影响在统计上“不显著”。本文考虑 10%、5% 和 1% 三个水平的显著性，如果断言真实回归系数不为 0 的出错概率不超过 10%，就在回归系数后加一个*号；如果不超过 5%，就加两个*号；如果不超过 1%，就加三个*号。显然，*号越多，就有越大的把握断言该变量对犯罪率有影响。反之，不论模型给出的“回归系数”的值如何，一旦不显著，那么就无法排除该回归系数的真实值是 0 的可能性，模型中给出的回归系数的值不能可靠地反映总体规律。

表尾的 D.W. 是对应的回归模型的 D.W. 统计量,它反映了模型残差的一阶自相关性的大小,D.W. 的值离 2 越近,则自相关性越弱,模型越好,否则反之。调整后 R^2 是拟合优度的征表,描述了模型反映了因变量多大程度上的变化规律,即模型解释能力的强弱,显然调整后 R^2 的值越大的模型越好。

模型 1 是对所有变量不加任何处理和选择,直接进行线性回归的结果。容易发现,没有任何一个变量具有 10% 水平上的显著性,因此该模型无法说明死刑存废对走私罪案发率有任何影响。但是,模型 1 可能具有一些技术上的问题,这导致回归的结果不可靠,因此需要进一步修正。首先,走私罪的时间序列具有单位根〔106〕,这意味着该序列不平稳,最小二乘得出的回归系数的 t 值未必服从正态分布,显著性的估计可能不可靠。其次,变量个数很多,这可能意味着存在多重共线性,使得原本应该显著的变量不显著。最后,D.W. 值并不接近于 2,这意味着需要考虑残差自相关造成的偏差。

模型 2 解决了模型 1 存在的时间序列不平稳的问题。在回归前,对模型中的所有变量取二阶差分,这使得有更强的把握认为各变量的时间序列是平稳的〔107〕,进而提高估计的可靠性。纠正了序列不平稳的问题后,明显可见有两个变量的回归系数变得显著了。但是,死刑变量依然不显著,因此模型 2 无法说明死刑存废对走私罪案发率的影响。

模型 2 中的很多变量不显著,这意味着模型中部分变量是多余的,而变量的冗余可能造成多重共线性的问题。为此,对差分后的变量,模型 3 采取了逐步回归的方法〔108〕,减少了自变量的个数,大大降低了多重共线性。〔109〕 由回归结果容易发现,调整后 R^2 较模型 2 有了明显的改进,说明模型 3 更好地解释了走私罪案发率的变化规律。最值得注意的是,“《刑法修正案(八)》施行前”这一变量在 5% 的水平上表现出显著性,这意味着断言“2011 年前后走私罪案发率发生了变化”的出错概率不超过 5%;问题是,该变量的回归系数是正的,这意味着相较于 2011 年以后的年份,《刑法修正案(八)》施行前走私罪案发率反而更高。

---

〔106〕 对走私罪案发率进行带趋势和截距项的 ADF 检验(Augmented Dickey-Fuller Unit Root Test),所得 p 值大于 0.999,这意味着断言“原序列不具有单位根”,出错的概率大于 99.9%。

〔107〕 如果仅进行一阶差分,因变量的 ADF 检验的 p 值依然很高。

〔108〕 首先,强制两个死刑变量进入回归。接着,对于其他控制变量,逐个尝试纳入模型,如果纳入后的回归系数 p 值小于 0.2,则将该变量保留,否则弃去。同时,每当纳入一个新变量时,就检查模型中原有的控制变量的回归系数的 p 值是否变得大于 0.2,如果大于,则将该原有的控制变量删去;重复上述步骤,直到检查完所有控制变量。

〔109〕 模型 3 的各自变量中,方差膨胀因子(VIF)最大的是“严打”,其值为 2.6,这表明不存在严重的多重共线性问题。

在模型3的基础上，模型4进一步考虑了因变量以及控制变量的滞后值具有的影响。[110] 回归的结果如表2最右一列所示，变量名后的(t-1)表示该变量滞后一期的值。值得注意的是，该模型解释了走私罪案发率80%以上的变化规律，且D.W.值与2很接近，各自变量之间不具有严重的多重共线性问题，这表明模型很好地刻画了走私罪案发率的变动。

在死刑变量的问题上，模型4与模型3没有本质区别。“《刑法修正案(八)》施行前”这一变量的回归系数是正的且显著，意味着排除其他变量的影响后，走私罪案发率在2011年以后存在显著的降低，这一点不符合威慑论的预期，反而暗示死刑的废止使犯罪减少。另外，与模型3相同，“《刑法修正案(九)》施行前”这一变量的回归系数不显著，这意味着没有很大的把握断定《刑法修正案(九)》的施行对走私罪产生了任何影响。

下面考虑对数模型。由于使用原始值的4个模型都没有找到死刑具有威慑力的证据，而先前研究认为，使用对数值较使用原始值而言更容易得出死刑具有威慑力的结论[111]，因此下面对除哑变量以外的所有变量取自然对数，然后进行回归，结果如表3。

表3　走私罪对数值回归

	模型5 (全部变量)		模型6 (逐步回归)	模型7 (分布滞后)	模型8 (1983—2014)	模型9 (1998—2014)
死刑变量		**死刑变量**				
《刑法修正案(八)》施行前	0.198 (0.74)	《刑法修正案(八)》施行前	−0.286 (−1.15)	−0.146 (−0.79)	−0.134 (−0.71)	−0.038 (−0.18)
《刑法修正案(九)》施行前	0.055 (0.20)	《刑法修正案(九)》施行前	0.304 (1.20)	0.238 (1.29)	—	—
控制变量		**控制变量**				
“严打”	−0.201 (−0.99)	城镇登记失业率	−2.763*** (−3.56)	−1.338* (−1.78)	−1.167 (−1.56)	0.339 (0.21)
1997年《刑法》施行	0.003 (0.01)	城镇人口比重	19.467*** (3.11)	8.692 (1.45)	8.019 (1.32)	5.942 (0.34)

〔110〕 如表2模型4所示，本研究并不是将所有自变量及其滞后项纳入；采取的策略是，考虑所有自变量及其滞后项纳入和不纳入回归的组合并尝试进行回归，根据赤池信息准则(AIC)选择最优的模型。正文汇报的模型4即AIC值最小的、最优的模型，“《刑法修正案(八)》施行前”和“城镇人口比重”这两个变量的滞后项没有纳入回归。

〔111〕 See Samuel Cameron, *A Review of the Econometric Evidence on the Effects of Capital Punishment*, Journal of Socio-Economics, Vol. 23, 1994, p. 204.

（续表）

	模型 5 （全部变量）		模型 6 （逐步回归）	模型 7 （分布滞后）	模型 8 （1983—2014）	模型 9 （1998—2014）
破案率	0.456	城镇人口	—	-9.972*	-9.311*	-1.504
	（0.38）	比重（t-1）		（-1.90）	（-1.76）	（-0.09）
人均国内生产总值	2.134	入境过夜	-1.099**	-0.313	-0.251	-0.156
	（1.04）	旅客人次	（-2.24）	（-0.70）	（-0.55）	（-0.22）
城镇登记失业率	-0.401	抢劫罪案	1.452***	1.037***	0.961***	1.292**
	（-0.27）	发率	（4.06）	（3.55）	（3.14）	（2.28）
城镇人口比重	1.369	抢劫罪案	—	-0.618**	-0.606**	-0.562
	（0.43）	发率（t-1）		（-2.15）	（-2.08）	（-0.87）
城乡居民（家庭）人均	-2.831	走私罪案发率（t	—	-0.664***	-0.688***	-0.880***
可支配收入差异	（-1.16）	-1）		（-4.35）	（-4.49）	（-3.47）
旅客周转量	0.151	走私罪案发率（t	—	-0.473***	-0.480***	-0.613***
	（0.16）	-2）		（-3.48）	（-3.49）	（-3.21）
入境过夜旅客人次	0.165					
	（0.20）					
15～64 岁人口比重	-2.191					
	（-0.18）					
性别比	0.731					
	（0.04）					
初中升学率	-2.294					
	（-1.48）					
抢劫罪案发率	-0.118					
	（-0.31）					
诈骗罪案发率	0.948					
	（1.32）					
常数	6.590					
	（0.08）					
D.W.	2.743		2.551	1.946	1.937	2.000
调整后 R^2	0.824		0.333	0.676	0.667	0.706

注：括号外的是回归系数，括号内的是回归系数的 t 值。

* $p<0.1$，** $p<0.05$，*** $p<0.01$。

模型 5 是将所有取对数后的变量不作差分、不加选择地纳入回归的结果。与不使用对数值的情况相似，虽然 R^2 的值很大，但是没有一个变量具有显著性，包括因变量在内的很多变量有单位根,多重共线性严重。为了纠正这些问题,对模型5中所有变量的值取二阶差分,然后对差分后的变量进行逐步回归(具体方法与上文相同),回归的结果是模型6。容易看到,纳入回归的控制变量较原始值的模型有所改变,但死刑变量依然不具有显著性,因此无法说明死刑存废的影响。

模型7是利用模型6中的变量建立的自回归分布滞后模型,由于变量数较少,所以允许滞后二阶,其他规则与上文相同。该模型解释了走私罪案发率约67%的变化规律,没有明显的共线性问题,D.W.值与2比较接近,这表明没有明显的残差自相关问题,因此该模型相对可靠;尽管如此,两个死刑变量的回归系数依然没有显著性。为了检验模型7的回归系数的稳健性,模型8将样本的终止年份提前到2014年,弃去2015—2019年的数据,并删去"《刑法修正案(九)》施行前"这一变量[相当于不关注《刑法修正案(九)》的影响],模型9在模型8的基础上,将样本的起始年份推迟到1998年,以排除1997年《刑法》施行的影响。与模型7相比,模型8和模型9的结果没有质的区别,死刑变量始终不显著,大多数控制变量的显著性和符号没有变化,这说明模型7的结果在时间上是稳健的。

总的来说,在走私罪的场合,不论如何改变统计方法,死刑变量在大多数模型中都不能在10%的水平上表现出显著性,这意味着没有充分的把握认为死刑废止使走私罪的案发率升高。不仅如此,模型3和模型4是仅有的两个死刑变量影响显著的模型,但"《刑法修正案(八)》施行前"的回归系数竟然是正的,这意味着控制其他条件一定,相较于走私罪的死刑没有被废止的年代,《刑法修正案(八)》废止部分走私罪的死刑后,案发率反而降低了。

(二)盗窃罪

下面考察盗窃罪的情况,需要注意的是,盗窃罪的死刑被《刑法修正案(八)》全部废止,因此死刑变量不包括"《刑法修正案(九)》施行前"。此外,由于盗窃罪案发数自1981年就开始统计了,因此盗窃罪的回归样本数比走私罪多10个。

表4 盗窃罪原始值回归

	模型10(原始)	模型11(二阶差分)		模型12(逐步回归)	模型13(ARDL)	模型14(残差滞后)
死刑变量			**死刑变量**			
《刑法修正案(八)》施行前	-699.0^{***} (−3.35)	−269.66 (−1.51)	《刑法修正案(八)》施行前	-277.26^{*} (−1.86)	−241.84 (−1.42)	63.59 (0.57)
控制变量			**控制变量**			
"严打"	32.84 (0.44)	234.31^{***} (3.02)	"严打"	209.66^{***} (3.40)	179.70^{**} (2.63)	96.18^{*} (2.10)

（续表）

	模型 10 （原始）	模型 11 （二阶差分）		模型 12 （逐步回归）	模型 13 （ARDL）	模型 14 （残差滞后）
1997 年《刑法》施行	-416**	-320.48*	“严打”(t-1)	—	-133.08*	-127.73***
	(-2.41)	(-1.90)			(-1.85)	(-3.07)
破案率	-51.35***	-19.23**	1997 年《刑法》	-244.58*	-231.19	-422.78**
	(-5.52)	(-2.28)	施行	(-1.74)	(-1.37)	(-2.10)
人均国内生产总值	-0.062	0.050	1997 年《刑法》	—	-137.24	-288.74
	(-0.99)	(0.95)	施行(t-1)		(-0.71)	(-0.66)
城镇登记失业率	-98.41	152.51	1997 年《刑法》	—	-310.38*	-448.95*
	(-0.66)	(0.80)	施行(t-2)		(-1.94)	(-1.75)
城镇人口比重	-51.31	49.46	破案率	-26.87***	-25.16***	-21.11***
	(-1.04)	(0.34)		(-4.98)	(-4.73)	(-6.45)
城乡居民(家庭)人均	0.097	-0.222	破案率	—	-12.31	-6.18
可支配收入差异	(0.45)	(-0.97)	(t-1)		(-1.55)	(-1.56)
旅客周转量	0.0005	0.051	15～64 岁人口	-60.09**	-29.46	5.401
	(0.15)	(1.32)	比重	(-2.37)	(-0.60)	(0.16)
入境过夜旅客人次	-0.42**	-0.211	15～64 岁人口	—	62.92	96.36***
	(-2.61)	(-1.39)	比重(t-1)		(1.67)	(4.37)
15～64 岁人口比重	-24.73	-44.03	性别比	183.92**	241.00***	273.52***
	(-0.43)	(-1.20)		(2.65)	(3.67)	(9.37)
性别比	-114.53*	231.36**	伤害罪案发率	19.18***	11.81**	1.85
	(-2.00)	(2.53)		(3.64)	(2.37)	(0.43)
初中升学率	61.85***	-11.36	诈骗罪案发率	1.28**	1.44*	1.53***
	(5.10)	(-0.70)		(2.41)	(2.78)	(5.94)
伤害罪案发率	13.96**	22.03***	诈骗罪案发率	—	0.587	0.356
	(2.48)	(3.60)	(t-1)		(1.22)	(1.32)
强奸罪案发率	-34.40**	-6.35	盗窃罪案发率	—	-0.241	—
	(-2.60)	(-0.56)	(t-1)		(-1.65)	
诈骗罪案发率	0.334	1.53**	盗窃罪案发率	—	0.199**	—
	(0.40)	(2.41)	(t-2)		(2.17)	
常数	(2.19)	—	残差(t-1)	—	—	-0.098
						(-0.96)
			残差(t-2)	—	—	0.792***
						(5.11)
D.W.	2.407	2.215		2.723	1.761	1.914
调整后 R^2	0.987	0.707		0.763	0.831	0.879

注：括号外的是回归系数，括号内的是回归系数的 t 值。

* $p<0.1$，** $p<0.05$，*** $p<0.01$。

表4汇报的是采用原始值进行回归的结果。与表2的做法相似,模型10是不对变量进行任何处理、全部纳入回归的模型,虽然该模型中死刑变量的回归系数具有显著性,但是该模型本身具有很多问题,以至于这一结果不可信。第一,如前所述,很多变量具有单位根,即该变量的时间序列不平稳,这种情况下回归的结果属于伪回归。第二,该模型的多重共线性严重,这意味着回归系数的正负、大小和显著性的结论都不可靠。第三,该模型的D.W.值明显大于2,这意味着模型的残差具有相当的自相关性,这也对回归结果的准确性有影响。

模型11对所有变量取了二阶差分后进行回归,克服了模型10的变量时间序列不平稳的问题。容易看到,消除变量中存在单位根的问题后,死刑变量的显著性就消失了,这印证了对模型10中存在假显著的质疑。可是模型11中很多变量不显著,这意味着模型中存在许多冗余变量,因此模型12采用逐步回归的方法(规则如上所述)对变量进行了精简。

模型12给出了一个引人注目的结果,即"《刑法修正案(八)》施行前"这一变量具有显著且为负的回归系数,这似乎意味着死刑的存在起到了降低盗窃罪数量的效果。加之,该模型没有单位根和多重共线性的问题,这意味着该结果比模型10更可靠。尽管如此,该回归还存在许多疑问。一方面,如果采信该模型的结果,那么其他变量的回归系数的意义难以理解。例如,"严打"这一变量的回归系数显著且为正,这意味着严打的年度反而有更多的盗窃发生,但众所周知,对于同样的罪行,"严打"时的处刑比平时重得多,如果死刑果真具有威慑力,则无法理解为何在盗窃犯最可能被判处死刑的时期反而有更多的盗窃案发生。同理,在1979年《刑法》时代,盗窃罪适用死刑的范围更广,但根据模型12的结果,1997年《刑法》施行以来,盗窃案的数量反而明显减少了;这与死刑的存在降低盗窃罪案发率的结论是相左的。又如,"15~64岁人口比重"的回归系数显著且为负,这意味着中青年人占比越少,盗窃反而越多;但这个结论难以被解释,因为与中青年人相比,儿童和老年人更不可能犯盗窃罪〔112〕,所以该回归结果很可能不真实。之所以会产生不真实的回归系数,可能是因为存在某些模型没有考虑的因素影响着盗窃罪的案发,而这些因素与模型中的变量具有某种相关性,进而使模型中的变量与盗窃罪的案发率呈现某种不合理的相关性。既然如此,看似显著的死刑变量也可能是与某些模型以外的变量相关,进而呈现出显著且为负的回归系数,而不是死

〔112〕 其中,不满15岁的儿童在法律上根本不可能构成盗窃罪(《刑法》第17条)。所以如果该回归系数是真实的,就意味着老年人占比越多、中青年人占比越少,越可能发生盗窃案。可是,根据当今犯罪学上的通说,中青年才是犯罪者中占比最大的年龄层,51岁以上的犯罪人口占比相当小。因此,"老年人占比越多,盗窃罪越多"这样的推论是难以令人接受的。参见张远煌主编:《犯罪学》(第4版),中国人民大学出版社2020年版,第166—167页;另参见〔美〕埃德温·萨瑟兰、〔美〕唐纳德·克雷西、〔美〕戴维·卢肯比尔:《犯罪学原理》(第11版),吴宗宪等译,中国人民公安大学出版社2009年版,第182—190页;〔日〕大谷实:《刑事政策学》(新版),黎宏译,中国人民大学出版社2009年版,第65—66页;〔日〕菊田幸一『犯罪学〔六訂版〕』(成文堂,2005年)72—75頁。

刑本身对案发率有抑制作用。另一方面,模型没有考虑各变量的滞后项的影响,D.W.值很大,这意味着残差的自相关性严重,存在某些没有被模型反映的信息。

模型 13 在模型 12 的基础上,采用自回归分布滞后模型考虑了死刑变量以外的变量的滞后项对当期案发率的影响。容易发现,当变量的滞后项被纳入回归后,死刑变量回归系数的显著性就消失了,这印证了模型 12 中死刑变量的显著性可能是遗漏变量的问题造成的。此外,"15～64 岁人口比重"的回归系数变得不显著了,这推翻了"老人和儿童占比越多则盗窃罪越多"的推论,使模型 13 比模型 12 更可信。

由于模型 13 的 D.W. 值明显小于 2,所以该模型可能存在残差项自相关的问题。先前研究表明,如果不纠正残差项自相关的问题,就可能埋没死刑变量的显著性。[113]为了排除这一点,模型 14 将模型 13 中因变量的滞后项替换为残差的滞后项。经过这一调整,模型 14 的拟合系数(调整后 R^2)有所提高,D.W. 值更接近 2,这说明模型 14 更好地描述了盗窃罪案发率的变化规律。此外,模型 14 中"15～64 岁人口比重(t-1)"的回归系数是显著的正值,这符合犯罪学上的认识,可见该模型更合理可靠。即便如此,"《刑法修正案(八)》施行前"这一变量的回归系数依然不显著,不仅如此,回归系数成了正数。

这样看来,采用原始值进行回归的模型没有为死刑具有威慑力的主张提供可靠的依据。下面考虑使用对数值进行回归的情况,见表 5。

表 5　盗窃罪对数值回归

	模型 15 (全部变量)		模型 16 (逐步回归)	模型 17 (分布滞后)	模型 18 (1983—2014)	模型 19 (1998—2014)
死刑变量		**死刑变量**				
《刑法修正案(八)》施行前	−0.038 (−0.31)	《刑法修正案(八)》施行前	−0.053 (−0.79)	−0.0058 (−0.11)	0.0041 (0.08)	0.168 (1.19)
控制变量		**控制变量**				
"严打"	−0.069 (−1.10)	"严打"	0.050* (1.72)	0.020 (0.82)	0.007 (0.28)	−0.110 (−1.37)
1997 年《刑法》施行	−0.305* (−2.02)	1997 年《刑法》施行	−0.243*** (−3.50)	−0.243*** (−4.28)	−0.230*** (−4.04)	—
破案率	−0.814* (−1.79)	人均国内生产总值	1.341*** (4.36)	1.582*** (5.64)	1.504*** (4.98)	1.135 (1.27)
人均国内生产总值	0.641 (0.98)	城镇登记失业率	0.427** (2.11)	0.806*** (4.30)	0.774*** (3.85)	−0.578 (−0.53)
城镇登记失业率	0.227 (0.61)	城镇人口比重	4.320** (2.75)	4.113*** (2.87)	3.015* (1.96)	−7.799 (−1.35)

〔113〕 See Stephen K. Layson, *Homicide and Deterrence: A Reexamination of the United States Time-Series Evidence*, Southern Economic Journal, Vol. 52, 1985, pp. 70-71.

（续表）

	模型 15 （全部变量）		模型 16 （逐步回归）	模型 17 （分布滞后）	模型 18 （1983—2014）	模型 19 （1998—2014）
城镇人口比重	−1.806 （−1.40）	城乡居民（家庭）人均可支配收入差异	−0.852*** （−3.64）	−1.152*** （−5.16）	−1.121*** （−4.70）	−0.752 （−0.77）
城乡居民（家庭）人均可支配收入差异	−1.072 （−1.63）	城乡居民（家庭）人均可支配收入差异（t−1）	—	−0.513*** （−3.07）	−0.514*** （−3.07）	0.363 （0.31）
旅客周转量	0.653* （1.73）	旅客周转量	0.604*** （3.33）	0.523*** （3.18）	0.473*** （2.95）	0.511 （1.16）
入境过夜旅客人次	−0.056 （−0.16）	入境过夜旅客人次	−0.504*** （−3.78）	−0.422*** （−3.60）	−0.351** （−2.91）	−0.195 （−0.49）
15～64 岁人口比重	0.0065 （0.002）	性别比	14.718*** （3.65）	13.08*** （3.91）	10.93*** （2.99）	6.729 （0.50）
性别比	7.240 （1.12）	伤害罪案发率	0.862*** （4.18）	0.988*** （5.66）	0.832*** （4.05）	0.739 （1.15）
初中升学率	0.197 （0.34）	诈骗罪案发率	0.598*** （5.68）	0.578*** （6.83）	0.676*** （5.73）	0.516 （1.88）
伤害罪案发率	0.930*** （4.33）	诈骗罪案发率（t−1）	—	0.172 （1.45）	0.169 （1.03）	0.435 （1.03）
强奸罪案发率	−0.127 （−0.40）	盗窃罪案发率（t−1）	—	−0.099 （−0.99）	−0.119 （−0.92）	0.221 （0.43）
诈骗罪案发率	0.415* （1.99）					
常数	−25.577 （−0.84）					
D.W.	1.246		1.723	2.159	2.180	1.879
调整后 R^2	0.977		0.909	0.944	0.954	0.854

注：括号外的是回归系数，括号内的是回归系数的 t 值。

* p<0.1，** p<0.05，*** p<0.01。

在使用对数值的情况下，不论是将全部变量不加处理地纳入（模型 15），还是对变量取二阶差分后进行逐步回归（模型 16），或是在模型 16 的基础上考虑滞后项的影响（模型 17），死刑变量的回归系数都不显著。在模型 17 的基础上，删去样本的后 5 年的数据，即除去《刑法修正案（九）》的影响，各控制变量的回归系数的显著性和符号都没有改变，死刑变量的回归系数依然不显著，且符号变为正号了（模型 18）。如果进一步将样本的时间起点推迟到1998年(模型19),以排除1997年《刑法》施行的影响,死刑变量的情况依然没有变化。因此,表5的5个模型都无法说明死刑对盗窃罪有任何影响。

四、对实证结果的讨论

(一)关于死刑变量

总的来看,没有可靠的证据表明死刑的废止提高了相关犯罪的案发率;相反,存在部分证据表明,在控制其他条件一定的情况下,死刑的废止反而减少了走私犯罪。在极少数的模型中,可以观察到死刑废止后盗窃罪增加的迹象,但是这些模型存在难以解释的疑点和矛盾,因此不宜作为判断死刑威慑力的依据。

在19个回归模型中,除模型3、4、10和12以外,其他15个模型中的死刑变量的回归系数的p值都大于10%,这意味着没有充足的把握断言两部修正案的施行对盗窃罪或走私罪产生了任何影响。

根据模型3和4,在排除其他因素的影响的条件下,《刑法修正案(八)》废止部分走私罪的死刑后,走私罪的案发率反而较以前显著降低了。经折算可以得出,在研究期间,如果排除其他变量的影响,《刑法修正案(八)》施行前较施行后全国每年平均多出923～932起走私罪。[114] 不过,过往关于"死刑增加犯罪"的残暴化效应的讨论主要局限于暴力犯罪,死刑对走私犯罪的促进作用尚缺乏犯罪学上的论证。此外,可能存在其他与《刑法修正案(八)》施行同时发生的社会因素变动,走私罪的相对减少可能归因于这些因素在2011年前后的变化,而不是死刑废止。因此,单凭模型3和4的结果尚难以可靠地得出死刑增加了走私犯罪的结论。

模型10和模型12显示了死刑废止后盗窃罪增加的迹象。但如上所述,模型10有严重的变量不平稳及多重共线性问题,因此回归的结果不可信;模型12可能有遗漏变量的问题,因此不可靠。在纠正了模型12问题的模型13和模型14中,无法观察到死刑废止后盗窃罪增加的迹象。

(二)关于控制变量

除了死刑变量本身,实证结果还揭示了刑事政策、经济、人口等因素对犯罪的

[114] 查表1可知,在研究期间内,全国年末总人口的均值为123919.2万人。根据模型3,"《刑法修正案(八)》施行前"的回归系数为0.752,意味着《刑法修正案(八)》施行前,全国每百万人中走私罪案发率平均每年较施行后的期间多0.752起;所以,年均增多的走私罪数量是0.752 × 123919.2÷100=931.872(起)。如果采信模型4,回归系数为0.745,年均增多的走私罪数量是0.745 × 123919.2÷100=923.198(起)。

影响。

1. 刑事政策的影响

“严打”、1997年《刑法》施行和破案率三个变量代表了刑事政策的影响。在“严打”问题上,过往实证研究认为严打对犯罪率没有显著影响,无法有效遏制犯罪。[115]根据统计,对走私罪而言,“严打”在多数模型中没有表现出显著影响。对于盗窃罪而言,部分模型表明严打期间盗窃罪案发率反而显著增加(模型12、13、14和16),但考虑到盗窃罪是历次“严打”运动的主要打击对象[116],所以未必是盗窃的总数增加了,而可能是被查获的盗窃案增加了,或者在“严打”中将以往不作犯罪论处的行为按盗窃罪处理了,所以尚且无法得出“严打”增加犯罪的结论。但无论如何,没有一致的证据表明“严打”起到了减少犯罪的效果。

相较1979年《刑法》,1997年《刑法》关于走私罪和盗窃罪的成立条件和法定刑都作出了不同的规定。但是,1997年《刑法》施行对走私罪没有显著的影响。对盗窃罪而言,绝大多数模型表明(除模型13以外)盗窃罪案发率在1997年《刑法》施行后显著降低。这有可能意味着相较于严厉的1979年《刑法》而言,刑罚的轻缓化反而更有利于控制犯罪,也可能是因为1997年《刑法》施行以来盗窃罪的成立条件更严格,所以构成盗窃罪的行为数量更少了。简言之,“到底是犯罪变了,还是犯罪定义变了,这本身就是个问题”[117]。

在破案率问题上,没有迹象表明刑事案件破案率对走私罪的案发率有影响。对盗窃罪而言,纳入破案率这一变量的多数模型表明,盗窃罪案发率随破案率的升高显著降低(模型10、11、12、13、14和15)。其中,最积极的估计认为破案率每升高1%,在研究期间平均每年可以减少63633起盗窃案(模型10)[118];最保守的估计认为破案率每升高1%,平均每年可以减少23830起盗窃案(模型11)[119]。

2. 经济因素的影响

人均国内生产总值、城镇登记失业率、城镇人口比重和城乡居民(家庭)人均可支配收入差异代表了可能影响犯罪的经济因素。总体上,没有观察到经济因素对走私罪明显且一致的影响,但在盗窃罪的对数模型中,观察到了相对一致的影响。

关于人均国内生产总值的影响,在走私罪的场合,只有模型3显示走私罪案发率

---

〔115〕 参见陈硕、章元:《治乱无需重典:转型期中国刑事政策效果分析》,载《经济学(季刊)》2014年第3期。另参见黄太云:《增加死刑能否遏制犯罪》,载《法学家》1994年第4期;贾宇:《死刑的理性思考与现实选择》,载《法学研究》1997年第2期。

〔116〕 参见陈硕、章元:《治乱无需重典:转型期中国刑事政策效果分析》,载《经济学(季刊)》2014年第3期。

〔117〕 白建军:《从中国犯罪率数据看罪因、罪行与刑罚的关系》,载《中国社会科学》2010年第2期。

〔118〕 模型10中破案率的回归系数为-51.35,因此破案率每升高1%,盗窃罪案发率平均每年降低51.35起/百万人,折算为案发数的话,即平均每年降低51.35×123919.2÷100=63632.509(起)。

〔119〕 算法同上注,19.23×123919.2÷100=23829.662(起)。

随人均国内生产总值的增加而轻微上升。在盗窃罪的场合,多数的对数模型(模型16、17和18)显示盗窃罪案发率随人均国内生产总值的增加而显著上升。

关于失业率的影响,犯罪学上的通说认为,失业的增多会招致犯罪增加,尤其是财产犯罪的增加。[120] 在盗窃罪的场合,多数的对数模型显示失业越严重时盗窃罪也越多(模型16、17和18)。但奇怪的是,走私罪的两个对数模型(模型6和7)对城镇登记失业率给出了负且显著的回归系数,这似乎意味着失业越严重时走私罪反而越少;这一点有待研究。

关于城镇人口比重的影响,大多数研究认为"城市中犯罪现象的严重程度远远超过非城市地区",因此城市化的推进理应具有增加犯罪的效果。[121] 对盗窃罪而言确实如此,城镇人口比重的回归系数显著且为正(模型16、17和18),这意味着盗窃罪随着城市化发展而增加。但在走私罪的场合,模型6表明走私罪案发率随城镇人口比重上升而增加,但模型7和8则表明在其他因素一定的情况下,前一年的城镇人口比重越大,当年的走私罪反而更少,当年的城镇人口比重则没有显著影响。如果采信后一个结论,则可能是因为城市化的发展提高了城市治理能力,进而使得走私罪减少。

关于城乡收入差异的影响,一般认为,收入上的差异征表了经济上的不平等,这将对劣势者带来相对缺乏感,进而引发犯罪。[122] 在走私罪的场合,没有观察到这一因素任何显著的影响。但是在盗窃罪的场合,多数的对数模型(模型16、17和18)显示城乡收入差异较大时盗窃罪反而较少;这一点的成因还有待进一步研究。

3. 人口因素的影响

人口因素包括旅客周转量、入境过夜旅客人次、15~64岁人口比重、性别比和初中升学率。总体上,难以观察到人口因素对走私罪明显且一致的影响,但在盗窃罪的对数模型上观察到了个别人口因素相对一致的影响。

旅客周转量征表了人口流动带来的影响。一般认为,人口流动的增加导致社会控制减弱,近邻关系解体,进而使犯罪增多。[123] 这一点在盗窃罪上得到印证,模型16、17

---

〔120〕 See Stephen Jones, *Criminology*, 6th ed., Oxford University Press, 2017, pp. 115-117. 另参见〔日〕大谷实:《刑事政策学》(新版),黎宏译,中国人民大学出版社2009年版,第69页;〔日〕菊田幸一『犯罪学〔六訂版〕』(成文堂,2005年)84頁と106頁。

〔121〕 参见张远煌主编:《犯罪学》(第4版),中国人民大学出版社2020年版,第157页;另参见〔美〕埃德温·萨瑟兰、〔美〕唐纳德·克雷西、〔美〕戴维·卢肯比尔:《犯罪学原理》(第11版),吴宗宪等译,中国人民公安大学出版社2009年版,第209—213页;〔日〕大谷实:《刑事政策学》(新版),黎宏译,中国人民大学出版社2009年版,第71—72页;〔日〕菊田幸一『犯罪学〔六訂版〕』(成文堂,2005年)88—89頁。

〔122〕 See Stephen Jones, *Criminology*, 6th. ed., Oxford University Press, 2017, pp. 117-118. 另参见〔日〕大谷实:《刑事政策学》(新版),黎宏译,中国人民大学出版社2009年版,第70页。

〔123〕 参见张远煌主编:《犯罪学》(第4版),中国人民大学出版社2020年版,第157页;另参见〔美〕埃德温·萨瑟兰、〔美〕唐纳德·克雷西、〔美〕戴维·卢肯比尔:《犯罪学原理》(第11版),吴宗宪等译,中国人民公安大学出版社2009年版,第134—136页;〔日〕菊田幸一『犯罪学〔六訂版〕』(成文堂,2005年)90頁。

和18显示旅客周转量越大时盗窃罪越多。在走私罪的场合,没有任何一个模型对这个变量给出显著的回归系数。

入境过夜旅客征表外来人口的影响,其影响规律应与人口流动对犯罪的影响一致。但是,不论是走私罪还是盗窃罪,均有模型表明在入境过夜旅客人次更多的年代,犯罪的数量反而更少(模型6、16、17和18),没有支持犯罪学通说的模型。果真如此的话,或许是因为在其他条件一定的情况下,犯罪的减少起到了吸引境外旅客的效果。

关于15～64岁人口比重,如前所述,犯罪学上的通说认为犯罪集中在中青年这一年龄层。在走私罪的场合,所有模型均无法观察到这一变量的显著影响。但在盗窃罪的场合,模型12认为中青年人口占比越大,盗窃罪案发率反而越小,而模型14呈现了相反的结论,从常理来看后者更可信。

在性别比的问题上,大多数的观点公认"男性犯罪发生率高于女性"。[124] 盗窃罪的回归结果印证了这一点,模型16、17和18表明男性人口占比越大时,盗窃罪也越多。但在走私罪的场合,模型3对性别比这一变量给出负且显著的回归系数,意味着走私犯罪随男性人口占比的升高而降低,模型4中性别比的滞后值得出了正且显著的回归系数;如前所述,模型3遗漏了变量滞后值的影响,所以模型4更可信。

关于初中升学率的影响,多数的观点认为犯罪人的学历较一般人更低,而接受教育具有减少犯罪可能的作用。[125] 在走私罪的场合,所有模型都无法说明初中升学率对案发率有任何显著的影响。在盗窃罪的场合,除模型10以外也没有模型说明这一变量的影响,但模型10具有严重的变量时间序列不平稳以及多重共线性的问题,因此这一结果不可信。

4. 与其他犯罪的联系

与经济、人口因素的情况不同,多个模型表明了走私、盗窃犯罪与其他犯罪案发率之间的紧密联系,且这种联系在模型间保持了相当的一致性。大多数模型表明走私罪案发率与抢劫罪存在正相关性(模型2、3、6、7、8和9),亦即在其他因素相同的条件下,如果当年的抢劫罪案发率较高,那么走私罪案发率很可能也较高。这意味着,很可

---

〔124〕 参见张远煌主编:《犯罪学》(第4版),中国人民大学出版社2020年版,第161页;另参见〔美〕埃德温·萨瑟兰、〔美〕唐纳德·克雷西、〔美〕戴维·卢肯比尔:《犯罪学原理》(第11版),吴宗宪等译,中国人民公安大学出版社2009年版,第190—197页;〔日〕菊田幸一『犯罪学〔六訂版〕』(成文堂,2005年)71—72頁。See also Stephen Jones, *Criminology*, 6th ed., Oxford University Press, 2017, pp. 243-264.

〔125〕 参见张远煌主编:《犯罪学》(第4版),中国人民大学出版社2020年版,第155页;另参见〔日〕大谷实:《刑事政策学》(新版),黎宏译,中国人民大学出版社2009年版,第74页;〔日〕菊田幸一『犯罪学〔六訂版〕』(成文堂,2005年)80—82頁。对此观点的疑问,参见〔美〕埃德温·萨瑟兰、〔美〕唐纳德·克雷西、〔美〕戴维·卢肯比尔:《犯罪学原理》(第11版),吴宗宪等译,中国人民公安大学出版社2009年版,第275—281页。

能存在某些没有考虑的、影响走私罪和抢劫罪案发率的共通因素。

与此相似,对盗窃罪而言,大多数模型表明盗窃罪案发率与伤害罪呈正相关关系(模型10、11、12、13、15、16、17和18),与诈骗罪案发率也呈正相关关系(模型11、13、14、15、17和18)。这意味着,存在某些决定盗窃罪、伤害罪和诈骗罪案发率的共通因素。

(三)死刑不具有威慑力的可能原因

第一,反对动机的形成与死刑无关。"对于具有一定规范意识的人而言,轻微的刑罚就足以使其对犯罪产生反对动机","对于冲动犯和基于侥幸心理犯罪的人而言,再重的刑罚也难以起到抑制作用。"[126] 如犯罪人类学指出的那样,对于那些与生俱来或后天染上恶习的天生犯罪人和惯犯,因为其生理和心理上的变态、高度无道德感,其犯罪主要基于病理性的强制作用,此时刑罚的有无及轻重不能产生多大影响;对于受一时的心里骚动的强制作用而犯罪的情感犯也是如此。[127] 更何况,潜在的犯罪人大体上不像刑法学专家一样精通刑法,大部分潜在犯罪人根本分不清何种行为可能被处何种刑罚,至多模糊地意识到"刑法禁止某一类行为"而已。既然他们根本不知晓死刑的存在,就更谈不上用死刑威慑他们的行为了。相关实证研究甚至表明,非但死刑执行对降低犯罪率不起作用,就连自由刑的长短对犯罪率也没有显著影响。[128] 总而言之,对于尚有良心的潜在犯罪人,单纯告知他们"刑法禁止此种行为"就足以使他们产生反对动机,无关乎刑法规定的法定刑有多重;对于无可救药的病理性犯罪人,就算配置了死刑也难以抑制他们的行为,对抗此类犯罪的唯一途径是利用社会政策减少此种犯罪人的产生。

第二,刑罚威慑力的边际递减性。就算重刑比轻刑有更强的威慑力,这种威慑力的"增量"也会随刑罚严厉性提高而递减,易言之,随着刑罚越来越严厉,额外再增加"1单位"刑罚所带来的痛苦程度在不断下降。例如,对于被处拘役1个月的罪犯,若将其刑期再增加1个月,则其痛苦程度大概会翻1倍;但是对于被处有期徒刑10年的罪犯,就算将其刑期增加为10年1个月,新增加的痛苦也微不足道了。因此,如果长期自由刑已经足够痛苦和残忍,那么死刑也无法再增加多少威慑。德国学者指出:任何人"都不可能在其人格不遭受重大障碍的情况下忍耐15年以上的拘禁";"其后他所剩下的并不是真正的生存,只不过是苟延残喘的人的空壳而已"[129]。可见,由于长期自由刑对人格和社会关系的摧残已经充分强烈,死刑与长期自由刑相比,也就不具备更多

[126] 张明楷:《责任刑与预防刑》,北京大学出版社2015年版,第245页。

[127] 参见〔意〕恩里科·菲利:《犯罪社会学》,郭建安译,商务印书馆2018年版,第26页以下。

[128] See William C. Bailey, *Some Further Evidence on Imprisonment vs. the Death Penalty as a Deterrent to Murder*, Law and Human Behavior, Vol. 2. 1978.

[129] 转引自张明楷:《死刑的废止不需要终身刑替代》,载《法学研究》2008年第2期。

的威慑力。

第三,破案率的低下。假定死刑比自由刑具有更强的威慑力,这种威慑力也未必能实际发挥作用,因为并非所有的犯罪都能被及时发觉和侦破。“对于犯罪最强有力的约束力量不是刑罚的严酷性,而是刑罚的必定性”,如果罪行被追究的可能性低,那么不受处罚的希望会在人们心中“取代一切”,进而减弱刑罚造成的恐惧;相反,如果罪行总能被发觉并追诉,那么“即便是最小的恶果,一旦成了确定的,就总令人心悸”〔130〕。这大体上是一个不言自明的道理,如果某种罪行实际上不太可能受处罚,那么不论在事前如何预告“处罚”的严厉性,也不会影响潜在犯罪人的行为。这一点可在我国历年破案率的变动中得到印证:如图 2 所示,自 1996 年起我国刑事案件破案率总体呈下降趋势,近年来一直在 40% 以下波动。这意味着,每 100 起刑事案件中至少有 60 起无法及时侦破,更何况有的案件可能由于种种原因没被立案,全体犯罪人受处罚的比例应该比破案率更低。因此,在破案率较低的情况下,严峻的刑罚也无法有效发挥积极效果;而在破案率较高的情况下,不需要死刑也足以抑制犯罪。死刑的所谓威慑作用是可以被刑罚的确定性所取代的。

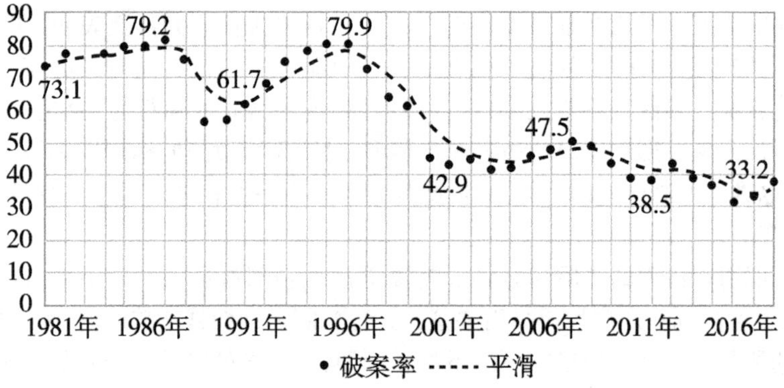

图 2　破案率(%)

第四,死刑可能钝化国民对恶行的禁忌感。死刑在本质上是杀人行为,而杀人一般而言是社会上最严重的恶行之一。规定和执行死刑的做法,是国家向国民宣示“即便是最严重的恶行,有时也是可以接受的”这一观念的过程,削弱了针对恶行的禁忌。在国家示范杀人这一最严重的恶行后,在国民看来,其他不至于致人死亡的更轻微的恶行,就更不必时时刻刻规避和反对了。这样说来,死刑的存在具有增加社会上的暴戾之气,使国民更容易无视珍贵、重要的利益,进而催生犯罪的作用,这也不是没

〔130〕〔意〕切萨雷·贝卡里亚:《论犯罪与刑罚》,黄风译,北京大学出版社 2008 年版,第 62 页。

有可能。简言之,死刑不但可能降低国民对杀人的厌恶感,还可能降低国民对原本被视为社会禁忌的所有恶行的厌恶感。

(四)研究误差

研究误差可能来自两方面:其一,数据不准确的问题。首先,如前所述,所采用的数据在某些年度存在缺失值,为了保障样本数量,利用插值、平滑等方法进行了补足,但这样形成的数据与真实数据之间可能有差距。其次,以公安机关的刑事案件立案数为基础计算的案发率是回归的因变量,可是立案数可能无法准确反映社会中存在的该类犯罪总数,一是因为立案数不可能反映没有被发现的犯罪,二是因为立案数包括了实际上不构成犯罪但公安机关因种种原因误将其作为犯罪处理的案件。但在没有更合适的数据的条件下,只能假定上述两类误差历年在该类犯罪总数中的占比不变,在这个假设下回归的结论不受该误差的影响。其二,样本数量少的问题。由于采用了全国的年度时间序列数据,因此样本数量只有数十个。在样本数量较少的情况下,假设检验出现第二类错误的概率增大,亦即,回归的某个自变量"实际上"对因变量具有影响,但由于样本数量较少,该影响无法在统计中表现出显著性。不过,本文尝试利用了多种形式的模型进行检验,而死刑变量在多个模型中都不显著的事实,意味着该种不显著更不可能是第二类错误造成的;加之,在有些模型中,不但没有观察到死刑的存在显著地降低犯罪数量,反而观察到相反的结果,这一点直接证伪了死刑具有威慑力的主张。有条件的研究者可以考虑采用季度、月度数据或者省级数据进行回归,使得样本数量增加,减少发生第二类错误的概率。

对于两个可能出现的质疑,需要特别解释。

第一个质疑是,行刑率也是重要的死刑变量,而统计中没有考虑行刑率的问题〔131〕;亦即,走私罪和盗窃罪的死刑判决和实际执行原本就很少,所以死刑废止对其无法产生任何影响也是理所当然的。但这个质疑不能成立:其一,如前所述,我国历来不公开死刑判决和实际执行数量的相关信息,因此断言针对走私罪和盗窃罪的死刑判决和执行很少没有实在的根据。其二,至少就走私罪而言,如死刑维持论者主张的那样,"走私普通货物适用死刑的案件一直在发生,不是'较少适用或基本未适用过'"〔132〕。其三,就算盗窃罪死刑判决和实际执行的数量很少,但是按威慑论的主张,死刑废止根除了被判处死刑的危险,因此威慑仍然减弱了,仍应当出现盗窃罪相对增加的现象才对。所以,死刑变量对盗窃罪影响不显著的状况,依然构成对威慑论的反驳。

---

〔131〕 See Isaac Ehrlich, *The Deterrent Effect of Capital Punishment: A Question of Life and Death*, The American Economic Review, Vol. 65, 1975, p. 415.

〔132〕 陈晖:《走私普通货物物品罪应保留死刑——兼论对走私个罪死刑存废的立法策略》,载《上海海关学院学报》2011 年第 1 期。

第二个质疑是，潜在的犯罪人不能充分获知刑法修正的信息，所以死刑废止的事实无法对其行为产生影响。可是，这样的质疑与威慑论自相矛盾：如果说一般人不关注法律知识，那么刑法的规定本身也不会被一般人知晓，大多数死刑判决和执行信息也不会被一般人关注；这样一来，死刑的规定和适用就不可能发挥任何威慑作用。

五、结　论

通过建立 19 个回归模型，本文检验了《刑法修正案(八)》和《刑法修正案(九)》废止走私罪、盗窃罪的死刑的做法对两罪案发率的影响。第一，所有的对数模型都不能在 10% 的显著性水平上观察到死刑存废对犯罪率的影响。第二，大多数使用原始值的模型都不能在 10% 的显著性水平上观察到死刑存废对犯罪率的影响。第三，两个使用原始值的模型分别在 10%、5% 的显著性水平上观察到死刑废止后走私罪案发率降低了，但尚难以作为断言死刑使走私犯罪增加的依据。第四，在两个原始值模型中观察到死刑废止增加了盗窃罪案发率的迹象，但这两个模型都存在缺陷，以致回归的结果不可信；将统计上的问题纠正后，死刑变量的显著性就消失。

总的来说，没有观察到死刑废止使走私罪或者盗窃罪的案发率升高的可靠证据，这倾向于否定死刑的威慑作用。“我们终究只能承认，死刑从本质上就是一种报复。这种只能制裁却不能预防的刑罚，它真正的名字就是报复。”〔133〕作为实证性的结论，无法直接得出死刑应当被废止的论断；但至少对主张维持死刑的论者而言，“死刑具有最强的、不可或缺的威慑力”这一点不宜再作为值得信赖的理由。

〔133〕〔法〕加缪：《思索死刑》，石武耕译，北京大学出版社 2018 年版，第 38 页。

行刑衔接视野下的内幕交易

——实践运行与解决路径

王贤则*

要　目

* 曾任北京市人民检察院一级检察官助理,研究生学历。现任北京市大兴区荣华街道工委委员、办事处副主任。

摘　要　内幕交易是一个"常谈常新"的课题，呈现行政机关较为主动、司法机关相对边缘的特征。本文以2011年至2020年内幕交易行政处罚决定书、刑事判决书为样本，从案件性质、行政处罚力度、盈亏、刑事处罚等维度，对行政、刑事领域内幕交易案件进行全景式描绘；在此基础上，归纳出内幕交易案件刑事成案率低、传递型内幕交易案件占比高等特点，从规范、执法司法机制等多个层面进行剖析，最后提出规范行政执法自由裁量权、构建行刑立体处罚体系、界定非法获取内幕信息的人员范围等建议，为健全证券行政执法与刑事司法衔接机制提供借鉴。

关键词　内幕交易　行政处罚　刑事处罚

我国资本市场走过三十多年，经历了多次重要的改革，取得了长足发展。为适应市场发展与执法司法的需要，证券期货法律法规不断完善，针对包括内幕交易在内的相关司法解释的出台，特别是2019年修订的《证券法》和《刑法》等重要法律的修改和完善，使证券市场发展的法治根基不断被夯实；与此同时，为了实现依法高效打击内幕交易违法犯罪案件，行刑衔接机制的优化和作用发挥，都迫在眉睫。

一、内幕交易行政、刑事案件概述

近年来，证监会对内幕交易案件的处罚数量保持高位运行，反观进入刑事司法程序的内幕交易案件数量却始终保持低位徘徊，个中缘由引人深思。本文以中国证券监督委员会网站、中国裁判文书网2011年至2020年全部可查到的内幕交易行政处罚决定书[1]、刑事一审判决书[2]为基础样本，客观全面地描绘内幕交易案件的群像，检索结

〔1〕参见中国证券监督委员会网站"行政处罚"一栏(http://www.csrc.gov.cn/csrc/c101971/zfxxgk_zdgk.shtml? channelid=17d5ff2fe43e488dba825807ae40d63f)，访问日期：2020年2月1日。

〔2〕参见中国裁判文书网(https://wenshu.court.gov.cn/website/wenshu/181029CR4M5A62CH/index.html)，已选条件：刑事一审、内幕交易、泄露内幕信息罪、判决书，访问时间：2020年3月1日。笔者说明：由于中国裁判文书网系2013年11月上线，刑事判决书的样本也是从2013年开始，目前共查询到48件案例，其中8件因涉密或其他不宜公开事由，仅有案件名称，但未公开判决书主文，因此有效案例40件。

果见图1。

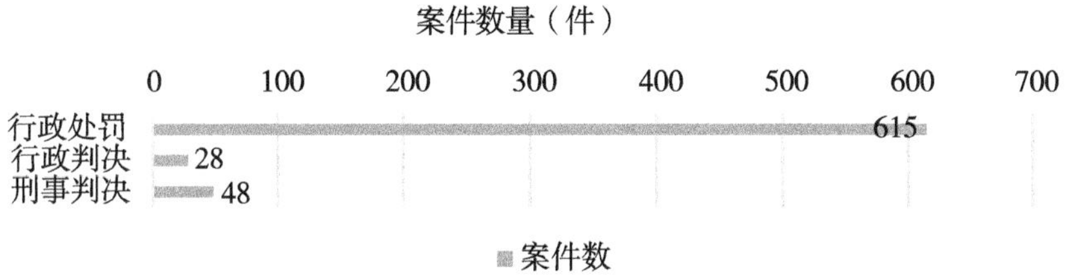

图1　2011—2020年内幕交易行政、刑事案件数量比较

(一)行政执法案件统计

自2011年至2020年,在行政处罚层面,证券期货监管部门对于内幕交易违法行为的查处力度总体在不断加强,证监会及其派出机构对内幕交易违法行为作出行政处罚决定的总计615件[3],其中提起行政诉讼并作出一审判决的共28件[4]。在证监会与其派出机构分工上,证监会作出行政处罚总计356件,证监会、派出机构作出的行政处罚占比分别为57.9%、42.1%。

证监会对内幕交易案件的查处力度也在明显加强。在2015年以前,证监会平均每年处罚内幕交易案件数量不到25件。2016年以后,证监会处罚的内幕交易案件数量上升明显,平均每年处罚内幕交易案件约46.6件,达到2015年之前平均每年处罚内幕交易案件总数的近两倍,处罚案件数基本保持在50件上下(见图2)。

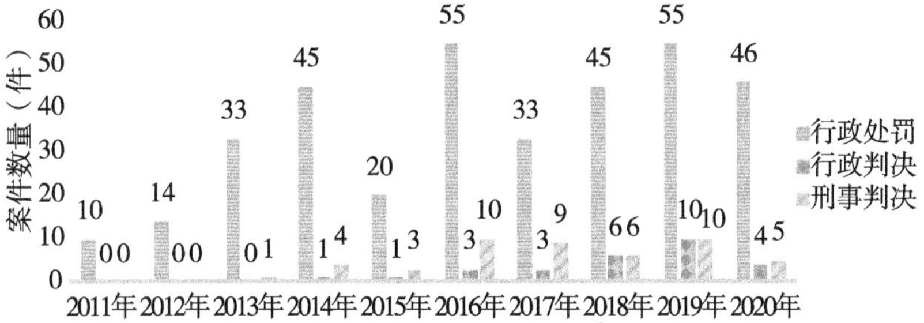

图2　2011—2020年内幕交易各类案件处罚、判决书

证监会对内幕交易案件的处罚力度也在持续加强。以证监会作出行政处罚

[3] 证监会及其派出机构行政处罚信息的公示存在一些疏漏,因而笔者根据实际下载情况进行了统计。

[4] 参见中国裁判文书网(https://wenshu.court.gov.cn/website/wenshu/181029CR4M5A62CH/index.html),已选条件:证监会、内幕交易、行政一审、判决书,访问日期:2020年3月1日。

的案件为例,2016年以前证监会对内幕交易案件的处罚力度相对较轻,“没一罚一”处罚案件占比最大。自2016年以来,证监会作出“没一罚三”的处罚案件数量明显增加,在个别案件中甚至出现“没一罚五”的顶格处罚,如2018年、2020年各1件顶格处罚案例(见表1)。

表1　2011—2020年证监会罚没数额分布情况

罚没数额档次	2011—2020年证监会各档罚没数额案件(件)									
	2011年	2012年	2013年	2014年	2015年	2016年	2017年	2018年	2019年	2020年
没一罚一	6	2	16	19	10	22	8	5	5	7
没一罚二	0	1	0	4	2	2	0	3	8	8
没一罚三	0	1	2	2	0	15	20	16	18	10
没一罚四	0	0	0	0	0	0	0	0	0	1
没一罚五	0	0	1	0	0	0	0	1	0	1

因知悉内幕交易后出现亏损的共79件,占证监会作出行政处罚案件数的22.2%(见图3)。在“周德奋内幕交易案”(〔2020〕76号)中,周德奋亏损金额达到1.08亿余元,系截至2020年自然人亏损金额最高的案件。避损型、获利型内幕交易案件中,行为人获利金额增高的案件占比有所上升。正如上文提及的,证监会对内幕交易违法案件处罚力度加大,该类案件罚没款金额“水涨船高”,在2020年证监会处罚的“汪耀元、汪琤琤内幕交易案”(〔2020〕10号)中,罚没款金额总计达到27.19亿余元,创历史新高。

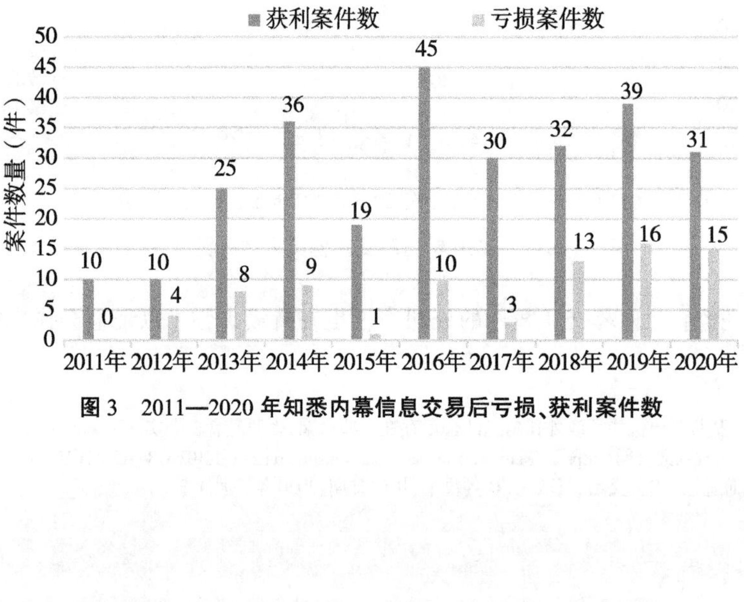

图3　2011—2020年知悉内幕信息交易后亏损、获利案件数

(二)刑事犯罪案件统计

分析样本数据,5件系证监会或者其派出机构作出行政处罚后,移送公安机关刑事立案侦查。从量刑情节看,绝大多数案件的被告人存在自首、认罪、如实供述、退缴赃款等从轻处罚情节,在“王廉君内幕交易案”〔5〕“胡世清内幕交易、泄露内幕信息案”〔6〕中,相关被告人有立功表现,一审法院给予减轻处罚。

处第一档法定刑(5年以下有期徒刑或者拘役、单处罚金)案件数和处第二档法定刑案件数(5年以上10年以下有期徒刑)分别为34件和6件,第一档量刑占比85%。具体而言,被判处第一档法定刑的有34件,其中适用缓刑的有24件,被判处拘役1件,被单处罚金1件;被处以第二档法定刑的有6件,最高为有期徒刑6年。

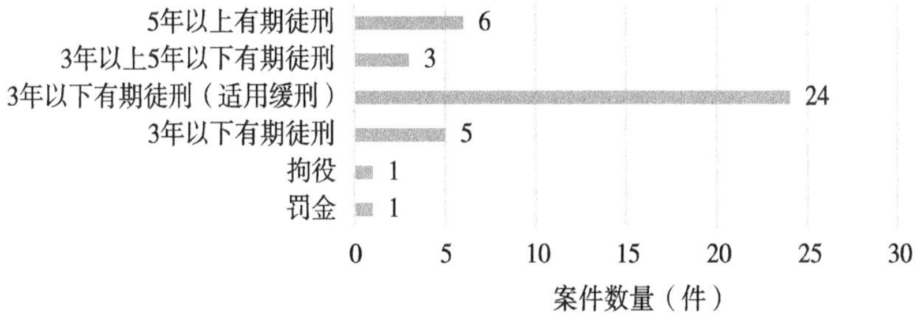

图4　2013—2020年泄露内幕信息、内幕交易罪刑事责任分布情况

从附加刑上看,根据2012年最高人民法院、最高人民检察院《关于办理内幕交易、泄露内幕信息刑事案件具体应用法律若干问题的解释》(以下简称《内幕交易司法解释》)第6条、第7条的规定,追诉标准有“证券交易成交额”“期货交易占用保证金数额”“获利或者避免损失数额”、从事内幕交易“三次以上”或者具有其他严重(特别严重)情节,样本数据仅有“证券交易成交额”“获利或者避免损失数额”,其余三项标准目前还没有出现在公开的刑事判决书中。具体而言,被判处违法所得1倍罚金的案件共26件,被判处2倍罚金的共2件,3倍罚金的1件,因亏损或者未卖出股票而被判处定额罚金的共9件,1件因单位犯罪未对自然人被告人判处罚金(见图5)。笔者还发现,在“刘志强挪用资金、内幕交易案”〔7〕中,被告人刘志强非法获利6170万余元,但法院判处罚金2000万元,低于违法所得1倍数额。全部样本中,判处罚金超过1000万元的共6件,最高为5000万元。此外,值得注意的是,在“宁某、樊某内幕交易、泄露内

〔5〕　参见广东省深圳市中级人民法院(2019)粤03刑初473号刑事判决书。

〔6〕　参见四川省成都市中级人民法院(2020)川01刑初74号刑事判决书。

〔7〕　参见河北省承德市中级人民法院(2016)冀08刑初12号刑事判决书。

幕信息案”〔8〕中,被告人宁某作为证券从业人员,一审法院对其作出3年内禁止从事与证券相关的职业的判决,适用禁止令尚属首例。

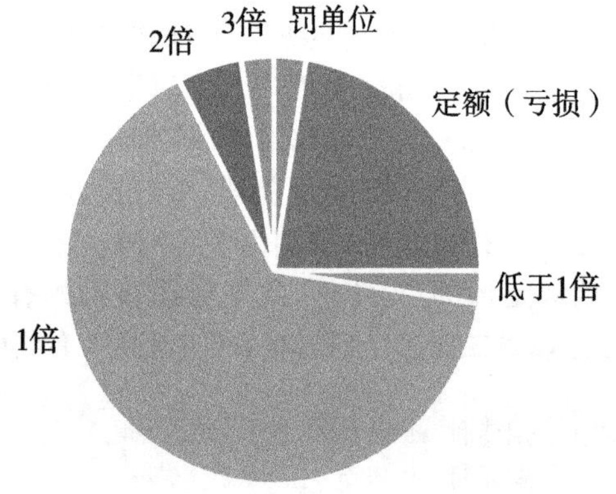

图5 2013—2020年泄露内幕信息、内幕交易罪罚金分布情况

从案件争议焦点看,被告人对“内幕交易主体身份”进行辩解的共6件,辩解指控相关信息“非内幕信息”的共11件,辩解“内幕信息的价格敏感点起算”有误的共4件。此外,被告人还从主从犯认定、中国证券监督管理委员会认定函的法律效力、违法性认识不足、重大立功及单位犯罪等方面予以辩解。在“侯永丽、兰娇内幕交易、泄露内幕信息案”〔9〕中,由于缺乏被告人侯永丽非法获取内幕信息来源的相关证据,一审法院判其无罪。总体而言,内幕交易犯罪涉及的疑难点较为集中。

二、内幕交易案件的特点

(一)刑罚、行政处罚比例“失调”

以证券成交额、避损额为标准,符合《内幕交易司法解释》第6条“情节严重”的案件数为233件,占证监会作出内幕交易行政处罚案件数的65.4%;在这符合刑事立案标准233件中,201件达到了《内幕交易司法解释》第7条“情节特别严重”的标准,案件数占符合刑事立案标准233件的86.3%(见图6)。可见,五分之三以上的行政处罚案件已经符合《刑法》内幕交易罪的“情节严重”标准,而又有超过全部行政处罚案例一半的案件已经符合“情节特别严重”的标准,其法定刑在5年以上10年以下有期徒刑。反观刑事判决数占到同期行政处罚案件的7.8%(如图1所示),体现存在应移送而未移

〔8〕 参见上海市第二中级人民法院(2019)沪02刑初55号刑事判决书。

〔9〕 参见河北省石家庄市中级人民法院(2017)冀01刑初102号刑事判决书。

送、案件止步于行政处罚的现象,换言之,即"以罚代刑"。有学者批评,内幕交易犯罪"情节严重"标准过低不仅难逃理论质疑,刑事司法实践客观上也难以按照如此低的数额标准追究涉案人员的刑事责任。[10] 所谓"以罚代刑"可能有失客观,因为存在行刑立案标准不同导致中国证监会认为不需要移送、公安机关认为未达到立案要求、公安机关立案后不处罚、检察机关作出不起诉决定等多维度、多环节的因素,需要进行更全面深入的数据分析,以正视听。

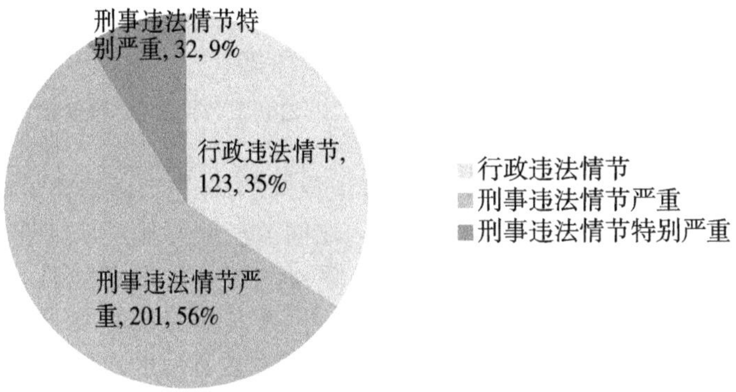

图 6　2011—2020 年证监会内幕信息行政处罚案件违法情节分布情况

(二)传递型内幕交易案件数量明显增加

2012 年以前,证监会处罚的内幕交易案件以法定的内幕信息知情人交易为主,对非法获取内幕信息以及泄露内幕信息行为的处罚相对较少。2012 年以后,证监会处罚"非法获取内幕信息"的案件数量逐渐上升,截至 2020 年共 244 件,远超法定的内幕信息知情人交易案件的处罚数量,逐渐成为证监部门重点打击的类型之一(见图 7)。

[10] 参见刘宪权:《论内幕交易犯罪最新司法解释及法律适用》,载《法学家》2012 年第 5 期。

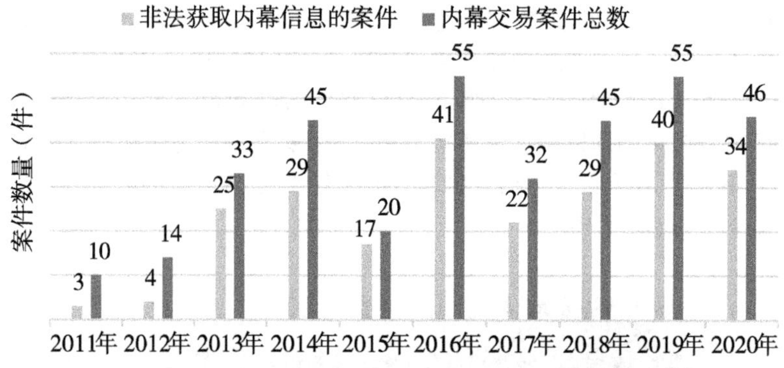

图 7　2011—2020 年证监会处罚“非法获取内幕信息”案件数

内幕信息从形成到公开,伴随着传递和泄露,成为传递型内幕交易案。在非法获取内幕信息的人与法定的内幕信息的知情人之间的身份关系方面,系亲属的共 65 件(其中夫妻关系 29 件、其他亲属关系 36 件)、系(原)工作关系的 55 件、系密切关系的 28 件,系朋友关系的 59 件,系师生关系的 12 件、系其他关系的 18 件(如老乡、邻居等),如图 8 所示。因此,不同于传统“点对点”地泄露内幕信息,近年来内幕信息以“线状”及“面状”方式传递。链条长、范围广的内幕交易日渐增多,形成一批涉案人数多、多次多层传递信息的案件,其中不乏大要案。如 2016 年证监会处罚的周继和内幕交易案(〔2016〕101 号),内幕信息知情人张某业在提供居间服务时知悉重组信息,周继和从张某业处知悉该内幕信息,后交易并获利 1264 万余元。

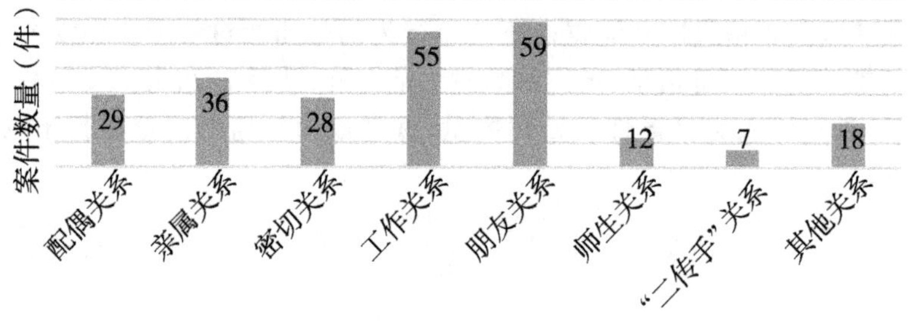

图 8　2011—2020 年“非法获取内幕信息的人”与“内幕信息知情人”的关系种类

(三)内幕交易重灾区:涉上市公司并购重组领域

从内幕信息类型上看,主要涉及上市公司重大投资、并购重组等领域。2011—2020 年 10 年间也出现新的变化,如 2017 年首次出现涉“持有公司 5% 以上股份的股东或实际控制人,其持有股份或控制公司的情况发生较大变化”内幕信息行政处罚案件,2019

年首次出现涉“国务院证券监督管理机构认定的对证券交易价格有显著影响的其他重要信息”行政处罚案件。内幕消息扩展到包括“股东或者实控人变更”“股权变动”“重大损益发生”等不同环节的不同信息(见图9)。

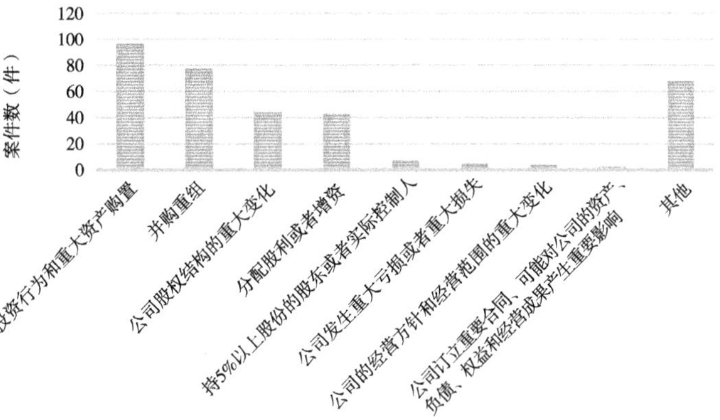

图9　2011—2020年内幕交易案件涉及的信息类型

(四)违法手段隐蔽性增强,借用他人账户较为常见

借用他人账户交易在内幕交易案件中也较为常见,这增加了内幕交易行为的隐蔽性和案件查处的难度。在2011—2020年证监会处罚的内幕交易案件中,有64.0%的案件涉及使用他人账户交易。其中,控制使用1～2个他人账户的情形最为常见,控制使用3个以上非本人账户组成账户组进行交易的有25件,占全部证监会处罚的内幕交易案件的7%。同时也出现了个人使用本人公司账户、资管账户、基金账户从事内幕交易的情形,使得内幕交易更加隐蔽和难以觉察,对内幕交易的调查取证和认定的难度进一步增加。

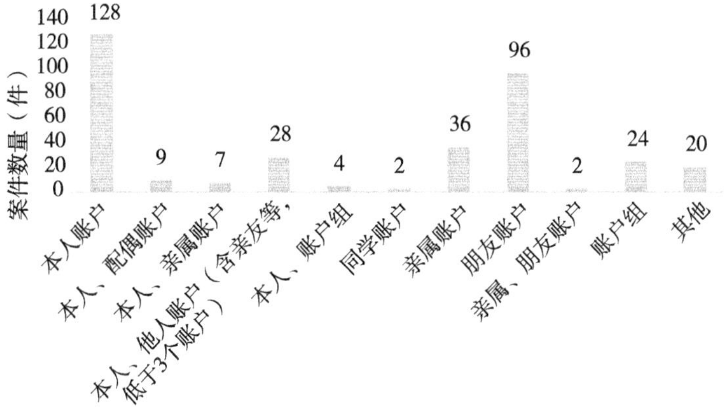

图10　2011—2020年涉案账户归属情况

(五)内幕交易当事人辩解较为集中,适用推定比率较高

在传递型内幕交易中,执法、司法机关不易取得证明内幕信息传递的直接证据,导致很多案件无法立案,客观上造成了违法犯罪人员未被追究法律责任的不良后果。2011年7月,最高人民法院下发《关于审理证券行政处罚案件证据若干问题的座谈会纪要》,对内幕交易行为认定提供了裁判思路,根据该纪要,满足"证监会提供优势证据+被处罚人无合理说明或无排除行为存在的证据",推定内幕交易行为成立;《内幕交易司法解释》基本沿袭了这一推定的证明方法。何为推定?推定是指依照法律规定或者经验法则,从已知的基础事实推断未知事实,且允许当事人提出反证推翻的一种证据法则。证券违法犯罪领域较为特殊,推定的适用纾解了实践证明困境,从样本数据分析看,证监会根据环境证据、最高人民法院《关于审理证券行政处罚案件证据若干问题的座谈会纪要》等规定适用推定作出行政处罚的案件共289件,占比81.2%。

(六)缓刑适用率较高

内幕交易案件当事人,经过前期证券调查阶段,进入刑事司法程序之后,往往表现较好,能够认罪、悔罪,甚至缴纳了行政罚款,因此大多数犯罪嫌疑人、被告人符合法定的从轻或者减轻处罚情节,少部分还存在立功等减轻处罚情节,使得大多数案件量刑在3年以下有期徒刑,具备适用缓刑的法定条件。样本中,共24件在一审判决中适用缓刑,占比60%。缓刑适用比率较高,致使刑事违法成本大大降低,刑罚对潜在犯罪分子的震慑作用也随之大打折扣。

三、内幕交易案件多维度检视

接下来将从法律法规、行政执法、内幕交易主体、内幕信息、敏感期、内幕违法所得等维度对内幕交易案件的查办问题进行剖析。

(一)规范层面

法律层面,2005年《证券法》第231条、2019年《证券法》第219条都规定:"违反本法规定,构成犯罪的,依法追究刑事责任。"内幕交易行为客观存在双重违法性,造成了证券违法行为行刑衔接的困境,即部分违法行为已经符合刑法相关罪名构成要件上的要求,应受到刑罚制裁,但由于行政不法与刑事不法之间界限模糊,转而适用行政处罚,陷入了"以罚代刑"的制度陷阱。[11]

---

〔11〕 参见应松年、冯健:《行政罚款制度的困境及其破解——以证券行政处罚为例》,载《求索》2021年第1期。

行政规范层面,中国证券监督管理委员会《证券市场内幕交易行为认定指引(试行)》(以下简称《内幕交易认定指引》)对内幕信息的知情人员作出了较《证券法》更为详细、全面的规定,但是证监会制定的规范性文件远远超过了法律的授权。[12] 笔者认为,具体表现在:

第一,创设了"内幕人"这个角色,将内幕交易主体范围扩大至"所有人"。无论是2005年《证券法》,还是2019年《证券法》,内幕信息主体包括内幕信息的知情人、非法获取内幕信息的人,但是《内幕交易认定指引》不仅细化了非法获取内幕信息的人的类型,其第6条第(五)项还进一步增设"通过其他途径获取内幕信息的人",相较于《证券法》其属于"兜底的兜底"。

第二,突破了《证券法》的认定模式。2005年《证券法》第73条规定的是"主体+利用内幕信息+交易"的模式,而《内幕交易认定指引》第12条规定为"内幕人+内幕信息+价格敏感期+交易",换言之,前者规定"利用+交易"应当承担责任,后者规定"知悉+交易"就应当承担责任。而且,2005年《证券法》第76条规定的是"在内幕信息公开前"、第202条规定的是"有重大影响的信息公开前"、2019年《证券法》第53条规定"在内幕信息公开前",但《内幕交易认定指引》对价格敏感期的终点界定为"内幕信息公开或者该信息对证券的交易价格不再有显著影响时止",扩大了追究期间,有加重行为人民事、行政责任之嫌。

《内幕交易司法解释》关注到了《内幕交易认定指引》上述不适当之处,条文中尽量与《证券法》保持相对一致。如,《内幕交易司法解释》第1条重申了2005年《证券法》对于"内幕信息的知情人"的限制,将其限定在2005年《证券法》第74条所列举的范围内,第2条阐述了非法获取内幕信息或者泄露内幕信息的构成条件;第5条对内幕信息敏感期界定为"内幕信息自形成至公开的期间";等等。

(二)执法司法机制层面

内幕交易案件的查办,关键在于发现异常交易账户,而这一线索主要来自交易所,公安机关既无专门力量调用全部的交易数据,更无专业能力分析这些数据以发现异常交易,目前只有证券监督部门能做到。实践中,证券监管部门发现有异常交易行为,可能涉嫌内幕交易的,先进行行政立案,再继续调查;如果认为涉嫌犯罪,移送公安机关进行刑事追诉,说明当事人对内幕交易行为基本予以认可;如果当事人不承认并且也查不出相关证据,说明证监部门一般不向公安机关移送。从这个逻辑看,进入司法程序的内幕交易案件,涉及犯罪构成的绝大部分证据的取证,如对当事人、证人接触等工作,基本在证监稽查调查阶段完成。换言之,稽查执法水平一定程度上决定了内

---

〔12〕 参见〔美〕郝山:《中国过于宽泛的内幕交易执法制度——法定授权和机构实践》,陶永祺、卫绮骐等译,载《交大法学》2014年第2期。

幕交易案件的办理质效,实质影响后续刑事司法办案。

近几年,中国证监会、公安部加强协作,进一步发挥情报导侦、联合调查等机制的作用,目前案件不必等到基本事实调查清楚再向公安机关移送,而是在发现有明显异常交易行为时,就可向公安机关通报。接着公安机关可以独自开展,也可以与稽查部门共同开展取证工作,如果有理由认为涉嫌内幕交易罪,公安机关可立案侦查。立案之后的侦查活动,证监、公安发挥各自专长,公安机关有权运用相关侦查措施(如刑事拘留、技侦措施等),证券稽查提供专业和技术支持,大大提升案件办理的质效。但是,以该类形式办理的案件总数占全部行政立案调查案件数的比例并不高。

此外,证监执法协作仍有待打通,现存的障碍有:一是内部协作不畅。交易数据是内幕交易案件重要的证据来源,稽查执法需要将包括证券公司含 IP/MAC 地址的交易流水以及交易所或登记结算公司含交易时间、数量、金额等的详细流水整合到一起。但券商的数据没有向稽查部门开放,稽查人员需要付出巨大精力将这些数据调查汇总。目前,证券执法施行调查部门、审理部门分理的"查审分离"机制,两部门在案件的认定、处理标准方面认识不一致,对调查结案、处罚结案周期均构成影响。二是外部协作不畅。稽查人员有一大半的时间在调取银行资料、工商资料、社保信息、通信记录,极大地影响了调查效率,并容易走漏风声,错失调查良机。有些信息还无法快捷全面调取,如通信记录,目前只能在辖区通信运营商点对点地调取通信记录,对异地省市通信记录无法直接调取。

(三)内幕信息的认定

内幕信息应具备"重大性"(materiality)和"未公开性"(confidentiality),即能够对证券期货市场的交易价格产生影响,且尚未被公众投资者所知悉。需要重点提示的是,相较于 2005 年《证券法》第 75 条第 2 款第(八)项赋予证监会依职权认定,2019 年《证券法》取消了证监会依职权认定内幕信息的规定,并对相关条款作出了修改〔13〕,采用"列举+证监会规定"模式对内幕信息作规定。

涉嫌犯罪的案件,依据最高人民法院、最高人民检察院、公安部、中国证券监督管理委员会《关于办理证券期货违法犯罪案件工作若干问题的意见》规定:"……证券监管机构可以根据司法机关办案需要,依法就案件涉及的证券期货专业问题向司法机关出具认定意见。"公安机关、检察机关会商请证监会出具意见报告,常见的有《调查报告》《认定函》。对《认定函》的效力目前存在不同意见。一种意见认为,被告人及其辩护人会当庭质疑行政认定意见的内容、效力等,认为该类证据形式不合法,不能作为定

〔13〕 2019 年《证券法》进行了适当调整的规定为第 52、80、81 条,内幕信息仅包含重大事件,取消了 2005 年《证券法》第 75 条第 2 款第(八)项"国务院证券监督管理机构认定的对证券交易价格有显著影响的其他重要信息"。

案依据。还有意见认为,依据内幕信息形成动议的文件(如收购意向书)及根据由国务院证券、期货监督管理机构指定的报刊、网站等媒体披露的文件是证据,但根据这些文件在信息敏感期作出判断的文件,并不是证据。〔14〕实践中,法院一般都直接认可《认定函》的证据效力。

(四)内幕信息敏感期的界定

内幕信息形成时间点与公开时间点之间的时段,构成了内幕信息敏感期。样本中,有22件证监会行政处罚案例的当事人、4件刑事案件的被告人辩解证监会认定敏感期有误。内幕信息敏感期有两个关键的时间点:一是内幕信息形成的时点,二是内幕信息公开的时点。

关于形成时点的判断。《内幕交易司法解释》第5条第2、3款给出了两个判断标准:①《证券法》所列具体类型的内幕信息发生时间、形成时间;②影响内幕信息形成的动议、筹划、决策或者执行人员,其动议、筹划、决策或者执行初始时间,应当认定为内幕信息的形成之时。实践中,依据两个标准确定的形成之时存在先后;同时动议、筹划、决策等仅仅通过口头作出,没有正式的或者书面的文件,辩方常以内幕信息尚未具有确定性来反驳内幕信息形成的时间。显而易见,内幕信息形成时间成为多数案件的争议焦点。

关于公开时点的判断。《内幕交易认定指引》第11条规定,"在中国证监会指定的报刊、网站等媒体披露,或者被一般投资者能够接触到的全国性报刊、网站等媒体揭露,或者被一般投资者广泛知悉和理解",采用的是形式+实质公开原则,支持者认为,虽然没有经过法定的信息披露行为,但只要辩护方能证明信息已经被社会一般投资者知悉,该信息就失去了内幕信息的最重要属性——秘密性,就不能成为"内幕信息"。〔15〕但是2005年《证券法》第70条、2019年《证券法》第86条、《内幕交易司法解释》第5条第4款采纳的是形式公开原则,即必须在指定报刊、网站等媒体披露。

(五)共同内幕交易的认定

通常在传递型内幕交易中,一般区分泄露内幕信息、建议他人买卖和内幕交易然后进行处罚,但也有部分案件对信息来源方、交易人按共同内幕交易作出处罚,如行政违法当事人、被告人之间系夫妻关系、资金共享或者账户共同控制等案件。但是,涉夫妻关系的传递型内幕交易案件中,认定较为混乱,既有认定夫妻二人构成共同内幕交

〔14〕参见杨瑗华:《证据法视野下对查办证券内幕交易罪两个问题的探讨》,载《湘潭大学学报(哲学社会科学版)》2017年第1期。

〔15〕参见吴春妹、宋伟、张启明:《办理证券类犯罪案件具体应用法律若干问题研究》,载《中国检察官》2014年第19期。

易,也有分别认定泄露内幕信息、内幕交易的判例。从现有行政处罚案件来看,如果证据表明信息来源一方知悉另一方交易并参与了交易决策的,被认定构成夫妻共同内幕交易的可能性较大。但是,“不追究交易者的知情人配偶”的案例也始终存在。因此,总体呈现“忽松忽紧”的格局。

(六)内幕交易的推定

实践中,当事人反调查意识较强,内幕信息传递越发隐蔽,交易完成后存在销毁传递记录等情形,除非当事人自认,受制于有限的行政调查手段,证券监管部门、司法机关获取“知悉”内幕信息的直接证据十分困难,故,最高人民法院《关于审理证券行政处罚案件证据若干问题的座谈会纪要》采用推定原则解决这一现实困难,具体适用的场景如下:

对内幕信息的知情人知悉并利用的推定。2019年《证券法》第51条规定的内幕信息的知情人,行为人具备该身份,并不等同其必然知悉内幕信息,需要根据具体情况推定其知悉并利用了内幕信息进行交易。

非法获取内幕信息案件中的推定。从行政处罚案件看,行为人基于“专业投资知识”“接触过程中双方未谈及内幕信息”“交易不异常”等辩解,几乎无一例外不被证监会采纳,不构成实质性阻断事由或者合理解释。

无论出现上面何种情形,根据基础事实无法得出待证事实,它们之间存在一定距离,推定原则实际上就是通过事先的法律、司法解释等规范性文件,转移了证明责任。但客观上,无论是根据刑事领域的“排除合理怀疑”的证明标准,还是根据行政处罚领域的“优势证据”标准,推定原则都备受质疑,这也是行政、刑事案件争议的焦点之一。

(七)内幕信息来源方责任问题

内幕信息的传递主体包含占有人、获取人,推定原则解决了“知悉”“利用”的证明难题,如果我们把视角从获取人转至占有方,由于推定获取方知悉内幕信息并交易成立,那么认定信息占有人为“泄露”,也存在合理空间。样本案例中,通过密切联系、接触联络等客观证据指向的内幕信息传递渠道,我们可以推定信息的获取人作为“非法获取内幕信息的人”构成内幕交易,但对于信息的泄露方追究其法律责任的较少。实践中,证监会、司法机关对泄露内幕信息、建议他人买卖的案件处罚率还是偏低,2011—2020年近十年证监会处罚的样本中,仅24件认定为泄露内幕信息,占此10年内244件传递型内幕交易案件总数的9.8%。究其原因,笔者认为是推定能否延展至对泄露内幕信息和明示、暗示他人买卖行为的认定存有疑问。

四、内幕交易焦点问题的解决路径

(一)规范行政处罚自由裁量权

2019年《证券法》对内幕交易行为处罚金额从违法所得1～5倍提升至1～10倍,违法成本的显著提升可以有力震慑违法行为,当事人将更多关注罚款的多与少、同案是否同判,而2019年《证券法》赋予了证券监管部门更大的裁量空间,两者存在更加激烈的矛盾,进而引发较过去更大的社会争论和当事人质疑。因此,亟须对近年查办内幕交易案件的经验进行总结,结合注册制改革下我国资本市场实际情况,尽快出台行政处罚量罚建议,统一执法的标准和尺度,减少自由裁量空间,杜绝道德与廉政风险。

(二)构建行刑立体的惩处体系〔16〕

如果当事人认为自己的行为不会及时被发现、被发现后可以"花钱消灾""以罚代刑",罪责刑不适应,从收益成本方面考虑,那么当事人势必选择铤而走险,"建制度、不干预、零容忍"不仅无法落实,且不良的示范作用将引发连锁反应,最终严重侵蚀我国资本市场良好的法治环境。从这个角度来看,构筑合理、顺畅的行政处罚、刑事裁决的惩罚体系迫在眉睫,要加强行政法、刑事法的复合专业知识培训,走出"证监会的人懂行政处罚不懂刑事法规,公检法的人懂刑事政策不知道行政法规"的困境,常态化培养跨专业的执法司法人员;要建立证监、公、检、法人员双向交流机制,建立重大疑难案件会商机制,定期组织各条线论坛研讨,培养行刑处罚的全局观;要及时反馈执法司法实践,推动刑法修改以适应证券法。

(三)非法获取内幕信息的人员界定

对被动知悉内幕信息的人员的认定是司法实践容易引发争议的问题。据悉,《内幕交易认定指引》已经被废止,目前行政执法机关、司法部门援引《内幕交易司法解释》对内幕交易主体进行认定。如上文所述,《内幕交易司法解释》第2条已明确规定"近亲属或其他关系密切的人"以及"联络、接触"的判断标准。在明知情形下被动获悉内幕信息的情形又十分复杂,在实践中难以准确把握,审慎起见,《内幕交易司法解释》对该类行为未作明确规定。〔17〕

---

〔16〕 民事赔偿责任是证券违法犯罪行为人承担的法律责任之一,限于篇幅及本文讨论主题是行政违法和刑事犯罪,故民事赔偿责任暂不纳入讨论。

〔17〕 参见李敏:《重磅打击证券期货犯罪 发挥司法审判指导效能　访最高人民法院刑二庭庭长裴显鼎》,载《中国审判》2012年第7期。

(四)内幕信息的敏感期认定

内幕信息公开之时的认定较为容易,只要审查内幕信息在指定的媒体披露的内容和时间,并结合中国证监会出具的认定内幕信息敏感期的"函"作出判断即可。"实质公开论"的实施以存在高度发达的证券市场和具有高超水平的判断主体为背景,而目前我国证券业显然欠缺上述前提条件。[18] 与之相比,内幕信息的形成时间较难确定,个案内幕信息的形成过程会呈现不同的阶段,比如,先后与多个对象商谈交易、初始方案被后续方案替代等。笔者认为,内幕信息形成之时,到底是按照"重大事件"形成的时间还是按照"动议"等的初始时间,除了要考虑秘密性还要考虑重要性,判断某事实的发生是否体现出"相关重大事项已经进入实质操作阶段并具有很大的实现可能性",执法司法人员应针对不同案件的不同情况进行自由心证。

(五)引入资格罚降低缓刑率

2019年《证券法》第221条规定,对违反法律、行政法规的行为人可以处以适用市场准入限制甚至禁止的惩罚;《刑法》第37条之一明确规定了从业禁止。要用好该项制度,将市场禁入、从业禁止作为行政监管、刑事处罚的有力手段、新着力点,补强单纯罚款、自由刑对违法犯罪行为的震慑作用。同时,在全面推行注册制的背景下,司法机关应当与监管部门一道形成"行刑合力",要从严适用从轻减轻情节,重点降低高位运行的缓刑适用率,对证券犯罪形成强有力的震慑。

(六)提高内幕信息合规管理水平

内幕信息来源于上市公司,而并购重组又是发生内幕交易的重灾区。内幕信息涉及多环节泄露、多主体参与,因此上市公司防控内幕交易,应当贯穿自协商到披露的整个交易过程,在非法获取型内幕交易案件中,许多案件当事人因与知悉内幕信息的人员存在夫妻、亲属、同学等密切关系,从相关人员的日常活动、谈话或与他人通话中获知了内幕信息。根据《证券法》及证监会的相关规定,上市公司及其董事、监事、高级管理人员、控股股东、实际控制人因涉嫌犯罪被司法机关立案侦查,或者被证监会立案调查、受到证监会行政处罚的,上市公司再融资或重大资产重组将受到限制,涉案董事、监事、高级管理人员、股东也不得进行减持。因此,上市公司相关人员以及其他因参与上市公司相关交易而知悉内幕信息的人员,要在交易过程、日常生活中具备内幕信息保密意识,减少因过失导致内幕信息泄露的情况发生。

---

[18] 参见王涛:《准确认定内幕信息形成和公开之时》,载《检察日报》2015年2月25日,第003版。

刑事从业禁止：实践、困境与反思

——以 1461 件案例为样本的分析*

魏佳轩** 刘学敏***

要 目

* 本文系研究阐释 2020 年度福建省高校以马克思主义为指导的哲学社会科学学科基础理论研究项目"我国生物安全法律法规体系、制度保障体系研究"(JSZM2020006)的阶段性成果。

** 厦门大学法学院刑法学博士研究生。
*** 厦门大学法学院教授。

摘　要　刑事从业禁止制度作为《刑法修正案(九)》创设的制度,自其诞生,其实践应用情况如何,是刑事法治不能回避的问题。通过对1461件涉及刑事从业禁止判决的案例的统计分析发现,刑事从业禁止在司法实践中呈现出适用比例较低、适用期限混乱、适用罪名分散且适用内容扩大化的问题,这些问题的本质为刑事从业禁止与行政性从业禁止之间的冲突,应当通过规范刑事从业禁止的适用条件、明确其具体适用程序和限缩其适用内容来对其进行制度完善。

关键词　刑事从业禁止　行政性从业禁止　冲突　推进路径

从业禁止是笔者长期关注的话题,但本文写作源于更直接的激励。一是参加某法检系统的研讨会,跟一位检察官聊起,司法实践中常有检察机关就法院未适用从业禁止的判决而进行抗诉,但辩护律师及当事人很少就法院“不当”判处了从业禁止而进行上诉。为何检察机关较为看重刑事从业禁止,但当事人却少有关注?二是福建某基层法官向笔者讲述了一件令其较为困惑的刑事判决的执行问题。其言道,近期其审判了一件案件,一家小诊所的医生,其利用给患者看病的便利,对女患者实施了猥亵行为,最终被判处4年有期徒刑,同时禁止其从事医生职业5年,自刑罚执行完毕之日或者假释之日起算。该法官说,在该判决生效后,其向当地卫生行政部门发送司法协助函,告知被告人被判处了从业禁止,请求当地卫生行政部门配合对该从业禁止的执行进行监督。即便如此,其还是对从业禁止的执行成效表示担忧。作为2015年《刑法修正案(九)》增设的一项“预防性措施”,刑事从业禁止已经实施满8年,但其实践效果仍是一个大大的问号。究其原因,首先是这一制度的性质、执行主体等问题,均未能在立法上予以明确,其次在司法实践中,该措施也并未引起较多的关注。上述事件,令笔者把目光凝聚于刑事从业禁止这一制度上。本文试图通过案例分析法,客观反映刑事从业禁止在司法实践中的运行样态,发现现实问题,提出解决思路。

一、刑事从业禁止的既有实践样态

笔者在威科先行法律信息库的“裁判文书”中以“三十七条之一”“禁止”为关键词,搜索范围为“全文”,搜索模式为“常规”,案由为“刑事”,文书类型为“判决书”“裁定书”,审判日期为“2016年1月1日至2020年12月31日”,获得与刑事从业禁止相关的案件共计1805件,由于较多法院在判处缓刑禁止令时也会引用《刑法》第37条之一,其中单独适用缓刑禁止令的有321件,故涉及刑事从业禁止的案件有1484件,其中23件最终未判处刑事从业禁止,1461件案件适用了刑事从业禁止。

从案件地域分布的情况来看,浙江省、河南省、河北省、江苏省所占比重较高,其中浙江省在5年内适用刑事从业禁止的案件达到481件,占比32.92%,华东地区合计占比更是高达44.97%,接近全国适用刑事从业禁止案件总数的一半。从案件裁判时间来看,呈逐年递增之势,2016 年共 70 件,2020 年已经达到 688 件。从涉案案由来看,食品、药品安全领域犯罪占据了绝对的比重,其次是性侵类相关犯罪,其余案件类型较为分散。

在既有实践中,刑事从业禁止的运行样态主要包括以下四个方面:

(一)适用比例较低

单从近 5 年刑事从业禁止案件的总量来看,2016 年至 2020 年,全国各级法院共审结一审刑事案件 609.1 万件[1],其中 1461 件适用了刑事从业禁止,总适用比例为 0.02%。当然,刑事从业禁止的适用范围为"因利用职业便利实施犯罪,或者实施违背职业要求的特定义务的犯罪",所以,上述比例似乎并不能够准确说明问题。就笔者对刑事从业禁止案件的研究来看,刑事从业禁止主要适用于食品安全、未成年教育领域等犯罪,那么以生产、销售有毒、有害食品罪为例,笔者通过在威科先行法律信息库检索获知,在 2016—2020 年间,全国共审结 12336 件,其中 650 件案件适用了刑事从业禁止,适用比例也仅为 5.27%;以猥亵儿童罪为例,笔者通过在威科先行法律信息库检索获知,在 2016—2020 年间,全国共审结 10816 件,其中 136 件案件适用了刑事从业禁止,适用比例为 1.26%。在食品安全及未成年人教育领域,犯罪分子极其容易利用职业便利实施危害社会及未成年的犯罪活动,刑事从业禁止作为一项预防犯罪分子再犯罪的措施,在食品安全及未成年教育领域,应当发挥出其重要的作用,但从前述数据可以看出,目前在我国司法实践中,刑事从业禁止的适用比例较低。

(二)适用期限混乱

笔者对所选取的 1368 件涉及刑事从业禁止的案例进行了分析,其中有 23 件案件法官最终未适用刑事从业禁止措施,在判处了从业禁止的 1345 件案件中,被告人被判处的禁业年限情况见表 1。

---

[1] 根据 2017—2021 年最高人民法院报告,2016 年各级法院审结一审刑事案件 111.6 万件,2017 年各级法院审结一审刑事案件 136.4 万件,2018 年各级法院审结一审刑事案件 119.8 万件,2019 年各级法院审结一审刑事案件 129.7 万件,2020 年各级法院审结一审刑事案件 111.6 万件。

表 1　判处从业禁止案件的禁业年限

从业禁止期限	案件数	占比
3 年	1091	73.52%
4 年	79	5.32%
5 年	232	15.63%
终身	42	2.83%
3 年且终身	33	2.22%
10 年	4	0.27%
1 年	3	0.21%
小计	1484〔2〕	100%

《刑法》第 37 条之一第 1 款规定,刑事从业禁止的法定期限为 3 年至 5 年,换言之,刑事从业禁止判决的下限为 3 年,上限为 5 年。但从上表可知,在司法实践中,除适用 3 年至 5 年的从业禁止期限外,还有 5.53% 的案件适用了“超法定”的期限,其中既有低于法定期限的 1 年,也有高于法定期限的 10 年,更有 5.05% 的案件适用了终身从业禁止,可谓五花八门。出现这一司法现状的因由,下文会详细展开论述。

(三)适用罪名分散

表 2　适用从业禁止的案件类型

案由	数量	占比
危害公共安全罪	51	3.79%
破坏社会主义市场经济秩序罪	986	73.31%
侵犯公民人身权利、民主权利罪	150	11.15%
侵犯财产罪	35	2.60%
妨害社会管理秩序罪	115	8.55%
贪污、渎职犯罪	8	0.60%
合计	1345	100%

从表 2 可知,适用从业禁止的刑事案件,主要集中在“破坏社会主义市场经济秩序

〔2〕 由于在同一起案件中,存在对多被告人适用不同的从业禁止年限,故存在对一起案件按判处两件或以上从业禁止案件统计。

罪”“侵犯公民人身权利、民主权利罪”和“妨害社会管理秩序罪”,而在“破坏社会主义市场经济秩序罪”中,“生产、销售有毒、有害食品罪”“生产、销售不符合安全标准的食品罪”和“生产、销售、提供假药罪”占 90% 以上的比例;在“侵犯公民人身权利、民主权利罪”中,“强制猥亵、侮辱罪”和“猥亵儿童罪”占 85% 以上的比例;在“妨害社会管理秩序罪”中,“扰乱公共秩序罪”和“破坏环境资源保护罪”占 60% 以上的比例。尽管在所有适用从业禁止的案件中,存在一定比例的集中,但在此之外,仍有其他诸多罪名的案件适用了从业禁止,只是案件数量和适用的比例极低,笔者按照数量由多到少,选取了前 20 类罪名,具体见表 3。

表 3　适用从业禁止的具体罪名

序号	罪名
1	生产、销售有毒、有害食品罪
2	生产、销售不符合安全标准的食品罪
3	生产、销售、提供假药罪
4	猥亵儿童罪
5	强制猥亵、侮辱罪
6	污染环境罪
7	组织考试作弊罪
8	寻衅滋事罪
9	伪造、变造、买卖国家机关公文、证件、印章罪
10	危险驾驶罪
11	重大责任事故罪
12	销售假冒注册商标的商品罪
13	非法经营罪
14	强迫交易罪
15	盗窃罪
16	诈骗罪
17	敲诈勒索罪
18	重大劳动安全事故罪
19	生产、销售伪劣产品罪
20	假冒注册商标罪

从表3可以看出,虽然从绝对数量来看,目前我国在刑事司法实践中,适用从业禁止的量不高,但从其适用罪名来讲,适用范围极其广泛,在近80类刑事犯罪中,适用了从业禁止,除了传统的盗窃罪、诈骗罪等故意犯罪,在交通肇事罪、过失致人死亡罪等过失犯罪中,也存在适用从业禁止的判决。

(四)禁止从事的职业内容扩大化

在前述1345件案例样本中,笔者进行了全面统计,按照犯罪类型进行分类,在不同的犯罪类型中,主要适用的禁止从事职业内容广泛,且具有一定的不确定性,主要涉及的职业(行业)见表4。

表4 从业禁止在司法实践中的禁止从事职业内容

<table>
<tr><th>序号</th><th>犯罪类型</th><th>罪名</th><th>禁止从事的职业内容[3]</th></tr>
<tr><td rowspan="2">1</td><td rowspan="2">危害食品安全类犯罪</td><td>生产、销售有毒、有害食品罪</td><td>从事食品生产、销售相关业;
从事食品生产经营管理工作;
从事减肥食品销售;
从事农产品生产等相关职业;
从事饮食行业工作</td></tr>
<tr><td>生产、销售不符合安全标准的食品罪</td><td>从事食品生产、销售、流通、管理等相关职业;
从事食品加工业、餐饮服务行业及公共场所行业;
从事相关职业;
从事冻肉仓储活动;
从事食品生产经营管理工作、担任食品生产经营企业食品安全管理人员</td></tr>
<tr><td>2</td><td>危害药品安全类犯罪</td><td>生产、销售、提供假药罪</td><td>从事相关职业;
从事有关药品的生产、销售、流通、管理等相关职业;
从事餐饮职业;
从事与其犯罪相关的职业;
从事医药销售相关职业</td></tr>
<tr><td>3</td><td>涉侵害未成年人人身权利罪</td><td>猥亵儿童罪</td><td>从事与未成年人相关的教育工作;
从事教育、培训、辅导等密切接触未成年人的职业;
从事教育相关职业;
从事与未成年人密切接触的教育工作;
从事与未成年人密切接触的医务工作</td></tr>
</table>

[3] 为充分说明刑事从业禁止中涉及的主要职业内容,该部分表述引用了判决书原文的相关内容。

（续表）

序号	犯罪类型	罪名	禁止从事的职业内容
		强制猥亵、侮辱罪	从事与未成年人相关的职业； 在学校从业； 从事医疗执业； 从事与儿童用品有关的经营活动以及与儿童密切接触的相关职业； 从事教育教学相关职业； 从事教师职业； 从事医师执业活动
		强奸罪	从事与未成年人相关的教育、培训、看护、托管等职业
		虐待被监护、看护人罪	从事看护工作； 从事教育行业
4	破坏环境资源保护罪	污染环境罪	生产电镀钢卷尺及其他可能导致环境污染的生产经营活动； 从事污染治理等相关工作； 从事与排污有关的经营活动； 从事处理危险废物相关行业； 从事与排污或者处置危险废物有关的经营活动； 在医疗废物处置企业或相关机构从业； 从事污水处理及相关经营性活动； 从事造纸废渣处置职业； 从事废旧油桶的收购、贮存等工作； 从事拉链喷漆加工职业
		非法捕捞水产品罪	从事渔业捕捞作业
5	侵犯知识产权罪	销售假冒注册商标的商品罪	从事生产、销售酒瓶盖的相关职业； 从事酒类生产、加工、销售和酒类外包装生产、加工、销售职业； 从事饮料类商品经营； 从事烟酒经营； 从事相关职业
		假冒注册商标罪	从事与印刷、制造及销售商标标识有关的职业； 从事含酒精产品经营； 从事家纺床上用品类产品经营； 从事洗涤用品经营

(续表)

序号	犯罪类型	罪名	禁止从事的职业内容
6	侵犯财产罪	盗窃罪	从事家政服务职业; 从事电动车、电瓶的维修、销售等相关职业; 从事废品收购行为; 从事通信基站维护工作; 从事开锁、换锁业务
		诈骗罪	从事与网络拍卖有关的活动; 从事导游职业; 从事车辆贷款担保相关工作; 从事车辆维修职业; 从事电信网络经营活动
		敲诈勒索罪	从事金融类相关职业; 从事金融服务、各类抵押借贷等职业
7	妨害社会管理秩序罪	伪造、变造、买卖国家机关公文、证件、印章罪	从事国家机关、公司、事业单位公文、证件、印章的相关工作; 从事国家机关证件培训及中介服务工作; 从事经营图文打印、刻制印章活动
		组织、强迫、引诱、容留、介绍卖淫罪	从事足浴、按摩等经营活动
8	扰乱市场秩序罪	非法经营罪	从事金融证券行业及相关活动; 从事信息网络经营活动; 从事生猪屠宰、销售等经营活动; 从事废钢渣灰加工生产工作; 从事危险化学品(汽油)经营; 从事相关职业
		串通投标罪	从事依法必须进行招标的项目的投标活动; 从事政府招标项目代理和投标; 从事招投标活动
9	危害公共安全罪	危险驾驶罪	从事驾驶职业; 从事校车驾驶工作; 驾驶机动车从事校车业务; 从事旅客运输相关工作; 从事交通运输等相关职业; 从事机动车营运职业; 从事校车相关活动

(续表)

序号	犯罪类型	罪名	禁止从事的职业内容
		重大责任事故罪	从事与煤矿安全相关的管理职业; 从事与驾驶员职业相关的职业; 从事房屋建筑业活动; 从事工程建设施工; 从事与安全生产相关联的职业
		交通肇事罪	从事驾驶职业

从表4可知,虽然《刑法》第37条之一关于从业禁止的规定为“从事相关职业”,但在司法实践中,却大大突破了“职业”的限制,进而将禁业的范围扩大至“相关行业”“相关活动”等。笔者查阅了相关法律词典,均未对“职业”“行业”及“活动”作出法律释义。《中华人民共和国职业分类大典》中对职业的解释为“从业人员为获取主要生活来源所从事的社会工作类别”,其具有目的性、社会性、稳定性、规范性和群体性的特征。[4]《现代汉语应用规范词典》对“职业”的解释为“服务于社会并作为主要生活来源的工作”,对“行业”的解释为“职业的类别”,对“活动”的解释为“为达到某种目的而采取的行动”。[5] 很明显,“职业”的内涵和外延均小于“行业”,“行业”为“职业”的上位概念,“职业”经分类规整之后形成“行业”。而“行业”的内涵和外延则小于“活动”。《中华人民共和国职业分类大典》所确定的职业分类结构包括4个层次,分别为8个大类、66个中类、413个小类和1838个细类[6],依次体现由粗到细的职业类别,而其最基本的类别即细类,才是最基本的职业。刑事从业禁止中所涉及的职业,应当为前述分类标准中“细类”之职业,但在司法实践中,裁判极大地扩大了刑事从业禁止的适用范围,将禁止从事的职业范围扩展至“小类”“中类”之职业,不符合罪刑法定原则,亦不符合刑法的谦抑性。有学者认为,在刑事从业禁止制度中,对“职业”的定位需要遵循三个原则,即“职业平等和刑罚谦抑性原则;预防再犯罪需要和防止司法过剩相结合原则;给予法官自由裁量权原则”[7],该原则在职业认定上具有一定的作用。

---

[4] 参见《中华人民共和国职业分类大典》(2006增补本),中国劳动社会保障出版社2007年版,第3页。

[5] 参见李行健主编:《现代汉语应用规范词典》,语文出版社2019年版,第495、1260、1472页。

[6] 此为1999年版职业分类大典的职业类别,后2005年增补本收录了77个新职业,2006年增补本收录了82个新职业。

[7] 刘仁文主编:《证券期货犯罪的刑法规制与完善》,社会科学文献出版社2018年版,第354页。

二、刑事从业禁止的实践问题

通过前述的案例描述与数据分析,刑事从业禁止的实践问题逐渐浮出水面,概括起来主要表现为以下两方面。

(一)刑事从业禁止的适用期限问题

《刑法》第37条之一第1款规定了禁业规定的期限为3年至5年,通过表1可以发现,除去极为明显的低于该限度的“1年”的判罚之外,存在较大争议的为10年、终身、3年且终身这三种判罚。而问题的根源,则在于《刑法》第37条第3款之规定,即“其他法律、行政法规对其从事相关职业另有禁止或者限制性规定的,从其规定”。而目前关于从事相关职业的禁止或限制性规定,主要为行政性法律法规,且较多的行政性法律法规对相关职业的禁止性规定为终身禁止,例如《食品安全法》第135条第2款规定:“因食品安全犯罪被判处有期徒刑以上刑罚的,终身不得从事食品生产经营管理工作,也不得担任食品生产经营企业食品安全管理人员。”而目前在适用刑事从业禁止的案件中,食品安全类犯罪占较高比例,故此,出于对“从其规定”的理解不同,形成了如下四类判决:第一,不对当事人判处任何期限的从业禁止,直接适用行政性法律法规对行为人行政性从业限制或禁止的规定〔8〕;第二,直接突破《刑法》第37条之一第1款之“三年至五年”的时间限制,径直适用其他法律法规对从业限制或禁止的规定,例如对判处有期徒刑以上刑罚的危害食品安全类犯罪,直接适用终身的从业禁止〔9〕;第三,将刑事从业禁止与行政性从业限制或禁止进行融合,统一适用,例如对判处有期徒刑以上刑罚的危害食品安全类犯罪,适用3年且终身的禁止从事与食品生产、加工等有关的职业〔10〕;第四,不考虑其他法律法规对行为人的从业限制或禁止性规定,单纯

〔8〕 参见湖北省宜昌市夷陵区人民法院(2019)鄂0506刑初34号刑事判决书。该案中,秦某、朱某、刘某销售掺有有毒、有害非食品原料的食品,构成销售有毒、有害食品罪,同时法院认为三被告人利用职业便利实施犯罪,可以实施3年至5年的从业禁止,但《食品安全法》对三被告人所从事的相关职业禁止另有明确规定,应“从其规定”,由行政主管部门对三被告人实施从业禁止,故最终未对犯罪人适用刑事从业禁止。

〔9〕 参见四川省峨眉山市人民法院(2020)川1181刑初105号刑事附带民事判决书。该案中,胡某将罂粟壳打磨成粉后,添加在肉类食品中销售,构成生产、销售有毒、有害食品罪,同时法院依据《食品安全法》的相关规定,未考虑刑事从业禁止“3年至5年”的期限,直接适用行政性从业禁止的期限,判处禁止胡某终身从事食品生产经营管理工作。

〔10〕 参见广东省汕头市龙湖区人民法院(2020)粤0507刑初539号刑事判决书。该案中,艾某、杨某结伙种植、销售有毒、有害农产品,构成生产、销售有毒、有害食品罪,同时法院综合了刑事从业禁止与《食品安全法》中关于食品安全犯罪中相关从业限制规定,判处犯罪人艾某、杨某禁止3年内从事食品的生产、销售工作,且终身不得从事食品生产经营管理工作和担任食品生产经营企业食品安全管理人员职务。

依照《刑法》第37条之一第1款之规定,对行为人判处3年至5年的从业禁止[11]。在司法实践中,法官对于前述"从其规定"有着不同的理解,加之最高司法机关未及时出台相应的司法解释,导致前述四种不同类型的判决的存在。

(二)刑事从业禁止所涉"职业"内容宽窄不等

从表4可以看出,刑事从业禁止在所涉"职业"内容上,存在较大的司法适用分歧,可谓"乱象丛生",具体的问题可总结为如下三点:

第一,对行为人判处了具有不确定性的禁止从业内容。根据罪刑法定原则,对行为人判处的刑罚内容应当具有确定性,不能判处不确定的刑罚。尽管刑事从业禁止并非刑罚,而关于其性质亦存在保安处分说、非刑罚预防性措施说等争议,但其从本质上来讲,是判处行为人需要遵守或执行的一种负担,而如果其判处内容并不明确,又如何让行为人去执行这一负担?例如,在行为人因触犯生产、销售不符合安全标准的食品罪而被判处刑罚,同时适用从业禁止,但关于从业禁止的判决表述为"禁止从事相关职业"[12],同样的情形,在生产、销售、提供假药罪,销售假冒注册商标的商品罪,非法经营罪等相关犯罪中存在[13],该种从业禁止的判决,在禁止行为人从事职业内容上存在较大不确定性,将会导致这一内容实际无法执行,影响从业禁止制度的实施。

第二,无限扩大了从业禁止的职业内容。刑事从业禁止制度,作为一项刑事预防性措施,其生发于刑罚的特殊预防价值,最根本的目的是通过隔离,实现对行为人再犯可能性的有效控制。从这个意义上说,对这项权利的禁止取决于罪犯利用其职务、职业或工作实施犯罪的危险性,带有特殊的预防负担。[14] 而在司法实践中,尽管其出发点和目的是最大限度地发挥这一制度在特殊预防方面的价值,但根据罪刑法定原则及刑法的谦抑性,不宜将禁止职业内容无限扩大,而应当将其控制在必要的限度内,易言之,应当尽可能在特殊预防与保障劳动者就业权方面达成一种平衡,而不易大幅度的

---

[11] 严格来讲,这种情况下的判决,属于未适用"从其规定"的情形,此类案件在实践中较多,参见广东省广州市南沙区人民法院(2020)粤0115刑初296号刑事判决书、广东省开平市人民法院(2019)粤0783刑初778号刑事附带民事判决书、广东省东莞市第三人民法院(2020)粤1973刑初1514号刑事判决书、四川省成都市新都区人民法院(2020)川0114刑初633号刑事判决书,这从另一个侧面说明,在司法实践中,法官未适用"从其规定"的情形较多。

[12] 参见河南省新蔡县人民法院(2020)豫1729刑初11号刑事判决书;浙江省瑞安市人民法院(2018)浙0381刑初1989号刑事判决书。

[13] 参见四川省广安市广安区人民法院(2016)川1602刑初183号刑事判决书;河北省三河市人民法院(2019)冀1082刑初62号刑事判决书;山西省岢岚县人民法院(2019)晋0929刑初25号刑事判决书;山西省岢岚县人民法院(2019)晋0929刑初3号刑事判决书;山西省岢岚县人民法院(2018)晋0929刑初28号刑事判决书;吉林省松原市宁江区人民法院(2019)吉0702刑初567号刑事判决书;重庆市綦江区人民法院(2018)渝0110刑初613号刑事判决书。

[14] See Elena-Georgiana Simionescu, *Prohibition of Employment of A Function or Exercise A Profession*, Annals of the Constantin Brancusi University of Targu Jiu Juridical Sciences Series, Vol. 2020, Issue 1, p. 46.

失衡。具体而言,在司法实践中,出现了较多的禁止从事相关职业/行业/活动的裁决,例如,在侵害未成年人人身权利的犯罪中,适用从业禁止的案件,主要涉及猥亵儿童罪和强制猥亵、侮辱罪等犯罪,且发生在学校、幼儿园、培训机构等教学机构者居多,所以在对相关行为人适用从业禁止时,除禁止从事"教师""医生"等职业外,司法实践中大量出现"禁止从事教育相关职业""禁止从事与未成年人密切接触的教育工作""禁止从事与儿童用品有关的经营活动以及与儿童密切接触的相关职业""禁止从事教育行业"〔15〕,从"职业"扩展到"行业",甚至某些"活动",这种对禁业内容的无限扩大,尽管其出发点是为了做到全面地预防再犯罪,但由于这种扩大导致的不确定性,最终只会让其被虚置,无法实现其制度价值。易言之,对行为人适用从业禁止,应当是"根据犯罪情况和预防再犯罪的需要"确定一个较为合适的禁止一定期限内从事"相关职业",而不宜扩展至"相关行业",否则是明显的对罪刑法定原则的违反。又如,在污染环境罪中,对于判处有期徒刑以上的刑罚,同时根据行为人犯罪情况和预防再犯罪的需要,对行为人适用从业禁止,除少数判决的禁止行为人"从事造纸废渣处置职业""从事拉链喷漆加工职业"之外,大量判决的禁业内容为"从事污染治理等相关工作""从事处理危险废物相关行业""从事污水处理及相关经营性活动",将禁业内容从法定的"职业"扩展至"行业"。德国刑法上也有关于禁止执业处分的规定,其性质为"非剥夺自由的保安处分",但由于禁止执业不仅关涉《德国基本法》第 12 条规定的公民的基本权利,同时会使得犯罪人的再社会化非常困难,因此德国法院仅仅在为了避免对公众的重大危险时才非常慎重地适用该项处分,且自 1970 年以来,每年被命令禁止执业的案件不足 100 起。〔16〕 相比较而言,我国的刑事从业禁止制度亦是对犯罪人就业权的限制,会导致其复归社会难度加大,故此在适用该项制度时,也应当谨慎处之。

第三,刑事从业禁止判决在事实上的虚置。这一问题主要表现在刑事从业禁止和行政性从业限制或禁止竞合的情形。由于在《刑法修正案(九)》增设刑事从业禁止前,其他法律法规,尤其是行政性法律规范已经存在从业限制或禁止的规定很多年,而作为一切法律规制的最后手段,一般而言,触犯刑法之时,自然也违反了民法、行政法等其他法律法规之规定,于是就产生了在从业禁止方面的竞合。以危险驾驶行为为例,若行为人醉酒驾驶,触犯危险驾驶罪,那么对于行为人应当判处拘役,同时可以适用"禁止从事机动车驾驶工作"3 年至 5 年,但根据《道路交通安全法》第 91 条第 2 款之规定:"醉酒驾驶机动车的,由公安机关交通管理部门约束至酒醒,吊销机动车驾驶

〔15〕 参见云南省昆明市盘龙区人民法院(2019)云 0103 刑初 142 号刑事判决书、广东省惠州市大亚湾经济技术开发区人民法院(2020)粤 1391 刑初 133 号刑事判决书、广东省广州市南沙区人民法院(2019)粤 0115 刑初 582 号刑事判决书、四川省成都市新都区人民法院(2020)川 0114 刑初 633 号刑事判决书,此类判决书数量较多,此处不一一列举。

〔16〕 参见〔德〕汉斯·海因里希·耶赛克、〔德〕托马斯·魏根特:《德国刑法教科书》,徐久生译,中国法制出版社 2017 年版,第 1117 页。

证,依法追究刑事责任;五年内不得重新取得机动车驾驶证。”行为人在5年内不得重新取得机动车驾驶证,事实上也就剥夺了其从事机动车驾驶工作,因此此处的刑事从业禁止便在事实上虚置了。再如,若前述醉酒驾驶的行为人发生重大交通事故,其行为同时触犯交通肇事罪,根据《刑法》第133条之一第3款之规定,应当对行为人按照交通肇事罪定罪处罚,自然亦可以对其适用3年至5年的“禁止从事机动车驾驶工作”,实践中也存在较多此种情形,但根据《道路交通安全法》第91条第5款之规定,“饮酒后或者醉酒驾驶机动车发生重大交通事故,构成犯罪的,依法追究刑事责任,并由公安机关交通管理部门吊销机动车驾驶证,终生不得重新取得机动车驾驶证”。在这种情况下,行为人终身不得取得机动车驾驶证,因此刑事从业禁止在事实上也被虚置了。类似的情况,在危害食品安全类犯罪及侵害未成年人人身权利犯罪中也较为常见。

仔细推敲,细心的读者一定已经发现,前述刑事从业禁止制度在司法实践中的两大问题,其根源在于刑事从业禁止与其他法律法规、行政性从业限制或禁止之间的冲突。正是这一冲突,才导致司法实践中的大量问题出现。

三、刑事从业禁止的困境

(一)是否适用刑事从业禁止的困境

在司法实践中,是否适用刑事从业禁止的困境,并非来自法官对案件犯罪情况及预防行为人再犯罪的必要性上无法判断。单纯从是否适用刑事从业禁止制度来讲,法官应当坚持正义性理念、保护性理念、保障性理念和谦抑性理念,同时把握妥当性、必要性和比例原则,在此基础之上来决定是否适用。〔17〕关于对该问题的判断,我们也可以从德国刑法上寻得一些借鉴。根据《德国刑法典》第70条至第70b条的规定,禁止执业的条件有两个:一是行为人滥用其职业或违背职业义务实施了犯罪行为,至于行为人有无责任能力是不影响本处分的科处的;二是对行为人有不利的再犯预测。在德国,如果护士从医院盗窃吗啡,律师向他的处在待审拘留期间的当事人提供武器,或者教师对学校儿童实施性行为,都属于滥用职业或违背职业义务的行为。相反,如果业主没有缴纳到期应当缴纳的税款或社会保险金,则不属于侵害职业义务的情况,因为相应的义务均可能涉及任何人。〔18〕

司法实践中,是否适用刑事从业禁止的困境,来自对《刑法》第37条之一第3款“从其规定”难以把握。而对于“从其规定”理解与解释上的第一重难题即在于,对于在

---

〔17〕 参见曹波:《刑事职业禁止制度研究》,法律出版社2018年版,第214—225页。
〔18〕 参见前注〔16〕,第1118页。

其他法律法规对行为人从事相关职业有禁止或限制性规定的情况下，即刑事从业禁止与其他行政性从业禁止存在竞合的情况下，是否要适用刑事从业禁止？还是按其他行政性从业禁止或限制径直处理即可？关于这一困境，又可以细分为几个层次，第一个层次为在前述两种从业禁止竞合的情况下，适用哪一种或者两种同时适用的问题；第二个层次为将从业禁止拆分为内容与期限两个部分，即存在表5中几种适用的排列组合情形。

表5　从业禁止适用的模式选择

模式	刑事从业禁止内容	刑事从业禁止期限	行政性从业禁止内容	行政性从业禁止期限
1	√	√		
2	√			√
3		√	√	
4			√	√

有学者认为，“从其规定”并非其他法律、行政法规关于从业禁止的所有规定都进入刑法的适用领域，刑法规定的从业禁止的适用条件不能“从其规定”，“从其规定”只是适用于从业禁止的期限，即人民法院在必要的时候可以突破刑事从业禁止的法定“三年至五年”的限制，而适用其他法律、行政法规规定的期限。[19] 换言之，该学者较为认可表5中的第二种模式，认为“从其规定”只是为了保障刑事从业禁止在适用期限上的周延。也有学者认为，“从其规定”是对《刑法》第37条之一第1款和第2款刑法从业禁止制度适用的例外性规定。法院在是否适用刑事从业禁止这一问题上，在考虑到犯罪情况及预防再犯罪的需要之后，仍需要考察有无其他法律、行政法规已对该种情况规定了从业禁止，若有，则刑法不必判处刑事从业禁止，而由行政部门按行政性从业禁止处理即可。其将刑事从业禁止的范围限缩在相关法律、行政法规没有作出从业禁止规定的场合。[20] 换言之，该学者限缩了刑事从业禁止的阵地，但其没有考察行政性从业禁止的内容与期限，笼统地将其作为一体对待，观点欠缺全面性。陈兴良教授认为，若其他法律、行政法规对职业犯罪作了从业禁止的规定，且期限或者禁止内容与刑法规定不同，则应当援引这些规定对被告人进行处罚。其将该种情形解释为援引法定刑的规定，即在此种情况下，法律、行政法规规定的禁止从事相关职业，就转化为刑

〔19〕 参见欧阳本祺：《我国刑法中的“从其规定”探究——以〈刑法〉第37条之一第3款的规定为分析对象》，载《法商研究》2017年第3期。

〔20〕 参见刘剑：《〈刑法〉第37条之一“从其规定”的理解与适用》，载《河南司法警官职业学院学报》2018年第1期。

罚处罚。[21] 具体到司法实践中,既有一审因行政性从业禁止有了相关规定而未适用刑事从业禁止而遭到检察院抗诉,但抗诉后又维持的,说明法官倾向于前述表5中的第四种模式,同时,又存在适用刑事从业禁止的内容,选择了行政性从业禁止的期限的判决,例如判处行为人终身禁止从事某职业。另外,也存在直接适用行政性从业禁止的内容及期限,即判处了行为人终身禁止从事某行业或某活动。因此,在具体个案中,是否适用刑事从业禁止的困境亟待解决。

(二)适用何种期限的刑事从业禁止的困境

尽管《刑法》第37条之一第1款规定了刑事从业禁止的期限为“三年至五年”,但由于其第3款又规定,“其他法律、行政法规对其从事相关职业另有禁止或者限制性规定的,从其规定”。由于对“从其规定”的理解不一致,因此在司法实践中才出现了1年、10年、终身等超越“三年至五年”这一范围的情况。这一问题的实质,系其他法律、行政法规对职业禁止或限制性的规定包含了内容、适用程序、期限等部分。而就其期限来讲,在适用问题上则出现了较大的分歧,具体可见表6。

表6　刑事从业禁止适用期限模式

序号	刑事从业禁止期限	行政性从业禁止期限	最终适用模式
1	3年至5年		3年以下
2		3年以下	3年至5年
3		5年以上	5年以上
4		终身	终身
5			3年至5年且终身
6			5年以上且终身

从表6可以看出,由于刑事从业禁止和行政性从业禁止期限的冲突,导致刑事从业禁止在最终适用何种期限上的困惑,而司法实践中多样化的适用期限也是这一问题的形象说明。《德国刑法典》第70条第(1)项规定,“因滥用职业或营业或严重违反其职业或营业相关义务而实施之违法行为,致被判处刑罚,或仅因其责任能力之欠缺已经证明或不能排除而未被判处刑罚者,如法院对于行为人与其行为进行整体评价后,认为行为人继续执行其职业、职业部门内之业务、营业或营业部门内之业务,仍有再犯上述重大违法行为之危险,法院得宣告禁止行为人于一年以上五年以下之期间内

〔21〕 参见陈兴良:《〈刑法修正案(九)〉的解读与评论》,载《贵州民族大学学报(哲学社会科学版)》2016年第1期。

执行其职业、职业部门之业务，营业或营业部门之业务”[22]。就此可以看出，德国刑事从业禁止的一般期限的规定模式与我国的相同，均规定了从业禁止期限的下限与上限，但不同于我国的“从其规定”，《德国刑法典》第70条第(1)项同时规定“法院预料执业禁止的法定最高期限不能排除行为人所具有之危险者，得为永久执业禁止之宣告”[23]。所以，德国刑事从业禁止至少在适用期限上保证了周延性，即除一般性的1年至5年的从业禁止期限外，同时规定了终身禁业期限，以避免与部分行政性终身从业禁止期限的冲突。

(三)适用何种内容的刑事从业禁止的困境

在考虑了是否适用刑事从业禁止和适用何种期限的从业禁止之后，自然无法回避的一个问题便是，适用何种内容的刑事从业禁止？《刑法》第37条之一关于从业禁止的内容规定为“禁止其自刑罚执行完毕之日或者假释之日起从事相关职业”，该规定至少包含了两方面内容，一方面明确了刑事从业禁止的开始期限，另一方面明确了刑事从业禁止的内容为“禁止从事相关职业”，但如何理解和解释“相关职业”又成了新的问题。加之《刑法》第37条之一第3款关于“从其规定”之规定，而在行政性从业禁止方面，相关行政性法律、法规关于从业禁止的内容规定，既包含了“禁止从事某特定职业”，也包含了“禁止从事某相关行业”，还有“禁止从事某相关行业中的特定职业”，且职业与行业及相关活动等内涵与外延的界分不够明确，在实践中存在诸多交叉重合，这也更加大了准确裁判刑事从业禁止的难度。

四、刑事从业禁止的制度完善

通过前文的分析与反思，可以得出的基本结论是，刑事从业禁止制度从其创设到实施的这八年多来，始终在一团乱象中迷茫与徘徊，有学者提出，我国目前的前科制度体系相对完整，同时又缺乏前科消灭制度，从业禁止的适用空间有限，应当由最高人民法院、最高人民检察院等机关制定适用从业禁止有关问题的规定，从司法实践的操作层面上提供规范性依据和思路，避免从业禁止在司法适用中被架空。[24] 但遗憾的是，截至目前，我们仍旧未能见到相关司法解释的出台。由于立法解释、司法解释的缺失，导致刑事从业禁止的运行困境出现“无法可依”的状态，而其与行政性从业禁止的冲突也无法得到调和。也有学者指出，《德国刑法典》《法国刑法典》均规定了刑事从业

[22] 《德国刑法典》，李圣杰、潘怡宏编译，元照出版有限公司2019年版，第120页。
[23] 同上注。
[24] 参见于志刚：《从业禁止制度的定位与资格限制、剥夺制度的体系化——以〈刑法修正案(九)〉从业禁止制度的规范解读为切入点》，载《法学评论》2016年第1期。

禁止制度,但由于其对从业禁止的性质、适用原则等作了明确、全面的规定,因此不存在援引其他法律、法规的规定,我国从业禁止制度中的“从其规定”是一个“中国问题”。[25] 笔者查阅了一众外国刑法典,其中诸如意大利、荷兰、俄罗斯、罗马尼亚、匈牙利等许多国家的刑法典都规定了“刑事从业禁止”制度,但在制度设计中均未有类似我国刑法“从其规定”之规定。既然在短期内我们无法期冀立法部门能够出台相应的规范性文件,那么通过司法实践的自下而上的制度完善,不失为一条可行之路。

(一)规范刑事从业禁止的适用条件

在行政性从业禁止与刑事从业禁止竞合的情形之下,“从其规定”并不能为我们指明如何去适用,因此,如何“从其规定”就成了必须要考虑的问题。

关于刑事从业禁止的启动,司法实践中应当把握一个基本的原则,即“行政性从业禁止优先原则”,这意味着,在出现两者竞合的情况下,一般优先适用行政性从业禁止,刑事从业禁止作为补充,同时,这也契合了刑法谦抑性。刑事从业禁止一般在以下两种情形下启动:

1. 当行政性从业禁止对于某一职业禁止的期限低于刑事从业禁止的最低期限时

首先,根据目前之规定,如果一味“从其规定”,将导致所有行政性从业禁止措施优先于刑事从业禁止而适用,容易导致刑罚适用的轻重失衡。从措施的力度上来看,行政性从业禁止可以优先于刑事从业禁止适用,违反了两种措施发生竞合时从重适用的传统选择。其次,将会导致短期从业禁止措施优先于长期从业禁止措施适用。刑事从业禁止的期限为 3 年至 5 年。我国行政性从业限制的期限既有高于 3 年的,也有低于 3 年的。例如,《执业医师法》规定,因受刑事处罚,自刑罚执行完毕之日起至申请注册之日止不满二年,不予注册。换言之,执业医师因利用医师职业犯罪的限制从业期限为二年,低于刑事从业禁止的最低期限。如果优先适用《执业医师法》,实际上选择适用了轻法,容易导致轻重失衡。[26] 所以,在行政性从业禁止的期限低于 3 年时,应该优先适用刑事从业禁止,综合考虑行为人犯罪情况和预防再犯罪的需要,对行为人判处 3 年至 5 年的从业禁止。

2. 行政性从业禁止未涉及的职业

作为一项法律责任类型,从业限制在行政法上,更多地规定于具有前置行政许可监管的领域,即在行为人违反了前置行政许可后,对其施加一种从业限制。例如,《互联网上网服务营业场所管理条例》第 36 条第 1 款规定:“互联网上网服务营业场所经

---

〔25〕 参见前注〔19〕。

〔26〕 参见徐晓明:《行政许可后续监管体系中的从业限制法律责任:基本类型、法律属性及法律规制》,载《行政法学研究》2020 年第 6 期。

营单位违反本条例的规定,被吊销《网络文化经营许可证》的,自被吊销《网络文化经营许可证》之日起 5 年内,其法定代表人或者主要负责人不得担任互联网上网服务营业场所经营单位的法定代表人或者主要负责人。"在这一规定中,不得担任互联网上网服务营业场所经营单位的法定代表人或者主要负责人的规定就是从业限制法律责任规定。除此之外,《法官法》《检察官法》《人民警察法》和《公务员法》规定,曾因犯罪受过刑事处罚的,不得担任法官、检察官、警察和公务员,这也是行政法上从业限制的体现。客观地说,我国行政立法中关于从业禁止的规定对于推动职业的规范化具有重要作用,但行政性从业禁止涉及的职业范围有限。目前我国行政立法关于从业禁止的规定主要针对的职业都是公务员、公司企业高管和部分特定行业(如律师、注册会计师),职业覆盖面较小,相关职业特点为均须取得相关从业或执业资格,对于许多无须取得执业资格的领域,关于从业禁止的规定没有覆盖或没有充分覆盖。所以,对于这部分真空地带,就需要刑事从业禁止制度去填补。

(二)明确刑事从业禁止的具体适用期限和程序

根据我国《刑法》第 37 条之一的规定,刑事从业禁止的适用从"刑罚执行完毕之日"或"假释之日"开始,换言之,刑事从业禁止至少是在刑事案件审判活动结束之后才适用。而国外许多国家都规定了涉案诉讼中的从业禁止,也称为"暂时性从业禁止"。《德国刑事诉讼法》第 9b 章即关于"暂时性从业禁止"的规定,其 132a 条规定:"(1)若有重大理由可认为将命从业禁止(《德国刑法典》第 70 条),则法官得以裁定暂时禁止被告从事某职业或职业部门、营业或营业部门之业务。《德国刑法典》第 70 条第 3 项〔27〕之规定准用之。(2)若暂时性从业禁止之理由消失,或法院在判决中未命从业禁止,则应撤销暂时性从业禁止。"〔28〕《罗马尼亚刑法典》第 132 条第 3 款规定:"在刑事诉讼或审判期间也可以临时适用禁止担任某种职务的保安处分。"〔29〕不可否认,置身于刑事诉讼之中的行为人,其人身自由一般会受到限制,那么从事相关职业的机会就少了很多,加之我国较低的取保率,所以审判中的从业禁止必要性也就降低了很多。但作为一项制度设计,从其保障周延性及价值发挥最大化角度来讲,增加诉讼中的从业禁止是适当且科学的。本文这里所重点讨论的是,我国在现有制度设计模式之下,刑事从业禁止的具体适用期限和程序。

1. 行政性从业禁止针对特定职业的,刑事从业禁止直接适用该规定

行政性从业禁止是针对特定职业而设定的,那么刑事从业禁止直接适用之,换言

---

〔27〕《德国刑法典》第 70 条第 3 项规定:"于执业禁止处分实施中,行为人亦不得为他人执行执业、职业部门之业务、营业或营业部门的业务,或者指示听令于其之人为其执行职业或营业。"前注〔22〕,第 122 页。

〔28〕参见《德国刑事诉讼法》,连孟琦译,元照出版有限公司 2016 年版,第 174 页。

〔29〕参见《罗马尼亚刑法典》,王秀梅、邱陵译,中国人民公安大学出版社 2007 年版,第 42 页。

之,对于公务员、法官、检察官、律师、教师等职业,行政性从业禁止都作了明确性规定,且一般为终身禁止从业,那么在该种情形下,司法判决中适用行政性从业禁止期限即可,这样既体现了司法裁判的独立性,也保证了法秩序的统一性。

2. 行政性从业禁止针对行业的,选取其中的部分职业适用刑事从业禁止

当行政性从业禁止针对的禁止内容涉及某一行业时,由于此种情形下,行政性从业禁止涉及面太广,导致针对性较弱,于是可以根据犯罪情况及预防再犯罪的需要,选择其中一些较为明确的职业,对行为人适用刑事从业禁止。以危害药品安全类犯罪为例,《药品管理法》第 118 条规定:“生产、销售假药,或者生产、销售劣药且情节严重的,对法定代表人、主要负责人、直接负责的主管人员和其他责任人员,没收违法行为发生期间自本单位所获收入,并处所获收入百分之三十以上三倍以下的罚款,终身禁止从事药品生产经营活动……”该规定可视为行政性从业禁止对药品生产经营的行业性禁止,但该种行业性禁止的内涵过小,外延过大,容易导致覆盖范围过大而无法做到精准预防,所以,刑事从业禁止作为对行为人的独立评价,可以根据行为人从事的职业,单独对行为人处以 3 年至 5 年内禁止从事某种职业的禁业规定。这样既能够体现刑法的独立评价,同时也能够弥补行政性从业禁止范围过大而造成的预防缺乏针对性。这种适用情形,主要体现在危害食品、药品安全类犯罪中。

对比域外刑法规定来看,《俄罗斯联邦刑法典》第 47 条规定了“剥夺担任一定职务或从事某种活动的权利”,类似于我国的刑事从业禁止制度,根据其规定,俄罗斯的“刑事从业禁止”主要体现在两方面,一是“禁止担任国家公职或在地方自治机关中任职”,二是禁止“从事某种职业活动或其他活动”。俄罗斯的刑事从业禁止作为一种刑罚,分为两种类型,一种为主刑,其适用期限为 1 年以上 5 年以下,另一种为附加刑,其适用期限为 6 个月以上 3 年以下。与我国《刑法》规定不同的是,《俄罗斯联邦刑法典》分则在相关具体犯罪的刑罚部分直接规定了禁止担任职务或从事活动的内容,这样也就较好地将从业禁止的范围限缩在合理的范围内,而对于在刑法典分则未规定刑事从业禁止刑罚的,法院考虑到犯罪社会危险性及犯罪人的身份,可以对其适用剥夺担任一定职务或从事某种活动的附加刑。〔30〕 但从司法实践来看,法官主要依照《俄罗斯联

---

〔30〕 《俄罗斯联邦刑法典》第 47 条第 1 款规定:“剥夺担任一定职务或从事某种活动的权利是禁止担任国家公职或在地方自治机关中任职,或者从事某种职业活动或其他活动。”第 47 条第 2 款规定:“剥夺担任一定职务或从事某种活动的权利作为主刑为 1 年以上 5 年以下,作为附加刑为 6 个月以上 3 年以下。在本法典分则相应条款有专门规定的情况下,剥夺担任一定职务或从事某种活动的权利作为附加刑可以规定为 20 年以下。”第 47 条第 3 款规定:“本法典分则相应条款未规定剥夺担任一定职务或从事某种活动的权利作为对有关犯罪的刑罚时,如果法院考虑到犯罪社会危害性的性质和程度以及犯罪人的身份,认为他不可能再担任一定职务或从事某种活动的权利,则剥夺担任一定职务或从事某种活动的权利也可以作为一种附加刑适用。”参见《俄罗斯联邦刑法典》,黄道秀译,中国民主法制出版社 2020 年版,第 19 页。

邦刑法典》分则中规定的“从业禁止”进行判罚,合理地将禁业内容进行了限定。

借鉴《俄罗斯联邦刑法典》,对于我国行政性从业禁止针对的禁止内容涉及某一行业时,可以考虑在我国《刑法》分则中,在具体犯罪处罚条款中,作出具体的刑事从业禁止规定,明确规定禁止从事的职业,这样既可以避免刑事从业禁止判罚的范围过宽,同时又可以有效保障刑事从业禁止的执行。

3. 行政性从业禁止没有规定的,适用刑事从业禁止

对于既没有针对某职业的行政性禁业规定,亦没有针对某行业的行政性禁业规定的情形,可直接根据犯罪情况及预防再犯罪的需要,适用3年至5年期限的刑事从业禁止。

对于前述的适用判断,可通过表7进行表示。

表7　从业禁止的刑行适用规则

序号	行政性从业禁止(针对职业)	行政性从业禁止(针对行业)	刑事从业禁止
1	√	×	直接适用行政性从业禁止关于期限之规定
2	×	√	选择部分职业适用刑事从业禁止
3	×	×	直接适用刑事从业禁止

(三)限缩刑事从业禁止的适用内容

在明确了刑事从业禁止适用的条件和程序之后,必须要在司法实践无限扩大刑事从业禁止内容之基础上,对其进行限缩。刑事从业禁止制度,禁止行为人从事的职业内容,应当遵循适度原则,禁止过度扩张。此处的适度,主要包含三方面的内容。

1. 禁止从事的职业应当具有确定性

对行为人判处一定期限的从业禁止,应当对禁止从事的职业,作出明确性的判决,将禁止从事的内容限缩为“职业”,而不能扩张到“行业”,甚或“活动”,例如“从事某特定食品的销售职业”“从事保安职业”等,禁止对行为人作出诸如“禁止从事相关职业”“禁止从事相关行业”等内容不明确的判决。对行为人判处禁止一定期限内从事内容不明确的职业,其实也就导致这一判罚的不可执行性和虚置。当然,随着社会经济的发展,社会分工的进一步精细,诸多新兴职业的诞生和陈旧职业的淘汰,以及相关职业之间的交叉、融合、变迁,会导致在司法实践中,精准判断某一职业具有一定难度,司法机关在进行刑事从业禁止判罚时,可参照《中华人民共和国职业分类大典》和中华人民共和国国家标准《职业分类与代码》,选择一个较为精准、明确的职业。

根据2015年《法国刑法典》第131-27条、131-28条之规定[31]，刑事从业禁止作为一种附加刑，可以是永久性的，也可以是暂时性的，暂时性从业禁止的期限不得超过5年。而对于禁止从事的职业活动或社会活动的内容，除去“经选举产生的任职或履行工会之职责或新闻轻罪案件”外，可以是“任何其他职业性或社会性活动”。[32] 应当说，单从刑法总则之规定来看，2015年《法国刑法典》所规定的刑事从业禁止所涉职业内容具有极强的不确定性，其并未区分职业和社会性活动，但在具体案件中，刑法分则明确规定了禁止从事特定活动的内容，例如，“堕胎犯罪案件中，《新刑法典》第223-19条规定禁止被判刑人从事医疗性质或药剂性质的工作；对酗酒案件，则是禁止被判刑人在公共服务部门或公共租让经营的部门内担任安全可能受到危害的工作；欺诈破产案件中，禁止事项则是宣告个人破产”[33]。可以看出，法国通过更加具体的规定，将刑事从业禁止的职业活动内容予以确定化、精确化，另外，法国刑事从业禁止的禁止事项，首先针对的是公职和医疗职业，后来才逐步扩大至工商职业。对比法国的刑事从业禁止制度，我国也应当在司法实践中，将刑事从业禁止所涉之职业尽可能予以确定。

2. 禁止从事的职业应当具有较强相关性

由于刑事从业制度创设的目的是加强刑罚的特殊预防功能，实现对行为人再犯罪的控制，因此在对行为人适用禁业规定时，应当将其与特定职业、专长、岗位关联起来。缺乏合理关联的职业禁止，违背了限制从业的信用工具本质，不利于犯罪人再融入社会，同时在脱离了职业特性的情况下，会导致职业限制的过度扩大，超出了防控风险的必要限度。[34] 因此，首先要仔细考察行为人利用了何种职业之便利，或者违背了何种职业之特定义务，选择该种职业或者与该种职业具有较强相关性的职业，作为限制从事的内容。以危害药品安全类犯罪为例，若行为人实施了销售假药的行为，而构成销售假药罪，同时根据其犯罪情况及预防再犯罪的需要，拟对行为人适用刑事从业禁止，那么禁止行为人从事的职业就应当与药品销售职业具有相关性，而不能禁止行为人“从事餐饮职业”。“相关职业”不应超出预防再犯相关犯罪（而非所有犯罪）的需要，同时，该范围的界定不能违背比例原则，范围的圈定不能对犯罪人的社会复归造成重大阻碍。[35]

---

[31] 2015年《法国刑法典》第131-27条第1款规定：“作为重罪或轻罪之附加刑科处时，禁止担任公职或禁止从事职业或社会活动刑可以是永久性的，也可以是暂时性的。在后一种场合，禁止时间不得超过5年。”第131-28条规定：“禁止从事职业活动或社会活动，可以是指在从事该活动中或从事该活动时实施了犯罪的那种职业性或社会性活动，也可以是指由惩治犯罪之法律所定意义上的任何其他职业性或社会性活动。”

[32] 参见《最新法国刑法典》，朱琳译，法律出版社2016年版，第23页。

[33] 〔法〕卡斯东·斯特法尼等：《法国刑法总论精义》，罗结珍译，中国政法大学出版社1998年版，第481页。

[34] 参见陈国栋：《〈行政处罚法〉中限制从业罚的解释与适用》，载《南大法学》2021年第4期。

[35] 参见李兰英、熊亚文：《刑事从业禁止制度的合宪性调控》，载《法学》2018年第10期。

3. 禁止从事的职业应当具有可执行性

禁止从事的职业应当具有可执行性，实则是前述两点要求，即确定性和相关性之下的一个兜底原则，换言之，在保证了禁止从事的职业内容满足确定性和相关性之条件下，再考察对于该种职业的禁止是否具有可执行性。此处的可执行性，仅考察理论上的可执行性，而不涉及对实际执行效果的考察，例如教师、司机、医生、律师等职业，由于行政法上对其设定了一定的执业许可制度，在因犯罪而吊销相关执业资格，或者在年检时不予审核通过者，自然在适用刑事从业禁止的情况下，其执行效果也会较为理想。根据人力资源和社会保障部公布的《国家职业资格目录（2021 年版）》，我国共对 72 项职业设定了职业资格，其中分为专业技术人员职业资格和技能人员职业资格，在专业技术人员职业资格中，包含了 59 项准入类职业资格和水平评价类职业资格，在技能人员职业资格中，包含了 13 项准入类职业资格和水平评价类职业资格。准入类职业资格，一般都包含了资格准入考核与年检，而如果行为人涉嫌刑事犯罪并遭受处罚，一般会吊销该种资格，诸如教师资格、法律职业资格、注册会计师资格等。有学者认为，职业包含了三方面内容，即职业资格、职业职务和职业活动，法官在适用从业禁止时，应当具有一定的自由裁量权，即法官可以根据犯罪情况和犯罪人情况，选择对犯罪人适用禁止取得职业资格、禁止担任一定职务或禁止从事所有职业活动。[36]本文所指禁止从事的职业应当具有可执行性，主要是从形式上对禁业内容的要求，形式上符合可执行性要求即可，至于其执行情况，则是需要在另一个层面考量的问题。

五、结　论

刑事从业禁止制度从其创设以来，已经在司法实践中得到了一定程度的应用，也取得了一定的效果。但司法实践中，从业禁止的适用存在较多的问题与矛盾，适用期限的混乱、适用内容的随意扩大化等问题都相当严峻。这些问题的根本症结在于刑事从业禁止与行政性从业禁止之间的竞合问题，只有将这一矛盾进行梳理和解决，才能推进刑事从业禁止制度继续向前发展，更好地服务于刑事司法。因此，应当规范刑事从业禁止的适用条件，明确其具体启动及适用程序，同时限缩刑事从业禁止的适用内容，通过这三方面来完善刑事从业禁止制度，保障这一制度的良好运行。

---

〔36〕 参见袁彬：《从业禁止制度的结构性矛盾及其改革》，载《北京师范大学学报（社会科学版）》2017 年第 3 期。

[网络爬虫]

作为刑事追诉工具的网络爬虫*

[德]肯·埃克斯坦** 文　毕丰皓*** 译

要　目

摘　要　犯罪愈发依赖于网络,而网络侦查也不断自动化。德国刑事诉讼法为在刑事诉讼中使用网页抓取技术这一侦查手段制定了法律框架,而在更高层面上则依托法治原则以及宪法所保障的公民基本权利。关于刑事追诉机关是否以及在多大程度上有权使用网页抓取技术的问题,现行法尚无明确的最终定论。

关键词　网页抓取　网络爬虫　网络侦查　刑事追诉

一、导　语

在世界各地,在生活的各个领域,交际与信息在很大程度上都已经转移到了互联网上。犯罪活动也愈加多发于互联网或通过互联网进行,其中不仅包括针对计算机系统的犯罪行为,例如网络钓鱼(Phishing)、分布式拒绝服务攻击(DDoS)、网络勒索攻击

---

* 本文系肯·埃克斯坦教授、博士(Prof. Dr. Ken Eckstein)于2021年6月28日所作的题为"网络爬虫的刑事法规制"(Strafrechtliche Regulierung des Web-Scrapinig im duetsch-chinesischen Rechtsvergleich)的主题报告。本文的翻译已得到作者授权。摘要和关键词为译者所加。

** 德国波鸿鲁尔大学法学院教授,刑法学博士,主要研究方向为刑事法、刑事诉讼法。

*** 北京外国语大学德语学院博士研究生。

(Angriffe mit Ransomware)〔1〕,事实上,互联网也已成为其他各种犯罪行为的发生场所,例如在暗网交易平台上交易麻醉品和武器,在脸书、推特等社交媒体上进行侮辱和威胁,在论坛和聊天室中准备极端主义犯罪等。关于微信或微博上是否有同样的相关报道,笔者尚不了解。

同时,互联网还成为犯罪痕迹及犯罪线索的丰富来源。因此,刑事追诉机关(警方与检方)长期以来便已在互联网上展开侦查,这并不令人诧异,此类侦查活动被称为网络侦查(Online-Ermittlungen)。警方人员可以手动开展网络侦查。与普通民众使用互联网的方式一样,警方人员也会使用网页浏览器、搜索引擎或应用程序,在不暴露自己为警方工作的情况下,在论坛上搜寻犯罪内容,参与聊天,检查物品交换及商品交易,或浏览暗网。

二、网络侦查的自动化

互联网上的信息与交际范围广、种类多、变化快,这便使得人类的手动搜索成了西西弗斯式的永无止境的工作。〔2〕因此,刑事追诉机关对于在互联网上自动搜索证据抱有极大兴趣。基于算法的软件能够实现自动化搜索,此外还可进行分析,发现各种内容之间的联系,可能的证据也能够被自动保存下来。这种搜索软件的运行原理与谷歌或百度等搜索引擎类似,即网络爬虫(Web-Crawler)对预先设定的互联网区域进行彻底搜索,并将在网页上发现的内容索引化。网络抓取程序(Web-Scraper)将网络爬虫与数据提取器(Daten-Extraktor)相结合,后者能够复制相关内容,并将复制的内容以可灵活处理的文件格式存档。〔3〕由于刑事追诉机关是对具体的犯罪行为展开针对性调查,因此使用的是聚焦网络爬虫(focused Crawler)或主题网络爬虫(topic-driven Crawler)〔4〕。

编写网络抓取程序并非易事。网站运营者可能会采取应对措施以抵制网络爬虫。登录要求(Login-Erfordernisse)为自动搜索增加了难度,在暗网上尤其如此。〔5〕这些

〔1〕 BKA, Cybercrime. Bundeslagebild 2020, S. 4.

〔2〕 Vgl. Kant, Internet-Streifen. Recherchen ohne Verdacht im weltweiten Datennetz, Bürgerrechte & Polizei (CILIP) 71, S. 29, 31.

〔3〕 Golla/Schönfeld, Kratzen und Schürfen im Datenmilieu-Web Scraping in sozialen Netzwerken zu wissenschaftlichen Forschungszwecken, Kommunikation & Recht (K&R) 2019, S. 15 f.; Mahto/Singh, A dive into Web Scraper World, 2016 3rd International Conference on Computing for Sustainable Global Development (INDIACom), S. 689.

〔4〕 Fu/Abbasi/Chen, A Focused Crawler for Dark Web Forums, Journal of the American Society for Information Science and Technology, 2010, S. 1213.

〔5〕 Fu/Abbasi/Chen, A Focused Crawler for Dark Web Forums, Journal of the American Society for Information Science and Technology, 2010, S. 1213, 1214.

应对措施使得设计网络抓取程序变得更加费时费力。[6] 此外,刑事追诉机关必须能够在之后的法庭审理中证明证据未经事后篡改。[7] 这需要可靠的日志文件(Log-Dateien)。为满足所有要求,开发和加强相应的工具已成为国际合作的主题。[8] 以下列举若干当前德国实践当中的案例[9]:

——德国联邦刑事犯罪调查局(Bundeskriminalamt)使用的互联网侦查工具 INTERMIT 能够在万维网中搜索特定条目。[10]

——税务机关使用一种名为 XPIDER 的软件,用以搜索交易平台上可能需要征税的交易。[11]

——巴伐利亚州网络犯罪中央办公室(Zentralstelle Cybercrime Bayern)使用由荷兰国家应用科学研究院(TNO)开发的暗网监视器 Dark Web Monitor 在暗网上展开侦查。[12]

此外,还有一些人脸识别项目。[13]

三、法律框架

《德国刑事诉讼法典》为在刑事诉讼中使用网页抓取技术这一侦查手段制定了法律框架,而在更高层面上则依托法治原则以及宪法所保障的公民基本权利。下文首先从宪法层面展开探讨,之后讨论刑事诉讼法方面的执行情况。

---

〔6〕 参见 Turk/Pastrana/Collier, A Tight Scrape: Methodological Approaches to Cybercrime Research Data Collection in Adversarial Environments, 2020 IEEE European Symposium on Security and Privacy Workshops (EuroS & PW), S. 428 ff.; Campobasso/Burda/Allodi, CARONTE: Crawling Adversarial Resources Over Non-Trusted, High-Profile Environments, 2019 IEEE European Symposium on Security and Privacy Workshops (EuroS&PW), S. 433 ff.。

〔7〕 Vgl. Fährmann, Digitale Beweismittel und Datenmengen im Strafprozess, Multimedia und Recht (MMR) 2020, S. 228 ff.

〔8〕 例如,为甄别恐怖活动,欧盟启动了 TENSOR 项目(参见 https://cordis.europa.eu/project/id/700024,访问日期:2021 年 5 月 30 日)。欧盟地下市场交易调查工具(TITANIUM)项目针对的是暗网交易平台及加密货币(Kryptowährungen)支付(参见 https://www.titanium-project.eu/,访问日期:2021 年 5 月 30 日)。

〔9〕 关于警察数据档案的技术使用评估,参见 Meinicke, Big Data und Data-Mining: Automatisierte Strafverfolgung als neue Wunderwaffe der Verbrechensbekämpfung?, Kommunikation & Recht (K&R) 2015, S. 377 ff.。

〔10〕 Kant, Internet-Streifen. Recherchen ohne Verdacht im weltweiten Datennetz, Bürgerrechte & Polizei (CILIP) 71, S. 29, 34.

〔11〕 德国联邦议会第 BT-Drs. 16/7978 号文件,第 1 页。

〔12〕 Eisenreich, „Dark Web Monitor" Suchmaschine für das Darknet, Deutsche Richterzeitung (DRiZ) 2020, S. 290. 除了由爱德华·斯诺登披露的情报监视项目,美国国防部高级研究计划局(DARPA)开发的深网爬虫 Memex 也是美国的一个知名项目(参见 https://www.darpa.mil/program/memex,访问日期:2021 年 5 月 30 日)。

〔13〕 参见 https://netzpolitik.org/2019/interpol-und-europol-bauen-gesichtserkennung-aus/,访问日期:2021 年 5 月 30 日。

1. 自动网络侦查系统

从宪法角度看,无故监控(anlasslose Überwachung)会引发一系列特殊问题。若无具体缘由,在存在具体危险及进行具体刑事诉讼之前,警方不仅可以在真实世界中进行巡逻与巡视,也能够在互联网上进行在线巡逻。[14] 然而,原本公民自由行使基本权利是常态,国家监控只是特殊例外,但使用网页抓取技术却可能使二者之间的关系发生逆转,导致监控力度加大。因此,德国联邦宪法法院对存在具体危险及进行具体刑事诉讼程序之前的情报监控设定了严格的限制。[15] 由于此处与刑事追诉无关,因此本文不作详细展开。只有当存在已实施犯罪的具体嫌疑时才会开展刑事追诉。

刑事诉讼程序中有两种不同的侦查策略。第一种为刑事追诉机关搜寻证据。[16] 此种侦查手段被直接用于证实个人实施的犯罪行为,例如,在 2017 年 G20 峰会期间发生暴力冲突后,为找出实施犯罪行为的个体,汉堡警方使用人脸识别软件分析了大量图像材料。[17] 第二种为刑事追诉机关"广撒网",搜寻可能与犯罪行为或犯罪人相匹配的线索及特征。此种侦查手段被用于锁定可能的犯罪嫌疑人群体,并进一步缩小范围。这一策略也被称为在线排查侦缉(Online-Rasterfahndung)[18] 或在线拉网式侦缉(Online-Schleppnetzfahndung)。[19] 例如,在极端主义袭击事件发生后,刑事追诉机关可以设置可能指向犯罪行为或犯罪分子的搜索条目,对犯罪分子及其幕后操纵者展开侦查。

2. 相关基本权利

自动网络侦查将访问个人信息。以哪些基本权利来衡量自动网络侦查取决于依据的是哪一套基本权利体系。《欧盟基本权利宪章》对尊重个人和家庭生活(《欧盟基本权利宪章》第 7 条)与保护个人数据进行了区分(《欧盟基本权利宪章》第 8 条)。在适用《德国基本法》时,德国联邦宪法法院将对以上方面的保护统一置于一般人格权的范畴内(《德国基本法》第 2 条第 1 款,并结合第 1 条第 1 款),而一般人格权又有不同的形式。与

---

〔14〕 Rückert, Zwischen Online-Streife und Online-(Raster-) Fahndung-Ein Beitrag zur Verarbeitung Öffentlich zugänglicher Daten im Ermittlungsverfahren, Zeitschrift für die gesamte Strafrechtswissenschaft (ZStW) 2017 (129), S. 302, 306.

〔15〕 BVerfG Urt. v. 19. 5. 2020-1 BvR 2835/17, Neue Juristische Wochenschrift (NJW) 2020, S. 2235 ff.

〔16〕 关于这一区分,参见 Rückert, Zwischen Online-Streife und Online-(Raster-) Fahndung - Ein Beitrag zur Verarbeitung Öffentlich zugänglicher Daten im Ermittlungsverfahren, Zeitschrift für die gesamte Strafrechtswissenschaft (ZStW) 2017 (129), S. 302, 307。

〔17〕 参见 https://datenschutz-hamburg.de/%2Fpressemitteilungen%2F2020%2F05%2F2020-05-28-datenbank-loeschung,访问日期:2021 年 9 月 5 日。

〔18〕 Rückert, Zwischen Online-Streife und Online-(Raster-) Fahndung - Ein Beitrag zur Verarbeitung Öffentlich zugänglicher Daten im Ermittlungsverfahren, Zeitschrift für die gesamte Strafrechtswissenschaft (ZStW) 2017 (129), S. 302, 307.

〔19〕 Meyer-Goßner/Schmitt, Strafprozessordnung, 62. Auflage, 2019, § 163 Rn. 28a.

之相对,《德国基本法》第 10 条将电信秘密(Fernmeldegeheimnis)单独列出。下文对《德国基本法》中的基本权利展开探讨。

(1)电信秘密(《德国基本法》第 10 条)保护个人电信的保密性不受国家干预。关于《德国基本法》第 10 条的具体延伸范围仍有待商榷。

刑事追诉机关通过网页抓取获取互联网上的信息,此举不同于电话窃听,并不构成对信号传输网络深层的干预,即并非对电信公司管辖领域的干预。网页抓取也不符合《德国基本法》第 10 条在例外情况下禁止访问互联网表层(用户层面)的前提。因为此时必须满足两个条件(细节仍存在争议):其一为信息的个人保密性必须受到保护,只有可被识别的群体才有权访问[20];其二为刑事追诉机关访问信息必须是在未经授权(unautorisiert)的情况下,即通过强制或技术手段进行[21]。然而,网页抓取时收集的是可公开访问的信息,访问这些信息无须强制,仅是当访问信息要求登录时进行了隐蔽式访问。[22]

总而言之,在进行网页抓取时,国家并未侵犯电信秘密这项权利,而是扮演了交际参与者的角色。即便是误与国家进行交际,也不属于《德国基本法》第 10 条规定的范畴。例如,某人与一女警进行通话,而该女警并未透露其警察身份,此时《德国基本法》第 10 条所保护的电信秘密并未受到侵犯。

(2)只要是在计算机系统开放访问的情况下,信息技术系统完整性与保密性受到保护的基本权利(《德国基本法》第 2 条第 1 款,并结合第 1 条第 1 款)[23]便也不适用。[24]

(3)网页抓取可能会侵犯的基本权利是信息自决权(informationelle Selbstbestimmung)《(德国基本法》第 2 条第 1 款,并结合第 1 条第 1 款)。这一基本权利保证人人都能够自主决定其个人数据的披露与使用。[25] 但是在互联网公共区域当中,原则上刑事追诉机关也能够轻易地从可公开访问的来源中获取信息。[26]

然而不应忽视的是,互联网用户对许多交际形式公开性的了解并不足够清晰。此外,基本权利也必须保护公民不会受到无处不在的国家(Allgegenwart des Staates)的侵

---

[20] 详见 Böckenförde, Die Ermittlung im Netz, 2003, S. 186 ff., 195, 196 ff.。

[21] BVerfG Urt. v. 27. 2. 2008-1 BvR 370, 595/07, Neue Juristische Wochenschrift (NJW) 2008, S. 822, 835.

[22] Vgl. Böckenförde, Die Ermittlung im Netz, 2003, S. 247.

[23] BVerfG Urt. v. 27. 2. 2008-1 BvR 370, 595/07, Neue Juristische Wochenschrift (NJW) 2008, S. 822 ff.

[24] BVerfG Urt. v. 27. 2. 2008-1 BvR 370, 595/07, Neue Juristische Wochenschrift (NJW) 2008, S. 822, 836.

[25] BVerfG Urt. v. 15. 12. 1983-1 BvR 209/83 u. a., Neue Juristische Wochenschrift (NJW) 1984, S. 419 ff.

[26] BVerfG Urt. v. 27. 2. 2008-1 BvR 370, 595/07, Neue Juristische Wochenschrift (NJW) 2008, S. 822, 835 f.; Eckstein, Ermittlungen zu Lasten Dritter, 2013, S. 67 f., 173; Rückert, Zwischen Online-Streife und Online-(Raster-)Fahndung-Ein Beitrag zur Verarbeitung Öffentlich zugänglicher Daten im Ermittlungsverfahren, Zeitschrift für die gesamte Strafrechtswissenschaft (ZStW) 2017 (129), S. 302 ff. mit weiteren Nachweisen.

犯,只有警察国家(依靠警察手段任意治理的非法治国家)才会将公民置于全无保护的境地,这便是所谓的寒蝉效应(chilling effects),公民将恐于行使基本权利。[27] 欧盟法院认为,寒蝉效应会对言论自由构成干涉(《欧盟基本权利宪章》第 11 条)。[28] 德国联邦宪法法院在核查对其他基本权利的干预是否符合比例(Verhältnismäßigkeit)时,会将寒蝉效应一并考虑在内。[29] 关于侵犯信息自决权的具体界限,至今仍无定论。

德国联邦宪法法院认为,在互联网上进行简单的侦查并不属于侵权,甚至隐藏身份秘密参与聊天或讨论论坛也不属于侵权。其陈述的理由为,在互联网上没有任何机制能够核实交际伙伴的身份,因此不可能产生值得保护的信任。[30] 笔者认为,这一理由并无说服力。相反,国家隐藏身份秘密参与个人交际必须被划归为侵权行为,因为在法治国家,国家的无处不在并不能被视为惯常情形。[31]

关于网页抓取,还有一种观点认为,针对性地搜索某些人的个人数据属于侵权行为[32],德国联邦宪法法院同样持此观点,此处引用原文如下:"……若针对性地对信息进行收集与存储,必要时还通过引入其他数据来使用信息,并由此将相关人的人格权置于极其危险的境地"[33],属于对基本权利的侵犯。

然而,在收集大量数据以从中确定某些相关人的情形下,德国联邦宪法法院会更为谨慎。尤其是在进行在线排查侦缉时,必须首先确定可能的犯罪嫌疑人群体。德国联邦宪法法院认为,在采取侦查措施大规模搜寻嫌疑人时,只要最初是完全出于技术原因,并且非针对性地收集数据,并在收集后直接对数据进行自动、匿名、无痕筛选,从而过滤掉无嫌疑者(Nichttreffer),并且有关当局并无探知意图,便不构成对基本权利的干预。与之相反,若在访问数据时,国家已明确针对相关当事人,则构成对基本权利的干预。[34] 因此,若某刑事追诉手段旨在全面收集诉讼相关材料,那么这一特性便也决定了该手段对基本权利的干预性。故而,欧盟法院强调,即便相关人的数据最初只是

---

〔27〕 Vgl. BVerfG Urt. v. 2. 3. 2010 – 1 BvR 256/08 u. a., Neue Juristische Wochenschrift (NJW) 2010, S. 833, 842 f.

〔28〕 EuGH Urt. v. 6. 10. 2020 – C – 511/18, C – 512/18, C – 520/18, Neue Juristische Wochenschrift (NJW) 2021, S. 531, 535.

〔29〕 BVerfG Urt. v. 2. 3. 2010–1 BvR 256/08 u. a., Neue Juristische Wochenschrift (NJW) 2010, S. 833, 842 f.

〔30〕 BVerfG Urt. v. 27. 2. 2008 – 1 BvR 370, 595/07, Neue Juristische Wochenschrift (NJW) 2008, S. 822, 836.

〔31〕 Eckstein, Ermittlungen zu Lasten Dritter, 2013, S. 68; Kant, Internet-Streifen. Recherchen ohne Verdacht im weltweiten Datennetz, Bürgerrechte & Polizei (CILIP) 71, S. 29, 35;参见 Böckenförde, Die Ermittlung im Netz, 2003, S. 247。

〔32〕 Kant, Internet-Streifen. Recherchen ohne Verdacht im weltweiten Datennetz, Bürgerrechte & Polizei (CILIP) 71, S. 29, 35.

〔33〕 BVerfG Urt. v. 27. 2. 2008–1 BvR 370, 595/07, Neue Juristische Wochenschrift (NJW) 2008, S. 822, 836.

〔34〕 BVerfG Urt. v. 19. 5. 2020–1 BvR 2835/17, Neue Juristische Wochenschrift (NJW) 2020, S. 2235, 2244 f.; BVerfG Beschl. v. 18. 12. 2018–1 BvR 142/15, Neue Juristische Wochenschrift (NJW) 2019, S. 827, 829; BVerfGE 115, 320, 343 f.

大规模匿名核查的对象,但之后可由此识别出个人便足以将这些数据归为个人数据(《一般数据保护条例》第4条第1项)。[35]

小结:刑事追诉所使用的网页抓取有两种类型,分别为有针对性地搜索证据和在线排查侦缉,两类手段都会侵犯信息自决权这项基本权利(《德国基本法》第2条第1款,并结合第1条第1款)。

3. 对基本权利干预的特殊限制

是否允许干预基本权利?对干预基本权利应设定何种限制?以上问题尤其要以干预基本权利的影响为衡量标准。这一影响决定了立法者在何种条件下能够允许对基本权利进行干预。在对刑事追诉中使用网页抓取技术进行评估时,应当考虑到以下方面:

(1)在公共互联网上通过网页抓取进行网络侦查可以延伸至很大范围。理想情况下,网络爬虫会搜遍整个互联网,数据被列入搜索范围内的所有人都会受到影响。尽管德国联邦宪法法院认为,只要最初是完全出于技术原因且并非针对性地收集数据,并在收集后直接对数据进行自动、匿名、无痕筛选,从而过滤掉无嫌疑者,并且有关当局并无探知意图,便不构成对基本权利的干预。[36] 但这一例外情形却并不适用于刑事追诉时所使用的两类网页抓取手段中的任何一种(见上文)。

即便不考虑无嫌疑者,自动网络侦查通常还是会对许多人的基本权利构成干预。为搜索证据进行网络侦查便已是如此,虽然这一手段仅限于特定人员或特定犯罪行为,但证据绝非只能在被指控人处寻得。侦查措施的目标精准度也取决于所使用的搜索条件的准确性。也就是说,针对性地搜索证据很容易发展为在线排查侦缉,而由于后者已然超出了之后被指控人的范围,也将并无犯罪嫌疑的人员涵盖在内,因此延伸范围极广。

有观点认为,大规模排查侦缉广泛的延伸范围有悖于无罪推定原则(《欧洲人权公约》第6条第2款)。其理由为,尽管尚不存在任何有理有据的嫌疑,但每一个被排查手段涵盖在内的人都被认为可能实施了犯罪活动,也即形成了一种普遍嫌疑(Generalverdacht)。[37] 笔者并不赞同这一观点。笔者认为,并非因怀疑某人而采取侦查手段

---

[35] EuGH Urt. v. 6. 10. 2020 - C - 511/18, C - 512/18, C - 520/18, Neue Juristische Wochenschrift (NJW) 2021, S. 531, 542.

[36] BVerfG Beschl. v. 18. 12. 2018 - 1 BvR 142/15, Neue Juristische Wochenschrift (NJW) 2019, S. 827, 829; BVerfGE 115, 320, 343 f.

[37] Bermig, Rechtsprobleme der Schleppnetzfahndung- § 163d StPO, 1991, S. 60 f., 65, 67; Chirino Sánchez, Das Recht auf Informationelle Selbstbestimmung und seine Geltung im Strafverfahren, am Beispiel der neuen Ermittlungsmethoden in der Strafprozeßordnung. Zugleich ein Beitrag zur Diskussion Über die Zukunft des Datenschutzes im Strafverfahren, 1999, S. 142; Nimtz, Die strafprozessuale Observation nach dem Strafverfahrensänderungsgesetz 1999, 2003, S. 73, 76; Sangenstedt, Gesetzessystematische und verfassungsrechtliche Probleme der strafprozessualen Kontrollstellenregelung (§ 111 StPO), Strafverteidiger (StV) 1985, S. 117, 122.

不构成对无罪推定原则的违反。相反,单是根据无罪推定的概念,对无嫌疑者采取侦查手段也并不有悖于无罪推定原则。[38]

(2)另一个必须遵守的原则是比例原则。一般来说仅允许对某些人员(主要是被指控人)进行侦查,立法者通过这一方式来限制侦查措施的干预程度。例如,仅允许针对被指控人及其联络人实施电话监听(《德国刑事诉讼法典》第 100a 条第 3 款)。而在大规模排查侦缉时却并无此种指向性,因此必须通过其他方式保证侦查措施的目的与手段符合比例。例如,仅当为追诉某些严重犯罪或难以查明的犯罪时,才允许使用某种侦查手段,或通过法官保留原则(Richtervorbehalt)对侦查手段作出限制。在进行网页抓取时,还应当设置搜索时间限制,并对预先设定的互联网区域进行限制。

(3)网页抓取可能收集大量包含敏感信息的数据,这些数据会被用于刑事诉讼程序当中。因此,必须保障所收集的数据不受操纵或未经授权的使用。[39] 立法者必须要制定相应的保护预防措施(访问权限与访问保护、防止更改、数据删除义务;参见《德国刑事诉讼法典》第 98b 条)。

(4)在进行个人搜索时,大量数据的背后可能隐藏着风险:刑事追诉机关将创建个人档案(Persönlichkeitsprofile),这是绝对不被允许的对私人生活核心领域的干预。[40] 此外,就算只是可能存在大范围监控便已足够触发寒蝉效应,导致公民恐于行使基本权利。[41] 另外,私人生活核心领域的数据不应当出现在互联网公共区域,除非是第三方未经相关人同意便发布数据(例如通过发布私密照片或视频进行网络霸凌)。

(5)人类技术及人类感知的易出错性(Fehleranfälligkeit)也会带来危险。网页抓取一类的工具会处理大量信息,导致人们误以为此类工具能够提供真实的结果。为克服这一错觉,需要一种对所获结果进行批判性权衡及质疑的文化。[42] 算法不得自行作出决定(《德国刑事诉讼法典》第 500 条第 1 款,并结合《德国联邦数据保护法》第 54

---

〔38〕 Eckstein, Ermittlungen zu Lasten Dritter, 2013, S. 353.

〔39〕 Jahn/Brodowski, Digitale Beweismittel im deutschen Strafprozess-Ermittlungsverfahren, Hauptverhandlung und Revision, in: Hoven/Kudlich, Digitalisierung und Strafverfahren, 2020, S. 67, 92 f.;关于仓储数据存储(Vorratsdatenspeicherung),参见 BVerfG Urt. v. 2. 3. 2010-1 BvR 256/08 u. a., Neue Juristische Wochenschrift (NJW) 2010, S. 833, 840 ff.。

〔40〕 BVerfG Urt. v. 3. 3. 2004 - 1 BvR 2378/98, 1084/99, Neue Juristische Wochenschrift (NJW) 2004, S. 999, 1004.

〔41〕 Vgl. BVerfG Urt. v. 2. 3. 2010 - 1 BvR 256/08 u. a., Neue Juristische Wochenschrift (NJW) 2010, S. 833, 842 f.

〔42〕 Rückert, Herausforderungen der Digitalisierung für das Strafverfahren, in: Hoven/Kudlich, Digitalisierung und Strafverfahren, 2020, S. 9, 30 f.;另参见 Gerson, Sozial-psychologische Reibungsverluste des „digitalisierten Strafprozesses". Kritische Überlegungen zu „Gerichtsfernsehen", audiovisueller Vernehmungsdokumentation und „Big Data-Ermittlungen", Kriminalpolitische Zeitschrift (KriPoZ) 2017, S. 376, 384 ff.。

条)。此外,刑事诉讼程序中所用算法的可靠性必须能够得到核实。[43]

四、关于侦查权的现行法与拟议法

关于刑事追诉机关是否以及在多大程度上有权使用网页抓取技术的问题,现行法尚无明确的最终定论。

普遍认为,根据现行法规定,《德国刑事诉讼法典》的特别授权依据(spezielle Ermächtigungsgrundlagen)并不适用于这一问题。由于这将涉及德国刑事诉讼法中复杂的细节问题,因此本文不作详细展开。[44] 此处仅以2017年立法通过的网络搜索(Online-Durchsuchung)(《德国刑事诉讼法典》第100b条)为例。关于此举是否违宪,德国的讨论十分激烈。网络搜索允许通过使用技术手段,尤其是使用木马软件从信息技术系统中收集数据,网页抓取似乎正是这一情形。然而,立法者却对此作出了限制:仅允许对被指控人所使用的信息技术系统进行网络搜索。若仅因被指控人也使用互联网,便允许搜索整个互联网,那么这一限制将失去效力。

因此,根据现行法,对于刑事追诉机关进行网页抓取的情形,仅考虑适用侦查概括条款(Ermittlungsgeneralklausel)(《德国刑事诉讼法典》第163条)。这便意味着,网页抓取只是一种极轻微干预基本权利的侦查手段。各方对此的观点也并不一致。有观点认为,通过网页抓取自动针对嫌疑人搜索证据勉强可以算作《德国刑事诉讼法典》第163条的规定范围[45];相反,应当对在线排查侦缉特别设置法律条例[46]。也有观点认

---

[43] Meinicke, Big Data und Data-Mining: Automatisierte Strafverfolgung als neue Wunderwaffe der Verbrechensbekämpfung?, Kommunikation & Recht (K&R) 2015, S. 377, 384; Rückert, Herausforderungen der Digitalisierung für das Strafverfahren, in: Hoven/Kudlich, Digitalisierung und Strafverfahren, 2020, S. 9, 27 ff.

[44] 根据《德国刑事诉讼法典》第98a条的规定,刑事追诉机关进行排查侦缉时不得自行收集数据(参见《德国刑事诉讼法典》第98b条,另详见 Rückert, Zwischen Online-Streife und Online-[Raster-]Fahndung-Ein Beitrag zur Verarbeitung Öffentlich zugänglicher Daten im Ermittlungsverfahren, Zeitschrift für die gesamte Strafrechtswissenschaft [ZStW] 2017 [129], S. 302, 317 f. mit weiteren Nachweisen)。其他观点,参见 Golla, Lizenz zum Schürfen: Rechtsgrundlagen für die Automatisierte Unterstützung von Polizeiarbeit im Social Web, DSRITB 2018, S. 871, 873 f.。《德国刑事诉讼法典》第100a条规定的电话监听针对的是干预信号传输网络深层的行为。根据《德国刑事诉讼法典》第102条的规定,搜索必须公开进行。网页抓取所进行的搜索操作不能被理解为《德国刑事诉讼法典》第94条及以下规定中的扣押(Beschlagnahme)。

[45] Rückert, Zwischen Online-Streife und Online-(Raster-) Fahndung-Ein Beitrag zur Verarbeitung Öffentlich zugänglicher Daten im Ermittlungsverfahren, Zeitschrift für die gesamte Strafrechtswissenschaft (ZStW) 2017 (129), S. 302, 329 ff.

[46] Rückert, Zwischen Online-Streife und Online-(Raster-) Fahndung-Ein Beitrag zur Verarbeitung Öffentlich zugänglicher Daten im Ermittlungsverfahren, Zeitschrift für die gesamte Strafrechtswissenschaft (ZStW) 2017 (129), S. 302, 331 f.

为，尤其是在针对个人开展侦查的情况下，仅有侦查概括条款并不足够。[47] 由于两类侦查手段之间的界限较为模糊，应当针对每一种被用于刑事追诉的网页抓取手段制定专门的法律规定。

五、结　语

通过网页抓取自动进行网络侦查是一种有效的刑事追诉工具。虽然自动网络侦查仅涉及可公开访问的互联网，但却侵犯了信息自决权这项基本权利。

由于网页抓取涉及面广、数据量大，因此构成对基本权利的重大干预。故而，民主合法的立法者必须作出规定，在何种条件下允许使用网页抓取作为刑事追诉工具，以及如何保护所收集的数据不受滥用或操纵。

立法者也应当谨慎行事。虽然德国在媒体报道中反复声讨暗网是犯罪活动的"避难天堂"，但免受国家监控的自由也为记者、人权活动家和吹哨人提供了保护，从而有助于识别及扫除社会弊端。对于集体而言，这也是一项重大利益。

〔47〕 支持警察权利的观点，参见 Golla，Lizenz zum Schürfen：Rechtsgrundlagen für die Automatisierte Unterstützung von Polizeiarbeit im Social Web，DSRITB 2018，S. 871，875。

机器之眼的非法窥探

——网络爬虫的刑事实体法问题*

〔德〕塞巴斯蒂安·戈拉** 文　毕丰皓*** 译

要　目

摘　要　本文旨在探讨网页抓取的实体法问题,探究现行德国刑事法下使用相应技术的刑事责任问题,并考察当前德国法律对网页抓取予以刑事处罚的改革计划。此外,本文还简要讨论了国外法律体系下有关网页抓取刑事责任问题。

关键词　网页抓取　网络爬虫　刑事责任

一、导　语

本文旨在探讨网页抓取(Web Scraping)的实体法问题,探究现行德国刑事法下使用相应技术的刑事责任问题(详见下文第二部分),并考察当前德国法律对网页抓取予以刑事处罚的改革计划(详见下文第三部分)。此外,本文也简要讨论国外法律体系下有关网页抓取刑事责任的问题(详见下文第四部分)。文末作出简要总结(详见下文第

* 本文系塞巴斯蒂安·戈拉教授、博士(Jun. -Prof. Dr. Sebastian Golla)于 2021 年 6 月 28 日所作的题为"网络爬虫的刑事法规制"(Strafrechtliche Regulierung des Web-Scrapinig im duetsch-chinesischen Rechtsvergleich)的主题报告。本文的翻译已得到作者授权,摘要和关键词为译者所加。

** 德国波鸿鲁尔大学法学院教授,刑法学博士,主要研究方向为犯罪学、刑法学、数字时代的安全研究。

*** 北京外国语大学德语学院博士研究生。

五部分)。

在探讨法律问题之前,有必要简要解释,何为网页抓取?网页抓取有何用途?本文所探讨的网页抓取是指一种基于算法的程序,此类程序被设计用于检索及存储网页上可公开访问的信息及数据。[1] 一般而言,网页是为人类眼睛制作的,通常并非为了让机器读取,但网页抓取技术却可以实现这一点:网络机器人(Bots)访问网页并分析页面上的信息,需要时还可提取信息。所有过程均为自动完成。

网络机器人又被称为网络爬虫(Web-Crawler)或网页蜘蛛(Web-Spider),它们在互联网上无处不在,却又看不到、摸不着,不断在互联网上完成各种或好或坏的隐形工作。例如,网络爬虫不断更新谷歌的搜索索引,能够发现非法内容,或帮助税务调查部门估测网络商店的销售额。此外,事实也已证明,网页抓取是一种重要的学术研究工具。例如,研究人员可借此分析评估社交网络中的公开内容。[2] 然而,网络爬虫也可被用于定位网络攻击目标或无端监视个人。

关于网页抓取,德国法院已有相关案例判决。在某案中,某在线机票代理商从航空公司的公开网站上读取航线信息,该行为导致竞争法方面的争端。[3] 网页抓取也曾引发著作权法方面的问题。但目前尚无相关刑事法判决。下文将进一步探讨网页抓取可能带来的刑事责任问题。

二、现行法下的刑事责任问题

根据德国现行法律,在某些情况下,自动获取及使用数据可能需要承担刑事责任。其中直接涉及的核心刑法问题是《德国刑法典》第 202a 条规定的探知数据(Ausspähen von Daten)(详见下文第 1 部分)。此外,由于违反数据保护法(详见下文第 2 部分)或著作权法(详见下文第 3 部分)的相关规定也可能触发刑事犯罪。

1. 探知数据(《德国刑法典》第 202a 条)

在核心刑法方面,《德国刑法典》第 202a 条保护数据保密这一利益。[4] 根据该条规定,未经准许越过访问保护,为自己或他人探知不属于自己的、为防止非法访问而作

---

〔1〕 运行原理,详见 Schönfeld, Screen Scraping und Informationsfreiheit, 2018, S. 49 ff.。

〔2〕 尤其自 2018 年剑桥分析公司(Cambridge Analytica)数据事件丑闻后,网页抓取变得愈发重要。当时,该公司假借研究之名收集了大量脸书(Facebook)用户的数据,这些数据随后被用于通过单独定制的消息来影响美国选民的行为。事件曝光后,脸书公司对通过其开发者接口(应用程序编程接口)访问用户数据作出了限制。在很多情况下,通过开发者接口这一“官方途径”从脸书获取数据用于商业目的要比用于研究目的更为容易。

〔3〕 参见德国联邦最高法院判决 BGH, Urteil vom 30. 4. 2014-I ZR 224/12;黑森州高等法院(美因河畔法兰克福)判决 OLG Frankfurt am Main, Urteil vom 5. 3. 2009-6 U 221/08;另详见 Schönfeld, Screen Scraping und Informationsfreiheit, 2018, S. 178 ff.。

〔4〕 Heger, in: Lackner/Kühl, StGB, 29. Aufl., 2018, § 202a Rn. 1.

了特殊安全处理的数据,将被予以刑事处罚。是否需要承担刑事责任与数据内容无关,一个重要前提是存在访问保护,该保护在一定程度上表明存在数据保密的利益。

对于公开网站上可自由访问的数据而言,并不存在这种访问保护。访问保护需要"存在客观上恰当、主观上符合被授权人意愿的防范措施,以排除他人对数据的访问,或至少在极大程度上增加了他人访问数据的难度"[5]。若某网站对公众开放,则不存在相应的防范措施。即便在网站的使用条款或版权声明中写明禁止网页抓取,也缺少排除他人访问数据的客观恰当性。[6] 这意味着,根据《德国刑法典》第 202a 条的规定,网页抓取无须承担刑事责任。

2. 数据保护法相关的刑事责任问题

根据《德国联邦数据保护法》(Bundesdatenschutzgesetz)的规定,若使用网页抓取程序涉及个人数据,也可能需要承担刑事责任。个人数据是指所有已识别或可识别的与自然人相关的信息。[7] 除联系信息外,照片、能够识别某位特定作者的文章也属于个人数据的范畴。对社交网站进行抓取必然涉及个人数据,但普通网站上常常也会存在个人数据。

《德国联邦数据保护法》第 42 条是数据保护法中涉及刑事犯罪的主要条款,但根据该条的规定,仅在个人数据并非可公开获取的情形下处理个人数据的,方才会受到刑事处罚。然而,若要成为网页抓取的目标,网站上的数据必然本就不受访问限制。因此,根据《德国联邦数据保护法》的规定,网页抓取目前也无须承担刑事责任。

3. 著作权法相关的刑事责任问题

然而,根据《德国著作权法》(Urheberrechtsgesetz)第 106 条的规定,网页抓取可能受到刑事处罚。该条法律规定,在法定准许情形之外,未经权利人允许而复制、传播或公开再现作品的,将被予以刑事处罚。

从技术上而言,网络机器人自动读取网站内容必然包含对相关内容的复制,但这些内容也必须受到著作权法保护。是否存在保护并不能够一概而论。若抓取到了文章内容,则最有可能涉及《德国著作权法》第 2 条第 1 款第 1 项规定的受保护的语言作品。[8] 关于保护,重要的是文章的原创性,而非长度。[9] 在个案中,在脸书、推特等社交媒体上传播的短篇文章也可能受到著作权法保护。[10]

---

[5] Lenckner/Eisele, in: Schönke/Schröder, StGB, 30. Aufl., 2019, § 202a Rn. 14.

[6] Kargl, in: NK-StGB, 5. Aufl., 2017, § 202a Rn. 9.

[7] 欧盟《一般数据保护条例》第 4 条第 1 项。

[8] 网站源代码(Quellcode)也属于受保护的语言作品。但检索网页时使用源代码通常至少受到《德国著作权法》第 44a 条第 1 项的保护,该项规定涵盖了为检索而进行的技术上必要的暂时性复制。

[9] Reinemann/Remmertz, ZUM 2016, 216 (218);另参见巴登-符腾堡州高等法院(卡尔斯鲁厄)判决 OLG Karlsruhe, Urteil vom 10. 8. 2011- 6 U 78/10(尚未生效)。

[10] 参见北莱茵-威斯特法伦州法院(比勒菲尔德)判决 LG Bielefeld, Beschluss vom 3. 1. 2017-4 O 144/16。

因此在个案中,网页抓取完全可能违反著作权法的规定。至于网页抓取是否违法且应被予以刑事处罚,关键取决于是否拥有权利人的许可,或是否存在相关的法律许可。在实际当中,由于网页抓取几乎不可能从每一个目标网站获得许可,因此《德国著作权法》第 44a 条及以下条款规定的法律许可意义最为重大。在著作权法中,许多许可的前提条件为非商用,且必要时仅限于在特定范围内使用。因此,只有在已知网页抓取的确切目的及抓取范围的情况下,方可确定刑事处罚的程度。

最后,根据《德国著作权法》第 108 条第 1 款第 8 项的规定,网页抓取可能是一种非法使用数据库的行为,因此将受到刑事处罚。在某些情况下,网站可能是"作品、数据或其他独立要素的集合,这些要素经过了系统性的或依据特定方法的编排,通过电子手段或其他方式能够实现对单一要素的访问,对要素的获取、核查或展示必须进行性质或规模方面的巨大投入"(《德国著作权法》第 87a 条第 1 款第 1 句),因此网站享有作为数据库的特殊保护。若某网站属于受到保护的数据库,而网页抓取几乎涵盖了该网站全部内容时,则可能会侵犯数据库制作者的受保护权。此时也必须根据个案情况来确定哪些是被允许的行为,哪些是潜在的刑事犯罪行为。

4. 小结

根据《德国刑法典》及《德国联邦数据保护法》的规定,网页抓取一般无须承担刑事责任。当网页抓取严重干扰到其他数据的处理,或涉及非可公开访问的数据时,情况则可能有所不同。若网页抓取涉及受著作权法保护的作品或数据库,根据《德国著作权法》第 106 条、第 108 条的规定,某些情形下将对网页抓取予以刑事处罚。然而,仅在已知网页抓取的具体目的及范围时,方可确定处罚程度。此外还要注意,在德国的司法实践当中,与著作权法相关的刑事责任问题较少受到关注。例如,2019 年根据《德国著作权法》作出的刑事判决仅有 77 例,其中 11 例行为人被处以自由刑。〔11〕 相关条款的适用十分复杂,除非存在营业性质的行为(《德国著作权法》第 108a 条),否则原则上行为经刑事告诉后才会予以刑事追诉(《德国著作权法》第 109 条)。

三、德国法律的改革计划

然而,德国的刑事法改革可能会使网页抓取在未来进一步承担刑事责任。大约自 5 年前起,德国一直在讨论引入 "数字非法入侵"(digitaler Hausfriedensbruch)这一新的刑事犯罪问题。〔12〕 据称,这项《德国刑法典》新规将对以下行为予以刑事处罚:

---

〔11〕 Statistisches Bundesamt, Fachserie 10, Reihe 3, 2019, S. 184.

〔12〕 2016 年 6 月,德国黑森州首次向德国联邦参议院提交法案申请,要求引入《德国刑法典》第 202e 条(未经授权使用信息技术系统),参见德国联邦参议院第 BR-Drs. 338/16 号文件。2018 年 4 月,德国联邦参议院向联邦议会提交相应法案申请,参见德国联邦议会第 BT-Drs. 19/1716 号文件。

未经授权为自己或他人获取信息技术系统的访问权限,

未经授权使用信息技术系统,或

未经授权影响或启动信息技术系统的数据处理操作或信息技术操作。

据称,这一新的罪名首先将创建和使用僵尸网络的行为按刑事罪论处。〔13〕为创建僵尸网络,网络犯罪分子使用恶意软件感染计算机,对其进行远程操控,使其成为"僵尸电脑"的一个"军团",并借此实施犯罪行为。根据德国现行法律,感染和使用他人计算机的行为已然会受到刑事处罚,这也是这项法律改革计划招致批评的原因之一。〔14〕

在某些情况下,"数字非法入侵"这一新的刑事犯罪也可能涵盖网页抓取行为。爬虫读取网站数据至少可能会触发一个数据处理操作。结合《德国刑法典》第263a条的规定(计算机诈骗),此处是指通过获取及串联数据取得工作成果的全部操作〔15〕,也包括通过检索网页提供数据的行为。

但值得疑问的是,网络机器人在可公开访问的网站上触发此类数据处理操作是否也属于未经授权的行为。诚然,网站可以在使用条款中规定禁止网页抓取。但由于网站能够被公开访问,便能够推测网站实际上允许自由使用,因此行为并非未经授权。部分学者认为这一见解已被纳入《德国刑法典》第202a条的范围。〔16〕

与"真实的"非法侵入他人住宅罪(Hausfriedensbruch)(《德国刑法典》第123条)类似,为推定某行为确属未经授权,也要求必须明确表达排除他人自动读取网站的意愿。〔17〕这似乎是对界定未经授权行为的一个合理的最低要求,否则想要确定使用自动程序检索网站的行为人的刑事责任范围,便要取决于由个人设置的复杂的网站使用条款,并且也难以确定具体的刑事责任范围。但若能够识别出使用自动检索程序与网站运营者的排他意愿相悖,那么所使用的网络机器人和网络爬虫必然也能够识别这一点。换言之,这些非人类行为体必然也能够理解技术防范措施中表达出的意愿。

无论如何,根据本文解读,即便《德国刑法典》引入"数字非法入侵"这一新的刑事犯罪,也并未将网页抓取的情形涵盖其中。

四、国外法律规定

考察其他国家的法律规定可以发现,网页抓取也有可能被作为一种虚拟非法入侵

〔13〕 BR-Drs. 338/16, S. 2 ff.

〔14〕 仅见于 Buermeyer/Golla, K&R 2017, 14; Mavany, KriPoZ 2016, 106, 109。

〔15〕 BT-Drs. 10/318, S. 21.

〔16〕 Graf, in: MüKo-StGB, 4. Aufl., 2021, § 202a Rn. 28 m. w. N.;另参见 Lencker/Winkelbauer, CR 1986, 483, 486。

〔17〕 Sternberg-Lieben/Schittenhelm, in: Schönke/Schröder, StGB, 30. Aufl., 2019, § 123 Rn. 23.

行为被予以刑事处罚。

例如，当前美国正在讨论网页抓取是否属于《美国法典》（U.S. Code）第18卷第1030节，即《计算机欺诈与滥用法案》（Computer Fraud and Abuse Act）的管辖范畴。《美国法典》第18卷第1030节第a条第2款规定，在未经授权（without authorization）或超出授权访问范围（exceeds authorized access）的情形下进入计算机获取信息的，将被予以刑事处罚。

存在争议的是，访问授权是否仅由技术标准决定，还是也取决于书面规则（例如网站使用条款）。[18] 这一争议与前文解释"未经授权"的特征时所讨论的问题十分相似。

迄今为止，有关于此的司法判决也不尽相同。2021年6月3日，美国联邦最高法院在"范布伦诉美国案"（Van Buren v. United States）中就此种情况下的《计算机欺诈与滥用法案》作出进一步司法解释。[19] 虽然该案并未直接涉及网页抓取，但案件判决却具有重大意义。最终，美国联邦最高法院以6比3的多数票认定，并非所有违反网站使用条款的行为都构成越过授予的访问权限并因此应受到处罚。法院的理由为，若认定所有此类行为有罪，可能会致使数百万原本遵纪守法的公民成为罪犯。根据对《计算机欺诈与滥用法案》的这一解释，若网页抓取违反网站书面的"内部规则"，但网站本身属于公开可访问的，则不会被予以刑事处罚。

在欧洲，也有一些刑事条款已经能够以类似的解释方式将网页抓取按刑事罪论处。这些条款均基于《网络犯罪公约》[20] 第2条。该公约系欧洲委员会的一项公约，主要融合了各国或地区有关信息技术刑法的规定。《网络犯罪公约》第2条规定，对于未经授权访问整个计算机系统或其任何部分的行为，缔约方有义务予以刑事处罚。虽然德国决定仅在越过访问保护的情形下才予以刑事定罪，但其他国家却并无这一要求，这便使得其他国家能够将借助网络爬虫访问网站的行为认定为可予以处罚的访问计算机系统的行为。

五、结　论

根据德国法律的规定，仅在特定条件下才会将网页抓取视为侵犯著作权的行为并予以刑事处罚。一般而言，网页抓取不属于核心刑法的管辖范围。著作权法也要根据行为的目的来区分是否准许网页抓取，例如，研究人员抓取网页几乎不会被处以刑事处罚。

这也是一件好事，因为自动读取在线内容对于学术研究而言大有裨益，也可被用

〔18〕 参见 Kerr, Amicus Brief in Van Buren v. United States, 4 ff. 概述。

〔19〕 参见美国联邦最高法院判决 Supreme Court of the United States, Van Buren v. United States, No. 19-783。

〔20〕 Convention on Cybercrime; vgl. Gesetz zu dem Übereinkommen des Europarats vom 23. November 2001 über Computerkriminalität (BGBl. 2008, Teil II Nr. 30, S. 1242).

于新闻调查研究等其他有需要之处。若网页抓取被用于不利目的或为犯罪行为做准备,可以想象能够在一定框架内对其予以刑事处罚。笔者认为,为此有必要新增一个能够描述更为具体情形的罪名,而非只是简单地描述为"访问数据"或"启动数据处理操作"。例如,目前有人在互联网上大量读取生物识别数据用以进行人脸识别,这是对自由权的严重威胁,可以通过刑法手段予以反击。

反之,对"虚拟非法入侵"过于宽泛的规定会存在过度定罪(Überkriminalisierung)的风险,或将有碍于新技术的有益使用。从宪法角度来看,这一罪名也存在问题。《德国基本法》第 5 条第 1 款第 1 句规定,人人都享有"自一般公开之来源了解信息而不受阻碍"之权利。此处受到保护的信息自由权也可以理解为能够通过使用符合最新技术发展水平的辅助工具来了解信息。

[理论前沿]

过失犯构造的辨识及其本土化适用

——以过失犯构造所需的价值诉求为根基

马　龙*

要　目

摘　要　大陆法系的过失犯构造大体朝着限缩处罚的方向发展。过失犯构造的分类不应当侧重于行为无价值与结果无价值的对立,而应当坚持以故意犯为参照系进行展开。与故意犯进行相似理解的过失构造,以意志归责为处罚根据;与故意犯进行不同理解的过失构造,以规范归责为处罚根据。世界上并不存在完美无缺的过失犯构造,因此,过失犯构造的选择应当考虑它能否按照以下的价值位阶发挥作用:①构造的明确性>②处罚的限定性>③判断的便捷性>④犯罪的预防性。对此,二阶过失模式(新过失论)具有相对合理性。此外,二阶过失模式的司法判断简单易行,有利于指导我国的司法实践。

关键词　过失构造　二阶过失模式　限定处罚　犯罪预防

---

* 中国人民大学法学院博士研究生。

“过失概念来源于15、16世纪罗马法以及意大利刑法学。”〔1〕在农业社会时期，大多数犯罪都以故意的形式呈现，因而过失犯一度被德国学者恩吉施(Engisch)理解为是刑法中的“私生子”〔2〕。随着工业革命发展，人类步入风险社会，至此过失犯罪的数量呈井喷式增长。比如，德、日刑法典均规定以处罚故意为原则，以处罚过失为例外，但在司法实践中，德国的过失犯罪数量已占所有犯罪之半〔3〕，而在日本，过失犯罪数量比故意犯罪还要多〔4〕。面对如此多的过失情形，如果都进行入罪化处理，势必损害民众行动自由，导致社会动荡、发展滞后。为避免对过失犯处罚过宽，世界各国和地区刑法学者掀起一场以限制过失犯适用范围为核心的理论更新。

中华人民共和国成立以后，我国首部刑法典中的过失犯概念源于苏联，它通过注释性论述的方式对过失犯进行定义。起初，我国学者对过失犯罪的理解多囿于法条的阐释，他们往往站在心理责任论的基础之上，认为过失犯与故意犯都是由认识因素与意志因素构成的。自20世纪80年代中期，我国刑法学界开始引入德、日刑法理论，以注意义务违反为核心的过失理论在我国也慢慢搭建起来。德、日刑法理论一般认为，过失犯是指违反注意义务的行为。但何为注意义务，理论上却又是聚讼纷纭。可以说，对注意义务的实质内涵的理解，不仅与各国和地区刑法典的特有范式息息相关，还与违法性的根据、过失犯构造紧密关联。

目前，对于过失犯构造的理解，大陆法系大致存在两种不同的形式，即以德、日为主导的递进式过失构造与以苏、俄为主导的平面式过失构造。就递进式过失构造而言，德国和日本的表现又略有不同。在德国，现有的过失犯构造主要存在两种不同的模式，即一阶过失模式(个别的可避免性理论)与二阶过失模式(新过失论)；在日本，过失犯则主要存在旧过失论、修正的旧过失论、新过失论、新新过失论四种构造。〔5〕事实上，日本上述以新、旧过失论为基准进行分类的方法，更多考虑的是行为无价值与结果无价值的对立。通常而言，行为无价值论者更加倾向于新过失论，而结果无价值论者则更加倾向于旧过失论。〔6〕但我们不得不承认，这两者之间并不存在一一对应的关系。比如，受日本“裁判员法”的影响，前田雅英教授一方面坚持结果无价值论，而另一方面却主张新过失论。〔7〕

其实，对于过失犯构造的理解，应当坚持从构造内部的逻辑出发，以故意犯为参照

〔1〕〔德〕汉斯·海因里希·耶赛克、〔德〕托马斯·魏根特：《德国刑法教科书》，徐久生译，中国法制出版社2017年版，第756页。

〔2〕参见陈兴良：《纯正的过失犯与不纯正的过失犯：立法比较与学理探究》，载《法学家》2015年第6期。

〔3〕参见〔德〕克劳斯·罗克辛：《德国刑法学总论》(第1卷)，王世洲译，法律出版社2005年版，第712页。

〔4〕参见〔日〕甲斐克则：《责任原理与过失犯论》，谢佳君译，中国政法大学出版社2016年版，第81页。

〔5〕当然，目前日本也有部分学者转向了前述德国所提出的一阶过失模式。

〔6〕参见〔日〕山口厚：《日本刑法学中的行为无价值论与结果无价值论》，金光旭译，载《中外法学》2008年第4期。

〔7〕参见〔日〕前田雅英：《刑法总论讲义》(第6版)，曾文科译，北京大学出版社2017年版，第185页。

系进行展开。比如，针对这个问题，修正的旧过失论者就曾指出，过失犯与故意犯在客观方面是难以区分的，两者的区分标准主要在于行为人对于构成要件该当事实的心理状态[8]；但与此同时，新过失论者却指出，“就实质内容而言，过失是一种与故意截然不同的罪过形式：故意的内容由有关犯罪行为的‘真实的’心理因素组成，而过失则基本上是一种法律的评价，即对主体是否遵守与其行为相关的注意义务的判断”[9]。换言之，过失犯与故意犯的关系才是理解过失犯构造的出发点与落脚点。因此，笔者认为，对于过失犯构造的理解，不应当过分侧重于行为无价值论与结果无价值论的对立，而应当将其划分为“与故意犯进行相似理解的构造（意志归责）”和“与故意犯进行不同理解的构造（规范归责）”两个部分。在此基础之上，本文试图通过对上述两类过失犯构造进行辩证分析，以期探究一个合理的过失犯构造所需的价值位阶，并以此为我国过失犯构造的选择提供坚实的理论根据。

一、与故意犯进行相似理解的过失构造：以意志归责为处罚根据

与故意犯进行相似理解的过失构造是指，过失犯的成立条件能够与故意犯进行同项类比的过失构造，具体而言，这种理解下的过失犯的构造分布乃至体系地位均与故意犯相类似，两者的主要区别仅仅在于，行为人对所发生的构成要件结果（危害结果）持有何种心态。因此，这类过失犯构造是以意志归责为处罚根据的。[10] 目前，这类过失犯构造主要有三种。

（一）德、日古典过失论及其修正

1. 德、日古典过失论的发展与特点

旧过失论是较早产生的系统性的过失理论，该理论与德国的古典犯罪论体系携手相伴。古典犯罪论体系将构成要件理解为客观、中立、价值无涉的[11]，因而受该体系的影响，旧过失论就只可能被放到责任阶层中进行心理归责，并且对过失行为也不能像修正的旧过失论那样进行实质性的理解。因此，中国、日本部分学者所提出的，修正

[8] 参见[日]桥爪隆：《过失犯的构造》，王昭武译，载《苏州大学学报（法学版）》2016年第1期。
[9] [意]杜里奥·帕多瓦尼：《意大利刑法学原理》（注评版），陈忠林译评，中国人民大学出版社2004年版，第225页。
[10] 参见劳东燕：《过失犯中预见可能性理论的反思与重构》，载《中外法学》2018年第2期。
[11] 参见周光权：《价值判断与中国刑法学知识转型》，载《中国社会科学》2013年第4期。

的旧过失论是旧过失论本来含义的见解是失之偏颇的。[12] 基于此,为了避免我国刑法学界对旧过失论产生误解,本文决定将旧过失论易名为古典过失论。[13]

古典过失论以意志归责为处罚根据,以结果预见义务为犯罪本质,认为在客观构成要件层面,过失犯所可能认识、预见的事实与故意犯所必须认识、预见的事实是相通的[14],两者的区别仅仅在于行为人对构成要件结果的心理状态。当今,德、日刑法学界已经没有学者继续支持古典过失论了,因为古典过失论的处罚范围太过宽泛,它甚至直接把过失犯罪推向了结果责任。具体而言,一方面,古典过失论忽视了过失行为存在的意义,它通过判断构成要件结果与因果关系的合致性反推是否存在构成要件行为,从而把自然灾害所造成的损害与犯罪行为所造成的损害在不法层面进行了同等看待[15];另一方面,古典过失论对于过失犯成立与否的问题过多地依赖于预见可能性的判断,这也在一定程度上扩张了过失犯的处罚范围。

针对古典过失论无限定性处罚的弊端,日本刑法学界掀起了一场以限制过失犯处罚范围为核心的理论革新,最终结果无价值论的支持者提出了修正的古典过失论。该理论与古典过失论具有相同的判断体系,它仍然以结果预见义务为过失犯的本质,坚持过失犯的责任根据在于行为人内心的不谨慎态度。但与此同时,修正的古典过失论者为了达到现实限缩处罚的目的,主张通过“对法益具有实质危险性的行为”来对过失犯的处罚加以限定。[16] 比如,前田雅英教授就曾提到:“战后的旧过失论,并不是原样维持、研习‘仅重视作为责任要素的预见可能性的理论’,而是在预见可能性之外,还认识到了分析过失的实行行为的内容的必要性。”[17] 在修正的古典过失论者看来,过失犯的成立必须同时满足以下两个条件:第一,过失犯的实行行为必须是对构成要件结果具有实质危险的行为;第二,过失犯的主观罪责必须是行为人在具有预见可能性与结果回避可能性的前提之下,对构成要件事实不存在预见或者轻易否定其事先所预见的事实。其实,上述基于实质主义立场而对过失行为进行理解的做法,也为部分德国刑法学者所接受,比如,罗克辛教授针对过失行为就曾谈到:“过失犯在违背谨慎义务之后,隐藏着比一般性条款更精确表示过失要件的因素,如果行为人一开始并没有创

[12] 这种见解的大体意思是:旧过失论不否认过失犯的实行行为,只是认为过失犯的实行行为与故意犯没有区别,因此,以结果无价值论为理论根基的旧过失论,从逻辑上可以天然地推导出过失行为是对法益具有现实危险性的行为。参见张明楷:《论过失犯的构造》,载《比较法研究》2020 年第 5 期。

[13] 张明楷教授曾提到,在有些场合,过失犯处罚过宽的问题并非源于旧过失论本身,而是源于古典犯罪论体系。这就说明,旧过失论是古典犯罪论体系之下的过失理论。参见前注[12]。此外,劳动燕教授也曾提到,日本的旧过失论对应于德国古典犯罪论体系下的过失理论。参见前注[10]。

[14] 参见[日]山口厚:《刑法总论》(第 3 版),付立庆译,中国人民大学出版社 2018 年版,第 249 页。

[15] 参见[日]大谷实:《刑法讲义总论》(新版第 2 版),黎宏译,中国人民大学出版社 2008 年版,第 178 页。

[16] 参见前注[4],第 84 页。

[17] [日]前田雅英:《刑法总论讲义》,东京大学出版会 2006 年版,第 272 页。

设任何法律上有重要意义的危险时,他就没有违反谨慎义务。"[18]显然,罗克辛教授此处所讲的"重要意义的危险",所体现的其实就是实质主义的精神。

2. 对修正古典过失论者的回应与质疑

正如上文所言,日本学者已经摒弃了古典过失论,那么,他们对于过失构造的争论理应集中在修正的古典过失论与新过失论之间。修正的古典过失论以法益侵害为出发点去理解过失行为,因此,它与结果无价值论更加具有亲和性;新过失论以基准行为的逾越为出发点去理解客观注意义务,因此,它与行为无价值论更加具有亲和性。通常而言,修正的古典过失论与新过失论之争,涉及违法性的本质在于法益侵害还是规范违反,因此一场激烈的论战不可避免。但是,当笔者去分析这场论战时不免感觉有些奇怪,新过失论者总是以古典过失论为靶子,而现如今古典过失论又根本没有学者继续支持,也就是说,这场论战似乎并不是在新过失论与修正的古典过失论之间进行的。正如我国学者曹菲所言,"过失犯固有问题的解决——结果回避义务的内容应当如何设定——却没有形成有益的争论点"[19]。目前,对于过失构造的理解,日本多数说采取的是新过失论,该观点也为本文所支持。那么随之而来的问题就是,面对修正的古典过失论者所提出的质疑,我们应当如何进行回应?

首先,山口厚教授曾针对新过失论提出过质疑,他认为,新过失论基准行为的设定通常会以行政法规上的义务为根据,这种做法会使得过失犯逐渐沦为"行政取缔法规违反的结果加重犯"[20]。对此,笔者的看法是,虽然在某些场合过失基准行为的设定确实需要根据行政法规,但这并不意味着过失犯就是行政违规行为的结果加重犯。因为,过失犯的构成要件行为并不等于行政违规行为,过失犯行为的产生必须符合刑法理论对于犯罪行为的界定。比如,就过失行为而言,目前德国的主流观点是,不要求过失行为具有现实的法益侵害性,但该行为必须具有法益侵害的可能性。[21] 基于此,单纯的行政违规行为不可能是过失行为,除非该行为对法益具有侵害的可能性。又比如,行为人虽然实施了行政违规行为,但该行为与危害结果之间并不存在刑法上的因果关联时,该行为也不能被评价为过失行为。例如,具有驾驶能力的机动车驾驶员,在行车过程中未携带驾驶证而发生交通事故,并且导致多人死亡,对此,未携带驾驶证的行为属于行政违规行为,但是由于该行为与交通事故之间并不存在刑法上的因果关联性,因此,我们就不能将未携带驾驶证的行为理解为交通肇事行为。

其次,西田典之教授曾针对新过失论的基准行为与修正的古典过失论的实质危险

---

[18] 同前注[3],第715页。

[19] 曹菲:《管理监督过失研究——多角度的审视与重构》,法律出版社2013年版,第44页。

[20] [日]山口厚:《论过失》,付立庆译,载《河南省政法管理干部学院学报》2010年第5期。

[21] 参见陈璇:《德国刑法学中结果无价值与行为无价值的转变、现状与趋势》,载《中外法学》2011年第2期。

行为之间的关系提出过自己的看法,他认为,“根据预见可能性本应采取的相应措施即结果回避行为则从反面显示出行为(即结果回避行为所要回避的行为)属于具有实质性危险的行为,这种具有实质性危险的行为就是过失犯中的实行行为”〔22〕。亦即,在西田教授看来,“新过失论的基准行为的反面”就是修正的古典过失论的实质危险的行为。基于此,他进一步提出,“新过失论与修正的旧过失论在具体结论上几乎完全相同,二者之间的对立仅仅在于体系上的不同,即究竟是将过失行为作为责任要素还是将其作为构成要件要素、违法要素”〔23〕。西田教授的以上见解得到了许多修正的古典过失论者的赞同〔24〕,伊东研祐教授甚至直言,新过失论与修正的古典过失论之间的对立关系已经消解。〔25〕对此,笔者的看法是,西田教授的以上论断完全是站在结果无价值论的立场而作出的理解。因为在二元论者看来,行为无价值与结果无价值是具有相对的独立性的,行为无价值的实现只要求行为具有法益侵害的可能性,而并不要求行为事实上侵害了法益或者事实上对法益具有侵害的危险。〔26〕亦即,在二元论者看来,行为无价值只是实现结果无价值的可能性,而并非已然性。因此,上述直接将“新过失论的基准行为的反面”理解为“修正的古典过失论的实质危险的行为”的做法是不准确的。

其实,针对同一过失行为是否该当构成要件,修正的古典过失论与新过失论可能存在不同的结论。新过失论通常以一般人的预见可能性为前提来设定基准行为,所以当一般人与行为人均无法预见到结果可能会发生时,就不能要求行为人实施避免结果发生的措施〔27〕;与此不同,修正的古典过失论则以行为是否侵害了法益或者对法益有侵害的危险,作为判定过失行为是否成立的影响因子。据此,在以下两种场合,修正的古典过失论与新过失论对于过失行为的认定可能存在不同的结论:①一般人对行为引起结果具有预见性,但行为本身不具有法益侵害性;②一般人对行为引起结果不具有预见性,但行为本身具有法益侵害性。比如,封闭的高速公路最高限速为120km/h,但行为人却以140km/h的速度驾驶着机动车,不料一个小孩儿从路边护栏网的小洞进入该高速公路,行为人刚好将其撞死。针对此案件,就最终是否定罪而言,修正的古典过失论与新过失论结论是相同的,即它们都会以无罪进行处理。但是,就该行为是否符合构成要件而言,修正的古典过失论与新过失论则往往会得出不同结论。具体而言,修正的古典过失论者会认为该行为人存在过失行为,因为从客观上来讲,行为人的超速行为确实对法益具有实质的危险性;与之相反,新过失论者则会否定该行为人存

〔22〕〔日〕西田典之:《日本刑法总论》,刘明祥、王昭武译,中国人民大学出版社2007年版,第211页。
〔23〕同上注,第211页。
〔24〕参见前注〔12〕。
〔25〕参见〔日〕伊东研祐:《刑法讲义总论》,日本评论社2010年版,第138页。
〔26〕参见前注〔21〕。
〔27〕后文还会专门对新过失论的基准行为进行研究。

在过失行为,因为在这种情形之下,一般人是不可能预见到一个小孩会出现在封闭的高速公路上的。

综上所述,修正的古典过失论者针对新过失论提出的质疑均不当。其实,对于过失犯的理解,虽然新过失论与修正的古典过失论在结论上往往相同,但是它们对于过失犯本质的理解,以及基于该理解而衍生出的相应配套制度都是不同的。本文并不支持修正的古典过失论,因为在笔者看来,修正的古典过失论其实并没有实现其预设的效果。正如上文所言,修正的古典过失论者之所以提出实行行为概念,其目的是限缩旧过失论的处罚范围。但是,这种想法显然是脱离实际的,实质的过失行为根本不可能起到限定过失犯处罚的作用。因为过失犯的成立都是以产生危害结果为其前提条件的,因此,当法官接触到过失犯案件时,行为人的行为事实上已经造成了现实的不法侵害。此时,修正的古典过失论者却还要求法官站在行为时去判断过失行为是否对法益具有损害危险,从而否定已经发生的法益侵害事实,这种想法显然是不合适的。正如我国学者提出的那样,修正的古典过失论"在方法论上无异于循环论证,有颠倒归责顺序之嫌。事实上对认定过失犯之实行行为提供不了任何确切明晰之标准"[28]。

(二)中、苏罪过过失论

1. 苏联罪过过失论的本体及其发展

罪过过失论是苏联四要件犯罪体系之下的过失理论,该理论因为受到苏联犯罪构成学说以及无产阶级意识形态的影响,于是产生了许多不同于德国过失理论的特点。[29] 其实,苏联的犯罪构成学说最初来源于德国早期的刑事古典法学派,但是由于当时的古罗斯传统犯罪认定模式已经初具形式,因此苏联便没有完全接纳德国的犯罪构成理论思想[30],其转而构建了结合本国国情的主客观相统一的四要件犯罪构成理论。该理论将犯罪构成拆分为客体、客观方面、主体、主观方面四个要件,而过失则属于主观方面的构成要素之一。在苏联学者看来,犯罪过失只是行为人对自己实施的社会危害行为所持的不谨慎的心理态度,并不包含任何的规范评价要素或者可谴责要素。[31] 也就是说,他们所理解的犯罪过失是以意志归责为处罚根据的,属于心理责任论的范畴。那么,苏联学者为何会把过失犯的本体理解得如此狭窄呢?笔者认为,最为重要的一个理由就是在于,他们对于罪过概念的讨论。

---

〔28〕 郑世创:《过失犯构造问题检讨》,载陈兴良主编:《刑事法评论》(第28卷),北京大学出版社2011年版,第114页。

〔29〕 苏联的四要件犯罪论体系最早产生于19世纪30年代后期,此时,德国的过失理论已经从古典过失论转向了由目的论犯罪论体系所领导的新过失论(二阶过失模式)。因此,此处所讲的不同,针对的并不是古典过失论。

〔30〕 参见赵路:《俄罗斯犯罪认定基础要论》,中国检察出版社2014年版,第50—51页。

〔31〕 参见〔苏〕A. A. 皮昂特科夫斯基主编:《苏联刑法科学史》,曹子丹等译,法律出版社1984年版,第78页。

起初,罪过只是一个具有伦理非难的心理学概念,苏联刑法学界也并未将它运用到刑法评价之中。但是后来,受德国规范责任论的影响,苏联刑法学者逐渐开始讨论故意、过失与规范的可谴责性要素之间的关系。因为,在德国刑法学中,故意与过失存在一个上位概念,即罪责,与此相对,苏联学者便也在故意与过失之上寻找了一个相似的概念,即罪过。那么,罪过与罪责之间到底存在什么样的关系呢?对此,苏联刑法学界存在两种不同的声音。以特拉伊宁教授与乌捷夫斯基教授为代表的学者认为,应当在罪过概念中引入可谴责性要素,从而使其突破心理责任论形成类似于德国的规范罪过论〔32〕;与此相反,以皮昂特科夫斯基教授为代表的学者则认为,如果在罪过概念中纳入评价性与谴责性要素,那么,罪过概念就将成为犯罪构成之外的责任基础,从而打破犯罪构成是刑事责任的唯一根据这一铁律。〔33〕 但是,由于当时苏联国内存在浓厚的意识形态的对立,特拉伊宁教授等人的观点最终被反对派斥责为资产阶级唯心主义的方法。比如,针对此问题,1950 年 2 月在《苏维埃国家与法》杂志中就发表了一篇题为《苏维埃刑法科学的状况和任务》的文章,该文章提到,“罪过乃是某人对其故意或过失实施的、受到苏维埃刑事法律和共产主义道德谴责的社会危害行为所持的心理态度……罪过是社会—政治上的概念。苏维埃刑法只承认在反对苏维埃制度或者破坏社会主义法律秩序的行为中的故意和过失是罪过的形式”〔34〕。基于此,苏联的罪过理论之后就一直排斥规范性的可谴责性要素,并且这种理解一直延续至今。〔35〕 也就是说,目前俄罗斯的罪过过失论仍然坚持的是心理责任论。〔36〕

其实,苏联当时不惜通过各种手段来对其他意识形态进行极端的打压,其主要原因在于,当时的资本主义盛行,苏联为了保持社会主义本质不发生改变,只能对意识形态进行僵化控制。〔37〕 但是,这种做法显然不宜泛化,学术上的争论就应当由学术自身来决定,通过意识形态来打压与之相对立的规范罪过论的做法是盲目并且偏执的。况且,在当今世界,社会主义与资本主义的对立并不像 20 世纪那样剑拔弩张,与之相反,它们在有些场合甚至出现了相互融合的趋势。〔38〕 因此,罪过过失论是否应当引入评价性、谴责性要素,完全应当跳出意识形态的对立,最终只取决于各国或地区的实定法以及司法实践的现实需要。

---

〔32〕 参见米铁男:《特拉伊宁的犯罪论体系》,北京大学出版社 2014 年版,第 208、250 页。

〔33〕 参见上注,第 209 页。

〔34〕 同前注〔31〕,第 78 页。

〔35〕 在这里笔者想补充一点,即俄罗斯的四要件犯罪论体系虽然在主观方面排斥规范性的可谴责要素,但是其却把这种要素放到了“刑事责任”之中。对于这种做法,笔者并不赞同,因为它会使得对规范的可谴责要素的判断脱离行为人的主观心理事实,从而使得刑事责任论相对空白。

〔36〕 参见庞冬梅:《俄罗斯犯罪构成理论研究》,中国人民大学出版社 2013 年版,第 392 页。

〔37〕 参见郭文亮、杨菲蓉等:《当代国外社会主义意识形态发展导论》,人民出版社 2010 年版,第 48 页。

〔38〕 参见蔡继明:《从混合经济形成看两大经济思想体系融合》,载《学术月刊》2015 年第 1 期。

2. 对我国罪过过失论的剖析与驳斥

中华人民共和国成立以后，同样是基于意识形态的影响，我国引入了苏联的犯罪构成学说与罪过理论，并且这种罪过理论主要是以皮昂特科夫斯基的理论为蓝本的。换言之，我国老一辈学者在引入苏联的罪过过失论的同时，其实也把苏联罪过过失论者本身所持有的极端与偏执移植到了我国。在这种情形之下，我们更应当辩证客观地看待罪过过失论。

罪过过失论是指，行为人对自己不谨慎的行为而引发的危害结果所持有的心理罪过，并且，这种罪过主要是由认识因素与意志因素两个部分组成。所谓认识因素是指，行为人对客观世界的能动反映；而所谓意志因素是指，行为人对既定目标的心理倾向。如果我们将这两种因素拿来理解《刑法》第 15 条对于过失犯罪的规定，那么，过失犯则可以包含以下两种情形：第一，行为人应当预见而没有预见危害结果，以致结果发生的情形（疏忽大意的过失）；第二，行为人轻易否定其事先预见的结果，以致结果发生的情形（过于自信的过失）。但是，既然行为人在预见到危害结果会发生之后又轻易否定了该结果，那么，行为人对危害结果是否会发生还是缺乏预见的。[39] 比如，行为人深夜欲酒后驾驶机动车，起初他预见到自己的行为有可能会发生交通事故，但后来他又觉得路上行人较少并且自己喝的也不多，即使驾车也不会发生交通事故。显然，在这种情形之下，行为人最终的内心状态应当是，只要路上行人较少并且自己喝的酒不多，那么即使自己酒驾也不会发生交通事故。也就是说，过于自信的过失归根到底其实也是一种无认识过失。对此，我国有学者提出了不同的意见，他认为，“我国刑法对过于自信的过失作了明确的规定，并且将对危害社会的结果的‘已经预见’作为其构成特征。在这种情况下，仍然将过于自信的过失简单地归于无认识的过失，对刑法规定视而不见似不可行”[40]。诚然，对于犯罪过失的理解不能脱离我国现行刑法的具体规定，否则任何理解都必将走向失败。但是，《刑法》第 15 条中所规定的“已经预见”与“轻信能够避免”其实都是行为人内心状态，并且，后一种心理状态事实上否定了前一种心理状态，因此，“已经预见”其实并不是过于自信的过失的完整构成特征。

虽然罪过过失论的内部构造是由认识因素与意志因素组合而成，但使它真正发挥作用的却是认识因素。因此，从这个意义上来说，结果预见义务才是罪过过失论的本质。但是，此处所讲的结果预见义务与修正的古典过失论的结果预见义务还是存在一些差别的。具体而言，修正的古典过失论的预见义务是三阶层犯罪体系之下的预见义务，因此，它所要求的预见对象不仅包括整个构成要件还包括违法阻却事由的前提事实；与此相反，罪过过失论的预见义务是四要件犯罪体系之下的预见义务，因为我国的四要件犯罪体系将正当防卫、紧急避险等违法阻却事由置于犯罪构成之外，因此，它

---

〔39〕 参见〔德〕弗兰茨·冯·李斯特：《德国刑法教科书》，徐久生译，法律出版社 2000 年版，第 304 页。

〔40〕 陈兴良：《过失犯的规范构造：以朱平书等危险物品肇事案为线索》，载《比较法研究》2020 年第 5 期。

所要求的预见对象就只是涉及犯罪客观方面的内容。其实,虽然平面式与递进式的判断路径给罪过过失论与修正的古典过失论带来了很多不同,但是它们之间仍然存在很多的相似性。比如,它们均把犯罪过失理解为行为人内心的不谨慎态度;又比如,在过失行为上,它们均进行了实质性的理解,认为过失行为是对法益(刑法所保护的社会关系)具有实质性侵害的行为。

正是由于罪过过失论的上述特征,同时也决定了它必然存在以下缺陷。第一,罪过过失论会面临如同修正的古典过失论一样的苛责,亦即,实质的过失行为不可能起到限定过失犯处罚的作用,因而罪过过失论的处罚范围还是过于宽泛。第二,罪过过失论以心理责任论为具体内容,排斥在罪过概念中纳入规范的评价要素与谴责性要素,这就使得它不仅偏离了我国刑法的具体规定,还脱离了我国司法实践的现实需要。具体而言,我国《刑法》第15条在论及过失犯罪时使用了"应当预见"一词,而"应当预见"本身就应当包含对行为人预见能力的肯定性判断,也就是说,我国刑法所规定的过失犯罪其实并不排斥规范的评价性要素。不仅如此,罪过过失论的上述特点也决定了它难以接受期待可能性等规范概念。但是,在我国的司法实践中,期待可能性却早已为部分法院所采纳,有些法院甚至直接在判决书中使用此概念进行出罪化处理。[41]其实,苏联学者以及后来的俄罗斯学者之所以如此反对在罪过概念中纳入可谴责性要素,其主要原因就在于,他们的刑法典存在将犯罪构成作为刑事责任的唯一根据的表述。[42] 但是,我国刑法中显然并不存在类似的规定,也就是说,苏联学者支持罪过过失论的论证基础在我国也是不存在的。基于此,笔者认为,罪过过失论应当为我国学者所摒弃。

二、与故意犯进行不同理解的过失构造:以规范归责为处罚根据

上述以结果预见义务为核心,把过失犯与故意犯进行相似理解的过失构造,受到了很多学者的质疑。比如,日本高山佳奈子教授从罪刑均衡的角度就曾指出,如果过失犯的本质在于违反结果预见义务(亦即,过失犯的本质在于意志归责),那么,故意犯就应当轻于过失犯,因为故意犯显然完全履行了结果预见义务,但事实上故意犯的处罚却往往比过失犯更重。[43] 又比如,我国劳东燕教授也曾指出:在归责论上,故意犯属于意志归责,但过失犯属于规范归责,过失犯之所以应当受到谴责,完全是因为行为

---

〔41〕 参见安徽省阜南县人民法院(2017)皖1225刑初258号刑事判决书。

〔42〕 比如,《俄罗斯联邦刑法典》第8条规定:"刑事责任的根据是实施含有本法典所规定的全部构成要件的行为。"

〔43〕 参见〔日〕高山佳奈子:《故意犯与违法性意识》,有斐阁1999年版,第137页。

人的行为偏离了法规范的期待。[44] 笔者认为,或许正因为如此,德国、日本、韩国的众多刑法教科书,才会把过失犯从故意犯中剥离出来,专门设立"过失犯罪"一章。目前,在德国,与故意犯进行不同理解的过失构造主要存在一阶过失模式与二阶过失模式;在日本,与故意犯进行不同理解的过失构造主要存在新过失论与新新过失论。

新新过失论又称畏惧感说,它的内部构造与新过失论基本一致,两者唯一的区别就在于预见可能性的程度要求。畏惧感说认为,在公害案件中,行为人是无须对构成要件结果有具体的认识的,只要他对危害结果具有不安感时,就可以要求他采取避免结果发生的措施。但是,以如此抽象的程度去理解预见可能性,其实基本上不可能让行为人明白应当采取何种措施去避免结果发生[45],其最多只能是促使行为人放弃自己的行为[46]。因此,从实际效果来看,畏惧感说使得过失犯的处罚变得毫无限定性可言。目前,日本的判例与理论通说均否定畏惧感说,认为畏惧感说不当地扩大了过失犯的处罚范围,从而违反了责任主义原则。[47] 基于此,本文便不再对新新过失论进行展开讨论。下面,笔者主要集中讨论其他三种过失犯构造。

(一)德、日新过失论:二阶过失模式

正如上文所言,德国古典犯罪论体系制约着古典过失论的发展。但是后来,受新康德主义的影响,刑法学者们便试图在事实领域与规范领域架起互通的桥梁,于是犯罪论体系中的规范评价、价值评价越来越凸显,并最终产生了新古典犯罪论体系。新古典犯罪论体系从心理责任论转向了规范责任论,认为责任的确证并不仅仅在于行为人内心的不谨慎态度,更在于他对人类生存发展而应当遵守的行为准则的一种轻视。后来,在新古典犯罪论体系与目的主义的双重影响之下,过失犯的注意义务产生了两层含义:结果回避义务与结果预见义务。其中,结果回避义务属于构成要件阶层中行为的判定因子,而结果预见义务属于责任阶层中犯罪过失的判定因子。也就是说,这种双层次的过失理解模式,将过失构造分解为构成要件过失与责任过失。在此基础之上,德国理论界产生了二阶过失模式,而日本理论界产生了新过失论。其实,二阶过失模式与新过失论并无不同,只是相较于新过失论,二阶过失模式这个概念更加凸显过失犯存在二阶段的内部构造。基于此,笔者在下文中将会尽量使用二阶过失模式这个概念。

1. 二阶过失模式的本质及其基准行为的设定

二阶过失模式的支持者认为,过失犯的本质并不在于行为人违反了结果预见义

---

〔44〕 参见前注〔10〕。

〔45〕 参见刘志伟:《海峡两岸犯罪过失中"应当预见"问题的比较研究》,载《河北法学》1996年第2期。

〔46〕 参见前注〔12〕。

〔47〕 参见〔日〕大塚裕史:《企业灾害和过失论》,黎宏译,载高铭暄、赵秉志主编:《过失犯罪的基础理论》,法律出版社2002年版,第98页。

务,而在于他违反了结果回避义务。日本刑法理论通常把结果预见义务称之为主观的注意义务(内部性注意义务),认为它是通过行为人的内心事实加以确定的;把结果回避义务称之为客观的注意义务(外部性注意义务),并且认为,这种注意义务必须通过实施一定的基准行为来实现。[48] 具体而言,如果行为人实施了该基准行为,就不成立过失犯;如果行为人没有实施该基准行为,则要以过失犯追究刑事责任。至于应当如何划定这里的基准行为,理论上争议众多,大体而言存在二分说、三分说、四分说等观点。[49]

对此,笔者的看法是,二阶过失模式的基准行为的设定归根结底其实只存在以下两种路径。第一,各国或地区刑法典中存在非常多的空白罪状,它们对于过失行为的规定往往需要借助刑法典之外的前置性规范。虽然这些前置性规范所保护的目的与刑法典并不相同,但是它们却能为过失犯的基准行为选定一个较为合适的范围。比如,陈璇教授认为,注意义务的本质在于能力维持规范,因此在他看来,只要当违规行为同时削弱了行为人的注意能力,那么该行为就可以理解为过失犯的构成要件行为。[50] 第二,对于不存在前置性规范的过失犯罪,二阶过失模式则往往立足于社会一般经验或者科学技术经验为过失犯的基准行为划定范围。[51] 比如,二阶过失模式论者认为,如果行为人所属领域的一般人能够预见到构成要件结果可能发生,那么就可以要求他们采取必要的措施去阻止该结果的发生,将这些必要措施予以一定程度的类型化之后就成为过失犯的基准行为,而这些基准行为的反面也就是过失犯的构成要件行为。[52] 因此,在刑法条文不存在前置性规范的场合,过失基准行为的产生是离不开经验判断的,并且,这种经验判断应当由法官在具体案件中根据普遍的指导形象对构成要件加以填补而形成。[53] 但是,此处所讲的经验判断并非纯粹事实意义上的经验判断,把这种判断理解为经验判断与规范判断的结合体可能更为恰当。因为上述基准行为的产生通常是以一般人为视角的,而一般人所承认的行为准则天然就带有规范的属性。比如,法律所类型化的行为都是抽象行为而非具体行为[54],而这些被法律固定下来的抽象行为所考察的对象其实也是一般人。也就是说,上文所提到的基准行为与法律行为是具有同质性的,它们都是以一般人为考察对象而产生的,只是过失犯的基准行为是通过法官予以填补的,而法律行为是通过特定的法律程序加以确定的。

---

〔48〕 参见〔日〕松原芳博:《刑法总论重要问题》,王昭武译,中国政法大学出版社 2014 年版,第 214 页。

〔49〕 参见张小虎:《犯罪过失心理结构要素探究》,载《法学评论》2005 年第 2 期。

〔50〕 参见陈璇:《注意义务的规范本质与判断标准》,载《法学研究》2019 年第 1 期。

〔51〕 参见〔意〕杜里奥·帕多瓦尼:《意大利刑法学原理》(注评版),陈忠林译评,中国人民大学出版社 2004 年版,第 228 页。

〔52〕 参见前注〔22〕,第 211 页。

〔53〕 参见〔德〕汉斯·韦尔策尔:《目的行为论导论:刑法理论的新图景》(增补第 4 版),陈璇译,中国人民大学出版社 2015 年版,第 42 页。

〔54〕 参见李寿初:《道德与法律的关系类型辨析》,载《文史哲》2011 年第 4 期。

2. 二阶过失模式存在的问题与缺陷

二阶过失模式是德国的理论通说,也是本文最终所选择的立场。但不可否认的是,二阶过失模式其实也是存在缺陷的。二阶过失模式在构成要件阶层以相应生活领域的一般人为判断标准,根据一般人在该种情状之下,能否预见并且避免构成要件结果的发生来判断。若得出肯定结论,则进入责任阶层并根据行为人的自身注意义务能力,判断行为人是否有能力预见并且避免该结果发生。但是,这种模式也存在例外情形,比如,德国主流观点认为,当行为人对因果进程存在特殊认知时,那么在构成要件阶层就应该依照他的相应认识谨慎地行事。[55] 也就是说,在行为人存在特殊认知的场合,二阶过失模式的构成要件过失并不是以一般人为判断标准,而是以行为人为判断标准。显然,这种例外性的思考,其实打破了二阶过失模式对于构成要件过失所坚持的以一般人为基准的体系性思考。

此外,在笔者看来,二阶过失模式或许还存在以下两点缺陷:第一,在不存在前置性规范的场合,二阶过失模式的基准行为是法官在具体案件中根据普遍的指导形象对构成要件加以填补而形成的,因此,这就会给法官留下过大的解释空间,从而在一定程度上损害基准行为的明确性。第二,二阶过失模式也可能会在一定程度上削弱客观注意义务与构成要件之间的联系。比如,过失致人重伤罪可以要求行为人不实施 A 危险行为,过失致人死亡罪同样也可以要求行为人不实施 A 危险行为,那么如果行为人实施了该危险行为,此时,他的行为在构成要件层面就同时违反了过失致人重伤罪与过失致人死亡罪两个刑法规范。换言之,此时构成要件与该构成要件所需要的客观注意义务之间其实并不具备一一对应的关系。

(二)德国二阶过失模式的变形:一阶过失模式

1. 一阶过失模式的表现形式及其思想渊源

可能正因为二阶过失模式不能很好地贯彻过失犯的体系性与逻辑性,目前德国存在一种非常流行的过失模式,即一阶过失模式,该模式也被称为个别的可避免理论。一阶过失模式在判断基准上与故意犯类似,它把注意义务所要求的风险的可认识性、可避免性都只放在构成要件阶层加以考虑,并且认为,构成要件中所提出的谨慎义务只需要根据具体的行为人能力进行判断即可。[56] 在一阶过失论者看来,在构成要件阶层构建一个不需要考虑具体行为人的抽象意义上的人格体是毫无意义的,并且这种理解也并不能实现"通过惩罚犯罪,从而预防犯罪"的目的。比如,许乃曼教授就曾提

---

〔55〕 参见〔德〕乌尔斯·金德霍伊泽尔:《刑法总论教科书》,蔡桂生译,北京大学出版社 2015 年版,第 331 页。

〔56〕 同上注,第 329 页。

出,“行为符合构成要件就是行为违反规范,这样的行为规范当然必须事前加以描述,并且以行为人的状况和认知作为出发点。行为规范并不应该处理任何一个假设的案件,而应该处理个别行为人在一个具体的历史事件中的行为”〔57〕。也就是说,一阶过失模式在确定是否违反谨慎义务之时,并不求助于平均认识水平的虚拟的人格体,而是直接在构成要件阶层采用行为人标准进行判断。如果行为人能够预见到构成要件结果可能会发生,那么他就应该履行应有的谨慎义务,从而采取避免结果发生的措施。

一阶过失模式的思想根源是韦尔策尔教授提出的“人的不法论”。“违法性始终都是对某个与特定行为人相关联之行为的禁止;不法是与行为人相关联的‘人的’行为不法。”〔58〕根据该理论,对于犯罪的不法性判断显然应当以具体的行为人为标准而展开。但是,在过失犯的场合,韦尔策尔认为,“过失犯的关键性的不法内容在于,现实中被实施的行为,与根据交往中必要的注意本来应当遵守的举止之间,存在不吻合之处”,并且,“交往中必要的注意义务这一概念,是一个客观和规范的概念”。〔59〕虽然韦尔策尔最先提出人的不法论,但他对此的理解相对缓和,主要适用于故意犯场合。后来,“自20世纪70年代开始,越来越多的学者开始提倡更为彻底的人的不法论,主张不论是故意犯还是过失犯的不法,都应当统一以行为人本人的认知及认识能力作为判断标准,应当完全恢复不法中人的现实而具体的形象”〔60〕。即,根据“彻底的人的不法”理论,过失犯与故意犯在判断方式、判断基准上已经趋于相同。可以说,正是因为对“人的不法”的彻底化理解,一阶过失模式才能逐渐发展并成为德国有力学说。

2. 对一阶过失模式的反思与追问

就目前德国的研究现状而言,一阶过失模式并不是通说,然而我们不可以忽视的是,已经有越来越多的德国学者转向了一阶过失模式。可能正是因为如此,我国也有部分学者开始主张一阶过失模式。〔61〕对此,笔者的看法是,相较于二阶过失模式,一阶过失模式确实拥有许多的优势。比如,一阶过失模式主张以行为人为标准对构成要件过失进行判断,从而避免了二阶过失模式在构成要件阶层的例外性思考,维护了构成要件过失的判断标准的一致性。又比如,当行为人的注意能力不高于一般人时,一阶过失模式的出罪,只需要通过对构成要件过失进行判断而无须进入责任阶层,这在一定程度上体现了一阶过失模式的便捷性。但是,基于以下思考,笔者并不赞同将一阶过失模式引入中国。

---

〔57〕 Bernd Schünemann, Über die objective Zurechnung, in: GA 1999, S. 218 ff.

〔58〕 同前注〔53〕,第39页。

〔59〕 同前注〔53〕,第40、43页。

〔60〕 同前注〔53〕,译者后记,第124页。

〔61〕 参见前注〔50〕;蔡桂生:《非典型的因果流程和客观归责的质疑》,载《法学家》2018年第4期;于佳佳:《过失犯中注意义务的判断标准》,载《国家检察官学院学报》2017年第6期。

在笔者看来,一阶过失模式存在一个极其致命的问题,即,它使得构成要件过失与责任过失之间的关系暧昧不清。一阶过失模式论者认为,构成要件过失应当以行为人为基准进行判断,那么随之而来的问题就是,同样应当以行为人为判断基准的责任过失应当何去何从?对此,一阶过失模式无外乎以下两种方案。

第一种方案是,承认构成要件过失,同时保留责任过失概念。这种方案所采取的做法就是,承认构成要件过失与责任过失都应当以行为人为判断基准,但同时认为,影响这两者之间的个体性能力并不相同。目前,德国学者考夫曼、施特拉腾韦特、金德霍伊泽尔等人均坚持此观点。比如,施特拉腾韦特教授认为,影响构成要件过失的是行为人的"工具性能力",即认识危险和排除危险所需要的能力;而影响责任过失的是行为人的"道义上的努力",即为了获得工具性能力所必需的能力。[62] 又比如,考夫曼教授认为,刑法中的归责判断应当以行为能力和动机能力为基础划分为两个层次:第一,若行为人本来身体和智识上有能力避免实现法益侵害,则可认定其引起法益侵害的行为成立不法;第二,若行为人有能力形成避免法益侵害的动机和意志,则可以进一步认定该行为具备责任。[63] 也就是说,上述支持者往往把判定构成要件过失所需的个人能力理解为"避免法益侵害所需要的能力",而把判定责任过失所需的个人能力理解为"形成避免法益侵害的动机和意志所需要的能力"。但是,这种区分标准其实并不明确,它也不能很好地指导我国的司法实践。因为在具体案件中,"避免法益侵害所需要的能力"与"形成避免法益侵害的动机和意志所需要的能力"往往重叠交叉,难以区分。比如,在驾驶员超速行驶致他人死亡的案件中,避免撞死他人所需要的能力就是驾驶员对路况的认知水平与对车辆的操控水平,而形成避免发生该交通事故的意志所需要的能力也必然会考虑这两项能力。因此,上述第一种方案所面临的追问就是,应当如何准确地、有效地区分构成要件过失与责任过失的认定标准。

第二种方案是,承认构成要件过失,但抛弃责任过失概念。在笔者看来,所谓"抛弃责任过失"其实存在两个不同维度的理解。第一个维度是,形式上保留责任阶层的过失要素,但实质上完全抹杀责任过失的适用可能性。这种理解所采取的做法就是,将过失犯与故意犯进行完全相同的理解,即承认构成要件过失与责任过失的判断基准完全一致,都采用相同的行为人标准。但是,在故意犯罪中,即使构成要件故意与责任故意的判断基准相同,责任故意仍然有存在的必要性,因为在违法性事实认识错误的场合,责任故意是可以起到撤回构成要件故意的作用的。与此相对,在过失犯罪中,因为过失犯不存在违法性事实认识错误,因此,如果把构成要件过失与责任过失的判断基准进行相同理解的话,那么责任过失是可以直接被抛弃的。对于上述维度的理解,笔者持否定态度。笔者认为,既然形式上保留了责任过失概念,那么就应当给予它

〔62〕 参见于佳佳:《过失犯中注意义务的判断标准》,载《国家检察官学院学报》2017 年第 6 期。

〔63〕 Vgl. Armin Kaufmann, Die Dogmatik der Unterlassungsdelikte, Verlag Otto Schwartz 1959, S. 38 ff.

实质上的内容,否则,承认责任过失是没有任何意义的。此外,第二个维度是,直接从形式上抛弃责任过失,甚至抛弃整个有责性阶层。具体而言,这种理解所采取的做法就是,以"彻底的人的不法论"为根基,提出"没有责任就没有不法"的过失构造,主张彻底消除不法与责任的阶层式区分。目前,德国支持这种观点的学者主要有雅科布斯〔64〕、弗罗因德(Freund)〔65〕、帕夫利克(Pawlik)〔66〕、辛恩(Sinn)〔67〕等人。比如,雅科布斯教授就认为,只有行为才是所有不法形式所共有的,因而不应当在行为之外产生一个与之并列的"客观归责的可能性"。据此,他进一步提出,区分不法与责任是没有实际意义的,"行为包含了结果回避可能性与责任"〔68〕。对于上述维度的理解,笔者依然持否定态度。笔者认为,区分不法与责任是重要并且必要的,因为一个合理的犯罪论体系必须首先考虑它能否发挥以下两个功能:一是限制犯罪处罚;二是有效地构建起规范与事实之间的互通桥梁。就前者而言,二阶过失模式相较于(不区分不法与责任的)一阶过失模式更具有优势,因为二阶过失模式所对应的犯罪论体系存在违法性阶层与有责性阶层,而这两个阶层就是反向阻却犯罪成立的阶层,换言之,二阶过失模式在犯罪论体系的构建上就已经强调了限制犯罪的处罚;就后者而言,二阶过失模式也更具有优势,因为强调区分不法与责任的犯罪论体系与刑事证明责任是具有内在的一致性的,具体而言,根据该体系,控诉方只需要对构成要件该当性承担举证责任,而辩护方则只需要对违法性与有责性承担举证责任〔69〕,也就是说,二阶过失模式其实更加契合我国司法实践的现实需要。基于此,笔者并不支持一阶过失模式。

三、过失犯构造的价值需求及其具体适用

正如上文所示,大陆法系存在非常多的过失犯构造,这些构造逻辑不同、功能各异。有的对犯罪过失只进行一次判断,而有的则进行两次判断;有的以意志归责为处罚根据,而有的则以规范归责为处罚根据;有的把过失行为理解为对法益具有现实损害或者损害危险的行为,而有的则理解为偏离于基准行为之外的行为。那么,这些过失犯构造是否存在一定的共性?哪一种类的过失犯构造更能为我国所适用呢?带着

---

〔64〕 Vgl. Günther Jakobs, Studien zum fahrl ssigen Erfolgsdelikt, De Gruyter 1972, S. 60 f, 64 ff.

〔65〕 Vgl. Georg Freund, in: MK-StGB, 2. Aufl., 2011, vor § 13ff. Rn. 14.

〔66〕 参见〔德〕米夏埃尔·帕夫利克:《最近几代人所取得的最为重要的教义学进步?——评刑法中不法与责任的区分》,陈璇译,载陈兴良主编:《刑事法评论:规范论的犯罪论》(第35卷),北京大学出版社2015年版,第302页。

〔67〕 参见〔德〕阿恩特·辛恩:《论区分不法与罪责的意义》,徐凌波、赵冠男译,载陈兴良主编:《刑事法评论:犯罪的阶层论》(第37卷),北京大学出版社2016年版,第276页。

〔68〕 〔德〕格吕恩特·雅科布斯:《行为 责任 刑法——机能性描述》,冯军译,中国政法大学出版社1997年版,第66、97页。

〔69〕 参见罗翔:《犯罪构成与证明责任》,载《证据科学》2016年第4期。

这些疑问,笔者试图探究一个合适的过失犯构造真正需要具备的价值诉求,并在此基础上作出本土化的思考。

(一)过失犯构造的价值需求及其位阶

世界上并不存在完美无缺的过失犯构造,任何过失犯构造都必然存在缺陷。这些缺陷既可能是由于世界观的不同所带来的,也可能是由于方法论上的不同所带来的。因此,我们在作出选择之前,必须客观地、辩证地看待这些问题。如果学者们固执地对某些过失犯构造所产生的缺陷"死咬不放",那么最终的结局只能是互相揭短、互不买账。既然每一种过失犯构造都存在问题,那么,我们应当站在什么样的角度去进行选择呢?对此,笔者的看法是,在选择一个合理的过失犯构造之前,我们应当首先考虑以下两个问题:第一,我们到底希望这个过失犯构造发挥哪些价值;第二,这些所需价值之间又存在什么样的位阶关系。如果我们能够将这些价值需求罗列出来,并加以排序,那么我们所选择的过失犯构造便具有了最为扎实的理论根基。

首先,一个合理的过失犯构造应当尽量明确,构造内的各成立要件之间能够各司其职。如所周知,刑法从奴隶社会的蛮横、残暴发展到后来的相对文明,其中一个最为显著的标志就是,成文刑法典中规定了罪刑法定原则。罪刑法定原则要求,法律的制定应当明确,法律的适用应当严格依照实定法,不允许法官恣意擅断。那么,如何才能实现罪刑法定原则的这种要求呢?笔者认为,除了刑法规范本身不能偏离于罪刑法定主义的实质,过失犯构造的内部关系也应当尽量明确。因为过失犯构造作为法官适用刑法的极具专业性的工具,是衔接刑法规范与案件事实之间的桥梁,一旦过失犯构造变得模糊不清,那么即使法律规定得再明确,罪刑法定原则也必将被逐步蚕食掏空。因此,从这个意义上来看,构造的明确性应该是选择过失犯构造的基础,是实现其他价值的前提条件。

其次,一个合理的过失犯构造必须能够有效地限定过失犯的处罚范围。正如笔者一开始所提到的那样,大陆法系的过失构造大体朝着限缩处罚的方向发展。当然,这种限缩效果既可以通过提高预见可能性的预见程度来实现,也可以通过对过失行为的成立条件设立门槛来实现,但不管怎么说,最终所选择的过失犯构造必须能够在事实上发挥这种效果。比如,修正的古典过失论、二阶过失模式之所以能够战胜古典过失论,其主要原因就在于,这些理论试图通过限定过失行为来实现限定处罚的效果;又比如,新新过失论之所以会逐步被日本学者所摒弃,其主要原因就在于,抽象的预见可能性不能很好地实现这种效果。因此,如果一个过失犯构造不能很好地限定处罚范围,那么它就必将走向灭亡,也就是说,处罚的限定性应当被理解为选择过失犯构造的最终价值追求。

再次,一个合理的过失犯构造的具体操作应当简单方便,尽量避免多余的理论判断。因为,过失犯构造不仅仅是理论上的逻辑构造,更是司法实践中的操作指南。

一个纯粹教学意义上的逻辑构造是可以尽量复杂的,这种复杂的逻辑甚至有助于提高研究者的思辨能力,但是,司法实践所需要的过失构造则必然是简单明了、便于操作的。在笔者看来,这种现实需要其实还可以进一步细化为以下两点:第一,过失犯构造本身不能复杂多变,一个固定的体系能够适用于所有不同的案件;第二,过失犯的出罪判断最好能够一步到位,尽量避免不必要的判断。因为只有满足上述两点,司法工作人员才能不断提高司法判断的效率,从而更加有效地适用法律。因此,判断的便捷性也可谓是过失犯构造一项重要的价值需求。

最后,一个合理的过失犯构造是否应当以预防为导向,这是一个颇具争议的话题。对此,德国、日本、中国的二阶过失论者通常持肯定回答,而美国、英国、俄罗斯等国的学者则往往没有给予太多的关注。〔70〕 比如,二阶过失论者针对罪过过失论就曾作出过如下批判,"(犯罪构成四要件说)难以实现积极的一般预防"〔71〕;又比如,二阶过失论者针对一阶过失模式也曾作出过如下批判,"规范之所以具有指引国民的作用,原因在于它能适用于所有人,新过失论在构成要件阶层以行为人为标准进行判断,从而使得规范失去了指引功能,不能发挥预防功能"〔72〕。那么,犯罪的预防性与过失犯构造之间到底存在什么样的关系呢?笔者认为,要回答这个问题,必须首先弄清楚以下两点:第一,这里所讲的预防是指一般预防还是特殊预防?第二,预防犯罪的效果到底来自过失犯构造,还是刑法规范与司法判决?针对第一个疑问,其实从上述二阶过失论者的批判中可以找到答案,即这里的预防是指一般预防;至于第二个疑问,笔者的看法是,一般预防的效果应当来自刑法规范与司法判决,而并非具体过失犯构造。因为,过失犯构造作为指导司法实践的极具专业性的工具,它直接指向的对象是法律工作者而非一般国民。亦即,在通常情况下,一般国民并不会在意过失犯构造应当如何选择,他们在意的只不过是自己的行为是否会成立犯罪。

其实,在日常生活中,一般国民对于过失犯的了解主要来自刑法规范、司法判决和业务手册,而并非具体的过失构造。因此,无论采取何种过失犯构造,只要刑法规范健全、司法判决准确、业务手册翔实,那么这些构造对于国民预防犯罪就几乎没有什么差别。况且,即使强调过失犯构造需要发挥预防必要性的观点,也必然面临着一个追问,即到底是什么决定了一个行为有没有预防必要性?显然,这里的答案也只能是刑法规范。那么,如果一个过失犯构造与刑法规范之间已经具备了一一对应的关系,该构造是不是也就天然带有一般预防的效果呢?因此,笔者认为,一般预防对过失犯构造的选择并不会产生太大的影响。至于过失犯构造是否需要考虑发挥特殊预防的效

---

〔70〕 美国的双层次犯罪构成模式是围绕着控辩双方的活动进行构建的,因此,该犯罪体系其实并不强调犯罪的预防性。参见〔美〕保罗·H. 罗宾逊:《刑法的结构与功能》,何秉松、王桂萍译,中国民主法制出版社2005年版,第4页。

〔71〕 周光权:《犯罪构成四要件说的缺陷:实务考察》,载《现代法学》2009年第6期。

〔72〕 许玉秀:《主观与客观之间——主观理论与客观归责》,法律出版社2008年版,第55页。

果，对此，我们完全可以将它放在刑罚论中进行讨论。其实，这种做法才更加符合我国刑法的具体规定，因为我国现行刑法所规定的禁业规定、累犯、自首、坦白、缓刑、假释等刑罚制度都是围绕着特殊预防而展开的。

综上所述，笔者认为，选择一个合理的过失犯构造至少应当考虑它能否发挥以下价值：①构造的明确性；②处罚的限定性；③判断的便捷性；④犯罪的预防性。并且，上述四种价值需求的位阶关系应当是：①构造的明确性（基础前提）>②处罚的限定性（追求目标）>③判断的便捷性（重要价值）>④犯罪的预防性（并非必要）。

（二）二阶过失模式的合理性论证

1. 二阶过失模式损害的价值位阶最低

正如上文所述，现存的过失犯构造或多或少都存在缺陷，这些缺陷有的动摇了一个合理的过失犯构造的根基，而有的则只是在局部的搭建上存在些许的瑕疵。对此，本文试图将这些缺陷与一个合理的过失犯构造所需要具备的价值诉求对应起来，并从中找到更为合理的过失犯构造。首先，一阶过失模式是存在缺陷的。正如上文所示，区分不法与有责的一阶过失模式存在的最大问题就是，它不能够为构成要件过失与责任过失提供现实可行的区分标准；而消除不法与有责的一阶过失模式存在的最大问题则是，它在淡化犯罪论体系反向阻却犯罪的功能的同时，也削弱了犯罪论体系与刑事证明责任之间的内在联系。其次，修正的古典过失论也存在缺陷。修正的古典过失论者试图通过实质的过失行为来限定过失犯的处罚范围，但这种想法是不切实际的。因为世界各国或地区刑法普遍不处罚过失犯的未遂，因此当过失案件进入审判阶段时，过失行为事实上已经造成了现实的法益侵害。在这种情形之下，要让法官去推翻既有事实，承认过失行为对法益侵害没有现实的危险，这显然是不太可能的。再次，罪过过失论同样存在缺陷。一方面，罪过过失论以心理责任论为具体内容，导致期待可能性等规范概念难以纳入其中；另一方面，罪过过失论也会面临如同修正的古典过失论一样的苛责，亦即，实质的过失行为是不可能起到限定过失犯处罚的作用的。最后，二阶过失模式照样存在缺陷。在二阶过失模式中，构成要件过失通常是以一般人为判断基准的，因此，当行为人的注意能力低于一般人时，二阶过失模式的出罪必须到有责性阶层判断才能完成。不仅如此，二阶过失模式设定的基准行为通常由法官在具体案件中根据普遍的指导形象加以填补而形成，因此，这给予法官过大的自由裁量权，在一定程度上损害基准行为的明确性。

根据上述过失犯构造存在的缺陷，二阶过失模式较之一阶过失模式、修正的古典过失论与罪过过失论，它所损害的价值位阶其实最低。具体而言，区分不法与有责的一阶过失模式损害了体系的明确性，消除不法与有责的一阶过失模式损害了处罚的限定性与判断的便捷性，而修正的古典过失论与罪过过失论则损害了处罚的限定性。与此相对,二阶过失模式虽然在处罚的限定性上也存在些许的不明确,但总体而言,它较之于其他几种过失体系拥有更好的限定处罚的作用;二阶过失模式虽然在过失犯的出罪问题上经常需要进入责任阶层才能完成,但这种缺陷损害的也只是判断的便捷性而已。基于此,笔者认为,二阶过失模式具有相对的合理性。二阶过失模式的最大特点就在于,它站在不同于故意犯的立场上对过失犯进行了重新解读,亦即,它强调过失犯的规范属性,主张对过失行为进行类型化处理,认为过失犯的成立不仅仅在于行为人对结果存在不谨慎的态度,更加在于他的行为在客观上对规范存在重大的偏离。在笔者看来,二阶过失模式对过失行为进行类型化思考的做法是值得提倡的,因为选择一个合理的过失犯构造的最终价值追求就是在于限定过失犯的处罚范围,而二阶过失模式的类型化思考方式很大程度上契合了这种目的。

2. 二阶过失模式的司法运用简单易行

笔者一直坚信,进行域外理论研究的最终目的是指导我国的司法实践,因此,如果学者脱离本国国情,而仅仅对域外理论作形而上的思考,那么这些理论终将沦为学者自我把持的玩物。正如上文所示,就一个合理的过失犯构造所需要具备的价值诉求来说,二阶过失模式具有相对的合理性。那么,为何我国还有如此多的学者反对二阶过失模式呢?其中,最为重要的一个原因就在于,他们认为阶层式的过失构造过于复杂、烦琐,难以有效地指导司法实践。〔73〕但事实果真如此吗?对此,笔者以现实中存在的案例为切入点进行分析。

> **案例1**:2017年4月,被告人江某某因长时间驾驶机动车,致使汽车撞向高速公路中央护栏后发生侧翻,并最终导致乘车人李某死亡。对此,安徽省青阳县人民法院认为,被告人江某某违反道路交通安全法规,驾车致一人死亡,并负故事的全部责任,其行为构成交通肇事罪。〔74〕
>
> **案例2**:2012年4月,被告人唐某某受雇拆除钢窗,后唐某某将拆除的钢窗从南侧窗口扔下,并让同事吴某某在楼下提示过往行人。但钢窗横梁落地时却弹起将西侧门卫处的关某砸成重伤。对此,吉林市永吉县人民法院认为,被告人唐某某的行为构成过失致人重伤罪。〔75〕

上述两个案件是司法实践中经常发生的,并且极具代表意义的过失案件。具体而言,案例1属于法定过失犯的情形,主要涉及的是行为人因违反前置性规范而引发的过失案件;案例2属于自然过失犯的情形,主要涉及的则是行为人因违反一般伦理道

---

〔73〕 参见欧锦雄:《犯罪的定义对犯罪构成边界之限制——以我国四要件体系与德、日等国三阶层体系相比较为例的分析》,载《法商研究》2016年第2期。

〔74〕 参见安徽省池州市中级人民法院(2018)皖17刑终61号刑事判决书。

〔75〕 参见吉林省吉林市永吉县人民法院(2013)永刑初字第55号刑事判决书。

德而引发的过失案件。其实,这两类案件也刚好契合了本文对二阶过失模式基准行为的双重设定的理解。根据该理解,在案例1中,被告人江某某违反了《道路交通安全法》第22条有关禁止疲劳驾驶的具体规定,并且他有能力遵守这项规定,因此,他的行为可以被评价为过失犯;在案例2中,被告人唐某某违反了一般国民在此种场合之下的合乎逻辑的经验判断,并且他有能力作出这项判断,因此,他的行为也可以被评价为过失犯。

通过上述分析,我们可以清楚地发现,二阶过失模式其实主要是围绕着"基准行为是什么"以及"行为人能否实施该行为"这两个方面进行展开的。并且,正如上文所言,二阶过失模式的基准行为原则上又是以一般人为标准而设立的。因此,司法工作人员在运用二阶过失模式进行判案时,他的判断逻辑其实可以直接转化为以下三个步骤:①前置性规范或者经验事实要求一般人在这种场合应该怎么做;②行为人是一般人吗;③如果行为人是一般人,那么他就必须这么做,否则他的行为成立过失犯罪;如果行为人的注意能力比一般人还高,那么他就应当比一般人做得更多,否则他的行为也可以成立过失犯罪。也就是说,二阶过失模式的判断逻辑其实主要聚焦在"一般人能够怎么做"以及"行为人能够怎么做"这两个方面。如果我们将这种逻辑运用到上述两个案例中,那么,案例1的具体判断路径应当是:①《道路交通安全法》禁止一般人在过度疲劳的状态下驾驶机动车;②江某某认识能力与控制能力不存在缺陷与障碍,他属于一般人;③江某某并没有停下车休息而是继续行驶,因此,江某某构成过失犯罪。此外,案例2的具体判断路径则应当是:①一般人都会预料到将钢窗从楼上扔下有可能会弹起来伤人,因此,为了保障他人的人身安全,一般人会保证钢窗弹起的范围内没有人员经过;②唐某某作为拆除公司的员工,他属于一般人;③唐某某并没有保证钢窗弹起的所有范围内都没有人员经过,因此,唐某某构成过失犯罪。可见,二阶过失模式对于具体过失案件的判断是简单易行、便于操作的。

对此,或许还会有学者提出疑问,因为上述判断路径其实只解决了行为人是否成立过失犯的问题,它并未进一步说明行为人到底应当属于疏忽大意的过失还是过于自信的过失。针对这个疑问,笔者的态度是,既然过于自信的过失也是一种无认识过失[76],那么,过于自信的过失其实就是一种特殊形式的疏忽大意的过失,并且,这两种过失形式的主要区别只是在于法官以何种视角对同一案件进行判断。比如,就拿上述案例2来讲,如果法官判断的侧重点在于唐某某让同事吴某某在楼下提示过往行人,那么唐某某应当符合过于自信的过失,因为他预见到自己的行为可能给行人造成伤害;但是,如果法官判断的侧重点在于唐某某并没有提醒西侧门卫处的关某撤离,那么唐某某则应当符合疏忽大意的过失,因为他并没有预见到自己的行为会给西侧门卫处的人员也造成伤害。基于此,笔者认为,疏忽大意的过失与过于自信的过失并不是

〔76〕 对于这种理解,笔者在上文"对我国罪过过失论的剖析与驳斥"部分已经进行了详细说明。

一组对立的概念,所有过于自信的过失情形其实都可以同时被理解为疏忽大意的过失。既然如此,我国刑法为何还要规定过于自信的过失呢?对此,笔者的看法是,从语言学角度来讲,间接故意与疏忽大意的过失之间确实存在一个中间状态,亦即,行为人虽然预见到危害结果可能发生,但是他又不放任该结果发生。在此种情形之下,如果刑法不对这种中间状态进行规定,那么根据法无明文规定不为罪的基本原理,辩护律师是可以进行恶意抗辩的。据此,本文试图给出一个大胆的结论,亦即,上述所有通过二阶过失模式判断出来的过失犯罪都可以直接理解为疏忽大意的过失。

作为与不作为之间：中断救助行为的处罚模式探讨*

张薇薇**

要　目

摘　要　作为、不作为的区分是不真正不作为犯研究中没有引起足够重视的问题,尤其是中断救助行为对刑法教义学造成诸多挑战。从行为外观看它与作为犯相似,具有特定方向上的能量投入;从因果构造看,它与不作为犯相似,缺乏原因力,只是放任、促进了既存的因果流程。评价中断救助本质上是处罚模式的选择问题,需要充分考虑刑事立法与国情。与德日不同的是,我国刑法未规定见危不救罪,遗弃罪的适用范围狭窄,采用作为犯处罚模式在现行立法下相对能够保护法益,既与关于交通肇事后隐匿或移置伤者的司法解释相契合,也能说明中断治疗问题,确保司法裁判的准

* 本文系昆明理工大学人文社会科学培育项目(项目编号:KKSY201724013)的研究成果。

** 昆明理工大学法学院讲师。

确性。只有在满足危害行为、正犯性和因果关系的条件时，中断救助行为才能被评价为侵害生命的结果犯。从长远看，我国刑事立法应当借鉴日本的立法模式，增设作为型的遗弃罪。

关键词 中断救助 作为 不作为 因果关系 作为型的遗弃

一、问题的提出

随着实质的作为义务论研究的深入，我国刑法对不真正不作为犯的研究取得了诸多进展。然而，作为与不作为的区分，可能是既有研究所忽视的一个重要先决问题。〔1〕尤其是中断救助行为，“行为人介入并切断了法益获救的因果进程时，到底是作为还是不作为，成为问题”〔2〕。例如，被害人在海岸溺水，路人见状正欲将救生圈丢掷给被害人，行为人却予以阻止，不久被害人溺毙〔3〕；某人毁掉了能够救另一个人生命的唯一的药〔4〕。中断救助的案件在司法实践中并不少见，却常常被当成不作为犯加以讨论。例如胡德安案，胡德安晚间驾车将一名男子撞成重伤，他一面报警一面将被害人送到县医院抢救。值班医生初步检查认为男子伤情严重，需要紧急抢救。胡德安未经值班医生同意也未办理住院手续于次日凌晨1时20分将被害人送往镇卫生院。卫生院值班医生发现伤情严重，要求将被害人抬到住院部全面检查。胡德安见状叫来其兄帮忙，将被害人拉到山里。第二天早晨7时许去现场查看时发现被害人已经死亡。〔5〕又如肖志军案，2007年11月21日，肖志军将怀孕9个月且出现呼吸困难的妻子李丽云送入北京朝阳医院分院治疗。在长达3个小时的僵持过程中，肖志军始终拒绝在医院的剖宫产手术单上签字。由于错过了最佳抢救时机，李丽云经抢救无效死亡。〔6〕这些案件与典型的不作为犯相比具有微妙差别：一是行为人都在一定程度上履行了作为义务。胡案中行为人报了警，也在第一时间将被害人送往医院。肖案中，肖志军将李丽云送医抢救。在医患关系建立之后，应当认为救助义务的承担者是

〔1〕 近年来与此相关的研究，参见陈洪兵：《作为犯与不作为犯的区分——以交通肇事逃逸为例》，载《法治研究》2017年第1期；吕瀚岳：《作为与不作为之区分的目的理性思考——以德国判例与学说为借镜》，载《环球法律评论》2017年第4期。

〔2〕 井田良『講義刑法学・総論』(有斐閣，2015年)138—139頁。

〔3〕 参见林钰雄：《刑法与刑诉之交错适用》，中国人民大学出版社2009年版，第82页。

〔4〕 参见〔德〕克劳斯・罗克辛：《德国刑法学总论》(第1卷)，王世洲译，法律出版社2005年版，第242页。

〔5〕 参见林维：《不真正不作为犯的量刑问题研究——以交通肇事中的故意杀人罪为切入点》，载《法商研究》2005年第3期。

〔6〕 参见《男子拒签字致产妇死亡》，载新浪网(http://news.sina.com.cn/z/zfjqzzcfsw/index.shtml)，访问日期：2023年3月30日。理论界认为肖志军可能成立不作为故意杀人罪的观点，参见高艳东：《肖志军案中的刑法难题和价值取向——不作为、因果关系与间接故意之新界》，载《西南政法大学学报》2008年第4期；劳东燕：《事实因果与刑法中的结果归责》，载《中国法学》2015年第2期。

医生而不是行为人,不能认为家属不同意手术治疗是不救助。[7] 二是在结果发生的方向上,都明显存在能量投入,行为人介入并切断了法益的救助机会。胡案中行为人将被害人从医院搬运至山里,肖案中行为人阻止了近在咫尺的手术抢救。

在作为与不作为区分不甚明了的情况下,无法保证不真正不作为犯适用范围的明确性,对此刑法理论和刑事司法的准确性无疑都将受到影响。有趣的是,对作为与不作为区分的忽视,在刑法理论上似乎由来已久。与德国刑法形成鲜明对比,日本和中国刑法理论历来对作为与不作为的区分缺乏兴趣。在刑法教科书的体例上,多数学者在构成要件危害行为之下论述不真正不作为犯,不作为犯完全从属于作为犯,对于作为与不作为的区分,时常一笔带过——“只要在检讨作为犯之后,再考虑是否成立不作为犯就足够了”[8];甚至有意无意回避,径直从作为义务展开论述[9]。对中断救助行为进行研究,既能解决司法实践面临的实际问题,也能立足于中国的刑事立法,夯实不真正不作为犯的理论体系。

二、作为与不作为的争议

(一)传统的行为标准

在刑法上区分作为与不作为具有重要的信条性意义。[10] 然而,作为与不作为的区分是相对的。[11] “所谓作为或不作为的概念,是一种对于行为的期待情绪,也是一种价值判断。并不是人的身体现象在经验观察上所存在的区分,更不是身体动静的差别。”[12]区分作为与不作为,理论上有两类学说最具影响:第一,行为重点说认为作为与不作为的区别不在于具体案件的外部形态,而只能求诸“法律上的指责针对的究

[7] 根据《民法典》第1219条第1款的规定,法律赋予患者及其近亲属知情同意权,就难以认为近亲属对于某种手术治疗方案具有“接受”的义务。新近的观点也指出,刑法上的作为义务也存在履行的限度。参见李波:《交通肇事“逃逸”的含义——以作为义务的位阶性为视角》,载《政治与法律》2014年第7期;冯军:《论配偶刑法上的作为义务》,载《政治与法律》2017年第5期。

[8] 参见[日]山口厚:《刑法总论》(第3版),付立庆译,中国人民大学出版社2018年版,第77页;张明楷:《刑法学》(第6版),法律出版社2021年版,第192页。

[9] 参见[日]西田典之:《日本刑法总论》(第2版),王昭武、刘明祥译,法律出版社2013年版,第97页;付立庆:《刑法总论》,法律出版社2020年版,第133页。

[10] 参见[德]克劳斯·罗克辛:《德国刑法学总论》(第2卷),王世洲等译,法律出版社2013年版,第490页。

[11] 参见[德]乌尔斯·金德霍伊泽尔:《刑法总论教科书》(第6版),蔡桂生译,北京大学出版社2015年版,第358页。

[12] 黄荣坚:《基础刑法学》(第3版),中国人民大学出版社2009年版,第444页。

竟是什么”[13];第二,能量投入说认为具有特定方向上能量投入的是作为,不具有特定方向上能量投入的是不作为。[14] 例如,甲为综合医院医师,与丙有婚外情。甲妻子乙因身体硬块向甲求诊,甲怀疑乙患有癌症。考虑到乙不愿离婚,便基于杀意告知其不必担心,还劝阻其向专科医师求诊。乙癌症转移,经手术和化疗还是在两个月后病逝。甲因涉嫌杀人罪(未遂)而被起诉。[15] 按行为重点说,甲具有保证人地位,消极不作为与积极欺骗都是隐瞒病情,本质上都是消极的不救助。不管甲做什么,都是不顾乙遭遇的危难,是不作为。[16] 按能量投入说,甲的行为积极排除了可能阻止因果流程实现的因素,是作为。[17]

(二)因果关系标准

在中断救助的领域,作为与不作为的解析根据相当脆弱,需要更广泛地考察因果关系来确定。[18] 在英美法广为接受的观点认为,不同于作为犯,不作为犯与狭义共犯在因果关系上都属于派生责任的类型。在未能避免、阻止危害或者帮助他人犯罪的场合,被告人的行为都不足以单独构成对相应规范的违反,法院需要借助辅助规则才能对责任进行扩展。这种派生责任是与标准犯罪实行的直接责任相对的。对于派生责任,从实质意义上,行为与归属于行为人的结果之间的因果关系是可疑的。[19] 中断救助行为的因果构造非常特殊,真正的难题在于如果我们把因果性理解为能够造成结果的有活力的“作用力”,那么在中断救助的案件中这种因果性就是不存在的。这些案件的共同点是,行为在真正的因果流程中并不出现,而仅仅是将因果流程中的障碍清除了。[20]

一方面,中断救助行为与不作为犯都不具有原因力。作为犯是第一层次的责

---

[13] 参见井田良『講義刑法学・総論』(有斐閣,2015年)138—139頁;[德]克劳斯・罗克辛:《德国刑法学总论》(第2卷),王世洲等译,法律出版社2013年版,第492页。

[14] 参见Brammsen, Tun oder Unterlassen? Die Bestimmung der strafrechtlichen Verhaltensformen, GA 2002,转引自吕瀚岳:《作为与不作为之区分的目的理性思考——以德国判例与学说为借镜》,载《环球法律评论》2017年第4期;[德]克劳斯・罗克辛:《德国刑法学总论》(第2卷),王世洲等译,法律出版社2013年版,第492页。另外,与能量投入说类似的还有法益关系说,制造风险的行为是作为,放任既有风险的行为是不作为。参见[日]曾根威彦:《交通事犯与不作为犯》,黄河译,载《当代法学》2007年第6期;黄荣坚:《基础刑法学》(第3版),中国人民大学出版社2009年版,第447页。

[15] 实例参见台湾地区2001年台上字第156号判决,转引自黄荣坚:《基础刑法学》(第3版),中国人民大学出版社2009年版,第447页;林东茂:《当爱已成往事》,载《月旦法学杂志》2000年第63期。

[16] 参见林东茂:《当爱已成往事》,载《月旦法学杂志》2000年第63期。

[17] 参见许玉秀:《累积的因果关系与危险升高理论》,载《台湾本土法学杂志》2002年第32期;黄荣坚:《基础刑法学》(第3版),中国人民大学出版社2009年版,第447页。

[18] 参见[英]威廉姆・威尔逊:《刑法理论的核心问题》,谢望原等译,中国人民大学出版社2015年版,第94—95页。

[19] 参见[美]乔治・弗莱彻:《反思刑法》,邓子滨译,华夏出版社2008年版,第426页。

[20] 参见[德]克劳斯・罗克辛:《德国刑法学总论》(第1卷),王世洲译,法律出版社2005年版,第242页。

任,归责的根据是因果性的,即行为造成损害。不作为犯是第二层次的责任,归责的根据是非因果性的,即未能防止损害。在经验直觉上,未能阻止损害明显区别于直接造成损害。“杀死他人和任其死去的区别,就是制造风险和忍受风险的区别,是我们评价道义责任的原则框架之一。”〔21〕原因力上的差别决定了不作为犯的成立范围小于作为犯,严重程度也低于作为犯。〔22〕中断救助行为通过某种消极的状态引起损害,而消极状态本身无法造成损害。中断救助具有双层结构,法益面临着现实的危险,而行为人切断了保护措施。例如,D 在海滩上看见仇人 V 溺水,并且留意到救生员 L 正准备施救,于是上前将 L 捆住阻碍其救助,V 溺水身亡。D 的阻碍救助行为不是死亡结果发生的原因:第一,在 L 无法救助的场合,L 的不作为不是死亡结果发生的原因,那么 D 的行为就更不能被认为是原因,毕竟 L 的不作为是 D 的阻碍救助行为与死亡结果之间的媒介。第二,在道德哲学上,致人死亡与中断救助所引起的结果危害性存在差别。前者给被害人造成直接损害,而后者只是未能使之获益。第三,中断救助的案件中有部分是单纯放任行为(full allowings),不具有可罚性,例如消极安乐死(passive-euthanasia)。对于救治无望的病患,医师可以关闭呼吸机。我们并不认为医师“造成”患者的死亡。其余的具有可罚性的案例(partial allowings),无非是将案情替换为第三人关掉呼吸机,同理,也不能认为第三人“造成”了死亡结果。〔23〕

另一方面,中断救助行为与狭义共犯的因果构造具有相似性。排除救助机会的行为仅仅促进了既存的法益侵害风险的现实化。某些阻止他人救助的行为可以被评价为对正犯的促进行为。例如,A 得知 B 正赶去杀害仇人 C,D 发电报提醒 C 小心,A 撤回了 D 的电报,使得 B 顺利杀害了 C。A 的行为也只能成立帮助犯。〔24〕

(三)处罚模式的确定

刑法教义学在评价中断救助行为时遭遇了评价尺度的扭曲,就形式外观而言,它是具有能量投入的作为;就实质因果构造而言,它又与不具有原因力的不作为更接近。这种冲突也为德日学者所留意。日本学者神山敏雄指出,伴随转移的逃逸是既不同于作为,又不同于不作为的“第三种类型的行为”。行为在转移伤者这一点上显然与不作

---

〔21〕〔美〕乔治·弗莱彻:《反思刑法》,邓子滨译,华夏出版社 2008 年版,第 439 页。

〔22〕See Michael S. Moore, *Causation and Responsibility: An Essay in Law, Morals, and Metaphysics*, Oxford University Press, 2009, pp. 435-453, p. 130;〔美〕乔治·弗莱彻:《反思刑法》,邓子滨译,华夏出版社 2008 年版,第 431 页。

〔23〕Michael S. Moore, *Causation and Responsibility: An Essay in Law, Morals, and Metaphysics*, Oxford University Press, 2009, pp. 62-65, 460-465.

〔24〕State ex rel. Attorney General v. Tally 102 Ala. 25, 15 So. 722 (1894), also see Michael S. Moore, *Causation and Responsibility: An Essay in Law, Morals, and Metaphysics*, Oxford University Press, 2009, p. 68, 460.

为不同，但是在转移本身并没有直接设定死亡原因这一点上，又与作为犯不同。[25] 评价中断救助行为，本质上是处罚模式的选择问题。

1. 不作为犯的处罚模式

德国主流的刑法理论使用了“通过作为的不作为”概念，对一个外观上近似作为的行为按照不作为犯来处罚。[26] 如果行为人的身体动作仅仅是停止继续投入能量，而没有直接造成额外后果，就应该例外地允许其从这种事实性负担中解脱，为了限定处罚范围将其行为视作不作为便是合理的。[27] 这一操作的初衷虽然是基于保障自由的目的理性考量，但在德国刑事立法和司法背景下却能同时兼顾法益保护机能。具体而言，德国刑事司法对不作为犯的适用较为广泛，《德国刑法典》第323c条又规定了见危不救罪作为补充[28]，基本不存在处罚漏洞。

2. 作为犯的处罚模式

日本刑法虽然不太重视作为与不作为的区分，刑法理论还是留意到在中断救助的案件中二者的微妙区别。司法裁判中也存在部分将中断救助行为按照作为犯处理的地方法院判决。如被告人在交通肇事后用汽车将被害人载离事故现场，中途放弃救助意图而怀着未必故意将被害人遗弃山中的案件被认定为作为的杀人。[29] 这种处理方式立足日本的立法和司法环境也具有一定合理性：一是刑法总则缺乏对不作为犯的概括规定，刑事司法对不作为犯的适用相当克制（当然类似的案件有时也可能会按照不作为犯处理）。二是刑法分则对于见危不救危害生命的行为类型规定得较为全面，除了故意杀人罪和保护者责任遗弃罪，立法还针对一般主体实施的将需要扶助者移置于危险场所的作为犯规定为普通遗弃罪。[30] 在此背景下，存在将中断救助行为按作为犯处罚模式处罚的内在动因和现实可能。

3. 我国应采的处罚模式

上述两种模式各有利弊。不作为犯的处罚模式对于结果归属的要求相对宽松，行为主体则相对限定，受到保证人范围的限制；作为犯模式行为主体开放，对于结果归属的要求则相对苛刻。处罚模式的确定需结合各国和地区的刑事立法、民众的规范意识

---

〔25〕 参见神山敏雄「轧逃」法学ゼミナー333号，转引自〔日〕曾根威彦：《交通事犯与不作为犯》，黄河译，载《当代法学》2007年第6期。

〔26〕 参见〔德〕克劳斯·罗克辛：《德国刑法学总论》（第2卷），王世洲等译，法律出版社2013年版，第496页。

〔27〕 参见吕瀚岳：《作为与不作为之区分的目的理性思考——以德国判例与学说为借镜》，载《环球法律评论》2017年第4期。

〔28〕 参见姚诗：《不真正不作为犯的边界》，载《法学研究》2018年第4期。

〔29〕 参见〔日〕前田雅英：《刑法总论讲义》（第6版），曾文科译，北京大学出版社2017年版，第80页。

〔30〕 参见〔日〕西田典之：《日本刑法各论》（第7版），〔日〕桥爪隆补订，王昭武、刘明祥译，法律出版社2020年版，第32—34页。

等加以考虑,力争实现刑法法益保护和自由保障机能的平衡。笔者认为,在我国采取作为犯的模式处理中断救助行为更具合理性。

首先,立足于能量投入说,刑法教义学对作为与不作为的区分相对明确。通说行为重点说具有明显缺陷:一是循环论证,不存在清晰的标准来确定谴责或社会评价的“重点”。〔31〕二是行为重点说将作为、不作为的区分与保证人地位的判断混同。通常情况下,应当先区分作为、不作为,再考虑行为人是否具有保证人地位,而不是倒过来,先考虑行为人具有作为义务,再推出行为是不作为。行为重点说最终用作为义务消解了作为与不作为的界限。“当行为主体具有保证人地位时,区分作为与不作为意义不大。”〔32〕三是根据行为重点说,相同的行为可能分别成立作为与不作为,破坏了法的安定性。例如对于中断治疗(如关闭没有治愈希望的重症患者的呼吸机),第三人实施是作为,医师实施是不作为。〔33〕

其次,相对能够充分保护法益。我国遗弃罪的适用范围异常狭窄,不仅长期被理解为家庭成员之间的犯罪,而且立法将其明确规定为真正不作为犯,主体必须是“负有扶养义务的人”,行为是“拒绝扶养”。对比发现《刑法》第261条的规定对应的其实是《日本刑法典》第218条的保护者责任遗弃罪。〔34〕考虑到在此背景下遗弃罪基本上难以发挥类似《德国刑法典》第323c条的见危不救罪、《日本刑法典》第217条作为型的普通遗弃罪等规定的补充法作用。在无法论证作为义务的场合,就只能认为行为人无罪,如果沿用不作为犯模式处理对法益的保护不够周延。

最后,确保刑事司法的安定性和准确性,兼顾刑法的自由保障机能。我国的刑事立法与日本相似,刑法总则没有对不作为犯的一般规定,刑事司法对于不作为犯的适用缺乏指导:一是作为义务来源争议大。例如,在肇事人逃逸之后,出租车司机对车内留下的受伤乘客到底有无作为义务〔35〕;饭店老板对于在其地下室参与性交易而心脏病发的客人是否有救助义务〔36〕;出售甲基苯丙胺过滤水(俗称“冰水”)给朋友的行为

---

〔31〕 参见〔德〕克劳斯·罗克辛:《德国刑法学总论》(第2卷),王世洲等译,法律出版社2013年版,第493页。

〔32〕 张明楷:《刑法学》(第6版),法律出版社2021年版,第192页。

〔33〕 参见〔德〕克劳斯·罗克辛:《德国刑法学总论》(第2卷),王世洲等译,法律出版社2013年版,第500页;〔美〕乔治·弗莱彻:《反思刑法》,邓子滨译,华夏出版社2008年版,第444—445页。

〔34〕 对于《日本刑法典》第217条普通遗弃罪所规定的一般主体实施的作为型移置行为,中国刑法欠缺规定,对此可能存在着某些处罚漏洞。参见〔日〕西田典之:《日本刑法各论》(第7版),〔日〕桥爪隆补订,王昭武、刘明祥译,法律出版社2020年版,第32—34页。

〔35〕 认为出租车司机没有救助义务的观点,参见杨兴培、李芬芳:《见死不救旁观者是否构成犯罪及救助义务探析——以一起“出租车司机弃置伤者致其死亡案”为切入点》,载《东方法学》2013年第3期;黎宏:《排他支配设定:不真正不作为犯论的困境与出路》,载《中外法学》2014年第6期;姚诗:《不真正不作为犯的边界》,载《法学研究》2018年第4期。从场所支配的角度论证出租车司机具有救助义务的观点,参见张明楷:《刑法学》(第5版),法律出版社2016年版,第159页。

〔36〕 参见李某等故意杀人、侮辱尸体案,广东省茂名市中级人民法院(2016)粤09刑终86号刑事裁定书。

人,在对方与情人开房并服用之后,对于中毒者(朋友的情人)是否具有救助义务等场合〔37〕,都存在较大争议。二是作为义务的履行限度不明确。例如在配偶或同居者遭遇疾病时,是行为人将其送入医院抢救时就已履行了救助义务,还是必须如实告知医生全部真实情况,签署知情同意书,缴纳足额医药费?三是与德日相比,我国刑事立法对于见危不救的罪刑规范过于单一、明显缺乏层次,欠缺了作为补充法的轻罪(既可以是见危不救罪,也可以是作为型的普通遗弃罪),可供司法适用的罪名基本只有故意杀人罪。对于许多案件,司法者面临着"要么无罪,要么成立故意杀人罪"的"两极"左右为难。〔38〕 考虑到现实的刑事立法和司法状况,坚持采取不作为犯的处罚模式有可能不当地扩张故意杀人罪的适用范围。"我国的司法实务存在的一个普遍倾向,只要行为人与被害人存在某种关系,或行为人存在某种过错,就能轻易地认定作为义务,对于死亡结果就必须承担故意杀人罪的刑事责任。"〔39〕

三、作为犯模式的论证

通常根据救助机会的提供者,可以将中断救助行为分为两类:一是阻止他人实施的救助,二是中断自己实施的救助。〔40〕 不论哪一种类型,按照作为犯模式都可以得到妥当处理。

(一)挫败他人的救助

挫败他人的救助,一般情况下成立作为犯。在被害人生命处于危险状态的时候,阻止他人救助以致被害人死亡的场合,是以阻止救助的实际行动,让本可趋于安定的法益状态恶化,属于引起他人死亡或者说让死亡结果提前到来的作为。〔41〕 阻止被害人自救,也属于阻止"他人"实施救助,成立作为犯。例如,甲心脏病发作,拿到药瓶就可以得救。乙却将药瓶推出甲能拿到的范围以外。〔42〕

按照作为犯模式处罚阻碍他人救助行为,与我国的司法解释具有高度契合性。2000 年 11 月 15 日最高人民法院公布的《关于审理交通肇事刑事案件具体应用法律若干问题的解释》(法释〔2000〕33 号)第 6 条规定:"行为人在交通肇事后为逃避法律追究,将被害人带离事故现场后隐藏或者遗弃,致使被害人无法得到救助而死亡或者严

---

〔37〕 参见刘顺安等故意杀人案,江苏省盐城市中级人民法院(2014)盐刑初字第 00026 号刑事判决书。

〔38〕 参见张明楷:《刑法学》(第 6 版),法律出版社 2021 年版,第 1129 页;黎宏:《一定条件下的见危不救入刑研究》,载《中外法学》2018 年第 3 期。

〔39〕 黎宏:《排他支配设定:不真正不作为犯论的困境与出路》,载《中外法学》2014 年第 6 期。

〔40〕 参见〔德〕约翰内斯·韦塞尔斯:《德国刑法总论》,李昌珂译,法律出版社 2008 年版,第 425 页。

〔41〕 参见黎宏:《排他支配设定:不真正不作为犯论的困境与出路》,载《中外法学》2014 年第 6 期。

〔42〕 〔美〕乔尔·范伯格:《刑法的道德界限》(第 1 卷),方泉译,商务印书馆 2013 年版,第 186 页。

重残疾的,应当分别依照刑法第二百三十二条、第二百三十四条第二款的规定,以故意杀人罪或者故意伤害罪定罪处罚。"[43]在交通事故之后转移隐匿伤者是一种特殊的中断救助行为,行为时外界对伤者的救助可能尚未成为现实,但行为人通过转移隐匿行为,支配性地排斥了外界所有救助机会。该司法解释表明,一定条件下中断救助行为完全能够被评价为侵害生命的结果犯。例如,阮某驾驶机动车撞到骑电动三轮车的王某夫妇及其孙子,见孩子伤得很重,便对王某夫妇喊:"抓紧时间上车,去医院!"然而车辆却没有向医院方向开,而是越开离医院越远。途中阮某趁王某夫妇不备,把王某的手机扔到了车窗外。车开到偏僻村庄时,阮某趁老人带孩子下车方便,驾车逃离。王某夫妇守着伤重的孩子,求救无门,只得轮流到路上呼救。急救车赶来时,孩子已经死亡。[44]

然而对于最高人民法院《关于审理交通肇事刑事案件具体应用法律若干问题的解释》第6条规定的性质,存在一定争议[45],即对伤者进行转移、隐匿、遗弃使其因得不到救助而重伤或死亡的行为到底是作为还是不作为。通说将该司法解释的规定理解为不作为犯[46],实践中法院的理解也是一样。笔者认为,对该司法解释第6条的规定应该理解为作为犯。第一,文义解释层面,此处谴责的行为是"隐藏或者遗弃",而不是单纯的逃逸行为。日本地方法院的判决也认为,"(交通事故发生后)将被害人放在通常难以发现并获救的位置或将其置于不卫生的状态下而离去是充分具备引起被害人死亡结果的、类型化的危险性行为"[47]。第二,目的解释层面,刑法保护的是交通事故伤者的生命法益,"行为人在交通肇事后……"的表述是基于常见的案件事实,没有理由将主体限定为具有救助义务的人。任何人实施隐匿和遗弃伤者的行为,都是侵害伤者生命身体法益。第三,体系解释层面,有利于厘清该司法解释第5条与第6条之间的关系,进而澄清伴随逃逸的交通肇事罪与故意杀人罪的关系。该司法解释第5条规定的是不作为犯(单纯逃逸),而第6条规定的则是作为犯(伴随移置的逃逸)。这意味着,在单纯逃逸的场合即使发生严重后果也只能在交通肇事罪的范围内对行为予以评

[43] 类似的司法解释还有,2015年12月14日最高人民法院、最高人民检察院发布的《关于办理危害生产安全刑事案件适用法律若干问题的解释》(法释[2015]22号)第10条规定:"在安全事故发生后,直接负责的主管人员和其他直接责任人员故意阻挠开展抢救,导致人员死亡或者重伤,或者为了逃避法律追究,对被害人进行隐藏、遗弃,致使被害人因无法得到救助而死亡或者重度残疾的,分别依照刑法第二百三十二条、第二百三十四条的规定,以故意杀人罪或者故意伤害罪定罪处罚。"

[44] 参见刘立新、闫晴:《是交通肇事,还是故意杀人?》,载《检察日报》2018年7月17日,第4版。

[45] 参见陈洪兵:《作为犯与不作为犯的区分——以交通肇事逃逸为例》,载《法治研究》2017年第1期;李运才:《交通肇事后隐匿、遗弃被害人的罪名分析——对"交通肇事罪司法解释"第六条的质疑》,载《中国刑事法杂志》2009年第5期。

[46] 参见赵秉志:《刑法分则问题专论》,法律出版社2004年版,第50页;林维:《不真正不作为犯的量刑问题研究——以交通肇事中的故意杀人罪为切入点》,载《法商研究》2005年第3期。

[47] 佐贺地判平成19年(2007年)的判决,参见[日]前田雅英:《刑法总论讲义》(第6版),曾文科译,北京大学出版社2017年版,第80页。

价；而只有在行为人实施了移置、隐匿等新的行为的情况下，行为才能被评价为故意杀人罪。[48] 这种理解思路在日本刑事审判实践中也能找到佐证。日本最高法院的判决表明，除了肇事的先行行为，认定保证人地位还需要添加一些“附加因子”如抬入车内、依存关系等。[49]

反之，如果将最高人民法院《关于审理交通肇事刑事案件具体应用法律若干问题的解释》的规定理解为不作为犯，存在以下问题：

一方面，使得该司法解释第 5 条和第 6 条规定的两种逃逸没有本质区别，难以区分有逃逸情节的交通肇事罪和不作为的故意杀人罪。例如李中海案，2005 年 10 月 16 日凌晨 3 时许，被告人李中海驾驶两轮摩托车于上海市共康路附近营运载客时搭载了被害人章诚，因操作不当造成两轮摩托车车头撞击到路边隔离带，导致章诚从摩托车后座甩出后倒地。李中海下车查看后，发现章诚躺在机动车道内因受伤而无法动弹，为逃避自身责任，李中海不顾章诚可能被后续过往车辆碾压身亡的危险，在未采取任何保护措施的情况下，自行驾车逃逸。后章诚被一辆途经该处的大货车碾压，当场死亡。交警部门认定李中海对本起事故负全部责任。《尸体检验报告书》认定：“被害人系因在交通事故中造成复合伤而死亡。”法院认为，被告人李中海违反交通法规，在发生交通事故后，为逃避法律追究，明知不履行其先行行为产生的法定义务可能导致被害人死亡的危害结果，仍然放任该危害结果的发生，最终导致被害人死亡，其行为构成故意杀人罪。以故意杀人罪判处被告人李中海有期徒刑 12 年，剥夺政治权利 3 年。[50] 然而这种解释结论并不妥当。“交通事故中的肇事逃逸行为，虽然伴随着对道交法上义务的违反，但并不全都成立不作为的杀人罪。”[51] 在行为尚且无法被评价为交通肇事罪适用逃逸致死法定刑(轻罪)的情况下，径直成立故意杀人罪(重罪)。可见，如果将有关移置隐匿伤者的司法解释的规定理解为不作为犯，与单纯不救助行为等同，伴随逃逸情节的交通肇事罪与(不作为)故意杀人罪的界限就只能从主观故意层面去区分了。[52]

---

〔48〕 对此，黎宏教授也主张“在交通肇事之后，仅仅是逃逸的场合，即便因逃逸致人死亡的，也不能成立故意杀人罪。只有在采取其他行为，使得被害人的处境更加危险……才能以故意杀人罪定罪处罚。”参见黎宏：《一定条件下的见危不救入刑研究》，载《中外法学》2018 年第 3 期。

〔49〕 参见〔日〕山口厚：《从新判例看刑法》(第 3 版)，付立庆、刘隽、陈少青译，中国人民大学出版社 2019 年版，第 35 页；〔日〕前田雅英：《刑法总论讲义》(第 6 版)，曾文科译，北京大学出版社 2017 年版，第 86 页；姚诗：《不真正不作为犯的边界》，载《法学研究》2018 年第 4 期。

〔50〕 参见叶琦、蔡恩璇：《李中海故意杀人案[第 925 号]——如何认定交通肇事逃逸案件中的间接故意杀人犯罪》，载最高人民法院刑事审判第一、二、三、四、五庭主办：《刑事审判参考》(总第 95 集)，法律出版社 2014 年版，第 40 页。类似的判决在实践中并不少见，参见余某某等交通肇事、过失致人死亡、故意杀人案，青海省海东市中级人民法院(2017)青 02 刑终 05 号刑事附带民事裁定书；袁某某故意杀人案，山东省新泰市人民法院(2015)新刑初字第 212 号刑事判决书等。一旦认定构成故意杀人罪，被告人很可能被判处 10 年以上有期徒刑。

〔51〕 〔日〕前田雅英：《刑法总论讲义》(第 6 版)，曾文科译，北京大学出版社 2017 年版，第 84 页。

〔52〕 事实上，实践中许多法院就是从“是否具有放任死亡结果的主观故意”区分交通肇事罪与故意杀人罪的。

另一方面，在第三人实施移置行为的场合，又可能存在处罚漏洞。例如，2009 年 11 月 20 日晚 11 点左右，出租车司机张某搭载了王某和一位受伤大出血的老人。上车后王某告诉张某，自己因骑摩托车不小心撞到老人，要求将老人送往市中心的医院进行急救。当车行至市郊结合地带一偏僻地点时，王某以要下车方便为借口趁机溜走。张某由于害怕惹了麻烦，便将车开到一旁，趁夜深无人之际，将受伤老人丢弃在路旁之后驾车离开，受伤老人因失血过多而休克死亡。〔53〕又如，2013 年 10 月 29 日 22 时 30 分许，被告人赵文齐驾驶摩托车并搭载赵双江沿容贾公路行驶，车行驶到贾光乡网通营业厅门口处时，撞倒行人徐占齐，摩托车倒地，赵文齐亦当场昏迷。赵双江拨打 120 急救电话后，将徐占齐拽入路边沟中，后驾驶该摩托车载着赵文齐逃离现场。后抢救人员到达现场，因没有发现被害人而拨打赵双江报警时所用手机号码，赵双江明知可能是医生所打电话而不接听。急救人员到达现场后，未能找到被害人，无法对被害人进行救治。后经鉴定，徐占齐因交通事故所致颅脑损伤死亡。〔54〕在这些案件中，如果采取不作为犯的处罚模式，在无法论证出租车司机、乘车人具有作为义务来源的情况下，故意杀人罪和遗弃罪都不能成立，只能认为其无罪。〔55〕

（二）中断自己的救助

几乎没有争议的是，行为人介入因果流程以前，中断自己的救助是不作为。问题是当救援因果流程已经到达被害人身边时，中断自己实施的救助的性质。其中最具争议的问题是医疗中断：一种观点认为，行为人消除救助可能性，就是通过积极的方式主动改变了本来对被害人有利的情形，是作为。这种移去生命装置的变化是“燃烧卡路里”的活动，因为它终结了可能的机会。〔56〕另一种观点认为，中断自己对法益的救助行为，仅仅是撤销了自己此前对法益状况所做的“改善”，并不能认为是“恶化”了法益。积极的和消极的能量投入相互抵消，这种情况与其一开始就不介入没有什么两样。因此，中断自己亲手发起的救援性因果流程，是不作为。因为在刑事政策上，对于那些起初开启了一个救援性因果流程，后来又中断的左右摇摆不定的人，比起那些从一开始

〔53〕参见杨兴培、李芬芳：《见死不救旁观者是否构成犯罪及救助义务探析——以一起“出租车司机弃置伤者致其死亡案”为切入点》，载《东方法学》2013 年第 3 期。

〔54〕参见赵双江故意杀人、赵文齐交通肇事案，河北省高级人民法院（2014）冀刑一终字第 180 号刑事裁定书。原审认定的事实中，被告人还是车辆所有人，如果被告人只是普通乘客，则很难认为其有作为义务。

〔55〕要对出租车司机课以刑罚，只能从场所支配领域性推导其具有作为义务，然而在法益侵害与场所的关联性很低，场所管理者支配意愿很低的情况下，也很困难。参见姚诗：《不真正不作为犯的边界》，载《法学研究》2018 年第 4 期。

〔56〕参见〔英〕威廉姆·威尔逊：《刑法理论的核心问题》，谢望原等译，中国人民大学出版社 2015 年版，第 95 页。

就铁了心袖手旁观的人，应当给予更好的处理。[57] 对于中断治疗的行为，医护人员中断可以延长患者生命的医疗措施，虽然从行为外观上看是作为，但也只是等同于不对患者继续治疗，应当被认定为不作为（通过作为的不作为），基于患者的承诺或推定承诺，医务人员不再负有继续治疗的作为义务。[58]

两种观点处理结论差异不大，几乎没有一个国家或地区会认为符合消极安乐死时，医师中断治疗成立犯罪。但是，作为犯模式的论证思路更为自然：第一，"通过作为的不作为"概念极易造成刑法教义学的混乱，在德国也受到了部分学者的质疑。这个概念自相矛盾，扭曲了客观事实的规范评价，是教义学上所不允许的诡计。[59] 第二，"通过作为的不作为"与行为重点说的逻辑如出一辙。罗克辛指出，在某些案件中对一个来自不作为行为构成的作为进行刑罚，这并不意味着把作为变成一个不作为，而是规范本身包含了一个禁令——不应当中断救助。[60] 于是医师撤除维持生命的医疗仪器时是不作为，第三人撤除时又是作为。[61] 第三，"没有必要为了得到无罪结论，把属于行为之可归责性的问题转嫁到作为与不作为的区分问题上"[62]。承认医疗中断是一种作为，并不意味着医生的行为就成立犯罪。事实上，中断治疗只有满足一定条件（患者生命状况、患者及家属意愿、治疗必要性和侵入性等）才被允许，这种实质权衡的方式无疑与违法阻却事由的判断更加契合。满足中断治疗的条件时，是医护人员还是第三人实施移除维持生命设备的行为不是关键，而是在那样的场合刑法已经承认存在优越性利益。

立足于作为犯模式，许多案件需要重新考虑。例如，2011 年 7 月 27 日晚，河北省安国市中医院接到 110 指挥中心电话，派救护车出诊接治一名被机动车撞伤的女性流

---

〔57〕 参见〔德〕克劳斯·罗克辛：《德国刑法学总论》（第 2 卷），王世洲等译，法律出版社 2013 年版，第 499—500 页。

〔58〕 参见王刚：《德国刑法中的安乐死——围绕联邦最高法院第二刑事审判庭 2010 年判决的展开》，载《比较法研究》2015 年第 5 期；〔美〕乔治·弗莱彻：《反思刑法》，邓子滨译，华夏出版社 2008 年版，第 444—445 页。

〔59〕 参见王刚：《德国刑法中的安乐死——围绕联邦最高法院第二刑事审判庭 2010 年判决的展开》，载《比较法研究》2015 年第 5 期。

〔60〕 参见〔德〕克劳斯·罗克辛：《德国刑法学总论》（第 2 卷），王世洲等译，法律出版社 2013 年版，第 496、499 页。

〔61〕 我国的司法实践也是如此处理的，例如"文裕章拔管杀妻案"，2009 年 2 月，被告人文裕章的妻子胡菁因脑出血在家中晕倒，在深圳市第二人民医院住院部 ICU 病房治疗期间一直昏迷不醒，有心跳、血压，靠呼吸机维持呼吸。2 月 16 日下午 3 时许，文裕章到病房探望时将被害人胡菁身上的呼吸管、血压监测管等医疗设备拔掉，阻止救治并放弃治疗，当日下午 4 时许胡菁死亡。2010 年 12 月，深圳市中级人民法院以"故意杀人罪"判处被告人文裕章有期徒刑 3 年，缓刑 3 年。2012 年 9 月，广东省高级人民法院作出终审裁定，认定文裕章"情节较轻""有自首情节"以及"有悔罪情节"，驳回检察机关抗诉，维持原判。参见程伟：《文裕章拔管杀妻案终审维持原判 胡家当庭要申诉》，载搜狐网（http://news.sohu.com/20120914/n353172330.shtml），访问日期：2023 年 3 月 30 日。

〔62〕 黄荣坚：《基础刑法学》（第 3 版），中国人民大学出版社 2009 年版，第 449 页。

浪人员。值班医师对其伤口进行了消毒包扎。患者无家属陪护,未做进一步检查。行政值班院长张运兴决定连夜用出租车将丧失行动能力的危重病人遗弃至邻近的博野县境内的树林空地。第二天上午,患者被发现于博野县境内死亡(失血性休克)。法院一审认定5名被告人明知将受伤的流浪女子抛弃可能造成其死亡,而放任死亡结果的发生,致被害人死亡,其行为均已构成故意杀人罪。5名被告人不积极施救将被害人抛弃,不是致被害人死亡的唯一原因,故本案属犯罪情节较轻。以故意杀人罪,判处被告人王华有期徒刑4年,分别判处被告人张运兴、张俊民、张跃朋、吕洋有期徒刑3年。[63]根据本文的观点,“不积极施救将被害人抛弃”是作为。最终法院将安排运送抛弃的司机王华认定为主犯,将决策指示的院长张运兴认定为从犯,也是立足于作为犯的理解。又如骨髓捐献人在移植手术前反悔的案件[64],在受益患者已经为移植手术接受化疗之际,捐献志愿者反悔拒捐的行为就是一种剥夺救助机会的作为。同时,基于法益衡量原则和对法益主体自我决定权的尊重,拒捐的行为依然可以依据紧急避险或期待可能性的欠缺排除犯罪。因此,这样理解并不违反“志愿者有权在任何时间反悔”的医学捐赠原则。

值得注意的是,中断他人救助和中断自己救助的区分并不绝对,其意义有限。例如,肇事后行为人将伤者抬上车准备送往医院,同时通知家属送钱至医院等候,中途又因害怕伤者伤情过重,给自己带来经济负担,而将伤者丢弃的案件[65],可以认为丢弃行为既是对自己救助行为的中断,也同时排除了伤者可能的救助机会。综上,无论是哪一种类型的中断救助行为,按照作为犯的模式处理都能得到妥当解释。

四、处罚范围的确定

处罚中断救助行为,是对作为犯归责范围的扩张,是将某些“接近造成”的行为纳入处罚范围。[66] 只有在满足危害行为、正犯性、因果关系三个方面的限制条件时,才能将其评价为侵害生命的结果犯。

---

[63] 参见张某甲等故意杀人案,河北省曲阳县人民法院(2012)曲刑初字第119号刑事判决书。

[64] 参见徐日丹:《手术前骨髓捐献人反悔,是否受法律约束》,载《检察日报》2013年1月25日,第2版;《6岁女童得知供髓者悔捐后大哭 已化疗6天准备手术》,载网易新闻(https://www.163.com/news/article/EBR6BQR00001875P.html),访问日期:2023年3月30日。

[65] 参见宋良虎、殷海军故意杀人案,北京市高级人民法院(2003)高刑终字第361号刑事判决书;刘祖军故意杀人案,湖北省荆州市中级人民法院(2016)鄂10刑终144号刑事裁定书。

[66] Michael S. Moore, *Causation and Responsibility: An Essay in Law, Morals, and Metaphysics*, Oxford University Press, 2009, p. 465, “We need to expand the class of causings with the addition of those double-preventions that are near-causings”.

(一)危害行为的限定

第一,行为介入并切断了法益获救的因果流程,具有面向结果的能量投入。是否有能量投入,是中断救助行为与不作为犯的核心区别。例如,被告人张某在一处租得的平房内从事卖淫活动。被害人董某来找张某嫖娼。二人正发生关系时,董某突然口吐白沫。张某见状就给被告人冀某打电话。冀某问明情况又叫来了于某。于某来了之后建议将被害人送医。冀某却说:“这个事没法整,人没死咱不能把人整死,等他死了给他埋了得了。”当晚等董某死后,冀某与张某将尸体裹好装进塑料袋,挖坑掩埋。经法医鉴定董某因心脏病发作死亡。〔67〕又如,被告人于某某与被害人张某长期保持不正当男女关系。2016年10月6日21时许,张某来到被告人于某某的住处,二人于22时许发生两性关系,其间张某因心脏病发作从床上滑到地上,于某某见张某睁眼不语便呼喊张某并掐其人中予以施救,后于某某因担心张某死在屋里、二人不正当关系暴露,便在张某呼吸尚存的情况下将其拖至水沟边,见张某躺在地上还有心跳便再次对张某做人工呼吸,但张某并未苏醒。最后,于某某返回家中并于次日4时30分许出门乘坐汽车离开。4时50分许,周围邻居途经此处发现被害人张某侧卧在水沟边并报案。经司法鉴定,死者系因冠状动脉粥样硬化性心脏病急性发作,引起心肌缺血而死亡。〔68〕两个案件虽然事实相似但存在本质差别,前一个属于单纯不作为(对死亡结果),后一个属于中断救助行为。

第二,中断救助的效果是行为介入并排斥了他人救助法益的机会,或将法益推入救助不可能的状态。在妨碍救援的案件中,受损的利益其实是一种机会。〔69〕判断的核心是救助机会的剥夺。交通肇事案件中,“将被害人带离事故现场后隐藏或者遗弃”也应当参照这一标准进行实质判断,“隐藏或者遗弃”可能具有多种表现形式:明知伤者伤情危重仍故意在送医途中停车逗留绕路,拖延救助时间〔70〕;将伤者从车轮下拖出放在快车道或路边沟渠〔71〕;将伤者带离事故现场后又抛弃〔72〕;到达医院停车场后将伤者和现金留在车内后锁车离开〔73〕;深夜将重伤昏迷的伤者放在其家门口后离去〔74〕;但是,如果行为人肇事后仅仅是将伤者拖至路边,则不能被判断为移置。

---

〔67〕 参见张某等故意杀人案,黑龙江省海伦市人民法院(2015)海刑初字第25号刑事附带民事判决书。

〔68〕 参见于某某故意杀人案,辽宁省庄河市人民法院(2017)辽0283刑初278号刑事判决书。

〔69〕 See Wex S. Malone, *Ruminations on Cause-in-Fact*, Stanford Law Review, Vol. 9, 1956, pp. 79-81.

〔70〕 参见宋德金故意杀人案,安徽省六安市中级人民法院(2018)皖15刑初1号刑事判决书。

〔71〕 参见杨某某故意杀人案,上海市第二中级人民法院(2010)沪二中刑初字第107号刑事判决书;孔庆昌、陈德银故意杀人案,山东省高级人民法院(2015)鲁刑三终字第100号刑事附带民事裁定书。

〔72〕 参见秦晓宏、宋哲故意杀人案,青海省高级人民法院(2015)青刑一终字第28号刑事裁定书。

〔73〕 参见李柏君交通肇事、故意杀人案,广东省汕头市中级人民法院(2016)粤05刑终54号刑事裁定书。

〔74〕 参见闫兆龙、王磊过失致人死亡案,河南省驻马店市中级人民法院(2013)驻刑一终字第107号刑事附带民事判决书。

(二)正犯性的限定

在中断救助案件中,正犯性的要求是对危难中法益无助状态的支配。例如,胡德安将急需救治的伤者带离医院拉到山里,就可以肯定此种支配。相反,肖志军将急需救治的孕妇送入医院,只是拒绝在手术同意书上签字,不能肯定对危险状态的支配。近亲属的意见仅仅作为患者可能意志的一种参照。当他的意见危害患者利益和可能的意志时,医方当时不仅有权利而且有义务实施紧急治疗。[75] 又如,江湖医生欺骗癌症病人放弃医学治疗进而接受饥饿疗法,患者最终病情恶化去世。[76] 患者自愿选择江湖医生的治疗方案而中断了正规的治疗,应该对结果具有答责性,不能认定行为人支配了法益的无助状态。

正犯性要求也能够将中断救助行为与某些帮助自杀行为区分开来。例如,2013 年 12 月 15 日晚 9 时左右,严某某因感情纠纷在情人祝恩成家中用刀将自己腹部刺伤,祝恩成明知严某某面临生命危险,将其从家背至县国税局门前的亭子里,将严某某伪装成靠坐在亭内座椅上后径行离开。14 分钟后,祝恩成拨打 120 急救电话,谎称见到一个不认识的人醉酒在亭子里,120 值班人员让其拨打 110 报警或者给县中医院打电话并提供了县中医院的电话号码,祝恩成知悉后既未拨打电话报警,也未拨打县中医院的电话,而是连夜驾车离开洛南县。次日上午 8 时 28 分,群众发现前日晚 9 时许独坐在亭内的严某某仍在此,遂打电话报警,民警到达现场后发现严某某已死亡。[77] 此案中,行为人不只是帮助自杀的行为,而是通过能量投入支配性地设定了面临危险的法益的无助状态。

(三)因果关系的限定

对于因果关系的认定,一种观点认为,中断救助行为与法益侵害结果之间必须满足条件公式的要求,即如果没有行为人实施的阻碍或中断行为,被害人几乎可以获救。[78] 例如,A 被毒蛇咬了之后被送往医院,医师正要为其注射唯一的一支血清时,X 打破了装着血清的玻璃管,A 最终因没能注射血清而死亡。这时,就必须考虑“如果 X 没有打破装着血清的玻璃管,A 是否就能得到救治而免于死亡”[79]。另一种观点则认为,在中断救助的案件中,只要行为升高了风险,剥夺了被害人的存活机会,就可以认

[75] 参见〔德〕克劳斯·罗克辛:《德国刑法学总论》(第 1 卷),王世洲译,法律出版社 2005 年版,第 375 页;钱叶六:《医疗行为的正当化根据与紧急治疗、专断治疗的刑法评价》,载《政法论坛》2019 年第 1 期。

[76] 参见《复旦女博士接受“神医”饥饿疗法病情恶化去世,时至今日还有人这么做》,载搜狐网(https://www.sohu.com/a/159622234_464439),访问日期:2023 年 3 月 30 日。

[77] 参见祝恩成故意杀人案,陕西省商洛市中级人民法院(2016)陕 10 刑终 53 号刑事附带民事裁定书。

[78] Michael S. Moore, *Causation and Responsibility: An Essay in Law, Morals, and Metaphysics*, Oxford University Press, 2009, p. 453.

[79] 〔日〕松原芳博:《刑法总论重要问题》,王昭武译,中国政法大学出版社 2014 年版,第 55 页。

定行为与死亡结果之间的因果关系。[80] 对于那些行为人以作为或者不作为的方式消减了被害人存活机会的案件,条件公式往往很难被以排除合理怀疑的标准得以证明。至多只能说,如果没有被告人的行为,被害人有可能会存活。[81] 实践中涉及肇事后移置被害人的故意杀人案件中,绝大多数法院都立足于后一种观点,忽视了对因果关系的审查,判决书的说理常常侧重于对作为义务的论证。[82] 在少部分涉及因果关系争议的判决中,对于辩护意见提出的"公诉机关没有证据证明被害人是得不到及时救助而死亡。不能说明被害人的死与被抛弃得不到及时救助之间有因果关系,没有证据证实被害人死亡的确切时间,也没有证据证实被害人如得到及时救助就必然不会死亡"[83],仅有少数法院援引鉴定意见或证人证言论证被害人在被抛弃时仍有生命体征[84]。

笔者认为,对于中断救助行为的因果关系应当提高证明标准,而不能采用风险升高理论。只有在被害人本来极有可能获救,而行为却切断了救助行为的情况下,才能认为阻碍行为是促成结果的原因。[85] 例如,2002 年 6 月 25 日下午 2 时 30 分,被告人倪庆国酒后驾驶三轮摩托车将人行道上行走的被害人严某撞倒。事故发生后,倪庆国当即将严某抱到附近个体卫生室请求救治。经听诊,医务人员怀疑被害人伴有内脏出血,认为卫生室不具备抢救条件,即催促倪庆国速送县人民医院急救。倪庆国遂将严某抱上肇事三轮摩托车,向县城行驶。在到达县城后,因害怕承担法律责任,倪庆国将严某抛弃在河滩上。当日下午 4 时许,严某被群众发现时已死亡。经鉴定,严某因外伤性脾破裂失血性休克并左肱骨骨折疼痛性休克死亡。倪庆国供述去县医院抢救途中,曾三次停车呼喊被害人而被害人均无应答,故认为被害人已经死亡、没有救治必要才产生抛"尸"想法的。医学专业人员证实:脾破裂的,如果脾脏前面损伤程度较深,累及脾门,并大血管损伤或者伤者有心脏疾病,则伤者可能在短时间内死亡,但没有严格的时间界限。如果损伤程度较浅未累及脾门及脾门血管,则较短时间内死亡的可能性较小。法院审理认为,现有证据无法证明被害人在被遗弃前确没有死亡,也无法证明

---

[80] 参见高艳东:《肖志军案中的刑法难题和价值取向——不作为、因果关系与间接故意之新界》,载《西南政法大学学报》2008 年第 4 期;许玉秀:《累积的因果关系与危险升高理论》,载《台湾本土法学杂志》2002 年第 32 期。

[81] See Eric A. Johnson, *Criminal Liability for Loss of A Chance*, Iowa Law Review, Vol. 91, 2005, pp. 66-86.

[82] 从北大法宝搜索到的 100 多个交通肇事转化为故意杀人的刑事判决书中,大多数法院都忽视了辩方对因果关系提出的质疑,径直认定被告人故意杀人罪成立,其中仅有 1 份判决书基于亲属放弃治疗的事实,根据存疑有利于被告原则认定被告人成立故意杀人罪的未遂。参见刘祖军故意杀人案,湖北省公安县人民法院(2016)鄂 1022 刑初 80 号刑事判决书。

[83] 参见马二力故意杀人案,甘肃省和政县人民法院(2016)甘 2925 刑初 94 号刑事判决书。

[84] 参见杨智等故意杀人案,天津市第一中级人民法院(2017)津 01 刑初 45 号刑事判决书;孔庆昌、陈德银故意杀人案,山东省高级人民法院(2015)鲁刑三终字第 100 号刑事附带民事裁定书。

[85] 参见〔德〕乌尔斯·金德霍伊泽尔:《刑法总论教科书》(第 6 版),蔡桂生译,北京大学出版社 2015 年版,第 88 页。

被害人的死亡是因被遗弃无法得到救助而造成。被告人倪庆国犯交通肇事罪，被判处有期徒刑 4 年。[86]

对于因果关系的认定，除被害人的死亡时间及原因，法院还应着重审查救助机会的存在。在事实认定存在疑问的情况下，应当根据存疑有利被告原则否定因果关系。能查明杀人故意的情况下可成立未遂犯，否则便不可罚。遵循该标准，只有相当少数的中断救助行为才能够被评价为故意杀人罪。不可否认，现行立法下作为犯处罚模式也存在不理想之处：一方面由于结果归属条件苛刻，只有很少一部分行为能够被评价为故意杀人罪；另一方面由于补充法的欠缺，部分案件认定为故意杀人罪并不妥当，违反了因果关系归责原理，有轻罪重罚之嫌。例如安国市中医院工作人员将就诊的流浪人员遗弃于空地的案件，考虑到行为人并未设定死亡原因（失血性休克很可能是第三方行为造成）这一点，认定为故意杀人罪的因果关系是可疑的。类似的，将出租车司机丢弃伤重的老人的行为评价为故意杀人罪也存在同样的问题。针对中断救助行为在因果关系上的特殊性，遗弃罪作为支配法益危险状态的犯罪就具备显著的干预优势。因此，要根本解决上述问题，从长远看我国应当借鉴日本的立法，完善见危不救型危害生命的犯罪的罪刑规范，增设作为型的遗弃罪[87]，将刑法责难的对象扩展至一般主体，才能充分发挥遗弃罪的补充法作用，实现刑法的法益保护和自由保障机能。

[86] 参见《倪庆国交通肇事案[第 220 号]——如何准确把握“交通肇事后将被害人带离事故现场后遗弃，致使被害人无法得到救助而死亡”的情形》，载最高人民法院刑事审判第一庭、第二庭编：《刑事审判参考》（总第 30 辑），法律出版社 2003 年版，第 5 页。

[87] 黎宏教授也主张一定条件下的见危不救行为应当入刑，而本文与之不同的是，主张作为型的遗弃罪在处罚范围的明确性上，要比单纯的不救助罪更为理想。参见黎宏：《一定条件下的见危不救入刑研究》，载《中外法学》2018 年第 3 期。

未遂犯处罚根据之重思

毕　琳*

要　目

摘　要　长期以来，围绕未遂犯的处罚根据以及未遂犯与不能犯的区分，学界提出了复杂多样的理论，大致可以归为主观说、客观说以及折中的主客观混合理论。这些理论都从危险性来建构处罚根据，差别只是在于究竟应该针对怎样的危险，或是说如何判断危险，但这些理论的论证都难言圆满和自洽。行为规范和制裁规范分别具有不同的正当性基础，对于未遂犯处罚的正当性根据应在于维护规范的有效性进而面向未来保护法益。因此，行为时是否不能、有无危险都不会影响到违反行为规范的本质，行为一旦违反行为规范就具有了应罚性而构成未遂。不能犯是一个机能性的概

* 清华大学刑法学博士，福建省高级人民法院刑三庭法官助理。

念,必须立足中国社会现实和现行立法进行理解和解释。

关键词 未遂犯 不能犯 行为规范 法益保护 一般预防

作为刑罚扩张事由,未遂犯中的不能犯问题尤为特殊,因为从行为本身来看,现实上根本就没有实现构成要件的可能性。实践中,既有如意图电死他人却采取了错误接电线方式[1]的手段不能,也有意图烧死他人但被害人当晚未在该居所居住[2]的对象不能,从我国司法实务的判例看,上述案件都被作为杀人未遂,肯定了此类行为的可罚性。同样,将远处稻草人误认为是人而肆意射击;从正在执行公务的警察身上夺取手枪射击,这类不能犯教学案例,都是行为人意图实现侵害结果,但结果发生却因各种各样偶然或必然因素,自始就是不可能的。

国家或地区既不能为了预防目的而惩罚思想,也不能轻易对实施行为却由于偶然原因未造成损害的人放弃刑罚。[3] 将刑罚扩张至此类行为的理论根基并非不言自明,不能犯的可罚性问题,被公认为检验未遂犯处罚根据理论的试金石,甚至是判断刑法基本立场的试金石[4],也是刑法主观主义与客观主义之争的主战场[5]。近年来,客观未遂论已在学术上逐步取得理论主导地位,成为通说,其认为未遂犯的处罚基础在于对法益的危险,但内部相应学说在论证上总是存有弱点而不断进行修正,其能否为未遂犯提供充足的处罚根据仍值得商榷。当下,对未遂犯处罚的正当性何在,我国司法实践对不能犯应选择何种立场都还应进一步深入思考。

本文希望跳出仅从不法角度判断"客观危险"这一视野,追溯刑法机能,立足中国现行刑法和司法实践,从未遂理论发展史及比较法的角度,对现有理论进行梳理,辨析德国、日本等国或地区走向不同立场的原因,在此基础上从不同于以往观点的角度重新诠释未遂处罚根据,进而为处罚不能未遂提供正当性根据。

一、主观与客观未遂理论流变及辨析

虽然当今的日本和我国台湾地区都学习和继受了德国的刑法思想,但在很多问题上已出现分歧,在不能犯问题的立场上尤其存在很大差异,在德国,印象理论成为通说,而在日本则逐渐形成了客观未遂论范畴内新旧客观说的角逐。此外,学术史上也还曾出现过一些其他学说,各学说间以非常复杂的形态对立着,不过相关讨论早已陷

[1] 参见浙江省余姚市人民法院(2017)浙0281刑初402号刑事判决书。

[2] 参见河北省张家口市崇礼区人民法院(2018)冀0709刑初20号刑事判决书。

[3] 参见吕翰岳:《未遂处罚根据的功能性危险论证》,载《中外法学》2019年第6期。

[4] 参见梁根林:《未遂犯处罚根据论:嬗变、选择与检验》,载《法律科学(西北政法大学学报)》2015年第2期。

[5] 参见陈兴良:《不能犯与未遂犯——一个比较法的分析》,载《清华法学》2011年第4期。

入了主观理论和客观理论二分,或至多是主观理论、客观理论与折中理论三分的窠臼。[6]

(一)主观未遂论与不能犯可罚性

主观未遂论系以刑法主观主义思想为基础,重视显现行为人之恶的侵害意思,仅需要确证行为人犯罪意志即可,行为本身是否具有导致结果的现实危险或可能并不重要。

1. 纯粹主观说

纯粹主观说由德国学者布利(Buri)于 1872 年提出,其将不能犯未遂与能犯未遂的可罚性根据都归结为行为人的意志。[7] 这一学说是从行为人通过其行为展现出的危险意思中寻找未遂犯的处罚根据,无论该行为客观上是否有法益侵害危险,只要通过该行为能够表征其犯罪意思,那么行为就具有未遂的可罚性。纯粹主观说体现了一种主观主义刑法的倾向,过度重视人的意思危险性和社会防卫的需要,刑罚处罚的是行为人的犯意和危险性,而不是行为。据此观点,对未遂犯甚至预备犯都应当与既遂犯作同等的处罚,但这显然与当今各国或地区的刑事立法中对未遂犯减免处罚的规定不相符,且已明显过时。

2. 抽象危险说

抽象危险说又称计划理论、行为人的危险说,由德国学者瓦琴费尔德(Wachenfeld)所倡导,日本主观主义代表牧野英一、木村龟二等持此说。[8] 该说认为,如果实际存在行为人所认识的事实,在一般人能感受到危险的场合,即肯定危险的存在,属于可罚的未遂;反之,即使按照行为人的计划实施行为,一般人也不会认为具有发生结果的危险性,则是不能犯。这种见解实质上仍是基于主观主义刑法的立场,在判断危险性基础时求之于行为人的主观,只是在判断标准上求之于一般人的危险感。可以说,抽象危险说最终变成对"一般人看来有危险的行为"具有认识时,就要作为未遂来处罚。[9] 该说与纯粹主观说的区别在于,行为人仅仅有认识,但该认识不具有导致危险发生的现实性时,不能成立未遂犯。[10]

德国早期通行理论与司法实践基本上呈现出客观未遂论与主观未遂论反向发展的态势,早在 1871 年德国帝国法院就已经强调未遂犯的处罚根据在于"行为人犯罪意志的外显",表明了其主观未遂论的立场,也肯定了不能未遂的可罚性。尤其在纳粹时

---

〔6〕 参见前注〔3〕。
〔7〕 参见前注〔5〕。
〔8〕 参见钱叶六:《未遂犯与不能犯之区分》,载《清华法学》2011 年第 4 期。
〔9〕 参见〔日〕前田雅英:《刑法总论讲义》(第 6 版),曾文科译,北京大学出版社 2017 年版,第 98 页。
〔10〕 参见周光权:《区分不能犯和未遂犯的三个维度》,载《清华法学》2011 年第 4 期。

期,主流理论甚至也转向摒弃客观未遂论。[11] 虽然主观未遂论存在显而易见的缺陷,但其过去的地位和影响不容小觑。

(二)客观未遂论与不能犯可罚性

与主观未遂论不同,客观未遂论认为未遂犯的处罚根据不在于行为人的危险意思,而在于未遂行为对法益的客观危险,因而,在客观上根本不具有法益侵害危险的行为就属于不可罚的不能犯。

1. 纯粹客观说

该理论可以追溯到近代刑法之父费尔巴哈(Feuerbach)的权利侵害理论[12],由其所倡导的绝对不能与相对不能的理论发展而来[13]。该学说旨在以事后查明的客观存在的全部事实作为判断资料,而并不是将现实存在的事实用行为时行为人的认识可能性来加以限制,也因此,即使行为时对一般人而言也不可能认识到的事实,在危险的判断中也要被考虑。而危险判断的基准,是具有科学基础的因果法则或者经验法则,而非社会通念。[14] 因此,按照客观危险说,误以为稻草人为活人而加以射杀的,即使行为人基于杀人的犯罪意思实施了行为,但客观上根本不存在对生命法益的危险,就只能论以不能犯。纯粹客观说是从最彻底意义上的客观立场出发,是贯彻结果无价值立场最为彻底的一种学说。这一学说在处罚根据上具有正当性,但却面临着处罚上的无力以及方法论上的缺陷。如果贯彻到底,以事后纯科学的立场来回顾性地考察,所有未能导致结果发生的行为都是没有危险的,因而所有的未遂犯也都将成为不可罚的不能犯,不当扩大了不能犯的成立范围。而且完全从客观上进行危险的判断,就会忽视行为规范属性的作用,使得法律上的危险成为一种不具有任何价值评判意义的科学上的危险。[15] 最后,纯粹客观说也无法有效和完整地保护法益,而只是将刑罚目的指向了追溯过去的纯粹报应,无法发挥一般预防的作用。

2. 修正的客观危险说

持客观危险说的学者也认识到对危险作纯客观的判断过于极端,为避免这个出发点上的偏差,发展出了多种修正的客观危险说。其中最具代表性的是由日本学者山口厚首倡的假定事实说和前田雅英所倡导的事后预测说,我国学者张明楷教授和黎宏教授也持修正的客观危险说立场。

---

〔11〕 RGSt, 1, 439 ff., 转引自张志钢:《德国未遂理论的流变及其启示》,载《环球法律评论》2016 年第 3 期。

〔12〕 同上注,张志钢文。

〔13〕 参见前注〔8〕。

〔14〕 参见〔日〕内藤谦:《不能犯(二)》,载《法学教室》1989 年第 109 号,第 81—82 页。转引自江溯:《二元违法论与未遂犯的处罚根据》,载《国家检察官学院学报》2014 年第 2 期。

〔15〕 参见前注〔8〕。

假定事实说认为,首先要判断结果未发生的原因,然后从科学的立场明确在存在何种事实的情况下结果有可能发生;其次判断这一假定事实存在的可能性,以一般人在事后考虑的“可能性”为判断基准。在能使结果发生的条件被认为充分的场合,也应肯定危险的存在。〔16〕 例如,在使用空枪射击杀人的场合,显然,枪里未装子弹是结果未发生的原因,接下来就要判断枪内装有子弹的可能性。若是夺取执勤警察的手枪的,由于警察手枪装有子弹的可能性很大,所以成立未遂犯;若是使用他人客厅内作为装饰的手枪的,则假定事实存在的可能性很小,因此就可以成立不能犯。〔17〕 但假定事实说也受到很多质疑:其一,当结果未发生的原因事项可能有多种时,如何从这些欠缺的事实中选择和确定“假定的事实”,语焉不详。〔18〕 其二,该说对假定事实进行多次考虑,假定事实现实并不存在,对这样的事实存在可能性难以得出一个确定的结论,基准并不明确,甚至可以说具有随意性。〔19〕 其三,假定事实存在的可能性只能是事前的判断,有学者指出,与其说该说是对客观危险说的修正,不如说是修正的具体危险说。〔20〕

事后预测说指出危险性的有无是由裁判官从一般人的视角出发,以在审判庭上查明的客观上的情况为基础进行判断,是一种客观性的事后预测判断。〔21〕 在进行危险的判断时,没有必要连细微的具体的个别情节也予以考虑〔22〕,对成为危险判断对象的事实有必要进行某种程度的“抽象化”,以此来划定出危险的“范围”。如同样是夺取执勤中警察所携带的枪支来实施杀害行为,但由于枪内未装子弹而没能达成目的的,事后预测说会认为,被夺取的那支枪是偶然没有装子弹,但如果将其抽象化为警察一般携带的枪支,就仍然可以说行为是有危险性的。但对于危险的判断而言,最重要也是最关键的就是作为判断资料的事实或素材的选取,抽象后的事实范围显然对行为的危险判断有影响。但该说对客观事实如何抽象和作限定并没有明确阐述。例如,对准床铺开枪,而被害人刚好起身去卫生间,要对事实抽象到对床开枪还是对所在的房屋开枪结论就会不同,从而危险的判断也会因人而异。此外,既然以不完整的资讯作为判断基准,其还能自称“客观”吗?〔23〕

还有很多学者对客观危险说进行着不同的修正,其中学者许恒达提出了从事后判断无从完全控制的他种损害途径出现可能性的论断,简言之,首先从所有已知事实中找出无法满足既遂构成要件的关键因子;然后视关键因子是否属于行为人无法控制的

---

〔16〕 参见〔日〕山口厚:《刑法总论》(第2版),有斐阁2007年版,第276页。

〔17〕 参见前注〔8〕。

〔18〕 参见张志钢:《论未遂犯处罚根据的中国立场——以不能未遂的可罚性为中心》,载《中国刑事法杂志》2020年第4期。

〔19〕 参见〔日〕野村稔:《未遂犯の研究》,成文堂1984年版,第364页。

〔20〕 参见前注〔18〕。

〔21〕 参见前注〔9〕,第101页。

〔22〕 参见马克昌:《比较刑法原理:外国刑法学总论》,武汉大学出版社2002年版,第569页。

〔23〕 参见黄荣坚:《基础刑法学(下)》(第3版),中国人民大学出版社2009年版,第340页。

随机事件,即防果变项,再确定该变项是否可能以致果变项的方式出现;最后,要审视致果变项作用的时空关系,其必须发生于原犯罪流程的着手后至最终效果完成前。[24]这一学说,在对危险的判断上可以说相当精细,也有具体的操作规则。周光权教授对其评价到,其主张在逻辑上是彻底和自洽的,且这一理论对旧客观危险说有很大的理论贡献,发展出具体的判断规则,而不是将分析框定在"事后的科学法则""裁判者立场""客观事实"等相对抽象的概念上,方法论是值得重视的。[25]

3. 具体危险说(新客观说)

纯粹客观说和修正的客观危险说一般被认为都属于旧客观说,不同于旧客观说的,是被称为新客观说的具体危险说。该说最初由李斯特提出。具体危险说以行为时为基点,以一般人所认识到的情况以及行为人特别知道的情况为基础进行判断,如果一般人能够感受到结果发生的危险,则成立未遂犯[26],其特点在于围绕个案情形对危险作具体判断。例如,行为人打开被害人家中天然气试图毒害被害人,这样的行为在社会通念上是具有危险的,成立未遂犯。具体危险说和抽象危险说都是从行为时一般人立场判断危险,但在判断资料上,具体危险说在行为人认识内容外还加入了一般人能够认识的事实内容,考虑一般人的社会观念,不再仅是行为人的危险意思,因而具有了客观性的基础,还能够回应公众的危险感和法感情。具体危险说认为刑法规范要为一般公众行动提供指引而非对某些个人的指引,是针对一般人的行为指南,因此某行为是否有法益侵害危险,需要考虑一般人的感觉,唯有当一般人在相同状况下认为该行为具有危险性时,才能肯定规范效力被动摇,产生确认规范的需求。具体危险说充分考虑了刑法功能主义和刑事政策的需要,但仍受到很多学者的质疑,主要有以下几点:其一,具体危险说所关注的问题不再是法益是否受到危险,而是行为人的行为是否具有危险性[27],以及一般人是否会有不安感。其二,具体危险说并非严守客观未遂论的立场,仍存在以行为人认识的有无来决定危险性的有无,但一般人的认识可能缺乏结论的一致性,且"理性人的判断必须与行为人所属的具体圈子(Verkehrskreis),与其认识状态和特殊能力相联系"[28],但经过此番高度具体化和限定化的"一般人认识"实际上已极为接近行为人个人的认识。[29] 实则要让一个虚拟出来的一般人知悉哪些事实条件,到头来还是取决于法官的选择和判断。其三,当行为人特别认识到的内容与一般人可能认识到的内容不一致时,以什么事实作为判断资料也不明确。此外,即使

---

[24] 参见许恒达:《论不能未遂——旧客观说的古酒新酿》,载《清华法学》2011 年第 4 期。

[25] 参见周光权:《不能犯理论的最前线编者絮语》,载《清华法学》2011 年第 4 期。

[26] 参见前注[10]。

[27] 参见前注[11],张志钢文。

[28] 参见 Frank Zieschang, Die Gefährdungsdelikte, 1998, S. 56. 转引自陈璇:《客观的未遂犯处罚根据论之提倡》,载《法学研究》2011 年第 2 期。

[29] 参见前注[28],陈璇文。

一般公众的感知也不必然可靠，在两者同样与客观事实不符的情况下，或者说从客观来看根本不可能的情况下却可以根据一般人的认识肯定危险的存在，如肯定将混有硫磺粉末的食物递给被害人服用有致人死亡的危险，就是用一般人的认识和危险感知来拟制和替代客观事实，作为客观事态的危险也就失去了其本来的客观性面目，这还会造成处罚漏洞。当今社会发展日新月异，如投放某种客观上具有危险的物质，但按社会通念还没有意识到该行为的危险性，却只能构成不能犯。具体危险说其实就是在利用人类观察能力的有限性，即人类不可能在某个时点掌握、认识到当时存在的所有客观条件。外观极其相似的粉状物质到底是毒品还是砂糖，在行为时点，一般人甚至根本没有办法作出判断，而会不会觉得这样的事实是危险的，恐怕根本不可能会有一个确定的答案，实际上“一般人的判断”基准是什么并不明确。

（三）主观、客观混合未遂论与不能犯可罚性

1. 印象理论

德国刑法修改后，主观未遂论与客观未遂论均无法对其进行逻辑自洽的解释，“‘当行为所指向的意志实践活动动摇一般公众对法秩序效力的信赖因而侵害公众的法安全感和法和平时，行为人所征表出来的犯罪意志就是应受处罚的’，未遂也就具有可罚性”〔30〕。印象理论认为，成为未遂可罚性标准的行为人敌对的法律意识，并不仅仅是作为现象理解的敌对意识，而是被作为从行为中产生的对社会有深刻影响来理解的敌对法律意识。如果对计划的并开始实施的严重的犯罪不加以处罚，将会动摇公众对法秩序有效性的信赖。〔31〕其本质上与未遂危险判断分属不同范畴，不应拘泥于从未遂危险判断角度去理解印象理论。但印象理论也同样存在“法秩序动摇”具有模糊性的疑问，可罚性取决于社会效果和民众心理，而该效果也是经验上难以被证实的，势必使刑责成立范围陷于不稳定的情况。此外，印象理论虽然不能直接对应主观未遂论，但也体现了主观的优位性，当行为人已经把主观意志转换为客观行动，基于刑法客观主义，作为关注的重点不应再是主观敌对意思的内容，而应是客观行为对法益的干扰程度。印象理论从学说角度并不见得有多么圆满，却因最契合刑法规定而成为德国通说，是德国未遂理论发展与立法现实和司法实践互动与妥协的范例。〔32〕这一点值得我们借鉴，我国未遂理论的发展必须以我国刑法规定和司法实践为基础，这样发展出的理论才更具生命力。

---

〔30〕 LK/Hillenkammp, 12. Aufl., 2007, vor § 22 Rn. 77，转引自〔德〕克劳斯·罗克辛：《不能未遂与可能未遂的处罚根据》，张志钢译，载《河南财经政法大学学报》2018 年第 5 期。

〔31〕 参见〔德〕汉斯·海因里希·耶赛克、〔德〕托马斯·魏根特：《德国刑法教科书（上）》，徐久生译，中国法制出版社 2017 年版，第 712 页。

〔32〕 参见前注〔18〕。

2. 结合理论

罗克辛关于未遂论的观点也几经变化,于20世纪末放弃了原本主张的印象理论并首次提出了"结合理论",在其2003年出版的《刑法教科书(第2卷)》中形成了未遂的"法律定义":"未遂是以行为人的想象为基础来判断的、通过现实的手段所引起的构成要件迫近的危险,或者在事前就能够认识到的无危险性的情形中,是迫近构成要件的、由立法者所评价的不同程度的法动摇的规范违反。"〔33〕这一观点也体现了其客观归责论的延伸,未遂均可被理解为对所保护的法益制造了不被容许的危险。罗克辛的观点是以遵循现行法规定为前提的理论思考,提出现行法是以二元的未遂观为基础,即通常情况下未遂的可罚性基础在于对所保护法益的构成要件迫近危险的法益侵害,而在少数例外情形中也可以把构成要件迫近的法益侵害视为纯粹的规范违反的内容。〔34〕 该观点下可能未遂与不能未遂"法益侵害之危险"不再是同一所指。

(四)着眼危险判断:现有未遂理论的缺憾

主观未遂论过于重视行为人的危险意思,可能不当地侵犯人的行动自由和权利,在刑法客观主义下会面临正当性的质疑;客观未遂论从法益的客观危险出发,但在论证上存在一定问题,尤其是其也没有为处罚那些对具体法益客体并无危险的行为提出正当化的说明。

其一,当某人死后未闭上双眼,一般人都会以为其还活着的时候,此时行为人基于杀害的意思对其开枪射击,无论按修正的客观危险说认为被害人没死这一假定事实的存在可能性很大,还是按具体危险说认为一般人所认识的也是活人,都会得出客观上还是存在对法益客体的危险。然而这时所进行规范判断的危险,都已不再是客观上对法益客体所形成的具体危险,并不存在一个可以被杀的对象,已经死亡这个事实是不可逆的。那么事实上,客观说所针对的就已经是基于行为人和一般人认识情状所拟制出来的、在实证上无法得到确证的给一般人的危险感。但是,客观说一方面主张,处罚未遂行为的正当化基础在于行为人的行为对具体法益客体所造成的客观危险,另一方面,依照它们的判断标准所得出的却不是行为对于具体法益客体造成危险的情形。那么这个理论在规范上所提出的正当化论证自然也就丧失了价值。相反,对于真正要处罚的对象反而完全没有提出任何正当化的说明。

其二,将客观说的论证贯彻到底,还会出现与刑事政策和法益保护要求不相符的处理结论。如歹徒没有注意到某特警身穿防弹衣,基于杀害的意思对该警察开枪射

〔33〕 Roxin, Strafrecht Allgemeiner Teil, BandII: Besondere Erscheinungsformen der Straftat, 2003, §29 Rdn. 1. 转引自张志钢:《德国未遂理论的流变及其启示》,载《环球法律评论》2016年第3期。

〔34〕 参见〔德〕克劳斯·罗可辛:《不能未遂的可罚性》,张志钢译,载陈兴良主编:《刑事法评论:规范论的犯罪论》(第35卷),北京大学出版社2015年版,第215页。

击,但一般人可轻易看到该警察穿在制服外的防弹衣,子弹在客观上不可能击穿防弹衣而对该警察生命造成危险。按照修正的客观说会认为假定特警不穿防弹衣的可能性很小,因此否定行为的客观危险,具体危险说也会按照一般人所认识的事实,不会认为该行为有致人死亡的危险。但这样不罚的结论恐怕会与公众的法感情相背离,且在这种情况下,该行为所具有的预防必要性也并未减少甚至丧失。

其三,无论是在能犯未遂还是不能犯未遂中,事后回顾性地去看,总归是因某种原因而阻碍了现实危险结果的发生,但某些偶然的背后其实也蕴含着必然。如向他人射击,没有射死被害人的原因可能是没有瞄准、子弹偏离、被害人闪躲、枪里未装有子弹,等等。当出现的是前几种原因时,一般都会认为行为在客观上是能够实现法益侵害的,因而构成未遂,而若是枪里没有子弹的情形,因客观上能够明显地看出结果不会发生的必然性,就有了能否作为不能犯来处理的疑问。但如果重新审视,没有子弹和子弹偏差,在行为时实现构成要件的可能性并无本质区别。当我们考虑时,纳入考虑的要素越多,就越会得出结果是否会发生的确定结论,原先之所以看不出这样的必然性,只是因为一般人难以全面和彻底地认识到所有客观上存在的事实条件,或是将一些事实选择性地忽略了。比如子弹会出现偏差,可能是因为行为时的角度、距离等并未满足准确击中被害人的条件,而这个条件在行为时就是确定了的,在这样的条件下,表面上是子弹出现了偏差,实质上行为时子弹就已确定不可能准确击中被害人,只不过没有子弹的情形更容易在表面上被一般人感知到,那在处罚上区别对待的根据又何在?

其四,如果真的贯彻客观未遂理论,因为对于具体的法益来说,实害与危险是处于一个绝对的阶层关系,那么未遂犯的法律效果就应是必减而非我国《刑法》第 23 条中的可减,这就说明了仅考虑具体客观上是否危险还尚不足以证立未遂犯的处罚根据,还必须考虑其他因素,才能充分解释未遂犯的刑罚配置。

其五,出现行为在客观上根本不能发生法益侵害危险的原因在于行为人的认识错误,无论是手段还是对象,都是将"无"认作"有",实际上也属于构成要件认识错误的一种情形。但成为问题的是,若甲意图射杀乙但乙其实不在家,甲隔着窗户认为乙在家而射击,这时丙突然出现而被击中死亡,在这种情形下,按照对事实认识错误的处理,毫无疑问会认为甲成立故意杀人既遂。而如果当时丙并未出现,甲同样是隔着窗户认为乙在家而射击,多数客观未遂论的学者会认为由于被害对象并不在攻击现场,甲不可能在该事发地点枪杀乙,因此甲成立不能犯而无罪。而按照前者的结论,甲有可能被判处死刑,后者却认为甲无罪,这样悬殊的处理结论只是取决于丙这样一个偶然因素的突然出现,这可能完全忽视了行为自身的危险性,也正说明了不考虑行为的危险所得出的结论并不合理。

对于在法益保护、一般预防和人权保障间如何寻求处罚正当性和有效性的平衡,学者们作出了许多折中的思考,各种修正的客观危险说围绕判断时点、判断资料和判断标准作出各种修正,但实务中对多数案件的结论趋同。此外,还有未遂二元论[35][施米德霍伊泽(Schmidhäuser)]、重大无知说[36](林东茂、林钰雄等)、规范违反说[37][雅科布斯(Jakobs)]等林立的学说,但仍是围绕不法理论,存在或多或少的依据问题和方法论上的模糊性。无论是主观说还是客观说,都是从危险性来建构处罚根据,差别只是在于究竟应该针对怎样的危险,或是说如何判断危险。学者们一方面希望避免将危险界定为行为人的危险性,又不敢完全将危险判断诉诸纯客观。为了避免结论的不合理性,而不断地进行折中、修正,理论却始终难以在逻辑上圆满和自洽,甚至这样的做法本身就是一种无法实现目的的"不能行为"。因此,本文试图跳出传统处罚根据的分析框架,转变范式,不再纠结于危险的判断,在判断规则上进行修修补补,而是从刑罚的视角来论证不能犯的处罚问题,证立那些偶然未能引起结果的发生,但仍有危险的行为的可罚性。

二、不能犯处罚与现代法治国刑法立场

(一)坚守刑法客观主义

刑法主观主义与刑法客观主义的产生与学派之争,其理论的对立是立场的本质不同、刑法观的差异,不能犯的问题只是其中一个较为突出的表现。主观主义主张行为人主义、强调对行为人的特殊预防,而客观主义主张行为主义、在报应刑外还要发挥刑法的一般预防作用。换句话说,客观主义主张行为刑法,认为应受惩罚的是行为,只要行为概念在刑法理论中具有关键和中心地位,都可以被认为是建立在刑法客观主义的立场之上。而主观主义主张应受惩罚的不是行为而是行为人,行为人的人身危险性概念在刑法理论中具有中心地位,行为只是认定这种危险性的手段,即主张犯罪表征说。[38] 区分客观主义还是主观主义刑法,关键在于着眼于行为对法益的危险还是行为人意思的危险。刑法主观主义不利于对个人权利和自由的保障,会不当扩张刑罚权,对未遂犯的处罚应坚守刑法客观主义的立场,这也是当前刑法理论通说,当今的学派之争也是集中于刑法客观主义内部的对立,有的重视行为本身的危险,有的重视对法益的实害,也有的在二者间进行折中。

---

〔35〕 Vgl. Eberhard Schmidhäuser, Strafrecht Allgemeiner Teil, 2. Aufl., 1975, §15 Nr. 12. 转引自吕翰岳:《未遂处罚根据的功能性危险论证》,载《中外法学》2019年第6期。

〔36〕 参见林东茂:《不能犯》,载《月旦法学教室》2005年第38期;林钰雄:《"刑法"总则:第十三讲 犯罪之阶段——不能未遂、中止未遂》,载《月旦法学教室》2005年第34期。

〔37〕 Vgl. Jakobs, Strafrecht Allgemeiner Teil: die Grundlagen und die Zurechnungslehre, 2. Aufl., 1993, 25. Absch. Rn. 21. 转引自张志钢:《德国未遂理论的流变及其启示》,载《环球法律评论》2016年第3期。

〔38〕 参见陈家林:《为我国现行不能犯理论辩护》,载《法律科学(西北政法大学学报)》2008年第4期。

(二)二元论的真实形象

在刑法客观主义内部,对违法性的本质的理解不同,存在行为无价值和结果无价值的论争,在对刑罚的理解上有一般预防与报应理论的分歧。

基于目的行为论,韦尔策尔曾指出,刑法最为根本和直接的任务是保护社会道德,只有通过对社会道德的维护才能更为有效地实现法益保护。〔39〕 一元的行为无价值论认为违法性只能是对和特定的行为人相互联系起来的行为所进行的否定性评价,只要存在行为无价值就可以肯定犯罪的成立,20 世纪 40 年代前日本学界深受该理论影响,小野清一郎博士将违法性理解为道义性,团藤博士的学说中也多多少少保留了道德主义的倾向。〔40〕 传统的行为无价值论强调行为所体现出的反社会伦理、反道德性,而与刑法规范构成要件以及法益保护之间缺乏紧密的联系。“二战”后法益概念的再度发展,德国刑法学的行为无价值论开始朝着法益侵害化与去道德化自我更新,强调只有在客观上具有引发结果无价值之可能性的行为才能成立行为无价值,行为无价值在内容上依赖于法益侵害而不再是道德违反。〔41〕

而结果无价值论是从刑法的任务是法益保护的这一立场出发,将违法性本质理解为法益侵害或法益侵害危险,只有侵害法益或至少危及法益的事态真正存在时,才能肯定有刑事不法。因此,初期的行为无价值论将维持社会道德伦理秩序作为刑法的任务,而结果无价值论则是将保护作为个人生存基础的法益作为刑法所保障的内容,在此基础上,二者存在较为明显的对立和差异,最为集中地体现在违法的本质是“规范违反”还是“法益侵害”。但二元的行为无价值论已将规范违反与法益侵害结合起来,刑法规范是立法者将所要保护的法益规定在构成要件之中,因此,“违反规范”中的“规范”就是指“不得侵害法益”的规范,行为无价值论所要否定的行为并非传统反道德、反伦理的行为,而正是有法益侵害(包括危险)的行为。在此意义上,行为无价值与结果无价值的对立十分有限。不管探究犯罪的重点在于行为还是结果,如果依据“归属可能的结果”对“行为”进行定义的话,两种学说也就无法对立了。所有的“行为反价值”都是依据“结果反价值”进行定义的,指向恶结果的举动是恶的行为,因此,行为反价值实际是预先取得的结果反价值。〔42〕

因此,现代不法理论中,主张去除伦理道德因素、强调法益侵害的行为无价值二元

---

〔39〕 Vgl. Hans Welzel, Das Deutsche Strafrecht, 11. Aufl., 1969, S. 1-6. 转引自陈璇:《客观的未遂犯处罚根据论之提倡》,载《法学研究》2011 年第 2 期。

〔40〕 参见〔日〕山口厚:《日本刑法学中的行为无价值论与结果无价值论》,〔日〕金光旭译,载《中外法学》2008 年第 4 期。

〔41〕 参见陈璇:《客观的未遂犯处罚根据论之提倡》,载《法学研究》2011 年第 2 期。

〔42〕 参见〔日〕佐伯千仞:《四订刑法讲义(总论)》,第 175 页。转引自〔日〕松宫孝明:《“结果无价值论”与“行为无价值论”的意义对比》,张晓宁译,载《法律科学(西北政法大学学报)》2012 年第 3 期。

论在不法的核心意义方面与结果无价值论已基本趋同。无论采取何种不法学说，行为要具有法益侵害的危险是不法不可或缺的一个要件是必须要承认的。[43] 二者的真正对立点在于，如何理解“规范违反”，如何理解对法益侵害的危险性。在界定未遂犯的成立范围上，一般认为不存在法益侵害的危险时构成不能犯，那么这时的危险性应该怎样判断？通常结果无价值论的学者会强调客观法益的保护而在不能犯问题上采取客观危险说，将结果之客观危险理解为侵害法益的具体的现实的危险；而行为无价值论的学者会倾向于主张具体危险说，将客观危险理解为行为所具有的法益侵害的一般危险性，该危险乃行为之属性。虽然不能犯的问题在一定程度上是行为无价值和结果无价值的对立，是双方阵营在刑法释义上的主战场，但在这个问题上，行为无价值论与结果无价值论的对立并不那么单纯，二者并没有绝对的对应关系。本文持行为无价值二元论立场，但试图为不能犯的问题寻找到不同于具体危险说的理论路径和解决方案。

（三）我国大陆不能犯理论立场的选择

不能犯问题涉及的是刑法处罚范围问题，因此不仅与刑法立场的选择有关，更取决于一个国家或地区的立法现状。而一国或地区的立法又与其社会背景、历史背景以及政治制度等紧密相关，这就造成不能犯的理论选择必须要考虑各国、各地区的具体情况，需与其社会现状、民族价值观相契合，而不能简单地照搬任何一个理论的结论。

由于《德国刑法典》第 23 条第 3 款中明确规定了不能未遂是具有可罚性的，只是相较于能犯未遂的处罚可以更轻，因此德国理论上要区分的是可能未遂与不能未遂。与之相应，因德国刑法条文中使用了“行为人由于对行为对象和手段的认识错误”这样的表述，印象说能与之协调而成为通说。虽然印象说可能会使客观上无危险的行为也受到处罚，但德国刑法仅绝对处罚重罪未遂的规定又能在一定程度上对其进行限制。在日本，立法未明确是否处罚不能未遂，但无论是实务界还是学界，都已经形成了一致的观点，即不能犯没有处罚的必要，不成立未遂，理论上要区分的就是罪与非罪意义上的未遂犯和不能犯。而我国台湾地区，在 2005 年经历了“立法”的修改，将原第 26 条所规定的“行为不能发生犯罪结果，又无危险者，减轻或免除其刑”改为“不罚”。在修法前其规定与德国较为接近，刑法学者们也大多参照德国理论去解释行为的“无危险”。而修法后法律效果之“不罚”引起台湾地区学界极大的争议，尤其是台湾地区多数留德学者对其提出了批评。因此，即使条文已明确规定为“不罚”，台湾地区多数留德学者仍坚持主张重大无知说，并为这样的理解从刑罚目的等方面寻找正当性根据。但也有很多学者认为新的规定就是采取了客观未遂论的立场，实务逐渐转向具体危险说。

《刑法》第 23 条规定了未遂是指已经着手实行犯罪，由于犯罪分子意志以外的原

---

〔43〕 参见前注〔41〕。

因而未得逞的。对于未遂犯,可以比照既遂犯从轻或者减轻处罚。从立法来看,我国大陆与日本更为相近,并未明文规定不能犯的可罚性,这就为理论的解释留下了很大的空间。但与日本不同的是,司法实务和传统通说都认为这样的行为是具有社会危害性的,因而将除迷信犯之外的不能犯未遂都作为未遂的一种来加以处罚。过去通说从行为人的主观恶性出发,强调行为人在该主观目的支配下实施了行为,并希望发生结果,能够被认定为主客观统一。批评通说的学者几乎毫无例外地认为通说大致采用的是抽象危险说,或者认为通说体现了刑法主观主义的倾向。即使支持现行不能犯理论的陈家林教授,也承认含有客观判断的能犯未遂与不能犯未遂的划分在我国大陆通说中只对量刑具有意义,不涉及定罪问题,在最关键的划分罪与非罪的问题上,通说采用的是抽象危险说。〔44〕但即使实务和通说目前都倾向于这样一种主观主义的立场,也不能得出现行《刑法》第23条就是主观主义。首先,1997年《刑法》规定了构成犯罪的是"危害社会的行为",这显然表明了我国大陆行为刑法的立场,通过以上分析,既然刑法要处罚的核心和关键是行为,那么《刑法》采取的就是刑法客观主义的立场。就未遂犯而言,无论是我国大陆刑法或德国刑法,对于未遂犯的处罚都不是绝对采用主观主义。因为若基于犯罪预防的理由而处罚单纯的犯意,既然既遂犯和未遂犯的行为人的主观状态是一样的,就不应该有对未遂犯的减轻或免除其刑的规定〔45〕,而应对两者处以一样的刑罚。由此可见,尊重我国大陆现行刑法的立场,也完全能够采取与传统通说性质不同的客观未遂理论,下文将具体展开说明和论证。此外,不能忽视我国大陆的司法环境和传统,以及民众的观念,需思考如何在客观主义的基础上妥当纳入主观要素。

三、刑法规范与未遂犯可罚性

虽然理论上一直想从行为是否具有危险的角度立论,把不能犯与未遂犯作出区分,尤其是在罪与非罪的意义上。然而,无论是司法实践还是理论史的发展,从古至今也没有人认真地主张过所有的不能未遂均属不罚,即使客观未遂论的支持者,也不得不面临结论的不合理性而将一部分不能的情形纳入处罚范围,否则会出现令人无法接受的可罚性漏洞。因此,应该进行角度上的重思,首先应解决的是,不能犯的情形是否应被作为未遂犯来处罚,处罚是否具有正当性,而不是一味要去为二者划定界限。而未遂犯之处罚根据,其理由(根据)必须先加以厘清后,始有确立未遂犯规定内容之可能。〔46〕

---

〔44〕 参见前注〔38〕。

〔45〕 参见黄荣坚:《刑法问题与利益思考》,中国人民大学出版社2009年版,第67页。

〔46〕 参见陈子平:《未遂犯修正草案之评论》,载《月旦法学杂志》2003年第93期。

(一)行为规范与制裁规范正当化基础不同

行为规范是用来禁止或者要求人特定行止,而制裁规范则是在保障行为规范的效力。前者的正当化基础在于合比例的、合目的理性的法益保护,后者的正当化基础则在于刑罚的意义。[47] 行为规范是要求,立法者要通过规范设定保护那些必要的、合比例性的法益,而不可以将不会造成任何法益侵害的行为类型恣意地犯罪化,使这些行为类型不当地受到处罚。处罚一个没有法益侵害风险的行为不具有正当性,也只有在行为规范的设定正当性这个层次才是有意义的。然而这都是针对既遂的情形来构思所提出的归责标准,未遂犯是对基本构成要件之修正,这里的问题在于刑法是否只处罚既遂的情形,还是也要处罚未遂这样一个归责标准没有被完全实现的情形。结果没有实际发生的场合是否仍要处罚,已经和行为规范的设定无关,而是下一个层次的问题,即制裁规范的正当性基础,也就是刑罚的意义究竟是什么,事后对行为人的处罚如何与刑法保护法益的目的进行关联。

在法益保护目的下,单纯地进行法益衡量意义十分有限。社会行为规则在成为历史的现实当中,承担了协调社会生活的任务,以致必须引用这些在社会实践中发挥作用的社会行为规则,而不是借助数学式的利益或风险计算,才能实现刑法上的价值判断。最能适切说明的例子就是,在检验过失犯的时候,借由社会行为规则对刑法上的注意内容加以具体化。[48] 在义务犯的设定中,日本立法从认为医生的义务违反最容易侵害法益的角度出发,规定泄露病人秘密的构成身份是医生。这些规范设定都不是只从客观法益侵害角度确定行为的违法性。

行为无价值强调行为规范的作用,重视揭示在行为时行为违法与适法的界限,充分考虑特定时期的社会现实、规范期待,注重刑法的行为引导功能、违法判断的提示和告知机能,回应社会需要,促进公众的规范认同。刑法不单纯为了弥补损害,而且着眼于让民众养成规范意识,防止损害再次发生。[49] 举止规范之所以能够发挥法益保护的作用,是因为它具有在日常生活中的引导效力。[50] 行为规范没有脱离对法益的保护,每个构成要件都有其所要保护的法益,将行为设定为逻辑起点,在考虑行为的样态后,沿着行为发展的轨迹就能够进一步分析出对法益侵害的危险。即使在进行某个行为时,并没有对具体法益客体的客观危险,但违反了行为规范,被拟制出的对法益的

---

〔47〕 参见蔡圣伟:《评二〇〇五年关于不能未遂的修法》,载《政大法学评论》2006 年第 91 期。

〔48〕 Vgl. Makoto Ida, Welzels Einfluss auf die ostasiatische Strafrechtsdogmatik, in: Wolfgang Frisch et al. (Hrsg.), Lebendiges und Totes in der Verbrechenslehre Hans Welzels, 2015, S. 206. 转引自〔日〕井田良:《刑法上行为非价与结果非价之未解争议》,薛智仁译,载《月旦法学杂志》2018 年第 277 期。

〔49〕 参见周光权:《违法性判断的基准与行为无价值论——兼论当代中国刑法学的立场问题》,载《中国社会科学》2008 年第 4 期。

〔50〕 Vgl. Jakobs, System der Strafrechtlichen Zurechnung, 2012, S. 14. 转引自吕翰岳:《未遂处罚根据的功能性危险论证》,载《中外法学》2019 年第 6 期。

一般危险也是确实存在的。比如行为人意图投毒杀人,但因为偶然买到的毒药过期失去毒性,在行为人投放毒药时并不存在对具体生命法益的客观现实危险,但从规范上看,投毒行为本身对生命法益侵害的类型性危险是存在的,同样具有法益相关性。

若将刑法规范理解为事后适用的裁判规范,认为法规范只是裁判者的工具,刑法对于接受规范的民众而言意义就过于局限。而只有重视并认可其行为规范的作用,使不法具有可预测性,才能去影响受规范者的意思形成,通过规范来确保人不实施违法行为,最终通过规范效力的确证来控制人的行为,从而实现法益保护的刑法任务。〔51〕

(二)二元构思的刑罚理论

既然对未遂处罚根据理论的鉴别和选择,无法从其自身的理论逻辑予以展开,就应当在处罚根据上进行重思,回到刑罚乃至刑法的目的或功能上,探讨发动刑罚的根据何在。

1. 刑罚的正当性基础

刑罚的正当性问题,其实不仅在未遂的情形下会遇到,在既遂时也会出现,只不过在出现一个可见的撼动人心的犯罪结果时,一般人不会质疑刑罚的正当性,这也是源于人类报应的本能。这并不意味着在处罚既遂时就不需要论证刑罚的正当性,不能未遂只不过是把这一问题拉到台面上让大家注意到而已。〔52〕

刑法具有谦抑性和最后手段性是现代刑法的要求,也就是说,当法益不具有侵害危险或有其他救济手段时,刑法并没有发动刑罚或介入的理由。刑罚措施只有在合乎法治国原则限度内才是被允许的,刑罚的发动必须基于社会任务或刑事政策可被目的理性地证立而正当化,而这个任务就是以一般预防为导向的法益保护。法益保护是刑法的目的,不仅在行为规范的设定中发挥着立法批判、论证规范正当性的作用,也支撑起制裁规范的正当性基础。只是前者的法益保护针对的是某一特定的法益,而后者则是抽象地探讨如何构建起刑罚与法益保护间的技术关联。就一般预防而言,模仿效应(copycat effect)已被大量证实,制裁规范能够维护举止规范的认识基础。〔53〕 通过制裁规范的适用稳固行为规范的效力。

对于已被侵害的法益而言,刑法事后对行为人的制裁无论如何都已经太迟了,而若是未遂的情形,该法益也不是因为刑罚的发动才没有受到侵害,只是因事实上的一些偶然因素。因此,无论是既遂还是未遂,事后制裁都无法保护到当时的、具体的法益,处罚未遂的正当性也就不可能是因其对具体个案中的法益有危险。否则,就无法

〔51〕 参见前注〔49〕。
〔52〕 参见前注〔47〕。
〔53〕 参见前注〔3〕。

理性地说明对行为人施加刑罚如何能与保护法益这个目的有所关联,也就无法证立制裁规范的正当性,纯粹的报应理论无法说明为什么社会在处罚行为人后会变得更好。因此,要通过刑罚技术地实现保护法益的效果,就只能针对未来尚未发生的事件发挥作用,即通过刑罚面向未来地发挥一般预防效果。行为人完成了行为的状态就完成了规范违反,在结果发生之前,刑法便需要明确指出不得引发结果的行动基准。[54]

从行为无价值论的立场出发,违反行为规范就是通过行为发出对规范效用的否定和攻击,而刑罚就是对这样否定规范的行为予以否定,从而确认和维持法规范的有效性,稳固公众对法秩序的信赖和遵守行为规范的期待,使规范指引社会成员的行动。这也只有当刑法自身能够自行排除规范破坏时才有可能实现,这就是为什么在行为规范后要设置制裁规范。但维持法秩序的有效性其目的并不在于自身,而是为了预防未来的法益侵害,从而保护法益。所以,刑罚的正当性基础就在于能够对过去否定行为规范的行为人加以制裁来维护规范有效性进而面向未来地保护法益,即在于技术层面的法益保护。

在刑罚发挥一般预防作用来保护法益这个层面上,未遂犯和既遂犯的处罚根据其实并没有什么不同,无论法益侵害结果是否现实地发生,一旦着手实行,行为对法益的抽象的一般的危险就已经具备了。一个行为的违法性,在行为当时基本上就可以确定,但在造成后果的场合,违法性程度会加重。[55] 至于行为后所发生的因果流程和结果,最终止于未遂还是既遂,则是受到自然法则的支配,而不再属于行为规范的对象。法规范所能和应当禁止的永远只是行为人的行为,因为法规范只能在行为时发挥作用。因此,要对未遂犯处罚,不在于行为具体制造了什么样的客观危险,而在于行为违反了保护法益的规范。

既然如此,刑法要保护法益,在技术层面是通过刑罚来对未来发挥预防作用,那么这个处罚根据就不仅适用于能犯未遂,也同样适用于所有不能未遂,不能未遂的行为人同样违反了指向法益侵害的行为规范。一个已发生的未遂,不能达至既遂总是出于一定的原因,但这些行为模式如果在不同的时空下重演,谁都不能保证下一次的法益也不会受到侵害。虽然过去这一次的行为并没有造成实害,但是没有人会觉得这些行为侵害法律的意义薄弱。只要这样的行为没有被明示禁止,那么就表示容许将来还是可以着手这样的行为,刑法不能把人们的法益当作轮盘上的赌注。因此处罚未遂犯,是刑罚与法益保护间的技术关系。[56] 这样违反行为规范的行为模式对于未来同样具有法益侵害的危险,而预防未来的法益侵害,核心意义就是未遂之行为模式对于未来的危险。未来危险的依据,不一定是过去客观上的危险行为,行为人过去客观上

---

〔54〕 参见〔日〕松宫孝明:《"结果无价值论"与"行为无价值论"的意义对比》,张晓宁译,载《法律科学(西北政法大学学报)》2012 年第 3 期。

〔55〕 参见周光权:《刑法总论》(第 4 版),中国人民大学出版社 2021 年版,第 118 页。

〔56〕 参见前注〔23〕,第 338 页。

绝对没有危险的行为,也可以是未来危险的依据。[57] 法规范如果放任此种行为而不加以处罚,将会使得制裁规范的适用完全取决于偶然,导致行为规范的效力被严重地相对化,进而严重地损及刑法保护法益的任务。黄荣坚教授曾作出一个生动的比喻:有一天我们发现家里5岁的小孩儿拿着螺丝起子在玩电源插座,所幸插座已经损坏而根本没有电。难道做父母的果真因为插座客观上没有电,小孩不可能触电,就不必去管小孩了?[58]

2. 处罚既遂:规范保护加结果应报

虽然从通过刑罚保护未来法益角度来说,不管是既遂犯还是未遂犯,其刑罚的理由是一致的,但这只是说明为什么对即使客观上没有具体的危险的行为,刑法也需要处罚,并没有说明既遂犯为什么会比未遂的处罚更重。刑罚的根据在于不法,而行为不法并不是构建刑事不法的唯一原则,对实际发生损害后果这样的结果不法产生的报应需求,也有建构刑罚正当性的作用。报应虽然不能抵消不法,而只是为了满足社会的正义感,体现着“恶有恶报”这样的朴素价值观,但既然这个需求仍是一个社会公众所普遍认同的,是人类动物性本能一面的展现,被赋予创设刑罚的功能,就具有合理性和正当性,那么维护规范的有效性来保护法益就不能被理解为动用刑罚的唯一理由。如同刑事不法理论,我们也应尝试二元地构思刑罚理论:规范保护和结果应报,是应予区分的两个证立刑罚的要素。[59]

报应理论针对过去已经发生的事实,关注过去已发生的恶害。在不能犯中,实际上并不存在一个可以同害报复的对象,因此报应难言有正当性的根据。但在既遂犯中,由于出现了实害结果,这个结果在刑罚体系中的意义,就涉及报应性和制裁需求性的问题。对于行为在过去所造成的法益侵害结果,比如人的死亡、重伤,财产的丧失,这些结果已经活生生地呈现在人们眼前时,就有了具体的可以进行报应的对象。而且,这样的事实相较于没有发生结果而只有行为的未遂,自然会给人更为深刻的印象,公众更容易从中感知到法规范和法秩序受到了破坏,这种感受也通常会更为强烈。因此,结果的发生在规范判断中,一方面,能在一定程度上提高制裁的需求性,强化动用刑罚的正当性,这就说明为什么无论在任何国家或地区,对于既遂一律都要处罚,但对于未遂,因侵害法规范的意义相比既遂较为薄弱,所引起的制裁需求性也会有所降低,如在德国就只是对法有规定的才处罚;另一方面,既遂犯在预防需求性更高之外,还具备了刑罚报应的要素,是在行为不法外还满足了结果不法,这就说明了为什么既遂犯的处罚会更重。概言之,刑罚中报应所针对的是具体的实害结果的结果不

〔57〕 参见黄荣坚:《台湾本土法学杂志特刊:新修正刑法评论》,2005年版,转引自前注〔47〕。

〔58〕 参见前注〔23〕,第339页。

〔59〕 参见〔日〕井田良:《刑法上行为非价与结果非价之未解争议》,薛智仁译,载《月旦法学杂志》2018年第277期。

法，除既遂犯外，能犯未遂对具体法益的危险也是一种结果不法，从而刑罚也会较不能未遂更重，而规范违反是既未遂一致的刑罚根据。

四、我国不能犯处罚的机能性考量

既然处罚未遂犯的根据在于对法秩序的维护、对未来法益的保护，即基于预防的需要，从这个意义来说，不同形式的未遂在一般民众心中侵害法规范的意义会有一定差异，也就带来了需罚性上的不同。不能犯不存在纯客观的现实危险，对于未遂的处罚就必然与对刑法功能主义的考虑和对刑事政策的考虑相关，即蕴含特定历史环境的价值判断。平野龙一教授认为，支撑刑法思想的基础在于刑事政策的考量，开启了日本刑法学的方法变迁。〔60〕

德国、日本在刑法中作出了不同的规定就反映出因不同国家对不能的行为所产生的预防需要的认知和反应不同，在刑事政策上出现了不同的倾向，对于处于边界的情形，作出了处罚上或高或低的决定。而这并不能必然体现和代表不能犯理论发展的趋势，也不能说明哪种理论逻辑上就是更为优越的，只反映了价值判断，而这是立法者的意思形成自由。我们要学习和借鉴的只是问题意识和论证方法，在此基础上，应紧扣当前中国社会的现实，根据我们的社会、国情，民众的法感情、价值观，在刑事政策上作出中国的选择。所谓社会侵害性，并非抽象意义上的对人类社会永久利益的违反，而只有当其与从各个具体性、历史性的现实国家秩序中总结得出的特定社会的存在方式相矛盾时，才具有违法的实质。〔61〕不能犯从来就不是一个客观实证的概念，也不能简单化为对危险现实可能性的判断，而是一个会随时代、社会变化的规范的机能性概念。

那么，当今的中国社会应该对不能犯采取什么样的处罚态度？我国目前尚处于建设社会主义法治国家的过程中，人口基础大、社会环境复杂，整个社会的治安形势并没有随着经济的发展而趋于稳定，而且还不断涌现出新的矛盾和问题。此外，国民规则意识依旧较为薄弱，规范历来没有得到重视，不少国民长期适应过一种没有规则的生活。为进一步推进现代法治建设进程，应该强调提高法的可感知程度，缩短公众和刑法规范之间的距离感。〔62〕因此，我国还尚不具备如日本一样去尽量限制未遂犯的处罚范围的社会条件和环境，对于那些违反规范的行为就应原则上认为具有处罚和机能预防的需要，从而强化国民的规范意识，稳定国家的法秩序，实现刑罚积极的一般预防功能。因就规范效用的维系而言，目前仍需要动用刑罚来对这样的行为作出回应。这

---

〔60〕 参见前注〔59〕。

〔61〕 参见〔日〕佐伯千仞：《四订刑法讲义（总论）》，第175页。转引自〔日〕松宫孝明：《“结果无价值论”与“行为无价值论”的意义对比》，张晓宁译，载《法律科学（西北政法大学学报）》2012年第3期。

〔62〕 参见前注〔49〕。

也就说明了为何我国《刑法》第23条对未遂犯是可以比照既遂犯从轻或减轻处罚,而非应当从轻或减轻处罚,因为未遂行为所产生的刑罚预防需要性并没有必然减少。那些违反规范而具有抽象法益危险的行为,即使客观上缺乏具体的危险,也仍需要动用刑罚来处罚。如行为人在射杀被害人时枪中没有子弹,不处罚这样的行为无法彰显出"向他人开枪"行为的规范违反性,且一定会违背当今社会国民的法感情和社会价值观,这时就应当承认行为是具有需罚性的,应通过刑罚来维护规范的有效性和保护未来法益不受侵害。

五、结　论

当先提出只有客观上有实害危险时,刑罚才能被正当化,再用这一个命题去否定无危险之未遂行为的可罚性,本就欠缺正当性,这一刑罚根据针对的是过去已经不可能再被侵害的法益,而不能和未来的法益保护产生关联。[63] 且面对处罚漏洞而修正的理论最后针对的也不再是真正客观的危险,而是行为给一般人所带来的动摇规范和法秩序的危险感。此外,若要进行规范的、机能的思考,就必须设定有别于传统因果关系的思考方法和规则。在技术上我们当然可以定出无数个不同的标准,但真正重要的是,这些标准能否在规范上被正当化。

未遂犯的主观层面与既遂犯相同,只是没有发生构成要件实害结果,因此,在探寻未遂犯的处罚根据时,不能置行为人主观于不顾。我国《刑法》第23条规定了未遂犯相对既遂犯可以减轻处罚,说明未遂犯与既遂犯具有客观上的差异;规定为任意减轻而非必要减轻,又表现出未遂中重视主观的一面,未遂的处罚就一定是带有了主客观折中的色彩。基于对未遂处罚依据的论证,即未遂行为的应罚性在于违反了行为规范,以及基于我国当今社会现实,对未遂行为有需罚性,笔者认为不能未遂具有可罚性,而行为时是否存在具体的法益危险,只是影响量刑的根据。因此,在罪与非罪意义上我们需要判断的,仅仅是行为是否违反了规范,该行为模式是否属于刑法设定的行为规范所要禁止的内容,行为是否制造了法所不容许的法益危险。

所以,在罪与非罪意义上要区分的是无危险的未遂(不可罚的不能犯)和有危险的未遂。前者是指从客观来看行为连侵害规范拟制的法益危险也不存在,也就是说没有违反规范。例如,希望他人死于空难而劝他人乘坐某航班飞机,恰巧飞机失事致人死亡,行为人劝人坐飞机的行为就是没有违反规范的不能行为,因而不构成未遂;再如行为人拿步枪射击高空飞行的飞机,同样没有能够制造出法所不允许的危险,是对法则认识错误的重大无知行为。而有危险的未遂是由于行为人对事实情状认识错误,根据在具体情形下是否有造成法益侵害的现实可能,又可以细分为能犯未遂和不能犯未

[63] 参见前注[47]。

遂。如行为人朝田地开枪射击，被害人躲开，就是典型的能犯未遂；反之，行为人由于近视而将田地里站立的人形物体认为是人而射击，就是不能犯未遂，二者都违反了不得杀人的行为规范，存在规范拟制的对生命法益的危险，能犯未遂在此基础上，还存在现实的法益危险。因此，只有无危险的未遂才是不可罚的不能犯，不能未遂则属于有危险的未遂具有可罚性。

用行为是否违反规范来判断是否为未遂能在很大程度上满足判断标准的一致性，保障法秩序的统一和安定。除了使处罚根据正当化，还满足了可行性和有效性的要求。首先进行客观方面的判断，即以包括行为人特别认知在内的全部客观事实作为判断资料，科学地判断行为是否违反行为规范，如果是由于重大无知而对法则关系产生认识错误的行为，就不能被规范地评价为杀人行为。但从客观角度用科学法则判断没有危险的行为，即使一般人认识有危险，也有必要用科学法则来修正常识进而构建更为科学的社会秩序。这些行为的共同点是行为模式客观上对法益永远不会造成侵害，即使行为无限次重演，结果也都不会发生，也就欠缺一般预防上的刑罚需要性而欠缺处罚的正当性根据，是无危险的未遂或真正的不能犯。

对有规范违反性的行为模式，具体某个行为时是否不能、有无危险，都不会影响到其抵触行为规范的本质，只是根据该行为当时是否能发生犯罪结果，给国民带来法规范被破坏的感受程度的不同区分能犯未遂和不能犯未遂，影响量刑。行为对法规范动摇的程度是一个规范的、价值上的判断，应以社会一般人作为判断标准，我国人民陪审员制度恰好能够为一般人的判断提供制度上的支持。看似与印象说类似，但印象说强调的是法敌对意识，本文则是基于法治国客观主义的立场，关注行为是否违反了规范，是否有法益相关性。尽管本文的处罚结论可能与印象说、具体危险说等学说也很接近，但主要从刑法规范尤其是制裁规范的正当性根据角度提出了不同于以往的难以完全自洽的论证思路，阐释了处罚未遂犯的正当性根据，证立了不能未遂可罚是符合当今国情和现行立法的选择。

以“权利”为名的制度化控制：当代中国犯罪记录制度分析

吴尚聪*

要 目

摘 要 当下的犯罪记录制度被控制的文化笼罩，犯罪记录制度呈现出变异的面貌。犯罪记录具有“国家工具”与“个体权利”的双重属性，在这种权力与权利的冲突背后，实则具有时代的无可避免性。现代信息社会具有一种不可抗拒的逻辑，即“权利增进”与“控制加深”呈现出一种紧密的共生关系：权利的不断增进掩盖了控制逐步加深这一事实；控制的逐步加深反过来又为权利的不断增进提供了更多的正当性依据，并最终形成一种以“权利”为名的制度化控制。而这一切，都是理性所推动的现代性过程中的社会控制之必然结果。这种控制是以犯罪人的犯罪记录信息作为控制对

* 最高人民法院中国应用法学研究所助理研究员。

象,通过以隐蔽、中性、公共安全为名的控制手段,最终实现对于犯罪人的控制目的。犯罪记录制度的发展,不过是一场以“权利增进”为名,以更加精细的社会控制为实的过程。

关键词 现代性 理性化 社会控制 犯罪记录制度

一、问题意识:权利增进,抑或控制加深?

犯罪记录制度是现代国家社会治理的一项基础性制度。它将犯罪人的犯罪信息整合为统一的国家犯罪记录数据库,不仅为国家的犯罪预防、社会治理提供基础性数据依据,而且为一系列刑事司法制度提供配套性数据支撑。同时,统一的国家犯罪记录数据库可以防止犯罪人的犯罪记录信息被随意泄漏与不当使用,从而避免犯罪人因受到国家和社会作出的不利性评价而难以顺利回归社会。

在古代主要表现为黥刑的犯罪记录制度,以刑罚的形式直接作用于犯罪人的肉体,通过这种具象化、显性的方式标示出犯罪人,将其从社会群体中区隔开来,借助社会群体天然地对于犯罪的厌恶和对犯罪人的歧视,对其实行“社会化隔离”。

得益于信息技术的突飞猛进,现代社会的信息化管理成为可能,犯罪记录的形式也从直接作用于肉体的“刺字”“涂墨”与“烙印”,变成了“犯罪记录信息”。犯罪记录不再像古代那样残酷而充满血腥,没有身体上的痛苦,也无挥之不去的烙印,取而代之的则是犯罪信息、指纹、DNA资料数据库,以及与犯罪人人身密切相关的各类信息。就此而言,这显然是历史进步的结果,是对犯罪人权利的积极保护。

然而,这看似去除了残酷性,充满了人道主义精神,但对犯罪人的预防、驱逐与控制,却并未有丝毫减损。在现代社会,借助于信息技术、大数据和算法等手段,基于“信息”的控制变得更加彻底、隐蔽与高效。甚至,通过与其他能够表征行为人信用资质的信息相结合,犯罪记录所蕴含的潜力被进一步释放。其不再局限于传统的犯罪预防功能,而是逐渐扩张其适用领域,将对犯罪记录的信息用于更加广泛的社会管理之中。[1] 在这里,表面上犯罪人的权利终于得到了保障,这是人性的胜利与社会的进步。然而实际上,这更是社会控制手段的一次大获全胜:以权利保护为名,对犯罪人实施着前所未有的制度化控制。

现实中,对于刑罚已经执行完毕、本应顺利回归社会的犯罪人,仍然存在各种制度

〔1〕 目前,我国政府已经明确将犯罪记录作为未来中国信用制度中的征信信息来源,纳入国家社会信用体系建设。中共中央2015年颁布的《关于全面深化公安改革若干重大问题的框架意见》中指出,“加快建立以公民身份号码为基础的公民统一社会信用代码制度,推动建立违法犯罪记录与信用、相关职业准入等挂钩制度”。此外,目前已经投入运行的全国行贿犯罪档案查询系统已经在企业信用评价中起到了重要作用。参见聂昌国、王滨:《行贿犯罪记录对企业信用的实际影响》,载《人民检察》2015年第1期。而部分地方政府实际上也开始推动地方犯罪记录同信用评价结合。

化的和非制度化的、直接的和间接的、显性的和隐蔽的基于犯罪记录的规训机制，作用于他们及其直系亲属的日常生活。〔2〕 回顾近些年犯罪记录制度的发展可以发现，当前的犯罪记录制度呈现出异化的趋势。犯罪记录制度导致的前科评价被肆意滥用，除了本应受到的刑罚处罚，犯罪记录产生的后移效应更是使得犯罪人在刑罚执行完毕后遭遇到了“二次处罚”：对于犯罪人、犯罪人的近亲属及其家庭成员，来自国家的规范性评价和来自社会的非规范性评价两相交织，严重破坏了其正常的生活安宁，应有的权利被肆意剥夺，不应承担的种种限制加诸其身，刑罚理论设想的通过刑罚改造最终使犯罪者回归社会的理念（神话?）遭遇了现实的尴尬。〔3〕 此外，与刑罚和监狱这些可见的实体性惩罚措施和景观不同，犯罪记录引发的权利侵害通常具有隐蔽性，其后移效应往往难以被有效察觉，这又进一步加剧了对于犯罪人的控制。这些限制与权利剥夺实质也是一种“潜在的有罪推定”。所有具有犯罪记录者都被推定为可能对各种职业，包括公务员、律师及公司的董事、监事、高级管理人员等，具有潜在的危险，无一例外地需要受到各种限制。〔4〕 这种做法显然与现代国家普遍奉行的“无罪推定”原则相违背。

犯罪记录具备“国家工具”与“个人信息”的双重属性。作为“国家工具”的犯罪记录，是国家基于现代化治理、强化犯罪预防的国家工具。同时，犯罪记录又是个人信息的一种重要类型，从个人信息的角度出发，犯罪记录背后实际上承载着对于犯罪人个体权利保护之理念。在犯罪预防与权利保护两种理念的冲突造成的权力与权利之间的利益失衡这种表象的背后，实则是理性所推动的现代性过程中，不断加深的社会控制的必然结果。换言之，犯罪记录制度自身所蕴含的矛盾与冲突，其所

〔2〕 据笔者统计，从最早规定前科规范的1991年，截至2019年，在这近三十年的时间里，我国形成的前科规范的数量巨大，且不同层级、不同领域的规范性文件都有涉及，形成了一套严密的针对犯罪人的禁止性权利限制体系。具体而言，从纵向的法律位阶来看，在法律层面，规定了前科规范的法律文件有36部，涉及法律条文42条；行政法规层面，规定了前科规范的行政法规有34部，涉及条文42条；地方性法规层面，规定了前科规范的文件有96部，涉及条文125条；部门规章层面，规定了前科规范的部门规章有113部，涉及条文为133条。具体参见吴尚聪：《犯罪记录的制度逻辑：双元结构与利益平衡》，中国政法大学2020年博士学位论文，第116—122页。此外，社会中也普遍存在针对犯罪人的就业歧视。参见《滴滴公布整改措施：司机须无犯罪记录，每天随机抽查司机人脸识别》，载网约车指南网（https://www.eycen.com/post/101.html），访问日期：2019年4月5日；赵倩、王田：《家政服务信用信息平台正式启用，家政服务员五年内有无犯罪记录可一键查询》，载搜狐网（https://www.sohu.com/a/406238567_116237），访问日期：2020年7月7日。

〔3〕 司法部曾在2004年公布过相关统计数据，当时我国的再犯罪率处于世界中等水平，但是在重大恶性刑事案件中，刑满释放人员的再犯率达到了70%。遗憾的是，自此以后官方就再未公布过相关数据，而是将其作为绝密资料仅供内部人员研究。参见黄河：《重新犯罪率居高不下 刑释人员面临制度性歧视》，载百度文库（https://wenku.baidu.com/view/6e9ef1a2866a561252d380eb6294dd88d1d23d55.html?_wkts_=1680315797503&bdQuery=重新犯罪率居高不下%2C 刑释人员面临制度性歧视），访问日期：2023年4月1日。

〔4〕 参见应培礼：《论刑满释放人员回归社会的制度排斥》，载《法学》2014年第5期。

呈现的国家工具与个体权利二者之间的张力,从更深的层次上看,是以不断加深的社会控制为结果的现代性所致,是现代性过程中理性的潜力不断被释放并被作为社会控制工具的必然宿命,这印证了韦伯“理性化牢笼”的时代预言。[5] 现代社会的理性化过程,以及在此过程中所展现的理性自身的悖论,都集中体现在了当代中国犯罪记录制度当中。对于这一问题的分析,单纯的刑法学和犯罪学研究难以跳脱出自身的局限而无法全面、宏观地审视整个问题。因此,视角的转换必不可少。通过引入社会学的视角,将犯罪记录从一个犯罪学问题引入社会学的领域,以社会学对于“人的存在”这一问题的相关理论作为分析工具,才有可能真正对我国的犯罪记录制度展开深入的剖析。

二、传统的犯罪标签理论:再犯罪形成的社会互动过程

传统的犯罪标签理论(labeling theory)是关于再犯罪何以产生的理论。该理论旨在揭示再犯罪形成中的社会互动过程,认为再犯罪的产生是由于犯罪人在回归社会之后被继续贴上犯罪的标签,这种处境使其难以真正回归社会,最终在社会互动过程中因无法正常融入社会而再次犯罪。[6] 美国学者埃德温·勒默特(Edwin Lemert)进一步区分了初始越轨(primary deviance)与再次越轨(second deviance),其认为基于初始越轨所产生的犯罪标签,经由不断的社会互动,最终促成了再次越轨的出现。[7]

(一)理论核心:再犯罪形成于犯罪“标签”导致的社会互动

犯罪标签理论以一种新的过程化、互动性视角,对于再犯罪的产生进行了不同于以往的阐释。它与过往的古典主义犯罪学、实证主义犯罪学理论的最大区别,在于它对再犯罪的形成过程采取了动态视角,注重犯罪形成过程中的社会互动:再犯罪的产生源于本已回归社会的犯罪人被继续贴上犯罪的标签,并因背负这一负面标签而在社会互动过程中无法正常融入社会进而再次犯罪。最终,原本意在控制犯罪产生的标签,恰恰制造了犯罪。这是一种带有反讽性甚至宿命性的理论。

对犯罪行为和犯罪人进行否定性的规范评价和非规范评价,长期以来被视为社会控制的有效手段。很多情形下,给公众形成威慑和给犯罪人带来痛苦的主要来源并非

---

[5] 参见[德]马克斯·韦伯:《新教伦理与资本主义精神》,阎克文译,上海人民出版社2010年版,第187页。

[6] 参见李明琪、杨磐:《犯罪学标签理论的应然走向》,载《中国人民公安大学学报(社会科学版)》2012年第3期。

[7] See Michael J. Rosenberg, *Encyclopedia of Criminological Theory*, SAGE Publications, 2014.

“刑罚之苦”,而是背负犯罪人身份后所引发的社会外部评价,这点在轻罪中更为明显。[8] 犯罪标签理论则揭示了此类否定性评价本身带有较强的“犯罪成因”作用,具有催生犯罪的可能。美国西北大学教授霍华德·索尔·贝克(Howard Saul Becker)甚至提出,犯罪标签效应是犯罪产生的主要成因和必要条件。[9] 以这种动态的社会互动视角进行观察,犯罪不再单单只是基于某种实体的、静态的、必然的、单向度的结果,而是一场关于规制与控制、压制与躁动的社会互动过程,其中充斥着对参与者不断地界定、塑造与再塑造。犯罪标签理论最早的提出者弗兰克·坦宁鲍姆(Frank Tannenbaum)将对犯罪人贴上犯罪标签的行为称为“罪恶的戏剧化”:“制造犯罪的过程,是一个标记、定义、确认、分离、描述、强调、制造意识的和自我意识的过程;它成为了刺激、建议、强调、唤起他们被抱怨的性格的途径。”[10]

(二)理论基础:符号互动论与自我图像理论

按照知识谱系的发展,犯罪标签理论是符号互动论的延伸,并明显受到了乔治·赫伯特·米德(George Hebert Mead)的自我图像理论的影响。

符号互动论被称为“社会行为主义”,它关注的是个体行为互动的社会意义。根据该观点,社会是互动而非建构的产物。一切事物并不具有先天的、自然的意义或价值,所有这些都是人们后天所赋予的。而这些意义正是通过社会个体之间的互动所形成的。所谓符号,是一种被社会群体所普遍接受、共同使用的意义事物,它并不指向某种客观的、物质化的具体事物,其意义也不在于该事物本身所直接呈现出的特定意义,而是一种象征性意义。任何事物乃至行为本身,都可以化约为某种符号。一旦成为某种符号,它就脱离了本体而独自存在于社会,并独立作用于社会互动中的各个主体。[11]

根据米德的自我图像理论,自我也不是社会建构的产物,而是社会互动的一个过程。仅仅通过一种结构化的图像来单向地理解自我,忽视了自我塑造过程中的反身性:社会对于自我的塑造,以及互动过程中对于自我的不断重塑。[12] 人不是单向、被

---

〔8〕 参见〔美〕乔治·B. 沃尔德、〔美〕托马斯·J. 伯纳德、〔美〕杰弗里·B. 斯奈普斯:《理论犯罪学》,方鹏译,中国政法大学出版社 2005 年版,第 270 页。实际上,对于大量犯罪人而言,犯罪记录本身确实比刑罚更具威慑力。而司法实践中也确实存在利用违法犯罪记录,特别是公开违法犯罪记录,来实现比行政处罚和刑罚本身更强的威慑功能的习惯和倾向。刑法中的危险驾驶罪就是一例。具体参见吴尚聪:《犯罪记录的制度逻辑:双元结构与利益平衡》,中国政法大学 2020 年博士学位论文,第 146—147 页。

〔9〕 参见吴宗宪:《西方犯罪学》(第 2 版),法律出版社 2006 年版,第 399 页。

〔10〕 〔英〕韦恩·莫里森:《理论犯罪学:从现代到后现代》,刘仁文等译,法律出版社 2004 年版,第 300 页。

〔11〕 参见赵万里、李路彬:《情境知识与社会互动——符号互动论的知识社会学思想评析》,载《科学技术哲学研究》2009 年第 5 期。

〔12〕 参见周晓虹:《学术传统的延续与断裂——以社会学中的符号互动论为例》,载《社会科学》2004 年第 12 期。

动地接受各种命定的结果,而是通过自身与社会的互动积极改造着自身;同时,社会像是一堵墙壁,不断地反射主体的行为效果,进而从另一个渠道塑造着主体自身。“人类的行为不能仅仅被视为是个人所接受的各种决定性因素的产物,相反,它把人本身看成是一个活动的有机体,他或她面对其目标,并处理其目的,朝向其目标行动。”〔13〕

根据犯罪标签理论的假设,尽管犯罪人的刑罚已经执行完毕并重新回归社会,但过往的犯罪经历不可能被消除,而是继续被贴上犯罪的标签,受到“污名化”对待。由于这种犯罪标签的存在,犯罪人不仅对自我认同产生影响乃至异化,认为自己不属于社会中正常的一分子,而且社会上普通人对于犯罪标签的鄙夷、憎恨、排斥或是恐惧,又大大加深了犯罪人的这种自我认同。一旦犯罪人发自内心地接受了自身被打上的犯罪标签,无论是被迫选择还是主动寻求,这个本已回归社会的犯罪人必将重新成为潜在的犯罪人。在这一宿命性的悲剧中,正是犯罪标签这一符号的存在以及被不断放大,使得犯罪人在与社会的互动过程中不断重塑着自身,这其中既有自身的被迫认同,也有来自社会的强加赋予。

三、作为一个社会学问题的犯罪记录:从犯罪学“再犯罪的产生”到社会学“人的存在”

任何理论都有其适用边界,犯罪标签理论也是如此。它长于以“外部的社会互动视角”来解释“再犯罪的产生问题”,但这两点也恰恰构成了其理论上的边界。

一方面,“外部的社会互动视角”意味着对于犯罪人内心的自我层面缺乏观照。犯罪标签理论在探讨再犯罪何以产生之时,着眼于外在的社会层面基于犯罪标签给犯罪人施加的社会压力以及犯罪人对此的回应,强调的是外在的社会互动过程,但却忽视了犯罪标签对于犯罪人自身所形成的一种心理上的自我禁锢式的规训作用,这样一种自我规训不需要借助外部的社会互动即可实现,却会对犯罪人能否真正回归社会产生深远影响。

另一方面,“再犯罪的产生问题”使得该理论对于犯罪人回归社会后的权利保护重视不足。犯罪标签理论从社会机制的角度来解释再犯罪为何难以禁止,强调的是犯罪层面,旨在预防再犯罪。但是,对于犯罪人回归社会后所遭受的不公正对待与污名化遭遇,这些问题只是附属于犯罪标签理论对于再犯罪何以发生的解释机制的一环,犯罪标签理论只是以一种中性的视角加以看待,并不作价值评判,仅是为了展示这一机制的运作过程。因此,这使得该理论忽视了以犯罪人权利保护的视角,来审视犯罪记录制度实际所起到的作用与其本应发挥的功能。

对此,需要进行视角的转换。通过引入社会学的视角,将犯罪记录从一个犯罪学

〔13〕〔英〕韦恩·莫里森:《理论犯罪学:从现代到后现代》,刘仁文等译,法律出版社2004年版,第298页。

的“再犯罪的产生”之问题，上升为社会学“人的存在”这一更加宏观的命题，才有可能真正对我国犯罪记录制度展开深入的剖析。

(一)断裂与枷锁：重塑社会关系的纽带

社会学对于“身份”概念的阐释，及其对于个体存在意义的揭示，表明了人是各种社会关系叠加的产物，是各种后天形成的社会关系塑造了每个独特的个体。而“身份”概念，正是这些不同社会关系下的核心要素，把握了“身份”概念，就能从中洞悉所属社会关系的结构。“身份”概念指向的社会关系，隐含着与之相应的不同社会规范，正是这些从属于特定社会关系的社会规范，才构成了不同的社会关系类型。犯罪行为会打破原有的社会关系，并产生一种新的社会关系：犯罪关系。它不仅表明了犯罪人与特定被害人的关系，还包括犯罪人与国家的关系，以及犯罪人与社会的关系，其中暗含了“犯罪”与“刑罚”、“刑罚”与“责任”等事项。在这种犯罪关系中，“犯罪人”身份无疑是其核心，所有的关系与要素都是围绕其产生与展开的。同时，“犯罪人”这种带有负面性、破坏性的身份，将会使犯罪记录者在刑罚执行完毕、回归社会之后，仍然要一直背负，承受其带来的压力与不便。而犯罪记录制度的存在，将会无限放大、永久固化这一身份，使得犯罪记录者的权利受到不应有与无期限的限制。

1. 社会中的个人：关系—身份的集合

人生活在社会之中，每个人都是自己社会关系网的节点与中心，正是这些社会关系网编织出了每个人独特的一生。而在每段社会关系网中，我们拥有不同的“身份”，身份的多元性与重叠性源于社会关系的复杂性。“在我们的生活中，我们每个人在不同的环境中都拥有不同的身份，这些身份源自我们的背景、社会联系以及社会活动。”〔14〕在身份与社会关系之中，身份本身并非一个实体性概念，而仅仅只是一个“代号”，代指其所从属的那一类社会关系；是社会关系而非身份造就了个人。同时，身份也对应着现实世界中的某个社会“位置”。“被赋予一个身份，就被指派到了世界中的某个具体位置上。”〔15〕对于同一个人，在他/她身上可能有多重甚至是互相矛盾的身份，如男性、中国人、教师、孩子、严父、自由主义者、反同性恋者、无神论者、素食主义者等。每一个身份下隐藏了不同的社会关系以及相应的社会规范，如“教师”身份就暗含了与“学生”之间的社会关系，以及由此而生的一系列社会规范；“孩子”这一身份，又指向了与“父母”之间的社会关系，以及与此相伴的各种社会规范。“身份”概念往往又是揭示这些社会关系的关键节点，把握了“身份”概念，就能从中洞悉所属其社会关系的结构。

---

〔14〕〔印〕阿马蒂亚·森：《身份与暴力：命运的幻象》，李风华等译，中国人民大学出版社 2014 年版，第 19 页。

〔15〕〔美〕彼得·L. 伯格、〔美〕托马斯·卢克曼：《现实的社会建构：知识社会学论纲》，吴肃然译，北京大学出版社 2019 年版，第 165 页。

2. 被永久化了的“破坏性”身份：由犯罪记录构建的犯罪人

在这些正常的社会关系之外，另有一种“破坏性”的身份，这种身份不仅本身就具有负面性，它还会侵蚀乃至破坏主体其他原本正常的社会关系。“犯罪人”身份，无疑就是一种具有破坏性的身份；而使“犯罪人”身份得以永久化，并时刻处于可查知、确认状态的，则是当代的犯罪记录制度。从犯罪人权利保护的视角出发，犯罪人在刑罚执行完毕后仍继续承受的污名化遭遇与不公正对待，在很大程度上源于犯罪记录的存在。正是由于犯罪人所实施的犯罪行为、被判处刑罚的事实以及在刑罚执行完毕后终其一生所背负的犯罪记录，彻底地改变并重塑了以犯罪人为中心的社会关系：曾经稳固而又正常的社会关系被打破，建立在犯罪、刑罚与犯罪记录基础上的新的社会关系被强加赋予。这既是一段甜蜜的温情被斩断的过程，也是一段自由人被套上枷锁在社会中被“自由地囚禁”的过程。这是传统的包括犯罪标签理论在内的犯罪学所忽视的问题，也是致力于揭示并解释特定社会制度下人的存在的社会学所要积极面对的问题。

（二）“全景敞视监狱”：自我规训的工具

全景敞视监狱，最初是由英国功利主义思想家边沁发明的一种用于实现高效率监管的监狱形式（Panoption）。之后，法国哲学家、社会学家福柯将其作为一种隐喻，并抽象化为“全景敞视主义”命题，以此来表明当代社会无处不在、已经“渗透到毛细血管”的权力运作机制，以及一个即将到来的“规训社会”。

1. 从边沁到福柯，从犯罪学到社会学

英国功利主义思想家边沁，鉴于当时的英国监狱在看管犯人方面的低效与无力，提出了一种监狱改革方案，主张通过对监狱进行一种结构上的调整，使关押犯人的牢房按照圆形四周环绕、层层排开，看管人员居于中心可以环视所有牢房，以此形成一种“一人居中，万人得现”的空间结构上的监视与被监视状态，进而对犯人产生一种心理上的压迫与控制，使得犯人始终处于一种被监视的状态，规训机制就此自动产生效果。

这种全景敞视监狱取消了传统上阴暗、封闭与孤立的监狱模式，代之以“局部可见”“相对开放”与“单向连接”的新型结构：“局部可见”意味着，犯人不再处于被黑暗包裹、隐藏、保护的状态，其行为举动皆处于光线的笼罩之下，无所遁形，“充分的光线和监视者的注视比黑暗更能有效地捕捉囚禁者，因为黑暗说到底是保证被囚禁者的”[16]；“相对开放”意味着，关押犯人的牢房处于半开放状态，犯人的一举一动始终处于监管人员可能的注视之下，一种无形的压力油然而生；“单向连接”则意味着，这里只

---

〔16〕〔法〕米歇尔·福柯：《规训与惩罚》，刘北成、杨远婴译，生活·读书·新知三联书店2012年版，第225页。

存在一种监视与被监视的状态，监视的相互性被一种建立在权力的不均衡性基础之上的新型控制关系所取代，犯人永远处于监管人员可能的监视之下，犯人则无法知悉监管人员的实际情况，这就使得一种心理上的压迫感与随时被监视的感觉萦绕在犯人心中。此时，即便没有监管人员的存在，犯人也难以轻松自在。一言以蔽之，这是从“机械运作的物理监视”到“自动运行的心理控制”的过程。同时，这种基于权力的不均衡性产生的“单向连接”，还进一步导致了监视对象的“客观化”的形成与“专家”的出现。〔17〕

法国哲学家福柯在其《规训与惩罚》一书中集中探讨了现代规训社会的新技术——监狱的诞生。福柯认为，通过监狱的产生与运作，人们得以窥见权力在整个社会的运行机制。福柯考察了历史上三种惩罚模式：封建王权时期的酷刑制度、古典时期启蒙思想家倡导的刑罚人道主义改革，以及体现现代社会规训技术的监狱和规范化监视。福柯进一步认为，三种惩罚模式的更替并不是历史进步、人道主义获胜的结果，而是社会发展的断裂，是权力控制技术的一次次迭代升级。首先，酷刑是一种残酷、但不野蛮的理性技术。酷刑的背后有司法目的、政治考量和具体的技术性规范，而不仅仅只是王权的肆意妄为与野蛮任性。其次，近代刑法的改革，虽然打着“人道主义”的旗号，但改革的种种举措皆与人道主义无关，“刑法改革产生于反对君主的至上权力的斗争与反对司空见惯的非法活动的地下权力的斗争的汇合处”〔18〕。最后，改革的结果，最终是使得监狱异军突起，成为主要的惩罚形式。而监狱之所以能够成为现代社会主要的惩罚形式，是由于作为一种权力控制技术的规训的出现。

规训技术的更迭，经历了从“他者规训”到“自我规训”的过程。17 世纪瘟疫的暴发导致“隔离”技术的出现，对城市、特定地区或是个人实行封锁与隔离，使得城市分化为社会“隔离区”与“正常区”、“被隔离者”与“正常者”。社会“隔离区”的关键不在于社会的二元分化，而在于隔离过程中对被隔离者实行规训，即有组织的监视与控制。此时的规训技术表现为权力的大规模行使，权力以一种可见的状态调动起社会各个组成部分来应对特定事项，因此是一种运动式的权力行使。在这一过程中，依靠的是权力本身对于社会各个部分的监视与控制，因而是一种“他者规训”。一个半世纪后，边沁发明的全景敞视监狱则代表了规训技术的一次进化，它不再依靠运动式的、狂风暴雨般的权力倾轧，而是悄然无声的、日常化的、自动运作的心理控制技术。一种机械运作的、以特定权力为中心行使的、大规模运动式的规训，被一种去中心化的、自发运作的、不依赖人而只依靠特定制度结构的、强调心理性控制的自我规训所取代。“这样

〔17〕 参见〔英〕齐格蒙・鲍曼：《立法者与阐释者：论现代性、后现代性与知识分子》，洪涛译，上海人民出版社 2000 年版，第 62—63 页。

〔18〕 〔法〕米歇尔・福柯：《规训与惩罚》，刘北成、杨远婴译，生活・读书・新知三联书店 2012 年版，第 97 页。

一种机制自然产生出权力效应。无须使用暴力就能使囚徒俯首帖耳。"[19]自此,福柯将监狱,尤其是边沁所创造的全景敞视监狱,作为体现现代社会权力控制与规训技术的一个象征,并以"全景敞视主义"来解释现代社会的运作机制:自我规训。

2. 犯罪记录的自我规训机制

犯罪记录在一定程度上也体现着自我规训的真谛:权力自动化运作下的心理控制。不依靠国家主导的、有限的、有形的刑罚制裁,也不依赖在刑罚执行完毕后、犯罪人回归社会之时受到的种种冷漠与排斥,而仅仅是犯罪人身份的存在,以及以此为基础构建的一系列包括犯罪记录制度、失信被执行人制度、户口迁移制度、升学制度、政审制度在内的种种信息采集与利用制度,甚至只是一份含有有无犯罪前科的银行借款单或是出国护照申请表,都会一次次地提醒犯罪人,自己是社会中的异类,并进而对其产生一种心理控制:自己是谁、自己不能成为谁、自己应当如何做、自己不得如何做……自我规训的效果就此达成。其对自己的犯罪人身份没有任何的主观抵抗,对其自身、对其周遭的人、对施加社会排斥与限制的人,乃至对整个社会共同体来说,其就是其"应是"的那种人。即便其愤怒、无助,想要去抗争,但也只是在佐证其品行的低劣与对其采取的限制与排斥的必要、正当。[20] 在这里,权力不再呈现为一种僵硬沉重的压制因素,"它使权力自动化和非个性化。权力不再体现在某个人身上,而是体现在对于肉体、表面、光线和注视的某种协调分配上,体现在一种安排上"[21]。一言以蔽之,犯罪记录制度的存在本身,就是对犯罪人的一种无形规训。如果在过去由于对信息缺乏足够的利用而使得犯罪记录制度的规训功能尚未彻底显现,那么在现代这个以信息为基本生产要素、以信息产出—信息利用为基本生产方式的信息社会下,犯罪记录这一信息无疑会被无限放大,犯罪人所承受的自我规训也会无以复加。

四、当代中国犯罪记录制度分析:变异的制度与控制的文化

以社会学"人的存在"的视角来考察我国的犯罪记录制度可以发现,我国当代犯罪记录制度在整体上呈现出"过度强调安全与秩序,过于忽视犯罪人权利保护"的畸形状态,这表现在以下三方面。

---

〔19〕 刘北成编著:《福柯思想肖像》,中国人民大学出版社 2012 年版,第 218 页。

〔20〕 参见〔美〕彼得·L. 伯格、〔美〕托马斯·卢克曼:《现实的社会建构:知识社会学论纲》,吴肃然译,北京大学出版社 2019 年版,第 159 页。

〔21〕 〔法〕米歇尔·福柯:《规训与惩罚》,刘北成、杨远婴译,生活·读书·新知三联书店 2012 年版,第 226—227 页。

(一)目的的置换:从“预防”步入“控制”

犯罪记录制度设立的初衷,乃是基于刑法的预防目的。〔22〕然而,伴随着风险社会的来临,国家对于危机的管控史无前例地增强,使得原本的预防目的发生了扩张乃至变异。当代需要的是更加精细的司法制度和对社会进行更加周密的刑法测定,这就要求更提前地介入犯罪、更全面地审视犯罪、更彻底地控制犯罪人。而将曾经犯过罪的这些所谓的“不安定因素”驱逐出社会,或者即便不驱逐出社会但将他们安置在一个可掌控的领域内,以便将不可控因素转化为可控因素,并尽可能地减小可能出现的危害,就成为当代刑罚制度乃至整个社会制度的现实选择。

1. 单纯的惩罚难以满足当代社会的预防需要

在当前全球风险社会与信息社会来临的时代,对于风险的提前管控与预防,对于安全问题的格外关注与强烈诉求,都是现有以刑罚为制度载体的事后惩罚思维所难以解决的。〔23〕传统的刑罚惩罚模式只是回应了对于已发生的犯罪行为进行归责的责任承担问题〔24〕,但对于可能存在的风险进行提前性预防以更加周全地保护法益,则无能为力〔25〕。在传统的事后惩罚式的刑罚适用下,对犯罪人的量刑只是格式化流水作业中的一部分,并没有在应判处刑罚范围内、出于预防再次犯罪的目的,对犯罪人的实际刑罚进行基于责任刑与预防刑的双重思考;也没有从再犯罪预防的视角评估刑罚执行完毕后、犯罪人即将重回社会之时,其社会危险性是否业已消除,刑罚的适用是否起到了应有效果;更没有针对刑罚执行完毕但仍存在高度社会危险性的犯罪人采取进一步的补强刑罚预防效果不足的制度安排。由于不考虑刑罚适用的实际需要,导致判处的刑罚往往仅能满足惩罚的目的,不能实现预防的效能;由于不关心刑罚适用的实际效果,造成刑罚执行完毕后对犯罪人的社会危险性缺乏相应评估机制;由于不重视刑罚适用后的阶段,仅满足于刑罚的例行适用,使得对于有必要继续对其采取预防措施的犯罪人可以不受约束。这些在现有制度下无解的问题都迫使目前的刑罚制度必须进行根本性的转向。

2. 当前的刑罚模式难以有效预防犯罪

虽然我国主流刑法理论对于刑罚目的一直秉持着“惩罚与预防相结合”的二元论立场,但这种二元论刑罚模式下的预防机制实质是一种以惩罚代替预防的“动机型预防”,旨在通过消除犯罪人再次犯罪的动机来实现预防犯罪的目的。这种“寄希望于犯

---

〔22〕 参见〔德〕克劳斯·罗克辛:《德国刑法学总论》(第1卷),王世洲译,法律出版社2005年版,第42页。

〔23〕 参见梁根林:《刑法修正:维度、策略、评价与反思》,载《法学研究》2017年第1期。

〔24〕 参见许玉秀:《当代刑法思潮》,中国民主法制出版社2005年版,第390页。

〔25〕 参见〔德〕乌尔里希·齐白:《全球风险社会与信息社会中的刑法:二十一世纪刑法模式的转换》,周遵友等译,中国法制出版社2012年版,第198页。

罪人不去再次犯罪"的做法能否奏效,很大程度上取决于犯罪人本人是否接受刑罚规训。这就使得本应严肃且对社会担负责任的刑罚,在预防犯罪的效果上始终处于难以确知的不确定状态。尤其对于高风险犯罪和瘾癖性犯罪而言,这种预防能够起到多大程度的效果,令人存疑。进一步而言,这种"寄希望"不仅仅是一种"一厢情愿",甚至就是"不负责任"——我只负责定罪并判处刑罚,犯罪人只要服刑完毕就被视为正常人,至于实际以及后续如何,则与我无关。"刑罚存在的刺激并不必然产生人们的畏惧。再加上,相同的动机也并不必然会有相类似的行为反应,所以事实上,对于刑罚畏惧的结果也并不必然是对于犯罪行为的回避。因此,认为刑罚的存在必然可以有预防犯罪的功能,想法可能过于单纯。"〔26〕

3. 控制:彻底的预防

犯罪记录制度原本主要是刑法上用以辅助刑罚中如累犯等相关制度之实施的配套制度,但却在现代逐渐发展出了一套盘根错节、织密繁复的网格,将犯罪人牢牢地控制在精心构筑的牢笼之中,排除出社会之外。犯罪记录制度的自我规训功能能够契合当代社会对于风险预防、管控的强烈需求,而这点是旧有的黥刑制度和其他一系列司法制度所无法满足的。在过去,预防仅仅只是作为"刑罚正义的一个附加目的"〔27〕,没能在整个刑罚目的中占据应有地位。但是现在,预防则成为主导包括犯罪记录制度在内的一系列制度的首要驱动力。正是在这样的视角之下才能理解,监狱制度与犯罪记录制度的相似远大于差别,二者实际上共同服务于一个目的,形成一个承前启后、相互衔接的制度:先通过有形的、物理的、刑法规定的监狱制度对犯罪人进行隔离与预防,使其丧失再犯罪的可能〔28〕,再通过无形的、精神的、生发自社会的异化的犯罪记录进一步对于有前科者进行排斥与驱逐、隔离与控制,最终实现"将危险扼杀在萌芽中"的目的。

(二)客体的更替:从"肉体"转向"信息"

犯罪记录制度在发展过程中,针对的客体先后经历了犯罪人的"肉体"到犯罪人的"犯罪信息"两个阶段。在中国古代的犯罪记录制度即黥刑制度中,将犯罪人的"肉体"以及附着于其上的"人格"作为惩罚对象。其目的在于惩罚,手段则为示众。"惩罚—肉体—示众"构成了黥刑制度下的制度逻辑与运作模式。到了当代的犯罪记录制度,由于关注点开始集中于犯罪预防与犯罪人的再犯罪问题,其不再局限于对犯罪人

---

〔26〕 黄荣坚:《基础刑法学(上)》(第4版),元照出版有限公司2012年版,第31页。

〔27〕 〔德〕Winfried Hassemer:《现代刑法的特征与危机》,陈俊伟译,载《月旦法学杂志》2012年第8期。

〔28〕 尽管理论上有观点认为包括徒刑在内的刑罚的目的在于教育与感化,但笔者认为,所谓的通过监狱进行教育、改造实际是一种理想化的产物,犯罪人决定犯罪、是否再犯罪,基于的是一种理性的抉择与考量,而非单纯的守法意愿。

肉体的惩罚与人格的羞辱，它抛弃了单纯以犯罪人的身体为对象，取而代之的是以犯罪人的犯罪记录这一信息作为对象，以此来实现对于犯罪人的控制与犯罪预防，并最终形成了“预防（异化为控制）—信息—隐蔽”的制度逻辑与运作模式。

1. 将“肉体”以及附着于其上的“人格”作为惩罚对象

起自夏商周三代、兴盛于宋代的刺配之法并最终消亡于清末立宪改革的黥刑制度〔29〕，是一种刑罚层面的准犯罪记录制度。黥刑，也称为墨刑，最初是用来解决绳系可能导致的犯罪人脱逃问题。由于以绳索捆绑仍然可能出现犯罪人逃脱的情形，因此改以在脸上涂墨的方式使犯罪人的身份被永远而且显性地暴露出来，使其犯罪事实与犯罪人身份永远无法消除与抹去。〔30〕对于黥刑制度，可以从三方面加以理解，即作为“肉刑”的黥刑，作为“耻辱刑”的黥刑和作为“犯罪记录”的黥刑。中国古代的犯罪记录制度侧重的是对于犯罪人肉体上的直接、显性的惩罚与人格上的羞辱，犯罪人的肉体以及附着其上的人格是这种犯罪记录制度的客体。

这一时期的黥刑，作为国家刑罚制度之一而存在，这与现代作为司法制度的前科制度与犯罪记录制度截然不同。黥刑属于广义上的肉刑，其施刑是在犯人的特定身体部位进行刺刻，并通常集中于面部，故也被称为“黥面”。〔31〕然而，黥刑所带来的肉体上的痛苦只是整个黥刑制度的一个侧面，对肉体的制裁只是其制度的附带效果，并非其主要内容。真正使黥刑成为古代重要的刑罚制度之一的，则是其对于犯罪人人格的羞辱功能，这也是当时其他刑罚制度所难以替代，而黥刑制度所独具的。〔32〕黥刑的人格羞辱性充分体现在两方面：刺刻的内容为“凶犯”“盗窃”等字，而刺刻的身体部位通常集中于额头、面部、脖脊、手臂等突出部位。通过具象化的方式标示出犯罪人的身份，国家借助并引导社会的舆论评价，对犯罪人进行名誉甚至人格上的惩罚。因此，相较于作为“肉刑”的黥刑是由国家直接针对犯罪人施加的一时的、物理意义上的惩罚，作为“耻辱刑”的黥刑，则是国家借助社会评价对犯罪人进行的间接的、心理层面上的但却是永久的惩罚。

在犯罪记录制度发展的第一个阶段，即中国古代的黥刑制度时期，其针对的客体是犯罪人的肉体本身，以及附着于其上的犯罪人人格。其目的在于惩罚，其手段则为示众。

---

〔29〕 参见沈家本：《寄簃文存》，商务印书馆 2015 年版，第 2 页。

〔30〕 参见蔡枢衡：《中国刑法史》，中国法制出版社 2005 年版，第 65 页。

〔31〕 参见翟芳：《从〈二年律令〉看黥刑在汉初的运用》，载《史学月刊》2010 年第 6 期。另外，西方国家也有类似规定。根据福柯的考证，西方国家从中世纪到 18 世纪这段时期，也通过刑罚的“标记”形式来羞辱犯罪人，或者是直接将刑罚作用于肉体，或者是在姓氏上冠以象征性的侮辱，以此来贬损其人格，动摇其社会地位。参见〔法〕米歇尔·福柯：《惩罚的社会：法兰西学院演讲系列，1972—1973》，陈雪杰译，上海人民出版社 2016 年版，第 8 页。

〔32〕 参见杨鸿雁：《中国古代耻辱刑考略》，载《法学研究》2005 年第 1 期。

2. 权力对象的符号化与预防目的的兴起

不再局限于对犯罪人肉体的惩罚与人格的羞辱,转而关注犯罪预防与犯罪人的再犯罪问题,这是当代犯罪记录制度的关键所在。它抛弃了单纯的犯罪人的身体,代之以犯罪人的犯罪信息作为对象,并将这一信息符号化,以此来实现对于犯罪人的控制与犯罪预防。在这一过程中,权力对象从有形、有限、无法被编码的一具具肉体,格式化为一串串无形、无限、抽象为纯粹信息的犯罪记录;原本作为黥刑制度下附带形成的犯罪信息,最终被整合、转化为国家进行社会控制的纽带与工具。尤其是对于犯罪记录这种具有道德意蕴、包含负面评价的符号,其极有可能受到来自社会制度、社会观念乃至人性等各方面的影响而形成隐性的"意蒂牢结"(ideology)式的权利剥夺。

当信息取代肉体,物理性的犯罪人身体被符号化的犯罪记录所取代时,通过信息机制的传播与控制将会史无前例地高效。这种转变不仅受到了刑法预防目的转向的影响,也与整个社会愈发强烈的控制文化息息相关。在当下,纯粹的事后惩罚已经无法满足社会对于秩序的追求。刑罚作为一种施加于人的痛苦,并非只是基于单纯的惩罚,它更应起到"以暴制暴"的威慑效果,纯粹的惩罚只能满足心理上的复仇快感,但无济于已遭破坏的社会秩序,也难以避免将来再次发生危险的可能。再加之,单纯的惩罚往往与暴力流血相伴,非理性的惩罚目的与残酷暴力的惩罚手段的结合,使得包括黥刑制度在内的古代刑罚制度终被历史所淘汰。当代刑法建立在预防目的之上,刑罚的实施以犯罪预防为导向。在当前全球风险社会与信息社会来临的时代,对于风险的提前管控与预防,对于安全问题的格外关注与强烈诉求,都迫使整个社会弥漫着预防与控制的文化。〔33〕 这似乎印证了福柯关于"权力的微观物理学"的断言:"施加于肉体的权力不应被看作一种所有权,而应被视为一种战略;它的支配效应不应被归因于'占有',而应被归因于调度、计谋、策略、技术、运作;人们应该从中破译出一个永远处于紧张状态和活动之中的关系网络,而不是读解出人们可能拥有的特权;它的模式应该是永恒的战斗,而不是进行某种交易的契约或对一块领土的征服。总之,这是一种被行使的而不是被占有的权力。"〔34〕

(三)手段的进阶:从"示众"走向"隐蔽"

如前所述,古典时期以黥刑为代表的犯罪记录,通过对犯罪人面部的"标记",以这种具象化、外显的方式记录、标示出犯罪人身份,以此来实现对于犯罪人人格的羞辱,以及附带的犯罪记录效果。随着启蒙运动掀起人文主义革命〔35〕,残酷与血腥的黥

---

〔33〕 See David Garland, *The Culture of Control*: *Crime and Social Order in Contemporary Society*, Oxford University Press, 2001.

〔34〕 〔法〕米歇尔·福柯:《规训与惩罚》,刘北成、杨远婴译,生活·读书·新知书店 2012 年版,第 28 页。

〔35〕 参见〔以色列〕尤瓦尔·赫拉利:《未来简史》,林俊宏译,中信出版社 2017 年版,第 199—211 页。

刑制度不再具有正当性基础，面临着退出历史舞台的命运。然而，对于犯罪进行记录、标示以此来实现包括犯罪预防在内的特定功能的权力需求并未消失，而是以一种新的、更加容易被接受的形式被其他制度所承继与替代。只不过，它需要在规避有违人道的道德与法律风险、顺应当代社会的人文主义叙事的同时，将对于犯罪人的控制技术进行一次转变，从"示众"走向"隐蔽"。

1. 从黥刑到犯罪记录：权力符号的隐而不显

黥刑制度是以一种显性可见的、暴力流血的、具象化的针对犯罪人身体的惩罚方式。尽管这一制度已被废除，但继承了黥刑制度的犯罪记录内核、作为刑事司法制度的前科制度与犯罪记录制度却被引入现代刑事司法制度当中。这是一套精致复杂的、高度技术化的、依然是针对犯罪人但却不再局限于其身体的权力运作机制。它抛弃了单纯的犯罪人的身体，取而代之的是以犯罪人的犯罪记录这一信息为对象，并进而将这一信息符号化，以此来实现对于犯罪人的控制与犯罪预防。作为一种公共景观的惩罚消失了，但这只是一种权力策略的调整。以绞刑架、示众柱、断头台、鞭笞和裂尸刑轮等为象征的封建时代的酷刑制度逐渐退出了历史舞台。然而，具象化刑具的废止、示众场面的消失、肉体痛苦的消除，只是表面的改变而已，惩罚不再是制造令犯人无法忍受的痛苦的技术，而是成为一种剥夺权利的技术。肉体的痛苦是直接和剧烈的，权利被剥夺所导致的痛苦是精神的、间接的，但却是触及灵魂的。惩罚"不再是通过公开处决中制造过度痛苦和公开羞辱的仪式游戏运用于肉体，而是运用于精神，更确切地说，运用于在一切人脑海中谨慎地但也是必然地和明显地传播着的表象和符号的游戏"〔36〕。

最终，这促成了一个司法克制与人道化的乌托邦："夺走犯人的生命，但不让他有所感觉；剥夺囚犯的全部权利，但不造成痛苦；施加刑罚，但没有任何肉体痛苦。"〔37〕这种惩罚技术上的转变，从"示众"走向"隐蔽"，消除外显的权力符号以使惩罚看起来更加人道化，实则是惩罚技术与手段的一次进阶，能够更加隐蔽而彻底地对犯罪人施加惩罚与控制，这也体现在了当代的犯罪记录制度当中。尽管作为刑罚的黥刑已消失在历史长河之中，但继承了黥刑的犯罪记录内核、作为刑事司法制度的前科制度与犯罪记录制度却被引入现代刑事司法制度当中。〔38〕 而这一切正如惩罚技术上的转变一样，并非源于启蒙理性的正义彰显，仅仅只是一种权力策略的调整。

2. 从规范性评价到非规范性评价：权力的进一步去中心化

犯罪记录制度在完成了第一步的转变，即从暴力、残酷、有形、外显的"示众"模式

〔36〕〔法〕米歇尔·福柯：《规训与惩罚》，刘北成、杨远婴译，生活·读书·新知三联书店2012年版，第111页。

〔37〕同上注，第12页。

〔38〕参见吴尚聪：《犯罪记录的双重属性及其使用限度——以个人信息为切入》，载《中国人民公安大学学报（社会科学版）》2019年第2期。

转变为“温柔”“人道”、无形、内隐的“隐蔽”模式后,已经实现了对于犯罪人的有效控制。但是权力的逻辑是向着不受遏制的极端化方向发展的。因此,一方面为了实现对于犯罪人彻底的控制,另一方面规避有违人道的指责的风险,顺应当代社会的人文主义叙事,需要在惩罚的技术与手段层面对于犯罪记录制度进行再一次的转变。这次转变的要点有两个,一是将国家层面的对于犯罪记录的规范性评价尽可能地隐去,二是以国家层面的规范性评价来引导、唤起乃至加强社会层面对于犯罪人所带有的犯罪记录标签的抵制与排斥,以一种去中心化的方式,将对于犯罪记录的控制,从国家一元散布在社会各个成员之中,以此实现最大限度的犯罪控制。

具体而言,包括两点:其一,国家层面的规范性评价从纵、横两个维度展开。在纵向上,表现为内容上的权利剥夺。这是以一种制度化的方式,限制犯罪人在重返社会后的正常生活,主要体现为由各个层面上的数量庞大的前科规范。[39] 在横向上,来自国家层面的规范性评价则表现为范围上的株连效应。对于犯罪人的近亲属和其他家庭成员,犯罪记录的株连效应也延伸至此。这些原本的正常人仅仅由于和犯罪人具有客观上的身份关系,便导致本应只适用于犯罪人的犯罪记录也悄悄地延伸到他们身上,使得他们的权利、资格在法律层面上遭受几乎不亚于犯罪人本人的限制与剥夺。学生档案、公务员政审、社会就业等方面都设置了各种限制,约束与犯罪人员有血亲关系的但自己从未犯过罪的正常年轻人。其二,引导、唤起、扩大现有社会成员对于犯罪记录的非规范性评价。由于国家已经对于犯罪人员进行了资格上的禁止性限制,那么社会上的企业与用人单位无论是出于效仿还是基于自身利益考虑,都会延续这一做法,甚至变本加厉。用人单位私自设立“无犯罪记录”的入职标准就是一种典型表现,其数量远远多于国家层面的规范性评价。[40]

因此,尽管血腥的黥刑消失了,但取而代之的是更加隐蔽、更加复杂、也更加有效的犯罪记录制度。犯罪记录制度本身不仅没有发挥应有的功能与价值,反而产生了种种异化。它与设计时的初衷相背离,不仅没能发挥出作为刑罚实施的配套制度的作用,反而成为一种变相的刑罚,可谓“现代的黥刑”。相比于古代的黥刑,作为“现代的黥刑”的犯罪记录制度有过之而无不及:古代的黥刑更多的是一种人格上的侮辱,是一种本能上的冲动与复仇;而异化后的犯罪记录制度不仅是对于犯罪人人格上的贬损,更是一套复杂、精致的控制技术,并且是由国家层面的规范性评价引领着社会层面的非规范性评价一同进行的社会控制与排斥。这是理性的产物,是一种精致的控制技术,是一种“异化”了的犯罪记录制度。

---

〔39〕 参见吴尚聪:《犯罪记录的制度逻辑:双元结构与利益平衡》,中国政法大学 2020 年博士学位论文,第 121—123 页。

〔40〕 参见“失足者的深度救赎”专题,载搜狐网(http://news.sohu.com/s2005/05shizu.shtml),访问日期:2019 年 8 月 12 日。

五、结论：犯罪记录制度，一场以“权利”为名的制度化控制

关于犯罪记录的发展史，存在两种不同的叙事：道德主义和制度主义。在道德主义的叙事中，犯罪记录制度的发展过程，就是人文主义和个体权利不断凯歌高奏，并最终大获全胜的乐观美好图景：正义战胜了邪恶，文明克服了愚昧，野蛮和暴力不再有，强权与压制已过去。个体权利成为时代精神，就连针对犯罪人的犯罪记录制度，也脱离了古代的黑暗、血腥、野蛮、残酷，而变得人道而又温情，充满了人文关怀，象征着时代进步。可以发现，道德主义的思考方式是二元对立式的——光明与黑暗，正义与邪恶，文明与落后；而所谓历史，必然是前者战胜后者，弱势但进步的一方，终将打败强大但腐朽的一方。历史的发展是以一种单线进化方式，即“进步”的形式前进，结果早已被预设好。“进步是一种诱人的观念，其所造成的一个直接而实用的后果是：一系列科学……均采用了历史的维度：从今以后，一切发现，不管其自身具有何种价值，我们都将用它们填补我们对进化——进步——的理解。”〔41〕而在制度主义看来，整个犯罪记录的发展过程，实则是以权利为名，以理性为推动力，伴随着社会的现代性，而不断强化、加深的社会控制过程。在这一过程中，“权利增进”与“控制加深”两种现象非但不冲突，而且共享着同一逻辑：权利的不断增进掩盖了控制逐步加深这一事实；控制的逐步加深反过来又为权利的不断增进提供了更多的正当性依据。这种“共生逻辑”，正是制度主义所秉持的思考方式。甚至，上述两种叙事也并不存在冲突，同样共享着相同的逻辑：道德主义为制度主义的不断深化披上了正当性的外衣；制度主义的不断深化反过来又为道德主义提供了更多的正当性依据。二者相互强化，彼此寄生，共同形成这种“共生关系”。〔42〕

我国犯罪记录制度的变迁，同样遵循着这种共生逻辑。道德主义和制度主义非但并行不悖，更是一虚一实、一表一里，形成一种紧密的“共生关系”。人道主义战胜酷刑的乐观主义叙事只是表象。甚至，它不仅没能揭示真相，反而起到掩盖作用，用以遮蔽残酷的真相：理性推动的现代性过程中的社会控制，才是犯罪记录制度发展中的真实逻辑。进入现代社会，基于信息的社会治理成为可能，犯罪记录的形式也从直接作用于肉体的“刺字”“涂墨”与“烙印”，变成“犯罪记录信息”。这一过程虽是以人道为名，但却充满着理性的逻辑。在现代社会，借助于信息技术、大数据和算法等手段，“通过信息的控制”变得更加彻底、隐蔽与有效。无论是寄希望于数字乌托邦，还是呼唤

---

〔41〕〔英〕彼得·沃森：《20世纪思想史》（上），朱进东等译，上海译文出版社2008年版，第285页。

〔42〕不谈宏大且深远的社会变革，就想想我们自身吧，智能手机、无现金支付、人脸识别，这些技术在给我们带来无尽的便利的同时，难道没给我们造成哪怕一丝的隐忧吗？手机侵蚀了我们多少的时间？无现金支付在助长消费主义的同时，难道不也给我们的财产安全增添了新的更严重的隐患？人脸识别的负面效果更是毋庸赘言。是我们在主宰它们，还是它们在控制我们？

一个数字利维坦,现代信息社会中具有一种不可抗拒的逻辑,那就是“权利增进”与“控制加深”呈现出一种紧密的共生关系:权利的不断增进掩盖了控制逐步加深这一事实,控制的逐步加深反过来又为权利的不断增进提供了更多的正当性依据。并最终形成一种“以‘权利’为名的制度化控制”。而这一切,都是理性所推动的现代性过程中的社会控制之必然结果。于是,犯罪记录制度的发展不过是一场以“权利增进”为名、实则是更加精细的社会控制过程。

如何面对这一必然的宿命?如前所述,包括犯罪记录制度在内,现代社会呈现出“权利增进”与“控制加深”的共生逻辑。这意味着,无论如何赋予、增进公民以相应权利,都无法改变社会控制不断加深这一事实。然而,反向思考便会发现,既然社会控制的加深无可避免,那么唯一能做的,就是通过不断地赋予、扩张公民的权利来尽可能地抵消这一压力,即便后者本身仍会重新产生新的控制技术。这将是一场永无休止的拉锯过程。因此,尽管笔者认为通过赋予有犯罪记录者以个人信息权,以权利制衡权力,实现二者之间的利益平衡,并非问题的关键,也不能完全解决社会控制加深这一事实,但这是我们目前唯一能做的。一方面,通过不断地赋予、扩张公民的权利来尽可能地抵消这一压力。我们需要正本溯源,重新确立包括犯罪记录在内的各种“公共化个人信息”的个体权利本性,并以此作为构建公民个人信息权的出发点。另一方面,对于个人信息的公法保护,必须要格外关注。在处理公民个人信息的传统安全,即防止公民的个人信息遭到他人侵犯、平衡公民的个人信息在商业化利用中的利益与限度的同时,更要警惕信息社会中由于国家对于社会秩序的过度追求所可能导致的“监控国家”的风险。[43] 要在宪法层面论证公民的个人信息权受到我国《宪法》第38条“公民的人格尊严不受侵犯”的保障,以此提供公法层面的保护。[44]

---

〔43〕 参见赵宏:《信息自决权在我国的保护现状及其立法趋势前瞻》,载《中国法律评论》2017年第1期。

〔44〕 参见王锴:《论宪法上的一般人格权及其对民法的影响》,载《中国法学》2017年第3期;王利明:《人格权法中的人格尊严价值及其实现》,载《清华法学》2013年第5期。

[共同犯罪]

单一制下间接正犯概念之肯定

——从我国犯罪参与体系的归属入手

李双剑*

要　目

摘　要　间接正犯概念是为了弥补区分制犯罪参与体系下共犯理论的处罚漏洞而产生的,其存在与犯罪参与体系模式密切相关。刑法理论一般认为,间接正犯概念仅存在于区分制的犯罪参与体系中,单一制下无间接正犯概念存在的空间。本文认为,从我国刑法规定以及体系比较的角度考察,我国的犯罪参与体系宜确定为单一制。在单一制下肯定间接正犯概念的存在,不仅能避免否定论带来的弊端,还符合历史发展和现实的需要,因此具有必要性。同时,我国机能的单一制的立法模式和间接正犯的发展趋势还为单一制下间接正犯肯定论提供了可行性。从构成要件层面和量刑层

* 上海市静安区纪委监委第一监督检查室干部。

面来讲,为我国单一制体系构建间接正犯概念是必然选择。

关键词 犯罪参与体系 单一制 间接正犯

所谓间接正犯,是指利用他人作为犯罪工具来实现犯罪的一种正犯形态。[1] 现代间接正犯概念的产生,旨在弥补区分制犯罪参与体系下共犯理论的处罚漏洞。即"提出这个概念的目的,是为了在犯罪的直接实行人不具有可罚性的情况下,让犯罪行为的操纵人为自己实施的不具备构成要件的行为承担刑事责任,从而堵塞'从属性'理论中这一明显的'漏洞'"[2]。可见,间接正犯概念与区分制的犯罪参与体系密切相关。而单一制犯罪参与体系并不区分正犯与共犯,因此刑法理论一般认为单一制下无间接正犯概念存在的空间。如持单一制立场的学者认为,在区分制中为了严密法网而产生的间接正犯概念,在单一制中没有存在的理论依据和现实必要。[3] 但是单一制是否必然排斥间接正犯概念?在单一制下承认间接正犯概念果真毫无现实价值?这些问题并非不言自明。

基于以上问题,本文拟从我国犯罪参与体系的归属入手,对我国单一制犯罪参与体系的属性进行分析。在此基础上,反思单一制下间接正犯否定说存在的弊端,证成单一制下间接正犯概念存在的正当性,以此为相关刑法理论与司法实务寻找新的解释路径。

一、我国犯罪参与体系的归属:单一制之确定

犯罪参与理论解决的问题是,对于数人共同作用于同一犯罪事实的情形,如何厘清参与的结构关系以及确定不同参与角色的可罚性。[4] 当前世界各国的立法和理论处理犯罪参与现象的体系主要有单一制与区分制两种,单一制犯罪参与体系将所有为犯罪的成立赋予条件者都视为正犯,对各个正犯的量刑根据其参与程度、性质等加以确定;而区分制犯罪参与体系则将所有的犯罪参与人在概念上区分为正犯与共犯,并规定正犯是犯罪中的"核心人物",共犯从属于正犯,因此共犯的刑罚一般较正犯要轻。目前以德、日为代表的国家大多采取区分制,如《德国刑法典》"以'正犯与共犯'标题规定了共犯的所有形式,并以一般的要素描述之。正如第 25 条至第 27 条条文直接表

---

[1] 参见陈家林:《外国刑法理论的思潮与流变》,中国人民公安大学出版社、群众出版社 2017 年版,第 527 页。

[2] [意]杜里奥・帕多瓦尼:《意大利刑法学原理》(注评版),陈忠林译评,中国人民大学出版社 2004 年版,第 348 页。

[3] 参见黄明儒:《间接正犯消解说之审视与批判:基于单一制的立场》,载《法学家》2019 年第 5 期。

[4] 参见江溯:《犯罪参与体系研究——以单一正犯体系为视角》,中国人民公安大学出版社 2010 年版,第 1 页。

明的那样，正犯与共犯并不处在同一层次”[5]。而以意大利、奥地利为代表的少数国家采取的则是单一制立法体系，如 1930 年的《意大利刑法典》是第一个公认的单一正犯体系的立法例，该法典第 110 条规定：“当多人共同参与同一犯罪时，除了以下各条的保留以外，对其中的每一个人都处以法律为该罪规定的刑罚。”这就意味着 1930 年《意大利刑法典》不区别正犯与共犯，并且适用统一的法定刑。[6] 受德日刑法理论的影响，通说认为我国的犯罪参与体系为区分制。[7] 但是，从我国《刑法》规定出发，结合犯罪参与体系的比较优势，笔者认为我国的犯罪参与体系为单一制，具体理由阐述如下。

(一)单一制符合我国《刑法》的规定

首先，我国《刑法》的规定没有体现出区分制的特征。区分制最显著的特点是在法律条文中将犯罪参与人在概念上区分为正犯和共犯，并且在刑罚评价上也对两者加以区分。但是，从我国《刑法》第 25 条至第 29 条关于共同犯罪的条文可以看出，我国只对共同犯罪的概念、主犯、从犯、胁从犯、教唆犯等进行了说明，而没有规定正犯与共犯的概念，也没有规定一般情况下共犯较正犯的处罚要轻，因此很难认为我国《刑法》采取了区分制。一方面，或许会有学者指出，我国《刑法》第 27 条[8]规定了帮助犯、第 29 条[9]规定了教唆犯，而正犯概念则可通过与这两种狭义正犯比较而推衍出来，这就是我国采取区分制的证据。[10] 但是，将《刑法》第 27 条视为帮助犯的规定是对条文的错误理解。起次要或者辅助作用的是从犯，而从犯和帮助犯不能等同视之，帮助犯也可能起到主要作用。《刑法》第 27 条对犯罪参与人分类的基础是作用分类法，而帮助犯是分工分类法的产物，因此不能说第 27 条规定了帮助犯。另一方面，《刑法》第 29 条确实规定了教唆犯，但是若我们探求立法原意[11]就能发现，教唆犯的规定并不是我国

---

[5] [德]汉斯·海因里希·耶塞克、[德]托马斯·魏根特：《德国刑法教科书(总论)》，徐久生译，中国法制出版社 2001 年版，第 778 页。

[6] 参见前注[2]，第 296 页。

[7] 参见高铭暄：《中华人民共和国刑法的孕育诞生和发展完善》，北京大学出版社 2012 年版，第 32 页；张明楷：《刑法学》(第 5 版)，法律出版社 2016 年版，第 390 页；周光权：《刑法总论》(第 3 版)，中国人民大学出版社 2016 年版，第 319—321 页。

[8] 我国《刑法》第 27 条第 1 款规定：“在共同犯罪中起次要或者辅助作用的，是从犯。”

[9] 我国《刑法》第 29 条规定：“教唆他人犯罪的，应当按照他在共同犯罪中所起的作用处罚。教唆不满十八周岁的人犯罪的，应当从重处罚。如果被教唆的人没有犯被教唆的罪，对于教唆犯，可以从轻或者减轻处罚。”

[10] 参见周光权：《“被教唆的人没有犯被教唆的罪”之理解——兼与刘明祥教授商榷》，载《法学研究》2013 年第 4 期。

[11] 虽然许多学者立足于客观解释论的角度，认为“立法原意”代表了主观解释论的立场，从而对立法原意予以摈弃，但是“立法原意”起码意味着实定法制定的初衷，追溯“立法原意”能帮助我们更好地理解法律为何如此制定(参见张明楷：《罪刑法定与刑法解释》，北京大学出版社 2009 年版，第 85—87 页)。

采取分工分类法的标志。我国为什么要在采取作用分类法的基础之上,仍然要明文规定教唆犯?参与当时《刑法》制定的高铭暄教授认为,将教唆犯单列出来是出于解决实际问题的需要,虽然形式上规定了教唆犯,但实际上仍然按照其在共同犯罪中所起的作用处罚。[12] 既然我国规定的教唆犯仍然应当按照其所起的实际作用处罚,那么其与区分制下的对定罪与量刑均具有决定性意义的所谓教唆犯类型并不相同。可以说,我国关于教唆犯的规定只具有形式上的意义,而并非我国采取区分制的依据。此外,区分制要求共犯对正犯具有定罪和量刑上的从属性,只有正犯构成犯罪的情况下,共犯才有可能构成犯罪。但是我国《刑法》第 29 条第 2 款明确规定,"如果被教唆的人没有犯被教唆的罪",对教唆犯也要定罪处罚,这意味着我国对教唆犯的定罪处罚并不具有从属性。由此可以看出,我国并未采取区分制。

其次,我国《刑法》的规定体现出单一制的特征。一般认为,单一制应具有以下特征:①给犯罪成立提供了条件的人都是正犯者;②不重视行为在形态上的区别;③关于犯罪的成立,要针对各个正犯者的行为分别加以讨论;④对各个正犯者适用同一的法定刑;⑤根据各个正犯参与的程度和性质来量定刑罚。[13] 对于特征①、②,我国《刑法》第 25 条第 1 款规定:"共同犯罪是指二人以上共同故意犯罪。"这一规定表明,二人以上只要是基于共同故意实施了侵害法益的行为就构成了共同犯罪,也就是说,所有参与犯罪或为犯罪创造条件的人都是共同犯罪人。[14] 而且由此也可以看出,我国《刑法》不重视行为形态的区分,只要是对法益侵害结果具有结果力的都可视为共同犯罪人。对于特征③,如上所述,我国《刑法》对教唆犯的定罪处罚并不从属于被教唆者,个人只需要对自己的行为负责,犯罪参与人的刑事责任要根据其行为加功程度以及可谴责性的大小而独立判断,这与区分制下坚持共犯对正犯的从属性原则明显不符。因此可以说,我国在犯罪成立的问题上,的确是针对各个正犯者的行为分别予以讨论的。对于特征④、⑤,我国并没有规定对不同的犯罪参与人适用不同的法定刑,而且也不存在以正犯的法定刑作为处罚基准的规定。同时我国将共同犯罪人区分为主犯、从犯、胁从犯,就是根据各犯罪人参与犯罪的程度、性质以及作用等对其进行刑罚裁量。可见,我国《刑法》的规定完全符合单一制的特征。

最后,从现实的趋势来看,我国目前有关犯罪参与的立法越来越靠近单一制。近年颁布的刑法修正案将大量明显具有组织型、帮助型的"共犯行为"单独作为正犯处罚,显示出了所谓的"共犯行为正犯化"。[15] 比如《刑法修正案(九)》第 28 条规定的拒不履行信息网络安全管理义务罪中,即使正犯行为不构成犯罪,共犯行为也要单独入罪。同时,区分制中共犯的刑罚相较于正犯而言要轻的这一要求也被违背。比如

---

〔12〕 参见高铭暄:《中华人民共和国刑法的孕育诞生和发展完善》,北京大学出版社 2012 年版,第 33 页。

〔13〕 参见〔日〕高桥则夫:《共犯体系和共犯理论》,冯军、毛乃纯译,中国人民大学出版社 2010 年版,第 6 页。

〔14〕 参见刘明祥:《论中国特色的犯罪参与体系》,载《中国法学》2013 年第 6 期。

〔15〕 参见黄明儒、王振华:《我国犯罪参与体系归属单一制的立法依据论》,载《法学杂志》2017 年第 12 期。

《刑法修正案(八)》将《刑法》第244条第2款的强迫劳动罪予以修改,对"明知他人实施前款行为,为其招募、运送人员或者有其他协助强迫他人劳动行为"的共犯行为配置了与"以暴力、威胁或者限制人身自由的方法强迫他人劳动"的正犯行为相同的法定刑。[16] 这实际上已经突破了共犯从属性理论而偏向了共犯独立性,从而印证了单一制才是符合我国实际的犯罪参与体系制度的选择。

(二)单一制更具比较优势

我国《刑法》既不像德国的那样明确规定为区分制,也不像意大利的那样明确规定为单一制,所以支持区分制的学者也能从法条规定中找出他们所谓的"依据"。为了更好地论证本文的观点,从单一制更具比较优势这一角度入手,能为此提供更为实质的理由。首先,单一制能避免正犯与共犯难以区分的困难,简化法律的适用,这是连区分制论者都羡慕不已的事实。对于区分制而言,如何在正犯与共犯之间划出一条清晰的界限,是令无数学者困扰的难题,而且作此区分又有何实益?我们耗尽精力区分间接正犯、教唆犯等,到最后却又同等评价,就好像大家花了许多时间、精力将垃圾一一地分类,但收垃圾的人却又把不同种类的垃圾全部丢到一起焚烧,完全是白忙一场[17]。区分制下合理区分正犯与共犯不仅困难,而且区分标准也越来越模糊化、实质化。以往学界对于正犯的界定往往是从形式方面入手,认为亲自实现构成要件者为正犯,但自罗克辛教授的行为支配说占据主流地位以来,区分标准中充满了实质的解释。这种发展趋势背离了区分制的初衷,而越来越向它的对家——单一制靠拢。况且,在数人共同参与犯罪的场合,重要的是解决每个参与者的刑事责任问题,至于区分正犯与共犯对刑事责任问题的解决并无决定性的意义。

另外,由于单一制是对每个参与者的客观行为和主观罪过以及他们所起的作用等各种因素进行综合、独立的判断,采取单一制能使定罪更为科学、处罚更为合理。[18] 区分制与单一制最大的区别就是,区分制认为共犯从属于正犯,共犯并不是直接侵害法益,而是通过正犯的行为间接侵犯法益,而单一制则从每一个犯罪参与人的行为出发,考察与法益侵害有无因果关系。采取区分制会带来处罚漏洞,比如行为人出于报复社会的目的,教唆A在闹市区实施爆炸等恐怖活动,由于A拒绝了他的教唆,于是行为人不气馁又找了B,B拒绝了,行为人又找了C等,由于被教唆的人没有实行犯罪,所以行为人也不能构成犯罪,但这样无疑会放纵危险的发生。而采取单一制对行为人单独予以考量,则会避免形成此类处罚漏洞。同时在处罚方面,单一制也不必像区分制那样根据行为的形式来决定刑罚的轻重,而是根据每一个犯罪参与人对法益侵害所

---

〔16〕 参见黄明儒、王振华:《我国犯罪参与体系归属单一制的立法依据论》,载《法学杂志》2017年第12期。

〔17〕 参见蔡圣伟:《论间接正犯概念内涵的演变》,载陈兴良主编:《刑事法评论》(第21卷),北京大学出版社2007年版,第51—75页。

〔18〕 参见前注〔14〕。

“贡献”的原因力大小来确定刑罚,这样的方式更为合理。教唆行为、帮助行为所起的作用完全有可能比实行构成要件的行为要大,比如部分犯罪中的望风者。为了解决此类问题,日本承认所谓的“共谋共同正犯”,但与其在区分制内部找妥协性的理论,倒不如直接按照作用大小而不区分行为形式进行处罚显得更具有优越性。

还需要补充的一点是,区分制体系内部其实蕴含着不可避免的、无可奈何的理论背离。例如,间接正犯这一概念就内含单一正犯思想,德国所谓的“正犯背后的正犯”,日本所谓的“共谋共同正犯”都是对区分制体系基本原则的妥协。〔19〕 间接正犯本身并未亲自实行构成要件行为,而是通过他人的行为引起结果,这更类似于共犯,将其视为正犯可谓是对区分制的一种冲击。从实质角度说明间接正犯的正犯性,以至于“正犯后正犯”概念的出现,更是将正犯概念在实质化理解进程中推得更远。区分制中限制的正犯概念在发展过程中不知不觉向扩张的正犯概念转变,不管愿不愿意,客观上区分制正慢慢向单一制靠拢。这是因为单一制可以简洁而不失稳妥地处理犯罪参与的问题,具有区分制所无法比拟的理论优势。

二、单一制下间接正犯概念否定论之批判

梁根林教授认为,犯罪参与体系的归属,从根本上决定对犯罪参与类型包括间接正犯的刑法评价与刑法态度,在单一正犯体系下,教唆犯与帮助犯并不构成刑罚扩张事由,间接正犯与教唆犯的区别亦无实际意义,间接正犯成为多余的概念。〔20〕 这样的见解似乎成为学界共识,持单一制的学者无一不对间接正犯概念进行了否定。〔21〕 但是,本文认为,一方面,单一制犯罪参与体系否定间接正犯概念具有诸多弊端,并不是一条值得坚持的路径;另一方面,单一制下间接正犯概念否定论的论据存在疑问。

(一)间接正犯否定论的弊端

首先,在单一制下放弃包括间接正犯在内的犯行形式上的划分,将所有的犯罪参与人都冠以“正犯”之名,这抹杀了正犯与共犯之间的形式区别,从而导致构成要件明确性的丧失。只有坚持以实行行为为中心的观念,才能确保构成要件的明确性,进而坚持依法治国的理念。有学者指出,“按照我国所主张的单一正犯的原理,刑法分则规定的构成要件行为不限于实行行为,而且还包含教唆行为、帮助行为和预备行为”〔22〕。

〔19〕 参见前注〔1〕,第493页。

〔20〕 参见梁根林:《间接正犯的中国命运》,载《比较法研究》2019年第5期。

〔21〕 参见刘明祥:《间接正犯概念之否定——单一正犯体系的视角》,载《法学研究》2015年第6期;黄明儒、王振华:《论单一正犯体系视域下间接正犯概念之否定》,载《东南大学学报(哲学社会科学版)》2017年第6期;阎二鹏:《论间接正犯概念的消解》,载《法学论坛》2011年第4期。

〔22〕 同前注〔14〕。

但是,我国《刑法》分则条文本身便是对实行行为的规定,若将教唆、帮助等行为也理解成符合构成要件的行为,恐怕会增加刑法适用的模糊性、恣意性。这样的做法在强调法治、强调罪刑法定的当前是危险的,必须予以摒弃。实际上,在单一制下可以对正犯与共犯进行形式上的区分,而且这也符合当代法治明确性、准确性的要求。

其次,单一制下否定间接正犯概念的存在容易导致处罚范围过大。比如在最基本的存在间接正犯形态的场合,A 通过言语劝说无责任能力人 B 去杀 C,B 虽然一开始点头同意,但是后来由于各种各样的原因而未着手,此时在单一制下 A 的刑事责任完全根据其自身的不法和罪责独立判断,于是 A 应当作为正犯承担杀人未遂的刑事责任。但是这样处理明显不具有合理性,容易导致处罚范围的扩大。尽管有学者认为,刑事可罚性范围的设定,并不存在一个先验的标准,而是取决于特定国家的刑事政策以及在此基础上的刑事立法的选择,而且由于现代风险社会的挑战,出于法益保护提前化的要求,适当地扩大刑法的处罚范围是适应现代社会刑事政策需要的正确做法。[23]但是,随着风险社会的来临,扩大刑法的处罚范围更需要有一个界限,无论如何也不能将不具有法益侵害危险性的行为规定为犯罪,否则就滑入了行为人刑法的泥潭。

最后,单一制下否定间接正犯概念存在身份犯的处罚障碍。所谓身份犯,包括真正的身份犯和不真正的身份犯,前者的身份决定行为的可罚性,而后者的身份影响行为的刑罚高低。在真正身份犯的场合,比如甲为公务人员,乙为甲的妻子,乙在甲不知情的情况下,利用甲的行为收取贿赂,若按照单一制所主张的对各犯罪参与人应独立判断其不法与罪责的观点,由于乙不具有受贿罪的身份而难以对其按照受贿罪进行处罚,这样就会形成处罚障碍。这是由单一制下间接正犯否定论完全割裂了犯罪参与人之间的联系造成的。实际上,犯罪参与人之间可以存在事实上的关联性,在上述案例中,之所以可以将乙认定为受贿罪,其原因就在于欠缺该特别资格或关系的参与者实际上是通过参与身份犯的行为而间接地实现了身份犯的不法。[24] 在单一制下否定间接正犯,就意味着完全忽略事实上的联系,从而形成处罚障碍。

(二)间接正犯否定论的论据反驳

持单一制下间接正犯否定论的刘明祥教授认为,我国刑法在犯罪参与体系问题上,采取不区分正犯与共犯的单一正犯体系,因此并无间接正犯概念赖以存在的法律基础。[25] 但是本文认为,在单一制体系下间接正犯概念具有存在的法律土壤。实际上,单一制也并非完全不顾犯行形式上的区分,奥地利学者奇纳甫菲尔(Kienapfel)将单一制分为形式上的单一制和机能(功能)的单一制,所谓形式上的单一制就是传统意

〔23〕 参见江溯:《关于单一正犯体系的若干辩驳》,载《当代法学》2011 年第 5 期。

〔24〕 同上注。

〔25〕 参见刘明祥:《间接正犯概念之否定——单一正犯体系的视角》,载《法学研究》2015 年第 6 期。

义上的对全部犯行形式进行法条语言上的统一化的单一制，而机能的单一制一方面放弃了对特定的犯行形式进行价值上的级别区分，另一方面却维持了其概念性、类型性区别，虽然从概念上对各个犯行形式进行了区别，但是还是对其适用相同的刑罚幅度。[26] 可以说，机能的单一制是形式的单一制理论的发展，"现代单一正犯体系的主流类型乃是功能性单一正犯体系"[27]。机能的单一制明确区分不同犯罪参与者的类型，将使用与法定构成要件的记述相应的方法充足了构成要件的人称为"直接正犯"，将使用其他方法参与了构成要件的实现的人称为"间接正犯"(此处的间接正犯概念是在广义上使用的，包括"诱发正犯"与"援助正犯"，狭义上的间接正犯概念包含在"诱发正犯"内)。如此一来，教唆犯、帮助犯、间接正犯等概念就有存在的必要和空间，间接正犯概念在单一制体系下也就具有了存在的法律基础。

黄明儒教授认为，在单一正犯体系下，既然将所有与法益侵害结果存在因果加功关系的行为人都纳入刑法规制的范围，并无正犯与共犯的区分，那么间接正犯概念在我国刑法中就不具有存在的土壤和现实需要。[28] 如上所述，间接正犯概念在单一制下具有存在的土壤。同时，本文认为，间接正犯概念在单一制下继续存在具有现实需要。一方面，既然机能的单一制作为更加科学的单一制类型符合我国现实(详细理由将在下文阐述)，那么广义上的间接正犯概念(与"直接正犯"相对应的"间接正犯"概念)便需要存在。另一方面，对于狭义上的间接正犯概念的存在也具有现实需要。长期以来，由于我国司法实践对于共同犯罪关注更多的是量刑而非定罪，对各犯罪参与人的量刑也是按照作用分类法，因此让司法人员接受单一制并没有什么障碍。但是鉴于我国虽没有明文规定间接正犯，但司法实践中广泛运用间接正犯理论的现实，直接抛弃间接正犯概念恐怕会引起司法混乱，不具有可行性。应当说，司法实践的现实需要间接正犯作为一种形式上的划分而继续存在。

阎二鹏教授认为，在扩张正犯概念下，刑法所关心的只是行为人是否支配了法益侵害的实现，至于是直接支配还是利用他人间接支配了此一法益侵害，都只是对现象的描述，而没有规范意义，间接正犯与直接正犯在"支配"的观念下一样，没有区分的必要。[29] 本文认为，即使间接正犯的划分在单一制下没有规范意义，其仍然具有形式意义而有存在的必要。在间接正犯的场合，行为人并没有直接为构成要件所规定的行为，而是间接地促成构成要件结果的实现。在这种情况下，若不区分直接正犯与间接正犯，将其混为一谈，那么很容易导致刑法适用上的混乱。单一制下划分间接正犯的类型，并不旨在对正犯与共犯进行实质区分，从而适用不同的法定刑，而是通过对各种

〔26〕 参见前注〔13〕，第21—23页。
〔27〕 同前注〔23〕。
〔28〕 黄明儒、王振华：《论单一正犯体系视域下间接正犯概念之否定》，载《东南大学学报(哲学社会科学版)》2017年第6期。
〔29〕 阎二鹏：《论间接正犯概念的消解》，载《法学论坛》2011年第4期。

犯罪参与人进行形式上的划分,维持构成要件的定型性。可以说,这种形式上的区分正是机能的单一制存在的最大价值所在。

三、单一制下间接正犯概念肯定论之提倡

(一)间接正犯肯定论之必要性

首先,在单一制犯罪参与体系下肯定间接正犯概念的存在能避免否定论带来的弊端。第一,在单一制下进行包括间接正犯在内的犯行形式上的划分,将所有的犯罪参与人分为直接正犯与间接正犯(广义),再将广义上的间接正犯进一步类型化,划分为教唆犯、帮助犯、区分制意义下的间接正犯(狭义上的间接正犯)等,这有利于对不同犯罪参与人进行形式上的划分,从而坚持构成要件的明确性。当然所有的犯罪参与人仍然要根据其固有的不法和罪责承担责任,自无疑问。第二,间接正犯肯定论有利于限制处罚范围。在形式的单一制中,教唆、帮助者以及间接正犯的行为等本身被视为构成要件行为,因此容易造成在直接行为人没有着手实行犯罪的情况下,教唆者、帮助者以及间接正犯仍然可罚的结果。但是,在对不同犯行形式作出类型划分的功能的单一制下,由于间接正犯行为在存在论意义上是间接地侵害法益,因此在对之进行可罚性判断之时,仍然要借助于实施直接侵害法益行为的直接正犯,即只有在直接正犯开始实施法益侵害行为之时,教唆行为和帮助行为等间接行为才具有可罚性。[30] 因此,间接正犯肯定论完全能够避免未遂处罚范围过大的问题。第三,单一制下肯定间接正犯概念不存在身份犯的处罚障碍。在上述案例中,将公务员的妻子乙认定为间接正犯,则表明其是通过甲的行为间接实现了不法,乙对甲具有事实上的依存性。虽然需要贯彻单一制的原则——各参与者的不法和罪责需要独立判断,但是这并不妨碍将乙认定为受贿罪的间接正犯,因为她是通过甲的行为间接地实现了甲的不法。因此,承认间接正犯的存在能较好地处理身份犯的处罚障碍问题。

其次,在单一制下肯定间接正犯概念的存在具有历史必然性。研究共犯理论的历史演进有助于我们更好地了解我国共犯立法的传统以及当代社会底蕴。代表中国古代最高立法水准的《唐律》对共同犯罪采用总则性规范与分则性规范相结合的立法模式,在规定"共犯罪分首从"原则的同时,规定了教唆犯和帮助犯。[31] 《唐律疏议》中《名例律》篇规定:"九十以上,七岁以下,虽有死罪,不加刑……即有人教令,坐其教令者。"《疏议》曰:"悼耄之人,皆少智力,若有教令之者,唯坐教令之人。"[32] 也就是

---

〔30〕 参见前注〔23〕。

〔31〕 参见前注〔4〕,第210—211页。

〔32〕 同前注〔4〕,第211页。

说,《唐律》规定,对于九十以上七岁以下的这类人群,因为他们"少智力",所以只处罚教令者。此处的教令者相当于现代意义上的间接正犯。由此可见,以《唐律》为代表的中国传统共同犯罪的立法是坚持"共犯罪分首从"的单一制思想的指导,同时也存在间接正犯的概念。我国现代社会仍然深受传统中华法系的影响,在采取单一制的前提下承认间接正犯概念的存在,具有历史渊源与必然性。

最后,单一制下间接正犯肯定论具有现实需要。间接正犯在我国刑法理论以及司法实践中长期存在,具有深厚的现实基础和悠久的历史渊源,对其进行"否定性清理"绝非易事,而且也没有必要。"一个概念广为流传之后,在整个学界是基本上不可能被废除的。"〔33〕如果动辄废除已有的概念,就可能使刑法理论越来越粗放,导致对具体犯罪处罚程度的随意性与不确定性。〔34〕可以说,当前的刑法理论以及司法实践都需要间接正犯概念继续存在。当然在单一制下承认间接正犯概念,只需要明确间接正犯与直接正犯在行为构造上的不同即可,二者的价值位阶仍然是等同的。

(二)间接正犯肯定论之可行性

在我国单一制犯罪参与体系下,间接正犯肯定论的可行性就在于我国单一制更偏向于机能的单一制。首先,区分不同的共同犯罪人类型——构成要件行为实施形式——乃是功能单一正犯体系的最显著标志之一,也是其与形式单一正犯体系的根本差别。〔35〕从《刑法》的规定上看,我国在立法上规定了教唆犯的类型,这与形式的单一制原理明显相悖,而与功能的单一制相契合。形式的单一制要求完全放弃帮助犯、教唆犯等概念,以广义上的"正犯"概念来指称所有与构成要件结果的发生具有因果关系的人,但是显然我国《刑法》还是在形式上对教唆犯作了规定。其次,尽管功能的单一正犯体系区分不同的参与者,但认为行为人类型的区分乃是一种构成要件层面的形式性区分,而不是刑罚裁量层面的实质性区分。〔36〕关于我国《刑法》上规定教唆犯的用意,如上所述,是为了满足司法实践的需要,对教唆犯还是要依据其作用进行处罚。由此可以看出,我国是在单一制的前提下对不同的犯行形式进行了类型上的划分,同时这样的划分对刑罚的确定并不具有决定性的意义,教唆犯与直接实行者适用统一的法定刑,根据具体作用决定其具体的刑罚。应当说,我国立法的规定符合机能的单一制的特征,对犯罪参与者进行形式上的区分,不仅符合构成要件的定型性机能,而且满足不同行为人类型价值等同性的要求。

另外,从司法实践上看,我国司法机关在处理案件时通常会对不同参与人进行行

〔33〕 张明楷:《罪数论与竞合论探究》,载《法商研究》2016 年第 1 期。

〔34〕 参见武晓雯:《间接正犯概念的必要性——对基于区分制正犯体系的否定说之回应》,载《清华法学》2019 年第 3 期。

〔35〕 参见袁国何:《功能单一正犯体系的理论脉络及其检讨》,载《中外法学》2019 年第 1 期。

〔36〕 同上注。

为类型的划分,然后再根据其参与程度、作用等确定各参与人的刑罚。如在廖武等抢劫案中,被告人廖武欲与被告人雷斌共同抢劫,被雷斌拒绝。后雷斌将被告人胡林介绍给廖武相识,撮合二人共同实施抢劫行为。2014 年 5 月 12 日,胡林从广州乘车赶至南京与廖武会合。当日晚,廖武与胡林虽欲实施抢劫,但心存畏惧,不敢确定抢劫目标和实施抢劫行为。后雷斌与廖武通过手机 QQ 联系,雷斌提议二人抢劫路人或超市,并提议在抢劫过程中使用枪支(明知廖武持有枪支)。当日 23 时许,廖武和胡林共同进入南京市鼓楼区一家超市,由廖武持枪威胁收银员李某,胡林在看到廖武掏枪后进而掏出匕首威胁理货员赵某,强迫收银员李某打开收银机,劫得现金 3000 元及价值 146 元的零食、香烟等物,后共同逃离现场,赶至山东省枣庄市与雷斌会合。途中,雷斌通过手机短信指示廖武、胡林将枪支分拆,并告知逃跑的路线等。2014 年 5 月 14 日,三被告人在枣庄市被抓获归案。[37] 在该案中主要有两个争议焦点,即被告人雷斌属于教唆犯还是帮助犯,以及雷斌在该案中的作用和地位。对于这两个难点,南京市鼓楼区人民法院认为,被告人雷斌撮合了共同犯罪主体的形成、坚定了共同抢劫犯意的实施及教唆了持枪抢劫的加重情节的犯罪行为,故其在该案中应属于教唆犯,而非仅提供精神或心理上助力的精神性帮助犯,同时按照雷斌在该案中所起的主要作用,雷斌应作为主犯处罚。由此我们可以看出,一方面在我国的司法实践中对教唆犯和帮助犯等犯行形式进行了区分,另一方面是根据具体作用确定其刑罚。

因此,既然我国的犯罪参与体系更倾向于机能的单一制,那么间接正犯概念就具有基础意义上的存在可能性。如果认为我国的单一正犯体系绝对地排斥间接正犯的成立,那么同理教唆犯、帮助犯的概念也不应该存在。但是事实上,我国立法中明确存在教唆犯的规定,刑法解释学不能罔顾现行刑法的规定而径直认为教唆犯概念不需要存在,而且司法实践中也广泛存在教唆犯、帮助犯形式上的划分。既然教唆犯在我国单一制下能获得存在的空间,那么没有理由排斥间接正犯的存在空间。关于间接正犯概念存在的地位,笔者认为完全可以将其与教唆犯同等对待,因为在单一制理论中,所有给构成要件提供原因力的行为人都是正犯,形式上的间接正犯与教唆犯的地位应该是等同的。教唆犯起到的是形式划分的作用,那么间接正犯也可以起到形式划分的作用;对教唆犯要按照其在共同犯罪中所起的作用处罚,那么对间接正犯也可以按照其在共同犯罪中所起的作用处罚,等等。

除了立法基础上的可行性,从间接正犯的发展过程中也可以看出其与单一制的亲和性。不同于以往形式上的定义,现在的主流观点认为可以将以优越的意思在背后对整个事态进行支配的行为人视为正犯,间接正犯之所以为正犯,正是因为其对犯罪事实的发生有所支配,刑法对其具有期待,要求其不要让事情发生。[38] 随着犯罪支配理

---

〔37〕 参见江苏省南京市鼓楼区人民法院(2014)鼓刑初字第 330 号刑事判决书。

〔38〕 参见前注〔17〕。

论的发展,正犯概念的实质化以及间接正犯概念的泛化成为不可阻挡的趋势,一个较为典型的例子就是"正犯后正犯"概念的产生。所谓"正犯后正犯"是指被利用人的行为符合所有犯罪成立的条件,已成立正犯,但幕后的利用人却仍因其优越的支配地位而成立间接正犯。〔39〕实际上,就正犯与共犯的界分而言,有没有亲自实现构成要件的行为已不再重要,重要的是有没有对构成要件的实现具有意思支配力的行为;就间接正犯的成立而言,其与被利用者是否构成犯罪已经没有必然的联系,只需要"通过"他人,在意思上支配他人从而实现犯罪即可构成间接正犯。这样一来,脱胎于区分制缺陷的间接正犯概念,在单一制下并非没有其赖以生存的法律基础,反倒由于其在泛化过程中蕴含着实质正犯理念、意思支配理论,从而显示出与单一制天然的亲和性。因此,从现实趋势角度来看,在单一制下承认间接正犯概念具有可行性。

(三)单一制下间接正犯概念的构建

上文论述了单一制下间接正犯概念存在的必要性与可行性,由于间接正犯在我国《刑法》中并不像教唆犯一样有明文规定,因此需要对其存在方式予以明确。关于如何在单一制下建构间接正犯概念,本文认为,应当从构成要件层面和量刑层面予以考量。

在构成要件层面,首先,需要保证的是,间接正犯概念类型的划分只是形式上的,其与直接正犯的价值位阶还是相同的。其次,要明确间接正犯行为与直接实行的行为之间存在事实上的依存性。不同于教唆犯、帮助犯,间接正犯与直接实行行为之间的依存性体现为事实上的"支配"。只要对直接行为者具有事实上的"支配",都可将其视为间接正犯,比如利用轻罪故意的场合、利用有故意无身份的场合或者"正犯后正犯"存在的场合等,都可以因为具有"支配"而成为间接正犯。最后,在机能的单一制下需要对广义上的间接正犯予以类型化,分为教唆犯、帮助犯、狭义上的间接正犯等,但是对它们的类型化只是为了更好地实现构成要件的功能,其彼此之间并不存在非常精确的界限,而是可以自由流动的。〔40〕也就是说当出现区分困难时,比如间接正犯与教唆犯难以区分的场合,完全没有必要纠结过深,间接正犯的类型化只是提供一种形式上的区分,对其量刑仍然是根据各自的不法和罪责独立判断。

在量刑层面,最根本的原则便是量刑个别化。间接正犯类型的量刑在单一制下要按照其不法和罪责,结合参与的程度与作用、性质等综合加以判断。我国《刑法》第61条已经作出了规定:"对于犯罪分子决定刑罚的时候,应当根据犯罪的事实、犯罪的性质、情节和对于社会的危害程度,依照本法的有关规定判处。"同时,如上文所述,教唆犯和间接正犯在单一制下地位理应相同,所以对间接正犯的量刑可以借鉴教唆犯的规定。我国《刑法》第29条规定,教唆他人犯罪的,应当按照他在共同犯罪中所起的作用

---

〔39〕 参见前注〔17〕。

〔40〕 参见前注〔4〕,第253页。

处罚。因此,间接正犯也应当按照他在共同犯罪中所起的作用处罚。但是间接正犯毕竟实际支配了犯罪事实的发生,一般而言与教唆犯相比在多人结合共同犯罪中所起的作用要更大,而且实际上与直接正犯的作用无异。因此,一般情况下可以将间接正犯类比于直接正犯进行处罚。

四、结　论

共同犯罪被称为“绝望之章”,出于《刑法》的规定以及区分制各种各样的弊端,本文认为单一制才是我国犯罪参与体系的“优选”。刑法理论一般认为,一旦选择了单一制,就要跟间接正犯概念划清界限。但是机能的单一制能够包容间接正犯概念,而且单一制下肯定间接正犯的存在,不仅能避免否定论带来的弊端,还符合历史发展和现实的需要。因此,从构成要件层面和量刑层面为我国单一制体系构建间接正犯概念,是我们的必然选择。

论国际刑法上的共同犯罪理论

刘大群*

要　目

摘　要　本文探讨了国际刑法中共同犯罪的五种形式，即共同犯罪、间接共同犯罪、共同犯罪组合、共谋罪和协助罪。共同犯罪是《罗马规约》中所规定的犯罪。国际刑事法院在司法实践中，结合了间接犯罪和共同犯罪的犯罪责任形式适用了间接共同犯罪的犯罪形态，但这种犯罪形态是否已成为习惯国际法，国际刑法学界尚有争论。共同犯罪组合是联合国临时刑事法庭所采用的一种犯罪形态，虽然在《前南国际刑庭规约》和《卢旺达国际刑庭规约》中没有作出明确的规定，但是，根据这两个国际刑庭的实践和司法解释，它是属于"实施"犯罪的一级犯罪形态，而不是一种从犯的次级犯罪形态。共同犯罪组合分为三种类型：第一种为基本类型，是多人以共同犯罪目标为基础的共同犯罪；第二种是所谓的"系统性"类型，适用于涉及集中营或具有严密组织系统的案件；第三种则是所谓"延伸性"的类型，适用于超出共同犯罪目的范围的犯罪，但仍是共同犯罪目的下自然的和可预见的结果。联合国临时刑事法庭所采用的共同犯罪组合和国际刑事法院适用的共同犯罪虽然形式不同，但是殊途同归，都是惩罚国际刑法领域中领导人犯罪的重器。在国际刑法中，共谋罪和协助罪都属于未完成的犯罪，即不要求证明犯罪结果的犯罪。共谋罪系指两个或两个以上的人对犯罪达成合

* 联合国国际刑事法庭余留机制法官，国际仲裁院仲裁员，国际法研究院院士。本文只表达个人意见，并不代表任何国家或国际组织的意见。

议或共识。而协助罪虽然在行为要素上与帮助和唆使有一定的重合,但它却是一种犯罪,而不是次级犯罪形态。

关键词 国际刑法 共同犯罪 间接共同犯罪 共同犯罪组合 共谋罪 协助罪

国际刑法上的犯罪与国内法上的普通犯罪有很大的不同,国际犯罪的严重性和对人类尊严的侵犯是国内法上的罪行所无法比拟的。国际犯罪触犯了人类社会的共同利益,每一个国家都将国际犯罪视为一种犯罪,无论其社会形态、政治主张和宗教信仰。国际犯罪的性质决定了这种犯罪的集体性。这些犯罪的背景要素(contextual elements)表明这些犯罪都涉及大规模的、有组织的犯罪,是由一大批人为达到犯罪目的共同努力的结果。实践充分表明,国际犯罪所涉及的范围大、受害人多,是不可能由个人单独实施的。在卢旺达所发生的灭绝种族事件中,在短短 100 天内,有 80 万无辜平民丧生。[1] 平均每天有 8000 人被害,这种杀人效率甚至超过了纳粹德国在第二次世界大战中对犹太人的大屠杀。由一个人单独实施这种犯罪根本是不可能的。前南斯拉夫问题国际刑事法庭(以下简称"前南国际刑庭")在塔迪奇案中指出:"绝大多数这样的犯罪都不是由一个人的犯罪倾向而引发的,而是一种集体犯罪的表现:这些犯罪通常是由为了追求共同的犯罪目标的团伙或个人而实施的。"[2]与国内法上的犯罪相比,国际犯罪的第二个显著的特征就是领导人的犯罪。在这些有组织的犯罪中,往往是组织机构中行政或军事的领导人,如犯罪集团的头目、犯罪组织的领导人以及涉及犯罪的国家或机构的领导人,策划、命令、组织了这些犯罪,他们并不一定亲临犯罪现场,而是通过其他人进行犯罪活动。因此,对领导人的归责是国际刑法理论中的一个重要问题。国际犯罪的这些特征使得国际刑法中逐步形成了共同犯罪的理论,成为打击国际犯罪的重器。

共同犯罪是指两人以上的共同故意犯罪。[3] 虽然各国刑法中都对共同犯罪有专门的规定,但是,对共同犯罪的分类与内涵还存在不少的争议。英美法系主要采用了作用分类法,包括主犯、从犯、协助犯,直接体现了被告人在共同犯罪中所起的作用。大陆法系主要采用了分工分类法,包括实行犯、组织犯,帮助犯和教唆犯。[4] 国际刑法综合了世界主要法系,特别是英美法系与大陆法系的法学理论,将个人刑事责任分为一级犯罪形态和次级犯罪形态。一级犯罪形态包括单独实施犯罪、共同犯罪和未完成的犯罪(inchoate crimes)。在这些犯罪中,参与人都可以被定为犯罪主犯。次级犯罪

---

〔1〕 See Guichaoua, André(2 January 2020), *Counting the Rwandan Victims of War and Genocide: Concluding Reflections*, Journal of Genocide Research, Vol. 22:1, pp. 125-141.

〔2〕 Prosecutor v. Tadic, IT-94-1-A, ICTY Appeal Chamber Judgement, 15 July 1999, para. 191.

〔3〕 《刑法》第 25 条。

〔4〕 参见陈兴良:《共同犯罪论》(第 3 版),中国人民大学出版社 2017 年版,第 114 页。

形态则包括计划、命令、准备、帮助、教唆、唆使等行为。如果目标犯罪没有发生,对于以这种方式参与犯罪的人是不会定罪的。

在国际刑法上的共同犯罪主要表现为五种犯罪形态:一是共同犯罪(co-perpetratorship, co-perpetration),二是间接共同犯罪(indirect co-perpetration),三是共同犯罪组合(joint criminal enterprise)[5],四是共谋罪(conspiracy),五是协助罪(complicity)。共同犯罪、间接共同犯罪、共同犯罪组合、共谋罪和协助罪的参与者都是犯罪的主犯,共谋罪与协助罪则是未完成的犯罪,即不需要证明犯罪结果的犯罪。

本文将对这几种共同犯罪的理论与形态,进行初步的分析与探讨,以期对它们的发展与适用进行更深入的把握。

一、共同犯罪

《国际刑事法院罗马规约》(以下简称《罗马规约》)第 25 条第 3 款第 1 项规定:"单独、伙同他人、通过不论是否负刑事责任的另一人,实施这一犯罪。"该条款规定了实施犯罪的三种方式:

一是直接犯罪(direct perpetration, as an individual)。单独实施犯罪是各国国内刑法中常见的一种犯罪形态,"单独犯罪,是一个人独立完成犯罪行为,当然没有分工可言"[6]。前南国际刑庭在塔迪奇案中指出,实施犯罪"首先和最重要的形式是犯罪人本人亲自从事了犯罪活动"[7]。在《罗马规约》英文和法文文本中并没有完全表达出其含义来,西班牙文本的规定(pro si solo)则比较贴切。在司法实践中,前南国际刑庭和卢旺达问题国际刑事法庭(以下简称"卢旺达国际刑庭")都对实施犯罪进行了扩大性的解释与适用。《罗马规约》第 58 条第 1 款第 1 项规定:"有合理理由相信该人实施了本法院管辖权内的犯罪……" 在该条款中,"实施" 不仅仅局限于被告人本人亲自实施的犯罪,还包括了从事犯罪活动其他所有形态,如命令、引诱、帮助和唆使犯罪等。因此,实施犯罪实际上有两种含义,一种是广义的,另一种是狭义的。《罗马规约》第 25 条第 3 款第 1 项中的实施系指狭义的实施,区别于共同犯罪。

二是伙同他人犯罪,实际上就是一种共同犯罪的形式,是两个或两个以上的犯罪行为人进行职能性的分工,是为了执行一个共同的计划或协议而实施的犯罪。

---

[5] 如何翻译 joint criminal enterprise 中的 enterprise 在中国国际刑法学界一直没有定论。有一些著作中译为组织、团体、团伙等。尽管这种次级犯罪形态已被不少学者认定为习惯国际法的一部分,但对我国国际刑法学者而言,这还是一个新词。因此,笔者试图也用一个新词来表达这个意思,即"共同犯罪组合"。因为组合是个新名词,通常用于数学、流行音乐或体育界。组合可大可小、时聚时散,并不要求具有严密的组织结构,关键是心理要素的一致性。

[6] 陈兴良:《共同犯罪论》(第 3 版),中国人民大学出版社 2017 年版,第 114 页。

[7] Supra note 2, para. 188.

每一个共同犯罪的行为人按照其分工执行一部分的犯罪行为,如果其分工的犯罪行为没有实施,则整个犯罪就不能成立。共同的计划或协议是连接每个共同犯罪行为人的分工犯罪的重要因素,这使每个共同犯罪人对整个犯罪都承担刑事责任。在此基础上,国际刑事法庭则根据大陆法系,特别是德国刑法中的"行为功能控制论"(funktionelle tatherrschaft),适用了共同犯罪的理念。[8] 根据"行为功能控制论",参与犯罪的每一个人都依赖于其他人的配合才能完成犯罪,因此,没有一个人能全面控制犯罪。如果一个人不履行自己的犯罪行为,就可能使整个犯罪不能成立,因此,他们共享对犯罪行为的控制。[9] 国际刑事法院第一预审分庭在卢邦戈案中对确认指控所作出的决定中指出:"预审分庭认为,共同犯罪的理念最初基于的理论是多个人通过每个人相互协调的努力完成了犯罪的所有客观因素,每一个对犯罪作出努力的人都应对其他所有人的犯罪承担相关责任,并因此都被认定为整个犯罪的主犯。"[10]该预审分庭还指出:"当共同计划框架内的犯罪的客观行为由多人实施时,只有那些担任重要任务的人以后不履行其任务即可使犯罪不能成立的人,才能被称为对犯罪具有共同的控制。"[11] 预审分庭进而分析了共同犯罪的行为要素要件与心理要素。首先,共同犯罪要求存在一个协议或共同的计划,该协议或计划必须具有犯罪性质。每一个犯罪行为人为了实现犯罪的客观要素,必须作出相互协调的、重要的努力。至于犯罪行为人是否在犯罪现场,是否亲自实施了导致了犯罪的最后结果的行为并不重要。其次,对于共同犯罪的心理要素,第一预审分庭认为,"(1)明知其行为或不行为将导致犯罪客观要素的实现;(2)带有实现犯罪客观要素具体的心理要素[也被称为第一级的直接心理要素(dolus directus)]来实施其行为或不行为"[12]。

共同犯罪还可通过不论是否负刑事责任的另一人犯罪来实现。这可分为两种情况,二者都是间接犯罪的形式(indirect perpetration)。一是通过不负刑事责任的人犯罪,实际上就是利用工具进行犯罪的犯罪形态,例如通过未成年人、精神不正常的人犯罪,或通过某人的法律错误或事实错误而从事犯罪活动。而支使他人犯罪的人往往是犯罪的主犯,具有完全的犯罪心理要素,了解被支使的人的行为违法性。许多国家的国内法都规定了这种犯罪形态,因此,在《罗马规约》的制定过程中,并没有什么争议。

三是通过应负刑事责任的人犯罪,其法理根据是大陆法系中,特别是德国刑法中的"(直接)主犯背后的(间接)主犯"(tater hinter dem tater)理论,也是对犯罪行为人的

---

[8] See Triffterer & Ambos eds., *The Rome Statute of the International Criminal Court: A Commentary*, Third Edition, Hart Nomos, p. 990.

[9] Prosecutor v. Luganga, (ICC-01/04-01/06-803-t), 2007年1月29日, Decision on Charges by the First Pre-trial Chamber, para. 326-327.

[10] Ibid.

[11] Ibid. para. 342.

[12] Prosecutor v. Germain Karanga and Mathieu Ngudjolo Chui. (ICC-01/04-01/07-717), 30 Sept. 2008, ICC Decision on the confirmation of Charges by the First Pre-Trial Chamber, para. 351.

控制理论。根据这种理论,间接主犯通过具有上下级关系的组织结构完全控制了实际从事犯罪行为的直接主犯。该理论在一些国内法的司法实践中得以适用,如1985年,阿根廷上诉法院在审理前军人政权的指挥官案中指出:“被告人主导了这些犯罪行为,因为他们控制了实施犯罪的组织,谁控制了整个系统,谁就控制了整个犯罪。”〔13〕德国法院在审理德国统一前边境士兵枪杀越境人员案中,也认为民主德国的国防委员会国家人民军的军官是犯罪“主犯背后的主犯”〔14〕。2008年9月30日,国际刑事法院第一预审分庭在加丹加和恩乔洛案中认为,通过应负刑事责任的人实施犯罪,既不适用主观犯罪标准,也不适用客观犯罪标准,而应适用一种控制标准,是主观标准与客观标准的综合。〔15〕该标准的法理基础是“犯罪的主犯并不局限于亲自实施了犯罪的客观因素的人,也包括不在犯罪现场但控制和主导了实施犯罪的人,因为他们决定了是否实施犯罪和如何实施犯罪”〔16〕。在有组织犯罪的情况下,该标准则体现在“对组织的控制”〔17〕。“对组织的控制”的目的是使组织内部最高级的领导人作为犯罪的主犯,而不是从犯。领导人的职务越高,对犯罪实施者控制越超然,其刑事责任也就越大。〔18〕该组织必须具有上下级关系,领导人对其下属具有实际的控制能力以保证其命令得以执行。可见,对该组织的控制权是问题的关键,其权威与控制力表现在其命令能被其下属执行。其控制的方式体现在能够雇用、训练、以纪律约束其下属并能为其下属提供资源上。其控制权还体现在其下属能“自动”地执行其命令,如同“一个大机器上的零件”或机器人一样。

实践证明,通过应负刑事责任的人犯罪的犯罪形态是对一个国家、一个社团、一个组织或一个政党的领导人起诉的有力工具。2009年3月4日,国际刑事法院根据苏丹总统巴希尔发布的逮捕令认为,巴希尔作为苏丹总统和武装部队总司令利用其国家机器和军队在达尔富尔地区实施了危害人类罪和战争罪。〔19〕

联合国临时刑事法庭在其司法实践中并没有认可共同犯罪的概念。前南国际刑庭上诉庭在斯塔季奇案中指出:“上诉庭经过对审判庭判决书认真和全面的审查后认为,审判庭在‘共同犯罪’的框架内分析上诉人的责任是一个错误。审判庭所定义并

---

〔13〕 Camera Nacional de Apelaciones etc v. Sentencia, 9 Dec., 1985, in: Faallos CSJ Vol. 309-I/II 33, at 1597-98.

〔14〕 Bundesgerichtshof-Entscheidungen in Strafsachen, 218, 237-38(1994).

〔15〕 Prosecutor v. Germain Karanga and Mathieu Ngudjolo Chui. (ICC - 01/04 - 01/07 - 717), 30 Sept. 2008, ICC Decision on the confirmation of Charges by the First Pre-Trial Chamber, para. 484.

〔16〕 Ibid. para. 330.

〔17〕 Claus Roxin, *Crimes as Part of Organized Power Structures*, 9 JICJ. 2011, p. 193; and Claus Roxin *Taterschaft und Tatherrschaft* (7th ed, Grutyer, Berlin, 2000) at 242-52 and 704-17 (translation: *Control Over the Crime*).

〔18〕 Supra note 2. para. 503-504.

〔19〕 Prosecutor v. Al Bashir, (ICC-02/05-01/09-1), 04 March, 2009, ICC Pre-Trial Chamber I, Warrant of Arrest for Omar Hassan Ahmad Al Bashir.

适用的这种责任形态得不到对审判具有约束力的习惯国际法和本法庭所确立的法理的支持。相比之下,共同犯罪组合是习惯国际法中具有牢固根基的责任形态并在法庭的案例中通常适用。而且,共同犯罪组合是起诉书中对上诉人起诉的责任形态,上诉人在审判阶段也对此作出了答复。根据上述原因,审判庭由于适用了本法庭管辖权内无效的法律而犯下了错误。"[20]联合国临时国际法庭既然已经适用了共同犯罪组合的概念与理论,自然不会再适用另一种个人刑事责任形态。但国际刑事法院却不这么认为。国际刑事法院第一预审分庭在加丹加和恩乔洛案中曾指出:"(前南国际刑庭)上诉庭曾否决了这种责任形态,认为其并不是习惯国际法的一部分。但是,《罗马规约》第21条第1款第1项规定,适用法律的第一渊源是《罗马规约》。国际法的原则与规定只是作为第二渊源在《罗马规约》没有规定法律解决方式的情况下适用。因此,既然《罗马规约》明确规定了这种特定的犯罪形态,采用或排除'通过其他人共同犯罪'是否为习惯法的问题与本法庭无关。"[21]

二、间接共同犯罪

热尔曼·加丹加和马蒂厄·恩乔洛·楚伊案是国际刑事法院审理的第二起案件。在这个案件中,预审分庭采用了间接共同犯罪的理论。热尔曼·加丹加是伊图里刚果爱国抵抗运动(the FRPI)的高级指挥官,马蒂厄·恩乔洛·楚伊是全国统一战线的指挥官。国际刑事法院的检察官指控,这两人领导的部队为了实现共同的犯罪目标,于2003年2月24日对在伊图里地区的波博罗村进行了大清洗,至少有200人在这次大屠杀中丧生。检察官以6项战争罪和3项危害人类罪对这两人提起了诉讼,指控他们对平民犯下谋杀、性奴役、强奸、破坏财产、抢劫罪和利用15岁以下儿童参加敌对行动等罪行。[22]

此案的难点是,尽管这两支部队的领导人被指控犯下上述罪行,但两支部队互不隶属。加丹加的部队不听恩乔洛的指挥,恩乔洛的部队也不接受加丹加的命令。[23]证人也很难分清具体是谁的部队犯下了哪些罪行。如果适用共同犯罪的责任模式,那么加丹加与恩乔洛都没有直接实施犯罪行为。如果适用间接犯罪(indirect participation)的责任形态,法庭无法确定究竟是谁的部队犯下某一项具体罪行,无法归责于任何一个被告人。为了解决这一难题,国际刑事法院预审分庭接受了检察官提出的间接共同犯罪的主张并指出,犯罪的发生取决于加丹加与恩乔洛之间的共同犯罪计划,使其下属能采取协调一致的行为从事这些犯罪活动。法庭指出:"一个人如果不具

---

[20] Prosecutor v. Stakic, (IT-97-24-A), 22 March, 2006, ICTY Appeals Chamber Judgement, para. 62.

[21] Supra note 2, para. 508.

[22] Warrant of Arrest for Germain Katanga (ICC-01/04-01/07-1-tENG) 02 July 2007, Pre-Trial Chamber I.

[23] Supra note 15, para. 493.

有对实际实施犯罪者的控制,就不构成通过他人犯罪的责任模式。但是,如果他与另外一个人共同实施犯罪,而另外这个人将其他人当成是犯罪工具实施犯罪,那么这些犯罪在相互归责的基础上,就可以归责于此人。"〔24〕这就是间接共同犯罪的责任形态。据此,加丹加与恩乔洛不但要为自己的部队所犯下的罪行负责,也要为另一个人的下属所犯下的罪行承担法律责任。

被告人的律师对间接共同犯罪模式提出了异议,指出《罗马规约》并没有明文规定间接共同犯罪的责任形态。被告人的律师还认为,《罗马规约》第 25 条第 3 款第 1 项规定:"单独、伙同他人、通过不论是否负刑事责任的另一人,实施这一犯罪。"〔25〕在英文版的规约文本中,在"伙同他人"和"通过不论是否负刑事责任的另一人"之间的连接词是"或",而不是"和",因此,应该两者选一,而不能两者均适用,因此,规约中并不存在间接共同犯罪的责任形态。

国际刑事法院预审分庭对此的解释是:"'或'这个词有两个解释——一个是弱势的或全包性的,另一个是强势的或排他性的。""对这个连接词的全包性的解释是'这个或那个并且两个都包括',而排他性的解释是'这个或那个,但不能两者都包括'。因此,按照严格的条文解释原则,《罗马规约》第 25 条第 3 款第 1 项中的连接词作全包性或排他性的解释都可以。本法庭认为,根据通过一个人或多人实施的共同犯罪的个人刑事责任的犯罪模式是一种符合《罗马规约》规定的犯罪模式。"〔26〕预审分庭显然是对"或"这个词作出了全包性的解释,认为"或"也就是"和"。

在该案中,法庭还对通过多人实施犯罪进行了扩大解释。通过多人实施犯罪也可以被理解为通过一个组织或机构犯罪。〔27〕其理由主要有以下几点:①通过组织进行犯罪已纳入《罗马规约》的规定;②这种犯罪模式在许多国家得到了广泛的应用;③在国际刑事法院预审分庭的司法实践中,第三预审分庭曾适用过这种犯罪模式。〔28〕

通过组织形式间接共同犯罪的行为要素是:①有共同犯罪者之间达成了犯罪的协议或共同计划;②共同犯罪者中的每一个人都对共同计划的实现作出了实质性的贡献;③存在权力的组织结构(OSP),这些组织结构中的高级的政治或军事领导人控制着犯罪的客观要素的实施。其心理要素是:①领导人必须具有犯罪的心理要素,包括恶意的心理要素;②所有共同犯罪者必须了解并接受当执行共同计划时实施犯罪的实

〔24〕 Prosecutor v. Germain Karanga and Mathieu Ngudjolo Chui. (ICC - 01/04 - 01/07 - 717), 30 Sept. 2008, ICC Decision on the confirmation of Charges by the First Pre-Trial Chamber, para. 493.

〔25〕 Prosecutor v. Germain Karanga and Mathieu Ngudjolo Chui. (ICC - 01/04 - 01/07 - 717), 30 Sept. 2008, ICC Decision on the confirmation of Charges by the First Pre-Trial Chamber, Para. 490. 中文版中在"伙同他人"和"通过不论是否……"之间,没有"或",但在英文版中有"or"。

〔26〕 Ibid. para. 491.

〔27〕 Ibid. para. 500.

〔28〕 Ibid.

质可能性;③有关领导人必须清楚他们的权力地位以及他们能够阻止共同计划的执行。[29]

间接共同犯罪的理论已成为国际刑事法院检察官起诉高级政治与军事领导人的有力武器,在之后的检察官诉巴希尔案[30]、班巴案[31]和涉及肯尼亚的案件中[32],检察官都根据这些高级领导人的下属所犯的罪行,对他们以间接共同犯罪的主犯进行了起诉。

当然,间接共同犯罪是理论还是一种正在形成中的犯罪模式,学术界对此争论很大,主要集中在以下几点:

第一,《罗马规约》的确没有明确规定这种犯罪模式。国际刑事法院预审分庭对《罗马规约》第25条第3款第1项中"或"的解释有些牵强附会。范·德·温加特法官在加丹加案判决书所附意见中就指出,"这种结合式的解释据说是对《罗马规约》第25条第3款第1项采取了依上下文进行解释的方法,因此'或'被认为是'全包式的选择判断'。怀着极大的敬意,我认为作出这种解释的理由令人难以信服"[33]。《罗马规约》第22条第2款规定:"犯罪定义应予以严格解释,不得类推延伸。涵义不明时,对定义作出的解释应有利于被调查、被起诉或被定罪的人。"这种犯罪模式虽然不是犯罪定义,但也涉及被告人是否有罪的问题,也应当适用《罗马规约》第22条的规定,作出对被告人有利的解释。

第二,间接共同犯罪尚未成为习惯国际法,许多国家以及其他国际刑事审判机构并没有认可或采纳这种犯罪模式。前南国际刑庭上诉庭在斯塔克奇案中指出:"上诉庭认为审判庭在'共同犯罪'的框架下分析上诉人的责任问题是错误的。审判庭确认与适用的这种责任模式得不到习惯国际法和本法庭已经确立的法理的支持。本法庭的法理对审判庭具有约束力。"[34]

第三,国际刑事法院预审分庭没有对"控制"给出一个明确的定义。在正规的武装部队中,或者具有明确的上下级关系的组织里,是不难确定"控制"因素的。但是,在一些反政府组织里,特别是在非洲的一些武装力量中,上下级关系并不清晰。一群乌

---

〔29〕 See Héctor Olásolo and et al, *The Criminal Responsibility of Senior Political and Military Leaders as Principals to International Crimes* (Hart, Oxford, 2009), p. 307.

〔30〕 Prosecutor v Al Bashir (Warrant of Arrest) ICC Pre-Trial Chamber Ⅰ, (ICC-02/05-01/09-3), 4 March, 2009.

〔31〕 Prosecutor v Bemba (Warrant of Arrest) ICC Pre-Trial Chamber Ⅲ, (ICC-01/05-01/08-14-Ten), 10 June, 2008.

〔32〕 Prosecutor v. Ruto and Sang (Decision on Confirmation of Charges) ICC Appeals Chamber (ICC-01/09-01/11), 23 January 2012; and Prosecutor v Muthaura and Kenyatta (Decision on Confirmation of Charges) ICC Pre-Trial Chamber Ⅱ, (ICC-01/09-02/11), 23 January, 2012.

〔33〕 Prosecutor v. Ngudjolo, Judgment pursuant to Article 74 of the Statute Concurring Opinion of Judge Christine Van den W5aigaert, (ICC-01/04-02/12), 18 December, 2012.

〔34〕 Prosecutor v Milomir Stakic, (IT-97-24-A), ICTY Appeals Judgement, 22 March, 2006, para. 62.

合之众或散兵游勇犯下了国际罪行，就很难归咎于高级指挥官与领导人。

第四，在心理要素方面，间接共同犯罪面临着与共同犯罪组合第三种形态同样的尴尬。如果两个组织的领导人一起制订了驱逐出境或强行迁移人口的共同计划，在实施过程中，一个领导人的下属犯下了灭绝种族罪，另一个组织的领导人并不具有灭绝种族罪的特定的心理要素，如果将其定罪为灭绝种族罪的共同主犯，将违反刑法中犯罪构成的基本要求。

三、共同犯罪组合

在纽伦堡审判共谋罪的基础上，前南国际刑庭与卢旺达国际刑庭采用了共同犯罪组合的犯罪形态，以惩治那种领导人策划、指挥的共同犯罪。[35] 前南国际刑庭上诉庭在塔迪奇案中最先适用了共同犯罪组合的犯罪形态并指出，共同犯罪组合虽然在《前南斯拉夫国际刑事法庭规约》（以下简称《前南国际刑庭规约》）中没有作出明确的规定，但是，它是属于《前南国际刑庭规约》第7条第1款中“实施”（commission）犯罪的一种形式，而不是一种从犯的次级犯罪形态。[36] 前南国际刑庭在西米奇案中明确指出：“参与共同犯罪组合应被认为是‘实施’了犯罪，而不是帮助和唆使犯罪。”[37] 在前南国际刑庭审理的克诺耶拉奇案中，被告人是一座监狱的典狱长，该监狱条件极为恶劣，经常发生毒打被关押人和对被关押人实施酷刑的事件。审判庭认定被告人帮助或唆使了这些事件，属于从犯的范畴。[38] 但是，上诉庭认为，被告人自愿担任典狱长的职务达15个月之久，他本人并没有参与虐待与毒打被关押者的行为，但他知道被关押者为非塞族的人员，知道监狱中所发生的非人道待遇和酷刑。他不但不制止，反而支持、纵容这些暴行的发生。被告人不仅仅是一个帮助者或唆使者，而且是共同犯罪组合的成员，他具有与共同犯罪组合其他成员同样的心理要素。因此，应以共同主犯论罪。[39] 前南国际刑庭上诉庭在塔迪奇案中指出：“在某些情况下，只对亲自实施犯罪行为的人按实行犯追究刑事责任，将无视所有通过各种方式使犯罪行为成为现实的共同犯罪者的作用。与此同时，根据这种情况，如果只将前者算作帮助者或唆使者，则低估了他们的犯罪程度。”[40]

---

〔35〕 See Briony McKenzie, *The Principal Liability of Political and Military Leaders for International Crimes: Joint Criminal Enterprise versus Indirect Co-Perpetration*, p. 9, https://www.otago.ac.nz/law/research/journals/otago085110.pdf, last visited June 30, 2021.

〔36〕 Prosecutor v. Brdiani, (IT-99-36), 1 September, 2004, ICTY Appeals Chamber Judgement, para. 258.

〔37〕 Prosecutor v. Simic, et al., (IT-95-9), 17 October, 2003. ICTY Trial Chamber Judgement, para. 138.

〔38〕 Prosecutor v. Krnojelac, (IT-97-25) 15 March, 2002, ICTY Trial Chamber Judgement, para. 487-495.

〔39〕 Prosecutor v. Krnojelac, (IT-97-25), 17 September, 2003, ICTY Appeals Chamber Judgement, para. 112.

〔40〕 Prosecutor v. Tadic, (IT-94-I-A). ICTY Appeal Chamber Judgement, 15 July 1999, para. 192.

前南刑事法庭上诉庭在塔迪奇案中指出,共同犯罪组合分为三种类型。[41]

第一种为共同犯罪组合的基本类型(Basic Form, JCE Ⅰ),在这类案件中所有参与犯罪者都具有同样的犯罪心理要素,为实现共同的犯罪目的,自愿地参与该共同犯罪组合。[42] 在共同犯罪组合的基本类型中又分为两种情况,第一种是所有参与共同犯罪组合的行为人,具有同样的犯罪行为要素和犯罪心理要素。例如,多人共同参与了大屠杀,所有人在具有相同心理要素的情况下都实际从事了杀人的活动。另一种则是共同犯罪组合的成员都具有相同的心理要素,但不具有相同的行为要素。最典型的例子就是所有犯罪人参与制订一个犯罪计划,每一个人按各种不同的犯罪分工,从事犯罪活动,并不一定是共同犯罪组合中的每个人都直接从事了犯罪的具体行为,但都对犯罪的实施作出了自己的贡献,都期望着犯罪结果的发生,将每一个人所分担的犯罪活动加在一起,就构成了整个犯罪。当然,该计划并不要求是书面的或具体的;总之,第二种情况必须符合两个条件:①被告人自愿参与共同犯罪计划的一个组成部分,比如,帮助其他犯罪行为人的犯罪行为;②被告人即使自己没有亲自参与犯罪行为,但是必须期待着犯罪结果的发生。[43]

第二种共同犯罪组合的形态是所谓的“系统性” 类型(Systematic Form, JCE Ⅱ),适用于涉及集中营或具有严密组织系统的案件,如军事的或行政的机构。卡塞斯法官曾指出:“简言之,在被关押者受到严重虐待甚至酷刑的集中营里,不仅是典狱长和他的高级助手以及那些亲自实施酷刑和非人道待遇的人要承担责任,而且那些履行对实现集中营主要目的必不可少的行政责任的人(如登记被关押人、记录被关押人的死亡、给被关押人治病或向被关押人提供食物的人)也要承担刑事责任。只要他们知道严重犯罪的发生并愿意参与该系统的运转,就应承担责任。他们承担责任是符合逻辑和自然的,因为他们通过行政管理的运作,对犯罪的实施作出了贡献。没有他们自愿的支持,罪行可能不会发生。因此,无论他们所起的作用多么微不足道,他们在整个屠杀机器中构成了不可或缺的组成部分。”[44]这种类型的共同犯罪组合并不要求被告人亲自参与犯罪,但必须对犯罪的实施作出了贡献或协助了共同犯罪目的的实现。在前南国际刑庭审理的卡瓦恰案中,被告人的律师声称,到集中营进行犯罪活动的人,只是“机会性来访者”(opportunistic visitors) ,不是集中营的工作人员,不是共同犯罪组合的成员,集中营的头目对其没有控制权,不应承担刑事责任。上诉庭认为,集中营的管理人员对集中营负有保护与管理的责任,他们不但没有尽到自己应尽的责任,反而允许、纵容犯罪,对犯罪目的的实现作出了实质性的贡献,尽管没有办法查明这些“机会性来访

---

〔41〕 Prosecutor v. Tadic, (IT-94-I-A). ICTY Appeal Chamber Judgement, 15 July 1999, para. 196-226.

〔42〕 Prosecutor v. Tadic, (IT-94-I-A). ICTY Appeal Chamber Judgement, 15 July 1999, para. 196.

〔43〕 Ibid, para. 196.

〔44〕 Antonio Cassese, *The Proper Limits of Individual Responsibility under the Doctrine of Joint Criminal Enterprise*, Journal of International Criminal Justice, Vol. 5, Issue 1, 2007, pp. 109-133,

者”的身份与刑事责任,但是,犯罪事实是确凿的,集中营的管理人员,包括典狱长都应该为此承担刑事责任。[45] 在这种系统性的共同犯罪组合中,并不一定要证明存在共同的犯罪协议。在前南国际刑庭审理的克诺耶拉奇案中,上诉庭指出:“审判庭应审查克诺耶拉奇是否知道该犯罪系统的存在以及是否对此表示赞同,而没有必要去寻求他是否与实施犯罪的主犯——看守与士兵,达成了实施犯罪的协议。”[46] 其心理要素是要求明知该系统的存在与犯罪的性质并有意实现该犯罪系统的共同犯罪目的。至于其成员之间是否相互认识无关宏旨,关键是是否“志同道合”。

第三种则是所谓的“延伸性”类型(Extended Form JCE Ⅲ),适用于超出共同犯罪目的范围的犯罪,但仍是共同犯罪目的下自然的和可预见的结果。适用这种标准必须满足以下条件:①行为人故意参与共同犯罪计划并愿意为共同犯罪目标的实现作出贡献;②行为人明知共同犯罪组合中一个人或一些人要实施犯罪,但仍愿冒此风险,继续参与该共同犯罪组合[47];③共同犯罪组合的成员知道犯罪是执行共同犯罪目的的可能后果,但在了解情况的基础上,仍作出行动以促进共同犯罪目的的实现。[48] 例如,前南国际刑庭上诉庭在瓦西列维奇案中指出,在该案中,共同犯罪组合是用枪威逼,使一个种族、宗教团体或民族的人完全迁移出一个村庄、城镇或一个地区,也就是通常所说的“种族清洗”,在这个过程中,难免发生殴打,甚至枪杀平民的事件。虽然种族清洗而不是谋杀是共同犯罪组合的共同目的,但是,在此过程中,殴打或枪杀平民是种族清洗的自然的或可以预见的后果,因此,参与种族清洗的所有人都要为殴打或枪杀平民承担刑事责任,而不论其是否参与了殴打或枪杀平民的具体行为。[49]

对于第三种共同犯罪组合的心理要素,除了直接心理要素,只要能满足间接心理要素(dolus eventualis)的要求也可以成立,即共同犯罪组合的成员明知犯罪行为是“共同目的的自然的或可预见的后果以及后续行为”。在塔迪奇案中,波黑塞族军队对一个村庄发动攻击,杀害了该村的5名村民。塔迪奇积极参与了军事行动以及对非塞族居民的迫害与殴打,但是有关他杀害了几名村民的情况并没有直接的证据。审判庭认为被告人直接参与杀害5名平民的行为无法排除合理怀疑,因而不能认定其有罪。[50] 检察官针对该结论进行了上诉,上诉庭在审理过程中,充分考察了纽伦堡法庭以及一些国家军事法庭审理的相关案例,并结合习惯国际法的相关原则和各国国内法的法律实践,引入了共同犯罪组合理论。依据共同犯罪组合理论,前南国际刑庭上诉庭认为,塔迪奇具有对非塞族人口施加非人道待遇的犯罪目的,在实现这一大目标的前提

---

[45] Prosecutor v. Kvocka, (IT-98-30/1), 25 Feb. 2005, ICTY Appeals Chamber Judgement, para. 59.

[46] Same as note 30, para. 115.

[47] Same as note 38, para. 83.

[48] Prosecutor v. Stakic, (IT-97-24), 22 March, 2006, ICTY Appeals Chamber Judgement, para. 204.

[49] Prosecutor v. Vasiljevic, (IT-98-32), 25 Feb., 2004, ICTY Appeals Chamber Judgement, para. 99.

[50] Prosecutor v Tadic, (IT-94-1-T), ICTY Trial Chamber Judgment, 7 May, 1997, para. 373.

下,可以预见到可能出现非塞族平民被杀害的情况,并且塔迪奇明知他所领导的军队可能实施这种杀戮行为,却甘愿冒此风险,因而有罪。上诉庭在塔迪奇案判决书中指出:“《前南国际刑庭规约》并没有局限于只对从事计划、教唆、命令、实际实施犯罪或对计划、准备和实施犯罪的帮助与唆使的人的管辖权。规约的规定并没有到此为止。规约并没有排除由具有共同犯罪目的的几个人进行犯罪活动的参与模式,该行为是共同实施或由多人组合中的一些人实施的。为实现共同犯罪目的而对该组合的全体或一部分人实施的犯罪作出贡献的任何人,在某些条件下,都应该对该犯罪承担刑事责任。”〔51〕

前南国际刑庭上诉庭在博坦宁案中对共同犯罪组合的第三种类型作了进一步的阐述,提出了“领导层共同犯罪组合”的理论。在此创新之下,只有计划并启动犯罪活动,位于最高层的政治和军事的领导人才是共同犯罪组合的成员,而低层的犯罪实施者仅被当作“工具”来使用,以确保犯罪的实施。〔52〕 在该案中,检察官对审判庭作出的判决提出了上诉,认为审判庭错误地认定实际犯罪的主犯必须是共同犯罪组合的成员。在研究了纽伦堡审判,各军事法庭战后对德国战犯的审判与前南国际刑庭的案例后,“上诉庭认为,这一类型的共同犯罪组合的要点,不在于实施具体犯罪的行为要素的人是否为共同犯罪组合的成员,而是所实施的犯罪是否为共同犯罪组合的一部分。在某一特定犯罪的主犯不是共同犯罪组合的成员时,重要的因素可以从各种情况中推衍而来,包括被告人或其他共同犯罪的成员是否与犯罪主犯在促进共同犯罪目的实现方面具有密切的合作”〔53〕。由此可见,前南国际刑庭在考虑共同犯罪组合以外的人的犯罪是否能归咎于共同犯罪组合的成员时,主要依赖了客观标准。“当被告人或共同犯罪组合的其他成员,为了促进共同的犯罪目标,利用别人犯下了共同犯罪目标以外的罪行,除了实施共同目标之一部分犯罪的行为要素,如果被告人参与了实施共同犯罪目标以外的罪行并具有所要求的心理要素,就应承担责任。根据案件的情势,①被告人或(其他共同犯罪组合的成员)可以预见到他所利用的人为了实现共同犯罪目标的组成部分的犯罪将要实施;②被告人愿意承担风险——被告人知道这些罪行是执行共同计划的可能的结果,但依然决定参与共同犯罪组合。”〔54〕“正如检察官所述,为了使被告人对另外一个人的犯罪行为负责,归咎犯罪责任的法律基础是被告人与犯罪之间必须存在联系。如其所述,共同犯罪组合的成员是否把主犯作为工具实施犯罪的。”〔55〕这里,前南国际刑庭采用了大陆法系的控制论的学说,这与国际刑事法院适用的共同犯罪和间接

---

〔51〕 Prosecutor v. Tadic, IT-94-I-A. ICTY Appeal Chamber Judgement, 15 July, 1999, para. 190.

〔52〕 Héctor Olásolo, *The Criminal Responsibility of Senior Political and Military leaders as Principals to International Crimes*, Hart Publishing, 2009, pp. 220-226.

〔53〕 Prosection v. Brdanin, (IT-99-36-A) 3 April, 2007, ICTY Appeals Chamber Judgement, para. 410

〔54〕 Prosection v. Brdanin, (IT-99-36-A) 3 April, 2007, ICTY Appeals Chamber Judgement, para. 411.

〔55〕 Ibid, para. 412.

共同犯罪理论在实质上并无不同。

以上三种共同犯罪组合的犯罪模式具有三种共同的行为要素:第一,必须是两个或两个以上的多人参与犯罪,但是,这并不要求被告人以军事的、政治的或行政的组织形式参与犯罪。第二,被告人必须具有共同的犯罪目的,实施犯罪。但这并不意味着犯罪目的要事先策划,也不要求共同犯罪的目的具有任何特定的形式。只要被告人在犯罪意思上达成了一致或未明确表达出来的相互理解,就形成了共同犯罪目的。第三,被告人必须参与了共同犯罪目的的实现,这并不等于被告人要亲自参与实际犯罪的实施,只要求被告人以某种形式支持并促进了实现共同犯罪目的。〔56〕不论被告人在实施犯罪中起到什么作用,所有共同犯罪组合的成员必须承担同样的法律责任,都是实施犯罪的主犯。前南国际刑庭审判庭在布拉格耶维奇案中指出:"共同犯罪组合是实施的一种形式,而不是一种从犯(accomplice)的形式。从犯在本案中系指帮助和唆使犯罪的人,因此,被告人应是本案的主犯(或更准确地说,是共同主犯)而不是从犯。"〔57〕

共同犯罪组合理论,特别是第三种"延伸性"的形态,也存在一些问题和缺点,受到了学者们的尖锐批评。首先,前南国际刑庭在论证这种犯罪模式时,只引用了第二次世界大战后,英美军事法庭根据《对德军事管制第 10 号令》对战犯进行审判的案例,而没有考虑大陆法系的理论与实践,因此,共同犯罪组合的第三种模式是否已成为习惯国际法是值得怀疑的。〔58〕柬埔寨特别法庭就拒绝适用共同犯罪组合的第三种模式,认为在 1975 年到 1979 年期间,这种模式尚未成为习惯国际法。〔59〕其次,在利用他人犯罪的情况下,被利用的人犯下了那些需要证明具有特定心理要素的犯罪,如灭绝种族罪和危害人类罪中的酷刑罪、迫害罪,超出了共同犯罪组合的目的。这种罪行需要证明被告人具有歧视性或特定的心理要素,如灭绝种族罪需要证明被告人具有"蓄意全部或局部消灭某一民族、族裔、种族或宗教团体"的心理要素。如果共同犯罪组合的目的是种族清洗,将在某一特定区域的异族居民迁移到其他地方去,但是,在实施在该犯罪的过程中,亲自实施犯罪的主犯犯下了灭绝种族罪,将这些居民全部杀害。没有参与亲自实施灭绝种族罪的共同犯罪组合的成员也要为灭绝种族罪承担刑事责任,而他们的心理要素只是可以预见到这种后果的发生,但不具有特定的心理要素。这是违反犯罪行为需要具有相应心理要素的刑法原则的,也对被告人不公平。〔60〕

---

〔56〕 Prosecutor v. Tadic, IT-94-I-A. ICTY Appeal Chamber Judgement, 15 July, 1999. para. 96.

〔57〕 Prosecutor v. Balogjevic & Jokic, (IT-02-60), ICTY Trial Chamber Judgement, 17 Jan, para. 696.

〔58〕 See Jens David Ohlin, *Joint Intentions to Commit International Crimes* Chicago, Journal of International Law, Vol. 11, No. 2, p. 707.

〔59〕 Decision on the Application of Joint Criminal Enterprise. 002/19-09-2007/ECCCITC. 12 September, 2011. ECCC Judgement of Trial Chamber, para. 38.

〔60〕 Prosecutor v. Sainovic, et al. (IT-05-A), 23 January, 2014. ICTY Appeals Chamber Judgement, Partially dissenting Opinion and Declaration of Judge Liu, para. 747-752.

在共同犯罪组合成员之间的联系要素方面,共同犯罪组合注重成员的主观因素,即他们的心理要素,无论被告人是军官还是士兵,是领导还是下属,只要他们具有实现犯罪目标的心理要素,并对犯罪作出了自己的贡献,就都是共同犯罪组合的主犯。他们之间的关系是一种水平的关系。国际刑事法院第一预审分庭在卢邦戈案中曾指出:共同犯罪组合注重于犯罪的主观方面,即将重点从对犯罪贡献的程度转移到作出贡献的心理要素上,因此,只有对犯罪作出贡献的人具有同样的心理要素才能被认为是犯罪主犯,而不管其对犯罪的贡献程度。而共同犯罪则侧重于犯罪的客观方面,即只有亲自实施了一件或多件犯罪客观行为的人才会被认定为主犯。〔61〕 可见,共同犯罪注重共同犯罪成员的行为要素,因此,共同犯罪成员之间的关系是一种垂直的隶属关系。虽然联合国临时法庭与国际刑事法院互不认可对方所适用的犯罪模式,但其根本目的都是惩治同一犯罪现象——共同犯罪。

间接共同犯罪与共同犯罪组合中的第三种形态可谓是异曲同工〔62〕,都针对共同计划以外的犯罪,都是共同计划的自然的和可预见的后果。而且二者都存在一个致命的问题,即对于具有特定心理要素的犯罪,犯罪的主犯都缺失犯罪必需的心理要素。至于间接共同犯罪是否能成为国际习惯法的规则,还需要更多的司法实践的进一步检验。

四、共谋罪

共谋罪〔63〕系指两个或两个以上的人对犯罪达成的合意(agreement)或共识。〔64〕共谋罪的心理要素就是合意与共识,行为要素就是达成共识的过程与手段,如密谋策划、开会商讨等行为。共谋罪是一种未完成的犯罪(inchoate crime),即不要求证明犯罪结果的犯罪。未完成的犯罪是一种自成一体(sui generes)的犯罪,与目标犯罪(target crime)存在联系,但又独立于共谋者共同计划实施的目标犯罪。如共谋灭绝种族罪,即使灭绝种族罪没有发生,只要被告人就实施灭绝种族的行为达成了共识,该犯罪就可成立。未完成的犯罪最典型的例子就是犯罪未遂(attempt)。惩罚未完成的犯罪的目的是在目标犯罪还处于初级阶段,犯罪行为还没有对社会造成严重危害时,法律就可以及时介入,防患于未然。

共谋罪是在普通法系中久已确立的一种犯罪,而在大陆法系中却没有显著的地

---

〔61〕 Supra note 55, para. 328-329.

〔62〕 See William A. Schabas, *The International Criminal Court: A Commentary on the Rome Statute*, 2nd Edition, Oxford Press, Sept. 2016, para. 568.

〔63〕《防止及惩治灭绝种族罪公约》中文本中将"conspiracy"译成"预谋"。笔者认为这不符合原意。"多人"意味着"共","制订计划"就是"谋"。因此,译为"共谋"更符合原意。

〔64〕 See Hogan & Smith, *Criminal Law*, 12th edition, Oxford University Press, 2008, p. 399.

位。[65] 共谋罪最初仅限于妨害司法方面,是为了解决众人聚集在一起从事虚假诉讼而没有法律机制来处罚这种行为的问题。为了制止这种行为,英国历史上的好几部法律都规定了共谋罪,最终形成了1304年《共谋者第三法典》。[66] 当有人共同策划发起虚假诉讼或进行恶意诉讼时,他们就会承担共谋的责任。最著名的案件是1661年英国星座法院审理的泡特拉斯案。该案导致了现代共谋罪的发展,确定了共识是该罪的核心要素。[67] 到了17世纪末,共谋罪有了进一步的发展,包括了适用于策划实施所有罪行的共识。

目前,由于作为一种独立罪行的共谋罪仅适用于普通法系的国家,因此,共谋罪尚未成为一项一般法律原则。在传统上,大陆法系并不认可普通法系中的共谋罪的理念,因为共谋罪是与其犯罪结果相分离的另一种罪行。在个别大陆法系国家,共谋罪只适用于少数颠覆国家政权的罪行,而且,鲜有这方面的案例。在国际刑事审判中,共谋罪从一开始就遭到了大陆法系国家的持续反对。其理由是达成共识是一种心理活动,而没有实施具体的目标犯罪,因此,大陆法系国家普遍认为对仅为了犯罪而达成共识进行惩罚是不可接受的。而且一旦目标犯罪受到了惩罚,处罚共识的正当性也就消失了,原因是对目标犯罪的惩罚已经吸收了对于共谋罪的惩罚。[68] 而在普通法系中,即使被告人实施了目标罪行,其对共谋罪的责任依然存在。其理由是共谋罪和目标犯罪所惩罚的对象与保护的法益不同,因此,不存在双重处罚的问题。

普通法系的共谋罪第一次进入国际刑事审判的舞台是在纽伦堡审判期间。《国际军事法庭宪章》和《远东国际军事法庭宪章》中的共谋罪源自普通法系。《国际军事法庭宪章》中有两处规定了共谋罪:第一处是在第6条第1款,共谋是与破坏和平罪相联系的;第二处是在第6条的末尾,表示共谋适用于第6条第2款的所有犯罪。[69] 美国检察官杰克逊极力主张以共谋罪进行起诉,认为纳粹政权所实施的暴行是纳粹党共谋犯罪的必然结果。但是,大陆法系的法官和检察官(主要来自法国与苏联)对普通法系的共谋罪极为陌生。在纽伦堡审判中,法院对以参与共同计划或共谋的指控的定罪采取了谨慎的态度,判决书中对共谋罪定义的阐述也相当模糊。最终,在24名以参与共同计划或共谋罪被起诉的被告人中,只有8名被告人被以此定罪。这8名被告人在不

---

〔65〕 See G. P. Fletcher, *Rethinking Criminal Law*, 2nd edn., 2000, New York, p. 221.

〔66〕 See B. F. Pollack, *Common Law Conspiracy*, Geo. L. J. Vol. 35, 1947, p. 340., the Third Ordinance of Conspirators (33 Edw. Ⅰ)

〔67〕 See 77 English Reports, 813 (1611) cited in Inducing Breach of Contract by F. B. Sayre, Harvard Law Review, Vol. 35, 1922, p. 398; Cf. R. Hazel, *Conspiracies and Civil Liberties. -A Memorandum Submitted to the law Commission by the Cobden Trust and National Council for Civil Liberties* (England) United Kindom Press, 1974, p. 14.

〔68〕 *Statement by Justice Jackson* in Krulewitch v. United States, 336 U. S. 78 (1951) at 88 R. J. Hoskins, N. Y. U. J. Int'l & Pol. Vol. 6, 1973, p. 245.

〔69〕 See Charter of the International Military Tribunal (1945), United Nations Treaty Series, Vol. 82, p. 279.

同场合都与希特勒具有密切的联系,是希特勒核心圈里的成员。他们对战争的非法性质具有完全的了解并对侵略计划的制订起到了实质性的作用。〔70〕

由于在东京审判中普通法系的法学理论占据了主导地位,因此,东京法庭对共谋罪更为重视。检察官提交的起诉书中的第一项罪行就是"制订和参与进行侵略战争和违反国际法的战争的共同计划与共谋的领导人、组织者、鼓动者或协助者"〔71〕。显而易见,共谋罪是检察官起诉的核心。东京审判的总检察长基南先生在其开庭陈述中,引用了美国法庭马利恩诉美国案的判决:"共谋罪是两个或两个以上的人的结合,通过协调的行为,来实现犯罪或非法的目的,可能这些目的本身并不违法,但使用的手段是犯罪或违法的。该罪行的关键点是合意与协议。要给共谋者定罪,被告人必须与其他人一起参与了制订具体的犯罪计划。"〔72〕在东京审判中,25 名被告人除两名以外都以参与共同计划或共谋破坏和平罪定罪,其中 7 名是文职官员,他们都没有亲临犯罪现场。曾任驻德国大使的大岛浩和曾任驻意大利大使的白鸟敏夫只被认定犯有共谋罪,两人都被判处无期徒刑。这清楚地表明共谋罪是一项极为严重的罪行。〔73〕东京法庭指出:"实际上不可设想还有什么比共谋发动侵略战争罪更严重的罪行了。因为这一共谋威胁了全世界人民的安全。该罪的实施破坏了这种安全,这类共谋的可能结果及其付诸实施时的必然结果,是使无数的人类遭遇死亡和痛苦。"〔74〕

东京法庭确定了共谋罪的定义并对其进行了更广泛的解释。以下几个因素对确定被告人的共谋罪起到了重要的作用:身居军事上或政府里的显著地位,这使得被告人有能力参与侵略计划的制订与实施;出席讨论实施犯罪的会议;参与政治阴谋以推翻合法政权并谋杀反对共谋侵略计划的领导人;支持共谋者掌权;镇压民主并谴责反对派;支持共谋者的侵略计划并煽动日本人民移居邻国等。至于心理要素,法庭要求证明双重心理要素。第一,被告人必须了解共谋者的侵略目的,这可以从被告人所占据的地位或其参与决策的情况中或从被告人的公开演讲、出版的文章以及私人通信中推衍出来。第二,被告人必须具有目标犯罪的心理要素。这尽管在判决中没有被特别地提及,但从被告人重光葵对共谋罪的无罪判决中可以看得很清楚。法庭认为:"没有证据证明他担任对满事务局参议时,在制定政策上曾负何种责任,此外,我们认定作为

---

〔70〕 See Alan Bullock, *The Trial of German Major War Criminals: Proceedings of the International Military Tribunal sitting at Nuremberg, Germany*, Part 22. (22nd August, 1946 to 1st October, 1946), International Affairs, Volume 27, Issue 4, October 1951, p. 503.

〔71〕 Neil Boister & Robert Cryer eds., *Documents on the Tokyo International Military Tribunal: Charter, Indictment and Judgments.* (OUP 2008) p. 5.

〔72〕 Opening speech by Prosecutor Keenan, see R. John Pritchard, *The Tokyo Major War Crimes Trial: the Records of International Military Tribunal for the Far East with an Authoritative Commentary and Comprehensive Guide*, Lewiston, N. Y. (1998 年 11 月 1 日)

〔73〕 参见《远东国际军事法庭判决书》,张效林节译,上海交通大学出版社 2015 年版,第 609、614 页。

〔74〕 同上注,第 585 页。

公使和大使时,重光并未超过这类职务的正当范围。在上述期间,他不是共谋分子之一员"〔75〕。尽管证据表明他与共谋者关系密切,也很可能知道共谋者的目的与政策,但是,法庭还是认为这不足以认定他犯下了共谋罪。因为没有证据表明他具有目标犯罪同样的心理要素。

1948年12月9日,联合国大会通过了《防止及惩治灭绝种族罪公约》。该公约第一次以成文法的形式将共谋灭绝种族罪定为国际罪行。该公约第3条第2款规定了共谋灭绝种族罪为一种未完成的犯罪。该公约的立法史表明,鉴于灭绝种族罪的严重性,仅就实施灭绝种族达成合意,就构成了犯罪。〔76〕 1950年7月29日,联合国国际法委员会通过了《纽伦堡宪章和纽伦堡审判中确认的国际法原则》(以下简称《纽伦堡原则》),原则6——反和平罪中第1款第2项规定:"参与共同策划或共谋实施上述第1项所述任何一项行为的为犯罪行为。"〔77〕

《前南国际刑庭规约》和《卢旺达问题国际刑事法庭规约》(以下简称《卢旺达国际刑庭规约》)中都规定了共谋灭绝种族罪,共谋罪在惩治灭绝种族罪中起到了重要的作用。〔78〕 而《罗马规约》中却没有规定共谋罪。卢旺达国际刑庭审理了十几起涉及共谋罪的案件,其中多起案件认定被告人犯有共谋罪。共谋罪的定义第一次出现在穆西玛案件的判决中,即"两人或两人以上达成实施灭绝种族罪的协议"〔79〕。在纳希玛纳案中,上诉庭指出:"共谋罪要求存在协议,协议是共谋罪的关键要素。"但是,"共谋罪并不需要证明正式的或明示的协议的存在"〔80〕。由于共谋罪是一种未完成的犯罪,因此,不需要证明共谋罪的犯罪目标业已实现。共谋罪所惩罚的是共谋行为本身,或者说,是犯罪协议的达成与制订,而不是目标犯罪的结果。共谋罪的心理要素与所协议的目标犯罪相同。如共谋灭绝种族罪,除具有共谋的心理要素以外,还必须具有灭绝种族罪的特定的心理要素(dolus specialis)。共谋罪的心理要素还包括共谋罪的所有成员一般了解共谋的存在,明知其与他人一起参与共谋,明知其对促进灭绝种族罪的共同目标所起的作用。共谋罪能通过参与计划灭绝种族罪的会议的直接证据得以证明,也可以从情势证据中推衍而来。

在前南国际刑庭审理的波波维奇等人案件中,7名被告人中有5名被指控犯有共

〔75〕 参见《远东国际军事法庭判决书》,张效林节译,上海交通大学出版社2015年版,第611页。

〔76〕 See William A. Schabas, *Genocide in International Law: The Crimes of Crimes*, Cambridge University Press, 2000, pp. 259-266.

〔77〕 UNGAOR, 5th Session, Supp. No. 2. UN DOC. A/1316 (1950).

〔78〕 参见《前南国际刑庭规约》第4条第3款第2项, SC. Resolution 827 (1993), International Legal Materials, 1993, 1192; 以及《卢旺达国际刑庭规约》第2条第3款第2项, SC. Resolution 955, International legal materials, 1994, 1598.

〔79〕 Prosecutor v. Musema, (ICTR-96-13-A), ICTR Trial Judgement, 27 January, 2000, para. 186-190.

〔80〕 Prosecutor v. Nahimana et al., (Media case) (ICTR-99-52-A), ICTR Appeal Judgement, 28 November, 2007, para. 245.

谋罪。这5名被告人被指控参与了谋杀亚布拉尼察的穆斯林以及将亚布拉尼察和泽泊的其他人迁移出去的计划,其用心是毁灭穆斯林人口。前南国际刑庭审查了卢旺达国际刑庭对共谋罪提出的标准后,确认共谋罪是一种在达成协议时就完成了的犯罪,因此,无论灭绝种族的行为是否发生,都可以以共谋罪定罪。共谋罪也是一种持续性的犯罪,在实施犯罪的过程中,犯罪计划也可能随时修改,被告人也可在达成初步犯罪计划以后再参与。[81] 法庭认定:“有组织地和系统地实施处决活动表明存在毁灭东波斯尼亚穆斯林协调一致的计划,波斯尼亚塞族武装成员行为方式不但相同,而且是协调一致的。如果没有事先的协议,是不可能达到这种程度的目的与行为的相同性的。”[82]前南国际刑庭上诉庭进而指出:“齐心合力达成的实施灭绝种族罪的协议可从共谋者的行为中推衍出来,也可以依赖情势证据。”[83]可见,一群人齐心合力或协调一致的行为,即可被认定为存在协议的证据。

如果法庭认定被告人既犯了共谋灭绝种族罪,又实施了灭绝种族罪,那么,法庭是将共谋罪与灭绝种族罪分别定罪呢?还是只以灭绝种族罪定罪呢?普通法系与大陆法系的做法并不一致。普通法系是对两罪分别定罪的,而大陆法系则倾向于只对灭绝种族罪定罪。国际刑事审判机构基本上采纳了普通法系的实践。前南国际刑庭上诉庭指出:“如审判庭所述,对于规定在不同规约条款下的罪行,若一条款规定中包含了其他条款所没有的实质要素,对于同一行为的多重定罪就是允许的。而且,上诉庭认为审判庭正确地裁定共谋灭绝种族罪与灭绝种族罪包括了不同行为或不行为,具有实质上不同的行为要素。”[84]在国际刑法中,判刑与定罪是两个不同的阶段,在判刑程序中是否吸收了未完成犯罪的刑期,那就另当别论了。

五、协助罪

协助罪属于一种犯罪还是一种犯罪形态?如果是一种犯罪,是已完成的犯罪,还是未完成的犯罪?这是国际刑法中尚存争论的问题。

协助并没有出现在纽伦堡审判的起诉书与判决书中,但法国德瓦布尔法官在其意见书中认为,“协助罪对于集体犯罪是最适当的罪名,因为该罪在各国法律制度中广泛适用,其重点在于体现了个人犯罪的主观要素,而不是共同意志的外在证据”[85]。

---

〔81〕 Prosecutor v. Popovic et al. (IT-05-88-A) ICTY Appeal Judgement, January 30, 2015, para. 35-50. 还可参见《远东国际军事法庭判决书》,前注〔73〕,第18页。

〔82〕 Ibid, para. 545.

〔83〕 Ibid, para. 544.

〔84〕 Prosecutor v. Popovic et al. (IT-05-88-A) ICTY Appeal Judgement, January 30, 2015, para. 537.

〔85〕 See K. Heller, *The Nuremberg Military Tribunals and the Origins of International Criminal Law*, Oxford University Press, 2011, p. 251.

联合国国际法委员会通过的《纽伦堡原则》中的原则 7 规定:“协助犯下原则 6 所述的反和平罪、战争罪或反人道罪是国际法上的罪行。”〔86〕该原则明确规定了协助是一种罪行,而不是一种次级犯罪形态。

1948 年联合国大会通过的《防止及惩治灭绝种族罪公约》明确规定了协助罪。〔87〕该公约第 3 条规定,“下列行为应予惩治:(a)灭绝种族;(b)预谋灭绝种族;(c)直接公然煽动灭绝种族;(d)意图灭绝种族;(e)共谋灭绝种族”〔88〕。该条将协助与共谋、直接公然煽动灭绝种族、灭绝种族未遂并列,这表明协助是一种未完成的犯罪,即如果灭绝种族行为最终没有发生,对于实施灭绝种族行为的准备、帮助、唆使、命令、计划、煽动等行为也都必须进行惩罚。显然,起草者的原意并没有将协助灭绝种族作为次级犯罪形态对待。《前南国际刑庭规约》和《卢旺达国际刑庭规约》基本上都原文采用了《防止及惩治灭绝种族罪公约》中的规定。〔89〕 在《罗马规约》的制定过程中,各国代表对协助罪的争议太大,因此,协助罪并没有被列入《罗马规约》之中。

在前南国际刑庭和卢旺达国际刑庭的司法实践对协助是次级犯罪形态还是一级犯罪形态的认定并不统一。前南国际刑庭上诉庭在柯诺耶维奇案中认为,“协助根据情势会有各种不同的含义,既可认定为共同犯罪,也可认定为帮助和唆使”〔90〕。阿克森诺娃认为:“看来区分这两种重复概念的最合理的方式是依据其功能,协助灭绝种族应被认定为实质性的犯罪,因为协助在《防止及惩治灭绝种族罪公约》中是与灭绝种族罪一同规定的,而其他责任形态则是在《前南国际刑庭规约》第 7 条和《卢旺达国际刑庭规约》第 6 条中规定的。区分这两种方式的目的在于归咎责任和对被告人的行为予以定性。这种按功能区别的方式确定了协助灭绝种族实质性犯罪条款包括了所有形式的参与模式以及犯罪本身的行为要素和心理要素。前南国际刑庭在柯斯蒂奇案中所采用的方法赞同了这种作为实质性犯罪的协助灭绝种族罪和作为责任形态的协助的区别方式。”〔91〕

前南国际刑庭上诉庭在布拉格耶维奇案中,推翻了审判庭以协助罪对被告人的定罪,其理由是证据不足,但维持了审判庭对被告人帮助和唆使灭绝种族罪的定罪。〔92〕从中可以看出,协助罪是与帮助和唆使不同的责任形态,协助罪的定罪标准要高于帮助与唆使。

---

〔86〕 Same as note〔77〕.

〔87〕 United Nationas Treaty Series, Vol. 78, p. 277.

〔88〕 笔者认为,《防止及惩治灭绝种族罪公约》的中文本是有问题的。Conspiracy 应译为共谋,而不是预谋;Attempt 应译为未遂,而不是意图;Complicity 应译为协助,而不是共谋。

〔89〕 《前南国际刑庭规约》第 4 条第 3 款第 2 项和《卢旺达国际刑庭规约》第 2 条第 3 款第 2 项做出了同文规定,参见前注〔78〕。

〔90〕 Prosecutor v. Krnojelac, (IT-97-25-A), ICTY Appeal Judgment, 17 September, 2003, para 70.

〔91〕 See Marina Aksenova, *Complicity in International Law*, Harding Publishing, 2016, p. 113.

〔92〕 Prosecutor v. Blagojevic et al., (IT-02-60-A) Appeals Judgement, 9 May, 2007, p. 137.

应该承认，前南国际刑庭和卢旺达国际刑庭的大多数案例都将协助认定为次级犯罪形态，而不是犯罪。前南国际刑庭在斯塔季奇案中指出："协助是刑法一般原则下的一种参与犯罪的形态。协助一般被广泛地认为是一种次级责任形式，因此，包括了第7条第1款规定的各种责任形式。"〔93〕"在灭绝种族中，主犯起到了主要的协调作用，他处于领导者的地位，他的参与具有特别的意义，而协助者被认定为其他人实施灭绝种族罪的参与者。"〔94〕

国际学术界对前南国际刑庭和卢旺达国际刑庭对协助罪的认定基本上持批判的态度。沙巴斯教授就指出："协助有时候被认为是一种次级责任，但适用到灭绝种族罪时，就没有什么次级责任可言。'协助者'往往是真正的罪犯，而'主犯'只不过是机器上的一颗螺丝钉。希特勒从来没有亲自杀过一个人，也没有强暴过任何人，从技术上来说，他'只是'灭绝种族罪的协助者。"〔95〕格林费尔德认为："不幸的是，法庭犯下了在法理上应受到批判的错误，剥夺了《防止及惩治灭绝种族罪公约》和适用该公约的法庭的极为重要的防止犯罪的作用。根据《防止及惩治灭绝种族罪公约》和前南国际刑庭和卢旺达国际刑庭的规约，协助灭绝种族是自成一体的犯罪，完全可以单独起诉。但是，法庭最近的判决可以理解但错误地认定协助灭绝种族是灭绝种族罪的一种责任形式，而不是一种犯罪。"〔96〕卢旺达国际刑庭的法官肖特也认为："协助灭绝种族具有刑事犯罪的特征……经常作为灭绝种族罪的替代罪行被起诉……结果是以协助灭绝种族罪定罪。例如，在（卢旺达国际刑庭审理的）西曼扎案中，被告人是以灭绝种族罪和协助灭绝种族罪被起诉的，对灭绝种族罪的起诉，法庭认定被告人无罪，而对协助灭绝种族罪有罪。显然，被告人不是以责任模式被定罪的。因此，我认为，规约第2条第3款(e)项所规定的协助灭绝种族是一项罪行"。〔97〕就同一行为而言，如帮助和唆使，在其他犯罪中就可能是次级犯罪形态，但在严重国际犯罪的协助罪的情况下，就是一级犯罪形态，也就是一种犯罪。

对于协助罪的行为要素，前南国际刑庭认为，"协助实施灭绝种族罪包括了对计划、准备和实施犯罪的帮助与唆使以及其他所有的参与方式"〔98〕。沙巴斯教授也指

〔93〕 Prosecutor v. Stakic, (IT-97-24-T) Trial Chamber Judgement, 31 July, 2003, para. 533.

〔94〕 Prosecutor v. Blagojevic et al., (IT-97-24-T) Trial Chamber Judgement, 17 January, 2005, para. 776.

〔95〕 Supra note 76, p. 286.

〔96〕 See Danie M. Greenfield, *The Crime of Complicity in Genocide: How the International Criminal Tribunals of Rwanda and Yugoslavia Got It Wrong, and Why It Matters*, Journal of Criminal Law and Crimininoloy, Volume 98, Spring 2008, p. 925.

〔97〕 Prosecutor v. Karemera, (ICTR-98-44-T), Separate Opinion of Judge Short, May 23, 2006. p. 5, 6, 8.

〔98〕 Prosecutor v. Karemera, (ICTR-98-44-T), Decision on Defence Motions Challenging the Pleading of a Joint Criminal Enterprise in a Count of Complicity in Genocide in the Amended Indictment, May 18, 2006, para. 6.

出:“协助是从各国国内法中移植的概念,包括了除实施以外的所有参与模式。”[99] 卢旺达国际刑庭在阿卡耶苏案中依据卢旺达国内法的规定,指出协助包括三个方面的责任形式:一是为灭绝种族罪的实施采购工具,制定方法;二是帮助或唆使实施灭绝种族罪;三是煽动灭绝种族。[100] 协助罪包括了帮助和唆使等所有的参与方式,但范围要比帮助和唆使更为广泛。

协助罪与帮助与唆使在心理要素方面存在根本性的不同。前南国际刑庭上诉庭指出帮助和唆使者的心理要素是:“如果个人参与犯罪活动并知道犯罪实施者具有特定的心理要素,他就要承担帮助和唆使的责任。”[101] 帮助和唆使必须要求目标犯罪已经实施。协助是一种未完成的犯罪,并不要求目标犯罪已经完成。对于协助罪的心理要素,前南国际刑庭上诉庭在柯斯蒂奇案中指出:“有权威人士建议,协助灭绝种族罪比帮助和唆使的范围要广泛,需要证明协助者具有毁灭受保护人口的特定的心理要素。”[102] 可见,协助罪的心理要素要求协助者与实施犯罪的主犯具有同样的心理要素。协助罪与共谋罪一样,只适用于最严重的国际犯罪,如灭绝种族罪,而帮助和唆使则适用于所有犯罪。由此可见,协助罪并不能等同于帮助与唆使,其定罪门槛要远远高于帮助与唆使,从而提高了定罪的难度。这是国际刑事审判机构将协助罪等同于帮助与唆使的理由之一,也是协助罪最终没有纳入《罗马规约》的原因。

笔者认为,协助应该被认定为是一种犯罪,而且是一种未完成的犯罪。从以上分析可以看出,《防止及惩治灭绝种族罪公约》立法者的初衷就是将协助作为一种犯罪,也就是一级犯罪形态,而不是一种次级犯罪形态。将协助定为未完成的犯罪的好处是,尽管灭绝种族罪没有发生,只要被告人从事了帮助、唆使、计划、命令或不行为,只要他具有与灭绝种族罪主犯同样的心理要素,就可以将其定罪,这符合防患于未然的刑法精神。如果将协助定为次级犯罪形态,在灭绝种族罪没有发生的情况下,即使被告人从事了上述行为也不会被定罪。

六、结 论

在国际刑法中,个人刑事责任主要分为一级责任形态和次级责任形态,一级责任主要看行为人的行为是否直接导致了犯罪结果的发生。行为人的行为直接导致犯罪结果的为主犯,刑事责任取决于主犯行为的为从犯。[103] 一般而言,主犯系指对

---

[99] See William A. Schabas, *The U. N. International Criminal Tribunals: The Former Yugoslavia, Rwanda and Sierra Leone*, Cambridge University Press, 2006, p. 305.

[100] Prosecutor v. Akayesu, (ICTR-96-4-T), Judgement Sept. 2, 1998, para. 385.

[101] Prosecutor v. Furundžija (IT-95-17/1), Trial Judgement, 10 December, 1998, para. 275.

[102] Proscutor v. Kristic, (IT-98-33-A) Appeals Chamber Judgement, April 19, 2004. p. 142

[103] See M. J. Allen, *Textbook on Criminal Law*, 8th edn., Oxford University Press, 2005, p. 198.

犯罪行为作出重要贡献的行为人,包括共同犯罪与未完成的犯罪,而从犯则是以其他的方式参与犯罪,如命令、计划、鼓动、引诱、帮助和唆使等。这类参与犯罪的方式属于次级犯罪形态,在目标犯罪没有发生的情况下,是不能对被告人仅以次级犯罪形态定罪的。在共同犯罪组合和共同犯罪的情况下,行为人的上述参与方式是被当作对共同犯罪计划的贡献而对待的,因此,他们也会被认为是犯罪的主犯,而不是从犯。

共同犯罪、间接共同犯罪、共同犯罪组合、共谋罪和协助罪针对的都是多人团伙犯罪,都是可以归责于领导人的形式。这几种共同犯罪的形态既有许多共同之处,也存在明显的不同之处。共同犯罪是具有共同犯罪目的的多人犯罪。共谋罪和协助罪也是共同犯罪,而不是次级犯罪形态,是用来处罚未完成的犯罪的,这两种犯罪都不需要证明目标犯罪业已发生。

在讨论共同犯罪的问题时,难免要涉及《罗马规约》第 25 条第 3 款第 4 项的规定。[104] 该条款源自《制止向恐怖主义提供资助的国际公约》第 2 条第 5 款第 3 项。[105] 在《罗马规约》的讨论过程中,该条款是作为对共谋罪的一种妥协而制定的。[106] 条款中出现了"以共同目的行事"的措辞,采纳了共同犯罪的要素。该条款还使用了"以任何其他方式"的措辞,表明该条款是"兜底条款",即除了第 25 条规定的其他犯罪形态,如命令、唆使、引诱、帮助和教唆等。条款中明确规定了"为了促进这一团伙的犯罪活动"的目的要求,似乎是一种特定的心理要素。但是,如果认真研究该条款就会发现,其只适用于犯罪团伙,而不适用于支助人。问题在于支助人是犯罪团伙的成员,还是犯罪团伙以外的人?我认为,如果支助人是犯罪团伙的成员,那么就可构成共同犯罪,但如果支助人是犯罪团伙以外的人,那么就不属于共同犯罪的范畴。根据该条款规定的上下文,支助只是一种次级犯罪形态,不属于共同犯罪。

国际刑法是近些年来才发展起来的新兴法律学科,而且有关国际刑法犯罪形态,特别是关于一级责任形态和次级责任形态的研究才刚刚开始,对这些犯罪形态的定义、外延和内涵还尚无定论。这一方面给学术界深入研究这一课题提供了广阔的空间,另一方面也使这些问题缺乏可预见性、连贯性和确定性。我们正期待国际刑事法院在今后的判例中对这些问题作出澄清与定论。

---

[104] 该条款规定:"以任何其他方式支助以共同目的行事的团伙实施或企图实施这一犯罪。这种支助应该是故意的,并符合下列情况之一:(1)是为了促进这一团伙的犯罪活动或犯罪目的,而这种活动或目的涉及实施本法院管辖权内的犯罪;(2)明知这一团伙实施该犯罪的意图。"

[105] See the Attachment of UNGA/Res. 54/109, 9 December, 1999.

[106] Supra note 8, p. 1010.

[刑事程序]

刑事审判中异议制度的原理论纲

——从刑事审判对抗化转型切入*

万　旭**

要　目

* 本文属于2022年四川省社科规划青年项目"'瑕疵证据'现象的技术化应对研究"(SC22C076);2022年度成都大学人文社会科学高级别科研项目培育基金项目"程序性争议处置理论的体系化构建"(2022GJBKYXMPYJJ08)的成果。

** 法学博士,成都大学法学院讲师。

摘　要　异议制度体现并契合对抗化刑事审判在横向构造、程序理念、价值目标结构上的多维要求。基于不同的理论分析框架,可对异议声明机制和裁断机制的深层次运行特征作系统归纳,提炼出其各自应遵循的基本原则。异议制度有助于实现程序性争议的公正、高效化解,推动实体真实的技术化实现,促进提升对抗化刑事审判的活力。这些功能受到作为整体的刑事审判程序的完备性和对抗化程度,参与异议制度运作的法官、检察官、律师的个体因素,以及异议制度自身设计的合理性的制约。我国有必要构建与完善刑事审判中的异议制度,尽管这一进程面临理论和实践层面的重重困难。

关键词　刑事审判　异议制度　运行原理　预期功能

刑事审判中的异议,是控辩之一方针对审判中已经或即将发生之程序性事项的合法性、妥当性争议,为寻求法院的即刻裁断而提出的正式反对意见。〔1〕 所谓异议制度,则是以异议“声明”与“裁断”为基本环节的程序制度安排的总和。异议制度是成熟完备的对抗化刑事审判程序的基本组成部分。〔2〕 比较法视野下,在美国刑事审判这样最典型的对抗式审判中,异议制度与律师参与、备档制度一起,构成对抗式审判的制度支柱。〔3〕 而在具有大陆法系传统的国家和地区,但凡刑事审判改革注入更多当事人主义色彩或对抗化因素,异议制度的建立与完善往往就成为一项重要议题。例如,当前我国刑事诉讼理论研究主要关注的德、日等法域的现行刑事诉讼法典,均对审判中的异议制度有明文规定。〔4〕

对抗化也是我国刑事司法改革的显著特征。尤其自十八届四中全会以来,我国持续、积极推进以审判为中心的诉讼制度改革,这一改革的核心任务是达成庭审实质化,该任务的一个重要内涵就是控辩对抗实质化。〔5〕 伴随对抗化改革的逐步深入,构建与完善异议制度就成为绕不开的重要课题。但是,从司法实践情况看,实务界对刑事审判中异议制度虽然有所期待,但还感到十分陌生,散见于司法解释和司法改革相关规范性文件中的异议规则也未能得到充分应用。〔6〕 理论研究现状则表明,我国学

---

〔1〕 这参考了《布莱克法律词典》对“objection”的定义,以及日本学者土本武司对《日本刑事诉讼法典》第309条中“異議を申し立て”的定义。See Bryan A. Garner, *Black's Law Dictionary*, 9th ed, West Group, 2004, p. 1178;〔日〕土本武司:《日本刑事诉讼法要义》,董璠舆、宋英辉译,五南图书出版公司1996年版,第242页。

〔2〕 详见本文后续部分论述。

〔3〕 参见吴洪淇:《转型的逻辑:证据法的运行环境与内部结构》,中国政法大学出版社2013年版,第270页。

〔4〕 参见《德国刑事诉讼法典》第238条,《日本刑事诉讼法典》第309条。

〔5〕 参见《以自我革命的勇气和敢于担当的精神 全面推进以审判为中心的刑事诉讼制度改革》,载《人民法院报》2017年2月28日,第1版。在“控辩对抗实质化”之外,另外两项具体目标分别为“司法证明实质化”和“依法裁判实质化”。

〔6〕 为了解实务界对刑事审判中异议制度的认识情况,笔者采取网络问卷与个别访谈相结合的方式,在2017年7月至9月、2018年7月至9月,对多名法官、检察官和律师进行了调研。

界对异议制度的关注还明显不足,呈现出专门性研究极少[7],系统性研究匮乏[8],本土化研究稀缺[9]的局面,还不足以为构建和完善我国异议制度提供必要的理论支撑。

在前述背景下,对刑事审判中异议制度加以专门性、系统性研究的价值得以凸显——概言之,这一研究顺应我国刑事审判对抗化的变迁趋势;正面回应了实务界对异议制度的期待、陌生、偏见与误解;能够丰富我国刑事诉讼理论体系,可能成为在对抗化语境下进一步反思、检讨、革新传统理论的契机。

本文作为系列研究之一,主要论述刑事审判中异议制度的基本原理,这涉及异议声明和裁断机制各自的运行原理与基本原则,以及作为整体的异议制度可能发挥的预期功能乃至制约功能发挥的关键条件[10]。在论述基本原理之前,本文将首先从"刑事审判对抗化"转型这一命题切入,分析对抗化转型与异议制度的内在关联;在论述异议制度基本原理之后,本文将在结论部分就我国构建与完善异议制度面临的主要困难作简明分析。

一、刑事审判对抗化转型及其与异议制度的关联

(一)历时性视角下的刑事审判对抗化转型

从历时性角度,可分两个层次把握刑事审判的对抗化。第一层次为纠问制向控辩制的转型,第二层次为对抗式审判与职权式审判的分野。就前一层次,当代世界各主要法域的刑事审判都已经实现了对抗化,确立了以控、辩、审为支点的三面诉讼构造。正如王兆鹏教授所言:"历史上曾有纠问主义与控诉主义的分类,但在现今的世界已无区别此两种主义的必要。"[11]就后一层次,在普遍转向控辩制的基础上,由于国体架构、国民文化、政治价值观、事实观等方面的区别,各地刑事审判进一步对抗化的程度存在差异,由此出现对抗式(当事人主义)与职权式(职权主义)的区分,前一模式下由

---

[7] 专门性研究匮乏,最直观体现在以刑事审判中异议制度为主题的专论非常少。

[8] 首先,学界目前尚未认真对待刑事审判中异议制度的核心概念界定问题。其次,目前学界对刑事审判中异议制度的研究在内容上尚不周全。再次,学界目前对刑事审判中异议制度的研究存在逻辑上的诸多不协调。最后,当前研究没有全面深入论证异议制度的运行原理、基本原则和预期功能等方面。

[9] 本土化研究稀缺,是相关研究专门性、系统性不足的一项具体表现。一方面,目前可查的相关中文文献,绝大多数是对其他法域异议制度理论与实践的译介和述评;另一方面,学者很少结合我国实践情况,对异议制度展开有针对性的本土化思考,尤其是极少有学者对刑事审判中的异议现象进行实证考察。

[10] 笔者对刑事审判中异议制度的系列研究始于 2017 年,可归纳为本体论、原理论、比较论与实践论,初步的系统研究成果参见万旭:《刑事审判中的异议制度初论》,中国政法大学出版社 2022 年版。本文作为原理论的论述收录于该书第二章。

[11] 王兆鹏:《美国刑事诉讼法》(第 2 版),北京大学出版社 2014 年版,第 588 页。陈瑞华教授也有类似观点,参见陈瑞华:《刑事诉讼的前沿问题(上册)》(第 5 版),中国人民大学出版社 2016 年版,第 433 页。

控辩双方主导诉讼进程,后一模式下则是由法官主导。

从逻辑上讲,无论是对抗式还是职权式审判,都保有基本的对抗化结构,因而与旧时的纠问制存在根本区别。同时,在现实世界中,并不存在纯粹的对抗式审判制度或纯粹的职权式审判制度。一方面,即便是被公认为“典型对抗制”的美国刑事审判制度,在美国学者眼中也仍有一定的职权性因素〔12〕;另一方面,更值得注意的是,20世纪以来,特别是第二次世界大战之后,伴随着人权保障、正当程序思潮的高涨,以及国际人权法的兴起,许多秉持职权主义传统的法域迎来了刑事诉讼构造的新一轮变革。时至今日,传统意义上的职权主义国家、地区和当事人主义国家、地区在刑事审判程序的建制与改革上呈现出较为明显的趋同性,都十分强调审判程序的透明化、公开化、对抗化。

(二)诉讼构造视角下的刑事审判对抗化转型

对诉讼构造,可区分为纵向构造与横向构造。〔13〕 前文历时性分析所展示的刑事审判对抗化趋势,实质是近代以来世界不同法域刑事审判程序横向构造转型的普遍趋势,其核心内容可概括为三大要点,即控诉方的适度谦抑化、辩护方的实质主体化与审判方的客观中立化。

1. 控诉方的适度谦抑化

控诉方的适度谦抑化,指在刑事审判中,检察机关在履行控诉职能时,诉讼地位和行权方式上的谦抑化。“谦抑”概念常见于刑法学研究中〔14〕,本文此处援用谦抑的说法,意在表明随着刑事审判对抗化的深入,检察机关的控诉权力会受适度限制,被要求在履职时做到“有理、有力、有节,直接体现(彰显)国家追诉权行使的正当性”〔15〕。审判中,控诉方谦抑化的主要表现包括:①对法律与规则的充分尊重与恪守;②质疑、反驳辩护方时的理性、克制;③对辩护方表达、质疑的尊重与倾听;④对法庭诉讼指挥的理性服从。〔16〕

强调控诉方的适度谦抑化,并不简单等同于控诉方的“当事人化”。在职权主义传统法域,检察官始终被视为负有超越当事人之自利性的客观公正义务;在当事人主义

〔12〕 “事实上,美国刑事司法制度并非纯粹的弹劾式诉讼(而且,如果有的话,当今也只有极少数的欧洲大陆国家仍然契合纠问式模式)。……即使在该(审判)阶段,仍然可以找到某些非弹劾式特征。”〔美〕约书亚·德雷斯勒、〔美〕艾伦·C. 迈克尔斯:《美国刑事诉讼法精解·第二卷·刑事审判》(第4版),魏晓娜译,北京大学出版社2009年版,第30页。

〔13〕 我国当代较早研究刑事诉讼构造论的李心鉴博士在定义刑事诉讼构造时,就侧重于刑事审判阶段的横向诉讼构造。参见李心鉴:《刑事诉讼构造论》,中国政法大学出版社1992年版,第7页。

〔14〕 参见徐卫东等:《刑法谦抑在中国——四校刑法学高层论坛》,载《当代法学》2007年第1期。

〔15〕 龙宗智:《检察官客观义务论》,法律出版社2014年版,第233页。

〔16〕 这里借鉴了龙宗智教授阐释检察官客观义务时,对“公诉人的理性”的论述。参见前注〔15〕,第235—240页。

传统法域,检察官也往往被视为负有追求正义之超当事人义务。[17] 学界对于"检察官当事人化"这一命题存在认识分歧[18],这根源于对"当事人化"内涵的不同理解。在笔者看来,不同学者表面上虽有争论,但实质上都是提倡检察官对控诉职能履行方式的理性化转型。

2. 辩护方的实质主体化

辩护方的实质主体化,指确认被告人作为辩护方的诉讼主体地位,并通过辩护律师参与等举措保障辩护方能够"富有影响力地"参与刑事审判,与控诉方平等竞争、共同推进甚而主导审判进程。早期控辩制基本仅是在形式上确立辩方的主体地位,而要实现相对于职权制的进一步对抗化,辩护方的主体地位就必须更为实质化,取得与控诉方平等竞争、共同主导审判进程的权利。

落实辩护方的实质主体化,至少要从四方面着力:其一,通过贯彻不强迫任何人自证有罪等原则,确认、巩固并维护被告人在刑事审判中的主体地位,避免其沦为事实上的诉讼客体;其二,通过确认被告人享有一系列诉讼权利,激活其对实际审判程序的参与能力,使其成为能够积极影响审判进程的诉讼主体;其三,通过确立完善的律师辩护制度,使其在事实上能够对审判进程"富有影响";其四,通过前文提及的控诉方适度谦抑化,以及后文将提及的审判方客观中立化,为辩护方在实践中真正保有诉讼主体地位创造必要的外部环境。

在刑事审判对抗化于诉讼构造层面涉及的三要点中,辩护方的实质主体化居于核心位置,对于维护控诉、辩护、审判分立的诉讼构造有着不可替代的重要意义,"如果失去辩护,控诉方就失去了平等的对立者,裁判者的中立地位更无从谈起"[19]。

3. 审判方的客观中立化

审判方的客观中立化,指审判方从审判程序的积极掌控者、主动介入者转型为客观中立且相对被动的管控者、裁判者。审判方是否守持客观中立,是审判构造在对抗制与职权制上出现分野的关键。例如,虽然在法国大革命后,"欧洲传统的纠问制诉讼以及纠问制法官的全面控制被逐渐废除",进而引发了席卷欧洲的刑事诉讼制度改革浪潮,"但是,这些改革均未达到采取对抗制的程度。反之,法国、德国和其他欧洲大陆国家建立了融合传统审问制与现代对抗制因素的混合程序"[20]。换言之,欧陆国家早期在刑事诉讼中融入对抗制因素,主要意义在于适度调整程序结构以提升制度的正当

---

[17] 参见前注[15],第二章。

[18] 参见万毅:《检察权若干基本理论问题研究——返回检察理论研究的始点》,载《政法论坛》2008年第3期。

[19] 孙长永主编:《刑事诉讼法学》(第3版),法律出版社2016年版,第115页。

[20] [美]弗洛伊德·菲尼、[德]约阿希姆·赫尔曼、岳礼玲:《一个案例 两种制度——美德刑事司法比较》,郭志媛译(英文部分),中国法制出版社2006年版,第307页。

性,但这种调整对刑事诉讼实践的影响其实有限——刑事审判仍然由法官掌舵。

当然,这不是说职权主义传统法域就不追求审判方的客观中立。相反,新职权主义强调审判程序的透明、公开、对抗,审判方的客观中立化合情合理地成为这些法域刑事审判改革的重要内容。〔21〕只不过,不同国家、地区的审判方客观中立化在具体语境中的侧重点有所不同。

不过,审判方的客观中立化不等同于其在审判过程中完全的消极被动。“消极被动”这一特点,只有在指称英美陪审团审判中作为事实认定者的陪审团时,才可能是成立的。〔22〕职业法官则不同,即便将审判进程的主导权交给控辩双方,法官仍然负有对审判进程的管控责任。诚如蔡杰教授和冯亚景法官指出的,法官在不同审判模式下都享有诉讼指挥权,只不过在具体内容和行权方式上存有差异。〔23〕

(三)程序理念视角下的刑事审判对抗化转型

刑事审判对抗化不仅是诉讼构造的转型,也蕴含着程序理念的革新。理念的转变总是包含着深刻的历史时代因素,而在全球化趋势明显的当代世界,还受到国际交流与合作的深刻影响——刑事程序理念尤其如此。刑事审判对抗化所蕴含的核心程序理念有二:一是司法竞技主义,二是程序正义理念。

1. 司法竞技主义

司法竞技主义的核心含义在于“当事人双方在法律规则范围内并在法官节制下进行法庭争斗”〔24〕。“尽管在大陆法系与英美法系之间,以及在同属于西欧法律传统的这两大法系的各国的诉讼制度之间存在多种多样的程序设计,但在这些不同区别之下,仍存在着以‘竞技性’的诉讼观为核心的某种共通的制度基盘或结构。”〔25〕

诉讼(尤其是审判)呈现为对抗与判定相结合的动态结构。所谓对抗,即诉讼双方当事人相互展开的攻击防御活动,其预设了双方在立场上的对立、地位上的平等。所谓判定,则是作为第三方的裁判者,在诉讼双方当事人基于对抗而呈现的证据事实的基础上,作出具有终局意义的裁断。〔26〕

司法竞技主义在体现出其强劲生命力的同时,也一直承受着争议。〔27〕当然,尽管

---

〔21〕参见施鹏鹏:《为职权主义辩护》,载《中国法学》2014年第2期。

〔22〕而且,即便就陪审团而言,美国部分州也允许陪审团以向法官传递纸条等方式,向证人提问。必须承认,我国许多学者将审判方的消极被动视为对抗制的典型特征,属于不严谨的误读。

〔23〕参见蔡杰、冯亚景:《我国刑事法官庭审指挥权之探讨》,载《法学研究》2006年第6期。

〔24〕张建伟:《司法竞技主义——英美诉讼传统与中国庭审方式》,北京大学出版社2005年版,第9页。

〔25〕王亚新:《对抗与判定——日本民事诉讼的基本结构》(第2版),清华大学出版社2010年版,第53页。

〔26〕参见前注〔25〕,第53页。

〔27〕参见〔美〕虞平、郭志媛编译:《争鸣与思辨:刑事诉讼模式经典论文选译》,北京大学出版社2013年版,第298—380页。

如此，仍应承认司法竞技主义始终影响着刑事审判对抗化的历史进程，其自身也在这一进程中不断地发展、完善，并愈发地具有包容性。同时，西方学者围绕司法竞技主义和对抗制展开的激烈论战，其本质并不完全是司法竞技主义或对抗制的“存废之争”，而更大程度上是在寻求对传统制度实践的革新与完善。特别是20世纪70年代以来，随着程序正义理念在理论层面的成熟，司法竞技主义通过与之相结合而获得长足发展。

2. 程序正义理念

程序正义理念的萌芽早于刑事审判对抗化的进程。1215年《英国大宪章》第39条被普遍视为有关正当程序〔28〕最早的规范表达，而在1331年至1368年间，早期的正当程序原则已基本确立下来〔29〕。此后，正当程序理念对欧洲大陆也产生深刻影响，又在美国迎来蓬勃发展，并于20世纪中叶开始呈现出国际化的趋势，进而发展成了当代的程序正义理念。〔30〕相比之下，刑事审判对抗化的起步要晚得多，即便是普通法系的对抗式刑事审判，也是在1696年才于英国以《叛逆罪审判法》首次允许律师以辩护人身份参与刑事诉讼为标志而拉开序幕。此后直到18世纪30年代，辩护律师才正式介入重罪审判。之后又经历了数十年的漫长发展，对抗式审判才真正成熟。〔31〕

程序正义理念与刑事审判对抗化联系深刻。一方面，程序正义理论的率先萌芽与发展，无疑推动着刑事审判对抗化的进程。约翰·豪斯泰勒教授指出：“英国对抗式刑事审判诞生于这样一个时代，彼时，英国无论在其物质面貌还是传统、文化上都经历着剧烈的转型——这指的是工业革命和启蒙运动。中世纪的法律桎梏在这一时期宣告终结。美国和法国的革命者们通过公开宣言促使权利意识的觉醒。这些国家生活中的重大事件，以及由此激发的文化浪潮，与洛克哲学和1689年《权利法案》一起，将人权形塑为文明社会法律、道德和政治结构的内在组成部分。”〔32〕另一方面，刑事对抗化的演进，也丰富和发展了程序正义理念的内涵——刑事审判对抗化的诸多内容都契合程序正义理念自始强调的制约公权力和保障人权的要义。〔33〕时至今日，程序正义理念已经得到世界不同国家和地区的普遍认同，就刑事审判这一特定语境而言，对抗性早已融入程序正义的血液，成为其基本要求。

---

〔28〕 在概念修辞上，程序正义与正当程序基本上可以互换使用，但是，现如今的程序正义理念与早期的正当程序理念在内涵上无疑有较大差异。

〔29〕 参见邓继好：《程序正义理论在西方的历史演进》，法律出版社2012年版，第45—50页。

〔30〕 参见魏晓娜：《刑事正当程序研究》，中国政法大学2003年博士学位论文，第117—129页。

〔31〕 See John Hostettler, Fighting for Justice: The History and Origins of Adversary Trial, Waterside Press, 2006, p. 17, 30；左卫民：《对抗式刑事审判：谱系与启示——读兰博约教授的〈对抗式刑事审判的起源〉》，载《清华法学》2016年第5期。

〔32〕 John Hostettler, supra note 31, p. 18.

〔33〕 参见前注〔30〕，第127页。

20世纪70年代,以罗尔斯发表《正义论》为起点,程序正义理念经历了重大的理论化发展。〔34〕在这一过程中,一方面,学者们依循工具主义与规范主义的分野,对程序正义的价值论,以及程序正义的基本标准等问题展开探索与争论;另一方面,还有部分学者对程序正义展开法社会学研究,特别是经过心理学分析学派的努力,促成了客观程序正义理论与主观程序正义理论的分野。〔35〕程序正义理论的主要研究对象,正是普通法语境下的对抗式审判(以美国为主),丰富的研究成果为对抗式审判的反思与改革提供了智力支持。

(四)价值目标结构视角下的刑事审判对抗化转型

对抗化的刑事审判在价值目标结构上呈现出的基本特点是:在坚持发现实体真实这一目标的基础上,突出强调程序公正,兼顾诉讼效率。

1. 实体真实与对抗化转型

自纠问制转向控辩制后,无论是职权制还是对抗式刑事审判,都将对实体真实的探知视为刑事审判的基础性目标。当然,不同法域刑事审判的对抗化程度不一,刑事审判中实体真实的具体内涵也有所差别〔36〕,这主要体现在三方面:其一,在高度对抗化语境下,对实体真实的探求被具体化为一种竞争性的司法证明过程。相比之下,在对抗化程度相对较低的语境下,实体真实的探求更接近于一场由事实认定者主导的官方调查活动。其二,在高度对抗化的语境下,事实认定者所能接触到的证据材料范围受到控辩双方的高度控制。相比之下,在对抗化程度相对较低的语境下,事实认定者所能接触到的证据材料范围更少受到控辩双方的制约,其在审判中的能动性得到认可,进而可以积极主动地扩展证据调查的范围。其三,在高度对抗化的语境下,事实认定者在评价可采证据的证明力时高度自由,甚至可能被免去就事实认定结论进行说理,以及接受上诉审复查的责任。相比之下在对抗化程度相对较低的语境下,事实认定者对证据证明力的评价和最终的事实裁判会受到说理义务和上诉审的双重制约。

但是,不能简单地推断对抗化的刑事审判比非对抗的刑事审判能够更好地追求实体真实。毕竟,许多力挺对抗化刑事审判的学者也承认,如果单纯追求探明事实真

---

〔34〕从历时性角度看,当代程序正义理论在近代先贤如边沁、贝卡利亚那里就已有发端,后来有关程序正义的工具主义与规范主义之区分,在当时就已萌芽。参见前注〔29〕,第100—101页。

〔35〕参见苏新建:《主观程序正义对司法的意义》,载《政法论坛》2014年第4期。对比西方世界,程序正义理论在我国的发展兴起于20世纪90年代。

〔36〕有关职权制和对抗制下实体真实的比较分析,参见〔德〕埃达·韦斯劳:《真相与传说:关于抗辩式诉讼的讨论》,宗玉琨译,载赵秉志、宋英辉主编:《当代德国刑事法研究》(总第2卷),法律出版社2017年版,第244页。

相,非对抗的程序模式可能更为有效。[37] 导致追求实体真实的对抗化模式不断被接受的更为深刻的原因,在于这种模式下,对实体真实的追求能够更好地与其他不能忽视的重大价值目标相协调。

2. 程序公正与对抗化转型

一方面,刑事审判对抗化的显著特征之一,就是对程序公正的高度推崇;另一方面,不同国家和地区对程序公正的积极追求,也成为刑事审判走向对抗化的重要动因。

程序公正集中关注两个方面,其一是限制与规范国家在刑事诉讼中对个人尊严与权利的干预,其二是保障个人在刑事诉讼中的尊严与权利。从具体要素看,可以说,对抗化是程序公正的底色。国际人权法层面对公正审判的探索,同样也强调对抗化与审判程序公正性的密切关联。比如,欧洲人权法院认为,平等武装是任何被公正审判之案件的内在特征,这一原则要求,在不导致一方当事人被实质性地置于相对于另一方当事人的弱势地位的前提下,给予其提出己方案件(present his case)的合理机会。[38] 意大利学者斯特凡尼亚·内各里在考证后指出:"按照欧洲人权法院的说法,'可以想见,国内法可能有多种方式去满足这一要求(对抗性听审)',但是'无论选择什么方式,这一方式都应当确保另一方当事人能够注意到提出的材料,并且有真切的机会去发表意见'。因此,在欧洲人权法院看来,作为公正审判权的一项基本要求,即使是仅仅涉及程序问题的诉讼,也应当是对抗性的。"[39]

3. 诉讼效率与对抗化转型

对诉讼效率的追求,实质在于对有限的诉讼资源进行合理配置,以使得诉讼程序在不同的价值目标间达致稳定、平衡、高效运转。[40]

针对刑事审判对抗化与诉讼效率的紧张关系,不同国家和地区普遍采取了双管齐下的应对思路。一方面,普遍采取可被概括为"核心司法"的改革思路,也就是"利用刑事诉讼程序在时空上的延展性,将各种价值冲突放置于不同的程序环节加以解决,以避免冲突相互交叠带来的压力,进而使得庭审只需要处理为数不多的核心案件中的核心问题。"[41] 另一方面,普遍重视通过设置合理的程序规则来约束控辩双方的对抗行为,避免因过度对抗而影响诉讼效率。这些程序规则主要涉及两方面,其一是规定控

---

〔37〕 例如,主观程序正义理论的代表性人物蒂博和沃尔克就认为,"一种将程序控制和决定控制委诸同一个无私的第三方的独断程序,最可能有助于探求'真相'"。See John Thibaut and L. Walker, *A Theory of Procedure*, California Law Review, Vol. 66, 1978, pp. 547-549.

〔38〕 See ECHR, Guide on Article 6-Right to a Fair Trail (criminal limb), at 92.

〔39〕 Stefania Negri, *The Principle of "Equality of Arms" and the Evolving Law of International Criminal Procedure*, International Criminal Law Review, Vol. 5, 2005, pp. 517-518.

〔40〕 参见万旭:《价值冲突与效率危机:我国刑事证据制度的转型》,载谢进杰主编:《中山大学法律评论》(第14卷第3辑),中国民主法制出版社2017年版,第165页。

〔41〕 同前注〔40〕,第165页。

辩双方对抗行为的时机、方式和失权问题，明确可作为对抗依据的实体性程序规则，其二是赋予审判方保障审判高效、有序进行的职责和相应的诉讼指挥权限。

（五）对抗化转型与异议制度的内在关联

1. 异议制度是成熟完备的对抗化刑事审判程序的基本组成部分

异议制度是成熟完备的对抗化刑事审判程序的基本组成部分，即便在职权主义传统法域的审判程序中也是如此。除去德国、日本等的立法例，近年来得到越来越多关注的法国刑事审判程序，同样对异议制度有基本规定——根据《法国刑事诉讼法》第316条的规定，对于一切有争议的程序性事项，法庭都应当在听取控辩双方意见后作出裁断。法国学者贝尔纳·布洛克指出，对抗性是法国庭审程序的基本特点之一，任何一方当事人都可以提出附带问题。[42] 剑桥大学雷森教授参与翻译的法国刑事诉讼法典的英译本，就将“有争议的附带事项”（incidents contentieux）译为“程序性异议”（procedural objection）。[43]

2. 异议制度体现了对抗化转型在审判程序横向构造上的核心要求

一方面，异议声明机制既体现了控诉方的适度谦抑化，也体现了辩护方的实质主体化；另一方面，异议裁断机制体现了审判方的客观中立化。

3. 异议制度契合司法竞技主义和程序正义理念的基本精神

异议制度充分体现了司法竞技主义强调的“对抗”与“判定”。从“对抗”维度看，异议声明机制体现了“平等武装”。美国学者西尔弗指出，为了维护刑事审判程序的对抗性，必须要关注控辩双方准备与提出己方案件（formulate and present her case）的程序性权利，而异议声明的权利，恰恰是西尔弗罗列的应当对等赋予控辩双方的程序性权利之一。[44] 从“判定”维度看，异议裁断机制使得审判方在面对程序性争议时，在某种意义上“中立于纠纷本身的是非”，或者说“超脱于纠纷处理的实体内容”，而体现出较强的形式性、技术性。

就程序正义理念而言，异议制度与该理念的客观维度和主观维度均契合。

4. 异议制度适应多元的价值目标结构

可以分两个层次来理解异议制度与对抗化刑事审判的多元价值目标结构的关系。第一层次是从异议制度的保障性程序定位出发。作为保障性程序，异议制度对于主程

---

〔42〕 参见〔法〕贝尔纳·布洛克：《法国刑事诉讼法》（原书第21版），罗结珍译，中国政法大学出版社2009年版，第487—488页。

〔43〕 See Code of French Criminal Procedure, with the participation of John Rason.

〔44〕 See Jay Sterling Silver, *Equality of Arms and the Adversarial Process: A New Constitutional Right*, Wisconsin Law Review, Vol. 4, pp. 1038-1039.

序所承载的多元价值目标及其冲突具有高度的适应性。第二层次是从异议制度的程序性面向定位出发。在实体性程序规则直接设定程序参与人的权利义务关系的基础上,异议制度自然要主动适应实体性程序规则的价值目标需求,合理地设定实体性规则的实现方法、条件与步骤。

异议制度自身也面临着多重价值目标考量。异议声明与裁断的过程,实质上是控辩双方围绕程序性争议展开的一场“微型诉讼”,其自身也面临着设定不同主体的权利义务关系的任务,也需要对裁断的准确性、程序过程的公正性以及程序争议处置的效率等问题加以平衡。[45] 只有在异议制度自身设定合理、运行良好的前提下,其才能很好地完成相对于刑事审判程序的保障性任务。

二、刑事审判中异议声明机制的运行原理与基本原则

(一)作为分析框架的程序控制理论

对异议声明机制,宜以程序控制理论为分析框架,该理论以“控制”(control)为核心概念。在这个框架中,无论是认知纠纷还是利益纠纷,都至少涉及两到三个当事方:争议双方和作为顾问或决定者的第三方。程序控制权在当事方之间的分配,成为程序体系中最重要的考量因素。控制在这里至少包含两个方面:对决定(decision)的控制和对过程(process)的控制。对决定的控制归属,是由程序参与者对纠纷结果的影响力决定的。[46]

程序控制理论的优势体现在三个方面:其一,该理论能够生动、准确地展示不同参与方在特定程序制度内部的相互关系。其二,该理论便于对异议声明和异议裁断展开融贯分析。其三,围绕该理论而积累起来的程序正义理论相关成果,对于异议声明机制研究有着重要的启示价值。

当然,也应认识到程序控制理论的局限。该理论最大的局限在于,容易导致对程序制度的过度“工具主义”评价。应注意保持研究视野的开放性,结合“控制”以外的基准来综合考虑异议声明机制的运行原理和基本原则。

(二)异议声明机制运行的深层次特征

1. *“以控辩双方为中心”的过程控制分配*

异议声明机制侧重于过程控制权的分配,强调由控辩双方共同主导异议程序进

---

〔45〕 可见,所谓主程序与保障程序的划分,以及程序制度的实体面与程序面的划分,均具有相对性。

〔46〕 See John Thibaut & L. Walker, Supra note 37.

程,呈现“以控辩双方为中心”的过程控制分配格局。

控辩双方对过程控制的主导体现在两个方面:其一,控辩双方是否声明异议,决定着特定程序争议是否进入异议程序。其二,在控辩各方声明异议,激活异议程序之后,原则上,将由双方主导针对程序争议的查证、辩论活动。

这一分配格局,并不绝对排斥审判方介入异议程序的过程控制。一方面,尽管控辩双方对异议程序的启动有决定性影响,但审判方仍可能依职权对程序性争议展开调查、处置;另一方面,尽管由控辩双方主导程序争议的查证、辩论,但审判方仍可能积极影响控辩双方的论证活动,乃至直接参与查证。

在对抗化程度较高的法域,允许审判方积极介入程序性争议处置的过程控制,主要是针对所谓“非对抗性事项”。〔47〕在具有职权主义传统的法域,审判方积极介入程序争议,则更多地与该法域所秉持的实体真实理念有关。同时,审判方对控辩双方在异议程序中的诉讼行为进行适当管控,也是防止双方滥用程序控制权,避免异议程序偏向实质不公正的必要措施。

当涉及程序性争议时,控辩双方与审判方在过程控制上呈现出“此消彼长”的互动关系。一般而言,审判方越是积极介入程序性争议,则控辩双方声明异议进而主动相互对抗的积极性就越低。反之,只有审判方对于程序性争议保持相对中立、克制,控辩双方才有足够的空间与动力去积极挑明争议、展开对抗。

控辩双方与审判方的这一互动关系主要受三方面因素影响:其一,受到特定法域的刑事司法政策导向、程序公正和实体真实理念之具体内容的影响。其二,受特定法域实体性程序规则的全面性、弹性,以及规则对审判方裁量权的约束程度影响。其三,受到律师参与程度的影响。

2. 以对抗、对等为基本特征的控辩关系

在异议程序中,控辩双方“共享”程序控制权,这一关系具有对抗性和对等性。一方面,如果不具备对抗性,控辩双方对程序性争议处断程序的过程控制将发展为完全不同于异议程序的另一套程序机制。另一方面,一旦不具备对等性,异议声明机制就会偏离程序正义的基本要求,无法实现其在刑事审判对抗化语境下的预期功能。

对抗性具体表现为三个方面:其一,控辩双方主要是通过竞争性的诉讼活动为异议程序提供“动力”,而不是依靠沟通、协商、约定等合意行为。其二,对抗性是异议声明机制配置控辩双方程序权利和手段的逻辑起点。其三,异议声明机制将诉讼资源优先用于强化控辩双方的对抗能力。

对等性则另有两方面的具体表现:其一,控辩双方在异议程序中所享有的程序性

---

〔47〕 See Daniel J. Capra & Stephen A. Saltzburg et al., *Evidence: The Objection Method*, LexisNexis, 2007, pp. 3-8.

权利和手段,以及所负担的程序性义务与责任,在原则上是对等的。其二,控辩双方在异议程序中所处的程序地位,原则上"平等"。

3. 不可或缺的律师参与

对于与刑事审判对抗化联系紧密的异议声明机制来说,律师的充分、有效参与同样是必备要素。所谓"以控辩双方为中心"的过程控制分配,基本上也就是"以'律师'为中心"的过程控制分配。在异议声明机制中,异议声明等程序性权利被定位为律师的自主性权利,律师被允许相对独立于被告人而自主决定是否以及如何运用这些程序手段,同时,基于律师与被告人的委托关系,律师相关诉讼活动所产生的后果,会对被告人产生直接的约束力。

4. 对控辩双方过程控制的双重约束

异议声明机制注重对控辩双方在异议程序中诉讼活动的理性化约束。具体包括两个层面:一是通过审判方适度介入程序争议,对控辩双方的诉讼活动进行适当管控来实现的。二是在于程序规则的设定——在异议声明机制内部,一系列程序规则不仅确认了控辩双方的相关权利,同时也对控辩双方的异议声明在时机、理由、方式等方面提出了明确要求,并通过异议失权规则来驱使控辩双方自觉规范行使异议权;同时,在异议声明机制外部,一系列实体性程序规则也会对控辩双方的程序控制形成约束。

(三)异议声明机制的基本原则

通过前面阐释的运行原理,可提炼出构建与运作刑事审判中异议声明机制所应遵循的若干基本原则。

1. 平等武装

此为首要原则。所谓平等武装,是控辩实质平等的基本要求,学界对平等武装的理解存在扩大化和理想化的倾向,而本文主张将平等武装确认为构建与运作异议声明机制的首要原则,是建立在对该原则加以检讨与澄清之基础上的。

对平等武装的扩大化理解,首先表现为将控辩平等视为贯穿审判阶段和审前阶段的通行理念〔48〕,其次表现为将刑事诉讼中辩方权利、地位的强化与保障一律视为平等武装的内容或表现〔49〕。至于理想化理解,则指一些学者轻易地认为平等武装在西方

---

〔48〕 参见冀祥德:《控辩平等论》,法律出版社2008年版,第55页;管宇:《论控辩平等原则》,中国政法大学2006年博士学位论文,第28页。

〔49〕 例如,冀祥德教授认为,"平等武装不是一般意义上的权力(利)配置,而是必须强调对被追诉人的特殊保护,赋予其一系列的'特权'(privileges)和保障,同时相应地给予控诉方一系列的特殊义务或负担",参见前注〔48〕,冀祥德书,第64页。

法治国家已为通论,尤其是认为在奉行当事人主义的英美法域,平等武装具有毋庸置疑的地位。[50]

检讨与澄清涉及两个方面:

其一,平等武装原则其实是一项专门应用于审判阶段的原则、理念。平等武装与对抗性听审有密切关系,强调的是在不会导致一方当事人被实质性地置于相对于另一方当事人的弱势地位的前提下,给予其提出其案件的合理机会。美国学者西尔弗对于平等武装原则的阐释,也强调“在法庭上的决斗(battle),要求的是控辩双方所拥有的准备与提出己方案件的程序性权利,应当是平等而旗鼓相当的”[51]。

其二,平等武装原则的核心是强调控辩双方诉讼权利、手段的对等,而非辩护方的专属基本权利。欧洲人权法院虽然强调平等武装与被追诉人底线性权利紧密相关,但是,其并未直接将这些底线性权利视作平等武装的核心要求。更值得注意的是美国的情况。美国联邦法院并无判例将平等武装确认为正当程序权利的内容,相反,联邦第二巡回法庭曾经在1980年的美国诉图尔克西案中否认了平等武装在刑事诉讼中的适用性,认为“与民事案件不同,刑事指控不是一种对等的(symmetrical)程序”,而得出这一结论的理由就在于:“控辩双方分别享有用以对抗的独特优势……而辩护方则拥有一系列不可能也不宜适用于控诉方的宪法权利……因此,平等对待不是一项明智的原则(sound principle)。”[52]西尔弗在提倡平等武装原则时,也未直接批驳第二巡回法庭对刑事诉讼特殊性的强调,而是认为这种见解过于简单(simplistic),西尔弗指出,平等武装原则并不涉及辩护方的那些坚实的宪法权利,也无关于控诉方拥有的可观资源,“它调整的是控辩双方准备与提出己方案件的程序性权利”[53]。

总而言之,作为控辩实质平等具体要求的“平等武装”原则,是一项强调控辩双方在审判进程中诉讼权利、诉讼手段对等的技术性原则。在构建与运作异议声明机制时贯彻平等武装原则,就是要对等地确认、保障控辩双方能够充分享有并有效运用异议声明这一诉讼权利、手段。如果脱离了平等武装,委诸控辩双方的过程控制必然失衡,控辩对抗就不可能以对等、理性的方式展开,这势必动摇整个异议制度的正当性。

当然,强调平等武装,并不排斥有针对性地给予辩护方若干专属性的权利保障。相反,给予辩护方一定的专属性保障,恰恰为在异议声明机制中落实好平等武装提供了有力支撑。尤其是对被告人获得律师帮助权,以及辩护律师在审判中的权利的特别

---

〔50〕 事实上,我国学者似乎很少去细致考证“平等武装”原则在英美的实践与理论争议,而多止步于强调“平等武装”是对抗制的基本要求。参见刘忠:《未完成的“平等武装” 刑辩律师非知识技艺理性的养成》,载《中外法学》2016年第2期。

〔51〕 Jay Sterling Silver, supra note 44, pp. 1038-1039.

〔52〕 这里依据的是西尔弗的引文与评论翻译。See Jay Sterling Silver, supra note 44, pp. 1038-1039.

〔53〕 See Jay Sterling Silver, supra note 44, p. 1039.

保障,更是不可或缺。

2. 权责均衡

所谓权责均衡,关注的不是权利主体与他者的关系[54],而是强调权利主体在拥有权利的同时,应承担与此相适应的责任。遵循这一原则就意味着,异议声明机制不仅要确认和保障控辩双方的异议声明权,同时也要明确控辩双方在异议声明过程中所应负担的责任。

参考刘作翔教授对责任的阐释[55],我们认为,控辩双方在异议声明过程中所负担的责任来自三个方面——道德责任、职业伦理责任与法律责任。其中的法律责任当然是重点所在。尽管在理想状态下,由控辩双方实施过程控制的异议声明机制比较符合程序正义的基本要求,但是,若不加以适当约束,异议声明机制在实际运转中会面临"跑偏"的风险,可能产生一系列负面效应。

从比较法上看,美国、日本等代表性国家在实现异议声明中的权责均衡时,呈现出两方面的共同点:一方面,代表性国家普遍从异议声明的时机、说理、方式等方面为控辩双方设定了义务;另一方面,代表性国家普遍确认了异议失权规则,根据控辩双方在异议声明时违反预定义务的具体情况,在合理限度内让构成失权的一方承担相应的程序性法律后果。

3. 理性约束

注意对控辩各方的理性约束,是构建与运作异议声明机制应当遵循的第三项原则。异议声明机制的运作涉及对控辩双方程序控制的双重约束。权责均衡原则进一步表明,对控辩双方的异议声明行为施以约束具有正当性。但是,施加约束的目的本就在于促使控辩双方异议声明的理性化,由此,约束本身也应当是理性的。否则,过度的、非理性的约束将造成对控辩双方异议声明的不当干预,反而背离制度设计的初衷。

前文提到,对控辩双方的约束涉及两个层面:一是允许审判方适度介入程序争议,适当管控控辩双方;二是设置必要的程序规则,包括异议机制内部的一系列规则,以及异议机制外部的一系列规则。理性约束原则的贯彻,当然同时涉及这两个方面。

---

[54] 按照分析实证主义法学家霍菲尔德的见解,从权利(广义)主体与他者的关系看,对权利(广义)的分析涉及四组最基本概念,其中,权利(狭义)与(他者的)义务对应,而(他者的)责任则与权力对应。参见万毅:《刑事诉讼权利的类型分析——以分析实证主义法学为视角》,载《政法论坛》2014年第2期。

[55] 参见刘作翔、龚向和:《法律责任的概念分析》,载《法学》1997年第10期。

三、刑事审判中异议裁断机制的运行原理与基本原则

(一)作为分析框架的程序性裁判理论

这里指称的程序性裁判理论,由陈瑞华教授提出。该理论的逻辑起点,是将刑事审判中的裁判区分为实体性裁判和程序性裁判。所谓实体性裁判,即"法院对被告人的刑事责任问题所进行的司法裁判"[56];所谓程序性裁判,即"以解决案件中的程序争议为目的的司法裁判活动"[57],对此有广义和狭义的区分,广义的程序性裁判"可以泛指一切为解决程序性争议所进行的司法裁判活动"[58],狭义的程序性裁判则仅指非法证据排除程序中的裁判[59]。

程序性裁判理论的优势主要体现在:其一,在已经使用程序控制理论分析异议声明机制的情况下,运用程序性裁判理论可以很好地实现对异议裁断和异议声明的融贯分析;其二,直接关注程序的决定控制面向的程序性裁判理论,更加适合用来分析异议裁断机制;其三,该理论经过提出者长久以来的精心雕琢,内容丰富且逻辑较为周延,包含了大量结合我国刑事审判实践特征的本土化思考,因而对于异议裁断机制的分析极具参考价值。

但是,程序性裁判理论的局限性也十分突出。作为程序性制裁理论的重要分支,程序性裁判理论片面关注狭义的程序性违法,集中关注对狭义程序性违法的事后救济,忽视程序构造中的平等对抗因素。这就使得我们不可能简单套用现有的程序性裁判理论来分析异议裁断机制的运行原理与基本原则,而必须在分析过程中注意对现有的程序性裁判理论进行适当的扩展与重塑。

(二)异议裁断机制运行的深层次特征

1. 通过合法性、妥当性判定来处置全部程序性争议

通过异议裁断机制,审判方对程序性争议的处置,被转化为对程序性事项的合法性、妥当性的判定。审判方在进行异议裁断时,得与程序性争议所蕴含的价值、伦理、权益争执保持一定距离,进而以较为理性、客观、中立的姿态来完成对争议的处置。[60]这对于异议裁断的正当性有重大意义,同时也提升了异议裁断的可操作性,使得审判

[56] 陈瑞华:《审判之中的审判 程序性裁判之初步研究》,载《中外法学》2004 年第 3 期。
[57] 陈瑞华:《刑事司法裁判的三种形态》,载《中外法学》2012 年第 6 期。
[58] 陈瑞华:《程序性制裁理论》(第 3 版),中国法制出版社 2017 年版,第 250 页。
[59] 目前,陈瑞华教授对程序性裁判的研究,都是以非法证据排除程序为范例的。
[60] 这里主要参考了王亚新教授的论见,参见前注[25],第 53、57 页。

方更容易实现对程序性争议的高效处置。此外,这一转化也形成了对控辩双方过程控制的理性约束。

2. 异议裁断与实体裁判的相对分离

异议裁断作为典型的程序性裁判,与实体裁判相对分离,这主要表现在三个方面,即裁断主体可能相对独立,程序设置可能相对独立,以及裁断效力的相对独立。这种相对分离,是贯彻证据裁判、排除预断、避免偏见及实现高效诉讼管控的需要。

3. 因应控辩对抗的及时裁断

至少有两点理由可支持审判方的及时裁断责任:其一,审判方及时裁断异议,是尊重与保障控辩双方在过程控制层面主导地位的应然要求;其二,审判方及时裁断异议,是保证审判程序有序、高效推进的应然要求。

不过,从单纯的对抗化无法推导出审判方及时裁断异议的当然职责。在实践中,对抗化程度最高的美国就没有将及时裁断异议确认为审判方的当然职责,反而将未能及时要求审判方裁断视为异议方的失权事由。当然,尽管审判方没有及时裁断的当然职责,但是,控辩双方却有要求审判方及时裁断的权限与积极性,这就使得异议裁断往往还是具有即时性的。换言之,及时裁断异议,是对控辩对抗的回应——导致审判方即时裁断异议的关键,在于控辩双方对程序的过程控制,而不依赖于审判方自身的强制职责。

(三)异议裁断机制的基本原则

结合对异议裁断机制运行原理的分析,可以提炼出构建与运作异议裁断机制所应遵循的基本原则如下。

1. 公正裁判

公正裁判,是异议裁断机制构建与运作中应当遵循的首要原则。从过程看,公正的裁判应当由独立且中立的裁判者,在充分尊重争议各方,并听取各方意见的基础上作出;从结果看,公正的裁判应当以裁判者确信的事实为基础,在符合实体性程序规定要求的条件下作出,控辩各方不服异议裁断时,应给予其适当的救济途径。如果审判方能够做到公正地裁断异议,就能够及时化解争议,避免矛盾的激化,保证审判的有序、高效展开;反之,如果不能做到公正裁判,审判就会走向混乱无序,无法顺利展开。

2. 证据裁判

作为许多学者眼中的现代刑事诉讼的"帝王原则",证据裁判是异议裁断机制构建与运作中应当遵循的第二项原则。一方面,异议裁断本身应当体现证据裁判,将判断建立在证据事实的基础上,对此不再赘述;另一方面,更为重要的是,异议裁断机制(主要指证据异议裁断机制)的构建与运作,应当主动适应并促进证据裁判原则在作为整体的刑事审判程序的构建与运作中的贯彻落实。

规范意义上的证据裁判,核心在于对证据能力的有效规制。有效规制证据能力,涉及“实体”与“程序”两方面要求。“实体面”要求明确证据能力的具体要件,进而有针对性地设定完备的证据能力规则体系;“程序面”则要求构建起合理的证据能力规则实施机制。

异议裁断机制与证据裁判的适应与协调,是以该原则的“程序面”要求为切入点的。在刑事审判对抗化的语境下,证据裁判的“程序面”要求实现由证据能力判定与证明力评价的相对分离,转化为证据异议裁断与实体裁判的相对分离。

为实现这一相对分离,实践中摸索出了多种方案:其一,在审判组织内部,对证据异议裁断权与实体裁判权的具体分配作出技术化的安排;其二,在审判的具体展开过程中,设置隔离措施,避免仅享有事实认定权的审判组织成员参与或接触到对证据能力异议的裁断;其三,鼓励在正式庭审前完成对证据能力异议的裁断;其四,增添审判方在实体裁判中对证据能力异议裁断的表态、说理责任。

3. 兼顾效率

兼顾效率,是构建与运作异议裁断机制所应遵循的第三项基本原则。效率不是异议裁断机制的唯一目标或核心追求,但是,兼顾效率作为一项原则,却是贯穿于异议裁断机制构建与运作的每一个环节的。

兼顾效率作为一项原则,还会对异议裁断的救济机制产生深刻影响。为兼顾效率,对异议裁断通常不设置专门的救济路径,而是将不服异议裁断纳入一般的上诉程序中予以救济。这意味着,一旦审判方作出异议裁断,控辩双方不能就裁断所涉的程序性事项再次声明异议,通常也不能立即针对该异议裁断而向上级法院寻求救济。

四、刑事审判中异议制度的预期功能及制约条件

(一)刑事审判中异议制度的三项主要预期功能

1. 实现程序性争议的公正、高效化解

对抗化的刑事审判,正是通过不断地引出并解决程序性争议,来实现诉讼进程的推进。如果控辩审各方在审判进程中鲜有分歧,不存在争议,反而达成了共识,那么采取对抗化审判模式的必要性将会降低,审判很可能走向更为简化、平和的模式。

但是,在发生程序性争议的情况下,如果程序运作无法公正、高效地化解争议,那么这些程序性争议非但不会助力诉讼进程的推进,反而会导致审判陷入停滞、混乱。正因如此,对抗化的刑事审判必然要求配置有能够公正、高效处置程序争议的专门制度——异议制度,这是多数走向刑事审判对抗化的法域的普遍选择。

通过异议声明机制，一方面，控辩双方不仅有权以适当的方式向审判方及时表明对程序性事项的反对意见，而且有权就相对方提出的质疑进行回应、展开辩论，同时有权要求审判方及时就程序性争议进行判定、作出处置，另一方面，控辩双方负有以理性、规范的方式发表不同意见、尊重审判方的诉讼指挥和异议裁断、承受因异议失权带来的不利后果的责任。

通过异议裁断机制，一方面，审判方能够在判定与处置控辩双方提出的程序性争议时维系独立、中立的裁判者形象，而且有权对控辩双方的异议声明行为进行适当管控，另一方面，审判方又有责任在进行裁断时尊重控辩双方、耐心倾听各方意见，并且慎重地将裁断建立在事实与规范的基础之上，还有责任在管控异议声明活动和具体进行裁断时注意兼顾效率。

总之，异议制度的运行原理和基本原则决定了其有能力在对抗化的刑事审判中发挥公正、高效化解程序性争议的功能。

2. 推动实体真实的技术化实现

理论上对实体真实的分析主要是区分积极实体真实论与消极实体真实论，这背后是对打击犯罪与人权保障这两大价值目标的权衡取舍。〔61〕在强调消极实体真实优先之余，还应关注实体真实的实现在过程、方法、技术上的特点。这就涉及"实体真实的技术化实现"或者说"技术化的实体真实论"这样一个新命题。

技术化的实体真实论与积极/消极实体真实论不是泾渭分明的。传统上集中关注积极/消极实体真实论的观点存在片面性，技术化实体真实论的提出，是对传统见解的检讨与补完。

实体真实的技术化实现，主要从两方面入手，一是构建起全面合理的证据规则体系，二是构建与此相匹配的规则实施机制，并在这两个方面做到对"减少错误"与"分配错误"的合理兼顾。〔62〕异议制度与实体真实的技术化实现的关联在于，前者是一种重要的证据规则实施机制。作为一种实施机制，异议制度能够合理兼顾"减少错误"与"分配错误"，因而推动实体真实的技术化实现。通过异议制度，控辩双方能够及时激活各种证据规则，这就有助于及时纠正证据调查中的错误，提升事实认定的准确性。由于异议制度具有相对独立性，通过异议制度，能够为控辩审三方围绕"分配错误"层面的证据问题展开充分、理性、有效的互动创造条件。

3. 促进提升对抗化刑事审判的活力

实践表明，合理的异议制度，有助于提升对抗化刑事审判的活力。

---

〔61〕参见前注〔40〕，第181—182页。

〔62〕就这两方面而言，对抗化与职权化两种实体真实模式既有相近之处，也不乏差异。在笔者看来，对抗化模式之所以不断被接受，进而在世界范围内形成了刑事审判对抗化的趋势，重要的深层次原因在于，这一模式能够更好地兼顾实体真实的两个层次，进而适应刑事审判价值目标多元化。

控辩双方能否自主、充分地声明异议，决定着他们是否真正主导着审判进程，进而决定了刑事审判是否充满活力。合理的异议制度，能够从“正反”两方面引导控辩双方积极声明异议，当然也就有助于提升对抗化刑事审判的活力。这里所谓的“正面”引导，即异议制度确认并保障控辩双方声明异议的权利，为控辩双方声明异议创造了条件、提供了便利；所谓的“反面”引导，即设定了失权规则，使得控辩双方在怠于提出异议时承受不利后果，由此提升双方声明异议的积极性。

在审判对抗化程度最高的美国，实体性的程序规则（包括证据规则）更多地被视为律师借以与相对方对抗，并提出己方主张的手段。据此，这些规则是否以及何时被激活，几乎完全取决于律师的抉择。如果律师决定激活特定规则，必须适当地声明异议，否则就要承担失权后果。这样一来，异议制度就被置于美国对抗化刑事审判的核心位置。同样，在标榜当事人主义的日本，早在其新刑事诉讼法实施之际，著名法官横川敏雄就将声明异议制度视为“构成当事人主义构造的根本”〔63〕。对于日本审判实践中存在的书面裁判、公审空洞化等问题，许多学者也将控辩双方（特别是辩护方）没有充分利用异议制度，不积极声明异议视为重要原因。〔64〕同时，理论分析表明，日本异议制度本身的一些不合理之处，成为控辩双方声明异议积极性不高的主要原因，这也从侧面佐证了合理的异议制度对于保障对抗化审判活力的重要意义。

当然，合理的异议制度并不盲目地鼓励控辩双方积极对抗，而是同时注意通过理性约束，让审判中的控辩对抗维持在合理限度内。

（二）影响预期功能实现的关键制约条件

通过构建与运作异议制度，能否实现前述预期功能，受到多方面条件的制约，本文此处集中分析其中三个较为关键的制约条件：

1. 作为整体的刑事审判程序的完备性和对抗化程度

异议制度预期功能的发挥，在很大程度上受制于作为整体的刑事审判程序的完备性与对抗化程度。

刑事审判程序整体的完备性，需从两方面理解：其一，刑事审判程序所包含的前提性程序、主程序和其他保障性程序应当完备。如果前提性程序、主程序或其他保障性程序缺失，作为保障性程序的异议制度自然会受到限制。其二，刑事审判程序在实体方面应当完备。如果实体性程序规则本身尚未构建、缺乏合理性，那么作为实施机制的异议制度必然难以发挥预期功能。

刑事审判程序整体的对抗化程度，也要从两方面把握：其一，只有在刑事审判程序

〔63〕 转引自〔日〕大出良知等编著：《刑事辩护》，日本刑事诉讼法学研究会译，元照出版有限公司 2008 年版，第 232 页。

〔64〕 参见汪振林：《日本刑事诉讼模式变迁研究》，四川大学出版社 2011 年版，第 261、268—270 页。

所包含的前提性程序、主程序具有较高的对抗化程度时，异议制度作为保障性程序的重要性才会凸显，其预期功能才能更好地实现。其二，只有在刑事审判程序所包含的实体性程序规则具备足够的弹性，可以容纳控辩双方的对抗活动的前提下，异议制度的预期功能才有实现的可能性。

在更开阔的视野下，是否真正确立了以审判为中心的纵向程序构造，使得刑事审判真正成为一个相对独立于各种外部的权力、舆论因素的，能够容忍控辩双方基于法律规范与事实证据展开理性对抗的，能够保障审判方秉承客观中立进行公正裁判的法空间，无疑也对异议制度发挥预期功能有着根本性的影响。

2. 参与异议制度运作的法官、检察官、律师的个体因素

以异议声明和异议裁断为基本环节的异议制度能否发挥其预期功能，高度受制于具体参与制度运作的法官、检察官、律师的个体因素。

就理念因素而言，法官、检察官和律师是否理解、认同对抗化的程序理念，并因此在实践互动中达成某种共识，对于异议制度良性运作并发挥预期功能是至关重要的。

就伦理因素而言，无论就异议声明还是异议裁断而言，都会受到策略性因素的影响。尽管异议制度自身在运行原理和基本原则上就强调对控辩审三方的理性约束，但是，如果法官、检察官、律师自身缺乏必要的、符合对抗化审判要求的职业伦理素养，那么异议制度的实际运作就很难不被各种诡计、恶意所充斥，这不仅会使得异议制度的运作偏离初衷，无法发挥预期功能，甚至还可能有损刑事审判的正当性。

就技术因素而言，无论是异议声明还是异议裁断，都是高度技术化的诉讼行为，且受到程序规则的重重限制。对于法官、检察官和律师而言，不仅要熟悉异议声明与裁断本身的具体条件、方式，还要熟悉庞杂的实体性程序规则，否则，在对抗化审判的快节奏下，异议制度的运作难免走形。同时，异议声明与异议裁断对法官、检察官和律师的实践经验也有很高要求，因为异议制度所对接的程序性争议具有开放性，单纯通过书本或课堂无法穷尽学习全部的争议状况。

3. 异议制度自身设计的合理性

如果异议制度自身设计不合理，脱离实践，不具备可操作性，那么，即使作为整体的刑事审判程序在向着完备与对抗化积极变革，即使法官、检察官和律师在理念、伦理和技术因素上积极主动迎合贯彻异议制度的需要，异议实践仍然不会取得良好效果，预期功能仍然不可能实现。当然，前述这些关键制约条件是相互影响的，并不是说必须先彻底克服了前面两个制约条件，才能考虑异议制度自身的合理设计。

五、代结语：我国构建与完善刑事审判中异议制度的难点诊断

随着刑事审判制度改革的推进，异议制度的构建与完善对我国的必要性是不言而

喻的。但是,也要清醒地意识到这一进程面临着来自理论与实践层面的重重困难。

理论研究层面的困难突出表现在异议制度涉及的一系列理论问题与我国学界大量通识性见解存在不协调之处。只有在检讨、调整现有刑事审判理论的基础上,构建符合我国实际情况的本土化异议理论,才能有效指导异议制度的构建与完善。最为棘手的是异议理论与质证理论的协调、融合问题。如果直接借鉴域外的广义的证据异议理论,我国的质证理论将受到较大冲击,必须得到大幅度的调整;反之,如果要避免证据异议的引入对现有质证理论的强烈冲击,就只有采狭义的证据异议概念,将证据异议限定为单纯针对证据调查过程中的程序性争议。〔65〕这将大大限制证据异议制度在刑事审判程序中的作用范围。如果我国仅关注狭义证据异议,或许前文对异议制度构建与完善必要性的论证都需要重新讨论。

实践层面的困难则可大体归纳为三个方面:一是异议制度自身设计建构的困难;二是实务工作者个体因素层面的困难;三是作为整体的刑事审判程序的调整困难。此处主要评论第三点困难——异议制度的构建与完善,势必涉及对我国刑事审判程序的整体反思与调整。尤其是针对证据异议,无论是引入广义证据异议制度还是狭义证据异议制度,都需要调整现有的法庭调查基本流程,调整目前对庭前会议程序的功能定位,调整公诉人、辩护人、被告人在审判中的权利、责任和相互关系,调整现有的审判笔录记录规则,调整现有的以全面事后审为基本特征的二审程序,调整检察机关对审判活动的法律监督机制,等等。否则,异议制度所涉及的许多关键要素就难以融入我国刑事审判程序。

〔65〕 龙宗智教授就主张将人证调查中的诉讼异议限定为“对证据调查的异议,而非对证据本身的异议,后者属于质证行为”。参见龙宗智:《刑事庭审人证调查规则的完善》,载《当代法学》2018年第1期。

检察机关介入侦查的属性界定

——以网络犯罪案件为例*

刘　慧**

要　目

摘　要　检察机关介入侦查的属性界定是一个无法回避的理论问题。在以审判为中心的诉讼制度改革的背景下，检察机关介入侦查应当界定为控诉职能的必要延伸，而不应理解为实现法律监督的一种方式。介入侦查并没有违背检察官的客观公正义务，相反，是为了更好地履行检察官的客观公正责任。检察机关在介入侦查中居于主导性地位。为了充分发挥检察机关在打击网络犯罪中的积极作用，需要进一步明确"重大、疑难、复杂"的含义，准确把握"网络犯罪"的概念。

关键词　检察机关　介入侦查　引导取证　网络犯罪

---

* 本文为国家社科基金青年学者项目"网络共同犯罪基本原理及其对传统共犯理论的突破研究"（项目编号：17CFX023）的阶段性成果。

** 《中国政法大学学报》副编审。

当前,随着网络信息技术的不断更迭,新型网络犯罪不断涌现并呈现蔓延态势。最高人民检察院统计数据显示,2020年,全国检察机关起诉涉嫌网络犯罪(含利用网络和利用电信实施的犯罪及其上下游关联犯罪)14.2万人,同比上升47.9%。〔1〕传统犯罪向网络空间的加速延展,对检察机关的办案能力提出了更高的要求。面对新的挑战,检察机关需要从理念上和职能上予以应对。2020年4月8日,最高人民检察院召开以"严厉打击网络犯罪,共同防控网络风险"为主题的新闻发布会,发布了最高人民检察院第十八批指导性案例。这些指导性案例均为网络犯罪领域的典型案件,凝聚了近些年来检察机关打击网络犯罪的经验。多数案例在不同程度上均提到检察机关"介入侦查"的问题。比如,"为有效打击网络攻击犯罪,检察机关应加强与公安机关的配合,及时介入侦查引导取证,结合案件特点提出明确具体的补充侦查意见"〔2〕。2021年1月22日,最高人民检察院公布了《人民检察院办理网络犯罪案件规定》,明确提到了"介入侦查"等内容,为人民检察院办理网络犯罪案件提供了更为详尽的指导性规则。检察机关提前介入引导侦查取证的权力属性是一个无法回避的理论问题,它是介入的合法性基础。〔3〕那么,检察机关介入侦查的属性究竟如何界定?本文拟从控诉职能、法律监督、客观公正义务和主导性地位等维度分析这一问题。清晰界定"介入侦查"的属性,有助于精准定位检察机关的职责,充分发挥检察机关在打击网络犯罪中的积极作用。

一、介入侦查是否为检察机关控诉职能的必要延伸?

(一)介入侦查的理论铺垫与规范性规定

在现代法治国家,普遍实行不告不理原则。不告不理原则的基本要求,是实行控诉权与审判权的分离。〔4〕在公诉案件中,检察机关作为国家追诉机关行使控诉权,承担控诉职能;法院作为审判机关行使审判权,承担审判职能。同时,控诉权对审判权形成制约关系。没有检察机关的起诉,审判机关不得自行受理案件。审判机关只能在检察机关起诉指控的范围内进行审判。〔5〕控诉权与审判权分别归属不同的国家机关,并具有鲜明的阶段性。控诉权归属于检察机关,与审查起诉阶段相对应;而审判权

〔1〕参见《最高检披露网络犯罪大数据,有图有真相!》,载微信公众号"最高人民检察院"(https://mp.weixin.qq.com/s/F5vaOCynFtJVfeu_cNIzXQ),访问日期:2022年1月19日。

〔2〕《检例第69号:姚晓杰等11人破坏计算机信息系统案》,载北大法宝网站(https://pkulaw.com/gac/f4b18d978bc0d1c7297da8fea49f0897193bfdc638dc6ccebdfb.html),访问日期:2022年1月19日。

〔3〕参见崔凯:《提前介入引导侦查取证应走向规范化》,载《检察日报》2019年8月27日,第3版。

〔4〕参见宋英辉:《论刑事程序中的控审分离》,载《检察理论研究》1992年第3期。

〔5〕参见谢佑平、万毅:《论刑事控审分离原则》,载陈光中、江伟主编:《诉讼法论丛》(第7卷),法律出版社2002年版,第117页。

则归属于法院,与审判阶段相对应。

现行的《人民检察院刑事诉讼规则》第256条规定,"经公安机关商请或者人民检察院认为确有必要时,可以派员适时介入重大、疑难、复杂案件的侦查活动",具体包括"参加公安机关对于重大案件的讨论","对案件性质、收集证据、适用法律等提出意见",以及"监督侦查活动是否合法"。这是对检察机关介入侦查的一般性规定。与2012年《人民检察院刑事诉讼规则(试行)》相比,增加了"经公安机关商请""参加公安机关对于重大案件的讨论"以及"对案件性质提出意见"等内容。具体到网络犯罪案件,《人民检察院办理网络犯罪案件规定》第12条规定了网络犯罪案件里人民检察院介入侦查和引导取证,第13条规定了人民检察院了解办案情况的方式,第14条规定了人民检察院介入侦查、发现新的线索后的处理方式。在网络犯罪案件中,人民检察院介入侦查,具有一些特别性规定,比如需要对关联犯罪线索、追赃挽损工作等方面提出引导取证意见;涉及专业性问题的,可以指派检察技术人员共同参与。

(二)介入侦查是检察机关控诉职能的必要延伸

那么,检察机关跨越控诉权的阶段性,通过提前介入的方式进入侦查阶段,是否为控诉职能的必要延伸?要厘清这一问题,需要在尊重刑事诉讼基本原理、了解介入侦查规范性规定的基础上,明确以下几个方面的内容。

第一,介入侦查属于控诉职能。首先,需要明确的是,介入侦查并不是一种侦查活动。这一点,从"介入"的字面意思即可得知。其次,就《人民检察院刑事诉讼规则》第256条(介入侦查)设置的位置来看,其处于第十章"审查逮捕和审查起诉"第一节"一般规定"之中。需要注意的是,依据《人民检察院刑事诉讼规则》第8条的规定,对同一刑事案件的审查逮捕、审查起诉、出庭支持公诉等工作,均由同一检察官或者检察官办案组负责,除非有例外的情况。那么在当前检察机关实行捕诉一体的机制下,介入侦查属于控诉职能的应有范围。再次,介入侦查是为审查起诉提前做准备。审查起诉需要对"侦查工作的成果进行质量把关",针对"侦查机关或侦查部门认定的犯罪事实和证据、犯罪性质以及适用的法律等进行审查核实"。[6] 介入侦查后的活动,包括参加案件讨论,对案件性质、收集证据、适用法律等提出意见,恰与后续的审查起诉活动形成呼应,是为审查起诉做好准备。有学者撰文指出,"我国对检察机关在审前阶段的权力属性认识有一个发展变化的过程,时至今日,提前介入引导侦查取证在审前程序中的权力定位已经逐渐明朗"。进而认为,"从顶层设计上讲,提前介入引导侦查取证明确偏重于公诉权,目的重在优化公诉职能,其工作性质更像是审查起诉环节中准备证据工作的自然延伸。公诉权是提前介入引导侦查取证的权力来源"[7]。就网络

〔6〕 参见陈光中主编:《刑事诉讼法》(第7版),北京大学出版社、高等教育出版社2021年版,第338—339页。
〔7〕 同前注〔3〕。

犯罪而言,介入侦查对于控诉职能的体现更为明显。《人民检察院办理网络犯罪案件规定》第12条开宗明义地提到"追诉犯罪的需要",并需要对"关联犯罪线索"提出引导取证意见。

第二,介入侦查的必要性。介入侦查并不是人民检察院的常规动作,需要具备一定的条件,有介入的必要。一是介入侦查的程序性条件。较之前的规定,2019年《人民检察院刑事诉讼规则》第256条增加了"经公安机关商请"的选择性程序要件,并且置于"人民检察院认为确有必要"这一选择性程序要件之前。就网络犯罪案件而言,《人民检察院办理网络犯罪案件规定》第12条只规定了"经公安机关商请"的情形,依据是为了"追诉犯罪的需要"。二是介入侦查的决定权。介入侦查与否,决定机关是人民检察院。无论是《人民检察院刑事诉讼规则》,还是《人民检察院办理网络犯罪案件规定》,条文的前置语均为"可以",而不是"应当"。人民检察院可以派员介入,也可以不介入。三是介入侦查的目的。针对重大、疑难、复杂案件,公安机关的侦查人员难道不能解决侦查的问题吗?检察人员介入的目的何在?介入侦查的必要性主要基于视角的不同。最高人民检察院《关于加强出庭公诉工作的意见》第3条规定了"积极介入侦查引导取证",具体来说,"通过出席现场勘查和案件讨论等方式,按照提起公诉的标准,对收集证据、适用法律提出意见,监督侦查活动是否合法,引导侦查机关(部门)完善证据链条和证明体系"。在以审判为中心的诉讼制度改革的背景下,检察人员介入重大、疑难、复杂案件的侦查活动,为侦查人员提供引导取证意见,是为了对标提起公诉的标准,从整体和全局的角度,提高诉讼质量。

综上,检察机关介入侦查不是一项常规化的诉讼活动,而是在重大、疑难、复杂案件中,经公安机关商请或人民检察院认为必要时,更好地实现检察机关的控诉职能,是检察机关控诉职能的必要延伸。在网络犯罪案件中,检察机关需要加强全链条惩治,注重审查和发现上下游关联犯罪线索。经公安机关商请,根据追诉犯罪的需要,检察机关介入侦查的控诉职能在较大程度上予以延展。

二、介入侦查是否为检察机关实现法律监督的一种方式?

(一)介入侦查与法律监督关系的观点分野

检察机关在我国具有特殊的身份和地位,是国家专门的法律监督机关。在我国,人民检察院依法对刑事诉讼进行法律监督是刑事诉讼法的基本原则。那么,检察机关介入侦查,是否应当解读为实现法律监督的一种方式?从既有文献展现的观点来看,目前大致分为两大阵营:一种观点主张检察机关介入侦查是实现法律监督的一种方式[8],甚至提

---

〔8〕 参见高嘉蓬:《侦查监督问题的法解释学分析》,载《政法论坛》2018年第5期。

出“提前介入实际上是一种新型侦查监督模式”〔9〕。具体地讲,“检察官提前介入侦查的工作主要是引导取证和侦查合法性的监督两方面”,“引导侦查取证是侦查监督的延伸”〔10〕。有学者在概括提前介入的含义时,也同时提到要“依法履行法律监督职责”〔11〕。此外,从2013年9月公布实施的最高人民检察院《关于切实履行检察职能防止和纠正冤假错案的若干意见》第18条“加强对公安机关办理刑事案件过程的监督”的表述来看,当时对“提前介入”也具有强化诉讼监督的预期。另外一种观点则认为,检察机关介入侦查不宜定位为实现法律监督的方式,而是应当定位在公诉领域,应以保障控诉权行使为目标。比如,有学者认为,“提前介入”主要定位在公诉领域,目的在于加强公诉能力而不再是以往的诉讼监督。〔12〕还有学者认为,检察引导侦查应当以保障控诉权有效行使为目标,而不宜以强化检察监督为取向。〔13〕

(二)介入侦查不宜定位为检察机关实现法律监督的一种方式

笔者认为,介入侦查不宜定位为实现法律监督的一种方式。除了有学者提出的“将检察引导侦查既作为公诉权保障措施,又视为强化检察监督的途径,将使检察官与警察无从确定各自的角色与相互关系”〔14〕的理由,还可以从以下几个方面进行考量:

第一,检察机关的法律监督职能贯穿整个刑事诉讼过程之中,不以诉讼阶段作为行使法律监督职能的限制,不需要通过介入侦查的方式予以强化。笔者并不认同将介入侦查作为“法律监督职能在侦查程序中的合理延伸”〔15〕这种提法,因为侦查程序本身就是法律监督职能的适用阶段之一,不必突出体现在介入侦查的活动之中。

第二,法律监督职能是检察机关的法定职责,内化在检察机关从事的诉讼活动中,不需要以某种特别的方式予以激活。尽管法条在表述介入侦查的相关活动时,最后提到“监督侦查活动是否合法”,但是监督侦查活动是否合法并不是独立存在的,也不是介入侦查的最终目的,而是内化在“参加公安机关对于重大案件的讨论”和“对案件性质、收集证据、适用法律等提出意见”的诉讼活动过程中,是检察机关基于法律监督机关的身份而必须要履行的法定职责。

第三,检察人员职能整合归一,法律监督职责涵盖其中。依据2012年《人民检察院刑事诉讼规则(试行)》第330条的规定,对于重大、疑难、复杂的案件,介入侦查的是

〔9〕 席宛秋:《立足实践优势完善提前介入侦查机制》,载《检察日报》2019年9月24日,第3版。

〔10〕 同上注。

〔11〕 孙光永:《六项举措强化提前介入侦查工作》,载《检察日报》2017年8月13日,第3版。

〔12〕 参见崔凯、彭魏倬加、魏建文:《检察机关“介入侦查引导取证”的理论重塑——兼论制度的可行性》,载《湘潭大学学报(哲学社会科学版)》2017年第2期。

〔13〕 参见张小玲:《审判中心背景下审前侦诉关系之重塑》,载《政法论坛》2016年第3期。

〔14〕 同上注。

〔15〕 陈卫东:《论检察机关的犯罪指控体系——以侦查指引制度为视角的分析》,载《政治与法律》2020年第1期。

侦查监督部门的检察人员。而根据2019年《人民检察院刑事诉讼规则》第8条的规定,除了例外情形,同一刑事案件的审查逮捕、审查起诉、出庭支持公诉和立案监督、侦查监督、审判监督等工作都是由同一检察官或者检察官办案组负责。检察人员职能形成整合归一的态势,位列前面的职能与控诉权相关,紧随其后的是法律监督相关职能。另外,与第8条相呼应,《人民检察院刑事诉讼规则》第256条也没有释明介入侦查的检察人员的部门归属。综合来看,在同一刑事案件中,同一检察官或检察官办案组负责审查逮捕、审查起诉和出庭支持公诉等工作,也需同时兼顾法律监督的职能。正如我们不能推导出审查逮捕、审查起诉和出庭支持公诉是法律监督的一种方式,介入侦查也不应该因为承载着法律监督职能,而被界定为法律监督的一种方式。检察机关从后面的阶段提前介入侦查阶段,是因为承载着控诉权的相关职能,是为了更好地发挥控诉权的相关职能。法律监督当然需要关注,但却不是介入侦查的着力点。

在网络犯罪案件中,基于严厉打击网络犯罪和加强全链条惩治的要求,人民检察院介入侦查之后,发现关联犯罪或其他新的犯罪线索,应当建议公安机关依法立案或移送相关部门。当然,对于犯罪嫌疑人不构成犯罪的,也应当依法监督公安机关撤销案件。〔16〕 因此,人民检察院在网络犯罪中介入侦查,没有停留在“监督侦查活动是否合法”的界限之内,而是在全链条惩治的原则之下,适度扩展至对关联犯罪或其他新的犯罪线索的关注和审查,已经超出了法律监督职能的应有之义,不宜界定为实现法律监督职能的一种方式。

三、介入侦查是否违背检察官的客观公正义务?

(一)检察官客观公正义务的绝对性与相对性

探讨介入侦查是否违背检察官的客观公正义务的前提条件是界定检察官的客观公正义务。从溯源的角度来看,检察官的客观公正义务产生于19世纪中后期的德国。当时,针对检察官在刑事诉讼中的任务和义务,曾经出现过两大学术派别的争论,即“诉讼当事人派”和“法律守护人派”。最终,“法律守护人派”成为通说,并通过《德国刑事诉讼法典》予以确认。〔17〕 虽然从理论上来讲,英美法系国家的检察官通常被认为是刑事诉讼的一方当事人,而大陆法系国家的检察官具有超然性,是“法的守护者”〔18〕,但学者们都意识到,这种区别并非绝对。英美法系的检察官被塑造成一方当事人,但却是一个“特殊的”当事人,因为检察官拥有的广泛的权利和巨大的权力,是辩

〔16〕 参见《人民检察院办理网络犯罪案件规定》第14条。

〔17〕 参见朱孝清:《检察官客观公正义务及其在中国的发展完善》,载《中国法学》2009年第2期。

〔18〕 〔德〕托马斯·魏根特:《德国刑事程序法原理》,江溯等译,中国法制出版社2021年版,第191页。

护律师不能比拟的。而大陆法系的检察官也不必然始终秉持超然的姿态，一旦作出了起诉决定，就被定格在控诉者的角色里。[19]

虽然检察官的客观公正义务不受职权主义诉讼模式、当事人主义诉讼模式甚至混合式诉讼模式的限制，也被国际准则所确认[20]，具有普遍的适用性，但是需要指出的是，检察官的客观公正义务也是一个相对的概念。在提起公诉之前，检察官的客观公正义务体现得较为充分，检察官需要恪守法律公正，维护司法公正。从实现司法公正的角度，检察官应当站在客观立场上，努力发现并尊重案件真相。[21] 从追诉犯罪与保障人权的统一的角度，检察官既要对应当起诉之人提起公诉，也不能故意对无罪的人提起指控。[22] 不过，一旦提起公诉，检察官的控诉职能跃居首位，客观公正义务则退居隐形地位。

（二）介入侦查并未违背检察官的客观公正义务

尽管我国检察机关介入侦查的设置是为了更好地实现控诉职能，是控诉职能的必要延伸，但是法律监督机关的身份已将法律监督内化在检察机关的诉讼活动中。检察机关介入侦查并没有违背检察官的客观公正义务，主要体现在以下几个方面：

第一，介入侦查的最终目的也是实现司法公正。正如前文所言，介入侦查不是一项常规化的诉讼活动，而是针对重大、疑难、复杂案件，满足一定的条件和程序才可以启动，需要符合程序公正的要求。检察机关应当准确把握介入侦查活动的“度”，不能实质性地参与公安机关的侦查取证活动[23]，介入侦查并非代替侦查。这表明，介入侦查需要划定自己的职能范围，不能突破界限。在审判为中心的诉讼改革制度中，介入侦查虽然是检察机关控诉职能的必要延伸，但也服务于诉讼质量的总体提高，确保实体公正的实现，并没有违背检察官客观公正义务的初衷。

第二，介入侦查秉持追诉犯罪与保障人权相统一的理念。《人民检察院办理网络犯罪案件规定》第 14 条规定：“人民检察院介入网络犯罪案件侦查活动，发现关联犯罪或其他新的犯罪线索，应当建议公安机关依法立案或移送相关部门；对于犯罪嫌疑人不构成犯罪的，依法监督公安机关撤销案件。”这一条规定，与《德国刑法典》的相关规定，有不谋而合之处。检察机关被视为负有客观公正义务的官署，承担追诉犯罪和保障人权的双重职责。[24] 介入侦查在实现控诉职能的过程中，也恪守人权保障的价值理念，以维护检察官的客观公正义务。

---

〔19〕 同上注，第 192 页。
〔20〕 参见前注〔17〕。
〔21〕 参见前注〔17〕。
〔22〕 参见前注〔17〕。
〔23〕 参见万毅：《构建介入侦查引导取证制度完善证明体系》，载《检察日报》2019 年 8 月 3 日，第 3 版。
〔24〕 参见熊秋红：《国际视野下检察机关刑事诉讼角色变迁》，载《检察日报》2019 年 10 月 28 日，第 3 版。

第三,检察技术人员的辅助有助于检察官客观公正义务的实现。在网络犯罪案件中,人民检察院介入侦查,开展引导取证活动时,涉及专业性问题的,可以指派检察技术人员共同参与。[25] 针对《人民检察院办理网络犯罪案件规定》第12条规定的有关事项,检察技术人员可以提出专业性意见。检察技术人员参与办理网络犯罪案件,辅助检察官处理介入侦查的相关专业性问题,为检察官引导取证提出专业化意见,协助检察官作出客观、准确的判断。网络犯罪案件办理的专业化队伍和技术水平的提升,有力地推动检察官客观公正义务的实现。

第四,法律监督推动检察官更好地践行客观公正义务。尽管笔者不主张将介入侦查界定为检察机关实现法律监督的一种方式,不认为介入侦查以强化诉讼监督为取向,但是不可否认的是,在审前阶段,检察机关的客观公正义务可以通过介入侦查这一活动的开展,将附随的法律监督职能同时予以释放。无论是《人民检察院刑事诉讼规则》第256条第1款最后提到的"监督侦查活动是否合法",还是前面提到的《人民检察院办理网络犯罪案件规定》第14条的规定,均表明检察机关将法律监督职能附着于介入侦查活动,在侦查权容易膨胀的审前阶段,控制警察活动的合法性,避免警察国家的形成[26],助力检察官践行客观公正义务。

四、检察机关在介入侦查中的主导性地位

与检察机关介入侦查的属性界定相关联,检察机关在介入侦查中的地位是问题的另一个侧面,也是对介入侦查属性的进一步明确。厘清检察机关在介入侦查中的地位,特别是在较为复杂的网络犯罪案件情境中,有助于检察机关更好地投身介入侦查,发挥应有的积极性和能动性。

2017年最高人民检察院工作报告提到检察机关"充分发挥审前主导和过滤作用",将"探索建立重大疑难案件侦查机关听取检察机关意见和建议制度"作为"积极推进以审判为中心的刑事诉讼制度改革"的一项重要内容。最高人民检察院《2018—2022年检察改革工作规划》进一步指出,"健全发挥检察机关审前程序作用工作机制。推动建立公安机关办理重大、复杂、疑难案件听取检察机关意见和建议制度"。从"探索建立"到"推动建立",检察机关介入侦查,作为公安机关听取检察机关意见和建议的制度,实际上已进入全面推进和落实阶段,而案件范围也从"重大疑难案件"扩展至"重大、复杂、疑难案件"。审前主导,是指检察机关在审前阶段发挥主导作用,包括对证据收集的规范传导和对诉讼进程的主导作用,其价值在于引导侦查取证和审前程序分

[25] 参见《人民检察院办理网络犯罪案件规定》第12条第2款。

[26] 参见刘文强:《以审判为中心视野下我国检警关系的反思与重构》,载《辽宁大学学报(哲学社会科学版)》2019年第4期。

流。[27] 检察机关作为审前程序当仁不让的主导者,可以通过审查逮捕、审查起诉以及监督侦查行为等职能路径向侦查施加积极的影响,对侦查质量予以评估。[28] 据此,检察机关在介入侦查中居于主导性地位,具体体现在引导取证方面,主要包含以下三项内容:

一是证据主导。以审判为中心的诉讼制度改革,全面贯彻和实行证据裁判原则,检察机关追诉成功与否,与证据质量息息相关。从审前的视角来看,则需要确保审前收集的证据确实充分、取证的程序合法,以实现控诉的有效性。就介入侦查而言,检察机关应以保证控诉权的行使为目标,以庭审的证明标准(或者说审查起诉的证明标准)引导侦查机关调查取证,从证据源头保证证据质量。[29] 也就是说,需要检察机关在介入侦查中从证明标准和程序合法的角度发挥主导作用,从证据的收集、提取、保全、固定、检验、分析等方面提出意见,确保侦查机关收集的证据符合证明标准,符合法定的程序。另外,证据主导还更加细化地体现在补充侦查和自行侦查活动中。最高人民检察院《2018—2022年检察改革工作规划》在"健全发挥检察机关审前程序作用工作机制。推动建立公安机关办理重大、复杂、疑难案件听取检察机关意见和建议制度"之后,规定了"明确退回补充侦查的条件,建立人民检察院退回补充侦查引导和说理机制,明确补充侦查方向标准和要求;加强自行补充侦查工作,完善自行补充侦查工作机制;建立补充侦查反馈机制,对自行补充侦查的案件,及时向侦查机关反馈侦查工作中存在的问题,强化对侦查机关的引导和监督作用"。"人民检察院退回补充侦查引导和说理机制""自行补充侦查工作机制"和"补充侦查反馈机制"实际上意在完善检察机关在审前程序当中的证据主导性工作机制。对于网络犯罪案件,检察机关主导性作用的一个例证是,人民检察院应当及时了解案件继续侦查或者补充侦查的情况,以掌握补充的证据情况。[30] "应当"二字更是诠释了检察机关对证据的主导职责。对于公安机关未能收集的证据,特别是存在灭失、增加、删除、修改风险的电子数据,需要及时收集和固定的,或者补充侦查仍达不到要求等情况,人民检察院可以自行侦查[31],以达到审查起诉或审判要求的证明标准,实现以证据为中心的刑事指控体系。

二是人员主导。人员主导并非指检察官主导侦查人员,而是引导侦查人员逐渐转变证据观念,进一步规范取证程序,排除非法证据,从证据的收集、提取、保全、固定、检验、分析等方面指引侦查人员向证据标准看齐,提出引导取证意见。另外,人员主导还应包括检察技术人员、其他有专业知识的人的专业主导。在网络犯罪案件中,人民检察院引导取证时,如果遇到专业性问题,可以指派检察技术人员共同参

---

〔27〕 参见谌佩:《立足检察职能 彰显审前主导的价值》,载《中国社会科学报》2019年9月17日,第4版。

〔28〕 参见李奋飞:《论检察机关的审前主导权》,载《法学评论》2018年第6期。

〔29〕 参见前注〔27〕。

〔30〕 参见《人民检察院办理网络犯罪案件规定》第16条第2款。

〔31〕 参见《人民检察院办理网络犯罪案件规定》第24条。

与。涉及继续侦查或补充侦查的,人民检察院在针对引导取证事项制作继续侦查或补充侦查提纲时,对于专业性问题,应当听取检察技术人员或者其他有专门知识的人的意见。[32]

三是技术主导。在重大、疑难、复杂的案件中,检察机关仅仅依靠传统的办案手段和技术已经无法应对不断涌现的技术难题,因此,积极探索运用大数据、云计算、人工智能等信息技术辅助办案,提高网络犯罪案件办理的专业化水平[33],成为检察机关变被动为主动的必然选择和必由之路。自行侦查时,需要技术支持和安全保障的,由人民检察院技术部门和警务部门派员协助。必要时,可以要求公安机关予以配合。[34]

尽管检察机关在介入侦查中处于主导性地位,但仍需注意以下几个问题:

第一,强化公诉权的地位。在以侦查为中心的诉讼模式下,公诉权并不受到重视。检察机关提起公诉,很大程度上受制于公安机关的侦查活动。在以证据为中心的刑事指控体系下,检察机关通过介入侦查、引导取证,指导公安机关收集证据,对侦查活动施加积极影响。检察机关的主导性地位或者作用,实质上是强化了公诉权的地位。

第二,防止检察机关滥用主导性地位。尽管检察机关介入侦查的目的在于提高追诉质量,但是不能矫枉过正,要避免滥用主导性地位。有媒体报道,2021 年 1 月 12 日,吉林省通化市新冠肺炎疫情暴发。经查,此次疫情系因东昌区“源升品质生活坊”经营者季某某邀请林某某(无症状感染者,“0 号传染源”)到通化市为其产品进行销售宣传引起。1 月 17 日,通化市公安局东昌分局已对该案以妨害传染病防治罪立案侦查。1 月 22 日,通化市东昌区人民检察院提前介入,依法对侦查活动进行法律监督,以提起公诉的证据标准引导侦查机关合法取证,确保侦查工作的顺利开展。[35] 应当说,在该案中,检察机关介入得较快、较早。但值得注意的是,媒体并没有透露更多的细节,没有公布检察机关介入的理由和程序。依据法律规定,检察机关介入侦查,不仅要满足“经公安机关商请或者人民检察院认为确有必要”的程序要求,还需符合“重大、疑难、复杂案件”的条件。那么,该案中涉及的关键问题,特别是涉案人员的行为是否违反当时的防疫政策、是否存在瞒报行程等违规行为,没有进一步透露,是否能够达到“重大、疑难、复杂”的程度,并不明确。因此,该案中检察机关提前介入的判断依据不够充分。2021 年 6 月 8 日,“北京日报”微信公众号报道,上海市黄浦区人民检察院提前介入一起大学教师持刀杀害同事的刑事案件。[36] 在该案件中,检察院提前介入较

---

[32] 参见《人民检察院办理网络犯罪案件规定》第 12 条第 2 款、第 16 条。

[33] 参见《人民检察院办理网络犯罪案件规定》第 8 条。

[34] 参见《人民检察院办理网络犯罪案件规定》第 25 条。

[35] 参见杨宜桐:《追究“0 号感染源”刑责? 宜依法审慎,别惜字如金》,载微信公众号“新华每日电讯”2021 年 1 月 29 日(https://mp.weixin.qq.com/s/tugivo-2uEe3hwtzsjXXEA)。

[36] 参见《上海一大学教师持刀杀害同事,检察院提前介入》,载微信公众号“北京日报”2021 年 6 月 8 日(https://mp.weixin.qq.com/s/gvPZ3tiLfTjhf31s6GFTRA)。

快,但报道内容较少,无从获知更多关于提前介入的信息,提前介入的判断依据不够明朗。此外,在 2021 年 6 月 13 日,"北京日报"微信公众号显示,广州南沙警方通报了一起"广州夫妇隐瞒中高风险地旅居史,当地检察院提前介入"的案件。[37] 但是该案经过警方初步调查,案情已较为清晰。张某、鲁某夫妇未执行广州市南沙区相关的防疫措施,未主动向所在社区申报曾去过中高风险地区。到医院就诊时,未执行广州市相关防疫措施,未如实填写《新冠肺炎流行病学调查问卷》,未如实告知医生近 14 天内的旅居史。该夫妇二人的行为引起新冠肺炎传播的严重危险,依据最高人民法院、最高人民检察院、公安部、司法部《关于依法惩治妨害新型冠状病毒感染肺炎疫情防控违法犯罪的意见》第 2 条第(一)项的相关规定,南沙警方以涉嫌妨害传染病防治罪依法立案侦查。南沙检察院也提前介入该案件。报道的情况表明,该案基本事实清楚,对广州疫情防控造成较大不利影响,属于"重大、疑难、复杂"案件,对检察机关提前介入的必要性可以作出基础性判断,基本上可以排除检察机关滥用主导性地位的可能性。但需要指出的是,"重大、疑难、复杂"标准的进一步释明,有利于规范检察机关介入侦查的启动,从制度上防范检察机关滥用主导性地位。

第三,检察机关在审前阶段和审查起诉阶段的角色融合与分离。检察机关作为法律监督专门机关的角色,贯穿刑事诉讼全过程。任何一项诉讼活动都带有法律监督的印记。检察机关介入侦查,发生在审前阶段,其主导性地位更多地体现为指导和引导,实际上充当侦查机关的指导者和引导者,检察机关的控诉职能融入指导者和引导者角色。与此同时,法律监督职能附着于介入侦查活动,在一定程度上强化了检察机关在介入侦查中的主导性地位。自进入审查起诉阶段之后,检察机关随即剥离了指导者和引导者角色,退出介入侦查中的主导性地位,恢复其控诉机关的本职角色。所以,检察机关在介入侦查中的主导性地位发生在审前阶段,具有鲜明的阶段性,不可以任意地跨越诉讼阶段。另外,除非有特别的制度性设计,检察机关不得任意地诉诸主导性地位。

第四,检察机关介入侦查的局部性效应。尽管提前介入、引导取证对于检察机关发挥审前主导作用,进一步完善以证据为核心的刑事指控体系,进而对以审判为中心的诉讼制度改革具有积极影响,但是需要看到的是,目前的介入侦查制度并没有从根本上撼动我国的检警关系,也没有对我国刑事诉讼基本原则之一——分工负责、互相配合、互相制约——形成根本性冲击。不过,介入侦查的局部性效应对于现行的司法体制改革而言,仍具有明显的示范性作用,并以不容置疑的力度,有力地推动未来的制度发展。

---

〔37〕 参见《广州夫妇隐瞒中高风险地旅居史,当地检察院提前介入!》,载微信公众号"北京日报"2021 年 6 月 12 日(https://mp.weixin.qq.com/s/iSIIEPq0lEuowz-O_dLqbw)。

五、余　论

检察机关介入侦查不应被理解为实现法律监督的一种方式,而应当作为控诉职能的一种延伸。这种属性界定符合以审判为中心的诉讼制度改革的内在逻辑和制度安排,有助于实现一系列配套制度的改革与完善。特别是在司法责任制不断推进和落实的过程中,检察官办案责任制要求检察官对办案质量终身负责。针对重大、疑难、复杂案件,检察机关及时介入侦查,对侦查机关的侦查方向予以指导,引导侦查机关对瑕疵证据予以补正,进一步完善证据链,可以在一定程度上从源头上保障办案质量,但与此同时,也要明确各自的职责和分工,不可越俎代庖,避免互相推诿。另外,鉴于检察官客观公正义务的相对性,其客观公正义务的具体内涵会随着诉讼阶段对应的诉讼角色而发生一定的变化。但无论是从实现司法公正的终极目标,还是从追诉犯罪与保障人权相统一的刑事诉讼基本理念来看,检察机关介入侦查,并没有违背检察官的客观公正义务,相反,是为了更好地实现检察官的客观公正责任。

检察机关介入侦查的属性定位为控诉职能的必要延伸,进而塑造了其在该阶段的主导性地位。为了充分发挥检察机关在打击网络犯罪中的积极作用,在未来的介入侦查制度规范性方面,可以考虑的完善方案包括但不限于以下内容:

一是进一步明确“重大、疑难、复杂”的含义。笔者注意到,无论是《人民检察院刑事诉讼规则》,还是《人民检察院办理网络犯罪案件规定》,都没有阐释“重大、疑难、复杂”的含义,也没有明确“重大、疑难、复杂案件”的范围。从《人民检察院刑事诉讼规则》第 256 条和《人民检察院办理网络犯罪案件规定》第 12 条的规定来分析,介入侦查的案件类型不受限制,只要符合“重大、疑难、复杂”即可。即便是网络犯罪案件,也不尽然是“重大、疑难、复杂”案件,必须达到“重大、疑难、复杂”的程度,检察机关才可以介入侦查。如何界定“重大、疑难、复杂”?“重大、疑难、复杂”必须同时满足,还是只要满足其中一项即可?法律和司法解释中没有明确的界定。不过,最高人民检察院《关于切实履行检察职能防止和纠正冤假错案的若干意见》第 18 条规定了“命案等重大复杂案件、突发性恶性案件、争议较大的疑难案件、有重大社会影响的案件”,对“重大复杂”“疑难”等案件进行了初步的限定。司法实务中也有一些可以参照的标准。比如,《浙江省律师服务收费中重大、疑难、复杂诉讼案件认定标准及适用办法》以列举的方式,将重大刑事案件界定为在一定地域范围内具有较大社会影响或受到舆论关注的,管辖级别较高的,涉外或涉港澳台,犯罪主体较为特殊的,可能判刑较重的,以及对社会稳定有较大影响的案件[38],只要符合其中一种情形即可。将疑难复杂案件界定为案件定性存在争议的,适用法律有难度的,涉及罪名较多的,多人犯罪的,危害国家安全和公共安全的,有严重社会危害性的,以及新型的犯罪案件[39],只要符合其中一种情形即可。就介入侦查涉及的"重大、疑难、复杂"案件,笔者认为可以考虑的界定方案是,具有重大社会影响或较高社会关注度的案件,案件事实认定或适用法律等争议较大、难以判定的案件,案情或法律关系复杂的案件,只要符合其中一种情形即可。

二是准确把握"网络犯罪"的概念。对网络犯罪一般是从广义上来理解。网络概念与计算机概念随着计算机、网络的发展而趋同。相应地,冠以二词的犯罪的概念也无二致。在某种意义上,"计算机信息系统""计算机系统"与"信息网络"、"利用计算机"与"利用网络"、"网络犯罪"与"计算机犯罪""计算机相关犯罪"往往可等价视之。[40] 据此,《人民检察院办理网络犯罪案件规定》第2条中的"针对信息网络实施的犯罪"和"利用信息网络实施的犯罪",可以同等置换为"针对计算机网络实施的犯罪"和"利用计算机网络实施的犯罪"。另外,网络犯罪的范围十分广泛。虽然我国网络犯罪的类型也采取三分法,包括以计算机作为犯罪对象的网络犯罪,以计算机作为主体的网络犯罪以及以计算机作为犯罪工具的网络犯罪,但是由于网络犯罪现象的复杂性,各个类型之间并非互相排斥,存在交叉情形。[41]《人民检察院办理网络犯罪案件规定》第2条在规定网络犯罪的概念时,提到的"针对信息网络实施的犯罪"和"利用信息网络实施的犯罪"表述都比较笼统,并不能明确地归为上述三种类型中的任何一种。同时,还存在一个问题,即"其他上下游关联犯罪"没有进一步界定,这虽然与网络犯罪外延"膨胀交错"的现状相适应,但是在司法实务中,容易因界定不清而产生适用模糊地带,进而导致网络犯罪圈的无限扩张。那么,如何理解"其他上下游关联犯罪"?以电信网络诈骗案件为例,2016年12月公布实施的最高人民法院、最高人民检察院、公安部《关于办理电信网络诈骗等刑事案件适用法律若干问题的意见》指出,要"全面惩处关联犯罪"。关联犯罪可以被解读为与电信网络诈骗犯罪得以实施、犯罪所

---

[38] 具体地,包括在县(市、区)域以上范围内具有较大社会影响的案件或被地级市以上媒体、网络以及境外媒体报道引发社会关注的案件;由地级市以上司法机关负责侦查、起诉、审判的案件;涉外或港、澳、台犯罪的案件;单位犯罪案件;职务犯罪案件;可能被判处十年以上有期徒刑的案件;以及存在政治性、群体性、敏感性因素及其他对社会稳定有较大影响的案件。

[39] 具体地,包括存在罪与非罪争议的案件;存在此罪与彼罪定性争议的案件;存在检察机关决定不起诉可能的案件;涉嫌两个以上罪名的案件;三人以上的共同犯罪案件;申诉或再审案件;涉及危害国家安全、危害公共安全犯罪案件;涉及黑社会性质组织、恐怖组织、走私、毒品、贪污贿赂、渎职侵权、破坏金融秩序、金融诈骗、危害税收征管、妨害公司企业管理秩序、侵犯知识产权、扰乱市场秩序等具有严重社会危害性的案件;以及1997年《刑法》修订之后颁布的刑法修正案中规定的新罪名案件,或者其他新类型案件。

[40] 参见刘艳红:《网络犯罪的法教义学研究》,中国人民大学出版社2021年版,第104页。

[41] 同上注,第106—108页。

得及其收益得以转移相关的，较为完整的上下游灰黑产业链和犯罪利益链犯罪。[42]笔者认为，可以考虑的一个方案是，将“其他上下游关联犯罪”界定为与网络犯罪得以实施、犯罪所得及其收益得以转移等相关的，较为完整的上下游产业链和犯罪利益链犯罪。

〔42〕 参见梁根林：《全面惩处电信网络诈骗关联犯罪》，载《人民法院报》2016年12月25日，第2版。

认罪认罚案件被追诉人知情权研究

李　晨*

要　目

摘　要　在刑事诉讼过程中，可能出现控诉方信息披露不实、故意压制证据或信息遗漏的极端现象，这会削弱被追诉人知情权的有效性并可能引发司法道德危机。在以协商、合意为核心的认罪认罚案件中，知情无效的后果会被放大，进而冲击诉讼程序的正当性根基。以法教义学为视角审视被追诉人的知情权体系，发现其呈现粗放与脆弱的制度底色，这显然不符合信息时代的权利要求。鉴于认罪认罚案件被追诉人知情权的独特意义，未来的司法解释应当遵循有效知情原则，围绕及时性、充分性与实质化三个要素完善知情权行使规范；同时，构建知情权受阻的有效救济机制。作为配套措

* 北京大学法学硕士，香港中文大学英美法硕士，社会科学文献出版社副编审。本文为国家社会科学基金一般项目“认罪认罚从宽制度中的协议破裂与程序反转研究”（18BFX074）研究成果。

施,明确控诉方信息披露的义务与责任,并以有效法律帮助为标准明确、强化律师的勤勉尽责义务。

关键词 认罪认罚 知情权 证据开示 信息披露 弹劾证据

长期以来,刑事司法领域的被追诉人知情权或被辩护权掩盖,或被辩护律师的阅卷权、证据开示等制度取代,自身不仅缺乏独立的学术场域,在权利体系中也缺乏应有的层次位阶,相应的保障机制低效且远不成体系。如此一来,被追诉人可能在对涉案信息"模糊知情"甚至被律师"代为知情"的情况下,在惶恐中迎来一纸决定自己命运的判决书。显然,这与当今信息社会重视知情权的主基调严重不符。该司法弊端在以协商、合意为要素的认罪协商程序中更是被进一步放大,可能引发"无知之幕"下的认罪认罚,比如在实践中,一名被告人承认犯有黑社会性质组织罪并签署了认罪认罚具结协议,但经过律师在庭审中询问才得知,他对其中的"黑社会性质组织"不过停留于影视作品的粗浅认知水平。这荒唐并近乎反讽的一幕反映出被追诉人对犯罪行为的法律性质与后果并不充分知悉,何谈认罪认罚的明知与自愿?

司法实务部门已经意识到问题的严重性,2019 年 10 月发布并实施的最高人民法院、最高人民检察院、公安部、国家安全部、司法部《关于适用认罪认罚从宽制度的指导意见》(以下简称《认罪认罚指导意见》)第 29 条明确指出,人民检察院可以针对案件具体情况,探索证据开示制度,保障犯罪嫌疑人的知情权和认罪认罚的真实性及自愿性。这是我国法律文件首次明确提及刑事被追诉人的知情权,也表明重视认罪认罚案件被追诉人知情权的立场。问题是,在认罪认罚案件中应建立怎样的证据开示制度,开示的时间、范围如何把握,控诉方的开示职责如何界定?如果控诉方没有尽到开示义务,应当承担怎样的法律责任?如果被追诉人知情权受阻进而影响认罪认罚的真实性与自愿性,应当如何救济?以及如何判断其间的因果关系?等等。本文以认罪认罚案件为范例,探讨控诉方信息披露的义务,反思既有制度体系功能的不足,在此基础上,探讨重塑被追诉人知情权体系的路径,以期认罪协商程序获得更广泛的社会正当性,不至于沦为司法正义角逐中的一场灾难。

一、认罪认罚案件被追诉人知情权的意义

(一)被追诉人知情权的定义

知情权的概念有广义与狭义之分。广义知情权是指知悉、获取信息的自由与权利,包括从官方或非官方知悉、获取相关信息。狭义知情权仅指知悉、获取官方信息的自由与权利。知情权在现代信息社会至关重要。1946 年联合国大会通过的第 59(1)号决议,便将知情权列为基本人权之一。近年来我国立法也愈发重视知情权的保

障机制,比如 2017 年公布、2020 年修正的最高人民法院《关于适用〈中华人民共和国公司法〉若干问题的规定(四)》在原有的《公司法》基础上加以细化,对股东行使知情权做出了进一步的规定〔1〕;2019 年修订、2020 年施行的、作为资本市场根本法的《证券法》,一个重要的修改内容是,通过扩大证券民事赔偿责任主体范围强化了信息披露制度〔2〕。除此之外,消费者、劳动者、保险人、行政相对人的知情权也备受关注并有明确的立法依据。〔3〕

从权利结构来看,知情权的本质是权利主体向相对方获取信息的权利,相对方负有告知、释明与信息披露义务。据此,刑事被追诉人知情权可定义为:被追诉人向控诉方〔4〕获取定罪、量刑以及诉讼程序信息的权利。按照《认罪认罚指导意见》的规定,虽然法院也承担权利告知义务,但它是中立的司法机关,因此不宜作为知情权的相对方。从信息内容的复杂性与重要性来看,知情权并非单一权利,而是一个权利体系,包括被追诉人获取信息的权利,比如被追诉人向控诉方了解案件情况的权利、阅卷权、咨询律师权、证据开示申请权等;还包括知情权的保障权利,比如针对控诉机关拒绝信息披露、披露不及时与不充分的申诉权,知情权受损的程序反转申请权等。

从信息构成的视角来看,根据《刑事诉讼法》《认罪认罚指导意见》与实践情况,被追诉人所要知悉的信息主要包括案内信息与案外衍生信息。案内信息又分为实体信息与程序信息。前者包括案件事实(主要是指与定罪、量刑有关的事实)与法律依据。后者是指不同诉讼程序的程序利益之比较,强制措施适用利弊得失等信息。

(二)认罪认罚案件被追诉人知情权的独特意义

与传统刑事案件诉讼程序不同,认罪协商程序拥有独特的运行范式,以知情权为视角可见其两个显著特点:第一,呈现“被追诉人自主模式”。被追诉人的角色由程序的参与者转为案件结果的决定者,在很大程度上,其明知与自决直接影响了诉讼结局,尤其是在量刑建议制度改革与推行检察官主导地位的语境下。第二,呈现“诉讼重

〔1〕 详细参见最高人民法院《关于适用〈中华人民共和国公司法〉若干问题的规定(四)》第 7 条:“股东依据公司法第三十三条、第九十七条或者公司章程的规定,起诉请求查阅或者复制公司特定文件材料的,人民法院应当依法予以受理。公司有证据证明前款规定的原告在起诉时不具有公司股东资格的,人民法院应当驳回起诉,但原告有初步证据证明在持股期间其合法权益受到损害,请求依法查阅或者复制其持股期间的公司特定文件材料的除外。”

〔2〕 按照 2014 年《证券法》的规定,承担民事赔偿责任的主体主要是发行人和上市公司,导致司法实践中对于某些被处罚的信息披露义务人是否应当承担民事赔偿责任,存在争议。2019 年《证券法》第 85 条将未依法履行披露信息义务应当承担证券民事赔偿责任的主体统一规范为“信息披露义务人”。

〔3〕 消费者的知情权与经营者的告知义务,参见《消费者权益保护法》第 8、18 条等。劳动者的知情权与用人单位的告知义务,参见《劳动合同法》第 8、26 条。保险人的知情权与投保人的告知义务,参见《保险法》第 16 条第 2 款。行政相对人的知情权与行政机关的告知义务,参见《行政处罚法》第 44 条。

〔4〕 此处的控诉方采用广义说,包括侦查机关、职务犯罪中的调查机关、审查起诉的检察机关,下文皆同。

心前移模式”。认罪协商程序实为一种审判之前的商谈处理模式[5],控辩双方往往在审前就达成认罪认罚具结协议。这种重心前移模式不仅表现为案件的实质处理移至审前阶段,同时表现为事实真相的发现与查明也提前了,法院审判呈现简化性与不完整性的特征。[6] 虽然认罪认罚案件的证据要求和证明标准不能降低[7],但出于效率等因素的考虑,无论是立法还是实践,证明规则与证明方式趋于灵活,庭审质证方式予以简化。[8]

前者意味着,被追诉人知情权的行使情况可能直接影响具结协议的公正性进而影响诉讼结果,因为被追诉人的方案选择是否理性取决于知情权的有效性;后者意味着,如果在审前的控辩协商阶段,控诉方不能及时、充分地披露案件信息,被追诉人不仅可能被蒙在鼓里进行一场“黑暗中的协商”[9],并且在事后“确认式的庭审”中也无法再现真相。据此可见,被追诉人的知情权在很大程度上已然决定了其诉讼命运走势。

申言之,被追诉人知情权的特殊意义表现为四个维度:其一,关乎控辩协商的公平性。按照目前的法律架构,辩护方享有调查取证权,但实际取证能力极为有限。本来取证能力就更胜一筹的控诉方,2012 年修正的《刑事诉讼法》又赋予其技术侦查措施,在侦查技术发展日新月异的时代,这无异于如虎添翼,加剧控辩取证能力的不平衡。根据知情权的需要,控诉方向被追诉人开示案件信息有助于平衡控辩资源。这种支持性的观点,在美国也获得了充分表达。近年来,很多州在辩诉交易中针对控诉方如何及时广泛地披露案件证据信息进行了改革,开创了案卷公开(open-file)制度,此举获得了广泛好评,比如,被追诉人可以分享政府高级技术侦查手段的成果,这有助于平衡侦查领域“一边倒”的情形[10],并形成了“强有力的制约力量,以防止检察官在审判不大可能定罪的情况下提

---

[5] 有论者认为,审查起诉阶段就成了基本上决定案件处理的一个重要阶段。参见朱孝清:《认罪认罚从宽制度对刑事诉讼制度的影响》,载《检察日报》2020 年 4 月 2 日,第 3 版。

[6] 甚至有论者将认罪协商程序中的庭审机制抽象归纳为“确认式审判”。参见李奋飞:《论“确认式庭审”——以认罪认罚从宽制度的入法为契机》,载《国家检察官学院学报》2020 年第 3 期。

[7] 参见《认罪认罚指导意见》第 3 条。

[8] 根据《刑事诉讼法》第 219 条、第 224 条的规定,适用简易程序、速裁程序的认罪认罚案件,已经明确其审理程序可以简化,尤其是质证、查证程序的简化。虽然刑事诉讼立法没有明确规定适用普通程序的认罪认罚案件是否可以简化质证、查证程序,但《认罪认罚指导意见》第 47 条解决了该问题。更有实务界指出,认罪认罚案件的证明标准虽然不能降低,但由于认罪案件与不认罪案件在证据基础和被告人诉讼权利要求上存在明显不同,势必导致对认罪认罚案件不需要像不认罪案件那样进行严格、全面的证明。参见苗生明、卢楠:《重罪案件适用认罪认罚从宽制度的理论与实践》,载《人民检察》2018 年第 17 期。

[9] 早有论者指出,控诉方证据开示不充分会导致黑暗中的辩诉交易。See Michael Nasser Petegorsky, *Plea Bargaining in the Dark: The Duty to Disclose Exculpatory Brady Evidence During Plea Bargaining*, Fordham L. Rev., Vol. 81, 2013, p. 3599.

[10] 案卷公开将使被告人对案件的确切性质有一个大致了解,从而达到公平竞争的目的。See Daniel S. Medwed, Brady's Bunch of Flaws, WASH. & LEE L. REV., Vol. 67, 2010, pp. 1533, 1558-1559; 为被告人提供通过政府的高级技术调查资源获得的信息,为公平竞争提供了条件。See Janet Moore, *Democracy and Criminal Discovery Reform after Connick and Garcetti*, BROOK. L. REV., Vol. 77, 2012, p. 1372.

出辩诉提议”[11]。其二,关乎具结协议达成的可能性与稳定性。知情权的重要功能是增强被追诉人对认罪认罚结果的预测性,增强选择的理性,这不仅可以有力地促成具结协议的达成[12],而且有助于从根本上防止事后被追诉人反悔,提升以具结协议为基础的裁判的稳定性,减少社会对抗。其三,关乎错案与无辜者认假罪问题。控辩双方在认罪协商过程中,如果控诉方没有充分进行证据开示,会带来错案与无辜者被迫、被骗认假罪,学界与实务界都对此进行了热议。[13] 数据显示这并非杞人忧天:截至 2019 年,在美国刑事司法系统的 365 个 DNA 豁免中,有 41 个涉及认罪的被告人。[14] 承认有罪的无辜被告人的实际人数可能超过了这一统计数字,因为有罪答辩难以被推翻。[15] 以我国再审案件为样本,可以发现无辜者认假罪案件的数量虽然很小,但近年来出现的 1597 起错案值得警醒。[16] 其四,关乎司法道德危机。被追诉人在行使知情权过程还可能面临如下极端风险:控诉方信息披露不实、故意压制证据或存在重大信息遗漏。此概率极小的“黑天鹅事件”可能引发关乎人心向背的司法道德危机。因为,从运行机制上看,认罪认罚从宽制度本来就有司法机关“构罪”之虞。如果控诉方不披露相关证据即向被追诉人发出认罪认罚的邀约,这不仅会让蒙在鼓里的被追诉方合理地怀疑控诉方是“诈和”,而且会导致侦查、控诉机关懒惰地以“诈和取证”范式代替正当的侦查取证程序,形成无德司法。所以,控诉方信息披露的正确操作方式应为,以实现被追诉人的有

---

[11] See Maximo Langer, *Rethinking Plea Bargaining: The Practice and Reform of Prosecutorial Adjudication in American Criminal Procedure*, AM. J. CRIM. L., Vol. 33, 2006, p. 223, 276. 还有学者指出,广泛的证据披露“直接解决了辩诉交易的缺陷”, see Stephen J. Schulhofer, *Plea Bargaining as Disaster*, YALE L. J., Vol. 101, 1992, p. 1979, 1998; 还有学者认为自由的信息披露减少了不确定性并能制约控诉欺诈, see Stephanos Bibas, *Plea Bargaining Outside the Shadow of Trial*, HARV. L. REV., Vol. 117, 2004, p. 2464, 2469, 2531.

[12] 比如,在美国关于辩诉交易的讨论中,有论者认为,控诉方更多的信息披露可以减少双方之间的信息不对称,从而增加双方就和解达成协议的机会。See Ben Grunwald, *The Fragile Promise of Open-File Discovery*, Conn. L. Rev., Vol. 49, 2017, p. 774.

[13] 比如,参见王迎龙:《认罪认罚从宽制度下轻罪冤假错案的防范》,载《人民法院报》2019 年 2 月 14 日,第 6 版;[美]John H. Blume & Rebecca K. Helm:《“认假罪”:那些事实无罪的有罪答辩人》,郭烁、刘欢译,载《中国刑事法杂志》2017 年第 5 期;祁建建:《美国涉认罪案件无辜者之识别与救济》,载《法律适用》2019 年第 24 期。实践中甚至有律师提出,为了达到被追诉人认罪认罚的明知与自愿性要求,防止错案,建议在审查批捕阶段即给予辩护律师阅卷权。

[14] DNA Exonerations in the United States (The Innocence Project, 2019), archived at http://perma.cc/5Q6H-EDC4.

[15] See Samuel R. Wiseman, *Brady, Trust, and Error*, Loyola J Pub Interest L 447, Vol. 13, 2012, pp. 447, 456.

[16] 笔者通过北大法宝信息网进行统计,筛选案例时先选定“司法案例”一栏,在全文搜索中输入关键词“认罪认罚”,选定程序为“再审程序”,选定日期为 2018 年 1 月 1 日至 2022 年 12 月 31 日,共筛选出再审案件 1597 件。其中适用普通程序的居多,占比约 90%。启动再审的理由主要有:判决刑罚量刑不适当,主要是被告人认为法院量刑过重;一审定性错误,包括事实认定错误、罪名认定错误以及法律适用错误等;发现新事实、新证据等,包括与被害人和解,犯新罪等。从再审案件的审理结果中发现,1597 个案例中,审理结果为改判的居多,改判理由包括:一审定性错误、一审量刑错误以及出现新事实、新证据等。改判的具体结果以改变罪名,对原判的刑罚种类和量刑幅度进行修改的居多。

效知情为旨归,以风险治理与诚实信用为原则,及时、充分、实质地披露涉案信息。及时性是指必须是在被追诉人认罪认罚之前就披露涉案信息。按照我国目前法律规定,侦查阶段就开始适用认罪协商程序。[17] 充分性是指控诉方全面披露涉案信息。既包括有罪证据,更应该包括开脱性证据(exculpatory evidence),以及影响证据可信性的弹劾证据(impeachment evidence)。实质化是指信息披露方式不限于简单告知、展示相关证据信息,还应包括说理释法与质证程序。申言之,对一些关键的证据的客观真实性、科学合理性,被追诉人可能会有所怀疑,比如重要的证人证言、证人品格是否良好会影响证言的客观性;决定定罪是否成立的鉴定意见;决定是否适用缓刑的调查评估意见[18];公益损害修复的标准[19]等,皆需要控诉方作出实质化的释明,甚至对内容的科学性与可信性展开对质。

二、被追诉人知情权的困境与成因

我国刑事诉讼法立法、司法解释以及地方司法机关的试行意见,虽然针对如何保障被追诉人的知情权都作了系列制度性回应,但从法教义学的视角解析知情权的有效性,可以发现既有的应对体系呈现粗放与脆弱的制度底色,如一纸具文。

(一)解读刑事诉讼立法与相关司法解释

一是探索新的、有效的控诉方信息披露方式。《刑事诉讼法》只是明确规定了"告知"这一种方式[20],而《认罪认罚指导意见》与地方试行意见则不仅增加了"释明",而且不断探索证据开示制度。释明即释法说理,《认罪认罚指导意见》视之为告知方式的补充。[21] 比如,实践中的涉林破坏环境资源案件,控诉方对林地作为森林资源的重要组

[17] 根据《刑事诉讼法》第 182 条第 1 款的规定,犯罪嫌疑人自愿如实供述涉嫌犯罪的事实,有重大立功或者案件涉及国家重大利益的,经最高人民检察院核准,公安机关可以撤销案件……《认罪认罚指导意见》第 5 条第 1 款则明确规定,认罪认罚从宽制度贯穿刑事诉讼全过程,适用于侦查、起诉、审判各个阶段。

[18] 当然,调查评估意见是证据还是参考材料,其法律属性在立法层面尚不明确。笔者认为,根据其内容与证明作用来看应属于品格证据。

[19] 参见《人民检察院刑事诉讼规则》第 276 条第 1、2 款。办理认罪认罚案件,人民检察院应当将犯罪嫌疑人是否与被害方达成和解或者调解协议,或者赔偿被害方损失,取得被害方谅解,或者自愿承担公益损害修复、赔偿责任,作为提出量刑建议的重要考虑因素。犯罪嫌疑人自愿认罪并且愿意积极赔偿损失,但由于被害方赔偿请求明显不合理,未能达成和解或者调解协议的,一般不影响对犯罪嫌疑人从宽处理。

[20] 《刑事诉讼法》第 173 条率先设定了人民检察院的告知义务:犯罪嫌疑人认罪认罚的,人民检察院应当告知其享有的诉讼权利和认罪认罚的法律规定。《认罪认罚指导意见》第 22 条以及一些地方的试行意见都将告知义务的主体扩大到侦查机关。比如,《广州市越秀区刑事案件认罪认罚从宽制度操作规程(试行)》第 14 条规定,犯罪嫌疑人认罪的,侦查人员应书面告知犯罪嫌疑人相关诉讼权利及认罪的法律后果。

[21] 根据《认罪认罚指导意见》第 26 条第 1 款的规定,权利告知应当采取书面形式,必要时应当充分释明。

成部分,在调节大气、保持水土等方面发挥的重要作用,积极采取措施补植复绿、恢复生态环境的意义等进行深入解释,让被追诉人充分意识到破坏林地的严重后果,有助于其真正地认罪悔罪。在证据开示制度方面,除了《认罪认罚指导意见》指明了方向,地方司法机关进行了诸多有益的尝试,比如山东省政法单位会签并于2019年11月施行的山东省高级人民法院、山东省人民检察院、山东省公安厅、山东省安全厅、山东省司法厅《关于适用认罪认罚从宽制度办理刑事案件的实施细则(试行)》第33条规定,人民检察院可以针对案件具体情况,探索证据开示制度,在诉前与犯罪嫌疑人、辩护人或者值班律师沟通,将与案件指控事实相关的证据进行简化集中展示,增强犯罪嫌疑人对认罪认罚结果的预测性,保障犯罪嫌疑人的知情权和认罪认罚的真实性及自愿性。

二是明确被追诉人有效知情权的实体标准。《人民检察院刑事诉讼规则》第267条规定,人民检察院办理犯罪嫌疑人认罪认罚案件,应当确保其了解认罪认罚的性质和法律后果,自愿认罪认罚。从理论上,可以视之为被追诉人有效知情权的实体标准。

三是强化律师法律帮助的有效性。司法实务部门不仅提出了"有效法律帮助"的概念与标准〔22〕,而且针对值班律师权利空洞化的现象〔23〕,《认罪认罚指导意见》第10条明确赋予值班律师提前了解案件情况权与阅卷权。〔24〕

四是确立知情权受阻的司法救济制度。如果控诉方未尽披露职责,被追诉人知情权受阻导致认罪认罚违背意愿的,虽然目前没有承担法律责任的要求,但《认罪认罚指导意见》与《人民检察院刑事诉讼规则》都设定了程序反转的救济方式,对侦查阶段认罪认罚的案件,侦查机关没有履行告知义务,人民检察院在审查起诉阶段经审查发现,犯罪嫌疑人违背意愿认罪认罚的,可以重新开展认罪认罚工作。〔25〕 原理相同,在审判阶段,人民法院也会重点核实人民检察院、公安机关是否履行告知义务。如果发现未尽告知义务,并导致被告人违背意愿认罪认罚,或者认罪认罚后又反悔,依法需要转换程序的,应当按照普通程序对案件重新审理。〔26〕

---

〔22〕 根据《认罪认罚指导意见》第10条第1款的规定,人民法院、人民检察院、公安机关办理认罪认罚案件,应当保障犯罪嫌疑人、被告人获得有效法律帮助,确保其了解认罪认罚的性质和法律后果,自愿认罪认罚。《人民检察院刑事诉讼规则》第267条则沿用该措辞。

〔23〕 2020年最高人民法院、最高人民检察院、公安部、国家安全部、司法部联合发布的《法律援助值班律师工作办法》相较之前的《关于开展法律援助值班律师工作的意见》在保障值班律师权利方面已经有了大幅的进步,该工作办法第21条规定:"侦查阶段,值班律师可以向侦查机关了解犯罪嫌疑人涉嫌的罪名及案件有关情况;案件进入审查起诉阶段后,值班律师可以查阅案卷材料,了解案情,人民检察院、人民法院应当及时安排,并提供便利。已经实现卷宗电子化的地方,人民检察院、人民法院可以安排在线阅卷。"第22条第1款规定:"值班律师持律师执业证或者律师工作证、法律帮助申请表或者法律帮助通知书到看守所办理法律帮助会见手续,看守所应当及时安排会见。"

〔24〕 《人民检察院刑事诉讼规则》第269条则沿袭该精神,同时还明确要求,犯罪嫌疑人认罪认罚的,人民检察院应当提前为值班律师了解案件有关情况提供必要的便利。

〔25〕 参见《认罪认罚指导意见》第28条;《人民检察院刑事诉讼规则》第271条。

〔26〕 参见《认罪认罚指导意见》第39条。

(二)脆弱、粗放的知情权现状及其成因

从法教义学的视角来解析知情权体系,被追诉人的信息获取取决于两个重要因素:一是控诉方及时、充分的信息披露机制;二是值班律师或辩护律师的有效法律帮助。从实践来看两者都存在严重缺陷,共同导致信息披露机制的脆弱性与低效性。下文从信息披露机制的内部、外部视角以及信息代理人三个层面详解。

1. 内部视角:粗放、低效的信息披露机制

这体现于多方面:

首先,基于侦查保密原则,被追诉人知情权在侦查阶段呈现滞后性。按照我国目前的法律规定,辩护律师在侦查阶段不能阅卷,只有《刑事诉讼法》第38条所确立的辩护律师向侦查机关了解犯罪嫌疑人涉嫌的罪名和案件有关情况这一渠道。这种准封闭性的程序特征使得侦查阶段的知情权成为现实盲区。虽然无论是《刑事诉讼法》的规定还是实践情况,认罪认罚协议的达成发生于审查起诉阶段,但是需要注意例外情况:①侦查阶段即达成的认罪认罚案件,即2018年《刑事诉讼法》第182条所确立的合作式取证模式的案件,简称“污点证人案件”。其中的被不起诉、撤销案件的污点证人本身即为被追诉人。②被追诉人在侦查阶段愿意认罪认罚的案件。《认罪认罚指导意见》鼓励被追诉人尽早认罪认罚,刑罚采取按照诉讼阶段依次递减原则。如是,那些事实清楚,罪刑轻,而且犯罪嫌疑人有取保候审、想从轻处理等需求的,在侦查阶段就意欲认罪认罚。

其次,被追诉人在签署认罪认罚协议之前,缺乏围绕知情权的控方证据开示制度。2017年最高人民法院制定的《人民法院办理刑事案件庭前会议规程(试行)》指出,人民法院在庭前会议可以组织控辩双方展示证据,但就该会议规程解决的问题与出台背景来看,其主要基于“审判中心主义”改革之需要,适用于以普通程序审理的、证据复杂的刑事案件,目的是归纳控辩双方争议焦点,避免庭审证据突袭,解决非法证据排除、证据申请等程序问题[27],并非基于保障被追诉人的知情权而展开,因此对知情权的助益也十分有限。

最后,控诉方信息披露的形式化特征。这表现为两方面:一者认罪认罚具结书的框架性与简易性。目前,《认罪认罚具结书》的内容是粗放的,限于认罪认罚的基本情况,被指控的罪名及适用条款以及提出的从轻减轻处罚的一些建议,适用的诉讼程序。至于控辩双方协商过程,辩护方的意见等不会出现于具结书之中。这容易导致被追诉人知情模糊。适用速裁程序与简易程序的轻微的刑事案件,由于事实清楚,尤其在检察院主推精准量刑的背景下,该问题似乎不严重,但在适用普通程序的、复杂的重罪案

---

〔27〕 参见《人民法院办理刑事案件庭前会议规程(试行)》第1、10条。

件中则不然,鉴于刑期都是幅度刑期,虽然控辩双方达成了宏观的认罪认罚意见,但一些“枝节”问题并没有涵摄其中。这些枝节问题不仅涉及面广泛,而且反过来会影响具结的结果。笔者以中国裁判文书网中的裁判文书为样本,针对被告人在审前已经签署了《认罪认罚具结书》,但在一审审判过程中又提出异议的(甚至有反悔并撤回具结书)案件,分析其中的上诉意见与辩护人分歧性的辩护意见,发现大量影响量刑的、本该在认罪认罚协商过程中解决的枝节问题悬而未决,甚至遗留到庭审阶段,比如经济犯罪中的数额问题[28],共同犯罪中的主从犯问题,是否认定自首问题,被追诉人向被害人的赔偿问题,企业犯罪中的公共利益修复问题,涉案财产的处理问题,非法证据排除问题,等等[29]。二者对于有争议的证据信息缺乏质证机制。在被追诉人认罪认罚之前,影响定罪量刑的、有争议的关键证据,比如关于人身危险性的社会调查报告之科学性,公安机关提交的《到案经过》的真实性等,《刑事诉讼法》并没有赋予被追诉人在认罪协商过程中的对质权。

2. 外部视角:制约与救济机制匮乏,导致知情权体系的运行缺乏外部压力

从实践来看,有很多现实因素促使侦查、控诉机关在信息披露过程中偷工减料,不及时、不充分披露信息甚至变相隐瞒,比如从对抗博弈的视角来看,以打击犯罪为己任的控诉方,披露信息的内在动力不足,尤其是有利于被追诉人的开脱性证据和弹劾证据,甚至认为没有必要披露弹劾证据。再比如,从司法绩效考核的视角来看,控诉方有弱案(weak case)、强案(strong case)之分。在强案中,控诉方可能会信心满满地充分进行信息披露,但在弱案中可能积极性不高。

控诉方未尽披露职责,至少有三方面问题需要探讨:首先,法院如何事后获悉控诉方未尽告知与释明职责?这取决于《刑事诉讼法》所要求的“记录在案”的实施情况以及“情况说明”的记载内容。从实践来看,侦查阶段的认罪协商过程主要体现于简单的、格式化的讯问笔录之中。基本程序是:侦查人员问是否认罪认罚,犯罪嫌疑人则回答认罪认罚。至于原因为何,依据哪些证据,做了哪些补偿性工作等都付之阙如,这无法反映被追诉人是否知情与真诚悔罪。而检察院认罪协商的留痕体现于移送给法院的《认罪认罚告知书》与《认罪认罚具结书》,而这两份格式文书的内容皆呈现粗放特征。所以,这种粗线条的留痕机制,使法院难以据此查明侦控方是否充分保障了被追诉人的知情权。其次,控诉方应当承担怎样的法律责任?尤其是,公安机关的教育与

---

[28] 比如,某非法吸收公众存款案件,控诉方认为某被告人应承担3000万元的犯罪数额,但辩护律师认为数额为2800万元。

[29] 比如,查封财产不合法,退赔责任存在争议的,参见河南省郑州市中级人民法院(2019)豫01刑终972号刑事裁定书;主犯抑或从犯的争议,参见河北省唐山市中级人民法院(2019)冀02刑终778号刑事裁定书;质疑证据的合法性,提出非法证据排除的申请的,参见浙江省温岭市人民法院(2019)浙1081刑初1513号刑事判决书;是否为自首,是否遗漏了退赃情节的争议,参见山东省滨州市中级人民法院(2019)鲁16刑终62号刑事判决书。

告知、释明之间并非泾渭分明,引诱与欺骗可能夹杂其中而产生误导。这都属于控诉方没有尽到披露义务。目前立法并没有规定控诉方承担怎样的法律责任。这也是控诉方披露信息消极怠工的重要原因。最后,被追诉人如何救济?最为紧要的是,如果控诉方隐瞒开脱性证据与弹劾证据(这在侦查阶段容易出现),那么,法院如何审查判断这些被弃而不用证据的重要性[30],以及如何给予被告人救济?[31] 目前,只能根据《认罪认罚指导意见》第39条的精神推理,控诉方未尽披露职责理应是导致被告人违背意愿认罪认罚的一个因素,据此,法院应当按照普通程序对案件重新审理。但该意见过于程式化,只能满足形式意义的公正,不能直接有效地挽回被追诉人的损失与风险,几个关键问题没有直接回应,比如由于不知情所作出的供述是否有法律效力、向被害人进行的赔偿是否有效,以及具结协议是否有效。而且,还增加了诉讼成本,反而背离认罪认罚从宽制度追求高效的初衷与本意。

3. 代理人视角:如果律师不勤勉尽责,可能带来知情信息不实的风险

根据《刑事诉讼法》的规定,被追诉人并不享有阅卷权[32],其主要依靠值班律师或辩护律师代为行使知情权。这种知情方式可以称为律师代理模式。该模式使得被追诉人知情具有间接性,因为律师了解案件情况、获悉证据情况,不能完全等同于被追诉人知情,被追诉人的知情权也就演化为律师的辩护权、阅卷权、了解案件情况权。这可能带来信息不实的风险。如果律师不勤勉尽责,就会导致律师了解案件情况不透彻,不能充分解释法律与政策。即便充分了解了案件情况,如果律师摒弃被追诉人利益至上原则,追求自己的诉讼利益,也不会将案件情况完全地、如实地告知被告人。在这种情况下,被追诉人所获悉的不过是一些低效、无效甚至不实的信息,而实践中已不断暴露出律师尤其是值班律师的不勤勉尽责现象。[33] 另外,考虑到被追诉人自由受限、知识储备与权利意识不足等现状,被追诉人普遍地需要律师帮助,甚至会形成过度依赖律师的现象。如是,律师的勤勉尽责尤为重要。

---

〔30〕 这些证据在学理上又称为压制性证据(suppress evidence)。

〔31〕 如果控诉方压制开脱性证据与弹劾证据,法院如何给予被告人救济?这是美国辩诉交易中的重要问题。在布雷迪诉马里兰州(Brady v. Maryland)及其后的案件中,控诉方扣留有利被告人的重要证据(favorable material evidence),损害被告人利益的,则视为侵犯被告人的《美国宪法第五修正案》规定的正当程序权利。从实践来看,法院需要分析控诉方在刑事案件中扣留的开脱性证据和弹劾证据是否很重要,以及是否会影响陪审团的判断。如果是,法院会考虑重新审判。See Barbara L. Jones, *Is a New Trial Warranted When the State Fails to Disclose Exculpatory or Impeachment Evidence*: *Turner v. United States and Overton v. United States* (15-1503) (15-1504), Preview U. S. Sup. Ct. Cas., Vol. 44 171 (20).

〔32〕 检察机关则认为律师不能将复制的案卷提供给被告人阅览,情节严重的将以泄露国家秘密罪追究律师的刑事责任。参见钱列阳、张志勇:《被告人的阅卷权不容忽视》,载《中国律师》2009年第9期。审判机关对此反应不同,有支持的也有反对的声音。

〔33〕 有学者观察到,在认罪认罚案件中,虽然办案单位通过多方告知、律师参与、全程留痕等方式来维护被追诉人的知情权,但是也存在告知流于形式、律师参与"门面化"等问题。参见周新:《保障认罪认罚被追诉人权利应重视审前程序》,载《检察日报》2020年2月19日,第3版。

三、被追诉人知情权体系化重塑的原则与路径

从运行逻辑来看,被追诉人知情权体系分为两大部分:知情权的行使原则、规范与权利救济规范。重塑知情权体系的一个重要前提是,提升知情权的权利位阶,视之为与辩护权并驾齐驱的被追诉人基本权,不能被剥夺或限制。〔34〕 在此基础上,重塑知情权的行使规范,同时构建知情权受阻的有效救济机制。

(一)知情权的行使原则与程序要素

笔者认为,应当以有效知情原则为指针完善知情权的行使规范。所谓有效知情原则,是指被追诉人能够从实质层面及时知晓并深度理解案件的证据信息,案件处理方式、后果及其影响。以权利结构为视角,被追诉人的知情权由两部分组成:控诉方的信息披露义务与被追诉人的获悉权。据此,判断知情是否有效应当坚持两个标准:控诉方信息披露的程度;被追诉人获取、理解信息的程度。前者要求控诉方及时、充分并且实质化的信息披露。后者主要观察被追诉人基于信息消化所作出的认罪认罚协议是否自愿与理智。实现有效知情原则应主要把握好如下三个程序要素:

1. 知情的及时性

这主要解决职务犯罪的被告人在调查阶段的知情权,以及其他认罪认罚案件的被告人在侦查阶段的知情权问题。由于《监察法》没有许可辩护律师介入调查程序,也没有规定监察机关有告知被调查人享有的权利以及认罪认罚制度相关法律规定的职责,这使得被调查人在调查阶段的认罪协商中不仅知情不足,而且还缺乏律师的帮助。鉴于此,为保障被调查人的知情权,《监察法》应当与《刑事诉讼法》有效衔接,明确监察机关的告知职责,同时,除设立值班律师制度外,还应允许辩护律师介入涉嫌犯罪的调查程序。〔35〕

被追诉人如果在侦查阶段即认罪认罚,虽然尚无法律形式的具结书,但确已与控诉方达成实质的认罪认罚具结,此时,为了在有效知情与侦查利益保护之间取得平衡,控诉方应当披露案件的“主要事实”或基础事实,虽然我国刑事诉讼立法规定,认罪认罚案件要求事实清楚、证据充分,而且证明标准不降低。但这应理解为法院最终审查与裁决的标准,当控辩双方在协商过程中以及签署具结书时,实践中很难达到如此高的标准。被追诉人获悉案件主要事实乃务实的做法。在刑事诉讼中,案件主要事实应指被追诉人是否实施了被指控犯罪行为的基本事实。〔36〕 其中,对重要的开脱性证

〔34〕 在美国辩诉交易中,被追诉人可以消极辩护甚至放弃辩护,但不会放弃知情权。

〔35〕 详细的论述,参见汪海燕:《职务犯罪案件认罪认罚从宽制度研究》,载《环球法律评论》2020 年第 2 期。

〔36〕 这可以参考美国辩诉交易中,法院接受辩诉协议的事实前提——“基础事实”(factual basis),参见《美国联邦刑事诉讼规则》第 11 条。

据控诉方必须予以披露,比如毒品犯罪中诱惑侦查的适用情况,因为如果属于犯意诱发型,则为无罪、罪轻的重要辩护理由,所以应当让被追诉人知晓。

为了强化信息披露的及时性,"提前介入"的实践经验值得推广,即侦查机关、监察机关与检察院、法律援助中心会商,确立提前介入机制,包括检察官与值班律师的提前介入。比如,黑龙江省亚布力人民检察院适用认罪认罚从宽制度办理的涉林破坏环境资源案件中,依据与公安机关会签的《适用认罪认罚从宽制度开展"补植复绿"工作实施办法》提前介入侦查,承办检察官在侦查阶段就释法说理,教育犯罪嫌疑人尽早认罪认罚;主动邀请法律援助中心值班律师提前介入案件,与犯罪嫌疑人共同签署了《认罪认罚承诺书》,最终,对丰某某作不起诉处理,确保了法律效果和社会效果。[37]

2. 知情的充分性

这需要两方面的程序再造。

首先,扩充认罪认罚具结书的记载内容。适用速裁程序与简易程序的案件,可以继续适用目前的简化版具结书,但适用普通程序的案件,建议扩充具结书内容,增加自首的认定、共犯中的地位、涉案财产的处理、证据的合法性、重要证据的来源等内容。

其次,构建证据开示制度,即在被追诉人签署认罪认罚具结书之前,由控诉方在审查起诉阶段进行专门的证据开示。考虑到现实意义,其适用于普通程序中的认罪认罚案件为宜。其中,有两类涉案证据开示问题比较棘手,也是考验是否保障被告人充分知情的试金石。

一是控诉方如何开示技术侦查措施的信息?2012 年《刑事诉讼法》所确立技术侦查措施在 2018 年修正案中继续沿用,2018 年《刑事诉讼法》第 154 条规定,采取技术侦查措施收集的材料在刑事诉讼中可以作为证据使用。但通过技术侦查获取的材料作为证据使用,会带来技术侦查措施效能发挥、侦查措施保密与审判公正、辩护权之间的紧张与矛盾,《刑事诉讼法》的平衡方案是:庭审中设置特殊的质证方式,以保护技术侦查措施为前提。[38] 同时,为了方便律师行使阅卷权,批准采取技术侦查措施的法律文书应当附卷,辩护律师可以依法查阅、摘抄、复制。[39] 同时,法院、检察院推动技术侦

---

〔37〕 参见《最高检发布适用认罪认罚从宽制度三起典型案例》,载中国新闻网(http://www.chinanews.com.cn/gn/2019/10-25/8988821.shtml),访问日期:2020 年 3 月 23 日。

〔38〕《刑事诉讼法》第 154 条明确规定,如果使用该证据可能危及有关人员的人身安全,或者可能产生其他严重后果的,应当采取不暴露有关人员身份、技术方法等保护措施,必要的时候,可以由审判人员在庭外对证据进行核实。相关司法解释则进一步强化了控辩双方在庭审质证中的参与力度。最高人民法院 2017 年《人民法院办理刑事案件第一审普通程序法庭调查规程(试行)》第 35 条第 2 款规定,法庭决定在庭外对技术侦查证据进行核实的,可以召集公诉人和辩护律师到场。

〔39〕 参见 2012 年最高人民法院、最高人民检察院、公安部、国家安全部、司法部、全国人大常委会法制工作委员会《关于实施刑事诉讼法若干问题的规定》第 20 条;2019 年《人民检察院刑事诉讼规则》第 229 条。

查证据入卷。[40] 从实践来看，这种安排并不能有效保障被追诉人的知情权。通过技术侦查措施获取的与案件有关的材料，或者作为线索使用或者作为证据使用。[41] 先看前者，无论是立法要求还是实践做法，只有技术侦查证据入卷，作为线索使用的相关信息并不入卷。如此，即便律师在审查起诉阶段阅卷，也无从知晓技术侦查措施的适用情况。这些线索的最大功用是据此发现或“导出”证据。[42] 因为没有直接的技术侦查证据，案卷材料并不显示相关信息，也不会附有决定技术侦查的法律文书，所以，即便被追诉方怀疑违法适用技侦手段，对相关证据的合法性、来源产生怀疑，向侦查、控诉人员提出疑问，得到的往往是一笔带过式的答复——“通过有权机关或特殊手段获得的”。检察官甚至都不知道具体来源。从理论上说，只能到审判的质证阶段再提出质疑。但是，立法没有规定对技术侦查信息线索如何质证，因此，该知情权问题可能被彻底搁置。再分析作为证据使用的情况，在很多诉讼环节都暴露出知情权严重不足问题，由于法律文书的简单化，被追诉人无法知晓采取的技术侦查措施是立案之前还是之后，难以判断是否合法；在庭审质证环节，由于辩护方不能有效参与庭外核实证据，技术侦查证据的内容虽然属实，但无法看出与犯罪的关联性。[43]

考虑到技术侦查信息的知情权，关乎证据的合法性、客观真实性与关联性，直接关乎被告人的主观恶性，包括是否明知、是否自首等；犯意诱发型的诱惑侦查会导致无罪，这都直接影响认罪认罚的结果，理应重视。未来司法解释应当构建两个制度：第一，赋予侦查机关特殊的告知义务。如果技术侦查材料被用作证据，必须作出来源的说明，比如，某视频资料的获取说明。第二，构建审前的特殊核实程序。如果被追诉人在签署认罪认罚具结书之前对技术侦查证据提出质疑，法官可以提前进行特殊的核实程序，包括进行特殊的鉴定工作，比如针对监听的电话录音申请声纹鉴定的，符合条件

---

〔40〕 司法解释要求，检察机关在审查起诉环节、法院在庭前审查时，应当审查公安机关是否移送技术侦查决定书以及证据材料。分别参见 2019 年《人民检察院刑事诉讼规则》第 330 条；2021 年最高人民法院《关于适用〈中华人民共和国刑事诉讼法〉的解释》第 218 条。

〔41〕 即经过侦查机关审查不作为证据向检察机关、审判机关移送，只作为侦查活动线索使用，并不用作认定案件事实的证据。参见全国人大常委会法制工作委员会刑法室编著：《最高人民法院 最高人民检察院 公安部 国家安全部 司法部 全国人大常委会法制工作委员会关于实施刑事诉讼法若干问题的规定解读》，中国法制出版社 2013 年版，第 105 页。而 2019 年《人民检察院刑事诉讼规则》第 231 条则分为三类：证据、线索及其他有关材料。

〔42〕 比如在一起盗窃案中侦查机关通过技术侦查措施锁定犯罪嫌疑人，将其抓获之后经过讯问获得口供。还有，最为典型的是笼统的“抓获经过”。“抓获经过”表述过于笼统，含糊其词。例如，“我派出所民警‘根据线索’在某某地点抓获犯罪嫌疑人某某”。至于根据什么线索，线索是怎么来的，被追诉人不得而知。参见巩宸宇：《我们应从“法官对公安办案弱点评判”一文中得到什么启示》，载《检察日报》2020 年 3 月 9 日，第 3 版。

〔43〕 这还可能导致上诉。比如，某毒品犯罪案件中，技术侦查材料只能证明被告人与其他共犯有联络行为，但不能直接证明主观上是否明知。由于辩护人不能参与质证而以事实不清为由提起上诉。参见江苏省高级人民法院(2019)苏刑终 194 号刑事裁定书。

的予以支持。建议引入特别代理人制度〔44〕,允许律师参与核实过程。

二是控诉方如何开示弹劾证据的相关信息?“弹劾证据”即争辩证明力的证据。〔45〕攻击称为弹劾,对证明力的支持活动则称为正誉(rehabilitation)。弹劾对象有广义与狭义之分,广义的弹劾理应包括所有证据,狭义的弹劾仅仅限于言词类证据,各国又略有不同,美国法仅限于证人证言〔46〕,日本法则包括被告人、证人以及其他人的陈述〔47〕。本文的讨论限于证人证言。弹劾内容一般包括控方对证人的承诺、奖励和诱使,这可能会促成证人形成有利于控诉方的偏见;与证人的审判证词不一致的先前陈述,可在交叉询问中证明存在捏造或错误;表明证人对被告人有恶意或敌意的动机或行为;以往的不当行为表明证人有不诚实的品格;以及可能困扰证人感知、记忆或叙述能力的医疗、心理健康或成瘾问题。〔48〕以被追诉人知情权为视角,我国的证人可以分为四类:常规证人、特殊案件面临危险的证人〔49〕、污点证人〔50〕与潜在证人〔51〕。如果被追诉人对证人的可信性产生怀疑,如何展开弹劾?如何获取弹劾所需要的相关信息,即证人作证背后的“故事”,比如证人的品格、作证动机、证人与控诉方的关系等信息?根据《刑事诉讼法》的规定,目前主要依靠质证程序来完成,并无单设的控诉方信息披露程序。比如,被追诉人对常规证人可以在庭审质证环节进行质疑;对特殊案件面临危险的证人则适用前述技术侦查证据的特殊质证方式;针对潜在证人,如果在诉讼中转化为证人的,则适用一般证人的质证程序,比如被追诉人对见证人的见证内容提出质疑,要求见证人作说明的,此时的见证人实为见证程序的证人;对举报人的举报内容真实性、客观性提出质疑的,要求举报人在庭审中解释说明的,举报人也实为证人。〔52〕

---

〔44〕在普通法系国家,该代理律师虽然代表当事人的利益,但无须向其代理的当事人负责,其有权也有义务就其知悉的国家秘密信息对当事人保密。See Lucy Line & David Plater, *Police, Prosecutors and Ex Parte Public Interest Immunity Claims: The Use of Special Advocates in Australia*, The University of Tasmania Law Review, Vol. 33(2), 2014, pp. 277-278. 当然,结合立法对案件范围的限制,认罪认罚案件中适用通过技术侦查所获得的证据的数量很有限,不会因为这些制度设计而导致司法资源的不可控。笔者以中国裁判文书网为搜索对象,输入认罪认罚具结书、技术侦查两个关键词,搜索时间为 2020 年 4 月 9 日,只搜到裁判文书 24 篇。

〔45〕参见〔日〕田口守一:《刑事诉讼法》(第 7 版),张凌、于秀峰译,法律出版社 2019 年版,第 532 页。

〔46〕参见王进喜:《美国〈联邦证据规则〉(2011 年重塑版)条解》,中国法制出版社 2012 年版,第 168 页。

〔47〕参见〔日〕田口守一:《刑事诉讼法》(第 7 版),张凌、于秀峰译,法律出版社 2019 年版,第 532 页。

〔48〕R. Michael Cassidy, *Plea Bargaining, Discovery, and the Intractable Problem of Impeachment Disclosures*, Vand. L. Rev., Vol. 64, 2011, p. 1431.

〔49〕这具体是指《刑事诉讼法》第 64 条规定的情况。

〔50〕我国《刑事诉讼法》第 182 条所确立的特殊案件的不起诉制度,是为了保护国家、社会重大公共利益而作出的让渡与牺牲。从内在价值与运行机制来看,其中的被不起诉人可以视为域外所称的污点证人。

〔51〕具体是指本身并非立法意义的证人,但因为了解案件的信息,随时可能转化为该信息方面的证人,根据立法规定与实践做法,包括控告人、报案人、举报人、见证人等。

〔52〕这在美国是个热点问题,尤其是在经济犯罪中,只有检举材料是不够的,还需要展示控诉方与检举人之间关系的材料,否则可能导致不当控诉(prosecutorial misconduct)。

总之,目前的制度架构是通过质证程序来实现被追诉人的知情权的。其中的隐患是,以弹劾为导向的质证往往直指证人的隐私,而目前尚缺乏系统的品格证据规则予以保护,比如证人针对哪些质问可视为不相关而拒绝回答?未来司法解释应该弥补此不足。还有一个遗留问题是,被追诉人如何质证污点证人?我国的特殊不起诉制度采用的是狭义污点证人豁免类型——不起诉或撤销案件。那么,如何保障其他正犯或共犯对"污点证人"的对质权?对此立法空白现象,可以参照技术侦查证据信息的特殊质证方式,规定侦查机关特殊的告知义务,告知其他正犯或共犯"污点证据"的来源。同时,构建审前的特殊核实程序以及特殊代理制度。其间,也可以借鉴美国"质证弃权条款"〔53〕,对涉及重大国家利益的情形,检察官在起草认罪协议时,要求被追诉人放弃弹劾污点证人的证据的披露申请权,该条款不适用于重大立功的情形。〔54〕

考虑到弹劾证据的复杂性以及由此带来的司法低效,相关的质证与信息披露应当严格控制适用的广度与深度,比如限于重罪案件、限于重要证言的证人,等等。〔55〕

3. 知情的实质化

知情实质化无非是从内涵上确保被追诉人知情的有效性,重在要求控诉方的信息披露不得走形式,尤其是既影响被追诉人认罪认罚决策又复杂的信息,必须建立特殊的释明制度。这在企业犯罪的认罪协商程序中尤为重要。近年来,我国有的地方检察院尝试对认罪认罚的企业适用附条件不起诉制度,所附条件即为一纸有效的合规计划,其中,被追诉的企业如何真正理解合规计划的要义则是该制度运行的前提与基础。〔56〕

---

〔53〕 在辩诉交易中,许多检察官在起草认罪协议时,要求被追诉人放弃弹劾证据的披露申请权,以避免判决后因为这种信息的曝光而导致重审。See R. Michael Cassidy, *Plea Bargaining, Discovery, and the Intractable Problem of Impeachment Disclosures*, Vand. L. Rev., Vol. 64, 2011, p. 1431. 典型的联邦认罪协议包括以下豁免条款:被告明知,本案的证据展示尚未完结。如果选择审判程序,他可能还会有其他发现。被告人同意放弃展示这些附加内容的权利,这些内容包括倾向于弹劾潜在证人信誉的证据。See Erica G. Franklin, *Waiving Prosecutorial Disclosure in the Guilty Plea Process: A Debate on the Merits of "Discovery" Waivers*, Stan. L. Rev., Vol. 51, 1999, pp. 567-568.

〔54〕 根据《刑事诉讼法》第182条的规定,污点证人分为两种:重大立功型与涉及国家重大利益型。

〔55〕 这一点,可以借鉴美国辩诉交易中弹劾证据信息开示的经验。根据其现行宪法规范,是否需要在证据开示过程中披露弹劾信息取决于以下几个因素,包括:(1)政府是否打算申请潜在的证人出庭;(2)根据其他证据,该证人证言在证明案件方面的重要性;(3)弹劾信息将在多大程度上削弱证人在陪审团心目中的信誉;(4)弹劾信息是可采的证据形式还是不可接受的传闻形式;(5)被告人是接受审判还是接受辩诉交易。See R. Michael Cassidy, *Plea Bargaining, Discovery, and the Intractable Problem of Impeachment Disclosures*, Vand. L. Rev., Vol. 64, 2011, p. 1439.

〔56〕 附条件不起诉制度与美国的暂缓起诉制度在原理上很相似。区别在于,在程序上后者需要法官对其有效性进行审查。有人主张,法官必须对暂缓起诉协议进行实质性和程序性审查,以确保被追诉人能够真正理解合规计划,及其放弃权利是自愿合法的。而且,法官在询问企业被告人是否充分理解合规时,必须提出截然不同的问题。Brandon L. Garrett, *The Public Interest in Corporate Settlements*, B. C. L. Rev., Vol. 58, 2017, p. 1505.

具体释明的方式,可以考虑引入听证制度,当然也可以在证据开示框架下完成。[57] 以调查评估意见的科学性问题为例,《认罪认罚指导意见》第35条至第38条规定,被追诉人认罪认罚,可能判处管制、宣告缓刑的,在侦查、审查起诉到审判阶段,侦控方、法院可以自行或委托社区矫正机构调查评估,社区矫正机构出具的调查评估意见,是人民法院判处管制、宣告缓刑的重要参考。从司法行政机关的职责来看,调查评估意见需要很多基础信息,包括被追诉人的居所情况、家庭和社会关系、一贯表现、犯罪行为的后果和影响、居住地村(居)民委员会和被害人意见、拟禁止的事项等,在此基础上形成评估意见。但从目前来看,调查评估意见过于简单,甚至流于形式。[58] 而且,《认罪认罚指导意见》的用语是"可以",以至于实践中,被追诉人在签署具结书时出现司法机关用违法犯罪经历查询情况表来代替调查评估意见的情况。这都影响了被追诉人的知情权与质证权。虽然调查评估意见的内容往往支持社区矫正,不同意的比例非常低[59],但如果被追诉人提出质疑,目前并没有相应的释疑机制。

(二)被追诉人知情权受阻的有效救济机制

从实践来看,被追诉人行使知情权可能面临来自控诉方披露信息不尽职、律师不勤勉等方面的阻碍。对此都应当赋予被追诉人救济权。被追诉人行使知情权过程中如果受到控诉方的阻碍,可以申请其他司法机关代为调取证据,或者采用其他申诉制度。比如,侦查机关不开示涉案信息,被追诉人可以申请检察院调取。根据目前的规则,申请代为调取的范围限于无罪或者罪轻的证据材料[60],未来的司法解释,可以根据案件的严重性扩大到弹劾证据以及证据线索。如果遇到技术侦查证据不予开示的,或者有争议的证据,被追诉人可以申请特殊的听证制度,由法官提前介入,形成信息披露中的证据裁判模式。

---

〔57〕 在一起非法占用农用地案中,被追诉人对涉案林地鉴定面积提出异议,情绪较为激烈。控诉方围绕该鉴定意见召开听证会并充分释法说理,取得了良好的法律效果。参见林先昌:《福建省检察院发布首批适用认罪认罚从宽制度典型案例》,载东南网(http://fjnews.fjsen.com/2020-03/24/content_30237289.htm),访问日期:2023年4月13日。

〔58〕 实践中已经有探索,比如,某走私普通货物、物品案中,调查评估意见书证实,相关社区矫正管理部门均表示被告人马桂金等人在其各自所属社区没有重大不良影响,可以适用社区矫正。参见山东省威海市中级人民法院(2019)鲁10刑初57号刑事判决书。

〔59〕 笔者于2020年3月24日登录中国裁判文书网,输入关键词:认罪认罚具结书与调查评估意见,得到案例共计5303件;再输入"不具备社区矫正"关键词,得到案例共计22件。所以,不同意适用缓刑的报告比例为0.41%。

〔60〕 《人民检察院刑事诉讼规则》第50条规定:"案件提请批准逮捕或者移送起诉后,辩护人认为公安机关在侦查期间收集的证明犯罪嫌疑人无罪或者罪轻的证据材料未提交,申请人民检察院向公安机关调取的,人民检察院负责捕诉的部门应当及时审查。经审查,认为辩护人申请调取的证据已收集并且与案件事实有联系的,应当予以调取;认为辩护人申请调取的证据未收集或者与案件事实没有联系的,应当决定不予调取并向辩护人说明理由。公安机关移送相关证据材料的,人民检察院应当在三日以内告知辩护人。人民检察院办理直接受理侦查的案件,适用前款规定。"

如果值班律师或辩护律师未能提供有效法律帮助,被追诉人因此不能及时、充分知悉案件信息,影响其明知与自愿性的,应当引入具结协议无效制度。所谓具结协议无效,是指控辩双方签署的认罪认罚具结书因为出现法定事由而归为无效,不得作为裁判的依据。比如被追诉人事后发现控诉方隐瞒开脱性证据,导致其不明知、不自愿就是主要的事由。被追诉人有权撤回具结书,法院应当适用正当的反转程序。在美国很早就确立了该救济制度,法院的救济方式是撤销认罪协议并发回"重新协商"。在 McCarthy v. United States 案中,法院裁定,如果法院未明确确认被告人的认罪诉求既是知情又是自愿的,则该认罪无效。除此之外,法院还裁定,不当进入认罪协商的,认罪答辩协议也必须撤销,将案件发回,进行新的认罪答辩申请。法院认为,撤销和发回(vacating and remanding)是保障被告人正当程序权利的唯一途径。〔61〕 对此,我国虽然并不缺乏救济制度,已经构建了认罪认罚的反悔和撤回制度以及法院的程序转换制度〔62〕,但是,反悔的正当性如何判断以及具结书的证据效力如何皆无明细规定,因此,未来的司法解释应当构建适用性更强的正当反悔与反转程序。

另外,从实践来看,对于被追诉人知情权受损与违背意愿,很难判断两者的因果关系,这不利于保护被追诉人的正当权益,笔者建议,应当转化判断标准,如果出现控诉方没有尽到告知、释明职责,披露相关信息不及时、不充分,披露误导等情形,应当直接认定违背意愿,争论的焦点变为披露信息的有效性问题。

四、被追诉人知情权有效性的配套措施

有效知情乃典型的"知易行难"之事,因为在现有法律框架下至少面临两方面障碍:控诉方因为被加重信息披露义务而产生司法抵抗情绪;律师很难提供有效的法律帮助。由此可见,配套措施至关重要,主要分为两方面:

(一)明确控诉方信息披露的义务与责任

控诉方的告知、释明与信息披露的义务与责任,具体包括控诉方信息披露违规情形及其法律责任。信息披露违规可以分为未按立法要求履行告知、释明职责以及信息披露存在虚假、误导、重大遗漏两种情形。责任主体包括侦查机关、监察机关与检察院。至于责任形式,建议适用司法行政责任。有检察官可能会对此提出反驳意见,某

---

〔61〕 此外,该规则还可以防止在原始记录不充分的情况下轻率地浪费司法资源。See McCarthy v. United States, 394 U.S. 459 . 469 (1969).

〔62〕《刑事诉讼法》第 221 条、第 226 条分别明确了简易程序、速裁程序中的重新审理要求;《认罪认罚指导意见》第 48 条规定了法院的具体程序转换机制,第 51 条至第 54 条规定了认罪认罚的反悔和撤回,包括不起诉后反悔、起诉前反悔与审判阶段反悔的处理;《人民检察院刑事诉讼规则》第 278 条细化了不起诉后反悔的处理机制。

些信息不能披露给被追诉人并非检察院之过,而是因为调查人员、侦查人员根本不提供。这种情况下,可以考虑使检察官与侦查人员、调查人员承担连带责任,以强化披露职责。

(二)明确律师在认罪认罚协商中的勤勉尽责义务

反思知情权的律师代理模式,消除知情间接性所带来的弊端,大体有两个思路,一是赋予被追诉人事后的阅卷权。但是,考虑到被追诉人的知识体系与自由度,这种方案的效果未必理想。另外,如果赋予被告人阅卷权,加上原有的律师阅卷权,就会产生被追诉方的"双重阅卷",进而降低诉讼效率,这便与认罪认罚制度的效率价值相悖。二是从向被追诉人充分的信息披露转向有效法律帮助,即以有效法律帮助为标准,明确律师在认罪认罚协商中的具体职责。《认罪认罚指导意见》便秉承此立场,根据其第39条的规定,法院在审判阶段对认罪认罚的自愿性、合法性进行审查,其中的重要内容即为值班律师或者辩护人是否与人民检察院进行沟通,提供了有效法律帮助或者辩护,并在场见证认罪认罚具结书的签署。遗憾的是,《认罪认罚指导意见》并未明确律师与控诉方沟通的内容以及应做哪些准备,在场见证的内涵是什么,这必然会带来现实中的误读,比如,很多司法人员与律师都将律师的在场见证理解为"第三方的观察",相当于形式意义的见证人角色。如此一来,难以科学合理地判断是否提供了有效法律帮助。

未来的司法解释必须明确律师在认罪认罚协商中的职责,这可以参照美国辩诉交易中律师的职责。根据美国律师协会的标准,辩护律师的职责分为三大类:告知义务,尤其是深度解读答辩提议的价值,辩护律师应当告知被告人其与检察官交易的实情,告知其重要的答辩提议,该提议的含义以及对被告人的价值;认罪答辩计划的实质参与,包括认罪的风险评估与预测;对有利于己的证据的及时发现与深度挖掘,比如,辩护律师应当尽快展开对案件的调查,寻找有价值的证据和线索。[63]

其中,最有借鉴意义的是角色定位的两个转变,无论是辩护律师还是值班律师:一是在认罪认罚协商过程中,由一般意义的在场者、旁观者转变为有罪答辩优化策略的积极参与者。这要求律师对案件走势、程序选择利弊等问题作出专业的法律分析与释明工作,比如预判被追诉人某特定答辩对强制措施适用的影响。这是提出优质答辩策略的前提。二是由被动分析控诉方开示的证据信息转变为积极的信息收集者与分析者。首先,要求律师全面地收集信息,尤其是开脱性证据与弹劾证据。针对值班律师的懈怠取证现象,可以考虑强制阅卷制度,阅卷是获取信息的底线要求,无此行为则

---

〔63〕 详细内容参见 Annot., *Admissibility of Defense Communications Made in Connection with Plea Bargaining*, A. L. R. 4th, Vol. 8 p. 660; ABA Standards, The Defense Function, Stds, 4-3. 8, 4-6. 2 (a) (b); RPC Rule 1. 4. 转引自祁建建:《美国辩诉交易研究》,北京大学出版社 2007 年版,第 106—107 页。

视为无效法律帮助。其次，律师不得因为被追诉人认罪认罚而放弃对证据客观真实性的质疑、放弃非法证据排除的申请。实践中，律师怠于证据辩护的情况并不鲜见，比如，某诈骗案的被追诉人在审前签署了认罪认罚具结书，法官在庭审中发现，侦查机关对被追诉人手机上的聊天记录，在语音符号没有转换文字的情况下予以截图，足足打印了三十余页，但图像非常模糊，无法识别其中的内容。显然，律师在认罪协商过程中对此证据的瑕疵与问题并没有质疑。当然，如何保障律师尽职尽责是一个系统且棘手的问题，尤其是值班律师，除了诸如提升值班费用等激励机制，进行必要的考核也是一个可行的方式。[64]

五、余论：被追诉人知情权的未来隐忧

加强保障刑事被追诉人知情权这一理论上没有争议的旧题，践行道路上布满荆棘的旧恨未消，又逢山雨欲来风满楼的数字时代（智能时代）[65]而添新愁：

一是认知风险。随着数字（算法）技术持续入侵刑事司法领域，被追诉人的知情日益无效化，面临“见而不识”的认知风险。比如，融入算法技术的人身风险评估（Risk Assessment），适用于批准逮捕中的个人危险性评估[66]、量刑中的再犯评估[67]，这些评估结果都直指被追诉人的程序利益与实体利益，也直指认罪认罚的结果，皆为被追诉人知情权的重要内容。被追诉人即便手持此类评估结果，也必将一脸茫然。从长远看，这需要政府积极推进数据、算法等人工智能标准体系建设。在统一标准出台之前，为了解决当下的燃眉之急，一个可行的思路是，司法机关引入专家质证机制来解决特殊信息的知情无效问题。

二是知情权保障中的两难困境。从充分保障被追诉人知情权的视角来看，控诉方应当开示所有证据与线索，但这可能侵犯到被害人以及第三方的个人信息权利。刑事司法中的第三方是指与案件本身无利害关系，主要协助司法机关查明案件事实的主体，比如证人、举报人、鉴定人等。个人信息保护已经成为数字时代的重大法律问题，涉及多个法律领域、多种法律手段，不仅是近年来的学术热点，而且立法也加快了

---

[64] 详细分析与思考，可以参见马明亮：《论值班律师的勤勉尽责义务》，载《华东政法大学学报》2020年第3期。

[65] 在数字时代，人工智能和大数据将给人类带来前所未有的挑战，可能比工业革命更能改变世界。可参见吴军：《智能时代：5G、loT构建超级智能新机遇》，中信出版社2020年版。

[66] 域外已经尝试适用被逮捕人危害风险评估工具，我国虽然还没有先例，但鉴于再犯危险性评估涉及心理学、社会学甚至精神病学等学科的知识，有些司法机关尝试了由相关专家参与并出具评估意见的做法，而评估意见实为专家会诊的结果。

[67] 比如，2016年美国的“卢米斯诉威斯康星州”（Loomis v. Wisconsin）案中，再犯风险预测算法便适用于量刑程序之中，被告方对此是否符合正当程序提出了疑问。虽然州最高法院最终认可了算法在此案中应用的合理性与正当性，但同时也提出在司法中使用风险评估算法应提供充足的程序性保障措施。

步伐,2020年第十三届全国人大第三次会议表决通过的《民法典》,采用了比隐私权更广泛的个人信息保护模式〔68〕,同时,吸收了《网络安全法》所确立的适用知情同意原则来强化保护的做法〔69〕。另外,《个人信息保护法》也已于2021年8月20日通过,并于2021年11月1日起施行。〔70〕但现行的《刑事诉讼法》并没有从个人信息权保护的视角进行制度布局,虽然也确立了重大案件中的重要证人隐私权保护制度,以及对技术侦查中的卧底探员身份信息予以特别处理制度〔71〕,但不过是基于保护证人安全视角的简单思考。这就导致被害人尤其是第三方的个人信息保护的虚置现象。由是,有效知情与个人信息保护之间所形成的逻辑悖逆,在数字时代与后《民法典》时代的双重拷问下,必将更为复杂、更为棘手。所以,未来的刑事司法除了要一如既往地关注如何保障被追诉人的知情权,还需顺应时势地增加新的价值取向——保障第三方的信息权益,其间,立场也应由单向保障主义迈向权益平衡主义。

---

〔68〕《民法典》总则部分第111条规定,自然人的个人信息受法律保护,任何组织或者个人应当依法取得并确保信息安全,不得非法收集、使用、加工、传输他人个人信息,不得非法买卖、提供或者公开他人个人信息。据此,即使是不属于隐私权中"私密信息"的个人信息,也依然能得到相应的法律保护。关键是,《民法典》第六章采用隐私权和个人信息保护并列模式,第1034条规定,个人信息中的私密信息,适用有关隐私权的规定;没有规定的,适用有关个人信息保护的规定。

〔69〕根据《民法典》第1033条、第1035条的规定,处理自然人个人信息的,一般都必须征得该自然人或者其监护人同意,并应当遵循合法、正当、必要原则,不得过度处理。

〔70〕2017年施行的《网络安全法》的第41条、第76条不仅率先界定了"个人信息"的概念与范围,而且明确了网络运营者收集、使用个人信息所应遵循的原则与程序。《个人信息保护法》由中华人民共和国第十三届全国人民代表大会常务委员会第三十次会议通过,自2021年11月1日起施行。这标志着我国在个人信息保护立法方面迈出了实质性的一步,跨上了新台阶,但就目前刑事领域的配套规范而言,对个人信息的保护还欠缺系统、有力的制度回应。

〔71〕参见《刑事诉讼法》第64条、第154条。

刑事诉讼中幽灵抗辩的证明问题研究*

周宇婷**

要　目

摘　要　我国现有法律规定尚无法就"幽灵抗辩"引发的证明问题提供明确有效的指导，致使司法实务部门在处理此类案件时做法不一，既无益于诉讼中的人权保障，也不利于案件事实的准确认定。基于刑法三阶层犯罪论体系将"幽灵抗辩"的实

* 本文系国家社会科学基金一般项目"刑事案件事实认定中的经验法则研究"（项目批准号：19BFX092）、2021年西南政法大学学生科研创新项目"刑事诉讼中幽灵抗辩的证明问题研究"（项目批准号：2021XZXS-044）的阶段性研究成果。

** 西南政法大学法学院博士研究生。

务样态划分为构成要件反驳型、违法阻却型与责任阻却型三大类别，并充分借鉴境外在立法与实践上的典型经验，系统化地构建与我国大陆刑事司法制度相契合的“幽灵抗辩”证明机制。在证明责任的分配上，构成要件反驳型事由旨在驳斥检察机关对案件基础事实的举证，控方为巩固指控体系需积极证伪；违法阻却型事由的证明责任由控方承担，但面对现实的定罪可能性，被告人为维护自身利益有提出的必要；责任阻却型事由的证明责任由控辩双方分担，先由被告人就其存在承担争点形成责任，再由控方就其不存在承担结果意义上的证明责任。在证明标准的设置上，被告人举证需达到优势证明的程度，而控方仍应谨守排除合理怀疑的标准。在证明方法的运用上，强调发挥间接证据证明、事实推定与经验法则的综合性作用，以鉴别抗辩真伪，应对证明难题。具体到实务部门操作层面，侦查机关应当严密证据体系，牵制权利滥用；检察机关通过实现精细化办案，探求事实真相；审判机关注重发挥职权优势，破除证明困境。

关键词　幽灵抗辩　证明责任　优势证据　事实推定

随着公民法律素养、权利意识的不断增强，越来越多的犯罪嫌疑人、被告人积极参与诉讼，提出难以查证的“幽灵抗辩”以期减免自身刑责。我国证据法规范仅作原则性表述且多注重对控方的要求，加之理论界和实务界缺少对“幽灵抗辩”的专题研究，致使公安司法机关难以正确认识和应对“幽灵抗辩”及其附随的证明问题，给案件办理造成极大的困扰。证明责任乃诉讼的脊梁，《刑事诉讼法》却未言明辩方提出积极诉讼主张时证明责任的分配规则，据此产生的差异化解读无疑将为实务中违背法律精神的变通性操作埋下隐患，径行要求提出“幽灵抗辩”的被告人举证证明自己无罪、罪轻的事实尚且于法无据，而如果一味固守控方承担全案的证明责任，势必给控方施加极大的证明负担，迫使侦控机关付出更多的时间和精力，这显然将置证明责任分配规则背后的诉讼价值追求于不顾，也不利于刑罚权的实现。“幽灵抗辩”案件的证明问题反映出立法与理论研究的不足，为了激励控辩双方参与诉讼，最大限度地揭露案件事实，确保不枉不纵，维护司法公平公正，我们确有必要厘清“幽灵抗辩”之形态，考察其实践样态，以证明责任为起点探索“幽灵抗辩”案件中认定事实的标准与方法，系统化地构建适用于“幽灵抗辩”案件的证明机制，进一步明确公安司法机关在事实查明中的作用并促进其职能的落实，确保“幽灵抗辩”案件在及时有效查证客观事实的同时为被追诉人权利提供实质意义上的保障，这不仅有益于解决司法机关的实务困惑，更有利于证据法理论研究的独特价值。

一、"幽灵抗辩"概述

(一)基本内涵

1. 概念界定

"幽灵抗辩"又称"海盗抗辩",最早由我国台湾地区司法实务界提出并展开讨论,因该事由如同"幽灵"一般难以查证,控方几乎无法证伪推翻,遂被形象地称为"幽灵抗辩"。20世纪末期,在士林地检署办理的一起海上走私案件中,被告人当庭翻供辩称被查获的香烟是海盗抢走船上渔获时留下的交换物,自己乃是强迫交易的受害者而非走私者。由于被告人的抗辩事由存在一定合理性,并且不能排除该事由确属存在于侦查取证能力范围之外的客观事实,法官最终判决宣告被告人无罪并当庭释放。[1]此后,越来越多的走私嫌疑人如法炮制,早早提出"遭遇海盗"的抗辩,其他案件的犯罪嫌疑人更是引以为鉴,试图通过类似理由逃避法律追究,取得了同样"可观"的判决结果。例如,在台湾地区高等法院2004年上易字2165号案件中,盗窃案嫌疑人主张自己持有的赃物系收受自不知名第三人,经审理,法院认为依全案证据虽然能够认定被告人持有、搬运以及保管赃物的事实,却不足以证明被告人有窃取行为,其抗辩事由仍然有可能存在,即使被告人无法提供第三人的真实姓名、年龄及联络方式,也不能径行驳回被告人辩解。[2] 犯罪嫌疑人、被告人屡屡提出"幽灵抗辩"并非脱罪意图支配下的盲目效仿,而是当前台湾地区刑事诉讼证明规则使然。具体而言,其"刑事诉讼法"虽有规定检察官对被告人的犯罪事实兼负提出证据与说服的责任,却未指明被告人对所主张事由之证明责任与方法[3],致使法官对"幽灵抗辩"案件中控辩各方的证明责任产生误解,将证明负担加诸控方而不论被告人是否提出证据,由此出现了很多"检察官举证不足的无罪判决"。此外,过于强调控方的证明达到"排除合理怀疑"的标准,提高了有罪心证门槛。被告人只需就其中一项犯罪构成要件提出质疑,法官便无法形成确实、充分的内心确信,从而为被告人逃避刑罚大开方便之门。

从立法上看,我国大陆没有所谓"幽灵抗辩"的概念表述,但在司法实践中,犯罪嫌

---

〔1〕 参见陈瑞仁:《刑事诉讼法改革对案系列研讨会之一:改革方向综合研讨暨检察官之举证责任》,载《月旦法学杂志》1999年第50期。

〔2〕 参见我国台湾地区高等法院2004年上易字2165号案件判决书,转引自许乐:《"幽灵抗辩"与我国刑事证明责任分配制度之完善》,载《西北大学学报(哲学社会科学版)》2013年第4期。

〔3〕 我国台湾地区"刑事诉讼法"第96条规定:"讯问被告,应予以辩明犯罪嫌疑之机会;如有辩明,应命就其连续陈述;其陈述有利之事实者,应命其指出证明之方法。"但对于被告人未能指出证明方法时的法律效果未作进一步阐释。参见吴巡龙:《刑事举证责任与幽灵抗辩》,载《月旦法学杂志》2006年第133期。

疑人、被告人常常利用“控方承担举证责任”和“谁主张谁举证”的证明责任分配基本规则之间的逻辑矛盾，以及“幽灵抗辩”所具有的特殊属性与内容效果，为检察机关的有罪证明设置障碍，基于即便无法疑罪从无或许也能疑罪从轻的侥幸心理，提出各种各样无法查证的辩护理由。“幽灵抗辩”作为一种司法热点现象进入研究者视野，我国大陆法学研究一般将其界定为刑事被告人在刑事诉讼中针对检察官的有罪指控，为减轻或者免除其刑事责任而提出的难以查证的辩解。〔4〕 近年来，最高人民法院、最高人民检察院均下文要求司法机关加强对证据的严格审查，坚持疑罪从无的法治精神，防范冤假错案，司法工作人员的责任意识和风险意识得到强化和提高。因而，在面对案件中出现“幽灵抗辩”时，即使明知该事由极有可能是被追诉人编造用于拖延诉讼或逃避惩罚的借口，也不能仅因其真假难辨予以否认，控方需要付出更多的时间、精力收集推翻这种抗辩的证据甚至承担指控事实不成立的风险，而法官由于缺乏统一的认定标准和措施，加之个案案情与证据的迥异和复杂，在裁判时对“幽灵抗辩”的采纳程度也大相径庭。由此可见，“幽灵抗辩”难以查证的特点不仅让意图脱罪的犯罪嫌疑人、被告人有机可乘，也使案件的侦查与审判工作受到严重影响，“幽灵抗辩”的证明问题是理论界和实务界应当共同关注的焦点。

2. 主要特征

“幽灵抗辩”作为犯罪嫌疑人和被告人更为青睐的成功率较高的辩护策略，不仅可以发生在包括侦查、审查起诉的整个刑事诉讼过程中，其抗辩内容也指向涵盖违法性、有责性判断的整个犯罪构成体系。对“幽灵抗辩”及其证明问题的研究不能脱离其本质内核，“幽灵抗辩”主要具有以下特点：

其一，“幽灵抗辩”是犯罪嫌疑人、被告人提出的积极抗辩。刑事诉讼中，犯罪嫌疑人、被告人为减轻或免除自身罪责进行辩解无可厚非，然而单纯否认侦控机关已经查清的犯罪事实收效甚微，为了提高抗辩实效，被追诉人多选择转变辩护思路：跳脱犯罪构成体系，着眼于案件整体，积极提出既难以查证又确能影响事实判断的理由，以间接否定侦控机关的有罪指控，“幽灵抗辩”即体现了此种逻辑。比如在故意伤害案件中，被告人并不否认其实施伤害行为的事实，却在控方构筑的证据体系之外提出一个不相关的争点——紧急避险，就伤害行为的违法性进行辩解，而对被保护法益的信息又语焉不详。

其二，“幽灵抗辩”属于难以查证的诉讼主张。“幽灵抗辩”之所以成为困扰司法实践的难题，主要是因为有些抗辩事由确系犯罪嫌疑人、被告人杜撰的，司法机关穷尽调查手段也无法收集到有关证据；有些是囿于犯罪嫌疑人、被告人的调查取证能力，无法及时收集佐证自身诉讼主张的证据；还有些是由于客观原因证据不易保

〔4〕 参见万毅：《“幽灵抗辩”之对策研究》，载《法商研究》2008 年第 4 期。

存，采集证据的真实性、合法性难以保证，导致查证与排解该抗辩具有相当大的困难。若犯罪嫌疑人、被告人利用主观独知的个别化事由进行反驳，却没有提供相应的证据或线索，此时案件将陷入待证事实真伪不明的困境，甚至放纵有罪之人逃脱法律的制裁。

其三，“幽灵抗辩”的辩解事由具有一定合理性。“幽灵抗辩”虽涉“幽灵”一词，却不是凭空想象的诡辩，有效的抗辩应建立在控方现有证据的疑点之上，只有经得起理性推敲的抗辩事由，才能促使案件承办人积极证伪，查明案件事实真相，反之，若辩解不具有合理性，在诉讼过程中则可以直接排除，以免耗费司法资源，拖延诉讼进程。“幽灵抗辩”的合理性需要承办人结合现有证据基础，运用经验法则全面考察抗辩事由在具体案件中的存在可能性，形成初步心证判断，这关系到该事由能否在后续程序中成为诉讼争点并交由法官裁断。例如，当假冒注册商标类犯罪的嫌疑人、被告人辩称实际销售价格仅有正品市场价值的十分之一，加之其出具的销售合同的相对人身份信息也不明确时，案件承办人大多将此辩解视作被追诉人负隅顽抗的借口，但在福建省莆田市这一假冒注册商标重灾区，上下游之间完全是知假买假，且出于反侦查需要，合同往往也以绰号签署，该市的案件承办人不仅不会径行否定抗辩的合理性，反而将其视作关涉犯罪数额认定与影响定罪量刑结果的重要考量因素，进一步开展查证工作。[5] 由此看来，成功的“幽灵抗辩”一定是符合社会一般常识常理的，才能够动摇控方指控体系，使法官对指控事实产生合理怀疑。

（二）基本类型

犯罪嫌疑人、被告人提出的抗辩理由千差万别，无法一一列举，现有分类所依据的标准各异，但总体上不够严谨，在此基础上展开的探讨研究缺乏普适性。厘清“幽灵抗辩”的实务样态是科学应对证明问题的前提，根据刑法三阶层犯罪论体系，一行为构成犯罪既要具备构成要件该当性，也要具备违法性与有责性，犯罪嫌疑人、被告人提出的抗辩也不外乎围绕犯罪构成的三阶层展开。

1. *构成要件反驳型“幽灵抗辩”*

在大多数刑事案件中，犯罪嫌疑人、被告人一般不会辩称自己与案件完全无关，而是利用办案人员在取证过程与鉴定技术上的疏漏之处，主张一些只有处于现场的主体才知晓的事实来作为抗辩理由。构成要件反驳型事由旨在通过积极的诉讼主张，驳斥围绕刑法犯罪构成要件构筑的指控体系及相应事实，为检察机关设置合理疑点，致使控方证据体系缺乏完整性，从而间接否定指控事实的成立。构成要件反驳型事由是对基础犯罪事实的抗辩，主要涵盖以下三种类型：

---

[5] 参见姚舟、沈威：《幽灵抗辩及其排解机制构建》，载刘艳红主编：《东南法学》（第6辑），东南大学出版社2014年版，第170页。

(1)主体要件指向型。在封闭环境下实施犯罪行为致被害人死亡的案件中,犯罪嫌疑人、被告人常将案件指向身份不明且无从查证的第三人,以期间接否认自己实施了被指控的行为。例如,莆田市人民检察院公诉处办理的苏某某故意杀人案中,被告人面对控方已经掌握的关键证据以及有关犯罪动机、犯意表露、指使他人帮助毁灭证据等事实,仍提出被黑衣人逼迫扛尸的“幽灵抗辩”,否认自己实施了杀人行为。[6] 此外,该类抗辩同样适用于作罪轻辩护的情况,尤其是被告人在结伙型犯罪与集团犯罪中的具体地位与作用也可作为“幽灵抗辩”的切入点。如在聚众斗殴、寻衅滋事案件中,辩解自己虽在现场但尚未动手就被抓获;在结伙型抢劫犯罪中,辩称系已经逃跑的主犯提出犯意、提供作案工具以及组织联络同案犯;在盗窃案件中,抗辩自己原本只负责在外“望风”,被抓获时持有的赃物是他人在慌乱中交给自己的;等等。

(2)主观要件欠缺型。《刑法》及其司法解释中确立了大量有关犯罪主观要件的推定规范,控方只需证明《刑法》规定的除主观故意认定之外的基本构成要件事实。例如,走私犯罪的嫌疑人通过系列特定行为逃避海关监管,却无法提供证据证明自己是被他人蒙骗,即可以认定行为人对自身行为的违法性和社会危害性有明确认知;毒品犯罪的嫌疑人若有不如实申报或以蒙蔽手段逃避检查等行为,并且无法对自身行为作出合理解释,同样也将被认定具有实施毒品犯罪的主观故意。对于司法机关来说,由于走私犯罪与毒品交易具有隐秘性,各环节之间人员变动大且通常系单线联系,捕获同案犯的难度极大,并且买卖双方都是自愿交易,司法机关本就难以收集到除犯罪嫌疑人、被告人自己的供述之外的直接证据,更何谈以详尽的事实与证据基础推定行为人主观层面的“明知”? 如果被告方抛出“幽灵抗辩”,势必影响案件的性质认定甚至放纵犯罪。正因如此,被告方对该类案件的抗辩侧重于对“明知”和“以非法占有为目的”等推定要素的反驳,例如,宣称该物品是受无法提供姓名与联系方式的陌生人委托捎带的,自己只是出于好心,并不知道具体为何物;辩称毒品系陌生人交予保管、运输的,或是他人为躲避侦查在自己不知情的情况下放进背包、汽车以及房屋等属于犯罪嫌疑人、被告人支配管理的空间的。

(3)客观要件障碍型。实务中不乏犯罪嫌疑人、被告人就刑法上的行为、结果、因果关系中的任一节点抛出“幽灵抗辩”,以期击溃控方构想的犯罪过程,间接否认自己实施了被指控的犯罪行为,但对诸如案件过程或涉案人员信息等不再作具体说明。此类抗辩常见于盗窃、掩饰、隐瞒犯罪所得等财产类犯罪中,例如辩称自己持有的赃物是通过从他处购买或受他人赠与等合法方式获取的。侦查人员需要对抗辩所涉第三方的身份信息、交易过程及赠与缘由等开展细节性讯问以判断抗辩事由的真伪,然而,被追诉人通常以不知情为由予以搪塞。在这种情况下,盲目要求控方证明被告方非法取

[6] 参见姚舟、沈威:《幽灵抗辩及其排解机制构建》,载刘艳红主编:《东南法学》(第6辑),东南大学出版社2014年版,第170页。

得财物的过程，犹如大海捞针，实非易事。

2. 违法阻却型“幽灵抗辩”

按照结果无价值论的观点〔7〕，符合犯罪构成要件的行为并不一定产生规范意义上的危害，必须接受实质违法性的检验，以甄别值得刑法处罚的行为。违法阻却型“幽灵抗辩”的提出者并不否认自己实施了具备构成要件该当性的行为，而是在犯罪构成之外提出有关正当防卫、紧急避险、基于被害人承诺的行为、正当业务行为以及法令行为等独立辩护主张，强调存在实施被指控行为的正当化事由。例如宋某某故意伤害案中〔8〕，犯罪嫌疑人宋某某辩称其行为系出于正当防卫的目的且并未明显超过必要限度，案发当时被害人张某某率先挑起事端并对其造成了紧迫的人身危险，宋某某为了制止正在进行的不法侵害，维护自身安全，迫不得已进行反击打伤张某某致其轻伤二级。在该案中，宋某某提出了一个阻却违法性的抗辩，从在案证据来看，有证人证实宋某某的抗辩理由及相关事实，而对其不利的证人证言却前后出入较大，证明力较弱，进而在直接证据缺失且关键证据有瑕疵的情况下形成了“幽灵抗辩”，承办机关再难对案发当时的情况进行查证。

3. 责任阻却型“幽灵抗辩”

“没有责任就没有刑罚”是近代刑法的一个基本原理，具体而言，即使某种行为具备构成要件该当性，造成了法益侵害的结果，但若主观上欠缺责任要素，就不可能构成犯罪。责任阻却型事由并不否认行为本身的不法性，而是指出责任方面的缺陷，强调行为人不具有非难可能性。《刑法》总则仅明文规定了刑事责任能力的考量因素——行为人的法定年龄与精神状况，然而在针对个别类型案件的规范性文件中，期待可能性与违法性认识理论的作用也得以发挥。由于责任阻却型事由大多涉及犯罪主体与犯罪主观要件，支撑这种主张的证据并不能轻易获得，故而常以“幽灵抗辩”的形态出现在刑事诉讼中。在曾某某以危险方法危害公共安全一案中〔9〕，犯罪嫌疑人曾某某在繁华路段严重超速行驶，造成6死4伤的严重后果。侦查机关根据血检结果排除其酒后驾车的嫌疑，但经现场勘验与事后鉴定发现，曾某某在肇事汽车油门踏板、制动系统、转向系统正常运作的条件下并未采取任何紧急制动措施和其他避险措施，车速反而越来越快，不符合正常状态下人的应激反应。曾某某辩称，自第一次撞击至最后被公交车逼停，他一直处于两眼发黑意识混沌的状态，其家人与同事也反映曾某某有癫痫病史，尚未痊愈。为了查明曾某某抗辩理由的真伪，侦查机关委托进行了两次司法

〔7〕 结果无价值论的基本立场是，刑法的目的与任务是保护法益，违法性的实质是法益侵害及其危险；没有造成法益侵害及危险的行为，即使违反社会伦理秩序，缺乏社会的相当性，或者违反了某种行为规则，也不能成为刑法的处罚对象。

〔8〕 参见王嘉：《论幽灵抗辩》，黑龙江大学2018年硕士学位论文，第9页。

〔9〕 参见广西壮族自治区北海市中级人民法院(2005)北刑初字第47号刑事附带民事判决书。

鉴定,鉴定结果分别为"车祸发生时处于发病状态"与"不能排除第一次碰撞后存在癫痫发作的可能"。因此,即使肇事车辆被逼停后,曾某某进行下车报警的系列行为时神志清醒,也无法准确认定其在事故过程中的意志状态,即癫痫发作的时间点,曾某某应承担哪几次碰撞的刑责,该案定性究竟是以危险方法危害公共安全罪还是交通肇事罪,尚缺乏足够的证据支撑。

二、"幽灵抗辩"证明情况的实践考察

(一)司法现状

作为一种特殊的积极抗辩,"幽灵抗辩"的提出难免伴随着胡编乱造的刻板印象,加之相关法律规定过于粗疏,尚无法就其在司法实践中引发的证明问题提供有效指导,由此导致司法实务部门在处理此类案件时做法不一。"幽灵抗辩"的实务形态各异,并且可以出现在刑事诉讼的任一程序中,因此不能仅靠证据规则一概而论,如何应对"幽灵抗辩"以有效实现惩罚犯罪的诉讼目的是公安司法机关共同面临的难题。为了更加直观地了解"幽灵抗辩"的司法现状,笔者通过中国裁判文书网及相关学术论文、网络报道等检索、收集到部分有关"幽灵抗辩"的案件材料(详见表1)。

表1 司法实践中部分"幽灵抗辩"案例

案件	提出时间	抗辩理由	应对方式	最终结果及理由
王某某贩卖毒品案[10]	死刑复核期间	被查获的毒品是第三人留在车上的;准确提供第三人姓名	公安机关补充侦查	采纳;改判死缓
苏某某故意杀人案[11]	一审期间	被黑衣人逼迫扛尸	—	采纳,判处死缓。直接证据缺失,无法达到死刑案件"排除一切合理怀疑"的标准
丁某某侮辱尸体案[12]	审查起诉期间	胎儿出生前即死亡	—	采纳,不起诉。现有证据尚无法排除胎儿出生即为死体的可能性,没有死亡即不存在刑法意义上的尸体,即不符合侮辱尸体罪的犯罪构成要件

〔10〕 参见王亚林:《刑事辩护:执业现状与经验技巧》,法律出版社2011年版,第227—237页。

〔11〕 参见前注〔5〕。

〔12〕 参见彭智刚、张龙:《另类碎"尸"行为的不可诉分析》,载《人民司法》2015年第2期。

(续表)

案件	提出时间	抗辩理由	应对方式	最终结果及理由
马某某诈骗案[13]	审查起诉期间	不存在虚构事实骗取他人财物的诈骗行为,好处费的确用于打点关系	核实被告人提及的第三人身份,提取电子数据信息记录,调查被害人财物去向及用途	不采纳;综合间接证据,运用经验法则,认定抗辩内容不合常理,应予推翻
易某某交通肇事案[14]	一审后上诉	系避险过当;无法提供所避让车辆的车牌信息、行驶方向,也难以描述出车辆型号、颜色等外观特征	—	不采纳
苏某1、苏某2诈骗、妨害信用卡管理案[15]	一审期间	在自己汽车上查获的物品属于其他人;未提供相关证据	—	不采纳;同案犯均供认一致,并得到证人证言的印证,且该辩解与在案证据矛盾,证实被告人参与诈骗行为的证据已达到排除一切合理怀疑之程度
祝某某诈骗案[16]	一审期间	主观上没有诈骗的故意,只是事情没能办成	—	不采纳;辩护意见与查明的事实不符
周某某交通肇事案[17]	一审期间	为躲避其他车辆造成的交通事故,属紧急避险	—	不采纳;无法证明被告人正在发生非常紧急的危险这一要件
赵某某抢劫案[18]	侦查期间	持有的赃物是从他人手里购买的	检察机关侦监部门引导侦查工作,调取录像,海量排查,补强证据;侦查机关运用定位技术,开展面部和声音辨认,进行侦查实验;侦查人员与见证人出庭作证	不采纳

〔13〕 参见《诈骗案中的“幽灵抗辩”与“排除合理怀疑”原则》,载微信公众号“刑事读库”(https://mp.weixin.qq.com/s/ufyZ_0Mm4MQWZiWS2IRD0A),访问日期:2023年4月12日。

〔14〕 参见安徽省六安市中级人民法院(2014)六刑终字第00155号刑事裁定书。

〔15〕 参见浙江省安吉县人民法院(2016)浙0523刑初117号刑事判决书。

〔16〕 参见四川省蓬安县人民法院(2017)川1323刑初112号刑事判决书。

〔17〕 参见山东省菏泽市牡丹区人民法院(2017)鲁1702刑初76号刑事判决书。

〔18〕 参见檀杉杉、赵森:《“零口供”抢劫案!“幽灵抗辩”居然是这样击破的……》,载微信公众号“检察日报正义网”(https://mp.weixin.qq.com/s/6tGA7_LCZDaSaF6Qrg3Mjg),访问日期:2023年4月12日。

(续表)

案件	提出时间	抗辩理由	应对方式	最终结果及理由
谢某某生产、销售假药案[19]	一审期间	除有证人证言证实的销售金额以外的款项均为卖剪纸的收入;无法提供有关剪纸的正常交易信息	侦查机关补充获取新的证人证言	采纳;根据现有证据不能认定其银行卡中的金额均为销售假药的货款
苟某某诈骗案[20]	发回重审后上诉	被害人转账系归还先前借款,出借资金来源于第三人和亲戚;未提供相关确实证据	侦查机关多方核查第三人身份	不采纳;被告人经济状况不足以支付大额借款,借款与交易习惯及常理不符;无法确定第三人身份;经司法鉴定,借条的形成时间与落款时间不相符,不能说明钱款来源;有被害人陈述、证人证言、转账明细相印证
王某某、杨某某、刘某某制作、复制、出版、贩卖、传播淫秽物品牟利案[21]	一审后上诉	是第三人的行为,自己并未实际参与,上传视频的网站账号以及用于联系、收账的账号都是与第三人共享的;无法提供其他身份信息或线索	检察机关提交侦查机关出具的有关视频文件性质与第三人身份的情况说明	不采纳;同案犯一致指认,电子证据检查笔录、转账记录等客观证据相互印证
陈某危险驾驶案[22]	侦查期间	没有醉驾行为,是熟人将车辆开至案发现场;无法提供驾驶员身份信息	—	采纳,一审判决危险驾驶罪,二审改判无罪。原判认定危险驾驶的证据仅能证明其醉酒后在机动车上睡觉的事实,而无法排除系他人驾驶至案发现场的可能性,未能达到证据确实、充分的证明标准,应当宣告其无罪

〔19〕 参见山东省淄博市博山区人民法院(2018)鲁0304刑再4号刑事裁定书。
〔20〕 参见海南省高级人民法院(2018)琼刑终138号刑事裁定书。
〔21〕 参见浙江省丽水市中级人民法院(2018)浙11刑终225号刑事判决书。
〔22〕 参见安徽省铜陵市中级人民法院(2018)皖07刑终50号刑事判决书。

（续表）

案件	提出时间	抗辩理由	应对方式	最终结果及理由
刘某、苏某某、龚某某等走私、贩卖、运输、制造毒品案〔23〕	一审期间	没有贩卖毒品，只是一起吸食	检察机关根据法院建议重新调取了证人证言；检察机关未答复法院调取微信转账记录的建议；对于庭审中被告人提出的证据线索，检察机关表示不需要调取新的证据	采纳；证据不足，关键点矛盾没有得到合理的解释与排除。同案犯供述中关于支付毒资的方式出现重大矛盾；同案犯关于毒品来源的供述矛盾且不符合常理；有罪证据、犯罪行为关键环节证据不存在数量优势；检察机关在庭审中明确表示不再调取新的证据，以致被告人刘某辩解之真伪因程序性规则而无法确认；证人证言需要相应证据与其印证
杨某某走私、贩卖、运输、制造毒品案〔24〕	一审期间	查获的毒品是从第三人处购买的，仅供自己吸食与代购；无法提供第三人身份信息	—	不采纳
陈某危险驾驶案〔25〕	审查起诉期间	有代驾，并未酒后驾车	侦控机关调取所有可能的行驶路线监控，寻找犯罪嫌疑人的车辆与“代驾司机”	不采纳
陈某销售假冒注册商标的商品案〔26〕	审查起诉期间	实际销售单价低廉；提供三名证人联系方式	侦查机关退查无果，检察机关启动自行侦查发现证人证言疑点，证人作证前后与犯罪嫌疑人联系频繁，证人有串通之嫌，证言缺乏客观真实性和证明力	不采纳

〔23〕 参见四川省南充市顺庆区人民法院(2018)川1302刑初506号刑事判决书。

〔24〕 参见云南省宜良县人民法院(2018)云0125刑初428号刑事判决书。

〔25〕 参见惠安检察：《检察故事：面对犯罪嫌疑人的“幽灵抗辩”，检察官如何全线追踪?》，载微信公众号“福建检察”(https://mp.weixin.qq.com/s/GmGyeySPuWYGvGg0Cvp6Dw)，访问日期：2023年4月12日。

〔26〕 参见张仁平、林颖慧：《涉案金额不是113万？检察机关自行补充侦查瓦解“幽灵抗辩”》，载微信公众号“最高人民检察院”(https://mp.weixin.qq.com/s/3nDc0gJDJdsqKVcsiLvWtg)，访问日期：2023年4月12日。

（续表）

案件	提出时间	抗辩理由	应对方式	最终结果及理由
魏某某非法经营案[27]	审查起诉期间	推翻侦查期间有罪供述，辩称不记得香烟去向与销售金额；无法提供销售凭证等书证	检察机关自行补充侦查走访商家，发现犯罪嫌疑人供述严重不符合一般的生活常理及逻辑准则；在法庭上针对被告人辩解制定了逻辑严密的讯问策略	不采纳
赵某某走私、贩卖、运输、制造毒品案[28]	审查起诉期间	没有贩卖毒品，是代购行为；无法提供第三人上家的任何信息	—	不采纳；虽交易时间存在差异或疑问，但被告人供述均证实有交易事实存在，且与证人证言、通话清单、微信转账记录、手机检查笔录等证据相印证
岳某贩卖毒品案[29]	侦查期间	仅仅为他人代购，且未从中牟利	补充询问购买毒品方，调取微信聊天记录，补强相关证据；批捕后，承办检察官为公安机关详细制作了侦查取证意见书	不采纳，批准逮捕。微信聊天记录大都与购买毒品有关；结合办案经验与常识，基本上不存在犯罪嫌疑人屡次在夜间进行毒品交易仅是帮他人无偿代购的可能
顾某某诈骗案[30]	审查起诉期间	没有诈骗的故意，钱款已用于打点门路；无法提供收款人与证人的具体身份和联系方式	检察机关引导侦查，恢复提取固定犯罪嫌疑人手机数据；全面调取账户信息及交易记录并进行对照审查，掌握资金往来情况；承办检察官再次讯问犯罪嫌疑人，核实钱款往来的次数、数额等情况；调查核实第三人身份信息	不采纳，依法追加事实提起公诉。综合认定犯罪嫌疑人交易记录所涉钱款均与他人请托事项无关

〔27〕 参见《法治在线：惊心动魄！“幽灵抗辩”居然是这样击破的……》，载微信公众号“平安福州”（https://mp.weixin.qq.com/s/vHrTI2871B7dibcPkl0jiw），访问日期：2023年4月12日。

〔28〕 参见海南省文昌市人民法院（2019）琼9005刑初267号刑事判决书。

〔29〕 参见《查微析疑，看检察官如何瓦解“幽灵抗辩”》，载微信公众号“山东省人民检察院”（https://mp.weixin.qq.com/s/tKylZI-Cfb7mNAS3kOS1PQ），访问日期：2023年4月12日。

〔30〕 参见《瓦解“幽灵抗辩”，检察官“零口供”追加犯罪事实》，载微信公众号“顺义检察”（https://mp.weixin.qq.com/s/N_h9fFi8cOr1gzLeEudngg），访问日期：2023年4月12日。

（续表）

案件	提出时间	抗辩理由	应对方式	最终结果及理由
田某某贩卖毒品案[31]	一审期间	没有贩卖毒品，系无牟利代购行为	—	不采纳；被告人在客观上实施了帮助贩卖毒品的行为；被告人明知他人系贩毒之人，仍积极为其发展购毒下线，主观上具有帮助贩卖毒品的故意；"购买者极力要求"这一"事实"除被告人单一言词证据之外，无其他证据加以佐证，亦无附加理由予以说明；不得已代购的辩解与积极发展下线的行为相矛盾，不符合客观逻辑

概览样本，可以发现实践中"幽灵抗辩"的证明过程存在诸多问题：

1. 犯罪嫌疑人、被告人鲜有举证

统计结果反映，在上述22起"幽灵抗辩"案件中，犯罪嫌疑人、被告人提出抗辩并提供相关可查性线索的仅有2例，这在很大程度上妨碍了侦控机关的查证工作。

第一，犯罪嫌疑人、被告人"不愿举证"是诉讼证明参与度低的重要内因。从证明责任的角度来看，被告人有罪的举证责任由控方承担，虽然《刑事诉讼法》明确了辩护人对特定证据的告知义务但这并非被告人自证无罪的情况列举，被告人的证明负担仅源于法律明文要求，否则，如果允许法官自由分配证明责任、降低证明标准，无疑将会破坏国家法制。[32] 犯罪嫌疑人、被告人提出"幽灵抗辩"本质上是一种脱罪行为，在无罪推定原则的庇护之下，犯罪嫌疑人、被告人自然不需要举证证明"幽灵抗辩"相关事实的存在，并且纵使不提供相关证据或者线索，原则上也不会直接导致不利后果。可见，原本为了保障被告人合法权利不受侵害以及平衡控辩双方而设计的证明责任分配原则成为被告人逃避刑事制裁的常用方式。

第二，犯罪嫌疑人、被告人仍面临"不能举证"的境况。虽然近年来我国大力倡导吸收当事人主义的合理内核以顺应刑事司法改革的浪潮，通过各种程序措施以及权利保障提高被告人的诉讼能力，却未能从根本上改变控辩双方力量先天失衡的现状。一方面，我国刑事司法实践中，犯罪嫌疑人、被告人在审前多被羁押于看守所，在人身自由受限的情况下，无法及时收集能够佐证其独知事实的客观证据，并且暂不论"幽灵抗辩"真实与否，由于隐蔽型犯罪案件中的犯罪嫌疑人、被告人不太方便及时进行现场

〔31〕 参见湖南省凤凰县人民法院（2020）湘3123刑初3号刑事判决书。

〔32〕 参见龙宗智：《推定的界限及适用》，载《法学研究》2008年第1期。

保护与证据保全,犯罪嫌疑人、被告人收集提供除自身口供之外的证据更是有心无力,即使能够举证,大多情况下也会因为所举示的证据证明力较弱而无法被采纳。另一方面,辩护律师取证不力的现实困境也严重制约了犯罪嫌疑人、被告人的举证能力。辩护律师虽然可以在侦查期间为犯罪嫌疑人提供法律帮助,但此时大量证据均被侦查机关掌控,待到审查起诉阶段辩护律师围绕犯罪嫌疑人告知的线索并结合案卷信息进行调查时,证据很有可能早已灭失。辩护律师的取证工作不仅受到诸多限制,辩护人伪造证据罪的设置更是导致辩护律师之调查取证处处谨慎,顾虑颇多,难以真正落到实处。综合考虑以上因素,犯罪嫌疑人、被告人虽具有信息优势,其对于“幽灵抗辩”的调查取证能力却十分有限,故而出现实务中“只抗辩,鲜举证”的现象。

2. 侦控机关疏于调查核实

《刑事诉讼法》第 52 条明文要求审判人员、检察人员、侦查人员依照法定程序,收集能够证实犯罪嫌疑人、被告人有罪或者无罪、犯罪情节轻重的各种证据。刑事诉讼各阶段的证据调查,都要坚持全面客观的基本原则,才能查明案件事实真相。事实上,侦控机关却并未给予无罪证据足够的重视,加之对“幽灵抗辩”的预断偏见,更易将此类抗辩搁置一旁。在笔者收集到的案例中,侦控机关仅对其中 12 起案件通过“侦查机关开展侦查实验”“检察机关侦监部门引导侦查”“退回公安机关补充侦查”“检察机关启动自行补充侦查”等方式核查了犯罪嫌疑人、被告人提出的抗辩事由。

在追诉倾向的影响下,侦查机关通常偏重有罪证据的收集,更有甚者选择性记录犯罪嫌疑人的口供,不进一步调查核实辩解所指事项。为克服侦查机关可能存在的确证偏见,2016 年印发的最高人民法院、最高人民检察院、公安部、国家安全部、司法部《关于推进以审判为中心的刑事诉讼制度改革的意见》再次强调在案件侦查终结前,犯罪嫌疑人提出无罪或者罪轻的辩解,辩护律师提出犯罪嫌疑人无罪或者依法不应追究刑事责任的意见,侦查机关应当依法予以核实。然而,侦查人员在面对“幽灵抗辩”时大多不愿投入过多司法资源,不去主动扩展侦查方向,对犯罪嫌疑人提供的线索仅作泛泛调查。

值得注意的是,在刘某、苏某某、龚某某等走私、贩卖、运输、制造毒品一案中[33],法院建议公诉机关调查核实证据,但公诉机关未作答复甚至明确拒绝调取新证据。该案不仅反映出法检之间在证据补查补正方面的观点分歧,更是直观地体现了检察机关对“幽灵抗辩”的消极态度与实践把控。从应然层面来讲,在控诉与法律监督的双重职能要求之下,我国检察机关既要追诉犯罪,更肩负着发现真相、维护公平正义的职责。检察机关除了代表国家揭露犯罪,更需以检察机关的宪法定位为逻辑起点,全面收集被告人有罪、无罪的证据材料。但事实上,检察机关诉讼担当略显不足,难以跳脱控诉职

〔33〕 参见前注〔23〕。

能对调查取证思路的影响,一旦犯罪嫌疑人、被告人提出"幽灵抗辩",检察机关难免担心据此提取的证据会致使先前工作功亏一篑,而这种职责冲突反映到司法实务中即是控方缺乏收集无罪证据的动力。

3. 案件裁判依赖形式化的证据印证

笔者分析比较收集的案例,可以发现人民法院在认定"幽灵抗辩"案件事实时大多注重证据相互印证并据此作出排除合理怀疑的综合性研判,不可否认的是,印证证明是我国现有的特殊的制度环境下的产物,也是司法实践中最常用的证据分析方法,对于有效识别孤证情形,以及发现证据之间的矛盾等都具有一定的积极意义。但是,过于强调证据相互印证会使本就难以调查取证的"幽灵抗辩"案件在抗辩事由的审查与案件事实的认定层面受制于形式化的印证证明模式,主要表现在以下几个方面:

其一,印证证明在隐蔽型案件中的失灵,增加了"幽灵抗辩"事由的认证难度。根据2018年施行的《人民法院办理刑事案件第一审普通程序法庭调查规程(试行)》的规定,印证证明模式不仅仅作用于对全案证据综合分析后的事实认定,亦涉及对单个证据证明力的评价。结合表1我们发现,人民法院不采纳被告人提出的"幽灵抗辩"多是因为"辩护意见无法查明""辩护意见与在案证据矛盾""控方证据相互印证,已达到排除合理怀疑之程度",而采信被告人辩解又是以"关键点矛盾没有得到合理的解释与排除"为理由。这一方式实际上是在仅有口供这一直接证据,又难以获取更多间接证据的情况下,通过全案证据的综合优势进行的变通性排除或采信[34],缺乏就抗辩事由本身存在可能性及其之于事实认定效果的分析。换言之,"幽灵抗辩"能否成功取决于控方证据体系的坚固程度,"证据相互印证"的结果只是基于控方案卷材料的内部验证,并未针对抗辩事由展开实质审查。"幽灵抗辩"本就缺乏在案证据支撑,若将"幽灵抗辩"及相关证据的证明力判断建立在在案证据能否与之相互印证的基础上,不仅置辩方于被动处境,很大程度上更会将"幽灵抗辩"拒之门外,影响法院对案件其他可能性的探讨研究,有损裁判结果的公平公正。

其二,印证证明对客观真实的追求,提高了"幽灵抗辩"案件的证明标准。不同于西方国家法律真实理念下的"排除合理怀疑"与"内心确信",我国奉行的客观真实说对证明标准提出了更高的要求[35],加之刑事审判中法官对印证的偏好,尽管印证证明模式确与发现事实真相的审判任务相契合,但其在有限证据资源的司法环境中的运用也暴露出证明标准层面的固有局限。一方面,高标准的指控有悖于司法工作人员的认识规律与能力,加重了侦控方的证明负担。"幽灵抗辩"案件中控方虽能对基础犯罪事实

〔34〕 实践中,通过综合优势排除一般作为证伪排除的补充或辅助方式,主要从数量优势、立场优势、专业优势与印证优势四个角度综合研判。参见陆锋:《司法实践视野下的排除合理怀疑》,法律出版社2019年版,第196页。

〔35〕 参见龙宗智:《印证与自由心证——我国刑事诉讼证明模式》,载《法学研究》2004年第2期。

的证明提供相当证据支持,但印证证明模式下过高的证明要求只会迫使侦控机关为避免因印证性不足致使前期调查工作功亏一篑而不断投入司法资源、疲于取证,以证伪抗辩事由,巩固指控体系。另一方面,高标准的抗辩加剧了控辩双方诉讼实力的失调,这也是"幽灵抗辩"成功率低的原因之一。"证据确实、充分"本是基于全案证据就有罪证明作出的综合性评价,并非针对个别事实存在与否的判断,然而,案件裁判对印证证明的过度依赖,不加区分地提高了作为出罪事由的"幽灵抗辩"的证明标准,强求出罪事由与其他证据的印证关系,只会增大被告人证明不能、抗辩无效以及被错误定罪的风险。

其三,印证证明中证明方法的简化,抑制了"幽灵抗辩"审判的心证运用。尽管2012年《刑事诉讼法》引入了"排除合理怀疑"的判断标准,强调办案人员能动性和诉讼认知对案件的影响,然而受到认识论和方法论的限制,"主客观相结合"的裁判方式往往被简化为客观化的证据印证,在裁判文书中运用经验法则、逻辑规则进行说理论证的案件占比并不高。虽然注重在案证据的印证情况能在一定程度上规避审查证据、认定事实过程中的法官恣意,但心证分析的缺位实际上是对裁判的本质——判断待证事实的成立概率的误读,片面采用印证证明给司法实践带来两个方面的负面效应:一是使某些具备证据印证外观但存在内在合理怀疑的案件被不当定罪。在陈某危险驾驶一案中〔36〕,被告人早在侦查之初就提出了"没有醉驾行为,是熟人将车辆开至案发现场"的辩解,但碍于其无法提供驾驶员身份信息,法院在一审程序中回避合理怀疑的存在,机械化地按照控方建构的看似充分的证据体系认定陈某醉酒驾驶机动车辆的事实。二是对某些足以建立心证但全案证据印证程度不高的案件不敢依据内心确信作出裁决。有学者指出,司法主体在案件审理过程中发挥自身主观能动性的程度与案件认定结果的客观程度成正比。〔37〕"幽灵抗辩"案件能否排除合理怀疑,需要全面审视证据印证与法官心证的程度并综合研判,若怠于发挥心证功能,不免导致放纵犯罪的不利后果。

(二)"幽灵抗辩"处理不当的潜在风险

1. 不利于犯罪嫌疑人、被告人的人权保障

印证模式下证明活动尤为重视直接证据的收集,多角度的细节性讯问是确保证据真实性和稳定性的必要措施。值得注意的是,固然犯罪嫌疑人、被告人的供述在厘清其亲历的案件过程,发掘充实客观证据基础等方面具有重要价值,但过分依赖被追诉人的自白容易扭曲事实真相,司法机关一味追求发现真相与打击犯罪的目标,无益于诉讼中的人权保障,具体到"幽灵抗辩"案件中就会出现各种问题:

---

〔36〕 参见前注〔22〕。
〔37〕 参见杜世相:《刑事证据运用研究》,中国检察出版社2002年版,第97页。

其一,制造虚假印证,遏制"幽灵抗辩"的提出。在锁定犯罪嫌疑人之前,侦查机关通常会全面开展调查工作,避免遗漏有价值的线索和证据,而后侦查的重心多聚焦于特定对象的有罪证据收集,取证工作主要是为了对认罪供述进行确证。[38] 在有的案件中,侦查人员早已发现可能证明犯罪嫌疑人无罪的证据,但为了在形式上达到证明标准而断章取义地保留不利于犯罪嫌疑人的信息。正如前述王某某贩卖毒品一案中[39],侦查机关在侦查期间签发的传唤证、补查期间出具的说明以及各被告人在上诉期间的辩解,均显示办案人员在侦查之初就了解到该案存在遗漏共犯的问题并查明确有其人,却为了营造案件全部破获的假象,故意隐匿重大事实。同时,在侦查阶段力求多次口供间的印证,甚至先证后供,人为制造庭前供述与其他证据间的契合,以应对被告人当庭翻供的情况,从源头上遏制"幽灵抗辩"的提出,以免指控体系因抗辩而事实不清、证据不足,影响案件的判决结果。

其二,催生非法取供,否定"幽灵抗辩"的成立。"幽灵抗辩"案件的侦查工作受到时效、技术等因素的制约,仅有的客观证据在排解"幽灵抗辩"方面难有较大作为。因此,侦控机关只能倚重口供上的突破,降低"幽灵抗辩"在案卷材料中的出现频次,以减少该事由对后续诉讼的影响,并且使前后相继的口供形成"无懈可击"的印证关系,否定"幽灵抗辩"的存在可能性。这不仅助长了侦查活动、公诉活动对犯罪嫌疑人口供的依赖,使其"理所当然"地成为控方获取证据的重要来源,同时也意味着很难从根本上消除强制取供的种种诱因,对被追诉人的权利保障也仅仅停留在制度层面而无法真正落到实处。

2. *有放纵犯罪之虞*

尽管前述实证研究较为直观地反映出"幽灵抗辩"的成功率,但我们的关注点不应仅仅停留在数据表面,更需以辩证的思维从司法公正的角度看到个案判决理由所暗藏的放纵犯罪的可能性。通过分析苏某某故意杀人案[40]的在案证据情况,我们发现,该案死刑缓期执行的判决并不能归因于"幽灵抗辩",而是直接证据缺失下的让步,实乃疑罪从轻的变通性操作,截然不同于综合全案证据衡量证明标准最终采纳抗辩理由的其他案件。司法实践中不乏类似的处理,极有可能导致错误脱罪,究其原因在于证明规则的僵化以及应对措施的匮乏。一方面,证明责任分配规则助长了投机心理,致使被告方肆意运用"幽灵抗辩"。为保护犯罪嫌疑人、被告人的合法权益,将证明其有罪的责任加诸控诉一方实属诉讼常态,而对"幽灵抗辩"所涉事实更有接触、提供证据便利的犯罪嫌疑人、被告人却只需确保其抗辩存在一定的合理性。此外,即便最终无法排除关键点矛盾,在无罪推定原则的作用下,被告人一般也不会仅仅因为未能提供证

---

〔38〕 参见刘静坤:《证据审查规则与分析方法——原理·规范·实例》,法律出版社2018年版,第261页。

〔39〕 参见前注〔10〕。

〔40〕 参见前注〔5〕。

明自己无罪或罪轻的证据或线索被判有罪。另一方面,司法机关的畏难推诿与机械办案,导致难以准确识别“狡辩型抗辩”。纵使公权力机关拥有缜密完备的查证技术,但就“幽灵抗辩”而言,其获取证据的难度远大于犯罪嫌疑人、被告人,此时一味地要求控方承担证明责任无益于案件事实的查明,势必使案件陷入僵局。结合本文实证数据可见,侦控机关本就疏于调查核实此类抗辩事由,一旦案件进入审判阶段,其主动核查证据的次数更是屈指可数,法院只能依靠证明规则以无法排除合理怀疑为由采信抗辩事由。必须承认的是,在实践中已经有不少人通过这一策略逃脱法律制裁,面对“幽灵抗辩”及其带来的证明问题,不仅需要证据法的完善细化,还需要实务部门在处理此类案件时共同的谨慎与努力,以实现惩罚犯罪的诉讼目的,维护司法公平公正。

3. 背离刑事诉讼的效益追求

现代刑事诉讼既追求公正,也讲究效率。刑事诉讼效益原则就是在坚持公正的前提下,以最少的司法资源投入,取得惩罚犯罪和保障人权的最大收益。〔41〕《刑事诉讼法》对侦、诉、审的证明标准是具有同一性的,即坚持以“证据确实、充分”为根本,以“排除合理怀疑”作为操作性补充,这就要求办案机关在各诉讼阶段反复查验已有证据,通过严密且与犯罪构成要件相对应的证据体系确认犯罪事实,进而追究行为人的刑事责任。而“幽灵抗辩”的出现,在不同的诉讼程序中不断制造“合理怀疑”,办案机关为排除犯罪嫌疑人、被告人提出的抗辩事由,只能投入更多精力重新调整调查方向另行收集证据,控辩双方在“提出事实—被动取证—排除可能”的逻辑进程中相互牵扯,使得每一个诉讼阶段都有拖延的可能,无形中拉长了审限,导致案件审理久拖不决。正如在一审后上诉的易某某交通肇事案〔42〕,王某某、杨某某、刘某某制作、复制、出版、贩卖、传播淫秽物品牟利案〔43〕,以及发回重审后上诉的苟某某诈骗案〔44〕,都是在一审判决之后才提出“幽灵抗辩”,侦控机关都进一步调查核实了相关证据,但法院最终仍未采信其抗辩理由,此类“投机性抗辩”无疑在不同程度上滞碍了诉讼进程,浪费了司法资源。意大利法学家贝卡里亚指出,惩罚犯罪的刑罚越是迅速和及时,就越是公正和有益。〔45〕“幽灵抗辩”案件因控辩双方缺乏规则指引,致使证明活动面临陷入死循环的风险,司法机关无法在短时间内作出裁决。合理设置控辩双方的证明责任是司法公正与诉讼效率之正当要求,既有助于案件事实的高效查明,也可以避免司法成本的不必要浪费。

---

〔41〕 参见李晓明、辛军:《诉讼效益:公正与效率的最佳平衡点》,载《中国刑事法杂志》2004 年第 1 期。

〔42〕 参见前注〔14〕。

〔43〕 参见前注〔21〕。

〔44〕 参见前注〔20〕。

〔45〕 参见〔意〕切萨雷·贝卡里亚:《论犯罪与刑罚》,黄风译,北京大学出版社 2008 年版,第 47 页。

4. 有损司法审判的公信力

根据《刑事诉讼法》第 196 条的规定,法官对证据有疑问的,可以进行调查核实。“幽灵抗辩”案件需要通过大量间接事实揭开案件原委,然而控辩双方怠于取证核查导致“幽灵抗辩”的真实性无从查证。法官亲自介入“幽灵抗辩”案件的取证,不仅可以督促控辩双方提供相关线索也有助于破解证明困境,尽快查清案件事实,但实践中法官庭外调查核实证据的情况不尽如人意。由于大部分法院审判任务繁重,加之法律对庭外调查权的启用缺乏硬性规定,也没有对其开展庭外调查的条件、范围、方式、步骤等作出任何明显的限制,使法官对庭外调查权的行使享有极大的裁量空间,同一类型的“幽灵抗辩”也因法官查证投入不均,心证标准不明,得出了不同的采信结果,进而影响案件最终裁判的公信力。更有甚者,庭外调查权成为法院变相回避证明难题的方式。法院通过退查提纲引导控方补充证据,但控方一般也难有针对“幽灵抗辩”的证据突破,核查工作流于形式,最终法院以“被告人无法提供证据证实或无证据支持”为由否定其抗辩主张,这一处理方式实际上是将待证事实真伪不明时的败诉风险归于被告人,足以窥见实务中刑事法庭对控辩双方举证不能的场合实行有差别的对待方式:一方面强调法院自身的权能以弥补控方的举证缺漏;另一方面又极力推崇当事人主义中的对抗制因素,将证明责任强加于被告人,并要求其证明到令人信服的最高标准。[46]

此外,裁判结果存在问题:一是鉴于“幽灵抗辩”的特殊性,案件事实的认定更需要法官结合经验常识和逻辑等进行综合审视,而这些标准缺乏明确的规则性,由于法官所掌握的社会经验与法学专业知识及实务技能方面的差异,对同一案件不同裁判者往往会产生不同的心证判断,从而导致相同类型的案件在不同地区或者不同时期会出现不同判决结果。二是不少裁判文书作出是否采纳“幽灵抗辩”的决定仅简要提及“与在案证据相矛盾或与常理不符”,这种没有通过充分说理论证而得出的结论很难令人信服,同样有损司法审判的公信力。

三、“幽灵抗辩”证明方式的比较法考察

(一)当事人主义诉讼模式下“幽灵抗辩”的证明方式

1. 控辩双方分担证明责任

英美当事人主义诉讼模式在刑事审判程序和控辩实体权利的设置上都贯彻平等对抗的诉讼理念,证明责任可以在诉讼主体之间来回转移,控辩双方围绕各自的诉讼

〔46〕 参见陈瑞华:《问题与主义之间:刑事诉讼基本问题研究》,中国人民大学出版社 2003 年版,第 444 页。

主张积极举证,共同推进诉讼进程。英美法系国家普遍认为,控方对符合犯罪本体要件的事实承担提供证据的责任与说服责任是无罪推定原则的基本要求,而被告人就"规则外事实"积极举证则是公平解决纠纷,维护诉讼程序正义的必要措施。"幽灵抗辩"本质上系犯罪嫌疑人、被告人在指控事实之外另行提出的积极抗辩,理论上来说,被告方应向法院提出相当之证据,说服法官将"幽灵抗辩"列为诉讼争点并提交陪审团评议,如若被告方未尽提出证据的责任,法院大可无须审核该抗辩事由的真实性及证明力,直接驳回被告方的抗辩,并根据现有证据进行裁断。具体到实践层面,我们发现各司法系统有关被告人证明的事由范围与责任类型的规定不尽相同,被告人既可能仅承担提出证据的责任,也可能需要针对特定事由在提出证据形成争点后继续举证说服法庭,不宜一概而论,笔者分述如下:

在美国,虽然《模范刑法典》与《联邦刑事诉讼规则》早已明确 11 种应由被告人承担提供证据责任的"积极辩护"以及承担全部证明责任的其他"辩护"[47],但美国联邦及各州法律关于积极辩护事由的规定有很大区别,对于同一种辩护事由,有的地区只要求被告人承担提供证据的责任,而有的地区则要求被告人同时承担提供证据的责任和说服责任。例如,关于精神失常的辩护,联邦法律要求控方承担证明被告人没有精神失常的责任,联邦最高法院也在 1895 年戴维斯案中重申了精神病抗辩的说服责任归属。而根据《加利福尼亚州证据法典》第 501 条和《加利福尼亚州刑法典》第 1096 条的规定,被告人需就精神失常事实的存在履行说服责任至优势证明的程度。此外,美国绝大多数州对于正当防卫的主张仅要求被告人承担提供证据的责任,但俄亥俄州的成文法要求被告人承担以优势证据予以证明的责任。在英国,积极抗辩事由说服责任向控方的回归,在 1935 年上议院对伍尔明顿一案的判决中得到了经典的说明,至此,除精神失常的辩护和其他由成文法规定的例外情形外,被告人不再同时承担提供证据的责任与说服责任。在吸收了大量当事人主义的诉讼原则和制度的日本,通说认为,虽然理论上应由控方承揽基本构成要件事实与其他阻却犯罪成立事由的证明责任,但实务中犯罪阻却事由仍需经被告人提出并提供足够证明其存在可能性的资料线索,如此才能将该阻却事由纳入裁判所的审判范围,一旦被告人完成形式上的争点形成责任,后续证明责任转归控方承担。[48]

2. 辩方的证明标准低于控方的证明标准

在当事人主义诉讼模式下,由于证明被告人有罪的责任始终固定在控诉一方,所

---

〔47〕 包括自动症;无知或认识错误;醉酒;受胁迫;执行军事命令;被害人同意;警察圈套;正当行为;精神失常;受强迫;不在犯罪现场,转引自孙长永:《探索正当程序——比较刑事诉讼法专论》,中国法制出版社 2005 年版,第 200—202 页。

〔48〕 参见〔日〕铃木茂嗣:《刑事证据法的若干问题》,载〔日〕西原春夫主编:《日本刑事法的形成与特色:日本法学家论日本刑事法》,李海东等译,法律出版社、成文堂 1997 年版,第 164—165 页。

以控方对基础性事实的证明完成度,是讨论控辩双方举证负担与说服负担的前提条件。为构建坚不可摧的指控体系,亦防止无辜者被误判为有罪,英美法系国家大多要求控方将“无合理怀疑”的标准渗透每一个要素的证明。在陪审制与对抗制的制度背景下,被告人若想依靠有利于己的诉讼主张得到较为可观的裁判结果必须在第一阶段提供足够的证据使自身的辩护事由通过法官的审核并提交陪审团评议,案件审理才能进入说服法庭阶段,由陪审团针对事实层面开展最终的裁断。

承前所述,虽然当事人主义诉讼模式下各司法系统对被告人所承担的责任类型有不同的规定,但至少被告人对自己主张之事由负有提出证据的责任。当控方履行了提出证据的责任并得到法官确认,被告人事实上已被证明构成犯罪时,被告人对抗辩事由的证明必须达到“有合理怀疑”的程度,才能够动摇法官就指控体系形成的有罪确信,使自身主张形成争点。否则,即便被告人的抗辩有一定可能性,但因其未尽提出证据责任,尚无法形成有效抗辩,法院仅需考量控方提供的证据并据此认定被告人犯罪成立。至于说服法庭阶段的证明标准,有的地区要求被告人继续就抗辩事由之存在负说服责任,也有地区规定应由控方承担说服陪审团确信抗辩事由不存在之责任,虽然当事人主义诉讼模式下的控辩双方均可能负说服责任,但必须明确的是,因考虑到检察官与被告人诉讼能力之差异,此处控辩双方的说服程度有本质区别——辩方的证明标准低于控方。例如,在精神失常抗辩中,被告人证明至“优势证据”或“明确证据”的标准即可,而控方则必须说服事实裁判者至毋庸置疑之程度。

概言之,为了获取法官的重视与认可,提出“幽灵抗辩”的被告人理应提供相应的证据并达到一定证明标准以证明该抗辩的合理性。如果被告人的抗辩事由缺少必要的证据或有效的线索作为支撑,则法院可因被告人未尽提出证据的责任而驳回该抗辩。在需要被告人承担说服责任的案件中,若被告人未能就所主张事由说服陪审团至法律规定的程度,陪审团也将作出不利于被告人的判决。也就是说,在英美法系国家的审判程序中,“幽灵抗辩”从提出到最终采信经历了法官与陪审团的双重审查,即使控方较辩方承担更高要求的证明责任,但被告人企图利用“幽灵抗辩”逃避刑罚也并非易事。

(二)职权主义诉讼模式下“幽灵抗辩”的证明方式

1. 法官依职权调查

职权主义诉讼模式下的诉讼被视为解决犯罪人定罪量刑问题的一种程序活动,而不是控辩双方的争端,尽管大陆法系的证明责任与英美法系有着相似的理论分层,却并非如英美法系那般严格适用。职权主义诉讼模式无论从诉讼原理抑或证明责任设置都弱化了控辩双方的对抗色彩,控辩双方之间的利益冲突趋于缓和,查明案件事实、调查与收集证据当属法官的职责,案件事实随着法官查证工作的推进而逐渐明晰。但是,为了便利法官在待证事实真伪不明或对其存在疑问的情况下确定不利后果的归属方,以举证行为与不利后果为标准划分的证明责任理论应运而生,需要强调的是,其中的客观证明责任既和“证明”无关,又和“责任”没有任何关系,只是一种特殊的风险分配机制。〔49〕质言之,控辩双方举证不力时都不必然导致不利于己的诉讼结果,案件事实的查明需要法官结合自身调查结果和控辩双方此前举证情况,并将审理过程中产生的疑点作为法官心证的一个参考因素作整体考量、综合分析后得出结论。如果法官认为根据当前证据能够形成有罪的内心确信,那么法官将判决被告人有罪;如果法官穷尽一切必要的调查手段仍然无法消解对案件事实的合理怀疑,就应谨守疑罪从无的裁判规则作出有利于被告人的认定。“幽灵抗辩”案件中,即便被告人没有提供相当的证据或线索,法官仍需按照客观真实的要求,主动调查核实诉讼中的相关证据,对有罪和无罪证据给予同等关注,而非简单按照证明责任分配规则对被告人作出“不利益”之判断,更不能直接以败诉的不利益后果来迫使被告人举证。德国和法国的刑事诉讼法典赋予法官的庭外调查权即确立了较为宽泛的调查范围与取证手段,例如《德国刑事诉讼法典》第 244 条明确要求法官的证据调查务必涵盖包括违法阻却事由与责任阻却事由的所有与罪责认定有相关性的材料,以便准确、高效地行使刑罚权。

我国台湾地区将法院调查取证上升至义务层面,并进一步划分为“依声请调查”与“依职权发动”两种类型。〔50〕法院的调查义务无关乎被告人是否积极主张以及能否提供证据,出于维护被告人利益与实现公平正义的目的,纵使是被告人所未主张的事实、所未声明调查的证据或所不争执的待证事项,法院为澄清事实真相亦得发动职权调查。在“改良式当事人进行主义”的影响下,2003 年修法时以“关联性、必要性、可能性”三基准限缩了法院依声请调查的范围〔51〕,又于 2012 年以实务决议的方式将法院需依职权发动调查的事项删减至“对被告之利益有重大关系”一种〔52〕,至此,凡超出法院澄清义务范围的证据调查声请,法院均可裁定驳回。在台湾地区 2003 年台上字第 6179 号案例中,上诉人提出有第三人交付的事实,却未能指明其真实姓名与住址,检察官与上诉人既一同前往其所指第三人的住所调查,又查询了当地户籍资料,均查无此

---

〔49〕参见〔德〕汉斯·普维庭:《现代证明责任问题》,吴越译,法律出版社 2000 年版,第 26—27 页。

〔50〕我国台湾地区“刑事诉讼法”第 163 条第 1、2 项规定:“当事人、代理人、辩护人或辅佐人得声请调查证据,并得于调查证据时,询问证人、鉴定人或被告。审判长除认为有不当者外,不得禁止之。法院为发现真实,得依职权调查证据。但于公平正义之维护或对被告之利益有重大关系事项,法院应依职权调查之。”

〔51〕我国台湾地区“刑事诉讼法”第 163-2 条规定:“当事人、代理人、辩护人或辅佐人声请调查之证据,法院认为不必要者,得以裁定驳回之。下列情形,应认为不必要:一、不能调查者。二、与待证事实无重要关系者。三、待证事实已臻明了无再调查之必要者。四、同一证据再行声请者。”

〔52〕我国台湾地区“刑事诉讼法”第 163 条第 2 项但书所指法院应依职权调查之“公平正义之维护”事项,依目的性限缩之解释,应以利益被告之事项为限,否则即与检察官应负实质举证责任之规定及无罪推定原则相抵触,无异回复纠问制度,而背离整体法律秩序理念。转引自林钰雄:《刑事诉讼法(上册)》,新学林出版股份有限公司 2019 年版,第 71—72 页。

人,最终法院以抗辩事由欠缺调查可能性、超出调查范围为由,驳回了有关"幽灵抗辩"的查证申请。[53] 可见,我国台湾地区相关规定的发展为司法实务部门应对"幽灵抗辩"提供了便利,及时将缺乏调查必要的事由排除在法院的调查工作之外,防止为被告人抗辩投入过多司法资源。

2. 被告人有提供证据之必要

承上所述,在职权主义诉讼模式中即便控辩双方消极举证,也并无直接因果关系上的不利益之虞,被告人不作为所导致的证据与事实问题更是可以借助法官的积极介入得到查证与排解。从理论上来说,被告人在职权主义诉讼中提出"幽灵抗辩"无疑是更为有利的,因为职权主义诉讼的审判程序并不会在一开始就将没有证据支撑的诉讼主张拒之门外,而是为其提供了查证空间与权力支持,在庭审推进过程中逐步查明。不过从实践层面来看,法官在审判中对"幽灵抗辩"的处理往往十分谨慎,既要考虑司法资源的投入,也要保证裁判结果的公正,权衡之下不会轻易采信,如果被告人不主动提供相应的证据或线索使法官相信有调查的必要,极有可能得出不利于被告人的结论。

需要强调的是,不举证并不意味着控辩双方在诉讼中只能一味接受法官的调查结果,为了防止法官因调查疏忽或预断偏见不再调查被告人诉讼主张所指事项,被告方可通过法律赋予的证据调查申请权形成对法官职权行使情况的外力监督。[54] 然而在诉讼实践中,意图通过纯粹的调查申请引起法官注意有一定难度,被告人需要主动举证来争取更有利的结果,但从逻辑性和时间性分析,这种举证不能看成证明责任的一部分,而是为了在主张和证明责任之间建立一定的联系。[55] 就"幽灵抗辩"案件而言,为阻遏案件的结果利益在单方面有罪指控的引导下逐渐偏向控方,被告人确有必要提供相当之证据,以及时扭转不利局面,动摇法官逐步形成的有罪心证。另一方面,虽然从职权配置与诉讼地位来看,法官调查取证既有公安司法机关内部的权力支持,也有先进的技术辅助,但是对于被告人独知事实等隐蔽事由,被告人的不配合将大大拉低法官的查证效率。被告人理应提供有关证据材料或者为法官提供调查的渠道或途径,以免法官调查无果最终不采信抗辩事由。法国也有类似法律规定,即如果被告方意图通过援引相关事实动摇犯罪成立的构成要件根基以摆脱刑责,则其应当就该事实的存在提出相当之证据。可以看出,被告人唯有以提供查证线索等积极作为才能引起裁判者对"幽灵抗辩"的重视,获取更多有利于己的心证支撑,从根本上避免在自身举证不力与裁判者消极忽视共同作用下导致的不利后果。

---

[53] 参见台湾地区 2003 年台上字第 6179 号刑事判决。转引自林钰雄:《刑事诉讼法(上册)》,新学林出版股份有限公司 2019 年版,第 69 页。

[54] 参见李昌盛:《积极抗辩事由的证明责任:误解与澄清》,载《法学研究》2016 年第 2 期。

[55] 参见〔德〕莱奥・罗森贝克:《证明责任论》(第 5 版),庄敬华译,中国法制出版社 2018 年版,第 61 页。

(三)境外经验对我国大陆证明机制构建的启示

职权主义诉讼模式下"幽灵抗辩"的证明,重在法官基于刑事诉讼全过程收集到的证据所展开的严密逻辑分析以及心证形成活动,弱化了控辩双方单次举证效果与不利后果之间的因果联系,对于"幽灵抗辩"证明结果的不利益负担要待案件审理至最后节点视全案事实查明情况才能确定。当事人主义诉讼模式下"幽灵抗辩"的证明则是通过区分责任形式与证明标准,由控辩双方根据各自肩负的证明责任开展证明活动并承担相应后果。虽然其意在强调被告人的诉讼参与,却并未完全按照"谁主张谁举证"的规则课以被告人过重的证明责任。认为控方永远负有说服责任,是对于举证责任分配原则的误解〔56〕,而不加区分地将证明的重担强加给被告人,更是对司法公平公正的无视,从"说服责任""提出证据责任"到"争点形成责任"的演变,反映出当事人主义诉讼模式在案件处理上所坚持的利益衡量原理,也的确在"幽灵抗辩"案件中取得了一定成效。现如今,我国大陆刑事诉讼制度改革既保留了许多职权主义特征,也吸收了不少英美对抗制诉讼理念,推动了刑事辩护制度的发展与完善,增强了庭审的实质化特征,因此,两种诉讼模式从不同角度为我国大陆"幽灵抗辩"证明机制的构建提供了借鉴经验。

首先,细化法官庭外调查的操作指引,弥补控辩双方举证短板。职权主义诉讼模式下的法官依职权调查取证是真实主义诉讼理念的体现,既可以防止无休止的庭审抗辩,更促进了案件事实的查明,但我们也应当意识到,过于依赖法官的介入将消解程序性裁判对案件事实认定的作用,弱化证明责任分配规则在诉讼中的效用,导致控辩双方缺乏举证对抗的动力,主观证明责任形同虚设。刑事诉讼中法官的调查权理应受到一定规制与监督,才能在保证庭外调查落到实处的同时不改变传统的诉讼架构,例如《德国刑事诉讼法典》第 244 条、第 245 条列举了法院可以拒绝申请的理由,《法国刑事诉讼法典》第 456 条也要求法官提取重要证据时控辩双方到场见证并制作相应的调查笔录。我国《刑事诉讼法》仅仅对法官庭外调查的内容作出了原则性规定,缺乏操作性指引,大陆法系国家和地区的相关规范为我国大陆细化庭外调查的启动条件、调查范围等要求提供了完善方向,以防止被告人滥用申请权,确保取证的公正和公开,从而更有效地使法官致力于"幽灵抗辩"案件的审判实务。

其次,鼓励被告人积极参与诉讼,为法院查证活动提供信息引导。高效的查证活动需以准确的信息引导为基础,法院虽负有一定的查证责任,但囿于调查手段与时间的限制,对被告人提出的抗辩事由难免仅作形式化调查。从法理上来看,被告人举证之必要来源于诉讼上的利益性、公正性〔57〕,被告人的举证目的在于通过向法官提供证

〔56〕 参见吴丹红:《刑事举证责任与"海盗抗辩"》,载《人民检察》2008 年第 19 期。

〔57〕 参见黄永:《证明责任分配基本理论:以刑事诉讼为参照的研究》,中国法制出版社 2019 年版,第 40 页。

据信息或是指引路径方向引起法官对抗辩事由的重视并为法官的调查活动提供一定便利与协助。我国大陆仅在特定情况下要求被告人提供线索或承担证明责任,但在具体案件中,被告人出于结果利益的考量,大可根据辩护策略与辩护人协商提供证据之必要,被告人的举证与法官的调查相辅相成,共同促成对"幽灵抗辩"所指事项之预判。

最后,顺应刑事诉讼发展的世界趋势,探索控辩分担证明责任的方式。随着被告人诉讼地位及取证能力的不断提高,要求其对"幽灵抗辩"进行举证必将成为未来立法与学术研究的关注重点。对某一具体事实的证明责任分配离不开公平与效率价值之间的衡量取舍,理应由掌握更多证据信息能够实现有效证明或是诉讼结果利益归属的一方当事人承担。〔58〕 鼓励被告人积极参与刑事诉讼,不仅能够为"幽灵抗辩"争取到接受法庭公正审理的机会,还能避免控方在毫无头绪的查证中投入过多司法资源,既有助于"幽灵抗辩"案件得以公平高效地解决,也可以促进被告人权利保障制度的完善。因此,当事人主义诉讼模式中控辩双方分担证明责任,共同推进诉讼的方式对我国大陆"幽灵抗辩"证明机制构建具有重要借鉴意义。

四、"幽灵抗辩"的证明机制构建

(一)证明责任的类型化分配

两大法系都对证明责任的分配作出了层次区分,笼统地划分"幽灵抗辩"的证明责任在我国诉讼模式中显得过于简单化和理想化,不足以解决"幽灵抗辩"的证明问题。本文依据"事实认定与法律评价"的逻辑层次,构建应对不同抗辩类型的证明责任规则:只有控方完成对构成要件该当性的举证才能谈及被告人的证明责任,故属于基础事实判断范畴的"构成要件反驳型事由"应由控方承担,这是无罪推定原则的应有之义;而法律评价层面的"违法阻却型事由"与"责任阻却型事由"的证明责任需要结合我国刑事审判与刑事辩护之实际予以分配。

1. 被告人有必要举证存在违法阻却型事由

按照全国人大常委会法工委的解释,针对被告人无罪、罪轻的辩护理由提供证据,是犯罪嫌疑人、被告人及其辩护人享有的诉讼权利,同时也是辩护人的职责,其目的是反驳控方的指控,而不是证明自己无罪。〔59〕 被告人主张存在违法阻却型"幽灵抗辩",本质上是对构成要件所指行为法益侵害性的反驳,应当被视作行使辩护权利,没有相应的证明义务,也无须承担证明不能时的不利后果。

---

〔58〕 参见〔美〕迈克尔 · H. 格莱姆:《联邦证据法(影印本)》(第 4 版),法律出版社 1999 年版,第 44 页。

〔59〕 参见全国人大常委会法制工作委员会刑法室编:《关于修改中华人民共和国刑事诉讼法的决定:条文说明、立法理由及相关规定》,北京大学出版社 2012 年版,第 45 页。

从证明难易程度来看,由控方承担违法阻却型"幽灵抗辩"的证明责任更为合理。主要原因在于:首先,《刑法》为正当防卫、紧急避险等违法阻却事由设定了严格的认定条件,被告人虽能提出客观事实,却难以准确理解规范要件;其次,证伪的难度大大低于证明,被告人证明正当防卫存在必须证明所有构成要件,而控方证伪只需要择一击破。此外,由于构成要件该当性天然包含了违法性的内容,有不少学者认为,构成要件的违法推定机能将违法阻却事由的证明责任转移至被告人。[60] 但其实此处的"推定"仅仅是逻辑推论之下的风险预估,主要意义在于提示被告人主动行使抗辩之权利,以免承担败诉之不利后果,并不属于转移证明责任的强制性推定。

然则,不在制度层面明确要求被告人承担对积极抗辩事由的证明责任,并不意味着被告人在具体的案件中就没有证明的实际负担。[61] 在违法阻却型事由较为隐秘的案件中,如果被告人不主动提出此类事由的存在,法院审判自然不会涉及这一内容,被告人被定罪的现实可能性增大。毫无疑问,此时被告人不仅有必要提出违法阻却型事由,更需要就该事由的存在提供证据或证据调查的渠道、途径,以提高抗辩成功率。总而言之,这种"证明必要"完全是出于保护自身利益的行为,而不是证明责任[62],并且不发生证明程度的问题。即使被告方无法就案件中存在阻却行为违法性的事实提供相关证据,带来的也只是无法形成有效辩护的后果,并不必然认定被告人有罪,法院判决的关键在于控方对符合犯罪构成要件的论证是否足以排除合理怀疑,以及根据现有证据形成有罪心证的程度。

2. 被告人应承担责任阻却型事由的争点形成责任

《刑事诉讼法》第 52 条明确规定不得强迫被告人自证其罪,但这并不意味着被告人任何情况下都不必承担证明责任。不同于违法阻却型抗辩的权利属性,责任阻却事由本身就是被告人提出的独立辩护主张,要求被告人承担一定程度的举证责任,并不违反法律规定。另一方面,责任阻却型"幽灵抗辩"大多涉及犯罪主体与犯罪主观要件,由掌握信息优势的辩方率先提出积极抗辩并形成争点更符合诉讼经济。[63] 鉴于以上原因,至少应当要求被告人先针对责任阻却型抗辩说明情况,并提供相关证据或可查性线索予以佐证,在此基础上再论及控方行为责任的承担,才能防止被告人利用"幽灵抗辩"恶意阻挠控方工作,避免僵化的证明规则课以控方过重的证明负担,同时提升证明针对性和效率,节约司法成本。

---

〔60〕 参见李昌林、兰江:《犯罪构成要件体系对定罪证明标准的影响——以引入阶层式犯罪构成体系为核心》,载《广西社会科学》2015 年第 11 期;刘艳红:《开放的犯罪构成要件理论研究》,中国政法大学出版社 2002 年版,第 54 页;〔日〕西田典之:《日本刑法总论》(第 2 版),王昭武、刘明祥译,法律出版社 2013 年版,第 111 页。

〔61〕 参见前注〔54〕。

〔62〕 参见孙长永、黄维智、赖早兴:《刑事证明责任制度研究》,中国法制出版社 2009 年版,第 144 页。

〔63〕 参见兰荣杰:《正当防卫证明问题的法律经济学分析》,载《法制与社会发展》2018 年第 1 期。

但我们也应当清楚地认识到,辩方收集证据的能力远不如具有公权力属性的控方,故不能完全按照"谁主张谁举证"的规则为被告人设置过高的证明要求,只要被告人提供的证据与查证线索达到使法官产生责任阻却型抗辩可能存在的心证偏移这一基础证明程度即可。[64] 例如,"属于依法不负刑事责任的精神病人"是杀人、伤害案件中最常见的辩护事由之一,我国司法办案人员及鉴定人员始终秉持"无病推定"理念,司法精神病鉴定需经"职权式审查"方能进行,辩方需要提交能够证明行为人有精神异常史、家族精神病史或精神病发作史等的材料及线索,使司法机关对行为人作案时的刑事责任能力产生合理怀疑,一旦促成精神病鉴定程序的启动,后续证明责任将转移至控方。概言之,由提出责任阻却型"幽灵抗辩"的被告人承担争点形成责任,既是基于诉讼效益的选择,亦与我国刑事司法实际相契合,有助于实现打击犯罪与保障人权的平衡,既没有让被告人承担过重的证明责任而降低辩护事由被采纳的概率,也不会施加给控方远超自身调查能力的证明负担致使诉讼陷于反复查证的循环。

3. *控方需履行结果意义上的证明责任*

尽管我国刑事诉讼制度吸收了当事人主义的合理要素,逐步提高控辩双方的对抗程度,整体上仍更偏向职权主义诉讼模式,检察官与法官协力发现案件真实与维护司法公平正义。一方面,作为法律监督机关的检察机关需要客观全面地收集能够证明被告人有罪、无罪的证据材料;另一方面,为确保裁判结果的公正,法官可以依法对证据进行调查核实。可见,我国刑事诉讼中"幽灵抗辩"的证明体系截然不同于当事人主义模式下犯罪本体要件与合法辩护事由的明确区分,其审判程序更是有别于控辩双方分担责任共同推进诉讼进程而法官消极独立于事实调查之外的图景,控方完成构成要件该当性的证明之后,虽然被告人对阻却型"幽灵抗辩"存有部分证明责任与必要,但这并不意味着控方在后续诉讼进程中可以完全卸除自身的证明责任。

对违法阻却型事由而言,由于公安司法机关自侦查初始就被要求全面收集与案件有关的证据材料,检察机关理应考虑到各种出罪事由存在的可能性,在被告人抗辩后根据其提供的线索及时查明,并排除合理怀疑地证明被告人的行为应受刑罚处罚。在责任阻却型事由层面,被告人需承担争点形成责任,但这不能完全免除控方的证明责任。正如在梁某故意杀人案中[65],公诉人通过对被告人犯罪对象、作案前后的行为表现以及归案后的供述态度等细节分析梁某实施犯罪行为时的精神状态,说服法官驳回辩方无休止的司法精神病鉴定申请。当被告人提出的证据使非难可能性成为诉讼争点时,控方需在客观义务的指引下完善证据体系,进一步证伪责任阻却型事由,履行终局的说服责任。

---

〔64〕 参见纵博:《刑事被告人的证明责任》,载《国家检察官学院学报》2014 年第 2 期。

〔65〕 参见《内蒙古通辽:员额检察官出庭公诉开鲁持枪杀人案》,载最高人民检察院官网(https://www.spp.gov.cn/spp/dfjcdt/201910/t20191016_434698.shtml),访问日期:2023 年 4 月 12 日。

(二)证明标准的二元化设置

1. 被告人举证只需达到优势证明的程度

为防止被告人利用"幽灵抗辩"拖延诉讼,应当为其举证活动设置一定标准,然而法院常因被告人无法提供充足的证据驳回该辩解,这种做法存在混淆控辩双方证明标准之嫌。虽然我国《刑事诉讼法》规定了"证据确实、充分"的证明标准且进一步用"排除合理怀疑"予以解释,但严格来说,这一标准仅适用于有罪证明,并且"排除合理怀疑"并不适用于个别事实存在与否的判断,其本质上是法官基于全案证据对犯罪是否成立进行判断的一种整体性、综合性的评价标准。因此,被告人对"幽灵抗辩"事由的证明不必达到与控方相同的程度,可以参照"优势证据"标准,从盖然性角度对被告人举证作较低限度的要求。究其原因,有以下两个方面:

第一,通过证明标准的差异化设置实现控辩力量对比失衡的外源性矫正。从诉讼实力来看,控方的追诉活动以强大的公权力为支撑,其调查取证的能力远高于被告人,而本就缺乏证据收集的专业知识与技术援助的被告人更因其身陷囹圄,难以肩负起过于严苛的证明责任。控辩双方诉讼地位天然不平等,片面强调"平等举证"只会使辩方不堪重负,要求其达到排除合理怀疑的标准,很大程度上将导致被告人依旧被认定有罪。因此,需要通过证明标准的矫正,使控辩双方的力量对比趋向于实质性均衡,以维护刑事审判的实质公平,为辩方保留"优势证据"的证明标准不失为"平等武装"之良策,至此被告人为特定事由承担有限的证明责任才具备了正当性和可行性。

第二,被告人举证仅为设置合理怀疑,无须达到完全扭转法官有罪心证的程度。控方完成基础犯罪事实的证明后,法官内心难免会产生不利于被告人的预断,被告人为维护自身裁判利益,理应尽早提出有利于己的辩护主张并举证说明,以防止承办法官将此种有罪偏见带至最终判决。可以看出,被告人在此阶段的举证目的仅在于"干扰"法官依据现有案卷材料形成心证的过程,使法官对控方指控体系产生合理怀疑,为自己争取更有利的形势,被告人并没有说服法官确信的必要,故其证明活动无须达到"排除合理怀疑"的标准。因此,审判实践中只要被告人的举证达到"优势证明"程度,法官就应当认可其完成了证明活动。

2. 控方仍应谨守排除合理怀疑的标准

承前所述,我国以"排除合理怀疑"作为控方构建有罪证据体系之判断标准,控方对"幽灵抗辩"案件中的基础犯罪事实的证明标准不言自明,此处重点论述辩方举证致使新的合理怀疑出现后,承担说服责任的控方应达到的证明标准。需要厘清的是,控方此时承担的"证明抗辩事由不存在的责任"的表述在逻辑上不可实现,实际上该证明责任不是先前被告人争点形成责任的转移,而是基于"抗辩事由不存在"这个新主张而产生的全新的说服负担。控方只有进一步通过确实、充分的证据巩固指控体系才能间接否定该抗辩事由,因此也需要达到“排除合理怀疑”的程度。在先前的证明中,被告人已经证明了“幽灵抗辩”存在的合理性,现阶段控方则要提出推翻被告人证明“幽灵抗辩”存在的证据,或提出新的证据证明该抗辩事由不存在,从而说服法官排除先前产生的对被告人行为构成犯罪的合理怀疑。若控方没有以“排除合理怀疑”的标准证明案件中不存在“幽灵抗辩”所指情形,未能形成完整的指控证据体系,则法院应当认定“幽灵抗辩”所指事实成立并作出相应的裁决。可见,排除“幽灵抗辩”所致疑点的过程其实也是不断完善控方证据体系并不断向客观真相靠拢的过程,因此控方的证明标准也应同指控被告人有罪时一致,即“排除合理怀疑”。虽然从表面上来看,难以查证的“幽灵抗辩”无法真正实现“排除合理怀疑”,要求控方收集确实、充分的证据实在强人所难,但该证明责任其实是控方对自身有罪证据体系的加固,高标准的设置既有助于提高办案人员取证意识和能力,也不失为一种自我监督与完善的途径。

(三)证明方法的综合性运用

1. 利用间接证据认定案件事实

虽然印证证明模式基于其自身的局限性与不当的人为操作在刑事证明活动中造成了许多问题,但在当前诉讼制度背景下,合理成本范围内的印证所具有的价值仍是毋庸置疑的。由于直接证据能够直观反映案件事实情况,司法实践中侦查机关较为偏好收集直接证据,但实务中,不乏直接证据存在缺陷无法证明案件主要事实的情况,犯罪嫌疑人、被告人正是利用这一点提出了“幽灵抗辩”。为突破“幽灵抗辩”带来的证明困境,应重视间接证据在事实认定中的功能作用。

一方面,需强化间接证据对在案证据的补证作用。犯罪嫌疑人、被告人常待侦查终结才提出“幽灵抗辩”,移送审查起诉的证据材料虽足以证明案件主要事实却未能包含有关抗辩事由的内容或信息。具体到盗窃案件中,若被告人辩称其持有的赃物系从他人处购买,侦查人员应当逐一查证第三方的身份信息、交易是否存在、交易金额、转账明细等内容,并依据间接证据作出回应,如果侦控机关没有进一步给予必要的补充证明,法官最终是不能判定该案件的。另一方面,要发挥间接证据独立证明案件事实的功能。在直接证据缺失的案件中,间接证据也能够通过相互之间的印证,使原本零散孤立的证据在具体案件事实上产生重合与交叉,逐步完备证据基础与证明体系,从而明晰案件客观事实。无论是检察机关的指控还是被告人的辩解,都需要充分的证据材料相支撑,才能围绕各自主张提出成体系的间接证据并证明相应的间接事实,最终法官依据经验和逻辑在间接事实的基础上推论出案件主要事实并排除合理怀疑地得出唯一结论。例如,被告人抗辩没有刑事责任能力,法官应当结合控方提供的现场勘验笔录、司法鉴定结论、被告人作案前后的行为表现以及被告人提供的能够证明其有精神异常史、家族精神病史或精神病发作史的材料等间接证据,综合研判被告人实施犯罪行为时的精神状态，判断有无犯罪故意与作案动机。

需要强调的是，尽管间接证据一般是客观性较强的实物证据，但考虑到间接证据不能一步到位地证明待证事实，整个证明过程涉及诸多连续性论证，因而据此得出的结论存在失真风险。为确保运用间接证据认定的案件事实符合客观实际，法官除了要得出被告人有罪的结论，还必须否定被告人无辜的可能性。只有通过证伪分析，确保推理结论排除了其他可能性之后，推理结论才可以被视为唯一结论。〔66〕除此之外，间接证据的证明通常涉及分析和推理，不仅要评判单个证据的证明力，还要综合审查是否足以形成完整的证据体系，这就需要熟悉证据分析方法和推理规则，仅凭常识无法充分识别间接证据的证明价值，因此不仅要提高法官应用经验法则进行心证判断的水平与运用间接证据定案的能力，还要重视培养侦控人员全面收集证据的意识与分析判断间接证据的能力，尽可能多地收集间接证据完善证据体系，充分发挥间接证据在查明案件事实方面的作用。

2. 运用事实推定应对证明难题

印证证明模式注重证明的"外部性"而不注重"内省性"〔67〕，无论是对证据本身的评判抑或对案件事实的认定，都在不同程度上反映出追求机械化证据印证而忽视特定个体在诉讼中的作用的问题。《刑事诉讼法》对控方的有罪证明提出了较高的要求，然而面对本就难以查证的"幽灵抗辩"，如果强行适用印证方法，只会使控方在证明难题中停滞不前，有碍诉讼效益的实现，甚至导致放纵犯罪的结果。印证证明模式无法有效解决"幽灵抗辩"带来的证明难题，"幽灵抗辩"难以查证的特性凸显了有限证据资源与有效定罪之间的矛盾，需要我们适度地、谨慎地突破印证主义的限制，探索在证据契合不充分的情况下定罪的可能。〔68〕在肯定印证证明模式的基础上引入事实推定的方法，能够在一定程度上减轻"幽灵抗辩"案件中控方的证明压力，不失为突破因证据匮乏而造成的程序僵局的有效手段。

事实推定为应对"幽灵抗辩"带来的证明难题提供了新的方法与思路，但考虑到其固有的局限性，应当进一步规范事实推定在司法过程中的运用，以保证案件得到公正合理的判决。首先，基础事实须证明到盖然性标准。为避免事实推定被滥用或者趁机减轻控方的证明负担，只有在案证据表明被告人的行为具有构成犯罪的高度盖然性时，法官方可适用事实推定。此要求也倒逼侦查机关客观收集证据，打好证据基础，以防由于接触证据的片面性造成案件的错判。例如，在毒品犯罪案件中，控方既要全面收集相关细节性证据，也要注意避免证据收集过程中的瑕疵，以搭建牢固的事实推定

〔66〕参见前注〔38〕，第277页。

〔67〕所谓"外部性"，特指一个证据外还要有其他证据，而"内省性"则意指通过接触某一证据在事实判断者心中留下的印象与影响。参见前注〔35〕。

〔68〕参见龙宗智：《比较法视野中的印证证明》，载《比较法研究》2020年第6期。

证据基础,同时也为反驳被告人针对主观明知等事项的“幽灵抗辩”做好准备。其次,事实推定方法应后置适用。虽然事实推定为法官及时判断“幽灵抗辩”的合理性和存在可能性提供了便利,但如果未穷尽其他证明方法而随意使用难免会减轻控方的证明责任,不利于对被告人的人权保障,所以事实推定只能定位为一种辅助性的证明方法,只有在穷尽其他证据调查手段仍不能得出结论时才能运用事实推定将待证事实交由法官认定。再次,法官要公开事实推定时的心证过程。事实推定有赖于法官主观能动性的发挥,法官的自由裁量不可避免地会受到自身生活阅历、办案技巧、实务经验等因素的影响,虽然法官具有大致相同的专业知识背景,却无法抵消上述因素带来的差异,以致根据相似的前提事实会得出完全相反的推导结论。为促进法官思维方式的同质化,法官应当在裁判文书中详细说明推定所依据的基础事实以及所使用的经验逻辑,这不仅有助于提高被告人的服判息诉率,亦将事实推定展现在公众面前以便接受社会监督,进一步规范事实推定的适用。最后,法官应允许被告人反驳推定事实。事实推定所依据的经验法则是人们在长期往复的生产生活实践中运用归纳推理的方法获取的认识结果,归纳的不完全性导致推定出的事实只能是具有或然性的相对事实,不能得出唯一性的结论并排除一切合理怀疑,因此,法官应当充分保障被告人权利的行使,同时要求被告人提供证据至优势证明的程度。

3. 适用经验法则鉴别抗辩真伪

经验法则并非个体经验,它是社会一般人或特定领域内的人通过长期往复的实践积累所形成的对事物之间常态联系的认识,虽然诉讼过程中经验法则的运用带有明显的主观色彩,但其内容是对客观存在的反映。经验法则的运用为裁判者针对具体案情自由判断证据与认定事实提供了逻辑依据,正视经验的作用可以调动法官的积极能动性,同时避免诉讼陷入循环印证的泥潭或简单依靠证明责任作出不公正的判决。具体到“幽灵抗辩”案件当中,经验法则的适用主要从以下两方面展开:

一是对抗辩本身证明力的评判。“幽灵抗辩”并非不切实际的诡辩,但其难以查证的特性使法官对抗辩事由的心证把控与证据取舍具有不确定性,加之侦控机关通常更注重有罪证据的收集,导致“幽灵抗辩”缺乏在案证据支撑,法官也常以此为由否定抗辩事由的证明力。可以看出,司法实践中对“幽灵抗辩”的判断更侧重于证明的整体逻辑,而不是对抗辩本身进行证明力的审查。法官利用经验法则尽早排除案件中明显不符合常理的证据或主张是诉讼效率的内在要求,然而草率运用只会适得其反,付出司法公正与效率的双重代价。笔者认为,在当前控辩双方诉讼能力悬殊的情形下,结合在案证据判断“幽灵抗辩”的证明力只会增加法官的确证偏见,继而影响法庭调查中对控辩双方举证的要求。因此,抗辩事由的证明力应当仅以经验法则为评判基准,着重审查被告人的辩解内容是否符合案情和常理,而无关乎在案证据的印证情况。

二是综合全案证据的规范化认定。前述“幽灵抗辩”证明力的评判仅从形式上肯定了内容的合理性,并将其纳入案件审理范围,但其真实与否还需结合具体案情作进一步分析,在此意义上适用经验法则鉴别抗辩事由真伪的过程其实也是厘定"幽灵抗辩"案件事实的过程。值得注意的是,经验法则无法完全彻底地反映事物之间存在的必然联系,根据经验法则得出的结论不排除出现差错的可能,加之法官运用经验法则存在个体认知差异,导致就同一事实可能会产生不同的认定结果。为了保障经验法则的妥当实行,事实认定中经验法则的运用必须建立在案件客观证据之上,适用经验法则所认定的事实不能与证据证明的事实相违背,并且经验法则在具体运用过程中应当和法官对案件事实认知的当下经验紧密结合,二者之间保持一种动态的调适和平衡关系〔69〕,以实现经验法则和客观证据互相检视下的抉择与优化。

简言之,经验法则的理性运用贯穿"幽灵抗辩"案件最初的证据审查与最终的事实认定,有助于法官克服证明困境并形成内心确信。法官作为经验法则的适用主体需注重日常生活中常识、常理、常情的积累,以及对司法工作中类案处理方式的归纳总结,以便应对日益专业复杂的案件,作出易于让社会普遍接受的裁判结果。

(四)相关配套机制的完善

1. 侦查机关:严密证据体系,牵制权利滥用

作为刑事案件中收集证据的基础力量,侦查机关的调查取证能力直接影响案件办理的质量,犯罪嫌疑人、被告人之所以能够顺利借助"幽灵抗辩"逃避刑罚制裁,根本原因在于侦查机关的前期侦查工作存在漏洞,未能从证据层面杜绝"幽灵抗辩"的提出,为犯罪嫌疑人、被告人提出"幽灵抗辩"埋下隐患,以至于到审判阶段司法机关穷尽调查手段依旧难以查证,无法排除合理怀疑地作出有罪认定。因此,应当重点完善侦查机关的取证工作,通过构筑牢不可破的控方证据体系,牵制犯罪嫌疑人、被告人随意提出"幽灵抗辩"。一方面,为防止案件处理因"幽灵抗辩"陷入被动,侦查机关应当在日常工作中提高自身收集、判断、运用证据的能力,围绕犯罪构成要件全面搜集证实犯罪嫌疑人有罪、无罪的证据材料,加强对间接证据的收集,不放过任何案件细节,认真进行调查核实,打好证据基础。随着现代信息技术的发展,电子数据愈发频繁地出现在刑事案件当中,以电子邮件、网上聊天记录、通话及短信记录为主的电子数据在还原案件经过、明确行为人在具体案件中的地位、作用等方面发挥着越来越重要的作用。如果侦查机关没有及时提取封存证据,一旦遭到人为的破坏、篡改、删除,侦查机关仅仅依靠口供上的突破是无法有效应对犯罪嫌疑人提出的"幽灵抗辩"的。另一方面,侦查机关应当对犯罪嫌疑人提出的抗辩予以足够的重视,既要从层层递进式讯问中发现可查性线索,实现应查尽查并作出排除与否的决定,也

---

〔69〕 参见李树真:《精细化司法证明中逻辑与经验基本问题研究》,中国社会科学出版社2012年版,第327页。

需注重"幽灵抗辩"案件中辩解事由的类型化分析与总结,逆向推动侦查机关取证工作的完善,做好预防式的证据补强。例如,毒品犯罪嫌疑人常提出"不明知"的抗辩,是以此类案件的侦查工作应多关注运输方法、包装情况、抓获经过等内容,为可能面临的"幽灵抗辩"打好证据基础。

2. 检察机关:精细化办案,探求事实真相

对"幽灵抗辩"证明问题的认知与讨论不能脱离诉讼现实,我国辩护力量整体上仍在低水平徘徊,即便是主动提出"幽灵抗辩"的被告方,其举证能力与证明难度也极不匹配,无形之中加重了"幽灵抗辩"案件中控方的诉讼负担。在双重职能的支配下,检察机关既对侦查机关的控诉主张负有基本的证据支持责任,又要秉持客观义务全面收集证据,通过"审查起诉—退回补查—自行补侦"的层层筛查对"幽灵抗辩"展开精细化审查,探求事实真相。

首先,对于公安机关侦查终结移送起诉的案件,检察机关应当讯问犯罪嫌疑人,听取辩护人的意见,无论是侦查卷宗内记录的还是审查起诉期间新提出的"幽灵抗辩",检察机关都应开展细节性讯问工作并固定至笔录,运用证据规则与经验法则分析犯罪嫌疑人辩解与在案证据间的印证与矛盾之处,审查判断"幽灵抗辩"的真实程度。其次,如果检察官据此对侦查机关移送的证据及所指事实产生了合理怀疑,则检察官需斟酌事实与法律因素对案件作出处理。检察机关大多会优先选择退回公安机关补充侦查,并辅以积极的取证引导以弥补前期侦查取证工作的缺陷和瑕疵,进一步夯实证据基础,以期从外围证据突破"幽灵抗辩"。值得一提的是,通过检察机关捕诉一体化改革,承办检察官介入案件调查的时间点大大提前,在侦查阶段及时为公安机关指明侦查方向与取证重点,对高效查明案件事实,防范利用"幽灵抗辩"的投机行为等具有重要意义。复次,当二次退回补充侦查仍然无法达到理想的犯罪指控效果时,检察机关还可以启动自行补充侦查程序,利用手中的调查取证权自行收集核实证据,从诉讼监督的角度对在案证据进行客观评估。最后,当案件其他事实清楚达到起诉标准但仍无法排除"幽灵抗辩"时,检察机关应当在控诉职能的支配下着手主观举证责任的履行,并在客观义务的引导下结合证据与经验在法官面前对"幽灵抗辩"进行理性分析,以避免案件事实陷入真伪不明的不利风险。

3. 审判机关:发挥职权优势,破除证明困境

自1996年《刑事诉讼法》第一次修改,我国大陆逐渐吸收当事人主义因素以纠正过去的超职权主义诉讼模式,但"控辩平等对抗,法院居中裁判"的三角诉讼构造仅存在于理想层面,辩方无论在调查取证能力上还是在获得案件信息方面均处于劣势地位。要合理应对"幽灵抗辩"的证明难题,就必须在科学的证明责任规则之上,正确认识与规范法官庭外调查权的行使,以弥补辩方在对抗中的不足,维护被告人的正当权益,保障诉讼的公平顺利推进。

第一,需明确“幽灵抗辩”案件中法官庭外调查的启动时间。审判机关相较于侦控机关调查取证的后置性以及其在案件审理过程中必须秉持的中立性都要求法官不能随意启动庭外调查工作,然而《刑事诉讼法》暂未言明法官在庭外调查取证的契机,仅使用“对证据有疑问”的表述。法庭审理过程中绝不能因为“幽灵抗辩”难以查证就通过寻求职权救济把证明责任变相转移给法官,这样极有可能架空庭审,只有在控辩双方穷尽调查手段,承办法官仍然对该“幽灵抗辩”事由存有疑问的,才有可能进行庭外调查,从而借助法院的力量破除证明困境。第二,需规范“幽灵抗辩”案件中法官庭外调查的取证范围。法官取证仅能以有利于被告人为限,否则法官庭外调查终会沦为变相补充追诉的途径。具体而言,根据程序正义原则,法官既可以通过调查核实被告人提出的“幽灵抗辩”为被告人提供技术帮助,并且出于倾斜保护被告人权利的目的,法官也可以超越控辩双方提交法庭的证据范围,在庭外另行调查更多有利于被告人的案件事实和证据材料,从而弥补当前控辩失衡的问题。第三,需设置合理的保障与救济机制。承前所述,“幽灵抗辩”案件中法官的庭外调查是对被告人举证能力的补充,为避免法官在被告人提出申请后畏难拖延消极应对,笔者认为可以借鉴日本和我国台湾地区的做法,强制要求法官在初步判断查证必要性之后明确作出查证与否的决定,督促法官发挥其职权优势,并在判决书中详细载明申请与审查答复的情况,以及对所查证据在后续审判程序中的运用说理,确保被告人的申请权落到实处,得到切实有力的保障。

五、结　语

“幽灵抗辩”的证明问题是司法实践中办案机关普遍感到棘手的难题,其难以查证的特点不仅让意图脱罪的犯罪嫌疑人、被告人有机可乘,也严重阻滞了刑事诉讼的进程。尽管《刑事诉讼法》为证明责任的分配与证明标准的设置提供了明确指引,但还不足以应对日益多元化与复杂化的抗辩事由,一味固守僵化的规则,采取单一、被动的方式应对“幽灵抗辩”,既无益于诉讼中的人权保障,也不利于案件事实的准确认定。两大法系对此已有较为成熟的应对措施,但考虑到程序法具有本土依赖性和制度依赖性,境外经验无法直接适用于我国大陆的司法实践。我们应当深入剖析证明规则背后的法理依据,借鉴境外在立法与实践上的合理之处,联系本土的诉讼法文化及制度资源,创造性地建构针对“幽灵抗辩”的证明规则,系统化地探索与我国大陆刑事司法实际相契合的证明模式,健全相关配套机制,有效兼顾法益保护与诉讼效率,以应对越发复杂的证明事项,为实务办案提供一定参考和帮助。

论认罪认罚从宽中的附条件检察承诺

王燕芳*

要 目

摘 要 附条件检察承诺是指检察机关在认罪认罚从宽制度适用的过程中,对于符合特定情形的被追诉人,通过要求其在一定的期限内履行附加义务来评估其悔罪表现并作出最终处理决定的一种附条件从宽处遇机制。它包括附条件量刑建议、认罪认罚不起诉两种表现形式,这二者都属于检察机关行使裁量权的范畴,只不过附条件量刑建议要受到法官审查的检察裁量,而认罪认罚不起诉不受法官审查的检察裁量。附条件量刑建议所附条件仅仅是作为“认罚”表现的悔罪形式,而认罪认罚不起诉中所附条件则需要具有应判刑罚的“替代效果”,是一种非刑罚的惩罚,但两者都彰显了“悔

---

* 中国社会科学院大学法学院博士研究生。本文系作者参加北京市人民检察院、北京市市委依法治市办与相关高校、科研院所联合培养项目期间,在刘哲检察官的指导下开展认罪认罚从宽制度实施问题研究的代表性成果之一。

罪”从宽这一认罪认罚从宽制度的主要特色。检察机关应当通过严格案件的证明标准、控辩双方的实质合意、履行义务的可期待性来限定附条件检察承诺的适用条件,通过释法说理、证据开示、有效辩护来强化其程序保障,通过坚守有利于被告人底线、消解正当上诉风险来确保该制度的规范运行,保证认罪认罚从宽制度的内生性动力,通过对认罪认罚前提、过程、结果的保障,实现以公正为基础的司法效率、符合人民群众期待的司法效率。

关键词 附条件检察承诺 附条件量刑建议 认罪认罚不起诉

一、问题的提出

无论是从深度还是从广度来看,认罪认罚从宽都是几十年来推进得最为深远的一项诉讼制度。目前认罪认罚从宽制度的实施已经步入“下半场”,需要实现有公正的效率、确保公正的效率、符合人民群众期待的司法效率,确保公正与效率的“双循环”。[1] 对于认罪认罚从宽制度实施“下半场”而言,实质性的控辩平等是前提和基础,有质量的控辩协商则是核心和关键。对于控辩协商达成合意而言,检察机关裁量权的适用范围及其行使的方式尤为重要。2020 年 12 月,最高人民检察院下发《关于认真学习贯彻十三届全国人大常委会第二十二次会议对〈最高人民检察院关于人民检察院适用认罪认罚从宽制度情况的报告〉的审议意见的通知》(以下简称《最高检通知》),提出了 28 条贯彻落实意见,其中指出,“……量刑情节在具结书签署后发生变化。各地可根据案件实际情况和能够预期的量刑情节变化,探索在具结书和量刑建议书中提出多项或附条件的量刑建议”。此外,根据 2019 年 10 月出台的最高人民法院、最高人民检察院、公安部、国家安全部、司法部《关于适用认罪认罚从宽制度的指导意见》(以下简称《认罪认罚指导意见》)的规定,人民检察院对认罪认罚后没有争议,不需要判处刑罚的轻微刑事案件,可以依法作出不起诉决定。

在认罪认罚从宽制度不断完善、量刑建议与不起诉裁量权发生新变化的背景下,一方面,江苏省南京市建邺区人民检察院等检察机关先行先试,切实落实《最高检通知》和《认罪认罚指导意见》,积极发挥主观能动性创设附条件量刑建议制度[2],彰显了新时代检察机关主动作为、勇于担当的实践理性,亟须廓清边界、制度规范;另一方面,学界积极呼吁通过认罪认罚案件不起诉的扩大适用,构建多元化程序分流机制[3]。与此同时,随着法治的发展进步,行政机关对公民人身、财产的处分权逐渐被

---

[1] 参见刘哲:《认罪认罚从宽需要“双循环”》,载《检察日报》2021 年 8 月 24 日,第 3 版。

[2] 参见李勇:《附条件量刑建议价值与适用》,载《检察日报》2021 年 2 月 8 日,第 3 版。

[3] 相关讨论参见熊秋红:《认罪认罚从宽的理论审视与制度完善》,载《法学》2016 年第 10 期;何挺:《附条件不起诉扩大适用于成年人案件的新思考》,载《中国刑事法杂志》2019 年第 4 期;朱孝清:《认罪认罚从宽制度相关制度机制的完善》,载《中国刑事法杂志》2020 年第 4 期。

缩减,呈现行政违法行为犯罪化的态势;针对新的社会关系产生侵害的行为需要轻重适宜的罪名,出现了危险驾驶、高空抛物等典型的轻罪,轻罪案件大量涌现,而立法仅有轻刑化空间而无非罪化空间,轻罪的刑罚适用及其带来的附随后果不断引发质疑,亟待充分发挥刑事诉讼程序的"出罪"分流功能。如何在认罪认罚从宽的契机下,落实宽严相济刑事政策,回应刑法犯罪结构的调整,充分发挥不起诉制度的程序分流功能,关系到国家治理体系、治理能力现代化和国家的长治久安。

近年来,以审判为中心的诉讼制度改革深入开展,检察机关着力夯实以证据为核心的指控体系,法定不起诉、证据不足不起诉的适用比例持续偏低,裁量不起诉成为不起诉制度充分发挥作用的主场。除了改革烦琐的内部控制程序解除检察官的后顾之忧、探索公开审查模式摆脱检察官的滥权嫌疑,如何提高裁量不起诉案件的质效、实现社会公众对不起诉的认同,是这一制度的症结所在。长期以来,学界关于酌定不起诉(相对不起诉)的内涵和外延均存在争议〔4〕,争论的焦点是酌定不起诉应当仅仅适用于轻微犯罪还是可以扩张适用于重罪,但无论哪种观点都认为酌定不起诉适用现状远未达到制度的设计初衷。与酌定不起诉的裁量范围之争形成鲜明对比的是,附条件不起诉适用范围的扩张已经基本达成共识。在认罪认罚从宽制度广泛推行的背景下,这两种体现起诉便宜主义的裁量不起诉在实践中都得到了一定程度的扩张适用,但是认罪认罚对不起诉适用的影响力不明、逻辑关系不清〔5〕,制约了认罪认罚案件从宽路径的拓展,因此本文主张以认罪认罚为前提、以附加条件为保障,二者优化整合形成轻罪案件的认罪认罚不起诉,真正确保裁量不起诉的"量"和"质"。

上文所提到的附条件量刑建议、裁量不起诉作为从宽内容,都是检察机关行使裁量权的范围,只不过附条件量刑建议是要受到法官审查的检察裁量,而认罪认罚不起诉是不受法官审查的检察裁量。附条件量刑建议是一种控辩实质协商达成的人性化的、多方参与的、延长悔罪表现期限的量刑合意;认罪认罚不起诉是对预期刑罚为3年以下有期徒刑的认罪认罚案件,统一由检察机关客观公正衡量是否有起诉必要、是否附加条件以及附加何种条件。认罚考量因素、悔罪表现形式的多样性为要求被追诉人履行附加义务的操作方式提供了一定的法律依据,但是附条件量刑建议所附条件仅仅是作为"认罚"表现的悔罪形式,而认罪认罚不起诉中所附条件则需要具有应判刑罚的"替代效果",是一种非刑罚的惩罚。笔者之所以将二者合称为附条件检察承诺,是因为二者都是在认罪认罚从宽制度适用的过程中,检察机关通过要求被追诉人在一定的期限内履行附加义务来评估其悔罪表现并作出最终处理决定的附条件从宽处遇机制。笔者期待通过附条件检察承诺真正发挥认罪认罚的"从宽"效果,保证认罪认罚从宽制

〔4〕 相关争论参见庄永廉等:《检察环节认罪认罚从宽制度的适用与程序完善》,载《人民检察》2016年第9期;郭烁:《酌定不起诉制度的再考查》,载《中国法学》2018年第3期;刘甜甜:《解构与重建:论酌定不起诉从宽的困境消解》,载《中国刑事法杂志》2020年第5期。

〔5〕 参见李大槐、师索:《认罪认罚从宽与不起诉的逻辑关联》,载《西南政法大学学报》2020年第1期。

度的内生性动力,通过对认罪认罚前提、过程、结果的保障,实现有公正的效率、确保公正的效率、符合人民群众期待的司法效率。

二、附条件检察承诺的解构

(一)概念厘清

在私法领域,承诺是与要约相对应的概念,是同意与要约发出者订立契约的意思表示。契约精神是私法的灵魂,但契约作为一种法律理念却不仅存在于私法之中。伴随着人们对权力—权利关系观念的转变,契约精神不断向公法领域渗透,公法领域最早的契约可以追溯到近代自然法学家用社会契约来解释国家的形成和国家权力的正当性。近些年来,在刑事司法领域出现了包括我国认罪认罚从宽制度在内的激励被追诉人认罪而放弃正式审判的系列制度,标志着刑事诉讼"第四范式"的形成。〔6〕要促使被追诉人认罪,往往需要通过反复的协商与交涉,最终形成激励机制的约束机制和激励内容的确认形式——具结书。虽然检察机关没有明确地作出意思表示,但被追诉人签署的具结书是由检察机关提供的,这代表检察机关愿意对具结书的内容负责,向被追诉人作出了司法承诺。由于具结书所附义务尚未得到被追诉人的实际履行,认罪认罚获得的从宽利益也只具有相对确定性。作为前置决定的附条件司法承诺是一种带有过渡性质的中间决定,只能确定最终处分的路径、方式、内容,在规定期限届满之后,检察机关裁量后对公诉权的处分才是最终的决定。

在刑事诉讼法学界,龙宗智教授最早对司法承诺进行过论述,他认为司法承诺是指国家司法机关及其工作人员,对公民为某种行为或不为某种行为,或者就特定的法律后果所作的许诺和保证。〔7〕随着学界对认罪认罚从宽制度的讨论日渐深入,有论者指出认罪认罚从宽制度与自中华人民共和国成立以来实行多年的"坦白从宽、抗拒从严"刑事政策可谓一脉相承。然而,在相当一段时间里,"坦白从宽"在司法实践中发生了异化导致司法诚信危机,要想让认罪认罚从宽制度在司法诚信危机的困局中充分发挥制度价值,司法人员就要信守承诺、对自己的言行负责。〔8〕该论者还把司法机关在认罪认罚从宽制度中对被追诉人的许诺界定为司法承诺,并指出司法承诺具有主体的专属性、兑现的强制性、行为的对价性、形式的书面化的基本特征。〔9〕笔者认为,在我国目前的法律框架内,在认罪认罚从宽制度中作出承诺的主体当然是而且只能是检

〔6〕参见熊秋红:《比较法视野下的认罪认罚从宽制度——兼论刑事诉讼"第四范式"》,载《比较法研究》2019年第5期。

〔7〕龙宗智:《欺骗与刑事司法行为的道德界限》,载《法学研究》2002年第4期。

〔8〕参见刘泊宁:《司法诚信视野下的认罪认罚从宽制度》,载《政法论坛》2018年第3期。

〔9〕参见刘泊宁:《认罪认罚从宽制度中司法承诺之考察》,载《法学》2020年第12期。

察机关,而且鉴于认罪认罚从宽制度中检法量刑权之争引发了学界关于检察机关性质、地位的争议,检察承诺的概括可能比司法承诺更为精准。

附条件检察承诺是指检察机关在认罪认罚从宽制度适用的过程中,对于符合特定情形的被追诉人,通过要求其在一定的期限内履行附加义务来评估其悔罪表现并作出最终处理决定的一种附条件从宽处遇机制。有学者指出,顶层设计者所期待的认罚在程序和实体上的双重意义都属于悔罪可能的表现或效果。认罚的规定其实暗含着对悔罪的要求,不悔罪的认罚并不符合认罪认罚从宽制度语境下的认罚的内涵。〔10〕这一观点得到《最高检通知》和《认罪认罚指导意见》的支持,"悔罪"从宽成为认罪认罚从宽制度的主要特色。笔者之所以提出附条件检察承诺,是因为悔罪表现需要切切实实的行动,然而特定情形下审查起诉期间犯罪嫌疑人无法完成悔罪行动,比如影响量刑的退赃退赔情节的出现需要一定期限,是否作出不起诉的考察也需要一定期限。附条件检察承诺的出现打破了认罪认罚片面追求效率的理念误区,当然被追诉人认罪认罚也在客观上节约了侦查破案成本,减轻了控方证明负担,但是由于审理程序和办案期限并未缩短,从宽的主要根据不是程序从简节约司法资源,而是犯罪嫌疑人的主观恶性和再犯可能性较小、特殊预防的必要性降低,犯罪侵害的法益得到有效修复,契合了检察机关以"案—件比"为核心的案件质量评价制度。

(二)特征解析

1. 认罪认罚的完整性

被追诉人认罪认罚可能是基于"不认罪认罚就从严"的压力,或者是为了获得从宽处遇的功利性目的,又或者是基于内疚、自责、悔罪的心理;针对控方的指控,被追诉人可以基于真诚悔过主动认罪认罚,也可以由于某种从宽处遇的激励机制而认罪认罚。通过要求被追诉人在一定的期限内履行附加义务来评估其悔罪表现,一方面基于真诚悔罪的认罪认罚是真正的、完整的认罪认罚;另一方面在附条件检察承诺形成的过程中,控辩协商得到强化,具结书所承载的控辩合意是双方协商一致的结果,而非控方强权之下形成的"强迫性合意"。附条件检察承诺之下的认罪认罚具结书是控辩双方在充分交涉、对话、商谈的基础上,就程序处分及附加义务、实体与程序的从宽处遇达成的具有法律约束力的协议,是一种可以对诉讼进程或者结果施加更为重要的影响的合意表现形式。有学者指出,程序的简化并不是认罪认罚从宽制度的基本内核,而只是这一制度的附随效果,落实被追诉人在认罪认罚情况下的从宽处罚这一实体权利供给,才是这一制度的核心。〔11〕附条件检察承诺对检察机关产生更强的约束力,对被追

---

〔10〕 参见闫召华:《虚假的忏悔:技术性认罪认罚的隐忧及其应对》,载《法制与社会发展》2020年第3期。

〔11〕 参见左卫民:《认罪认罚何以从宽:误区与正解——反思效率优先的改革主张》,载《法学研究》2017年第3期。

诉人而言往往是更为有利的结果;而作为控辩双方共同意思表示载体的具结书,则成为被追诉人权利的保障书。

2. 从宽结果的确定性

由于起诉阶段已经有案件的核心事实供被追诉人确认,因此附条件检察承诺中的认罪认罚是指向明确、有具体内涵的认罪认罚。有学者主张认罪认罪中的合意行为,是因被追诉人的承认而使控辩双方就刑事诉讼中的具体事项达成意思表示一致的诉讼行为,其中被追诉人的承认作为合意式刑事诉讼行为的关键构成要素,应当是明确且具体的;合意的内容也是具体的,包括证据、案件事实认定、犯罪指控、量刑建议等方面。[12] 笔者赞同这一观点,因为认罪认罚从宽的前提基础是案件事实清楚。在审查起诉阶段,案件事实已经基本清楚,控方起诉的基本主张已经确定,被追诉人针对起诉书指控的罪名、认定的事实、依据的证据是否有异议,都应当作出明确的表态。同时认罪认罚从宽的内容为具结书所确定,其中载明了案件事实及主要证据,指控罪名和具体的附条件量刑建议、认罪认罚不起诉决定。从宽基础和内容的确定性决定了从宽结果的确定性,控辩双方都要受到具结书的约束,不能无故违反合意,尤其是不应当因为办理案件的检察人员的变更或者检察机关集体意志等因素而受到任何影响。在检察一体的原则下,深入人心的规则意识、司法诚信意识、法律职业道德为承诺结果的确定性奠定了基础。

3. 从宽条件的公平性

被追诉人通过负担某些条件来获得较轻的量刑建议、不起诉的检察承诺,从宽条件的设定应当寻求预防犯罪和报应犯罪的平衡点,既要最大限度地发挥有效的轻刑的积极意义,又要符合刑罚使犯罪人承受剥夺性痛苦的惩罚性。检察机关的裁量是"拘束下的自由",为防止恣意裁量,要将裁量标准客观化、具体化,确保裁量的正当性。预期刑罚 3 年以上的案件附条件量刑建议,预期刑罚 3 年以下的案件适用认罪认罚不起诉,二者共同的前提条件是认罪认罚,也就是认罪悔罪的"基础性条件"都要满足,包括退赃退赔、赔礼道歉、赔偿损失、行为约束,并保证所附加的条件得到及时全面履行,产生实体上从轻、减轻或者免除处罚的效果,程序上终结或者暂缓一定程序。认罪认罚不起诉还要视被追诉人犯罪情节设定一些附加性条件,但这种附带"处分"是一种非刑罚的惩罚措施,并非罪责应报的刑罚。检察机关通过监督考察对悔罪程度进行客观判断,认罪认罚不起诉决定一经作出,即刻产生确定的法律效力,在所附条件出现未被满足的情形时,检察机关撤销认罪认罚不起诉决定,再作出起诉决定;通过明确规定附条件不起诉决定具有确定的法律效力,促使被附条件不起诉人积极主动地履行所附加的各项义务,从而保证所附加的义务得到全面履行。

---

〔12〕 参见王新清:《合意式刑事诉讼论》,载《法学研究》2020 年第 6 期。

(三)表现形式

1. 附条件量刑建议

2021年7月施行的最高人民法院、最高人民检察院《关于常见犯罪的量刑指导意见(试行)》规定,对于被告人认罪认罚的,具有自首、重大坦白、退赃退赔、赔偿谅解、刑事和解等情节的,可以减少基准刑的60%以下,犯罪较轻的,可以减少基准刑的60%以上或者依法免除处罚。在认罪认罚案件的实践中,出现了检察机关基于可能在提起公诉后出现的退出赃款、赔偿损失、和解等影响量刑的新的事实、情节,在提出量刑建议时,将可能出现的事实、情节变化作为附加条件列明在量刑建议书、具结书之中,当这些事实、情节出现时即兑现相应的量刑从宽处遇的附条件量刑建议。[13] 笔者赞同实践中的这一做法,并尝试在理论上提炼深化,以期推动实践发展。由于立法明确规定法官原则上要受量刑建议约束,但在例外情形下法官可以拒绝采纳量刑建议,依法作出裁判,因此在认罪认罚从宽案件中,量刑建议既是一种程序性权力,也是一种实体性权力。在司法实践中,量刑建议极高的采纳率表明其效力明显呈现实质化的态势。[14] 虽然检察机关不能决定如何适用刑罚,但是刚性的量刑建议仍然有相当程度的效力,而且配合审前阶段的少捕慎押,为法官的谦抑判决奠定程序基础。

笔者认为,认罪认罚中的附条件量刑建议是一种控辩实质协商达成的人性化的、多方参与的、延长悔罪表现期限的量刑合意。控辩双方对所附条件内容的协商包含了向被害人承担责任的内容,契合了注重保障被害人利益、维护社会稳定的传统法律文化,考虑其对于公共秩序和民众安全感的影响,更符合中国司法传统。认罪认罚从宽的关键是被追诉人真诚悔罪,而悔罪意愿的主动性、悔罪行为的积极性是衡量悔罪态度的重要参考。在附条件量刑建议的控辩协商中,检察机关贯彻人性化的司法理念,既给予有真诚悔罪意愿的被追诉人以履行义务的“周转期”,又赋予被害人以一定的量刑幅度决定权,确保实质性多方参与,从而实现了量刑建议从凝聚控辩合意到凝聚多方合意的转变,一定程度上改变了协商虚化的状况,强化了这一制度的正当性。即便法官认为经过控辩协商、承载了多方合意的附条件量刑建议不应当采纳,也要告知检察机关先行调整,检察机关调整时也会再次凝聚多方合意,尤其是再次进行控辩协商,既确保量刑建议不会超出被追诉人的“从宽”心理预期,也及时有效化解被追诉人与被害人之间的矛盾,促进量刑合理、公正。

2. 认罪认罚不起诉

有学者主张认罪认罚不起诉有其独特的性质、功能定位和适用根据,而我国现有

---

〔13〕 参见前注〔2〕。

〔14〕 参见熊秋红:《认罪认罚从宽制度中的量刑建议》,载《中外法学》2020年第5期。

的不起诉制度无论是在规范层面还是在实践层面,都无法提供认罪认罚不起诉有效运作的足够空间。因此,有必要通过扩大附条件不起诉的适用对象、调整适用条件,将附条件不起诉改造为专门的认罪认罚不起诉。〔15〕 笔者赞同将认罪认罚不起诉塑造为一种独立的不起诉类型这一观点,但是目前对于未成年人的帮教考察尚存在缺乏明确的考评标准和操作细则、约束措施的强制性不足等问题〔16〕,立法上直接规定成年人附条件不起诉时机尚不成熟。鉴于目前司法实践中存在将可能判处 3 年有期徒刑以下刑罚作为判断酌定不起诉"犯罪情节轻微"的做法,笔者主张通过"附条件"来改造酌定不起诉,弥补其在报应与功利上的不足,即对于预期刑罚为 3 年以下有期徒刑的认罪认罚案件,不再明确区分酌定不起诉和附条件不起诉,而是由检察机关根据法律,客观公正衡量是否有起诉必要、是否附加条件以及附加何种条件。可以预见的是,允许暂缓一段时间以决定是否起诉以及附带性地要求犯罪嫌疑人履行一定义务,在考验期限长短和附带处分方面设置梯度化、层次化的要求,是合理适用不起诉裁量权的发展方向。以认罪认罚为前提,以附加条件为保障,能够激活裁量不起诉制度,真正确保裁量不起诉的"量"和"质"。

从司法实质主义的精神考量,不起诉裁量权的发展的边界是起诉法定主义,认罪认罚不起诉是优化整合之后的裁量不起诉,因为有了附加条件,能够保障质效,适用范围可以扩张至 3 年有期徒刑以下的案件。认罪认罚不起诉不可回避的一个问题就是"认罚"能否兼容"不起诉"、不起诉本身是不是处罚,对此学界尚存分歧。〔17〕 笔者认为,《刑事诉讼法》第 15 条对于"认罚"的含义界定得非常明确,即"愿意接受处罚",对于被追诉人而言,这既需要是真诚的、真实的意思表示,也是一种概括的、笼统的意思表示,即接受公安司法机关所有的处理意见。具体到审查起诉阶段,就是接受所有可能的、确定的控辩合意,即量刑建议与是否起诉的决定。目前实践中关于不起诉是否写到具结书中做法不一,笔者认为是否写入具结书并不是关键,因为无论是口头表示,还是书面记载,都是检察机关对被追诉人的承诺。但是不起诉作为一种非刑罚化的从宽处遇,只能适用于确有真诚悔罪表现的被追诉人,检察机关不应当受到被追诉人"不起诉否则不认罚"态度的绑架,虚假的技术性认罪认罚不应该成为分流对象。司法实践中检察机关要严格监督附加义务的履行,检验被追诉人悔罪的真诚性,促使具有混合动机的被告人摒弃投机心理,确保认罪认罚不起诉案件的质量。

---

〔15〕 参见闫召华:《认罪认罚不起诉:检察环节从宽路径的反思与再造》,载《国家检察官学院学报》2021 年第 1 期。

〔16〕 参见何挺:《附条件不起诉制度实施状况研究》,载《法学研究》2019 年第 6 期。

〔17〕 相关讨论参见李继华:《不起诉的实体根据研究》,中国检察出版社 2013 年版,序言,第 3 页;魏晓娜:《完善认罪认罚从宽制度:中国语境下的关键词展开》,载《法学研究》2016 年第 4 期;周光权:《论刑法与认罪认罚从宽制度的衔接》,载《清华法学》2019 年第 3 期。

三、附条件检察承诺的证成

(一)附条件检察承诺的正当性

1. 刑法谦抑

作为对公民最严厉的惩罚措施,刑罚权必须审慎、谦抑、内敛行使,否则将对公民的人格尊严和基本权利造成严重侵害。刑法谦抑原则要求不仅刑法作为社会治理的方法要谦抑,而且刑事程序法中也要有与之相对应的价值追求和制度设置,无论是实体法层面的罪刑法定、罪责刑相适应、法不溯及既往,还是程序法层面的无罪推定、程序法定、禁止重复追诉,都在价值层面有力地贯彻了刑法谦抑原则。认罪认罚案件诉讼重心前移,检察机关成为事实上的决定者,裁量空间大为扩展,无论是裁量不起诉还是裁量量刑减让,都存在宽松处理或常规处理的可能,因此都有从宽的功能与属性。刑罚所导致的一系列严重后果决定了我们必须慎之又慎,才能避免前科"株连"效应,但刑罚不是随便谦抑的,附条件量刑建议、认罪认罚不起诉的适用必须以嫌疑人充分、完整的认罪认罚,人身危险性降低,破坏的社会关系得到最大限度的修复为前提。

附条件检察承诺可以充实嫌疑人认罪认罚的利益、增加被追诉人在认罪认罚具结程序中协商的筹码:轻微案件的认罪认罚可以产生出罪效果;非轻微案件的认罪认罚的量刑减让也不再是冷冰冰的机械司法,而是人性化、有温度的司法行为。检察机关裁量权的行使要贯彻谦抑原则,对于认罪认罚的轻罪案件,即使不能作出罪处理,也要量刑轻缓化。附条件检察承诺中的附加义务只是为了实现处分预期的损害修复或者特别预防目的下的特别处遇措施,只有在被追诉人同意、不涉及强制干预基本权的前提下附加义务才具有正当性。正当程序、程序正义要求调整国家公诉权和被追诉人基本权利之间的关系必须遵循比例原则,检察机关所附加的义务不应超出特别预防的目的范畴,应当在妥当性、合目的性、比例原则的要求下裁量具体个案,确保附加条件的内容与手段的正当性,坚决杜绝以金钱或者劳务换取附条件检察承诺的现象的出现。

2. 利益权衡

刑事程序中的利益权衡,是指在刑事诉讼立法与司法活动中,当两种以上的利益不能兼得或相对立的价值发生冲突时,国家及其代表官员根据一定的原则和标准,确定某一方或某些方面更为优越而放弃另外的方面。[18] 在认罪认罚从宽制度的实践中,价值冲突首先体现为司法公正与司法效率的冲突。但正如有学者所指出的,在利

〔18〕 参见宋英辉:《刑事诉讼目的论》,中国人民公安大学出版社1995年版,第202页。

益权衡的过程中,只存在协调,不提倡牺牲,所以利益均衡化和最大化是利益权衡的基本要求。[19] 检察机关不能追求只管自己不管整体的司法本位主义,要从整个刑事诉讼流程的角度来理解效率,要着眼于综合办案效果的考核,让整个诉讼流程的效率得到提高,切实践行检察机关的主导责任。检察机关的附条件公诉行为表面上与认罪认罚从宽的效率导向不相契合,但从整个刑事诉讼的纵向构造来看,节约了刑事审判的司法资源,整体投入相对减少;附条件检察承诺所谓的"附条件"其实是对悔罪表现真诚性的检验,确保有效果和质量的效率、提升案件办理的社会效果,这是完整履行检察职责的应有之义。

除了司法公正与司法效率的冲突,认罪认罚案件还存在追求控制犯罪与保障人权、实体真实与正当程序理念之间的冲突。认罪认罚从宽的精神在我国刑法和刑事诉讼法中已有较多的体现,并且形成了多种制度形态。认罪认罚从宽不应是一项独立的制度,也不应是一项意欲创建的新制度,它实际上是一个集合性的法律制度,体现了宽严相济刑事政策的一个侧面——宽缓的一面。[20] 刑事程序中的人权保障应当致力于实现程序性权利与实体性权利相互适应、相互协调。基于认罪认罚而从宽量刑甚至不起诉,并不违反罪刑法定、罪责刑相适应原则。罪刑法定原则并不禁止符合刑法规定但基于程序上的理由而不予处罚的情形,而且由于认罪认罚降低了预防刑,从宽量刑乃至不起诉反而更加体现了罪刑相适应原则。在附条件量刑建议、认罪认罚不起诉的运用中,罪责衡平、一般预防、特别预防是同生共存的,检察机关既要满足预防被追诉人再犯、回归社会的需要,又要排除犯罪造成的社会损害性,避免伤及民众对法秩序的司法信赖。

3. 法益修复

有学者指出,认罪认罚从宽制度不应一味顺着加强控辩协商、节约司法资源的协商性逻辑来发展和完善,而是应当秉持修复性逻辑为犯罪嫌疑人、被告人提供更多的修复社会关系的机会,在化解矛盾方面善用各方面社会资源,以切实贯彻宽严相济刑事政策,将司法效率的提升建立在社会和谐稳定的基础之上。[21] 附条件检察承诺通过调动犯罪嫌疑人认罚认赔的积极性,发挥司法协调社会矛盾的功能,契合了认罪认罚的修复性逻辑。国家利益与社会利益、被告人利益、被害人利益之间存在同生共长、同消同损的关系,刑事诉讼制度和程序要尽可能促成各种利益间的同生共长,尽可能减少利益间的同消同损。[22] 在刑事诉讼程序的运行中,被告人、被害人、社会利益的

〔19〕 参见宋英辉、汤维建主编:《我国证据制度的理论与实践》,中国人民公安大学出版社 2006 年版,第 84 页。

〔20〕 参见熊秋红:《认罪认罚从宽的理论审视与制度完善》,载《法学》2016 年第 10 期。

〔21〕 参见史立梅:《认罪认罚从宽制度中的修复性逻辑之证成》,载《法学杂志》2021 年第 3 期。

〔22〕 参见汪建成:《论刑事诉讼中的利益观》,载《中国法学》2000 年第 2 期。

具体得失不应当成为我们关注的重点，要致力于实现在修复社会关系、维护社会秩序的根本目的上的共识。为了保持诉讼结构的平衡，检察机关在裁量时要避免所依据标准的价值取向的单一性，在关注被告人人权保障的同时，要注重对被害人权利的保障，确保裁量权的合目的性。

认罪认罚从宽制度在传统的惩罚与预防的框架内，导入了修复性的价值目标，即认罪认罚从宽制度承担了平复被害人伤害和促使犯罪人重返社会的功能。附条件检察承诺通过斟酌确定附加条件使得不起诉制度对维护被害人、加害人、公共利益起到了很好的平衡作用，使被犯罪破坏的社会关系尽量还原至犯罪发生前的状态。检察机关要本着使被追诉人尽早脱离刑事程序负担以及最小负担原则设置被追诉人所附义务，通过认罪认罚从宽，让更多轻罪犯罪人能够及时复归社会，将犯罪所带来的消极影响降到最低。附加条件是抵消案件起诉的利益所必需的，应当成为应判刑罚的合适转处措施；要细化在运用悔罪真诚性主要指标时所需要具体考量的因素，根据罪行的严重性、在调查起诉中是否与检察官进行实质性合作、退赃退赔或自愿提供协助、家庭经济特别困难、患有严重疾病、继续危害社会的可能、对比同等情况者受到的对待、有利于被追诉人回归社会等进行个别化处遇，准确地使用各种变量评估被追诉人的悔罪指数。

（二）附条件检察承诺的必要性

1. 规范检察权的行使

认罪认罚从宽制度适用的前提是案件事实清楚、证据确实充分，从宽的幅度也只能在预防刑的范围之内，不允许突破责任刑。认罪认罚案件适用不起诉也并非制度的过度激励机制，而是有着充分的实体法根据：罪行较轻表明了犯罪行为较低的社会危害性，真实的、实际的悔罪表现表明了较低的人身危险性；犯罪嫌疑人主观恶性和再犯可能性较小，客观上节约侦查破案成本，减轻控方证明负担，简化审判程序。认罪认罚中的控辩协商使具结书从自下而上的书面声明转变为平等的契约样式，其效力具有双向性，不仅对被追诉人具有约束力，而且对检察机关也具有约束力，双方都有义务去推动协议的履行和遵守，尤其是检察机关作为公权力行使者，更要对自己的承诺负责。

检察机关的自主决定空间为司法根据具体案件实际情况寻求最适当、符合社会公众普遍期待的处理提供了制度供给，通过个案具体裁量软化法律刚性，构成对机械司法的弥补，为法官法外裁量权的缺失提供必要制度缓冲，使得司法所追求的某些价值得以实现。对于符合起诉条件、罪行轻微的认罪认罚案件，检察机关要考量诉讼经济、刑事政策等法外因素进行合理性判断，通过个案具体裁量权的行使实现合法性与合理性的统一，让法无可恕但情有可原的案件实现程序出罪，让人民群众感受到实质的公平正义。从其他国家和地区来看,无论是德国的暂缓起诉[23],还是我国台湾地区的缓起诉[24],所附条件均为弥补被害人损害的义务、弥补公共利益损害的义务、预防再犯的义务。因此,要通过强化监督制约确保起诉裁量权的行使遵循适当性、合目的性原则,促进被追诉人再社会化、弥补被害人损失、修复社会关系。

2. 认罪认罚的公允性

《认罪认罚指导意见》明确提到,"认罚"考察的重点是犯罪嫌疑人、被告人的悔罪态度和悔罪表现,应当结合退赃退赔、赔偿损失、赔礼道歉等因素来考量。悔罪是否具有虚假性、欺骗性,只能通过具体的悔罪表现来进行判断,即不仅要有悔罪意愿,还必须有真诚道歉、弥补受害人损失、修复社会关系等悔罪行为,要用实际行动表明改过自新、绝不再犯的意愿。附条件检察承诺根据法益修复情况进行处断,允许在一定期限内退赃退赔对暂时经济困难的被告人也更加公平,符合罪责刑相适应原则和刑罚的基本功能。刑罚的目的在于报应、预防和修复,因此悔罪的对象既可以是犯罪行为,也可以是被害人,通过悔罪行动修复行为人与被害人、社会的关系。

所谓的"附条件"其实是对"悔罪表现"真诚性的检验,积极履行附加义务反映被追诉人主观恶性和再犯可能性较小、特殊预防的必要性降低,义务履行情况可以作为判定"认罚"程度的定量依据。只有在"情节轻微"的范围内,检察机关才享有起诉与否的裁量权,裁量的依据则是犯罪嫌疑人已经采取的实际行动所体现出的改恶从善的可能性,要从合理的、公允的角度判断,防止异化为追诉机关的"创收性"罚款,适用的边界仍然在于以确保起诉法定主义的严格落实为前提,明确"情节轻微"的内涵与外延。在查明案件事实、根据罪行严重程度确定责任刑的基础上,根据真诚悔罪的程度确定从宽处遇,而且对悔罪表现、悔罪态度的认定贯穿整个刑事诉讼审前阶段,确保认罪认罚的公允性。

3. 控辩信任的累积性

检察机关所担负的追诉犯罪的职责使得其与被追诉人之间存在天然的信任障碍,尤其是长期以来检察机关内部把深挖余罪、追诉漏罪和伴生犯罪作为重要的业绩评价机制,更是造成了控辩双方的深层次偏见与隔阂。伴随着认罪认罚从宽制度中检察机关主导地位的确立,检察机关的司法理念发生了很大变化,人性化司法正在成为现实。认罪认罚从宽具结程序中检察官的亲历性释法说理,为建立控辩双方之间的信任关系提供了制度空间。认罪认罚从宽制度中的控辩信任机制以确立被追诉人与检察机关在控辩协商活动中发展出信赖关系为目标,不仅要求被追诉人和检察机关具有完全权利能力、行为能力,而且要求控辩信息对称,意思表示真实。

---

[23] 参见《德国刑事诉讼法典》,宗玉琨译注,知识产权出版社 2013 年版,第 147—148 页。

[24] 参见林钰雄:《刑事诉讼法(下册 各论编)》,中国人民大学出版社 2005 年版,第 63 页。

当前逐渐形成的认罪认罚中的控辩合意,合意结果的共赢是建立在合意过程中控辩双方相互信任的基础之上的。对于犯罪嫌疑人,履行义务表明其主观恶性降低、再犯可能极小;对于被不起诉人,附加条件是实现教育矫治、考察帮教、复归社会功能的关键方法。司法责任制改革使得员额检察官能够“做得了自己的主”,检察权独立行使有了制度保障,不断提高的不捕、不诉、不押比率为控辩信任奠定了实践基础,随着检察官专业素质提高、独立人格培养、司法责任制健全,控辩信任将不再是“乌托邦”。个案中对附条件检察承诺的遵循,会逐渐累积形成检察机关的公信力,通过构建控辩信任机制,确保被追诉人有稳定的心理预期,能够促使其真诚认罪悔罪、积极履行附加义务。

四、附条件检察承诺的规范

(一)适用条件

1. 严格案件的证明标准

在检察机关占据主导性地位,又独享认罪认罚从宽制度启动权的前提下,被追诉人自由意志的空间被大大压缩;同时在防御性、程序性权利保障不充分的情况下,犯罪嫌疑人缺乏利益交换的筹码。检察机关主导、犯罪嫌疑人从属的控辩关系无法实现实质性平等武装,同时被追诉人长期的羁押状态也使得控诉、辩护职能不具有实质上的制约关系,认罪认罚很容易成为不完整,受到严格限制的“契约”,因此,认罪认罚案件必须以案件事实清楚为前提,以严格案件证明标准为基础。认罪认罚案件中证明的重心前移至审查起诉程序,检察机关应当逐步摒弃围绕供述构建证据体系的印证模式,构建独立于供述的证据体系,在亲历性、实质性检验侦查质量的基础上,通过严格的证据审查、严密的逻辑推理,形成对案件事实的内心确信,即审查判断案件是否具备认罪认罚的事实基础。

2. 控辩双方的实质合意

检察机关强调认罪认罚制度中的量刑建议因为承载了控辩合意而应当具有确定性、拘束力,它的正当性一定是建立在能够保证量刑建议的形成是实质性控辩合意结果的基础上的。具结书对于检察机关、被追诉人都具有约束力,任何一方单方面地不履行都违背了诚信原则。我国当前的刑事诉讼规范体系,尚未将引诱、欺骗获得的被追诉人的供述纳入严格排除的非法证据范畴。受当事者双方利益角色、社会资源与力量的对比、讨价还价技巧、诉讼成本等司法内外一系列因素的制约,合意存在向同意、好意或恣意变质,甚至反转向强制蜕变的可能。[25] 与此同时,要保障控辩信息的对称性,要防止控诉方利用公诉机关的信息优势地位,故意向被追诉人传递虚假信息,对其施加心理压力,从而强迫或引诱犯罪嫌疑人认罪认罚。被追诉人在掌握充分信息、获得有效帮助、拥有平等"武装"的基础上进行实质性控辩协商,自愿承认控方诉讼行为和主张,既要防止其受到任何过度激励、变相引诱,也要禁止检察机关通过"不认罪就从严"变相强迫、通过虚假承诺欺骗被追诉人认罪认罚。

3. 履行义务的可期待性

通过附条件检察承诺,能够最大限度地实现追赃挽损,满足被害人的诉求,实现社会矛盾修复功能,为被追诉人的从宽处遇奠定基础,增强检察承诺的满意度和可接受性。在恢复性司法理念的引导下,认罪认罚从宽制度承担了平复被害人伤害和促使犯罪人重返社会的功能,斟酌确定附加条件使得量刑建议能够承载多方合意,不起诉制度对维护被害人、加害人、公共利益能够起到很好的平衡作用,使被犯罪破坏的社会关系尽量还原至犯罪发生前的状态,契合司法公平正义的理念,彰显司法的人文关怀。认罚考量因素、悔罪表现形式的多样性为要求被追诉人履行相应义务的操作方式提供了一定的法律依据,司法实践中附条件检察承诺适用的前提往往是被追诉人已经明确表示出悔罪意愿,并开始实施悔罪行动,履行义务具有可预期性,表现为认罪认罚真诚性、退赃退赔能力、教育改造的可能性。无论是附条件量刑建议,还是认罪认罚不起诉,都是要把司法善意以一种适当的方式给予真诚悔罪的被追诉人,促使其发自内心地、自觉改过自新,产生积极的社会导向。

(二)程序保障

1. 完善具结程序中的释法说理

认罪认罚具结程序是控辩协商的关键节点,检察机关应当以听取被追诉人对定罪量刑、案件处理、程序选择的意见为抓手,强化认罪认罚的自愿性、合法性审查,由形式化、流程化向实质化、精细化转变。具结程序具体的诉讼职能、目标任务决定了这一环节释法说理的重心仍在于促进被追诉人认罪认罚,把握犯罪嫌疑人心理动态,采取认真听取意见与合理引导诉求相结合的方式,按照不同类别争点,阐明事理、释明法理、讲明情理,妥善处置诉求矛盾,既容易对被追诉人认罪悔罪产生实质性影响,又能够在审前程序释放风险、吸纳不满、传递善意。认罪认罚具结既是控辩双方的合意,也是产生重要法律效力的诉讼行为,一旦被追诉人后续反悔、撤回将导致程序转换、程序反复、程序倒流。因此,检察机关在坚守底线、严格把关的同时,要通过释法说理激发被追诉人内疚、自责、悔罪的心理,确保被追诉人真诚悔罪、服判息诉。在"案—件比"评

---

〔25〕 参见〔日〕棚濑孝雄:《纠纷的解决与审判制度》,王亚新译,中国政法大学出版社2004年版,第73页。

价指标的指引下,释法说理的最终目的是修复社会关系,实现法秩序的安定性、真正案结事了。检察官要从期待可能性的角度理解犯罪嫌疑人保持沉默、避重就轻的行为,让他们感受到信任和尊重,从而使被追诉人能够理解检察官的行为、思维、判断,感受检察官的法律良知、时代的法律精神、刑事司法政策的目的,体会到检察机关的人性化司法理念。

2. 明确有利于被告人证据开示制度

在认罪认罚案件中,控方是否隐匿有利于被告人的证据,不仅对量刑建议、不起诉等从宽处遇的决定具有极大影响,更是影响到认罪认罚的事实基础和实体公正。在高度封闭的侦查程序中,一旦犯罪嫌疑人认罪认罚、作出有罪供述,调查取证很可能异化为围绕确认供述构建证据体系的过程,极易忽视有利于被告人的证据;甚至有追诉偏见严重者,故意隐匿对定罪量刑有实质意义的证据,导致冤错案件。与此同时,检察人员经常通过展示不利于被追诉人的证据作为筹码促使其认罪认罚——尤其在高隐蔽性犯罪、新型复杂疑难、认罪不认罚案件中。由于不利于被告人、有利于被告人的两种相互矛盾的证据的出现会改变被追诉人的“自定义刑期”,检察机关的量刑建议不得不调整,必须防范出现检察机关因过度追求认罪认罚适用率、精准量刑建议的采纳率而隐匿有利于被告人的证据的情况。因此,检察机关要通过智能化的侦查监督平台、重大复杂疑难案件的提前介入、侦查讯问的同步录音录像,确保侦查监督的实效性;强化辩护律师侦查阶段申请调查取证权,确保侦查阶段证据的全面收集;规范证据收集、固定、保管制度,完善证据隐匿的法律责任。在此基础上,立法明确规定控方在具结程序中应当开示无罪、罪轻证据以及侦查人员既往的违法侦查记录、专家证人专业水平的质疑、证人的不良品行行为等有利于被告人的证据。

3. 确保被追诉人获得有效辩护

认罪认罚关系被追诉人重大诉讼利益,一定要保障信息知情权、程序选择权的充分实现,保障值班律师或辩护律师实质性把关作用的发挥。一旦案件定性错误,在后续审理程序中极难纠错,只有在被追诉人实质性、明智性“同意”的情况下才能被视为有效。值班律师的有效辩护既关系到认罪认罚自愿性、合法性、有效性的保障,又关系到认罪认罚案件的事实基础的确认,对提升案件办理质效起着决定性的作用。为此,值班律师要对被追诉人涉嫌指控、享有的诉讼权利、变更强制措施等法律规定进行充分有效的释明,围绕嫌疑人诉求,重点从案件定性、法律概念、类案量刑等方面进行“答疑解惑”,保障被追诉人在证据开示、信息充分基础上的真“认罪”、认“真罪”。关于值班律师能否同检察人员合作,共同“说服”被追诉人认罪认罚的问题,笔者认为在认罪认罚的确是对被追诉人最为有利的情况下,相比处在对立面的检察机关,值班律师所处的辩方立场更容易让嫌疑人接受和认同。但是在认罪认罚可以减轻控方证明负担、节省辩方成本和精力支出,对检律双方都有利的情况下,强调认罪认罚中的检律合作存在恶化犯罪嫌疑人诉讼地位的风险,必须确保辩护律师的说服和劝说是建立在摒弃自身利益考量、真正有利于犯罪嫌疑人的基础之上的,要以坚守辩护人立场为底线、以不破坏律师和委托人之间的信赖关系为前提。

(三)风险管控

1. 坚守有利于被告人的底线

现代刑事诉讼确认和保障被追诉人的诉讼主体地位,认罪认罚既是司法机关履行职权的行为,也是被追诉人通过正当途径获得法定从宽利益的诉讼权利。被追诉人在信息对称、有效辩护的基础上认罪认罚,并通过附条件检察承诺强化控辩协商结果的确定性。认罪认罚从宽制度的运行中,一直面临“不认罪就从严”的质疑,为了规制风险,应当事先在具结书中明确规定如果所附条件没有得到实际履行或者完全履行,检察机关的量刑建议和惩罚措施,不得因此而报复性加重对被追诉人的处罚。检察机关要增强附带条件的个别化与针对性程度,根据具体个案情况随机应变,确保好的制度产生好的效果,督促被追诉人认罪履行附加义务;如果被追诉人在法定期限内完整履行了附加义务,检察机关就要兑现附条件量刑建议、认罪认罚不起诉的承诺。对于没有履行或者没有完全履行附加义务的被追诉人,检察机关要及时调整量刑建议,针对尚未达到撤销不起诉、提起公诉程度的行为,建立不履行附带条件的梯度化的惩戒措施,如根据违反附带条件的次数、严重程度适用警告、训诫、延长考察期限等惩戒措施。

2. 消解正当上诉的风险

检察承诺对检察机关产生当然的约束力,检察机关负有保障从宽结果确定性的义务,且这一义务不因负责案件办理的检察人员的改变而改变。被追诉人坚持原有具结书合法有效,主张自己预期的从宽利益,这是一种合法合理的诉求,也是司法公信力的应有之义。除非案件审理中发现指控的犯罪事实有变化,检察机关变更量刑建议或不起诉决定都是必须严厉禁止的,即便是被不起诉人违反了附加义务,也要视严重程度依据比例原则分级进行处遇,而非随意提起公诉。当然,由于检察机关精准化量刑的能力尚有不足,会出现检察承诺超出被授权范围、附条件量刑建议未被采纳的现象,此时被追诉人上诉是具有正当性的。检察机关的从宽承诺没有兑现,就意味着出现了新的事实、新的变化而需要启动二审程序,因此被追诉人的上诉存在明确法律根据,不应当受到检察机关的报复性抗诉。当然对于没有正当理由的无因上诉,不仅暴露了被追诉人认罪认罚的功利性和投机性,也丧失了因为程序从简而从宽的正当性根据,因此上级法院应当缩短审查期限迅速予以驳回。

五、余　论

长期以来,由于“免予起诉”滥用的“前车之鉴”,我国对检察官的裁量权始终保持高度警惕,缺乏对检察机关司法公信力的信心,始终充斥着检察裁量权扩张会助长司法腐败的论调,其结果是检察机关机械司法长期盛行。根据刑事裁量权总量守恒规律,当决定者的裁量在一个阶段受限时,就会转到其他阶段。刑事裁量空间不能被挤压得太紧,更无法完全根除。控制刑事裁量权根本上有效的措施只能是裁量者本身素养的提升以及相应保障体制的到位。〔26〕 十八大以来的司法体制改革,确保员额检察官独立行使检察权;加之认罪认罚从宽制度中检察机关主导地位的确立,极大地增强了检察官行使检察裁量权的积极性和能动性。当前,世界范围内检察机关的起诉裁量权得到了普遍扩展,随着我国检察官素质、检察机关公信力的不断提高,起诉裁量权有限、逐步、渐进扩张的条件渐趋成熟。在认罪认罚从宽制度以及类似制度的激励机制中,最为关键的激励因素是该制度能够在实现公正、效率的基础上给被追诉人带来“好处”。在认罪认罚从宽制度的未来适用中,检察机关需重视通过将“从宽处理”的制度激励进一步落到实处,确保认罪认罚从宽制度适用率维持在较高水平,充分实现认罪认罚从宽制度的多元价值目标。〔27〕 本文对司法实践中自生自发的附条件量刑建议、理论界争议的认罪认罚与不起诉之间的关联性进行必要回应,主张构建以认罪认罚案件事实基础、实质协商、真诚悔罪为前提,以被害人获得实在利益、被追诉人真正“从宽”为效果的附条件检察承诺,逐渐累积控辩信任、构建控辩信任机制。司法在形塑社会法治秩序的同时,也在形塑社会的道德秩序。附条件检察承诺一方面反映了检察机关注重司法诚信、积聚社会信任的努力,另一方面反映出我国检察机关去机械化司法的倾向,这二者在未来必将成为司法趋势。

---

〔26〕 参见周长军:《刑事裁量权论——在划一性与个别化之间》,中国人民公安大学出版社 2006 年版,第 431—432 页。

〔27〕 参见熊秋红:《适用认罪认罚从宽制度的激励机制》,载《检察日报》2020 年 10 月 16 日,第 3 版。

《刑事法评论》征稿启事

《刑事法评论》是由北京大学法学院陈兴良教授创办、由北京大学实证法务研究所与北京冠衡刑事辩护研究院共同主办的大型连续刑事法学类出版物。

本刊的编辑宗旨是:竭力倡导与建构一种以现实社会关心与终极人文关怀为底蕴的、以促进学科建设与学术成长为目标的、一体化的刑事法学研究模式。

自1997年创刊以来,《刑事法评论》得到了无数作者和读者的大力支持。经本刊编辑部同仁讨论决定,从第45卷开始,在坚持原有办刊宗旨的前提下,对本刊各栏目进行适当调整,以便更好地反映国内外刑事法学研究动态,并适应刑事立法、刑事司法与刑事法学理论研究的需要。现就《刑事法评论》的主要栏目作出如下简要说明,供各位作者在投稿时参考:

1. 理论前沿:本栏目刊登国内外刑事法学领域,包括刑事实体法、刑事程序法、刑事执行法以及犯罪学方面的前沿理论文章。

2. 实证研究:本栏目刊登国内外犯罪学实证研究以及刑法实证研究的文章。

3. 刑法评注:本栏目刊登国内外学者所撰写的刑法评注文章。

4. 学术书评:本栏目刊登国内外学者撰写的与刑事法有关的著作、文章的评论。

5. 判例研究:本栏目刊登我国学者就我国指导性案例或者重要案例撰写的评述性文章,并选择国外学者就国外重要判例撰写的评述性文章。

6. 案例解析:本栏目刊登采取德国鉴定式案例分析法撰写的案例解析报告。

7. 实务热点:本栏目选取实务中的热点问题,邀请实务界人士共同就相关问题展开研讨。

《刑事法评论》已加入"中国期刊全文数据库",所有在《刑事法评论》发表的文章均同步收入,如作者不同意,请在来稿时声明保留。感谢您对《刑事法评论》一如既往的关心、爱护和支持,我们诚邀您加盟《刑事法评论》。

注:本刊投稿邮箱为crlr@163.com。本刊的引注体例,请参考《法学引注手册》(北京大学出版社2020年版)。